일본 형사절차법

Japanese Criminal Procedure Law

김도윤

박영사

머리말

　　법은 사회의 사정과 관행 등을 반영하여 구체화된다. 그러나 법학연구는 물론 실무나 법정책·입법 등 다양한 접근 과정에서 다른 나라의 지혜를 빌릴 때가 많다. 선도적인 제도나 이론이 있다면 적극 참조하기도 하고, 적극적 시도가 실패한 실험으로 끝날 것을 우려해 조심스럽게 다른 나라의 제도나 사례를 살펴볼 때가 많다. 이런 과정들을 거치다 보면 서로 다른 문화와 풍습을 가진 나라들인데도 어느 정도 비슷한 내용을 규정하기도 한다. 우리나라는 옛날의 법체계와 근현대 법체계가 연속적으로 이어지지 못하고 외국 법제의 영향을 크게 받았기 때문에 비교법 연구나 접근이 더욱 중요한 상황이다. 특히 가장 가까운 나라인 일본의 제도는 우리나라의 역사적 경험과 사정 때문에 자주 참조하고 확인하는 제도 중 하나이다.

　　역자 본인은 우연찮게, 때로는 스스로 지원해서 정책·기획기관 등에서 일할 기회가 있었다. 덕분에 정부나 국가기관이 주도하는 법제도 제·개정작업에 참여하기도 하고, 국회에서 발의된 법안의 내용을 검토하고 자문을 제공하거나 개정안 마련을 위한 세미나에서 발제·토론을 수행하기도 했다. 이때 개인의 역량을 보충해 준 것이 국내 법조문과 유권기관의 해석이라는 기본적인 내용 그리고 외국의 법제도와 이론 및 그 배경이었다. 이들 작업은 대부분 짧은 시간 내 신속하게 이루어져야 했다. 그러나 이 작업들을 뒷받침해 줄 자료나 역서 등은 매우 부족했고, 담당자의 역량과 개인기에 전적으로 맡겨져 있어 누구라도 고생할 수밖에 없겠다는 생각이 들었다. 이 책은 위와 같은 경험과 배경을 기초로 일본의 형사절차 전반에 관한 조문을 번역하여 소개한 것이다.

　　어느 나라나 기본법만으로는 복잡한 사회의 변화와 수요를 따라갈 수 없어 많은 특별법을 갖고 있으며 일본도 예외가 아니다. 따라서 이 책에서는 첫째, 일본 형사소송법과 형사소송규칙 외에도 수사에서부터 몰수·추징보전, 공판절차와 판결, 외국적 요소가 있는 형사절차와 소송비용, 형사보상, 범죄피해자보호, 사면에 이르기까지의 절차 전반을 소개하고, 최근 국민의 형사사법 참여 추세를 반영하여 일본의 검찰심사회 제도와 재판원이 참가하는 형사절차에 관한 내용까지 번역하여 소개하였다.

　　둘째, 이 책에서는 법률뿐만 아니라 우리나라에서의 제도개선이나 연구에 필요한 범위 내에서 시행령, 시행규칙 그리고 최고재판소규칙까지 함께 소개하였다. 이들은 이

론적 가치보다는 기술적 사항에 집중되어 있지만 실무나 제도 개선 과정에서 매우 중요한 역할을 한다. 법률개정의 어려움 때문에 법률에서 대강의 내용을 정하고 구체적인 사항을 위임하는 경우가 많기 때문이다.

셋째, 필요한 경우에는 해당 규정이 준용하는 관련 규정들까지 최대한 소개하였다. 준용하는 규정만 소개하면 구체적 내용을 알 수가 없고, 번역을 통해 편의를 제공하려는 목적을 달성하기 어려워질 수 있다. 이 책을 찾아보면서 연구자와 실무가, 입법자 등 많은 사람들의 부담이 조금이라도 덜어지기를 빈다.

이 책이 나올 수 있기까지 많은 분들의 도움이 있었다. 늘 부족한 자식의 앞길을 걱정하며 마음 졸이시고 용기를 북돋워주시던 부모님, 철없던 제자가 다듬어질 수 있도록 인자하게 지켜봐 주신 은사님 손동권 교수님과 김영철 교수님, 흔쾌히 출간을 허락해 주신 박영사 임재무 상무님과 성심성의껏 초고를 살펴 주신 장유나 과장님께도 감사드린다.

2021년 4월 역자

목차

1 장

형사소송법

형사소송법

제정 昭和 23년 법률 제131호
개정 令和 원년 12월 4일 법률 제63호

제1편 총칙

제1조 이 법률은 형사사건에서 공공복리의 유지와 개인의 기본적 인권의 보장을 완수하면서 사안의 진상을 밝히고 형벌법령을 적정하고 신속하게 적용·실현하는 것을 목적으로 한다.

제1장 재판소의 관할

제2조 ① 재판소의 토지관할은 범죄지 또는 피고인의 주소, 거소나 현재지에 따른다.

② 국외에 있는 일본선박 내에서 범한 죄에 대하여는 전항에 규정하는 지역 외 그 선박의 선적 소재지 또는 범죄 후 그 선박이 기항한 곳에 따른다.

③ 국외에 있는 일본항공기 내에서 범한 죄에 대하여는 제1항에 규정한 곳 외 범죄 후 그 항공기가 착륙(착수를 포함한다.)한 곳에 따른다.

제3조 ① 사물관할을 달리하는 수 개의 사건이 관련되는 때에는 상급재판소가 병합하여 이를 관할할 수 있다.

② 고등재판소의 특별권한에 속하는 사건과 다른 사건이 관련되는 때에는 고등재판소는 병합하여 관할할 수 있다.

제4조 사물관할을 달리하는 수 개의 관련사건이 상급재판소에 계속하는 경우에 병합하여 심판할 필요가 없는 사건이 있는 때에는 상급재판소는 결정으로 관할권을 가지는 하급재판소에 이송할 수 있다.

제5조 ① 수 개의 관련사건이 각별로 상급재판소 및 하급재판소에 계속하는 때에는 사물관할에 불구하고 상급재판소는 결정으로 하급재판소의 관할에 속하는 사건을 병합하여 심판할 수 있다.

② 고등재판소의 특별권한에 속하는 사건이 고등재판소에 계속하고 이와 관련된 사건이 하급재판소에 계속하는 때에는 고등재판소는 결정으로 하급재판소의 관할에 속하는 사건을 병합하여 심판할 수 있다.

제6조 토지관할을 달리하는 수 개의 사건이 관련되는 때에는 1개의 사건에 대한 관할권을 가지는 재판소는 병합하여 다른 사건을 관할할 수 있다. 다만 다른 법률의 규정에 따라 특정한 재판소의 관할에 속하는 사건은 관할할 수 없다.

제7조 토지관할을 달리하는 수 개의 관련사건이 동일 재판소에 계속하는 경우에 병합하여 심판할 필요가 없는 사건이 있는 때에는 그 재판소는 결정으로 관할권을 가지는 다른 재판소에 이를 이송할 수 있다.

제8조 ① 수 개의 관련사건이 각별로 사물관할을 같이하는 수 개의 재판소에 계속하는 때에는 각 재판소는 검찰관 또는 피고인의 청구에 의해 결정으로 하나의 재판소에 병합할 수 있다.

② 전항의 경우에 각 재판소의 결정이 일치하지 아니하는 때에는 각 재판소에 공통하는 직근상급재판소가 검찰관 또는 피고인의 청구에 의해 결정으로 사건을 하나의 재판소로 병합할 수 있다.

제9조 ① 수 개의 사건은 아래의 경우에 관련이 있는 것으로 한다.

1. 1인이 수죄를 범한 때
2. 수인(數人)이 함께 동일 또는 별개의 죄를 범한 때
3. 수인(數人)이 통모하여 각 따로 죄를 범한 때

② 범인은닉의 죄, 증거인멸의 죄, 위증의 죄, 허위의 감정통역의 죄 및 장물에 관한 죄와 그 본범의 죄는 함께 범한 것으로 본다.

제10조 ① 동일사건이 사물관할을 달리하는 수 개의 재판소에 계속하는 때에는 상급재판소가 심판한다.

② 상급재판소는 검찰관 또는 피고인의 청구에 의해 결정으로 관할권을 가진 하급재판소에 그 사건을 심판하도록 할 수 있다.

제11조 ① 동일사건이 사물관할을 같이하는 수 개의 재판소에 계속하는 때에는 최초로 공소를 수리한 재판소가 심판한다.

② 각 재판소에 공통하는 직근상급재판소는 검찰관 또는 피고인의 청구에 의해 결정으로 나중에 공소를 수리한 재판소에 그 사건을 심판하도록 할 수 있다.

제12조 ① 재판소는 사실발견을 위해 필요한 때에는 관할구역 외에서 직무를 수행할 수 있다.

② 전항의 규정은 수명재판관에 준용한다.

제13조 소송절차는 관할위반을 이유로는 효력을 잃지 아니한다.

제14조 ① 재판소는 관할권을 갖지 못하는 때에도 급속을 요하는 경우에는 사실발견을 위해 필요한 처분을 할 수 있다.

② 전항의 규정은 수명재판관에 준용한다.

제15조 검찰관은 아래의 경우에는 관계가 있는 제1심재판소에 공통하는 직근상급재판소에 관할지정의 청구를 하여야 한나.

1. 재판소의 관할구역이 명확하지 않기 때문에 관할재판소가 정해지지 아니한 때

2. 관할위반을 선고한 재판이 확정된 사건에서 다른 관할재판소가 없는 때

제16조 법률에 따른 관할재판소가 아닌 때 또는 이를 알 수 없었던 때에는 검사총장은 최고재판소에 관할지정의 청구를 하여야 한다.

제17조 ① 검찰관은 아래의 경우에는 직근상급재판소에 관할이전의 청구를 하여야 한다.

1. 관할재판소가 법률상의 이유 또는 특별한 사정으로 재판권을 행사할 수 없게 된 때

2. 지방의 민심, 소송의 상황 기타 사정에 따라 재판의 공평을 유지할 수 없을 우려가 있는 때

② 전항 각호의 경우에는 피고인도 관할이전의 청구를 할 수 있다.

제18조 범죄의 성질, 지방의 민심 기타 사정에 따라 관할재판소가 심판을 하는 때에는 공안을 해칠 우려가 있다고 인정하는 경우에는 검사총장은 최고재판소에 관할이전의 청구를 하여야 한다.

제19조 ① 재판소는 적당하다고 인정하는 때에는 검찰관이나 피고인의 청구 또는 직권으로 결정으로서 그 관할에 속하는 사건을 사물관할을 같이하는 다른 관할재판소에 이송할 수 있다.

② 이송의 결정은 피고사건에 대한 증거조사를 개시한 후에는 할 수 없다.

③ 이송의 결정 또는 이송의 청구를 각하하는 결정에는 그 결정에 의해 현저하게 이익을 침해받는 경우에 한하여 그 사유를 소명하여 즉시항고를 할 수 있다.

제2장 재판소직원의 제척 및 기피

제20조 재판관은 다음에 열거하는 경우에는 직무의 집행에서 제척된다.

1. 재판관이 피해자인 때

2. 재판관이 피고인 또는 피해자의 친족이거나 친족이었던 때

3. 재판관이 피고인 또는 피해자의 법정대리인, 후견감독인, 보좌인(保佐人),[1] 보좌

---

1) 가정재판소가 정신상 장애에 의하여 사리를 분별할 능력이 현저히 불충분한 자에게 본인, 배우자, 사촌

감독인, 보조인 또는 보조감독인인 때

4. 재판관이 사건에 대하여 증인 또는 감정인이 되었던 때

5. 재판관이 사건에 대하여 피고인의 대리인, 변호인 또는 보좌인(補佐人)[2]이 되었던 때

6. 재판관이 사건에 대하여 검찰관 또는 사법경찰원의 직무를 수행하였던 때

7. 재판관이 사건에 대하여 제266조 제2호의 결정, 약식명령, 전심의 재판, 제398조 내지 제400조, 제412조 또는 제413조의 규정에 따라 환송되거나 이송된 경우에 원판결 또는 이들 재판의 기초가 된 조사에 관여한 때. 다만 수탁재판관으로서 관여한 경우는 그러하지 아니하다.

제21조 ① 재판관이 직무의 집행에서 제척되어야 할 때 또는 불공평한 재판을 할 염려가 있는 때에는 검찰관 또는 피고인은 기피할 수 있다.

② 변호인은 피고인을 위해 기피의 신청을 할 수 있다. 다만 피고인의 명시한 의사에 반하여는 할 수 없다.

제22조 사건에 대하여 청구 또는 진술을 한 후에는 불공평한 재판을 할 염려가 있음을 이유로 하여 재판관을 기피할 수 없다. 다만 기피의 원인이 있음을 알지 못했던 때 또는 기피의 원인이 그 후에 발생한 때에는 그러하지 아니하다.

제23조 ① 합의부의 구성원인 재판관이 기피된 때에는 그 재판관 소속의 재판소가 결정을 하여야 한다. 이 경우에 그 재판소가 지방재판소인 때에는 합의부에서 결정을 하여야 한다.

② 지방재판소의 1인의 재판관 또는 가정재판소의 재판관이 기피된 때에는 그 재판관 소속의 재판소가, 간이재판소의 재판관이 기피된 때에는 관할 지방재판소가 합의부에서 결정을 하여야 한다. 다만 기피된 재판관이 기피의 신청이 이유 있다고 할 때에는 그 결정을 한 것으로 본다.

③ 기피된 재판관은 전2항의 결정에 관여할 수 없다.

④ 재판소가 기피된 재판관의 퇴거로 결정을 할 수 없게 된 때에는 직근상급재판소가 결정을 하여야 한다.

제24조 ① 소송을 지연시킬 목적만으로 하였음이 명백한 기피의 신청은 결정으로 각하할 수 있다. 이 경우에는 전조 제3항의 규정을 적용하지 아니한다. 제22조의 규정에 위반하거나 재판소의 규칙으로 정하는 절차에 위반하여 한 기피의 신청을 각하하는 경우에도 같다.

이내의 친족, 후견인, 후견감독인, 보조인, 보조감독인 또는 검찰관의 청구로 개시하는 의사결정지원 방식(일본국 민법 제11조). 보좌개시의 심판을 받은 자는 피보좌인이 되어 보좌인이 붙게 된다(제12조). 한국 민법에는 없는 개념이다.

2) 형사소송법상 피고인과 일정한 신분관계에 있는 자로, 심급마다 재판소에 신고하여 피고인을 보조하고 그 이익을 보호하는 자(일본국 형사소송법 제42조)

② 전항의 경우에는 기피된 수명재판관, 지방재판소의 1인의 재판관 또는 가정재판소나 간이재판소의 재판관은 기피의 신청을 각하하는 재판을 할 수 있다.

제25조 기피의 신청을 각하하는 결정에는 즉시항고를 할 수 있다.

제26조 ① 이 장의 규정은 제20조 제7호의 규정을 제외하고 재판소서기에 준용한다.

② 결정은 재판소서기 소속의 재판소가 하여야 한다. 다만 제24조 제1항의 경우에는 재판소서기가 부속하는 수명재판관이 기피의 신청을 각하하는 재판을 할 수 있다.

제3장 소송능력

제27조 ① 피고인 또는 피의자가 법인인 때에는 그 대표자가 소송행위에 대하여 이를 대표한다.

② 수인(數人)이 공동하여 법인을 대표하는 경우에도 소송행위에서는 각자가 이를 대표한다.

제28조 형법(明治 41년 법률 제45호) 제39조 또는 제41조[3]의 규정을 적용하지 아니하는 죄에 해당하는 사건에 대하여 피고인 또는 피의자가 의사능력을 갖지 못하는 때에는 그 법정대리인(2인 이상 있는 때에는 각자. 이하 같다.)이 소송행위에서 이를 대리한다.

제29조 ① 전2조의 규정에 따라 피고인을 대표 또는 대리하는 자가 없는 때에는 검찰관의 청구 또는 직권으로 특별대리인을 선임하여야 한다.

② 전2조의 규정에 따라 피의자를 대표 또는 대리하는 자가 없는 경우에 검찰관, 사법경찰원 또는 이해관계인의 청구가 있는 때에도 전항과 같다.

③ 특별대리인은 피고인이나 피의자를 대표 또는 대리하여 소송행위를 하는 자가 생길 때까지 그 임무를 수행한다.

제4장 변호 및 보좌

제30조 ① 피고인 또는 피의자는 언제라도 변호인을 선임할 수 있다.

② 피고인 또는 피의자의 법정대리인, 보좌인, 배우자, 직계의 친족 및 형제자매는 독립하여 변호인을 선임할 수 있다.

제31조 ① 변호인은 변호사 중에서 선임하여야 한다.

② 간이재판소 또는 지방재판소에서는 재판소의 허가를 얻은 때에는 변호사가 아

---

3) 일본국 형법 제39조 ① 심신상실자의 행위는 벌하지 아니한다.
② 심신미약자의 행위는 형을 감경한다.
제40조 삭제
제41조 14세 미만인 자의 행위는 벌하지 아니한다.

닌 자를 변호인으로 선임할 수 있다. 다만 지방재판소에서는 다른 변호사 중에서 선임된 변호인이 있는 경우에 한한다.

제31조의2 ① 변호인을 선임하려는 피고인 또는 피의자는 변호사회에 변호인의 선임을 신청할 수 있다.

② 변호사회는 전항의 신청을 받은 경우에는 신속하게 소속하는 변호사 중에서 변호인이 되려는 자를 소개하여야 한다.

③ 변호사회는 전항의 변호인이 되려는 자가 없는 때에는 당해 신청을 한 자에게 신속하게 그 취지를 통지하여야 한다. 같은 항의 규정에 따라 소개한 변호사가 피고인 또는 피의자가 한 변호인의 선임의 신청을 거절한 때에도 같다.

제32조 ① 공소의 제기 전에 한 변호인의 선임은 제1심에서도 효력이 있다.

② 공소의 제기 후의 변호인의 선임은 심급마다 하여야 한다.

제33조 피고인에게 수인(數人)의 변호인이 있는 때에는 재판소의 규칙으로 주임변호인을 정하여야 한다.

제34조 전조의 규정에 따른 주임변호인의 권한은 재판소의 규칙으로 정하는 바에 따른다.

제35조 재판소는 재판소의 규칙으로 정하는 바에 따라 피고인 또는 피의자의 변호인의 수를 제한할 수 있다. 다만 피고인의 변호인에 대하여는 특별한 사정이 있는 때에 한한다.

제36조 피고인이 빈곤 기타 사유로 변호인을 선임할 수 없는 때에는 재판소는 그 청구에 의해 피고인을 위하여 변호인을 붙여야 한다. 다만 피고인 이외의 자가 선임한 변호인이 있는 경우는 그러하지 아니하다.

제36조의2 이 법률에 따라 변호인을 요하는 경우를 제외하고 피고인이 전조의 청구를 할 때에는 자력신고서[그 사람에게 속하는 현금, 예금 기타 정령으로 정하는 이들에 준하는 자산의 합계액(이하 '자력'이라고 한다.) 및 그 내역을 신고하는 서면을 말한다. 이하 같다.]를 제출하여야 한다.

제36조의3 ① 이 법률에 따라 변호인을 요하는 경우를 제외하고 그 자력이 기준액(표준적인 필요생계비[4])를 감안하여 일반에 변호인의 보수 및 비용을 조달하기에 충분한 액수로서 정령으로 정하는 액을 말한다. 이하 같다.) 이상인 피고인이 제36조의 청구를 할 때에는 미리 그 청구를 하는 재판소의 소재지를 관할하는 지방재판소의 관할구역 내에 있는 변호사회에 제31조의2 제1항의 신청을 하여야 한다.

---

4) 우리나라에서는 2016년부터 국민기초생활 보장법과 관련 규정 개정에 따라 최저생계비를 고시하지 않고 기준중위소득을 고시하고 있는데, 과거의 최저생계비는 현행 기준중위소득의 40%값에 해당함[국민기초생활 보장법(2014. 12. 30. 법률 제12933호로 개정된 것) 부칙 제6조, 2015년 보건복지부 배포 최저생계비 → 기준 중위소득 전환 기준 각 참조].

② 전항의 규정에 따라 제31조의2 제1항의 신청을 받은 변호사회는 같은 조 제3항의 규정에 따른 통지를 한 때에는 전항의 지방재판소 또는 당해 피고사건이 계속하는 재판소에 그 취지를 통지하여야 한다.

제37조 아래의 경우에 피고인에게 변호인이 없는 때에는 재판소는 직권으로 변호인을 붙일 수 있다.

1. 피고인이 미성년자인 때

2. 피고인이 70세 이상인 자인 때

3. 피고인이 귀가 들리지 않는 자이거나 말을 할 수 없는 자인 때

4. 피고인이 심신상실자 또는 심신미약자라는 의심이 있는 때

5. 기타 필요하다고 인정하는 때

제37조의2 ① 피의자에게 구류장이 발부되어 있는 경우에 피의자가 빈곤 기타 사유로 변호인을 선임할 수 없는 때에는 재판관은 그 청구에 의해 피의자를 위한 변호인을 붙여야 한다. 다만 피의자 이외의 자가 선임한 변호인이 있는 경우 또는 피의자가 석방된 경우는 그러하지 아니하다.

② 전항의 청구는 구류를 청구받은 피의자도 할 수 있다.

제37조의3 ① 전조 제1항의 청구를 할 때에는 자력신고서를 제출하여야 한다.

② 그 자력이 기준액 이상인 피의자가 전조 제1항의 청구를 할 때에는 미리 구류의 청구를 받은 재판관이 소속하는 재판소의 소재지를 관할하는 지방재판소의 관할구역 내에 있는 변호사회에 제31조의2 제1항의 신청을 하여야 한다.

③ 전항의 규정에 따라 제31조의2 제1항의 신청을 받은 변호사회는 같은 조 제3항의 규정에 따른 통지를 한 때에는 전항의 지방재판소에 그 취지를 통지하여야 한다.

제37조의4 재판관은 피의자에게 구류장이 발부되고 변호인이 없는 경우에 정신상의 장해 기타 사유로 변호인을 필요로 하는지를 판단하기 곤란하다는 의심이 있는 피의자에게 필요하다고 인정하는 때에는 직권으로 변호인을 붙일 수 있다. 다만 피의자가 석방된 경우는 그러하지 아니하다.

제37조의5 재판관은 사형, 무기징역 또는 금고에 해당하는 사건에 제37조의2 제1항 또는 전조의 규정에 따라 변호인을 붙이는 경우나 붙인 경우에 특별히 필요하다고 인정하는 때에는 직권으로 다시 변호인 1인을 붙일 수 있다. 다만 피의자가 석방된 경우는 그러하지 아니하다.

제38조 ① 이 법률의 규정에 기초하여 재판소나 재판장 또는 재판관이 붙여야 하는 변호인은 변호사 중에서 선임하여야 한다.

② 전항의 규정에 따라 선임된 변호인은 여비, 일당, 숙박료 및 보수를 청구할 수 있다.

제38조의2 재판관에 의한 변호인의 선임은 피의자가 그 선임에 관련된 사건에서 석방된 때에는 그 효력을 잃는다. 다만 그 석방이 구류의 집행정지에 의한 때에는 그러하지 아니하다.

제38조의3 ① 재판소는 다음 각호의 어느 하나에 해당한다고 인정하는 때에는 재판소나 재판장 또는 재판관이 붙인 변호인을 해임할 수 있다.

1. 제30조의 규정에 따른 변호인 선임 기타 사유로 변호인을 붙일 필요가 없게 된 때
2. 피고인과 변호인의 이익이 상반되는 상황에 있어 변호인에게 그 직무를 계속하게 함이 상당하지 아니한 때
3. 심신의 장애 기타 사유로 변호인이 직무를 수행할 수 없거나 직무를 수행하는 것이 곤란하게 된 때
4. 변호인이 그 임무에 현저하게 반하는 일로 그 직무를 계속하게 함이 상당하지 아니한 때
5. 변호인에 대한 폭행, 협박 기타 피고인의 책임 있는 사유로 변호인에게 그 직무를 계속하게 함이 상당하지 아니한 때

② 변호인을 해임할 때에는 미리 그 의견을 들어야 한다.
③ 변호인을 해임할 때에는 피고인의 권리를 부당히 제한하지 않도록 하여야 한다.
④ 공소의 제기 전에는 재판관이 붙인 변호인의 해임은 재판관이 한다. 이 경우에는 전3항의 규정을 준용한다.

제38조의4 재판소 또는 재판관의 판단을 그르칠 목적으로 자력에 허위의 기재가 있는 자력신고서를 제출한 자는 10만엔 이하의 과태료에 처한다.

제39조 ① 신체의 구속을 받고 있는 피고인 또는 피의자는 변호인 또는 변호인을 선임할 수 있는 자의 의뢰에 따라 변호인이 되려는 자(변호사가 아닌 자는 제31조 제2항의 허가가 있는 후에 한한다.)와 입회인 없이 접견하거나 서류 또는 물건의 수수를 할 수 있다.
② 전항의 접견 또는 수수에 대하여는 법령(재판소의 규칙을 포함한다. 이하 같다.)으로 피고인 또는 피의자의 도망, 증거인멸 또는 계호에 지장이 있는 물건의 수수를 방지하기 위해 필요한 조치를 규정할 수 있다.
③ 검찰관, 검찰사무관 또는 사법경찰직원(사법경찰원 및 사법순사를 말한다. 이하 같다.)은 수사를 위해 필요한 때에는 공소의 제기 전에 한하여 제1항의 접견 또는 수수에 관한 일시, 장소 및 시간을 지정할 수 있다. 다만 그 지정은 피의자가 방어의 준비를 하는 권리를 부당히 제한하는 것이 되어서는 아니 된다.

제40조 ① 변호인은 공소의 제기 후에는 재판소에 소송에 관련된 서류 및 증거물을 열람 또는 등사할 수 있다. 다만 증거물을 등사할 때에는 재판장의 허가를 받아야 한다.

② 전항의 규정에 불구하고 제157조의6 제4항에 규정하는 소송매체는 등사할 수 없다.

제41조 변호인은 이 법률에 특별한 정함이 있는 경우에 한하여 독립하여 소송행위를 할 수 있다.

제42조 ① 피고인의 법정대리인, 보좌인, 배우자, 직계의 친족 및 형제자매는 언제라도 보좌인(補佐人)이 될 수 있다.

② 보좌인(補佐人)이 되려면 심급마다 그 취지를 신고하여야 한다.

③ 보좌인(補佐人)은 피고인의 명시한 의사에 반하지 않는 한 피고인이 할 수 있는 소송행위를 할 수 있다. 다만 이 법률에 특별한 정함이 있는 경우는 그러하지 아니하다.

제5장 재판

제43조 ① 판결은 이 법률에 특별한 규정이 있는 경우를 제외하고는 구두변론을 기초로 하여야 한다.

② 결정 또는 명령은 구두변론을 기초로 할 것을 요하지 아니한다.

③ 결정 또는 명령을 할 때 필요한 경우에는 사실조사를 할 수 있다.

④ 전항의 조사는 합의부의 구성원에게 하게 하거나 지방재판소, 가정재판소 또는 간이재판소의 재판관에게 촉탁할 수 있다.

제44조 ① 재판에는 이유를 붙이지 않을 수 있다.

② 상소를 허용하지 않는 결정 또는 명령에는 이유를 붙일 것을 요하지 아니한다. 다만 제428조 제2항의 규정에 따른 이의신청을 할 수 있는 결정에는 그러하지 아니하다.

제45조 판결 이외의 재판은 판사보가 단독으로 할 수 있다.

제46조 피고인 기타 소송관계인은 자기의 비용으로 재판서 또는 재판을 기재한 조서의 등본 또는 초본의 교부를 청구할 수 있다.

제6장 서류 및 송달

제47조 소송에 관한 서류는 공판의 개정 전에는 공개하여서는 안 된다. 다만 공익상의 필요 기타 사유가 있어 상당하다고 인정되는 경우는 그러하지 아니하다.

제48조 ① 공판기일에서 소송절차에 대하여는 공판조서를 작성하여야 한다.

② 공판조서에는 재판소의 규칙으로 정하는 바에 따라 공판기일에서 심판에 관한 중요한 사항을 기재하여야 한다.

③ 공판조서는 각 공판기일 후 신속하게, 늦어도 판결을 선고할 때까지 정리하여야

한다. 다만 판결을 선고하는 공판기일의 조서는 당해 공판기일 후 7일 이내에, 공판기일로부터 판결을 선고하는 날까지의 기간이 10일 미만인 경우에 당해 공판기일의 조서는 당해 공판기일 후 10일 이내(판결을 선고하는 날까지의 기간이 3일 미만인 때에는 당해 판결을 선고하는 공판기일 후 7일 이내)에 정리하면 충분하다.

제49조 피고인에게 변호인이 없는 때에는 공판조서는 재판소의 규칙이 정하는 바에 따라 피고인도 열람할 수 있다. 피고인은 읽거나 볼 수 없는 때에는 공판조서의 낭독을 요구할 수 있다.

제50조 ① 공판조서가 다음 공판기일까지 정리되지 않은 때에는 재판소서기는 검찰관, 피고인 또는 변호인의 청구에 따라 다음 공판기일에서 또는 그 기일까지 이전 공판기일에서의 증인의 진술의 요지를 고지하여야 한다. 이 경우에 청구를 한 검찰관, 피고인 또는 변호인이 증인의 진술의 요지의 정확성에 대한 이의를 신청하는 때에는 그 취지를 조서에 기재하여야 한다.

② 피고인 및 변호인의 출석 없이 개정한 공판기일의 공판조서는 다음 공판기일까지 정리되지 못한 때에는 재판소서기는 다음 공판기일에서 또는 그 기일까지 출석한 피고인 또는 변호인에게 이전 공판기일에서의 심리에 관한 중요한 사항을 고지하여야 한다.

제51조 ① 검찰관, 피고인 또는 변호인은 공판조서의 기재의 정확성에 대한 이의를 신청할 수 있다. 이의신청이 있는 때에는 그 취지를 조서에 기재하여야 한다.

② 전항의 이의신청은 늦어도 당해 심급에서 최종 공판기일 후 14일 이내에 하여야 한다. 다만 제48조 제3항 단서의 규정에 따라 판결을 선고하는 공판기일 후에 정리된 조서에는 정리할 수 있던 날로부터 14일 이내에 할 수 있다.

제52조 공판기일에서 소송절차로 공판조서에 기재된 것은 공판조서만으로 이를 증명할 수 있다.

제53조 ① 누구라도 피고사건의 종결 후 소송기록을 열람할 수 있다. 다만 소송기록의 보존 또는 재판소나 검찰청의 사무에 지장이 있는 때에는 그러하지 아니하다.

② 변론의 공개를 금지한 사건의 소송기록 또는 일반에 열람이 적합하지 않은 것으로서 열람이 금지된 소송기록은 전항의 규정에 불구하고 소송관계인 또는 열람에 정당한 이유가 있어 특별히 소송기록의 보관자의 허가를 받은 자가 아니면 열람할 수 없다.

③ 일본국헌법 제82조 제2항 단서5)에 열거한 사건에는 열람을 금지할 수 없다.

④ 소송기록의 보관 및 열람의 수수료는 따로 법률로 정한다.

---

5) 일본국헌법 제82조 ② 재판소가 재판관의 전원일치로 공적 질서 또는 선량한 풍속을 해칠 우려가 있다고 결정한 경우에는 대심은 공개하지 아니하고 진행할 수 있다. 다만 정치범죄, 출판에 관한 범죄 또는 이 헌법 제3장이 보장하는 국민의 권리가 문제된 사건의 대심은 항상 공개하여야 한다.

제53조의2 ① 소송에 관한 서류 및 압수물에는 행정기관이 보유하는 정보의 공개에 관한 법률(平成 11년 법률 제42호) 및 독립행정법인등이 보유하는 정보의 공개에 관한 법률(平成 13년 법률 제140호)의 규정은 적용하지 아니한다.

② 소송에 관한 서류 및 압수물에 기록되어 있는 개인정보에는 행정기관이 보유하는 개인정보의 보호에 관한 법률(平成 15년 법률 제58호) 제4장 및 독립행정법인등이 보유하는 개인정보의 보호에 관한 법률(平成 15년 법률 제59호) 제4장의 규정6)은 적용하지 아니한다.

③ 소송에 관한 서류에는 공문서등의 관리에 관한 법률(平成 21년 법률 제66호) 제2장의 규정7)은 적용하지 아니한다. 이 경우에 소송에 관한 서류에 대한 같은 법 제4장의 규정을 적용할 때에는 같은 법 제14조 제1항 중 '국가기관(행정기관을 제외한다. 이하 이 조에서 같다.)' 및 같은 법 제16조 제1항 제3호8) 중 '국가기관(행정기관을 제외한다.)'은 '국가기관'으로 한다.

④ 압수물에는 공문서 등의 관리에 관한 법률의 규정은 적용하지 아니한다.

제54조 서류의 송달에는 재판소의 규칙으로 특별한 정함이 있는 경우를 제외하고는 민사소송에 관한 법령의 규정(공시송달에 관한 규정을 제외한다.)을 준용한다.

제7장 기간

제55조 ① 기간의 계산은 시(時)로 계산하는 것은 즉시부터 기산하고, 일(日), 월(月) 또는 년(年)으로 계산하는 것은 초일(初日)을 산입하지 아니한다. 다만, 시효기간의 초일(初日)은 시간을 논하지 아니하고 1일로 하여 계산한다.

② 월(月) 및 년(年)은 역법에 따라 계산한다.

③ 기간의 말일이 일요일, 토요일, 국민의 축일에 관한 법률(昭和 23년 법률 제178호)

---

6) 정보의 개시, 정정 및 이용정지와 심사청구에 관한 규정임.

7) 행정문서의 정리와 작성에 관한 규정임.

8) 일본국 공문서등의 관리에 관한 법률 제14조(행정기관 이외의 국가기관이 보유하는 역사공문서등의 보존 및 이관) ① 국가기관(행정기관을 제외한다. 이하 이 조에서 같다.)은 내각총리대신과 협의하여 정하는 바에 따라 당해 국가기관이 보유하는 역사공문서등의 적절한 보존을 위해 필요한 조치를 강구한다. ② ~ ④ (생 략)

제16조(특정역사공문서등의 이용청구 및 그 취급) ① 국립공문서관등의 장은 당해국립공문서관등에 보존되어 있는 특정역사공문서등에 대하여 전조 제4항의 목록의 기재에 따른 이용청구가 있었던 때에는 다음에 열거하는 경우를 제외하고 이를 이용하게 하여야 한다.

1. ~ 2. (생 략)

3. 당해 특정역사공문서등이 국가기관(행정기관을 제외한다.)에서 이관된 것으로서 당해 국가기관과의 합의로 이용을 제한하게 되어 있는 경우

4. ~ 5. (생 략)

② ~ ③ (생 략)

※ 역사공문서등이란 역사사료로서 중요한 공문서 기타 문서, 특정역사공문서등이란 역사공문서등 중에서 국립공문서관 등에 이관된 것을 가리킴(위 법 제2조 제6항, 제7항 각호 참조).

에 규정하는 휴일, 1월 2일, 1월 3일 또는 12월 29일에서 12월 31일까지의 날에 해당하는 때에는 기간에 산입하지 아니한다. 다만 시효기간은 그러하지 아니하다.

제56조 ① 법정기간은 재판소의 규칙이 정하는 바에 따라 소송행위를 할 자의 주거 또는 사무소의 소재지와 재판소 또는 검찰청의 소재지와의 거리 및 교통통신의 편리 여부에 따라 연장할 수 있다.

② 전항의 규정은 선고한 재판에 대한 상소의 제기기간에는 적용하지 아니한다.

제8장 피고인의 소환, 구인 및 구류

제57조 재판소는 재판소의 규칙으로 정하는 상당한 유예기간을 두고 피고인을 소환할 수 있다.

제58조 재판소는 다음의 경우에는 피고인을 구인할 수 있다.

1. 피고인이 일정한 주거가 없는 때
2. 피고인이 정당한 이유 없이 소환에 응하지 아니하거나 응하지 아니할 우려가 있는 때

제59조 구인한 피고인은 재판소에 인치한 때로부터 24시간 이내에 석방하여야 한다. 다만 그 시간 내에 구류장이 발부된 때에는 그러하지 아니하다.

제60조 재판소는 피고인이 죄를 범하였음을 의심할 만한 상당한 이유가 있는 경우에 아래 각호의 하나에 해당하는 때에는 구류할 수 있다.

1. 피고인이 일정한 주거가 없는 때
2. 피고인이 죄증을 인멸한다고 의심할 만한 상당한 이유가 있는 때
3. 피고인 도망 또는 도망한다고 의심할 만한 상당한 이유가 있는 때

② 구류의 기간은 공소의 제기가 있던 날로부터 2개월로 한다. 특별히 계속할 필요가 있는 경우에는 구체적으로 그 이유를 붙인 결정으로 1개월마다 갱신할 수 있다. 다만 제89조 제1호, 제3호, 제4호 또는 제6호에 해당하는 경우를 제외하고는 갱신은 1회에 한한다.

③ 30만엔[형법, 폭력행위 등 처벌에 관한 법률(大正 15년 법률 제60호) 및 경제관계 벌칙의 정비에 관한 법률(昭和 19년 법률 제4호)의 죄 이외의 죄는 당분간 2만엔] 이하의 벌금, 구류 또는 과태료에 해당하는 사건에는 피고인이 일정한 주거가 없는 경우에 한하여 제1항의 규정을 적용한다.

제61조 피고인의 구류는 피고인에게 피고사건을 고지하고 이에 관한 진술을 들은 후가 아니면 할 수 없다. 다만 피고인이 도망한 경우는 그러하지 아니하다.

제62조 피고인의 소환, 구인 또는 구류는 소환장, 구인장 또는 구류장을 발부하여야 한다.

제63조 소환장에는 피고인의 이름 및 주거, 죄명, 출석하여야 할 연월일시 및 장소와

아울러 정당한 이유 없이 출석하지 아니하는 때에는 구인장을 발부한다는 취지 기타 재판소의 규칙으로 정하는 사항을 기재하고 재판장 또는 수명재판관이 기명날인하여야 한다.

제64조 ① 구인장 또는 구류장에는 피고인의 성명 및 주거, 죄명, 공소사실의 요지, 인치할 장소 또는 구류할 형사시설, 유효기간 및 그 기간경과 후에는 집행에 착수할 수 없는 영장은 반환하여야 한다는 취지와 발부연월일 기타 재판소의 규칙으로 정하는 사항을 기재하고 재판장 또는 수명재판관이 기명날인하여야 한다.

② 피고인의 이름이 밝혀지지 아니한 때에는 인상, 체격 기타 피고인을 특정하기에 충분한 사항으로 피고인을 표시할 수 있다.

③ 피고인의 주거가 밝혀지지 아니한 때에는 기재할 것을 요하지 아니한다.

제65조 ① 소환장은 송달한다.

② 피고인으로부터 기일에 출석한다는 취지를 기재한 서면을 제출받거나 출석한 피고인에게 구두로 다음 번 출석을 명한 때에는 소환장을 송달한 경우와 동일한 효력을 가진다. 구두로 출석을 명한 경우에는 그 취지를 조서에 기재하여야 한다.

③ 재판소에 근접하는 형사시설에 있는 피고인에게는 형사시설직원(형사시설의 장 또는 지명하는 형사시설의 직원을 말한다. 이하 같다.)에게 통지하여 소환할 수 있다. 이 경우에는 피고인이 형사시설직원에게 통지를 받은 때에 소환장의 송달이 있었던 것으로 본다.

제66조 ① 재판소는 피고인의 현재지의 지방재판소, 가정재판소 또는 간이재판소의 재판관에게 피고인의 구인을 촉탁할 수 있다.

② 수탁재판관은 수탁의 권한을 가지는 다른 지방재판소, 가정재판소 또는 간이재판소의 재판관에게 전탁할 수 있다.

③ 수탁재판관은 수탁사항에 대하여 권한을 가지지 아니하는 때에는 수탁의 권한을 가지는 다른 지방재판소, 가정재판소 또는 간이재판소의 재판관에 촉탁을 이송할 수 있다.

④ 촉탁 또는 이송을 받은 재판관은 구인장을 발부하여야 한다.

⑤ 제64조의 규정은 전항의 구인장에 준용한다. 이 경우에는 구인장에 촉탁에 따라 발부하는 취지를 기재하여야 한다.

제67조 ① 전조의 경우에는 촉탁에 따른 구인장을 발부한 재판관은 피고인을 인치한 때로부터 24시간 이내에 그 사람이 틀림없는지를 조사하여야 한다.

② 피고인이 틀림없는 때에는 신속하게 곧바로 지정된 재판소에 송치하여야 한다. 이 경우 촉탁에 따른 구인장을 발부한 재판관은 피고인이 지정된 재판소에 도착하여야 할 기간을 정하여야 한다.

③ 전항의 경우에는 제59조의 기간은 피고인이 지정된 재판소에 도착한 때로부터 기산한다.

제68조 재판소는 필요한 때에는 지정한 장소에 피고인의 출석 또는 동행을 명할 수 있다. 피고인이 정당한 이유 없이 응하지 아니하는 때에는 그 장소에 구인할 수 있다. 이 경우 제59조의 기간은 피고인을 그 장소에 인치한 때로부터 기산한다.

제69조 재판장은 급속을 요하는 경우에는 제57조 내지 제62조, 제65조, 제66조 및 전조에 규정하는 처분을 하거나 합의부의 구성원에게 하게 할 수 있다.

제70조 ① 구인장 또는 구류장은 검찰관의 지휘에 따라 검찰사무관 또는 사법경찰직원이 집행한다. 다만 급속을 요하는 경우에는 재판장, 수명재판관 또는 지방재판소, 가정재판소나 간이재판소의 재판관은 그 집행을 지휘할 수 있다.

② 형사시설에 있는 피고인에게 발부된 구류장은 검찰관의 지휘에 따라 형사시설 직원이 집행한다.

제71조 검찰사무관 또는 사법경찰직원은 필요한 때에는 관할구역 외에서 구인장 또는 구류장을 집행하거나 그 지역의 검찰사무관 또는 사법경찰직원에게 그 집행을 요구할 수 있다.

제72조 ① 피고인의 현재지가 판명되지 아니하는 때에는 재판장은 검사장에게 그 수사 및 구인장 또는 구류장의 집행을 촉탁할 수 있다.

② 촉탁을 받은 검사장은 그 관내의 검찰관에게 수사 및 구인장 또는 구류장의 집행절차를 하게 하여야 한다.

제73조 ① 구인장을 집행할 때에는 이를 피고인에 보여준 후 가능한 한 신속하게 직접 지정된 재판소 기타 장소에 인치하여야 한다. 제66조 제4항의 구인장에 대하여는 이를 발부한 재판관에게 인치하여야 한다.

② 구류장을 집행할 때에는 이를 피고인에 보여준 후 가능한 한 신속하게 직접 지정된 형사시설에 인치하여야 한다.

③ 구인장 또는 구류장을 소지하지 아니하였기 때문에 이를 보여줄 수 없는 경우에 급속을 요하는 때에는 전2항의 규정에 불구하고 피고인에게 공소사실의 요지 및 영장이 발부되어 있는 취지를 고지하고 집행을 할 수 있다. 다만 영장은 가능한 한 신속하게 보여주어야 한다.

제74조 구인장 또는 구류장의 집행을 받은 피고인을 호송하는 경우에 필요한 때에는 임시로 가장 가까운 형사시설에 유치할 수 있다.

제75조 구인장의 집행을 받은 피고인을 인치한 경우에 필요한 때에는 형사시설에 유치할 수 있다.

제76조 ① 피고인을 구인한 때에는 곧바로 피고인에게 공소사실의 요지 및 변호인을

선임할 수 있다는 취지와 빈곤 기타 사유로 스스로 변호인을 선임할 수 없을 때에는 변호인의 선임을 청구할 수 있다는 취지를 고지하여야 한다. 다만 피고인에게 변호인이 있는 때에는 공소사실의 요지를 고지하면 충분하다.

② 전항의 규정에 따라 변호인을 선임할 수 있다는 취지를 고지할 때에는 변호사, 법무법인 또는 변호사회를 지정하여 변호인의 선임을 신청할 수 있다는 취지와 그 신청처를 알려주어야 한다.

③ 제1항의 고지 및 전항의 교시는 합의부의 구성원 또는 재판소서기관에게 하게 할 수 있다.

④ 제66조 제4항의 규정에 따라 구인장을 발부한 경우에는 제1항의 고지 및 제2항의 교시는 그 구인장을 발부한 재판관이 하여야 한다. 다만 재판소서기관에게 그 고지를 교시하게 할 수 있다.

제77조 ① 피고인을 구류할 때에는 피고인에게 변호인을 선임할 수 있다는 취지와 빈곤 기타 사유로 스스로 변호인을 선임할 수 없을 때에는 변호인의 선임을 청구할 수 있다는 취지를 고지하여야 한다. 다만 피고인에게 변호인이 있는 때에는 그러하지 아니하다.

② 전항의 규정에 따라 변호인을 선임할 수 있다는 취지를 고지할 때에는 구류된 피고인은 변호사, 법무법인 또는 변호사회를 지정하여 변호인의 선임을 신청할 수 있다는 취지와 그 신청처를 알려주어야 한다.

③ 제61조 단서의 경우에는 피고인을 구류한 후 곧바로 제1항에 규정하는 사항 및 공소사실의 요지를 고지함과 동시에 전항에 규정하는 사항을 교시하여야 한다. 다만 피고인에게 변호인이 있는 때에는 공소사실의 요지를 고지하면 충분하다.

④ 전조 제3항의 규정은 제1항의 고지, 제2항의 교시와 전항의 고지 및 교시에 대하여 준용한다.

제78조 ① 구인 또는 구류된 피고인은 재판소 또는 형사시설의 장이나 그 대리자에게 변호사, 법무법인 또는 변호사회를 지정하여 변호인의 선임을 신청할 수 있다. 다만 피고인에게 변호인이 있는 때에는 그러하지 아니하다.

② 전항의 신청을 받은 재판소 또는 형사시설의 장이나 그 대리자는 곧바로 피고인이 지정한 변호사, 법무법인 또는 변호사회에 그 취지를 통지하여야 한다. 피고인이 2인 이상의 변호사 또는 2 이상의 법무법인이나 변호사회를 지정하여 전항의 신청을 한 때에는 그 중 1인의 변호사 또는 1개 법무법인이나 변호사회에 통지하면 충분하다.

제79조 피고인을 구류한 때에는 곧바로 변호인에게 그 취지를 통지하여야 한다. 피고인에게 변호인이 없는 때에는 피고인의 법정대리인, 보좌인, 배우자, 직계의 친족

및 형제자매 중 피고인이 지정하는 자 1인에게 그 취지를 통지하여야 한다.

제80조 구류되어 있는 피고인은 제39조 제1항에 규정하는 자 이외의 자와 법령의 범위 내에서 접견 또는 서류나 물건을 수수할 수 있다. 구인장에 의해 형사시설에 유치되어 있는 피고인도 같다.

제81조 재판소는 도망하거나 죄증을 인멸하려 한다고 의심할 만한 상당한 이유가 있는 때에는 검찰관의 청구나 직권으로 구류되어 있는 피고인과 제39조 제1항에 규정하는 자 이외의 자와의 접견을 금지, 수수할 서류 기타 물건을 검열, 수수를 금지하거나 압수할 수 있다. 다만 양식의 수수를 금지하거나 압수할 수 없다.

제82조 ① 구류되어 있는 피고인은 재판소에 구류의 이유의 개시를 청구할 수 있다.
② 구류되어 있는 피고인의 변호인, 법정대리인, 보좌인, 배우자, 직계의 친족 및 형제자매 기타 이해관계인도 전항의 청구를 할 수 있다.
③ 전2항의 청구는 보석, 구류의 집행정지나 구류의 취소가 있는 때 또는 구류장의 효력이 소멸한 때에는 효력을 잃는다.

제83조 ① 구류의 이유의 개시는 공개된 법정에서 하여야 한다.
② 법정은 재판관 및 재판소서기가 참석하여 연다.
③ 피고인 및 그 변호인이 출석하지 아니한 때에는 개정할 수 없다. 다만 피고인의 출석에 대하여는 피고인이 질병 기타 부득이한 사유로 출석할 수 없거나 피고인에게 이의가 없는 때, 변호인의 출석에 대하여는 피고인에게 이의가 없는 때에는 그러하지 아니하다.

제84조 ① 법정에서는 재판장은 구류의 이유를 고지하여야 한다.
② 검찰관 또는 피고인 및 변호인과 이들 이외의 청구자는 의견을 진술할 수 있다. 다만 재판장은 상당하다고 인정하는 때에는 의견진술에 갈음하여 의견을 기재한 서면을 제출할 것을 명할 수 있다.

제85조 구류의 이유의 개시는 합의부의 구성원에게 하게 할 수 있다.

제86조 동일한 구류에 제82조의 청구가 2 이상 있는 경우에는 구류의 이유의 개시는 최초의 청구에 대하여 한다. 그 외의 청구는 구류의 이유의 개시가 끝난 후 결정으로 각하하여야 한다.

제87조 ① 구류의 이유 또는 구류의 필요가 없게 된 때에는 재판소는 검찰관, 구류되어 있는 피고인 또는 그 변호인, 법정대리인, 보좌인, 배우자, 직계의 친족 및 형제자매의 청구 또는 직권으로 결정으로써 구류를 취소하여야 한다.
② 제82조 제3항의 규정은 전항의 청구에 준용한다.

제88조 ① 구류되어 있는 피고인 또는 그 변호인, 법정대리인, 보좌인, 배우자, 직계의 친족 및 형제자매는 보석을 청구할 수 있다.

② 제82조 제3항의 규정은 전항의 청구에 준용한다.

제89조 보석의 청구가 있는 때에는 다음의 경우를 제외하고는 허가하여야 한다.

1. 피고인이 사형, 무기 또는 단기 1년 이상의 징역이나 금고에 해당하는 죄를 범한 때

2. 피고인이 전에 사형, 무기 또는 장기 10년을 넘는 징역이나 금고에 해당하는 죄에 대하여 유죄의 선고를 받은 일이 있는 때

3. 피고인이 상습으로 장기 3년 이상의 징역이나 금고에 해당하는 죄를 범한 때

4. 피고인이 증거를 인멸하려 한다고 의심할 만한 상당한 이유가 있는 때

5. 피고인이 피해자 기타 사건의 심판에 필요한 지식을 보유한다고 인정되는 자 또는 그 친족의 신체나 재산에 해를 끼치거나 이들을 외포케 하는 행위를 한다고 의심할 만한 상당한 이유가 있는 때

6. 피고인의 이름 또는 주거를 알 수 없는 때

제90조 재판소는 보석이 된 경우에 피고인이 도망 또는 증거를 인멸할 우려의 정도 외에 신체의 구속의 계속에 따라 피고인이 받을 건강상, 경제상, 사회생활상 또는 방어의 준비상의 불이익의 정도 기타 사정을 고려하여 적당하다고 인정하는 때에는 직권으로 보석을 허가할 수 있다.

제91조 구류에 의한 구금이 부당하게 길어지게 된 때에는 재판소는 제88조에 규정하는 자의 청구 또는 직권으로 결정으로써 구류를 취소하거나 보석을 허가하여야 한다.

② 제82조 제3항의 규정은 전항의 청구에 준용한다.

제92조 ① 재판소는 보석을 허가하는 결정 또는 보석의 청구를 각하하는 결정을 할 때에는 검찰관의 의견을 들어야 한다.

② 검찰관의 청구에 의한 경우를 제외하고 구류를 취소하는 결정을 할 때에도 전항과 같다. 다만 급속을 요하는 경우에는 그러하지 아니하다.

제93조 ① 보석을 허가하는 경우에는 보증금액을 정하여야 한다.

② 보증금액은 범죄의 성질 및 정황, 증거의 증명력과 아울러 피고인의 성격 및 자산을 고려하여 피고인의 출석을 보증하기에 충분한 상당한 금액이어야 한다.

③ 보석을 허가하는 경우에는 피고인의 주거를 제한하거나 기타 적당하다고 인정하는 조건을 붙일 수 있다.

제94조 ① 보석을 허가하는 결정은 보증금이 납부된 후가 아니면 집행할 수 없다.

② 재판소는 보석청구자가 아닌 자에게 보증금을 납부하는 것을 허가할 수 있다.

③ 재판소는 유가증권 또는 재판소가 적당하다고 인정하는 피고인 이외의 자가 제출한 보증서로서 보증금에 갈음하는 것을 허가할 수 있다.

제95조 재판소는 적당하다고 인정하는 때에는 결정으로 구류되어 있는 피고인을 친족, 보호단체 기타의 자에게 위탁하거나 피고인의 주거를 제한하여 구류의 집행을

정지할 수 있다.

제96조 재판소는 아래 각호의 하나에 해당하는 경우에는 검찰관의 청구 또는 직권으로 결정으로써 보석 또는 구류의 집행정지를 취소할 수 있다.

1. 피고인이 소환을 받고 정당한 이유 없이 출석하지 아니한 때

2. 피고인이 도망하거나 도망하려고 의심할 만한 상당한 이유가 있는 때

3. 피고인이 증거를 인멸하거나 증거를 인멸한다고 의심할 만한 상당한 이유가 있는 때

4. 피고인이 피해자 기타 사건의 심판에 필요한 지식을 보유한다고 인정되는 자 또는 그 친족의 신체나 재산에 해를 끼지거나 가하려는, 또는 이들을 외포게 하는 행위를 한 때

5. 피고인이 주거의 제한 기타 재판소가 정한 조건에 위반한 때

② 보석을 취소하는 경우에는 재판소는 결정으로 보증금의 전부 또는 일부를 몰취할 수 있다.

③ 보석이 된 자가 형의 선고를 받고 그 판결이 확정된 후 집행을 위해 호출을 받고 정당한 이유 없이 출석하지 아니하거나 도망한 때에는 검찰관의 청구에 의해 결정으로 보증금의 전부 또는 일부를 몰취하여야 한다.

제97조 ① 상소의 제기기간 내의 사건으로 아직 상소의 제기가 없는 것에 대하여 구류의 기간을 갱신, 구류를 취소, 보석이나 구류의 집행정지를 하거나 이를 취소하여야 할 경우에는 원재판소가 그 결정을 하여야 한다.

② 상소 중의 사건으로 소송기록이 상소재판소에 도달하지 아니한 것에 대하여 전항의 결정을 할 재판소는 재판소의 규칙이 정하는 바에 따른다.

③ 전2항의 규정은 구류의 이유의 개시를 할 경우에 준용한다.

제98조 ① 보석 또는 구류의 집행정지를 취소하는 결정이 있는 때 또는 구류의 집행정지의 기간이 만료된 때에는 검찰사무관, 사법경찰직원 또는 형사시설직원은 검찰관의 지휘에 따라 구류장의 등본 및 보석이나 구류의 집행정지를 취소하는 결정의 등본 또는 기간을 지정한 구류의 집행정지의 결정의 등본을 피고인에게 보여주고 형사시설에 수용하여야 한다.

② 전항의 서면을 소지하지 아니하였기 때문에 이를 보여줄 수 없는 경우에 급속을 요하는 때에는 같은 항의 규정에 불구하고 검찰관의 지휘에 따라 피고인에 대한 보석이나 구류의 집행정지가 취소되었다는 취지 또는 구류의 집행정지의 기간이 만료되었다는 취지를 고지하고 형사시설에 수용할 수 있다. 다만 그 서면은 가능한 한 신속하게 보여주어야 한다.

③ 제71조의 규정은 전2항의 규정에 따른 수용에 준용한다.

제9장 압수 및 수색

제99조 ① 재판소는 필요한 때에는 증거물 또는 몰수하여야 할 물건이라고 사료하는 것을 압수할 수 있다. 다만 특별힌 징함이 있는 경우는 그러하지 아니하다.

② 압수할 물건이 컴퓨터인 때에는 당해 컴퓨터에 전기통신회선으로 접속하고 있는 기록매체로서 당해 컴퓨터로 작성 또는 변경을 한 전자적 기록이나 당해 컴퓨터로 변경 또는 소거를 할 수 있게 되어 있는 전자적 기록을 보관하기 위해 사용되고 있다고 인정할 만한 상황에 있는 것으로부터, 그 전자적 기록을 당해 컴퓨터 또는 기타 전자매체에 복사한 후 당해 컴퓨터 또는 당해 기록매체를 압수할 수 있다.

③ 재판소는 압수할 물건을 지정하고 소유자, 소지자 또는 보관자에게 그 물건의 제출을 명할 수 있다.

제99조의2 재판소는 필요한 때에는 기록명령부압수(전자적 기록을 보관하는 자 기타 전자적 기록을 이용하는 권한을 가진 자에게 명하여 필요한 전자적 기록을 기록매체에 기록하게 하거나 인쇄하게 한 뒤 당해 기록매체를 압수하는 것을 말한다. 이하 같다.)를 할 수 있다.

제100조 ① 재판소는 피고인으로부터 발부받거나 피고인에게 발부한 우편물, 서신 또는 전신에 관한 서류로 법령의 규정에 기초하여 통신사무를 취급하는 자가 보관 또는 소지하는 것을 압수하거나 제출하게 할 수 있다.

② 전항의 규정에 해당하지 아니하는 우편물, 서신 또는 전신에 관한 서류로 법령의 규정에 기초하여 통신사무를 취급하는 자가 보관 또는 소지하는 것은 피고사건에 관계가 있다고 인정할 만한 상황이 있는 것에 한하여 이를 압수하거나 제출하게 할 수 있다.

③ 전2항의 규정에 따른 처분을 한 때에는 그 취지를 발신인 또는 수신인에게 통지하여야 한다. 다만 통지로 인해 심리가 방해받을 염려가 있는 경우는 그러하지 아니하다.

제101조 피고인 기타의 자가 유류(遺留)한 물건 또는 소유자, 소지자나 보관자가 임의로 제출한 물건은 영치할 수 있다.

제102조 ① 재판소는 필요한 때에는 피고인의 신체, 물건 또는 주거 기타 장소에 대한 수색을 할 수 있다.

② 피고인 이외의 자의 신체, 물건 또는 주거 기타 장소에 대하여는 압수할 물건의 존재를 인정할 만한 상황이 있는 경우에 한하여 수색을 할 수 있다.

제103조 공무원 또는 공무원이었던 자가 보관 또는 소지하는 물건에 대하여 본인 또는 당해 공무소에서 직무상의 비밀에 관한 것임을 신고한 때에는 당해 감독관청의

승낙 없이는 압수를 할 수 없다. 다만 당해 감독관청은 국가의 중대한 이익을 해치는 경우를 제외하고는 승낙을 거절할 수 없다.

제104조 ① 아래에 열거하는 자가 전조의 신청을 한 때에는 제1호에 열거하는 자는 그 원(院), 제2호에 열거하는 자는 내각의 승낙이 없으면 압수를 할 수 없다.

1. 중의원이나 참의원 의원 또는 그 직에 있었던 자

2. 내각총리대신 기타 국무대신 또는 그 직에 있었던 자

② 전항의 경우에 중의원, 참의원 또는 내각은 국가의 중대한 이익을 해치는 경우를 제외하고는 승낙을 거절할 수 없다.

제105조 의사, 치과의사, 조산사, 간호사, 변호사(외국법자문사를 포함한다), 변리사, 공증인, 종교의 직에 있는 자 또는 이들 직에 있었던 자는 업무상 위탁을 받았기 때문에 보관 또는 소지하는 물건으로 타인의 비밀에 관한 것은 압수를 거절할 수 있다. 다만 본인이 승낙한 경우, 압수의 거절이 피고인만을 위한 권리의 남용으로 인정되는 경우(피고인이 본인인 경우를 제외한다.), 기타 재판소의 규칙으로 정하는 사유가 있는 경우는 그러하지 아니하다.

제106조 공판정 외에서의 압수, 기록명령부압수 또는 수색은 압수장, 기록명령부압수장 또는 수색장을 발부하여 하여야 한다.

제107조 ① 압수장, 기록명령부압수장 또는 수색장에는 피고인의 이름, 죄명, 압수할 물건, 기록 또는 인쇄하게 하여야 할 전자적 기록 및 이를 기록 또는 인쇄하게 하여야 할 자나 수색할 장소, 신체 또는 물건, 유효기간 및 그 기간 경과 후에는 집행에 착수할 수 없고 영장은 반환하여야 한다는 취지와 발부연월일 기타 재판소의 규칙으로 정하는 사항을 기재하고 재판장이 기명날인하여야 한다.

② 제99조 제2항의 규정에 따른 처분을 하는 때에는 전항의 압수장에 같은 항에 규정하는 사항 외에 압수할 컴퓨터에 전기통신회선으로 접속하고 있는 기록매체로서 그 전자적 기록을 복사할 것의 범위를 기재하여야 한다.

③ 제64조 제2항의 규정은 제1항의 압수장, 기록명령부압수장 또는 수색장에 준용한다.

제108조 ① 압수장, 기록명령부압수장 또는 수색장은 검찰관의 지휘에 따라 검찰사무관 또는 사법경찰직원이 집행한다. 다만 재판소가 피고인의 보호를 위해 필요하다고 인정하는 때에는 재판장은 재판소서기관 또는 사법경찰직원에게 집행을 명할 수 있다.

② 재판소는 압수장, 기록명령부압수장 또는 수색장의 집행에 관하여 그 집행을 하는 자에게 서면으로 적당하다고 인정하는 지시를 할 수 있다.

③ 전항의 지시는 합의부의 구성원에게 하게 할 수 있다.

④ 제71조의 규정은 압수장, 기록명령부압수장 또는 수색장의 집행에 준용한다.

제109조 검찰사무관 또는 재판소서기관은 압수장, 기록명령부압수장 또는 수색장의 집행에 필요한 때에는 사법경찰직원에게 보조를 요구할 수 있다.

제110조 압수장, 기록명령부압수장 또는 수색장은 처분을 받은 자에게 보여주어야 한다.

제110조의2 압수할 물건이 전자적 기록에 관련된 기록매체인 때에는 압수장의 집행을 하는 지는 압수에 갈음하여 다음에 열거하는 처분을 할 수 있다. 공판정에서 압수를 하는 경우도 같다.

1. 압수할 기록매체에 기록된 전자적 기록을 다른 전자매체에 복사, 인쇄 또는 이전시킨 후 당해 다른 기록매체를 압수하는 것

2. 압수를 받은 자에게 압수할 기록매체에 기록된 전자적 기록을 다른 기록매체에 복사, 인쇄 또는 이전하게 한 후에 당해 다른 기록매체를 압수하는 것

제111조 ① 압수장, 기록명령부압수장 또는 수색장의 집행에서는 자물쇠를 풀고, 봉인을 열고 기타 필요한 처분을 할 수 있다. 공판정에서 압수, 기록명령부압수 또는 수색을 하는 경우에도 같다.

② 전항의 처분은 압수물에도 할 수 있다.

제111조의2 압수할 물건이 전자적 기록에 관련된 기록매체인 때에는 압수장 또는 수색장의 집행을 하는 자는 처분을 받은 자에게 컴퓨터의 조작 기타 필요한 협력을 요구할 수 있다. 공판정에서 압수 또는 수색을 하는 경우에도 같다.

제112조 ① 압수장, 기록명령부압수장 또는 수색장의 집행 중에는 누구에게도 허가를 받지 아니하고 그 장소에 출입하는 것을 금지할 수 있다.

② 전항의 금지에 따르지 아니하는 자는 퇴거하게 하거나 집행이 끝날 때까지 간수자를 둘 수 있다.

제113조 ① 검찰관, 피고인 또는 변호인은 압수장, 기록명령부압수장 또는 수색장의 집행에 입회할 수 있다. 다만 신체의 구속을 받고 있는 피고인은 그러하지 아니하다.

② 압수장, 기록명령부압수장 또는 수색장의 집행을 하는 자는 미리 집행의 일시 및 장소를 전항의 규정에 따라 입회할 수 있는 자에게 통지하여야 한다. 다만 이들이 미리 재판소에 입회하지 않겠다는 의사를 명시한 경우 및 급속을 요하는 경우는 그러하지 아니하다.

③ 재판소는 압수장 또는 수색장의 집행에 필요한 때에는 피고인을 입회하게 할 수 있다.

제114조 ① 공무소 내에서 압수장, 기록명령부압수장 또는 수색장의 집행을 하는 때에는 그 장 또는 대리자에게 통지하여 그 처분에 입회하게 하여야 한다.

② 전항의 규정에 따른 경우를 제외하고 사람의 주거 또는 사람이 간수하는 저택, 건조물이나 선박 내에서 압수장, 기록명령부압수장 또는 수색장의 집행을 하는 때

에는 주거주나 간수자 또는 이들을 대리하는 자를 입회하게 하여야 한다. 이들을 입회하게 할 수 없는 때에는 이웃 또는 지방공공단체의 직원을 입회하게 하여야 한다.

제115조 여자의 신체에 수색장을 집행하는 경우에는 성년의 여자를 입회시켜야 한다. 다만 급속을 요하는 경우에는 그러하지 아니하다.

제116조 ① 일출 전, 일몰 후에는 영장에 야간에도 집행할 수 있다는 취지의 기재가 없으면 압수장, 기록명령부압수장 또는 수색장의 집행을 위해 사람의 주거 또는 사람이 간수하는 저택, 건조물이나 선박 내에 들어갈 수 없다.

② 일몰 전에 압수장, 기록명령부압수장 또는 수색장의 집행에 착수한 때에는 일몰 후에도 그 처분을 계속할 수 있다.

제117조 다음에 열거하는 장소에 압수장, 기록명령부압수장 또는 수색장의 집행을 할 때에는 전조 제1항에 규정하는 제한에 따를 것을 요하지 아니한다.

1. 도박, 복권 또는 풍속을 해치는 행위에 상용(常用)되는 것으로 인정되는 장소
2. 여관, 음식점 기타 야간에도 공중이 출입할 수 있는 장소. 다만 공개된 시간 내에 한한다.

제118조 압수장, 기록명령부압수장 또는 수색장의 집행을 중지하는 경우에 필요한 때에는 집행이 끝날 때까지 그 장소를 폐쇄하거나 간수자를 둘 수 있다.

제119조 수색을 한 경우에 증거물 또는 몰수할 것이 없는 때에는 수색을 받은 자의 청구에 의해 그 취지의 증명서를 교부하여야 한다.

제120조 압수를 한 경우에는 그 목록을 작성하여 소유자, 소지자나 보관자(제110조의2의 규정에 따른 처분을 받은 자를 포함한다.) 또는 이를 대리할 자에게 교부하여야 한다.

제121조 ① 운반 또는 보관이 불편한 압수물은 간수자를 두거나 소유자 기타의 자에게 승낙을 얻어 보관하게 할 수 있다.

② 위험을 발생시킬 우려가 있는 압수물은 폐기할 수 있다.

③ 전2항의 처분은 재판소가 특별히 지시를 한 경우를 제외하고는 압수장의 집행을 한 자도 할 수 있다.

제122조 몰수할 수 있는 압수물로 멸실 또는 파손의 우려가 있거나 보관이 불편한 것은 매각하여 그 대가를 보관할 수 있다.

제123조 ① 압수물로 유치할 필요가 없는 것은 피고사건의 종결을 기다리지 아니하고 결정으로 환부하여야 한다.

② 압수물은 소유자, 소지자, 보관자 또는 제출인의 청구에 의해 결정으로 임시로 환부할 수 있다.

③ 압수물이 제110조의2의 규정에 따라 전자적 기록을 이전하거나 이전하게 한 후 압수된 기록매체로 유치할 필요가 없는 것인 경우에 압수를 받은 자와 당해 기록매

체의 소유자, 소지자 또는 보관자가 다른 때에는 피고사건의 종결을 기다리지 아니하고 결정으로 당해 압수를 받은 자에게 당해 기록매체를 교부하거나 당해 전자적 기록의 복사를 허가하여야 한다.

④ 전3항의 결정을 할 때에는 검찰관 및 피고인 또는 변호인의 의견을 들어야 한다.

제124조 ① 압수한 장물로 유지할 필요가 없는 것은 피해자에게 환부할 이유가 명백한 때가 아닌 한 피고사건의 종결을 기다리지 않고 검찰관 및 피고인 또는 변호인의 의견을 들어 결정으로 피해자에게 환부하여야 한다.

② 전항의 규정은 민사소송의 절차에 따라 이해관계인이 그 권리를 주장하는 것을 방해하지 아니한다.

제125조 ① 압수 또는 수색은 합의부의 구성원에게 하게 하거나 이를 하여야 할 지역의 지방재판소, 가정재판소 또는 간이재판소의 재판관에게 촉탁할 수 있다.

② 수탁재판관은 수탁의 권한을 가진 다른 지방재판소, 가정재판소 또는 간이재판소의 재판관에게 전촉을 할 수 있다.

③ 수탁재판관은 수탁사항에 대하여 권한을 가지지 아니하는 때에는 수탁의 권한을 가지는 다른 지방재판소, 가정재판소 또는 간이재판소의 재판관에게 촉탁을 이송할 수 있다.

④ 수명재판관 또는 수탁재판관이 하는 압수 또는 수색에는 재판소가 하는 압수 또는 수색에 관한 규정을 준용한다. 다만 제100조 제3항의 통지는 재판소가 하여야 한다.

제126조 검찰사무관 또는 사법경찰직원은 구인장 또는 구류장을 집행하는 경우에 필요한 때에는 사람의 주거 또는 사람이 간수하는 저택, 건조물 또는 선박 내에 들어가 피고인의 수색을 할 수 있다. 이 경우에는 수색장은 필요로 하지 아니하다.

제127조 제111조, 제112조, 제114조 및 제118조의 규정은 전조의 규정에 따라 검찰사무관 또는 사법경찰직원이 하는 수색에 준용한다. 다만 급속을 요하는 경우는 제114조 제2항의 규정에 따를 것을 요하지 아니한다.

제10장 검증

제128조 재판소는 사실발견을 위해 필요한 때에는 검증을 할 수 있다.

제129조 검증에서는 신체의 검사, 사체의 해부, 분묘의 발굴, 물건의 파괴 기타 필요한 처분을 할 수 있다.

제130조 ① 일출 전, 일몰 후에는 주거주나 간수자 또는 이들을 대리하는 자의 승낙이 없으면 검증을 위해 사람의 주거나 사람이 간수하는 저택, 건조물 또는 선박 내에 들어갈 수 없다. 다만 일출 후에는 검증의 목적을 달성할 수 없을 우려가 있는

경우는 그러하지 아니하다.

② 일몰 전 검증에 착수한 때에는 일몰 후에도 그 처분을 계속할 수 있다.

③ 제117조에 규정하는 장소에서는 제1항에 규정하는 제한에 따를 것을 요하지 아니한다.

제131조 ① 신체검사에서는 이를 받을 자의 성별, 건강상태 기타 사정을 고려한 후에 특별히 그 방법에 주의하고 그 자의 명예를 해치지 않도록 주의하여야 한다.

② 여자의 신체를 검사하는 경우에는 의사 또는 성년의 여자를 입회시켜야 한다.

제132조 재판소는 신체의 검사를 위해 피고인 이외의 자를 재판소 또는 지정하는 장소에 소환할 수 있다.

제133조 ① 전조의 규정에 따라 소환을 받은 자가 정당한 이유 없이 출석하지 아니한 때에는 결정으로 10만엔 이하의 과태료에 처하고, 출석하지 아니하였기 때문에 발생한 비용의 배상을 명할 수 있다.

② 전항의 결정에는 즉시항고를 할 수 있다.

제134조 ① 제132조의 규정에 따라 소환을 받고 정당한 이유 없이 출석하지 아니한 자는 10만엔 이하의 벌금 또는 구류에 처한다.

② 전항의 죄를 범한 자에게는 정상에 따라 벌금 및 구류를 병과할 수 있다.

제135조 제132조의 규정에 따른 소환에 응하지 아니하는 자는 다시 소환하거나 구인할 수 있다.

제136조 제62조, 제63조 및 제65조의 규정은 제132조 및 전조의 규정에 따른 소환에 제62조, 제64조, 제66조, 제67조, 제70조, 제71조 및 제73조 제1항의 규정은 전조의 규정에 따른 구인에 준용한다.

제137조 ① 피고인 또는 피고인 이외의 자가 정당한 이유 없이 신체의 검사를 거절한 때에는 결정으로 10만엔 이하의 과태료에 처하고 그 거절로 발생한 비용의 배상을 명할 수 있다.

② 전항의 결정에는 즉시항고를 할 수 있다.

제138조 ① 정당한 이유 없이 신체의 검사를 거절한 자는 10만엔 이하의 벌금 또는 구류에 처한다.

② 전항의 죄를 범한 자에게는 정상에 따라 벌금 및 구류를 병과할 수 있다.

제139조 재판소는 신체의 검사를 거절한 자를 과태료에 처하거나 형을 과하더라도 효과가 없다고 인정하는 때에는 그대로 신체의 검사를 진행할 수 있다.

제140조 재판소는 제137조의 규정에 따라 과태료를 부과하거나 전조의 규정에 따라 신체의 검사를 할 때에는 미리 검찰관의 의견을 듣고 신체의 검사를 받는 자의 이의의 이유를 알기 위해 적당한 노력을 하여야 한다.

제141조 검증을 할 때 필요한 때에는 사법경찰직원에게 보조를 하게 할 수 있다.

제142조 제111조의2에서 제114조까지, 제118조 및 제125조의 규정은 검증에 준용한다.

제11장 증인심문

제143조 재판소는 이 법률에 특별한 정함이 있는 경우를 제외하고는 누구라도 증인으로서 심문할 수 있다.

제143조의2 재판소는 재판소의 규칙으로 정하는 상당한 유예기간을 두어 증인을 소환할 수 있다.

제144조 공무원 또는 공무원이었던 자가 지득한 사실에 대하여 본인 또는 당해 공무소에서 직무상의 비밀에 관한 것임을 신고한 때에는 당해 감독관청의 승낙 없이는 증인으로 심문할 수 없다. 다만 당해 감독관청은 국가의 중대한 이익을 해치는 경우를 제외하고는 승낙을 거절할 수 없다.

제145조 ① 아래에 열거하는 자가 전조의 신청을 한 때에는 제1호에 열거하는 자는 그 원(院), 제2호에 열거하는 자는 내각의 승인이 없으면 증인으로 심문할 수 없다.

1. 중의원이나 참의원의 의원 또는 그 직에 있었던 자

2. 내각총리대신 기타 국무대신 또는 그 직에 있었던 자

② 전항의 경우에 중의원, 참의원 또는 내각은 국가의 중대한 이익을 해치는 경우를 제외하고는 승낙을 거절할 수 없다.

제146조 누구라도 자기가 형사소추를 받거나 유죄판결을 받을 우려가 있는 증언을 거절할 수 있다.

제147조 누구라도 아래에 열거하는 자가 형사소추를 받거나 유죄판결을 받을 우려가 있는 증언을 거절할 수 있다.

1. 자기의 배우자, 3촌 이내의 혈족이나 2촌 이내의 인척 또는 자기와 이들 친족관계가 있는 자

2. 자기의 후견인, 후견감독인 또는 보좌인

3. 자기를 후견인, 후견감독인 또는 보좌인으로 한 자

제148조 공범이나 공동피고인 1인 또는 수인(數人)에 대하여 전조의 관계가 있는 자라도 다른 공범 또는 공동피고인만에 관련된 사항에 대하여는 증언을 거부할 수 없다.

제149조 의사, 치과의사, 조산사, 간호사, 변호사(외국법자문사를 포함한다), 변리사, 공증인, 종교의 직에 있는 자 또는 이들의 직에 있었던 자는 업무상 위탁을 받았기 때문에 지득한 사실로 타인의 비밀에 관한 것은 증언을 거절할 수 있다. 다만 본인이 승낙한 경우, 증언의 거절이 피고인만을 위해 하는 권리의 남용으로 인정되는

경우(피고인이 본인인 경우를 제외한다.), 기타 재판소의 규칙으로 정하는 사유가 있는 경우는 그러하지 아니하다.

제150조 ① 소환을 받은 증인이 정당한 이유 없이 출석하지 아니하는 때에는 결정으로 10만엔 이하의 과태료에 처하고, 출석하지 아니하였기 때문에 발생한 비용의 배상을 명할 수 있다.

② 전항의 결정에는 즉시항고를 할 수 있다.

제151조 증인으로 소환을 받고 정당한 이유 없이 출석하지 아니한 자는 1년 이하의 징역 또는 30만엔 이하의 벌금에 처한다.

제152조 재판소는 증인이 정당한 이유 없이 소환에 응하지 아니하거나 응하지 아니할 우려가 있는 때에는 그 증인을 구인할 수 있다.

제153조 제62조, 제63조 및 제65조의 규정은 증인의 소환에, 제62조, 제64조, 제66조, 제67조, 제70조, 제71조 및 제73조 제1항의 규정은 증인의 구인에 준용한다.

제153조의2 구인장의 집행을 받은 증인을 호송하거나 인치한 경우에 필요한 때에는 가장 가까운 경찰서 기타 적당한 장소에 유치할 수 있다.

제154조 증인에게는 이 법률에 특별한 정함이 있는 경우를 제외하고 선서를 하게 하여야 한다.

제155조 ① 선서의 취지를 이해할 수 없는 자는 선서를 하게 하지 아니하고 심문하여야 한다.

② 전항에 열거된 자가 선거를 한 때에도 그 진술은 증언으로서의 효력을 방해받지 아니한다.

제156조 ① 증인에게는 실제로 경험한 사실에 의해 추측한 사항을 진술하게 할 수 있다.

② 전항의 진술은 감정에 속하는 것이라도 증언으로서의 효력을 방해받지 아니한다.

제157조 ① 검찰관, 피고인 또는 변호인은 증인의 심문에 입회할 수 있다.

② 증인심문의 일시 및 장소는 미리 전항의 규정에 따라 심문할 수 있는 자에게 통지하여야 한다. 다만 이들이 미리 재판소에 입회하지 아니한다는 의사를 명시한 때에는 그러하지 아니하다.

③ 제1항에 규정하는 자는 증인의 심문에 입회한 때에는 재판장에게 고지하고 그 증인을 심문할 수 있다.

제157조의2 ① 검찰관은 증인이 형사소추를 받거나 유죄판결을 받을 우려가 있는 사항에 대하여 심문을 예정하고 있는 경우로서 당해 사항에 대한 증언의 중요성, 관계되는 범죄의 경중 및 정상 기타 사정을 고려하여 필요하다고 인정하는 때에는 미리 재판소에 당해 증인심문을 다음에 열거하는 조건에 따라 진행할 것을 청구할 수

있다.

1. 심문에 응하여 한 진술 및 이를 기초로 얻게 된 증거는 증인이 당해 증인심문에서 한 행위가 제161조 또는 형법 제169조[9]의 죄에 해당하는 경우에 당해 행위에 관련된 이들 죄에 관련된 사건에 쓰이고 있는 때를 제외하고 증인의 형사사건에서 이들을 증인에게 불이익한 증거로 할 수 없는 것

2. 제146조의 규정에 불구하고 자기가 형사소추를 받거나 유죄판결을 받을 우려가 있는 증언을 거절하지 못하는 것

② 재판소는 전항의 청구를 받은 때에는 그 증인에게 심문할 사항에 증인이 형사소추를 받거나 유죄판결을 받을 우려가 있는 사항이 포함되지 아니한다고 명백하게 인정되는 경우를 제외하고 당해 증인심문을 같은 항 각호에 열거하는 조건에 따라 진행하는 취지의 결정을 한다.

제157조의3 ① 검찰관은 증인이 형사소추를 받거나 유죄판결을 받을 우려가 있는 사항에 대하여 증언을 거절한다고 인정하는 경우로서 당해 사항에 대한 증언의 중요성, 관계하는 범죄의 경중 및 정상 기타 사정을 고려하여 필요하다고 인정하는 때에는 재판소에 그 이후의 당해 증인심문을 전조 제1항 각호에 열거하는 조건에 따라 진행할 것을 청구할 수 있다.

② 재판소는 전항의 청구를 받은 때에는 그 증인이 증언을 거절하지 않는다고 인정되는 경우 또는 그 증인에 심문할 사항에 증인이 형사소추를 받거나 유죄판결을 받을 우려가 있는 사항이 포함되지 아니한다고 명백히 인정되는 경우를 제외하고 그 이후의 당해 증인심문을 전조 제1항 각호에 열거한 조건에 따라 진행한다는 취지의 결정을 한다.

제157조의4 ① 재판소는 증인을 심문하는 경우에 증인의 나이, 심신의 상태 기타 사정을 고려하여 증인이 현저하게 불안 또는 긴장을 느낄 우려가 있다고 인정하는 때에는 검찰관 및 피고인 또는 변호인의 의견을 들어 그 불안 또는 긴장을 완화하기에 적당하고 재판관이나 소송관계인의 심문 또는 증인의 진술을 방해하거나 그 진술 내용에 부당한 영향을 줄 우려가 없다고 인정하는 자를 그 증인이 진술하는 동안 증인에게 동석하도록 할 수 있다.

② 전항의 규정에 따라 증인에게 동석하도록 한 자는 그 증인이 진술하는 동안 재판관이나 소송관계인의 심문 또는 증인의 진술을 방해하거나 그 진술 내용에 부당한 영향을 줄 언동을 하여서는 아니 된다.

제157조의5 ① 재판소는 증인을 심문하는 경우에 범죄의 성질, 증인의 나이, 심신의

---

9) 일본국 형법 제169조(위증) 법률에 따라 선서한 증인이 허위의 진술을 한 때에는 3개월 이상 10년 이하의 징역에 처한다.

상태, 피고인과의 관계 기타 사정에 따라 증인이 피고인의 면전(다음 조 제1항 및 제2항에 규정하는 방법에 따른 경우를 포함한다.)에서 진술할 때 압박을 받아 정신의 평온을 현저하게 해치게 될 우려가 있다고 인정하는 경우로서 상당하다고 인정하는 때에는 검찰관 및 피고인 또는 변호인의 의견을 들어 피고인과 그 증인 간 일방 또는 서로 상태를 인식할 수 없도록 하기 위한 조치를 채택할 수 있다. 다만 피고인으로부터 증인의 상태를 인식할 수 없도록 하기 위한 조치는 변호인이 출석하고 있는 경우에 한하여 채택할 수 있다.

② 재판소는 증인을 심문하는 경우에 범죄의 성질, 증인의 나이, 심신의 상태, 명예에 대한 영향 기타 사정을 고려하여 상당하다고 인정하는 때에는 검찰관 및 피고인 또는 변호인의 의견을 들어 방청인과 그 증인 간 서로 상태를 인식할 수 없도록 하기 위한 조치를 채택할 수 있다.

제157조의6 ① 재판소는 아래에 열거하는 자를 증인으로 심문하는 경우에 상당하다고 인정하는 때에는 검찰관 및 피고인 또는 변호인의 의견을 들어 재판관 및 소송관계인이 증인을 심문하기 위해 재석하는 장소 이외의 장소로서 동일 구내(이들이 재석하는 장소와 동일한 구내를 말한다. 다음 항에서도 같다.)에 있는 곳에 그 증인을 재석하게 하여 영상과 음성의 송수신에 따라 서로의 상태를 상호 인식하면서 통화를 할 수 있는 방법으로 심문할 수 있다.

1. 형법 제176조부터 제179조까지 또는 제181조의 죄, 같은 법 제225조 또는 제226조의2 제3항의 죄(외설 또는 결혼목적으로 관련된 부분에 한한다. 이하 이 호에서 같다.), 같은 법 제227조 제1항(제225조 또는 제226조의2 제3항의 죄를 범한 자를 방조할 목적으로 관련된 부분에 한한다.)이나 제3항(음란목적으로 관련된 부분에 한한다.), 제241조 제1항, 제3항의 죄 또는 이들의 죄의 미수죄[10]의 피해자

2. 아동복지법(昭和 22년 법률 제164호) 제60조 제1항의 죄 또는 같은 법 제34조 제1항 제9호에 관련된 같은 법 제60조 제2항의 죄나 아동매춘, 아동포르노에 관한 행위 등의 규제 및 처벌과 아동의 보호 등에 관한 법률(平成 11년 법률 제52호) 제4조부터 제8조까지의 죄[11]의 피해자

---

10) 일본국 형법 제176조(강제추행), 제177조(강제성교 등), 제178조(준강제추행 및 준강제성교 등), 제179조(감호자추행 및 감호자성교 등), 제181조(강제추행 등 치사상), 제225조(영리목적 등 약취 및 유인), 제226조의2 제3항(영리, 외설, 결혼 또는 생명이나 신체에 대한 가해 목적 인신매매), 제227조 제1항(피약취자인도 등), 제3항(영리, 외설, 생명이나 신체에 대한 가해목적의 약취 유인 등), 제241조(강도·강제성교 등 및 동 치사)

11) 일본국 아동복지법 제34조 ① 누구라도 다음에 열거하는 행위를 하여서는 아니 된다.
  1. ~ 8. (생 략)
  9. 아동의 심신에 유해한 영향을 주는 행위를 하게 할 목적으로 자기의 지배 아래 두는 행위
  ② (생 략)
  제60조 ① 제34조 제1항 제6호의 규정에 위반한 자는 10년 이하의 징역 또는 300만엔 이하의 벌금에 처하거나 이를 병과한다.

3. 전2호에 열거한 자 외에 범죄의 성질, 증인의 나이, 심신의 상태, 피고인과의 관계 기타 사정에 따라 재판관 및 소송관계인이 증인을 심문하기 위해 재석하는 장소에서 진술할 때에는 압박을 받아 정신의 평온을 현저하게 해칠 우려가 있다고 인정되는 자

② 재판소는 증인을 심문하는 경우에 다음에 열거하는 장소로서 상당하다고 인정하는 때에는 검찰관 및 피고인 또는 변호인의 의견을 들어 동일 구내 이외에 있는

---

② 제34조 제1항 제1호부터 제5호까지 또는 제7호부터 제9호까지의 규정에 위반한 자는 3년 이하의 징역 또는 100만엔 이하의 벌금에 처하거나 이를 병과한다.

③ ~ ⑤ (생 략)

일본국 아동매춘, 아동포르노에 관한 행위 등의 규제 및 처벌과 아동의 보호 등에 관한 법률 제4조(아동매춘) 아동매춘을 한 자는 5년 이하의 징역 또는 3백만엔 이하의 벌금에 처한다.

제5조(아동매춘주선) ① 아동매춘을 주선한 자는 5년 이하의 징역 또는 5백만엔 이하의 벌금에 처하거나 이를 병과한다.

② 아동매춘을 주선하는 것을 업으로 한 자는 7년 이하의 징역 및 1천만엔 이하의 벌금에 처한다.

제6조(아동매춘권유) ① 아동매춘을 주선할 목적으로 타인에게 아동매춘을 하도록 권유한 자는 5년 이하의 징역 또는 5백만엔 이하의 벌금에 처하거나 이를 병과한다.

② 전항의 목적으로 타인에게 아동매춘을 하도록 권유하는 것을 업으로 한 자는 7년 이하의 징역 및 1천만엔 이하의 벌금에 처한다.

제7조(아동포르노 소지, 제공 등) ① 자기의 성적 호기심을 만족시킬 목적으로 아동포르노를 소지한 자(자기의 의사에 기초하여 소지하게 된 자로 당해 자임이 명백하게 인정되는 자에 한한다.)는 1년 이하의 징역 또는 100만엔 이하의 벌금에 처한다. 자기의 성적 호기심을 만족시킬 목적으로 제2조 제3항 각호의 어느 하나에 열거하는 아동의 자태를 시각으로 인식할 수 있는 방법으로 묘사한 정보를 기록한 전자적 기록을 보관한 자(자기의 의사에 기초하여 소지하게 된 자로 당해 자임이 명백하게 인정되는 자에 한한다.)도 마찬가지이다.

② 아동포르노를 제공한 자는 3년 이하의 징역 또는 3백만엔 이하의 벌금에 처한다. 전기통신회선을 통해 제2조 제3항 각호의 어느 하나에 열거하는 아동의 자태를 시각으로 인식할 수 있는 방법으로 묘사한 정보를 기록한 전자적 기록 기타 기록을 제공한 자도 마찬가지이다.

③ 전항에 열거하는 행위를 목적으로 아동포르노를 제조, 소지, 운반, 우리 나라로 수입하거나 우리나라에서 수출한 자도 같은 항과 마찬가지이다. 같은 항에 열거하는 행위를 목적으로 같은 항의 전자적 기록을 보관한 자도 마찬가지이다.

④ 전항에 규정하는 것 외 아동에게 제2조 제3항 각호의 어느 하나에 열거하는 자태를 취하게 하여 이를 사진, 전자적 기록에 관련된 기록매체 기타 물건으로 묘사하여 당해 아동에 관련된 아동포르노를 제조한 자도 제2항과 마찬가지이다.

⑤ 전항에 규정하는 것 외 몰래 제2조 제3항 각호의 어느 하나에 열거하는 아동의 자태를 사진, 전자적 기록에 관련된 기록매체 기타 물건으로 묘사하여 당해 아동에 관련된 아동포르노를 제조한 자도 제2항과 마찬가지이다.

⑥ 아동포르노를 불특정 다수인에게 제공하거나 공연히 진열한 자는 5년 이하의 징역 또는 5백만엔 이하의 벌금에 처하거나 이를 병과한다. 전기통신회선을 통하여 제2조 제3항 각호의 어느 하나에 열거하는 아동의 자태를 시각으로 인식할 수 있는 방법으로 묘사한 정보를 기록한 전자적 기록 기타 기록을 불특정 다수인에게 제공한 자도 마찬가지이다.

⑦ 전항에 열거하는 행위를 목적으로 아동포르노를 제조, 소지, 운반, 우리 나라로 수입하거나 우리나라에서 수출한 자도 같은 항과 마찬가지이다. 같은 항에 열거하는 행위를 목적으로 같은 항의 전자적 기록을 보관한 자도 마찬가지이다.

⑧ 제6항에 열거하는 행위를 목적으로 아동포르노를 외국에서 수입하거나 외국으로 수출한 일본 국민도 같은 항과 마찬가지이다.

제8조(아동매춘 등 목적 인신매매 등) ① 아동을 아동매춘에서 성교 등의 상대방으로 하게 하거나 제2조 제3항 각호의 어느 하나에 열거하는 아동의 자태를 묘사하여 아동포르노를 제조할 목적으로 당해 아동을 매매한 자는 1년 이상 10년 이하의 징역에 처한다.

② 전항의 목적으로 외국에 거주하는 아동으로서 약취, 유괴 또는 매매된 자를 그 거주국 밖으로 이송한 일본국민은 2년 이상의 유기징역에 처한다.

③ 전2항의 죄의 미수범은 처벌한다.

장소로서 재판소의 규칙으로 정하는 곳에 증인을 재석하게 하여 영상과 음성의 송수신에 따라 서로의 상태를 상호 인식하면서 통화를 할 수 있는 방법으로 심문할 수 있다.

1. 범죄의 성질, 증인의 나이, 심신의 상태, 피고인과의 관계 기타 사정에 따라 증인이 동일 구내에 출석할 때에는 정신의 평온을 현저하게 해칠 우려가 있다고 인정하는 때

2. 동일 구내로의 출석에 의해 이동할 때 증인의 신체 또는 재산에 해를 끼치거나 증인을 두려워하게 하거나 곤혹스럽게 할 행위가 이뤄질 우려가 있다고 인정하는 때

3. 동일 구내로의 출석 후 이동할 때 미행 기타 방법으로 증인의 주거, 근무지 기타 통상 소재하는 장소가 특정되는 일로 증인이나 그 친족의 신체 또는 재산에 해를 끼치거나 이들을 두려워하게 하거나 곤혹스럽게 할 행위가 이뤄질 우려가 있다고 인정하는 때

4. 증인이 원격지에 거주하고 그 나이, 직업, 건강상태 기타 사정에 따라 동일 구내에 출석하는 것이 현저하게 곤란하다고 인정하는 때

③ 전2항에 규정하는 방법에 따라 증인심문을 진행하는 경우(전항 제4호의 규정에 따른 경우를 제외한다.)에 재판소는 그 증인이 뒤의 형사절차에서 동일한 사실에 대하여 재차 증인으로 진술을 요구받게 되는 일이 있다고 사료하는 경우에도 증인의 동의가 있는 때에는 검찰관 및 피고인 또는 변호인의 의견을 들어 그 증인의 심문 및 진술과 그 상황을 기록매체(영상 및 음성을 동시에 기록할 수 있는 것에 한한다.)에 기록할 수 있다.

④ 전항의 규정에 따라 증인의 심문과 진술 및 그 상황을 기록한 기록매체는 소송기록에 첨부하여 조서의 일부로 한다.

제158조 ① 재판소는 증인의 중요성, 나이, 직업, 건강상태 기타의 사정과 사안을 고려한 후 검찰관 및 피고인 또는 변호인의 의견을 들어 필요하다고 인정하는 때에는 재판소 밖에서 소환하거나 현재하는 장소에서 심문할 수 있다.

② 전항의 경우에는 재판소는 미리 검찰관, 피고인 및 변호인에게 심문사항을 알 기회를 부여하여야 한다.

③ 검찰관, 피고인 또는 변호인은 전항의 심문사항에 부가하여 필요한 사항의 심문을 청구할 수 있다.

제159조 ① 재판소는 검찰관, 피고인 또는 변호인이 전조의 증인심문에 입회하지 않은 때에는 입회하지 않은 자에게 증인의 진술의 내용을 알 기회를 부여하여야 한다.

② 전항의 증인의 진술이 피고인에게 예기치 못했던 현저하게 불이익한 것인 경우에는 피고인 또는 변호인은 다시 필요한 사항의 심문을 청구할 수 있다.

③ 재판소는 전항의 청구를 이유 없는 것으로 인정하는 때에는 이를 각하할 수 있다.

제160조 ① 증인이 정당한 이유 없이 선서 또는 증언을 거부하는 때에는 결정으로 10만엔 이하의 과태료에 처하고 그 거절로 발생한 비용의 배상을 명할 수 있다.

② 전항의 결정에는 즉시항고를 할 수 있다.

제161조 정당한 이유 없이 선서 또는 증언을 거절한 자는 1년 이하의 징역 또는 30만엔 이하의 벌금에 처한다.

제162조 재판소는 필요한 때에는 결정으로 지정한 장소에 증인의 동행을 명할 수 있다. 증인이 정당한 이유 없이 동행에 응하지 아니하는 때에는 구인할 수 있다.

제163조 ① 재판소 밖에서 증인을 심문할 때에는 합의부의 구성원에게 하게 하거나 증인의 현재지의 지방재판소, 가정재판소 또는 간이재판소의 재판관에게 촉탁할 수 있다.

② 수탁재판관은 수탁의 권한을 갖고 다른 지방재판소, 가정재판소 또는 간이재판소의 재판관에게 전촉할 수 있다.

③ 수탁재판관은 수탁사항에 대하여 권한을 가지지 아니하는 때에는 수탁의 권한을 가지는 다른 지방재판소, 가정재판소 또는 간이재판소의 재판관에게 촉탁을 이송할 수 있다.

④ 수명재판관 또는 수탁재판관은 증인의 심문에 관하여 재판소 또는 재판장에 속하는 처분을 할 수 있다. 다만 제150조 및 제160조의 결정은 재판소도 할 수 있다.

⑤ 제158조 제2항 및 제3항과 제159조에 규정하는 절차는 전항의 규정에 불구하고 재판소가 하여야 한다.

제164조 ① 증인은 여비, 일당 및 숙박료를 청구할 수 있다. 다만 정당한 이유 없이 선서 또는 증언을 거절한 자는 그러하지 아니하다.

② 증인은 미리 여비, 일당 또는 숙박료를 지급받은 경우에 정당한 이유 없이 출석하지 아니하거나 선서 또는 증언을 거절한 때에는 지급받은 비용을 반납하여야 한다.

제12장 감정

제165조 재판소는 학식경험이 있는 자에게 감정을 명할 수 있다.

제166조 감정인에게는 선서를 하게 하여야 한다.

제167조 ① 피고인의 심신 또는 신체에 관하여 감정을 하게 할 때 필요한 때에는 재판소는 기간을 정하여 병원 기타 상당한 장소에 피고인을 유치할 수 있다.

② 전항의 유치는 감정유치장을 발부하여 하여야 한다.

③ 제1항의 유치에 필요한 때에는 재판소는 피고인을 수용하여야 할 병원 기타 장소의 관리자의 신청이나 직권으로 사법경찰직원에게 피고인의 간수를 명할 수 있다.

④ 재판소는 필요한 때에는 유치기간을 연장하거나 단축할 수 있다.

⑤ 구류에 관한 규정은 이 법률에 특별한 정함이 있는 경우를 제외하고는 제1항의 유치에 준용한다. 다만 보석에 관한 규정은 그러하지 아니하다.

⑥ 제1항의 유치는 미결구류일수의 산입에서는 이를 구류로 본다.

제167조의2 ① 구류 중인 피고인에게 감정유치장이 집행된 때에는 피고인이 유치되어 있는 기간 동안 구류는 그 집행이 정지된 것으로 한다.

② 전항의 경우에 전조 제1항의 처분이 취소되거나 유치의 기간이 만료된 때에는 제98조의 규정을 준용한다.

제168조 ① 감정인은 감정에 필요한 경우에는 재판소의 허가를 받아 사람의 주거 또는 사람이 간수하는 저택, 건조물이나 선박 내에 들어가 신체를 검사하고, 사체를 해부하고, 분묘를 발굴하거나 물건을 파괴할 수 있다.

② 재판소는 전항의 허가를 할 때에는 피고인의 이름, 죄명 및 출입할 장소, 검사할 신체, 해부할 사체, 발굴할 분묘 또는 파괴할 물건 및 감정인의 이름 기타 재판소의 규칙으로 정하는 사항을 기재한 허가장을 발부하여 하여야 한다.

③ 재판소는 신체의 검사에 관하여 적당하다고 인정하는 조건을 붙일 수 있다.

④ 감정인은 제1항의 처분을 받은 자에게 허가장을 보여주어야 한다.

⑤ 전3항의 규정은 감정인이 공판정에서 하는 제1항의 처분에는 적용하지 아니한다.

⑥ 제131조, 제137조, 제138조 및 제140조의 규정은 감정인의 제1항의 규정에 따라 하는 신체검사에 준용한다.

제169조 재판소는 합의부의 구성원에게 감정에 필요한 처분을 하게 할 수 있다. 다만 제167조 제1항에 규정하는 처분에 대하여는 그러하지 아니하다.

제170조 검찰관 및 변호인은 감정에 입회할 수 있다. 이 경우에는 제157조 제2항의 규정을 준용한다.

제171조 전장의 규정은 구인에 관한 규정을 제외하고 감정에 준용한다.

제172조 ① 신체검사를 받는 자가 감정인의 제168조 제1항의 규정에 따라 하는 신체검사를 거절한 경우에는 감정인은 재판관에게 그 자의 신체검사를 청구할 수 있다.

② 전항의 청구를 받은 재판관은 제10장의 규정에 준하여 신체검사를 할 수 있다.

제173조 ① 감정인은 여비, 일당 및 숙박료 외에 감정료를 청구하고 감정에 필요한 비용의 지급 또는 상환을 받을 수 있다.

② 감정인은 미리 감정에 필요한 비용을 지급받은 경우에 정당한 이유 없이 출석하지 아니하거나 선서 또는 감정을 거절한 때에는 지급받은 비용을 반납하여야 한다.

제174조 특별한 지식에 의해 지득한 과거의 사실에 관한 심문에는 이 장의 규정에 따르지 아니하고 전장의 규정을 적용한다.

제13장 통역 및 번역

제175조 국어가 통하지 않는 자에게 진술하게 하는 경우에는 통역인에게 통역을 하게 하여야 한다.

제176조 귀가 들리지 않는 자 또는 말을 할 수 없는 자에게 진술하게 하는 경우에는 통역인에게 통역을 하게 하여야 한다.

제177조 국어가 아닌 문자 또는 부호는 번역하게 할 수 있다.

제178조 전장의 규정은 통역 및 번역에 준용한다.

제14장 증거보전

제179조 ① 피고인, 피의자 또는 변호인은 미리 증거를 보전해 두지 않으면 그 증거를 사용하는 것이 곤란한 사정이 있는 때에는 제1회 공판기일 전에 한하여 재판관에게 압수, 수색, 검증, 증인의 심문 또는 감정의 처분을 청구할 수 있다.

② 전항의 청구를 받은 재판관은 그 처분에 관하여 재판소 또는 재판장과 동일한 권한을 가진다.

제180조 ① 검찰관 및 변호인은 재판소에서 전조 제1항의 처분에 관한 서류 및 증거물의 열람 또는 등사를 할 수 있다. 다만 변호인이 증거물의 등사를 할 때에는 재판관의 허가를 받아야 한다.

② 전항의 규정에 불구하고 제157조의6 제4항에 규정하는 기록매체는 등사할 수 없다.

③ 피고인 또는 피의자는 재판관의 허가를 받아 재판소에서 제1항의 서류 및 증거물을 열람할 수 있다. 다만 피고인 또는 피의자에게 변호인이 있는 때에는 그러하지 아니하다.

제15장 소송비용

제181조 ① 형의 선고를 한 때에는 피고인에게 소송비용의 전부 또는 일부를 부담하게 하여야 한다. 다만 피고인이 빈곤 때문에 소송비용을 납부할 수 없음이 명백한 때에는 그러하지 아니하다.

② 피고인의 책임 있는 사유로 발생한 비용은 형의 선고를 하지 아니하는 경우에도 피고인에게 부담하게 할 수 있다.

③ 검찰관만이 상소를 신청한 경우에 상소가 기각된 때 또는 상소의 취하가 있는

때에는 상소에 관한 소송비용은 피고인에게 부담하게 할 수 없다. 다만 피고인의 책임 있는 사유에 따라 발생한 비용은 그러하지 아니하다.

④ 공소가 제기되었던 경우에 피의자의 책임 있는 사유로 발생한 비용이 있는 때에는 피의자에게 부담시킬 수 있다.

제182조 공범의 소송비용은 공범인에게 연대하여 부담하게 할 수 있다.

제183조 ① 고소, 고발 또는 청구에 따른 공소의 제기가 있었던 사건에서 피고인이 무죄 또는 면소의 재판을 받은 경우에 고소인, 고발인 또는 청구인에게 고의 또는 중대한 과실이 있었던 때에는 그 자에게 소송비용을 부담하게 할 수 있다.

② 고소, 고발 또는 청구가 있던 사건에서 공소가 제기되었던 경우에 고소인, 고발인 또는 청구인에게 고의 또는 중대한 과실이 있었던 때에도 전항과 같다.

제184조 검찰관 이외의 자가 상소 또는 재심이나 약식명령의 청구를 취하하는 경우에는 그 자에게 상소, 재심 또는 정식재판에 관한 비용을 부담하게 할 수 있다.

제185조 재판에 의해 소송절차가 종료하는 경우에 피고인에게 소송비용을 부담하게 할 때에는 직권으로 그 재판을 하여야 한다. 이 재판에는 본안의 재판에 대하여 상소가 있었던 때에 한하여 불복을 신청할 수 있다.

제186조 재판에 의해 소송절차가 종료하는 경우에 피고인 이외의 자에게 소송비용을 부담하게 할 때에는 직권으로 따로 그 결정을 하여야 한다. 이 결정에는 즉시항고를 할 수 있다.

제187조 재판에 의하지 않고 소송절차가 종료하는 경우에 소송비용을 부담하게 할 때에는 마지막으로 사건이 계속된 재판소가 직권으로 그 결정을 하여야 한다. 이 결정에는 즉시항고를 할 수 있다.

제187조의2 공소가 제기되지 않은 경우에 소송비용을 부담하게 할 때에는 검찰관의 청구에 의해 재판소가 결정으로 판단한다. 이 결정에는 즉시항고를 할 수 있다.

제188조 소송비용의 부담을 명하는 재판에 그 액수를 표시하지 아니한 때에는 집행의 지휘를 할 검찰관이 이를 산정한다.

제16장 비용의 보상

제188조의2 ① 무죄의 판결이 확정된 때에는 국가는 당해 사건의 피고인이었던 자에게 그 재판에 요한 비용을 보상한다. 다만 피고인이었던 자의 책임 있는 사유로 발생한 비용은 보상하지 아니할 수 있다.

② 피고인이었던 자가 수사 또는 심판을 그르칠 목적으로 허위의 자백을 하거나 다른 유죄의 증거를 조작하는 일로 공소의 제기를 받게 된 것으로 인정되는 때에는

전항의 보상 전부 또는 일부를 하지 아니할 수 있다.

③ 제188조의5 제1항의 규정에 따른 보상의 청구가 되어 있는 경우에는 제188조의4의 규정에 따라 보상된 비용에는 제1항의 보상을 하지 아니한다.

제188조의3 ① 전조 제1항의 보상은 피고인이었던 자의 청구에 의해 무죄의 판결을 한 재판소가 결정으로 한다.

② 전항의 청구는 무죄의 판결이 확정된 후 6개월 이내에 하여야 한다.

③ 보상에 관한 결정에는 즉시항고를 할 수 있다.

제188조의4 검찰관만이 상소를 한 경우에 상소가 기각 또는 취하되어 당해 상소에 관련된 원재판이 확정된 때에는 이에 의해 무죄의 판결이 확정된 경우를 제외하고 국가는 당해 사건의 피고인 또는 피고인이었던 자에게 상소에 의해 그 심판에서 발생한 비용을 보상한다. 다만 피고인 또는 피고인이었던 자의 책임 있는 사유로 발생한 비용은 보상하지 아니할 수 있다.

제188조의5 ① 전조의 보상은 피고인 또는 피고인이었던 자의 청구에 의해 당해 상소재판소였던 최고재판소 또는 고등재판소가 결정으로 한다.

② 전항의 청구는 당해 상소에 관련된 원재판이 확정된 후 2개월 이내에 하여야 한다.

③ 보상에 관한 결정으로 고등재판소가 한 것에는 제428조 제2항의 이의신청을 할 수 있다. 이 경우에는 즉시항고에 관한 규정도 준용한다.

제188조의6 ① 제188조의2 제1항 또는 제188조의4의 규정에 따라 보상되는 비용의 범위는 피고인이나 피고인이었던 자 또는 그들의 변호인이었던 자가 공판준비 및 공판기일에 출석하는 데 필요했던 여비, 일당, 숙박료 및 변호인이었던 자에 대한 보수에 한하는 것으로 하고, 그 액수에 관하여는 형사소송비용에 관한 법률의 규정 중 피고인이나 피고인이었던 자에게는 증인, 변호인이었던 자에게는 변호인에 관한 규정을 준용한다.

② 재판소는 공판준비 또는 공판기일에 출석한 변호인이 2인 이상이었던 때에는 사건의 성질, 심리상황 기타 사정을 고려하여 전항의 변호인이었던 자의 여비, 일당 및 숙박료를 주임변호인 기타 일부의 변호인에 관련된 것으로 제한 할 수 있다.

제188조의7 보상의 청구 기타 보상에 관한 절차, 보상과 다른 법률에 따른 손해배상과의 관계, 보상을 받을 권리의 양도 또는 압류 및 피고인 또는 피고인이었던 자의 상속인에 대한 보상에는 이 법률에 특별한 정함이 있는 경우 외에 형사보상법(昭和 25년 법률 제1호) 제1조에 규정하는 보상의 예에 따른다.

제2편 제1심

제1장 수사

제189조 ① 경찰관은 각각 다른 법률 또는 국가공안위원회나 도도부현공안위원회가 정하는 바에 따라 사법경찰직원으로서 직무를 수행한다.

② 사법경찰직원은 범죄가 있다고 사료하는 때에는 범인 및 증거를 수사한다.

제190조 삼림, 철도 기타 특별한 사항에 대하여 사법경찰직원으로서 직무를 수행하여야 할 자 및 그 직무의 범위는 따로 법률로 정한다.

제191조 ① 검찰관은 필요하다고 인정하는 때에는 스스로 범죄를 수사할 수 있다.

② 검찰사무관은 검찰관의 지휘를 받아 수사를 하여야 한다.

제192조 검찰관과 도도부현공안위원회 및 사법경찰직원은 수사에 관하여 상호 협력하여야 한다.

제193조 ① 검찰관은 그 관할구역에 따라 사법경찰직원에게 그 수사에 관하여 필요한 일반적 지시를 할 수 있다. 이 경우에 지시는 수사를 적정하게 하고 기타 공소의 수행을 완수하기 위해 필요한 사항에 관한 일반적인 준칙을 정한 것에 따라서 한다.

② 검찰관은 그 관할구역에 따라 사법경찰직원에게 수사의 협력을 요구하기 위해 필요한 일반적 지휘를 할 수 있다.

③ 검찰관은 스스로 범죄를 수사하는 경우에 필요한 때에는 사법경찰직원을 지휘하여 수사를 보조하게 할 수 있다.

④ 전3항의 경우에 사법경찰직원은 검찰관의 지시 또는 지휘에 따라야 한다.

제194조 검사총장, 검사장 또는 검사정[12]은 사법경찰직원이 정당한 이유 없이 검찰관의 지시 또는 지휘에 따르지 아니하는 경우에 필요하다고 인정하는 때에는 경찰관인 사법경찰직원은 국가공안위원회 또는 도도부현공안위원회에, 경찰관인 자 이외의 사법경찰직원은 그 자를 징계 또는 파면하는 권한을 가지는 자에게 각각 징계 또는 파면을 소추할 수 있다.

---

12) 검사장은 고등검찰청의 장의 입장에 있는 검사로 관내 검찰청의 직원을 지휘감독하고, 검사정은 지방검찰청의 장의 입장에 있는 검사로 소속 직원을 지휘감독한다. 검사장은 대한민국의 고검장 보직, 검사정은 대한민국의 검사장 보직과 유사하다.

② 국가공안위원회, 도도부현공안위원회 또는 경찰관인 자 이외의 사법경찰직원을 징계 또는 파면하는 권한을 가진 자는 전항의 소추가 이유 있는 것으로 인정하는 때에는 다른 법률이 정하는 바에 따라 소추를 받은 자를 징계 또는 파면하여야 한다.

제195조 검찰관 및 검찰사무관은 수사를 위해 필요한 때에는 관할구역 밖에서 직무를 수행할 수 있다.

제196조 검찰관, 검찰사무관 및 사법경찰직원과 변호인 기타 직무상 수사에 관계있는 자는 피의자 기타의 자의 명예를 훼손하지 않도록 주의하고 수사를 방해하지 아니하도록 주의하여야 한다.

제197조 ① 수사에서는 그 목적을 달성하기 위해 필요한 조사를 할 수 있다. 다만 강제처분은 이 법률에 특별한 정함이 있는 경우가 아니면 할 수 없다.

② 수사에서는 공무소 또는 공사의 단체에 조회하여 필요한 사항의 보고를 요구할 수 있다.

③ 검찰관, 검찰사무관 또는 사법경찰원은 압수 또는 기록명령부압수를 하기 위해 필요한 때에는 전기통신을 하기 위한 설비를 타인의 통신용으로 제공하는 사업을 운영하는 자나 자기의 업무를 위해 불특정 다수에게 통신을 매개할 수 있는 전기통신을 하기 위한 설비를 설치하고 있는 자에게 그 업무상 기록하고 있는 전기통신의 송신원, 송신지, 통신일시 기타 통신이력의 전자적 기록 중 필요한 것을 특정하여 30일을 넘지 않는 기간을 정하여 이를 소거하지 않도록 서면으로 요구할 수 있다. 이 경우에 당해 전자적 기록에 대하여 압수 또는 기록명령부압수를 할 필요가 없다고 인정하기에 이른 때에는 당해 요구를 취소하여야 한다.

④ 전항의 규정에 따라 소거하지 않도록 요구하는 기간은 특별히 필요한 때에는 30일을 넘지 않는 범위 내에서 연장할 수 있다. 다만 소거하지 않도록 요구하는 기간은 통산하여 60일을 넘을 수 없다.

⑤ 제2항 또는 제3항의 규정에 따른 요구를 한 경우에 필요한 때에는 함부로 이들에 관한 사항을 누설하지 않을 것을 요구할 수 있다.

제198조 ① 검찰관, 검찰사무관 또는 사법경찰직원은 범죄의 수사를 할 때 필요한 때에는 피의자의 출석을 요구하고 조사할 수 있다. 다만 피의자는 체포 또는 구류되어 있는 경우를 제외하고는 출석을 거절하거나 출석 후 언제라도 퇴거할 수 있다.

② 전항의 조사를 할 때는 피의자에게 미리 자기의 의사에 반하여 진술할 필요가 없다는 취지를 고지하여야 한다.

③ 피의자의 진술은 조서에 녹취할 수 있다.

④ 전항의 조서는 피의자에게 열람하게 하거나 읽어 들려주고 잘못된 것이 없는지를 묻고, 피의자가 증감변경을 신청한 때에는 그 진술을 조서에 기재하여야 한다.

⑤ 피의자가 조서에 잘못된 것이 없다고 신고한 때에는 조서에 서명날인할 것을 요구할 수 있다. 다만 이를 거절한 경우는 그러하지 아니하다.

제199조 ① 검찰관, 검찰사무관 또는 사법경찰직원은 피의자가 죄를 범하였음을 의심할 만한 상당한 이유가 있는 때에는 재판관이 미리 발부한 체포장에 의해 체포할 수 있다. 다만 30만엔(형법, 폭력행위 등 처벌에 관한 법률 및 경제관계벌칙의 정비에 관한 법률의 죄 이외의 죄는 당분간 2만엔) 이하의 벌금, 구류 또는 과태료에 해당하는 죄에 대하여는 피의자가 일정한 주거가 없는 경우 또는 정당한 이유 없이 전조의 규정에 따른 출석의 요구에 응하지 아니하는 경우에 한한다.

② 재판관은 피의자가 죄를 범하였음을 의심할 만한 상당한 이유가 있다고 인정하는 때에는 검찰관 또는 사법경찰원(경찰관인 사법경찰원은 국가공안위원회 또는 도도부현 공안위원회가 지정하는 경부 이상인 자에 한한다. 이하 본조에서 같다.)의 청구에 의해 전항의 체포장을 발부한다. 다만 명백히 체포할 필요가 없다고 인정하는 때에는 그러하지 아니하다.

③ 검찰관 또는 사법경찰원은 제1항의 체포장을 청구하는 경우에 동일한 범죄사실에 대하여 그 피의자에게 이전에 체포장의 청구나 발부가 있었던 때에는 그 취지를 재판소에 통지하여야 한다.

제200조 ① 체포장에는 피의자의 이름 및 주거, 죄명, 피의사실의 요지, 인치할 관공서 기타 장소, 유효기간 및 그 기간 경과 후에는 체포를 할 수 없고 영장은 반환하여야 한다는 취지와 발부연월일 기타 재판소의 규칙으로 정하는 사항을 기재하고 재판관이 기명날인하여야 한다.

② 제64조 제2항 및 제3항의 규정은 체포장에 준용한다.

제201조 ① 체포장에 의해 피의자를 체포할 때에는 체포장을 피의자에게 보여주어야 한다.

② 제73조 제3항의 규정은 체포장에 의해 피의자를 체포하는 경우에 준용한다.

제202조 검찰사무관 또는 사법순사가 체포장에 의해 피의자를 체포한 때에는 곧바로 검찰사무관은 검찰관에게, 사법순사는 사법경찰원에게 인치하여야 한다.

제203조 ① 사법경찰원은 체포장에 의해 피의자를 체포한 때 또는 체포장에 의해 체포된 피의자를 넘겨받은 때에는 곧바로 범죄사실의 요지 및 변호인을 선임할 수 있다는 취지를 고지한 뒤 변명의 기회를 부여하고 유치할 필요가 없다고 사료하는 때에는 곧바로 석방하고, 유치할 필요가 있다고 사료하는 때에는 피의자가 신체를 구속받은 때로부터 48시간 이내에 서류 및 증거물과 함께 이를 검찰관에게 송치하는 절차를 진행하여야 한다.

② 전항의 경우에 피의자에게 변호인의 유무를 묻고 변호인이 있는 때에는 변호인

을 선임할 수 있다는 취지를 고지할 것을 요하지 아니한다.

③ 사법경찰원은 제1항의 규정에 따라 변호인을 선임할 수 있다는 취지를 고지할 때에는 피의자에게 변호사, 법무법인 또는 변호사회를 지정하여 변호인의 선임을 신청할 수 있다는 취지 및 그 신청처를 교시하여야 한다.

④ 사법경찰원은 제1항의 규정에 따라 변호인을 선임할 수 있다는 취지를 고지할 때에는 피의자에게 계속해서 구류의 청구가 되어 있는 경우에 빈곤 기타 사유로 스스로 변호인을 선임할 수 없는 때에는 재판관에게 변호인의 선임을 청구할 수 있다는 취지 및 재판관에게 변호인의 선임을 청구할 때에는 자력신고서를 제출하여야 한다는 취지와 그 자력이 기준금액 이상인 때에는 미리 변호사회(제37조의3 제2항의 규정에 따라 제31조의2 제1항의 신청을 할 변호사회를 말한다.)에 변호인의 선임의 신청을 하여야 한다는 취지를 교시하여야 한다.

⑤ 제1항의 시간제한 내에 송치의 절차를 하지 아니한 때에는 곧바로 피의자를 석방하여야 한다.

제204조 ① 검찰관은 체포장에 의해 피의자를 체포한 때 또는 체포장에 의해 체포된 피의자(전조의 규정에 따라 송치된 피의자를 제외한다.)을 받은 때에는 곧바로 범죄사실의 요지 및 변호인을 선임할 수 있다는 취지를 고지한 뒤 변명의 기회를 부여하고 유치할 필요가 없다고 사료하는 때에는 곧바로 석방하고, 유치할 필요가 있다고 사료하는 때에는 피의자가 신체를 구속받은 때로부터 48시간 이내에 재판관에게 피의자의 구류를 청구하여야 한다. 다만 그 시간제한 내에 공소를 제기하는 때에는 구류의 청구를 할 것을 요하지 아니한다.

② 검찰관은 전항의 규정에 따라 변호인을 선임할 수 있다는 취지를 고지할 때에는 피의자에게 변호사, 법무법인 또는 변호사회를 지정하여 변호인의 선임을 신청할 수 있다는 취지 및 그 신청처를 교시하여야 한다.

③ 검찰관은 제1항의 규정에 따라 변호인을 선임할 수 있다는 취지를 고지할 때에는 피의자에게 계속해서 구류의 청구가 되어 있는 경우에 빈곤 기타 사유로 스스로 변호인을 선임할 수 없는 때에는 재판관에게 변호인의 선임을 청구할 수 있다는 취지 및 재판관에게 변호인의 선임을 청구할 때에는 자력신고서를 제출하여야 한다는 취지와 그 자력이 기준금액 이상인 때에는 미리 변호사회(제37조의3 제2항의 규정에 따라 제31조의2 제1항의 신청을 할 변호사회를 말한다.)에 변호인의 선임의 신청을 하여야 한다는 취지를 교시하여야 한다.

④ 제1항의 시간제한 내에 구류의 청구 또는 공소의 제기를 하지 아니하는 때에는 곧바로 피의자를 석방하여야 한다.

⑤ 전조 제2항의 규정은 제1항의 경우에 준용한다.

제205조 ① 검찰관은 제203조의 규정에 따라 송치된 피의자를 받은 때에는 변명의 기회를 부여하고 유치할 필요가 없다고 사료하는 때에는 곧바로 석방하고, 유치할 필요가 있다고 사료하는 때에는 피의자를 넘겨받은 때로부터 24시간 내에 재판관에게 피의자의 구류를 청구하여야 한다.

② 전항의 시간제한은 피의자가 신체를 구속받은 때로부터 72시간을 넘을 수 없다.

③ 전2항의 시간제한 내에 공소를 제기한 때에는 구류의 청구를 할 것을 요하지 아니한다.

④ 제1항 및 제2항의 시간제한 내에 구류의 청구 또는 공소의 제기를 하지 아니하는 때에는 곧바로 피의자를 석방하여야 한다.

제206조 ① 검찰관 또는 사법경찰원이 부득이한 사정으로 전3조의 시간제한에 따를 수 없는 때에는 검찰관은 재판관에게 그 사유를 소명하여 피의자의 구류를 청구할 수 있다.

② 전항의 청구를 받은 재판관은 그 지연이 부득이한 사유에 기한 정당한 것으로 인정하는 경우가 아니면 구류장을 발부할 수 없다.

제207조 ① 전3조의 규정에 따른 구류의 청구를 받은 재판관은 그 처분에 관하여 재판소 또는 재판장과 동일한 권한을 가진다. 다만 보석에 대하여는 그러하지 아니하다.

② 전항의 재판관은 구류를 청구받은 피의자에게 피의사건을 고지할 때 피의자에게 변호인을 선임할 수 있다는 취지 및 빈곤 기타의 사유로 스스로 변호인을 선임할 수 없을 때에는 변호인의 선임을 청구할 수 있다는 취지를 고지하여야 한다. 다만 피의자에게 변호인이 있는 때에는 그러하지 아니하다.

③ 전항의 규정에 따라 변호인을 선임할 수 있다는 취지를 고지할 때에는 구류된 피의자는 변호사, 법무법인 또는 변호사회를 지정하여 변호인의 선임을 신청할 수 있다는 취지 및 그 신청처를 교시하여야 한다.

④ 제2항의 규정에 따라 변호인의 선임을 청구할 수 있다는 취지를 고지할 때에는 변호인의 선임을 청구할 때에는 자력신고서를 제출하여야 한다는 취지와 그 자력이 기준금액 이상인 때에는 미리 변호사회(제37조의3 제2항의 규정에 따라 제31조의2 제1항의 신청을 할 변호사회를 말한다.)에 변호인의 선임의 신청을 하여야 한다는 취지를 교시하여야 한다.

⑤ 재판관은 제1항의 구류의 청구를 받은 때에는 신속하게 구류장을 발부하여야 한다. 다만 구류의 이유가 없다고 인정하는 때 및 전조 제2항의 규정에 따라 구류장을 발부할 수 없는 때에는 구류장을 발부하지 아니하고 곧바로 피의자의 석방을 명하여야 한다.

제208조 ① 전조의 규정에 따라 피의자를 구류한 사건에서 구류의 청구를 한 날로부

터 10일 이내에 공소를 제기하지 아니하는 때에는 검찰관은 곧바로 피의자를 석방하여야 한다.

② 재판관은 부득이한 사유가 있다고 인정하는 때에는 검찰관의 청구에 의해 전항의 기간을 연장할 수 있다. 이 기간 연장은 통산하여 10일을 초과할 수 없다.

제208조의2 재판관은 형법 제2편 제2장 내지 제4장 또는 제8장의 죄에[13] 해당하는 사건에 대하여는 검찰관의 청구에 의해 전조 제2항의 규정에 따라 연장된 기간을 다시 연장할 수 있다. 이 기간 연장은 통산하여 5일을 초과할 수 없다.

제209조 제74조, 제75조 및 제78조의 규정은 체포장에 의한 체포에 준용한다.

제210조 ① 검찰관, 검찰사무관 또는 사법경찰직원은 사형, 무기 또는 장기 3년 이상의 징역이나 금고에 해당하는 죄를 범하였음을 의심할 만한 충분한 이유가 있는 경우로 급속을 요하고 재판관의 체포장을 요구할 수 없을 때에는 그 이유를 고지하고 피의자를 체포할 수 있다. 이 경우에는 곧바로 재판관의 체포장을 요구하는 절차를 진행하여야 한다. 체포장이 발부되지 아니한 때에는 곧바로 피의자를 석방하여야 한다.

② 제200조의 규정은 전항의 체포장에 준용한다.

제211조 전조의 규정에 따라 피의자가 체포된 경우에는 제199조의 규정에 따라 피의자가 체포된 경우에 관한 규정을 준용한다.

제212조 ① 현재 죄를 저지르거나 현재 죄를 저질렀던 자를 현행범인으로 한다.

② 아래 각호의 하나에 해당하는 자가 죄를 저지른 지 얼마 되지 아니하다고 명백하게 인정되는 때에는 현행범인으로 본다.

1. 범인으로 호명되어 추격당하고 있을 때

2. 장물 또는 명백히 범죄의 쓰임에 제공하였다고 생각되는 흉기 기타 물건을 소지하고 있을 때

3. 신체 또는 피복에 범죄의 현저한 증적(證跡)이 있는 때

4. 누구임을 묻자 도주하려는 때

제213조 현행범인은 누구라도 체포장 없이 체포할 수 있다.

제214조 검찰관, 검찰사무관 및 사법경찰직원 이외의 자가 현행범인을 체포한 때에는 곧바로 지방검찰청이나 구검찰청 검찰관 또는 사법경찰직원에게 인도하여야 한다.

제215조 ① 사법순사는 현행범인을 넘겨받은 때에는 신속하게 사법경찰원에게 인치하여야 한다.

② 사법순사는 범인을 넘겨받은 경우에는 체포자의 이름, 주거 및 체포의 사유를 청취하여야 한다. 필요한 때에는 체포자에게 함께 관공서에 갈 것을 요구할 수 있다.

---

13) 제2장 내란에 관한 죄, 제3장 외환에 관한 죄, 제4장 국교에 관한 죄, 제8장 소란의 죄.

제216조 현행범인이 체포된 경우에는 제199조의 규정에 따라 피의자가 체포된 경우에 관한 규정을 준용한다.

제217조 30만엔(형법, 폭력행위 등 처벌에 관한 법률 및 경제관계벌칙의 정비에 관한 법률의 죄 이외의 죄는 당분간 2만엔) 이하의 벌금, 구류 또는 과태료에 해당하는 죄의 현행범에게는 범인의 주거나 이름이 밝혀지지 아니하는 경우 또는 범인이 도망할 우려가 있는 경우에 한하여 제213조부터 전조까지의 규정을 적용한다.

제218조 ① 검찰관, 검찰사무관 또는 사법경찰직원은 범죄의 수사를 할 때 필요한 때에는 재판관이 발부하는 영장에 의해 압수, 기록명령부압수, 수색 또는 검증을 할 수 있다. 이 경우에 신체검사는 신체검사영장에 의하여야 한다.

② 압수할 물건이 컴퓨터인 때에는 당해 컴퓨터에 전기통신회선으로 접속되어 있는 기록매체 중 당해 컴퓨터로 작성 또는 변경을 한 전자적 기록이나 당해 컴퓨터로 변경 또는 소거할 수 있도록 되어 있는 전자적 기록을 보관하기 위해 사용되고 있다고 인정할 만한 상황에 있는 것으로부터 그 전자적 기록을 당해 컴퓨터 또는 다른 기록매체에 복사한 후에 당해 컴퓨터 또는 당해 다른 기록매체를 압수할 수 있다.

③ 신체의 구속을 받고 있는 피의자의 지문이나 족적 채취, 신장이나 체중 측정 또는 사진을 촬영할 때에는 피의자를 나체로 하지 아니하는 한 제1항의 영장에 의할 것을 요하지 아니한다.

④ 제1항의 영장은 검찰관, 검찰사무관 또는 사법경찰원의 청구에 의해 발부한다.

⑤ 검찰관, 검찰사무관 또는 사법경찰원은 신체검사영장을 청구할 때에는 신체검사를 필요로 하는 이유 및 신체검사를 받을 자의 성별, 건강상태 기타 재판소의 규칙으로 정하는 사항을 표시하여야 한다.

⑥ 재판관은 신체의 검사에 관하여 적당하다고 인정하는 조건을 붙일 수 있다.

제219조 ① 전조의 영장에는 피의자나 피고인의 이름, 죄명, 압수할 물건, 기록하게 하거나 인쇄하게 할 전자적 기록 및 이를 기록하게 하거나 인쇄하게 할 자, 수색할 장소, 신체 또는 물건, 검증할 장소나 물건 또는 검사할 신체 및 신체의 검사에 관한 조건, 유효기간 및 그 기간 경과 후에는 압수, 기록명령부압수, 수색 또는 검증에 착수할 수 없고 영장은 반환하여야 한다는 취지와 발부연월일 기타 재판소의 규칙으로 정하는 사항을 기재하고 재판관이 기명날인하여야 한다.

② 전조 제2항의 경우에는 같은 조의 영장에 전항에 규정하는 사항 외에 압수할 컴퓨터에 전기통신회선으로 접속되어 있는 기록매체로서 그 전자적 기록을 복사할 것의 범위를 기재하여야 한다.

③ 제64조 제2항의 규정은 전조의 영장에 준용한다.

제220조 ① 검찰관, 검찰사무관 또는 사법경찰직원은 제199조의 규정에 따라 피의자를 체포하는 경우 또는 현행범인을 체포하는 경우에 필요한 때에는 아래의 처분을 할 수 있다. 제210조의 규정에 따라 피의자를 체포하는 경우에 필요한 때에도 같다.

1. 사람의 주거 또는 사람이 간수하는 저택, 건조물이나 선박 내에 들어가 피의자의 수색을 하는 것

2. 체포현장에서 압수, 수색 또는 검증을 하는 것

② 전항 후단의 경우에 체포장을 발부받지 못한 때에는 압수물은 곧바로 환부하여야 한다. 제123조 제3항의 규정은 이 경우에 준용한다.

③ 제1항의 처분을 할 때에는 영장은 필요로 하지 아니한다.

④ 제1항 제2호 및 전항의 규정은 검찰사무관 또는 사법경찰직원이 구인장 또는 구류장을 집행하는 경우에 준용한다. 피의자에게 발부된 구인장 또는 구류장을 집행하는 경우에는 제1항 제1호의 규정도 준용한다.

제221조 검찰관, 검찰사무관 또는 사법경찰직원은 피의자 기타의 자가 유류한 물건 또는 소유자, 소지자나 보관자가 임의로 제출한 물건을 영치할 수 있다.

제222조 제99조 제1항, 제100조, 제102조부터 제105조까지, 제110조부터 제112조까지, 제114조, 제115조 및 제118조부터 제124조까지의 규정은 검찰관, 검찰사무관 또는 사법경찰직원이 제218조, 제220조 및 전조의 규정에 따라 하는 압수 또는 수색에, 제110조, 제111조의2, 제112조, 제114조, 제118조, 제129조, 제131조 및 제137조부터 제140조까지의 규정은 검찰관, 검찰사무관 또는 사법경찰직원이 제218조 또는 제220조의 규정에 따라 하는 검증에 준용한다. 다만 사법순사는 제122조부터 제124조까지에 규정하는 처분을 할 수 없다.

② 제220조의 규정에 따라 피의자를 수색하는 경우에 급속을 요하는 때에는 제114조 제2항의 규정에 따를 것을 요하지 아니한다.

③ 제116조 및 제117조의 규정은 검찰관, 검찰사무관 또는 사법경찰직원이 제218조의 규정에 따라 하는 압수, 기록명령부압수 또는 수색에 준용한다.

④ 일출 전, 일몰 후에는 영장에 야간에도 검증을 할 수 있다는 취지를 기재하지 아니하면 검찰관, 검찰사무관 또는 사법경찰직원은 제218조의 규정에 따라 하는 검증을 위해 사람의 주거 또는 사람이 간수하는 저택, 건조물이나 선박 내에 들어갈 수 없다. 다만 제117조에 규정하는 장소에서는 그러하지 아니하다.

⑤ 일몰 전 검증에 착수한 때에는 일몰 후에도 그 처분을 계속할 수 있다.

⑥ 검찰관, 검찰사무관 또는 사법경찰직원은 제218조의 규정에 따른 압수, 수색 또는 검증을 할 때 필요한 때에는 피의자를 입회하게 할 수 있다.

⑦ 제1항의 규정에 따라 신체검사를 거절한 자를 과태료에 처하거나 배상을 명하

여야 할 때에는 재판소에 그 처분을 청구하여야 한다.

제222조의2 통신당사자의 어느 하나의 동의도 얻지 아니하고 전기통신의 감청을 진행하는 강제처분은 따로 법률로 정하는 바에 따른다.

제223조 ① 검찰관, 검찰사무관 또는 사법경찰직원은 범죄의 수사를 할 때 필요한 때에는 피의자 이외의 자의 출석을 요구하고 조사하거나 감정, 통역 또는 번역을 촉탁할 수 있다.

② 제198조 제1항 단서 및 제3항 내지 제5항의 규정은 전항의 경우에 준용한다.

제224조 ① 전조 제1항의 규정에 따라 감정을 촉탁하는 경우에 제167조 제1항에 규정하는 처분을 필요로 하는 때에는 검찰관, 검찰사무관 또는 사법경찰원은 재판관에게 그 처분을 청구하여야 한다.

② 재판관은 전항의 청구를 상당하다고 인정하는 때에는 제167조의 경우에 준하여 그 처분을 하여야 한다. 이 경우에는 제167조의2의 규정을 준용한다.

제225조 ① 제223조 제1항의 규정에 따른 감정의 촉탁을 받은 자는 재판관의 허가를 받아 제168조 제1항에 규정하는 처분을 할 수 있다.

② 전항의 허가의 청구는 검찰관, 검찰사무관 또는 사법경찰원으로부터 하여야 한다.

③ 재판관은 전항의 청구를 상당하다고 인정하는 때에는 허가장을 발부하여야 한다.

④ 제168조 제2항 내지 제4항 및 제6항의 규정은 전항의 허가장에 준용한다.

제226조 범죄의 수사에 빠질 수 없는 지식을 가졌다고 명백하게 인정되는 자가 제223조 제1항의 규정에 따른 조사에 대한 출석 또는 진술을 거절한 경우에는 제1회 공판기일 전에 한하여 검찰관은 재판관에게 그 자의 증인심문을 청구할 수 있다.

제227조 ① 제223조 제1항의 규정에 따라 검찰관, 검찰사무관 또는 사법경찰직원의 조사에서 임의로 진술을 한 자가 공판기일에서는 전에 한 진술과 다른 진술을 할 우려가 있고 그 자의 진술이 범죄의 증명에 빠질 수 없다고 인정되는 경우에는 제1회 공판기일 전에 한하여 검찰관은 재판관에게 그 자의 증인심문을 청구할 수 있다.

② 전항의 청구를 할 때에는 검찰관은 증인심문을 필요로 하는 이유 및 그것이 범죄의 증명에 빠질 수 없는 것임을 소명하여야 한다.

제228조 ① 전2조의 청구를 받은 재판관은 증인의 심문에 관하여 재판소 또는 재판장과 동일한 권한을 가진다.

② 재판관은 수사에 지장을 발생시킬 우려가 없다고 인정하는 때에는 피고인, 피의자 또는 변호인을 전항의 심문에 입회하게 할 수 있다.

제229조 ① 변사자 또는 변사의 의심이 있는 사체가 있는 때에는 그 소재지를 관할하는 지방검찰청 또는 구검찰청의 검찰관은 검시를 하여야 한다.

② 검찰관은 검찰사무관 또는 사법경찰원에게 전항의 처분을 하게 할 수 있다.

제230조 범죄에 의해 피해를 입은 자는 고소할 수 있다.

제231조 ① 피해자의 법정대리인은 독립하여 고소할 수 있다.

② 피해자가 사망한 때에는 그 배우자, 직계의 친족 또는 형제자매는 고소할 수 있다. 다만 피해자의 명시한 의사에 반하여는 할 수 없다.

제232조 피해자의 법정대리인이 피의자인 때, 피의자의 배우자인 때 또는 피의자의 사촌 이내의 혈족이나 3촌 이내의 인척인 때에는 피해자의 친족은 독립하여 고소할 수 있다.

제233조 ① 사자의 명예를 훼손한 죄에 대하여는 사자의 친족 또는 자손은 고소할 수 있다.

② 명예를 훼손한 죄에 대하여 피해자가 고소를 하지 아니하고 사망한 때에도 전항과 같다. 다만 피해자의 명시한 의사에 반하여 할 수 없다.

제234조 친고죄에 대하여 고소할 수 있는 자가 없는 경우에는 검찰관은 이해관계인의 신청에 따라 고소할 수 있는 자를 지정할 수 있다.

제235조 친고죄의 고소는 범인을 안 날로부터 6개월을 경과한 때에는 할 수 없다. 다만 형법 제232조 제2항의 규정에 따라 외국의 대표자가 한 고소 및 일본국에 파견된 외국의 사절에 대한 같은 법 제230조 또는 제231조의 죄에 대하여 그 사절이 한 고소는 그러하지 아니하다.

제236조 ① 고소를 할 수 있는 자가 여럿인 경우에는 1인의 기간의 도과는 다른 자에게 효력이 미치지 아니한다.

제237조 ① 고소는 공소의 제기가 있을 때까지 취소할 수 있다.

② 고소의 취소를 한 자는 다시 고소할 수 없다.

③ 전2항의 규정은 청구를 기다려 수리하여야 할 사건에 대한 청구에 준용한다.

제238조 ① 친고죄에 대하여 공범의 1인 또는 여럿에 대하여 한 고소 또는 그 취소는 다른 공범에도 효력이 발생한다.

② 전항의 규정은 고발 또는 청구를 기다려 수리하여야 하는 사건에 대한 고발이나 청구 또는 그 취소에 준용한다.

제239조 ① 누구라도 범죄가 있다고 사료하는 때에는 고발할 수 있다.

② 관사 또는 공사는 그 직무를 수행하는 바에 따라 범죄가 있다고 사료하는 때에는 고발을 하여야 한다.

제240조 고소는 대리인에 의해 할 수 있다. 고소의 취소도 같다.

제241조 ① 고소 또는 고발은 서면이나 구두로 검찰관 또는 사법경찰원에게 하여야 한다.

② 검찰관 또는 사법경찰원은 구두로 고소 또는 고발을 받은 때에는 조서를 작성하여야 한다.

제242조 사법경찰원은 고소 또는 고발을 받은 때에는 신속하게 이에 관한 서류 및

증거물을 검찰관에게 송부하여야 한다.

제243조 전2조의 규정은 고소 또는 고발의 취소에 준용한다.

제244조 형법 제232조 제2항의 규정에 따라 외국의 대표자가 한 고소 또는 그 취소는 제241조 및 전조의 규정에 불구하고 외무대신에게 할 수 있다. 일본국에 파견된 외국의 사절에 대한 형법 제230조 또는 제231조의 죄에 대하여 그 사절이 하는 고소 또는 그 취소도 같다.

제245조 제241조 및 제242조의 규정은 자수에 준용한다.

제246조 사법경찰원은 범죄의 수사를 한 때에는 이 법률에 특별한 정함이 있는 경우를 제외하고는 신속하게 서류 및 증거물과 함께 사건을 검찰관에게 송치하여야 한다. 다만 검찰관이 지정한 사건에서는 그러하지 아니하다.

제2장 공소

제247조 공소는 검찰관이 수행한다.

제248조 범인의 성격, 연령 및 환경, 범죄의 경중 및 정상과 범죄 후의 정황에 따라 소추를 필요로 하지 아니하는 때에는 공소를 제기하지 아니할 수 있다.

제249조 공소는 검찰관이 지정한 피고인 이외의 자에게 효력이 미치지 아니한다.

제250조 ① 시효는 사람을 사망하게 한 죄로서 금고 이상의 형에 해당하는 것(사형에 해당하는 것을 제외한다.)은 다음에 열거하는 기간을 경과함에 따라 완성한다.

1. 무기징역 또는 금고에 해당하는 죄에는 30년
2. 장기 20년의 징역 또는 금고에 해당하는 죄에는 20년
3. 전2호에 열거된 죄 이외의 죄에는 10년

② 시효는 사람을 사망케 한 죄로서 금고 이상의 형에 해당하는 것 이외의 죄는 다음에 열거하는 기간을 경과함에 따라 완성한다.

1. 사형에 해당하는 죄는 25년
2. 무기징역 또는 금고에 해당하는 죄는 15년
3. 장기 15년 이상의 징역 또는 금고에 해당하는 죄는 10년
4. 장기 15년 미만의 징역 또는 금고에 해당하는 죄는 7년
5. 장기 10년 미만의 징역 또는 금고에 해당하는 죄는 5년
6. 장기 5년 미만의 징역이나 금고 또는 벌금에 해당하는 죄는 3년
7. 구류 또는 과태료에 해당하는 죄는 1년

제251조 2 이상의 주형을 병과하거나 2 이상의 주형 중 하나를 부과하여야 할 죄는 무거운 형에 따라 전조의 규정을 적용한다.

제252조 형법에 따라 형을 가중 또는 감경하여야 하는 경우에는 가중 또는 감경하지 아니하는 형에 따라 제250조의 규정을 적용한다.

제253조 ① 시효는 범죄행위가 종료한 때로부터 진행한다.

② 공범의 경우에는 최종의 행위가 종료한 때로부터 모든 공범에 대하여 시효의 기간을 기산한다.

제254조 ① 시효는 당해 사건에 대하여 한 공소의 제기로 진행을 정지하고, 관할위반 또는 공소기각의 재판이 확정된 때로부터 진행을 개시한다.

② 공범의 1인에 대하여 한 공소의 제기에 따른 시효의 정지는 다른 공범에게도 효력이 있다. 이 경우에 정지된 시효는 당해 사건에 대하여 한 재판이 확정된 때로부터 진행을 개시한다.

제255조 ① 범인이 국외에 있거나 범인이 도피하고 있기 때문에 유효하게 공소장의 등본의 송달이나 약식명령의 고지를 할 수 없게 된 경우에는 시효는 그 국외에 있는 기간 또는 도피하고 있는 기간은 진행을 정지한다.

② 범인이 국외에 있거나 범인이 도피하고 있기 때문에 유효하게 공소장의 등본의 송달이나 약식명령의 고지를 할 수 없게 된 것의 증명에 필요한 사항은 재판소의 규칙으로 정한다.

제256조 ① 공소의 제기는 공소장을 제출하여 하여야 한다.

② 공소장에는 아래의 사항을 기재하여야 한다.

1. 피고인의 이름 기타 피고인을 특정할 만한 사항

2. 공소사실

3. 죄명

③ 공소사실은 소인(訴因)을 명시하여 기재하여야 한다. 소인(訴因)을 명시할 때에는 할 수 있는 한 일시, 장소 및 방법으로 죄가 될 사실을 특정하여 하여야 한다.

④ 죄명은 적용할 벌조(罰条)를 표시하여 기재하여야 한다. 다만 벌조(罰条)의 기재의 오류는 피고인의 방어에 실질적인 불이익을 발생시킬 염려가 없는 한 공소제기의 효력에 영향을 미치지 아니한다.

⑤ 여러 개의 소인(訴因) 및 벌조(罰条)는 예비적 또는 택일적으로 기재할 수 있다.

⑥ 공소장에는 재판관에게 사건에 대한 예단을 발생시킬 염려가 있는 서류 기타 물건을 첨부하거나 그 내용을 인용하여서는 아니 된다.

제257조 공소는 제1심의 판결이 있을 때까지 취소할 수 있다.

제258조 검찰관은 사건이 그 소속 검찰청에 대응하는 재판소의 관할에 속하지 아니하는 것으로 사료하는 때에는 서류 및 증거물과 함께 그 사건을 관할재판소에 대응하는 검찰청의 검찰관에게 송치하여야 한다.

제259조 검찰관은 사건에 대하여 공소를 제기하지 아니하는 처분을 한 경우에 피의자의 청구가 있는 때에는 신속하게 그 취지를 고지하여야 한다.

제260조 검찰관은 고소, 고발 또는 청구가 있는 사건에 대하여 공소의 제기 또는 제기하지 아니하는 처분을 한 때에는 신속하게 그 취지를 고소인, 고발인 또는 청구인에게 통지하여야 한다. 공소를 취소하거나 사건을 다른 검찰청의 검찰관에게 송치한 때에도 같다.

제261조 검찰관은 고소, 고발 또는 청구가 있는 사건에 대하여 공소를 제기하지 아니하는 처분을 한 경우에 고소인, 고발인 또는 청구인의 청구가 있는 때에는 신속하게 고소인, 고발인 또는 청구인에게 그 이유를 고지하여야 한다.

제262조 ① 형법 제193조에서 제196조까지[14] 또는 파괴활동방지법(昭和 27년 법률 제240호) 제45조[15], 무차별대량살인행위를 행한 단체의 규제에 관한 법률(平成 11년 법률 제147호) 제42조 또는 제43조[16]의 죄에 대하여 고소나 고발을 한 자는 검찰관의 공소를 제기하지 아니하는 처분에 불복이 있는 때에는 그 검찰관 소속 검찰청의 소재지를 관할하는 지방재판소에 사건을 재판소의 심판에 회부할 것을 청구할 수 있다.

② 전항의 청구는 제260조의 통지를 받은 날로부터 7일 이내에 청구서를 공소를 제기하지 아니하는 처분을 한 검찰관에게 제출하여야 한다.

제263조 ① 전조 제1항의 청구는 제266조의 결정이 있을 때까지 취하할 수 있다.

② 전항의 취하를 한 자는 그 사건에 대하여 다시 전조 제1항의 청구를 할 수 없다.

제264조 검찰관은 제262조 제1항의 청구가 이유 있다고 인정하는 때에는 공소를 제기하여야 한다.

제265조 ① 제262조 제1항의 청구에 대한 심리 및 재판은 합의부에서 하여야 한다.

② 재판소는 필요한 때에는 합의부의 구성원에게 사실의 조사를 하게 하거나 지방재판소 또는 간이재판소의 재판관에게 촉탁할 수 있다. 이 경우에는 수명재판관 및 수탁재판관은 재판소 또는 재판장과 동일한 권한을 가진다.

제266조 재판소는 제262조 제1항의 청구를 받은 때에는 아래의 구분에 따라 결정을 하여야 한다.

1. 청구가 법령상의 방식에 위반하거나 청구권의 소멸 후에 한 것인 때 또는 청구가 이유 없는 때에는 청구를 기각한다.

---

14) 일본국 형법 제193조(공무원직권남용), 제194조(특별공무원직권남용), 제195조(특별공무원폭행능욕학대), 제196조(특별공무원직권남용 등 치사상)

15) 일본국 파괴활동방지법 제45조(공안조사관의 직권남용죄) 공안조사관이 직권을 남용하여 사람으로 하여금 의무 없는 일을 하게 하거나 권리의 행사를 방해한 때에는 3년 이하의 징역 또는 금고에 처한다.

16) 일본국 무차별대량살인행위를 행한 단체의 규제에 관한 법률 제43조(경찰직원의 직권남용죄) 경찰직원이 이 법률에 정하는 권한을 남용하여 사람에게 의무 없는 일을 하게 하거나 권리의 행사를 방해한 때에는 3년 이하의 징역 또는 금고에 처한다.

2. 청구가 이유 있는 때에는 사건을 관할 지방재판소의 심판에 회부한다.

제267조 전조 제2호의 결정이 있는 때에는 그 사건에 대하여 공소의 제기가 있었던 것으로 본다.

제267조의2 재판소는 제266조 제2호의 결정을 한 경우에 동일한 사건에 대하여 검찰심사회법(昭和 23년 법률 제417호) 제2조 제1항 제1호에 규정하는 심사를 수행하는 검찰심사회 또는 같은 법 제41조의6 제1항의 기소의결을 한 검찰심사회(같은 법 제41조의9 제1항의 규정에 따라 공소의 제기 및 그 유지를 담당하는 자가 지정된 후에는 그 자)가 있는 때에는 당해 결정을 한 취지를 통지하여야 한다.

제268조 ① 재판소는 제266조 제2호의 규정에 따라 사건이 그 재판소의 심판에 회부된 때에는 그 사건에 대하여 공소의 유지를 담당하는 자를 변호사 중에서 지정하여야 한다.

② 전항의 지정을 받은 변호사는 사건에 대하여 공소를 유지하기 위해 재판이 확정될 때까지 검찰관의 직무를 수행한다. 다만 검찰사무관 및 사법경찰직원에 대한 수사의 지휘는 검찰관에게 촉탁하여 하여야 한다.

③ 전항에 규정에 따라 검찰관의 직무를 수행하는 변호사는 법령에 따라 공무에 종사하는 직원으로 본다.

④ 재판소는 제1항의 지정을 받은 변호사가 그 직무를 수행하기에 적합하지 아니하다고 인정하는 때나 기타 특별한 사정이 있는 때에는 언제라도 지정을 취소할 수 있다.

⑤ 제1항의 지정을 받은 변호사에게는 정령으로 정하는 액수의 수당을 지급한다.

제269조 재판소는 제262조 제1항의 청구를 기각하는 경우 또는 청구의 취하가 있었던 경우에는 결정으로 청구자에게 그 청구에 관한 절차에 의해 발생한 비용의 전부 또는 일부의 배상을 명할 수 있다. 이 결정에는 즉시항고를 할 수 있다.

제270조 ① 검찰관은 공소의 제기 후에는 소송에 관한 서류 및 증거물을 열람하고 등사할 수 있다.

② 전항의 규정에 불구하고 제157조의6 제4항에 규정하는 기록매체는 등사할 수 없다.

제3장 공판

제1절 공판준비 및 공판절차

제271조 ① 재판소는 공소의 제기가 있는 때에는 지체 없이 공소장의 등본을 피고인에게 송달하여야 한다.

② 공소의 제기가 있는 날로부터 2개월 이내에 공소장의 등본이 송달되지 아니한 때에는 공소의 제기는 소급하여 효력을 잃는다.

제272조 ① 재판소는 공소의 제기가 있는 때에는 지체 없이 피고인에게 변호인을 선임할 수 있다는 취지와 빈곤 기타의 사유로 변호인을 선임할 수 없는 때에는 변호인의 선임을 청구할 수 있다는 취지를 알려주어야 한다. 다만 피고인에게 변호인이 있는 때에는 그러하지 아니하다.

② 재판소는 이 법률에 따라 변호인을 요하는 경우를 제외하고, 전항의 규정에 따라 변호인의 선임을 청구할 수 있다는 취지를 알려줄 때 변호인의 선임을 청구할 때에는 자력신고서를 제출하여야 한다는 취지와 그 자력이 기준금액 이상인 때에는 미리 변호사회(제37조의3 제2항의 규정에 따라 제31조의2 제1항의 신청을 할 변호사회를 말한다.)에 변호인의 선임의 신청을 하여야 한다는 취지를 교시하여야 한다.

제273조 ① 재판장은 공판기일을 정하여야 한다.

② 공판기일에는 피고인을 소환하여야 한다.

③ 공판기일은 검찰관, 변호인 및 보좌인(補佐人)에게 통지하여야 한다.

제274조 재판소의 구내에 있는 피고인에게 공판기일을 통지한 때에는 소환장의 송달이 있었던 경우와 동일한 효력을 가진다.

제275조 제1회 공판기일과 피고인에 대한 소환장의 송달 사이에는 재판소의 규칙으로 정하는 유예기간을 두어야 한다.

제276조 ① 재판소는 검찰관, 피고인 또는 변호인의 청구나 직권으로 공판기일을 변경할 수 있다.

② 공판기일을 변경할 때에는 재판소의 규칙으로 정하는 바에 따라 미리 검찰관 및 피고인 또는 변호인의 의견을 들어야 한다. 다만 급속을 요하는 경우는 그러하지 아니하다.

③ 전항 단서의 경우에는 변경 후의 공판기일에 우선 검찰관 및 피고인 또는 변호인에게 이의를 신청할 기회를 부여하여야 한다.

제277조 재판소가 권한을 남용하여 공판기일을 변경한 때에는 소송관계인은 최고재판

소의 규칙 또는 훈령이 정하는 바에 따라 사법행정감독상의 조치를 요구할 수 있다.

제278조 공판기일에 소환을 받은 자가 질병 기타 사유로 출석할 수 없는 때에는 재판소의 규칙이 정하는 바에 따라 의사의 진단서 기타 자료를 제출하여야 한다.

제278조의2 ① 재판소는 필요하다고 인정하는 때에는 검찰관 또는 변호인에게 공판준비 또는 공판기일에 출석하고 이들 절차가 진행되고 있는 동안 재석 또는 재정할 것을 명할 수 있다.

② 재판장은 급속을 요하는 경우에는 전항에 규정하는 명령을 하거나 합의부의 구성원에게 하게 할 수 있다.

③ 전2항의 규정에 따른 명령을 받은 검찰관 또는 변호인이 정당한 이유 없이 따르지 아니하는 때에는 결정으로 10만엔 이하의 과태료에 처하고 그 명령에 따르지 아니하였기 때문에 발생한 비용의 배상을 명할 수 있다.

④ 전항의 결정에는 즉시항고를 할 수 있다.

⑤ 재판소는 제3항의 결정을 한 때에는 검찰관에 대하여는 당해 검찰관을 지휘감독하는 권한을 가진 자에게, 변호사인 변호인에 대하여는 당해 변호사의 소속하는 변호사회 또는 일본변호사연합회에 통지하여 적당한 조치를 취할 것을 청구하여야 한다.

⑥ 전항의 규정에 따른 청구를 받은 자는 취한 조치를 재판소에 통지하여야 한다.

제279조 재판소는 검찰관, 피고인 또는 변호인의 청구나 직권으로 공무소 또는 공사의 단체에 조회하여 필요한 사항의 보고를 요구할 수 있다.

제280조 ① 공소의 제기가 있은 후 제1회 공판기일까지는 구류에 관한 처분은 재판관이 한다.

② 제199조 또는 제210조의 규정에 따라 체포되거나 현행범인으로서 체포된 피의자로 아직 구류되어 있지 아니한 자에 대하여 제204조 또는 제205조의 시간의 제한 내에 공소의 제기가 있는 경우에는 재판관은 신속하게 피고사건을 고지하고 이에 관하여 진술을 듣고, 구류장을 발부하지 아니한 때에는 곧바로 석방을 명하여야 한다.

③ 전2항의 재판관은 그 처분에 관하여 재판소 또는 재판장과 동일한 권한을 가진다.

제281조 증인에 대하여는 재판소는 제158조에 열거하는 사항을 고려한 후 검찰관 및 피고인 또는 변호인의 의견을 들어 필요하다고 인정하는 때에 한하여 공판기일 외에 심문을 할 수 있다.

제281조의2 재판소는 공판기일 외의 증인심문에 피고인이 입회한 경우에 증인이 피고인의 면전(제157조의5 제1항에 규정하는 조치를 채택하는 경우와 제157조의6 제1항 및 제2항에 규정하는 방법에 따른 경우를 포함한다.)에서는 압박을 받아 충분한 진술을 할 수 없

다고 인정하는 때에는 변호인이 입회하고 있는 경우에 한하여 검찰관 및 변호인의 의견을 들어 그 증인의 진술 중 피고인을 퇴석하게 할 수 있다. 이 경우에는 진술 종료 후 피고인에게 증언의 요지를 고지하고 그 증인을 심문하는 기회를 부여하여야 한다.

제281조의3 변호인은 검찰관에게 피고사건의 심리 준비를 위해 열람 또는 복사의 기회를 부여한 증거에 관련된 복제등(복제 기타 증거의 전부 또는 일부를 그대로 기록한 물건 및 서면을 말한다. 이하 같다.)을 적정히 관리하고 그 보관을 함부로 타인에게 맡겨서는 아니 된다.

제281조의4 ① 피고인 또는 변호인(제440조에 규정하는 변호인을 포함한다.)이거나 피고인 또는 변호인이었던 자는 검찰관에게 피고사건의 심리 준비를 위해 열람 또는 등사의 기회를 부여한 증거에 관련된 복제등을 다음에 열거하는 절차 또는 그 준비에 사용할 목적 이외의 목적으로 타인에게 교부, 제시하거나 전기통신회선을 통해 제공하여서는 아니 된다.

1. 당해 피고사건의 심리 기타 당해 피고사건에 관련된 재판을 위한 심리
2. 당해 피고사건에 관하여 다음에 열거하는 절차
イ 제1편 제16장의 규정에 따른 비용의 보상의 절차
ロ 제349조 제1항의 청구가 있는 경우의 절차
ハ 제350조의 청구가 있는 경우의 절차
ニ 상소권회복의 청구의 절차
ホ 재심의 청구의 절차
ヘ 비상상고의 절차
ト 제500조 제1항의 신청의 절차
チ 제502조의 신청의 절차
リ 형사보상법의 규정에 따른 보상의 청구의 절차

② 전항의 규정에 위반한 경우의 조치는 피고인의 방어권을 바탕으로 복제등의 내용, 행위의 목적 및 태양, 관계인의 명예, 그 사생활 또는 업무의 평온을 해하고 있는지, 당해 복제등에 관련된 증거가 공판기일에서 조사된 것인지와 조사 방법 기타 사정을 고려한다.

제281조의5 ① 피고인 또는 피고인이었던 자가 검찰관에게 피고사건의 심리 준비를 위해 열람 또는 등사의 기회를 부여한 증거에 관련된 복제등을 전조 제1항 각호에 열거한 절차 또는 그 준비에 사용할 목적 이외의 목적으로 타인에게 교부, 제시하거나 전기통신회선을 통하여 제공한 때에는 1년 이하의 징역 또는 50만엔 이하의 벌금에 처한다.

② 변호인(제440조에 규정하는 변호인을 포함한다. 이하 이 항에서 같다.) 또는 변호인이었던 자가 검찰관에게 피고사건의 심리 준비를 위해 열람 또는 등사의 기회를 부여한 증거에 관련된 복제등을 대가로 하여 재산상의 이익 기타의 이익을 얻을 목적으로 타인에게 교부하거나 제시 또는 전기통신회선을 통해 제공한 때에도 전항과 같다.

제281조의6 ① 재판수는 심리에 2일 이상을 요히는 시간은 가능한 한 연일 개정하여 계속하여 심리를 진행하여야 한다.

② 소송관계인은 기일을 엄수하고 심리에 지장을 초래하지 않도록 하여야 한다.

제282조 ① 공판기일에서의 조사는 공판정에서 진행한다.

② 공판정은 재판관 및 재판소서기관이 참석하고 검찰관이 출석하여 연다.

제283조 피고인이 법인인 경우에는 대리인을 출석하게 할 수 있다.

제284조 50만엔(형법, 폭력행위 등 처벌에 관한 법률 및 경제관계벌칙의 정비에 관한 법률의 죄 이외의 죄는 당분간 5만엔) 이하의 벌금 또는 과태료에 해당하는 사건에서는 피고인이 공판기일에 출석할 것을 요하지 아니한다. 다만 피고인은 대리인을 출석하게 할 수 있다.

제285조 ① 구류에 해당하는 사건의 피고인은 판결을 선고하는 경우에는 공판기일에 출석하여야 한다. 그 외의 경우에는 재판소는 피고인의 출석이 그 권리의 보호를 위해 중요하지 아니하다고 인정하다고 때에는 피고인에게 공판기일에 출석하지 아니할 것을 허가할 수 있다.

② 장기 3년 이하의 징역이나 금고 또는 50만엔(형법, 폭력행위 등 처벌에 관한 법률 및 경제관계벌칙의 정비에 관한 법률의 죄 이외의 죄는 당분간 5만엔)을 초과하는 벌금에 해당하는 사건의 피고인은 제291조의 절차를 진행하는 경우 및 판결을 선고하는 경우에는 공판기일에 출석하여야 한다. 그 외의 경우에는 전항 후단의 예에 따른다.

제286조 전3조에 규정하는 경우 외에 피고인이 공판기일에 출석하지 않는 때에는 개정할 수 없다.

제286조의2 피고인이 출석하지 않으면 개정할 수 없는 경우에 구류되어 있는 피고인이 공판기일에 소환을 받고 정당한 이유 없이 출석을 거절하고 형사시설직원에 의한 인치를 현저하게 곤란하게 한 때에는 재판소는 피고인이 출석하지 않아도 그 기일의 공판절차를 진행할 수 있다.

제287조 ① 공판정에서는 피고인의 신체를 구속하여서는 아니 된다. 다만 피고인이 폭력을 휘두르거나 도망을 기도한 경우는 그러하지 아니하다.

② 피고인의 신체를 구속하지 아니하는 경우에도 간수자를 붙일 수 있다.

제288조 ① 피고인은 재판장의 허가가 없으면 퇴정할 수 없다.

② 재판장은 피고인을 재정하게 하거나 법정의 질서를 유지하기 위해 상당한 처분

을 할 수 있다.

제289조 ① 사형, 무기 또는 장기 3년을 초과하는 징역이나 금고에 해당하는 사건을 심리하는 경우에는 변호인이 없으면 개정할 수 없다.

② 변호인이 없으면 개정할 수 없는 경우에 변호인이 출석하지 아니하거나 재정하지 아니한 때 또는 변호인이 없는 때에는 재판장은 직권으로 변호인을 붙여야 한다.

③ 변호인이 없으면 개정할 수 없는 경우에 변호인이 출석하지 아니할 우려가 있는 때에는 재판소는 직권으로 변호인을 붙일 수 있다.

제290조 제37조 각호의 경우에 변호인이 출석하지 아니하는 때에는 재판소는 직권으로 변호인을 붙일 수 있다.

제290조의2 재판소는 아래에 열거하는 사건을 취급하는 경우에 당해 사건의 피해자 등(피해자 또는 피해자가 사망한 경우나 심신에 중대한 고장이 있는 경우에 그 배우자, 직계의 친족 또는 형제자매를 말한다. 이하 같다.)이나 당해 피해자의 법정대리인 또는 이들로부터 위탁을 받은 변호사로부터 신청이 있는 때에는, 피고인 또는 변호인의 의견을 들어 상당하다고 인정하는 때에는 피해자 특정사항(이름 및 주소 기타 당해 사건의 피해자를 특정할 수 있는 사항을 말한다. 이하 같다.)을 공개된 법정에서 밝히지 아니하는 취지의 결정을 할 수 있다.

1. 형법 제176조부터 제179조까지 또는 제181조의 죄, 같은 법 제225조 또는 제226조의2 제3항의 죄(외설 또는 결혼목적으로 관련된 부분에 한한다. 이하 이 호에서 같다.), 같은 법 제227조 제1항(제225조 또는 제226조의2 제3항의 죄를 범한 자를 방조할 목적으로 관련된 부분에 한한다.)이나 제3항(음란목적으로 관련된 부분에 한한다.), 제241조 제1항, 제3항의 죄 또는 이들의 죄의 미수죄에 관련된 사건

2. 아동복지법 제60조 제1항의 죄 또는 같은 법 제34조 제1항 제9호에 관련된 같은 법 제60조 제2항의 죄나 아동매춘, 아동포르노에 관한 행위 등의 규제 및 처벌과 아동의 보호 등에 관한 법률 제4조부터 제8조까지의 죄에 관련된 사건

3. 전2호에 열거한 자 외에 범죄의 성질, 피해의 상황 기타 사정에 따라 피해자 특정사항이 공개법정에서 밝혀지게 됨에 따라 피해자등의 명예 또는 사회생활의 평온을 현저하게 해칠 우려가 있다고 인정되는 사건

② 전항의 신청은 미리 검찰관에게 하여야 한다. 이 경우에 검찰관은 의견을 붙여 재판소에 통지한다.

③ 재판소는 제1항에 정하는 것 외에 범행의 태양, 피해의 상황 기타 사정에 따라 피해자 특정사항이 공개된 법정에서 밝혀지게 됨에 따라 피해자나 그 친족의 신체 또는 재산에 해를 끼치거나 이들을 외포 또는 곤혹스럽게 하는 행위가 이뤄질 우려가 있다고 인정되는 사건을 취급하는 경우에 검찰관 및 피고인 또는 변호인의 의견

을 들어 상당하다고 인정하는 때에는 피해자 특정사항을 공개된 법정에서 밝히지 아니하는 취지의 결정을 할 수 있다.

④ 재판소는 제1항 또는 전항의 결정을 한 사건에서 피해자 특정사항을 공개된 법정에서 밝히지 아니하는 것이 상당하지 아니하다고 인정하기에 이른 때, 제312조이 규정에 따라 벌조(罰条)기 철회 또는 변경되있기 때문에 세1항 세1호 노는 제2호에 열거하는 사건에 해당하지 아니하게 된 때, 같은 항 제3호에 열거하는 사건 또는 전항에 규정하는 사건에 해당하지 아니한다고 인정하기에 이른 때에는 결정으로 제1항 또는 전항의 결정을 취소하여야 한다.

제290조의3 ① 재판소는 아래에 열거하는 경우에 증인, 감정인, 통역인, 번역인 또는 진술녹취서등(진술서, 진술을 녹취한 서면으로 진술자의 서명이나 날인이 있는 것 또는 영상이나 음성을 기록할 수 있는 기록매체로 진술을 기록한 것을 말한다. 이하 같다.)의 진술자(이하이 항에서 「증인등」이라 한다.)로부터 신청이 있는 때에는 검찰관 및 피고인 또는 변호인의 의견을 들어 상당하다고 인정하는 때에 증인등 특정사항(이름 및 주소 기타 당해 증인등을 특정하게 되는 사항을 말한다. 이하 같다.)을 공개된 법정에서 밝히지 아니하는 취지의 결정을 할 수 있다.

1. 증인등 특정사항이 공개된 법정에서 밝혀지게 됨에 따라 증인등이나 그 친족의 신체 또는 재산에 해를 끼치거나 이들을 외포 또는 곤혹스럽게 하는 행위가 이뤄질 우려가 있다고 인정하는 때

2. 전호에 열거된 경우 외 증인등 특정사항이 공개된 법정에서 밝혀지게 됨에 따라 증인등의 명예 또는 사회생활의 평온이 현저하게 해를 입을 우려가 있다고 인정하는 때

② 재판소는 전항의 결정을 한 사건에서 증인등 특정사항을 공개된 법정에서 밝히지 아니하는 것이 상당하지 아니하다고 인정하기에 이른 때에는 결정으로 같은 항의 결정을 취소하여야 한다.

제291조 ① 검찰관은 먼저 공소장을 낭독하여야 한다.

② 제290조의2 제1항 또는 제3항의 결정이 있는 때에는 전항의 공소장의 낭독은 피해자 특정사항을 밝히지 아니하는 방법으로 한다. 이 경우에는 검찰관은 피고인에게 공소장을 제시하여야 한다.

③ 전조 제1항의 결정이 있는 경우에 제1항의 공소장의 낭독도 전항과 같다. 이 경우에 같은 항 중 「피해자 특정사항」은 「증인등 특정사항」으로 한다.

④ 재판장은 공소장의 낭독이 끝난 후 피고인에게 일체의 진술 또는 개개의 질문에 대하여 진술을 거부할 수 있다는 취지 기타 재판소의 규칙으로 정하는 피고인의 권리를 보호하기 위해 필요한 사항을 고지한 후 피고인 및 변호인에게 피고사건에

대하여 진술할 기회를 부여하여야 한다.

제291조의2 피고인이 전조 제4항의 절차에서 공소장에 기재된 소인(訴因)에 대하여 유죄라는 취지의 진술을 한 때에는 재판소는 검찰관, 피고인 및 변호인의 의견을 들어 유죄라는 취지의 진술이 있는 소인(訴因)에 한하여 간이공판절차에 따라 심판을 하는 취지의 결정을 할 수 있다. 다만 사형, 무기 또는 단기 1년 이상의 징역이나 금고에 해당하는 사건에 대하여는 그러하지 아니하다.

제291조의3 재판소는 전조의 결정이 있는 사건이 간이공판절차에 따를 수 없거나 이에 따름이 상당하지 아니하다고 인정하는 때에는 그 결정을 취소하여야 한다.

제292조 증거조사는 제291조의 절차가 끝난 후 진행한다. 다만 다음 절 제1관에 정하는 공판 전 정리절차에서 쟁점 및 증거의 정리를 위해 진행하는 절차에서는 그러하지 아니하다.

제292조의2 ① 재판소는 피해자등 또는 당해 피해자의 법정대리인으로부터 피해에 관한 심정 기타 피고사건에 관한 의견진술의 신청이 있는 때에는 공판기일에 그 의견을 진술하게 한다.

② 전항의 규정에 따른 의견진술의 신청은 미리 검찰관에게 하여야 한다. 이 경우에 검찰관은 의견을 붙여 재판소에 통지한다.

③ 재판장 또는 배석재판관은 피해자등 또는 당해 피해자의 법정대리인이 의견을 진술한 후 그 취지를 명확히 하기 위해 이들에게 질문을 할 수 있다.

④ 소송관계인은 피해자등 또는 당해 피해자의 법정대리인이 의견을 진술한 후 그 취지를 명확히 하기 위해 재판장에게 고지하고 이들에게 질문을 할 수 있다.

⑤ 재판장은 피해자등이나 당해 피해자의 법정대리인의 의견진술 또는 소송관계인의 피해자등이나 당해 피해자의 법정대리인에 대한 질문이 이미 한 진술이나 질문과 중복되는 때 또는 사건에 관계없는 사항에 해당하는 때 기타 상당하지 아니한 때에는 이를 제한할 수 있다.

⑥ 제157조의4, 제157조의5, 제157조의6 제1항 및 제2항의 규정은 제1항의 규정에 따른 의견진술에 준용한다.

⑦ 재판소는 심리상황 기타 사정을 고려하여 상당하지 아니하다고 인정하는 때에는 의견진술에 갈음하여 의견을 기재한 서면을 제출하게 하거나 의견진술을 하지 아니하도록 할 수 있다.

⑧ 전항의 규정에 따라 서면이 제출된 경우에는 재판장은 공판기일에 그 취지를 밝히도록 하여야 한다. 이 경우에 재판장은 상당하다고 인정하는 때에는 그 서면을 낭독하거나 요지를 고지할 수 있다.

⑨ 제1항의 규정에 따른 진술 또는 제7항의 규정에 따른 서면은 범죄사실의 인정

을 위한 증거로 할 수 없다.

제293조 ① 증거조사가 끝난 후 검찰관은 사실 및 법률의 적용에 대하여 의견을 진술하여야 한다.

② 피고인 및 변호인은 의견을 진술할 수 있다.

제294조 공판기일에서의 소송의 지휘는 재판장이 한다.

제295조 ① 재판장은 소송관계인이 하는 질문 또는 진술이 이미 한 진술이나 질문과 중복되는 때 또는 사건에 관계없는 사항에 해당하는 때 기타 상당하지 아니한 때에는 소송관계인의 본질적인 권리를 침해하지 아니하는 한 이를 제한할 수 있다. 소송관계인의 피고인에 대한 진술을 요구하는 행위에 대하여도 같다.

② 재판장은 증인, 감정인, 통역인 또는 번역인을 심문하는 경우에 증인, 감정인, 통역인 또는 번역인이나 이들의 친족의 신체 또는 재산에 해를 끼치거나 외포 또는 곤혹스럽게 하는 행위가 이뤄질 우려가 있고, 이들의 주거, 근무지 기타 그 통상 소재하는 장소가 특정되는 사항이 밝혀지게 되면 증인, 감정인, 통역인 또는 번역인이 충분한 진술을 할 수 없다고 인정하는 때에는 당해 사항에 대한 심문을 제한할 수 있다. 다만 검찰관이 하는 질문을 제한함에 따라 범죄의 증명에 중대한 지장을 발생시킬 우려가 있거나 피고인이나 변호인이 하는 질문을 제한함에 따라 피고인의 방어에 실질적인 불이익을 발생시킬 우려가 있거나 그러하지 아니하다.

③ 재판장은 제290조의2 제1항 또는 제3항의 결정이 있는 경우에 소송관계인이 한 질문이나 진술이 피해자 특정사항에 해당하는 때에는 이를 제한함에 따라 범죄의 증명에 중대한 지장을 발생시킬 우려가 있거나 피고인의 방어에 실질적인 불이익을 발생시킬 우려가 있는 경우를 제외하고 당해 심문 또는 진술을 제한할 수 있다. 소송관계인의 피고인에 대한 진술을 요구하는 행위에 대하여도 같다.

④ 제290조의3 제1항의 결정이 있는 경우에 소송관계인이 한 질문이나 진술 또는 소송관계인의 피고인에 대한 진술을 요구하는 행위에 대하여도 전항과 같다. 이 경우에 같은 항 중 「피해자 특정사항」은 「증인등 특정사항」으로 한다.

⑤ 재판소는 전 각항의 규정에 따른 명령을 받은 검찰관 또는 변호사인 변호인이 이에 따르지 아니한 경우에는 검찰관에 대하여는 당해 검찰관을 지휘감독하는 권한을 가지는 자에게, 변호사인 변호인에 대하여는 당해 변호사가 소속된 변호사회 또는 일본변호사연합회에 통지하고 적당한 조치를 취할 것을 청구할 수 있다.

⑥ 전항의 규정에 따른 청구를 받은 자는 그 취한 조치를 재판소에 통지하여야 한다.

제296조 증거조사는 첫 번째로 검찰관은 증거에 따라 증명할 사실을 밝혀야 한다. 다만 증거로 할 수 없거나 증거로서 조사를 청구할 의사가 없는 자료를 기초로 재판소에 사건에 대한 편견 또는 예단을 발생시킬 우려가 있는 사항을 진술할 수 없다.

제297조 ① 재판소는 검찰관 및 피고인 또는 변호인의 의견을 들어 증거조사의 범위, 순서 및 방법을 정할 수 있다.

② 전항의 절차는 합의부의 구성원에게 하게 할 수 있다.

③ 재판소는 적당하다고 인정하는 때에는 언제라도 검찰관 및 피고인 또는 변호인의 의견을 들어 제1항의 규정에 따라 정한 증거조사의 범위, 순서 또는 방법을 변경할 수 있다.

제298조 ① 검찰관, 피고인 또는 변호인은 증거조사를 청구할 수 있다.

② 재판소는 필요하다고 인정하는 때에는 직권으로 증거조사를 할 수 있다.

제299조 ① 검찰관, 피고인 또는 변호인이 증인, 감정인, 통역인 또는 번역인의 심문을 청구할 때에는 미리 상대방에게 그 이름 및 주거를 알 기회를 부여하여야 한다. 증거서류 또는 증거물의 조사를 청구할 때에는 미리 상대방에게 이를 열람할 기회를 부여하여야 한다. 다만 상대방이 이의가 없는 때에는 그러하지 아니하다.

② 재판소가 직권으로 증거조사의 결정을 할 때에는 검찰관 및 피고인 또는 변호인의 의견을 들어야 한다.

제299조의2 검찰관 또는 변호인은 전조 제1항의 규정에 따라 증인, 감정인, 통역인 또는 번역인의 이름 및 주거를 알 기회를 부여하거나 증거서류 또는 증거물을 열람할 기회를 부여할 때 증인, 감정인, 통역인 또는 번역인이나 증거서류 또는 증거물에 그 이름이 기재되거나 기록되어 있는 자 또는 이들의 친족의 신체 또는 재산에 해를 끼치거나 이들을 외포 또는 곤혹스럽게 하는 행위가 이뤄질 우려가 있다고 인정하는 때에는 상대방에게 그 취지를 고지하고 이들의 주거, 근무지 기타 통상 소재하는 장소가 특정되는 사항을 범죄의 증명이나 범죄의 수사 또는 피고인의 방어에 관하여 필요한 경우를 제외하고 관계자(피고인을 포함한다.)에 알리지 말도록 하는 것 기타 이들의 안전에 위협이 되는 일이 없도록 배려할 것을 요구할 수 있다.

제299조의3 검찰관은 제299조 제1항의 규정에 따라 증인의 이름 및 주거를 알 기회를 부여하거나 증거서류 또는 증거물을 열람할 기회를 부여할 때 피해자 특정사항이 밝혀지게 됨에 따라 피해자등의 명예 또는 사회생활의 평온을 현저하게 해치게 될 우려가 있는 때 또는 피해자나 그 친족의 신체 또는 재산에 해를 끼치거나 이들을 외포 또는 곤혹스럽게 하는 행위가 이뤄질 우려가 있다고 인정하는 때에는 변호인에게 그 취지를 고지하고 피해자 특정사항이 피고인의 방어에 관하여 필요한 경우를 제외하고 피고인 기타의 자에게 알려지지 않도록 할 것을 요구할 수 있다. 다만 피고인에게 알려지지 않도록 할 것을 요구하는 것은 피해자 특정사항 중 공소장에 기재된 사항 이외의 것에 한한다.

제299조의4 ① 검찰관은 제299조 제1항의 규정에 따라 증인, 감정인, 통역인 또는

번역인의 이름 및 주거를 알 기회를 부여할 경우에 그 자나 그 친족의 신체 또는 재산에 해를 끼치거나 이들을 외포 또는 곤혹스럽게 하는 행위가 이뤄질 우려가 있다고 인정하는 때에는 변호인에게 당해 이름 및 주거를 알 기회를 부여한 후에 당해 이름이나 주거를 피고인에게 알려서는 안 된다는 취지의 조건을 붙이거나 피고인에게 알리는 시기 또는 빙법을 지정할 수 있다. 다만 그 승인, 감정인, 통역인 또는 번역인의 진술의 증명력의 판단에 도움이 될 만한 피고인 기타 관계자와의 이해관계의 유무를 확인할 수 없게 된 때 기타 피고인의 방어에 실질적인 불이익을 발생시킬 우려가 있는 때에는 그러하지 아니하다.

② 검찰관은 전항 본문의 경우에 같은 항 본문의 규정에 따른 조치로는 같은 항 본문에 규정하는 행위를 방지하지 못할 우려가 있다고 인정하는 때(피고인에게 변호인이 없는 때를 포함한다.)에는 그 증인, 감정인, 통역인 또는 번역인의 진술의 증명력의 판단에 도움이 될 만한 피고인 기타 관계자와의 이해관계의 유무를 확인할 수 없게 된 경우 기타 피고인의 방어에 실질적인 불이익을 발생시킬 우려가 있는 경우를 제외하고 피고인 및 변호인에게 그 증인, 감정인, 통역인 또는 번역인의 이름이나 주거를 알 기회를 부여하지 않을 수 있다. 이 경우에 피고인 또는 변호인에게 이름에는 이에 갈음하는 호칭을, 주거에는 이에 갈음하는 연락처를 알 기회를 부여하여야 한다.

③ 검찰관은 제299조 제1항의 규정에 따라 증거서류 또는 증거물을 열람할 기회를 부여할 경우에 증거서류 또는 증거물에 이름이나 주거가 기재되거나 기록되어 있는 자로서 검찰관이 증인, 감정인, 통역인 또는 번역인으로서 심문을 청구하거나 진술녹취서등의 진술자(이하 이 항 및 다음 항에서 「검찰관청구증인등」이라 한다.) 또는 검찰관청구증인등의 친족의 신체 또는 재산에 해를 끼치거나 이들을 외포 또는 곤혹스럽게 하는 행위가 이뤄질 우려가 있다고 인정하는 때에는 변호인에게 증거서류 또는 증거물을 열람할 기회를 부여한 후에 그 검찰관청구증인등의 이름이나 주거를 피고인에게 알려서는 안 된다는 취지의 조건을 붙이거나 피고인에게 알리는 시기 또는 방법을 지정할 수 있다. 다만 그 검찰관청구증인등의 진술의 증명력의 판단에 도움이 될 만한 피고인 기타 관계자와의 이해관계의 유무를 확인할 수 없게 된 때 기타 피고인의 방어에 실질적인 불이익을 발생시킬 우려가 있는 때에는 그러하지 아니하다.

④ 검찰관은 전항 본문의 경우에 같은 항 본문의 규정에 따른 조치로는 같은 항 본문에 규정하는 행위를 방지하지 못할 우려가 있다고 인정하는 때(피고인에게 변호인이 없는 때를 포함한다.)에는 그 검찰관청구증인등의 진술의 증명력의 판단에 도움이 될 만한 피고인 기타 관계자와의 이해관계의 유무를 확인할 수 없게 된 경우 기타 피고

인의 방어에 실질적인 불이익을 발생시킬 우려가 있는 경우를 제외하고 피고인 및 변호인에게 증거서류 또는 증거물 중 그 검찰관청구중인등의 이름이나 주거가 기재 또는 기록되어 있는 부분에 대하여 열람할 기회를 부여하지 아니할 수 있다. 이 경우에 피고인 또는 변호인에게 이름에는 이에 갈음하는 호칭을, 주거에는 이에 갈음하는 연락처를 알 기회를 부여하여야 한다.

⑤ 검찰관은 전 각항의 규정에 따라 조치를 한 때에는 신속하게 재판소에 그 취지를 통지하여야 한다.

제299조의5 ① 재판소는 검찰관이 전조 제1항부터 세4항까지의 규정에 따른 조치를 취한 경우에 다음 각호의 어느 하나에 해당한다고 인정하는 때에는 피고인 또는 변호인의 청구에 의해 결정으로 당해 조치의 전부 또는 일부를 취소하여야 한다.

1. 당해 조치에 관련된 자 또는 그 친족의 신체 또는 재산에 해를 끼치거나 이들을 외포 또는 곤혹스럽게 하는 행위가 이뤄질 우려가 없는 때

2. 당해 조치에 의해 당해 조치에 관련된 자의 진술의 증명력의 판단에 도움이 될 만한 피고인 기타 기타 관계자와의 이해관계의 유무를 확인할 수 없게 된 때 기타 피고인의 방어에 실질적인 불이익을 발생시킬 우려가 있는 때

3. 검찰관이 취한 조치가 전조 제2항 또는 제3항의 규정에 따른 것인 경우에 같은 조 제1항 본문 또는 제3항 본문의 규정에 따른 조치에 따라 제1호에 규정하는 행위를 방지할 수 있는 때

② 재판소는 전항 제2호 또는 제3호에 해당한다고 인정하여 검찰관이 취한 조치의 전부 또는 일부를 취소하는 경우에 같은 항 제1호에 규정하는 행위가 이뤄질 우려가 있다고 인정하는 때에는 변호인에게 당해 조치에 관련된 자의 이름이나 주거를 피고인에 알려서는 안 된다는 취지의 조건을 붙이거나 피고인에게 알리는 시기 또는 방법을 지정할 수 있다. 다만 당해 조건을 붙이거나 당해 시기 또는 방법을 지정하는 것에 의해 당해 조치에 관련된 자의 진술의 증명력의 판단에 도움이 될 만한 피고인 기타 관계자와의 이해관계의 유무를 확인할 수 없게 된 때 기타 피고인의 방어에 실질적인 불이익을 발생시킬 우려가 있는 때에는 그러하지 아니하다.

③ 재판소는 제1항의 청구에 대한 결정을 할 때에는 검찰관의 의견을 들어야 한다.

④ 제1항의 청구에 대하여 한 결정(제2항의 규정에 따른 조건을 붙이거나 시기 또는 방법을 지정하는 재판을 포함한다.)에는 즉시항고를 할 수 있다.

제299조의6 ① 재판소는 검찰관이 취한 제299조의4 제1항 또는 제3항의 규정에 따른 조치에 관련된 자나 재판소가 취한 전조 제2항 또는 제4항의 규정에 따른 조치에 관련된 자 또는 이들 친족의 신체 또는 재산에 해를 끼치거나 이들을 외포 또는 곤혹스럽게 하는 행위가 이뤄질 우려가 있다고 인정하는 경우에 검찰관 및 변호인

의 의견을 들어 상당하다고 인정하는 때에는 변호인이 제14조 제1항의 규정에 따라 소송에 관한 서류나 증거물을 열람 또는 등사하게 할 때 이들에 기재되거나 기록되어 있는 당해 조치에 관련된 자의 이름이나 주거를 피고인에게 알려서는 안 된다는 취지의 조건을 붙이거나 피고인에게 알리는 시기 또는 방법을 지정할 수 있다. 다만 당해 조치에 관련된 자의 진술의 증명력의 판단에 도움이 될 만한 피고인 기타 관계자와의 이해관계의 유무를 확인할 수 없게 된 때 기타 피고인의 방어에 실질적인 불이익을 발생시킬 우려가 있는 때에는 그러하지 아니하다.

② 재판소는 검찰관이 취한 제299조의4 제2항 또는 제4항의 규정에 따른 조치에 관련된 자나 그 친족의 신체 또는 재산에 해를 끼치거나 이들을 외포 또는 곤혹스럽게 하는 행위가 이뤄질 우려가 있다고 인정하는 경우에 검찰관 및 변호인의 의견을 들어 상당하다고 인정하는 때에는 변호인이 제14조 제1항의 규정에 따라 소송에 관한 서류 또는 증거물을 열람하거나 등사할 때 이들 중 당해 조치에 관련된 자의 이름이나 주거가 기재 또는 기록되어 있는 부분의 열람이나 등사를 금지하거나 당해 이름이나 주거를 피고인에게 알려서는 안 된다는 취지의 조건을 붙이거나 피고인에게 알리는 시기 또는 방법을 지정할 수 있다. 다만 당해 조치에 관련된 자의 진술의 증명력의 판단에 도움이 될 만한 피고인 기타 관계자와의 이해관계의 유무를 확인할 수 없게 된 때 기타 피고인의 방어에 실질적인 불이익을 발생시킬 우려가 있는 때에는 그러하지 아니하다.

③ 재판소는 검찰관이 취한 제299조의4 제1항부터 제4항까지의 규정에 따른 조치에 관련된 자나 재판소가 취한 전조 제2항의 규정에 따른 조치에 관련된 자 또는 이들 친족의 신체 또는 재산에 해를 끼치거나 이들을 외포 또는 곤혹스럽게 하는 행위가 이뤄질 우려가 있다고 인정하는 경우에 검찰관 및 피고인의 의견을 들어 상당하다고 인정하는 때에는 피고인이 제49조의 규정에 따라 공판조서를 열람하거나 그 낭독을 요구할 때 이 중 당해 조치에 관련된 자의 이름이나 주거가 기재되거나 기록되어 있는 부분의 열람을 금지하거나 당해 부분의 낭독의 요구를 거절할 수 있다. 다만 당해 조치에 관련된 자의 진술의 증명력의 판단에 도움이 될 만한 피고인 기타 관계자와의 이해관계의 유무를 확인할 수 없게 된 때 기타 피고인의 방어에 실질적인 불이익을 발생시킬 우려가 있는 때에는 그러하지 아니하다.

제299조의7 ① 검찰관은 제299조의4 제1항이나 제3항의 규정에 따라 붙인 조건에 변호인이 위반한 때 또는 이들 규정에 따른 시기나 방법의 지정에 변호인이 따르지 아니한 때에는 변호사인 변호인에 대하여는 당해 변호사가 소속된 변호사회 또는 일본변호사연합회에 통지하고 적당한 처분을 할 것을 청구할 수 있다.

② 재판소는 제299조의5 제2항, 전조 제1항 또는 제2항의 규정에 따라 붙인 조건에

변호인이 위반한 때 또는 이들 규정에 따른 시기나 방법의 지정에 변호인이 따르지 아니한 때에는 변호사인 변호인에 대하여는 당해 변호사가 소속된 변호사회 또는 일본변호사연합회에 통지하고 적당한 조치를 취할 것을 청구할 수 있다.

③ 전2항의 규정에 따른 청구를 받은 자는 취한 조치를 청구를 한 검찰관 또는 재판소에 통지하여야 한다.

제300조 제321조 제1항 제2호 후단의 규정에 따라 증거로 할 수 있는 서면은 검찰관이 반드시 조사를 청구하여야 한다.

제301조 제322조 및 제324조 제1항의 규정에 따라 증거로 할 수 있는 피고인의 진술이 자백인 경우에는 범죄사실에 관하여 다른 증거가 조사된 후가 아니면 조사를 청구할 수 없다.

제301조의2 다음에 열거하는 사건에서는 검찰관은 제322조 제1항의 규정에 따라 증거로 할 수 있는 서면으로 당해 사건에 대하여 제198조 제1항의 규정에 따른 조사(체포 또는 구류되어 있는 피의자의 조사에 한한다. 제3항에서 같다.) 또는 제203조 제1항, 제204조 제1항 또는 제205조 제1항(제211조 및 제216조에서 이들 규정을 준용하는 경우를 포함한다. 제3항에서 같다.)의 변명의 기회에 작성되고, 피고인에게 불이익한 사실의 승인을 내용으로 하는 것의 조사를 청구한 경우에 피고인 또는 변호인이 그 조사의 청구에 관하여 그 승인이 임의로 이뤄진 것이 아니라는 의심이 있는 것을 이유로 하여 이의를 진술한 때에는 그 승인이 임의로 이뤄진 것임을 증명하기 위해 당해 서면이 작성된 조사 또는 변명의 기회의 개시부터 종료에 이르기까지의 사이에 피고인의 진술 및 그 상황을 제4항의 규정에 따라 기록한 기록매체의 조사를 청구하여야 한다. 다만 같은 항 각호의 어느 하나에 해당하는 것에 따라 같은 항의 규정에 따른 기록이 되어 있지 않은 것 기타 부득이한 사정으로 당해 기록매체가 존재하지 아니하는 때에는 그러하지 아니하다.

1. 사형, 무기징역 또는 금고에 해당하는 죄에 관련된 사건
2. 단기 1년 이상의 유기징역 또는 금고에 해당하는 죄로서 고의의 범죄행위로 피해자를 사망하게 한 것에 관련된 사건
3. 사법경찰원이 송치 또는 송부한 사건 이외의 사건(전2호에 열거된 것을 제외한다.)

② 검찰관이 전항의 규정에 위반하여 같은 항에 규정하는 기록매체의 조사를 청구하지 아니한 때에는 재판소는 결정으로 같은 항에 규정하는 서면의 조사의 청구를 각하하여야 한다.

③ 전2항의 규정은 제1항 각호에 열거하는 사건에서 제324조 제1항에서 준용하는 제322조 제1항의 규정에 따라 증거로 할 수 있는 피고인 이외의 자의 진술로서 당해 사건에 대하여 제198조 제1항의 규정에 따른 조사 또는 제203조 제1항, 제204

조 제1항 또는 제205조 제1항의 변명의 기회에 이뤄진 피고인의 진술(피고인에 불이익한 사실의 승인을 내용으로 하는 것에 한한다.)을 그 내용으로 하는 것을 증거로 하는 것에 관하여 피고인 또는 변호인이 그 승인이 임의로 이뤄진 것이 아니라는 의심이 있음을 이유로 하여 이의를 진술한 경우에 준용한다.

④ 검찰관 또는 검찰사무관은 제1항 각호에 열거하는 시긴(같은 항 제3호에 얼서하는 사건 중 관련된 사건이 송치 또는 송부되어 있는 것으로서 사법경찰원이 현재 수사하고 있는 것 기타 사정에 비추어 사법경찰원이 송치 또는 송부할 것이 예상되는 것을 제외한다.)으로 체포 또는 구류되어 있는 피의자를 제198조 제1항의 규정에 따라 조사한 때 또는 피의자에게 제204조 제1항 또는 제205조 제1항(제211조 및 제216조에서 이들 규정을 준용하는 경우를 포함한다.)의 규정에 따라 변명의 기회를 부여한 때에는 다음 각호의 어느 하나에 해당하는 경우를 제외하고 피의자의 진술 및 그 상황을 녹음 및 녹화를 동시에 하는 방법에 의한 기록매체에 기록해 두어야 한다. 사법경찰직원이 제1항 제1호 또는 제2호에 열거하는 사건으로 체포 또는 구류되어 있는 피의자를 제198조 제1항의 규정에 따라 조사할 때 또는 피의자에게 제203조 제1항(제211조 및 제216조에서 준용하는 경우를 포함한다.)의 규정에 따라 변명의 기회를 부여한 때에도 같다.

1. 기록에 필요한 기품의 고장 기타 부득이한 사정으로 기록을 할 수 없는 때

2. 피의자가 기록을 거절한 것 기타 피의자의 언동에 의해 기록을 하면 피의자가 충분히 진술을 할 수 없다고 인정하는 때

3. 당해 사건이 폭력단원에 의한 부당한 행위의 방지 등에 관한 법률(平成 3년 법률 제77호) 제3조의 규정에 따라 도도부현공안위원회의 지정을 받은 폭력단의 구성원에 의한 범죄에 관련된 것으로 인정하는 때

4. 전2호에 열거된 것 외에 범죄의 성질, 관계자의 언동, 피의자가 구성원인 단체의 성격 기타 사정에 비추어 피의자의 진술 및 그 상황이 밝혀지게 된 경우에는 피의자 또는 그 친족의 신체 또는 재산에 해를 끼치거나 이들을 외포 또는 곤혹스럽게 하는 행위가 이뤄질 우려가 있는 것에 의해, 기록했다면 피의자가 충분한 진술을 할 수 없다고 인정하는 때

제302조 제321조 내지 제323조 또는 제326조의 규정에 따라 증거로 할 수 있는 서면이 수사기록의 일부인 때에는 검찰관은 가능한 한 다른 부분과 분리하여 그 조사를 청구하여야 한다.

제303조 공판준비에서 한 증인 기타 자의 심문, 검증, 압수 및 수색의 결과를 기재한 서면 및 압수한 물건은 재판소는 공판기일에서 증거서류 또는 증거물로서 조사하여야 한다.

제304조 ① 증인, 감정인, 통역인 또는 번역인은 재판장 또는 배석재판관이 우선 심문한다.

② 검찰관, 피고인 또는 변호인은 전항의 심문이 끝난 후 재판장에게 고지하고 그 증인, 감정인, 통역인 또는 번역인을 심문할 수 있다. 이 경우에 그 증인, 감정인, 통역인 또는 번역인의 조사가 검찰관, 피고인 또는 변호인이 청구한 것일 때에는 청구를 한 자가 먼저 심문한다.

③ 재판소는 적당하다고 인정하는 때에는 검찰관 및 피고인 또는 변호인의 의견을 들어 전2항의 심문의 순서를 변경할 수 있다.

제304조의2 재판소는 증인을 심문하는 경우에 증인이 피고인의 면전(제157조의5 제1항에 규정하는 조치를 채택한 경우와 제157조의6 제1항 및 제2항에 규정하는 방법에 의한 경우를 포함한다.)에서는 압박을 받아 충분한 진술을 할 수 없다고 인정하는 때에는 변호인이 출석하고 있는 경우에 한하여 검찰관 및 변호인의 의견을 들어 그 증인의 진술 중 피고인을 퇴정하게 할 수 있다. 이 경우에는 진술 종료 후 피고인을 입정하게 하여 증언의 요지를 고지하고 그 증인을 심문하는 기회를 부여하여야 한다.

제305조 ① 검찰관, 피고인 또는 변호인의 청구에 의해 증거서류의 조사를 할 때에는 재판장은 그 조사를 청구한 자에게 이를 낭독하게 하여야 한다. 다만 재판장은 스스로 이를 낭독하거나 배석재판관 또는 재판소서기관에게 낭독하게 할 수 있다.

② 재판소가 직권으로 증거서류의 조사를 할 때에는 재판장은 스스로 그 서류를 낭독하거나 배석재판관 또는 재판소서기관에게 낭독하게 하여야 한다.

③ 제290조의2 제1항 또는 제3항의 결정이 있는 때에는 전2항의 규정에 따른 증거서류의 낭독은 피해자 특정사항을 밝히지 아니하는 방법으로 진행한다.

④ 제290조의3 제1항의 결정이 있는 경우에 제1항 또는 제2항의 규정에 따른 증거서류의 낭독도 전항과 같다. 이 경우에 같은 항 중 「피해자 특정사항」은 「증인 등 특정사항」으로 한다.

⑤ 제157조의6 제4항의 규정에 따라 기록매체가 그 일부로 된 조서의 조사는 제1항 또는 제2항의 규정에 따른 낭독에 갈음하여 당해 기록매체를 재생하는 방법으로 한다. 다만 재판장은 검찰관 및 피고인 또는 변호인의 의견을 들어 상당하다고 인정하는 때에는 당해 기록매체의 재생에 갈음하여 당해 조서의 조사를 청구한 자, 배석재판관 또는 재판소서기관에게 당해 조서에 기록된 진술의 내용을 고지하게 하거나 스스로 이를 고지하고 할 수 있다.

⑥ 재판소는 전항의 규정에 따라 제157조의6 제4항에 규정하는 기록매체를 재생하는 장소에서 필요하다고 인정하는 때에는 검찰관 및 피고인 또는 변호인의 의견을 들어 법 제157조의5에 규정하는 조치를 채택할 수 있다.

제306조 ① 검찰관, 피고인 또는 변호인의 청구에 따라 증거물의 조사를 할 때에는 재판장은 청구를 한 자에게 이를 제시하여야 한다. 다만 재판장은 스스로 이를 제

시하거나 배석재판관 또는 재판소서기관에게 제시하게 할 수 있다.

② 재판소가 직권으로 증거물의 조사를 할 때에는 재판장은 스스로 이를 소송관계인에 제시하거나 배석재판관 또는 재판소서기관에게 제시하게 할 수 있다.

제307조 증거물 중 서면의 의의(意義)가 증거로 되는 것을 조사할 때에는 전조의 규정에 따르는 외에 제305조의 규정에 따른다.

제307조의2 제291조의2의 결정이 있었던 사건에는 제296조, 제297조, 제300조 내지 제302조 및 제304조 내지 전조의 규정은 적용하지 아니하고, 증거조사는 공판기일에 적당하다고 인정하는 방법으로 할 수 있다.

제308조 재판소는 검찰관 및 피고인 또는 변호인에게 증거의 증명력을 다투기 위해 필요로 하는 적당한 기회를 부여하여야 한다.

제309조 ① 검찰관, 피고인 또는 변호인은 증거조사에 관한 이의를 신청할 수 있다.

② 검찰관, 피고인 또는 변호인은 전항에 규정하는 경우 외에 재판장의 처분에 이의를 신청할 수 있다.

③ 재판소는 전2항의 신청에 대하여 결정을 하여야 한다.

제310조 증거조사를 마친 증거서류 또는 증거물은 지체 없이 재판소에 제출하여야 한다. 다만 재판소의 허가를 얻은 때에는 원본에 갈음하여 그 등본을 제출할 수 있다.

제311조 ① 피고인은 전부 침묵하거나 개개의 질문에 대하여 진술을 거부할 수 있다.

② 피고인이 임의로 진술을 하는 경우에는 재판장은 언제라도 필요로 하는 사항에 대한 피고인의 진술을 요구할 수 있다.

③ 배석하는 재판관, 검찰관, 변호인, 공동피고인 또는 그 변호인은 재판장에게 고지하고 전항의 진술을 요구할 수 있다.

제312조 ① 재판소는 검찰관의 청구가 있는 때에는 공소사실의 동일성을 해치지 아니하는 한도에서 공소장에 기재된 소인(訴因)이나 벌조(罰条)의 추가, 철회 또는 변경을 허가하여야 한다.

② 재판소는 심리의 경과에 비추어 적당하다고 인정하는 때에는 소인(訴因) 또는 벌조(罰条)를 추가하거나 변경할 것을 명할 수 있다.

③ 재판소는 소인(訴因) 또는 벌조(罰条)의 추가, 철회 또는 변경이 있는 때에는 신속하게 추가, 철회 또는 변경된 부분을 피고인에게 통지하여야 한다.

④ 재판소는 소인(訴因) 또는 벌조(罰条)의 추가 또는 변경에 의해 피고인의 방어에 실질적인 불이익을 발생시킬 우려가 있다고 인정하는 때에는 피고인 또는 변호인의 청구에 따라 결정으로 피고인이 충분한 방어의 준비를 하기 위한 필요한 기간 동안 공판절차를 정지하여야 한다.

제313조 ① 재판소는 적당하다고 인정하는 때에는 검찰관, 피고인이나 변호인의 청

구 또는 직권으로 결정으로서 변론을 분리하거나 병합 또는 종결한 변론을 재개할 수 있다.

② 재판소는 피고인의 권리를 보호하기 위해 필요한 때에는 재판소의 규칙으로 정하는 바에 따라 결정으로서 변론을 분리하여야 한다.

제313조의2 ① 이 법률의 규정에 기초하여 재판소나 재판장 또는 재판관이 붙인 변호인의 선임은 변론이 병합된 사건에도 효력을 가진다. 다만 재판소가 이와 다른 결정을 한 때에는 그러하지 아니하다.

② 전항 단서의 결정을 할 때에는 미리 검찰관 및 피고인 또는 변호인의 의견을 들어야 한다.

제314조 ① 피고인이 심신상실의 상태에 있는 때에는 검찰관 및 변호인의 의견을 들어 결정으로 그 상태가 계속되고 있는 동안 공판절차를 정지하여야 한다. 다만 무죄, 면소, 형의 면제 또는 공소기각의 재판을 할 것이 명백한 경우에는 피고인의 출석을 기다리지 아니하고 곧바로 그 재판을 할 수 있다.

② 피고인이 질병 때문에 출석할 수 없는 때에는 검찰관 및 변호인의 의견을 들어 결정으로 출석할 수 있을 때까지 공판절차를 정지하여야 한다. 다만 제284조 및 제285조의 규정에 따라 대리인을 출석하게 하는 경우는 그러하지 아니하다.

③ 범죄사실의 존부의 증명에 빠질 수 없는 증인이 질병 때문에 공판기일에 출석할 수 없는 때에는 공판기일 외에서 조사하는 것이 적당하다고 인정하는 경우 외에 결정으로 출석할 수 있을 때까지 공판절차를 정지하여야 한다.

④ 전3항의 규정에 따라 공판절차를 정지할 때에는 의사의 의견을 들어야 한다.

제315조 개정 후 재판관이 바뀐 때에는 공판절차를 갱신하여야 한다. 다만 판결의 선고를 하는 경우에는 그러하지 아니하다.

제315조의2 제291조의2의 결정이 취소된 때에는 공판절차를 갱신하여야 한다. 다만 검찰관 및 피고인 또는 변호인에게 이의가 없는 때에는 그러하지 아니하다.

제316조 지방재판소에서 1인의 재판관이 한 소송절차는 피고사건이 합의부에서 심판하여야 할 것으로 된 경우에도 효력을 잃지 아니한다.

제2절 쟁점 및 증거의 정리절차

제1관 공판 전 정리절차

제1목 통칙

제316조의2 ① 재판소는 충실한 공판의 심리를 계속적, 계획적이고 신속하게 진행하기 위해 필요하다고 인정하는 때에는 검찰관, 피고인이나 변호인의 청구 또는 직권으로 제1회 공판기일 전에 결정으로 사건의 쟁점 및 증거를 정리하기 위한 공판준비로서 사건을 공판 전 정리절차에 회부할 수 있다.

② 전항의 결정 또는 같은 항의 청구를 각하하는 결정을 할 때에는 재판소의 규칙으로 정하는 바에 따라 미리 검찰관 및 피고인 또는 변호인의 의견을 들어야 한다.

③ 공판 전 정리절차는 이 관에 정하는 바에 따라 소송관계인을 출석하게 하여 진술하게 하거나 소송관계인에 서면을 제출하게 하는 방법으로 진행한다.

제316조의3 ① 재판소는 충실한 공판의 심리를 계속적, 계획적이고 신속하게 진행할 수 있도록 공판 전 정리절차에서 충분한 준비가 이뤄지도록 함과 동시에 가능한 한 조기에 이를 종결시키도록 노력하여야 한다.

② 소송관계인은 충실한 공판의 심리를 계속적, 계획적이고 신속하게 진행할 수 있도록 공판 전 정리절차에서 상호 협력함과 동시에 그 실시에 관하여 재판소에 자진하여 협력하여야 한다.

제316조의4 ① 공판 전 정리절차에서는 피고인에게 변호인이 없으면 절차를 진행할 수 없다.

② 공판 전 정리절차에서 피고인에게 변호인이 없는 때에는 재판장은 직권으로 변호인을 붙여야 한다.

제316조의5 ① 공판 전 정리절차에서는 다음에 열거하는 사항을 진행할 수 있다.

1. 소인(訴因) 또는 벌조(罰条)를 명확히 하게 하는 것
2. 소인(訴因) 또는 벌조(罰条)의 추가, 철회 또는 변경을 허가하는 것
3. 공판기일에서 할 것을 예정하고 있는 주장을 명백하게 하여 사건의 쟁점을 정리하는 것
4. 증거조사의 청구를 하게 하는 것
5. 전호의 청구에 관련된 증거에 대하여 입증취지, 심문사항 등을 명백하게 하는 것
6. 증거조사의 청구에 관한 의견(증거서류에 대하여 제326조의 동의를 하는지에 대한 의견을 포함한다.)을 확인하는 것
7. 증거조사를 하는 결정 또는 증거조사의 청구를 각하하는 결정을 하는 것

8. 증거조사를 하는 결정을 한 증거에 대해 조사의 순서 및 방법을 정하는 것

9. 증거조사에 관한 이의신청에 대한 결정을 하는 것

10. 제3목에 정하는 바에 따라 증거개시에 관한 재정(裁定)을 하는 것

11. 제316조의33 제1항의 규정에 따른 피고사건의 절차에의 참가의 신청에 대한 결정 또는 당해 결정을 취소하는 결정을 하는 것

12. 공판기일을 지정 또는 변경하는 것 기타 공판절차의 진행상 필요한 사항을 정하는 것

제316조의6 ① 재판장은 소송관계인을 출석하게 하여 공판 전 정리절차를 진행할 때에는 공판 전 정리절차기일을 지정하여야 한다.

② 공판 전 정리절차기일은 검찰관, 피고인 및 변호인에게 통지하여야 한다.

③ 재판장은 검찰관, 피고인 또는 변호인의 청구나 직권으로 공판 전 정리절차기일을 변경할 수 있다. 이 경우에는 재판소의 규칙으로 정하는 바에 따라 미리 검찰관 및 피고인 또는 변호인의 의견을 들어야 한다.

제316조의7 공판 전 정리절차기일에 검찰관 또는 변호인이 출석하지 아니한 때에는 그 기일의 절차를 진행할 수 없다.

제316조의8 ① 변호인이 공판 전 정리절차기일에 출석하지 아니하거나 재석하지 아니하게 된 때에는 재판장은 직권으로 변호인을 붙여야 한다.

② 변호인이 공판 전 정리절차기일에 출석하지 아니할 우려가 있는 때에는 재판소는 직권으로 변호인을 붙일 수 있다.

제316조의9 ① 피고인은 공판 전 정리절차기일에 출석할 수 있다.

② 재판소는 필요하다고 인정하는 때에는 피고인에게 공판 전 정리절차기일에 출석할 것을 요구할 수 있다.

③ 재판장은 피고인을 출석하게 하여 공판 전 정리절차를 진행하는 경우에는 피고인이 출석하는 최초의 공판 전 정리절차기일에서 우선 피고인에게 전체의 진술을 거부하거나 개개의 질문에 대하여 진술을 거절할 수 있다는 취지를 고지하여야 한다.

제316조의10 재판소는 변호인의 진술 또는 변호인이 제출하는 서면에 대하여 피고인의 의사를 확인할 필요가 있다고 인정하는 때에는 공판 전 정리절차기일에 피고인에게 질문하고, 변호인에게 피고인과 연서한 서면의 제출을 요구할 수 있다.

제316조의11 재판소는 합의부의 구성원에게 명하여 공판 전 정리절차(제316조의5 제2호, 제7호 및 제9호부터 제11호까지의 결정을 제외한다.)를 진행하게 할 수 있다. 이 경우에 수명재판관은 재판소 또는 재판장과 동일한 권한을 가진다.

제316조의12 ① 공판 전 정리절차기일에는 재판소서기관을 입회하게 하여야 한다.

② 공판 전 정리절차기일에서의 절차에서는 재판소의 규칙으로 정하는 바에 따라

공판 전 정리절차조서를 작성하여야 한다.

제2목 쟁점 및 증거의 정리

제316조의13 ① 검찰관은 사건이 공판 전 정리절차에 회부된 때에는 그 증명예정사실(공판기일에 증거에 의해 증명하려고 하는 사실을 말한다. 이하 같다.)을 기재한 서면을 재판소에 제출하고 피고인 또는 변호인에게 송부하여야 한다. 이 경우에는 당해 서면에는 증거로 할 수 없거나 증거로서 조사를 청구할 의사가 없는 자료를 기초로 재판소에 사건에 대한 편견 또는 예단을 발생시킬 우려가 있는 사항을 기재할 수 없다.

② 검찰관은 전항의 증명예정사실을 증명하기 위해 쓰이는 증거의 조사를 청구하여야 한다.

③ 전항의 규정에 따른 증거의 조사를 청구할 때에는 제299조 제1항의 규정은 적용하지 아니한다.

④ 재판소는 검찰관 및 피고인 또는 변호인의 의견을 들은 후에 제1항의 서면의 제출, 송부 및 제2항의 청구의 기한을 정한다.

제316조의14 ① 검찰관은 전조 제2항의 규정에 따라 조사를 청구한 증거(이하 「검찰관청구증거」라고 한다.)에 대하여는 신속하게 피고인 또는 변호인에게 다음 각호에 열거하는 증거의 구분에 대응하여 당해 각호에 정하는 방법에 따라 개시를 하여야 한다.

1. 증거서류 또는 증거물: 당해 증거서류 또는 증거물을 열람할 기회(변호인에게는 열람 및 복사할 기회)를 부여하는 것

2. 증인, 감정인, 통역인 또는 번역인: 그 이름이나 주거를 알 기회를 부여, 그 자의 진술녹취서등 중에서 그 자가 공판기일에 진술한다고 사료되는 내용이 드러나는 것(당해 진술녹취서등이 존재하지 아니하는 때 또는 이를 열람하게 함이 상당하지 아니하다고 인정하는 때에는 그 자가 공판기일에 진술한다고 사료하는 내용의 요지를 기재한 서면)을 열람하는 기회(변호인에게는 열람 및 복사할 기회)를 부여하는 것

② 검찰관은 전항의 규정에 따라 증거의 개시를 한 후 피고인 또는 변호인으로부터 청구가 있는 때에는 신속하게 피고인 또는 변호인에게 검찰관이 보관하는 증거의 일람표를 교부하여야 한다.

③ 전항의 일람표에는 다음 각호에 열거하는 증거의 구분에 대응하여 증거마다 당해 각호에 정하는 사항을 기재하여야 한다.

1. 증거물: 품명 및 수량

2. 진술을 녹취한 서면으로 진술자의 서명 또는 날인이 있는 것: 당해 서면의 표목, 작성연월일 및 진술자의 이름

3. 증거서류(전호에 열거한 것을 제외한다.): 당해 증거서류의 표목, 작성연월일 및 작

성자의 이름

④ 전항의 규정에 불구하고 검찰관은 같은 항의 규정에 따라 제2항의 일람표에 기재할 사항으로서 이를 기재하는 것에 의해 다음에 열거하는 우려가 있다고 인정하는 것은 같은 항의 일람표에 기재하지 아니할 수 있다.

1. 타인의 신체 또는 재산에 해를 끼치거나 이들을 외포 또는 곤혹스럽게 하는 행위가 이뤄질 우려

2. 타인의 명예 또는 사회생활의 평온을 현저하게 해치게 될 우려

3. 범죄의 증명 또는 범죄의 수사에 지장을 발생시킬 우려

⑤ 검찰관은 제2항의 규정에 따라 일람표의 교부를 한 후 증거를 새로 보관하게 된 때에는 신속하게 피고인 또는 변호인에게 당해 새로 보관하게 된 증거의 일람표를 교부하여야 한다. 이 경우에는 전2항의 규정을 준용한다.

제316조의15 ① 검찰관은 전조 제1항의 규정에 따라 개시를 한 증거 이외의 증거로서 다음 각호에 열거하는 증거의 유형의 어느 하나에 해당하고 특정한 검찰관청구증거의 증명력을 판단하기 위해 중요하다고 인정되는 것에 대하여 피고인 또는 변호인으로부터 개시의 청구가 있는 경우에 그 중요성의 정도 기타 피고인의 방어의 준비를 위해 당해 개시를 할 필요성의 정도 및 당해 개시에 의해 발생할 우려가 있는 폐해의 내용 및 정도를 고려하여 상당하다고 인정하는 때에는 신속하게 같은 항 제1호에 정하는 방법에 따라 개시를 하여야 한다. 이 경우에 검찰관은 필요하다고 인정하는 때에는 개시의 시기 또는 방법을 지정하거나 조건을 붙일 수 있다.

1. 증거물

2. 제321조 제2항에 규정하는 재판소 또는 재판관의 검증의 결과를 기재한 서면

3. 제321조 제3항에 규정하는 서면 또는 이에 준하는 서면

4. 제321조 제4항에 규정하는 서면 또는 이에 준하는 서면

5. 다음에 열거하는 자의 진술녹취서 등

ｲ 검찰관이 증인으로서 심문을 청구한 자

ﾛ 검찰관이 조사를 청구한 진술녹취서등의 진술자로서 당해 진술녹취서등이 제326조의 동의가 되지 아니한 경우에는 검찰관이 증인으로서 심문을 청구할 것을 예정하고 있는 것

6. 전호에 열거하는 것 외에 피고인 이외의 자의 진술녹취서등으로서 검찰관이 특정한 검찰관청구증거에 의해 직접 증명하려고 하는 사실의 유무에 관한 진술을 내용으로 하는 것

7. 피고인의 진술녹취서등

8. 조사상황의 기록에 관한 준칙에 기초하여 검찰관, 검찰사무관 또는 사법경찰직

원이 직무상 작성하는 것이 의무화되어 있는 서면으로서 신체의 구속을 받고 있는 자의 조사에 관하여 그 연월일, 시간, 장소 기타 조사의 상황을 기록한 것(피고인 또는 그 공범으로서 신체를 구속받거나 공소를 제기된 자로서 제5호ㅓ 또는 ㅁ에 열거된 것에 관련된 것에 한한다.)

9. 검찰관청구증거이 증거물의 압수절차기록서면(압수절차의 기록에 관한 순직에 기초하여 검찰관, 검찰사무관 또는 사법경찰직원이 직무상 작성하는 것이 의무화되어 있는 서면으로서 증거물의 압수에 관하여 그 압수자, 압수의 연월일, 압수장소 기타 압수의 상황을 기록한 것을 말한다. 다음 항 및 제3항 제2호ㅓ에서 같다.)

② 전항의 규정에 따라 개시를 할 증거물의 압수절차기록서면(전조 제1항 또는 전항의 규정에 따라 개시를 한 것을 제외한다.)에 대하여 피고인 또는 변호인으로부터 개시의 청구가 있는 경우에 당해 증거물에 의해 특정한 검찰관청구증거의 증명력을 판단하기 위해 당해 개시를 할 필요성의 정도 및 당해 개시로 인해 발생할 우려가 있는 폐해의 내용 및 정도를 고려하여 상당하다고 인정하는 때에도 같은 항과 같다.

③ 피고인 또는 변호인은 제2항의 개시의 청구를 한 때에는 다음 각호에 열거하는 개시의 청구의 구분에 대응하여 당해 각호에 정하는 사항을 명백히 하여야 한다.

1. 제1항의 개시의 청구: 다음에 열거하는 사항

ㅓ 제1항 각호에 열거하는 증거의 유형 및 개시의 청구에 관련된 증거를 식별하기에 충분한 사항

ㅁ 사안의 내용, 특정한 검찰관청구증거에 대응하는 증명예정사실, 개시의 청구에 관련된 증거와 당해 검찰관청구증거와의 관계 기타 사정에 비추어 당해 개시의 청구에 관련된 증거가 당해 검찰관청구증거의 증명력을 판단하기 위해 중요한 것 기타 피고인의 방어의 준비를 위해 당해 개시가 필요한 이유

2. 전항의 개시의 청구: 다음에 열거하는 사항

ㅓ 개시의 청구에 관련된 압수절차기록서면을 식별하기에 충분한 사항

ㅁ 제1항의 규정에 따라 개시할 증거물과 특정한 검찰관청구증거와의 관계 기타 사정에 비추어 당해 증거물로 당해 검찰관청구증거의 증명력을 판단하기 위해 당해 개시가 필요한 이유

제316조의16 ① 피고인 또는 변호인은 제316조의13 제1항의 서면의 송부를 받고 제316조의14 제1항, 전조 제1항 및 제2항의 규정에 따라 개시할 증거의 개시를 받은 때에는 검찰관청구증거에 대하여 제326조의 동의를 할 것인지 또는 그 조사의 청구에 관하여 이의가 없는지의 의견을 밝혀야 한다.

② 재판소는 검찰관 및 피고인 또는 변호인의 의견을 들은 후에 전항의 의견을 밝혀야 할 기간을 정할 수 있다.

제316조의17 ① 피고인 또는 변호인은 제316조의13 제1항의 서면의 송부를 받고 제 316조의14 제1항, 제316조의15 제1항 및 제2항의 규정에 따라 개시할 증거의 개시를 받은 경우에 그 증명예정사실 기타 공판기일에서 할 것을 예정하고 있는 사실상 및 법률상의 주장이 있는 때에는 재판소 및 검찰관에게 이를 명백히 하여야 한다. 이 경우에는 제316조의13 제1항 후단의 규정을 준용한다.

② 피고인 또는 변호인은 전항의 증명예정사실이 있는 때에는 이를 증명하기 위해 쓸 증거의 조사를 청구하여야 한다. 이 경우에는 제316조의13 제3항의 규정을 준용한다.

③ 재판소는 검찰관 및 피고인 또는 변호인의 의견을 들은 후에 제1항의 주장을 밝혀야 할 기한 및 전항의 청구의 기한을 정할 수 있다.

제316조의18 피고인 또는 변호인은 전조 제2항의 규정에 따라 조사를 청구한 증거에 대하여는 신속하게 검찰관에게 다음 각호에 열거하는 증거의 구분에 대응하여 당해 각호에 정하는 방법에 따라 개시를 하여야 한다.

1. 증거서류 또는 증거물: 당해 증거서류 또는 증거물을 열람 또는 복사할 기회를 부여하는 것

2. 증인, 감정인, 통역인 또는 번역인: 그 이름이나 주거를 알 기회를 부여, 그 자의 진술녹취서등 중에서 그 자가 공판기일에 진술한다고 사료되는 내용이 드러나는 것(당해 진술녹취서등이 존재하지 아니하는 때 또는 이를 열람하게 하는 것이 상당하지 아니하다고 인정하는 때에는 그 자가 공판기일에 진술한다고 사료하는 내용의 요지를 기재한 서면)을 열람하고 복사하는 기회를 부여하는 것

제316조의19 ① 검찰관은 전조의 규정에 따라 개시를 할 증거의 개시를 받은 때에는 제316조의17 제2항의 규정에 따라 피고인 또는 변호인이 조사를 청구한 증거에 제 326조의 동의를 하는지 또는 그 조사의 청구에 관한 이의가 없는지에 대한 의견을 명백히 하여야 한다.

② 재판소는 검찰관 및 피고인 또는 변호인의 의견을 들은 후에 전항의 의견을 밝혀야 할 기한을 정할 수 있다.

제316조의20 ① 검찰관은 제316조의14 제1항, 제316조의15 제1항 및 제2항의 규정에 따라 개시를 한 증거 이외의 증거로서 제316조의17 제1항의 주장에 관련된다고 인정되는 것에 대하여 피고인 또는 변호인으로부터 개시의 청구가 있는 경우에 그 관련성의 정도 기타 피고인의 방어의 준비를 위해 당해 개시를 할 필요성의 정도 및 당해 개시로 인해 발생할 우려가 있는 폐해의 내용 및 정도를 고려하여 상당하다고 인정하는 때에는 신속하게 제316조의14 제1항 제1호에 정하는 방법에 따라 개시를 하여야 한다. 이 경우에 검찰관은 필요하다고 인정하는 때에는 개시의 시기

또는 방법을 지정하거나 조건을 붙일 수 있다.

② 피고인 또는 변호인은 전항의 개시의 청구를 할 때에는 다음에 열거하는 사항을 밝혀야 한다.

1. 개시의 청구에 관련된 증거를 식별하기에 충분한 사항

2. 제316조의17 제1항의 주장과 개시의 청구에 관련된 증거와의 관련성 기타 피고인의 방어의 준비를 위해 당해 개시가 필요한 이유

제316조의21 ① 검찰관은 제316조의13부터 전조까지(제316조의14 제5항을 제외한다.)에 규정하는 절차가 끝난 후 그 증명예정사실을 추가 또는 변경할 필요가 있다고 인정하는 때에는 신속하게 그 추가 또는 변경할 증명예정사실을 기재한 서면을 재판소에 제출하고 피고인 또는 변호인에게 송부하여야 한다. 이 경우에는 제316조의13 제1항 후단의 규정을 준용한다.

② 검찰관은 그 증명예정사실을 증명하기 위해 쓸 증거의 조사의 청구를 추가할 필요가 있다고 인정하는 때에는 신속하게 그 추가할 증거의 조사를 청구하여야 한다. 이 경우에는 제316조의13 제3항의 규정을 준용한다.

③ 재판소는 검찰관 및 피고인 또는 변호인의 의견을 들은 후에 제1항의 서면의 제출 및 송부와 전항의 청구의 기한을 정할 수 있다.

④ 제316조의14 제1항, 제316조의15 및 제316조의16의 규정은 제2항의 규정에 따라 검찰관이 조사를 청구한 증거에 준용한다.

제316조의22 ① 피고인 또는 변호인은 제316조의13부터 제316조의20까지(제316조의14 제5항을 제외한다.)에 규정하는 절차가 끝난 후 제316조의17 제1항의 주장을 추가 또는 변경할 필요가 있다고 인정하는 때에는 신속하게 재판소 및 검찰관에게 그 추가 또는 변경할 주장을 명백히 하여야 한다. 이 경우에는 제316조의13 제1항 후단의 규정을 준용한다.

② 피고인 또는 변호인은 그 증명예정사실을 증명하기 위해 쓸 증거의 조사의 청구를 추가할 필요가 있다고 인정하는 때에는 신속하게 그 추가할 증거의 조사를 청구하여야 한다. 이 경우에는 제316조의13 제3항의 규정을 준용한다.

③ 재판소는 검찰관 및 피고인 또는 변호인의 의견을 들은 후에 제1항의 주장을 밝힐 기한과 전항의 청구의 기한을 정할 수 있다.

④ 제316조의18 및 제316조의19의 규정은 제2항의 규정에 따라 피고인 또는 변호인이 조사를 청구한 증거에 준용한다.

⑤ 제316조의20의 규정은 제1항의 추가 또는 변경할 주장에 관련된다고 인정되는 증거에 준용한다.

제316조의23 ① 제299조의2 및 제299조의3의 규정은 검찰관 또는 변호인이 이 목의

규정에 따라 증거의 개시를 하는 경우에 준용한다.

② 제299조의4의 규정은 검찰관이 제316조의14 제1항(제316조의21 제4항에서 준용하는 경우를 포함한다.)의 규정에 따라 증거의 개시를 할 경우에 준용한다.

③ 제299조의5부터 제299조의7까지의 규정은 검찰관이 전항에서 준용하는 제299조의4 제1항에서 제4항까지의 규정에 따른 조치를 한 경우에 준용한다.

제316조의24 재판소는 공판 전 정리절차를 종료할 때 검찰관 및 피고인 또는 변호인과의 사이에서 사건의 쟁점 및 증거의 정리의 결과를 확인하여야 한다.

제3목 증거개시에 관한 재정(裁定)

제316조의25 ① 재판소는 증거의 개시의 필요성의 정도, 증거의 개시로 인해 발생할 우려가 있는 폐해의 내용 및 정도 기타 사정을 고려하여 필요하다고 인정하는 때에는 제316조의14 제1항(제316조의21 제4항에서 준용하는 경우를 포함한다.)의 규정에 따라 개시할 증거에는 검찰관의 청구에 의해, 제316조의18(제316조의22 제4항에서 준용하는 경우를 포함한다.)의 규정에 따라 개시할 증거에는 피고인 또는 변호인의 청구에 의해 결정으로 당해 증거의 개시의 시기 또는 방법을 지정하거나 조건을 붙일 수 있다.

② 재판소는 전항의 청구에 대한 결정을 하는 때에는 상대방의 의견을 들어야 한다.

③ 제1항의 청구에 대하여 한 결정에는 즉시항고를 할 수 있다.

제316조의26 ① 재판소는 검찰관이 제316조의14 제1항, 제316조의15 제1항 또는 제2항(제316조의21 제4항에서 이들 규정을 준용하는 경우를 포함한다.), 제316조의20 제1항(제316조의22 제5항에서 준용하는 경우를 포함한다.)의 규정에 따라 개시할 증거를 개시하지 아니한다고 인정하는 때, 또는 피고인이나 변호인이 제316조의18(제316조의22 제4항에서 준용하는 경우를 포함한다.)의 규정에 따라 개시할 증거를 개시하지 아니한다고 인정하는 때에는 상대방의 청구에 의해 결정으로 당해 증거의 개시를 명하여야 한다. 이 경우에 재판소는 개시의 시기 또는 방법을 지정하거나 조건을 붙일 수 있다.

② 재판소는 전항의 청구에 대한 결정을 하는 때에는 상대방의 의견을 들어야 한다.

③ 제1항의 청구에 대하여 한 결정에는 즉시항고를 할 수 있다.

제316조의27 ① 재판소는 제316조의25 제1항 또는 전조 제1항의 청구에 대하여 결정을 할 때 필요하다고 인정하는 때에는 검찰관, 피고인 또는 변호인에게 당해 청구에 관련된 증거의 제시를 명할 수 있다. 이 경우에는 재판소는 누구에게도 당해 증거의 열람 또는 등사를 하게 할 수 없다.

② 재판소는 피고인 또는 변호인이 하는 전조 제1항의 청구에 대한 결정을 할 때 필요하다고 인정하는 때에는 검찰관에게 그 보관하는 증거로서 재판소가 지정하는

범위에 속하는 것의 표목을 기재한 일람표의 제시를 명할 수 있다. 이 경우에는 재판소는 누구에게도 당해 일람표의 열람 또는 등사를 하게 할 수 없다.

③ 제1항의 규정은 제316조의25 제3항 또는 전조 제3항의 즉시항고가 계속하는 항고재판소에, 전항의 규정은 같은 조 제3항의 즉시항고가 계속하는 항고재판소에 각가 준용한다.

제2관 기일 간 정리절차

제316조의28 ① 재판소는 심리의 경과에 비추어 필요하다고 인정하는 때에는 검찰관, 피고인이나 변호인의 청구 또는 직권으로 제1회 공판기일 후에 결정으로 사건의 쟁점 및 증거를 정리하기 위한 공판준비로서 사건을 기일 간 정리절차에 회부할 수 있다.

② 기일 간 정리절차에는 전관(제316조의2 제1항 및 제316조의9 제3항을 제외한다.)의 규정을 준용한다. 이 경우에 검찰관, 피고인 또는 변호인이 전항의 결정 전에 조사를 청구하고 있는 증거는 기일 간 정리절차에서 조사를 청구한 증거로 보고, 제316조의6부터 제316조의10까지 및 제316조의12 중 「공판 전 정리절차기일」은 「기일 간 정리절차기일」로, 같은 조 제2항 중 「공판 전 정리절차조서」는 「기일 간 정리절차조서」로 바꿔 읽는 것으로 한다.

제3관 공판절차의 특례

제316조의29 공판 전 정리절차 또는 기일 간 정리절차에 회부된 사건을 심리하는 경우에는 제289조 제1항에 규정하는 사건에 해당하지 아니하는 때에도 변호인이 없으면 개정할 수 없다.

제316조의30 공판 전 정리절차에 회부된 사건에서는 피고인 또는 변호인은 증거에 의해 증명할 사실 기타 사실상 및 법률상의 주장이 있는 때에는 제296조의 절차에 계속하여 이를 명확하게 하여야 한다. 이 경우에는 같은 조 단서의 규정을 준용한다.

제316조의31 ① 공판 전 정리절차에 회부된 사건은 재판소는 재판소의 규칙으로 정하는 바에 따라 전조의 절차가 끝난 후 공판기일에서 당해 공판 전 정리절차의 결과를 분명히 하여야 한다.

② 기일 간 정리절차에 회부된 사건은 재판소는 재판소의 규칙으로 정하는 바에 따라 그 절차가 끝난 후 공판기일에서 당해 기일 간 정리절차의 결과를 분명히 하여야 한다.

제316조의32 ① 공판 전 정리절차 또는 기일 간 정리절차에 회부된 사건은 검찰관 및 피고인 또는 변호인은 제298조 제1항의 규정에 불구하고, 부득이한 사유로 공판

전 정리절차 또는 기일 간 정리절차에서 청구할 수 없었던 것을 제외하고 당해 공판 전 정리절차 또는 기일 간 정리절차가 끝난 후에는 증거조사를 청구할 수 없다. ② 전항의 규정은 재판소가 필요하다고 인정할 때에 직권으로 증거조사를 하는 것을 방해하지 아니한다.

제3절 피해자참가

제316조의33 ① 재판소는 아래에 열거하는 죄에 관련된 피고사건의 피해자 등이나 당해 피해자의 법정대리인 또는 이들로부터 위탁을 받은 변호사로부터 피고사건의 절차에 참가신청이 있는 때에는 피고인 또는 변호인의 의견을 들어 범죄의 성질, 피고인과의 관계 기타 사정을 고려하여 상당하다고 인정하는 때에는 결정으로 당해 피해자 등이나 당해 피해자의 법정대리인의 피고사건의 절차에의 참가를 허가한다.

1. 고의의 범죄행위로 사람을 사상케 한 죄

2. 형법 제176조부터 제179조까지, 제211조, 제220조 또는 제224조부터 제227조까지의 죄[17]

3. 전조에 열거한 죄 외에 그 범죄행위에 이들 죄의 범죄행위를 포함하는 죄(제1호에 열거하는 죄를 제외한다.)

4. 자동차의 운전에 의해 사람을 사상케 하는 행위 등의 처벌에 관한 법률(平成 25년 법률 제86호) 제4조, 제5조, 제6조 제3항 또는 제4항의 죄[18]

---

[17] 일본국 형법 제176조(강제추행), 제177조(강제성교 등), 제178조(준강제추행 및 준강제성교 등), 제179조(감호자추행 및 감호자성교 등), 제211조(업무상과실치사상), 제220조(체포 및 감금), 제225조(영리목적 등 약취 및 유인), 제226조의2 제3항(영리, 외설, 결혼 또는 생명이나 신체에 대한 가해 목적 인신매매), 제227조 제1항(피약취자인도 등), 제3항(영리, 외설, 생명이나 신체에 대한 가해목적의 약취 유인 등), 제241조(강도·강제성교 등 및 동 치사)

[18] 일본국 자동차의 운전에 의해 사람을 사상케 하는 행위 등의 처벌에 관한 법률 제3조(위험운전치사상) ① 알코올 또는 약물의 영향으로 그 주행 중에 정상적인 운전에 지장이 발생할 우려가 있는 상태로 자동차를 운전함으로써 그 알코올 또는 약물의 영향으로 정상적인 운전이 곤란한 상태에 빠져 사람을 부상을 입힌 자는 12년 이하의 징역에 처하고, 사람을 사망하게 한 자는 15년 이하의 징역에 처한다. ② 자동차의 운전에 지장을 미칠 우려가 있는 병으로서 정령으로 정하는 것의 영향으로 주행 중에 정상적인 운전에 지장이 발생할 우려가 있는 상태로 자동차를 운전함으로써 그 병의 영향으로 정상적인 운전이 곤란한 상태에 빠져 사람을 사상케 한 자도 전항과 마찬가지이다.
제4조(과실운전치사상에서의 알코올등 영향발각면탈) 알코올 또는 약물의 영향으로 주행 중에 정상적인 운전에 지장이 발생할 우려가 있는 상태로 자동차를 운전한 자가 운전상 필요한 주의를 게을리함으로써 사람을 사상케 한 경우에 그 운전 시의 알코올 또는 약물의 영향의 유무나 정도가 발각되는 것을 면탈할 목적으로 다시 알코올 또는 약물을 섭취하는 것, 그 현장을 떠나 신체에 보유한 알코올 또는 약물의 농도를 감소시키는 것 기타 그 영향의 유무나 정도가 발각되는 것을 면탈할 행위를 한 때에는 12년 이하의 징역에 처한다.
제5조(과실운전치사상) 자동차의 운전상 필요한 주의를 게을리함으로써 사람을 사상케 한 자는 7년 이하의 징역, 금고 또는 100만엔 이하의 벌금에 처한다. 다만 그 상해가 가벼운 때에는 정상에 의해 그 형을 면제할 수 있다.
제6조(무면허운전에 의한 가중) ① ~ ② (생 략)
③ 제4조의 죄를 범한 자가 그 죄를 범한 때에 무면허운전을 하였을 때에는 15년 이하의 징역에 처한다.

5. 제1호부터 제3호까지에 열거한 죄의 미수죄

② 전항의 신청은 미리 검찰관에게 하여야 한다. 이 경우에 검찰관은 의견을 붙여서 재판소에 통지한다.

③ 재판소는 제1항의 규정에 따라 피고사건의 절차에의 참가를 허가받은 자(이하 「피해자참가인」이라 한다.)가 당해 피고사건의 피해자등이나 당해 피해자의 법정대리인에 해당하지 아니하거나 해당하지 아니하게 되었음이 명백하게 된 때 또는 제312조의 규정에 따라 벌조(罰条)가 철회되거나 변경되었기 때문에 당해 피고사건이 같은 항 각호에 열거하는 죄에 관계되는 것에 해당하지 아니하게 된 때에는 결정으로 같은 항의 결정을 취소하여야 한다. 범죄의 성질, 피고인과의 관계 기타 사정을 고려하여 피고사건의 절차에의 참가를 인정함이 상당하지 아니하다고 인정하는 때에도 같다.

제316조의34 ① 피해자참가인 또는 그 위탁을 받은 변호사는 공판기일에 출석할 수 있다.

② 공판기일은 피해자참가인에게 통지하여야 한다.

③ 재판소는 피해자참가인 또는 그 위탁을 받은 변호사가 다수인 경우에 필요하다고 인정하는 때에는 이들의 전원 또는 그 일부에게 그 중에서 공판기일에 출석할 대표자를 선정하도록 요구할 수 있다.

④ 재판소는 심리상황, 피해자참가인 또는 그 위탁을 받은 변호사의 수 기타 사정을 고려하여 상당하지 아니하다고 인정하는 때에는 공판기일의 전부 또는 일부에의 출석을 허가하지 아니할 수 있다.

⑤ 전 각항의 규정은 공판준비에서 증인의 심문 또는 검증이 진행되는 경우에 준용한다.

제316조의35 피해자참가인 또는 그 위탁을 받은 변호사는 검찰관에게 당해 피고사건에 대하여 이 법률의 규정에 따라 검찰관의 권한의 행사에 관한 의견을 진술할 수 있다. 이 경우에 검찰관은 당해 권한을 행사하거나 행사하지 아니하기로 한 때에는 필요에 따라 당해 의견을 진술한 자에게 그 이유를 설명하여야 한다.

제316조의36 ① 재판소는 증인을 심문하는 경우에 피해자참가인 또는 그 위탁을 받은 변호사로부터 그 자가 그 증인을 심문하는 것의 신청이 있는 때에는 피고인 또는 변호인의 의견을 들어 심리상황, 신청에 관련된 질문사항의 내용, 신청을 한 자의 수 기타 사정을 고려하여 상당하다고 인정하는 때에는 정상에 관한 사항(범죄사실에 관한 것을 제외한다.)에 대한 증인의 진술의 증명력을 다투기 위해 필요한 사항에 대하여 신청을 한 자가 그 증인을 심문하는 것을 허가한다.

---

④ 전조의 죄를 범한 자가 그 죄를 범한 때에 무면허운전을 하였을 때에는 10년 이하의 징역에 처한다.

② 전항의 신청은 검찰관의 심문이 끝난 후(검찰관의 심문이 없는 때에는 피고인 또는 변호인의 심문이 끝난 후) 곧바로 심문사항을 명백하게 하여 검찰관에게 하여야 한다. 이 경우에 검찰관은 당해 사항에 대하여 스스로 심문하는 경우를 제외하고 의견을 붙여 재판소에 통지한다.

③ 재판장은 제295조 제1항부터 제4항까지에 규정하는 경우 외에 피해자참가인 또는 그 위탁을 받은 변호사가 한 심문이 제1항에 규정하는 사항 이외의 사항에 해당하는 때에는 이를 제한할 수 있다.

제316조의37 ① 재판소는 피해자참가인 또는 그 위탁을 받은 변호사로부터 그 자기 피고인에게 제311조 제2항의 진술을 요구하기 위한 질문을 하는 것을 신청한 때에는 피고인 또는 변호인의 의견을 들어 피해자참가인 또는 그 위탁을 받은 변호사가 이 법률의 규정에 따른 의견진술을 하기 위해 필요하다고 인정하는 경우에 심리상황, 신청에 관련된 질문을 하는 사항의 내용, 신청을 한 자의 수 기타 사정을 고려하여 상당하다고 인정하는 때에는 신청을 한 자가 피고인에게 그 질문을 할 것을 허가한다.

② 전항의 신청은 미리 질문을 하는 사항을 밝히고 검찰관에게 하여야 한다. 이 경우에 검찰관은 당해 사항에 대하여 스스로 진술을 요구하는 경우를 제외하고 의견을 붙여 재판소에 통지한다.

③ 재판장은 제295조 제1항, 제3항 및 제4항에 규정하는 경우 외에 피해자참가인 또는 그 위탁을 받은 변호사가 한 질문이 제1항에 규정하는 의견진술을 하기 위해 필요한 사항에 관계없는 사항에 해당하는 때에는 이를 제한할 수 있다.

제316조의38 ① 재판소는 피해자참가인 또는 그 위탁을 받은 변호사로부터 사실 또는 법률의 적용에 대한 의견진술을 신청한 경우에 심리상황, 신청을 한 자의 수 기타 사정을 고려하여 상당하다고 인정하는 때에는 공판기일에서 제293조 제1항의 규정에 따라 검찰관의 의견진술 후에 소인(訴因)으로서 특정된 사실의 범위 내에서 신청을 한 자가 그 의견을 진술하는 것을 허가한다.

② 전항의 신청은 미리 진술하는 의견의 요지를 밝혀서 검찰관에게 하여야 한다. 이 경우에 검찰관은 의견을 붙여 재판소에 통지한다.

③ 재판장은 제295조 제1항, 제3항 및 제4항에 규정하는 경우 외 피해자참가인 또는 그 위탁을 받은 변호사의 의견진술이 제1항에 규정하는 범위를 넘은 때에는 이를 제한할 수 있다.

④ 제1항의 규정에 따른 진술은 증거로는 할 수 없다.

제316조의39 ① 재판소는 피해자참가인이 제316조의34 제1항(같은 조 제4항에서 준용하는 경우를 포함한다. 제4항에서 같다.)의 규정에 따라 공판기일 또는 공판준비에 출석하

는 경우에 피해자참가인의 나이, 심신의 상태 기타 사정을 고려하여 피해자참가인이 현저하게 불안 또는 긴장을 느낄 우려가 있다고 인정하는 때에는 검찰관 및 피고인 또는 변호인의 의견을 들어 그 불안 또는 긴장을 완화하기에 적당하고 재판관이나 소송관계인의 심문 또는 피고인의 진술을 방해하거나 그 진술의 내용에 부당한 영향을 줄 우려가 없다고 인정히는 자를 피해자참가인에 동석하도록 할 수 있다.

② 전항의 규정에 따라 피해자참가인에게 동석하는 자는 재판관이나 소송관계인의 심문 또는 피고인에 대한 진술을 요구하는 행위, 소송관계인이 하는 진술을 방해하거나 그 내용에 부당한 영향을 주려는 언동을 하여서는 아니 된다.

③ 재판소는 제1항의 규정에 따라 피해자참가인에 동석하게 된 자가 재판관이나 소송관계인의 심문 또는 피고인에 대한 진술을 요구하는 행위, 소송관계인이 하는 진술을 방해하거나 그 내용에 부당한 영향을 주려는 우려가 있다고 인정하기에 이른 때 기타 그 자를 피해자참가인에 동석하게 함이 상당하지 아니하다고 인정하기에 이른 때에는 결정으로 같은 항의 결정을 취소할 수 있다.

④ 재판소는 피해자참가인이 제316조의34 제1항의 규정에 따라 공판기일 또는 공판준비에 출석하는 경우에 범죄의 성질, 피해자참가인의 나이, 심신의 상태, 피고인과의 관계 기타의 사정에 의해 피해자참가인이 피고인의 면전에서 재석, 심문, 질문 또는 진술을 할 때에는 압박을 받아 정신의 평온을 현저하게 해치게 될 우려가 있다고 인정하는 경우로 상당하다고 인정하는 때에는 검찰관 및 피고인 또는 변호인의 의견을 들어 변호인이 출석해 있는 경우에 한하여 피고인과 그 피해자참가인 사이에 피고인이 피해자참가인의 상태를 인식할 수 없도록 하기 위한 조치를 채택할 수 있다.

⑤ 재판소는 피해자참가인이 제316조의34 제1항의 규정에 따라 공판기일에 출석하는 경우에 범죄의 성질, 피해자참가인의 나이, 심신의 상태, 명예에 대한 영향 기타 사정을 고려하여 상당하다고 인정하는 때에는 검찰관 및 피고인 또는 변호인의 의견을 들어 방청인과 그 피해자참가인 사이에 서로 상태를 인식할 수 없도록 하기 위한 조치를 채택할 수 있다.

제4절 증거

제317조 사실의 인정은 증거에 의한다.

제318조 증거의 증명력은 재판관의 자유로운 판단에 맡긴다.

제319조 ① 강제, 고문 또는 협박에 의한 자백, 부당하게 긴 억류나 구금된 후의 자백 기타 임의로 한 것이 아니라는 의심이 있는 자백은 증거로 할 수 없다.

② 피고인은 공판에서의 자백 여부를 묻지 아니하고 그 자백이 자기에게 불이익한

유일한 증거인 경우에는 유죄로 되지 아니한다.

③ 전2항의 자백에는 기소된 범죄에 대하여 유죄라는 것을 자인하는 경우를 포함한다.

제320조 ① 제321조 내지 제328조에 규정하는 경우를 제외하고는 공판기일에서의 진술에 갈음하는 서면을 증거로 하거나 공판기일 외에서 다른 자의 진술을 내용으로 하는 진술을 증거로 할 수 없다.

② 제291조의2의 결정이 있는 사건의 증거에는 전항의 규정은 적용하지 아니한다. 다만 검찰관, 피고인 또는 변호인이 증거로 하는 것에 이의를 신술한 것은 그러하지 아니하다.

제321조 ① 피고인 이외의 자가 작성한 진술서 또는 그 자의 진술을 녹취한 서면으로 진술자의 서명 또는 날인이 있는 것은 다음에 열거하는 경우에 한하여 증거로 할 수 있다.

1. 재판관의 면전(제157조의6 제1항 및 제2항에 규정하는 방법에 따른 경우를 포함한다.)에서 진술을 녹취한 서면은 그 진술자가 사망, 정신 또는 신체의 고장, 소재불명 또는 국외에 있기 때문에 공판준비 또는 공판기일에 진술할 수 없거나 진술자가 공판준비 또는 공판기일에 전의 진술과 다른 진술을 한 때

2. 검찰관의 면전에서 진술을 녹취한 서면은 그 진술자가 사망, 정신 또는 신체의 고장, 소재불명 또는 국외에 있기 때문에 공판준비 또는 공판기일에 진술할 수 없거나 진술자가 공판준비 또는 공판기일에 전의 진술과 상반되거나 실질적으로 다른 진술을 한 때. 다만 공판준비 또는 공판기일에서의 진술보다도 전의 진술을 신용할 특별한 사정이 존재하는 때에 한한다.

3. 전2호에 열거한 서면 이외의 서면은 진술자가 사망, 정신 또는 신체의 고장, 소재불명 또는 국외에 있기 때문에 공판준비 또는 공판기일에 진술할 수 없고, 그 진술이 범죄사실의 존부의 증명에 빠질 수 없는 것인 때. 다만 그 진술이 특히 신용할 정황 아래에서 이뤄진 것일 때에 한한다.

② 피고인 이외의 자의 공판준비 또는 공판기일에서의 진술을 녹취한 서면 또는 재판소나 재판관의 검증의 결과를 기재한 서면은 전항의 규정에 불구하고 증거로 할 수 있다.

③ 검찰관, 검찰사무관 또는 사법경찰직원의 검증의 결과를 기재한 서면은 그 진술자가 공판기일에서 증인으로서 심문을 받고 진정하게 작성된 것임을 진술한 때에는 제1항의 규정에 불구하고 이를 증거로 할 수 있다.

④ 감정의 경과 및 결과를 기재한 서면으로 감정인이 작성한 것도 전항과 같다.

제321조의2 ① 피고사건의 공판준비 또는 공판기일에서의 절차 이외의 형사절차 또

는 다른 사건의 형사절차에서 제157조의6 제1항 또는 제2항에 규정하는 방법에 따라 이뤄진 증인의 심문, 진술 및 그 상황을 기록한 기록매체가 그 일부로 된 조서는 전조 제1항의 규정에 불구하고 증거로 할 수 있다. 이 경우에 재판소는 그 조서를 조사한 후 소송관계인에게 그 진술자를 증인으로서 심문할 기회를 부여하여야 한다.

② 전항의 규정에 따라 조서를 조사하는 경우에는 제305조 제5항 단서의 규정은 적용하지 아니한다.

③ 제1항의 규정에 따라 조사된 조서에 기록된 증인의 진술은 제295조 제1항 전단, 전조 제1항 제1호 및 제2호의 적용에서는 피고사건의 공판기일에 이뤄진 것으로 본다.

제322조 피고인이 작성한 진술서 또는 피고인의 진술을 녹취한 서면으로 피고인의 서명 또는 날인이 있는 것은 그 진술이 피고인에게 불이익한 사실의 승인을 내용으로 하는 것인 때 또는 특히 신용할 정황 아래에서 이뤄진 것인 때에 한하여 이를 증거로 할 수 있다. 다만 피고인에게 불이익한 사실의 승인을 내용으로 하는 서면은 그 승인이 자백이 아닌 경우에도 제319조의 규정에 준하여 임의로 된 것이 아니라는 의심이 있다고 인정하는 때에는 이를 증거로 할 수 없다.

② 피고인의 공판준비 또는 공판기일에서 진술을 녹취한 서면은 그 진술이 임의로 된 것이라고 인정하는 때에 한하여 증거로 할 수 있다.

제323조 전3조에 열거하는 서면 이외의 서면은 다음에 열거한 것에 한하여 증거로 할 수 있다.

1. 호적등본, 공정증서등본 기타 공무원(외국의 공무원을 포함한다.)이 그 직무상 증명할 수 있는 사실에 대하여 그 공무원이 작성한 서면

2. 상업장부, 항해일지 기타 업무의 통상의 과정에서 작성된 서면

3. 전2호에 열거된 것 외 특히 신용할 정황 아래에서 작성된 서면

제324조 ① 피고인 이외의 자의 공판준비 또는 공판기일에서의 진술로 피고인의 진술을 그 내용으로 하는 것에는 제322조의 규정을 준용한다.

② 피고인 이외의 자의 공판준비 또는 공판기일에서의 진술로 피고인 이외의 자의 진술을 그 내용으로 하는 것에는 제321조 제1항 제3호의 규정을 준용한다.

제325조 재판소는 제321조부터 전조까지의 규정에 따라 증거로 할 수 있는 서면 또는 진술이라도 미리 그 서면에 기재된 진술이나 공판준비 또는 공판기일에서의 진술의 내용이 된 다른 사람의 진술이 임의로 된 것인지를 조사한 후가 아니면 이를 증거로 할 수 없다.

제326조 ① 검찰관 및 피고인이 증거로 함에 동의한 서면 또는 진술은 그 서면이 작

성되거나 진술이 이뤄진 때의 정황을 고려하여 상당하다고 인정하는 때에 한하여 제321조 내지 전조의 규정에 불구하고 이를 증거로 할 수 있다.

② 피고인이 출석하지 아니하고도 증거조사를 진행할 수 있는 경우에 피고인이 출석하지 아니한 때에는 전항의 동의가 있는 것으로 본다. 다만 대리인 또는 변호인이 출석한 때에는 그러하지 아니하다.

제327조 재판소는 검찰관 및 피고인 또는 변호인이 합의 후 문서의 내용 또는 공판기일에 출석하면 진술할 것이 예상되는 그 진술의 내용을 서면에 기재하여 제출한 때에는 그 문서 또는 진술할 자를 조사하지 아니하고도 그 서면을 증서로 힐 수 있다. 이 경우에도 그 서면의 증명력을 다투는 것을 방해하지 아니한다.

제328조 제321조 내지 제324조의 규정에 따라 증거로 할 수 없는 서면 또는 진술이더라도 공판준비 또는 공판기일에서 피고인, 증인 기타의 자의 진술의 증명력을 다투기 위해서는 이를 증거로 할 수 있다.

제5절 공판의 재판

제329조 피고사건이 재판소의 관할에 속하지 아니하는 때에는 판결로 관할위반의 선고를 하여야 한다. 다만 제266조 제2호의 규정에 따라 지방재판소의 심판에 회부된 사건에는 관할위반의 선고를 할 수 없다.

제330조 고등재판소는 그 특별권한에 속하는 사건으로서 공소의 제기가 있는 경우에 그 사건이 하급재판소의 관할에 속하는 것으로 인정하는 때에는 전조의 규정에 불구하고 결정으로 관할재판소에 이를 이송하여야 한다.

제331조 ① 재판소는 피고인의 신청이 없으면 토지관할에 대한 관할위반의 선고를 할 수 없다.

② 관할위반의 신청은 피고사건에 대한 증거조사를 개시한 후에는 할 수 없다.

제332조 간이재판소는 지방재판소에서 심판하는 것이 상당하다고 인정하는 때에는 결정으로 관할 지방재판소에 이송하여야 한다.

제333조 ① 피고사건에 범죄의 증명이 있는 때에는 제334조의 경우를 제외하고는 판결로 형의 선고를 하여야 한다.

② 형의 집행유예는 형의 선고와 동시에 판결로 선고하여야 한다. 유예의 기간 중 보호관찰에 회부하는 경우도 같다.

제334조 피고사건에 형을 면제하는 때에는 판결로 그 취지의 선고를 하여야 한다.

제335조 ① 유죄의 선고를 할 때에는 범죄사실, 증거의 표목 및 법령의 적용을 표시하여야 한다.

② 법률상 범죄의 성립을 방해하는 이유 또는 형의 가중·감면의 이유가 되는 사실

이 주장된 때에는 이에 대한 판단을 표시하여야 한다.

제336조 피고사건이 죄가 되지 아니하는 때 또는 피고사건에 범죄의 증명이 없는 때에는 판결로 무죄를 선고하여야 한다.

제337조 아래의 경우에는 판결로 면소를 선고하여야 한다.

1. 확정판결이 있는 때
2. 범죄 후의 법령에 의해 형이 폐지된 때
3. 사면이 있었던 때
4. 시효가 완성된 때

제338조 아래의 경우에는 판결로 공소를 기각하여야 한다.

1. 피고인에 대한 재판권을 갖지 아니하는 때
2. 제340조의 규정에 위반하여 공소가 제기된 때
3. 공소의 제기가 있었던 사건에 다시 동일 재판소에 공소가 제기된 때
4. 공소제기의 절차가 그 규정에 위반하였기 때문에 무효인 때

제339조 ① 아래의 경우에는 결정으로 공소를 기각하여야 한다.

1. 제271조 제2항의 규정에 따라 공소의 제기가 효력을 잃은 때
2. 공소장에 기재된 사실이 진실이더라도 아무런 죄가 되는 사실도 포함하지 않을 때
3. 공소가 취소된 때
4. 피고인이 사망하거나 피고인인 법인이 존속하지 않게 된 때
5. 제10조 또는 제11조의 규정에 따라 심판하여서는 아니 될 때

② 전항의 결정에는 즉시항고를 할 수 있다.

제340조 공소의 취소에 의한 공소기각의 결정이 확정된 때에는 공소의 취소 후 범죄사실에 대하여 새로이 중요한 증거를 발견한 경우에 한하여 동일 사건에 대하여 다시 공소를 제기할 수 있다.

제341조 피고인이 진술을 하지 아니하거나, 허가를 받지 아니하고 퇴정하거나 질서유지를 위해 재판장으로부터 퇴정을 명령받았을 때에는 그 진술을 듣지 아니하고 판결을 할 수 있다.

제342조 판결은 공판정에서 선고에 의해 고지한다.

제343조 금고 이상의 형에 처하는 판결의 선고가 있는 때에는 보석 또는 구류의 집행정지는 효력을 잃는다. 이 경우에는 새로이 보석 또는 구류의 집행정지의 결정이 없는 때에 한하여 제98조의 규정을 준용한다.

제344조 금고 이상의 형에 처하는 판결의 선고가 있은 후에는 제60조 제2항 단서 및 제89조의 규정은 적용하지 아니한다.

제345조 무죄, 면소, 형의 면제, 형의 전부의 집행유예, 공소기각(제338조 제4호에 따른

경우를 제외한다.), 벌금 또는 과태료의 재판의 고지가 있는 때에는 구류장은 효력을 잃는다.

제346조 압수한 물건에 대하여 몰수의 선고가 없는 때에는 압수를 해제하는 선고가 있었던 것으로 한다.

제347조 ① 압수한 장물로 피해자에게 환부할 이유가 명백한 것은 피해자에게 환부하는 선고를 하여야 한다.

② 장물의 대가로서 얻은 물건에 대하여 피해자로부터 교부의 청구가 있었던 때에는 전항의 예에 따른다.

③ 가환부한 물건에 대하여 별도의 선고가 없는 때에는 환부의 선고가 있었던 것으로 한다.

④ 전3항의 규정은 민사소송절차에 따라 이해관계인이 그 권리를 주장하는 것을 방해하지 아니한다.

제348조 ① 재판소는 벌금, 과태료 또는 추징을 선고한 경우에 판결의 확정을 기다려서는 집행을 할 수 없거나 집행을 함에 현저하게 곤란을 발생시킬 우려가 있다고 인정하는 때에는 검찰관의 청구 또는 직권으로 피고인에게 임시로 벌금, 과태료 또는 추징에 상당하는 금액을 납부할 것을 명할 수 있다.

② 가납부의 재판은 형의 선고와 동시에 판결로 선고하여야 한다.

③ 가납부의 재판은 곧바로 집행할 수 있다.

제349조 ① 형의 집행유예의 선고를 취소하여야 할 경우에는 검찰관은 형의 선고를 받은 자의 현재지 또는 최후의 주소지를 관할하는 지방재판소, 가정재판소 또는 간이재판소에 청구하여야 한다.

② 형법 제26조의2 제2호 또는 제27조의5 제2호[19]의 규정에 따라 형의 집행유예의 선고를 취소하는 경우에는 전항의 청구는 보호관찰소의 장의 신청을 기초로 하여야 한다.

제349조의2 ① 전조의 청구가 있는 때에는 재판소는 유예의 선고를 받은 자 또는 그 대리인의 의견을 들어 결정을 하여야 한다.

---

19) 일본국 형법 제26조의2(형의 전부의 집행유예의 재량적 취소) 다음에 열거하는 경우에는 형의 전부의 집행유예의 선고를 취소할 수 있다.
  1. (생 략)
  2. 제25조의2 제1항의 규정에 따라 보호관찰에 회부된 자가 준수해야 할 사항을 준수하지 아니하고 그 정상이 중한 때
  3. (생 략)
  제27조의5(형의 일부의 집행유예의 재량적 취소) 다음에 열거하는 경우에는 형의 일부의 집행유예의 선고를 취소할 수 있다.
  1. (생 략)
  2. 제27조의3 제1항의 규정에 따라 보호관찰에 회부된 자가 준수해야 할 사항을 준수하지 아니한 때

② 전항의 경우에 그 청구가 형법 제26조의2 제2호 또는 제27조의5 제2호의 규정에 따른 유예의 선고의 취소를 구하는 것으로서 유예의 선고를 받은 자의 청구가 있는 때에는 구두변론을 거쳐야 한다.

③ 제1항의 결정을 할 때 구두변론을 거친 경우에는 유예의 선고를 받은 자는 변호인을 선임할 수 있다.

④ 제1항의 결정을 할 때 구두변론을 거친 경우에는 검찰관은 재판소의 허가를 얻어 보호관찰관에게 의견을 진술하게 할 수 있다.

⑤ 제1항의 결정에는 즉시항고를 할 수 있다.

제350조 형법 제52조[20]의 규정에 따라 형을 정하여야 할 경우에는 검찰관은 그 범죄사실에 대하여 최종의 판결을 한 재판소에 청구를 하여야 한다. 이 경우에는 전조 제1항 및 제5항의 규정을 준용한다.

제4장 증거수집등에의 협력 및 소추에 관한 합의

제1절 합의 및 협의의 절차

제350조의2 검찰관은 특정 범죄에 관련된 사건의 피의자 또는 피고인이 특정 범죄에 관련된 타인의 형사사건(이하 간단히 「타인의 형사사건」이라 한다.)에 대하여 하나 또는 2 이상의 제1호에 열거하는 행위를 함에 따라 얻게 될 증거의 중요성, 관련된 범죄의 경중 및 정상, 당해 관련된 범죄의 관련성의 정도 기타 사정을 고려하여 필요하다고 인정하는 때에는 피의자 또는 피고인과의 사이에 피의자 또는 피고인이 당해 타인의 형사사건에 대하여 하나 또는 2 이상의 같은 호에 열거하는 행위를 하거나, 검찰관이 피의자 또는 피고인의 당해 사건에 대하여 하나 또는 2 이상의 제2호에 열거하는 행위를 하는 것을 내용으로 하는 합의를 할 수 있다.

1. 다음에 열거하는 행위

イ 제198조 제1항 또는 제223조 제1항의 규정에 따라 검찰관, 검찰사무관 또는 사법경찰직원의 조사를 받을 때 진실을 진술하는 것

ロ 증인으로서 심문을 받은 경우에 진실한 진술을 할 것

ハ 검찰관, 검찰사무관 또는 사법경찰직원에 의한 증거의 수집에 관하여 증거의 제출 기타 필요한 협력을 하는 것(イ 및 ロ에 열거한 것을 제외한다.).

2. 다음에 열거하는 행위

---

20) 일본국 형법 제52조(일부에 사면이 있었던 경우의 조치) 병합죄로 처단받을 자가 그 일부의 죄에 대한 사면을 받은 때에는 다른 죄에 대하여 다시 형을 정한다.

ㅁ 공소를 제기하지 아니하는 것

ㅁ 공소를 취소하는 것

ㅅ 특정 소인(訴因) 및 벌조(罰条)에 의해 공소를 제기하거나 유지하는 것

ㄷ 특정 소인(訴因) 또는 벌조(罰条)의 추가 또는 철회나 특정 소인(訴因) 또는 벌조(罰条)에의 변경을 청구하는 것

ㅊ 제293조 제1항의 규정에 따른 의견진술로 피고인에게 특정한 형을 부과하여야 한다는 취지의 의견을 진술하는 것

ㅅ 즉결재판절차의 신청을 하는 것

ㅏ 약식명령의 청구를 하는 것

② 전항에 규정하는 「특정범죄」는 다음에 열거하는 죄(사형, 무기징역 또는 금고에 해당하는 것을 제외한다.)를 말한다.

1. 형법 제96조부터 제96조의6까지 또는 제155조의 죄, 같은 조의 예에 따라 처단하여야 할 죄, 같은 법 제157조의 죄, 같은 법 제158조의 죄(같은 법 제155조의 죄, 같은 조의 예에 따라 처단하여야 할 죄, 같은 법 제157조 제1항 또는 제2항의 죄에 관련된 것에 한한다.) 또는 같은 법 제159조부터 제163조의5까지, 제197조부터 제197조의4까지, 제198조, 제246조부터 제250조까지 또는 제252조부터 제254조[21]까지의 죄

2. 조직적인 범죄의 처벌 및 범죄수익의 규제 등에 관한 법률(平成 11년 법률 제136호. 이하 「조직적범죄처벌법」이라 한다.) 제3조 제1항 제1호부터 제4호까지, 제13호 또는 제14호에 열거하는 죄에 관련된 같은 조의 죄, 같은 항 제13호 또는 제14호에 열거하는 죄에 관련된 같은 조의 죄의 미수죄 또는 조직적범죄처벌법 제10조 또는 제11조의 죄

3. 전2호에 열거하는 것 외에 조세에 관한 법률, 사적 독점의 금지 및 공정거래의 확보에 관한 법률(昭和 22년 법률 제54호) 또는 금융상품거래법(昭和 23년 법률 제25호)의 죄 기타 재정경제관계범죄로서 정령으로 정하는 것

4. 다음에 열거하는 법률의 죄

ㅅ 폭발물단속벌칙(明治 17년 태정관포고 제32호)

---

21) 일본국 형법 제96조(봉인 등 파기), 제96조의2(강제집행방해목적 재산손괴 등), 제96조의3(강제집행행위방해 등), 제96조의4(강제집행관계매각방해), 제96조의5(가중봉인 등 파기 등), 제96조의6(공계약관계경매등방해), 제155조(공문서위조 등), 제157조(공정증서원본부실기재 등), 제158조(위조공문서행사 등), 제159조(사문서위조 등), 제160조(허위진단서 등 작성), 제161조(위조사문서 등 행사), 제161조의2(전자적기록 부정작출 및 공용), 제162조(유가증권위조 등), 제163조(위조유가증권행사 등), 제163조의2(지불용 카드 전자적기록 부정작출 등), 제163조의3(부정전자적기록카드 소지), 제163조의4(지불용 카드 전자적기록 부정작출준비), 제163조의5(제163조의2 및 제163조의4 제1항의 미수범), 제197조(수뢰, 수탁수뢰 및 사전수뢰), 제197조의2(제3자공여), 제197조의3(가중수뢰 및 사후수뢰), 제197조의4(알선수뢰), 제198조(증뢰), 제246조(사기), 제246조의2(컴퓨터사용사기), 제247조(배임), 제248조(준사기), 제249조(공갈), 제250조(사기, 컴퓨터사용사기, 배임, 준사기, 공갈죄의 미수범), 제252조(횡령) 제253조(업무상횡령), 제254조(유실물 등 횡령)

ㅁ 대마단속법(昭和 23년 법률 제124호)

ハ 각성제단속법(昭和 26년 법률 제252호)

ニ 마약 및 향정신약단속법(昭和 28년 법률 제14호)

ホ 무기 등 제조법(昭和 28년 법률 제145호)

ヘ 아편법(昭和 29년 법률 제71호)

ト 총포도검류 소지 등 단속법(昭和 33년 법률 제6호)

チ 국제적인 협력 아래 규제약물에 관련된 부정행위를 조장하는 행위 등의 방지를 도모하기 위한 마약 및 향정신약단속법 등의 특례 등에 관한 법률(平成 3년 법률 제94호)

5. 형법 제103조, 제104조, 제105조의2[22])의 죄 또는 조직적범죄처벌법 제7조의 죄(같은 조 제1항 제1호부터 제3호까지에 열거하는 자에 관련된 것에 한한다.) 또는 조직적범죄처벌법 제7조의2의 죄(모두 전 각호에 열거하는 죄를 본범의 죄로 하는 것에 한한다.)

③ 제1항의 합의에는 피의자나 피고인이 하는 같은 항 제1호에 열거하는 행위 또는 검찰관이 하는 같은 항 제2호에 열거하는 행위에 부수하는 사항 기타 합의의 목적을 달성하기 위해 필요한 사항을 그 내용으로 포함시킬 수 있다.

제350조의3 ① 전조 제1항의 합의를 할 때에는 변호인의 동의가 있어야 한다.

② 전조 제1항의 합의는 검찰관, 피의자 또는 피고인 및 변호인이 연서한 서면으로 그 내용을 명백히 하는 것으로 한다.

제350조의4 제350조의2 제1항의 합의를 하기 위해 필요한 협의는 검찰관과 피의자 또는 피고인 및 변호인과의 사이에 하는 것으로 한다. 다만 피의자 또는 피고인 및 변호인에게 이의가 없는 때에는 협의의 일방을 변호인만과의 사이에서 할 수 있다.

제350조의5 ① 전조의 협의에서 검찰관은 피의자 또는 피고인에게 타인의 형사사건에 대한 진술을 요구할 수 있다. 이 경우에는 제198조 제2항의 규정을 준용한다.

② 피의자 또는 피고인이 전조의 협의에서 한 진술은 제350조의2 제1항의 합의가 성립되지 아니한 때에는 이를 증거로 할 수 없다.

③ 전항의 규정은 피의자 또는 피고인이 당해 협의에서 한 행위가 형법 제103조, 제104조, 제172조[23])의 죄 또는 조직적범죄처벌법 제7조 제1항 제1호 또는 제2호에 열거하는 자에 관련된 같은 조의 죄에 해당하는 경우에 이들 죄에 관련된 사건에서 쓰이는 때에는 적용하지 아니한다.

제350조의6 ① 검찰관은 사법경찰원이 송치하거나 송부한 사건 또는 사법경찰원이 현재 수사하고 있다고 인정하는 사건에 대하여 그 피의자와의 사이에 제350조의4의 협의를 하고자 할 때에는 미리 사법경찰원과 협의하여야 한다.

---

22) 일본국 형법 제103조(범인은닉 등), 제104조(증거인멸 등), 제105조의2(증인등 협박)
23) 일본국 형법 제172조(허위고소 등)

② 검찰관은 제350조의4의 협의에 관련된 타인의 형사사건에 대하여 사법경찰원이 현재 수사하고 있는 것 기타 사정을 고려하여 당해 타인의 형사사건의 수사를 위해 필요하다고 인정하는 때에는 전조 제1항의 규정에 따라 진술을 요구하는 것 기타 당해 협의에서 필요한 행위를 사법경찰원에게 하게 할 수 있다. 이 경우에 사법경찰원은 검찰관의 개별 수권의 범위 내에서 검찰관이 제350조의2 제1항의 합의의 내용으로 하는 것을 제안하는 같은 항 제2호에 열거하는 행위의 내용의 제시를 할 수 있다.

제2절 공판절차의 특례

제350조의7 ① 검찰관은 피의자와의 사이에서 한 제350조의2 제1항의 합의가 있는 경우에 당해 합의에 관련된 피의자의 사건에 대하여 공소를 제기한 때에는 제291조의 절차가 끝난 후(사건이 공판 전 정리절차에 회부된 경우에는 그 때 이후) 지체 없이 증거로서 제350조의3 제2항의 서면(이하 「합의내용서면」이라 한다.)의 조사를 청구하여야 한다. 피고사건에 대하여 공소의 제기 후에 피고인과의 사이에 제350조의2 제1항의 합의를 한 때에도 같다.

② 전항의 규정에 따라 합의내용서면의 조사를 청구하는 경우에 당해 합의의 당사자가 제350조의10 제2항의 규정에 따라 당해 합의로부터 이탈하는 취지를 고지하고 있는 때에는 검찰관은 아울러 같은 항의 서면의 조사를 청구하여야 한다.

③ 제1항의 규정에 따라 합의내용서면의 조사를 청구한 후에 당해 합의의 당사자가 제350조의10 제2항의 규정에 따라 당해 합의로부터 이탈하는 취지의 고지를 한 때에는 검찰관은 지체 없이 같은 항의 서면의 조사를 청구하여야 한다.

제350조의8 피고인 이외의 자의 진술녹취서등으로서 그 자가 제350조의2 제1항의 합의에 기초하여 작성한 것 또는 같은 항의 합의에 기초하여 이뤄진 진술을 녹취 또는 기록한 것에 대하여 검찰관, 피고인 또는 변호인이 조사를 청구하거나 재판소가 직권으로 이를 조사하기로 한 때에는 검찰관은 지체 없이 합의내용서면의 조사를 청구하여야 한다. 이 경우에는 전조 제2항 및 제3항의 규정을 준용한다.

제350조의9 검찰관, 피고인 또는 변호인이 증인심문을 청구하거나 재판소가 직권으로 증인심문을 진행하기로 한 경우에 그 증인이 될 자와의 사이에 당해 증인심문에 대하여 한 제350조의2 제1항의 합의가 있는 때에는 검찰관은 지체 없이 합의내용서면의 조사를 청구하여야 한다. 이 경우에는 제350조의7 제3항의 규정을 준용한다.

제3절 합의의 종료

제350조의10 ① 다음 각호에 열거하는 사유가 있는 때에는 당해 각호에 정하는 자는

제350조의2 제1항의 합의에서 이탈할 수 있다.

1. 제350조의2 제1항의 합의의 당사자가 당해 합의에 위반한 때: 그 상대방

2. 다음에 열거하는 사유: 피고인

ㅓ 검찰관이 제350조의2 제1항 제2호 ㄷ에 관련된 같은 항의 합의에 기초하여 소인(訴因) 또는 벌조(罰条)의 추가, 철회 또는 변경을 청구한 경우에 재판소가 이를 허가하지 아니한 때

ㅁ 검찰관이 제350조의2 제1항 제2호 ㅗ에 관련된 같은 항의 합의에 기초하여 제293조 제1항의 규정에 따른 의견진술에 피고인에 특정한 형을 부과해야 한다는 취지의 의견을 진술한 사건에 대하여 재판소가 그 형보다 무거운 형의 선고를 한 때

ㅄ 검찰관이 제350조의2 제1항 제2호 ㅅ에 관련된 같은 항의 합의에 기초하여 즉결재판절차의 신청을 한 사건에 대하여 재판소가 이를 각하하는 결정(제350조의22 제3호 또는 제4호에 열거한 경우에 해당함을 이유로 하는 것에 한한다.)을 하거나 제350조의25 제1항 제3호 또는 제4호에 해당하게 된 것[같은 호에서는 피고인이 공소장에 기재된 소인(訴因)에 대하여 유죄라는 취지의 진술과 상반되거나 실질적으로 달라진 진술을 하여 같은 호에 해당하는 경우를 제외한다.]을 이유로 하여 제350조의22의 결정을 취소한 때

ㄷ 검찰관이 제350조의2 제1항 제2호 ㅏ에 관련된 같은 항의 합의에 기초하여 약식명령의 청구를 한 사건에 대하여 재판소가 제463조 제1항 또는 제2항의 규정에 따라 통상의 규정에 따른 심판을 하기로 하거나 검찰관이 제465조 제1항의 규정에 따라 정식재판청구를 한 때

3. 다음에 열거하는 사유: 검찰관

ㅓ 피의자 또는 피고인이 제350조의4의 협력으로 한 타인의 형사사건에 대한 진술의 내용이 진실이 아니었음이 밝혀지게 된 때

ㅁ 제1호에 열거하는 것 외에 피의자 또는 피고인이 제350조의2 제1항의 합의에 기초하여 한 진술의 내용이 진실이 아니거나 피의자 또는 피고인이 같은 항의 합의에 기초하여 제출한 증거가 위조 또는 변조되었음이 밝혀지게 된 때

② 전항의 규정에 따른 이탈은 그 이유를 기재한 서면으로 당해 이탈에 관련된 합의의 상대방에게 당해 합의로부터 이탈하는 취지를 고지하여 한다.

제350조의11 검찰관이 제350조의2 제1항 제2호 ㅓ에 관련된 같은 항의 합의에 기초하여 공소를 제기하지 아니하는 처분을 한 사건에 대하여 검찰심사회법 제39조의5 제1항 제1호나 제2호의 평의 또는 같은 법 제41조의6 제1항의 기소의결이 있는 때에는 당해 합의는 효력을 잃는다.

제350조의12 ① 전조의 경우에는 당해 의결에 관련된 사건에 대하여 공소가 제기된

때에도 피고인이 제350조의4의 협력으로 한 진술 및 당해 합의에 기초하여 한 피고인의 행위에 의해 얻은 증거와 이들에 기초하여 얻은 증거는 당해 피고인의 형사사건에서 증거로 할 수 없다.

② 전항의 규정은 다음에 열거하는 경우에는 적용하지 아니한다.

1. 전조에 규정하는 의결 전에 피고인이 한 행위가 당해 합의에 위반하는 것이었던 것이 밝혀지게 되거나 제350조의10 제1항 제3호 イ 또는 ロ에 열거하는 사유에 해당하게 된 때

2. 피고인이 당해 합의에 기초한 것으로시 한 행위 또는 당해 협력으로 한 행위가 제350조의15 제1항의 죄, 형법 제103조, 제104조, 제169조[24], 제172조의 죄 또는 조직적범죄처벌법 제7조 제1항 제1호 또는 제2호에 열거한 자에 관련된 같은 조의 죄에 해당하는 경우에 이들 죄에 관련된 사건에서 쓰이고 있는 때

3. 증거로 함에 피고인에게 이의가 없는 때

제4절 합의의 이행의 확보

제350조의13 ① 검찰관이 제350조의2 제1항 제2호 イ에서 ニ까지, ヘ또는 ト에 관련된 같은 항의 합의[같은 호 ハ에 관련된 것에 대하여는 특정한 소인(訴因) 및 벌조(罰条)에 의해 공소를 제기하는 취지의 것에 한한다.]에 위반하여 공소를 제기, 공소를 취소, 다른 소인(訴因) 및 벌조(罰条)에 의한 공소를 제기, 소인(訴因) 또는 벌조(罰条)의 추가, 철회 또는 변경을 청구하지 않고 다른 소인(訴因)이나 벌조(罰条)의 추가나 철회 또는 다른 소인(訴因)이나 벌조(罰条)에의 변경을 청구하여 공소를 유지 또는 즉결재판절차의 신청이나 약식명령의 청구를 동시에 하지 않고 공소를 제기한 때에는 판결로 당해 공소를 기각하여야 한다.

② 검찰관이 제350조의2 제1항 제2호 ハ에 관련된 같은 항의 합의[특정한 소인(訴因) 및 벌조(罰条)에 의해 공소를 유지하는 취지의 것에 한한다]에 위반하여 소인(訴因) 또는 벌조(罰条)의 추가 또는 변경을 청구한 때에는 재판소는 제312조 제1항의 규정에 불구하고 이를 허가하여서는 아니 된다.

제350조의14 ① 검찰관이 제350조의2 제1항의 합의에 위반한 때에는 피고인이 제350조의4의 협의에서 한 진술 및 당해 합의에 기초하여 한 피고인의 행위에 따라 얻은 증거는 이를 증거로 할 수 없다.

② 전항의 규정은 당해 피고인의 형사사건의 증거로 함에 당해 피고인이 이의가 없는 경우 및 당해 피고인 이외의 자의 형사사건의 증거로 함에 그 자의 이의가 없

---

24) 일본국 형법 제169조(위증)

는 경우에는 적용하지 아니한다.

제350조의15 ① 제350조의2 제1항의 합의에 위반하여 검찰관, 검찰사무관 또는 사법경찰직원에게 허위의 진술을 하거나 위조 또는 변조한 증거를 제출한 자는 5년 이하의 징역에 처한다.

② 전항의 죄를 범한 자가 당해 합의에 관련된 타인의 형사사건의 재판이 확정되기 전 또는 당해 합의에 관련된 자기의 형사사건의 재판이 확정되기 전에 자백한 때에는 형을 감경 또는 면제할 수 있다.

제5장 즉결재판절차

제1절 즉결재판절차의 신청

제350조의16 ① 검찰관은 공소를 제기하려는 사건에 대하여 사안이 명백하고 경미하며 증거조사가 신속히 끝날 것으로 예상되는 등 그 밖의 사정을 고려하여 상당하다고 인정하는 때에는 공소의 제기와 동시에 서면으로 즉결재판절차의 신청을 할 수 있다. 다만 사형, 무기 또는 단기 1년 이상의 징역이나 금고에 해당하는 사건에 대하여는 그러하지 아니하다.

② 전항의 신청은 즉결재판절차에 따르는 것에 대한 피의자의 동의가 없으면 할 수 없다.

③ 검찰관은 피의자에게 전항의 동의를 할 것인가의 확인을 요구하는 때에는 서면으로 하여야 한다. 이 경우에 검찰관은 피의자에게 즉결재판절차를 이해시키기 위해 필요한 사항(피의자에게 변호인이 없는 때에는 다음 조의 규정에 따라 변호인을 선임할 수 있다는 취지를 포함한다.)을 설명하고, 통상의 규정으로 돌아가는 심판을 받을 수 있다는 취지를 고지하여야 한다.

④ 피의자에게 변호인이 있는 경우에는 제1항의 신청은 피의자가 제2항의 동의를 하는 외에 변호인이 즉결재판절차에 따르는 것에 동의하거나 그 의견을 보류하고 있는 때에 한하여 할 수 있다.

⑤ 피의자가 제2항의 동의를 하고 변호인이 전항의 동의를 하거나 그 의견을 보류하는 때에는 서면으로 그 취지를 명백히 하여야 한다.

⑥ 제1항의 서면에는 전항의 서면을 첨부하여야 한다.

제350조의17 ① 전조 제3항의 확인을 요구하는 피의자가 즉결재판절차에 따르는 것에 대하여 동의하였는지를 명백히 하려는 경우에 피의자가 빈곤 기타 사유로 변호인을 선임할 수 없는 때에는 재판관은 그 청구에 따라 피의자를 위한 변호인을 붙여야 한

다. 다만 피의자 이외의 자가 선임한 변호인이 있는 경우에는 그러하지 아니하다.

② 제37조의3의 규정은 전항의 청구를 하는 경우에 준용한다.

제2절 공판준비 및 공판절차의 특례

제350조의18 즉결재판절차의 신청이 있는 경우에 피고인에게 변호인이 없는 때에는 재판장은 가능한 한 신속하게 직권으로 변호인을 붙여야 한다.

제350조의19 검찰관은 즉결재판절차의 신청을 한 사건에 대한 피고인 또는 변호인에게 제299조 제1항의 규정에 따라 증거서류를 열람할 기회 기타 같은 항에 규정하는 기회를 부여할 경우에는 가능한 한 신속하게 그 기회를 부여하여야 한다.

제350조의20 ① 재판소는 즉결재판절차의 신청이 있는 사건에서 변호인이 즉결재판절차에 따르는 것에 대한 의견을 유보하고 있는 때 또는 즉결재판절차의 신청이 있은 후에 변호인이 선임된 때에는 변호인에게 가능한 한 신속하게 즉결재판절차에 따르는 것에 동의할 것인지의 확인을 요구하여야 한다.

② 변호인은 전항의 동의를 할 때에는 서면으로 그 취지를 명백히 하여야 한다.

제350조의21 재판장은 즉결재판절차의 신청이 있는 때에는 검찰관 및 피고인 또는 변호인의 의견을 들은 후에 그 신청 후(전조 제1항에 규정하는 경우에는 같은 항의 동의가 있은 후) 가능한 한 빠른 시기의 공판기일을 지정하여야 한다.

제350조의22 재판소는 즉결재판절차의 신청이 있는 사건에 대한 제291조 제4항의 절차에서 피고인이 공소장에 기재된 소인(訴因)에 대하여 유죄라는 취지의 진술을 한 때에는 다음에 열거하는 경우를 제외하고 즉결재판절차에 따라 심판을 하는 취지의 결정을 하여야 한다.

1. 제350조의16 제2항 또는 제4항의 동의가 철회된 때

2. 제350조의20 제1항에 규정하는 경우에 같은 항의 동의가 되지 않거나 그 동의가 철회된 때

3. 전2호에 열거하는 것 외에 당해 사건이 즉결재판절차에 따를 수 없는 것으로 인정하는 때

4. 당해 사건이 즉결재판절차에 따르는 것이 상당하지 아니한 것으로 인정하는 때

제350조의23 전조의 절차를 진행하는 공판기일 및 즉결재판절차에 따른 공판기일은 변호인이 없는 때에는 개정할 수 없다.

제350조의24 ① 제350조의22의 결정을 위한 심리 및 즉결재판절차에 따른 심판에는 제284조, 제285조, 제296조, 제297조, 제300조부터 제302조까지 및 제304조부터 제307조까지의 규정은 적용하지 아니한다.

② 즉결재판절차에 따른 증거조사는 공판기일에서 적당하다고 인정하는 방법으로

할 수 있다.

제350조의25 재판소는 제350조의22의 결정이 있는 사건이 다음 각호의 어느 하나에 해당하게 된 경우에는 당해 결정을 취소하여야 한다.

1. 판결의 선고 전에 피고인 또는 변호인이 즉결재판절차에 따르는 것에 대한 동의를 철회한 때

2. 판결의 선고 전에 피고인이 공소장에 기재된 소인(訴因)에 대하여 유죄라는 취지의 진술을 철회한 때

3. 전2호에 열거하는 것 외에 당해 사건이 즉결재판절차에 따를 수 없는 것으로 인정할 때

4. 당해 사건이 즉결재판절차에 따르는 것이 상당하지 아니한 것으로 인정하는 때

② 전항의 규정에 따라 제350조의22의 결정이 취소된 때에는 공판절차를 갱신하여야 한다. 다만 검찰관 및 피고인 또는 변호인에게 이의가 없는 때에는 그러하지 아니하다.

제350조의26 즉결재판절차의 신청을 각하하는 결정(제350조의22 제3호 또는 제4호에 열거하는 경우에 해당하는 것을 이유로 하는 것을 제외한다.)이 있는 사건에서 당해 결정 후 증거조사가 진행되는 일 없이 공소가 취소된 경우에 공소의 취소에 의한 공소기각의 결정이 확정된 때에는 제340조의 규정에 불구하고 동일 사건에 대하여 다시 공소를 제기할 수 있다. 전조 제1항 제1호, 제2호 또는 제4호의 어느 하나에 해당하게 되는 것[같은 호에서는 피고인이 공소장에 기재된 소인(訴因)에 대하여 유죄라는 취지의 진술과 상반되거나 실질적으로 달라진 진술을 하여 같은 호에 해당하는 경우에 한한다.]을 이유로 하여 제350조의22의 결정이 취소된 사건에서 당해 취소의 결정 후 증거조사가 진행되는 일 없이 공소가 취소된 경우에 공소의 취소에 의한 공소기각의 결정이 확정된 때에도 같다.

제3절 증거의 특례

제350조의27 제350조의22의 결정이 있는 사건의 증거에는 제320조 제1항의 규정은 적용하지 아니한다. 다만 검찰관, 피고인 또는 변호인이 증거로 함에 이의를 진술한 것은 그러하지 아니하다.

제4절 공판의 재판의 특례

제350조의28 재판소는 제350조의22의 결정이 있었던 사건에서는 가능한 당일 판결을 선고하여야 한다.

제350조의29 즉결재판절차에서 징역 또는 금고의 선고를 하는 경우에는 그 형의 전부의 집행유예의 선고를 하여야 한다.

제3편 상소

제1장 통칙

제351조 ① 검찰관 또는 피고인은 상소를 할 수 있다.

② 제266조 제2호의 규정에 따라 재판소의 심판에 회부되는 사건과 다른 사건이 병합하여 심판되어 1개의 재판이 있었던 경우에는 제268조 제2항의 규정에 따라 검찰관의 직무를 수행하는 변호사 및 당해 다른 사건의 검찰관은 그 재판에 각각 독립하여 상소를 할 수 있다.

제352조 검찰관 또는 피고인 이외의 자로서 결정을 받은 자는 항고를 할 수 있다.

제353조 피고인의 법정대리인 또는 보좌인은 피고인을 위해 상소를 할 수 있다.

제354조 구류에서 구류의 이유의 개시가 있는 때에는 그 개시청구를 한 자도 피고인을 위해 상소를 할 수 있다. 그 상소를 기각하는 결정에도 마찬가지이다.

제355조 원심에서의 대리인 또는 변호인은 피고인을 위해 상소를 할 수 있다.

제356조 전3조의 상소는 피고인의 명시한 의사에 반하여 할 수 없다.

제357조 상소는 재판의 일부에 대하여 할 수 있다. 부분을 한정하지 않고 상소를 한 때에는 재판의 전부에 대하여 한 것으로 본다.

제358조 상소의 제기기간은 재판이 고지된 날로부터 진행한다.

제359조 검찰관, 피고인 또는 제352조에 규정하는 자는 상소의 포기 또는 취하를 할 수 있다.

제360조 제353조 또는 제354조에 규정하는 자는 서면으로 피고인의 동의를 얻어 상소의 포기 또는 취하를 할 수 있다.

제360조의2 사형, 무기징역 또는 금고에 처하는 판결에 대한 상소는 전2조의 규정에 불구하고 이를 포기할 수 없다.

제360조의3 상소의 포기의 신청은 서면으로 하여야 한다.

제361조 상소의 포기 또는 취하를 한 자는 그 사건에 다시 상소를 할 수 없다. 상소의 포기 또는 취하에 동의를 한 피고인도 같다.

제362조 제351조 내지 제355조의 규정에 따라 상소를 할 수 있는 자는, 자기 또는

대리인의 책임으로 귀속할 수 없는 사유로 상소의 제기기간 내에 상소를 할 수 없었던 때에는 원재판소에 상소권회복의 청구를 할 수 있다.

제363조 ① 상소권회복의 청구는 사유가 그친 날부터 상소의 제기기간에 상당하는 기간 내에 하여야 한다.

② 상소권회복의 청구를 하는 자는 그 청구와 동시에 상소의 신청을 하여야 한다.

제364조 상소권회복의 청구에 대하여 한 결정에는 즉시항고를 할 수 있다.

제365조 상소권회복의 청구가 있는 때에는 원재판소는 전조의 결정을 할 때까지 재판의 집행을 정지하는 결정을 할 수 있다. 이 경우에는 피고인에 대한 구류장을 발부할 수 있다.

제366조 ① 형사시설에 있는 피고인이 상소의 제기기간 내에 상소의 신청서를 형사시설의 장 또는 그 대리자에게 제출한 때에는 상소의 제기기간 내에 상소를 한 것으로 본다.

② 피고인이 스스로 신청서를 작성할 수 없는 때에는 형사시설의 장 또는 그 대리자는 대신 쓰거나 소속 직원에게 하도록 하여야 한다.

제367조 전조의 규정은 형사시설에 있는 피고인이 상소의 포기나 취하 또는 상소권회복의 청구를 하는 경우에 준용한다.

제368조 삭제

제369조 삭제

제370조 삭제

제371조 삭제

제2장 항소

제372조 항소는 지방재판소 또는 간이재판소가 한 제1심의 판결에 할 수 있다.

제373조 항소의 제기기간은 14일로 한다.

제374조 항소를 할 때에는 신청서를 제1심재판소에 제출하여야 한다.

제375조 항소의 신청이 명백히 항소권의 소멸 후에 한 것인 때에는 제1심재판소는 결정으로 기각하여야 한다. 이 결정에는 즉시항고를 할 수 있다.

제376조 ① 항소신청인은 재판소의 규칙으로 정하는 기간 내에 항소이유서를 항소재판소에 제출하여야 한다.

② 항소이유서에는 이 법률 또는 재판소의 규칙으로 정하는 바에 따라 필요한 소명자료 또는 검찰관이나 변호인의 보증서를 첨부하여야 한다.

제377조 아래 사유가 있는 것을 이유로 하여 항소의 신청을 한 경우에는 항소이유서

에 그 사유가 있음을 충분히 증명할 수 있는 취지의 검찰관 또는 변호인의 보증서를 첨부하여야 한다.

1. 법률에 따라 판결재판소를 구성하지 않은 것
2. 법령에 따라 판결에 관여할 수 없는 재판관이 판결에 관여한 것
3. 심판의 공개에 관한 규정에 위반한 것

제378조 아래의 사유가 있음을 이유로 하여 항소의 신청을 한 경우에는 항소이유서에 소송기록 및 원재판소에서 조사한 증거에 나타나고 있는 사실로서 그 사유가 있음을 믿기에 충분한 것을 원용하여야 한다.

1. 불법으로 관할 또는 관할위반을 인정한 것
2. 불법으로 공소를 수리하거나 기각한 것
3. 심판청구를 받은 사건에 대하여 판결을 하지 않거나 심판청구를 받지 않은 사건에 판결을 한 것
4. 판결에 이유를 붙이지 않거나 이유에 모순이 있는 것

제379조 전2조의 경우를 제외하고 소송절차에 법령의 위반이 있어 그 위반이 판결에 영향을 미친 것이 명백함을 이유로 하여 항소의 신청을 한 경우에는 항소이유서에 소송기록 및 원재판소에서 조사한 증거에 나타나고 있는 사실로서 명백히 판결에 영향을 미친 법령의 위반이 있음을 믿기에 충분한 것을 원용하여야 한다.

제380조 법령의 적용에 오류가 있어 그 오류가 판결에 영향을 미친 것이 명백함을 이유로 하여 항소의 신청을 한 경우에는 항소이유서에 그 오류 및 그 오류가 명백히 판결에 영향을 미쳤음을 표시하여야 한다.

제381조 형의 양정이 부당함을 이유로 하여 항소의 신청을 한 경우에는 항소이유서에 소송기록 및 원재판소에서 조사한 증거에 나타나고 있는 사실로서 형의 양정이 부당함을 믿기에 충분한 것을 원용하여야 한다.

제382조 사실의 오인이 있어 그 오인이 판결에 영향을 미쳤음이 명백함을 이유로 하여 항소의 신청을 한 경우에는 항소이유서에 소송기록 및 원재판소에서 조사한 증거에 나타나고 있는 사실로서 명백히 판결에 영향을 미친 오인이 있었음을 믿기에 충분한 것을 원용하여야 한다.

제382조의2 ① 부득이한 사유로 제1심의 변론종결 전에 조사를 청구할 수 없었던 증거에 따라 증명할 수 있는 사실로서 전2조에 규정하는 항소신청의 이유가 있음을 믿기에 충분한 것은 소송기록 및 원재판소에서 조사한 증거에 나타나고 있는 사실 이외의 사실이더라도 항소이유서에 원용할 수 있다.

② 제1심의 변론종결 후 판결 전에 발생한 사실로서 전2조에 규정하는 항소신청의 이유가 있음을 믿기에 충분한 것에 대하여도 전항과 같다.

③ 전2항의 경우에는 항소이유서에 그 사실을 소명하는 자료를 첨부하여야 한다. 제1항의 경우에는 부득이한 사유로 그 증거의 조사를 청구할 수 없었다는 취지를 소명하는 자료도 첨부하여야 한다.

제383조 아래의 사유가 있음을 이유로 하여 항소의 신청을 한 경우에는 항소이유서에 그 사유가 있음을 소명하는 자료를 첨부하여야 한다.

1. 재심의 청구를 할 수 있는 경우에 해당하는 사유가 있는 것

2. 판결이 있은 후에 형의 폐지, 변경 또는 사면이 있는 것

제384조 항소의 신청은 제377조 내지 제382조 및 전조에 규정하는 사유가 있음을 이유로 하는 때에 한하여 할 수 있다.

제385조 ① 항소의 신청이 법령상의 방식에 위반되거나 항소권의 소멸 후에 한 것임이 명백한 때에는 항소재판소는 결정으로 기각하여야 한다.

② 전항의 결정에는 제428조 제2항의 이의신청을 할 수 있다. 이 경우에는 즉시항고에 관한 규정도 준용한다.

제386조 ① 아래의 경우에는 항소재판소는 결정으로 항소를 기각하여야 한다.

1. 제376조 제1항에 정하는 기간 내에 항소이유서를 제출하지 아니한 때

2. 항소이유서가 이 법률이나 재판소의 규칙으로 정하는 방식에 위반하고 있는 때 또는 항소이유서에 이 법률이나 재판소의 규칙으로 정하는 바에 따른 필요한 소명자료나 보증서를 첨부하지 아니한 때

3. 항소이유서에 기재된 항소의 신청의 이유가 명백히 제377조 내지 제382조 및 제383조에 규정하는 사유에 해당하지 아니하는 때

② 전조 제2항의 규정은 전항의 결정에 준용한다.

제387조 항소심에서는 변호사 이외의 자를 변호인으로 선임하지 못한다.

제388조 항소심에서는 피고인을 위하여 하는 변론은 변호인이 아니면 할 수 없다.

제389조 공판기일에는 검찰관 및 변호인은 항소이유서에 기초하여 변론하여야 한다.

제390조 항소심에서는 피고인은 공판기일에 출석할 것을 요하지 아니한다. 다만 재판소는 50만엔(형법, 폭력행위 등 처벌에 관한 법률 및 경제관계벌칙의 정비에 관한 법률의 죄 이외의 죄는 당분간 5만엔) 이하의 벌금 또는 과태료에 해당하는 사건 이외의 사건에서 피고인의 출석이 그 권리의 보호를 위해 중요하다고 인정하는 때에는 피고인의 출석을 명할 수 있다.

제391조 변호인이 출석하지 않은 때 또는 변호인의 선임이 없는 때에는 이 법률에 따라 변호인을 요하는 경우나 결정으로 변호인을 붙인 경우를 제외하고는 검찰관의 진술을 들어 판결을 할 수 있다.

제392조 ① 항소재판소는 항소이유서에 포함된 사항은 이를 조사하여야 한다.

② 항소재판소는 항소이유서에 포함되어 있지 않은 사항이더라도 제377조 내지 제382조 및 제383조에 규정하는 사유에 관하여는 직권으로 조사를 할 수 있다.

제393조 ① 항소재판소는 전조의 조사를 함에 필요한 때에는 검찰관, 피고인 또는 변호인의 청구나 직권으로 사실의 조사를 할 수 있다. 다만 제382조의2의 소명이 있었던 것은 형의 양정의 부당 또는 판결에 영향을 미친 사실오인을 증명하기 위해 불가결한 경우에 한하여 이를 조사하여야 한다.

② 항소재판소는 필요하다고 인정하는 때에는 직권으로 제1심판결 후의 형의 양정에 영향을 미친 정상에 대하여 조사할 수 있다.

③ 전2항의 조사는 합의부의 구성원에게 하게 하거나 지방재판소, 가정재판소 또는 간이재판소의 재판관에게 촉탁할 수 있다. 이 경우에는 수명재판관 및 수탁재판관은 재판소 또는 재판장과 동일한 권한을 갖는다.

④ 제1항 또는 제2항의 규정에 따른 조사를 한 때에는 검찰관 및 변호인은 그 결과에 기초하여 변론을 할 수 있다.

제394조 제1심에서 증거로 할 수 있었던 증거는 항소심에서도 증거로 할 수 있다.

제395조 항소의 신청이 법령상의 방식에 위반하거나 항소권의 소멸 후에 한 것인 때에는 판결로 항소를 기각하여야 한다.

제396조 제377조 내지 제382조 및 제383조에 규정하는 사유가 없는 때에는 판결로 항소를 기각하여야 한다.

제397조 ① 제377조 내지 제382조 및 제383조에 규정하는 사유가 있는 때에는 판결로 원판결을 파기하여야 한다.

② 제393조 제2항의 규정에 따른 조사의 결과 원판결을 파기하지 않으면 명백히 정의에 반한다고 인정하는 때에는 판결로 원판결을 파기할 수 있다.

제398조 불법으로 관할위반을 선고하거나 공소를 기각하였음을 이유로 하여 원판결을 파기하는 때에는 판결로 사건을 원재판소에 환송하여야 한다.

제399조 불법으로 관할을 인정하였음을 이유로 하여 원판결을 파기하는 때에는 판결로 사건을 관할 제1심재판소에 이송하여야 한다. 다만 항소재판소는 그 사건에 대하여 제1심의 관할권을 가진 때에는 제1심으로서 심판을 하여야 한다.

제400조 전2조에 규정하는 이유 이외의 이유로 원판결을 파기하는 때에는 판결로 사건을 원재판소에 환송하거나 원재판소와 동등한 다른 재판소에 이송하여야 한다. 다만 항소재판소는 소송기록 및 원재판소와 항소재판소에서 조사한 증거에 의하여 곧바로 판결을 할 수 있는 것으로 인정하는 때에는 피고사건에 대하여 다시 판결을 할 수 있다.

제401조 피고인의 이익을 위해 원판결을 파기하는 경우에 파기의 이유가 항소를 한 공

동피고인에 공통되는 때에는 그 공동피고인을 위해서도 원판결을 파기하여야 한다.

제402조 피고인이 항소를 하거나 피고인을 위한 항소를 한 사건에서는 원판결의 형보다 무거운 형을 선고할 수 없다.

제403조 ① 원재판소가 불법으로 공소기각의 결정을 하지 않은 때에는 결정으로 공소를 기각하여야 한다.

② 제385조 제2항의 규정은 전항의 결정에 준용한다.

제403조의2 ① 즉결재판절차에서 한 판결에 대한 항소의 신청은 제384조의 규정에 불구하고 당해 판결이 선고한 범죄사실에 제382조에 규정하는 사유가 있음을 이유로는 할 수 없다.

② 원재판소가 즉결재판절차에 따라 판결을 한 사건에 대하여는 제397조 제1항의 규정에 불구하고 항소재판소는 당해 판결이 선고한 범죄사실에 제382조에 규정하는 사유가 있음을 이유로는 원판결을 파기할 수 없다.

제404조 제2편 중 공판에 관한 규정은 이 법률에 특별한 정함이 있는 경우를 제외하고는 항소의 심판에 준용한다.

제3장 상고

제405조 고등재판소가 한 제1심 또는 제2심의 판결에는 아래의 사유가 있음을 이유로 하여 상고의 신청을 할 수 있다.

1. 헌법의 위반이 있거나 헌법의 해석에 잘못이 있는 것
2. 최고재판소의 판례와 상반되는 판단을 한 것
3. 최고재판소의 판례가 없는 경우에 대심원이나 상고재판소인 고등재판소의 판례 또는 이 법률 시행 후의 항소재판소인 고등재판소의 판례와 상반되는 판단을 한 것

제406조 최고재판소는 전조의 규정에 따라 상고를 할 수 있는 경우 이외의 경우에도 법령의 해석에 관하여 중요한 사항을 포함하는 것으로 인정되는 사건은 그 판결 확정 전에 한하여 재판소의 규칙이 정하는 바에 따라 스스로 상고심으로서 그 사건을 수리할 수 있다.

제407조 상고이유서에는 재판소의 규칙이 정하는 바에 따라 상고의 신청의 이유를 명시하여야 한다.

제408조 상고재판소는 상고이유서 기타 서류에 의하여 상고의 신청이 이유 없음이 명백하다고 인정하는 때에는 변론을 거치지 않고 판결로 상고를 기각할 수 있다.

제409조 상고심에서는 공판기일에 피고인을 소환할 것을 요하지 아니한다.

제410조 ① 상고재판소는 제405조 각호에 규정하는 사유가 있는 때에는 판결로 원판

결을 파기하여야 한다. 다만 판결에 영향을 미치지 아니함이 명백한 경우는 그러하지 아니하다.

② 제405조 제2호 또는 제3호에 규정하는 사유만이 있는 경우에 상고재판소가 그 판례를 변경하여 원판결을 유지함이 상당하다고 하는 때에는 전항의 규정은 적용하지 아니한다.

제411조 상고재판소는 제405조 각호에 규정하는 사유가 없는 경우에도 아래의 사유가 있어 원판결을 파기하지 아니하면 현저하게 정의에 반한다고 인정하는 때에는 판결로 원판결을 파기할 수 있다.

1. 판결에 영향을 미친 법령의 위반이 있는 것
2. 형의 양정이 심히 부당한 것
3. 판결에 영향을 미친 중대한 사실의 오인이 있는 것
4. 재심의 청구를 할 수 있는 경우에 해당하는 사유가 있는 것
5. 판결이 있었던 후에 형의 폐지나 변경 또는 사면이 있었던 것

제412조 불법으로 관할을 인정하였음을 이유로 하여 원판결을 파기하는 때에는 판결로 사건을 관할 항소재판소 또는 관할 제1심재판소에 이송하여야 한다.

제413조 전조에 규정하는 이유 이외의 이유로 원판결을 파기하는 때에는 판결로 사건을 원재판소 또는 제1심재판소에 환송하거나 이들과 동등한 다른 재판소에 이송하여야 한다. 다만 상고재판소는 소송기록 및 원재판소 및 제1심재판소에서 조사한 증거에 의하여 곧바로 판결을 할 수 있는 것으로 인정하는 때에는 피고사건에 대하여 다시 판결을 할 수 있다.

제413조의2 제1심재판소가 즉결재판절차에 따라 판결을 한 사건에서는 제411조의 규정에 불구하고 상고재판소는 당해 판결이 선고한 범죄사실에 같은 조 제3호에 규정하는 사유가 있음을 이유로는 원판결을 파기할 수 없다.

제414조 전장의 규정은 이 법률에 특별한 정함이 있는 경우를 제외하고는 상고의 심판에 준용한다.

제415조 ① 상고재판소는 판결의 내용에 오류가 있는 것을 발견한 때에는 검찰관, 피고인 또는 변호인의 신청에 따라 판결로 이를 정정할 수 있다.

② 전항의 신청은 판결의 선고가 있었던 날로부터 10일 이내에 하여야 한다.

③ 상고재판소는 적당하다고 인정하는 때에는 제1항에 규정하는 자의 신청에 따라 전항의 기간을 연장할 수 있다.

제416조 정정의 판결은 변론을 거치지 아니하고도 할 수 있다.

제417조 ① 상고재판소는 정정의 판결을 하지 아니하는 때에는 신속하게 결정으로 신청을 기각하여야 한다.

② 정정의 판결에는 제415조 제1항의 신청을 할 수 없다.

제418조 상고재판소의 판결은 선고가 있었던 날로부터 제415조의 기간을 경과한 때, 그 기간 내에 같은 조 제1항의 신청이 있었던 경우에는 정정의 판결이나 신청을 기각하는 결정이 있었던 때에 확정된다.

제4장 항고

제419조 항고는 특별히 즉시항고를 할 수 있다는 취지의 규정이 있는 경우 외에 재판소가 한 결정에 할 수 있다. 다만 이 법률에 특별한 정함이 있는 경우에는 그러하지 아니하다.

제420조 ① 재판소의 관할 또는 소송절차에 관하여 판결 전에 한 결정에는 이 법률에 특별히 즉시항고를 할 수 있다는 취지의 규정이 있는 경우를 제외하고는 항고를 할 수 없다.

② 전항의 규정은 구류, 보석, 압수 또는 압수물의 환부에 관한 결정 및 감정을 위해 한 유치에 관한 결정에는 적용하지 아니한다.

③ 구류에는 전항의 규정에 불구하고 범죄의 혐의가 없음을 이유로 항고를 할 수 없다.

제421조 항고는 즉시항고를 제외하고는 언제라도 할 수 있다. 다만 원결정을 취소하여도 실익이 없게 된 때에는 그러하지 아니하다.

제422조 즉시항고의 제기기간은 3일로 한다.

제423조 ① 항고를 할 때에는 신청서를 원재판소에 제출하여야 한다.

② 원재판소는 항고를 이유 있는 것으로 인정하는 때에는 결정을 경정하여야 한다. 항고의 전부 또는 일부를 이유 없다고 인정하는 때에는 신청서를 받은 날로부터 3일 이내에 의견서를 첨부하여 항고재판소에 송부하여야 한다.

제424조 ① 항고는 즉시항고를 제외하고는 재판의 집행을 정지하는 효력을 갖지 아니한다. 다만 원재판소는 결정으로 항고의 재판이 있을 때까지 집행을 정지할 수 있다.

② 항고재판소는 결정으로 재판의 집행을 정지할 수 있다.

제425조 즉시항고의 제기기간 내 및 그 신청이 있는 때에는 재판의 집행은 정지된다.

제426조 ① 항고의 절차가 그 규정에 위반한 때 또는 항고가 이유 없는 때에는 결정으로 항고를 기각하여야 한다.

② 항고가 이유 있는 때에는 결정으로 원결정을 취소하고, 필요한 경우에는 다시 재판을 하여야 한다.

제427조 항고재판소의 결정에는 항고할 수 없다.

제428조 ① 고등재판소의 결정에는 항고할 수 없다.

② 즉시항고를 할 수 있는 취지의 규정이 있는 결정 및 제419조 및 제420조의 규정에 따른 항고를 할 수 있는 결정으로 고등재판소가 한 것에는 그 고등재판소에 이의신청을 할 수 있다.

③ 전항의 이의신청에는 항고에 관한 규정을 준용한다. 즉시항고를 할 수 있는 취지의 규정이 있는 결정에 대한 이의신청에는 즉시항고에 관한 규정도 준용한다.

제429조 ① 재판관이 아래의 재판을 한 경우에 불복이 있는 자는 간이재판소의 재판관이 한 재판에 대하여는 관할 지방재판소에, 기타 재판관이 한 재판에 대하여는 그 재판관 소속의 재판소에 그 재판의 취소 또는 변경을 청구할 수 있다.

1. 기피의 신청을 각하하는 재판
2. 구류, 보석, 압수 또는 압수물의 환부에 관한 재판
3. 감정을 위한 유치를 명하는 재판
4. 증인, 감정인, 통역인 또는 번역인에게 과태료 또는 비용의 배상을 명하는 재판
5. 신체의 검사를 받은 자에게 과태료 또는 비용의 배상을 명하는 재판

② 제420조 제3항의 규정은 전항의 청구에 준용한다.

③ 제1항의 청구를 받은 지방재판소 또는 가정재판소는 합의부에서 결정을 하여야 한다.

④ 제1항 제4호 또는 제5호의 재판의 취소 또는 변경의 청구는 그 재판이 있었던 날로부터 3일 내에 하여야 한다.

⑤ 전항의 청구기간 내 및 그 청구가 있었던 때에는 재판의 집행은 정지된다.

제430조 ① 검찰관 또는 검찰사무관이 한 제39조 제3항의 처분 또는 압수나 압수물의 환부에 관한 처분에 불복이 있는 자는 그 검찰관 또는 검찰사무관이 소속된 검찰청에 대응하는 재판소에 그 처분의 취소 또는 변경을 청구할 수 있다.

② 사법경찰직원이 한 전항의 처분에 불복이 있는 자는 사법경찰직원의 직무집행지를 관할하는 지방재판소 또는 간이재판소에 그 처분의 취소 또는 변경을 청구할 수 있다.

③ 전2항의 청구에는 행정사건소송에 관한 법령의 규정은 적용하지 아니한다.

제431조 전2조의 청구를 할 때에는 청구서를 관할재판소에 제출하여야 한다.

제432조 제424조, 제426조 및 제427조의 규정은 제429조 및 제430조의 청구가 있는 경우에 준용한다.

제433조 ① 이 법률에 따라 불복을 신청할 수 없는 결정 또는 명령에는 제405조에 규정하는 사유가 있는 것을 이유로 하는 경우에 한하여 최고재판소에 특별항고를 할 수 있다.

② 전항의 항고의 제기기간은 5일로 한다.

제434조 제423조, 제424조 및 제426조의 규정은 이 법률에 특별한 정함이 있는 경우

를 제외하고는 전조 제1항의 항고에 준용한다.

제4편 재심

제435조 재심의 청구는 아래의 경우에 유죄의 선고를 한 확정판결에 대하여 그 선고를 받은 자의 이익을 위하여 할 수 있다.

1. 원판결의 증거로 된 증거서류 또는 증거물이 확정판결로 위조 또는 변조된 것이 증명된 때

2. 원판결의 증거로 된 증언, 감정, 통역 또는 번역이 확정판결로 허위임이 증명된 때

3. 유죄의 선고를 받은 자를 무고한 죄가 확정판결로 증명된 때. 다만 무고로 유죄의 선고를 받은 때에 한한다.

4. 원판결의 증거로 된 재판이 확정재판으로 변경된 때

5. 특허권, 실용신안권, 의장권 또는 상표권을 해한 죄에 따라 유죄의 선고를 한 사건에 대하여, 그 권리의 무효의 심결이 확정된 때 또는 무효의 판결이 있는 때

6. 유죄의 선고를 받은 자에게 무죄 또는 면소를 선고하거나, 형의 선고를 받은 자에게 형의 면제를 선고하거나 원판결로 인정한 죄보다 가벼운 죄를 인정하여야 할 명백한 증거를 새로이 발견한 때

7. 원판결에 관여한 재판관, 원판결의 증거로 된 증거서류의 작성에 관여한 재판관 또는 원판결의 증거로 된 서면을 작성하거나 진술을 한 검찰관, 검찰사무관이나 사법경찰직원이 피고사건에 직무에 관한 죄를 범하였음이 확정판결로 증명된 때. 다만 원판결을 하기 전에 재판관, 검찰관, 검찰사무관 또는 사법경찰직원에 대하여 공소의 제기가 있었던 경우에는 원판결을 한 재판소가 그 사실을 알지 못한 때에 한한다.

제436조 ① 재심의 청구는 아래의 경우에 항소 또는 상고를 기각한 확정판결에 대하여 그 선고를 받은 자의 이익을 위하여 할 수 있다.

1. 전조 제1호 또는 제2호에 규정하는 사유가 있는 때

2. 원판결 또는 그 증거로 된 증거서류의 작성에 관여한 재판관에게 전조 제7호에 규정하는 사유가 있는 때

② 제1심의 확정판결에 재심의 청구를 한 사건에 대하여 재심의 판결이 있었던 후에는 항소기각의 판결에는 재심의 청구를 할 수 없다.

③ 제1심 또는 제2심의 확정판결에 재심의 청구를 한 사건에 대하여 재심의 판결이 있었던 후에는 상고기각의 판결에는 재심의 청구를 할 수 없다.

제437조 전2조의 규정에 따라 확정판결에 따라 범죄가 증명된 것을 재심의 청구의 이유로 하여야 하는 경우에 그 확정판결을 얻을 수 없는 때에는 그 사실을 증명하여 재심의 청구를 할 수 있다. 다만 증거가 없음을 이유로 확정판결을 얻을 수 없는 때에는 그러하지 아니하다.

제438조 재심의 청구는 원판결을 한 재판소가 관할한다.

제439조 ① 재심의 청구는 아래의 자가 할 수 있다.

1. 검찰관

2. 유죄의 선고를 받은 자

3. 유죄의 선고를 받은 자의 법정대리인 및 보좌인

4. 유죄의 선고를 받은 자가 사망하거나 심신상실의 상태에 있는 경우에는 그 배우자, 직계의 친족 및 형제자매

② 제435조 제7호 또는 제436조 제1항 제2호에 규정하는 사유에 따른 재심의 청구는 유죄의 선고를 받은 자가 그 죄를 범한 경우에는 검찰관이 아니면 할 수 없다.

제440조 ① 검찰관 이외의 자는 재심의 청구를 하는 경우에는 변호인을 선임할 수 있다.

② 전항의 규정에 따른 변호인의 선임은 재심의 판결이 있기까지 효력을 가진다.

제441조 재심의 청구는 형의 집행이 종료되거나 그 집행을 받지 않게 된 때에도 할 수 있다.

제442조 재심의 청구는 형의 집행을 정지하는 효력을 가지지 아니한다. 다만 관할재판소에 대응하는 검찰청의 검찰관은 재심의 청구에 대한 재판이 있기까지 형의 집행을 정지할 수 있다.

제443조 ① 재심의 청구는 취하할 수 있다.

② 재심의 청구를 취하한 자는 동일한 이유로는 다시 재심의 청구를 할 수 없다.

제444조 제366조의 규정은 재심의 청구 및 그 취하에 준용한다.

제445조 재심의 청구를 받은 재판소는 필요한 때에는 합의부의 구성원에게 재심의 청구의 이유에 대하여 사실조사를 하게 하거나 지방재판소, 가정재판소 또는 간이재판소의 재판관에게 이를 촉탁할 수 있다. 이 경우에는 수명재판관 및 수탁재판관은 재판소 또는 재판장과 동일한 권한을 가진다.

제446조 재심의 청구가 법령상의 방식에 위반되거나 청구권의 소멸 후에 한 것인 때에는 결정으로 기각하여야 한다.

제447조 ① 재심의 청구가 이유 없는 때에는 결정으로 기각하여야 한다.

② 전항의 결정이 있는 때에는 누구도 동일한 이유로는 다시 재심의 청구를 할 수 없다.

제448조 ① 재심의 청구가 이유 있는 때에는 재심개시의 결정을 하여야 한다.

② 재심개시의 결정을 한 때에는 결정으로 형의 집행을 정지할 수 있다.

제449조 ① 항소를 기각한 확정판결과 그 판결에 따라 확정된 제1심의 판결에 재심의 청구가 있는 경우에 제1심재판소가 재심의 판결을 한 때에는 항소재판소는 결정으로 재심의 청구를 기각하여야 한다.

② 제1심 또는 제2심의 판결에 상고를 기각한 판결과 그 판결에 따라 확정된 제1심 또는 제2심의 판결에 재심의 청구가 있는 경우에 제1심재판소 또는 항소재판소가 재심의 판결을 한 때에는 상고재판소는 결정으로 재심의 청구를 기각하여야 한다.

제450조 제446조, 제447조 제1항, 제448조 제1항 또는 전조 제1항의 결정에는 즉시항고를 할 수 있다.

제451조 ① 재판소는 재심개시의 결정이 확정된 사건에 대하여는 제449조의 경우를 제외하고는 그 심급에 따라 다시 심판을 하여야 한다.

② 아래의 경우에는 제314조 제1항 본문 및 제339조 제1항 제4호의 규정은 전항의 심판에 적용하지 아니한다.

1. 사망자 또는 회복할 가망이 없는 심신상실자를 위하여 재심의 청구가 된 때

2. 유죄의 선고를 받은 자가 재심의 판결이 있기 전에 사망하거나 심신상실의 상태에 빠져 회복할 가능성이 없는 때

③ 전항의 경우에는 피고인의 출석이 없어도 심판을 할 수 있다. 다만 변호인이 출석하지 않으면 개정할 수 없다.

④ 제2항의 경우에 재심의 청구를 한 자가 변호인을 선임하지 않은 때에는 재판장은 직권으로 변호인을 붙여야 한다.

제452조 재심에서는 원판결의 형보다 무거운 형을 선고할 수 없다.

제453조 재심에서 무죄를 선고한 때에는 관보 및 신문지에 게재하고 그 판결을 공고하여야 한다.

제5편 비상상고

제454조 검사총장은 판결이 확정된 후 그 사건의 심판이 법령에 위반하였음을 발견한 때에는 최고재판소에 비상상고를 할 수 있다.

제455조 비상상고를 할 때에는 그 이유를 기재한 신청서를 최고재판소에 제출하여야한다.

제456조 공판기일에는 검찰관은 신청서에 기초하여 진술을 하여야 한다.

제457조 비상상고가 이유 없는 때에는 판결로 기각하여야 한다.

제458조 비상상고가 이유 있는 때에는 아래의 구분에 따라 판결을 하여야 한다.

  1. 원판결이 법령에 위반한 때에는 그 위반한 부분을 파기한다. 다만 원판결이 피고인에 불이익한 때에는 이를 파기하고 피고사건에 대하여 다시 판결을 한다.

  2. 소송절차가 법령에 위반한 때에는 그 위반한 절차를 파기한다.

제459조 비상상고의 판결은 전조 제1호 단서의 규정에 따라 이뤄진 것을 제외하고는 그 효력이 피고인에게 미치지 아니한다.

제460조 ① 재판소는 신청서에 포함된 사항에 한하여 조사를 하여야 한다.

  ② 재판소는 재판소의 관할, 공소의 수리 및 소송절차에 관하여는 사실의 조사를 할 수 있다. 이 경우에는 제393조 제3항의 규정을 준용한다.

제6편 약식절차

제461조 간이재판소는 검찰관의 청구에 의해 그 관할에 속하는 사건에 대하여 공판전 약식명령으로 100만엔 이하의 벌금 또는 과태료를 부과할 수 있다. 이 경우에는 형의 집행유예를 하고, 몰수를 부과하고, 기타 부수처분을 할 수 있다.

제461조의2 ① 검찰관은 약식명령의 청구를 할 때 피의자에게 미리 약식절차를 이해할 수 있게 하기 위해 필요한 사항을 설명하고 통상의 규정에 따라 심판을 받을 수 있다는 취지를 고지한 뒤에 약식절차에 따르는 것에 이의가 없는지를 확인하여야

한다.

② 피의자는 약식절차에 따르는 것에 이의가 없는 때에는 서면으로 그 취지를 밝혀야 한다.

제462조 ① 약식명령의 청구는 공소의 제기와 동시에 서면으로 하여야 한다.

② 전항의 서면에는 전조 제2항의 서면을 첨부하여야 한다.

제462조의2 ① 검찰관은 약식명령의 청구를 한 경우에 그 사건에 피고인과 한 제350조의2 제1항의 합의가 있는 때에는 당해 청구와 동시에 합의내용서면을 재판소에 제출하여야 한다.

② 전항의 규정에 따른 합의내용서면을 재판소에 제출한 뒤 재판소가 약식명령을 하기 전에 당해 합의의 당사자가 제350조의10 제2항의 규정에 따라 당해 합의에서 이탈하는 취지의 고지를 한 때에는 검찰관은 지체 없이 같은 항의 서면을 그 재판소에 제출하여야 한다.

제463조 ① 제462조의 청구가 있는 경우에 그 사건이 약식명령을 할 수 없는 것이거나 약식명령을 하는 것이 상당하지 않은 것으로 사료하는 때에는 통상의 규정에 따라 심판을 하여야 한다.

② 검찰관이 제461조의2에 정하는 절차를 거치지 않거나 제462조 제2항에 위반하여 약식명령을 청구한 때에도 전항과 같다.

③ 재판소는 전2항의 규정에 따라 통상의 규정에 따라 심판을 하는 때에는 곧바로 검찰관에게 그 취지를 통지하여야 한다.

④ 제1항 및 제2항의 경우에는 제271조의 규정의 적용이 있는 것으로 한다. 다만 같은 조 제2항에 정하는 기간은 전항의 통지가 있었던 날로부터 2개월로 한다.

제463조의2 ① 전조의 경우를 제외하고 약식명령의 청구가 있었던 날로부터 4개월 이내에 약식명령이 피고인에 고지되지 않는 때에는 공소의 제기는 소급하여 그 효력을 잃는다.

② 전항의 경우에는 재판소는 결정으로 공소를 기각하여야 한다. 약식명령이 이미 검찰관에게 고지되어 있는 때에는 약식명령을 취소한 후에 그 결정을 하여야 한다.

③ 전항의 결정에는 즉시항고를 할 수 있다.

제464조 약식명령에는 범죄사실, 적용법령, 부과할 형과 부수처분 및 약식명령의 고지가 있는 날로부터 14일 이내에 정식재판청구를 할 수 있다는 취지를 표시하여야 한다.

제465조 ① 약식명령을 받은 자 또는 검찰관은 그 고지를 받은 날로부터 14일 이내에 정식재판청구를 할 수 있다.

② 정식재판청구는 약식명령을 한 재판소에 서면으로 하여야 한다. 정식재판청구

가 있는 때에는 재판소는 신속하게 그 취지를 검찰관 또는 약식명령을 받은 자에게 통지하여야 한다.

제466조 정식재판청구는 제1심판결이 있을 때까지 취하할 수 있다.

제467조 제353조, 제355조 내지 제357조, 제359조, 제360조 및 제361조 내지 제365조의 규정은, 정식재판청구 또는 그 취하에 준용한다.

제468조 ① 정식재판청구가 법령상의 방식에 위반하거나 청구권의 소멸 후에 한 것일 때에는 결정으로 기각하여야 한다. 이 결정에는 즉시항고를 할 수 있다.

② 정식재판청구가 적법하다고 하는 때에는 통상의 규정에 따라 심판을 하여야 한다.

③ 전항의 경우에는 약식명령에 구속되지 아니한다.

제469조 정식재판청구에 의해 판결을 한 때에는 약식명령은 효력을 잃는다.

제470조 약식명령은 정식재판청구기간의 경과 또는 그 청구의 취하에 의해 확정판결과 동일한 효력이 발생한다. 정식재판청구를 기각하는 재판이 확정된 때에도 같다.

제7편 재판의 집행

제471조 재판은 이 법률에 특별한 정함이 있는 경우를 제외하고는 확정된 후에 집행한다.

제472조 ① 재판의 집행은 그 재판을 한 재판소에 대응하는 검찰청의 검찰관이 지휘한다. 다만 제70조 제1항 단서의 경우, 제108조 제1항 단서의 경우 기타 그 성질상 재판소 또는 재판관이 지휘하여야 할 경우에는 그러하지 아니하다.

② 상소의 재판 또는 상소의 취하로 하급재판소의 재판을 집행하는 경우에는 상소재판소에 대응하는 검찰청의 검찰관이 지휘한다. 다만 소송기록이 하급재판소 또는 그 재판소에 대응하는 검찰청에 있는 때에는 그 재판소에 대응하는 검찰청의 검찰관이 지휘한다.

제473조 재판의 집행의 지휘는 서면으로 하고 재판서 또는 재판을 기재한 조서의 등본 또는 초본을 첨부하여야 한다. 다만 형의 집행을 지휘하는 경우를 제외하고는 재판서의 원본, 등본이나 초본 또는 재판을 기재한 조서의 등본이나 초본에 인인(認印)25)하여 할 수 있다.

---

25) 문서 등에 기명이나 서명을 하지 않고 도장만을 누르는 것을 뜻함.

제474조 2 이상의 주형의 집행은 벌금 및 과태료를 제외하고는 무거운 것을 우선으로 한다. 다만 검찰관은 무거운 형의 집행을 정지하고 다른 형의 집행을 하게 할 수 있다.

제475조 ① 사형의 집행은 법무대신의 명령에 따른다.

② 전항의 명령은 판결 확정일로부터 6개월 이내에 하여야 한다. 다만 상소권회복 또는 재심의 청구, 비상상고 또는 사면의 출원이나 신청이 되어 그 절차가 끝나기까지의 기간 및 공동피고인이었던 자에 대한 판결이 확정되기까지의 기간은 그 기간에 산입하지 아니한다.

제476조 법무대신이 사형의 집행을 명한 때에는 5일 이내에 그 형을 집행하여야 한다.

제477조 ① 사형은 검찰관, 검찰사무관 및 형사시설의 장 또는 그 대리자의 입회 후에 집행하여야 한다.

② 검찰관 또는 형사시설의 장의 허가를 받은 자가 아니면 형장에 들어올 수 없다.

제478조 사형의 집행에 입회하는 검찰사무관은 집행시말서를 작성하고 검찰관 및 형사시설의 장 또는 그 대리자와 함께 서명날인하여야 한다.

제479조 ① 사형의 선고를 받은 자가 심신상실의 상태에 있는 때에는 법무대신의 명령으로 집행을 정지한다.

② 사형의 선고를 받은 여자가 임신하고 있는 때에는 법무대신의 명령으로 집행을 정지한다.

③ 전2항의 규정에 따라 사형의 집행을 정지한 경우에는 심신상실의 상태가 회복된 후 또는 출산 후에 법무대신의 명령이 없으면 집행할 수 없다.

④ 제475조 제2항의 규정은 전항의 명령에 준용한다. 이 경우에 판결확정일은 심신상실의 상태가 회복된 날 또는 출산일로 바꿔 읽는 것으로 한다.

제480조 징역, 금고 또는 구류의 선고를 받은 자가 심신상실의 상태에 있는 때에는 형의 선고를 한 재판소에 대응하는 검찰청의 검찰관 또는 형의 선고를 받은 자의 현재지를 관할하는 지방검찰청의 검찰관의 지휘에 따라 그 상태가 회복될 때까지 집행을 정지한다.

제481조 ① 전조의 규정에 따라 형의 집행을 정지한 경우에는 검찰관은 형의 선고를 받은 자를 감호의무자 또는 지방공공단체의 장에게 인도하고 병원 기타 적당한 장소로 들여보내야 한다.

② 형의 집행을 정지받은 자는 전항의 처분이 있을 때까지 형사시설에 유치하고 그 기간을 형기에 산입한다.

제482조 징역, 금고 또는 구류의 선고를 받은 자에게 아래의 사유가 있는 때에는 형의 선고를 한 재판소에 대응하는 검찰청의 검찰관 또는 형의 선고를 받은 자의 현

재지를 관할하는 지방검찰청의 검찰관의 지휘에 따라 집행을 정지할 수 있다.

1. 형의 집행으로 현저하게 건강을 해치는 때 또는 생명을 유지할 수 없을 염려가 있는 때

2. 나이가 70세 이상인 때

3. 수태 후 150일 이상인 때

4. 출산 후 60일을 경과하지 않은 때

5. 형의 집행으로 회복할 수 없는 불이익을 발생시킬 염려가 있는 때

6. 조부모 또는 부모가 연령 70세 이상 또는 중병이나 불구로 다른 보호할 친족이 없는 때

7. 자 또는 손(孫)이 유년기로 다른 보호할 친족이 없는 때

8. 기타 중대한 사유가 있는 때

제483조 제500조에 규정하는 신청의 기간 내 및 그 신청이 있는 때에는 소송비용의 부담을 명하는 재판의 집행은 그 신청에 대한 재판이 확정되기까지 정지된다.

제484조 사형, 징역, 금고 또는 구류의 선고를 받은 자가 구금되어 있지 아니한 때에는 검찰관은 집행을 위해 호출하여야 한다. 호출에 응하지 아니하는 때에는 수용장을 발부하여야 한다.

제485조 사형, 징역, 금고 또는 구류의 선고를 받은 자가 도망하거나 도망할 우려가 있는 때에는 검찰관은 즉시 수용장을 발부하거나 사법경찰원에게 이를 발부하도록 할 수 있다.

제486조 ① 사형, 징역, 금고 또는 구류의 선고를 받은 자의 현재지를 알 수 없는 때에는 검찰관은 검사장에게 그 자의 형사시설에의 수용을 청구할 수 있다.

② 청구를 받은 검사장은 그 관내의 검찰관에게 수용장을 발부하게 하여야 한다.

제487조 수용장에는 형의 선고를 받은 자의 이름, 주거, 나이, 형명, 형기 기타 수용에 필요한 사항을 기재하고 검찰관 또는 사법경찰원이 기명날인하여야 한다.

제488조 수용장은 구인장과 같은 효력을 가진다.

제489조 수용장의 집행에는 구인장의 집행에 관한 규정을 준용한다.

제490조 ① 벌금, 과료, 몰수, 추징, 과태료, 몰취, 소송비용, 비용배상 또는 가납부의 재판은 검찰관의 명령에 따라 집행한다. 이 명령은 집행력이 있는 집행권원과 같은 효력을 가진다.

② 전항의 재판의 집행은 민사집행법(昭和 54년 법률 제4호) 기타 강제집행의 절차에 관한 법령의 규정에 따른다. 다만 집행 전에 재판의 송달을 요하지 아니한다.

제491조 몰수 또는 조세 기타 공과금이나 전매에 관한 법령의 규정에 따라 선고한 벌금이나 추징은 형의 선고를 받은 자가 판결이 확정된 후 사망한 경우에는 상속재산

에 집행할 수 있다.

제492조 법인에 벌금, 과태료, 몰수 또는 추징을 선고한 경우에 그 법인이 판결이 확정된 후 합병으로 소멸한 때에는 합병 후 존속하는 법인 또는 합병에 따라 설립된 법인에 집행할 수 있다.

제493조 ① 제1심과 제2심에서 가납부의 재판이 있었던 경우에 제1심의 가납부의 재판에 대하여 이미 집행이 있었던 때에는 그 집행은 제2심의 가납부의 재판으로 급부를 명한 금액의 한도에서 제2심의 가납부의 재판에 대한 집행으로 본다.

② 전항의 경우에 제1심의 가납부의 재판의 집행으로 얻은 금액이 제2심의 가납부의 재판으로 급부를 명한 금액을 초과하는 때에는 그 초과액은 환부하여야 한다.

제494조 ① 가납부의 재판의 집행이 있은 후에 벌금, 과료 또는 추징의 재판이 확정된 때에는 그 금액의 한도에서 형의 집행이 있었던 것으로 본다.

② 전항의 경우에 가납부의 재판의 집행으로 얻은 금액이 벌금, 과태료 또는 추징금액을 초과하는 때에는 그 초과액은 환부하여야 한다.

제495조 ① 상소의 제기기간 중의 미결구류의 일수는 상소신청 후의 미결구류의 일수를 제외하고 전부 본형에 통산한다.

② 상소신청 후의 미결구류의 일수는 아래의 경우에는 전부 본형에 통산한다.

1. 검찰관이 상소를 신청한 때

2. 검찰관 이외의 자가 상소를 신청한 경우에 그 상소심에서 원판결이 파기된 때

③ 전2항의 규정에 따른 통산은 미결구류의 1일을 형기의 1일 또는 벌금의 4천엔으로 절산(折算)한다.

④ 상소재판소가 원판결을 파기한 후의 미결구류는 상소 중의 미결구류일수에 준하여 통산한다.

제496조 몰수물은 검찰관이 처분하여야 한다.

제497조 ① 몰수를 집행한 후 3개월 이내에 권리를 가진 자가 몰수물의 교부를 청구하는 때에는 검찰관은 파괴 또는 폐기하여야 할 물건을 제외하고는 이를 교부하여야 한다.

② 몰수물을 처분한 후 전항의 청구가 있었던 경우에는 검찰관은 공매로 얻은 대가를 교부하여야 한다.

제498조 ① 위조 또는 변조된 물건을 반환하는 경우에는 위조 또는 변조된 부분을 그 물건에 표시하여야 한다.

② 위조 또는 변조된 물건이 압수되어 있지 아니한 때에는 이를 제출하게 하고 전항에 규정하는 절차를 진행하여야 한다. 다만 그 물건이 공무소에 속하는 때에는 위조 또는 변조된 부분을 공무소에 통지하여 상당한 처분을 하게 하여야 한다.

제498조의2 ① 부정하게 작성된 전자적 기록 또는 몰수된 전자적 기록에 관련된 기록매체를 반환하거나 교부하는 경우에는 당해 전자적 기록을 소거하거나 당해 전자적 기록이 부정하게 이용되지 않도록 하는 처분을 하여야 한다.

② 부정하게 작성된 전자적 기록에 관련된 기록매체가 공무소에 속하는 경우에 당해 전자적 기록에 관련된 기록매체가 압수되어 있지 아니한 때에는 부정하게 작성된 부분을 공무소에 통지하여 상당한 처분을 하게 하여야 한다.

제499조 ① 압수물의 환부를 받아야 할 자의 소재가 판명되지 아니하거나 기타 사유로 그 물건을 환부할 수 없는 경우에는 검찰관은 그 취지를 정령으로 정하는 방법에 따라 공고하여야 한다.

② 제222조 제1항에서 준용하는 제123조 제1항이나 제124조 제1항의 규정 또는 제220조 제2항의 규정에 따라 압수물을 환부하려는 때에도 전항과 같다. 이 경우에 같은 항 중 '검찰관'은 '검찰관 또는 사법경찰원'으로 한다.

③ 전2항의 규정에 따라 공고를 한 날로부터 6개월 이내에 환부의 청구가 없는 때에는 그 물건은 국고에 귀속된다.

④ 전항의 기간 내에도 가치가 없는 물건은 폐기하고, 보관에 불편한 물건은 공매하여 그 대가를 보관할 수 있다.

제499조의2 ① 전조 제1항의 규정은 제123조 제3항의 규정에 따른 교부 또는 복사에, 전조 제2항의 규정은 제220조 제2항 및 제222조 제1항에서 준용하는 제123조 제3항의 규정에 따른 교부 또는 복사에 각각 준용한다.

② 전항에서 준용하는 전조 제1항 또는 제2항의 규정에 따라 공고를 한 날로부터 6개월 이내에 전항의 교부 또는 복사의 청구가 없는 때에는 그 교부를 하거나 복사하게 할 것을 요하지 아니한다.

제500조 ① 소송비용의 부담을 명받은 자는 빈곤 때문에 완납할 수 없는 때에는 재판소의 규칙이 정하는 바에 따라 소송비용의 전부 또는 일부에 대하여 그 재판의 집행의 면제신청을 할 수 있다.

② 전항의 신청은 소송비용의 부담을 명하는 재판이 확정된 후 20일 이내에 하여야 한다.

제500조의2 피고인 또는 피의자는 검찰관에게 소송비용의 개산액(槪算額)을26) 예납할 수 있다.

제500조의3 ① 검찰관은 소송비용의 재판을 집행하는 경우에 전조의 규정에 따라 예납된 금액이 있는 때에는 그 예납된 금액에서 당해 소송비용액에 상당하는 금액을 공제하고 당해 금액을 당해 소송비용의 납부에 충당한다.

---

26) 어림잡아 셈하는 것을 뜻함.

② 전항의 규정에 따라 예납된 금액에서 소송비용액에 상당하는 금액을 공제하고 잔여가 있는 때에는 그 잔여액은 그 예납을 한 자의 청구에 따라 반환한다.

제500조의4 다음 각호의 어느 하나에 해당하는 경우에는 제500조의2의 규정에 따라 예납이 된 금액은 그 예납을 한 자의 청구에 따라 반환한다.

1. 제38조의2의 규정에 따라 변호인의 선임이 효력을 잃게 된 때

2. 소송절차가 종료하는 경우에 피고인에 소송비용의 부담을 명하는 재판이 이루어지지 않았을 때

3. 소송비용의 부담을 명받은 자가 소송비용의 전부에 대하여 그 재판의 집행의 면제를 받은 때

제501조 형의 선고를 받은 자는 재판의 해석에 의심이 있는 때에는 선고를 한 재판소에 재판의 해석을 구하는 신청을 할 수 있다.

제502조 재판의 집행을 받은 자 또는 그 법정대리인이나 보좌인은 집행에 관하여 검찰관이 한 처분이 부당하다고 하는 때에는 선고를 한 재판소에 이의신청을 할 수 있다.

제503조 ① 제500조 및 전2조의 신청은 결정이 있을 때까지 취하할 수 있다.

② 제366조의 규정은 제500조 및 전2조의 신청 및 취하에 준용한다.

제504조 제500조, 제501조 및 제502조의 신청에 대하여 한 결정에는 즉시항고를 할 수 있다.

제505조 벌금 또는 과태료를 완납할 수 없는 경우의 노역장유치의 집행에는 형의 집행에 관한 규정을 준용한다.

제506조 제490조 제1항의 재판의 집행의 비용은 집행을 받은 자의 부담으로 하고, 민사집행법 기타 강제집행의 절차에 관한 법령의 규정에 따라 집행과 동시에 이를 징수하여야 한다.

제507조 검찰관 또는 재판소나 재판관은 재판의 집행에 관하여 필요하다고 인정하는 때에는 공무소 또는 공사의 단체에 조회하여 필요한 사항의 보고를 요구할 수 있다.

부칙(令和 원년 12월 4일 법률 제63호)

제1조(시행기일) 이 법률은 공포일로부터 기산하여 1년을 넘지 않는 범위 내에서 정령으로 정하는 날부터 시행한다.

형사소송규칙

제정 昭和 23년 12월 1일 최고재판소규칙 제32호
개정 平成 30년 1월 15일 최고재판소규칙 제1호

제1편 총칙

제1조(이 규칙의 해석, 운용) ① 이 규칙은 헌법이 기대하는 재판의 신속과 공정을 도모하도록 해석하고 운용하여야 한다.

② 소송상의 권리는 성실하게 행사하고 남용하여서는 아니 된다.

제1장 재판소의 관할

제2조(관할의 지정, 이전의 청구의 방식) 관할의 지정 또는 이전의 청구를 할 때에는 이유를 붙인 청구서를 관할재판소에 제출하여야 한다.

제3조(관할의 지정, 이전의 청구의 통지) 검찰관은 재판소에 계속하는 사건에 대하여 관할의 지정 또는 이전의 청구를 한 때에는 신속하게 그 취지를 재판소에 통지하여야 한다.

제4조(청구서의 등본의 교부, 의견서의 제출) ① 검찰관은 재판소에 계속하는 사건에 대하여 형사소송법(昭和 23년 법률 제131호. 이하 법이라 한다.) 제17조 제1항 각호에 규정하는 사유 때문에 관할이전의 청구를 한 경우에는 신속하게 청구서의 등본을 피고인에 교부하여야 한다.

② 피고인은 등본의 교부를 받은 날로부터 3일 이내에 관할재판소에 의견서를 제출할 수 있다.

제5조(피고인의 관할이전의 청구) ① 피고인이 관할이전의 청구서를 제출할 때에는 사건이 계속하는 재판소를 경유하여야 한다.

② 전항의 재판소는 청구서를 받은 때에는 신속하게 이를 그 재판소에 대응하는 검찰청의 검찰관에게 통지하여야 한다.

제 6 조(소송절차의 정지) 재판소에 계속하는 사건에 대하여 관할의 지정 또는 이전의 청구가 있었던 때에는 결정이 있을 때 소송절차를 정지하여야 한다. 다만 급속을 요하는 경우는 그러하지 아니하다.

제 7 조(이송의 청구의 방식) 법 제19조의 규정에 따른 이송의 청구를 할 때에는 이유를 붙인 청구서를 재판소에 제출하여야 한다.

제 8 조(의견의 청취) ① 법 제19조의 규정에 따른 이송의 청구가 있는 때에는 상대방 또는 그 변호인의 의견을 들어 결정을 하여야 한다.

② 직권으로 법 제19조의 규정에 따른 이송의 결정을 할 때에는 검찰관 및 피고인 또는 변호인의 의견을 들어야 한다.

제2장 재판소직원의 제척, 기피 및 회피

제 9 조(기피의 신청) ① 합의부의 구성원인 재판관에 대한 기피의 신청은 그 재판관 소속의 재판소에, 수명재판관, 지방재판소의 1인의 재판관 또는 가정재판소나 간이재판소의 재판관에 대한 기피의 신청은 기피할 재판관에게 하여야 한다.

② 기피의 신청을 할 때에는 그 원인을 표시하여야 한다.

③ 기피의 원인 및 기피의 신청을 한 자가 사건에 대한 청구 또는 진술을 할 때 기피의 원인이 있었음을 알지 못하였거나 기피의 원인이 사건에 대한 청구 또는 진술을 한 후에 발생한 것은 신청을 한 날로부터 3일 이내에 서면으로 소명하여야 한다.

제10조(신청에 대한 의견서) 기피된 재판관은 다음에 열거하는 경우를 제외하고는 기피의 신청에 대한 의견서를 제출하여야 한다.

1. 지방재판소의 1인의 재판관 또는 가정재판소나 간이재판소의 재판관이 기피의 신청을 이유 있다고 할 때

2. 기피의 신청이 소송을 지연시킬 목적만으로 이뤄진 것이 명백한 것으로서 이를 각하할 때

3. 기피의 신청이 법 제22조의 규정에 위반하거나 전조 제2항 또는 제3항에 정하는 절차에 위반하여 이뤄진 것으로서 이를 각하할 때

제11조(소송절차의 정지) 기피의 신청이 있었던 때에는 전조 제2호 및 제3호의 경우를 제외하고는 소송절차를 정지하여야 한다. 다만 급속을 요하는 경우는 그러하지 아니하다.

제12조(제척의 재판) ① 기피의 신청에 대한 결정을 할 재판소는 법 제20조 각호의 하나에 해당하는 자가 있다고 인정하는 때에는 직권으로 제척의 결정을 하여야 한다.

② 전항의 결정을 할 때에는 당해 재판관의 의견을 들어야 한다.

③ 당해 재판관은 제1항의 결정에 관여할 수 없다.

④ 재판소가 당해 재판관의 퇴거로 인해 결정을 할 수 없는 때에는 직근상급재판소가 결정을 하여야 한다.

제13조(회피) ① 재판관은 기피할 원인이 있다고 사료하는 때에는 회피하여야 한다.

② 회피의 신청은 재판소 소속의 재판관에게 서면으로 하여야 한다.

③ 기피의 신청에 대한 결정을 할 재판소는 회피의 신청에 대한 결정을 하여야 한다.

④ 회피에는 전조 제3항 및 제4항의 규정을 준용한다.

제14조(제척, 회피의 재판의 송달) 전2조의 결정은 송달하지 아니한다.

제15조(준용규정) ① 재판소서기관에게는 이 장의 규정을 준용한다.

② 수명재판관에 부속하는 재판소서기관에 대한 기피의 신청은 그 부속하는 재판관에게 하여야 한다.

제3장 소송능력

제16조(피의자의 특별대리인선임의 청구) 피의자의 특별대리인의 선임의 청구는 당해 피의사건을 취급하는 검찰관 또는 사법경찰원 소속의 관공서의 소재지를 관할하는 지방재판소 또는 간이재판소에 하여야 한다.

제4장 변호 및 보좌

제17조(피의자의 변호인의 선임) 공소의 제기 전에 한 변호인의 선임은 변호인과 연서한 서면을 당해 피의사건을 취급하는 검찰관 또는 사법경찰원에게 제출한 경우에 한하여 제1심에서도 그 효력을 가진다.

제18조(피고인의 변호인의 선임의 방식) 공소의 제기 후의 변호인의 선임은 변호인과 연서한 서면을 제출하여야 한다.

제18조의2(추가기소된 사건의 변호인의 선임) 법 제30조에서 정하는 자가 하나의 사건에 대하여 한 변호인의 선임은 그 사건의 공소의 제기 후 동일한 재판소에 공소가 제기되고 이와 병합된 다른 사건에서도 효력을 가진다. 다만 피고인 또는 변호인이 이의를 진술한 때에는 그러하지 아니하다.

제18조의3(피고인, 피의자에 대한 통지) 형사수용시설(형사시설, 유치시설 및 해상보안유치시설을 말한다. 이하 같다.)에 수용 또는 유치되어 있는 피고인 또는 피의자에 대한 법 제31조의2 제3항의 규정에 따른 통지는 형사시설의 장, 유치업무관리자[형사수용시

설 및 피수용자 등의 처우에 관한 법률(平成 17년 법률 제50호) 제16조 제1항27)에 규정하는 유치업무관리자를 말한다. 이하 같다.] 또는 해상보안유치업무관리자(같은 법 제26조 제1항28)에 규정하는 해상보안유치업무관리자를 말한다. 이하 같다.)에게 한다.

② 형사시설의 장, 유치업무관리자 또는 해상보안유치업무관리자는 전항의 통지를 받은 때에는 곧바로 당해 피고인 또는 피의자에게 그 취지를 고지하여야 한다.

제19조(주임변호인) ① 피고인에게 변호인이 여럿 있는 때에는 그 1인을 주임변호인으로 한다. 다만 지방재판소에서는 변호사 아닌 자를 주임변호인으로 할 수 없다.

② 주임변호인은 피고인 단독 또는 모든 변호인의 합의로 지정한다.

③ 주임변호인을 지정할 수 있는 자는 그 지정을 변경할 수 있다.

④ 모든 변호인이 하는 주임변호인의 지정 또는 변경은 피고인의 명시한 의사에 반하여 할 수 없다.

제20조(주임변호인의 지정, 변경의 방식) 피고인이나 모든 변호인이 하는 주임변호인의 지정 또는 변경은 서면을 재판소에 제출하여 하여야 한다. 다만 공판기일에 주임변호인의 지정을 변경할 때에는 그 취지를 구두로 진술하면 충분하다.

제21조(재판장이 지정하는 주임변호인) ① 피고인에게 변호인이 여럿 있는 경우에 주임변호인이 없는 때에는 재판장은 주임변호인을 지정하여야 한다.

② 재판장은 전항의 지정을 변경할 수 있다.

③ 전2항의 주임변호인은 제19조의 주임변호인이 지정될 때까지 그 직무를 수행한다.

제22조(주임변호인의 지정, 변경의 통지) 주임변호인의 지정 또는 변경은 피고인이 한 때에는 곧바로 그 취지를 검찰관 및 주임변호인으로 된 자에게, 모든 변호인 또는 재판장이 한 때에는 곧바로 그 취지를 검찰관 및 피고인에게 통지하여야 한다.

제23조(부주임변호인) ① 재판장은 주임변호인에게 사고가 있는 경우에는 다른 변호인 중 1인을 부주임변호인으로 지정할 수 있다.

② 주임변호인이 미리 재판소에 부주임변호인이 될 자를 신고한 경우에는 그 자를 부주임변호인으로 지정하여야 한다.

---

27) 일본국 형사수용시설 및 피수용자 등의 처우에 관한 법률 제16조(유치업무관리자 등) ① 유치시설에 관련된 유치업무를 관리하는 자(이하 「유치업무관리자」라고 한다.)는 경시청, 도부현경찰본부 또는 방면본부(제20조에서 「경찰본부」라고 한다.)에 설치된 유치시설에서는 경시 이상의 계급에 해당하는 경찰관 중에서 경시총감, 도부현경찰본부장 또는 방면본부장(이하 「경찰본부장」이라고 한다.)이 지명하는 자로 하고, 경찰서에 설치된 유치시설에서는 경찰서장으로 한다.
② ~ ③ (생 략)

28) 일본국 형사수용시설 및 피수용자 등의 처우에 관한 법률 제26조(해상보안유치업무관리자 등) ① 해상보안유치시설에 관련된 유치업무를 관리하는 자(이하 「해상보안유치업무관리자」라고 한다.)는 관구해상보안본부에 설치된 해상보안유치시설에서는 관구해상보안본부장이 지명하는 해상보안관으로 하고, 관구해상보안본부의 사무소에 설치된 해상보안유치시설에서는 당해 사무소의 장으로 하며, 해상보안청의 선박에 설치된 해상보안유치시설에서는 당해 선박의 선장으로 한다.
② ~ ③ (생 략)

③ 재판장은 제1항의 지정을 취소할 수 있다.

④ 부주임변호인의 지정 또는 취소에는 전조 후단의 규정을 준용한다.

제24조(주임변호인, 부주임변호인의 사임, 해임) ① 주임변호인 또는 부주임변호인의 사임 또는 해임에는 제20조의 규정을 준용한다.

② 주임변호인 또는 부주임변호인의 사임 또는 해임이 있었던 때에는 곧바로 소송관계인에게 통지하여야 한다. 다만 피고인이 해임을 한 때에는 피고인에게는 통지할 것을 요하지 아니한다.

제25조(주임변호인, 부주임변호인의 권한) ① 주임변호인 또는 부주임변호인은 변호인에 대한 통지 또는 서류의 송달에 대하여 다른 변호인을 대표한다.

② 주임변호인 및 부주임변호인 이외의 변호인은 재판장 또는 재판관의 허가 및 주임변호인 또는 부주임변호인의 동의 없이는 신청, 청구, 질문, 심문 또는 진술을 할 수 없다. 다만 증거물의 등사의 허가의 청구, 재판서 또는 재판을 기재한 조서의 등본 또는 초본의 교부의 청구 및 공판기일에 증거조사가 끝난 후에 하는 의견진술은 그러하지 아니하다.

제26조(피고인의 변호인의 수의 제한) ① 재판소는 특별한 사정이 있는 때에는 변호인의 수를 각 피고인에 대하여 3인까지 제한할 수 있다.

② 전항의 제한의 결정은 피고인에게 고지함으로써 그 효력이 발생한다.

③ 피고인의 변호인의 수를 제한한 경우에 제한한 수를 초과하는 변호인이 있는 때에는 곧바로 그 취지를 각 변호인 및 이들 변호인을 선임한 자에게 통지하여야 한다. 이 경우에는 제한의 결정은 전항의 규정에 불구하고 그 고지가 있는 날로부터 7일의 기간을 경과함으로써 효력을 발생한다.

④ 전항의 제한의 결정이 효력을 발생한 경우에 제한된 수를 초과하는 변호인이 있는 때에는 변호인의 선임은 효력을 잃는다.

제27조(피의자의 변호인의 수의 제한) ① 피의자의 변호인의 수는 각 피의자에 대하여 3인을 초과할 수 없다. 다만 당해 피의사건을 취급하는 검찰관 또는 사법경찰원이 소속된 관공서의 소재지를 관할하는 지방재판소 또는 간이재판소가 특별한 사정이 있는 것으로 인정하여 허가를 한 경우는 그러하지 아니하다.

② 전항 단서의 허가는 변호인을 선임할 수 있는 자 또는 그 의뢰에 의해 변호인이 되려는 자의 청구에 의해 한다.

③ 제1항 단서의 허가는 허가할 변호인의 수를 지정하여 하여야 한다.

제28조(국선변호인선임의 청구) 법 제36조, 제37조의2 또는 제350조의17 제1항의 청구를 할 때에는 그 이유를 표시하여야 한다.

제28조의2(국선변호인선임의 청구처 재판관) 법 제37조의2의 청구는 구류의 청구를

받은 재판관, 그 소속된 재판소의 소재지를 관할하는 지방재판소의 재판관 또는 그 지방재판소의 소재지(그 지부의 소재지를 포함한다.)에 있는 간이재판소의 재판관에게 하여야 한다.

제28조의3(국선변호인선임청구서 등의 제출) ① 형사수용시설에 수용되거나 유치되어 있는 피의자가 법 제37조의2 또는 제350조의17 제1항의 청구를 할 때에는 재판소 서기관의 면전에서 하는 경우를 제외하고 형사시설의 장, 유치업무관리자, 해상보안유치업무관리자 또는 그 대리자를 경유하여 청구서 및 법 제36조의2에 규정하는 자력신고서를 재판관에게 제출하여야 한다.

② 전항의 경우에 형사시설의 장, 유치업무관리자, 해상보안유치업무관리자 또는 그 대리자는 피의자로부터 같은 항의 서면을 넘겨받은 때에는 곧바로 재판관에게 송부하여야 한다. 다만 법 제350조의17 제1항의 청구를 하는 경우를 제외하고 구류를 청구받지 않은 피의자로부터 전항의 서면을 넘겨받은 경우에는 당해 피의자가 구류를 청구받은 후 곧바로 재판관에게 송부하여야 한다.

③ 전항의 경우에 형사시설의 장, 유치업무관리자, 해상보안유치업무관리자 또는 그 대리자는 제1항의 서면을 팩시밀리를 이용하여 송신하는 방법으로 재판관에게 송부할 수 있다.

④ 전항의 규정에 따른 송부가 된 때에는 그 때에 제1항의 서면의 제출이 있는 것으로 본다.

⑤ 재판관은 전항에 규정하는 경우에 필요하다고 인정하는 때에는 형사시설의 장, 유치업무관리자 또는 해상보안유치업무관리자에게 송신에 사용한 서면을 제출하게 할 수 있다.

제28조의4(변호인의 선임에 관한 처분을 할 재판관) 법 제37조의4의 규정에 따른 변호인의 선임에 관한 처분은 구류의 청구를 받은 재판관, 그 소속된 재판소의 소재지를 관할하는 지방재판소의 재판관 또는 그 지방재판소의 소재지(그 지부의 소재지를 포함한다.)에 있는 간이재판소의 재판관이 하여야 한다.

제28조의5(위와 같음) 법 제37조의2 제1항 또는 제37조의4의 규정에 따라 변호인이 붙어 있는 경우에 법 제37조의5의 규정에 따른 변호인의 선임에 관한 처분은 최초의 변호인을 붙인 재판관, 그 소속된 재판소의 소재지를 관할하는 지방재판소의 재판관 또는 그 지방재판소의 소재지(그 지부의 소재지를 포함한다.)에 있는 간이재판소의 재판관이 하여야 한다.

제29조(국선변호인의 선임) ① 법의 규정을 기초로 재판소 또는 재판장이 붙일 변호인은 재판소의 소재지를 관할하는 지방재판소의 관할구역 내에 있는 변호사회에 소속된 변호사 중에서 재판장이 선임하여야 한다. 다만 그 관할구역 내에 선임할

사건에 대하여 변호인으로서의 활동을 할 수 있는 변호사가 없는 때 기타 부득이한 사정이 있는 때에는 이에 인접한 다른 지방재판소의 관할구역 내에 있는 변호사회에 소속된 변호사 기타 적당한 변호사 중에서 선임할 수 있다.

② 전항의 규정은 법의 규정에 기초하여 재판관이 변호인을 붙이는 경우에 준용한다.

③ 제1항의 규정에 불구하고 항소재판소가 변호인을 붙이는 경우로서 항소심의 심리에 특별히 필요하다고 인정하는 때에는 재판장은 원심에서의 변호인(법의 규정을 기초로 재판소, 재판장 또는 재판관이 붙인 자에 한한다.)이었던 변호사를 변호인으로 선임할 수 있다.

④ 전항의 규정은 상고재판소가 변호인을 붙이는 경우에 준용한다.

④ 피고인 또는 피의자의 이해가 상반되지 아니하는 때에는 동일한 변호인에게 여러 사람의 변호를 하게 할 수 있다.

제29조의2(변호인의 해임에 관한 처분을 할 재판관) 법 제38조의3 제4항의 규정에 따른 변호인의 해임에 관한 처분은 당해 변호인을 붙인 재판관, 그 소속된 재판소의 소재지를 관할하는 지방재판소의 재판관 또는 그 지방재판소의 소재지(그 지부의 소재지를 포함한다.)에 있는 간이재판소의 재판관이 하여야 한다.

제29조의3(국선변호인의 선임 등의 통지) ① 법의 규정을 기초로 재판장 또는 재판관이 변호인을 선임한 때에는 곧바로 그 취지를 검찰관 및 피고인 또는 피의자에게 통지하여야 한다. 이 경우에는 일본사법지원센터에도 곧바로 그 취지를 통지하여야 한다.

② 전항의 규정은 법의 규정에 기초하여 재판소 또는 재판관이 변호인을 해임한 경우에 준용한다.

제30조(재판소에서의 접견 등) 재판소는 신체의 구속을 받고 있는 피고인 또는 피의자가 재판소의 구내에 있는 경우에 이들의 도망, 죄증의 인멸 또는 계호에 지장이 있는 물건의 수수를 방지하기 위해 필요한 때에는 이들과 변호인 또는 변호인을 선임할 수 있는 자의 의뢰에 의해 변호인이 되려는 자의 접견의 일시, 장소 및 시간을 지정하거나 서류 또는 물건의 수수를 금지할 수 있다.

제31조(변호인의 서류의 열람 등) 변호인은 재판장의 허가를 받아 자기의 사용인 기타의 자에게 소송에 관한 서류 및 증거물을 열람 또는 등사하게 할 수 있다.

제32조(보좌인의 신고의 방식) 보좌인(輔佐人)이 되기 위한 신고는 서면으로 하여야 한다.

제5장 재판

제33조(결정, 명령의 절차) ① 결정은 신청에 의해 공판정에서 하거나 공판정에서의 신청에 의해 하는 때에는 소송관계인의 진술을 들어야 한다. 기타의 경우에는 소송관계인의 진술을 듣지 아니하고 할 수 있다. 다만 특별한 정함이 있는 경우는 그러하지 아니하다.

② 명령은 소송관계인의 진술을 듣지 아니하고 할 수 있다.

③ 결정 또는 명령을 할 때 사실의 조사를 하는 경우에 필요한 때에는 법 및 이 규칙의 규정에 따라 증인을 심문하거나 감정을 명할 수 있다.

④ 전항의 경우에 필요하다고 인정하는 때에는 검찰관, 피고인, 피의자 또는 변호인을 조사하거나 처분에 입회하게 할 수 있다.

제34조(재판의 고지) 재판의 고지는 공판정에서는 선고에 의해 하고 그 외의 장소에서는 재판서의 등본을 송달하여 하여야 한다. 다만 특별한 정함이 있는 경우는 그러하지 아니하다.

제35조(재판의 선고) ① 재판의 선고는 재판장이 한다.

② 판결의 선고를 할 때에는 주문 및 이유를 낭독하거나 주문의 낭독과 동시에 이유의 요지를 고지하여야 한다.

③ 법 제290조의2 제1항 또는 제3항의 결정이 있었던 때에는 전항의 규정에 따른 판결의 선고는 피해자 특정사항을 명시하지 아니하는 방법으로 한다.

④ 법 제290조의3 제1항의 결정이 있었던 경우에 제2항의 규정에 따른 판결의 선고도 전항과 같다. 이 경우에 같은 항 중「피해자 특정사항」은「증인등 특정사항」으로 한다.

제36조(등본, 초본의 송부) ① 검찰관의 집행지휘를 요하는 재판을 한 때에는 신속하게 재판서 또는 재판을 기재한 조서의 등본 또는 초본을 검찰관에게 송부하여야 한다. 다만 특별한 정함이 있는 경우는 그러하지 아니하다.

② 전항의 규정에 따라 송부한 초본이 제57조 제2항부터 제4항까지의 규정에 따른 판결서 또는 판결을 기재한 조서의 초본으로 징역 또는 금고의 형의 집행지휘에 필요한 것인 때에는 신속하게 그 판결서 또는 판결을 기재한 조서의 초본에 범죄사실을 기재한 것을 검찰관에게 추가로 송부하여야 한다.

제6장 서류 및 송달

제37조(소송서류의 작성자) 소송에 관한 서류는 특별한 정함이 있는 경우를 제외하고는 재판소서기관이 작성하여야 한다.

제38조(증인등의 심문조서) ① 증인, 감정인, 통역인 또는 번역인의 심문에서는 조서를 작성하여야 한다.

② 조서에는 다음에 열거하는 사항을 기재하여야 한다.

1. 심문에 입회한 자의 이름

2. 증인이 선서를 하지 아니한 때에는 그 사유

3. 증인, 감정인, 통역인이나 번역인의 심문과 진술 및 이들을 심문하는 기회를 심문에 입회한 자에게 부여하는 것

4. 법 제157조의2 제1항 각호에 열거하는 조건에 따라 증인심문을 진행한 것

5. 법 제157조의4 제1항에 규정하는 조치를 채택한 것과 증인에 동석한 자의 이름 및 그 자와 증인과의 관계

6. 법 제157조의5에 규정하는 조치를 채택한 것

7. 법 제157조의6 제1항 또는 제2항에 규정하는 방법으로 증인심문을 진행한 것

8. 법 제157조의6 제3항의 규정에 따라 증인의 동의를 얻어 그 심문 및 진술과 그 상황을 기록매체에 기록한 것 및 그 기록매체의 종류와 수량

9. 법 제316조의39 제1항에 규정하는 조치를 채택한 것과 피해자참가인(법 제316조의33 제3항에 규정하는 피해자참가인을 말한다. 이하 같다.)에게 동석하는 자의 이름 및 그 자와 피해자참가인과의 관계

10. 법 제316조의39 제4항에 규정하는 조치를 채택한 것

③ 조서(법 제157조의6 제3항의 규정에 따른 증인의 심문과 진술 그 상황을 기록한 기록매체를 제외한다. 다음 항 및 제5항에서 같다.)는 재판소서기관으로 하여금 진술자에게 읽어 들려주거나 진술자에게 열람하게 하여 그 기재가 틀림없는지를 물어보아야 한다.

④ 진술자가 증감변경을 신청한 때에는 그 진술을 조서에 기재하여야 한다.

⑤ 심문에 입회한 검찰관, 피고인, 피의자 또는 변호인이 조서의 기재의 정확성에 이의를 신청한 때에는 신청의 요지를 조서에 기재하여야 한다. 이 경우에는 재판장 또는 심문을 한 재판관은 그 신청에 대한 의견을 조서에 기재하게 할 수 있다.

⑥ 조서에는 진술자가 서명날인하게 하여야 한다.

⑦ 법 제157조의6 제4항의 규정에 따라 기록매체가 그 일체로 된 조서에는 그 취지를 조서상 명백하게 하여 두어야 한다.

제39조(피고인, 피의자의 진술조서) ① 피고인 또는 피의자에게 피고사건 또는 피의사건을 고지하고 이에 관한 진술을 들은 경우에는 조서를 작성하여야 한다.

② 전항의 조서에는 전조 제2항 제3호전단, 제3항, 제4항 및 제6항의 규정을 준용한다.

제40조(속기, 녹음) 증인, 감정인, 통역인 또는 번역인의 심문 및 진술과 소송관계인의 신청 또는 진술은 재판소속기관 기타의 속기사에게 속기하게 하거나 녹음장치를 사용하여 녹취하게 할 수 있다.

제41조(검증, 압수의 조서) ① 검증 또는 압수상이나 기록명령부입수징을 발부하지 아니하고 하는 압수는 조서를 작성하여야 한다.

② 검증조서에는 다음에 열거하는 사항을 기재하여야 한다.

1. 검증에 입회한 자의 이름

2. 법 제316조의39 제1항에 규정하는 조치를 채택한 것과 피해자참가인에 동석한 자의 이름 및 그 자와 피해자참가인과의 관계

3. 법 제316조의39 제4항에 규정하는 조치를 채택한 것

③ 압수를 한 때에는 그 품목을 기재한 목록을 작성해 조서에 첨부하여야 한다.

제42조(조서의 기재요건) ① 제38조, 제39조 및 전조의 조서에는 재판소서기관이 조사 또는 처분을 한 연월일 및 장소를 기재하여 서명날인하고 그 조사 또는 처분을 한 자가 인인(認印)하여야 한다. 다만 재판소가 조사 및 처분을 한 때에는 인인(認印)은 재판장이 하여야 한다.

② 전조의 조서에는 처분을 한 시각도 기재하여야 한다.

제43조(압수장 등의 집행조서, 수색조서) ① 압수장, 기록명령부압수장, 수색장의 집행 또는 구인장이나 구류장의 집행을 하는 경우의 피고인이나 피의자의 수색은 집행 또는 수색을 하는 자가 스스로 조서를 작성하여야 한다.

② 조서에는 다음에 열거하는 사항을 기재하여야 한다.

1. 집행 또는 수색을 한 연월일시 및 장소

2. 집행을 할 수 없게 된 때에는 그 사유

③ 제1항의 조서에는 제41조 제2항 제1호 및 제3항의 규정을 준용한다.

제44조 ① 공판조서에는 다음에 열거하는 사항을 기재하여야 한다.

1. 피고사건명 및 피고인의 이름

2. 공판을 진행한 재판소 및 연월일

3. 재판소법(昭和 22년 법률 제59호) 제69조 제2항[29])의 규정에 따라 다른 장소에서 법

---

29) 일본국 재판소법 제69조(개정의 장소) ① (생 략)
    ② 최고재판소는 필요하다고 인정하는 때에는 전항의 규정에 불구하고 다른 장소에서 법정을 열거나 지정하는 다른 장소에서 하급재판소에게 법정을 열게 할 수 있다.

정을 개정한 때에는 그 장소

4. 재판관 및 재판소서기관의 이름

5. 검찰관의 이름

6. 출석한 피고인, 변호인, 대리인 및 보좌인(補佐人)의 이름

7. 재판장이 제187조의4의 규정에 따른 고지를 한 것

8. 출석한 피해자참가인 및 그 위탁을 받은 변호사의 이름

9. 법 제316조의39 제1항에 규정하는 조치를 채택한 것과 피해자참가인에 동석한 자의 이름 및 그 자와 피해자참가인과의 관계

10. 법 제316조의39 제4항 또는 제5항에 규정하는 조치를 채택한 것

11. 공개를 금지한 것과 그 이유

12. 재판장이 피고인을 퇴정하게 하는 등 법정에서의 질서유지를 위한 처분을 한 건

13. 법 제291조 제4항의 기회에 한 피고인 및 변호인의 피고사건에 대한 진술

14. 증거조사의 청구 기타 신청

15. 증거와 증명할 사실과의 관계(증거의 표목 자체로 명백한 경우를 제외한다.)

16. 조사를 청구하는 증거가 법 제328조의 증거인 때에는 그 취지

17. 법 제309조의 이의신청 및 그 사유

18. 주임변호인의 지정을 변경하는 취지의 진술

19. 피고인에 대한 질문 및 그 진술

20. 출석한 증인, 감정인, 통역인 및 번역인의 이름

21. 증인에게 선서를 하게 하지 아니한 것 및 그 사유

22. 증인, 감정인, 통역인 또는 번역인의 심문 및 진술

23. 증인 기타의 자가 선서, 증언 등을 거절한 것 및 그 사유

24. 법 제157조의2 제1항 각호에 열거하는 조건으로 증인심문을 진행한 것

25. 법 제157조의4 제1항에 열거하는 조치를 채택한 것과 증인에게 동석한 자의 이름 및 그 자와 증인과의 관계

26. 법 제157조의5에 규정하는 조치를 채택한 것

27. 법 제157조의6 제1항 또는 제2항에 규정하는 방법으로 증인심문을 진행한 것

28. 법 제157조의6 제3항의 규정에 따라 증인의 동의를 얻어 그 심문 및 진술과 그 상황을 기록매체에 기록한 것 및 그 기록매체의 종류와 수량

29. 재판장이 제202조의 조치를 한 것

30. 법 제326조의 동의

31. 조사한 증거의 표목 및 그 증거의 순서

32. 공판정에서 한 검증 및 압수

33. 법 제316조의31의 절차를 진행한 것

34. 법 제335조 제2항의 주장

35. 소인(訴因) 또는 벌조(罰条)의 추가, 철회 또는 변경에 관한 사항(공소장의 정정에 관한 사항을 포함한다.)

36. 법 제292조의2 제1항의 규정에 따라 의견을 진술한 자의 이름

37. 전호에 규정하는 자가 진술한 의견의 요지

38. 법 제292조의2 제6항에서 준용하는 법 제157조의4 제1항에 규정하는 조치를 채택한 것과 제35호에 규정하는 자에 농석한 자의 이름 및 그 사와 같은 호에 규정하는 자와의 관계

39. 법 제292조의2 제6항에서 준용하는 법 제157조의5에 규정하는 조치를 채택한 것

40. 법 제292조의2 제6항에서 준용하는 법 제157조의6 제1항 또는 제2항에 규정하는 방법으로 법 제292조의2 제1항의 규정에 따른 의견진술을 하게 한 것

41. 법 제292조의2 제8항의 규정에 따른 절차를 진행한 것

42. 증거조사가 끝난 후에 진술한 검찰관, 피고인 및 변호인의 의견의 요지

43. 법 제316조의38 제1항의 규정에 따라 진술한 피해자참가인 또는 그 위탁을 받은 변호사의 의견의 요지

44. 피고인 또는 변호인의 최종진술의 요지

45. 판결의 선고를 한 것

46. 법 제299조의5 제1항의 규정에 따른 재정(裁定)에 관한 사항

47. 결정 및 명령. 다만 다음에 열거하는 것을 제외한다.

ｲ 피고인 또는 변호인의 모두진술의 허가(제198조)

ﾛ 증거조사의 범위, 순서 및 방법을 정하거나 변경하는 결정(법 제157조의2 제1항 또는 제157조의3 제1항의 청구에 대한 결정을 제외한다.)(법 제297조)

ﾊ 피고인의 퇴정의 허가(법 제288조)

ﾆ 주임변호인 및 부주임변호인 이외의 변호인의 신청, 청구, 질문등의 허가(제25조)

ﾎ 증거결정에 대한 제시명령(제192조)

ﾍ 속기, 녹음, 촬영 등의 허가(제47조 및 제215조)

ﾄ 증인의 심문과 진술 및 그 상황을 기록매체에 기록하는 취지의 결정(법 제157조의6 제3항)

ﾁ 증거서류 또는 증거물의 등본의 제출의 허가(법 제310조)

48. 공판절차를 갱신한 때에는 그 취지 및 다음에 열거하는 사항

ｲ 피고사건에서 피고인 및 변호인이 전과 다른 진술을 한 때에는 그 진술

ﾛ 조사하지 아니하는 취지의 결정을 한 서면 및 물건

49. 법 제350조의22 제1호나 제2호에 해당하는 것 또는 법 제291조 제4항의 절차를 할 때 피고인이 공소장에 기재된 소인에 대하여 유죄라는 취지의 진술을 하지 않았음을 이유로 하여 즉결재판절차의 신청을 각하한 때에는 그 취지

50. 법 제350조의25 제1항 제1호, 제2호 또는 제4호에 해당(같은 호에서는 피고인이 공소장에 기재된 소인에 대하여 유죄라는 취지의 진술과 상반되거나 실질적으로 달리지는 진술을 함에 따라 같은 호에 해당하는 경우에 한한다.)하게 됨을 이유로 하여 법 제350조의22의 결정을 취소한 때에는 그 취지

② 전항에 열거하는 사항 이외의 사항이더라도 공판기일에서 소송절차 중 재판장이 소송관계인의 청구 또는 직권으로 기재를 명한 사항은 공판조서에 기재하여야 한다.

제44조의2(공판조서의 진술의 기재의 간이화) 소송관계인이 동의하고 재판장이 상당하다고 인정하는 때에는 공판조서에는 피고인에 대한 질문, 그 진술 및 증인, 감정인, 통역인 또는 번역인의 심문 및 진술의 기재에 갈음하여 이들의 진술의 요지만을 기재할 수 있다. 이 경우에는 그 공판조서에 소송관계인이 동의한 취지를 기재하여야 한다.

제45조(공판조서의 작성절차) ① 공판조서에는 제38조 제3항, 제4항 및 제6항의 규정에 따른 절차를 할 것을 요하지 아니한다.

② 진술자의 청구가 있는 때에는 재판소서기관에게 그 진술에 관한 부분을 읽어 들려주게 하여야 한다. 심문받은 자가 증감변경의 신청을 한 때에는 그 진술을 기재하게 하여야 한다.

제46조(공판조서의 서명날인, 인인) ① 공판조서에는 재판소서기관이 서명날인하고 재판장이 인인(認印)하여야 한다.

② 재판장에게 지장이 있는 때에는 다른 재판관 1인이 그 사유를 부기하여 인인(認印)하여야 한다.

③ 지방재판소의 1인의 재판관 또는 간이재판소의 재판관에게 지장이 있는 때에는 재판소서기관이 그 사유를 부기하여 서명날인하여야 한다.

④ 재판소서기관에게 지장이 있는 때에는 재판장이 그 사유를 부기하여 인인(認印)하여야 한다.

제47조(공판정의 속기, 녹음) ① 공판정에서의 증인, 감정인, 통역인 또는 번역인의 심문 및 진술, 피고인에 대한 질문, 진술 및 소송관계인의 신청 또는 진술에는 제40조의 규정을 준용한다.

② 검찰관, 피고인 또는 변호인은 재판장의 허가를 받아 전항의 규정에 따른 조치를 취할 수 있다.

제48조(이의신청의 기재) 공판기일에 증인의 진술의 요지의 정확성 또는 공판조서의 기재의 정확성에 대한 이의신청이 있는 때에는 신청의 연월일 및 그 요지를 조서에 기재하여야 한다. 이 경우에는 재판소서기관이 그 신청에 대한 재판장의 의견을 조서에 기재하여 서명날인하고 재판장이 인인(認印)하여야 한다.

제49조(조서에의 인용) 조서에는 서면, 사진 기타 재판소 또는 재판관이 적당하다고 인정하는 것을 인용하고 소송기록에 첨부하여 조서의 일부로 할 수 있다.

제49조의2(조서의 기재사항별 편철) 조서는 기재사항에 따라 구분하여 소송기록에 편철할 수 있다. 이 경우에는 조서 하나(一体)가 되는 것임을 낭해 소서상 명백이 하여 두어야 한다.

제50조(피고인의 공판조서의 열람) ① 변호인이 없는 피고인의 공판조서의 열람은 재판소에서 하여야 한다.

② 전항의 피고인이 읽을 수 없거나 볼 수 없는 때에는 열람할 공판조서의 낭독은 재판장의 명에 따라 재판소서기관이 하여야 한다.

제51조(증인의 진술의 요지 등의 고지) 재판소서기관이 공판기일 외에서 전회 공판기일에서의 증인의 진술의 요지 또는 심판에 관한 중요한 사항을 고지할 때에는 재판장의 면전에서 하여야 한다.

제52조(공판조서의 정리) 법 제48조 제3항 단서의 규정에 따라 공판조서를 정리한 경우에는 그 공판조서의 기재의 정확성에 대한 이의신청기간과의 관계에서는 그 공판조서를 정리해야 할 최종일에 이를 정리한 것으로 본다.

제52조의2(공판준비에서의 증인등의 심문조서) ① 공판준비에서 재판소, 수명재판관 또는 수탁재판관이 증인, 감정인, 통역인 또는 번역인을 심문하는 경우의 조서는 피고인 또는 변호인이 심문에 입회하고 입회한 소송관계인 및 진술자가 동의한 때에는 다음의 예에 따를 수 있다.

1. 증인 기타의 자의 심문 및 진술의 기재에 갈음하여 이들의 진술의 요지만을 기재하는 것

2. 제38조 제3항부터 제6까지의 규정에 따른 절차를 하지 아니하는 것

② 전항 각호의 예에 따른 경우에는 그 조서에 소송관계인 및 진술자가 동의한 취지를 기재하여야 한다.

③ 제1항 제2호의 예에 따른 조서가 정리되지 않은 경우에 검찰관, 피고인 또는 변호인의 청구가 있는 때에는 재판소서기관은 재판장, 수명재판관 또는 수탁재판관의 면전에서 증인 기타의 자의 진술의 요지를 고지하여야 한다.

④ 전항의 경우에 검찰관, 피고인 또는 변호인이 진술의 요지의 정확성에 이의를 신청한 때에는 신청의 연월일 및 그 요지를 조서에 기재하여야 한다. 이 경우에는

재판소서기관이 그 신청에 대한 재판장, 수명재판관 또는 수탁재판관의 의견을 조서에 기재하여 서명날인하고 재판장, 수명재판관 또는 수탁재판관이 인인(認印)하여야 한다.

⑤ 제1항 제2호의 예에 따른 조서를 공판기일에 조사한 경우에 검찰관, 피고인 또는 변호인이 조서의 기재의 정확성에 이의를 신청한 때에는 전항의 규정을 준용한다.

제52조의3(속기록의 작성) 재판소속기관은 속기를 한 때에는 신속하게 속기원본을 반역(反訳)[30]하여 속기록을 작성하여야 한다. 다만 제52조의4 단서 또는 제52조의7 단서의 규정에 따라 속기록의 인용이 상당하지 아니하게 되는 경우 및 제52조의8의 규정에 따라 속기원본이 공판조서의 일부로 되는 경우는 그러하지 아니하다.

제52조의4(증인의 심문조서 등에서의 속기록의 인용) 증인, 감정인, 통역인 또는 번역인의 심문 및 진술이나 소송관계인의 신청 또는 진술을 재판소속기관에게 속기하게 한 경우에는 속기록을 조서에 인용하고 소송기록에 첨부하여 조서의 일부로 한다. 다만 재판소 또는 재판관이 심문 또는 절차에 입회한 검찰관 및 피고인, 피의자 또는 변호인의 의견을 들어 속기록을 인용함이 상당하지 아니하다고 인정하는 때에는 그러하지 아니하다.

제52조의5(속기록인용의 경우의 조치) ① 전조 본문의 규정에 따라 증인, 감정인, 통역인 또는 번역인의 심문 및 진술을 속기한 속기록을 조서의 일부로 할 때에는 제38조 제3항부터 제6항까지의 규정에 따른 절차를 하지 아니한다.

② 전항의 경우에는 다음의 예에 따른다.

1. 재판소속기관에게 속기원본을 해석하여 읽게 하고 진술자에게 그 속기가 틀림없는지를 물을 것

2. 진술자가 증감변경을 신청한 때에는 그 진술을 속기하게 할 것

3. 심문에 입회한 검찰관, 피고인, 피의자 또는 변호인이 속기원본의 정확성에 대한 이의를 신청한 때에는 그 신청을 속기하게 할 것. 이 경우에는 재판장 또는 심문을 한 재판관은 그 신청에 대한 의견을 속기하게 할 수 있다.

4. 재판소서기관에게 제1호에 정하는 절차를 한 취지를 조서에 기재하게 하고 진술자를 그 조서에 서명날인하게 할 것

③ 진술자가 속기원본을 해석하여 읽어 줄 필요가 없다는 취지를 진술하고 심문에 입회한 검찰관 및 피고인, 피의자 또는 변호인이 이의가 없는 때에는 전항의 절차를 하지 아니한다. 이 경우에는 재판소서기관에게 그 취지를 조서에 기재하게 하고 진술자를 그 조서에 서명날인하게 하여야 한다.

④ 공판준비에서 증인, 감정인, 통역인 또는 번역인의 심문 및 진술을 속기한 속기

---

30) 번역이나 속기한 것을 다시 본래의 말로 돌이킴.

록을 조서의 일부로 하는 경우에는 전2항의 규정을 적용하지 아니한다. 다만 진술자가 속기원본을 해석하여 읽어 줄 것을 청구한 때에는 제2항 제1호 및 제2호에 정하는 절차를 진행하여야 한다.

제52조의6(위와 같음) ① 전조의 예에 따라 조서가 정리되지 않은 경우에 그 심문에 입회하거나 입회할 수 있었던 검찰관, 피고인, 피의자 또는 변호인의 청구가 있는 때에는 재판소서기관은 재판소속기관에게 요구하여 속기원본을 해석하여 읽게 하여야 한다.

② 전항의 경우에 그 속기원본이 공판준비에서의 심문 및 진술을 속기한 것인 때에는 검찰관, 피고인 또는 변호인은 속기원본의 정확성에 이의를 신청할 수 있다.

③ 전항의 이의신청이 있는 때에는 재판소서기관이 신청의 연월일 및 그 요지를 조서에 기재하고 그 신청에 대한 재판장, 수명재판관 또는 수탁재판관의 의견을 조서에 기재하여 서명날인하고 재판장, 수명재판관 또는 수탁재판관이 인인(認印)하여야 한다.

④ 전조의 예에 따라 공판준비에서의 심문 및 진술을 속기한 속기록을 그 일부로 한 조서를 공판기일에 조사한 경우에 검찰관, 피고인 또는 변호인이 조서의 정확성에 이의를 신청하는 때에는 전항의 규정을 준용한다.

제52조의7(공판조서에서의 속기록의 인용) 공판정에서 증인, 감정인, 통역인 또는 번역인의 심문 및 진술, 피고인에 대한 질문 및 진술이나 소송관계인의 신청 또는 진술을 재판소속기관에게 속기하게 하는 경우에는 속기록을 공판조서에 인용하고 소송기록에 첨부하여 공판조서의 일부로 한다. 다만 재판소가 검찰관 및 피고인 또는 변호인의 의견을 들어 속기록을 인용함이 상당하지 아니하다고 인정하는 때에는 그러하지 아니하다.

제52조의8(공판조서에서의 속기원본의 인용) 전조의 재판소속기관에 의해 속기가 된 경우에 재판소가 상당하다고 인정하고 소송관계인이 동의한 때에는 속기원본을 공판조서에 인용하고 소송기록에 첨부하여 공판조서의 일부로 할 수 있다. 이 경우에는 그 공판조서에 소송관계인이 동의한 취지를 기재하여야 한다.

제52조의9(속기원본의 역독 등) 제52조의7 본문 또는 전조의 규정에 따라 속기록 또는 속기원본이 공판조서의 일부로 되는 경우에 진술자의 청구가 있는 때에는 재판소속기관에게 그 진술에 관한 부분의 속기원본을 해석하여 읽게 하여야 한다. 심문받은 자가 증감변경의 신청을 한 때에는 그 진술을 속기하게 하여야 한다.

제52조의10(위와 같음) ① 제52조의7 본문 또는 제52조의8의 규정에 따라 속기록 또는 속기원본을 공판조서의 일부로 하는 경우에 그 공판조서가 다음 회 공판기일까지 정리되지 못한 때에는 재판소서기관은 검찰관, 피고인 또는 변호인의 청구에 의

해 다음 회 공판기일 또는 그 기일까지 재판소속기관에게 요구하여 전회 공판기일에서 증인의 심문 및 진술을 속기한 속기원본을 해석하여 읽게 하여야 한다. 이 경우에 청구를 한 검찰관, 피고인 또는 변호인이 속기원본의 정확성에 이의를 신청한 때에는 제48조의 규정을 준용한다.

② 법 제50조 제2항의 규정에 따라 재판소서기관이 전회 공판기일에서의 심리에 관한 중요한 사항을 고지하는 경우에 그 사항이 재판소속기관에 의해 속기된 것인 때에는 재판소서기관은 재판소속기관에게 요구하여 그 속기원본을 해석하여 읽게 할 수 있다.

제52조의11(위와 같음) ① 검찰관 또는 변호인의 청구가 있는 때에는 재판소서기관은 재판소속기관에게 요구하여 제52조의8의 규정에 따라 공판조서의 일부로 된 속기원본을 해석하여 읽게 하여야 한다. 변호인이 없는 피고인의 청구가 있는 때에도 같다.

② 전항의 경우에 속기원본의 정확성에 대한 이의신청이 있는 때에는 제48조의 규정을 준용한다.

제52조의12(속기원본의 반역 등) ① 재판소는 다음의 경우에는 재판소속기관에게 제52조의8의 규정에 따라 공판조서의 일부로 된 속기원본을 신속하게 반역하여 속기록을 작성하게 하여야 한다.

1. 검찰관, 피고인 또는 변호인의 청구가 있는 때

2. 상소의 신청이 있었던 때. 다만 그 신청이 명백하게 상소권의 소멸 후에 이뤄진 것인 때를 제외한다.

3. 기타 필요하다고 인정하는 때

② 재판소서기관은 전항의 속기록을 소송기록에 첨부하여 그 취지를 기록상 명백하게 하고 소송관계인에게 통지하여야 한다.

③ 전항의 규정에 따라 소송기록에 첨부된 속기록은 공판조서의 일부로 된 속기원본에 갈음하는 것으로 한다.

제52조의13(속기록 첨부의 경우의 이의신청기간) 전조 제2항의 규정에 따른 통지가 최종 공판기일 후에 이뤄진 때에는 공판조서의 기재의 정확성에 대한 이의신청은 속기록의 부분에 관한 한 그 통지가 있었던 날로부터 14일 이내에 할 수 있다. 다만 법 제48조 제3항 단서의 규정에 따라 판결을 선고하는 공판기일 후에 정리된 공판조서에 대하여 이를 정리하여야 할 최종일 전에 전조 제2항의 규정에 따라 통지가 이뤄진 때에는 그 최종일로부터 14일 이내에 할 수 있다.

제52조의14(녹음반역에 의한 증인의 심문조서 등) 증인, 감정인, 통역인 또는 번역인의 심문, 진술 및 소송관계인의 신청 또는 진술을 녹음하게 한 경우에 재판소 또는

재판관이 상당하다고 인정하는 때에는 녹음한 것(이하 「녹음체」라고 한다.)을 반역한 조서를 작성하여야 한다.

제52조의15(녹음반역의 경우의 조치) ① 전조의 규정에 따라 증인, 감정인, 통역인 또는 번역인의 심문 및 진술을 녹음한 녹음체를 반역한 조서를 작성하는 경우에는 제38조 제3항부터 제6항까지의 규정에 따른 절차를 하지 아니한다.

② 전항에 규정하는 경우에는 다음에 열거하는 절차에 따른다.

1. 재판소서기관에 녹음체를 재생하게 하여 진술자에 그 녹음이 틀림없는지를 물을 것

2. 진술사가 증감변경을 신청한 때에는 그 신술을 복음하게 할 것

3. 심문에 입회한 검찰관, 피고인, 피의자 또는 변호인이 녹음체의 정확성에 이의를 신청한 때에는 그 신청을 녹음하게 할 것. 이 경우에는 재판장 또는 심문을 한 재판관은 그 신청에 대한 의견을 녹음하게 할 수 있다.

4. 재판소서기관에게 제1호의 절차를 한 취지를 조서에 기재하게 하고 진술자를 그 조서에 서명날인하게 할 것

③ 진술자가 녹음체의 재생을 필요로 하지 아니한다는 취지를 진술하고 심문에 입회한 검찰관 및 피고인, 피의자 또는 변호인에게 이의가 없는 때에는 전항의 절차를 하지 아니한다. 이 경우에는 재판소서기관에게 그 취지를 조서에 기재하게 하고 진술자가 그 조서에 서명날인하게 하여야 한다.

④ 공판준비에서 증인, 감정인, 통역인 또는 번역인의 심문 및 진술을 녹음한 녹음체를 반역한 조서를 작성하는 경우에는 전2항의 규정을 적용하지 아니한다. 다만 진술자가 녹음체의 재생을 청구한 때에는 제2항 제1호 및 제2호의 절차를 진행하여야 한다.

제52조의16(위와 같음) ① 전조 제1항에 규정하는 조서가 정리되어 있지 않은 경우에 그 심문에 입회하거나 입회할 수 있었던 검찰관, 피고인, 피의자 또는 변호인의 청구가 있는 때에는 재판소서기관은 녹음체를 재생하여야 한다.

② 전항에 규정하는 경우에 그 녹음체가 공판준비에서 심문 및 진술을 녹음한 것인 때에는 검찰관, 피고인 또는 변호인은 녹음체의 정확성에 이의를 신청할 수 있다.

③ 전항에 규정하는 이의신청이 있었던 때에는 재판소서기관이 신청의 연월일 및 그 요지를 조서에 기재하고, 그 신청에 대한 재판장, 수명재판관 또는 수탁재판관의 의견을 조서에 기재하여 서명날인하고 재판장, 수명재판관 또는 수탁재판관이 인인(認印)하여야 한다.

④ 전조 제4항에 규정하는 조서를 공판기일에 조사한 경우에 검찰관, 피고인 또는 변호인이 조서의 정확성에 이의를 신청한 때에는 전항의 규정을 준용한다.

제52조의17(녹음반역에 의한 공판조서) 공판정에서의 증인, 감정인, 통역인 또는 번역인의 심문 및 진술, 피고인에 대한 질문 및 진술과 소송관계인의 신청 또는 진술을

녹음하게 한 경우에 재판소가 상당하다고 인정하는 때에는 녹음체를 반역하여 공판조서를 작성하여야 한다.

제52조의18(공판조서에서의 녹음반역의 경우의 조치) 전조의 규정에 따라 공판조서를 작성하는 경우에 진술자의 청구가 있는 때에는 재판소서기관에게 그 진술에 관한 부분의 녹음체를 재생하게 하여야 한다. 이 경우에 심문받은 자가 증감변경의 신청을 한 때에는 그 진술을 녹음하게 하여야 한다.

제52조의19(공판조서 미정리의 경우의 녹음체의 재생 등) ① 공판조서가 다음 회 공판기일까지 정리되지 않은 때에는 재판소는 검찰관, 피고인 또는 변호인의 청구에 의해 다음 회 공판기일 또는 그 기일까지 전회 공판기일에서의 증인, 감정인, 통역인 또는 번역인의 심문 및 진술, 피고인에 대한 질문 및 진술과 소송관계인의 신청 또는 진술을 녹음한 녹음체 또는 법 제157조의6 제3항의 규정에 따라 증인의 심문 및 진술과 그 상황을 기록한 기록매체를 재생할 기회를 부여하여야 한다.

② 전항의 규정에 따라 재생할 기회를 부여한 경우에는 이로써 법 제50조 제1항의 규정에 따른 요지의 고지에 갈음할 수 있다.

③ 법 제50조 제2항의 규정에 따라 재판소서기관이 전회 공판기일에서의 심리에 관한 중요한 사항을 고지한 때에는 녹음체를 재생하는 방법으로 할 수 있다.

제52조의20(공판조서에서의 녹음체의 인용) 공판정에서 증인, 감정인, 통역인 또는 번역인의 심문 및 진술, 피고인에 대한 질문 및 진술과 소송관계인의 신청 또는 진술을 녹음하게 한 경우에 재판소가 상당하다고 인정하고 검찰관 및 피고인 또는 변호인이 동의한 때에는 녹음체를 공판조서에 인용하고 소송기록에 첨부하여 공판조서의 일부로 할 수 있다.

제52조의21(녹음체의 내용을 기재한 서면의 작성) 재판소는 다음의 경우에는 재판소서기관에게 전조의 규정에 따라 공판조서의 일부로 된 녹음체의 내용을 기재한 서면을 신속하게 작성하게 하여야 한다.

1. 판결의 확정 전에 검찰관, 피고인 또는 변호인의 청구가 있는 때

2. 상소의 신청이 있었던 때. 다만 그 신청이 명백히 상소권 소멸 후에 한 것인 때를 제외한다.

3. 기타 필요하다고 인정하는 때

제53조(재판서의 작성) 재판을 할 때에는 재판서를 작성하여야 한다. 다만 결정 또는 명령을 선고하는 경우에는 재판서를 작성하지 아니하고 이를 조서에 기재하게 할 수 있다.

제54조(재판서의 작성자) 재판서는 재판관이 작성하여야 한다.

제55조(재판서의 서명날인) 재판서에는 재판을 한 재판관이 서명날인하여야 한다. 재

판장이 서명날인할 수 없는 때에는 다른 재판관 1인이 그 사유를 기재하여 서명날인하고, 다른 재판관이 서명날인할 수 없는 때에는 재판장이 그 사유를 부기하여 서명날인하여야 한다.

제56조(재판서의 기재요건) ① 재판서에는 특별한 정함이 있는 경우를 제외하고는 재판을 받은 자의 이름, 나이, 직업 및 주거를 기재하여야 한다. 재판을 받은 자가 법인(법인 아닌 사단, 재단 또는 단체를 포함한다. 이하 같다.)인 때에는 그 명칭 및 사무소를 기재하여야 한다.

② 판결서에는 전항에 규정하는 사항 외에 공판기일에 출석한 검찰관의 식책을 기재하여야 한다.

제57조(재판서 등의 등본, 초본) ① 재판서 또는 재판을 기재한 조서의 등본 또는 초본은 원본 또는 등본으로 작성하여야 한다.

② 판결서 또는 판결을 기재한 조서의 초본은 재판의 집행을 할 경우에 급속을 요하는 때에는 전항의 규정에 불구하고 피고인의 이름, 나이, 직업, 주거 및 본적, 죄명, 주문, 적용한 벌조(罰条), 선고를 한 연월일, 재판소 및 재판관의 이름을 기재하여 작성할 수 있다.

③ 전항의 초본은 판결을 한 재판관이 그 기재가 틀림없는 것을 증명하는 취지를 부기하여 인인(認印)한 것에 한하여 그 효력을 가진다.

④ 전항의 경우에는 제55조 후단의 규정을 준용한다. 다만 서명날인에 갈음하여 인인(認印)할 수 있다.

⑤ 판결서에 공소장 기타 서면에 기재된 사실이 인용된 경우에는 그 판결서의 등본 또는 초본에는 그 공소장 기타 서면에 기재된 사실도 기재하여야 한다. 다만 초본에 당해 부분을 기재할 것을 요하지 아니하는 경우는 그러하지 아니하다.

⑥ 판결서에 공판조서에 기재된 증거의 표목이 인용된 경우에 소송관계인의 청구가 있는 때에는 그 판결서의 등본 또는 초본에는 그 공판조서에 기재된 증거의 표목도 기재하여야 한다.

제58조(공무원의 서류) ① 관리 기타 공무원이 작성하여야 할 서류에는 특별한 정함이 있는 경우를 제외하고는 연월일을 기재하여 서명날인하고 그 소속의 관공서를 표시하여야 한다.

② 재판관 기타 재판소직원이 작성할 재판서, 조서 또는 이들 등본 또는 초본 중 소송관계인 기타의 자에게 송달, 송부 또는 교부(재판소 또는 재판관에게 하는 경우 및 피고사건의 종결 기타 이에 유사한 사유로 인한 경우를 제외한다.)를 해야 하는 것은 매 장에 계인(契印)하거나 계인(契印)에 갈음하여 이에 준하는 조치를 취하여야 한다.

③ 검찰관, 검찰사무관, 사법경찰직원 기타 공무원(재판관 기타 재판소직원을 제외한다.)

이 작성할 서류(재판소 또는 재판관에 대한 신청, 의견진술, 통지 기타 이들에 유사한 소송행위에 관한 서류를 제외한다.)에는 매 장마다 계인(契印)하여야 한다. 다만 그 등본 또는 초본을 작성하는 경우에는 계인(契印)에 갈음하여 이에 준하는 조치를 취할 수 있다.

제59조(공무원의 서류의 정정) 관리 기타 공무원이 서류를 작성할 때에는 문자를 변개하여서는 안 된다. 문자를 추가 또는 삭제하거나 란(欄) 밖에 기입힌 때에는 그 범위를 분명히 하여 정정한 부분에 인인(認印)하여야 한다. 다만 삭제한 부분은 이를 읽을 수 있도록 자체를 남겨두어야 한다.

제60조(공무원 이외의 자의 서류) 관리 기타 공무원 이외의 자가 작성하여야 할 서류에는 연월일을 기재하여 서명날인하여야 한다.

제60조의2(서명날인에 갈음하는 기명날인) ① 재판관 기타 재판소직원이 서명날인해야 하는 경우에는 서명날인에 갈음하여 기명날인할 수 있다. 다만 판결서에 서명날인해야 하는 경우는 그러하지 아니하다.

② 다음에 열거하는 자가 재판소 또는 재판관에 대한 신청, 의견진술, 통지, 신고 기타 이들에 유사한 소송행위에 관한 서류에 서명날인해야 하는 경우 또는 서류의 등본이나 초본에 서명날인해야 하는 경우에도 전항과 같다.

1. 검찰관, 검찰사무관, 사법경찰직원 외의 공무원(전항에 규정하는 자를 제외한다.)
2. 변호인 또는 변호인을 선임할 수 있는 자의 의뢰에 따라 변호인이 되려는 자
3. 법 제316조의33 제1항에 규정하는 변호사 또는 피해자참가인의 위탁을 받아 법 제316조의34 또는 제316조의36부터 제316조의38까지에 규정하는 행위를 하는 변호사

제61조(서명날인에 갈음하는 대서 또는 지인) ① 관리 기타 공무원 이외의 자가 서명날인하는 경우에 서명할 수 없는 때(전조 제2항에 따라 기명날인할 수 있는 때를 제외한다.)에는 타인에게 대서하게 하고, 날인할 수 없을 때에는 지인(指印)[31]하여야 한다.

② 타인에게 대서하게 하는 경우에는 대서한 자가 그 사유를 기재하여 서명날인하여야 한다.

제62조(송달을 위한 신고) ① 피고인, 대리인, 변호인 또는 보좌인(輔佐人)은 서류의 송달을 받기 위해 서면으로 그 주소 또는 사무소를 재판소에 신고하여야 한다. 재판소의 소재지에 주거 또는 사무소를 가지고 있지 아니한 때에는 그 소재지에 주거 또는 사무소를 가진 자를 송달수취인으로 선임하고 그 자와 연서한 서면으로 신고하여야 한다.

② 전항의 규정에 따른 신고는 동일한 곳에 있는 각 심급의 재판소에 대하여 효력을 가진다.

③ 전2항의 규정은 형사시설에 수용되어 있는 자에게는 적용하지 아니한다.

---

31) 손가락 지문을 찍는 것.

④ 송달에서는 송달수취인은 이를 본인으로 보고, 그 주거 또는 사무소는 본인의 주거로 본다.

제63조(서류우편등으로 부치는 송달) ① 주거, 사무소 또는 송달수취인을 신고하여야 하는 자가 신고를 하지 아니한 때에는 재판소서기관은 서류를 서류우편 또는 일반 신서편사업자나 특정신서편사업자가 제공하는 신서편의 역무 중 서류우편에 준하는 것으로서 따로 최고재판소규칙으로 정하는 것(다음 항에서 「서류우편등」이라 한다.)으로 부쳐 송달할 수 있다. 다만 공소장 및 약식명령의 등본의 송달은 그러하지 아니하다.

② 전항의 송달은 서류를 서류우편등으로 부친 때에 한 것으로 본다.

제63조의2(취업장소에서의 송달의 요건) 서류의 송달은 이를 받을 자에게 이의가 없는 때에 한하여 그 자가 고용, 위임 기타 법률상의 행위를 기초로 취업 중인 타인의 주거 또는 사무소에 할 수 있다.

제64조(검찰관에 대한 송달) 검찰관에 대한 송달은 서류를 검찰청에 송부하여 하여야 한다.

제65조(교부송달) 재판소서기관이 본인에게 송달할 서류를 교부한 때에는 송달이 있는 것으로 본다.

제7장 기간

제66조(재판소에 대한 소송행위를 하는 자를 위한 법정기간의 연장) ① 재판소는 재판소에 대한 소송행위를 할 자의 주거 또는 사무소의 소재지와 재판소의 소재지와의 거리 및 교통통신의 편의를 고려해 법정기간을 연장함이 상당하다고 인정하는 때에는 결정으로 연장하는 기간을 정하여야 한다.

② 전항의 규정은 선고한 재판에 대한 상소의 제기기간에는 적용하지 아니한다.

제66조의2(검찰관에 대한 소송행위를 하는 자를 위한 법정기간의 연장) ① 검찰관은 검찰관에 대한 소송행위를 할 자의 주거 또는 사무소의 소재지와 검찰청의 소재지와의 거리 및 교통통신의 편의를 고려해 법정기간을 연장함이 상당하다고 사료하는 때에는 재판관에게 그 기간의 연장을 청구하여야 한다.

② 재판관은 전항의 청구가 이유 있다고 인정하는 때에는 신속하게 연장하는 기간을 정하여야 한다.

③ 전항의 재판은 검찰관에게 고지함으로서 효력을 발생한다.

④ 검찰관은 전항의 재판의 고지를 받은 때에는 곧바로 이를 당해 소송행위를 할 자에게 통지하여야 한다.

제8장 피고인의 소환, 구인 및 구류

제67조(소환의 유예기간) ① 피고인에 대한 소환장의 송달과 출석 사이에는 적어도 12시간의 유예를 두어야 한다. 다만 특별한 정함이 있는 경우는 그러하지 아니하다.

② 피고인에게 이의가 없는 때에는 전항의 유예기간을 두지 않을 수 있다.

제68조(구인, 구류에 대한 신체, 명예의 보전) 피고인의 구인 또는 구류는 그 신체 및 명예를 보전하는 것에 주의하여야 한다.

제69조(재판소서기관의 입회) 법 제61조의 규정에 따라 피고인에게 피고사건을 고지하고 이에 관하여 진술을 듣는 경우에는 재판소서기관을 입회하게 하여야 한다.

제70조(구류장의 기재요건) 구류장에는 법 제64조에 규정하는 사항 외 법 제60조 제1항 각호에 정하는 사유를 기재하여야 한다.

제71조(재판장의 영장의 기재요건) 재판장은 법 제69조의 규정에 따라 소환장, 구인장 또는 구류장을 발부하는 경우에는 그 취지를 영장에 기재하여야 한다.

제72조(구인장, 구류장의 원본의 송부) 검찰관의 지휘에 따라 구인장 또는 구류장을 집행하는 경우에는 이를 발부한 재판소 또는 재판관은 그 원본을 검찰관에게 송부하여야 한다.

제73장(구인장 여러 통의 교부) 구인장은 여러 통을 만들어 검찰사무관 또는 사법경찰직원 여럿에게 교부할 수 있다.

제74조(구인장, 구류장의 등본교부의 청구) 구인장 또는 구류장의 집행을 받은 피고인은 그 등본의 교부를 청구할 수 있다.

제75조(구인장, 구류장 집행 후의 조치) ① 구인장 또는 구류장을 집행한 때에는 이에 집행의 장소 및 연월일시를 기재하고, 집행할 수 없었던 때에는 그 사유를 기재하여 기명날인하여야 한다.

② 구인장 또는 구류장의 집행에 관한 서류는 집행을 지휘한 검찰관 또는 재판관을 경유하여 구인장 또는 구류장을 발부한 재판소 또는 재판관에게 제출하여야 한다.

③ 구인장의 집행에 관한 서류를 넘겨받은 재판소 또는 재판관은 재판소서기관에게 피고인이 인치된 연월일시를 구인장에 기재하게 하여야 한다.

제76조(촉탁에 따른 구인장) ① 촉탁에 따라 구인장을 발부한 재판관은 구인장의 집행에 관한 서류를 넘겨받은 때에는 재판소서기관에게 피고인이 인치된 연월일시를 구인장에 기재하게 하여야 한다.

② 촉탁에 따라 구인장을 발부한 재판관은 피고인을 지정된 재판소에 송치하는 경우에는 구인장에 피고인이 지정된 재판소에 도착할 기간을 기재하여 기명날인하여

야 한다.

③ 구인의 촉탁을 한 재판소 또는 재판관은 구인장의 집행에 관한 서류를 넘겨받은 때에는 재판소서기관에게 피고인이 도착한 연월일시를 구인장에 기재하게 하여야 한다.

제77조(재판소서기관의 입회) 재판소 또는 재판관이 법 제76조 또는 제77조의 처분을 할 때에는 재판소서기관을 입회하게 하여야 한다.

제78조(조서의 작성) 법 제76조 또는 제77조의 처분에 대하여는 조서를 작성하여야 한다.

제79조(구류의 통지) 피고인을 구류한 경우에 피고인에게 변호인, 법정대리인, 보좌인, 배우자, 직계의 친족 및 형제자매가 없는 때에는 피고인의 신청에 의해 지정하는 자 1인에게 그 취지를 통지하여야 한다.

제80조(피고인의 이송) ① 검찰관은 재판장의 동의를 얻어 구류되어 있는 피고인을 다른 형사시설에 옮길 수 있다.

② 검찰관은 피고인을 다른 형사시설로 옮긴 때에는 곧바로 그 취지 및 그 형사시설을 재판소 및 변호인에게 통지하여야 한다. 피고인에게 변호인이 없는 때에는 피고인의 법정대리인, 보좌인, 배우자, 직계의 친족 및 형제자매 중 피고인이 지정하는 자 1인에게 그 취지 및 그 형사시설을 통지하여야 한다.

③ 전항의 경우에는 전조의 규정을 준용한다.

제81조(구류의 이유개시의 청구의 방식) ① 구류의 이유의 개시의 청구는 청구를 하는 자마다 각별로 서면으로 하여야 한다.

② 법 제82조 제2항에 열거된 자가 전항의 청구를 할 때에는 피고인과의 관계를 서면으로 구체적으로 밝혀야 한다.

제81조의2(개시청구의 각하) 전조의 규정에 위반하여 한 구류의 이유의 개시청구는 결정으로 각하하여야 한다.

제82조(개시의 절차) ① 구류의 이유의 개시의 청구가 있는 때에는 재판장은 개시기일을 지정하여야 한다.

② 개시기일에는 피고인을 소환하여야 한다.

③ 개시기일은 검찰관, 변호인, 보좌인(輔佐人) 및 청구자에게 통지하여야 한다.

제83조(공판기일에서의 개시) ① 구류의 이유의 개시는 공판기일에서도 할 수 있다.

② 공판기일에서 구류의 이유의 개시를 할 때에는 미리 그 취지 및 개시를 할 공판기일을 검찰관, 피고인, 변호인, 보좌인(輔佐人) 및 청구자에게 통지하여야 한다.

제84조(개시의 청구와 개시기일) 구류의 이유의 개시를 할 기일과 그 청구가 있는 날 사이에는 5일 이상을 둘 수 없다. 다만 부득이한 사정이 있는 때에는 그러하지 아

니하다.

제85조(개시기일의 변경) 재판소는 부득이한 사정이 있는 때에는 개시기일을 변경할 수 있다.

제85조의2(피고인, 변호인의 퇴정 중의 개시) 개시기일에 피고인 또는 변호인이 허가를 받지 아니하고 퇴정하거나 질서유지를 위해 재판장으로부터 퇴정을 명 받은 때에는 그 자가 재정하지 아니하는 채 구류의 이유의 개시를 할 수 있다.

제85조의3(개시기일에서의 의견진술의 시간의 제한 등) ① 법 제84조 제2항 본문에 열거하는 자가 개시기일에 의견을 진술하는 시간은 각 10분을 초과할 수 없다.

② 전항의 자는 그 의견진술에 갈음하거나 보충하기 위해 서면을 제출할 수 있다.

제86조(개시기일의 조서) 개시기일의 절차에서는 조서를 작성하여 재판소서기관이 서명날인하고 재판장이 인인(認印)하여야 한다.

제86조의2(개시의 청구의 각하결정의 송달) 구류의 이유의 개시의 청구를 각하하는 결정은 송달할 것을 요하지 아니한다.

제87조(보석의 보증서의 기재사항) 보석의 보증서에는 보증금액 및 언제라도 그 보증금을 납입한다는 취지를 기재를 기재하여야 한다.

제88조(집행정지에 대한 의견의 청취) 구류의 집행을 정지할 때에는 검찰관의 의견을 들어야 한다. 다만 급속을 요하는 경우는 그러하지 아니하다.

제89조 삭제

제90조(위탁에 따른 집행정지) 구류되어 있는 피고인을 친족, 보호단체 기타의 자에게 위탁하여 구류의 집행을 정지할 때에는 이들로부터 언제라도 소환에 응하여 피고인을 출석하게 한다는 취지의 서면을 제출하게 하여야 한다.

제91조(보증금의 환부) ① 다음의 경우에는 몰취되지 않았던 보증금은 환부하여야 한다.

1. 구류가 취소되거나 구류장이 효력을 잃은 때

2. 보석이 취소되거나 효력을 잃었기 때문에 피고인이 형사시설에 수용된 때

3. 보석이 취소되거나 효력을 잃은 경우에 피고인이 형사시설에 수용되기 전에 새로이 보석의 결정이 있어 보증금이 납부된 때 또는 구류의 집행이 정지된 때

② 전항 제3호의 보석의 결정이 있었던 때에는 전에 납부된 보증금은 새로운 보증금의 전부 또는 일부로서 납입된 것으로 본다.

제92조(상소 중인 사건 등의 구류에 관한 처분) ① 상소의 제기기간 내에 사건이 아직 상소의 제기가 없는 것에 대한 구류의 기간을 갱신할 경우에는 원재판소가 그 결정을 하여야 한다.

② 상소 중인 사건으로 소송기록이 상소재판소에 도달하지 아니한 것에 대한 구류의 기간 갱신, 구류 취소, 보석이나 구류의 집행정지 또는 이를 취소하는 경우에도

전항과 같다.

③ 구류의 이유의 개시를 할 경우에는 전항의 규정을 준용한다.

④ 상소재판소는 피고인이 구류되어 있는 사건에 대한 소송기록을 넘겨받은 때에는 곧바로 그 취지를 원재판소에 통지하여야 한다.

제92조의2(금고 이상의 형에 처하여진 피고인의 수용절차) 법 제343조에서 준용하는 법 제98조의 규정에 따라 피고인을 형사시설에 수용할 때에는 선고한 형 및 판결의 선고를 한 연월일과 재판소를 기재하고 재판장 또는 재판관이 틀림없음을 증명하는 취지를 부기하여 인인(認印)한 구류상의 등본을 피고인에 보내주면 충분하다.

제9장 압수 및 수색

제93조(압수, 수색에 대한 비밀, 명예의 보호 유지) 압수 및 수색에서는 비밀을 보호 유지하고 처분을 받는 자의 명예를 해치지 아니하도록 주의하여야 한다.

제94조(압수장 등의 기재사항) 압수장, 기록명령부압수장 또는 수색장에는 필요하다고 인정하는 때에는 압수, 기록명령부압수 또는 수색을 할 사유도 기재하여야 한다.

제95조(준용규정) 압수장, 기록명령부압수장 또는 수색장에는 제72조의 규정을 준용한다.

제96조(수색증명서, 압수품목록의 작성자) 법 제119조 또는 제120조의 증명서 또는 목록은 수색, 압수 또는 기록명령부압수가 영장의 집행에 따라 진행된 경우에는 그 집행을 한 자가 작성하여 교부하여야 한다.

제97조(압수장등 집행 후의 조치) 압수장, 기록명령부압수장 또는 수색장의 집행을 한 자는 신속하게 집행에 관한 서류 및 압수한 물건을 영장을 발부한 재판소에 제출하여야 한다. 검찰관의 지휘에 따라 집행을 한 경우에는 검찰관을 경유하여야 한다.

제98조(압수물의 처치) 압수물에는 상실 또는 파손을 막기 위해 상당한 처치를 하여야 한다.

제99조(압수장, 기록명령부압수장의 집행조서의 기재) ① 압수장의 집행을 한 자는 제96조, 전조, 법 제121조 제1항 또는 제2항의 처분을 한 때에는 그 취지를 조서에 기재하여야 한다.

② 기록명령부압수장의 집행을 한 자가 제96조 또는 전조의 처분을 한 때에도 전항과 같다.

제100조(압수, 수색의 입회) ① 압수장 또는 기록명령부압수장을 발부하지 아니하고 압수를 할 때에는 재판소서기관을 입회하게 하여야 한다.

② 압수장, 기록명령부압수장 또는 수색장을 집행할 때에는 각각 다른 검찰사무관,

사법경찰직원 또는 재판소서기관을 입회하게 하여야 한다.

제10장 검증

제101조(검증에 대한 주의) 검증을 할 때 사체를 해부 또는 분묘를 발굴하는 경우에는 예를 잃지 않도록 주의하고, 배우자, 직계의 친족 또는 형제자매가 있는 때에는 이를 통지하여야 한다.

제102조(피고인의 신체검사의 소환장 등의 기재요건) 피고인에 대한 신체의 검사를 위한 소환장 또는 구인장에는 신체의 검사를 위해 소환 또는 구인하는 취지도 기재하여야 한다.

제103조(피고인 이외의 자의 신체검사의 소환장 등의 기재요건) ① 피고인 이외의 자에 대한 신체의 검사를 위한 소환장에는 그 이름 및 주거, 피고인의 이름, 죄명, 출석할 연월일시 및 장소, 신체의 검사를 위해 소환하는 취지 및 정당한 이유 없이 출석하지 아니하는 때에는 형벌 또는 과태료에 처해지고 구인장을 발부한다는 취지를 기재하고 재판장이 기명날인하여야 한다.

② 피고인 이외의 자에 대한 신체의 검사를 위한 구인장에는 그 이름 및 주거, 피고인의 이름, 죄명, 인치할 장소, 신체의 검사를 위해 구인하는 취지, 유효기간 및 그 기간 경과 후에는 집행에 착수할 수 없고 영장은 반환하여야 한다는 취지와 발부의 연월일을 기재하고 재판장이 기명날인하여야 한다.

제104조(준용규정) 신체의 검사를 위해 하는 피고인 이외의 자에 대한 구인에는 제72조부터 제76조까지의 규정을 준용한다.

제105조(검증의 입회) 검증을 할 때에는 재판소서기관을 입회하게 하여야 한다.

제11장 증인심문

제106조(심문사항서) ① 증인의 심문을 청구한 자는 재판관의 심문의 참고에 제공하기 위해 신속하게 심문사항 또는 증인이 증언할 사항을 기재한 서면을 제출하여야 한다. 다만 공판기일에 소송관계인에게 우선 증인을 심문하게 하는 경우는 그러하지 아니하다.

② 전항 단서의 경우에도 재판소는 필요하다고 인정하는 때에는 증인의 심문을 청구한 자에게 전항 본문의 서면을 제출할 것을 명할 수 있다.

③ 전2항의 서면에 기재할 사항은 증인의 증언에 의해 입증하려고 하는 사항의 전부에 걸친 것이어야 한다.

④ 공판기일 외에서 증인의 심문을 하는 경우를 제외하고, 재판장은 상당하다고 인정하는 때에는 제1항의 규정에 불구하고 같은 항의 서면을 제출하지 아니하는 것을 허가할 수 있다.

⑤ 공판기일 외에서 증인의 심문을 하는 경우에는 신속하게 상대방 및 그 변호인의 수에 대응하는 제1항의 서면의 등본을 재판소에 제출하여야 한다.

제107조(청구의 각하) 전조의 규정에 위반하여 한 증인심문의 청구는 각하할 수 있다.

제107조의2(결정의 고지) ① 법 제157조의2 제1항 및 제157조의3 제1항의 청구에 대한 결정, 법 제157조의4 제1항에 규정하는 조치를 채택하는 취지의 결정, 법 제157조의5에 규정하는 조치를 채택하는 취지의 결정, 법 제157조의6 제1항 및 제2항에 규정하는 방법에 따라 증인심문을 진행하는 취지의 결정 및 같은 조 제3항의 규정에 따라 증인의 심문 및 진술자와 그 상황을 기록매체에 기록하는 취지의 결정은 공판기일 전에 하는 경우에도 송달할 것을 요하지 아니한다.

② 전항의 경우에는 신속하게 각각 결정의 내용을 소송관계인에게 통지하여야 한다.

제107조의3(영상 등의 송수신에 의한 통화의 방법에 따른 심문) 법 제157조의6 제2항의 동일 구내 이외에 있는 장소로서 재판소의 규칙으로 정하는 것은 같은 항에 규정하는 방법에 따른 심문에 필요한 장치가 설치된 다른 재판소의 구내에 있는 장소로 한다.

제108조(심문사항의 고지 등) ① 재판소는 공판기일 외에서 검찰관, 피고인 또는 변호인의 청구에 관련된 증인을 심문하는 경우에는 제106조 제1항의 서면을 참고로 하여 심문할 사항을 정하고 상대방 및 그 변호인에게 알려야 한다.

② 상대방 또는 그 변호인은 서면으로 전항의 심문사항에 부가하여 필요한 사항의 심문을 청구할 수 있다.

제109조(직권에 의한 공판기일 외의 심문) ① 재판소는 직권으로 공판기일 외에서 증인을 심문하는 경우에는 미리 검찰관, 피고인 및 변호인에게 심문사항을 알려야 한다.

② 검찰관, 피고인 또는 변호인은 서면으로 전항의 심문사항에 부가하여 필요한 사항의 심문을 청구할 수 있다.

제110조(소환장, 구인장의 기재요건) ① 증인에 대한 소환장에는 그 이름 및 주거, 피고인의 이름, 죄명, 출석할 연월일시와 장소 및 정당한 이유 없이 출석하지 아니하는 때에는 형벌 또는 과태료에 처해지고 구인장을 발부한다는 취지를 기재하고 재판장이 기명날인하여야 한다.

② 증인에 대한 구인장에는 그 이름 및 주거, 피고인의 이름, 죄명, 인치할 연월일시와 장소 유효기간 및 그 기간 경과 후에는 집행에 착수할 수 없고 영장은 반환하

여야 한다는 취지와 발부의 연월일을 기재하고 재판장이 기명날인하여야 한다.

제111조(소환의 유예기간) 증인에 대한 소환장의 송달과 출석과의 사이에는 적어도 24시간의 유예를 두어야 한다. 다만 급속을 요하는 경우는 그러하지 아니하다.

제112조(준용규정) 증인의 구인에는 제72조부터 제76조까지의 규정을 준용한다.

제113조(심문상의 주의, 재정증인) ① 소환에 의해 출석한 증인은 신속하게 심문하여야 한다.

② 증인이 재판소의 구내(제107조의3에 규정하는 다른 재판소의 구내를 포함한다.)에 있는 때에는 소환을 하지 아니한 경우에도 심문할 수 있다.

제114조(심문의 입회) 증인을 심문할 때에는 재판소서기관을 입회하게 하여야 한다.

제115조(인정심문) 증인은 우선 그 사람이 틀림없는지를 조사하여야 한다.

제116조(선서의 취지의 설명 등) 증인이 선서의 취지를 이해할 수 있는 자인지에 의심이 있는 때에는 선서 전에 이 점에 대하여 심문하고 필요하다고 인정하는 때에는 선서의 취지를 설명하여야 한다.

제117조(선서의 시기) 선서는 심문 전에 하게 하여야 한다.

제118조(선서의 방식) ① 선서는 선서서에 의해 하여야 한다.

② 선서서에는 양심에 따라 진실을 말하고 어떤 것도 숨기지 않으며 어떤 것도 덧붙이지 않을 것을 맹세하는 취지를 기재하여야 한다.

③ 재판장은 증인에게 선서서를 낭독하게 하고 이에 서명날인하게 하여야 한다. 증인이 선서서를 낭독할 수 없는 때에는 재판장은 재판소서기관에게 낭독하게 하여야 한다.

④ 선서는 기립하여 엄숙하게 하여야 한다.

제119조(개별선서) 증인의 선서는 각별로 하여야 한다.

제120조(위증의 경고) 선서를 한 증인에게는 심문 전에 위증의 벌을 고지하여야 한다.

제121조(증언거절권의 고지 등) 증인에게는 심문 전에 자기 또는 법 제147조에 규정하는 자가 형사소추를 받거나 유죄판결을 받을 우려가 있는 증언을 거절할 수 있다는 취지를 고지하여야 한다.

② 재판소는 법 제157조의2 제2항의 결정을 한 경우에는 전항의 규정에 불구하고, 증인에게 심문 전에 당해 결정의 내용 및 법 제147조에 규정하는 자가 형사소추를 받거나 유죄판결을 받을 우려가 있는 증언을 거절할 수 있다는 취지를 고지하여야 한다.

③ 재판소는 법 제157조의3 제2항의 결정을 한 경우에는 증인에게 그 이후의 심문 전에 당해 결정의 내용 및 법 제147조에 규정하는 자가 형사소추를 받거나 유죄판결을 받을 우려가 있는 증언을 거절할 수 있다는 취지를 고지하여야 한다.

④ 법 제149조에 규정하는 자에게는 필요하다고 인정하는 때에는 같은 조의 규정에 따라 증언을 거절할 수 있다는 취지를 고지하여야 한다.

제122조(증언의 거절) ① 증언을 거절한 자는 이를 거절하는 사유를 제시하여야 한다.

② 증언을 거절한 자가 이를 거절하는 사유를 제시하지 아니하는 때에는 과태료 기타 제재를 받는다는 취지를 고지하고 증언을 명하여야 한다.

제123조(개별심문) ① 증인은 각별로 심문하여야 한다.

② 뒤에 심문할 증인이 재정하는 때에는 퇴정을 명하여야 한다.

제124조(대질) 필요한 때에는 증인과 다른 증인 또는 피고인과 대질하게 할 수 있다.

제125조(서면에 의한 심문) 증인이 귀가 들리지 않는 때에는 서면으로 묻고, 말을 할 수 없을 때에는 서면으로 답하게 할 수 있다.

제126조(공판기일 외의 심문조서의 열람 등) ① 재판소는 검찰관, 피고인 또는 변호인이 공판기일 외에서 증인심문에 입회하지 않은 경우에 증인심문조서가 정리된 때 또는 그 송부를 받은 때에는 신속하게 그 취지를 입회하지 않은 자에게 통지하여야 한다.

② 피고인은 전항의 심문조서를 열람할 수 있다.

③ 피고인은 읽을 수 없는 때 또는 볼 수 없는 때에는 제1항의 심문조서의 낭독을 요구할 수 있다.

④ 전2항의 경우에는 제50조의 규정을 준용한다.

제127조(수명, 수탁재판관의 심문) 수명재판관 또는 수탁재판관이 증인을 심문하는 경우에도 제106조 제1항부터 제3항까지 및 제5항, 제107조부터 제109조까지(제107조의3을 제외한다.) 및 전조의 절차는 재판소가 하여야 한다.

제12장 감정

제128조(선서) ① 감정인의 선서는 감정을 하기 전에 하게 하여야 한다.

② 선서는 선서서에 의해 하여야 한다.

③ 선서서에는 양심에 따라 성실히 감정할 것을 맹세하는 취지를 기재하여야 한다.

제129조(감정의 보고) ① 감정의 경과 및 결과는 감정인에게 감정서에 의하거나 구두로 보고하게 하여야 한다.

② 감정인이 여럿인 때에는 공동으로 보고하게 할 수 있다.

③ 감정의 경과 및 결과를 감정서에 의해 보고하게 하는 경우에는 감정인에게 감정서에 기재한 사항에 관하여 공판기일에서 심문을 받을 것이라는 취지를 고지하여야 한다.

제130조(재판소 외의 감정) ① 재판소는 필요한 경우에는 재판소 외에서 감정을 하게 할 수 있다.

② 전항의 경우에는 감정에 관한 물건을 감정인에게 교부할 수 있다.

제130조의2(감정유치장의 기재요건) 감정유치장에는 피고인의 이름 및 주거, 죄명, 공소사실의 요지, 유치할 장소, 유치의 기간, 감정의 목적, 유효기간 및 그 기간 경과 후에는 집행에 착수할 수 없고 영장은 반환하여야 한다는 취지와 발부의 연월일을 기재하고 재판장이 기명날인하여야 한다.

제130조의3(간수신청의 방식) 법 제167조 제3항의 규정에 따른 신청은 피고인의 간수를 필요로 하는 사유를 기재한 서면을 제출하여 하여야 한다.

제130조의4(감정유치기간의 연장, 단축) 감정을 위해 하는 피고인의 유치기간의 연장 또는 단축은 결정으로 하여야 한다.

제130조의5(수용비의 지불) 재판소는 감정을 위해 피고인을 병원 기타의 장소에 유치한 경우에는 그 장소의 관리자의 청구에 의해 입원료 기타 수용에 요한 비용을 지불한다.

② 전항의 규정에 따라 지급할 비용액은 재판소가 상당하다고 인정하는 바에 따른다.

제131조(준용규정) 감정을 위해 한 피고인의 유치에는 이 규칙에 특별한 정함이 있는 것 외에 구류에 관한 규정을 준용한다. 다만 보석에 관한 규정은 준용하지 아니한다.

제132조(준용규정) 감정인이 사체를 해부하거나 분묘를 발굴하는 경우에는 제101조의 규정을 준용한다.

제133조(감정허가장의 기재요건) ① 법 제168조의 허가장에는 유효기간 및 그 기간 경과 후에는 허가된 처분에 착수할 수 없고 영장은 반환하여야 한다는 취지와 발부의 연월일을 기재하고 재판장이 기명날인하여야 한다.

② 감정인이 할 신체의 검사에 관하여 조건을 붙인 경우에는 이를 전항의 허가장에 기재하여야 한다.

제134조(감정을 위한 열람등) ① 감정인은 감정에 필요한 경우에는 재판장의 허가를 받아 서류 및 증거물을 열람 또는 등사하거나 피고인에 대해 질문하는 경우 또는 증인을 심문하는 경우에 입회할 수 있다.

② 전항의 규정에 불구하고 법 제157조의6 제4항에 규정하는 기록매체는 등사할 수 없다.

③ 감정인은 피고인에 대한 질문 또는 증인의 심문을 요구하거나 재판장의 허가를 받아 이들에게 직접 질문을 할 수 있다.

제135조(준용규정) 감정에는 구인에 관한 규정을 제외하고 전장의 규정을 준용한다.

제13장 통역 및 번역

제136조(준용규정) 통역 및 번역에는 전장의 규정을 준용한다.

제14장 증거보전

제137조(처분을 할 재판관) ① 증거보전의 청구는 다음에 열거하는 곳을 관할하는 지방재판소 또는 간이재판소의 재판관에게 하여야 한다.
  1. 압수(기록명령부압수를 제외한다.)에 대하여는 압수할 물건의 소재지
  2. 기록명령부압수에 대하여는 전자적 기록을 기록 또는 인쇄하게 할 자의 현재지
  3. 수색 또는 검증에 대하여는 수색 또는 검증할 장소, 신체 또는 물건의 소재지
  4. 증인의 심문에 대하여는 증인의 현재지
  5. 감정에 대하여는 감정 대상의 소재지 또는 현재지
  ② 감정의 처분을 청구하는 경우에 전항 제5호의 규정에 따를 수 없는 때에는 그 처분을 하는 데 가장 편리하다고 사료하는 지방재판소 또는 간이재판소의 재판관에게 그 청구를 할 수 있다.

제138조(청구의 방식) ① 증거보전의 청구는 서면으로 하여야 한다.
  ② 전항의 서면에는 다음에 열거하는 사항을 기재하여야 한다.
  1 사건의 개요
  2 증명하여야 할 사실
  3 증거 및 그 보전의 방법
  4 증거보전을 필요로 하는 사유
  ③ 증거보전을 필요로 하는 사유는 이를 소명하여야 한다.

제15장 소송비용

제138조의2(청구할 재판소) 법 제187조의2의 청구는 공소를 제기하지 아니하는 처분을 한 검찰관이 소속하는 검찰청의 소재지를 관할하는 지방재판소 또는 간이재판소에 하여야 한다.

제138조의3(청구의 방식) 법 제187조의2의 청구는 다음에 열거하는 사항을 기재한 서면으로 하여야 한다.
  1. 소송비용을 부담할 자의 이름, 나이, 직업 및 주거

2. 전호에 규정하는 자가 피의자가 아닌 때에는 피의자의 이름 및 나이

3. 죄명 및 피의사실의 요지

4. 공소를 제기하지 아니하는 처분을 한 것

5. 소송비용을 부담할 이유

6. 부담할 소송비용

제138조의4(자료의 제공) 법 제187조의2의 청구를 할 때에는 다음에 열거하는 자료를 제공하여야 한다.

1. 소송비용을 부담할 이유가 존재함을 인정할 자료

2. 부담할 소송비용액의 산정에 필요한 자료

제138조의5(청구서의 등본의 제출, 송달) ① 법 제187조의2의 청구를 할 때에는 검찰관은 청구와 동시에 소송비용의 부담을 요구받은 자의 수에 대응하는 청구서의 등본을 재판소에 제출하여야 한다.

② 재판소는 전항의 등본을 넘겨받은 때에는 지체 없이 소송비용의 부담을 요구받은 자에게 송달하여야 한다.

제138조의6(의견의 청취) 법 제187조의2의 청구에 대한 결정을 하는 경우에는 소송비용의 부담을 요구받은 자의 의견을 들어야 한다.

제138조의7(청구의 각하) 법 제187조의2의 청구가 법령상의 방식에 위반한 때 또는 소송비용을 부담하게 할 수 없을 때에는 결정으로 청구를 각하하여야 한다.

제16장 비용의 보상

제138조의8(준용규정) 서면에 의한 법 제188조의4의 보상의 청구에는 제227조 및 제228조의 규정을 준용한다.

제138조의9(재판소서기관에 의한 계산) 법 제188조의2 제1항 또는 제188조의4의 보상의 결정을 하는 경우에는 재판소는 재판소서기관에게 보상할 비용액의 계산을 하게 할 수 있다.

제2편 제1심

제1장 수사

제139조(영장청구의 방식) ① 영장의 청구는 서면으로 하여야 한다.

② 체포장의 청구서에는 등본 1통을 첨부하여야 한다.

제140조(영장청구의 각하) 재판관이 영장의 청구를 각하할 때에는 청구서에 그 취지를 기재하고 기명날인하여 청구자에게 교부하면 충분하다.

제141조(영장청구서의 반환) 재판관은 영장을 발부하거나 영장의 청구를 각하한 때에는 전조의 경우를 제외하고 신속하게 영장청구서를 청구자에게 반환하여야 한다.

제141조의2(체포장청구권자의 지정, 변경의 통지) 국가공안위원회 또는 도도부현공안위원회는 법 제199조 제2항의 규정에 따라 체포장을 청구할 수 있는 사법경찰원을 지정한 때에는 국가공안위원회는 최고재판소에, 도도부현공안위원회는 그 소재지를 관할하는 지방재판소에 그 취지를 통지하여야 한다. 통지의 내용에 변경이 생긴 때에도 같다.

제142조(체포장청구서의 기재요건) ① 체포장의 청구서에는 다음에 열거하는 사항 기타 체포장에 기재할 것을 요하는 사항과 체포장 발부의 요건에 해당하는 사항을 기재하여야 한다.

1. 피의자의 이름, 나이, 직업 및 주거
2. 죄명 및 피의사실의 요지
3. 피의자의 체포를 필요로 하는 사유
4. 청구자의 직책
5. 청구자가 경찰관인 사법경찰원인 때에는 법 제199조 제2항의 규정에 따른 지정을 받은 자라는 취지
6. 7일을 초과하는 유효기간을 필요로 할 때에는 그 취지 및 사유
7. 체포장을 여러 통 필요로 하는 때에는 그 취지 및 사유
8. 동일한 범죄사실 또는 현재 수사 중인 다른 범죄사실에 대하여 그 피의자에게 전에 체포장의 청구 또는 그 발부가 있었던 때에는 그 취지 및 그 범죄사실

② 피의자의 이름이 밝혀지지 않은 때에는 인상, 체격 기타 피의자를 특정하기에 충분한 사항으로 지정하여야 한다.

③ 피의자의 나이, 직업 또는 주거가 밝혀지지 않은 때에는 그 취지를 기재하면 충분하다.

제143조(자료의 제공) 체포장을 청구할 때에는 체포의 이유(체포의 필요를 제외한 체포장 발부의 요건을 말한다. 이하 같다.)와 체포의 필요가 있음을 인정할 자료를 제공하여야 한다.

제143조의2(체포장청구자의 진술청취 등) 체포장의 청구를 받은 재판관은 필요하다고 인정하는 때에는 체포장의 청구를 한 자의 출석을 요구하여 그 진술을 듣거나 그 자에게 서류 기타 물건의 제시를 요구할 수 있다.

제143조의3(명백히 체포의 필요가 없는 경우) 체포장의 청구를 받은 재판관은 체포의 이유가 있다고 인정하는 경우에도 피의자의 나이, 경우 및 범죄의 경중과 태양 기타 제반 사정에 비추어 피의자가 도망할 우려가 없고 죄증을 인멸할 우려가 없는 등 명백하게 체포의 필요가 없다고 인정하는 때에는 체포장의 청구를 각하하여야 한다.

제144조(체포장의 기재요건) 체포장에는 청구자의 직책도 기재하여야 한다.

제145조(체포장의 작성) 체포장은 체포장청구서 및 그 기재를 이용하여 작성할 수 있다.

제146조(수통의 체포장) 체포장은 청구에 의해 수통을 발부할 수 있다.

제147조(구류청구서의 기재요건) ① 피의자의 구류의 청구서에는 다음에 열거하는 사항을 기재하여야 한다.

1. 피의자의 이름, 나이, 직업 및 주거

2. 죄명, 피의사실의 요지 및 피의자가 현행범인으로 체포된 자인 때에는 죄를 범하였음을 의심할 만한 상당한 이유

3. 법 제60조 제1항 각호에 정하는 사유

4. 검찰관 또는 사법경찰원이 부득이한 사정으로 법에 정하는 시간의 제한에 따를 수 없었던 때에는 그 사유

5. 피의자에게 변호인이 있는 때에는 그 이름

② 피의자의 나이, 직업 또는 주거, 죄명 또는 피의사실의 요지의 기재에 대하여는 이들 사항이 체포장청구서의 기재와 동일한 때에는 전항의 규정에 불구하고 그 취지를 청구서에 기재하면 충분하다.

③ 제1항의 경우에는 제142조 제2항 및 제3항의 규정을 준용한다.

제148조(자료의 제공) ① 피의자의 구류를 청구할 때에는 다음에 열거하는 자료를 제공하여야 한다.

1. 그 체포가 체포장에 의한 때에는 체포장청구서 및 체포의 연월일시 및 장소, 인

치의 연월일시, 송치하는 절차를 한 연월일시 및 송치를 받은 연월일시가 기재된 각각 그 기재에 대하여 기명날인이 있는 체포장

2. 그 체포가 현행범체포인 때에는 전호에 규정하는 사항을 기재한 조서 기타의 서류

3. 법에 정하는 구류의 이유가 존재함을 인정할 자료

② 검찰관 또는 사법경찰원이 부득이한 사정으로 법에 정하는 기간을 따를 수 없었던 때에는 이를 인정할 자료도 제공하여야 한다.

제149조(구류장의 기재요건) 피의자에게 발부하는 구류장에는 구류의 청구의 연월일도 기재하여야 한다.

제150조(서류의 송부) 재판관은 피의자를 구류한 때에는 신속하게 이에 관한 서류를 검찰관에게 송부하여야 한다.

제150조의2(피의자의 구류기간의 재연장) 법 제208조의2의 규정에 따른 기간의 연장은 부득이한 사유가 있는 때에 한하여 할 수 있다.

제151조(기간의 연장의 청구) ① 법 제208조 제2항 또는 제208조의2의 규정에 따른 기간의 연장의 청구는 서면으로 하여야 한다.

② 전항의 서면에는 부득이한 사유 및 연장을 요구하는 기간을 기재하여야 한다.

제152조(자료의 제공 등) 전조 제1항의 청구를 할 때에는 구류장을 제출하고 부득이한 사유가 있음을 인정할 자료를 제공하여야 한다.

제153조(기간의 연장의 재판) ① 재판관은 제151조 제1항의 청구가 이유 있다고 인정하는 때에는 구류장에 연장하는 기간 및 이유를 기재하여 기명날인하고 재판소서기관을 통해 이를 검찰관에게 교부하게 하여야 한다.

② 전항의 연장의 재판은 같은 항의 교부에 의해 효력이 발생한다.

③ 재판소서기관은 구류장을 검찰관에게 교부하는 경우에는 구류장에 교부의 연월일을 기재하여 기명날인하여야 한다.

④ 검찰관은 구류장을 교부받은 때에는 곧바로 형사시설직원을 통해 이를 피의자에게 보여주게 하여야 한다.

⑤ 제151조 제1항의 청구에는 제140조, 제141조 및 제150조의 규정을 준용한다.

제154조(등본교부의 청구) 전조 제1항의 재판이 있었던 때에는 피의자는 그 재판의 기재가 있는 구류장의 등본의 교부를 청구할 수 있다.

제155조(압수 등의 영장청구서의 기재요건) ① 압수, 기록명령부압수, 수색 또는 검증을 위한 영장의 청구서에는 다음에 열거하는 사항을 기재하여야 한다.

1. 압수할 물건, 기록하게 하거나 인쇄하게 할 전자적 기록 및 이를 기록하게 하거나 인쇄하게 할 자 또는 수색이나 검증할 장소, 신체 또는 물건

2. 청구자의 직책

3. 피의자 또는 피고인의 이름(피의자 또는 피고인이 법인인 때에는 그 명칭)

4. 죄명 및 범죄사실의 요지

5. 7일을 초과하는 유효기간을 필요로 할 때에는 그 취지 및 사유

6. 법 제218조 제2항의 경우에는 압수할 컴퓨터에 전기통신회선으로 접속하고 있는 기록매체로서 그 전자적 기록을 복사할 것의 범위

7. 일출 전 또는 일몰 후에 압수, 기록명령부압수, 수색 또는 검증을 하는 데 필요한 때에는 그 취지 및 사유

② 신체검사영장의 청구서에는 전항에 규정하는 사항 외에 법 제218조 제5항에 규정하는 사항을 기재하여야 한다.

③ 피의자 또는 피고인의 이름 또는 명칭이 밝혀지지 않은 때에는 그 취지를 기재하면 충분하다.

제156조(자료의 제공) ① 전조 제1항의 청구를 할 때에는 피의자 또는 피고인이 죄를 범하였다고 사료된다고 할 자료를 제공하여야 한다.

② 우편물, 신서편물 또는 전신에 관한 서류로 법령의 규정에 기초하여 통신사무를 취급하는 자가 보관 또는 소지하는 것(피의자나 피고인으로부터 발송하거나 피의자나 피고인에게 발송한 것을 제외한다.)의 압수를 위한 영장을 청구할 때에는, 그 물건이 피의사건 또는 피고사건에 관계가 있다고 인정할 만한 상황에 있음을 인정할 자료를 제공하여야 한다.

③ 피의자 또는 피고인 이외의 자의 신체, 물건 또는 주거 기타 장소에 대한 수색을 위한 영장을 청구할 때에는 압수할 물건의 존재를 인정할 만한 상황에 있음을 인정할 자료를 제공하여야 한다.

제157조(신체검사영장의 기재요건) 신체검사영장에는 정당한 이유 없이 신체의 검사를 거절한 때에는 형벌 또는 과태료 처하여진다는 취지도 기재하여야 한다.

제157조의2(체포장 등의 반환에 관한 기재) 체포장 또는 법 제218조 제1항의 영장에는 유효기간 내에도 필요 없게 된 때에는 곧바로 이를 반환하여야 한다는 취지도 기재하여야 한다.

제158조(처벌 등의 청구) 법 제222조 제7항의 규정에 따라 신체의 검사를 거절한 자를 과태료에 처하거나 배상을 명하는 취지의 청구는 청구자의 소속 관공서 소재지를 관할하는 지방재판소 또는 간이재판소에 하여야 한다.

제158조의2(감정유치청구서의 기재요건) ① 감정을 위해 하는 피의자의 유치의 청구서에는 다음에 열거하는 사항을 기재하여야 한다.

1. 피의자의 이름, 나이, 직업 및 주거

2. 죄명 및 피의사실의 요지

3. 청구자의 직책

4. 유치의 장소

5. 유치를 필요로 하는 기간

6. 감정의 목적

7. 감정인의 이름 및 직업

8. 피의자에게 변호인이 있는 때에는 그 이름

② 전항의 경우에는 제142조 제2항 및 제3항의 규정을 준용한다.

제159조(감정처분허가청구서의 기재요건) ① 법 제225조 제1항의 허가의 청구시에는 다음에 열거하는 사항을 기재하여야 한다.

1. 청구자의 직책

2. 피의자 또는 피고인의 이름(피의자 또는 피고인이 법인인 때에는 그 명칭)

3. 죄명 및 범죄사실의 요지

4. 감정인의 이름 및 직업

5. 감정인이 입회할 주거, 저택, 건조물 또는 선박, 검사할 신체, 해부할 사체, 발굴할 분묘 또는 파괴할 물건

6. 허가장이 7일을 초과하는 유효기간을 필요로 할 때에는 그 취지 및 사유

② 전항의 경우에는 제155조 제3항의 규정을 준용한다.

제160조(증인심문청구서의 기재요건) ① 법 제226조 또는 제227조의 증인심문의 청구는 다음에 열거하는 사항을 기재한 서면으로 하여야 한다.

1. 증인의 이름, 나이, 직업 및 주거

2. 피의자 또는 피고인의 이름(피의자 또는 피고인이 법인인 때에는 그 명칭)

3. 죄명 및 범죄사실의 요지

4. 증명할 사실

5. 심문사항 또는 증인이 증언할 사항

6. 법 제226조 또는 제227조에 규정하는 사유

7. 피의자에게 변호인이 있는 때에는 그 이름

② 전항의 경우에는 제155조 제3항의 규정을 준용한다.

제161조(자료의 제공) 법 제226조의 증인심문을 청구할 때에는 같은 조에 규정하는 사유가 있음을 인정할 자료를 제공하여야 한다.

제162조(증인심문의 입회) 법 제226조 또는 제227조의 증인심문의 청구를 받은 재판관은 수사에 지장을 발생하게 할 우려가 없다고 인정하는 때에는 피고인, 피의자 또는 변호인을 그 심문에 입회하게 할 수 있다.

제163(서류의 송부) 재판관은 법 제226조 또는 제227조의 청구에 따라 증인을 심문한

때에는 신속하게 이에 관한 서류를 검찰관에게 송부하여야 한다.

제2장 공소

제164조(공소장의 기재요건) ① 공소장에는 법 제256조에 규정하는 사항 외 다음에 열거하는 사항을 기재하여야 한다.

1. 피고인의 나이, 직업, 주거 및 본적. 다만 피고인이 법인인 때에는 사무소나 대표자 또는 관리인의 이름 및 주거

2. 피고인이 체포 또는 구류되어 있는 때에는 그 취지

② 전항 제1호에 열거하는 사항이 밝혀지지 아니한 때에는 그 취지를 기재하면 충분하다.

제165조(공소장의 등본 등의 제출 등) ① 검찰관은 공소의 제기와 동시에 피고인의 수에 대응하는 공소장의 등본을 재판소에 제출하여야 한다. 다만 부득이한 사정이 있는 때에는 공소의 제기 후, 신속하게 제출하여야 한다.

② 검찰관은 공소의 제기와 동시에 검찰관 또는 사법경찰원에게 제출된 변호인선임서를 재판소에 제출하여야 한다. 동시에 제출할 수 없는 때에는 공소장에 그 취지를 기재하고 공소의 제기 후 신속하게 이를 제출하여야 한다.

③ 검찰관은 공소의 제기 전에 법의 규정을 기초로 재판관이 붙인 변호인이 있는 때에는 공소의 제기와 동시에 그 취지를 재판소에 통지하여야 한다.

④ 제1항의 규정은 약식명령의 청구를 하는 경우에는 적용하지 아니한다.

제166조(증명자료의 제출) 공소를 제기할 때에는 범인이 국외에 있었거나 범인이 숨어 있었기 때문에 유효하게 공소장 또는 약식명령의 등본의 송달을 할 수 없었음을 증명할 필요가 있는 때에는, 검찰관은 공소의 제기 후 신속하게 이를 증명할 자료를 재판소에 제출하여야 한다. 다만 재판관에 사건에 대한 예단을 발생시킬 우려가 있는 서류 기타 물건을 제출하여서는 아니 된다.

제167조(체포장, 구류장의 제출) ① 검찰관은 체포 또는 구류되어 있는 피고인에 대하여 공소를 제기한 때에는 신속하게 그 재판소의 재판관에게 체포장 또는 체포장 및 구류장을 제출하여야 한다. 체포 또는 구류된 후 석방된 피고인에 대하여 공소를 제기한 때에도 같다.

② 재판관은 제187조의 규정에 따라 다른 재판소의 재판관이 구류에 관한 처분을 할 경우에는 곧바로 전항의 체포장 및 구류장을 그 재판관에게 송부하여야 한다.

③ 재판관은 제1회 공판기일이 열린 때에는 신속하게 체포장, 구류장 및 구류에 관한 처분의 서류를 재판소에 송부하여야 한다.

제168조(공소취소의 방식) 공소의 취소는 이유를 기재한 서면으로 하여야 한다.

제169조(심판청구서의 기재요건) 법 제262조의 청구서에는 재판소의 심판에 회부할 사건의 범죄사실 및 증거를 기재하여야 한다.

제170조(청구의 취하의 방식) 법 제262조의 청구의 취하는 서면으로 하여야 한다.

제171조(서류 등의 송부) 검찰관은 법 제262조의 청구가 이유 없다고 인정하는 때에는 청구서를 받은 날로부터 7일 이내에 의견서를 첨부하여 서류 및 증거물과 함께 이를 같은 조에 규정하는 재판소에 송부하여야 한다. 의견서에는 공소를 제기하지 아니하는 이유를 기재하여야 한다.

제172조(청구 등의 통지) ① 전조의 송부가 있었던 때에는 재판소서기관은 신속하게 법제262조의 청구가 있었다는 취지를 피의자에게 통지하여야 한다.

② 법 제262조의 청구의 취하가 있었던 때에는 재판소서기관은 신속하게 검찰관 및 피의자에게 통지하여야 한다.

제173조(피의자의 조사) ① 법 제262조의 청구를 받은 재판소는 피의자의 조사를 할 때에는 재판소서기관을 입회하게 하여야 한다.

② 전항의 경우에는 조서를 작성하여 재판소서기관이 서명날인하고 재판장이 인인(認印)하여야 한다.

③ 전항의 조서에는 제38조 제2항 제3호 전단, 제3항, 제4항 및 제6항의 규정을 준용한다.

제174조(심판에 회부하는 결정) ① 법 제266조 제2호의 결정을 할 때에는 재판서에 공소장에 기재할 사항을 기재하여야 한다.

② 전항의 결정의 등본은 검찰관 및 피의자에게도 송달하여야 한다.

제175조(심판에 회부하는 결정 후의 처분) 재판소는 법 제266조 제2호의 결정을 한 경우에는 신속하게 다음에 열거하는 처분을 하여야 한다.

1. 사건을 그 재판소의 심판에 회부한 때에는 재판서를 제외하고 서류 및 증거물을 사건에 대한 공소의 유지를 맡은 변호사에게 송부한다.

2. 사건을 다른 재판소의 심판에 회부한 때에는 재판서를 그 재판소에 서류 및 증거물을 사건에 대한 공소의 유지를 맡은 변호사에게 송부한다.

제3장 공판

제1절 공판준비 및 공판절차

제176조(공소장의 등본의 송달 등) ① 재판소는 공소장의 등본을 받은 때에는 곧바로 피고인에게 송달하여야 한다.

② 재판소는 공소장의 등본의 송달을 할 수 없었던 때에는 곧바로 그 취지를 검찰관에게 통지하여야 한다.

제177조(변호인선임에 관한 통지) 재판소는 공소의 제기가 있었던 때에는 지체 없이 피고인에게 변호인을 선임할 수 있다는 취지와 빈곤 기타 사유로 변호인을 선임할 수 없는 때에는 변호인의 선임을 청구할 수 있다는 취지 외 사형, 무기 또는 장기 3년을 초과하는 징역이나 금고에 해당하는 사건에 대하여는 변호인이 없으면 개정할 수 없다는 취지도 알려야 한다. 다만 피고인에게 변호인이 있는 때에는 그러하지 아니하다.

제178조(변호인이 없는 사건의 조치) ① 재판소는 공소의 제기가 있는 경우에 피고인에게 변호인이 없는 때에는 지체 없이 피고인에게 사형, 무기 또는 장기 3년을 초과하는 징역이나 금고에 해당하는 사건에 대하여는 변호인을 선임할 것인지를, 기타 사건에 대하여는 법 제36조의 규정에 따른 변호인의 선임을 청구할 것인지를 확인하여야 한다.

② 재판소는 전항의 조치를 할 때에는 피고인에게 일정한 기간을 정하여 회답을 요구할 수 있다.

③ 제1항 전단의 사건에 대하여 전항의 기간 내에 회답이 없거나 변호인의 선임이 없는 때에는 재판장은 곧바로 피고인을 위한 변호인을 선임하여야 한다.

제178조의2(제1회 공판기일 전 소송관계인의 준비) 소송관계인은 제1회 공판기일 전에 가능한 한 증거의 수집 및 정리를 하고 심리가 신속하게 진행될 수 있도록 준비하여야 한다.

제178조의3(검찰관, 변호인의 이름의 고지 등) 재판소는 검찰관 및 변호인의 소송의 준비에 관한 상호 연락이 공소의 제기 후 신속하게 이뤄지도록 하기 위해 필요하다고 인정하는 때에는 재판소서기관에게 명하여 검찰관 및 변호인의 이름을 상대방에게 알리는 등 적당한 조치를 취하여야 한다.

제178조의4(제1회 공판기일의 지정) 제1회 공판기일을 지정할 때에는 그 기일 전에 소송관계인이 할 소송의 준비를 고려하여야 한다.

제178조의5(심리에 충당할 수 있는 예상 시간의 고지) 재판소는 공판기일의 심리가 충실하게 진행되도록 하기 위해 상당하다고 인정하는 때에는 미리 검찰관 또는 변호인에게 그 기일의 심판에 충당할 수 있다고 예상되는 시간을 알려야 한다.

제178조의6(제1회 공판기일 전의 검찰관, 변호인의 준비의 내용) ① 검찰관은 제1회 공판기일 전에 다음의 것을 하여야 한다.

1. 법 제299조 제1항 본문의 규정에 따라 피고인 또는 변호인에게 열람할 기회를 부여할 증거서류 또는 증거물이 있는 때에는 공소의 제기 후 가급적 신속하게 그 기회를 부여하는 것

2. 제2항 제3호의 규정에 따라 변호인이 열람할 기회를 부여한 증거서류 또는 증거물에 대하여 가급적 신속하게 법 제326조의 동의를 할 것인지 또는 그 조사의 청구에 관하여 이의가 없는지의 전망을 변호인에게 통지하는 것

② 변호인은 제1회 공판기일 전에 다음의 것을 하여야 한다.

1. 피고인 기타 관계자에게 면접을 하는 등 적당한 방법으로 사실관계를 확인하여 두는 것

2. 전항 제1호의 규정에 따라 검찰관이 열람할 기회를 부여한 증거서류 또는 증거물에 대하여 가급적 신속하게 법 제326조의 동의를 할 것인지 또는 그 조사의 청구에 관하여 이의가 없는지의 전망을 검찰관에게 통지하는 것

3. 법 제299조 제1항 본문의 규정에 따라 검찰관에게 열람할 기회를 부여할 증거서류 또는 증거물이 있는 때에는 가급적 신속하게 이를 제시하여 그 기회를 부여하는 것

③ 검찰관 및 변호인은 제1회 공판기일 전에 전2항에 열거하는 것을 하는 외에 상대방과 연락하여 다음의 행위를 하여야 한다.

1. 공소장에 기재된 소인(訴因) 또는 벌조(罰条)를 명확히 하거나 사건의 쟁점을 명확하게 하기 위해 상호간에 가능한 한 협의하여 두는 것

2. 증거조사 기타 심판에 요할 예상 시간 등 재판소가 개정 횟수의 전망을 수립하는 데 필요한 사항을 재판소에 신청하는 것

제178조의7(증인등의 이름 및 주거를 알 기회를 부여하는 경우 등) 제1회 공판기일 전에 법 제299조 제1항 본문의 규정에 따라 소송관계인이 상대방에게 증인, 감정인, 통역인 또는 번역인의 이름 및 주거를 알 기회를 부여하는 경우에는 가급적 빠른 시기에 그 기회를 부여하도록 하여야 한다. 법 제299조의4 제2항의 규정에 따라 피고인 또는 변호인에게 증인, 감정인, 통역인 또는 번역인의 이름 또는 주거를 알 기회를 부여하지 아니하고 이름에 갈음하는 호칭 또는 주거에 갈음하는 연락처를 알 기회를 부여하는 경우에도 같다.

제178조의8(증인등의 이름 및 주거의 개시에 관련된 조치의 통지) ① 법 제299조의4 제5항의 규정에 따른 통지는 서면으로 하여야 한다.

② 전항의 서면에는 다음에 열거하는 사항을 기재하여야 한다.

1. 검찰관이 취한 법 제299조의4 제1항부터 제4항까지의 규정에 따른 조치에 관련된 자의 이름 또는 주거

2. 검찰관이 취한 조치가 법 제299조의4 제1항 또는 제3항의 규정에 따른 것인 때에는 변호인에게 붙인 조건 또는 지정한 시기 또는 방법

3. 검찰관이 취한 조치가 법 제299조의4 제2항 또는 제4항의 규정에 따른 것인 때에는 피고인 또는 변호인에게 알 기회를 부여한 이름에 갈음하는 호칭 또는 주거에 갈음하는 연락처

4. 검찰관이 증거서류 또는 증거물에 법 제299조의4 제3항 또는 제4항의 규정에 따른 조치를 취한 때에는 당해 증거서류 또는 증거물을 식별하기에 충분한 사항

제178조의9(증인등의 이름 및 주거의 개시에 관한 재정청구의 방식) ① 법 제299조의 5 제1항의 규정에 따른 재정(裁定)의 청구는 서면을 제출하여 하여야 한다.

② 피고인 또는 변호인은 전항의 청구를 한 때에는 신속하게 같은 항의 서면의 등본을 검찰관에게 송부하여야 한다.

③ 재판소는 제1항의 규정에 불구하고 공판기일에는 같은 항의 청구를 구두로 하는 것을 허가할 수 있다.

제178조의10(증인등의 호칭 또는 연락처의 통지) ① 재판소는 법 제299조의6 제2항의 규정에 따라 검찰관이 취한 법 제299조의4 제2항 또는 제4항의 규정에 따른 조치에 관련된 자의 이름 또는 주거가 기재되거나 기록되어 있는 부분의 열람 또는 등사를 금지한 경우에 변호인의 청구가 있는 때에는 변호인에게 이름은 이에 갈음하는 호칭을, 주거는 이에 갈음하는 연락처를 알려주어야 한다.

② 재판소는 법 제299조의6 제3항의 규정에 따라, 검찰관이 취한 법 제299조의4 제1항부터 제4항까지의 규정에 따른 조치에 관련된 자 또는 재판소가 취한 법 제299조의5 제2항의 규정에 따른 조치에 관련된 자의 이름 또는 주거가 기재되거나 기록되어 있는 부분의 열람을 금지하거나 당해 부분의 낭독 요구를 거절한 경우에 피고인의 청구가 있는 때에는 피고인에게 이름은 이에 갈음하는 호칭을, 주거는 이에 갈음하는 연락처를 알려주어야 한다.

제178조의11(공판기일 외의 심문조서의 열람 등의 제한) 재판소는 검찰관이 취한 법 제299조의4 제1항부터 제4항까지의 규정에 따른 조치에 관련된 자 또는 재판소가 취한 법 제299조의5 제2항의 규정에 따른 조치에 관련된 자나 이들 친족의 신체 또는 재산에 해를 끼치거나 이들을 외포 또는 곤혹스럽게 할 행위가 이뤄질 우려가

있다고 인정하는 경우에, 검찰관 및 피고인 또는 변호인의 의견을 들어 상당하다고 인정하는 때에는 피고인이 제126조(제135조 및 제136조에서 준용하는 경우를 포함한다. 이하 이 조에서 같다.) 제1항의 심문조서를 제126조 제2항의 규정에 따라 열람하거나 같은 조 제3항의 규정에 따라 낭독을 요구할 때 이 중 당해 조치에 관련된 자의 이름이나 주거가 기재 또는 기록되어 있는 부분의 열람을 금지하거나 당해 부분의 낭독의 요구를 거절할 수 있다. 다만 당해 조치에 관련된 자의 진술의 증명력의 판단에 도움이 되는 피고인 기타 관계자와의 이해관계의 유무를 확인할 수 없게 되는 때 기타 피고인의 방어에 실질적인 불이익을 발생시킬 우려가 있는 때에는 그러하지 아니하다.

② 재판소는 전항의 규정에 따라 검찰관이 취한 법 제299조의4 제1항부터 제4항까지의 규정에 따른 조치에 관련된 자 또는 재판소가 취한 법 제299조의5 제2항의 규정에 따른 조치에 관련된 자의 이름 또는 주거가 기재되거나 기록되어 있는 부분의 열람을 금지하거나 당해 부분의 낭독의 요구를 거절한 경우에 피고인 또는 변호인의 청구가 있는 때에는 피고인에게 이름은 이에 갈음하는 호칭을, 주거는 이에 갈음하는 연락처를 알려주어야 한다.

제178조의12(증거결정된 증인등의 이름 등의 통지) ① 재판소는 법 제299조의4 제1항 또는 법 제299조의5 제2항의 규정에 따라 이름에 대한 조치가 취하여진 자에 대하여 증인, 감정인, 통역인 또는 번역인으로서 심문하는 취지의 결정을 공판기일 전에 한 경우에는 제191조 제2항의 규정에 불구하고 그 이름을 검찰관 및 변호인에게 통지한다.

② 재판소는 법 제299조의4 제2항의 규정에 따라 이름에 대한 조치가 취하여진 자에 대하여 증인, 감정인, 통역인 또는 번역인으로서 심문하는 취지의 결정을 공판기일 전에 한 경우에는 제191조 제2항의 규정에 불구하고 그 이름에 갈음하는 호칭을 소송관계인에 통지한다.

제178조의13(제1회 공판기일에서의 재정증인) 검찰관 및 변호인은 증인으로서 심문을 청구하려고 하는 자로 제1회 공판기일에 조사받을 것으로 예상되는 자를 재정하게 하도록 노력하여야 한다.

제178조의14(검찰관, 변호인의 준비의 진행에 관한 문의 등) 재판소는 재판소서기관에게 명하여 검찰관 또는 변호인에 소송의 준비의 진행에 관한 문의 또는 그 준비를 촉구하는 조치를 하게 할 수 있다.

제178조의15(검찰관, 변호인과의 사전 협의) ① 재판소는 적당하다고 인정하는 때에는 제1회 공판기일 전에 검찰관 및 변호인을 출석하게 하고 공판기일의 지정 기타 소송의 진행에 관하여 필요한 사항에 대하여 협의를 진행할 수 있다. 다만 사건에 대

한 예단을 발생시킬 우려가 있는 사항은 할 수 없다.

② 전항의 조치는 합의부의 구성원에게 하게 할 수 있다.

제178조의16(환부 등에 관한 규정의 활용) 검찰관은 공소의 제기 후에는 그 사건에 관하여 압수하고 있는 물건에 대하여 피고인 및 변호인이 소송의 준비를 할 때 가급저 그 물건을 이용할 수 있도록 히기 위해 법 제222조 제1항의 규정에 따라 준용되는 법 제123조(압수물의 환부 등)의 규정의 활용을 고려하여야 한다.

제179조(제1회 공판기일) ① 피고인에 대한 제1회 공판기일의 소환장의 송달은 공소장의 등본을 송달하기 전에는 할 수 없다.

② 제1회 공판기일과 피고인에 대한 소환장의 송달과의 사이에는 적어도 5일의 유예기간을 두어야 한다. 다만 간이재판소에서는 3일의 유예기간을 두면 충분하다.

③ 피고인에게 이의가 없는 때에는 전항의 유예기간을 두지 않을 수 있다.

제179조의2 삭제

제179조의3(공판기일에 출석하지 아니하는 자에 대한 조치) 공판기일에 소환을 받은 피고인 기타의 자가 정당한 이유 없이 출석하지 아니하는 경우에는 법 제58조(피고인의 구인), 제96조(보석의 취소 등) 및 제150조부터 제153조까지(증인에 대한 제재 등)의 규정 등의 활용을 고려하여야 한다.

제179조의4(공판기일의 변경청구) 소송관계인은 공판기일의 변경을 필요로 하는 사유가 발생한 때에는 곧바로 재판소에 그 사유 및 그 사유가 계속될 것으로 예상되는 기간을 구체적으로 밝히고 진단서 기타 자료로 이를 소명하여 기일의 변경을 청구하여야 한다.

② 재판소는 전항의 사유를 부득이한 것으로 인정하는 경우 외 같은 항의 청구를 각하하여야 한다.

제179조의5(사선변호인에게 지장이 있는 경우의 조치) ① 법 제30조에 열거하는 자가 선임한 변호인은 공판기일의 변경을 필요로 하는 사유가 발생한 때에는 곧바로 전조 제1항의 절차를 진행하는 외에 그 사유 및 그 사유가 계속될 것으로 예상되는 기간을 피고인 및 피고인 이외의 선임자에게 알려야 한다.

② 재판소는 전항의 사유를 부득이한 것으로 인정하는 경우에 그 사유가 장기간에 걸쳐 심판의 지연을 초래할 우려가 있다고 사료하는 때에는 같은 항에 열거하는 피고인 및 피고인 이외의 선임자에게 일정한 기간을 정하여 다른 변호인을 선임할 것인지의 회답을 요구하여야 한다.

③ 전항의 기간 내에 회답이 없거나 다른 변호인의 선임이 없는 때에는 다음의 예에 따른다. 다만 현저하게 피고인의 이익을 해칠 우려가 있는 때에는 그러하지 아니하다.

1. 변호인이 없으면 개정할 수 없는 사건은 법 제289조 제2항의 규정에 따라 피고

인을 위해 다른 변호인을 선임하여 개정할 수 있다.

2. 변호인이 없어도 개정할 수 있는 사건은 변호인의 출석을 기다리지 아니하고 개정할 수 있다.

제179조의6(국선변호인에게 지장이 있는 경우의 조치) 법의 규정에 따라 재판소나 재판장 또는 재판관이 붙인 변호인은 기일의 변경을 필요로 하는 사유가 발생한 때에는 곧바로 제179조의4 제1항의 절차를 진행하는 외에 그 사유 및 그 사유가 계속될 것으로 예상되는 기간을 피고인에게 알려야 한다.

제180조(기일변경에 대한 의견청취) 공판기일을 변경할 때에는 미리 직권으로 이끌하는 경우에는 검찰관 및 피고인 또는 변호인의 의견을, 청구에 의해 하는 경우에는 상대방 또는 그 변호인의 의견을 들어야 한다. 다만 급속을 요하는 경우는 그러하지 아니하다.

제181조(기일변경청구의 각하결정의 송달) 공판기일의 변경에 관한 청구를 각하하는 결정은 송달할 것을 요하지 아니한다.

제182조(공판기일의 불변경) ① 재판소는 부득이하다고 인정하는 경우 외에 공판기일을 변경할 수 없다.

② 재판소가 그 권한을 남용하여 공판기일을 변경한 때에는 소송관계인은 서면으로 재판소법 제80조의 규정에 따라 당해 재판관에 대한 감독권을 행사하는 재판소에 불복의 신청을 할 수 있다.

제183조(불출석한 경우의 자료) ① 피고인은 공판기일에 소환을 받은 경우에 정신 또는 신체의 질병 기타 사유로 출석할 수 없다고 사료하는 때에는 곧바로 그 사유를 기재한 서면 및 그 사유를 밝힐 의사의 진단서 기타 자료를 재판소에 제출하여야 한다.

② 전항의 규정에 따라 의사의 진단서를 제출할 경우에 피고인이 빈곤으로 인해 이를 발급받을 수 없는 때에는 재판소는 의사에게 피고인에 대한 진단서의 작성을 촉탁할 수 있다.

③ 전2항의 진단서에는 병명 및 병세 외 그 정신 또는 신체의 병세로 공판기일에 출석할 수 있는지, 스스로 또는 변호인과 협력하여 적당히 방어권을 행사할 수 있는지 및 출석하거나 심판을 받음에 따라 생명 또는 건강상태에 현저하게 위험을 초래할지에 관한 의사의 구체적인 의견이 기재되어 있어야 한다.

제184조(진단서의 불수리 등) ① 재판소는 전조의 규정에 따른 의사의 진단서가 같은 조에 정하는 방식에 위반하고 있는 때에는 이를 수리하여서는 아니 된다.

② 재판소는 전조의 진단서가 같은 조에 정하는 방식에 위반하지 아니하는 경우에도 그 내용이 의심스럽다고 인정하는 때에는 진단서를 작성한 의사를 소환하여 의

사로서의 적격성과 진단서의 내용에 관하여 증인으로서 심문하거나 다른 적격성이 있는 공정한 의사에게 피고인의 병세에 대한 감정을 명하는 등 적당한 조치를 강구하여야 한다.

제185조(부당한 진단서) 재판소는 의사가 제183조의 규정에 따른 진단서를 작성할 때 고의로 허위의 기재를 하고 같은 조에 정하는 방식에 위반하거나 내용을 불명료하게 한 것 기타 상당하지 아니한 행위가 있는 것으로 인정하는 때에는 후생노동대신 또는 의사로 조직한 단체가 그 의사에게 적당하다고 인정하는 조치를 취할 수 있도록 하기 위해 그 취지를 이들에게 통지하거나 법령에 따라 인정되고 있는 다른 적당한 조치를 취할 수 있다.

제186조(준용규정) 공판기일에 소환을 받은 피고인 이외의 자 및 공판기일의 통지를 받은 자에게는 전3조의 규정을 준용한다.

제187조(구류에 관한 처분을 할 재판관) ① 공소의 제기가 있은 후 제1회 공판기일까지의 구류에 관한 처분은 공소의 제기를 받은 재판소의 재판관이 하여야 한다. 다만 사건의 심판에 관여할 재판관은 그 처분을 할 수 없다.

② 전항의 규정에 따른 때에는 같은 항의 처분을 할 수 없는 경우에는 같은 항의 재판관은 동일한 지역에 있는 지방재판소 또는 간이재판소의 재판관에게 그 처분을 청구하여야 한다. 다만 급속을 요하는 경우 또는 동일한 지역에 그 처분을 청구할 다른 재판소의 재판관이 없는 경우에는 같은 항 단서의 규정에 불구하고 스스로 그 처분을 하는 것을 방해받지 아니한다.

③ 전항의 청구를 받은 재판관은 제1항의 처분을 하여야 한다.

④ 재판관은 제1항의 처분을 할 때에는 검찰관, 피고인 또는 변호인의 출석을 명하여 그 진술을 들을 수 있다. 필요한 때에는 이들에게 서류 기타 물건의 제출을 명할 수 있다. 다만 사건의 심판에 관여할 재판관은 사건에 대해 예단을 발생시킬 우려가 있는 서류 기타 물건의 제출을 명할 수 없다.

⑤ 지방재판소의 지부는 제1항 및 제2항의 규정을 적용할 때에는 당해 재판소와 별개의 지방재판소로 본다.

제187조의2(출석거부의 통지) 구류되어 있는 피고인이 소환을 받은 공판기일에 출석하는 것을 거부하고 형사시설직원에 의한 인치를 현저하게 곤란하게 한 때에는 형사시설의 장은 곧바로 그 취지를 재판소에 통지하여야 한다.

제187조의3(출석거부에 대한 조사) ① 재판소는 법 제286조의2의 규정에 따라 피고인의 출석을 기다리지 아니하고 공판절차를 진행하는 때에는 미리 같은 조에 정하는 사유가 존재하는지를 조사하여야 한다.

② 재판소는 전항의 규정에 따른 조사를 할 때 필요하다고 인정하는 때에는 형사

시설직원 기타 관계자의 출석을 명하여 그 진술을 듣거나 이들에게 보고서의 제출을 명할 수 있다.

③ 제1항의 규정에 따른 조사는 합의부의 구성원에게 하게 할 수 있다.

제187조의4(불출석인 채로 공판절차를 진행하는 취지의 고지) 법 제286조의2의 규정에 따라 피고인의 출석을 기다리지 아니하고 공판절차를 진행하는 경우에는 재판장은 공판정에서 그 취지를 소송관계인에게 고지하여야 한다.

제188조(증거조사의 청구의 시기) 증거조사의 청구는 공판기일 전에도 할 수 있다. 다만 공판 전 정리절차에서 하는 경우를 제외하고 제1회 공판기일 전에는 그러하지 아니하다.

제188조의2(증거조사를 청구하는 경우의 서면의 제출) ① 증인, 감정인, 통역인 또는 번역인의 심문을 청구할 때에는 그 이름과 주거를 기재한 서면을 제출하여야 한다.

② 증거서류 기타의 서면의 조사를 청구할 때에는 그 표목을 기재한 서면을 제출하여야 한다.

제188조의3(증인심문의 시간의 신고) ① 증인의 심문을 청구할 때에는 증인의 심문에 필요하다고 예상되는 시간을 신고하여야 한다.

② 증인의 심문을 청구한 자의 상대방은 증인을 심문하는 취지의 결정을 한 때에는 그 심문에 필요할 것으로 예상되는 시간을 신고하여야 한다.

③ 직권으로 증인을 심문하는 취지의 결정이 있었던 때에는 검찰관 및 피고인 또는 변호인은 그 심문에 필요할 것으로 예상되는 시간을 신고하여야 한다.

제189조(증거조사의 청구의 방식) ① 증거조사의 청구는 증거로 증명할 사실과의 관계를 구체적으로 명시하여 하여야 한다.

② 증거서류 기타 서면의 일부의 조사를 청구할 때에는 특히 조사를 청구하는 부분을 명확히 하여야 한다.

③ 재판소는 필요하다고 인정하는 때에는 증거조사의 청구를 하는 자에게 전2항에 정하는 사항을 명확하게 하는 서면의 제출을 명할 수 있다.

④ 전 각항의 규정에 위반하여 이뤄진 증거조사의 청구는 각하할 수 있다.

제189조의2(증거의 엄선) 증거조사의 청구는 증명할 사실의 입증에 필요한 증거를 엄선하여 하여야 한다.

제190조(증거결정) ① 증거조사 또는 증거조사청구의 각하는 결정으로 하여야 한다.

② 전항의 결정을 할 때에는 증거조사의 청구에 의한 경우에는 상대방 또는 그 변호인의 의견을, 직권에 의한 경우에는 검찰관 및 피고인 또는 변호인의 의견을 들어야 한다.

③ 피고인이 출석하지 아니하여도 증거조사를 진행할 수 있는 공판기일에 피고인

및 변호인이 출석하지 아니하는 때에는 전항의 규정에 불구하고 이들의 의견을 듣지 아니하고 제1항의 결정을 할 수 있다.

제191조(증거결정의 송달) ① 증인, 감정인, 통역인 또는 번역인을 심문하는 취지의 결정은 공판기일 전에 하는 경우에도 이를 송달할 것을 요하지 아니한다.

② 전항의 경우에는 곧바로 그 이름을 소송관계인에게 통지하여야 한다.

제191조의2(증인등의 출석) 증인, 감정인, 통역인 또는 번역인을 심문하는 취지의 결정이 있는 때에는 그 조사를 청구한 소송관계인은 이들을 기일에 출석하게 하도록 노력하여야 한다.

제191조의3(증인심문의 준비) 증인의 심문을 청구한 검찰관 또는 변호인은 증인 기타 관계자에게 사실을 확인하는 등의 방법으로 적절한 심문을 할 수 있도록 준비하여야 한다.

제192조(증거결정에 대한 제시명령) 증거조사결정을 할 때 필요하다고 인정하는 때에는 소송관계인에게 증거서류 또는 증거물의 제시를 명할 수 있다.

제193조(증거조사의 청구의 순서) ① 검찰관은 우선 사건의 심판에 필요하다고 인정하는 모든 증거의 조사를 청구하여야 한다.

② 피고인 또는 변호인은 전항의 청구가 끝난 후 사건의 심판에 필요하다고 인정하는 증거의 조사를 청구할 수 있다.

제194조 및 제195조 삭제

제196조(인정질문) 재판장은 검찰관의 공소장의 낭독에 앞서 피고인에게 그 사람이 틀림없는지를 확인할 만한 사항을 물어야 한다.

제196조의2(법 제290조의2 제1항의 신청이 되었다는 취지의 통지의 방식) 법 제290조의2 제2항 후단의 규정에 따른 통지는 서면으로 하여야 한다. 다만 부득이한 사정이 있는 때에는 그러하지 아니하다.

제196조의3(공개된 법정에서 밝혀질 가능성이 있다고 사료하는 사항의 고지) 검찰관은 법 제290조의2 제1항 또는 제3항의 결정이 있는 경우에 사건의 성질, 심판의 상황 기타 사정을 고려하여 피해자 특정사항 중 피해자의 이름 및 주소 이외에 공개법정에서 주소 이외에 공개법정에서 밝혀질 가능성이 있다고 사료하는 사항이 있는 때에는 재판소 및 피고인 또는 변호인에게 고지한다.

제196조의4(호칭의 지정) 재판소는 법 제290조의2 제1항 또는 제3항의 결정을 한 경우에 필요하다고 인정하는 때에는 피해자의 이름 기타 피해자 특정사항에 관련된 명칭에 갈음하는 호칭을 정할 수 있다.

제196조의5(결정의 고지) ① 재판소는 법 제290조의2 제1항이나 제3항의 결정 또는 같은 조 제4항의 규정에 따라 이들 결정을 취소하는 결정을 한 때에는 공판기일에서 이를 한 경우를 제외하고 신속하게 그 취지를 소송관계인에게 통지하여야 한다.

같은 조 제1항의 결정을 하지 아니하기로 한 때에도 같다.

② 재판소는 법 제290조의2 제1항의 결정 또는 같은 조 제4항의 규정에 따라 당해 결정을 취소하는 결정을 한 때에는 신속하게 그 취지를 같은 조 제1항의 신청을 한 자에게 통지하여야 한다. 같은 항의 결정을 하지 아니하기로 한 때에도 같다.

제196조의6(공개된 법정에서 밝혀질 가능성이 있다고 사료하는 사항의 고지) 검찰관 및 피고인 또는 변호인은 법 제290조의3 제1항의 결정이 있는 경우에 사건의 성질, 심판의 상황 기타 사정을 고려하여 증인등 특정사항 중 증인등의 이름 및 주소 이외에 공개법정에서 밝혀질 가능성이 있다고 사료하는 사항이 있는 때에는 재판소 및 상대방 또는 그 변호인에게 이를 고지한다.

제196조의7(호칭의 지정) 재판소는 법 제290조의3 제1항의 결정을 한 경우에 필요하다고 인정하는 때에는 증인등의 이름 기타 증인등 특정사항에 관련된 명칭에 갈음하는 호칭을 정할 수 있다.

제196조의8(결정의 고지) ① 재판소는 법 제290조의3 제1항의 결정 또는 같은 조 제2항의 규정에 따라 당해 결정을 취소하는 결정을 한 때에는 공판기일에서 이를 한 경우를 제외하고 신속하게 그 취지를 소송관계인에게 통지하여야 한다. 같은 조 제1항의 결정을 하지 아니하기로 한 때에도 같다.

② 재판소는 법 제290조의3 제1항의 결정 또는 같은 조 제2항의 규정에 따라 당해 결정을 취소하는 결정을 한 때에는 신속하게 그 취지를 같은 조 제1항의 신청을 한 자에게 통지하여야 한다. 같은 항의 결정을 하지 아니하기로 한 때에도 같다.

제197조(피고인의 권리보호를 위한 고지사항) ① 재판장은 공소장의 낭독이 끝난 후 피고인에게 일체의 진술을 거부하거나 개개의 질문에 진술을 거부할 수 있다는 취지 외에 진술을 할 수도 있다는 취지와 진술을 하면 자기에 불이익한 증거로도 이익이 되는 증거로도 될 수 있다는 취지를 고지하여야 한다.

② 재판장은 필요하다고 인정하는 때에는 피고인에게 전항에 규정하는 사항 외 피고인이 충분히 이해하지 못한다고 사료되는 피고인보호를 위한 권리를 설명하여야 한다.

제197조의2(간이공판절차에 따르기 위한 조치) 피고인이 법 제291조 제4항의 기회에 공소사실을 인정하는 취지의 진술을 한 경우에는 재판장은 피고인에게 간이공판절차의 취지를 설명하고 피고인의 진술이 그 자유로운 의사에 기초하였는지 및 법 제291조의2에 정하는 유죄의 진술에 해당하는지를 확인하여야 한다. 다만 재판소가 간이공판절차에 따를 수 없거나 이에 따름이 상당하지 아니하다고 인정하는 사건에서는 그러하지 아니하다.

제198조(변호인 등의 진술) ① 재판소는 검찰관이 증거조사를 시작할 때 증거에 의해

증명할 사실을 밝힌 후 피고인 또는 변호인에게도 증거에 의해 증명할 사실을 밝힐 것을 허가할 수 있다.

② 전항의 경우에는 피고인 또는 변호인은 증거로 할 수 없거나 증거로서 조사를 청구할 의사가 없는 자료에 기초하여 재판소에 사건에 대한 편견 또는 예단을 발생시킬 우려가 있는 사항을 진술할 수 없다.

제198조의2(다툼 없는 사실의 증거조사) 소송관계인은 다툼 없는 사실에 대하여는 유도심문, 법 제326조 제1항의 서면 또는 진술 및 법 제327조의 서면의 활용을 검토하는 등으로 당해 사실과 증거의 내용 및 성질에 대응한 적절한 증거조사를 진행하도록 노력하여야 한다.

제198조의3(범죄사실에 관련 없음이 명백한 정상에 관한 증거의 조사) 범죄사실에 관련 없음이 명백한 정상에 관한 증거의 조사는 가능한 한 범죄사실에 관한 증거의 조사와 구별하여 진행하도록 노력하여야 한다.

제198조의4(조사의 상황에 관한 입증) 검찰관은 피고인 또는 피고인 이외의 자의 진술에 관하여 그 조사의 상황을 입증하려고 하는 때에는 가능한 한 조사의 상황을 기록한 서면 기타 조사상황에 관한 자료를 이용하는 등으로 신속하고 적확한 입증에 노력하여야 한다.

제199조(증거조사의 순서) ① 증거조사는 먼저 검찰관이 조사를 청구한 증거로 사건의 심판에 필요하다고 인정하는 모든 증거를 조사하고 이 조사가 끝난 후 피고인 또는 변호인이 조사를 청구한 증거로 사건의 심판에 필요하다고 인정하는 증거를 조사한다. 다만 상당하다고 인정하는 때에는 수시로 필요로 하는 증거를 조사할 수 있다.

② 전항의 증거조사가 끝난 후에도 필요한 때에는 다시 증거를 조사하는 것을 방해받지 아니한다.

제199조의2(증인심문의 순서) ① 소송관계인이 먼저 증인을 심문할 때에는 다음 순서에 따른다.

1. 증인의 심문을 청구한 자의 심문(주심문)
2. 상대방의 심문(반대심문)
3. 증인의 심문을 청구한 자의 재도의 심문(재주심문)

② 소송관계인은 재판장의 허가를 받아 다시 심문할 수 있다.

제199조의3(주심문) ① 주심문은 입증할 사항 및 이에 관련된 사항에 대하여 한다.

② 주심문에서는 증인의 진술의 증명력을 다투기 위해 필요한 사항도 심문할 수 있다.

③ 주심문에서는 유도심문을 하여서는 아니 된다. 다만 다음의 경우에는 유도심문을 할 수 있다.

1. 증인의 신분, 경력, 교우관계 등으로 실질적인 심문에 들어가기 전에 분명히 할 필요가 있는 준비사항에 관한 때

2. 소송관계인에 다툼 없음이 명백한 사항에 관련된 때

3. 증인의 기억이 분명하지 아니한 사항에 대하여 기억을 환기하기 위해 필요한 때

4. 증인이 주심문자에 대하여 적의 또는 반감을 보일 때

5. 증인이 증언을 회피하려고 하는 사항에 관한 때

6. 증인이 전의 진술과 상반되거나 실질적으로 달라지는 진술을 한 경우에, 그 진술한 사항에 관한 때

7. 기타 유도심문을 필요로 하는 특별한 사정이 있는 때

④ 유도심문을 하는 증인에 대하여는 서면의 낭독 기타 증인의 진술에 부당한 영향을 미칠 우려가 있는 방법을 피하도록 주의하여야 한다.

⑤ 재판장은 유도심문이 상당하지 아니하다고 인정하는 때에는 제한할 수 있다.

제199조의4(반대심문) ① 반대심문은 주심문에 나타난 사항과 이에 관련된 사항 및 증인의 진술의 증명력을 다투기 위해 필요한 사항에 대하여 한다.

② 반대심문은 특단의 사정이 없는 한 주심문 종료 후 곧바로 하여야 한다.

③ 반대심문에서는 필요한 때에는 유도심문을 할 수 있다.

④ 재판장은 유도심문이 상당하지 아니하다고 인정하는 때에는 제한할 수 있다.

제199조의5(반대심문의 기회에서의 새로운 사항의 심문) ① 증인의 심문을 청구한 자의 상대방은 재판장의 허가를 받은 때에는 반대심문의 기회에 자기의 주장을 뒷받침하는 새로운 사항도 심문할 수 있다.

② 전항의 규정에 따른 심문은 같은 항의 사항에 대하여 주심문으로 본다.

제199조의6(진술의 증명력을 다투기 위해 필요한 사항의 심문) 증인의 진술의 증명력을 다투기 위해 필요한 사항의 심문은 증인의 관찰, 기억 또는 표현의 정확성 등 증언의 신용성에 관한 사항 및 증인의 이해관계, 편견, 예단 등 증인의 신용성에 관한 사항에 대하여 한다. 다만 함부로 증인의 명예를 해치는 사항에 이르러서는 아니 된다.

제199조의7(재주심문) ① 재주심문은 반대심문에 나타난 사항 및 이에 관련된 사항에 대하여 한다.

② 재주심문은 주심문의 예에 따른다.

③ 제199조의5의 규정은 재주심문의 경우에 준용한다.

제199조의8(보충심문) 재판장 또는 배석재판관이 먼저 증인을 심문한 후에 하는 소송관계인의 심문은 증인의 심문을 청구한 자, 상대방의 구별에 따라 전6조의 규정을 준용한다.

제199조의9(직권에 의한 증인의 보충심문) 재판소가 직권으로 증인을 조사하는 경우에 재판장 또는 배석재판관이 심문한 후 소송관계인이 심문할 때에는 반대심문의 예에 따른다.

제199조의10(서면 또는 물건의 제시) ① 소송관계인은 서면 또는 물건에 관한 성립, 동일성 기타 이에 준하는 사항에 대하여 증인을 심문히는 경우에 필요한 때에는 그 서면 또는 물건을 제시할 수 있다.

② 전항의 서면 또는 물건이 증거조사를 마친 것이 아닌 때에는 미리 상대방에게 열람할 기회를 부여하여야 한다. 다만 상대방에게 이의가 없는 때에는 그러하지 아니하다.

제199조의11(기억환기를 위한 서면 등의 제시) ① 소송관계인은 증인의 기억이 분명하지 아니한 사항에 대하여 기억을 환기하기 위해 필요한 때에는 재판장의 허가를 받아 서면(진술을 녹취한 서면을 제외한다.) 또는 물건을 제시하여 심문할 수 있다.

② 전항의 규정에 따른 심문에서는 서면의 내용이 증인의 진술에 부당한 영향을 미치지 않도록 주의하여야 한다.

③ 제1항의 경우에는 전조 제2항의 규정을 준용한다.

제199조의12(도면 등의 이용) ① 소송관계인은 증인의 진술을 명확히 하기 위해 필요한 때에는 재판장의 허가를 받아 도면, 사진, 모형, 장치 등을 이용하여 심문할 수 있다.

② 전항의 경우에는 제199조의10 제2항의 규정을 준용한다.

제199조의13(증인심문의 방법) ① 소송관계인은 증인을 심문할 때에는 가능한 한 개별적이고 구체적으로 간결한 심문에 의하여야 한다.

② 소송관계인은 다음에 열거하는 심문을 하여서는 아니 된다. 다만 제2호부터 제4호까지의 심문에 대하여는 정당한 이유가 있는 경우는 그러하지 아니하다.

1. 위협적이거나 모욕적인 심문
2. 이미 한 심문과 중복되는 심문
3. 의견을 요구하거나 의논에 해당하는 심문
4. 증인이 직접 경험하지 않았던 사실에 대한 심문

제199조의14(관련성의 명시) ① 소송관계인은 입증할 사항 또는 주심문이나 반대심문으로 현출할 사항에 관련되는 사항에 대하여 심문하는 경우에는 그 관련성이 명백한 심문을 하는 것 기타 방법으로 재판소에 그 관련성을 밝혀야 한다.

② 증인의 관찰, 기억 또는 표현의 정확성 기타 증언의 신용성에 관련된 사항이나 증인의 이해관계, 편견, 예단 기타 증인의 신용성에 관련된 사항에 대하여 심문하는 경우도 전항과 같다.

제200조(배석재판관의 심문) 배석재판관은 증인, 감정인, 통역인 또는 번역인을 심문

할 때에는 미리 그 취지를 재판장에게 고지하여야 한다.

제201조(재판장의 심문) ① 재판장은 필요하다고 인정하는 때에는 언제라도 소송관계인의 증인, 감정인, 통역인 또는 번역인에 대한 심문을 중지하게 하고 스스로 그 사항에 대하여 심문할 수 있다.

② 전항의 규정은 소송관계인이 법 제295조의 제한 아래에서 증인 기타 전항에 규정하는 자를 충분히 심문할 수 있는 권리를 부정하는 것으로 해석하여서는 아니 된다.

제202조(방청인의 퇴정) 재판장은 피고인, 증인, 감정인, 통역인 또는 번역인이 특정 방청인의 면전(증인에 대하여는 법 제157조의5 제2항에 규정하는 조치를 채택하는 경우 및 법 제157조의6 제1항 및 제2항에 규정하는 방법에 따른 경우를 포함한다.)에서 충분한 진술을 할 수 없다고 사료하는 때에는 그 진술을 하는 동안 그 방청인을 퇴정하게 할 수 있다.

제203조(소송관계인의 심문의 기회) 재판장은 증인, 감정인, 통역인 또는 번역인의 심문을 하는 경우에는 소송관계인에게 이들을 심문하는 기회를 부여하여야 한다.

제203조의2(증거서류 등의 조사방법) ① 재판장은 소송관계인의 의견을 들어 상당하다고 인정하는 때에는 청구에 의해 증거서류 또는 증거물 중 서면의 의의가 증거로 되는 것을 조사할 때에 낭독에 갈음하여 그 조사를 청구한 자, 배석재판관 또는 재판소서기관에게 그 요지를 고지하거나 스스로 고지하게 할 수 있다.

② 재판장은 소송관계인의 의견을 들어 상당하다고 인정하는 때에는 직권으로 증거서류 또는 증거물 중 서면의 의의가 증거로 되는 것을 조사할 때에 낭독에 갈음하여 스스로 그 요지를 고지하거나 배석재판관 또는 재판소서기관에게 고지하게 할 수 있다.

제203조의3(간이공판절차에 따른 경우의 특례) 간이공판절차에 따라 심판을 하는 취지의 결정이 있는 사건에는 제198조, 제199조 및 전조의 규정은 적용하지 아니한다.

제204조(증거의 증명력을 다툴 기회) 재판장은 재판소가 적당하다고 인정하는 기회에 검찰관 및 피고인 또는 변호인에게 반증의 조사의 청구 기타 방법으로 증거의 증명력을 다툴 수 있다는 취지를 고지하여야 한다.

제205조(이의신청의 사유) ① 법 제309조 제1항의 이의신청은 법령의 위반이 있거나 상당하지 아니함을 이유로 하여 할 수 있다. 다만 증거조사에 관한 결정에는 상당하지 아니함을 이유로 하여 할 수 없다.

② 법 제309조 제2항의 이의신청은 법령의 위반이 있음을 이유로 하는 경우에 한하여 할 수 있다.

제205조의2(이의신청의 방식, 시기) 이의신청은 개개의 행위, 처분 또는 결정마다 간결히 그 이유를 제시하여 곧바로 하여야 한다.

제205조의3(이의신청에 대한 결정의 시기) 이의신청에 대하여는 지체 없이 결정을 하여야 한다.

제205조의4(이의신청이 부적법한 경우의 결정) 적시에 늦게 이뤄진 이의신청, 소송을 지연시킬 목적만으로 하였음이 명백한 이의신청 기타 부적법한 이의신청은 결정으로 각하하여야 한다. 다만 적시에 늦게 이뤄진 이의신청에 대하여는 그 신청을 한 사항이 중요하고 이에 대한 판단을 표시함이 상당하다고 인정하는 때에는 적시에 늦었음을 이유로 각하하여서는 아니 된다.

제205조의5(이의신청이 이유 없는 경우의 결정) 이의신청이 이유 없다고 인정하는 때에는 결정으로 기각하여야 한다.

제205조의6(이의신청이 이유 있는 경우의 결정) ① 이의신청이 이유 있다고 인정하는 때에는 이의를 신청받은 행위의 중지, 철회, 취소 또는 변경을 명하는 등 그 신청에 대응하는 결정을 하여야 한다.

② 조사한 증거가 증거로 할 수 없는 것임을 이유로 하는 이의신청이 이유 있다고 인정하는 때에는 그 증거의 전부 또는 일부를 배제하는 결정을 하여야 한다.

제206조(중복된 이의신청의 금지) 이의신청에 대한 결정이 있었던 때에는 그 결정으로 판단된 사항에 대하여는 중복하여 이의신청을 할 수 없다.

제207조(직권에 따른 배제결정) 재판소는 조사한 증거가 증거로 할 수 없는 것임이 판명된 때에는 직권으로 그 증거의 전부 또는 일부를 배제하는 결정을 할 수 있다.

제208조(석명 등) ① 재판장은 필요하다고 인정하는 때에는 소송관계인에게 석명을 요구하거나 입증을 촉구할 수 있다.

② 배석재판관은 재판장에게 고지하고 전항에 규정하는 조치를 할 수 있다.

③ 소송관계인은 재판장에게 석명을 위한 발문(發問)을 요구할 수 있다.

제209조(소인, 벌조의 추가, 철회, 변경) ① 소인(訴因)이나 벌조(罰条)의 추가, 철회 또는 변경은 서면을 제출하여 하여야 한다.

② 전항의 서면에는 피고인의 수에 대응하는 등본을 첨부하여야 한다.

③ 재판소는 전항의 등본을 받은 때에는 곧바로 피고인에게 송달하여야 한다.

④ 검찰관은 전항의 송달이 있은 후 지체 없이 공판기일에 제1항의 서면을 낭독하여야 한다.

⑤ 법 제290조의2 제1항 또는 제3항의 결정이 있는 때에는 전항의 규정에 따른 서면의 낭독은 피해자 특정사항을 밝히지 아니하는 방법으로 진행한다. 이 경우에는 검찰관은 피고인에게 제1항의 서면을 제시하여야 한다.

⑥ 법 제290조의3 제1항의 결정이 있는 경우의 제4항의 규정에 따른 서면의 낭독도 전항과 같다. 이 경우에 같은 항 중 「피해자 특정사항」은 「증인등 특정사항」으

로 한다.

⑦ 재판소는 제1항의 규정에 불구하고 피고인이 재정하는 공판정에서는 구두에 따른 소인(訴因)이나 벌조(罰条)의 추가, 철회 또는 변경을 허가할 수 있다.

제210조(변론의 분리) 재판소는 피고인의 방어가 서로 상반되는 등의 사유가 있어 피고인의 권리를 보호하기 위해 필요하다고 인정하는 때에는 검찰관, 피고인이나 변호인의 청구 또는 직권으로 결정으로서 변론을 분리하여야 한다.

제210조의2(의견진술의 신청이 된 취지의 통지의 방식) 법 제292조의2 제2항 후단에 규정하는 통지는 서면으로 하여야 한다. 다만 부득이한 사정이 있는 때에는 그러하지 아니하다.

제210조의3(의견진술이 진행되는 공판기일의 통지) ① 재판소는 법 제292조의2 제1항의 규정에 따라 의견을 진술하게 하는 공판기일을 그 진술의 신청을 한 자에게 통지하여야 한다.

② 재판소는 전항의 통지를 한 때에는 당해 공판기일에서 전항에 규정하는 자에게 법 제292조의2 제1항의 규정에 따라 의견을 진술하게 하는 취지를 소송관계인에 통지하여야 한다.

제210조의4(의견진술의 시간) 재판장은 법 제292조의2 제1항의 규정에 따른 의견진술에 충당할 수 있는 시간을 정할 수 있다.

제210조의5(의견진술에 갈음하는 조치 등의 결정의 고지) 법 제292조의2 제7항의 결정은 공판기일 전에 하는 경우에도 송달할 것을 요하지 아니한다. 이 경우에는 신속하게 같은 항의 결정의 내용을 법 제292조의2 제1항의 규정에 따른 의견진술의 신청을 한 자 및 소송관계인에게 통지하여야 한다.

제210조의6(의견을 기재한 서면이 제출된 것의 통지) 재판소는 법 제292조의2 제7항의 규정에 따라 의견을 기재한 서면이 제출된 때에는 신속하게 그 취지를 검찰관 및 피고인 또는 변호인에게 통지하여야 한다.

제210조의7(준용규정) ① 법 제292조의2의 규정에 따른 의견진술에는 제115조 및 제125조의 규정을 준용한다.

② 법 제292조의2 제6항에서 준용하는 법 제157조의4에 규정하는 조치를 채택하는 취지의 결정에는 제107조의2의 규정을 준용한다. 법 제292조의2 제6항에서 준용하는 법 제157조의5에 규정하는 조치를 채택하는 취지의 결정 및 법 제292조의2 제6항에서 준용하는 법 제157조의6 제1항 및 제2항에 규정하는 방법에 따라 의견진술을 하는 취지의 결정에도 같다.

③ 법 제292조의2 제6항에서 준용하는 법 제157조의6 제2항에 규정하는 방법에 따른 의견진술에는 제107조의3의 규정을 준용한다.

제211조(최종진술) 피고인 또는 변호인에게는 마지막으로 진술할 기회를 부여하여야 한다.

제211조의2(변론의 시기) 검찰관, 피고인 또는 변호인은 증거조사 후에 의견을 진술할 때에는 증거조사 후 가능한 한 신속하게 이를 진행하여야 한다.

제211조의3(변론의 방법) 검찰관, 피고인 또는 변호인은 증거조사 후에 의견을 진술할 때는 다툼이 있는 사실에 대하여는 그 의견과 증거와의 관계를 구체적으로 명시하여 진행하여야 한다.

제212조(변론시간의 제한) 재판장은 필요하다고 인정하는 때에는 검찰관, 피고인 또는 변호인의 본질적인 권리를 해치지 아니하는 한 이들이 증거조사 후에 하는 의견진술 시간을 제한할 수 있다.

제213조(공판절차의 갱신) ① 개정 후 피고인의 심신상실로 공판절차를 정지한 경우에는 공판절차를 갱신하여야 한다.

② 개정 후 장기간에 걸쳐 개정하지 않았던 경우에 필요하다고 인정하는 때에는 공판절차를 갱신할 수 있다.

제213조의2(갱신의 절차) 공판절차를 갱신할 때에는 다음의 예에 따른다.

1. 재판장은 우선 검찰관에게 공소장[공소장정정서나 소인(訴因) 또는 벌조(罰条)를 추가하거나 변경하는 서면을 포함한다.]에 기초하여 공소사실의 요지를 진술하게 하여야 한다. 다만 피고인 및 변호인에게 이의가 없는 때에는 그 진술의 전부 또는 일부를 하지 아니하도록 할 수 있다.

2. 재판장은 전호의 절차가 끝난 후 피고인 및 변호인에게 피고사건에 대하여 진술하는 기회를 부여하여야 한다.

3. 갱신 전의 공판기일에 피고인이나 피고인 이외의 자의 진술을 녹취한 서면 또는 갱신 전의 공판기일에 재판소의 검증의 결과를 기재한 서면 및 갱신 전의 공판기일에서 조사한 서면 또는 물건은 직권으로 증거서류 또는 증거물로서 조사하여야 한다. 다만 재판소는 증거로 할 수 없다고 인정하는 서면 또는 물건 및 증거로 함이 상당하지 아니하다고 인정하고 소송관계인이 조사하지 아니함에 이의가 없는 서면 또는 물건은 이를 조사하지 아니하는 취지의 결정을 하여야 한다.

4. 재판장은 전호 본문에 열거하는 서면 또는 물건을 조사하는 경우에 소송관계인이 동의한 때에는 그 전부 또는 일부를 낭독하거나 제시하는 것에 갈음하여 상당하다고 인정하는 방법으로 조사할 수 있다.

5. 재판장은 조사한 각개 증거에 대하여 소송관계인의 의견 및 변명을 들어야 한다.

제214조(변론의 재개청구의 각하결정의 송달) 종결한 변론의 재개의 청구를 각하하는 결정은 송달할 것을 요하지 아니한다.

제215조(공판정의 사진촬영 등의 제한) 공판정에서 사진의 촬영, 녹음 또는 방송은 재

판소의 허가를 얻지 않으면 이를 할 수 없다. 다만 특별한 정함이 있는 경우는 그러하지 아니하다.

제216조(판결선고기일의 고지) ① 법 제284조 또는 제285조에 열거하는 사건에 대하여 판결의 선고만을 할 공판기일의 소환장에는 그 공판기일에 판결을 선고한다는 취지도 기재하여야 한다.

② 전항의 사건에 대하여 같은 항의 공판기일을 형사시설직원에게 통지하여 소환하는 경우에는 그 공판기일에 판결의 선고를 한다는 취지도 통지하여야 한다. 이 경우에는 형사시설직원은 피고인에게 그 취지도 통지하여야 한다.

제217조(파기 후의 절차) 사건이 상소재판소에서 파기환송 또는 이송된 경우에는 다음의 예에 따른다.

1. 제1회 공판기일까지의 구류에 관한 처분은 재판소가 한다.

2. 제188조 단서의 규정은 적용하지 아니한다.

3. 증거보전의 청구 또는 법 제226조 또는 제227조의 증인심문의 청구는 할 수 없다.

제2절 쟁점 및 증거의 정리절차

제1관 공판 전 정리절차

제1목 통칙

제217조의2(심리 예정의 책정) ① 재판소는 공판 전 정리절차에서는 충실한 공판의 심리를 계속적, 계획적으로 신속하게 진행할 수 있도록 공판의 심리 예정을 정하여야 한다.

② 소송관계인은 법 및 이 규칙에 정하는 의무를 이행함으로써 전항의 심리 예정의 책정에 협력하여야 한다.

제217조의3(공판 전 정리절차에 회부하는 취지의 결정 등에 대한 의견청취) 법 제316조의2 제1항의 결정 또는 같은 항의 청구를 각하하는 결정을 할 때에는 미리 직권으로 하는 경우에는 검찰관 및 피고인 또는 변호인의 의견을, 청구에 의해 하는 경우에는 상대방 또는 그 변호인의 의견을 들어야 한다.

제217조의4(공판 전 정리절차에 회부하는 취지의 결정 등의 송달) 법 제316조의2 제1항의 결정 및 같은 항의 청구를 각하하는 결정은 송달할 것을 요하지 아니한다.

제217조의5(변호인을 필요로 한다는 취지의 통지) 재판소는 사건을 공판 전 정리절차에 회부한 때에는 지체 없이 피고인에게 변호인이 없으면 공판 전 정리절차를 진행할 수 없다는 취지 외에 당해 사건이 제177조에 규정하는 사건 이외의 사건인 경우에는 변호인이 없으면 개정할 수 없다는 취지도 알려야 한다. 다만 피고인에게 변

호인이 있는 때에는 그러하지 아니하다.

제217조의6(공판 전 정리절차기일의 지정) 공판 전 정리절차기일을 지정할 때에는 그 기일 전에 소송관계인이 할 준비를 고려하여야 한다.

제217조의7(공판 전 정리절차기일의 변경의 청구) ① 소송관계인은 공판 전 정리절차기일의 변경을 필요로 하는 사유가 발생한 때에는 곧바로 재판장에게 그 사유 및 그것이 지속될 기간을 구체적으로 밝혀서 기일의 변경을 청구하여야 한다.

② 재판장은 전항의 사유를 부득이한 것으로 인정하는 경우 외에 같은 항의 청구를 각하하여야 한다.

제217조의8(공판 전 정리절차기일의 변경에 대한 의견의 청취) 공판 전 정리절차기일을 변경할 때에는 미리 직권으로 하는 경우에는 검찰관 및 피고인 또는 변호인의 의견을, 청구에 의해 변경하는 경우에는 상대방 또는 그 변호인의 의견을 들어야 한다.

제217조의9(공판 전 정리절차기일의 변경에 관한 명령의 송달) 공판 전 정리절차기일의 변경에 관한 명령은 송달할 것을 요하지 아니한다.

제217조의10(공판 전 정리절차기일의 불변경) 재판장은 부득이하다고 인정하는 경우 외에 공판 전 정리절차기일을 변경할 수 없다.

제217조의11(피고인의 공판 전 정리절차기일에의 출석에 대한 통지) 재판소는 피고인에게 공판 전 정리절차기일에 출석할 것을 요구하는 때에는 신속하게 그 취지를 검찰관 및 변호인에게 통지하여야 한다.

제217조의12(공판 전 정리절차를 수명재판관이 하게 하는 취지의 결정의 송달) 합의부의 구성원에게 명하여 공판 전 정리절차를 진행하게 하는 취지의 결정은 송달할 것을 요하지 아니한다.

제217조의13(공판 전 정리절차기일에서의 결정 등의 고지) 공판 전 정리절차기일에 한 결정이나 명령은 입회한 소송관계인에게는 송달이나 통지할 것을 요하지 아니한다.

제217조의14(결정의 고지) 공판 전 정리절차에서 법 제316조의5 제7호부터 제9호까지의 결정을 한 경우에는 그 취지를 검찰관 및 피고인 또는 변호인에게 통지하여야 한다.

제217조의15(공판 전 정리절차조서의 기재요건) ① 공판 전 정리절차조서에는 다음에 열거하는 사항을 기재하여야 한다.

1. 피고사건명 및 피고인의 이름
2. 공판 전 정리절차를 한 재판소 또는 수명재판관, 연월일 및 장소
3. 재판관 및 재판소서기관의 직책
4. 출석한 검찰관의 직책
5. 출석한 피고인, 변호인, 대리인 및 보좌인(輔佐人)의 이름
6. 출석한 통역인의 이름

7. 통역인의 심문 및 진술

8. 증명예정사실 기타 공판기일에 할 예정인 사실상 및 법률상의 주장

9. 증거조사의 청구 기타의 신청

10. 증거로 증명할 사실과의 관계(증거의 표목 자체로 명백한 경우를 제외한다.)

11. 조사를 청구하는 증거가 법 제328조의 증거인 때에는 그 취지

12. 법 제309조의 이의신청 및 그 이유

13. 법 제326조의 동의

14. 소인(訴因) 또는 벌조(罰條)의 추가, 철회 또는 변경에 관한 사항(공소장의 정정에 관한 사항을 포함한다.)

15. 증거개시에 관한 재정(裁定)에 관한 사항

16. 법 제316조의23 제3항에서 준용하는 법 제299조의5 제1항의 규정에 따른 재정(裁定)에 관한 사항

17. 결정 및 명령. 다만 다음에 열거하는 것을 제외한다.

イ 증거조사의 순서 및 방법을 정하는 결정(법 제157조의2 제1항의 청구에 대한 결정을 제외한다.)(법 제316조의5 제8호)

ロ 주임변호인 및 부주임변호인 이외의 변호인의 신청, 청구, 질문 등의 허가(제25조)

ハ 증거결정에 대한 제시명령(제192조)

18. 사건의 쟁점 및 증거의 정리의 결과를 확인한 취지 및 그 내용

② 전항에 열거하는 사항 이외의 사항이더라도 공판 전 정리절차기일에서의 절차 중 재판장 또는 수명재판관이 소송관계인의 청구나 직권으로 기재를 명한 사항은 공판 전 정리절차조서에 기재하여야 한다.

제217조의16(공판 전 정리절차조서의 서명날인, 인인) 공판 전 정리절차조서에는 재판소서기관이 서명날인하고 재판장 또는 수명재판관이 인인(認印)하여야 한다.

② 재판장에게 지장이 있는 때에는 다른 재판관 1인이 그 사유를 부기하여 인인(認印)하여야 한다.

③ 지방재판소의 1인의 재판관, 간이재판소의 재판관 또는 수명재판관에게 지장이 있는 때에는 재판소서기관이 그 사유를 부기하여 서명날인하여야 한다.

④ 재판소서기관에게 지장이 있는 때에는 재판장 또는 수명재판관이 그 사유를 부기하여 인인(認印)하여야 한다.

제217조의17(공판 전 정리절차조서의 정리) 공판 전 정리절차조서는 각 공판 전 정리절차기일 후 신속하게 늦어도 제1회 공판기일까지 정리하여야 한다.

제217조의18(공판 전 정리절차조서의 기재에 대한 이의신청 등) 공판 전 정리절차조서에는 법 제51조 제1항, 제2항 본문, 제52조 및 이 규칙 제48조의 규정을 준용한다.

이 경우에 법 제52조 중 「공판기일에서의 소송절차」는 「공판 전 정리절차기일에서의 절차」로, 제48조 중 「재판장」은 「재판장 또는 수명재판관」으로 바꿔 읽는 것으로 한다.

제217조의19(공판 전 정리절차에 회부된 경우의 특례) 법 제316조의2 제1항의 결정이 있는 사건에는 제178조의6 제1항, 제2항 제2호 및 제3호, 제178조의7, 제178소의13 및 제193조의 규정은 적용하지 아니한다.

제2목 쟁점 및 증거의 정리

제217조의20(증명예정사실 등의 명시방법) ① 검찰관은 법 제316조의13 제1항 또는 제316조의21 제1항에 규정하는 서면에 증명예정사실을 기재할 때에는 사건의 쟁점 및 증거의 정리에 필요한 사항을 구체적이고 간결하게 명시하여야 한다.

② 피고인 또는 변호인은 법 제316조의17 제1항 또는 제316조의22 제1항의 규정에 따라 증명예정사실 기타 공판기일에 할 것을 예정하고 있는 사실상 및 법률상의 주장을 밝힐 때에는 사건의 쟁점 및 증거의 정리에 필요한 사항을 구체적이고 간결하게 명시하여야 한다.

제217조의21(증명예정사실을 명시할 때의 유의사항) 검찰관 및 피고인 또는 변호인은 증명예정사실을 밝힐 때에는 사실과 이를 증명하기 위해 쓰일 주요한 증거와의 관계를 구체적으로 명시하는 것 기타 적당한 방법으로 사건의 쟁점 및 증거의 정리가 원활하게 진행되도록 노력하여야 한다.

제217조의22(기한의 고지) 공판 전 정리절차에서 법 제316조의13 제4항, 제316조의16 제2항(법 제316조의21 제4항에서 준용하는 경우를 포함한다.), 제316조의17 제3항, 제316조의19 제2항(법 제316조의22 제4항에서 준용하는 경우를 포함한다.), 제316조의21 제3항 또는 제316조의22 제3항에 규정하는 기한을 정한 경우에는 이를 검찰관 및 피고인 또는 변호인에게 통지하여야 한다.

제217조의23(기한의 엄수) 소송관계인은 전조에 규정하는 기한이 정하여진 경우에는 이를 엄수하고 사건의 쟁점 및 증거의 정리에 지장이 가지 않도록 하여야 한다.

제217조의24(기한을 지키지 아니한 경우의 조치) 재판소는 공판 전 정리절차에서 법 제316조의16 제2항(법 제316조의21 제4항에서 준용하는 경우를 포함한다.), 제316조의17 제3항, 제316조의19 제2항(법 제316조의22 제4항에서 준용하는 경우를 포함한다.), 제316조의21 제3항 또는 제316조의22 제3항에 규정하는 기한을 정한 경우에 당해 기한까지 의견 또는 주장을 밝히지 아니하거나 증거조사의 청구가 되지 아니한 경우에도 공판의 심리를 개시함이 상당하다고 인정하는 때에는 공판 전 정리절차를 종료할 수 있다.

제217조의25(증인등의 이름 및 주거의 개시에 관한 조치에 관련된 준용규정) 제178조의8부터 제178조의11까지의 규정은 검찰관이 법 제316조의23 제2항에서 준용하는 법 제299조의4 제1항부터 제4항까지의 규정에 따른 조치를 취한 경우에 준용한다. 이 경우에 법 제178조의9 제3항 중 「공판기일」은 「공판 전 정리절차기일」로 바꿔 읽는 것으로 한다.

제3목 증거개시에 관한 재정(裁定)

제217조의26(증거불개시의 이유의 고지) 검찰관은 법 제316조의15 제1항이나 제2항 (법 제316조의21 제4항에서 준용하는 경우를 포함한다.) 또는 제316조의20 제1항(법 제316조의22 제5항에서 준용하는 경우를 포함한다.)의 규정에 따라 피고인 또는 변호인에게서 개시의 청구가 있는 증거를 개시하지 아니하는 경우에는 피고인 또는 변호인에게 개시하지 아니하는 이유를 고지하여야 한다.

제217조의27(증거개시에 관한 재정의 청구의 방식) ① 법 제316조의25 제1항 또는 제316조의26 제1항의 규정에 따른 증거개시에 관한 재정의 청구는 서면을 제출하여 하여야 한다.

② 전항의 청구를 한 자는 신속하게 같은 항의 서면의 등본을 상대방 또는 그 변호인에게 송부하여야 한다.

③ 재판소는 제1항의 규정에 불구하고 공판 전 정리절차기일에서는 같은 항의 청구를 구두로 하는 것을 허가할 수 있다.

제217조의28(증거표목일람표의 기재사항) 법 제316조의27 제2항의 일람표에는 증거마다 그 종류, 진술자 또는 작성자 및 작성연월일 외에 같은 조 제1항의 규정에 따라 증거의 제시를 명받았는지의 판단을 위해 필요하다고 인정하는 사항을 기재하여야 한다.

제2관 기일 간 정리절차

제217조의29(준용규정) 기일 간 정리절차에는 전관(제217조의19를 제외한다.)의 규정을 준용한다. 이 경우에 이들 규정(표제어를 포함한다.) 중 「공판 전 정리절차기일」은 「기일 간 정리절차기일」로, 「공판 전 정리절차조서」는 「기일 간 정리절차조서」로 바꿔 읽는 외에 제217조의2부터 제217조의12까지의 표제어, 제217조의14(표제어를 포함한다.), 제217조의15의 표제어 및 같은 조 제1항 제17호 イ, 제217조의16부터 제217조의18까지의 표제어, 제217조의20(표제어를 포함한다.), 제217조의21의 표제어, 제217조의22(표제어를 포함한다.), 제217조의23의 표제어, 제217조의24 및 제217조의26(이들 규정의 표제어를 포함한다.), 제217조의27의 표제어, 같은 조 제1항 및 전

조(표제어를 포함한다.) 중 「법」은 「법 제316조의28 제2항에서 준용하는 법」으로, 제217조의25 중 「법 제316조의23 제2항」은 「법 제316조의28 제2항에서 준용하는 법 제316조의23」으로, 제217조의15 제1항 제17호 ㅅ 중 「법 제157조의2 제1항」은 「법 제157조의2 제1항 또는 제157조의3 제1항」으로, 제217조의17 중 「제1회 공판기일」은 「기일 간 정리절차 종료 후 최초의 공판기일」로 바꿔 읽는 것으로 한다.

제3관 공판절차의 특례

제217조의30(심리예정에 따른 공판의 심리 진행) ① 재판소는 공판 전 정리절차 또는 기일 간 정리절차에 회부된 사건은 공판의 심리를 당해 공판 전 정리절차 또는 기일 간 정리절차에서 정한 예정에 따라 진행하도록 노력하여야 한다.

② 소송관계인은 공판의 심리가 공판 전 정리절차 또는 기일 간 정리절차에서 정한 예정에 따라 진행되도록 재판소에 협력하여야 한다.

제217조의31(공판 전 정리절차 등의 결과를 밝히는 절차) ① 공판 전 정리절차 또는 기일 간 정리절차에 회부된 사건에서 당해 공판 전 정리절차 또는 기일 간 정리절차의 결과를 밝힐 때에는 공판 전 정리절차조서 또는 기일 간 정리절차조서를 낭독하거나 그 요지를 고지하여야 한다. 법 제316조의2 제3항(법 제316조의28 제2항에서 준용하는 경우를 포함한다.)에 규정하는 서면도 같다.

② 재판소는 전항의 규정에 따라 공판 전 정리절차 또는 기일 간 정리절차의 결과를 밝히는 경우에는 재판소서기관에게 명하여 진행할 수 있다.

③ 법 제290조의2 제1항 또는 제3항의 결정이 있는 때에는 전2항의 규정에 따른 공판 전 정리절차조서 또는 기일 간 정리절차조서의 낭독이나 요지의 고지는 피해자 특정사항을 밝히지 않는 방법으로 진행한다. 법 제316조의2 제3항(법 제316조의28 제2항에서 준용하는 경우를 포함한다.)에 규정하는 서면도 같다.

④ 법 제290조의3 제1항의 결정이 있는 경우에 제1항 또는 제2항의 규정에 따른 공판 전 정리절차조서 또는 기일 간 정리절차조서의 낭독이나 요지의 고지는 증인 등 특정사항을 밝히지 않는 방법으로 진행한다. 법 제316조의2 제3항(법 제316조의28 제2항에서 준용하는 경우를 포함한다.)에서 규정하는 서면에도 같다.

제217조의32(부득이한 사유의 소명) 공판 전 정리절차 또는 기일 간 정리절차에 회부된 사건에서 공판 전 정리절차 또는 기일 간 정리절차에서 청구하지 않았던 증거의 조사를 청구할 때에는 부득이한 사유로 그 증거의 조사를 청구할 수 없었음을 소명하여야 한다.

제217조의33(부득이한 사유로 청구할 수 없게 된 증거의 조사의 청구) 공판 전 정리절차 또는 기일 간 정리절차에 회부된 사건에서 부득이한 사유로 공판 전 정리절차

또는 기일 간 정리절차에서 청구할 수 없게 된 증거의 조사를 청구하는 때에는 그 사유가 없어진 후 가능한 한 신속하게 이를 진행하여야 한다.

제3절 피해자참가

제217조의34(피해자참가의 신청이 되었다는 취지의 통지의 방식) 법제316조의33 제2 항 후단의 규정에 따른 통지는 서면으로 하여야 한다. 다만 부득이한 사정이 있는 때에는 그러하지 아니하다.

제217조의35(위탁의 신고 등) ① 법 제316조의34 및 제316조의36부터 제316조의38까 지에 규정하는 행위를 변호사에 위탁한 피해자참가인은 당해 행위를 당해 변호사 에 하게 함에 있어 미리 위탁한 취지를 당해 변호사와 연서한 서면으로 재판소에 신고하여야 한다.

② 전항의 규정에 따른 신고는 심급마다 하여야 한다.

③ 제1항의 서면에 위탁한 행위를 특정하는 기재가 없는 때에는 법 제316조의34 및 제316조의36부터 제316조의38까지에 규정하는 모든 행위를 위탁한 것으로 본다.

④ 제1항의 규정에 따른 신고는 변론이 병합된 사건이었더라도 당해 피해자참가인 이 절차에의 참가를 허가받은 것에 대하여도 그 효력을 가진다. 다만 당해 피해자 참가인이 절차에의 참가를 허가한 사건 중 당해 신고의 효력이 미치지 아니한다는 취지의 신청을 한 것에 대하여는 그러하지 아니하다.

⑤ 제1항의 규정에 따른 신고를 한 피해자참가인이 위탁의 전부 또는 일부를 취소 한 때에는 그 취지를 서면으로 재판소에 신고하여야 한다.

제217조의36(대표자선정의 요구의 기록화) 법 제316조의34 제3항(같은 조 제5항에서 준용하 는 경우를 포함한다. 다음 조에서 같다.)의 규정에 따라 공판기일 또는 공판준비에 출석하 는 대표자의 선정을 요구한 때에는 재판소서기관은 이를 기록상 명백히 하여야 한다.

제217조의37(선정된 대표자의 통지) 법 제316조의34 제3항의 규정에 따라 공판기일 또는 공판준비에 출석하는 대표로 선정된 자는 신속하게 그 취지를 재판소에 통지 하여야 한다.

제217조의38(의견진술의 시기) 법 제316조의38 제1항의 규정에 따른 의견진술은 법 제293조 제1항의 규정에 따른 검찰관의 의견진술 후에 신속하게 하여야 한다.

제217조의39(의견진술의 시간) 재판장은 법 제316조의38 제1항의 규정에 따른 의견 진술에 충당할 수 있는 시간을 정할 수 있다.

제217조의40(결정의 고지) ① 재판소는 법 제316조의33 제1항의 신청에 대한 결정 또는 같은 항의 결정을 취소하는 결정을 한 때에는 신속하게 그 취지를 같은 항의 신청을 한 자에게 통지하여야 한다.

② 재판소는 법 제316조의34 제4항(같은 조 제5항에서 준용하는 경우를 포함한다. 제4항에서 같다.)의 규정에 따라 공판기일 또는 공판준비에의 출석을 허가하지 아니하는 취지의 결정을 한 때에는 신속하게 그 취지를 출석을 허가하지 아니하는 것으로 한 자에게 통지하여야 한다.

③ 재판소는 법 제316조의36 제1항, 제316조의37 제1항 또는 제316조의38 제1항의 신청에 대한 결정을 한 때에는 신속하게 그 취지를 당해 신청을 한 자에게 통지하여야 한다.

④ 재판소는 법 제316조의33 제1항의 신청에 대한 결정 또는 같은 항의 결정을 취소하는 결정, 법 제316조의34 제4항의 규정에 따른 공판기일 또는 공판준비에의 출석을 허가하지 아니하는 취지의 결정, 법 제316조의36 제1항, 제316조의37 제1항 또는 제316조의38 제1항의 신청에 대한 결정, 법 제316조의39 제1항에 규정하는 조치를 채택하는 취지의 결정 또는 같은 항의 결정을 취소하는 결정이나 같은 조 제4항 또는 제5항에 규정하는 조치를 채택하는 취지의 결정을 한 때에는 공판기일에 이를 한 경우를 제외하고 신속하게 그 취지를 소송관계인에게 통지하여야 한다.

제4절 공판의 재판

제218조(판결서에의 인용) 지방재판소 또는 간이재판소에서는 판결서에 공소장에 기재된 공소사실 또는 소인(訴因)이나 벌조(罰条)를 추가 또는 변경하는 서면에 기재된 사실을 인용할 수 있다.

제218조의2(위와 같음) 지방재판소 또는 간이재판소에서는 간이공판절차 또는 즉결재판절차에 따라 심리한 사건의 판결서에는 공판조서에 기재된 증거의 표목을 특정하여 인용할 수 있다.

제219조(조서판결) ① 지방재판소 또는 간이재판소에서는 상소의 신청이 없는 경우에는 재판소서기관에게 판결주문, 범죄사실의 요지 및 적용된 벌조(罰条)를 판결의 선고를 한 공판기일의 조서의 말미에 기재하게 하고 이를 가지고 판결서에 갈음할 수 있다. 다만 판결선고일로부터 14일 이내와 판결의 확정 전에 판결서의 등본의 청구가 있는 때에는 그러하지 아니하다.

② 전항의 기재에는 판결을 한 재판관이 재판소서기관과 함께 서명날인하여야 한다.

③ 전항의 경우에는 제46조 제3항, 제4항 및 제55조 후단의 규정을 준용한다.

제219조의2(공소기각의 결정의 송달의 특례) ① 법 제339조 제1항 제1호의 규정에 따른 공소기각의 결정은 피고인에게 송달할 것을 요하지 아니한다.

② 전항의 결정을 한 경우에 피고인에게 변호인이 있는 때에는 변호인에 그 취지를 통지하여야 한다.

제220조(상소기간 등의 고지) 유죄의 판결의 선고를 하는 경우에는 피고인에게 상소기간 및 상소신청서를 제출할 재판소를 고지하여야 한다.

제220조의2(보호관찰의 취지 등의 설시) 보호관찰에 회부하는 취지의 판결의 선고를 하는 경우에는 재판장은 피고인에게 보호관찰의 취지 기타 필요하다고 인정하는 사항을 설시하여야 한다.

제221조(판결선고 후의 훈계) 재판장은 판결의 신고를 한 후 피고인에게 그 장래에 대한 적당한 훈계를 할 수 있다.

제222조(판결의 통지) 법 제284조에 열거하는 사건에서 피고인이 불출석한 채로 판결의 선고를 한 경우에는 곧바로 그 취지 및 판결주문을 피고인에게 통지하여야 한다. 다만 대리인 또는 변호인이 판결의 선고를 한 공판기일에 출석한 경우는 그러하지 아니하다.

제222조의2(형법 제25조의2 제1항의 규정에 따른 보호관찰의 판결의 통지 등) ① 재판소는 형법(明治 40년 법률 제45호) 제25조의2 제1항의 규정에 따라 보호관찰에 회부하는 취지의 판결의 선고를 한 때에는 신속하게 판결서의 등본이나 초본 또는 보호관찰을 받을 자의 이름, 나이, 주거, 죄명, 판결의 주문, 범죄사실의 요지 및 선고의 연월일을 기재한 서면을 그 자의 보호관찰을 담당할 보호관찰소의 장에게 송부하여야 한다. 이 경우에 재판소는 그 자가 보호관찰 기간 중 준수할 특별한 사항에 관한 의견을 기재한 서면을 첨부하여야 한다.

② 전항 전단의 서면에는 같은 항 후단에 규정하는 의견 이외의 재판소의 의견 기타 보호관찰의 자료로 할 사항을 기재한 서면을 첨부할 수 있다.

제222조의3(보호관찰의 성적의 보고) 보호관찰에 회부하는 취지의 판결을 한 재판소는 보호관찰의 기간 중 보호관찰소의 장에게 보호관찰을 받고 있는 자의 성적에 대한 보고를 요구할 수 있다.

제222조의4(집행유예취소청구의 방식) 형의 집행유예의 선고의 취소의 청구는 취소의 사유를 구체적으로 기재한 서면으로 하여야 한다.

제222조의5(자료의 제출) 형의 집행유예의 선고의 취소의 청구를 할 때에는 취소의 사유가 있음을 인정할 자료를 제출하여야 한다. 그 청구가 형법 제26조의2 제2호 또는 제27조의5 제2호의 규정에 따른 유예의 선고의 취소를 요구한 것인 때에는 보호관찰소의 장의 신청이 있었음을 인정할 자료도 제출하여야 한다.

제222조의6(청구서의 등본의 제출, 송달) ① 형법 제26조의2 제2호 또는 제27조의5 제2호의 규정에 따른 유예의 선고의 취소를 청구할 때에는 검찰관은 청구와 동시

에 청구서의 등본을 재판소에 제출하여야 한다.

② 재판소는 전항의 등본을 받은 때에는 지체 없이 유예의 선고를 받은 자에게 송달하여야 한다.

제222조의7(구두변론청구권의 통지 등) ① 재판소는 형법 제26조의2 제2호 또는 제27조의5 제2호의 규정에 따른 유예의 선고의 취소청구를 받은 때에는 지체 없이 유예의 선고를 받은 자에게 구두변론을 청구할 수 있다는 취지 및 이를 청구하는 경우에는 변호인을 선임할 수 있다는 취지를 알리고 구두변론을 청구할 것인지를 확인하여야 한다.

② 전항의 규정에 따라 구두변론을 청구할 것인지를 확인할 때에는 유예의 선고를 받은 자에게 일정한 기간을 정하여 회답을 요구할 수 있다.

제222조의8(출석명령) 재판소는 유예의 선고의 취소청구를 받은 경우에 필요하다고 인정하는 때에는 유예의 선고를 받은 자의 출석을 명할 수 있다.

제222조의9(구두변론) 법 제349조의2 제2항의 규정에 따른 구두변론은 다음의 예에 따른다.

1. 재판장은 구두변론기일을 지정하여야 한다.

2. 구두변론기일에는 유예의 선고를 받은 자에게 출석을 명하여야 한다.

3. 구두변론기일은 검찰관 및 변호인에게 통지하여야 한다.

4. 재판소는 검찰관, 유예의 선고를 받은 자나 변호인의 청구 또는 직권으로 구두변론기일을 변경할 수 있다.

5. 구두변론은 공개된 법정에서 진행한다. 법정은 재판관 및 재판소서기관이 자리하고 검찰관이 출석하여 개정한다.

6. 유예의 선고를 받은 자가 기일에 출석하지 아니할 때에는 개정할 수 없다. 다만 정당한 이유 없이 출석하지 아니하는 때에는 그러하지 아니하다.

7. 유예의 선고를 받은 자의 청구가 있거나 공공질서 또는 선량한 풍속을 해할 우려가 있는 때에는 구두변론을 공개하지 아니할 수 있다.

8. 구두변론에 대하여는 조서를 작성하여야 한다.

제220조의10(준용규정) 법 제350조의 청구에는 제222조의4, 제222조의5 전단 및 제222조의8의 규정을 준용한다.

제4장 즉결재판절차

제1절 즉결재판절차의 신청

제222조의11(서면의 첨부) 즉결재판절차의 신청서에는 법 제350조의16 제3항에 정하는 절차를 하였음을 명백히 하는 서면을 첨부하여야 한다.

제222조의12(동의확인을 위한 국선변호인선임의 청구) 법 제350조의17 제1항의 청구는 제350조의16 제3항의 확인을 요구한 검찰관이 소속된 검찰청의 소재지를 관할하는 지방재판소나 간이재판소의 재판관 또는 지방재판소의 소재지(그 지부의 소재지를 포함한다.)에 있는 간이재판소의 재판관에게 하여야 한다.

제222조의13(동의확인을 위한 사선변호인선임의 신청) 그 자력(법 제36조의2에서 규정하는 자력을 말한다. 제280조의3 제1항에서 같다.)이 기준액(법 제36조의3 제1항에 규정하는 기준액을 말한다. 제280조의3 제1항에서 같다.) 이상인 피의자가 법 제350조의17 제1항의 청구를 할 경우에는 같은 조 제2항에서 준용하는 법 제37조의3 제2항의 규정에 따라 법 제31조의2 제1항의 신청을 할 변호사회는 법 제350조의16 제3항의 확인을 요구한 검찰관이 소속된 검찰청의 소재지를 관할하는 지방재판소의 관할구역 내에 있는 변호사회로 하고, 당해 변호사회가 법 제350조의17 제2항에서 준용하는 법 제37조의3 제3항의 규정에 따른 통지를 할 지방재판소는 당해 검찰청의 소재지를 관할하는 지방재판소로 한다.

제2절 공판준비 및 공판절차의 특례

제222조의14(즉결재판절차의 신청의 각하) ① 재판소는 즉결재판절차의 신청이 있는 사건에 대하여 법 제350조의22 각호의 어느 하나에 해당하는 경우에는 결정으로 그 신청을 각하하여야 한다. 법 제291조 제4항의 절차에서 피고인이 공소장에 기재된 소인(訴因)에 대하여 유죄라는 취지의 진술을 하지 않던 경우도 같다.

② 전항의 결정은 송달할 것을 요하지 아니한다.

제222조의15(즉결재판절차의 신청을 각하하는 결정 등을 한 경우의 조치) ① 즉결재판절차의 신청을 각하하는 재판서에는 그 이유가 법 제350조의22 제1호 또는 제2호에 해당하는 것 또는 법 제291조 제4항의 절차에서 피고인이 공소장에 기재된 소인(訴因)에 대하여 유죄라는 취지의 진술을 하지 않은 것인 때에는 그 취지를 기재하여야 한다.

② 법 제350조의22의 결정을 취소하는 재판서에는 그 이유가 법 제350조의25 제1

항 제1호, 제2호 또는 제4호에 해당하는 것[같은 호에서는 피고인이 공소장에 기재된 소인(訴因)에 대하여 유죄라는 취지의 진술과 상반되거나 실질적으로 달라지는 진술을 한 것에 의해 같은 호에 해당하는 경우에 한한다.]인 때에는 그 취지를 기재하여야 한다.

제222조의16(변호인선임에 관한 통지) 재판소는 사형, 무기 또는 장기 3년을 초과하는 징역이나 금고에 해당하는 사건 이외의 사건에 대하여 즉결재판절차의 신청이 있었던 때에는 제177조의 규정에 불구하고 지체 없이 피고인에게 변호인을 선임할 수 있다는 취지 및 빈곤 기타 사유로 변호인을 선임할 수 없는 때에는 변호인의 선임을 청구할 수 있다는 취지 외에 변호인이 없으면 법 제350조의22의 절차를 진행하는 공판기일 및 즉결재판절차에 따른 공판기일을 열 수 없다는 취지도 알려야 한다. 다만 피고인에게 변호인이 있는 때에는 그러하지 아니하다.

제222조의17(변호인이 없는 사건의 조치) ① 재판소는 즉결재판절차의 신청이 있었던 경우에 피고인에게 변호인이 없는 때에는 제178조의 규정에 불구하고 지체 없이 피고인에게 변호인을 선임하였는지를 확인하여야 한다.

② 재판소는 전항의 조치를 할 때에는 피고인에게 일정한 기간을 정하여 회답을 요구하여야 한다.

③ 전항의 기간 내에 회답이 없거나 변호인의 선임이 없는 때에는 재판장은 곧바로 피고인을 위해 변호인을 선임하여야 한다.

제222조의18(공판기일의 지정) 법 제350조의21의 공판기일은 가능한 한 공소가 제기된 날로부터 14일 이내의 날을 지정하여야 한다.

제222조의19(즉결재판절차에 따른 경우의 특례) 즉결재판절차에 따라 심판을 하는 취지의 결정이 있는 사건에는 제198조, 제199조 및 제203조의2의 규정은 적용하지 아니한다.

제222조의20(위와 같음) ① 즉결재판절차에 따라 심리하고 즉일판결의 선고를 한 사건의 공판조서는 판결의 선고를 한 공판기일로부터 21일 이내에 이를 정리하면 충분하다.

② 전항의 경우에는 그 공판조서의 기재의 정확성에 대한 이의신청기간과의 관계에서는 그 공판조서를 정리해야 할 최종일에 이를 정리한 것으로 본다.

제222조의21(위와 같음) ① 즉결재판절차에 따라 심리하고 즉일판결의 선고를 한 사건에 대하여 재판장의 허가가 있는 때에는 재판소서기관은 제44조 제1항 제19호 및 제22호에 열거한 기재사항의 전부 또는 일부를 생략할 수 있다. 다만 항소의 신청이 있는 경우는 그러하지 아니하다.

② 검찰관 및 변호인은 재판장이 전항의 허가를 할 때 의견을 진술할 수 있다.

제3편 상소

제1장 통칙

제223조(상소포기의 신청재판소) 상소포기의 신청은 원재판소에 하여야 한다.

제223조의2(상소취하의 신청재판소) ① 상소취하의 신청은 상소재판소에 하여야 한다.

② 소송기록을 상소재판소에 송부하기 전에 상소의 취하를 하는 경우에는 그 신청서를 원재판소에 제출하여야 한다.

제224조(상소취하의 신청의 방식) 상소취하의 신청은 서면으로 하여야 한다. 다만 공판정에서는 구두로 할 수 있다. 이 경우에는 그 신청을 조서에 기재하여야 한다.

제224조의2(동의서의 제출) 법 제353조 또는 제354조에 규정하는 자는 상소의 포기 또는 취하를 할 때에는 동시에 피고인의 이에 동의하는 취지의 서면을 제출하여야 한다.

제225조(상소권회복청구의 방식) 상소권회복청구는 서면으로 하여야 한다.

제226조(상소권회복청구의 이유의 소명) 상소권회복의 이유가 되는 사실은 소명하여야 한다.

제227조(형사시설에 수용 중인 피고인의 상소) ① 형사시설에 수용되어 있는 피고인이 상소를 할 때에는 형사시설의 장 또는 그 대리자를 경유하여 상소의 신청서를 제출하여야 한다.

② 형사시설의 장 또는 그 대리자는 원재판소에 상소의 신청서를 송부하고 이를 넘겨받은 연월일을 통지하여야 한다.

제228조(위와 같음) 형사시설에 수용되어 있는 피고인이 상소의 제기기간 내에 상소의 신청서를 형사시설의 장 또는 그 대리자에게 제출한 때에는 상소의 제기기간 내에 상소를 한 것으로 본다.

제229조(형사시설에 수용 중인 피고인의 상소포기 등) 형사시설에 수용되어 있는 피고인이 상소의 포기나 취하 또는 상소권회복의 청구를 하는 경우에는 전2조의 규정을 준용한다.

제230조(상소 등의 통지) 상소, 상소의 포기나 취하 또는 상소권회복의 청구가 있는

때에는 재판소서기관은 신속하게 이를 상대방에게 통지하여야 한다.

제231조부터 제234조까지 삭제

제2장 항소

제235조(소송기록 등의 송부) 항소의 신청이 명백히 항소권의 소멸 후에 이루어진 것인 경우를 제외하고는 제1심재판소는 공판조서의 기재의 정확성에 대한 이의신청기간의 경과 후 신속하게 소송기록 및 증거물을 항소재판소에 송부하여야 한다.

제236조(항소이유서의 제출기간) ① 항소재판소는 소송기록의 송부를 받은 때에는 신속하게 항소이유서를 제출하여야 할 최종일을 지정하여 항소신청인에게 통지하여야 한다. 항소신청인에게 변호인이 있는 때에는 그 통지는 변호인에게도 하여야 한다.

② 전항의 통지는 통지서를 송달하여야 한다.

③ 제1항의 최종일은 항소신청인에 대한 전항의 송달이 있는 날의 익일로부터 기산하여 21일째 이후의 날이어야 한다.

④ 제2항의 통지서의 송달이 있었던 경우에 제1항의 최종일의 지정이 전항의 규정에 위반하고 있는 때에는 제1항의 규정에 불구하고 항소신청인에 대한 송달이 있는 날의 익일로부터 기산하여 21일째 날을 최종일로 본다.

제237조(소송기록도달의 통지) 항소재판소는 전조의 통지를 할 경우에는 동시에 소송기록의 송부가 있었다는 취지를 검찰관 또는 피고인으로 항소신청인이 아닌 자에게 통지하여야 한다. 피고인에게 변호인이 있는 때에는 그 통지는 변호인에게 하여야 한다.

제238조(기간 경과 후의 항소이유서) 항소재판소는 항소이유서를 제출받을 기간 경과 후에 항소이유서를 받은 경우에도 그 지연이 부득이한 사정에 기한 것으로 인정되는 때에는 이를 기간 내에 제출된 것으로 하여 심판을 할 수 있다.

제239조(주임변호인 이외의 변호인의 항소이유서) 항소이유서는 주임변호인 이외의 변호인도 제출할 수 있다.

제240조(항소이유서의 기재) 항소이유서에는 항소의 이유를 간결하게 명시하여야 한다.

제241조(항소이유서의 등본) 항소이유서에는 상대방의 수에 대응하는 등본을 첨부하여야 한다.

제242조(항소이유서의 등본의 송달) 항소재판소는 항소이유서를 접수한 때에는 신속하게 그 등본을 상대방에 송달하여야 한다.

제243조(답변서) ① 항소의 상대방은 항소이유서의 등본의 송달을 받은 날로부터 7일 이내에 답변서를 항소재판소에 제출하여야 한다.

② 검찰관이 상대방인 때에는 중요하다고 인정하는 항소의 이유에 대한 답변서를 제출하여야 한다.

③ 재판소는 필요하다고 인정하는 때에는 항소의 상대방에게 일정 기간을 정하여 답변서를 제출할 것을 명할 수 있다.

④ 답변서에는 상대방의 수에 대응하는 등본을 첨부하여야 한다.

⑤ 항소재판소는 답변서를 접수한 때에는 신속하게 그 등본을 항소신청인에게 송달하여야 한다.

제244조(피고인의 이송) ① 피고인이 형사시설에 수용되어 있는 경우에 공판기일을 지정하여야 할 때에는 항소재판소는 그 취지를 대응하는 검찰청의 검찰관에게 통지하여야 한다.

② 검찰관은 전항의 통지를 받은 때에는 신속하게 피고인을 항소재판소의 소재지의 형사시설로 옮겨야 한다.

③ 피고인이 항소재판소의 소재지의 형사시설에 옮겨진 때에는 검찰관은 신속하게 피고인이 옮겨진 형사시설을 항소재판소에 통지하여야 한다.

제245조(수명재판관의 보고서) ① 재판장은 합의부의 구성원에게 항소신청서, 항소이유서 및 답변서를 검열하고 보고서를 작성하게 할 수 있다.

② 공판기일에는 수명재판관은 변론 전에 보고서를 낭독하여야 한다.

제246조(판결서의 기재) 판결서에는 항소의 이유 및 중요한 답변에 대하여 그 요지를 기재하여야 한다. 이 경우에 적당하다고 인정하는 때에는 항소이유서 또는 답변서에 기재된 사실을 인용할 수 있다.

제247조(최고재판소에의 이송) 항소재판소는 헌법의 위반이 있는 것 또는 헌법의 해석에 오류가 있는 것만을 이유로 하여 항소의 신청을 한 사건에 대하여 상당하다고 인정하는 때에는 소송관계인의 의견을 들어 결정으로 최고재판소에 이송할 수 있다.

제248조(이송의 허가의 신청) ① 전조의 결정은 최고재판소의 허가를 받아서 하여야 한다.

② 전항의 허가는 서면으로 요구하여야 한다.

③ 전항의 서면에는 원판결의 등본 및 항소이유서의 등본을 첨부하여야 한다.

제249조(이송의 결정의 효력) 제247조의 결정이 있었던 때에는 항소의 신청이 있는 때에 항소이유서에 기재된 이유에 의한 상고의 신청이 있는 것으로 본다.

제250조(준용규정) 항소의 심판에는 특별한 정함이 있는 경우를 제외하고는 제2편 중 공판에 관한 규정을 준용한다.

제3장 상고

제251조(소송기록의 송부) 상고의 신청이 명백히 상고권의 소멸 후에 이루어진 것인 경우를 제외하고는, 원재판소는 공판조서의 기재의 정확성에 대한 이의신청기간의 경과 후 신속하게 소송기록을 상고재판소에 송부하여야 한다.

제252조(상고이유서의 제출기간) ① 상고이유서를 제출하여야 할 최종일은 지정통지서가 상고신청인에게 송달된 날의 익일로부터 기산하여 28일째 이후의 날이어야 한다. ② 전항의 규정에 따라 최종일 통지서의 송달이 있었던 경우에 그 지정이 같은 항의 규정에 위반하고 있는 때에는 그 송달이 있던 날의 익일로부터 기산하여 28일째의 날을 최종일로 한다.

제253조(판례의 적시) 판례와 상반되는 판단을 하였음을 이유로 하여 상고의 신청을 한 경우에는 상고이유서에 그 판례를 구체적으로 표시하여야 한다.

제254조(비약상고) ① 지방재판소 또는 간이재판소가 한 제1심판결에 대하여는 그 판결에 법률, 명령, 규칙 또는 처분이 헌법에 위반된다는 판단 또는 지방공공단체의 조례 또는 규칙이 법률에 위반된다는 판단이 부당함을 이유로 하여 최고재판소에 상고를 할 수 있다.

② 검찰관은 지방재판소 또는 간이재판소가 한 제1심판결에 대하여 그 판결에 지방공공단체의 조례 또는 규칙이 헌법 또는 법률에 적합하다는 판단이 부당함을 이유로 하여 최고재판소에 상고를 할 수 있다.

제255조(비약상고와 항소) 전조의 상고는 항소의 신청이 있는 때에는 그 효력을 잃는다. 다만 항소의 취하 또는 항소기각의 재판이 있는 때에는 그러하지 아니하다.

제256조(위헌판단사건의 우선심판) 최고재판소는 원판결에 법률, 명령, 규칙 또는 처분이 헌법에 위반된다는 판단이 부당함을 상고의 이유로 하는 사건은 원재판에서 동종의 판단을 하지 아니하는 다른 모든 사건에 우선하여 심판하여야 한다.

제257조(상고심으로서의 사건수리의 신청) 고등재판소가 한 제1심 또는 제2심의 판결에 대하여는 그 사건이 법령(재판소의 규칙을 포함한다.)의 해석에 관한 중요한 사항을 포함한다고 인정하는 때에는 상소권자는 그 판결에 대한 상고의 제기기간 내에 한하여 최고재판소에 상고심으로서 사건을 수리할 것을 신청할 수 있다. 다만 법 제405조에 규정하는 사유를 그 이유로 할 수는 없다.

제258조(신청의 방식) 전조의 신청을 할 때에는 신청서를 원재판소에 제출하여야 한다.

제258조의2(원판결의 등본의 교부) ① 제257조의 신청이 있는 때에는 원재판소에 대한 법 제416조의 규정에 따른 판결의 등본의 교부의 청구가 있는 것으로 한다. 다만

신청인이 신청 전에 판결의 등본의 교부를 받고 있는 때에는 그러하지 아니하다.

② 전항 본문의 경우에는 원재판소는 지체 없이 판결의 등본을 신청인에게 교부하여야 한다.

③ 제1항 단서 또는 전항의 경우에는 재판소서기관은 판결의 등본을 교부한 날을 기록상 명백하게 해 두어야 한다.

제258조의3(사건수리의 신청이유서) ① 신청인은 전조 제2항의 규정에 따라 등본의 교부를 받은 때에는 그 날로부터, 전조 제1항 단서의 경우에는 제257조의 신청을 한 날로부터 14일 이내에 이유서를 원재판소에 제출하여야 한다. 이 경우에는 이유서에 상대방의 수에 대응하는 등본 및 원판결의 등본을 첨부하여야 한다.

② 전항의 이유서에는 제1심판결의 내용을 적절히 추려 기록하는 등의 방법으로 신청의 이유를 가능한 한 구체적으로 기재하여야 한다.

제259조(원재판소의 기각결정) 제257조의 신청이 명백하게 신청권의 소멸 후에 이뤄진 것인 때 또는 전조 제1항의 이유서가 같은 항의 기간 내에 제출되지 아니한 때에는 원재판소는 결정으로 신청을 기각하여야 한다.

제260조(신청서의 송부 등) ① 원재판소는 제258조의3 제1항의 이유서 및 첨부서류를 넘겨받은 때에는 전조의 경우를 제외하고 신속하게 이를 제258조의 신청서와 함께 최고재판소에 송부하여야 한다.

② 최고재판소는 전항의 송부를 받은 때에는 신속하게 그 연월일을 검찰관에게 통지하여야 한다.

제261조(사건수리의 결정) ① 최고재판소는 스스로 상고심으로서 사건을 수리함이 상당하다고 인정하는 때에는 전조의 송부를 받은 날로부터 14일 이내에 그 취지의 결정을 하여야 한다. 이 경우에 신청의 이유 중에 중요하지 아니하다고 인정하는 것이 있는 때에는 이를 배제할 수 있다.

② 최고재판소는 전항의 결정을 한 때에는 같은 항의 기간 내에 검찰관에게 통지하여야 한다.

제262조(사건수리의 결정의 통지) 최고재판소는 전조 제1항의 결정을 한 때에는 신속하게 그 취지를 원재판소에 통지하여야 한다.

제263조(사건수리의 결정의 효력 등) ① 제261조 제1항의 결정이 있는 때에는 제258조의3 제1항의 이유서는 그 이유(제261조 제1항 후단의 규정에 따라 배제된 이유를 제외한다.)를 상고의 이유로 하는 상고이유서로 본다.

② 전항의 이유서의 등본을 상대방에게 송달하는 경우에 제261조 제1항 후단의 규정에 따라 배제된 이유가 있는 때에는 동시에 그 결정의 등본도 송달하여야 한다.

제264조(신청의 효력) 제257조의 신청은 원판결의 확정을 방해하는 효력을 가진다. 다만 신청을 기각하는 결정이 있는 때 또는 제261조 제1항의 결정이 내려지지 않

고 같은 항의 기간이 경과한 때에는 그러하지 아니하다.

제265조(피고인의 이송) 상고심에서는 공판기일을 지정하여야 할 경우에도 피고인의 이송을 필요로 하지 아니한다.

제266조(준용규정) 상고의 심판에는 특별한 정함이 있는 경우를 제외하고는 전장의 규정을 준용한다.

제267조(판결정정신청 등의 방식) ① 판결을 정정하는 신청은 서면으로 하여야 한다.

② 전항의 서면에는 신청의 이유를 간결하게 명시하여야 한다.

③ 판결정정신청기간 연장신청에는 전2항의 규정을 준용한다.

제268조(판결정정신청의 통지) 전조 제1항의 신청이 있었던 때에는 신속하게 그 취지를 상대방에 통지하여야 한다.

제269조(각하결정의 송달) 판결정정신청기간 연장신청을 각하하는 결정은 송달할 것을 요하지 아니한다.

제270조(판결정정신청에 대한 재판) ① 판결정정의 신청에 대한 재판은 원판결을 한 재판소를 구성한 재판관 전원으로 구성된 재판소가 하여야 한다. 다만 그 재판관이 사망한 경우 기타 부득이한 사정이 있는 경우는 그러하지 아니하다.

② 전항 단서의 경우에도 원판결을 할 때 반대의견을 표시한 재판관이 다수가 되도록 구성된 재판소에서는 같은 항의 재판을 할 수 없다.

제4장 항고

제271조(소송기록 등의 송부) ① 원재판소는 필요하다고 인정하는 때에는 소송기록 및 증거물을 항고재판소에 송부하여야 한다.

② 항고재판소는 소송기록 및 증거물의 송부를 요구할 수 있다.

제272조(항고재판소의 결정의 통지) 항고재판소의 결정은 원재판소에 통지하여야 한다.

제273조(준용규정) 법 제429조 및 제430조의 청구가 있었던 경우에는 전2조의 규정을 준용한다.

제274조(특별항고신청서의 기재) 법 제433조의 항고신청서에는 항고의 취지를 간결하게 기재하여야 한다.

제275조(특별항고에 대한 조사의 범위) 최고재판소는 법 제433조의 항고는 신청서에 기재된 항고의 이유에 대하여만 조사한다. 다만 법 제415조에 규정하는 사유에 대하여는 직권으로 조사를 할 수 있다.

제276조(준용규정) 법 제433조의 항고의 신청이 있었던 경우에는 제256조, 제271조 및 제272조의 규정을 준용한다.

제4편 소년사건의 특별절차

제277조(심리의 방침) 소년사건의 심리는 간곡한 취지로 사안의 진상을 명백히 하기 위해 가정재판소가 조사한 증거는 가능한 한 이를 조사하도록 하여야 한다.

제278조(소년감별소에의 송치영장의 기재요건) ① 소년법(昭和 23년 법률 제168호) 제44조 제2항[32])의 규정에 따라 발부하는 영장에는 소년의 이름, 나이 및 주거, 죄명, 피의사실의 요지, 법 제60조 제1항 각호에 정하는 사유, 수용할 소년감별소, 유효기간 및 그 기간 경과 후에는 집행에 착수할 수 없고 영장은 반환하여야 한다는 취지와 청구 및 발부의 연월일을 기재하고 재판관이 기명날인하여야 한다.

② 전항의 영장의 집행은 법 및 이 규칙 중 구류장의 집행에 관한 규정에 준하여 하여야 한다.

제279조(국선변호인) 소년인 피고인에게 변호인이 없는 때에는 재판소는 가급적 직권으로 변호인을 붙여야 한다.

제280조(가정재판소조사관의 감호에 회부하는 결정의 효력) 소년법 제17조 제1항 제1호[33])의 조치는 사건을 종국시키는 재판의 확정으로 그 효력을 잃는다.

제280조의2(감호의 조치를 구류로 보게 되는 경우의 국선변호인선임의 청구 등) ① 소년법 제45조 제7호[34])(같은 법 제45조의2에서 준용하는 경우를 포함한다. 다음 조 제1항에서 같다.)의 규정에 따라 피의자에게 구류장이 발부되어 있는 것으로 보게 되는 경

---

32) 일본국 소년법 제44조(구류에 갈음하는 조치의 효력) ① (생 략)
② 재판관이 전조 제1항의 청구에 기초하여 제17조 제1항 제2호의 조치를 취한 때에는 영장을 발부하여 하여야 한다.
③ (생 략)
33) 일본국 소년법 제17조(감호의 조치) ① 가정재판소는 심판을 하기 진행하기 위해 필요한 때에는 결정으로 다음에 열거하는 감호의 조치를 취할 수 있다.
1. 가정재판소조사관의 감호에 회부하는 것
2. 소년감별소에 송치하는 것
② ~ ⑩ (생 략)
34) 일본국 소년법 제45조(검찰관에의 송치 후의 취급) 가정재판소가 제20조의 규정에 따라 사건을 검찰관에게 송치한 때에는 다음의 예에 따른다.
1. ~ 6. (생 략)
7. 제4호의 규정에 따라 제17조 제1항 제2호의 조치를 재판관이 한 구류로 보게 되는 경우에는 구류장이 발부되어 있는 것으로 보고 형사소송법 중 재판관에 의한 피의자에 대한 변호인의 선임에 관한 규정을 준용한다.
제45조의2 전조 제1호부터 제4호까지 및 제7호의 규정은 가정재판소가 제19조 제2항 또는 제23조 제3항의 규정에 따라 사건을 검찰관에게 송치한 경우에 준용한다.

우에 법 제37조의2 제1항의 청구는 소년법 제19조 제2항(같은 법 제23조 제3항에서 준용하는 경우를 포함한다. 다음 항 및 다음 조 제1항에서 같다.) 또는 제20조[35])의 결정을 한 가정재판소의 재판관, 소속된 가정재판소의 소재지를 관할하는 지방재판소의 재판관 또는 그 지방재판소의 소재지(그 지부의 소재지를 포함한다.)에 있는 간이재판소의 재판관이 하여야 한다.

② 전항에 규정하는 경우에 법 제37조의4의 규정에 따른 변호인의 선임에 관한 처분은 소년법 제19조 제2항 또는 제20조의 결정을 한 가정재판소의 재판관, 소속된 가정재판소의 소재지를 관할하는 지방재판소의 재판관 또는 그 지방재판소의 소재지(그 지부의 소재지를 포함한다.)에 있는 간이재판소의 재판관이 하여야 한다.

③ 제1항의 피의자가 같은 항의 지방재판소의 관할구역 밖에 있는 형사시설에 수용된 때에는 같은 항의 규정에 불구하고 법 제37조의2 제1항의 청구는 그 형사시설의 소재지를 관할하는 지방재판소의 재판관 또는 그 지방재판소의 소재지(그 지부의 소재지를 포함한다.)에 있는 간이재판소의 재판관에게 하여야 한다.

④ 전항에 규정하는 경우에 법 제37조의4의 규정에 따른 변호인의 선임에 관한 처분은 제2항의 규정에 불구하고 전항의 형사시설의 소재지를 관할하는 지방재판소의 재판관 또는 그 지방재판소의 소재지(그 지부의 소재지를 포함한다.)에 있는 간이재판소의 재판관이 하여야 한다. 법 제37조의5 및 제38조의3 제4항의 규정에 따른 변호인의 선임에 관한 처분에 대하여도 같다.

제280조의3(감호의 조치를 구류로 보게 되는 경우의 사선변호인선임의 신청) ① 소년법 제45조 제7호의 규정에 따라 구류장이 발부되어 있는 것으로 보게 되는 피의자로 그 자력이 기준액 이상인 사람이 법 제37조의2 제1항의 청구를 하는 경우에는 법 제37조의3 제2항의 규정에 따라 법 제31조의2 제1항의 신청을 할 변호사회는 소년법 제19조 제2항 또는 제20조의 결정을 한 가정재판소의 소재지를 관할하는 지방재판소의 관할구역 내에 있는 변호사회로, 당해 변호사회가 법 제37조의3 제3항의 규정에 따라 통지를 할 지방재판소는 당해 가정재판소의 소재지를 관할하는

---

35) 일본국 소년법 제19조(심판을 개시하지 아니하는 취지의 결정) ① 가정재판소는 조사 결과 심판에 회부할 수 없거나 심판에 회부함이 상당하지 아니하다고 인정하는 때에는 심판을 개시하지 아니하는 취지의 결정을 하여야 한다.
② 가정재판소는 조사 결과 본인이 20세 이상임이 판명된 때에는 전항의 규정에 불구하고 결정으로 사건을 관할 지방재판소에 대응하는 검찰청의 검찰관에게 송치하여야 한다.
제20조(검찰관에의 송치) ① 가정재판소는 사형, 징역 또는 금고에 해당하는 죄의 사건에 대한 조사 결과 죄질 및 정상에 비추어 형사처분이 상당하다고 인정하는 때에는 결정으로 관할 지방재판소에 대응하는 검찰청의 검찰관에게 송치하여야 한다.
② 전항의 규정에 불구하고 가정재판소는 고의의 범죄행위로 피해자를 사망하게 한 죄의 사건으로서 그 죄를 범한 때 16세 이상인 소년에 관련된 것에 대하여는 같은 항의 결정을 하여야 한다. 다만 조사 결과 범행의 동기 및 태양, 범행 후의 정황, 소년의 성격, 나이, 행상 및 환경 기타 사정을 고려하여 형사처분 이외의 조치가 상당하다고 인정하는 때에는 그러하지 아니하다.

지방재판소로 한다.

② 전항의 피의자가 같은 항의 지방재판소의 관할구역 외에 있는 형사시설에 수용된 경우에 법 제37조의2 제1항의 청구를 하는 때에는 전항의 규정에 불구하고 법 제37조의3 제2항의 규정에 따라 법 제31조의2 제1항의 신청을 할 변호사회는 당해 형사시설의 소재지를 관할하는 지방재판소의 관할구역 내에 있는 변호사회로, 당해 변호사회가 법 제37조의3 제3항의 규정에 따라 통지를 할 지방재판소는 당해 형사시설의 소재지를 관할하는 지방재판소로 한다.

제281조(구류에 갈음하는 소치의 청구) 소년사건에서 검찰관이 재판관에게 구류의 청구에 갈음하여 소년법 제17조 제1항의 조치를 청구하는 경우에는 제147조부터 제150조까지의 규정을 준용한다.

제282조(준용규정) 피고인 또는 피의자가 소년감별소에 수용 또는 구금되어 있는 경우에는 이 규칙 중 형사시설에 관한 규정을 준용한다.

제5편 재심

제283조(청구의 절차) 재심의 청구를 할 때에는 그 이유서에 원판결의 등본, 증거서류 및 증거물을 첨부하여 관할 재판소에 제출하여야 한다.

제284조(준용규정) 재심의 청구 또는 취하에는 제224조, 제227조, 제228조 및 제230조의 규정을 준용한다.

제285조(청구의 경합) 제1심의 확정판결과 항소를 기각한 확정판결에 재심의 청구가 있는 때에는 항소재판소는 결정으로 제1심재판소의 소송절차가 종료할 때까지 소송절차를 정지하여야 한다.

② 제1심 또는 제2심의 확정판결과 상고를 기각한 확정판결에 재심의 청구가 있는 때에는 상고재판소는 결정으로 제1심재판소 또는 항소재판소의 소송절차가 종료할 때까지 소송절차를 정지하여야 한다.

제286조(의견의 청취) 재심의 청구에 대한 결정을 하는 경우에는 청구를 한 자 및 그 상대방의 의견을 들어야 한다. 유죄의 선고를 받은 자의 법정대리인 또는 보좌인이 청구를 한 경우에는 유죄의 선고를 받은 자의 의견도 들어야 한다.

제6편 약식명령

제287조 삭제

제288조(서면의 첨부) 약식명령의 청구서에는 법 제461조의2 제1항에 정하는 절차를 거쳤음을 밝히는 서면을 첨부하여야 한다.

제289조(서류 등의 제출) ① 검찰관은 약식명령의 청구와 동시에 약식명령을 하기 위해 필요하다고 사료하는 서류 및 증거물을 재판소에 제출하여야 한다.

② 검찰관은 전항의 규정에 따라 피고인 이외의 자의 진술녹취서등(법 제290조의3 제1항에 규정하는 진술녹취서등을 말한다.)으로서 그 자가 법 제350조의2 제1항의 합의에 기초하여 작성한 것 또는 같은 항의 합의에 기초하여 한 진술을 녹취 또는 기록한 것을 재판소에 제출할 때에는 그 제출과 동시에 합의내용서면(법 제350조의7 제1항에 규정하는 합의내용서면을 말한다. 이하 같다.)을 재판소에 제출하여야 한다.

③ 전항의 규정에 따라 합의내용서면을 재판소에 제출하는 경우에 당해 합의의 당사자가 법 제350조의10 제2항의 규정에 따라 당해 합의로부터 이탈하는 취지의 고지를 하고 있는 때에는 검찰관은 아울러 같은 항의 서면을 재판소에 제출하여야 한다.

④ 제2항의 규정에 따라 합의내용서면을 재판소에 제출한 후 재판소가 약식명령을 하기 전에 당해 합의의 당사자가 법 제350조의10 제2항의 규정에 따라 당해 합의로부터 이탈하는 취지의 고지를 한 때에는 검찰관은 지체 없이 같은 항의 서면을 그 재판소에 제출하여야 한다.

제290조(약식명령의 시기 등) ① 약식명령은 늦어도 그 청구가 있었던 날로부터 14일 이내에 발부하여야 한다.

② 재판소는 약식명령의 등본을 송달할 수 없게 된 때에는 곧바로 그 취지를 검찰관에게 통지하여야 한다.

제291조(준용규정) 법 제463조의2 제2항의 결정에는 제219조의2의 규정을 준용한다.

제292조(공소장의 등본의 제출 등) ① 검찰관은 법 제463조 제3항의 통지를 받은 때에는 신속하게 피고인의 수에 대응하는 공소장의 등본을 재판소에 제출하여야 한다.

② 전항의 경우에는 제176조의 규정의 적용이 있는 것으로 본다.

제293조(서류 등의 반환) 재판소는 법 제463조 제3항 또는 제465조 제2항의 통지를 한 때에는 곧바로 제289조 제1항의 서류 및 증거물과 합의내용서면 및 법 제350조

의10 제2항의 서면을 검찰관에게 반환하여야 한다.

제294조 정식재판청구, 취하 또는 정식재판청구권회복의 청구에는 제224조부터 제228조까지 및 제230조의 규정을 준용한다.

제7편 재판의 집행

제295조(소송비용면제신청 등) ① 소송비용의 부담을 명하는 재판의 집행면제신청 또는 재판의 해석을 구하는 신청이나 재판의 집행에 대한 이의신청은 서면으로 하여야 한다. 신청의 취하도 같다.

② 전항의 신청 또는 취하에는 제227조 및 제228조의 규정을 준용한다.

제295조의2(면제신청재판소) ① 소송비용의 부담을 명하는 재판의 집행면제신청은 그 재판을 선고한 재판소에 하여야 한다. 다만 사건이 상소심에서 종결된 경우에는 전부의 소송비용에 대하여 그 상소재판소에 하여야 한다.

② 전항의 신청을 받은 재판소는 그 신청에 대한 결정을 하여야 한다. 다만 전항 단서의 규정에 따른 신청을 받은 재판소는 스스로 결정을 하는 것이 적당하지 아니하다고 인정하는 때에는 소송비용의 부담을 명하는 재판을 선고한 하급재판소에 결정을 하게 할 수 있다. 이 경우에는 그 취지를 기재하고 재판장이 인인(認印)한 송부서와 함께 신청서 및 관계 서류를 송부한다.

③ 전항 단서의 규정에 따라 송부를 한 때에는 재판소는 곧바로 그 취지를 검찰관에게 통지하여야 한다.

제295조의3(신청서가 신청재판소 이외의 재판소에 제출된 경우) 전조 제1항의 규정에 따라 신청해야 할 재판소 이외의 재판소(사건이 계속된 재판소에 한한다.)에 신청서가 제출된 때에는 재판소는 신속하게 신청서를 신청해야 할 재판소에 송부하여야 한다. 이 경우에 신청서가 신청기간 내에 제출된 때에는 신청기간 내에 신청이 있는 것으로 본다.

제295조의4(신청서의 기재요건) 소송비용의 부담을 명하는 재판의 집행면제신청서에는 그 재판을 선고한 재판소를 표시하고 소송비용을 완납할 수 없는 사유를 구체적으로 기재하여야 한다.

제295조의5(검찰관에 대한 통지) 소송비용의 부담을 명하는 재판의 집행면제신청서가 제출된 때에는 재판소는 곧바로 그 취지를 검찰관에게 통지하여야 한다.

제8편 보칙

제296조(신청 기타의 진술의 방식) ① 재판소 또는 재판관에 대한 신청 기타의 진술은 서면 또는 구두로 할 수 있다. 다만 특별한 정함이 있는 경우는 그러하지 아니하다.

② 구두에 의한 신청은 재판소서기관의 면전에서 하여야 한다.

③ 전항의 경우에는 재판소서기관은 조서를 작성하여야 한다.

제297조(형사수용시설에 수용 중 또는 유치 중인 피고인 또는 피의자의 진술) 형사시설의 장, 유치업무관리자, 해상보안유치업무관리자 또는 그 대리자는 형사수용시설에 수용되거나 유치되어 있는 피고인 또는 피의자가 재판소 또는 재판관에게 신청 기타의 진술을 하려는 때에는 되도록 그 편의를 도모하고 특히 피고인 또는 피의자가 스스로 진술서를 작성할 수 없을 때에는 이를 대서하거나 소속하는 직원에게 대서하게 하여야 한다.

제298조(서류의 발송, 수리등) ① 서류의 발송 및 수리는 재판소서기관이 취급한다.

② 소송관계인 기타의 자에 대한 통지는 재판소서기관에게 하게 할 수 있다.

③ 소송관계인 기타의 자에게 통지를 한 경우에는 이를 기록상 명백히 하여 두어야 한다.

제299조(재판관에 대한 조사 등의 청구) ① 검찰관, 검찰사무관 또는 사법경찰직원의 재판관에 대한 조사, 처분 또는 영장의 청구는 당해 사건의 관할에 불구하고 이들의 소속의 관공서의 소재지를 관할하는 지방재판소 또는 간이재판소의 재판관에게 하여야 한다. 다만 부득이한 사정이 있는 때에는 가장 가까운 곳의 하급재판소의 재판관에게 할 수 있다.

② 전항의 청구는 소년사건에서는 같은 항 본문의 규정에 불구하고 같은 항에 규정하는 자가 소속된 관공서의 소재지를 관할하는 가정재판소의 재판관에게도 할 수 있다.

제300조(영장의 유효기간) 영장의 유효기간은 영장발부일로부터 7일로 한다. 다만 재판소 또는 재판관은 상당하다고 인정하는 때에는 7일을 넘는 기간을 정할 수 있다.

제301조(서류, 증거물의 열람 등) ① 재판장 또는 재판관은 소송에 관한 서류 및 증거물의 열람 또는 복사에 대한 일시, 장소 및 시간을 지정할 수 있다.

② 재판장 또는 재판관은 소송에 관한 서류 및 증거물의 열람 또는 복사에서 서류의

파기 기타 불법한 행위를 방지하기 위해 필요하다고 인정하는 때에는 재판소서기관 기타 재판소직원을 입회하게 하거나 기타 적당한 조치를 강구하여야 한다.

제302조(재판관의 권한) ① 법에서 재판소 또는 재판장의 권한과 동일한 권한을 가지는 것으로 되어 재판소가 하는 처분에 관한 규정이 준용되는 자로 취급되거나 재판소 또는 재판장에 속하는 처분을 할 수 있게 되어 있는 수명재판관, 수탁재판관 기타 재판관은 그 처분에 관하여는 이 규칙에서도 같다.

② 법 제224조 또는 제225조의 청구를 받은 재판관은 그 처분에 관하여 재판소 또는 재판장과 동일한 권한을 가진다.

제303조(검찰관 및 변호인의 소송지연행위에 대한 조치) ① 재판소는 검찰관 또는 변호사인 변호인이 소송절차에 관한 법률 또는 재판소의 규칙에 위반하여 심리 또는 공판 전 정리절차나 기일 간 정리절차의 신속한 진행을 방해한 경우에는 그 검찰관 또는 변호인에게 이유의 설명을 요구할 수 있다.

② 전항의 경우에 재판소는 특별히 필요하다고 인정하는 때에는 검찰관은 당해 검찰관에 대한 지휘감독의 권한을 가지는 자에게, 변호인은 당해 변호사가 소속된 변호사회 또는 일본변호사연합회에 통지하고 적당한 조치를 취할 것을 청구하여야 한다.

③ 전항의 규정에 따른 청구를 받은 자는 그 취한 조치를 재판소에 통지하여야 한다.

제304조(피고사건 종결 후의 소송기록의 송부) ① 재판소는 피고사건의 종결 후 신속하게 소송기록을 제1심재판소에 대응하는 검찰청의 검찰관에게 송부하여야 한다.

② 전항의 송부는 피고사건이 상소심에서 종결된 경우에는 당해 피고사건이 계속된 하급재판소를 경유하여야 한다.

제305조(대체수용의 경우에 규정의 적용) 형사수용시설 및 피수용자 등의 처우에 관한 법률 제15조 제1항의 규정에 따라 유치시설에 유치된 자에게는 유치시설을 형사시설로, 유치업무관리자를 형사시설의 장으로, 유치담당관(같은 법 제16조 제2항에 규정하는 유치담당관을 말한다.)을 형사시설직원으로 보고, 제62조 제3항, 제80조 제1항 및 제2항, 제91조 제1항 제2호 및 제3호, 제92조의2, 제153조 제4항, 제187조의2, 제187조의3 제2항, 제216조 제2항, 제227조(제138조의8, 제229조, 제284조, 제294조 및 제295조 제2항에서 준용하는 경우를 포함한다.), 제228조(제138조의8, 제229조, 제284조, 제294조 및 제295조 제2항에서 준용하는 경우를 포함한다.), 제229조, 제244조, 제280조의2 제3항 및 제4항과 제280조의3 제2항의 규정을 적용한다.

형사소송법
제36조의2의 자산 및 같은 법 제36조의3 제1항의 기준액을 정하는 정령

제정 平成 18년 정령 제287호

개정 平成 19년 9월 20일 정령 제292호

제 1 조(법 제36조의2의 자산) 형사소송법(이하 「법」이라 한다.) 제36조의2에서 규정하는 정령으로 정하는 자산은 다음에 열거한 것으로 한다.

1. 수표법(昭和 8년 법률 제57호) 제6조 제3항의 규정에 따라 금융기관이 자기 앞으로 발행한 수표

2. 농업협동조합, 농업협동조합연합회, 어업협동조합, 어업협동조합연합회, 수산가공업협동조합 또는 수산가공업협동조합연합회에 대한 저금

3. 노동기준법(昭和 22년 법률 제49호) 제18조 또는 선원법(昭和 22년 법률 제100호) 제34조의 규정에 따라 관리되는 노동자 또는 선원의 저축금

4. 국가공무원공제조합법(昭和 33년 법률 제128호) 제98조 제1항 또는 지방공무원등공제조합법(昭和 37년 법률 제152호) 제112조 제1항에 규정하는 조합에 대한 조합원의 저금 또는 사립학교교직원공제법(昭和 28년 법률 제245호) 제26조 제1항에 규정하는 사업단에 대한 가입자의 저금

제 2 조(법 제36조의3 제1항의 기준액) 법 제36조의3 제1항에 규정하는 정령으로 정하는 액수는 50만엔으로 한다.

형사소송법
제189조 제1항 및 제199조 제2항의 규정에
기초한 사법경찰직원의 지정에 관한 규칙

제정 昭和 29년 국가공안위원회규칙 제5호

개정 令和 원년 5월 24일 국가공안위원회규칙 제1호

제1조 ① 경찰청 및 관구경찰국에 근무하는 경찰관 중에서 순사부장 이상의 계급에 해당하는 경찰관을 사법경찰원이라고 하고, 순사 계급에 해당하는 경찰관은 사법순사로 한다.

② 경찰청장관 또는 관구경찰국장은 특별히 필요하다고 인정하는 때에는 전항의 규정에 불구하고, 경찰청 또는 관구경찰국에 근무하는 순사의 계급에 해당하는 경찰관을 사법경찰원으로 지정할 수 있다.

제2조 ① 경찰청 및 관구경찰국에 근무하는 경찰관 중에서 형사소송법 제199조 제1항에 규정하는 체포장을 청구할 수 있는 사법경찰원은 다음과 같다.

1. 경찰청장관 및 경찰청 차장의 직에 있는 자

2. 관구경찰국장 및 시고쿠 경찰지국장의 직에 있는 자

3. 경찰청의 생활안전국, 형사국, 교통국 및 경비국에 근무하는 경부 이상의 계급에 해당하는 경찰관

4. 관구경찰국(도호쿠 관구경찰국, 주부 관구경찰국 및 주고쿠, 시고쿠 관구경찰국을 제외한다.)의 광역조정부에 근무하는 경부 이상의 계급에 해당하는 경찰관

5. 도호쿠 관구경찰국, 주부 관구경찰국 및 주고쿠, 시고쿠 관구경찰국의 총무감찰·광역조정부의 부장, 고속도로관리관 및 재해대책관의 직에 해당하는 자 및 광역조정제1과 및 광역조정제2과에 근무하는 경부 이상의 계급에 해당하는 경찰관

6. 시고쿠 경찰지국의 고속도로관리관 및 재해대책관의 직에 있는 자 및 광역조정과에 근무하는 경부 이상의 계급에 해당하는 경찰관

제3조 ① 전조의 규정에 따라 지정을 받은 사법경찰원에게는 별지양식의 증표를 교부한다.

② 전항에 규정하는 증표를 교부받은 사법경찰원은 재판관으로부터 요구가 있는 때에는 이를 제시하여야 한다.

부 칙〈생 략〉

별 지〈생 략〉

형사소송법
제194조에 기초한 징계처분에 관한 법률

제정 昭和 29년 법률 제64호

제 1 조(징계의 청구) 형사소송법(昭和 23년 법률 제131호) 제194조에서 정하는 소추는 경찰관인 사법경찰직원 중 국가공무원인 자는 국가공안위원회에, 그 외의 자는 도도부현공안위원회에, 경찰관인 자 이외의 사법경찰직원은 그 자를 징계 또는 파면하는 권한을 가지는 자에게 서면으로 청구하여 진행한다.

제 2 조(징계의 처분) 전조의 청구를 받은 자가 징계 또는 파면에 관한 처분을 하는 경우 처분의 종류, 절차(처분에 대한 심사에 관한 것을 포함한다.) 및 효력에 대하여는 형사소송법에 정하는 것 외 각각 당해 직원에 대한 통상의 징계처분의 예에 따른다.

부 칙 〈생 략〉

검찰관이 조사한 자 등에 대한 여비, 일당, 숙박료등 지급법

제정 昭和 24년 법률 제57호

개정 平成 16년 6월 9일 법률 제89호

① 형사소송법(昭和 23년 법률 제131호) 제223조, 국제수사공조 등에 관한 법률(昭和 55년 법률 제69호) 제8조 제1항 또는 제5항의 규정에 따라 검찰관 또는 검찰수사관이 조사한 자나 검찰관 또는 검찰수사관으로부터 촉탁을 받은 감정인, 통역인 또는 번역인에게는 여비, 일당, 숙박료, 감정료, 통역료 또는 번역료를 지급하고, 감정, 통역 또는 번역에 필요한 비용의 지불 또는 보상을 할 수 있다.

② 전항의 여비, 일당, 숙박료, 감정료, 통역료, 번역료 및 비용액에는 형사소송비용 등에 관한 법률(昭和 46년 법률 제41호) 제3조부터 제7조까지 및 제9조의 규정을 준용한다. 이 경우 이들 규정 중 「재판소」는 「검찰관」으로 바꿔 읽는 것으로 한다.

부 칙 〈생 략〉

검찰관의 직무를 수행하는 변호사에게 지급할 수당액을 정하는 정령

제정 昭和 24년 정령 제372호

개정 平成 27년 12월4일 정령 제403호

제 1 조 형사소송법 제268조 제1항, 검찰심사회법(昭和 23년 법률 제147호) 제41조의9 제1항 또는 제41조의11 제2항의 지정을 받은 변호사(이하 「지정변호사」라 한다.)에게 지급할 수당액은 그 지정에 따라 공소를 유지할 사건의 심급마다 50만엔 이상 315만엔 이하(상소심 및 그 후의 심급에 대하여는 19만엔 이상 315만엔 이하)의 범위 내에서 재판소가 상당하다고 인정하는 액으로 한다. 다만 한 심급 도중에 지정을 받은 자 또는 지정의 취소 기타 사유로 한 심급 도중에 직무를 수행하지 아니하게 된 자에게 지급할 당해 심급에 관한 수당액은 315만엔 이하의 범위 내에서 재판소가 상당하다고 인정하는 액으로 한다.

제 2 조 지정변호사가 그 직무에 따라 출장을 한 때에는 전조의 수당액은 같은 조에 정하는 금액에 공무에 의해 출장을 한 1호의 검사에 대하여 국가공무원등의 여비에 관한 법률(昭和 25년 법률 제114호)에 기하여 지급할 여비액에 대등한 금액을 가산한 액으로 한다.

부 칙(平成 27년 12월 4일 정령 제403호)

① (시행기일) 이 정령은 平成 28년 1월 1일부터 시행한다.

② (경과조치) 개정 후의 제1조의 규정은 이 정령의 시행일 이후에 심급이 종료된 사건의 당해 심급에 관한 수당에 대하여 적용한다.

형사소송법 제350조의2
제2항 제3호의 죄를 정하는 정령

제정 平成 30년 정령 제51호

형사소송법 제350조의2 제2항 제3호의 재정경제관계범죄로서 정령으로 정하는 죄는 제1호부터 제48호까지에 열거된 법률의 죄 또는 제49호에 열거된 죄로 한다.

1. 조세에 관한 법률
2. 금융기관의 신탁업무의 겸영 등에 관한 법률(昭和 18년 법률 제43호)
3. 사적 독점의 금지 및 공정거래의 확보에 관한 법률(昭和 22년 법률 제54호)
4. 농업협동조합법(昭和 22년 법률 제132호)
5. 금융상품거래법(昭和 23년 법률 제25호)
6. 소비생활협동조합법(昭和 23년 법률 제200호)
7. 수산업협동조합법(昭和 23년 법률 제242호)
8. 중소기업등협동조합법(昭和 24년 법률 제181호)
9. 협동조합에 의한 금융사업에 관한 법률(昭和 24년 법률 제183호)
10. 외환 및 외국무역법(昭和 24년 법률 제228호)
11. 상품선물거래법(昭和 25년 법률 제239호)
12. 투자신탁 및 투자법인에 관한 법률(昭和 26년 법률 제198호)
13. 신용금고법(昭和 26년 법률 제238호)
14. 장기신용은행법(昭和 27년 법률 제187호)
15. 노동금고법(昭和 28년 법률 제227호)
16. 출자의 인수, 예치금 및 금리 등의 단속에 관한 법률(昭和 29년 법률 제195호)
17. 보조금 등에 관련된 예산의 집행의 적정화에 관한 법률(昭和 30년 법률 제179호)
18. 예금 등에 관련된 부당계약의 단속에 관한 법률(昭和 32년 법률 제136호)
19. 특허법(昭和 34년 법률 제121호)
20. 실용신안법(昭和 34년 법률 제123호)
21. 의장법(昭和 34년 법률 제125호)
22. 상표법(昭和 34년 법률 제127호)
23. 금융기관의 합병 및 전환에 관한 법률(昭和 43년 법률 제86호)

형사소송법 제350조의2 제2항 제3호의 죄를 정하는 정령 **209**

24. 저작권법(昭和 45년 법률 제48호)

25. 특정상거래에 관한 법률(昭和 51년 법률 제57호)

26. 은행법(昭和 56년 법률 제59호)

27. 대금업법(昭和 58년 법률 제32호)

28. 반도체집적회로의 회로배치에 관한 법률(昭和 60년 법률 제43호)

29. 특정상품등의 예탁 등 거래계약에 관한 법률(昭和 61년 법률 제62호)

30. 부정경쟁방지법(平成 5년 법률 제47호)

31. 부동산특정공동사업법(平成 6년 법률 제77호)

32. 보험업법(平成 7년 법률 제105호)

33. 금융기관 등의 갱생절차의 특례 등에 관한 법률(平成 8년 법률 제95호)

34. 종묘법(平成 10년 법률 제83호)

35. 자산의 유동화에 관한 법률(平成 10년 법률 제105호)

36. 채권관리회수업에 관한 특별조치법(平成 10년 법률 제126호)

37. 민사재생법(平成 11년 법률 제225호)

38. 외국도산처리절차의 승인원조에 관한 법률(平成 12년 법률 제129호)

39. 공직에 있는 자 등의 알선행위에 따른 이득 등의 처벌에 관한 법률(平成 12년 법률 제130호)

40. 농림중앙금고법(平成 13년 법률 제93호)

41. 입찰담합 등 관여행위의 배제 및 방지와 직원에 의한 입찰 등의 공정을 해치는 행위의 처벌에 관한 법률(平成 14년 법률 제101호)

42. 회사갱생법(平成 14년 법률 제154호)

43. 파산법(平成 16년 법률 제75호)

44. 신탁업법(平成 16년 법률 제154호)

45. 회사법(平成 17년 법률 제86호)

46. 범죄에 의한 수익의 이전방지에 관한 법률(平成 19년 법률 제22호)

47. 주식회사상공조합중앙금고법(平成 19년 법률 제74호)

48. 자금결제에 관한 법률(平成 21년 법률 제59호)

49. 전 각호에 열거하는 법률의 죄 외에 다음에 열거하는 죄[형법(明治 40년 법률 제45호)의 죄를 제외한다.]

イ 뇌물을 수수, 요구 또는 약속한 죄

ロ 뇌물을 수수 또는 공여하게 하거나 공여의 요구 또는 약속을 한 죄

ハ 부정한 청탁을 받아 재산상의 이익을 수수, 요구 또는 약속한 죄

ニ イ부터 ハ까지에 열거한 죄에 관련된 뇌물 또는 이익을 공여하거나 신청 또는

약속을 한 죄

ホ 임무에 위배하는 행위를 하여 타인에 재산상의 손해를 가한 죄 또는 그 미수죄

압수물환부 등 공고령

제정 昭和 28년 정령 제342호

개정 平成 24년 5월 30일 정령 제156호

제1조 형사소송법 제499조 제1항 또는 제2항의 규정에 따른 압수물의 환부에 관한 공고와 같은 법 제499조의2 제1항에서 준용하는 같은 법 제499조 제1항 또는 제2항의 규정에 따른 교부 또는 복사에 관한 공고는 이 정령이 정하는 방법에 따라 진행한다.

제2조 ① 공고는 검찰관이 진행하는 경우에는 검찰청의 게시장에, 사법경찰원이 진행하는 경우에는 그 소속 관공서의 게시장에 각각 14일간 게시하는 방법에 따라 진행한다. 다만 필요한 때에는 관보에 게재하는 방법을 병용하여 진행할 수 있다.
② 게시장에 게시하는 방법으로 진행할 수 없을 때에는 전항의 규정에 불구하고 관보에 게시하는 방법으로 진행하여야 한다.

제3조 ① 검찰관이 형사소송법 제499조 제1항 또는 제2항의 규정에 따라 공고하는 경우에 공고할 사항은 다음과 같다.

1. 형사소송법 제499조 제1항 또는 제2항의 규정에 따라 공고하는 취지
2. 검찰청명
3. 사건명 및 압수번호
4. 품명 및 수량
5. 공고의 초일 및 말일의 연월일(전조 제1항 단서 및 제2항의 규정에 따른 공고에서는 그 연월일)

② 사법경찰원이 형사소송법 제499조 제1항 또는 제2항의 규정에 따라 공고하는 경우 공고할 사항은 다음과 같다.

1. 형사소송법 제499조 제1항 또는 제2항의 규정에 따라 공고하는 취지
2. 소속 관공서명(관공서에 소속하지 아니하는 사법경찰원의 경우는 사법경찰원인 취지, 이름 및 연락처)
3. 사건명 및 압수번호
4. 품명 및 수량

5. 공고의 초일 및 말일의 연월일(전조 제1항 단서 및 제2항의 규정에 따른 공고에서는 그 연월일)

③ 검찰관이 형사소송법 제499조의2 제1항에서 준용하는 같은 법 제499조 제1항 또는 제2항의 규정에 따라 공고하는 경우에 공고할 사항은 다음과 같다.

1. 형사소송법 제499조의2 제1항에서 준용하는 같은 법 제499조 제1항 또는 제2항의 규정에 따라 공고하는 취지

2. 검찰청명

3. 사건명 및 압수번호

4. 품명 및 수량

5. 공고의 초일 및 말일의 연월일(전조 제1항 단서 및 제2항의 규정에 따른 공고에서는 그 연월일)

6. 교부할 기록매체에 기록된 전자적 기록 또는 복사를 허가할 전자적 기록을 특정하기에 충분한 사항

④ 사법경찰원이 형사소송법 제499조의2 제1항에서 준용하는 같은 법 제499조 제1항 또는 제2항의 규정에 따라 공고하는 경우에 공고할 사항은 다음과 같다.

1. 형사소송법 제499조의2 제1항에서 준용하는 같은 법 제499조 제1항 또는 제2항의 규정에 따라 공고하는 취지

2. 소속 관공서명(관공서에 소속하지 아니하는 사법경찰원의 경우는 사법경찰원인 취지, 이름 및 연락처)

3. 사건명 및 압수번호

4. 품명 및 수량

5. 공고의 초일 및 말일의 연월일(전조 제1항 단서 및 제2항의 규정에 따른 공고에서는 그 연월일)

6. 교부할 기록매체에 기록된 전자적 기록 또는 복사를 허가할 전자적 기록을 특정하기에 충분한 사항

⑤ 검찰관 또는 사법경찰원은 필요한 때에는 압수의 장소, 연월일 및 압수물의 특징도 공고할 수 있다.

제 4 조 ① 공고는 1회 하는 것으로 한다.

② 검찰관 또는 사법경찰원은 특별히 필요한 때에는 공고의 횟수를 늘리거나 제2조 제1항 본문의 기간을 연장할 수 있다.

부 칙 〈생 략〉

2 장

수사 및 기록

형사확정소송기록법

제징 昭和 62년 법률 제64호

개정 平成 25년 6월 19일 법률 제49호

제1조(목적) 이 법률은 형사피고사건에 관련된 소송기록의 소송종결 후의 보관, 보존 및 열람에 관하여 필요한 사항을 정하는 것을 목적으로 한다.

제2조(소송기록의 보관) ① 형사피고사건에 관련된 소송기록[범죄피해자 등의 권리 이익의 보호를 도모하기 위한 형사절차에 부수하는 조치에 관한 법률(平成 12년 법률 제75호) 제2조 제1항에 규정하는 화해기록은 그 등본]은 소송종결 후에는 당해 피고 사건에 대하여 제1심의 재판을 한 재판소에 대응하는 검찰청의 검찰관(이하 「보관검 찰관」이라 한다.)이 보관한다.

② 전항의 규정에 따라 보관검찰관이 보관하는 기록(이하 「보관기록」이라 한다.)의 보 관기간은 별표 상란에 열거하는 보관기록의 구분에 대응하여 각각 같은 표 하란에 정하는 바에 따른다.

③ 보관검찰관은 필요하다고 인정하는 때에는 보관기간을 연장할 수 있다.

제3조(재심절차를 위한 보존) ① 보관검찰관은 보관기록에 대하여 재심절차를 위해 보존이 필요하다고 인정하는 때에는 보존할 기간을 정하고, 그 보관기간 만료 후에 도 재심보존기록으로서 보존한다.

② 재심청구를 하려는 자, 재심청구를 한 자 또는 형사소송법(昭和 23년 법률 제131 호) 제440조 제1항의 규정에 따라 선임된 변호인은 보관검찰관에게 보관기록을 재 심보존기록으로 보존할 것을 청구할 수 있다.

③ 전항의 규정에 따른 청구가 있는 때에는 보관검찰관은 청구에 관련된 보관기록 을 재심보존기록으로 보존할 것인지를 결정하고 청구를 한 자에게 그 취지를 통지 하여야 한다. 다만 청구에 관련된 보관기록을 재심보존기록으로 보존하게 되어 있 는 때에는 그 취지를 통지하면 충분하다.

④ 재심보존기록의 보존기간은 연장할 수 있다. 이 경우에는 전3항의 규정을 준용 한다.

제4조(보관기록의 열람) ① 보관검찰관은 청구가 있는 때에는 보관기록(형사소송법 제 53조 제1항의 소송기록에 한한다. 다음 항에서 같다.)을 열람하게 하여야 한다. 다만 같은

조 제1항 단서에 규정하는 사유가 있는 경우는 그러하지 아니하다.

② 보관검찰관은 보관기록이 형사소송법 제53조 제3항에 규정하는 사건의 것인 경우를 제외하고 다음에 열거하는 경우에는 보관기록(제2호의 경우에는 종국재판의 재판서를 제외한다.)을 열람하게 하지 아니한다. 다만 소송관계인 또는 열람에 정당한 이유가 있다고 인정되는 자로부터 열람청구가 있는 경우에는 그러하지 아니하다.

1. 보관기록이 변론의 공개를 금지한 사건의 것인 때

2. 보관기록에 관련된 피고사건이 종결된 후 3년을 경과한 때

3. 보관기록을 열람하게 하는 것이 공공질서 또는 선량한 풍속을 해치게 될 우려가 있다고 인정되는 때

4. 보관기록을 열람하게 하는 것이 범인의 개선 및 갱생을 현저하게 방해하게 될 우려가 있다고 인정되는 때

5. 보관기록을 열람하게 하는 것이 관계인의 명예 또는 생활의 평온을 현저하게 해치게 될 우려가 있다고 인정되는 때

6. 보관기록을 열람하게 하는 것이 재판원, 보충재판원, 선임예정재판원 또는 재판원후보자 개인을 특정하게 될 우려가 있다고 인정되는 때

③ 제1항의 규정은 형사소송법 제53조 제1항의 소송기록 이외의 보관기록에 소송관계인 또는 열람에 정당한 이유가 있다고 인정되는 자로부터 열람의 청구가 있는 경우에 준용한다.

④ 보관검찰관은 보관기록을 열람하게 하는 경우에 보존을 위해 적당하다고 인정하는 때에는 원본의 열람이 필요한 경우를 제외하고 그 등본을 열람하게 할 수 있다.

제 5 조(재심보존기록의 열람) ① 보관검찰관은 제3조 제2항에 규정하는 자로부터 청구가 있는 때에는 재심보존기록을 열람하게 하여야 한다.

② 전조 제1항 단서 및 제4항의 규정은 전항의 청구가 있는 경우에 준용한다.

③ 보관검찰관은 학술연구를 위해 필요하다고 인정하는 경우 기타 법무성령으로 정하는 경우에는 신청에 의해 재심보존기록을 열람하게 할 수 있다. 이 경우에는 전조 제4항의 규정을 준용한다.

제 6 조(열람자의 의무) 보관기록 또는 재심보존기록을 열람한 자는 열람에 의해 지득한 사항을 함부로 이용하거나, 공공질서 또는 선량한 풍속을 해치거나, 범인의 개선 및 갱생을 방해하거나 관계인의 명예 또는 생활의 평온을 해치는 행위를 하여서는 아니 된다.

제 7 조(열람의 수수료) 보관기록 또는 재심보존기록을 열람하는 자는 실비를 감안하여 정령으로 정하는 액수의 수수료를 납부하여야 한다.

제 8 조(불복신청) ① 제3조 제2항의 규정에 따라 보존의 청구를 한 자(같은 조 제4항에서 준용하는 같은 조 제2항의 규정에 따라 보존기간연장의 청구를 한 자를 포함한다.) 또는 제4조 제1항(같은 조 제3항에서 준용하는 경우를 포함한다.)이나 제5조 제1항의 규정에 따라 열람의 청구를 한 자로서 당해 청구에 기초하여 보관검찰관의 보존 또는 열람에 관한 처분에 불복이 있는 때에는 그 보관검찰관이 소속하는 검찰청에 대응하는 재판소에 그 처분의 취소 또는 변경을 청구할 수 있다.

② 전항의 규정에 따른 불복신청에 관한 절차는 형사소송법 제430조 제1항에 규정하는 검찰관의 처분의 취소 또는 변경의 청구에 관련된 절차의 예에 따른다.

제 9 조(형사참고기록의 보존 및 열람) ① 법무대신은 보관기록 또는 재심보존기록에 대하여 형사법제 및 그 운용과 범죄에 관한 조사연구의 중요한 참고자료라고 사료하는 때에는 그 보관기간 또는 보존기간 만료 후 형사참고기록으로서 보존한다.

② 법무대신은 학술연구를 위해 필요하다고 인정하는 경우 기타 법무성령으로 정하는 경우에는 신청에 의해 형사참고기록을 열람하게 할 수 있다. 이 경우에는 제4조 제4항 및 제6조의 규정을 준용한다.

③ 형사참고기록이 재심절차를 위한 보존이 필요하다고 인정되는 경우에 그 보존 및 열람은 재심보존기록의 보존 및 열람의 예에 따른다.

④ 법무대신은 법무성령으로 정하는 바에 따라 제1항 또는 제2항의 규정에 기초한 권한을 소부(所部)의 직원에게 위임할 수 있다.

제10조(법무성령에의 위임) 이 법률에 규정하는 것 외에 이 법률의 실시에 관하여 필요한 사항은 법무성령으로 정한다.

별표(제2조 관련)

보관기록의 구분	보관기간
1. 재판서	
(1) 사형, 무기징역 또는 금고에 처하는 확정재판의 재판서	100년
(2) 유기징역 또는 금고에 처하는 확정재판의 재판서	50년
(3) 벌금, 구류나 과태료에 처하는 확정재판 또는 형을 면제하는 확정재판의 재판서	20년(법무성령으로 정하는 것은 법무성령으로 정하는 기간)
(4) 무죄, 면소, 공소기각 또는 관할위반의 확정재판의 재판서	
(i) 사형, 무기징역 또는 금고에 해당하는 죄에 관련된 것	15년
(ii) 유기징역 또는 금고에 해당하는 죄에 관련된 것	5년
(iii) 벌금, 구류 또는 과태료에 해당하는 죄에 관련된 것	3년
(5) 항소 또는 상고의 신청에 대한 확정재판(1에서 4까지의 확정재판을 제외한다.)의 재판서	항소 또는 상고에 관련된 피고사건에 대한 1에서 4까지의 확정재판의 구분에 대응하여, 그 재판의 재판서의 보관기간과 같은 기간
(6) 그 외의 재판의 재판서	법무성령으로 정하는 기간
2. 재판서 이외의 보관기록	
(1) 형에 처하는 재판으로 종결된 피고사건의 보관기록	
(i) 사형, 무기징역 또는 금고에 처하는 재판에 관련된 것	50년
(ii) 20년을 초과하는 유기징역 또는 금고에 처하는 재판에 관련된 것	30년
(iii) 10년 이상 20년 이하의 징역 또는 금고에 처하는 재판에 관련된 것	20년
(iv) 5년 이상 10년 미만의 징역 또는 금고에 처하는 재판에 관련된 것	10년
(v) 형의 일부의 집행유예를 선고하는 재판에 관련된 것	8년
(vi) 5년 미만의 징역 또는 금고에 처하는 재판((5)의 재판을 제외한다.)에 관련된 것	5년
(vii) 벌금, 구류 또는 과태료에 처하는 재판에 관련된 것	3년(법무성령으로 정하는 것은 법무성령으로 정하는 기간)
(2) 형의 면제, 무죄, 면소, 공소기각 또는 관할위반의 재판으로 종결된 피고사건의 보관기록	
(i) 사형, 무기징역 또는 금고에 해당하는 죄에 관련된 것	15년
(ii) 유기징역 또는 금고에 해당하는 죄에 관련된 것	5년
(iii) 벌금, 구류 또는 과태료에 해당하는 죄에 관련된 것	3년
(3) 그 외의 보관기록	법무성령으로 정하는 기간

형사확정소송기록법 시행규칙

제징 昭和 62년 법무성령 제41호

개정 令和 원년 6월 28일 법무성령 제18호

제1조(법 별표의 법무성령으로 정하는 보관기간) 형사확정소송기록법(이하 「법」이라 한
다.) 별표 제1호3의 확정재판의 재판서 중 법무성령으로 정하는 것은 도로교통법(昭
和 35년 법률 제105호) 제8장의 죄[36], 자동차의 보관장소의 확보 등에 관한 법률(昭和
37년 법률 제145호) 제17조 또는 제18조의 죄[37])에 관련된 피고사건에 대한 형사소송
법(昭和 23년 법률 제131호) 제6편 또는 교통사건즉결재판절차법(昭和 29년 법률 제113
호)에 정하는 절차[38])(이하 「약식절차등」이라 한다.)에 따른 확정재판의 재판서(정식재판
청구가 있는 사건에 관련된 것을 제외한다.)로 하고, 보관기간은 10년으로 한다.

제2조(위와 같음) 법 별표 제1호6의 기타 재판의 재판서의 법무성령으로 정하는 기
간은 다음 표 상란에 열거하는 재판서의 구분에 대응하여 각각 같은 표 하단에 정
하는 바에 따른다.

---

36) 교통사고 사상사건, 신호조작, 음주운전, 무면허운전, 사고 후 미조치 기타 일본국 도로교통법에 정하는
단속규정 위반에 대한 벌칙규정을 뜻함.
37) 일본국 자동차의 보관장소의 확보 등에 관한 법률 제17조(벌칙) ① 다음 각호의 어느 하나에 해당하는
자는 3월 이하의 징역 또는 20만엔 이하의 벌금에 처한다.
 1. 제9조 제1항의 규정에 따른 공안위원회의 명령에 위반한 자
 2. 제11조 제1항의 규정에 위반하여 도로상의 장소를 사용한 자
 ② 다음 각호의 어느 하나에 해당하는 자는 20만엔 이하의 벌금에 처한다.
 1. 자동차의 보관장소에 관한 허위의 서면을 제출하거나 경찰서장에게 자동차의 보관장소에 관한 허위
의 통지를 하여 제4조 제1항의 규정에 따른 처분을 받은 자
 2. 제11조 제2항의 규정에 위반한 자
 ③ 다음 각호의 어느 하나에 해당하는 자는 10만엔 이하의 벌금에 처한다.
 1. 제5조, 제7조 제1항(제13조 제4항에서 준용하는 경우를 포함한다.) 또는 제13조 제3항의 규정에 따른
신고를 하지 아니거나 허위의 신고를 한 자
 2. 제9조 제6항의 규정에 위반한 자
 3. 제12조의 규정에 따른 보고를 하지 아니하거나, 자료를 제출하지 아니하거나, 허위의 보고를 하거나
허위의 자료를 제출한 자
 ※ 제18조는 법인에 대한 양벌규정임.
38) 일본국 교통사건즉결재판절차법 제3조(즉결재판) ① 간이재판소는 교통에 관한 형사사건에 대하여 검찰
관의 청구에 의해 공판 전 즉결재판으로 50만엔 이하의 벌금 또는 과료를 부과할 수 있다. 이 경우에는
형의 집행유예, 몰수의 부과, 기타 부수처분을 할 수 있다.
② 즉결재판은 즉결재판절차에 따르는 것에 피고인이 이의가 있는 때에는 할 수 없다.

재판서의 구분	보관기간
1. (1) 상소심에서 파기된 재판의 재판서 (2) 공소기각, 항소기각 또는 상고기각의 확정재판(공소기각, 항소기각 또는 상고기각의 확정판결을 제외한다.)에 관련된 상소의 신청(이의신청을 포함한다.)에 대한 재판의 재판서 (3) 판결정정신청에 대한 재판의 재판서	당해 재판에 관련된 피고사건에 대한 법 별표 제1호1부터 4까지의 확정재판의 구분에 대응하여 그 확정재판의 재판서의 보관기간과 같은 기간
2. (1) 형의 집행유예의 선고를 취소하는 확정재판의 재판서, 형법(明治 40년 법률 제45호) 제52조의 규정에 따라 형을 정하는 확정재판의 재판서, 형사소송법 제501조의 규정에 따라 재판의 해석을 구하는 신청에 대한 확정재판(기각결정을 제외한다.)의 재판서, 형사사건에서의 제3자 소유물의 몰수절차에 관한 응급조치법(昭和 38년 법률 제138호) 제13조의 규정에 따라 몰수의 재판을 취소하는 확정재판의 재판서 또는 재심을 개시하는 확정재판의 재판서 (2) (1)에 열거한 재판에 관련된 상소의 신청(이의신청을 포함한다.)에 대한 재판의 재판서	확정재판에 관련된 피고사건에 대한 법 별표 제1호의1부터 4까지의 확정재판의 구분에 대응하여 그 재판의 재판서의 보존기간이 만료될 때까지의 기간
3. (1) 형사소송법 제181조 제4항, 제183조, 제184조 또는 소년법 제45조의3 제1항의 규정에 따라 소송비용을 부담하게 하는 확정재판의 재판서 또는 같은 법 제500조의 규정에 따라 소송비용의 부담을 명하는 재판의 집행의 면제신청에 대한 확정재판의 재판서 (2) (1)에 열거한 재판에 관련된 상소의 신청(이의신청을 포함한다.)에 대한 재판의 재판서	5년
4. 비상상고의 신청에 대한 재판(기각재판을 제외한다.)의 재판서	파기된 확정재판의 재판서 또는 파기된 소송절차에 관련된 확정재판의 재판서의 보관기간이 만료할 때까지의 기간
5. 1에서 4까지의 재판 이외의 재판의 재판서	당해 재판에 대한 재판서 이외의 보관기록의 보관기간이 만료할 때까지의 기간

제 3 조(위와 같음) 법 별표 제2호1(7)의 보관기록 중 법무성령으로 정하는 것은 도로교통법 제8장의 죄, 자동차의 보관장소의 확보 등에 관한 법률 제17조 또는 제18조의 죄에 관련된 피고사건에 대한 약식절차 등에 따른 소송기록으로서 가납부의 재

판의 집행에 의해 약식명령 또는 교통사건즉결재판이 확정된 때에 형의 집행을 종료한 사건에 관련된 것(정식재판청구가 있는 사건에 관련된 것을 제외한다.)으로 하고, 보관기간은 1년으로 한다.

제4조(위와 같음) 법 별표 제2호3의 기타 보관기록의 법무성령으로 정하는 기간은 다음 표의 상란에 열거하는 보관기록의 구분에 대응하여 각각 같은 표 하란에 정하는 바에 따른다.

보관기록의 구분	보관기간
1. 재심청구사건의 소송기록	재심청구에 관련된 피고사건의 재판서 이외의 보관기록의 보관기간이 만료될 때까지의 기간(그 기간이 3년 미만인 것에 대하여는 3년)
2. 그 외의 보관기록	3년

제5조(재심절차를 위한 보존의 청구) 법 제3조 제2항의 규정에 따라 보관기록을 재심보존기록으로서 보존할 것을 청구하려는 자는 재심보존청구서(양식 제1호)를 보관검찰관에게 제출하여야 한다.

제6조(보존에 관한 통지) 법 제3조 제3항의 규정에 따른 통지는 서면으로 한다. 이 경우에 보존하지 아니하는 취지를 통지할 때에는 그 이유를 부기한다.

제7조(보존기간의 연장청구 등) 전2조의 규정은 법 제3조 제4항에서 준용하는 같은 조 제2항의 규정에 따른 재심보존기록의 보존기간의 연장청구에 준용한다. 이 경우에 제5조 중 「재심보존청구서(양식 제1호)」는 「재심보존기간연장청구서(양식 제2호)」로 바꿔 읽는 것으로 한다.

제8조(보관기록의 열람청구 등) ① 법 제4조 제1항 또는 제3항의 보관기록의 열람청구를 하려는 자는 보관기록열람청구서(양식 제3호)를 보관검찰관에게 제출하여야 한다.

② 전항의 경우에 보관검찰관은 필요하다고 인정하는 때에는 소송관계인인 것 또는 열람에 정당한 이유가 있음을 명백히 할 자료의 제출을 요구할 수 있다.

③ 보관검찰관은 보관기록에 대한 열람청구가 있는 경우에 청구에 관련된 보관기록을 열람시키지 않을 때에는 그 취지 및 이유를 서면으로 청구를 한 자에게 통지한다.

제9조(재심보존기록의 열람청구 등) ① 재심보존기록의 열람청구를 하려는 자는 재심보존기록열람청구서(양식 제4호)를 보관검찰관에게 제출하여야 한다.

② 전조 제3항의 규정은 재심보존기록에 열람청구를 한 경우에 준용한다.

제10조(법 제5조 제3항의 법무성령으로 정하는 경우) 법 제5조 제3항의 법무성령으로

정하는 경우는 다음에 열거하는 경우로 한다.

1. 민사상 또는 행정상 쟁송에 관하여 재심보존기록 열람이 필요하다고 인정하는 경우
2. 형사상 절차에 관한 재심보존기록 열람이 필요하다고 인정하는 경우
3. 기타 특별히 재심보존기록 열람이 필요하다고 인정하는 경우

제11조(재심보존기록의 열람신청) 법 제5조 제3항의 재심보존기록의 열람신청을 하려는 자는 재심보존기록열람신청서(양식 제5호)를 보관검찰관에게 제출하여야 한다.

제12조(열람의 일시, 장소 등의 지정 등) ① 보관검찰관은 보관기록 또는 재심보존기록의 열람에 대한 일시 장소 및 시간을 지정할 수 있다.

② 보관검찰관은 보관기록 또는 재심보존기록의 열람에 대하여 당해 기록의 파기 기타 불법한 행위를 방지하기 위해 필요하다고 인정하는 때에는 검찰청의 직원을 입회하게 하거나 기타 적당한 조치를 강구한다.

제13조(열람의 수수료의 납부방법) 법 제7조의 수수료는 수수료액에 상당하는 액수의 수납인지를 붙여 납부할 수 있다.

제14조(법 제9조 제2항의 법무성령으로 정하는 경우) 법 제9조 제2항의 법무성령으로 정하는 경우는 다음에 열거하는 경우로 한다.

1. 민사상 또는 행정상 쟁송에 관하여 형사참여기록 열람이 필요하다고 인정하는 경우
2. 형사상 절차에 관하여 형사참여기록 열람이 필요하다고 인정하는 경우
3. 기타 특별히 형사참여기록 열람이 필요하다고 인정하는 경우

제15조(권한의 위임) 법 제9조 제4항의 규정을 기초로, 형사참고기록의 보존 및 열람에 관한 법무대신의 권한(형사참고기록으로서 보존하는 취지의 결정에 관한 권한을 제외한다.)은 형사참고기록에 관련된 피고사건에 대하여 제1심의 재판을 한 재판소에 대응하는 검찰청의 장(구검찰청에서는 그 소재지를 관할하는 지방재판소에 대응하는 검찰청의 검사정. 이하 같다.)에게 위임한다.

제16조(형사참고기록의 열람의 신청 등) ① 법 제9조 제2항의 형사참고기록의 열람의 신청을 하려는 자는 형사참고기록열람신청서(양식 제6호)를 전조에 규정하는 검찰청의 장에게 제출하여야 한다.

② 제12조의 규정은 형사참고기록의 열람에 준용한다. 이 경우 같은 조 중 「보관검찰관」은 「검찰청의 장」으로 바꿔 읽는 것으로 한다.

형사확정소송기록열람수수료령

제정 昭和 62년 징령 제379호

형사확정소송기록법 제7조에 규정하는 정령으로 정하는 수수료의 액수는 기록 1건에 1회 150엔으로 한다.

범죄수사규범

제정 昭和 32년 국가공안위원회규칙 제2호
개정 令和 원년 12월 13일 국가공안위원회규칙 제10호

제1장 총칙

제1절 수사의 마음가짐

제1조(이 규칙의 목적) 이 규칙은 경찰관이 범죄의 수사를 진행할 때 지켜야 할 마음가짐, 수사방법, 절차 기타 수사에 관하여 필요한 사항을 정하는 것을 목적으로 한다.

제2조(수사의 기본) ① 수사는 사안의 진상을 명백히 하여 사건을 해결한다는 강고한 신념을 가지고 신속 적확하게 진행하여야 한다.

② 수사를 진행할 때에는 개인의 기본적 인권을 존중하고 공정 성실하게 수사의 권한을 행사하여야 한다.

제3조(법령 등의 엄수) 수사를 진행할 때에는 경찰법(昭和 29년 법률 제162호), 형사소송법(昭和 23년 법률 제131호. 이하 「형소법」이라 한다.) 기타 법령 및 규칙을 엄수하고 개인의 자유 및 권리를 부당하게 침해하지 않도록 주의하여야 한다.

제4조(합리수사) ① 수사를 진행할 때에는 증거에 의해 사안을 밝혀야 한다.

② 수사를 진행할 때에는 선입관에 얽매이지 말고 근거에 기초하지 않은 추측을 배제하며 피의자 기타 관계자의 진술을 과신하는 일이 없이 기초적 수사를 철저히 하고 물적 증거를 비롯한 모든 증거의 발견 수집에 노력함과 동시에 감식시설 및 자료를 충분히 활용하여 수사를 합리적으로 진행하도록 하여야 한다.

제5조(총합수사) 수사를 진행할 때에는 모든 정보자료를 총합하여 판단함과 동시에 널리 지식기능을 활용하고 항상 조직의 힘에 의해 수사를 총합적으로 진행하도록 하여야 한다.

제6조(착실한 수사) 수사는 안이하게 성과를 요구하는 일 없이 범죄의 규모, 방법 기타 제반 상황을 냉정 조밀하게 판단하고 착실하게 진행하여야 한다.

제7조(공소, 공판에의 배려) 수사는 형사절차의 일환임에 비추어 공소의 실행 및 공판의 심리를 염두에 두고 진행하여야 한다. 특히 재판원이 참가하는 형사재판에 관한 법률(平成 16년 법률 제63호) 제2조 제1항에 규정하는 사건에 해당하는 사건의 수사를 진행하는 경우는 국민 중에서 선임된 재판원에게 알기 쉽게 입증이 가능하도록 배려하여야 한다.

제8조(규율과 협력) 수사를 진행할 때에는 자기의 능력을 과신하여 독단에 빠지는 일이 없이 상사로부터 명령받은 사항을 충실히 시행하며 항상 경찰규율을 바르게 하고 협력 일치하여 시인에 임하여야 한다.

제9조(비밀의 보호 유지 등) ① 수사를 진행할 때에는 비밀을 엄수하고 수사의 수행에 지장을 미치지 않도록 주의함과 동시에 피의자, 피해자(범죄에 의해 해를 입은 자를 말한다. 이하 같다.) 기타 사건 관계자의 명예를 해하는 일이 없도록 주의하여야 한다.

② 수사를 진행할 때에는 전항의 규정에 따라 비밀을 엄수하는 외에 고소, 고발, 범죄에 관한 신고 기타 범죄수사의 단서 또는 범죄수사의 자료를 제공한 자[제11조(피해자등의 보호 등) 제2항에서 「자료제공자」라고 한다.]의 명예나 신용을 해하는 일이 없도록 주의하여야 한다.

제10조(관계자에 대한 배려) 수사를 진행할 때에는 항상 언동을 삼가고 관계자의 편의를 고려하여 필요한 한도를 넘어 폐를 끼치지 않도록 주의하여야 한다.

제10조의2(피해자등에 대한 배려) ① 수사를 진행할 때에는 피해자 또는 그 친족(이하 이 절에서 「피해자등」이라고 한다.)의 심정을 이해하고 그 인격을 존중하여야 한다.

② 수사를 진행할 때에는 피해자등의 조사에 적절한 장소의 이용 기타 피해자등에게 가능한 한 불안 또는 폐를 끼치지 않도록 하기 위한 조치를 강구하여야 한다.

제10조의3(피해자등에 대한 통지) 수사를 진행할 때에는 피해자등에게 형사절차의 개요를 설명함과 동시에 당해 사건의 수사경과 기타 피해자등의 구제 또는 불안의 해소에 도움이 된다고 인정되는 사항을 통지하여야 한다. 다만 수사 기타 경찰의 사무나 공판에 지장을 미치거나 관계자의 명예 기타 권리를 부당하게 침해할 우려가 있는 경우는 그러하지 아니하다.

제11조(피해자등의 보호 등) ① 경찰관은 범죄의 수단, 동기 및 조직적 배경, 피의자와 피해자등과의 관계, 피의자의 언동 기타 상황으로부터 피해자등에게 후환이 미칠 우려가 있다고 인정되는 때에는 피의자 기타 관계자에게 당해 피해자등의 이름 또는 이들을 추단케 하는 사항을 고지하지 아니하도록 하는 외에 필요에 따라 당해 피해자등의 보호를 위한 조치를 강구하여야 한다.

② 전항의 규정은 자료제공자에게 후환이 미칠 우려가 있다고 인정되는 경우에 준용한다.

제12조(연구와 공부) 경찰관은 수사전담원인지를 묻지 아니하고 항상 수사관계법령의 연구 및 수사에 관한 지식기능의 습득에 노력하고, 수사방법의 공부개선에 신경을 써야 한다.

제13조(비망록) 경찰관은 수사를 진행할 때 당해 사건의 공판의 심리에 증인으로서 출석하는 경우를 고려하고 장래의 수사에 도움이 되기 위해 그 경과 기타 참고가 될 사항을 상세히 기록해 두어야 한다.

제14조(수사의 회피) 경찰관은 피의자, 피해자 기타 사건의 관계자와 친족 기타 특별한 관계에 있기 때문에 그 수사에 의심을 살 우려가 있을 때에는 상사의 허가를 얻어 그 수사를 회피하여야 한다.

제2절 수사의 조직

제15조(수사의 조직적 운영) 수사를 진행할 때에는 수사에 종사하는 자의 단결과 통제를 도모하고, 다른 경찰 제 부문 및 관계경찰과 긴밀하게 연락하여 경찰의 조직적 기능을 최고도로 발휘하도록 노력하여야 한다.

제16조(경찰본부장) 경찰본부장(경시총감 또는 도부현경찰본부장을 말한다. 이하 같다.)은 수사의 합리적인 운영과 공정한 실시를 기하기 위해 범죄의 수사에 대하여 전반의 지휘감독을 담당함과 동시에 직원의 합리적 배치, 지도교양의 철저, 자재시설의 정비 등 수사태세의 확립을 도모하고 그에 따라 책임을 진다.

제17조(수사담당부과장) 형사부장, 경비부장 기타 범죄의 수사를 담당하는 부의 과장은 경찰본부장을 보좌하고 그 명을 받아 범죄의 수사의 지휘감독을 담당한다.

제18조(경찰서장) 경찰서장은 그 경찰서에 관한 범죄수사의 지휘감독을 담당함과 동시에 수사의 합리적인 운영과 공정한 실시에 대하여 경찰본부장에게 그 책임을 진다.

제19조(수사지휘) ① 전3항에 규정하는 범죄의 수사지휘는 항상 그 책임을 분명히 하여 두어야 한다.

② 경찰본부장 또는 경찰서장이 직접 지휘할 사건 및 사항과 지휘의 방법 기타 사건지휘부의 양식 등은 경찰본부장이 정하는 바에 따른다.

제20조(수사주임관) 경찰본부장 또는 경찰서장은 당해 사건의 수사에 대한 수사주임관을 지명한다.

② 수사주임관은 제16조부터 전조까지(경찰본부, 수사담당부과장, 경찰서장, 수사지휘)의 규정에 따라 지휘를 받아 당해 사건의 수사에 대한 다음에 열거하는 직무를 수행한다.

1. 수사할 사항 및 수사원의 임무분담을 정하는 것
2. 압수물 및 그 환가대금의 출납을 승인하고 이들의 보관상황을 항상 파악하는 것

3. 제3장 제5절(수사방침)의 규정에 따라 수사방침을 세우는 것

4. 수사원에게 수사상황에 관한 보고를 요구하는 것

5. 전호의 보고, 조사상황보고서의 확인, 피의자의 진술 및 상황을 기록한 기록매체의 재생 기타 방법으로 피의자의 조사상황을 파악하는 것

6. 유치시설에 유치되어 있는 피의자[제136조의2(당면한 수사에서의 주의) 제1항에서 「유치피의자」라 한다.]에 관한 같은 항의 계획을 작성하는 경우에 유치주임관[피유치자의 유치에 관한 규칙(平成 17년 국가공안위원회규칙 제11호) 제4조 제1항[39])에서 규정하는 유치주임관을 말한다. 제136조의2 제1항에서 같다]과 협력하는 것

7. 피의자의 조사 기타 수사의 적정한 수행과 피의자의 도망 및 자살 기타 사고의 방지에 대하여 수사원에게 지도교양을 하는 것

8. 전 각호에 열거하는 것 외에 법령의 규정에 따라 그 권한에 속하거나 경찰본부장 또는 경찰서장으로부터 특별히 명을 받은 사항

③ 경찰본부장 또는 경찰서장은 제1항의 규정에 따라 수사주임관을 지명하는 경우에는 당해 사건의 내용 및 소속 직원의 수사능력, 지식경험과 직무수행의 상황을 감안하여 전항에 규정하는 직무를 적확하게 수행할 수 있다고 인정되는 자를 지명하여야 한다.

④ 수사주임관이 교대하는 경우에는 관계 서류, 증거물 등의 인계를 확실히 수행함과 동시에 수사의 상황 기타 필요한 사항을 명확히 하여 사후의 수사에 지장을 초래하는 일이 없도록 하여야 한다.

제21조(수사원) ① 경찰관은 상사의 명을 받아 범죄의 수사에 종사한다.

② 경찰관 이외의 수사관계직원이 경찰관을 도와 직무를 수행하는 경우에는 이 규칙의 규정에 따라야 한다.

제22조(수사본부) ① 중요범죄 기타 사건의 발생에 즈음하여 특히 수사를 통일적이고 강력하게 추진할 필요가 있다고 인정되는 때에는 수사본부를 설치한다.

② 수사본부의 설치, 해산, 수사본부의 장 및 편성은 경찰본부장이 명한다.

③ 수사본부장은 명을 받아 수사본부에 소속된 직원을 지휘감독한다.

④ 수사본부를 설치한 사건의 수사는 모두 수사본부장의 통제에 따르고, 다른 경찰서에서 당해 사건에 관한 수사자료를 얻은 때에는 신속하게 수사본부에 연락하여

---

39) 일본국 피유치자의 유치에 관한 규칙 제4조(유치주임관) ① 유치업무관리자(형사수용시설 및 피수용자 등의 처우에 관한 법률 제16조 제1항에 규정하는 유치업무관리자를 말한다. 이하 같다.)는 경찰서에 설치된 유치시설에서는 경찰서의 유치업무를 주관하는 과의 경부 이상의 계급에 있는 경찰관 또는 유치담당관(같은 법 제16조 제2항에 규정하는 유치담당관을 말한다. 이하 같다)을 감독하는 지위에 있는 경찰관 중에서, 경시청, 도부현경찰본부 또는 방면본부(이하 이 항에서 「경찰본부」라고 한다.)에 설치된 유치시설에서는 경찰본부의 유치업무를 주관하는 과의 경부 이상의 계급에 있는 경찰관 중에서 유치주임관을 지명한다.
② ~ ③ (생 략)

야 한다.

제23조(보고) ① 경찰관은 범죄에 관계가 있다고 인정되는 사항 기타 수사상 참고가 될 사항을 안 때에는 신속하게 상사에게 보고하여야 한다.

② 경찰서장은 관할구역에서 발생한 사건 기타 수사상 참고가 될 사항 중 중요한 것은 신속하게 경찰본부장에게 보고하여야 한다.

제24조(다른 기관과의 연락 등) 경찰관은 검찰관 또는 다른 수사기관과의 수사에 관한 연락 또는 협력에서는 미리 순서를 거쳐 경찰본부장 또는 경찰서장에게 보고하여 그 지휘를 받아야 한다.

제25조(신문발표 등) 수사에 관하여 신문 기타 보도기관 등에 발표를 하는 때에는 경찰본부장이나 경찰서장(수사본부를 설치한 경우에는 수사본부장) 또는 그 지정하는 자가 이를 맡아야 한다.

제26조(지도교양) 범죄의 수사에 관한 지도교양은 간부, 전담직원 및 일반 경찰관별로 대응하여 실무에 맞게 진행하고 그 실효를 기하여야 한다.

제3절 수배 및 공조

제27조(일반적 협력의무) 경찰관은 별도로 정함이 있는 경우 외에 이 절에 규정하는 바에 따라 수사에 관하여 상호 협력하여야 한다.

제28조(공조의 의뢰) ① 수사를 위해 필요한 때에는 다른 경찰에게 공조의 의뢰[피의자의 체포, 호출 또는 조사, 도품등(도품 기타 재산에 대한 죄에 해당하는 행위에 의해 영득된 물건을 말한다. 이하 같다.) 기타 증거물의 수배, 압수, 수색 또는 검증, 참고인의 호출이나 조서, 직원의 파견 기타의 조치를 의뢰하는 것을 말한다. 이하 같다.]를 할 수 있다.

② 다른 경찰로부터 공조의 의뢰를 받은 때에는 성실하고 신속하게 대응하여야 한다.

③ 공조의 의뢰를 할 때에는 의뢰의 취지, 내용 기타 필요한 사항을 명확히 하고 의뢰를 받은 경찰의 사무의 수행에 지장을 미치지 아니하도록 하여야 한다.

제29조(긴급사건수배) 범죄수사에 대해 다른 경찰에게 긴급조치 의뢰가 필요한 때에는 곧바로 긴급사건수배서(별지 양식 제1호)에 의해 긴급배치 기타 필요한 조치를 요구한다.

제30조(사건수배) ① 용의자 및 수사자료 기타 참고사항에 대한 통보를 요구하는 수배를 사건수배로 한다.

② 사건수배는 사건의 개요 및 통보를 요구하는 사항을 명백히 하여 요구하여야 한다.

제31조(지명수배) ① 체포장이 발부되어 있는 피의자의 체포를 의뢰하고 체포 후 신

병의 인도를 요구하는 수배를 지명수배로 한다.

② 지명수배는 지명수배서(별지 양식 제2호)에 의하여 진행하여야 한다.

③ 급속을 요하여 체포장을 발부받을 여유가 없는 때에는 지명수배서에 따른 수배를 진행한 후 신속하게 체포장을 발부받아 그 유효기간을 통보하여야 한다.

④ 제29조(긴급사건수배)의 규정에 따른 긴급사건수배로 이름 등이 분명한 피의자의 체포를 의뢰한 경우에는 당해 긴급사건수배를 지명수배로 본다. 이 경우에는 체포장을 발부받은 후 다시 제1항의 규정에 따른 절차를 취한다.

제32조(지명수배의 송별) ① 지명수배를 진행할 때에는 피의자를 체포한 경우의 신병조치가 다음의 어느 하나인지를 분명히 해 두어야 한다.

1. 제1종수배(신병의 호송을 요구하는 경우의 수배를 말한다.)

2. 제2종수배(신병을 인수하러 가는 경우의 수배를 말한다.)

② 지명수배는 원칙적으로 제1종수배에 의한다.

제33조(지명수배의 계속) 지명수배를 한 경우에는 항상 체포장의 유효기간에 주의하고 유효기간 경과 후에도 역시 수배계속이 필요한 것은 체포장을 재발부받아 그 유효기간을 통보하여야 한다.

제34조(지명통보) ① 피의자가 발견된 경우에 신병인도를 요구하지 않고 그 사건 처리를 당해 경찰에 일임하는 취지의 수배를 지명통보로 한다.

② 지명통보는 피의자의 이름 등이 밝혀지지 않고 범죄사실이 확실한 것에 대하여 지명통보서(별지 양식 제2호)에 의해 진행하여야 한다.

③ 지명통보가 있었던 사건은 미리 통보를 발부한 경찰에 체포장의 유무, 용의사실의 내용, 관계서류 기타 수사자료의 유무 등을 조회하여 처리한다.

④ 지명통보를 한 피의자에 대하여는 사건처리에 필요한 증거자료, 관계 서류 등을 완전히 정비해 두고 피의자를 발견한 경찰로부터 요구가 있는 때에는 신속하게 제78조(사건의 이송 및 인계) 제2항의 규정에 따라 사건인계서와 함께 증거자료, 관계 서류 등을 그 경찰에 송부하여야 한다.

제35조(도품등수배) ① 경찰이 그 수사 중 사건의 도품 등에 대해 다른 경찰에게 그 발견을 요구하는 수배를 도품등수배라 한다.

② 도품등수배를 할 때에는 발견할 도품 등의 명칭, 상표, 품종, 특징 등을 분명히 하도록 노력하고 필요한 때에는 사진을 첨부하는 등 유효적절한 조치를 강구하여야 한다.

제36조(분실물 탐문)[40] ① 고물영업법(昭和 24년 법률 제108호) 제19조 제1항, 제3항[41]

---

40) 品触れ(시나부레), 분실물이나 은닉물을 찾고자 경찰이 전당포 같은 곳에서 물건 이름과 특징을 제시하는 일로 우리말에 대응하는 단어가 없어 가장 의미가 가까운 분실물 탐문으로 번역하였다.

또는 전당포영업법(昭和 25년 법률 제158호) 제20조 제1항[42])에 규정하는 분실물 탐문(이하 「분실물 탐문」이라 한다.)은 다음 3종으로 구분한다.

1. 특별중요분실물 탐문(수사본부에 관련된 사건에 발령하는 분실물 탐문을 말한다.)

2. 중요분실물 탐문(전호의 사건 이외의 중요한 사건에 발령하는 분실물 탐문을 말한다.)

3. 보통분실물 탐문(기타 사건에 발령하는 분실물 탐문을 말한다.)

② 분실물 탐문은 전항의 구분을 분명히 하여 발령하여야 한다.

③ 전조 제2항의 규정은 분실물 탐문에 준용한다.

④ 분실물 탐문을 발령한 때에는 분실물 탐문원부(별지 양식 제3호) 및 분실물 탐문 취급부(별지 양식 제4호)에 의해 각각 그 상황을 명확하게 하여 두어야 한다.

제37조(수배 등의 적정) 제29조(긴급사건수배), 제30조(사건수배), 제31조(지명수배), 제34조(지명통보) 및 제35조(도품등수배)에 규정하는 수배 또는 통보에는 그 실효를 기하기 위해 범죄의 종별, 경중, 긴급의 정도 등에 대응하여 수배의 범위, 종별 및 방법을 합리적으로 정하여 적어도 남용하게 되는 일이 없도록 주의하여야 한다.

제38조(수배 등의 해제) ① 제29조(긴급사건수배), 제30조(사건수배), 제31조(지명수배), 제34조(지명통보) 및 제35조(도품등수배)에 규정하는 수배 또는 통보에 관련된 사건에서 피의자를 체포하거나 사건을 해결한 때에는 신속하고 확실하게 그 수배 또는 통보의 해제를 진행하여야 한다.

② 체포장의 유효기간이 경과하여 체포장의 재발부를 받지 못한 경우에도 전항과 같다.

③ 전2항 외에 공조의 의뢰를 하거나 분실물 탐문을 발령한 경우에 필요가 없게 된 때에는 제1항의 규정에 준하여 필요한 절차를 취하여야 한다.

제39조(참고통보) ① 경찰서장은 다른 경찰에 관련된 범죄사건에서 그 피의자, 증거물 기타 수사상 참고가 될 사항을 발견한 때에는 곧바로 적당한 조치를 취함과 동시에 그 취지를 당해 경찰에 통보하여야 한다.

② 경찰서장은 전항의 통보 외에 중요사건, 다른 파급될 우려가 있는 사건 기타 범

---

41) 일본국 고물영업법 제19조(분실물 탐문) ① 경시총감, 도부현경찰본부장 또는 경찰서장(이하 「경찰본부장등」이라고 한다.)은 필요하다고 인정하는 때에는 고물상 또는 고물시장주에게 도품 기타 재산에 대한 죄에 해당하는 행위로 영득한 물건(이하 「도품등」이라고 한다.)의 분실물 탐문을 서면으로 발령할 수 있다.
② (생 략)
③ 고물상은 분실물 탐문을 받은 날에 그 고물을 소지하고 있었던 때 또는 전항의 기간 내에 분실물 탐문에 상당하는 고물을 수취한 때에는 그 취지를 곧바로 경찰관에게 신고하여야 한다.
④ ~ ⑤ (생 략)

42) 일본국 전당포영업법 제20조(분실물 탐문) ① 경시총감, 도부현경찰본부장 또는 경찰서장은 필요하다고 인정하는 때에는 전당포에 도품 기타 재산에 대한 죄에 해당하는 행위로 영득한 물건(제23조에서 「도품등」이라고 한다.)의 분실물 탐문을 발령할 수 있다.
② ~ ④ (생 략)

죄의 수사 또는 예방상 참고가 될 사건에 대하여 관계 경찰에 통보한다.

제40조(본부장에의 보고) 경찰서장은 제29조(긴급사건수배), 제30조(사건수배), 제31조(지명수배), 제34조(지명통보) 및 제35조(도품등수배)의 규정에 따른 수배 또는 통보를 하는 경우에는 원칙적으로 미리 경찰본부장에게 보고한 후 직접 또는 경찰본부장을 통하여 진행하여야 한다.

제41조(신병인도의 원칙) ① 지명수배된 피의자를 체포한 경찰(이하 「체포경찰」이라 한다.)은 다음 각호의 어느 하나에 해당하는 경우를 제외하고 피의자의 신병을 지명수배를 한 경찰(이하 「수배경찰」이라 한다.)에게 인도하여야 한다.

1. 체포경찰이 수배를 받은 범죄보다 법정형이 무거운 다른 범죄를 그 관할구역에서 범한 피의자를 체포한 때

2. 체포경찰이 수배를 받은 범죄와 법정형이 동등 이상의 다른 범죄로 수배를 하고 있던 피의자를 체포한 때

3. 체포경찰이 수배피의자에 관련된 범죄로 이미 그 정범 또는 공동정범인 피의자의 일부를 체포하고 있는 때

② 동일 피의자에게 2 이상의 수배경찰이 있는 경우에는 다음 각호에 정하는 수배경찰에게 신병을 인도하여야 한다.

1. 수배를 받은 범죄에 대하여 그 법정형에 경중이 있는 때(다음 호에 규정하는 경우에 해당하는 경우를 제외한다.)에는 무거운 범죄를 수배한 경찰

2. 수배를 받은 범죄로 이미 그 정범 또는 공동정범인 피의자의 일부를 체포하고 있는 경찰이 있는 때에는 그 경찰

3. 전2호에 규정하는 경우 외에는 먼저 수배를 한 경찰

③ 전2항에 규정하는 신병인도의 원칙에 따르기 어려운 사정이 있는 때에는 경찰본부장이 결정하는 바에 따른다.

제42조(피의자인도서) 지명수배에 의해 체포된 피의자의 신병을 인도할 때에는 피의자인도서(별지 양식 제5호)를 작성하여야 한다.

제43조(유치의 의뢰) 피의자의 호송 기타 범죄수사를 위해 필요한 때에는 다른 경찰에게 피의자의 유치를 의뢰할 수 있다.

제44조(다른 경찰의 관할구역에서의 수사에 관련된 연락) 경찰관은 다른 경찰의 관할구역에서 범죄수사를 진행할 때에는 소관 경찰에 연락하도록 하여야 한다.

제4절 검찰관과의 관계

제45조(수사에 관한 협력) ① 경찰관은 수사에 관하여 검찰관과 상호 협력하여야 한다.

② 경찰본부장 또는 경찰서장은 수사하는 사건에 대하여 공소를 실행하기 위해 미

리 연락해 둘 필요가 있다고 인정하는 때에는 신속하게 범죄사실의 개요 기타 참고가 될 사항을 검찰관에게 연락하여야 한다.

제46조(일반적 지시) 경찰관은 사법경찰직원 수사서류 기본서식례 기타 형소법 제193조 제1항의 규정을 기초로 검찰관으로부터 지시받은 일반적 지시가 있는 때에는 이에 따라 수사를 진행하여야 한다.

제47조(수사조정의 신청) ① 경찰관은 다른 사법경찰직원과의 사이에서 수사의 조정에 대해 형소법 제193조 제2항의 규정에 따른 검찰관의 일반적 지휘를 필요로 하는 특별한 사정이 있는 때에는 신속하게 순차 거쳐 경찰본부장에게 보고하여야 한다.
② 경찰본부장은 전항에 규정하는 보고를 받은 경우에 필요하다고 인정되는 때에는 신속하게 그 취지를 검찰관에게 신청하여야 한다.

제48조(일반적 지휘) 형소법 제193조 제2항의 규정을 기초로 검찰관으로부터 일반적 지휘가 이뤄진 때에는 경찰관은 이에 따라 수사를 진행하여야 한다.

제49조(보조를 위한 지휘) 형소법 제193조 제3항의 규정에 따라 검찰관이 스스로 수사하는 범죄에 대한 보조를 요구받은 때에는 경찰관은 신속하게 이에 따라 필요한 수사를 진행하고 그 결과를 보고하여야 한다.

제5절 특별사법경찰직원등과의 관계

제50조(공조의 원칙) 형소법 제190조의 규정에 따라 다른 법률로 정해진 사법경찰직원 또는 이에 준하는 자(이하 「특별사법경찰직원등」이라 한다.)와의 공조에 관하여는 공조협정 기타 특별한 정함이 있는 때에는 그 규정하는 바에 따르는 외에 이 절의 규정에 따른다.

제51조(스스로 수사하는 경우) 경찰관은 특별사법경찰직원등의 직무의 범위에 속하는 범죄를 특별사법경찰직원등에 앞서 안 경우에 그 수사를 특별사법경찰직원등에게 맡기지 않고 스스로 수사하는 것이 적당하다고 인정하는 때에는 경찰본부장 또는 경찰서장에게 보고하여 그 지휘를 받아 수사한다. 이 경우에는 당해 특별사법경찰직원등과 연락을 긴밀히 하고 그 전문적 지식에 따른 조언 등을 받은 때에는 충분히 이를 존중하여 수사를 진행하도록 하여야 한다.

제52조(수사를 맡기는 경우) ① 경찰관은 특별사법경찰직원등의 직무의 범위에 속하는 범죄를 특별사법경찰직원등에 앞서 안 경우에 그 수사를 특별사법경찰직원등에게 맡기는 것이 적당하다고 인정하는 때에는 스스로 급속을 요하는 조치를 한 후 경찰본부장 또는 경찰서장에게 보고하여 그 지휘를 받아 신속하게 필요한 수사자료를 첨부하여 특별사법경찰직원등에게 이송한다.
② 전항의 규정에 따라 수사를 맡긴 후에도 당해 특별사법경찰직원등으로부터 수

사를 위해 협력을 요구받은 경우에는 가능한 한 이에 응하여 협력한다.

제53조(인계를 받은 경우) 경찰관은 특별사법경찰직원등이 그 직무의 범위에 속하는 범죄를 수사하는 경우에 그 사건이 직무의 범위에 속하지 아니하는 범죄사건과 관련이 있기 때문이거나 기타 이유로 경찰관에게 그 수사를 인계하여야 한다는 취지의 신청을 받은 때에는 경찰본부장 또는 경찰서장에게 보고하여 그 지휘를 받아 스스로도 그 수사를 진행한다. 이 경우에 필요한 때에는 당해 특별사법경찰직원등에게 증거물의 인도 기타 수사를 위해 협력을 요구함과 동시에 사후 수사의 경과 및 결과를 연락한다.

제54조(수사가 경합하는 경우) 경찰관은 특별사법경찰직원등의 직무의 범위에 속하는 범죄를 수사하는 경우에 그 수사가 당해 특별사법경찰직원등이 진행하는 수사와 경합할 때에는 경찰본부장 또는 경찰서장에게 보고하여 그 지휘를 받아 당해 특별사법경찰직원등과 그 수사에 관하여 필요한 사항을 협의한다.

제6절 수사서류

제55조(수사서류의 작성) ① 수사를 진행할 때에는 사법경찰직원수사서류 기본서식례에 따른 조서 기타 필요한 서류를 명확하게 작성하여야 한다.

② 서류를 작성할 때에는 사실을 있는 그대로 간결명료하게 표현하는 것을 그 취지로 하고 추측, 과장 등에 이르러서는 아니 된다.

제56조(서명·날인 등) ① 서류에는 특별한 정함이 있는 경우를 제외하고는 연월일을 기재하여 서명날인하고 소속 관공서를 표시하여야 한다.

② 날인은 원칙적으로 인인(認印)으로 한다.

③ 서류(재판소 또는 재판관에 대한 신청, 의견진술, 통지 기타 이들에 유사한 소송행위에 관한 서류를 제외한다.)에는 매 쪽마다 계인(契印)한다. 다만 그 등본 또는 초본을 작성하는 경우에는 계인(契印)에 갈음하여 이에 준하는 조치를 취할 수 있다.

④ 서류의 여백 또는 공백에는 사선을 긋고 날인한다.

제57조(문자의 가제) 서류를 작성할 때에는 문자를 고치거나 바꿔 써서는 아니 된다. 문자를 더하거나 삭제하는 때에는 그 범위를 분명히 하여 정정한 부분에 날인하여야 한다. 다만 삭제한 부분은 이를 읽을 수 있도록 자체를 남겨두어야 한다.

제58조(서류의 대서) 본인이 문맹인 등 부득이한 이유로 서류를 대서한 경우에는 대서사항이 본인의 의사와 틀림없는지를 확인한 후에 대서의 이유를 기재하여 서명날인하여야 한다.

제2장 수사의 단서

제1절 단서의 파악

제59조(단서의 파악 노력) 경찰관은 신문지 기타 출판물의 기사, 인터넷을 이용하여 제공되는 정보, 익명의 신고, 풍문 기타 널리 퍼진 사회의 사상(事象)에 주의함과 동시에 경찰 스스로 직무질문 등을 장려하여 진취적으로 수사의 단서를 얻기 위해 노력하여야 한다.

제60조(수배의 유무 등의 조회) 직무질문을 할 때 필요하다고 인정되는 때에는 곧바로 지명수배 기타의 수배 또는 통보의 유무, 피해신고의 유무, 감식자료의 유무 등을 전화 기타 적당한 방법으로 경시청이나 도부현경찰본부 또는 경찰서에 조회하여야 한다.

제61조(피해신고의 수리) ① 경찰관은 범죄에 의한 피해신고를 하는 자가 있는 때에는 그 신고에 관련된 사건이 관할구역 사건인지를 묻지 않고 이를 수리하여야 한다.
② 전항의 신고가 구두에 의한 것인 때에는 피해신고(별지 양식 제6호)에 기입을 요구하거나 경찰관이 대서한다. 이 경우에 참고인진술조서를 작성한 때에는 피해신고의 작성을 생략할 수 있다.

제62조(범죄사건수리부) 범죄사건을 수리한 때에는 경찰청장관(이하 「장관」이라 한다.)이 정하는 양식의 범죄사건수리부에 등재하여야 한다.

제2절 고소, 고발 및 자수

제63조(고소, 고발 및 자수의 수리) ① 사법경찰원인 경찰관은 고소, 고발 또는 자수를 하는 자가 있는 때에는 관할구역 내의 사건인지를 묻지 않고 이 절에 정하는 바에 따라 이를 수리하여야 한다.
② 사법순사인 경찰관은 고소, 고발 또는 자수를 하는 자가 있는 때에는 곧바로 사법경찰원인 경찰관에게 이송하여야 한다.

제64조(자수조서, 고소조서 및 고발조서 등) ① 자수를 받은 때 또는 구두에 의한 고소 또는 고발을 받은 때에는 자수조서나 고소조서 또는 고발조서를 작성하여야 한다.
② 고소 또는 고발의 구두에 의한 취소를 받은 때에는 고소취소조서 또는 고발취소조서를 작성하여야 한다.

제65조(서면에 의한 고소 및 고발) 서면에 의한 고소 또는 고발을 받은 경우에도 그 취지가 불명확한 때 또는 본인의 의사에 적합하지 아니하다고 인정되는 때에는 본

인으로부터 보충서면을 제출하게 하거나 진술을 요구하여 참고인진술조서(보충조서)를 작성하여야 한다.

제66조(피해자 이외의 자의 고소) ① 피해자의 위임에 따른 대리인으로부터 고소를 받은 경우에는 위임장을 제출하게 하여야 한다.

② 피해자 이외의 고소권자로부터 고소를 받은 경우에는 그 자격을 증명하는 서면을 제출하게 하여야 한다.

③ 피해자 이외의 고소권자의 위임에 따른 대리인으로부터 고소를 받은 경우에는 전2항의 서면을 함께 제출하게 하여야 한다.

④ 전3항의 규정은 고소의 취소를 받은 경우에 준용한다.

제67조(고소사건 및 고발사건의 수사) 고소 또는 고발이 있는 사건에서는 특히 신속하게 수사를 진행하도록 노력함과 동시에 다음에 열거하는 사항에 주의하여야 한다.

1. 무고, 중상을 목적으로 하는 허위 또는 현저한 과장에 따른 것이 아닌지

2. 당해 사건의 범죄사실 이외의 범죄가 없는지

제68조 (자수사건의 수사) 자수가 있는 사건에 대하여 수사를 진행할 때에는 다음에 열거하는 사항에 주의하여야 한다.

1. 당해 범죄 또는 범인이 이미 발각되어 있는 것이 아닌지

2. 자수가 당해 사건에서 다른 존재하는 진범인을 은폐하기 위한 것이 아닌지

3. 자수자가 자기가 범한 다른 범죄를 은폐하기 위해 일부러 당해 사건에 자수한 것이 아닌지

제69조(사건의 이송) ① 경찰본부장 또는 경찰서장은 고소 또는 고발이 있었던 사건이 관할구역 외의 범죄이기 때문에 당해 경찰에서 이를 처리할 수 없는 때 또는 이를 처리하는 것이 적당하지 아니하다고 인정되는 때에는 관계 경찰에게 신속하게 이송절차를 취하여야 한다.

② 전항의 규정에 따른 이송을 한 때에는 신속하게 고소인 또는 고발인에게 이송처를 통지하여야 한다.

제70조(친고죄의 긴급을 요하는 수사) 경찰관은 친고죄에 관련된 범죄가 있는 것을 안 경우에 곧바로 그 수사를 진행하지 않으면 증거의 수집 기타 사후에 수사가 현저하게 곤란해질 우려가 있다고 인정하는 때에는 아직 고소가 없는 경우에도 수사하여야 한다. 이 경우에는 피해자 또는 그 가족의 명예, 신용 등을 상처입히는 일이 없도록 특히 주의하여야 한다.

제71조(친고죄의 고소취소의 경우의 조치) 친고죄에 관련된 범죄에 대하여 수사를 진행하고 사건을 검찰관에게 송부한 후 고소인으로부터 고소의 취소를 받은 때에는 곧바로 그 취지를 검찰관에게 통지하고 필요한 서류를 추가로 송부하여야 한다.

제72조(청구사건의 수사) 청구를 기다려 논할 범죄에 대하여는 곧바로 그 수사를 진행하지 않으면 증거의 수집 기타 사후에 수사가 현저하게 곤란하게 된다고 인정되는 경우를 제외하고는 청구가 있고 나서부터 수사하는 것으로 한다.

제73조(범칙사건의 통지 등) ① 국세통칙법(昭和 37년 법률 제66호), 관세법(昭和 29년 법률 제61호), 지방세법(昭和 25년 법률 제226호) 기타 법률에 따른 통고처분이 인정되고 있는 범칙사건이 있음을 안 때에는 경찰본부장 또는 경찰서장에게 보고하여 그 지휘를 받아 신속하게 그 취지를 당해 사건에 대해 조사권한을 가지는 직원(이하「조사직원」이라 한다.)에게 통지한다.

② 조사직원으로부터 조사를 위한 임검, 수색 또는 압수를 진행할 때 원조 요구를 받은 때에는 필요한 원조를 하여야 한다.

제74조(범칙사건의 고발) 범칙사건에 대하여 조사직원으로부터 고발을 받은 때에는 그 수사를 진행하여야 한다. 이 경우에도 항상 조사직원과 긴밀하게 연락을 취하는 것으로 한다.

제75조(범칙사건의 급속을 요하는 수사) 범칙사건에 대하여 곧바로 그 수사를 진행하지 아니하면 증거의 수집 기타 사후에 수사가 현저하게 곤란해질 우려가 있다고 인정되는 때에는 아직 조사직원의 고발이 없는 경우에도 수사하고 그 결과를 조사직원에게 통지하여야 한다.

제3장 수사의 개시

제1절 수사의 착수

제76조(착수보고) 경찰관은 범죄가 있다고 사료하는 때에는 수사의 착수에 앞서 순차거쳐 경찰본부장 또는 경찰서장에게 보고하고 그 지휘를 받아야 한다. 다만 급속을 요하는 경우에는 필요한 조치를 한 후 신속하게 보고한다.

제77조(착수에 관한 판단) 수사의 착수는 범죄의 경중 및 정상, 범인의 성격, 사건의 파급성 및 모방성, 수사의 완급 등 제반 사정을 판단하고 수사의 시기 또는 방법을 그르치지 않도록 주의하여야 한다.

제78조(사건의 이송 및 인계) ① 경찰본부장 또는 경찰서장은 관할권이 없는 사건 또는 당해 경찰에서 수사함이 적당하지 아니하다고 인정되는 사건은 신속하게 범죄지 또는 피의자의 주거지를 관할하는 경찰 기타 적당한 경찰에 이송 또는 인계하여야 한다.

② 전항의 규정에 따른 이송 또는 인계는 사건인계서(별지 양식 제5호)에 의해 진행하여야 한다.

제2절 수사자료

제79조(자료의 조직적 수집 등) ① 수사자료의 수집은 수사전담직원만이 아니라 전 경찰직원의 조직적인 활동에 따라 진행하도록 노력하여야 한다.

② 전항의 규정에 따라 수집한 수사자료 및 그 사본은 적절히 관리하여야 한다.

③ 제1항의 규정에 따라 수집된 수사자료 및 그 사본을 보관할 필요가 없게 된 때에는 환부할 것을 제외하고 이를 확실히 파기하여야 한다.

④ 전2항의 규정에 따라 보관하거나 파기된 수사자료가 전자적 기록으로 작성된 것인 경우는 전자적 기록의 특성을 바탕으로 당해 전자적 기록에 기록된 정보가 새나가지 않기 위한 적확한 조치를 강구하여야 한다.

제80조(기초자료의 정비) 수사에 도움이 되기 위해 널리 범죄에 관련있는 사회적 제반 사정, 범죄를 범하였다는 우려가 있는 자 기타 수사상 주의를 요한다고 인정되는 자의 동향 등 수사에 필요한 기초자료는 항상 수집 정비하여 두어야 한다.

제81조(자료에 기초한 수사) 수사를 진행할 때에는 범죄에 관한 유형 또는 무형의 자료, 내사에 따른 자료 기타 제반 정보 등 확실한 자료를 수집하고 이에 기초해 수사를 진행하여야 한다. 특히 피의자의 체포 기타 강제처분을 할 때에는 사전에 가능한 한 많이 확실한 자료를 수집하여 두어야 한다.

제82조(감식자료의 수집정비 및 이용) 지장문, 수법, 사진 기타 감식자료는 항상 수집정비함에 노력하고 수사를 진행할 때에는 그것들의 다각적 이용을 도모하여야 한다.

제83조(참고자료의 수집활용) 수사를 진행할 때에는 그 때마다 수사의 과정에 반성과 검토를 더하여 이에 의해 얻은 모든 참고자료를 수집하여 사후의 수사에 활용하도록 노력하여야 한다.

제3절 범죄현장

제84조(현장임검) ① 경찰관은 현장임검을 필요로 하는 범죄가 발생하였음을 안 때에는 수사전담직원에 해당하는지를 묻지 않고 신속하게 그 현장에 임하여 필요한 수사를 진행하여야 한다.

② 전항의 경우에 다른 수사주임관 기타의 자에 의해 현장임검이 진행되는 때에는 확실히 현장을 보존하도록 노력하여야 한다.

제85조(현장에서의 부상자의 구호 등) ① 경찰관은 현장을 임검한 경우에 부상자가 있는 때에는 구호조치를 취하여야 한다.

② 전항의 경우에 빈사 상태인 중상자가 있는 때에는 응급구호조치를 취함과 동시에 그 자로부터 범인의 이름, 범행의 원인, 피해자의 이름, 목격자 등을 청취해 두어야 한다.

③ 전항의 중상자가 사망한 때에는 그 시각을 기록해 두어야 한다.

제86조(원상대로의 보존) ① 현장의 보존을 할 때에는 가능한 한 현장을 범죄가 실제로 이뤄진 때의 상황대로 보존하도록 노력하고 현장에서의 수사가 적확히 진행될 수 있도록 하여야 한다.

② 부상자 구호, 증거물건의 변질 및 산일 예방 등 특히 부득이한 사정이 있는 경우를 제외하고는 경찰관이라도 함부로 현장에 들어가서는 아니 된다.

제87조(현장보존의 범위) 경찰관은 범죄가 이뤄진 지점뿐만 아니라 널리 현장보존의 범위를 정하여 수사자료의 발견에 도움이 되도록 하여야 한다.

제88조(현장보존을 위한 조치) ① 경찰관은 보존할 현장의 범위를 정하는 때에는 곧바로 이를 표시하는 등 적절한 조치를 취하고 함부로 출입하는 자가 없도록 하여야 한다. 이 경우에 현장 또는 그 부근에 마침 있는 자가 있는 때에는 그 자의 이름, 주거 등을 명확하게 해 두도록 하여야 한다.

② 현장에서 발견된 수사자료로 광선, 빗물 등에 의해 변질, 변형 또는 소실될 우려가 있는 것은 덮개를 하는 등 적당한 방법으로 원상을 보존하도록 노력하여야 한다.

제89조(현장보존이 불가능한 때의 조치) 부상자의 구호 기타 부득이한 이유 때문에 현장을 변경할 필요가 있는 때 또는 수사자료를 원상 그대로 보존할 수 없는 때에는 사진, 겨냥도, 기록 기타 방법으로 원상을 분명히 하는 조치를 취하여야 한다.

제90조(현장에서의 수사의 요점) 현장에서 수사를 진행할 때에는 현장감식 기타 과학적 합리적인 방법으로 다음에 열거하는 사항을 분명히 하도록 노력하고 범행 과정을 전반적으로 파악하도록 하여야 한다.

1. 일시 관련

ᅡ 범행의 일시 및 이를 추정할 수 있는 상황

ᄆ 발각 일시 및 상황

ᄉ 범행 당시의 기상 상황

ᄂ 기타 일시에 관하여 참고가 될 사항

2. 장소 관련

ᅡ 현장에 통하는 도로 및 그 상황

ᄆ 가옥 기타 현장 부근에 있는 물건 및 그 상황

ᄉ 현장의 방 배치 등의 상황

ᄂ 현장의 기구 기타 물품의 상황

ㅊ 지장문, 족적 기타 흔적과 유류물건의 위치 및 상황

ㅅ 기타 장소에 관하여 참고가 될 사항

3. 피해자 관련

ㅓ 범인에 대한 응접 기타 피해 전의 상황

ㅁ 피해시의 저항, 자세 등의 상황

ㅅ 상해 부위 및 정도, 피해금품의 종별 및 수량 등 피해의 정도

ㄷ 사체의 위치 및 창상, 유혈 기타 상황

ㅊ 기타 피해사에 관하여 참고가 될 사항

4. 피의자 관련

ㅓ 현장에 대한 침입 및 도주경로

ㅁ 피의자의 수 및 성별

ㅅ 범죄의 수단, 방법 기타 범죄실행의 상황

ㄷ 피의자의 범행 동기, 피해자와의 면식과 현장에 대한 지식 유무를 추정할 수 있는 상황

ㅊ 피의자의 인상, 풍채, 특징, 습벽 기타 특이한 언동 등

ㅅ 흉기의 종류, 형상 및 가해의 방법 기타 가해 상황

ㅏ 기타 피의자에 관하여 참고가 될 사항

제91조(현장에서의 임무분담) 현장에서 수사를 진행할 때에는 수사주임관이 이에 종사하는 수사원의 임무분담을 정하여 조직적으로 진행하도록 하여야 한다.

제92조(자료를 발견한 때의 조치) 유류품, 현장지장문 등의 자료를 발견한 때에는 연월일시 및 장소를 기재한 종이에 피해자 또는 제3자의 서명을 요구하여 이를 첨부하여 촬영하는 등 증거력의 보전에 노력하여야 한다.

제4절 긴급배치

제93조(긴급배치) 경찰본부장 또는 경찰서장은 관할구역 내에서 발생한 범죄에 대하여 범인을 잡기 위해 긴급히 필요한 경우에는 이 절에 정하는 바에 따라 긴급배치를 하여야 한다. 관할구역 밖에서 발생한 범죄에 대하여 필요한 경우 또한 같다.

제94조(긴급배치계획) ① 경찰본부장 또는 경찰서장은 긴급배치의 목적을 달성하기 위해 미리 면밀 적정한 긴급배치계획을 세워 소속 경찰관에 주지시켜 두어야 한다. ② 전항의 계획을 세운 경우에 필요한 때에는 인접 경찰 기타 관계기관과 밀접한 연락을 취하여야 한다.

제95조(긴급배치의 방법) ① 긴급배치는 전조의 규정에 따른 계획을 기초로 범인의 수, 차량 이용 상황, 흉기의 유무 기타 범죄의 규모 및 태양을 고려해 배치해야 할 구역, 경찰관 수, 특히 경계할 지역 또는 지점 등을 정하여 진행한다.

② 긴급배치를 진행할 때에는 우선 교통의 요소(要所) 기타 중요 지점에 경찰관을 배치하고 사후 축차 배치망을 늘이거나 줄이는 등 사태에 즉시 대응하여 진행하여야 한다.

제5절 수사방침

제96조(수사방침의 수립) ① 수사를 진행할 때에는 수사방침을 세워 그 방침을 기초로 수사를 진행하여야 한다.

② 수사방침은 현장에서의 수사 등으로 수집한 유무형의 수사자료, 평소 수집해 두고 있던 기초자료 등 모든 자료를 총합적으로 검토하고 합리적으로 판단하여 수립하여야 한다.

제97조(수사방침의 실시) 수사방침을 실시할 때에는 수사에 종사하는 자의 수, 지능 등을 고려하여 합리적으로 편성하고 구체적으로 임무를 부여하여야 한다.

제98조(수사회의) 수사방침을 세우거나 검토를 더하기 위해 필요하다고 인정되는 때에는 수시로 수사회의를 열어 가급적 많은 사람의 의견을 듣도록 노력하여야 한다.

제4장 임의수사

제99조(임의수사의 원칙) 수사는 가급적 임의수사의 방법으로 진행하여야 한다.

제100조(승낙을 요구할 때의 주의) 임의수사를 진행할 때 상대방의 승낙을 요구하는 것은 다음에 열거하는 사항에 주의하여야 한다.

1. 승낙을 강제하거나 의심을 받을 우려가 있는 태도 또는 방법을 취하지 않을 것
2. 임의성을 의심받는 일이 없도록 필요한 배려를 하는 것

제101조(탐문 기타의 내사) 수사를 진행할 때에는 탐문, 미행, 밀행, 잠복 등에 의해 가능한 한 많은 수사자료를 입수하도록 노력하여야 한다.

제101조의2(보전요청) ① 형소법 제197조 제3항의 규정에 따른 통신이력의 전자적 기록을 소거하지 말 것의 요구와 당해 요구의 취소 및 같은 조 제4항의 규정에 따른 기간연장을 하는 때에는 경찰본부장 또는 경찰서장의 지휘를 받아 진행하여야 한다.

② 통신이력의 전자적 기록을 소거하지 말 것의 요구와 당해 요구의 취소 및 기간연장은 사법경찰원인 경찰관이 진행하여야 한다.

제102조(임의출석) ① 수사를 위해 피의자 기타 관계자에게 임의출석을 요구할 때에는 전화, 호출장(별지 양식 제7호) 송부 기타 적당한 방법으로 출석할 일시, 장소, 용건 기타 필요한 사항을 호출인에게 확실하게 전달하여야 한다. 이 경우에 피의자 또는 중요한 참고인의 임의출석은 경찰본부장 또는 경찰서장에 보고하여 그 지휘를 받아야 한다.

② 피의자 기타 관계자에게 임의출석을 요구하는 경우에는 호출부(별지 양식 제8호)에 소요사항을 기재하여 처리의 경과를 명백히 하여 두어야 한다.

제103조(체포장 발부 후의 사정변경) 체포장이 발부되어 있는 경우에도 그 후의 사정에 따라 체포장에 의한 체포의 필요가 없다고 인정되기에 이른 때에는 임의수사의 방법에 따라야 한다. 이 경우에는 체포장은 그 유효기간 내에라도 곧바로 재판관에게 반환하여야 한다.

제104조(실황조사) ① 범죄의 현장 기타 장소, 신체 또는 물건에 대하여 사실발견을 위해 필요한 때에는 실황조사를 진행하여야 한다.

② 실황조사는 거주자, 관리자 기타 관계자의 입회를 얻어 진행하고 그 결과를 실황조사조서에 정확히 기재해 두어야 한다.

③ 실황조사조서에는 가능한 한 도면 및 사진을 첨부하여야 한다.

④ 전3항의 규정에 따라 실황조사조서를 작성할 때에는 사진을 붙인 부분에 그 설명을 부기하는 등 알기 쉬운 실황조사조서가 되도록 궁리하여야 한다.

제105조(실황조사조서 기재상의 주의) ① 실황조사조서는 객관적으로 기재하도록 노력하고 피의자, 피해자 기타 관계자에게 설명을 요구한 경우에도 그 지시설명의 범위를 넘어 기재하는 일이 없도록 주의하여야 한다.

② 피의자, 피해자 기타 관계자의 지시설명의 범위를 넘어 특히 그 진술을 실황조사조서에 기재할 필요가 있는 경우에는 형소법 제198조 제3항부터 제5항까지 및 같은 법 제223조 제2항의 규정에 따라야 한다. 이 경우에 피의자의 진술에 관하여는 미리 자기의 의사에 반하여 진술을 할 필요가 없다는 취지를 고지하고 그 점을 조서에 명확히 하여 두어야 한다.

제106조(피의자의 진술에 기초한 실황조사) 피의자의 진술에 의해 흉기, 도품 등 기타 증거자료를 발견한 경우에 증명력 확보를 위해 필요한 때에는 실황조사를 진행하고 그 발견상황을 실황조사조서에 명확히 해 두어야 한다.

제107조(여자의 임의의 신체검사의 금지) 여자에게 임의의 신체검사를 하여서는 아니 된다. 다만 발가벗기지 아니하는 때에는 그러하지 아니하다.

제108조(사람의 주거 등의 임의의 수색의 금지) 사람의 주거 또는 사람이 간수하는 저택, 건조물이나 선박을 수색할 필요가 있는 때에는 주거주 또는 간수자의 임의의 승낙을 얻었다고 인정되는 경우에도 수색허가장을 발부받아 수색을 하여야 한다.

제109조(임의제출물의 영치) ① 소유자, 소지자 또는 보관자의 임의제출에 관련된 물건을 영치하는 때에는 가급적 제출자로부터 임의제출서를 제출하게 한 후 영치조서를 작성하여야 한다. 이 경우에는 형소법 제120조의 규정에 따라 압수품목록교부서를 교부한다.

② 임의제출에 관련된 물건을 영치한 경우(다음 항에 규정하는 경우에 해당하는 경우를 제외한다.)에 소유자가 그 물건의 소유권을 포기하는 취지의 의사를 표시한 때에는 임의제출서에 그 취지를 기재하게 하거나 소유권포기서의 제출을 요구하여야 한다.

③ 임의제출에 관련된 물건을 영치한 경우에, 그 물건이 전자적 기록에 관련된 기록매체로 당해 기록매체의 소유자가 아닌 제출자가 당해 전자적 기록에 대한 소유에 속하는 것으로 보게 되는 권리[형사사건에서의 제3자 소유물의 몰수절차에 관한 응급조치법(昭和 38년 법률 제138호) 제1조의2의 규정에 따라 피고인 이외의 자의 소유에 속하는 것으로 보게 되는 경우에서의 권리를 말한다.]를 포기하는 취지의 의사를 표시한 때에는 임의제출서에 그 취지를 기재하게 하거나 전자적 기록에 관련된 권리포기서의 제출을 요구하여야 한다.

제110조(유류물의 영치) ① 피의자 기타의 자의 유류물을 영치할 때에는 거주자, 관리자 기타 관계자의 입회를 얻도록 하여야 한다.

② 전항의 영치는 실황조사조서 기타에 의해 그 물건의 발견된 상황 등을 명확히 한 후 영치조서를 작성해 두어야 한다.

제111조(원상대로의 영치) 영치를 할 때에는 지장문 기타 부착물을 파괴하지 않도록 주의함과 동시에 그 물건을 가능한 한 원상대로 보존하기 위해 적당한 방법을 강구하고 멸실, 훼손, 변질, 변형, 혼합 또는 산일되는 일이 없도록 주의하여야 한다.

제112조(폐기 등의 처분) ① 영치물에 폐기, 환가, 환부 또는 가환부의 처분을 하는 때에는 경찰본부장 또는 경찰서장의 지휘를 받아 진행하여야 한다. 다만 급속히 폐기처분을 할 필요가 있는 경우에는 처분 후 신속하게 경찰본부장 또는 경찰서장에게 그 취지를 보고한다.

② 환부 또는 가환부의 처분을 할 때에는 상대방으로부터 (가)환부청구서를 받아 둠과 동시에, 앞서 가환부한 물건에 다시 환부의 처분을 할 필요가 있는 때에는 환부통지서(별지 양식 제9호)를 교부해 진행한다.

③ 운반 또는 보관에 불편한 영치물건에 대한 간수자를 두거나 소유자 기타의 자에게 그 자의 승낙을 얻어 보관하게 하는 경우도 제1항의 경우와 같다. 이 경우는 가급적 그 자로부터 보관청구서를 받아 두어야 한다.

④ 폐기(형소법 제499조 제4항의 규정에 따른 것에 한한다.), 환가, 환부 및 가환부의 처분은 사법경찰원인 경찰관이 진행하여야 한다.

제112조의2(환부의 공고) ① 영치물건의 환부에 관하여 형소법 제499조 제2항의 규정에 따라 공고를 할 때에는 경찰본부장 또는 경찰서장의 지휘를 받아 진행하여야 한다.

② 전항의 공고는 사법경찰원인 경찰관이 진행하여야 한다.

제113조(폐기처분 등과 증거와의 관계) ① 영치물건에 폐기 또는 환가의 처분을 진행할 때에는 다음에 열거하는 사항에 주의하여야 한다.

1. 처분에 앞서 그 물건의 상황을 사진, 겨냥도, 모사도 또는 기록 등의 방법으로 명백히 하는 것

2. 특히 필요하다고 인정되는 때에는 당해 영치물건의 성상, 가격 등을 감정에 붙여 두는 것. 이 경우에는 재감정을 위해 그 물건의 일부 보존에 대한 배려를 하는 것

3. 위험을 발생시키거나 멸실 또는 파손될 우려가 있어 보관에 불편한 것 등 폐기 또는 환가의 처분을 함이 상당한 이유가 있음을 명확히 하여 두는 것

② 폐기 또는 환가의 처분을 한 때에는 각각 폐기처분서(별지 양식 제10호) 또는 환가처분서(별지 양식 제11호)를 작성해 두어야 한다.

제114조(조사직원에의 연락) 통고처분이 인정되고 있는 범칙사건에 관한 영치물건에 폐기 또는 환가의 처분을 할 때에는 미리 조사직원에게 연락하여야 한다.

제115조(영치물건의 환부 등의 상대방의 조사) 영치물건의 환부 또는 가환부의 처분을 할 때에는 환부 또는 가환부를 받은 자가 정당한 권한을 가지는 자인지에 대한 조사를 진행하고 사후에 분분한 논의가 생기는 일이 없도록 하여야 한다.

제116조(영치조서에의 기재) 영치물의 폐기, 환가, 환부 또는 가환부의 처분을 할 때에는 그 물건에 관련된 영치조서 중에 그 취지를 기재해 두어야 한다.

제117조(증거물건보존부) 사건의 수사가 장기간에 걸친 경우에는 영치물건은 증거물건보존부(별지 양식 제12호)에 기재하여 그 출납을 명확히 하여 두어야 한다.

제5장 체포

제118조(체포권 운용의 신중 적정) 체포권은 범죄구성요건의 충족 기타 체포의 이유, 체포의 필요성, 이들에 관한 소명자료의 유무, 수집한 증거의 증명력 등을 충분히 검토하여 신중 적정히 운용하여야 한다.

제119조(통상체포장의 청구) ① 형소법 제199조의 규정에 따른 체포장(이하 「통상체포장」이라 한다.)의 청구는 같은 조 제2항의 규정을 기초로 공안위원회가 지정하는 경부 이상의 계급에 있는 사법경찰원(이하 「지정사법경찰원」이라 한다.)의 책임으로 하여야 한다.

② 지정사법경찰원이 통상체포장을 청구할 때에는 순차 거쳐 경찰본부장 또는 경찰서장에게 보고하고 그 지휘를 받아야 한다. 다만 급속을 요하고 지휘를 받을 여유가 없는 경우에는 청구 후 신속하게 그 취지를 보고한다.

제120조(긴급체포장의 청구) ① 형소법 제210조의 규정에 따른 체포장(이하 「긴급체포

장」이라 한다.)은 지정사법경찰원 또는 당해 체포를 담당한 경찰관이 청구한다. 다만 지정사법경찰원이 없는 때에는 다른 사법경찰원인 경찰관이 청구하여도 무방하다.

② 긴급체포한 피의자의 신병조치는 순차 거쳐 경찰본부장 또는 경찰서장에게 보고하고 그 지휘를 받아야 한다.

③ 피의자를 긴급체포한 경우는 체포의 이유가 된 범죄사실이 없는 것 또는 그 사실이 죄가 되지 아니함이 명백하게 되거나 신병을 유치하여 조사할 필요가 없다고 인정하여 피의자를 석방한 때에도 긴급체포장을 청구하여야 한다.

제121조(친고죄 사건의 체포장 청구) 체포장을 청구할 때 당해 사건이 친고죄에 관련된 것으로 아직 고소가 없는 때에는 고소권자에게 고소할지를 확인하여야 한다.

제122조(체포장청구의 소명자료) ① 통상체포장을 청구할 때에는 피의자가 죄를 범하였음을 의심할 만한 상당한 이유가 있고 체포가 필요함을 소명하는 피해신고, 참고인진술조서, 수사보고서 등의 자료를 첨부하여 진행하여야 한다. 다만 형소법 제199조 제1항 단서에 규정하는 벌금, 구류 또는 과태료에 해당하는 죄에 대하여 통상체포장을 청구할 때에는 다시 피의자가 일정한 주거를 가지고 있지 아니한 것 또는 정당한 이유 없이 임의출석의 요구에 응하지 아니하는 것을 소명하는 자료를 첨부하여 진행하여야 한다.

② 긴급체포장을 청구할 때에는 피의자가 죄를 범하였음을 의심할 만한 충분한 이유가 있는 것, 체포의 필요가 있는 것 및 급속을 요하여 체포장을 요구할 수 없는 이유가 있는 것을 소명하는 체포절차서, 피해신고 기타 자료를 첨부하여 진행하여야 한다.

제123조(청구를 위한 출석) ① 체포장을 청구할 때에는 가급적 그 사건의 수사를 담당한 경찰관이 재판관 앞에 출석하여야 한다.

② 재판관으로부터 특별히 당해 체포장을 청구한 자의 출석을 요구받은 때에는 당해 청구자가 스스로 출석하여 진술하거나 서류 기타 물건의 제시를 담당하여야 한다.

제124조(체포장의 기재 변경) 체포장의 발부를 받은 후, 체포 전에 인치장소 기타 기재의 변경을 필요로 하는 이유가 발생한 때에는 당해 체포장을 청구한 경찰관 또는 이에 대신할 경찰관이 당해 체포장을 발부한 재판관 또는 그 자가 소속된 재판소의 다른 재판관에게 서면(인치장소의 변경을 필요로 하는 때에는 인치장소변경청구서)으로 체포장의 기재 변경을 청구한다. 다만 부득이한 사정이 있는 때에는 다른 재판소의 재판관에게 청구할 수 있다.

제125호(영장청구부) 체포장을 청구한 때에는 영장청구부(별지 양식 제13호)에 의해 청구의 절차, 발부 후의 상황 등을 분명히 하여 두어야 한다.

제126조(체포할 때의 주의) ① 체포를 할 때에는 감정에 얽매이는 일 없이 침착 냉정

을 유지함과 동시에 필요한 한도를 넘어 실력을 행사하는 일이 없도록 주의하여야 한다.

② 체포를 할 때에는 미리 그 시기, 방법 등을 고려하여야 한다.

③ 경찰본부장 또는 경찰서장은 체포를 하기 위해 필요한 태세를 확립하여야 한다.

④ 피의자를 체포한 때에는 곧바로 신체에 흉기를 소지하고 있는지를 조사하여야 한다.

⑤ 다수의 피의자를 동시에 체포할 때에는 개개의 피의자에 대한 인상, 체격 기타의 특징, 그 범죄사실, 체포시의 상황 및 녕해 피의자와 공지와의 긴련을 명확히 하고 체포, 압수 기타의 처분에 관한 서류의 작성, 조사 및 입증에 지장이 발생하지 않도록 하여야 한다.

제127조(수갑의 사용) ① 체포한 피의자가 도망, 자살 또는 폭행 등의 우려가 있는 경우에 필요한 때에는 확실하게 수갑을 사용하여야 한다.

② 전항의 규정에 따라 수갑을 사용하는 경우에도 가혹하게 되지 않도록 주의함과 동시에 뭇사람의 눈에 띄지 않도록 노력하여야 한다.

제128조(연행 및 호송) ① 체포한 피의자를 연행하거나 호송하는 때에는 피의자가 도망하거나 죄증을 인멸, 자살하거나 탈취당하는 일이 없도록 주의하여야 한다.

② 전항의 경우에 필요한 때에는 다른 경찰에게 피의자의 가유치를 의뢰할 수 있다.

제129조(현행범인을 수취한 경우의 절차) ① 경찰관은 형소법 제214조의 규정에 따라 현행범인을 인도한 자가 있는 때에는 곧바로 넘겨받고 체포자의 이름, 주소 및 체포의 사유를 청취하여야 한다.

② 전항의 범인을 넘겨받은 경찰관이 사법순사인 때에는 신속하게 사법경찰원에게 인치하여야 한다.

제130조(사법경찰원의 조치) ① 사법경찰원은 피의자를 체포하거나 체포된 피의자를 받은 때에는 곧바로 그 자에게 다음에 열거하는 조치를 취한 후 피의자의 유치의 요부 또는 석방에 대하여 경찰본부장 또는 경찰서장의 지휘를 받아야 한다.

1. 범죄사실의 요지를 고지하는 것

2. 변호인을 선임할 수 있다는 취지를 고지하는 것

3. 전호에 열거하는 조치를 취할 때 변호사, 법무법인이나 변호사회를 지정하여 변호인의 선임을 신청할 수 있다는 취지 및 그 신청처를 교시하는 것

4. 변명의 기회를 부여하고 그 결과를 변명녹취서에 기재하는 것

② 사법경찰원은 전항 제2호에 열거하는 조치를 취할 때에는 피의자에게 다음에 열거하는 사항을 교시하여야 한다.

1. 뒤이어 구류가 청구된 경우에 빈곤 기타 사유로 스스로 변호인을 선임할 수 없

는 때에는 재판관에게 변호인의 선임을 청구할 수 있는 것

2. 재판관에게 변호인의 선임을 청구하는 경우는 형소법 제36조의2에 규정하는 자력신고서를 제출하여야 하는 것

3. 피의자의 자력이 50만엔 이상인 때에는 미리 제1호의 구류청구를 받은 재판관이 소속된 재판소의 소재지를 관할하는 지방재판소의 관할구역 내에 있는 변호사회에 변호인의 선임을 신청하여야 한다는 것

③ 피의자가 유치되어 있는 경우에 유치할 필요가 없게 되었다고 인정되는 때에는 사법경찰원은 경찰본부장 또는 경찰서장의 지휘를 받아 곧바로 피의자의 석방에 관련된 조치를 취하여야 한다.

④ 피의자의 유치의 요부를 판단할 때에는 그 사안의 경중 및 태양과 도망, 죄증인멸, 통모 등 수사상 지장의 유무 및 피의자의 나이, 경우, 건강 기타 제반 상황을 고려하여야 한다.

제131조(지장문의 채취, 조회 등) ① 체포한 피의자에게는 인치 후 신속하게 지장문을 채취하고 사진 기타 감식자료를 확실히 작성함과 동시에 지장문 조회 및 여죄와 지명수배 유무를 조회하여야 한다.

② 조사 과정에서 새로운 사실을 발견한 경우에도 여죄와 지명수배 유무를 조회하여야 한다.

제132조(변호인선임의 신청의 통지) 체포된 피의자가 변호인선임의 신청을 한 경우에 당해 변호사, 법무법인이나 변호사회 또는 부형(父兄)[43] 기타의 자에게 그 취지를 통지한 때에는 변호인선임통지부(별지 양식 제14호)에 기재하여 그 절차를 분명히 하여 두어야 한다.

제133조(변호인의 선임) ① 변호인의 선임은 변호인과 연서한 선임신고를 당해 피의자 또는 형소법 제30조 제2항의 규정에 따라 독립하여 변호인을 선임할 수 있는 자로부터 제출하게 한다.

② 피의자의 변호인선임신고는 각 피의자에 대하여 통산하여 3인을 넘어 이를 수리하여서는 아니 된다. 다만 3인을 넘는 변호인을 선임하는 것에 관할 지방재판소 또는 간이재판소의 허가가 있는 경우는 그러하지 아니하다.

③ 변호인을 선임할 때에는 경찰관으로부터 특정 변호인을 시사하거나 추천하여서는 아니 된다.

제134조(변명녹취상의 주의) 피의자의 변명을 녹취할 때 그 진술이 범죄사실의 핵심으로 풀이되는 등 변명의 범위 밖에 해당한다고 인정되는 때에는 변명녹취서에 기재하는 것이 아니라 피의자진술조서를 작성하여야 한다.

---

43) 통상 학부모나 곁에서 돌봐주는 사람을 뜻함.

제135조(지연사유보고서) 피의자의 신병과 함께 사건을 송치하는 경우에 원격지에서 피의자를 체포하였거나 체포한 피의자가 질병, 취기 등으로 보호가 필요하기 때문이거나 기타 부득이한 사정으로 형소법 제203조 제1항에 규정하는 시간의 제한에 따를 수 없게 된 때에는 지연사유보고서를 작성하여 송치서에 첨부하여야 한다.

제136조(체포절차서) ① 피의자를 체포한 때에는 체포의 연월일시, 장소, 체포시의 상황, 증거자료의 유무, 인치의 연월일시 등 체포에 관한 상세를 기재한 체포절차서를 작성하여야 한다.

② 전항의 경우에, 피의자가 현행범인인 때에는 현재 죄를 범하거나 현재 지를 범하였음을 종료하였다고 인정되는 상황 또는 형소법 제212조 제2항 각호의 하나에 해당하는 자가 죄를 범하였음을 종료한 때로부터 시간적 간격이 없다고 명백하게 인정되는 상황을 체포절차서에 구체적으로 기재하여야 한다.

제136조의2(당면한 수사에서의 주의) ① 유치피의자를 동행하게 하여 경찰시설 밖에서 진행되는 실황조사 기타의 수사는 미리 수사주임관이 유치주임관과 협의하여 작성하고 경찰본부장 또는 경찰서장의 승인을 받은 계획을 기초로 진행하여야 한다.

② 전항의 계획은 동행하는 피의자, 일시, 장소 및 구간, 당해 수사에 종사하는 자 및 그 임무분담, 피의자의 도망 기타 사고를 방지하기 위해 유의할 사항 기타 수사를 적정히 수행하고 사고를 방지하기 위해 필요한 사항을 정한다.

제136조의3(수사와 유치의 분리) 수사원은 스스로가 범죄수사에 종사하고 있는 경우에 당해 범죄로 유치되어 있는 피유치자에 관련된 유치업무에 종사하여서는 아니 된다.

제6장 수색·압수 등

제1절 통칙

제137조(영장의 청구) ① 형소법 제218조 제1항의 규정에 따른 수색, 압수, 기록명령부압수, 검증 또는 신체검사의 영장은 지정사법경찰원이 청구한다. 다만 부득이한 때에는 다른 사법경찰원이 청구하여도 무방하다.

② 전항의 영장을 청구할 때에는 순차 거쳐 경찰본부장 또는 경찰서장에게 보고하고 그 지휘를 받아야 한다. 다만 급속을 요하고 지휘를 받을 여유가 없는 경우에는 청구 후 신속하게 그 취지를 보고하는 것으로 한다.

③ 제1항의 영장을 청구한 때에는 영장청구부에 의해 청구의 절차, 발부 후의 상황

등을 분명히 하여 두어야 한다.

제138조(영장청구할 때의 주의) ① 수색, 압수, 기록명령부압수, 검증 또는 신체검사영장을 청구할 때에는 수사에 필요하고 충분한 범위를 정하여 수색할 장소, 신체 또는 물건, 압수할 물건, 기록하게 하거나 인쇄하게 할 전자적 기록 및 이를 기록하게 하거나 인쇄하게 할 자, 검증할 장소, 신체 또는 물건이나 검사할 신체의 부위 등을 명확히 하여 진행하여야 한다.

② 형소법 제218조 제2항의 규정에 따른 압수영장을 청구할 때에는 전항에 규정하는 사항 외에 압수할 컴퓨터에 전기통신회선으로 접속해 있는 기록매체로서 그 전자적 기록을 복사할 것의 범위를 명확히 하여 진행하여야 한다.

제139조(소명자료) ① 수색, 압수, 기록명령부압수, 검증 또는 신체검사영장을 청구할 때에는 피의자진술조서, 참고인진술조서, 수사보고서 기타 범죄수사를 위해 당해 처분을 할 필요가 있음을 소명하는 자료를 첨부하여 진행하여야 한다.

② 피의자 이외의 자의 신체, 물건 또는 주거 기타 장소에 대한 수색허가장을 재판관에게 청구하는 때에는 압수할 물건의 존재를 인정할 만한 상황이 있음을 소명하는 자료를 첨부하여 진행하여야 한다.

③ 우편물, 신서편물 또는 전신에 관한 서류로 법령의 규정에 기초하여 통신사무를 취급하는 자가 보관 또는 소지하는 것(피의자로부터 발부받거나 피의자에게 발부한 것을 제외한다.)에 대한 압수허가장을 재판관에게 청구할 때에는 그 물건이 당해 사건에 관계가 있다고 인정할 만한 상황이 있음을 소명하는 자료를 첨부하여 진행하여야 한다.

제140조(실시상의 일반적 주의) ① 수색, 압수, 기록명령부압수 또는 검증을 할 때에는 필요 이상으로 관계자에게 폐가 되는 일이 없도록 특히 주의하여야 한다.

② 수색, 압수, 기록명령부압수 또는 검증을 진행할 때에는 부득이한 이유가 있는 경우를 제외한 외에 건조물, 기구 등을 손괴하거나 서류 기타 물건을 어지럽히는 일이 없도록 주의함과 동시에 이를 종료한 때에는 가능한 한 원상으로 복구하도록 하여야 한다.

제141조(영장의 제시) ① 영장에 의한 수색, 압수, 기록명령부압수, 검증 또는 신체검사를 진행할 때에는 당해 처분을 받을 자에게 영장을 제시하여야 한다.

② 부득이한 이유로 당해 처분을 받은 자에게 영장을 제시할 수 없는 때에는 입회인에게 이를 제시하도록 하여야 한다.

제142조(체포할 때의 수색 등) 피의자를 체포하는 경우에 필요한 때에는 체포현장에서 형소법 제220조의 규정에 따른 수색, 압수 또는 검증을 진행하고 수사자료를 발견 입수하도록 노력하여야 한다.

제143조(입회) ① 공무소 내에서 수색, 압수, 기록명령부압수 또는 검증을 진행할 때에는 그 장 또는 이에 대신할 자에게 통지하여 입회하게 하여야 한다.

② 전항의 규정에 따른 경우를 제외하고 사람의 주거 또는 사람이 간수하는 저택, 건조물이나 선박 내에서 수색, 압수, 기록명령부압수 또는 검증을 진행할 때에는 주거주나 간수자 또는 이들에 대신할 자를 입회하게 하여야 한다. 이들을 입회하게 할 수 없는 때에는 이웃 사람 또는 지방공공단체의 직원을 입회하게 하여야 한다. 다만 형소법 제220조의 규정에 따라 피의자를 수색하는 경우에 급속을 요하는 때에는 그러하지 아니하다.

③ 여자의 신체를 수색하는 경우에는 성년의 여자를 입회하게 하여야 한다. 다만 급속을 요하는 경우는 그러하지 아니하다.

④ 여자의 신체를 검사하는 경우에는 의사 또는 성년의 여자를 입회하게 하여야 한다.

제144조(피의자등의 입회) ① 수색, 압수, 기록명령부압수 또는 검증을 진행할 때 수사상 특히 필요한 때에는 피의자 기타 관계자를 입회하도록 하여야 한다.

② 전항의 경우에는 항상 이들의 언어 및 거동에 주의하고 새로운 수사자료를 입수하는 것에 노력하여야 한다.

제2절 수색

제145조(제3자의 입회) ① 수색을 진행할 때에는 공무소 내 또는 사람의 주거 또는 사람이 간수하는 저택, 건조물이나 선박 내 이외의 장소에서 진행하는 경우에도 가급적 제3자의 입회를 얻어 진행하도록 하여야 한다.

② 전항의 경우에 제3자의 입회를 할 수 없을 때에는 다른 경찰관이 입회하여 수색을 진행한다.

제146조(수색의 분담) 수색을 할 때에는 수사주임관 또는 이에 대신하는 자는 수색할 장소 기타에 대한 각 사람별 분담을 정하여 주도면밀하게 진행하도록 하여야 한다.

제147조(집행 중 퇴거 및 출입금지) ① 수색을 진행할 때에는 입회인 또는 특별히 허가를 받은 자 이외의 자는 그 장소로부터 퇴거시키고 그 장소에 출입하지 않도록 하여야 한다.

② 전항의 허가를 받지 아니하고 그 장소에 있는 자에게는 퇴거를 강제하거나 간수자를 붙여 수색의 실시를 방해하게 하지 않도록 하여야 한다. 다만 필요한 한도를 넘어 실력을 행사하는 일이 없도록 하여야 한다.

제147조의2(협력요청) 압수할 물건이 전자적 기록에 관련된 기록매체로서 수색을 진행할 때 필요한 때에는 형소법 제222조 제1항에서 준용하는 같은 법 제111조의2의

규정을 기초로 처분을 받은 자에게 컴퓨터의 조작 기타 필요한 협력을 요구하는 것으로 한다.

제148조(수색 중지의 경우의 조치) 수색에 착수한 후 일시 중지하는 경우에는 그 장소를 폐쇄하거나 간수자를 붙여 사후 수색을 계속 진행하는 데 지장이 없도록 해 두어야 한다.

제149조(수색조서) ① 수색을 진행한 경우는 수색의 상황을 명확히 한 수색조서(피의자수색조서를 포함한다.)를 작성하여야 한다.

② 수색할 때 처분을 받을 자에게 수색허가장을 보여줄 수 없었던 때, 입회인을 구할 수 없었던 때 또는 여자의 신체에 수색을 진행하는 경우에 급속을 요하고 성년의 여자의 입회를 얻을 수 없었던 때에는 수색조서에 그 취지를 기재하고 그 이유를 명확히 하여 두어야 한다.

제150조(수색증명서) 수색을 한 결과 증거물 또는 몰수할 물건이 없는 경우에 당해 처분을 받은 자로부터 청구가 있는 때에는 신속하게 수색증명서를 작성하여 교부하여야 한다.

제3절 압수 및 기록명령부압수

제151조(영치에 관한 규정의 준용 등) ① 제109조(임의제출물의 영치) 제1항 후단, 제2항, 제3항 및 제110조 제2항부터 제117조까지(유류물의 영치, 원상대로의 영치, 폐기 등의 처분, 환부의 공고, 폐기처분 등과 증거와의 관계, 조사직원에의 연락, 영치물의 환부 등의 상대방의 조사, 영치조서에의 기재, 증거물건보존부)의 규정은 압수 및 기록명령부압수를 하는 경우에 준용한다. 이 경우에 제110조 제2항 및 제116조 중 「영치조서」는 「압수조서 또는 기록명령부압수조서」로 바꿔 읽는 것으로 한다.

② 다음에 열거하는 처분을 한 경우는 이들 처분을 받은 자에게도 압수품목록교부서를 교부하여야 한다.

1. 형소법 제222조 제1항에서 준용하는 같은 법 제110조의2의 규정에 따른 처분을 한 경우

2. 기록명령부압수 또는 형소법 제218조 제2항의 규정에 따른 처분을 할 때 기록매체를 경찰관이 준비한 경우

제152조(수색에 관한 규정의 준용) 제145조(제3자의 입회)의 규정은 압수를 진행하는 경우에, 제147조(집행 중 퇴거 및 출입금지), 제147조의2(협력요청) 및 제148조(수색 중지의 경우의 조치)의 규정은 압수 또는 기록명령부압수를 하는 경우에 각각 준용한다.

제153조(수색조서에 관한 규정의 준용) 제149조(수색조서) 제2항의 규정은 압수조서 또는 기록명령부압수조서의 작성에 준용한다.

제154조(압수 또는 기록명령부압수에 긴급을 요하는 경우) ① 범죄에 관계가 있다고 인정되는 물건을 발견한 경우에 그 물건의 소유자 또는 보관자로부터 임의로 제출을 받을 전망이 없다고 인정하는 때에는 곧바로 그 물건에 대한 압수허가장의 발부를 청구함과 동시에 은닉, 산일 등을 방지하기 위한 적절한 조치를 취하여야 한다.

② 범죄에 관계가 있다고 인정되는 전자적 기록을 발견한 경우에 그 전자적 기록에 관련된 기록매체의 소유자나 보관자 또는 그 전자적 기록을 보관하는 자 기타 그 전자적 기록을 이용하는 권한을 가진 자로부터 그 전자적 기록에 관한 기록매체 또는 그 전자적 기록을 기록 또는 인쇄하게 한 기록매체를 임의로 제출을 받을 전 망이 없다고 인정하는 때에는 곧바로 그 전자적 기록에 관련된 기록매체에 대한 압수허가장 또는 그 전자적 기록에 대한 기록명령부압수허가장의 발부를 청구함과 동시에 은닉, 산일 등을 방지하기 위한 적절한 조치를 취하여야 한다.

제154조의2(교부 또는 복사의 허가) ① 압수물에 대하여 형소법 제222조 제1항에서 준용하는 같은 법 제123조 제3항의 규정에 따른 교부 또는 복사를 허가하는 때에는 경찰본부장 또는 경찰서장의 지휘를 받아 진행하여야 한다.

② 전항의 교부 또는 복사의 허가는 사법경찰원인 경찰관이 진행하여야 한다.

③ 제1항의 교부 또는 복사를 허가하는 때에는 상대방으로부터 교부청구서 또는 복사한 전자적 기록청구서를 받아 두어야 한다.

④ 압수를 받은 자가 제1항의 교부 또는 복사의 허가를 받을 권리를 포기하는 취지의 의사를 표시한 경우는 전자적 기록에 관련된 권리포기서의 제출을 요구하여야 한다.

⑤ 제1항의 교부 또는 복사의 허가에 관하여 형소법 제499조의2 제1항에서 준용하는 같은 법 제499조 제2항의 규정에 따른 공고를 하는 때에는 경찰본부장 또는 경찰서장의 지휘를 받아 진행하여야 한다.

⑥ 전항의 공고는 사법경찰원인 경찰관이 진행하여야 한다.

제4절 검증

제155조(검증) 범죄의 현장 기타 장소, 신체 또는 물건의 검증에서는 사실발견을 위한 신체의 검사, 사체의 해부, 분묘의 발굴, 물건의 파괴 기타 필요한 처분을 할 수 있다.

제156조(사체의 검증 등의 주의) ① 사체의 검증, 분묘의 발굴 등을 진행할 때에는 예를 잃지 않도록 주의하고 배우자, 직계의 친족 또는 형제자매가 있는 때에는 이들에게 그 취지를 통지하고 가능한 한 입회하게 하도록 하여야 한다.

② 전항의 경우에 사체의 피부, 부착물, 분묘 내의 매장물 등으로 수사상 필요하다

고 인정되는 것은 유족으로부터 임의제출을 받거나 압수허가장에 의한 압수를 진행하여야 한다.

제157조(실황조사에 관한 규정의 준용) ① 제104조 제3항부터 제106조까지(실황조사, 실황조사조서 기재상의 주의, 피의자의 진술에 기초한 실황조사)의 규정은 검증을 하는 경우에 준용한다. 이 경우에 이들 규정 중 「실황조사조서」는 「검증조서 또는 신체검시조서」로 바꿔 읽는 것으로 한다.

② 검증을 하는 경우에 다른 처분과 동시에 신체검사를 하는 때에는 별도로 신체검사조서를 작성하지 않고 검증조서에 신체검사에 관한 사항도 함께 기재할 수 있다.

제158조(수색에 관한 규정의 준용 등) ① 제145조(제3자의 입회), 제147조(집행 중 퇴거 및 출입금지), 제147조의2(협력요청), 제148조(수색 중지의 경우의 조치) 및 제149조(수색조서) 제1항의 규정은 검증을 하는 경우에, 제149조(수색조서) 제2항의 규정은 검증조서의 작성에 각각 준용한다. 이 경우에 제149조 제1항의 규정 중 「수색조서」는 「검증조서 또는 신체검사조서」로 바꿔 읽는 것으로 한다.

② 신체검사에서 부득이한 이유로 입회인을 구할 수 없게 된 때에는 그 사정을 신체검사조서에 명확히 하여 두어야 한다.

제159조(신체검사에 대한 주의) 신체검사를 진행할 때에는 형소법 제218조 제6항의 규정에 따라 재판관이 붙인 조건을 엄격히 준수하는 외에 성별, 나이, 건강상태, 장소적 관계 기타 제반 상황을 고려하여 이를 받을 자의 명예를 해치지 않도록 주의하고 온당한 방법으로 진행하여야 한다.

제160조(의사 등의 조력) 신체검사를 진행할 때 필요하다고 인정되는 때에는 의사 기타 전문적 지식을 가진 자의 조력을 얻어 진행하여야 한다.

제161조(부상자의 신체검사) 부상자의 부상부위에 대하여 신체검사를 진행하는 때에는 그 상황을 촬영 등에 의해 명확하게 기록하는 등의 방법을 통해 가능한 한 짧은 시간 안에 종료하도록 노력하여야 한다.

제162조(신체검사거부의 경우의 조치) 형소법 제222조 제7항의 규정에 따라 정당한 이유 없이 신체검사를 거절한 자에게 과태료처분 또는 그 자에게 거절로 인해 발생한 비용의 배상을 명하는 처분을 재판소에 청구할 때에는 과태료처분등청구서를 작성하여 진행하여야 한다.

제7장 몰수보전 등의 청구

제163조(몰수보전 등의 청구) 제119조(통상체포장의 청구)의 규정은 국제적인 협력 아래 규제약물에 관련된 부정행위를 조장하는 행위 등의 방지를 도모하기 위한 마약 및

향정신약단속 등의 특례 등에 관한 법률(平成 3년 법률 제94호. 이하 이 조에서 「마약특례법」이라 한다.) 제19조 제3항, 부정경쟁방지법(平成 5년 법률 제47호) 제35조 제3항[44] 및 조직적인 범죄의 처벌 및 범죄수익의 규제 등에 관한 법률(平成 11년 법률 제136호. 이하 이 조에서 「조직적범죄처벌법」이라 한다.) 제23조 제1항의 몰수보전(마약특례법 제19조 제1항, 부정경쟁방지법 제35조 제1항 및 조직적범죄처벌법 제22조 제1항의 몰수보전명령에 따른 처분의 금지를 말한다. 다음 조 제1항 및 제165조에서 같다.) 및 부대보전(마약특례법 제19조 제2항, 부정경쟁방지법 제35조 제2항 및 조직적범죄처벌법 제22조 제2항의 부대보전명령에 따른 처분의 금지를 말한다. 다음 조 제2항 및 제165조에서 끝나.)의 청구에 준용한다.

제164조(몰수보전 등의 청구의 소명자료) ① 몰수보전청구를 할 때에는 처분을 금지할 재산이 법령의 규정에 따라 몰수할 수 있는 재산에 해당한다고 사료할 만한 상당한 이유가 있고 당해 재산을 몰수하기 위해 몰수보전을 할 필요가 있음을 소명하는 피의자조서, 참고인조서, 수사보고서 등의 자료를 첨부하여 진행하여야 한다.
② 부대보전청구를 할 때에는 처분을 금지할 권리가 그 위에 존재하는 재산의 몰수에 의해 당해 권리가 소멸한다고 사료할 만한 상당한 이유가 있어 당해 재산을 몰수하기 위해 부대보전을 할 필요가 있거나 당해 권리가 가장한 것이라고 사료할 만한 상당한 이유가 있음을 소명하는 피의자조서, 참고인조서, 수사보고서 등의 자료를 첨부하여 진행하여야 한다.

제165조(몰수보전등청구부) 몰수보전 또는 부대보전청구를 한 때에는 몰수보전등청구부(별지 양식 제15호)에 의해 청구의 절차, 관계 서류의 송부 월일 등을 명백히 하여 두어야 한다.

제8장 조사

제166조(조사의 마음가짐) 조사에서는 예단을 배제하고 피의자 기타 관계자의 진술, 변명 등의 내용만에 그치지 않고 어디까지나 진실의 발견을 목표로 하여 진행하여야 한다.

제167조(조사에서의 유의사항) ① 조사를 진행할 때에는 피의자의 동정에 주의를 기울여 피의자의 도망 및 자살 기타 사고를 방지하도록 주의하여야 한다.

---

44) 일본국 마약특례법 제19조(몰수보전명령) ① ~ ② (생 략)
　③ 재판관은 전2항에 규정하는 이유 및 필요가 있다고 인정하는 때에는 공소가 제기되기 전에도 검찰관 또는 사법경찰원(마약단속관, 마약단속원, 경찰관 또는 해상보안관에 한하고, 경찰관인 사법경찰원은 국가공안위원회 또는 도도부현공안위원회가 지정하는 경부 이상인 자에 한한다.)의 청구에 의해 전2항에 규정하는 처분을 할 수 있다.
　④ (생 략)
　※ 부정경쟁방지법 제35조 제3항의 내용도 위와 같음.

② 조사를 진행할 때에는 사전에 상대방의 나이, 성별, 환경, 성격 등을 파악하도록 노력하여야 한다.

③ 조사에서는 냉정을 유지하며 감정에 치우치지 않고 피의자의 이익이 되는 사정도 밝히도록 노력하여야 한다.

④ 조사에서는 언동에 주의하고 상대방이 나이, 성별, 환경, 성격 등에 맞추어 그 자에 어울리는 취급을 하는 등 그 심정을 이해하여 진행하여야 한다.

⑤ 경찰관은 항상 상대방의 특성에 맞는 조사방법의 습득에 노력하고 조사에서는 그 자의 특성에 맞는 방법을 쓰도록 하여야 한다.

제168조(임의성의 확보) ① 조사를 진행할 때에는 강제, 고문, 협박 기타 진술의 임의성에 의심을 살 만한 방법을 써서는 아니 된다.

② 조사를 진행할 때에는 자기가 기대하거나 희망하는 진술을 상대방에게 시사하는 등의 방법으로 함부로 진술을 유도하고 진술의 대가로 이익을 공여할 것을 약속하거나 기타 진술의 진실성을 잃게 할 우려가 있는 방법을 써서는 아니 된다.

③ 조사는 부득이한 이유가 있는 경우 외에 심야 또는 장기간에 걸쳐 진행하는 것을 피하여야 한다.

제168조의2(정신 또는 신체에 장해가 있는 자의 조사에서의 유의사항) 정신 또는 신체에 장해가 있는 자의 조사를 진행할 때에는 그 자의 특성을 충분히 이해하여 조사를 진행하는 시간이나 장소 등에 배려를 함과 동시에 진술의 임의성에 의심이 발생하는 일이 없도록 그 장해의 정도 등을 기반으로 적절한 방법을 이용하여야 한다.

제169조(자기 의사에 반하여 진술을 할 필요가 없다는 취지의 고지) ① 피의자의 조사를 할 때에는 미리 자기 의사에 반하여 진술을 할 필요가 없다는 취지를 고지하여야 한다.

② 전항의 고지는 조사가 상당기간 중단된 후 다시 개시하는 경우나 조사경찰관이 교대한 경우에는 다시 진행하여야 한다.

제170조(공범자의 조사) ① 공범자의 조사는 가급적 각 별로 진행하고 통모를 방지하고 함부로 진술을 맞추는 일을 도모하는 일이 없도록 주의하여야 한다.

② 조사를 진행할 때 대질심문을 진행하는 경우에는 특히 신중을 기하고 일방이 다른 한 쪽에 위압을 받는 등의 일이 없도록 그 시기 및 방법을 그르치지 않게 주의하여야 한다.

제171조(증거물의 제시) 수사상 특히 필요한 경우에 증거물을 피의자에게 보여줄 때에는 그 시기와 방법에 적절을 기함과 동시에 그 때에 피의자의 진술을 조서에 기재해 두어야 한다.

제172조(임상조사) 상대방이 현재 있는 장소에서 임상조사를 진행할 때에는 상대방의

건강상태에 충분한 고려를 하는 것은 물론 수사에 중대한 지장이 없는 한 가족, 의사 기타 적당한 자를 입회하도록 하여야 한다.

제173조(보강수사 및 진술의 음미 필요) ① 조사에 의한 피의자의 진술이 있는 때에는 그 진술이 피의자에게 불리한 진술인지 유리한 진술인지를 묻지 않고 곧바로 그 진술의 진실성을 명백히 하기 위한 수사를 진행하여 물적 증거, 정황증거 기타 필요한 증거자료를 수집하도록 하여야 한다.

② 피의자의 진술은 사전에 수집한 증거 및 전항의 규정에 따라 수집한 증거를 바탕으로 객관적 사실과 부합하는지, 합리적인지 등을 충분히 검토하여 그 진실성을 판단하여야 한다.

제174조(전문진술의 배제) ① 사실을 밝히기 위해 피의자 이외의 관계자를 조사할 필요가 있는 때에는 가급적 그 사실을 직접 경험한 자로부터 진술을 요구하도록 하여야 한다.
② 중요한 사항에 관련된 것으로 전문(傳聞)에 해당하는 진술이 있었던 때에는 그 사실을 직접 경험한 자에 대하여 다시 조사를 진행하도록 노력하여야 한다.

제175조(진술자의 사망 등에 대비하는 조치) 피의자 이외의 자를 조사하는 경우에는 그 자가 사망, 정신 또는 신체의 고장 기타 이유로 공판준비 또는 공판기일에서 진술하지 못할 우려가 있고 그 진술이 범죄사실의 존부의 증명에 빠질 수 없는 것인 때에는 수사에 지장이 없는 한 피의자, 변호인 기타 적당한 자를 조사에 입회하게 하거나 검찰관에 의한 조사가 진행되게 하도록 연락하는 등의 배려를 하여야 한다.

제176조(증인심문청구에 대한 연락) 형소법 제226조 또는 같은 법 제227조의 규정에 따른 증인심문이 필요하다고 인정되는 때에는 증인심문청구상대방연락서에 같은 법 제226조 또는 같은 법 제227조에 규정하는 이유가 있음을 소명할 자료를 첨부하여 검찰관에게 연락하여야 한다. 이 경우에 증명할 사실과 심문할 사항은 특히 구체적이고 명료하게 기재한다.

제177조(진술조서) ① 조사를 진행한 때에는 특별히 필요 없다고 인정되는 경우를 제외하고 피의자진술조서 또는 참고인진술조서를 작성하여야 한다.
② 피의자 기타 관계자가 수기, 상신서, 시말서 등의 서면을 제출한 경우에도 필요하다고 인정하는 때에는 피의자진술조서 또는 참고인진술조서를 작성하여야 한다.

제178조(진술조서의 기재사항) ① 피의자진술조서에는 대체로 다음 사항을 분명히 하여 두어야 한다.
1. 본적, 주거, 직업, 이름, 생년월일, 나이 및 출생지(피의자가 법인인 때에는 명칭 또는 상호, 주된 사무소 또는 본점 소재지와 대표자의 이름 및 주거, 피의자가 법인이 아닌 단체인 때에는 명칭, 주된 사무소의 소재지 및 대표자, 관리인 또는 주간자의 이름 및 주거)
2. 옛 이름, 바뀐 이름, 가명, 통칭 및 별명

3. 위기[45], 훈장, 포상, 기장, 은사금이나 연금의 유무(만약 있는 때에는 그 종류와 등급)

4. 전과의 유무(만약 있는 때에는 그 죄명, 형명, 형기, 벌금 또는 과태료의 금액, 형의 집행유예의 선고 및 보호관찰 회부 유무, 범죄사실의 개요와 재판을 한 재판소의 명칭 및 연월일)

5. 형의 집행정지, 가석방, 가출소, 사면에 따른 형의 감면 또는 형의 소멸 유무

6. 기소유예 또는 미죄처분[46]의 유무(만약 있는 때에는 범죄사실의 개요, 처분을 한 청의 이름과 처분연월일)

7. 보호처분을 받은 일의 유무(만약 있는 때에는 그 처분의 내용, 처분을 한 청의 이름과 처분연월일)

8. 현재 다른 경찰서 기타 수사기관에서 수사 중인 사건의 유무(만약 있는 때에는 그 죄명, 범죄사실의 개요와 당해 수사기관의 명칭)

9. 현재 재판소에 계속 중인 사건의 유무(만약 있는 때에는 그 죄명, 범죄사실의 개요, 기소의 연월일과 당해 재판소의 명칭)

10. 학력, 경력, 자산, 가족, 생활상태 및 교우관계

11. 피해자와의 친족 또는 동거관계의 유무(만약 친족관계가 있는 때에는 그 관계상)

12. 범죄의 연월일시, 장소, 방법, 동기 또는 원인 및 범행 상황, 피해상황 및 범죄 후의 행동

13. 도품 등에 관한 죄의 피의자에게는 본범과 친족 또는 동거의 관계의 유무(만약 친족관계가 있는 때에는 그 관계상)

14. 범행 후 국외에 있던 경우에는 그 시기와 종기

15. 미성년자, 피성년후견인 또는 피보좌인인 때에는 그 법정대리인 또는 보좌인의 이름 및 주거(법정대리인 또는 보좌인이 법인인 때에는 명칭 또는 상호, 주된 사무소 또는 본점 소재지와 대표자의 이름 및 주거)

② 참고인진술조서에는 수사상 필요한 사항을 명백히 함과 동시에 피의자와의 관계도 기재하여 두어야 한다.

③ 형소법 제60조의 구류의 원인이 될 만한 사항 또는 같은 법 제89조에 규정하는 보석에 관한 제외이유가 될 만한 사항이 있는 때에는 피의자진술조서 또는 참고인 진술조서에 그 상황을 명백히 하여 두어야 한다.

제179조(진술조서작성에 대한 주의) ① 진술조서를 작성하는 때에는 다음에 열거하는 사항에 주의하여야 한다.

---

45) 벼슬이나 작위를 내린 뜻을 기록하여 그 사람에게 교부하는 문서.

46) 경미사건이나 소년사건에서 범죄가 특히 경미하여 기소할 것까지는 없다고 생각되기 때문에 기소하지 않는 처분으로 범죄통계에도 포함되지 않는다. 검사가 범인의 연령, 성행, 지능과 환경, 피해자에 대한 관계, 범행의 동기, 수단과 결과, 범행 후의 정황 등의 사항을 고려해 기소하지 않는 처분인 기소유예와 구분된다.

1. 형식에 휩쓸리지 않고 추측 또는 과장을 배제하고 불필요한 중복 또는 장황한 기재는 피하고 알기 쉬운 표현을 쓰는 것

2. 범의, 착수 방법, 실행행위의 태양, 미수 기수의 구별, 공모한 사실 등 범죄구성에 관한 사항은 특히 명확히 기재함과 동시에 사건의 성질에 맞추어 필요하다고 인정되는 경우에는 주제 또는 장면마다 진술조서를 작성하는 등 궁리를 하는 것

3. 필요한 때에는 문답형식을 취하거나 진술자가 진술할 때의 태도를 기입하고, 진술의 내용만이 아니라 진술했을 때의 상황도 분명히 하는 것

4. 진술자가 막어, 방언, 은어 등을 쓴 경우에 진술의 진실성을 확보하기 위해 필요한 때에는 이를 그대로 기재하고 적당한 주(註)를 붙여두는 등의 방법을 강구하는 것

② 진술을 녹취한 때에는 이를 진술자에게 열람하게 하거나 진술자가 분명히 알아들을 수 있도록 읽어 들려줌과 동시에 진술자에게 증감변경을 신청할 기회를 충분히 부여하여야 한다.

③ 피의자의 진술에 대하여 전항의 규정에 따른 조치를 강구하는 경우에 피의자가 조서(사법경찰직원수사서류기본서식례에 따른 조서에 한한다. 이하 이 항에서 같다.)의 매 쪽의 기재내용을 확인한 때에는 그걸 증명하기 위해 조서 매 쪽 난 밖에 서명 또는 날인을 요구하는 것으로 한다.

제180조(보조자 및 입회인의 서명날인) ① 진술조서를 작성할 때에는 경찰관 기타 적당한 자에게 기록 기타의 보조를 하게 할 수 있다. 이 경우에는 그 진술조서에 보조를 한 자의 서명날인을 요구하여야 한다.

② 조사를 진행할 때 변호인 기타 적당하다고 인정되는 자를 입회하게 한 때에는 그 진술조서에 입회인의 서명날인을 요구하여야 한다.

제181조(서명날인불능인 경우의 조치) ① 진술자가 진술조서에 서명할 수 없는 때에는 경찰관이 대필하고, 날인할 수 없을 때에는 지인을 하게 하여야 한다.

② 전항의 규정에 따라 경찰관이 대필한 때에는 그 경찰관이 대필한 이유를 기재해 서명날인하여야 한다.

③ 진술자가 진술조서에 서명 또는 날인을 거부한 때에는 경찰관이 그 취지를 기재하여 서명날인해 두어야 한다.

제182조(통역 및 번역의 경우의 조치) ① 수사상의 필요에 의해 학식경험이 있는 자 기타 통역인을 매개로 조사를 진행한 때에는 진술조서에 그 취지 및 통역인을 매개로 당해 진술조서를 읽어 들려주게 하였다는 취지를 기재함과 동시에 통역인의 서명날인을 요구하여야 한다.

② 수사상의 필요에 의해 학식경험이 있는 자 기타 번역인에게 피의자 기타 관계자가 제출한 서면 기타 수사자료인 서면을 번역하게 한 때에는 그 번역문을 기재한

서면에 번역인의 서명날인을 요구하여야 한다.

제182조의2(조사상황보고서 등) ① 피의자 또는 피고인을 조사실이나 이에 준하는 장소에서 조사한 때(당해 조사에 관련된 사건이 제198조의 규정에 따라 송치하지 아니한 사건으로 인정되는 경우를 제외한다.)에는 당해 조사를 행한 날(당해 일의 익일 오전 0시 이후까지 계속하여 조사를 진행한 때에는 당해 익일 오전 0시부터 당해 조사가 종료하기까지의 시간을 포함한다. 다음 항에서 같다.)마다 신속하게 조사상황보고서(별지 양식 제16호)를 작성하여야 한다.

② 전항의 경우에 체포 또는 구류[소년법(昭和 23년 법률 제168호) 제43조 제1항의 규정에 따른 청구를 기초로 하는 같은 법 제17조 제1항의 조치를 포함한다.]에 의해 신병이 구속되어 있는 피의자 또는 피고인에 대하여 당해 체포 또는 구류의 이유로 되어 있는 범죄사실 이외의 범죄에 관련된 피의자진술조서를 작성한 때에는 조사상황보고서에 더하여 당해 조사를 진행한 날마다 신속하게 여죄관계보고서(별지 양식 제17호)를 작성하여야 한다.

③ 조사상황보고서 및 여죄관계보고서를 작성한 경우에 피의자 또는 피고인이 그 기재내용을 확인한 때에는 그것을 증명하기 위한 당해 조사상황보고서 및 여죄관계보고서의 확인란에 서명날인을 요구한다.

④ 제18조의 규정은 전항의 서명날인에 준용한다. 이 경우에 같은 조 제3항 중「그 취지」는「그 취지 및 그 이유」로 바꿔 읽는 것으로 한다.

제182조의3(조사등의 녹음·녹화) ① 다음 각호의 어느 하나에 열거하는 사건에 대하여 체포 또는 구류되어 있는 피의자의 조사를 진행하거나 피의자에게 변명의 기회를 부여하는 때에는 형소법 제301조의2 제4항 각호의 어느 하나에 해당하는 경우를 제외하고 조사등의 녹음·녹화(조사나 변명의 기회에서의 피의자의 진술 및 그 상황을 녹음 및 녹화를 동시에 하는 방법으로 기록매체에 기록하는 것을 말한다. 다음 항 및 다음 조에서 같다.)를 하여야 한다.

1. 사형, 무기징역 또는 금고에 해당하는 죄에 관련된 사건

2. 단기 1년 이상의 유기징역 또는 금고에 해당하는 죄로서 고의의 범죄행위로 피해자를 사망하게 한 것에 관련된 사건

② 체포 또는 구류되어 있는 피의자가 정신에 장해가 있는 경우로서 그 피의자의 조사를 진행하거나 피의자에게 변명의 기회를 부여하는 때에는 필요에 대응하여 조사등의 녹음·녹화를 하도록 노력하여야 한다.

제182조의4(녹음·녹화상황보고서) 조사등의 녹음·녹화를 한 때에는 신속하게 녹음·녹화상황보고서(별지양식 제18호)를 작성하여야 한다.

제182조의5(조사실의 구조 및 설비의 기준) 조사실은 다음에 열거하는 기준에 적합한

것으로 하여야 한다.

1. 문을 한쪽에서 열리게 하는 등 피의자의 도주 및 자살 기타 사고의 방지에 적당한 구조 및 설비를 가질 것

2. 외부로부터 조사실 내가 쉽게 보여지지 않도록 구조 및 설비를 가진 것

3. 투시경을 갖춰 두는 등 조사상황의 파악을 위한 구조 및 설비를 가진 것

4. 적당한 환기, 조명과 방음을 위한 설비를 설치하는 등 적절한 환경에서 피의자가 조사를 받을 수 있는 구조 및 설비를 가질 것

5. 조사경찰관, 피의자 기타 관계자의 수와 필요한 설비에 대응한 적당한 넓이일 것

제9장 증거수집 등에의 협력 및 소추에 관한 합의

제182조의6(검찰관과의 협의 등에서 본부장의 지휘) 사법경찰원은 다음에 열거하는 사항을 진행하는 때에는 순차 거쳐 경찰본부장에 보고하고 그 지휘를 받아야 한다.

1. 형소법 제350조의6 제1항의 규정에 따른 검찰관과의 협의

2. 형소법 제350조의6 제2항에 규정하는 같은 법 제350조의4의 협의에 필요한 행위

제182조의7(진술의 요구) 형소법 제350조의6 제2항의 규정에 따른 진술의 요구는 조사와 명확히 구별하여 하여야 한다.

제10장 감식

제183조(감식의 마음가짐) ① 감식은 예단을 배제하고 선입관에 영향을 받는 일 없이 어디까지나 객관적으로 사실을 명확히 하는 것을 목적으로 하여야 한다.

② 감식을 진행할 때에는 전항의 목적을 달성하기 위해 주도면밀함을 중시하여 하여 미세한 점에 이르기까지 간과하는 일이 없도록 노력함과 동시에 감식의 대상이 된 수사자료가 공판심리에서 증명력을 보존해둘 수 있도록 조치해 두어야 한다.

제184조(감식기초자료의 수집) 수사자료에 대하여 신속 정확한 감식을 할 수 있도록 하기 위해 미리 자동차 도막,[47] 농약, 의약품 기타 품질, 형상, 상표 등에 의해 분류할 수 있는 물건으로 필요한 것을 수집하여 감식기초자료로서 분류 보존해 두도록 노력하여야 한다.

제185조(감식자료 송부상의 주의) ① 감식을 위해 수사자료를 송부할 때에는 변형, 변질, 멸실, 산일, 혼합 등의 일이 없도록 주의함과 동시에, 우송의 경우에는 그 외장, 용기 등에 대한 세심한 주의를 기울여야 한다. 특히 필요한 때에는 직접 지참하는

---

47) 물체 표면에 칠한 도료의 얇은 층이 말라 굳게 되면서 연속된 피막이 형성된 것을 뜻함.

등의 방법을 취하여야 한다.

② 중요한 감식자료를 주고받을 때에는 상호, 자료의 명칭, 개수, 주고받은 연월일 및 주고받은 사람의 이름을 명확히 해 두어야 한다.

제186조(재감식을 위한 고려) 혈액, 정액, 타액, 장기, 모발, 약품, 폭발물 등을 감식할 때에는 가급적 그 전부를 이용하는 일 없이 일부를 가지고 진행하고 잔어 ~~부분은~~ 보존해 두는 등 재감식을 위한 고려를 기울여야 한다.

제187조(감정의 촉탁) 수사를 위해 사체의 해부, 지장문 또는 필적의 감별, 전자정보 처리조직 및 전자적 기록의 해석 등 전문적 지식을 요하는 감정을 과학경찰연구소 기타 범죄감식기관 또는 적당한 학식경험을 가진 자에게 촉탁할 때에는 경찰본부장 또는 경찰서장의 지휘를 받아야 한다.

제188조(감정촉탁서) 감정을 촉탁할 때에는 감정촉탁서에 의해 다음에 열거하는 사항을 함께 진행하여야 한다.

1. 사건명

2. 감정자료의 명칭 및 개수

3. 감정사항

4. 당해 감정에 참고할 다음에 열거하는 사항

ㅓ 범죄의 연월일시

ㅁ 범죄의 장소

ㅅ 피해자의 주거, 이름, 나이 및 성별

ㄷ 피의자의 주거, 이름, 나이 및 성별

ㅊ 감정자료의 채취연월일 및 채취시의 상태

ㅎ 사건내용의 개요 기타 참고사항

② 감정촉탁서에 전항 제4호에 열거하는 사항을 기재할 때에는 감정인에게 예단 또는 편견을 발생시키지 않기 위해 당해 감정에 필요한 범위에서 그치게 주의함과 동시에 기타 감정촉탁서 중 감정인에게 예단 또는 편견을 발생시키는 사항을 기재하여서는 아니 된다. 당해 사건에 구두로 필요한 설명을 더하는 경우에도 또한 같다.

제189조(감정처분허가장 및 감정유치) ① 감정을 위해 사람의 주거 또는 사람이 간수하는 저택, 건조물이나 선박 내에 들어가 신체를 검사하고, 사체를 해부하고, 분묘를 발굴하거나 물건을 파괴할 필요가 있는 때에는 감정처분허가장의 발부를 받아 이를 감정인에 교부하여 감정을 하게 한다.

② 피의자의 심신 또는 신체에 관한 감정을 촉탁하는 경우에 감정유치처분을 필요로 하는 때에는 재판관에게 그 처분을 청구하여 감정유치장의 발부를 받아 이에 기초하여 병원 기타 감정유치장 소정의 장소에 피의자를 유치하여 감정을 하게 한다.

③ 감정유치장에 기재된 정해진 기간을 연장하거나 단축하여 감정유치처분을 할 것을 필요로 하는 때에는 재판관에게 기간의 연장 또는 단축을 청구하여야 한다.

④ 제137조(영장의 청구)의 규정은 감정처분허가장, 감정유치 및 감정유치기간의 연장 또는 단축의 청구에 준용한다.

제190조(감정유치할 때의 주의) 감정유치장에 의해 피의자를 병원 기타 장소에 유치한 경우에는 당해 병원 기타 장소의 관리자와 긴밀한 연락을 취하고 필요한 때에는 간수자를 두기 위한 조치를 강구하는 등 피의자의 자살, 도망 기타 사고를 방지하도록 노력하여야 한다.

제191조(감정인에 대한 편의제공) 감정을 위해 필요한 때에는 감정인에게 서류 및 증거물을 열람 또는 등사하게 하고 피의자 기타 관계자의 조사에 입회하게 하거나 이들에게 질문을 하게 할 수 있다.

제192조(감정서) ① 감정을 촉탁하는 경우에는 감정인으로부터 감정의 일시, 장소, 경과 및 결과를 관계자에게 알기 쉽게 이해할 수 있도록 간결평명하게 기재한 감정서의 제출을 요구하도록 하여야 한다. 다만 감정의 경과 및 결과가 간단한 때에는 감정인에게 구두로 보고를 요구할 수 있는 것으로 하고 이 경우에는 그 진술조서를 작성하여 두어야 한다.

② 감정인이 여러 사람이 있는 때에는 공동의 감정서의 제출을 요구할 수 있다.

③ 감정서의 기재에 불명확하거나 불비된 점이 있는 때에는 이를 보충하는 서면의 제출을 요구하여 감정서에 첨부하여야 한다.

제11장 송치 및 송부

제193조(송치 및 송부의 지휘) 수사를 진행한 사건에 대한 송치 또는 송부의 절차를 취할 때에는 경찰본부장 또는 경찰서장의 지휘를 받아 진행하여야 한다.

제194조(관련사건의 송치 및 송부) 제12장(소년사건에 관한 특칙)에 규정하는 경우를 제외하고 관련사건은 원칙적으로 일괄하여 송치 또는 송부한다.

제195조(송치서 및 송부서) 사건을 송치 또는 송부할 때에는 범죄사실과 정상 등에 관한 의견을 붙인 송치서 또는 송부서를 작성하고 관계 서류와 증거물을 첨부한다.

제196조(송치 또는 송부 후의 수사와 추가송부) ① 경찰관은 사건의 송치 또는 송부 후에도 항상 그 사건에 주의를 기울이고 새로운 증거 수집 및 참고가 될 사항의 발견에 노력하여야 한다.

② 사건의 송치 또는 송부 후에 새로운 증거물 기타 자료를 입수한 때에는 신속하게 추가로 송부하여야 한다.

제197조(여죄의 추가 송치송부) 사건의 송치 또는 송부 후에 당해 사건에 관련된 피의자에게 여죄가 있음을 발견한 때에는 검찰관에게 연락함과 동시에 신속하게 그 수사를 진행하고 이를 추가로 송치(송부)하여야 한다.

제198조(미죄처분할 수 있는 경우) 수사한 사건에 대하여 범죄사실이 극히 경미하고 검찰관으로부터 송치절차를 취한 필요가 없다고 미리 지정된 것은 송치하지 아니할 수 있다.

제199조(미죄처분의 보고) 전조의 규정에 따라 송치하지 아니한 사건은 그 처리연월일, 피의자의 이름, 나이, 직업 및 주거, 죄명과 범죄사실의 요지를 1개월마다 일괄하여 미죄처분사건보고서(별지 양식 제19호)에 의해 검찰관에게 보고하여야 한다.

제200조(미죄처분 때의 조치) 제198조(미죄처분할 수 있는 경우)의 규정에 따라 사건을 송치하지 아니하는 경우에는 다음 각호에 열거하는 조치를 취한다.

1. 피의자에게 엄중히 훈계하고 장래를 설계하는 것
2. 친권자, 고용주 기타 피의자를 감독하는 지위에 있는 자 또는 이들에 대신할 자를 호출하고 장래의 감독에 필요한 주의를 주고 그 각서를 받는 것
3. 피의자에게 피해자에 대한 피해의 회복, 사죄 기타 적당한 방법을 강구하도록 타이르는 것

제201조(범죄사건처리부) 사건을 송치하거나 송부한 때에는 장관이 정하는 양식의 범죄사건처리부에 의해 그 경과를 명백히 하여 두어야 한다.

제12장 소년사건에 관한 특칙

제202조(준거규정) 소년사건의 수사는 이 장에 규정하는 것 외에 일반의 예에 따른다.

제203조(소년사건수사의 기본) 소년사건의 수사는 가정재판소에서의 심판 기타 처리에 도움이 됨을 염두에 두고 소년의 건강한 육성을 기하는 정신을 갖고 대응하여야 한다.

제204조(소년의 특성 고려) 소년사건의 수사를 진행할 때에는 소년의 특성에 비추어 특히 타인의 이목에 접촉하지 아니하도록 하고 조사의 언동에 주의하는 등 온정과 이해를 가지고 하며 그 심정을 상처입히지 아니하도록 노력하여야 한다.

제205조(범죄원인 등의 조사) 소년사건의 수사를 진행할 때에는 범죄의 원인, 동기 및 당해 소년의 성격, 행상, 경력, 교육정도, 환경, 가정상황, 교우관계 등을 상세히 조사해 두어야 한다.

제206조(관계기관과의 연락) 소년사건의 수사를 진행할 때 필요한 때에는 가정재판소, 아동상담소, 학교 기타 관계기관과의 연락을 긴밀하게 하여야 한다.

제207조(보호자 등과의 연락) 소년인 피의자의 호출 또는 조사를 진행할 때에는 당해 소년의 보호자 또는 이에 대신할 자에게 연락하는 것으로 한다. 다만 연락하는 것이 당해 소년의 복리상 적당하지 않다고 인정되는 때에는 그러하지 아니하다.

제208조(신병구속에 관한 주의) 소년인 피의자에게는 가급적 신병의 구속을 피하고 부득이 체포, 연행하거나 호송하는 경우에는 그 시기 및 방법에 특히 신중한 주의를 하여야 한다.

제209조(보도상의 주의) 소년사건에 대하여 신문 기타 보도기관에 발표하는 경우에도 당해 소년의 이름 또는 주서를 고시하고 기타 그 자를 추지할 수 있도록 하여서는 아니 된다.

제210조(소년사건 송치 및 송부처) ① 소년사건에 대하여 수사한 결과 그 범죄가 벌금 이하의 형에 해당하는 것인 때에는 가정재판소에 송치하고, 금고 이상의 형에 해당하는 것인 때에는 검찰관에게 송치 또는 송부하여야 한다.

② 송치 또는 송부할 때 그 소년의 피의자에게 벌금 이하의 형에 해당하는 범죄와 금고 이상의 형에 해당하는 범죄가 있는 때에는 이들을 함께 일괄하여 검찰관에게 송치 또는 송부한다.

제211조(관련사건의 송치 및 송부) 다른 피의자에게 관련된 사건과 관련이 있는 소년사건 송치 또는 송부는 다음 각호의 규정에 따른다.

1. 소년사건이 성인사건과 관련되는 경우에 이들을 함께 검찰관에게 송치 또는 송부할 때에는 각 별개의 기록으로 송치 또는 송부하는 것. 다만 소년사건에 관한 서류가 성인사건에도 필요한 때에는 이 등본 또는 초본을 첨부할 것

2. 여러 개의 소년사건이 관련되는 경우에 이들을 함께 검찰관에게 송치 또는 송부하는 때에는 각 별개의 기록으로 할 것을 요하지 아니한다는 것

3. 소년사건이 성인사건과 관련되거나 수 개의 소년사건이 관련되어 그 한 쪽을 검찰관에게 송치 또는 송부하고 다른 한 쪽을 가정재판소에 송치하는 경우에 한 쪽의 사건에 관한 서류가 다른 쪽 사건에도 필요한 때에는 검찰관에게 송치 또는 송부하는 사건의 기록에 다른 사건에 관한 서류의 등본 또는 초본을 첨부할 것

제212조(공통증거물의 취급) 소년사건이 성인사건과 관련되거나 여러 개의 소년사건이 관련되고 이들을 각별로 송치 또는 송부하는 경우에 공통의 증거물이 있는 때에는 다음 각호의 규정에 따른다.

1. 소년사건과 성인사건이 관련되는 경우에는 성인사건에 증거물을 첨부할 것. 이 경우에는 소년사건의 기록에 이 취지를 기재할 것. 다만 소년사건만이 중요하다고 인정되는 때에는 소년사건에 증거물을 첨부할 것.

2. 여러 개의 소년사건만이 관련되는 경우에는 검찰관에게 송치 또는 송부하는 사

건에 증거물을 첨부할 것. 이 경우에는 가정재판소에 송치하는 사건의 기록에 이 취지를 기재할 것.

제213조(송치서류 및 송부서류) 소년사건을 송치 또는 송부할 때에는 소년사건송치서 [가정재판소에 송치하는 것은 별지 양식 제20호. 다만 당해 도도부현경찰의 관할구역을 관할하는 지방검찰청(이하「관할 지방검찰청」이라 한다.)의 검사정이 소년의 교통법령위반사건 수 사서류 양식에 대한 특례를 정한 경우에 당해 도도부현경찰의 경찰본부장이 그 관 할구역을 관할하는 가정재판소(이하「관할 가정재판소」라 한다.)와 협의하여 그 특례에 준하여 별도의 양식을 정한 때에는 그 양식] 또는 소년사건송부서를 작성하고 신상 조사표(별지 양식 제21호) 기타 관계 서류 및 증거물을 첨부한다.

제214조(경미한 사건의 처리) ① 수사한 소년사건에 대하여 그 사실이 극히 경미하고 범죄의 원인 및 동기, 당해 소년의 성격, 행상, 가정 상황 및 환경 등으로부터 볼 때 재범의 우려가 없고 형사처분 또는 보호처분을 필요로 하지 아니한다고 명백히 인정되고 검찰관 또는 가정재판소로부터 미리 지정된 사건은 피의소년마다 소년사 건간이송치서 및 수사보고서(가정재판소에 송치하는 것은 별지 양식 제22호. 다만 관할 지방 검찰청의 검사정이 소년의 교통법령위반사건 수사서류 양식에 대한 특례를 정한 경우에 당해 도 도부현경찰의 경찰본부장이 관할 가정재판소와 협의하여 그 특례에 준하여 별도의 양식을 정한 때에는 그 양식)를 작성하고 신상조사서 기타 관계 서류를 첨부하여 1개월마다 일괄 하여 검찰관 또는 가정재판소에 송치할 수 있다.

② 전항의 규정에 따른 처리를 할 때에는 제200조(경미범죄 처분시의 조치)에 규정하 는 바에 준하여 진행한다.

제215조(촉법소년 및 우범소년) 수사 결과 다음 각호의 어느 하나에 해당하는 경우에는 소년경찰활동규칙(平成 14년 국가공안위원회규칙 제20호) 제3장[48]에 정하는 바에 따른다.

1. 피의자가 소년법 제3조 제1항 제2호[49]에 규정하는 소년인 것이 명백하게 된 경우
2. 피의자가 죄를 범한 사실이 없음이 명백해진 때로서 이 자가 소년법 제3조 제1 항 제3호에 규정하는 소년인 때

---

48) 소년비행의 방지를 위한 활동으로 촉법조사(소년경찰활동규칙 제15조부터 제26조까지)와 우범조사(같은 규칙 제27조부터 제34조까지)를 규정함.

49) 일본국 소년법 제3조(심판에 회부할 소년) ① 다음에 열거하는 소년은 가정재판소의 심판에 회부한다.
   1. 죄를 범한 소년
   2. 14세 미만으로 형벌법령에 저촉되는 행위를 한 소년
   3. 다음에 열거하는 사유가 있어 그 성격이나 환경에 비추어 장래에 죄를 범하거나 형벌법령에 저촉될 행위를 할 우려가 있는 소년
      イ 보호자의 정당한 감독에 복종하지 아니하는 성벽이 있는 것
      ロ 정당한 이유 없이 가정에 돌아오지 않는 것
      ハ 범죄성이 있는 사람이나 부도덕한 사람과 교제하거나 수상한 장소에 출입하는 것
      ニ 자기 또는 타인의 덕성을 해치는 행위를 하는 성벽이 있는 것
   ② (생 략)

제216조 삭제

제217조 삭제

제13장 교통법령위반사건에 관한 특칙

제218조(준거규정) 도로교통법(昭和 35년 법률 제105호) 또는 이에 기초한 명령(이하 「교통법령」이라 한다.)의 위반사건 수사는 이 장에 규정하는 것 외에 일반의 예에 따른다.

제219조(신병구속에 관한 주의) 교통법령위반사건 수사를 진행할 때에는 사안의 특성에 비추어 범죄사실을 실제로 있었던 사실로 인정하는 경우에도 도망 기타 특별한 사정이 있는 경우 외에 피의자를 체포하지 아니하도록 하여야 한다.

제220조(진술조서의 기재사항) 교통법령위반사건 피의자의 진술조서에는 대체로 다음 사항을 명백히 하여 두어야 한다. 다만 피의자가 범죄사실현인보고서에 기재된 범죄에 대하여 자백하거나 범죄사실이 증거에 의해 명백하여 다툼이 없는 것은 제1호에 열거하는 사항 및 그 자백을 명백히 하여 두면 충분하다.

1. 본적, 주거, 직업, 이름, 생년월일, 나이 및 출생지(피의자가 법인인 때에는 명칭 또는 상호, 주된 사무소 또는 본점 소재지 및 대표자의 이름 및 주거, 피의자가 법인 아닌 단체인 때에는 명칭, 주된 사무소의 소재지 및 대표자, 관리인 또는 주간자의 이름 및 주거)

2. 교통사범의 전력

3. 학력, 경력, 자산, 가족 및 생활상태

4. 범죄의 연월일시, 장소, 방법, 동기 및 범행 상황

제221조(소년의 교통법령위반사건 송치) 소년의 교통법령위반사건 송치는 교통법령위반소년사건송치서(가정재판소에 송치하는 것은 별지 양식 제23호. 다만 관할 지방검찰청의 검사정이 소년의 교통법령위반사건 수사서류 양식에 대한 특례를 정한 경우에 당해 도도부현경찰의 경찰본부장이 관할 가정재판소와 협의하여 그 특례에 준하여 별도의 양식을 정한 때에는 그 양식)에 의할 수 있다. 이 경우에는 신상조사표를 첨부할 것을 요하지 아니한다. 다만 범죄사실, 범죄의 원인 및 동기, 당해 소년의 성격, 행상 및 환경, 가정상황 등에서 특별히 형벌 또는 보호처분이 필요하다고 인정되는 때에는 그러하지 아니하다.

제222조(교통법령위반사건부) 교통법령위반사건에서는 범죄사건수리부 및 범죄사건처리부에 갈음하여 장관이 정하는 양식의 교통법령위반사건부를 작성하고 이에 의해 제19조(수사지휘) 제1항 및 제193조(송치 및 송부의 지휘)에 규정하는 지휘의 책임과 사건의 송치 또는 송부 기타 경과를 명백히 하여 두어야 한다.

제14장 국제범죄에 관한 특칙

제223조(준거규정) 국제범죄(외국인에 관련된 범죄 또는 국민의 국외범, 대공사관에 관련된 범죄 기타 외국에 관련된 범죄를 말한다. 이하 같다.)수사는 조약, 협정 기타 특별한 정함이 있는 때에는 이에 따르고, 특별한 정함이 없는 때에는 이 장의 규정에 따르는 외에 일반의 예에 따른다.

제224조(국제법의 준수) 국제범죄 수사를 진행할 때에는 국제법규 및 국제상의 관례를 준수하여야 한다.

제225조(국제범죄수사의 착수 등) ① 국제범죄 중 중요한 것은 미리 경찰본부장에 보고하여 그 지휘를 받아 수사에 착수하여야 한다. 다만 급속을 요하는 경우에는 필요한 처분을 한 후 신속하게 경찰본부장의 지휘를 받아야 한다.

② 경찰본부장은 국제범죄수사에 관하여 외국의 수사기관 또는 국제형사경찰기구에 협력요청을 할 필요가 있다고 인정하는 때에는 경찰청을 통하여 한다.

제226조(대공사 등에 관한 특칙) ① 국제범죄수사를 진행할 때에는 다음에 열거하는 자의 신체, 명예, 문서 기타 불가침 등의 특권을 해치는 일이 없도록 주의하여야 한다.

1. 대공사나 대공사관원 또는 이들의 가족
2. 기타 외교특권을 가진 자

② 전항에 열거하는 자의 사용인을 체포 또는 조사를 진행할 필요가 있다고 인정되는 때에는 관외에서의 현행범인체포 기타 긴급 부득이한 경우를 제외하고 미리 경찰본부장의 지휘를 받아야 한다.

③ 피의자가 외교특권을 가지는 자인지가 의심스러운 경우에는 신속하게 경찰본부장의 지휘를 받아야 한다.

제227조(대공사관 등에의 출입) 대공사관 및 대공사 또는 대공사관원의 주택, 별장이나 숙박하는 장소에는 당해 대공사 또는 대공사관원의 청구가 있는 경우 외에 출입하여서는 아니 된다. 다만 중대한 범죄를 범한 자를 추적 중 그 자가 이들 장소에 들어간 경우에 유예할 수 없는 때에는 대공사, 대공사관원 또는 이들에 대신할 권한을 가진 자의 동의를 얻어 수색을 진행할 수 있다.

제228조(외국군함에의 출입) ① 외국군함에는 당해 군함의 함장의 청구가 있는 경우 외에 출입하여서는 아니 된다.

② 중대한 범죄를 범한 자가 도주하여 우리나라의 영해에 있는 외국군함 내에 들어간 경우에는 신속하게 경찰본부장의 지휘를 받아야 한다. 다만 급속을 요하는 때에는 당해 군함의 함장에게 그 자의 임의의 인도를 요구할 수 있다.

제229조(외국군함의 승조원에 대한 특칙) 외국군함에 속하는 군인 또는 군속이 그 군함을 떠나 우리나라의 영역 내에서 범죄를 범한 경우에는 신속하게 경찰본부장의 지휘를 받아야 한다. 다만 현행범 기타 급속을 요하는 때에는 체포 기타 수사상 필요한 조치를 취한 후 신속하게 경찰본부장의 지휘를 받는 것으로 한다.

제230조(영사상의 특권 등에 관련된 특칙) ① 다음에 열거하는 자에 관련된 사건의 수사를 진행할 때에는 그 자의 신체의 불가침특권을 해치는 일이 없도록 주의하여야 한다.

1. 본무영사관(중대한 범죄의 피의자이고 그 자에 대하여 재판관이 미리 영장을 발부하고 있는 경우의 본무영사관 및 제3항에 규정하는 명사관을 제외한다.)

2. 영사전서사(당해 임무를 수행하고 있는 경우의 영사전서사에 한한다.)

② 다음에 열거하는 자에 관련된 사건으로 그 자가 영사임무를 수행할 때 한 행위에 관련된 것의 수사를 진행할 때에는 그 자가 우리나라의 형사재판권으로부터의 면제를 향유하는 것을 방해하지 않도록 주의하여야 한다.

1. 영사관(다음 항에 규정하는 영사관을 제외한다.)

2. 영사기관(총영사관, 영사관, 부영사관 또는 대리영사사무소를 말한다. 이하 같다.)의 사무기술직원(우리나라의 국민인 자 또는 우리나라에 통상 거주하고 있는 자를 제외한다.)

③ 전2항의 규정은 영사관에서 우리나라 국민인 자 또는 우리나라에 통상 거주하고 있는 자에 관련된 사건으로 그 자가 임무를 수행할 때 한 공적 행위에 관련된 것의 수사에 준용한다.

④ 제226조(대공사등에 관한 특칙) 제3항의 규정은 전3항의 경우에 준용한다. 이 경우에 같은 항 중 「외교특권」은 「영사상의 특권 또는 면제」로 바꿔 읽는 것으로 한다.

⑤ 영사기관의 구성원 또는 영사전서사를 체포하거나 조사할 필요가 있다고 인정되는 때에는 미리 경찰본부장의 지휘를 받아야 한다. 다만 현행범인체포 기타 긴급부득이한 경우에 제1항 및 제2항(제3항에서 준용하는 경우를 포함한다.)에 규정하는 특권 및 면제를 해치지 아니한다고 인정되는 때에는 그러하지 아니하다.

⑥ 본무영사관을 장으로 하는 영사기관의 공관에는 당해 영사기관의 장이나 이에 대신할 권한을 가지는 자의 청구 또는 동의가 있는 경우를 제외하고 이에 출입하지 못한다.

⑦ 영사기관의 공관 또는 영사관의 주택에서 수사를 진행할 필요가 있다고 인정되는 때에는 급속을 요하는 경우를 제외하고 미리 경찰본부장의 지휘를 받아야 한다.

⑧ 영사기관의 공문서(명예영사관을 장으로 하는 영사기관의 공문서로 다른 문서와 구별하여 보관되어 있는 것 이외의 것을 제외한다.)에 관련된 수사는 문서의 불가침의 특권을 해치는 일이 없도록 주의하여야 한다.

제231조(외국선박 내의 범죄) 우리나라의 영해에 있는 외국선박 내에서의 범죄로 다

음 각호의 어느 하나에 해당하는 경우에는 수사를 진행한다.

1. 우리나라의 육상 또는 항내의 안전을 해치는 때

2. 승조원 이외의 자 또는 우리나라의 국민에 관계가 있는 때

3. 중대한 범죄가 이뤄진 때

제232조(외국인의 조사 및 신병구속에 대한 주의) ① 외국인을 조사하거나 외국인의 신병을 구속할 때에는 언어, 풍속, 습관 등의 차이를 고려하여 당해 외국인에 관련된 형사절차에 관한 우리나라 형사절차의 기본적 사항에 관하여 당해 외국인의 이해에 도움이 되도록 적절을 기하는 등으로 쓸데없는 오해를 발생시키지 아니하도록 주의하여야 한다.

② 외국인의 신병을 구속한 때에는 지체 없이 그 자에게 다음 사항을 고지한다.

1. 당해 영사기관에 그 자의 신병이 구속되어 있다는 취지를 통보할 것을 요청할 수 있다는 것

2. 당해 영사기관에 우리나라의 법령에 반하지 아니하는 한도에서 신서를 보낼 수 있다는 것

③ 전항 제1호의 규정에 따른 요청이 있는 때 또는 조약 기타 국제협정에 따라 요청의 유무에 불구하고 통보하게 되어 있다는 때에는 지체 없이 당해 영사기관에 같은 항에 규정하는 자의 신병이 구속되어 있다는 취지를 통보한다.

④ 전항의 통보를 한 때에는 그 일시 및 당해 통보의 상대방을 서면으로 기록해 두어야 한다.

제233조(통역의 촉탁) ① 외국인으로 일본어가 통하지 않는 자에게 당해 외국인이 이해하는 언어를 할 수 있는 경찰관 이외의 경찰관이 조사 기타 수사를 위해 필요한 조치를 하는 경우에는 통역인을 매개로 한다. 다만 현행범체포, 긴급체포 기타 곧바로 통역인을 붙이는 것이 곤란한 때에는 그러하지 아니하다.

② 전항 본문의 규정에 따라 통역인을 매개로 조사를 진행하려는 경우에는 다음에 열거하는 사항에 주의하여야 한다.

1. 통역인이 피의자, 피해자 기타 사건 관계자와 친족 기타 특별한 관계에 없는지를 말하게 하여 조사의 적정을 기하는 것

2. 조사할 때의 질문 방법과 내용의 공부 등으로 통역의 원활 및 적정을 도모할 것

3. 통역인에게 비밀을 엄수하게 하고, 수사의 진행에 지장을 미치거나 피의자, 피해자 기타 사건 관계자의 명예를 해치는 일이 없도록 배려하게 하는 것

제234조(진술조서의 기재사항) 국제범죄의 피의자진술조서에는 제178조(진술조서의 기재사항)에 열거하는 사항 외에 대체로 다음에 열거하는 사항을 명백히 하여 두어야 한다.

1. 국적 및 본국에서의 주거

2. 여권 또는 체류카드, 특별영주자증명서 기타 신분증명에 관한 서류의 유무(체류카드 또는 특별영주자증명서를 가지고 있는 때에는 그 번호, 교부연월일, 유효기간의 만료일 등)

3. 외국에서의 전과 유무

4. 우리나라에 입국한 시기, 체류기간, 체류자격 및 목적

5. 본국을 떠난 시기

6. 가족의 유무 및 그 주거

제235조(조서 등의 작성) ① 외국인으로 일본어가 통하지 않는 자에 대한 조사를 진행하거나 제130조(사법경찰원의 조치) 제1항에 열거하는 조치를 취한 때에는 일본어로 진술조서 또는 변명녹취서를 작성하고, 특별히 필요한 경우에는 외국어로 쓴 진술서를 제출하게 한다.

② 외국인이 구두로 고소, 고발 또는 자수를 하려고 하는 경우에 일본어가 통하지 않는 때에는 고소, 고발 또는 자수조서는 전항의 규정에 준하여 작성한다.

제236조(번역문의 첨부) 외국인에게 체포장 기타 영장에 의해 처분을 하거나 외국인으로부터 압수된 물건 또는 그 승낙을 얻어 영치한 물건에 관하여 압수품목록교부서를 교부하는 때에는 가급적 번역문을 첨부하여야 한다. 다만 당해 외국인이 이해하는 언어를 할 수 있는 경찰관이 이를 진행하거나 제233조(통역의 촉탁) 제1항의 규정에 따라 통역인을 매개로 하여 진행하는 때에는 그러하지 아니하다.

제237조(도망범죄인인도법에 기초한 처분) 구금허가장 기타 도망범죄인인도법(昭和 23년 법률 제68호)을 기초로 영장에 의해 도망범죄인을 구속한 경우에는 도쿄고등검찰청 검찰관에게 인치하여야 한다.

제238조(통역인의 파악 등) 경찰본부장은 평소부터 수사상 필요에 대응하여 통역인을 신속하고 확실하게 붙일 수 있도록 통역인으로서의 필요한 지식 및 기능을 가진 자의 파악에 노력함과 동시에 이들에게 형사절차에 대한 이해를 시키기 위한 기회를 마련하도록 노력하여야 한다.

제15장 군중범죄에 관한 특칙

제239조(준거규정) 군중범죄수사는 이 장에 규정하는 것 외에 일반의 예에 따른다.

제240조(마음가짐) 군중범죄수사는 항상 일반사회의 정세 및 군중범죄의 주체가 될 우려가 있는 단체, 집단 등의 실태와 그 동향을 정확히 파악하고 군중범죄수사가 적확하게 진행되도록 유의하여야 한다.

제241조(군중범죄수사의 중점) 군중범죄수사를 진행할 때에는 실행행위자만에 그칠

것이 아니라 주모자, 모의참여자 기타 사건의 배후에 있는 공범관계자를 적확히 파악하도록 노력하여야 한다.

제242조(현장에서의 체포) 군중범죄현장에서 피의자를 체포할 때에는 상대방의 세력, 정세의 추이 등을 신중히 고려하고 체포의 시기, 방법 및 범위를 오인하는 일이 없도록 현장지휘관의 통제 하에 진행하여야 한다.

제243조(감식활동의 주의) 군중범죄가 발생한 경우는 수시로 그 실행상황 기타 현장 상황을 분명히 하고 피의자의 범행을 확인하는 등 증거 수집보전에 노력하여야 한다.

제244조(체포시의 주의) ① 군중범죄피의자를 체포한 경우에는 체포할 때 경찰관은 각각 자기가 체포한 피의자에게 그 인상, 체격 기타의 특징, 범죄사실의 개요, 체포한 때, 장소 및 상황 등을 명확하게 기억해 두고 사후의 조사에 지장이 생기지 아니하도록 해 두어야 한다.

② 전항에 규정하는 목적을 달성하기 위해 필요한 때에는 피의자를 체포한 직후에 피의자를 체포한 경찰관과 함께 촬영하여 두는 등 적당한 방법을 취하여야 한다.

③ 피의자를 체포하는 경우에 당해 피의자와 관련이 있는 물건을 압수한 때에는 그 사이의 관계를 밝히기 위해 이들을 함께 촬영하는 등 적당한 방법을 취하여야 한다.

제245조(통모 등의 방지) 군중범죄피의자를 다수 동시에 체포한 경우에 통모, 탈환 등을 방지하기 위해 필요한 때에는 피의자의 분산유치 기타 적절한 조치가 강구되도록 하여야 한다.

제246조(피의자의 조사) 군중범죄피의자 조사를 진행할 때에는 특히 조사에서 경찰관 상호의 연락을 밀접하게 하고 사건의 전모를 밝히도록 노력하여야 한다.

제16장 폭력단범죄에 관한 특칙

제247조(준거규정) 폭력단범죄수사는 이 장에 규정하는 것 외에 일반의 예에 따른다.

제248조(마음가짐) ① 폭력단에 대하여는 평소부터 그 조직의 실태와 동향 및 활동상황을 정확하게 파악하고 폭력단범죄수사가 적확히 진행되도록 항상 유의하여야 한다.

② 폭력단범죄수사는 폭력단대책에 관련된 것임을 염두에 두고 이를 효과적이고 계획적으로 담당하여야 한다.

제249조(폭력단범죄수사의 중점) 폭력단범죄수사를 진행할 때에는 실행행위자만에 그치지 않고 폭력단의 수령 기타 간부 등의 당해 사건에의 관여 유무도 확실히 수사를 진행하고 사건의 전모를 밝히도록 노력하여야 한다.

제250조(자료의 수집 관리) 폭력단의 시찰 내사 기타 폭력단범죄수사에 따른 유형 또

는 무형의 자료 등의 수집 및 관리를 할 때는 조직적으로 진행하도록 하여야 한다.

제251조(진술조서의 기재사항) 폭력단범죄의 피의자진술조서에는 제178조(진술조서의 기재사항) 제1항에 열거하는 사항 외에 대체로 다음에 열거하는 사항을 명백히 하여 두어야 한다.

1. 피의자에 관련된 폭력단의 이름, 조직 및 활동 실태
2. 피의자가 당해 폭력단의 구성원인 때에는 당해 폭력단에서의 지위 기타 피의자와 당해 폭력단과의 관계 및 당해 폭력단에 관련된 피의자의 활동 실태
3. 당해 범죄의 명해 폭력단에 관련된 조직적 배경

② 폭력단범죄의 참고인진술조서에는 제178조 제2항에 정하는 사항 외에 당해 폭력단의 활동 실태, 당해 범죄의 당해 폭력단에 관련된 조직적 배경 등을 가능한 한 명백히 하도록 노력하여야 한다.

제252조(부당한 행위의 보고) 폭력단의 시찰 내사 기타 폭력단범죄의 수사를 진행한 결과 피의자 기타 관계자가 폭력단원에 의한 부당한 행위의 방지 등에 관한 법률 (平成 3년 법률 제77호)의 규정에 위반하는 행위 기타 부당한 행위를 하였음이 밝혀지게 된 경우에는 같은 법의 규정에 따른 명령 기타 필요한 조치가 강구될 수 있도록 그 취지를 경찰본부장 또는 경찰서장에게 보고한다.

제17장 보석자 등의 시찰

제253조 (보석자 등의 시찰) ① 경찰서장은 검찰관으로부터 그 관할구역 내에 거주하는 자에 대하여 보석을 하거나 구류의 집행을 정지한 자의 통지를 받은 때에는 그 자에 관련된 사건의 수사에 종사한 경찰관 기타 적당한 경찰관을 지정하여 그 행동을 시찰하게 하여야 한다.

② 전항에 규정하는 시찰은 1개월에 적어도 1회 진행한다.

제254조(사고통지) 전조에 규정하는 시찰을 할 때 그 자에게 다음 각호의 하나에 해당하는 이유가 있는 때에는 전조에 규정하는 통지를 한 검찰관에게 신속하게 통지하여야 한다.

1. 도망하거나 도망한다고 의심할 만한 상당한 이유가 있는 때
2. 죄증을 인멸하거나 죄증을 인멸한다고 의심할 만한 상당한 이유가 있는 때
3. 피해자 기타 사건의 심판에 필요한 지식을 가지고 있다고 인정되는 자나 그 친족의 신체 또는 재산에 해를 끼치거나 가하려 하거나 이들을 외포케 하는 행위를 한 때
4. 주거, 여행, 치료 등에 관한 제한 기타 보석 또는 구류의 집행정지에 대하여 재판소 또는 재판관이 정한 조건에 위반한 때

5. 기타 특히 검찰관에게 통지할 필요가 있다고 인정되는 이유가 있는 때

제255조(시찰상의 주의) 제253조(보석자 등의 시찰)에 규정하는 시찰은 온당 적절한 방법으로 하고 시찰 중인 자 또는 그 가족의 명예 및 신용을 부당히 해치는 일이 없도록 주의하여야 한다.

제256조(시찰부) 제253조(보석자 등의 시찰)에 규정하는 시찰을 할 때에는 시찰부(별지 양식 제24호)에 따라 이를 명백히 하여 두어야 한다.

제18장 영장의 집행

제257조(검찰관의 지휘에 따른 집행) ① 검찰관으로부터 구인장, 구류장, 감호장, 압수장, 기록명령부압수장, 수색장, 감정유치장, 수용장 또는 재수용장 기타 영장의 집행의 지휘를 받은 때에는 신속하게 집행하여야 한다.

② 부득이한 이유로 전항에 규정하는 집행이 지연되는 때에는 신속하게 그 취지를 지휘를 한 검찰관에게 보고하여야 한다.

제258조(증인에 대한 구인장의 집행) ① 증인에 대한 구인장의 집행은 당해 영장에 지정된 일시에 인치하도록 하여야 한다.

② 구인장의 집행을 받은 증인을 호송하는 도중에 필요한 때에는 일시 가장 가까운 경찰서의 보호실 등에 유치할 수 있다.

③ 전항의 호송 또는 유치 중에는 증인이 도망을 기도 또는 폭행을 하거나 자살의 우려가 강한 등 매우 부득이한 경우를 제외하고 수갑 등은 사용하지 아니한다.

제259조(유효기간 내 집행불능인 경우) 검찰관으로부터 구인장, 구류장, 압수장, 기록명령부압수장, 수색장 또는 감정유치장의 집행의 지휘를 받은 경우에 유효기간 내에 집행할 수 없게 된 때에는 영장에 그 이유를 기재하고 이를 지휘한 검찰관에게 반환하여야 한다.

제260조(구인장 등 집행이 부적절한 경우) 검찰관으로부터 구인장, 구류장 또는 감정유치장의 집행의 지휘를 받은 경우에 집행을 받을 자가 심신상실의 상태에 있는 때 또는 그 집행으로 현저하게 건강을 해칠 우려가 있는 때 기타 특히 집행이 적당하지 아니하다고 인정하는 이유가 있는 때에는 신속하게 지휘를 한 검찰관에게 그 취지를 보고하고 지휘를 받아야 한다.

제261조(수용장의 발부와 집행) 검찰관의 지휘에 따라 경찰관이 수용장(형소법의 규정에 따른 경우에 한한다. 이하 같다.)을 발부한 경우에 이를 집행한 때에는 그 원본을 지휘를 한 검찰관에게 송부하여야 한다.

제262조(수용장 집행불능의 경우) 검찰관으로부터 수용장의 집행의 지휘를 받은 경우

에 이를 집행하지 못하고 3개월을 경과하고 당분간 다시 집행할 전망이 없는 때에는 신속하게 지휘를 한 검찰관에게 그 이유 및 참고할 사항을 보고하고 수용장을 반환하여야 한다. 검찰관의 지휘에 따라 경찰관이 발부한 수용장을 집행하지 못하고 3개월을 경과하고 당분간 다시 집행할 전망이 없는 때에도 또한 같다.

제263조(수용장 집행이 부적절한 경우) 수용장에 지정되어 있지 아니한 자에게 심신상실의 상태에 있거나 형소법 제482조 각호의 어느 하나에 해당하는 사유가 있고 도망의 우려가 없다고 인정되는 때에는 신속하게 그 취지를 지휘를 한 검찰관에게 보고하고 지휘를 받아야 한다.

제264조(보석의 취소 등의 경우의 준용) 제257조(검찰관지휘에 따른 집행), 제259조(유효기간 내에 집행불능인 경우) 및 제260조(구인장 등 집행이 부적절한 경우)의 규정은 검찰관으로부터 형소법 제98조(같은 법 제167조의2 및 같은 법 제343조에서 준용하는 경우를 포함한다.)의 규정에 따른 보석 또는 구류집행정지의 취소결정, 구류집행정지기간 만료 또는 감정유치처분취소나 기간 만료의 경우에 수용지휘를 받은 경우에 준용한다.

제265조(재판관으로부터 집행의 지휘를 받은 경우) 제257조(검찰관의 지휘에 따른 집행), 제259조(유효기간 내에 집행불능인 경우) 및 제260조(구인장 등 집행이 부적절한 경우)의 규정은 형소법 제70조 제1항 단서 또는 같은 법 제108조 제1항 단서의 규정에 따라 재판장 또는 재판관으로부터 구인장, 구류장, 압수장, 기록명령부압수장, 수색장 또는 감정유치장의 집행의 지휘를 받은 경우에 준용한다.

제266조(압수장 등을 집행하는 경우의 입회) 경찰관은 검찰관이나 재판장 또는 재판관의 지휘를 받아 압수장, 기록명령부압수장 또는 수색장을 집행하는 경우는 다른 경찰관을 입회하게 하여야 한다.

제267조(소년에 대한 동행장의 집행) 제257조(검찰관의 지휘에 따른 집행), 제259조(유효기간 내에 집행불능인 경우) 및 제260조(구인장 등 집행부적격의 경우)의 규정은 소년법 제13조 또는 같은 법 제26조의 규정에 따라 가정재판소로부터 동행장의 집행의 지휘를 받은 경우에 준용한다. 이 경우에 이들 규정 중 「검찰관」은 「가정재판소」로 바꿔 읽는 것으로 한다.

제268조(인치장의 집행) 제257조(검찰관의 지휘에 따른 집행), 제259조(유효기간 내에 집행불능인 경우) 및 제260조(구인장 등 집행부적격의 경우)의 규정은 갱생보호법(平成 19년 법률 제88호) 제63조[매춘방지법(昭和 31년 법률 제118호) 제26조 제2항에서 준용하는 경우를 포함한다.)]50)의 규정에 따라 보호관찰에 회부되어 있는 자에게 인치장을 집

---

50) 일본국 갱생보호법 제63조(출석명령 및 인치) ① (생 략)
    ② 보호관찰소의 장은 보호관찰대상자가 다음 각호의 어느 하나에 해당한다고 인정하는 때에는 재판관이 미리 발부한 인치장에 의해 당해 보호관찰대상자를 인치할 수 있다.
    1. ~ 2. (생 략)

행하는 경우에 준용한다. 이 경우에 제257조 및 제259조 중「검찰관」은「지방갱생보호위원회 또는 보호관찰소의 장」으로,「지휘」는「촉탁」으로, 제260조 중「검찰관」은「지방갱생보호위원회 또는 보호관찰소의 장」으로,「의 지휘」는「의 촉탁」으로,「지휘를 한」은「촉탁을 한」으로,「보고하여 지휘를 받아야」는「통지하여야」로 바꿔 읽는 것으로 한다.

제269조(영장집행을 할 때에의 주의) 구인장 기타 영장을 집행할 때에는 필요한 한도를 넘어서 실력을 행사하거나 상대방의 명예를 부당하게 상처입히는 일이 없도록 주의하여야 한다.

제19장 잡칙

제270조(다른 도도부현경찰 관할구역에서의 현행범인체포) 경찰관은 다른 도도부현경찰의 관할구역에서 현행범인을 체포한 때에는 원칙적으로 체포지를 관할하는 도도부현경찰에 인도하여야 한다.

제271조(미검거사건의 계속수사) 미검거사건은 계속하여 수사를 진행함과 동시에 그 수사기록을 정리하여 보존해 두어야 한다.

제272조(서류의 수리) 서류의 수리를 한 때에는 곧바로 난 외 기타 적당한 부분에 수리의 연월일을 기입하고 필요한 것은 그 시각을 기입해 두어야 한다.

제273조(수사서류의 사본) 중요하거나 특이한 사건 등 필요하다고 인정되는 때에는 수사서류의 사본을 작성하여 보존해 두어야 한다.

제274조(수사사고부) 체포장 기타 법령에 따른 강제처분에 관한 사고 기타 수사에 관한 분분한 논의 등이 있었던 때에는 수사사고부(별지 양식 제25호)에 따라 그 경위 및 조치 등을 명백하게 해두어야 한다.

제275조(도경찰의 특례) 도(道)경찰본부장은 장관이 정하는 바에 따라 이 규칙의 규정에 따라 그 직무를 방면본부장에게 수행하게 할 수 있다.

부 칙 〈생 략〉

---

③ 지방위원회는 소년원가퇴원자 또는 가석방자가 전항 각호의 어느 하나에 해당한다고 인정하는 경우에는 재판관이 미리 발부한 인치장에 의해 당해 소년원가퇴원자 또는 가석방자를 인치할 수 있다.
④ ∼ ⑤ (생 략)
⑥ 제2항 또는 제3항의 인치장은 보호관찰관에게 집행하게 한다. 다만 보호관찰관에게 집행하게 하는 것이 곤란한 때에는 경찰관에게 집행을 촉탁할 수 있다.
⑦ ∼ ⑩ (생 략)

범죄수사를 위한 통신감청에 관한 법률

제정 平成 11년 법률 제137호

개정 平成 28년 6월 3일 법률 제54호

제1장 총칙

제1조(목적) 이 법률은 조직적인 범죄가 평온하고 건강한 사회생활을 현저하게 해치고 있음에 비추어 여러 사람의 공모에 의해 실행되는 조직적인 살인, 약물 및 총기의 부정거래에 관련된 범죄 등의 중대범죄에서 범인 사이에 상호 연락 등에 쓰이는 전화 기타 전기통신의 감청을 하지 않으면 사안의 진상을 해명하는 것이 현저하게 곤란한 경우가 증가하는 상황에 있음을 바탕으로, 이에 적절히 대처하기 위해 필요한 형사소송법(昭和 23년 법률 제131호)에 규정하는 전기통신을 감청하는 강제처분에 관하여 통신의 비밀을 부당히 침해하는 일이 없이 사안의 진상의 적확한 해명에 도움이 되도록 그 요건, 절차 기타 필요한 사항을 정하는 것을 목적으로 한다.

제2조(정의) ① 이 법률에서 「통신」이란 전화 기타의 전기통신으로 그 전송로의 전부 또는 일부가 유선(유선 이외의 방식으로 전파 기타 전자파를 주고 받기 위한 전기적 설비에 부속된 유선을 제외한다.)인 것 또는 그 전송로에 교환설비가 있는 것을 말한다.

② 이 법률에서 「감청」이란 실제로 이뤄지고 있는 타인 간의 통신에 대하여 그 내용을 알기 위해 당해 통신당사자의 어느 하나의 동의도 얻지 아니하고 이를 받는 것을 말한다.

③ 이 법률에서 「통신사업자등」이란 전기통신을 하기 위한 설비(이하 「전기통신설비」이라 한다.)를 이용하여 타인의 통신을 매개하고 기타 전기통신설비를 타인의 통신에 이용하는 데 제공하는 사업을 영위하는 자 및 그 이외의 자로서 자기의 업무를 위해 불특정 다수인 자의 통신을 매개할 수 있는 전기통신설비를 설치하고 있는 자를 말한다.

④ 이 법률에서 「암호화」란 통신의 내용을 전달하는 신호, 통신일시에 관한 정보를 전달하는 신호 기타의 신호로서 컴퓨터에 의한 정보처리의 쓰임에 제공되는 것(이하 「원신호」라 한다.)에 대하여 컴퓨터 및 변환부호(신호 변환처리를 하기 위해 쓰이는

부호를 말한다. 이하 같다.)를 이용해 변환처리를 하는 것에 의하여 당해 변환처리에 쓰인 변환부호와 대응하는 변환부호(이하 「대응변환부호」라 한다.)를 이용하지 않으면 복원할 수 없도록 하는 것을 말하고, 「복호」란 암호화에 의해 작성된 신호(이하 「암호화신호」라 한다.)에 대하여 컴퓨터 및 대응변환부호를 이용해 변환처리를 하는 방법으로 원신호를 복원하는 것을 말한다.

⑤ 이 법률에서 「일시적 보존」이란 암호화신호에 대하여 그 복호가 되기까지의 사이에 한하여 일시적으로 기록매체에 기록하여 보존하는 것을 말한다.

⑥ 이 법률에서 「재생」이란 일시적 보존된 암호화신호(통신의 내용을 컨텐하는 신호에 관련된 것에 한한다.)의 복호에 의해 복원된 통신에 대하여 컴퓨터를 이용하여 소리의 재생, 문자의 표시 기타 방법으로 사람의 청각 또는 시각에 의해 인식할 수 있는 상태로 하기 위한 처리를 하는 것을 말한다.

제2장 통신감청의 요건 및 실시절차

제3조(감청영장) ① 검찰사무관 또는 사법경찰직원은 다음 각호의 어느 하나에 해당하는 경우에 당해 각호에 규정하는 범죄(제2호 및 제3호에서는 그 일련의 범죄를 말한다.)의 실행, 준비 또는 증거인멸 등의 사후조치에 관한 모의, 지시 기타의 상호연락 기타 당해 범죄의 실행에 관련된 사항을 내용으로 하는 통신(이하 이 항에서 「범죄관련통신」이라 한다.)이 이뤄졌다고 의심할 만한 상황이 있고 다른 방법으로는 범인을 특정하거나 범행의 상황 또는 내용을 밝히기 현저하게 곤란한 때에는 재판관이 발부하는 감청영장에 의해 전화번호 기타 발신원 또는 발신처를 식별하기 위한 번호 또는 부호(이하 「전화번호등」이라 한다.)로 특정된 통신수단(이하 「통신수단」이라 한다.)으로서 피의자가 통신사업자등과의 계약에 기초하여 사용하고 있는 것(범인에 의한 범죄관련통신에 이용되는 의심이 없다고 인정되는 것을 제외한다.) 또는 범인에 의한 범죄관련통신에 이용된다고 의심할 만한 것에 대하여 이를 이용해 이뤄진 범죄관련통신의 감청을 할 수 있다.

1. 별표 제1 또는 별표 제2에 열거하는 죄가 범하여졌다고 의심할 만한 충분한 이유가 있는 경우에 당해 범죄가 여러 사람의 공모에 의한 것(별표 제2에 열거하는 죄에서는 당해 죄에 해당하는 행위가 미리 정해진 역할분담에 따라 행동하는 사람의 결합체에 의해 이뤄진 것에 한한다. 다음 호 및 제3호에서 같다.)이라고 의심할 만한 상황이 있는 때

2. 별표 제1 또는 별표 제2에 열거하는 죄가 범하여지고 계속하여 다음에 열거하는 죄가 범하여졌다고 의심할 만한 충분한 이유가 있는 경우에 이들 범죄가 여러 사람의 공모에 의한 것이라고 의심할 만한 상황이 있는 때

ㄴ 당해 범죄와 같은 태양으로 범하여진 이와 동일 또는 동종의 별표 제1 또는 별표 제2에 열거하는 죄

ㅁ 당해 범죄의 실행을 포함하는 일련의 범행계획에 기초하여 범하여진 별표 제1 또는 별표 제2에 열거하는 죄

3. 사형, 무기 또는 장기 2년 이상의 징역 또는 금고에 해당하는 죄가 별표 제1 또는 별표 제2에 열거하는 죄와 일체의 것으로서 그 실행에 필요한 준비를 위해 범하여지고 계속하여 당해 별표 제1 또는 별표 제2에 열거하는 죄가 범하여졌다고 의심할 만한 충분한 이유가 있는 경우에 당해 범죄가 여러 사람의 공모에 의한 것이라고 의심할 만한 상황이 있는 때

② 별표 제1에 열거하는 죄로서 양도, 양수, 대부, 대차 또는 교부행위를 벌하는 것에 대하여는 전항의 규정에 불구하고 여러 사람의 공모에 의한 것으로 의심할 만한 상황이 있을 것을 요하지 아니한다.

③ 전2항의 규정에 따른 감청은 통신사업자등이 간수하는 장소에서 하는 경우를 제외하고 사람의 주거 또는 사람이 간수하는 저택, 건조물이나 선박 내에서는 할 수 없다. 다만 주거주 또는 간수자나 이들에 대신할 자의 승낙이 있는 경우는 그러하지 아니하다.

제4조(영장청구의 절차) ① 감청영장의 청구는 검찰관(검사총장이 지정하는 검사에 한한다. 이하 이 조 및 제7조에서 같다.) 또는 사법경찰원(국가공안위원회 또는 도도부현공안위원회가 지정하는 경시 이상의 경찰관, 후생노동대신이 지정하는 마약단속관 및 해상보안청장관이 지정하는 해상보안관에 한한다. 이하 이 조 및 제7조에서 같다.)이 지방재판소의 재판관에게 하여야 한다.

② 검찰사무관 또는 사법경찰직원은 전항의 청구를 할 경우에 당해 청구에 관련된 피의사실의 전부 또는 일부와 동일한 피의사실에 대하여 전에 동일한 통신수단을 대상으로 하는 감청영장의 청구 또는 발부가 있었던 때에는 그 취지를 재판관에게 통지하여야 한다.

③ 제20조 제1항의 허가나 제23조 제1항의 허가의 청구는 제1항의 청구를 할 때 검찰관 또는 사법경찰원이 하여야 한다.

제5조(감청영장의 발부) ① 전조 제1항의 청구를 받은 재판관은 같은 항의 청구가 이유 있다고 인정하는 때에는 감청할 수 있는 기간으로 10일 이내의 기간을 정하여 감청영장을 발부한다.

② 재판관은 감청영장을 발부하는 경우에 감청의 실시(통신감청을 하는 것 및 통신수단에 대하여 곧바로 감청할 수 있는 상태로 통신상황을 감시하는 것을 말한다. 이하 같다.)에 관하여 적당하다고 인정하는 조건을 붙일 수 있다.

③ 재판관은 전조 제3항의 청구가 있었던 때에는 같은 항의 청구가 상당하다고 인정하는 때에는 당해 청구에 관련된 허가를 한다.

④ 재판관은 전항의 규정에 따라 제20조 제1항의 허가를 할 때에는 감청의 실시장소로서 통신관리자등[통신수단의 감청을 실시하는 부분을 관리하는 자(회사 기타 법인 또는 단체에서는 그 사원) 또는 이에 대신하는 자를 말한다. 이하 같다.]이 관리하는 장소를 정하여야 한다. 이 경우에 전조 제3항의 청구를 한 자로부터 신청이 있고 당해 신청에 관련된 감청의 실시장소의 상황 기타 사정을 고려하여 상당하다고 인정하는 때에는 지정기간(제20조 제1항에 규정하는 지정기간을 말한다. 이하 이 항에서 같다.)에 감청의 실시장소 및 지정기간 이외의 기간에 감청의 실시장소를 각각 정한다.

제6조(감청영장의 기재사항) ① 감청영장에는 피의자의 이름, 피의사실의 요지, 죄명, 벌조(罰条), 감청할 통신, 감청의 실시대상으로 할 통신수단, 감청의 실시방법 및 장소, 감청할 수 있는 기간, 감청의 실시에 관한 조건, 유효기간 및 그 기간경과 후에는 감청처분에 착수할 수 없고 감청영장은 이를 반환하여야 한다는 취지 및 발부의 연월일 기타 최고재판소규칙으로 정하는 사항을 기재하고 재판관이 기명날인하여야 한다. 다만 피의자의 이름이 밝혀지지 아니한 때에는 그 취지를 기재하면 충분하다.

② 재판관은 전조 제3항의 규정에 따라 제20조 제1항의 허가 또는 제23조 제1항의 허가를 할 때에는 감청영장에 그 취지를 기재한다.

제7조(감청할 수 있는 기간의 연장) ① 지방재판소의 재판관은 필요하다고 인정하는 때에는 검찰관 또는 사법경찰원의 청구에 의해 10일 이내의 기간을 정하여 감청할 수 있는 기간을 연장할 수 있다. 다만 감청할 수 있는 기간은 통산하여 30일을 초과할 수 없다.

② 전항의 연장은 감청영장에 연장하는 기간 및 이유를 기재하고 기명날인하여 하여야 한다.

제8조(동일 사실에 관한 감청영장의 발부) 재판관은 감청영장청구가 있는 경우에, 당해 청구에 관련된 피의사실 전에 발부된 감청영장의 피의사실과 동일한 것이 포함되는 때에는 동일한 통신수단에 대하여는 다시 감청할 것을 필요로 하는 특별한 사정이 있다고 인정하는 때에 한하여 이를 발부할 수 있다.

제9조(변환부호 및 대응변환부호의 작성 등) 재판소서기관 기타 재판소의 직원은 다음 각호에 열거하는 경우에는 재판관의 명을 받아 당해 각호에 정하는 조치를 집행한다.

1. 감청영장에 제20조 제1항의 허가를 하는 취지의 기재가 있는 때: 같은 항의 규정에 따라 암호화에 이용하는 변환부호 및 그 대응변환부호를 작성하고 이들을 통

신관리자등에게 제공하는 것

2. 감청영장에 제23조 제1항의 허가를 하는 취지의 기재가 있는 때: 다음의 イ부터 ハ까지에 열거하는 조치

イ 제23조 제1항의 규정에 따라 암호화에 이용하는 변환부호를 작성하여 이를 통신관리자등에게 제공하는 것

ロ イ의 변환부호의 대응변환부호 및 제26조 제1항의 규정에 따라 암호화에 이용하는 변환부호를 작성하여 이를 검찰관 또는 사법경찰원이 감청의 실시에 이용하는 것으로 지정된 특정컴퓨터(제23조 제2항에 규정하는 특정컴퓨터를 말한다.) 이외의 기구에서 이용할 수 없도록 하기 위한 기술적 조치를 강구한 후에 이를 검찰관 또는 사법경찰원에게 제공하는 것

ハ ロ의 검찰관 또는 사법경찰원에게 제공된 변환부호의 대응변환부호를 작성하여 보관하는 것

제10조(감청영장의 제시) ① 감청영장은 통신관리자등에게 제시하여야 한다. 다만 피의사실의 요지에 대하여는 그러하지 아니하다.

② 감청할 수 있는 기간이 연장된 때에도 전항과 같다.

제11조(필요한 처분 등) ① 감청을 실시할 때에는 전기통신설비에 감청을 위한 기기를 접속하는 것 기타 필요한 처분을 할 수 있다.

② 검찰관 또는 사법경찰원은 검찰사무관 또는 사법경찰직원에게 전항의 처분을 하게 할 수 있다.

제12조(통신사업자등의 협력의무) 검찰관 또는 사법경찰원은 통신사업자등에게 감청의 실시에 관하여 감청을 위한 기구의 접속 기타 필요한 협력을 요구할 수 있다. 이 경우에는 통신사업자등은 정당한 이유 없이 이를 거절하여서는 아니 된다.

제13조(입회) ① 감청을 실시할 때에는 통신관리자등을 입회하게 하여야 한다. 통신관리자등을 입회하게 할 수 없을 때에는 지방공공단체의 직원을 입회하게 하여야 한다.

② 입회인은 검찰관 또는 사법경찰원에게 당해 감청의 실시에 관한 의견을 진술할 수 있다.

제14조(해당성판단을 위한 감청) ① 검찰관 또는 사법경찰원은 감청을 실시하고 있는 사이에 이뤄진 통신으로서 감청영장에 기재된 감청할 통신(이하 간단히 「감청할 통신」이라 한다.)에 해당하는지가 명백하지 아니한 것에 대하여는 감청할 통신에 해당하는지를 판단하기 위해 필요한 최소한도의 범위에 한하여 당해 통신을 감청할 수 있다.

② 외국어에 따른 통신 또는 암호 기타 그 내용을 즉시 복원할 수 없는 방법을 이용한 통신으로서 감청할 때 그 내용을 아는 것이 곤란하기 때문에 감청할 통신에

해당하는지를 판단할 수 없는 것은 그 전부를 감청할 수 있다. 이 경우에는 신속하게 감청할 통신에 해당하는지의 판단을 진행하여야 한다.

제15조(다른 범죄의 실행을 내용으로 하는 통신의 감청) 검찰관 또는 사법경찰원은 감청을 실시하고 있는 사이에 감청영장에 피의사실로서 기재되어 있는 범죄 이외의 범죄로 별표 제1 또는 별표 제2에 열거하는 것 또는 사형, 무기 또는 단기 1년 이상의 징역 또는 금고에 해당하는 것을 실행한 것, 실행하고 있는 것 또는 실행할 것을 내용으로 함이 명백하게 인정되는 통신이 이뤄진 때에는 당해 통신을 감청할 수 있다.

제16조(의사 등의 업무에 관한 통신의 감청금지) 의사, 치과의사, 조산사, 간호사, 변호사(외국법자문사를 포함한다.), 변리사, 공증인 또는 종교의 직에 있는 자(감청영장에 피의자로 기재되어 있는 자를 제외한다.)와의 통신은 타인의 의뢰를 받아 진행하는 업무에 관한 것으로 인정되는 때에는 감청을 하여서는 아니 된다.

제17조(상대방의 전화번호 등의 탐지) ① 검찰관 또는 사법경찰원은 감청을 실시하고 있는 사이에 이뤄진 통신에 대하여 감청할 통신이거나 제15조의 규정에 따라 감청할 수 있는 통신에 해당하는 것인 때 또는 제14조의 규정에 따른 감청할 통신에 해당하는지의 판단에 도움이 된다고 인정하는 때에는 감청의 실시장소에서 당해 통신의 상대방의 전화번호등을 탐지할 수 있다. 이 경우에는 따로 영장을 필요로 하지 아니한다.

② 검찰관 또는 사법경찰원은 통신사업자 등에게 전항의 처분에 관하여 필요한 협력을 요구할 수 있다. 이 경우에는 통신사업자등은 정당한 이유 없이 이를 거절하여서는 아니 된다.

③ 검찰관 또는 사법경찰원은 감청의 실시장소 이외의 장소에서 제1항의 탐지를 위한 조치를 필요로 하는 경우에는 당해 조치를 집행할 수 있는 통신사업자등에게 같은 항의 규정에 따라 진행하는 탐지라는 취지를 고지하여 당해 조치를 집행할 것을 요청할 수 있다. 이 경우에는 전항 후단의 규정을 준용한다.

제18조(감청의 실시를 중단하거나 종료할 때의 조치) 감청영장이 기재하는 바에 따라 감청의 실시를 중단하거나 종료할 때에 현재 통신이 이뤄지고 있는 때에는 그 통신수단의 사용(이하 「통화」라 한다.)이 종료될 까지 감청을 계속 실시할 수 있다.

제19조(감청의 실시의 종료) 감청의 실시는 감청의 이유 또는 필요가 없게 된 때에는 감청영장에 기재된 감청을 할 수 있는 기간 내이더라도 이를 종료하여야 한다.

제20조(일시적 보존을 명하여 하는 통신감청의 실시절차) ① 검찰관 또는 사법경찰원은 재판관의 허가를 받아 통신관리자등에게 명하여 감청영장이 기재하는 바에 따라 감청을 실시할 수 있는 기간(전조의 규정에 따라 감청의 실시를 종료한 후의 기간을 제

외한다.) 내에 검찰관 또는 사법경찰원이 지정하는 기간(당해 기간의 종기에 제18조의 규정에 따라 감청의 실시를 계속할 수 있는 때에는 그 계속할 수 있는 기간을 포함한다. 이하 「지정기간」이라 한다.)에 이뤄진 모든 통신에 대하여 제9조 제1호의 규정에 따라 제공된 변환부호를 이용하여 원신호(통신 내용을 전달하는 것에 한한다.)를 암호화하게 하고 당해 암호화에 의해 작성된 암호화신호에 대하여 일시적 보존을 하게 히는 방법으로 감청할 수 있다. 이 경우에 감청의 실시에는 제13조의 규정은 적용하지 아니한다.

② 검찰관 또는 사법경찰원은 전항의 규정에 따른 감청을 하는 때에는 통신관리자 등에게 명하여 지정기간 내에 통화개시 및 종료의 연월일시에 관한 정보를 전달하는 원신호에 대하여 같은 항에 규정하는 변환부호를 이용한 암호화를 하게 하거나 당해 암호화에 의해 작성된 암호화신호에 대하여 일시적 보존을 하게 한다.

③ 검찰관 또는 사법경찰원은 제1항의 규정에 따른 감청을 할 때에는 다음 조 제7항의 절차에 이용하는 데 제공하기 위해 통신관리자등에게 같은 항의 절차가 종료하기까지 제1항의 규정에 따른 감청을 하는 통신상대방의 전화번호 등의 정보를 보존할 것을 요구할 수 있다. 이 경우에는 제17조 제2항 후단의 규정을 준용한다.

④ 통신관리자등이 전항의 전화번호 등의 정보를 보존할 수 없는 때에는 검찰관 또는 사법경찰원은 이를 보존할 수 있는 통신사업자등에게 다음 조 제7항의 절차에 이용하는 데 제공하기 위한 요청이라는 취지를 고지하고 같은 항의 절차가 종료하기까지 이를 보존할 것을 요청할 수 있다. 이 경우에는 제17조 제3항 후단의 규정을 준용한다.

⑤ 검찰관 및 사법경찰원은 지정기간 내에는 감청을 실시하는 장소에 들어가서는 아니 된다.

⑥ 검찰관 및 사법경찰원은 지정기간 내에는 제1항에 규정하는 방법에 따른 외에 감청을 실시할 수 없다.

⑦ 제1항의 규정에 따른 감청을 한 통신의 복호에 의한 복원은 다음 조 제1항의 규정에 따른 경우를 제외하고 이를 할 수 없다.

제21조(위와 같음) ① 검찰관 또는 사법경찰원은 전조 제1항의 규정에 따라 감청을 한 때에는 감청의 실시장소(지정기간 이외의 기간에 감청의 실시장소가 정하여져 있는 때에는 그 장소)에서 통신관리자등에게 명하여 같은 항의 규정에 따라 일시적 보존을 하게 한 암호화신호에 대하여 제9조 제1호의 규정에 따라 제공된 대응변환부호를 이용하여 복호를 하게 하여 같은 항의 규정에 따라 감청한 통신을 복원하게 하고, 동시에 복원된 통신에 대하여 제3항부터 제6항까지에 정하는 바에 따라 재생할 수 있다. 이 경우에 재생의 실시(통신을 재생하는 것 및 일시적 보존을 위해 이용된 기록매체에 대하여 곧바로 재생할 수 있는 상태로 일시적 보존한 상황의 확인 및 암호화신호를 복호하는 것

을 말한다. 이하 같다.)는 제11조부터 제13조까지의 규정을 준용한다.

② 검찰관 또는 사법경찰원은 전항의 규정에 따른 재생을 실시할 때에는 통신관리자등에게 명하여 전조 제2항의 규정에 따라 일시적 보존된 암호화신호에 대하여 전항에 규정하는 대응변환부호를 이용한 복호를 하게 하여 같은 조 제2항의 규정에 따라 암호화된 통화의 개시 및 종료의 연월일시에 관한 정보를 전달하는 원신호를 복원하게 한다.

③ 검찰관 또는 사법경찰원은 제1항의 규정에 따른 복호로 복원된 통신 중 감청할 통신에 해당하는 통신을 재생할 수 있는 이에 감청할 통신에 해당하는지가 명백하지 아니한 것은 감청할 통신에 해당하는지를 판단하기 위해 필요한 최소한도의 범위에 한하여 당해 통신을 재생할 수 있다.

④ 검찰관 또는 사법경찰원은 제1항의 규정에 따른 복호로 복원된 통신 중 외국어에 의한 통신 또는 암호 기타 그 내용을 즉시 복원할 수 없는 방법을 이용한 통신으로서 재생할 때 그 내용을 알기 곤란하기 때문에 감청할 통신에 해당하는지를 판단할 수 없는 것은 그 전부를 재생할 수 있다. 이 경우에는 신속하게 감청할 통신에 해당하는지를 판단하여야 한다.

⑤ 검찰관 또는 사법경찰원은 제1항의 규정에 따른 복호로 복원된 통신 중에 제15조에 규정하는 통신이 있는 때에는 당해 통신을 재생할 수 있다.

⑥ 제16조의 규정은 제1항의 규정에 따른 복호로 복원된 통신을 재생하는 경우에 준용한다.

⑦ 검찰관 또는 사법경찰원은 전조 제1항의 규정에 따라 감청을 한 통신에 대하여 감청할 통신이나 제5항의 규정에 따라 재생할 수 있는 통신에 해당하는 것인 때 또는 제3항이나 제4항의 규정에 따라 감청할 통신에 해당하는지의 판단에 도움이 된다고 인정하는 때에는 같은 조 제3항의 규정에 따른 요구를 하거나 같은 조 제4항의 규정에 따른 요청에 관련된 전화번호등 중 당해 통신 상대방의 것의 개시를 받을 수 있다. 이 경우에는 제17조 제1항 후단의 규정을 준용한다.

⑧ 제1항의 규정에 따른 재생의 실시는 감청영장에 기재된 감청할 수 있는 기간내에 종료하지 않았던 때에는 감청영장에 기재된 감청할 수 있는 기간의 종료 후 가능한 한 신속하게 종료하여야 한다.

⑨ 제1항의 규정에 따른 재생의 실시는 감청의 이유 또는 필요가 없게 된 때에는 감청영장에 기재된 감청을 할 수 있는 기간 내에도 그 개시 전에는 이를 개시하여서는 안 되고 그 개시 후에는 이를 종료하여야 한다. 다만 감청의 이유 또는 필요가 없게 되기에 이르기까지 일시적 보존된 암호화신호는 감청할 통신에 해당하는 통신이 이뤄졌다고 의심할 만한 상황이 아니게 된 것 또는 감청영장에 기재된 감청

의 실시대상으로 할 통신수단이 피의자가 통신사업자등과의 계약에 기초하여 사용하고 있는 것이 아니게 된 것이나 범인에 의해 감청할 통신에 해당하는 통신에 이용된다고 의심할 만한 것이 아니게 된 것을 이유로 하여 감청의 이유 또는 필요가 없게 된 경우에 한하여 재생을 실시할 수 있다.

제22조(위와 같음) ① 통신관리자등은 전조 제1항의 규정에 따른 복호가 종료한 때에는 곧바로 제20조 제1항의 규정에 따라 일시적 보존된 암호화신호를 전부 소거하여야 한다. 전조 제2항의 규정에 따른 복호가 종료한 경우에 제20조 제2항의 규정에 따라 일시적 보존을 한 암호화신호에 대하여도 같다.

② 검찰관 또는 사법경찰원은 전조 제1항의 규정에 따른 재생의 실시를 종료하는 때 또는 같은 조 제9항의 규정에 따라 재생의 실시를 개시하여서는 안 되게 된 때에 제20조 제1항 및 제2항의 규정에 따라 일시적 보존된 암호화신호로서 전조 제1항 및 제2항의 규정에 따라 복호되어 있지 않은 것이 있는 때에는 곧바로 통신관리자등에게 명하여 전부 소거하게 하여야 한다.

제23조(특정컴퓨터를 이용하는 통신감청의 실시절차) ① 검찰관 또는 사법경찰원은 재판관의 허가를 받아 통신관리자등에 명하여 감청을 실시하고 있는 사이에 이뤄진 모든 통신에 대하여 제9조 제2호 ㅓ의 규정에 따라 제공된 변환부호를 이용한 원신호(통신의 내용을 전달하는 것에 한한다.)의 암호화 및 당해 암호화로 작성된 암호화신호를 감청의 실시장소에 설치된 특정컴퓨터에 전송하게 한 뒤에 다음 어느 하나의 감청을 할 수 있다. 이 경우에 감청의 실시에는 제13조의 규정은 적용하지 아니하고, 제2호의 규정에 따른 감청에는 제20조 제3항 및 제4항의 규정을 준용한다.

1. 암호화신호를 수신하는 것과 동시에 제9조 제2호 ㅁ의 규정에 따라 제공된 대응 변환부호를 이용한 복호로 복원된 통신에 대하여 제3조 및 제14조부터 제16조까지에 정하는 바에 따라 감청을 하는 것

2. 암호화신호를 수신하는 것과 동시에 일시적 보존을 하는 방법으로 당해 암호화신호에 관련된 원신호에 의해 그 내용을 전달되는 통신의 감청을 하는 것

② 전항에 규정하는 「특정컴퓨터」란 다음에 열거하는 기능의 전부를 가진 컴퓨터를 말한다.

1. 전송된 암호화신호에 대하여 일시적 보존처리를 하는 기능

2. 전송된 암호화신호에 대하여 복호처리를 하는 기능

3. 전항 제1호의 규정에 따른 감청을 한 통신에서는 그 감청과 동시에, 제4항의 규정에 따라 재생한 통신에서는 재생과 동시에 전부 자동적으로 암호화처리를 하여 기록매체에 기록하는 기능

4. 감청을 실시하고 있는 동안에 통화의 개시 및 종료의 연월일시, 전항 제1호의

규정에 따라 감청한 통신의 개시 및 종료의 연월일시, 제4항의 규정에 따라 재생한 통신의 개시 및 종료의 연월일시 기타 정령으로 정하는 사항에 관한 정보를 전달하는 원신호를 작성하고 당해 원신호에 대하여 자동적으로 암호화처리를 하여 전호의 기록매체에 기록하는 기능

5. 제3호의 기록매체에 기록된 같은 호의 통신 및 전호의 원신호에 대하여 전2호에 열거하는 기능에 의해 당해 기록매체에 기록함과 동시에 암호화처리를 하지 않고 다른 기록매체에 기록하는 기능

6. 입력된 내용변환부호(제9조 제2호 ㅁ의 규정에 따라 제공된 것에 한한다.)가 제2호에 규정하는 복호 이외의 처리에 이용되는 것을 방지하는 기능

7. 입력된 변환부호(제9조 제2호 ㅁ의 규정에 따라 제공된 것에 한한다.)가 제3호 및 제4호에 규정하는 암호화 이외의 처리에 이용되는 것을 방지하는 기능

8. 제1호에 규정하는 일시적 보존된 암호화신호에 대하여 제2호에 규정하는 복호를 한 때에 전부 자동적으로 소거하는 기능

③ 검찰관 및 사법경찰원은 감청영장에 제1항의 허가를 하는 취지의 기재가 있는 경우에는 같은 항에 규정하는 방법에 따르는 외에 감청을 실시할 수 없다.

④ 검찰사무관 또는 사법경찰직원은 제1항 제2호의 규정에 따라 감청을 한 때에는 감청의 실시장소에서 같은 호의 규정에 따라 일시적 보존한 암호화신호에 대하여 특정컴퓨터(제2항에서 규정하는 특정컴퓨터를 말한다. 제6항 및 제26조 제1항에서 같다.)를 이용하여 제9조 제2호 ㅁ의 규정에 따라 제공된 대응변환부호를 이용해 복호하여 제1항 제2호의 규정에 따라 감청한 통신을 복원하고 동시에 복원된 통신에 대하여 제21조 제3항부터 제6항까지의 규정의 예에 따라 재생할 수 있다. 이 경우에서 재생의 실시에는 제11조, 제12조 및 제21조 제7항부터 제9항까지의 규정을 준용한다.

⑤ 제1항 제2호의 규정에 따라 감청을 한 통신의 복호에 의한 복원은 전항의 규정에 따른 경우를 제외하고 이를 할 수 없다.

⑥ 검찰관 또는 사법경찰원은 제1항 제2호의 규정에 따라 일시적 보존한 암호화신호에 대하여는 특정컴퓨터의 기능에 따라 자동적으로 소거되는 것 이외의 것이라도 제4항의 규정에 따른 재생의 실시를 종료하는 때 또는 같은 항에서 준용하는 제21조 제9항의 규정에 따라 재생의 실시를 개시하여서는 안 되게 된 때에 제4항의 규정에 따라 복호를 하지 않은 것이 있는 때에는 곧바로 모두 소거하여야 한다.

제3장 통신감청의 기록 등

제24조(감청을 한 통신의 기록) ① 감청을 한 통신(제20조 제1항의 규정에 따른 감청의 경우에는 제21조 제1항의 규정에 따라 재생한 통신)은 전부 녹음 기타 통신의 성질에 대응한 적절한 방법으로 기록매체에 기록하여야 한다. 이 경우에는 제29조 제3항 또는 제4항의 절차의 이용에 제공하기 위해 동시에 동일한 방법으로 다른 기록매체에 기록할 수 있다.

② 감청의 실시(제20조 제1항의 규정에 따른 것의 경우에는 제21조 제1항의 규정에 따른 재생의 실시)를 중단하거나 종료하는 때에는 그 때에 사용하고 있는 기록매체에 대한 기록을 종료하여야 한다.

제25조(기록매체의 봉인 등) ① 전조 제1항 전단의 규정에 따라 기록한 기록매체(다음 항에 규정하는 기록매체를 제외한다.)는 감청의 실시를 중단하거나 종료한 때에는 신속하게 입회인에게 봉인을 요구하여야 한다. 감청을 실시하고 있는 동안에 기록매체를 교환한 때 기타 기록매체에 대한 기록이 종료한 때에도 같다.

② 제21조 제1항의 규정에 따라 재생한 통신을 전조 제1항 전단의 규정에 따라 기록한 기록매체는 재생의 실시를 중단하거나 종료한 때에는 신속하게 입회인에게 봉인을 요구하여야 한다. 재생을 실시하고 있는 동안 기록매체를 교환한 때 기타 기록매체에 대한 기록이 종료한 때에도 같다.

③ 전2항의 기록매체는 전조 제1항 후단의 규정에 따라 기록한 기록매체가 있는 경우를 제외하고 입회인에게 봉인을 요구하기 전에 제29조 제3항 또는 제4항의 절차에 이용하는 데에 제공하기 위한 복제를 작성할 수 있다.

④ 입회인이 봉인한 기록매체는 지체 없이 감청영장을 발부한 재판관이 소속된 재판소의 재판관에게 제출하여야 한다.

제26조(특정컴퓨터를 이용하는 통신감청의 기록 등) ① 제23조 제1항의 규정에 따라 감청을 한 때에는 전2조의 규정에 불구하고 특정컴퓨터 및 제9조 제2호 ㅁ의 규정에 따라 제공된 변환부호를 이용하여 감청한 통신(같은 항 제2호의 규정에 따른 감청의 경우에는 제23조 제4항의 규정에 따라 재생한 통신. 이하 이 항 및 다음 항에서 같다.)에 대하여 전부 암호화하여 기록매체에 기록함과 동시에 감청을 실시하고 있는 사이에 통화의 개시 및 종료의 연월일시, 감청한 통신의 개시 및 종료의 연월일시 기타 정령으로 정하는 사항에 대하여 암호화하여 당해 기록매체에 기록하여야 한다.

② 전항의 경우에는 제29조 제3항 또는 제4항의 절차에 이용하는 데 제공하기 위해 동시에 감청한 통신 및 전항에 규정하는 사항에 대하여 전부 다른 기록매체에

기록하는 것으로 한다.

③ 제23조 제1항의 규정에 따른 감청의 실시(같은 항 제2호의 규정에 따른 것의 경우에는 같은 조 제4항의 규정에 따른 재생의 실시)를 중단하거나 종료하는 때에는 그 때에 사용하고 있는 기록매체에 대한 기록을 종료하여야 한다.

④ 제1항의 규정에 따라 기록한 기록매체는 감청의 실시 종료 후(감청의 실시를 종료할 때에 제23조 제1항 제2호의 규정에 따라 일시적 보존한 암호화신호로서 같은 조 제4항의 규정에 따라 복호를 하지 않은 것이 있는 때에는 재생의 실시 종료 후) 지체 없이 전조 제4항에 규정하는 재판관에게 제출하여야 한다.

제27조(감청의 실시상황을 기재한 서면 등의 제출 등) ① 검찰관 또는 사법경찰원은 감청의 실시 종료 후 지체 없이 다음에 열거하는 사항을 기재한 서면을 제25조 제4항에 규정하는 재판관에게 제출하여야 한다. 제7조의 규정에 따라 감청할 수 있는 기간의 연장을 청구할 때에도 같다.

1. 감청의 실시 개시, 중단 및 종료의 연월일시
2. 제13조 제1항의 규정에 따른 입회인의 이름 및 직업
3. 제13조 제2항의 규정에 따라 입회인이 진술한 의견
4. 감청을 실시하고 있는 동안의 통화의 개시 및 종료의 연월일시
5. 감청을 한 통신에 대하여는 감청의 근거가 되는 조항, 그 개시 및 종료의 연월일시 및 통신당사자의 이름 기타 그 특정에 도움이 되는 사항
6. 제15조에 규정하는 통신에 대하여는 당해 통신에 관련된 범죄의 죄명, 벌조(罰條) 및 당해 통신이 같은 조에 규정하는 통신에 해당한다고 인정한 이유
7. 감청을 실시하고 있는 동안에 기록매체를 교환한 연월일시
8. 제25조 제1항의 규정에 따른 봉인의 연월일시 및 봉인을 한 입회인의 이름
9. 기타 감청의 실시상황에 관하여 최고재판소규칙으로 정하는 사항

② 검찰관 또는 사법경찰원은 제23조 제1항 제1호의 규정에 따라 감청을 실시한 때에는 전항의 규정에 불구하고 감청의 실시 종료 후 지체 없이 다음에 열거하는 사항을 기재한 서면을 제25조 제4항에 규정하는 재판관에게 제출하여야 한다. 같은 호의 규정에 따라 감청을 실시한 후에 제7조의 규정에 따라 감청할 수 있는 기간의 연장을 청구하는 때에도 같다.

1. 제23조 제1항 제1호의 규정에 따른 감청의 실시 개시, 중단 및 종료의 연월일시
2. 제23조 제1항 제1호의 규정에 따라 감청을 실시하고 있는 동안의 통신의 개시 및 종료의 연월일시
3. 제23조 제1항 제1호의 규정에 따라 감청한 통신에 대하여는 감청의 근거가 된 조항, 그 개시 및 종료의 연월일시와 통신당사자의 이름 기타 그 특정에 도움이 되

는 사항

4. 제15조에 규정하는 통신에 대하여는 당해 통신에 관련된 범죄의 죄명, 벌조(罰條) 및 당해 통신이 같은 조에 규정하는 통신에 해당한다고 인정한 이유

5. 감청을 실시하고 있는 사이에 기록매체를 교환한 연월일시

6. 전 각호에 열거하는 것 외에 제23조 제1항 제1호의 규정에 따른 감청의 실시상황에 관하여 최고재판소규칙으로 정하는 사항

③ 전2항에 규정하는 서면을 제출받은 재판관은 제1항 제6호 또는 전항 제4호의 통신에 대하여는 제15조에 규정하는 통신에 해당하는지를 심사하고 이에 해당하지 아니한다고 인정하는 때에는 당해 통신의 감청처분을 취소한다. 이 경우에는 제33조 제3항, 제5항 및 제6항의 규정을 준용한다.

제28조(위와 같음) ① 검찰관 또는 사법경찰원은 감청을 실시한 기간 중에 제20조 제1항의 규정에 따른 감청을 실시한 기간이 있는 때에는 전조 제1항의 규정에 불구하고 감청의 실시 종료 후(감청의 실시를 종료한 때에 제20조 제1항의 규정에 따라 일시적 보존된 암호화신호로서 제21조 제1항의 규정에 따라 복호되어 있지 않은 것인 때에는 재생의 실시 종료 후), 지체 없이 당해 기간 이외의 기간에 관하여는 전조 제1항 각호에 열거하는 사항을, 제20조 제1항의 규정에 따른 감청을 실시한 기간에 관하여는 다음에 열거하는 사항을 각각 기재한 서면을 제25조 제4항에 규정하는 재판관에게 제출하여야 한다. 제20조 제1항의 규정에 따른 감청을 실시한 후에 제7조의 규정에 따라 감청할 수 있는 기간의 연장을 청구할 때에도 같다.

1. 지정기간의 개시 및 종료의 연월일시

2. 제20조 제1항의 규정에 따른 감청의 실시 개시, 중단 및 종료의 연월일시

3. 제20조 제1항의 규정에 따라 감청을 실시하고 있는 동안의 통화의 개시 및 종료의 연월일시

4. 제21조 제1항의 규정에 따른 재생의 실시의 개시, 중단 및 종료의 연월일시

5. 제21조 제1항에서 준용하는 제13조 제1항의 규정에 따른 입회인의 이름 및 직업

6. 제21조 제1항에서 준용하는 제13조 제2항의 규정에 따라 입회인이 진술한 의견

7. 제3호에 규정하는 통화 중 제21조 제1항의 규정에 따라 복호된 암호화신호, 같은 항의 규정에 따라 복호되기 전에 소거된 암호화신호 및 이들 이외의 암호화신호에 각각 대응하는 부분을 특정할 만한 사항

8. 제21조 제1항의 규정에 따라 재생한 통신에 대하여는 재생의 근거가 된 조항, 그 개시 및 종료의 연월일시 및 통신당사자의 이름 기타 그 특정에 도움이 되는 사항

9. 제15조에 규정하는 통신에 대하여는 당해 통신에 관련된 범죄의 죄명과 벌조(罰條) 및 당해 통신이 같은 조에 규정하는 통신에 해당한다고 인정한 이유

10. 재생을 실시하고 있는 동안에 기록매체를 교환한 연월일시

11. 제25조 제2항의 규정에 따른 봉인의 연월일시 및 봉인을 한 입회인의 이름

12. 전 각호에 열거하는 것 외에 제20조 제1항의 규정에 따른 감청의 실시 또는 제21조 제1항의 규정에 따른 재생의 실시상황에 관하여 최고재판소규칙으로 정하는 사항

② 검찰관 또는 사법경찰원은 감청을 실시한 기간 중에 제23조 제1항 제2호의 규정에 따른 감청을 실시한 기간이 있는 때에는 전조 제2항의 규정에 불구하고 감청의 실시 종료 후(감청 실시를 종료하는 때에 필은 호의 규정에 따라 일시 저 보존한 암호화신호로서 제23조 제4항의 규정에 따라 복호를 하지 않은 것이 있는 때에는 재생 실시 종료 후), 지체 없이 당해 기간 이외의 기간에 관하여는 전조 제2항 각호에 열거하는 사항을, 제23조 제1항 제2호의 규정에 따른 감청을 실시한 기간에 관하여는 다음에 열거하는 사항을 각각 기재한 서면을 제25조 제4항에 규정하는 재판관에게 제출하여야 한다. 같은 호의 규정에 따른 감청을 실시한 후에 제7조의 규정에 따라 감청할 수 있는 기간의 연장을 청구하는 때에도 같다.

1. 제23조 제1항 제2호의 규정에 따른 감청의 실시 개시, 중단 및 종료의 연월일시

2. 제23조 제1항 제2호의 규정에 따라 감청을 실시하고 있는 동안의 통화의 개시 및 종료의 연월일시

3. 제23조 제4항의 규정에 따른 재생의 실시의 개시, 중단 및 종료의 연월일시

4. 제2호에 규정하는 통화 중 제23조 제4항의 규정에 따라 복호를 한 암호화신호, 같은 항의 규정에 따라 복호를 하기 전에 소거한 암호화신호 및 그들 이외의 암호화신호에 각각 대응하는 부분을 특정하기에 충분한 사항

5. 제23조 제4항의 규정에 따른 재생을 한 통신에 대하여는 재생의 근거가 된 조항, 그 개시 및 종료의 연월일시 및 통신당사자의 이름 기타 그 특정에 도움이 되는 사항

6. 제15조에 규정하는 통신에 대하여는 당해 통신에 관련된 범죄의 죄명 및 벌조(罰條)와 당해 통신이 같은 조에 규정하는 통신에 해당한다고 인정한 이유

7. 재생을 실시하고 있는 동안에 기록매체를 교환한 연월일시

8. 전 각호에 열거하는 것 외에 제23조 제1항 제2호의 규정에 따른 감청의 실시 또는 같은 조 제4항의 규정에 따른 재생의 실시상황에 관하여 최고재판소규칙으로 정하는 사항

③ 전2항에 규정하는 서면을 제출받은 재판관은 전조 제1항 제6호, 제2항 제4호, 제1항 제9호 또는 전항 제6호의 통신에 대하여는 제15조에 규정하는 통신에 해당하는지를 심사하고 이에 해당하지 아니한다고 인정하는 때에는 당해 통신의 감청

또는 재생처분을 취소한다. 이 경우에는 제33조 제3항, 제5항 및 제6항의 규정을 준용한다.

제29조(감청기록의 작성) ① 검찰관 또는 사법경찰원은 감청의 실시(제20조 제1항 또는 제23조 제1항 제2호의 규정에 따른 것을 제외한다. 이하 이 항에서 같다.)를 중단하거나 종료한 때에는 그때마다 신속하게 감청한 통신이 내용을 형사절차에서 사용하기 위한 기록 1통을 작성하여야 한다. 감청을 실시하고 있는 동안에 기록매체를 교환한 때 기타 기록매체에 대한 기록이 종료한 때에도 같다.

② 검찰관 또는 사법경찰원은 재생의 실시를 중단하거나 종료한 때에는 그 때마다 신속하게 재생한 통신의 내용을 형사절차에서 사용하기 위한 기록 1통을 작성하여야 한다. 재생을 실시하고 있는 동안에 기록매체를 교환한 때 기타 기록매체에 대한 기록이 종료한 때에도 같다.

③ 제1항에 규정하는 기록은 제24조 제1항 후단 또는 제26조 제2항의 규정에 따라 기록한 기록매체 또는 제25조 제3항의 규정에 따라 작성한 같은 조 제1항의 기록매체의 복제에서 다음에 열거하는 통신 이외의 통신기록을 소거하여 작성한다.

1. 감청할 통신에 해당하는 통신
2. 제14조 제2항의 규정에 따라 감청한 통신으로 그 내용을 복원하기 위한 조치를 요하는 것
3. 제15조의 규정에 따라 감청한 통신 및 제14조 제2항의 규정에 따라 감청한 통신으로서 제15조에 규정하는 통신에 해당한다고 인정되기에 이른 것
4. 전3호에 열거하는 통신과 동일한 통화의 기회에 이뤄진 통신

④ 제2항에 규정하는 기록은 제24조 제1항 후단이나 제26조 제2항의 규정에 따라 기록한 기록매체 또는 제25조 제3항의 규정에 따라 작성한 같은 조 제2항의 기록매체 복제에서 다음에 열거하는 통신 이외의 통신기록을 소거하여 작성한다.

1. 감청할 통신에 해당하는 통신
2. 제21조 제4항(제23조 제4항에서 그 예에 따르는 경우를 포함한다. 다음 호에서 같다.)의 규정에 따라 재생한 통신으로 그 내용을 복원하기 위한 조치를 요하는 것
3. 제21조 제5항(제23조 제4항에서 그 예에 따르는 경우를 포함한다.)의 규정에 따라 재생한 통신 및 제21조 제4항의 규정에 따라 재생한 통신으로서 제15조에 규정하는 통신에 해당한다고 인정되기에 이른 것
4. 전3호에 열거하는 통신과 동일한 통화의 기회에 이뤄진 통신

⑤ 제3항 제2호 또는 전항 제2호에 열거하는 통신기록에 대하여는 당해 통신이 감청할 통신 및 제15조에 규정하는 통신에 해당하지 아니하는 것이 판명된 때에는 제1항에 규정하는 기록 또는 제2항에 규정하는 기록(이하 「감청기록」으로 총칭한다.)에

서 당해 통신기록 및 당해 통신에 관련된 제3항 제4호 또는 전항 제4호에 열거하는 통신기록을 소거하여야 한다. 다만 당해 통신과 동일한 통화의 기회에 이뤄진 제3항 제1호부터 제3호까지 또는 전항 제1호부터 제3호까지에 열거하는 통신이 있는 때에는 그러하지 아니하다.

⑥ 검찰관 또는 사법경찰원은 감청기록을 작성한 경우에 다른 제25조 제4항 또는 제26조 제4항의 규정에 따라 재판관에게 제출한 기록매체(이하 「감청의 원기록」이라 한다.) 이외의 감청한 통신(제21조 제1항 또는 제23조 제4항의 규정에 따라 재생한 통신 및 이들 규정에 따라 복호로 복원된 통신을 포함한다. 다음 항에서 같다.)을 기록한 기록매체 또는 그 복제등(복제 기타 기록의 내용 전부 또는 일부를 그대로 기록한 물건 및 서면을 말한다. 이하 같다.)이 있는 때에는 그 기록 전부를 소거하여야 한다. 전항의 규정에 따라 감청기록에서 기록을 소거한 경우에 다른 당해 기록의 복제등이 있는 때에도 같다.

⑦ 검찰관 또는 사법경찰원은 감청한 통신으로서 감청기록에 기록된 것 이외의 것은 그 내용을 타인에 알리거나 사용하여서는 아니 된다. 그 직을 퇴직한 후에도 같다.

제30조(통신당사자에 대한 통지) ① 검찰관 또는 사법경찰원은 감청기록에 기록되어 있는 통신당사자에게 감청기록을 작성한 취지 및 다음에 열거하는 사항을 서면으로 통지하여야 한다.

1. 당해 통신의 개시, 종료의 연월일시 및 상대방의 이름(판명되어 있는 경우에 한한다.)

2. 감청영장의 발부연월일

3. 감청의 실시 개시 및 종료연월일

4. 감청의 실시대상으로 한 통신수단

5. 감청영장에 기재된 죄명 및 벌조(罰条)

6. 제15조에 규정하는 통신에 대하여는 그 취지와 당해 통신에 관련된 범죄의 죄명 및 벌조(罰条)

7. 다음 조의 규정에 따른 감청기록의 청취등(청취나 열람 또는 복제의 작성을 말한다. 이하 이 호에서 같다.) 및 제32조 제1항의 규정에 따른 감청의 원기록의 청취등의 허가청구, 제33조 제1항 또는 제2항의 규정에 따른 불복신청을 할 수 있다는 취지

② 전항의 통지는 통신당사자를 특정할 수 없는 경우나 그 소재가 밝혀지지 않은 경우를 제외하고 감청 실시가 종료된 후 3일 이내에 발송하여야 한다. 다만 지방재판소의 재판관은 수사가 방해받을 우려가 있다고 인정하는 때에는 검찰관 또는 사법경찰원의 청구에 의해 60일 이내의 기간을 정하여 이 항의 규정에 따라 통지를 발송하여야 할 기간을 연장할 수 있다.

③ 검찰관 또는 사법경찰원은 전항 본문에 규정하는 기간이 경과한 후에 통신당사

자가 특정된 경우나 그 소재가 밝혀진 경우에는 당해 통신당사자에게 신속하게 제 1항의 통지를 발송하여야 한다. 이 경우에는 전항 단서의 규정을 준용한다.

제31조(감청기록의 청취 및 열람 등) 전조 제1항의 통지를 받은 통신당사자는 감청기록 중 당해 통신에 관련된 부분을 청취 또는 열람하거나 그 복제를 작성할 수 있다.

제32조(감청의 원기록의 청취 및 열람 등) ① 감청의 원기록을 보관하는 재판관(이하 「원기록보관재판관」이라 한다.)은 감청기록에 기록되어 있는 통신당사자가 전조의 규정에 따라 감청기록 중 당해 통신에 관련된 부분을 청취 또는 열람하거나 그 복제를 작성한 경우에 감청기록의 정확성 확인을 위해 필요하다고 인정하는 때 기타 정당한 이유가 있다고 인정하는 때에는 당해 통신당사자의 청구에 의해 감청의 원기록 중 당해 통신에 상당하는 부분을 청취 또는 열람하거나 그 복제를 작성하는 것을 허가하여야 한다.

② 원기록보관재판관은 감청된 통신(제20조 제1항 또는 제23조 제1항 제2호의 규정에 따른 감청의 경우에는 제21조 제1항 또는 제23조 제4항의 규정에 따라 재생된 통신) 내용의 확인을 위해 필요하다고 인정하는 때 기타 정당한 이유가 있다고 인정하는 때에는 감청기록에 기록되어 있는 통신 이외의 통신당사자의 청구에 의해 감청의 원기록 중 당해 통신에 관련된 부분을 청취 또는 열람하거나 그 복제를 작성하는 것을 허가하여야 한다.

③ 원기록보관재판관은 감청된 사건에 관하여 범죄사실의 존부의 증명 또는 감청기록의 정확성 확인을 위해 필요하다고 인정하는 때 기타 정당한 이유가 있다고 인정하는 때에는 검찰관 또는 사법경찰원의 청구에 의해 감청의 원기록 중 필요하다고 인정하는 부분을 청취 또는 열람하거나 그 복제를 작성하는 것을 허가할 수 있다. 다만 복제의 작성은 다음에 열거하는 통신(감청기록에 기록되어 있는 것을 제외한다.)에 관련된 부분에 한한다.

1. 감청할 통신에 해당하는 통신
2. 범죄사실의 존부의 증명에 필요한 증거가 되는 통신(전호에 열거하는 통신을 제외한다.)
3. 전2호에 열거하는 통신과 동일한 통화의 기회에 이뤄진 통신

④ 다음 조 제3항(제27조 제3항 및 제28조 제3항에서 준용하는 경우를 포함한다. 이하 이 항에서 같다.)의 규정에 따라 기록의 소거를 명하는 재판이 있는 경우에는 전항의 규정에 따른 복제를 작성하는 것의 허가청구는 같은 항의 규정에 불구하고 당해 재판에 따라 소거를 명받은 기록에 관련된 통신이 새로 같은 항 제1호 또는 제2호에 열거하는 통신으로서 달리 이에 갈음할 적당한 증명방법이 없는 것으로 판명되기에 이른 경우에 한하여 감청의 원기록 중 당해 통신 및 이와 동일한 통화의 기회에 이뤄진 통신에 관련된 부분에 대하여 할 수 있다. 다만 당해 재판이 다음 조 제3항 제2

호에 해당하여 이들 통신기록의 소거를 명한 것인 때에는 이를 청구할 수 없다.

⑤ 원기록보관재판관은 검찰관에 의한 감청기록 또는 그 복제 등의 조사청구가 있었던 피고사건에 관하여 피고인의 방어 또는 감청기록의 정확성 확인을 위해 필요하다고 인정하는 때 기타 정당한 이유가 있다고 인정하는 때에는 피고인 또는 그 변호인의 청구에 의해 감청의 원기록 중 필요하다고 인정하는 부분을 청취 또는 열람하거나 그 복제를 작성하는 것을 허가할 수 있다. 다만 피고인이 당사자가 아닌 통신에 관련된 부분의 복제의 작성은 당해 통신당사자의 어느 하나의 동의가 있는 경우에 한한다.

⑥ 검찰관 또는 사법경찰원이 제3항의 규정에 따라 작성한 복제는 감청기록으로 본다. 이 경우에 제30조의 규정을 적용할 때에는 같은 조 제1항 중 「다음에 열거하는 사항」은 「다음에 열거하는 사항 및 제32조 제3항의 복제를 작성하는 것의 허가가 있었다는 취지 및 그 연월일」로 하고, 같은 조 제2항 중 「감청의 실시가 종료된 후」는 「복제를 작성한 후」로 한다.

⑦ 감청의 원기록은 제1항부터 제5항까지의 규정에 따르는 경우 외에 이를 청취 또는 열람하게 하거나 그 복제를 작성하게 하여서는 아니 된다. 다만 재판소 또는 재판관이 형사소송법이 정하는 바에 따라 검찰관에 의한 감청기록이나 그 복제등의 조사청구가 있는 피고사건 또는 감청에 관한 형사사건의 심리 또는 재판을 위해 필요하다고 인정하고 감청의 원기록 중 필요하다고 인정하는 부분을 조사하는 경우에는 그러하지 아니하다.

제33조(불복신청) ① 재판관이 한 통신감청에 관한 재판에 불복이 있는 자는 그 재판관이 소속된 재판소에 그 재판의 취소 또는 변경을 청구할 수 있다.

② 검찰관 또는 검찰사무관이 한 통신감청 또는 재생에 관한 처분에 불복이 있는 자는 그 검찰관 또는 검찰사무관이 소속된 검찰청의 소재지를 관할하는 지방재판소에, 사법경찰직원이 한 통신감청 또는 재생에 관한 처분에 불복이 있는 자는 그 직무집행지를 관할하는 지방재판소에 그 처분의 취소 또는 변경(감청의 실시 또는 재생의 실시의 종료를 포함한다.)을 청구할 수 있다.

③ 재판소는 전항의 청구에 의해 감청 또는 재생처분을 취소하는 경우에 다음 각 호의 어느 하나에 해당한다고 인정하는 때에는 검찰관 또는 사법경찰원에게 보관하는 감청기록(전조 제6항의 규정에 따라 감청기록으로 보게 되는 것을 제외한다. 이하 이 항에서 같다.) 및 그 복제등 중 당해 감청 또는 재생처분에 관련된 통신 및 이와 동일한 통화의 기회에 이뤄진 통신기록과 당해 감청처분에 관련하여 일시적 보존된 암호화신호의 소거를 명하여야 한다. 다만 제3호에 해당한다고 인정하는 경우에 당해 기록의 소거를 명하는 것이 상당하지 아니하다고 인정하는 때는 그러하지 아니하다.

1. 당해 감청 또는 재생에 관련된 통신이 제29조 제3항 각호 또는 제4항 각호에 열거하는 통신의 어느 하나에도 해당하지 아니하는 때

2. 당해 감청 또는 재생에 통신당사자의 이익을 보호하기 위한 절차에 중대한 위법이 있는 때

3. 전2호에 해당하는 경우를 제외하고 당해 감청 또는 재생의 절차에 위법이 있는 때

④ 전조 제3항의 복제를 작성하는 것의 허가가 취소된 때에는 검찰관 또는 사법경찰원은 그가 보관하는 같은 조 제6항의 규정에 따라 의제된 감청기록(그 복제등을 포함한다.) 중 당해 취소된 허가에 관련된 부분을 소거하여야 한다.

⑤ 제3항에 규정하는 기록의 소거를 명하는 재판 또는 전항에 규정하는 복제를 작성하는 것의 허가의 취소의 재판은 당해 감청기록 또는 그 복제등에 대하여 이미 피고사건에서 증거조사가 되어 있는 때에는 증거에서 배제하는 결정이 없는 한 이를 당해 피고사건에 관한 절차에서 증거로서 이용하는 것을 방해받지 아니한다.

⑥ 전항에 규정하는 재판이 있었던 경우에 당해 감청기록에 대하여 이미 피고사건에서 증거조사가 되어 있는 때에는 당해 피고사건에 관한 절차에서 그 내용을 타인에 알리거나 사용하는 경우 이외의 경우에는 당해 감청기록에 대한 제3항의 재판 또는 제4항의 규정에 따라 소거된 것으로 보고 제29조 제7항의 규정을 적용한다.

⑦ 제1항 및 제2항의 규정에 따른 불복신청에 관한 절차는 이 법률에 정하는 것 외에 형사소송법 제429조 제1항 및 제403조 제1항의 청구에 관련된 절차의 예에 따른다.

제34조(감청의 원기록의 보관기간) ① 감청의 원기록은 제25조 제4항 또는 제26조 제4항의 규정에 따른 제출일로부터 5년을 경과하는 날이나 감청기록 또는 그 복제등이 증거로서 조사된 피고사건이나 감청에 관한 형사사건의 종결일로부터 6개월을 경과하는 날 중 가장 늦은 날까지 보관한다.

② 원기록보관재판관은 필요하다고 인정하는 때에는 전항의 보관기간을 연장할 수 있다.

제4장 통신의 비밀 존중 등

제35조(관계자에 따른 통신의 비밀 존중 등) 검찰관, 검찰사무관, 사법경찰직원 및 변호인 기타 통신감청 또는 재생에 관여하거나 그 상황 또는 감청한 통신(재생한 통신을 포함한다.)의 내용을 직무상 지득한 자는 통신의 비밀을 부당히 해치지 아니하도록 주의하고 수사에 방해되지 않도록 주의하여야 한다.

제36조(국회에의 보고 등) 정부는 매년 감청영장 청구 및 발부 건수, 그 청구 및 발부

에 관련된 죄명, 감청 대상으로 한 통신수단의 종류, 감청을 실시한 기간, 감청을 실시하고 있는 동안의 통화 횟수, 이 중 제29조 제3항 제1호나 제3호 또는 제4항 제1호나 제3호에 열거하는 통신이 이뤄진 수, 제20조 제1항 또는 제23조 제1항 제1호나 제2호의 규정에 따른 감청을 실시한 때에는 그 취지 및 감청이 이뤄진 사건에 관하여 체포한 인원 수를 국회에 보고함과 동시에 공표한다. 다만 죄명에 대하여는 수사에 지장이 생길 우려가 있는 때에는 그 지장이 없게 된 뒤에 이들 조치를 집행한다.

제37조(통신의 비밀을 침해하는 행위의 처벌 등) ① 수사 또는 조사의 권한을 가진 공무원이 그 수사 또는 조사의 직무에 관하여 전기통신사업법(昭和 59년 법률 제86호) 제179조 제1항 또는 유선전기통신법(昭和 28년 법률 제96호) 제14조 제1항의 죄를 범한 때에는 3년 이하의 징역 또는 100만엔 이하의 벌금에 처한다.

② 전항의 죄의 미수범은 처벌한다.

③ 전2항의 죄에 대하여 고소 또는 고발을 한 자는 검찰관의 공소를 제기하지 아니하는 처분에 불복이 있는 때에는 형사소송법 제262조 제1항의 청구를 할 수 있다.

제5장 보칙

제38조(형사소송법과의 관계) 통신의 감청에 관한 절차는 이 법률에 특별한 정함이 있는 것 외에 형사소송법에 따른다.

제39조(최고재판소규칙) 이 법률에 정하는 것 외에 감청영장의 발부, 감청할 수 있는 기간의 연장, 기록매체의 봉인 및 제출, 감청의 원기록의 보관 기타의 취급, 감청의 실시상황을 기재한 서면의 제출, 법 제15조에 규정하는 통신에 해당하는지의 심사, 통신당사자에 대한 통지를 발송하여야 할 기간의 연장, 재판소가 보관하는 감청기록의 청취와 열람, 그 복제의 작성 및 불복신청에 관한 절차에 필요한 사항은 최고재판소규칙으로 정한다.

부 칙 〈생 략〉

별표 제1(제3조, 제15조 관련)

1. 대마단속법(昭和 23년 법률 제124호) 제24조(재배, 수입 등) 또는 제24조의2(소지, 양도 등)의 죄

2. 각성제단속법(昭和 26년 법률 제252호) 제41조(수입 등)나 제41조의2(소지, 양도 등)의

죄, 같은 법 제41조의3 제1항 제3호(각성제원료의 수입 등)나 제4호(각성제원료의 제조)의 죄 또는 이들 죄에 관련된 같은 조 제2항(영리목적의 각성제원료의 수입 등)의 죄나 이들 죄의 미수범 또는 같은 법 제41조의4 제1항 제3호(각성제원료의 소지)나 제4호(각성제원료의 양도 등)의 죄 또는 이들 죄에 관련된 같은 조 제2항(영리목적의 각성제원료의 소지, 양도 등)의 죄 또는 이들 죄의 미수범

3. 출입국관리 및 난민인정법(昭和 26년 정령 제319호) 제74조(집단밀항자를 불법입국하게 하는 행위 등), 제74조의2(집단밀항자의 수송) 또는 제74조의4(집단밀항자의 수수 등)의 죄

4. 마약 및 향정신약단속법(昭和 28년 법률 제14호) 제64조(디아세틸모르핀등의 수입 등), 제64조의2(디아세틸모르핀등의 양도, 소지 등), 제65조(디아세틸모르핀등 이외의 마약의 수입 등), 제66조(디아세틸모르핀등 이외의 마약의 양도, 소지 등), 제66조의3(향정신약의 수입 등) 또는 제66조의4(향정신약의 양도 등)의 죄

5. 무기 등 제조법(昭和 28년 법률 제145호) 제31조(총포의 무허가제조), 제31조의2(총포탄의 무허가제조) 또는 제31조의3 제1호(총포 및 총포탄 이외의 무기의 무허가제조)의 죄

6. 아편법(昭和 29년 법률 제71호) 제51조(양귀비 재배, 아편의 수입 등) 또는 제52조(아편 등의 양도, 소지 등)의 죄

7. 총포도검류소지 등 단속법(昭和 33년 법률 제6호) 제31조부터 제31조의4까지(권총 등의 발사, 수입, 소지, 양도 등), 제31조의7부터 제31조의9까지(권총 실탄의 수입, 소지, 양도 등), 제31조의11 제1항 제2호(권총부품의 수입)나 제2항(미수범) 또는 제31조의16 제1항 제2호(권총부품의 소지)나 제3호(권총부품의 양도 등) 또는 제2항(미수범)의 죄

8. 국제적인 협력 아래 규제약물에 관련된 부정행위를 조장하는 행위 등의 방지를 도모하기 위한 마약 및 향정신약단속법 등의 특례 등에 관한 법률(平成 3년 법률 제94호.) 제5조(업으로서 하는 불법수입 등)의 죄

9. 조직적인 범죄의 처벌 및 범죄수익의 규제 등에 관한 법률(平成 11년 법률 제136호) 제3조 제1항 제7호에 열거하는 죄에 관련된 같은 조(조직적인 살인)의 죄 또는 그 미수범

별표 제2(제3조, 제15조 관련)

1. 폭발물단속벌칙(明治 17년 태정관포고 제32호) 제1조(폭발물의 사용) 또는 제2조(사용의 미수)의 죄

2. イ 형법(明治 40년 법률 제45호) 제108조(현주건조물 등 방화)의 죄 또는 그 미수범
   ロ 형법 제199조(살인)의 죄 또는 그 미수범
   ハ 형법 제204조(상해) 또는 제205조(상해치사)의 죄
   ニ 형법 제220조(체포 및 감금) 또는 제221조(체포 등 치사상)의 죄

ホ 형법 제224조부터 제228조까지(미성년자약취 및 유괴, 영리목적 등 약취 및 유괴, 몸값
대금목적 약취 등, 소재국외이송목적 약취 및 유괴, 인신매매, 피약취자 등 소재국외이송, 피약
취자인도 등, 미수범)의 죄

ヘ 형법 제235조(절도), 제236조 제1항(강도) 또는 제240조(강도치사상)의 죄 또는
이들 죄의 미수범

ト 형법 제246조 제1항(사기), 제246조의2(컴퓨터사용사기) 또는 제249조 제1항(공
갈)의 죄 또는 이들 죄의 미수범

3. 아동매춘, 아동포르노에 관련된 행위 등의 규제 및 처벌과 아동의 보호 등에 관한
법률(平成 11년 법률 제52호) 제7조 제6항(아동포르노 등의 불특정 다수에 대한 제공 등) 또
는 제7항(불특정 다수에 대한 제공 등의 목적에 의한 아동포르노 제조 등)의 죄

범죄수사를 위한 통신감청에 관한 규칙

제정 平成 12년 3월 15일 최고재판소규칙 제6호
개정 平成 30년 1월 15일 최고재판소규칙 제1호

제1장 총칙

제 1 조(취지) 범죄수사를 위한 통신감청에 관한 법률(平成 11년 법률 제137호. 이하 「법」이라 한다.)에 따른 감청영장의 발부, 감청할 수 있는 기간의 연장, 기록매체의 봉인 및 제출, 감청의 원기록의 보관 기타의 취급, 감청의 실시상황을 기재한 서면의 제출, 법 제15조에 규정하는 통신에 해당하는지의 심사, 통신당사자에게 통지를 발송하여야 할 기간의 연장, 재판소가 보관하는 감청기록의 청취와 열람, 그 복제의 작성 및 불복신청에 관한 절차는 법에 정하는 것 외에 이 규칙이 정하는 바에 따른다.

제2장 감청영장의 청구 등의 절차

제 2 조(감청영장청구권자의 지정, 변경의 통지) ① 검사총장은 법 제4조 제1항의 규정에 따라 감청영장을 청구할 수 있는 검찰관을 지정한 때에는 최고재판소에 그 취지를 통지하여야 한다. 그 통지의 내용에 변경이 발생한 때에도 같다.

② 국가공안위원회, 도도부현공안위원회, 후생노동대신 또는 해상보안청장관은 법 제4조 제1항의 규정에 따라 감청영장을 청구할 수 있는 사법경찰원을 지정한 때에는 국가공안위원회, 후생노동대신 또는 해상보안청장관은 최고재판소에, 도도부현공안위원회는 그 소재지를 관할하는 지방재판소에 그 취지를 통지하여야 한다. 그 통지의 내용에 변경이 발생한 때에도 같다.

제 3 조(감청영장청구서의 기재사항) ① 감청영장의 청구서에는 다음에 열거하는 사항 및 감청영장발부의 요건에 해당하는 사항을 기재하여야 한다.

1. 피의자의 이름
2. 피의사실의 요지, 죄명 및 벌조(罰条)
3. 감청할 통신

4. 감청의 실시대상으로 할 통신수단

5. 감청의 실시방법 및 장소(법 제5조 제4항 후단의 신청을 하는 경우에는 감청의 실시방법, 당해 신청을 하는 취지 및 그 이유, 지정기간 동안의 감청의 실시장소 및 지정기간 이외의 기간 동안의 감청의 실시장소)

6. 감청할 수 있는 기간

7. 청구자의 직책

8. 청구자가 법 제4조 제1항의 규정에 따른 지정을 받은 자라는 취지

9. 7일을 초과하는 유효기간을 필요로 하는 때에는 그 취지 및 이유

10. 청구에 관련된 피의사실의 전부 또는 일부와 동일한 피의사실에 대하여 전에 동일한 통신수단을 대상으로 하는 감청영장의 청구 또는 발부가 있었던 때에는 그 취지

11. 법 제20조 제1항의 허가의 청구를 할 때에는 그 취지 및 그 이유, 통신관리자 등에 관한 사항

12. 법 제23조 제1항의 허가의 청구를 할 때에는 그 취지 및 그 이유, 통신관리자 등에 관한 사항 및 감청의 실시에 이용할 것으로 지정하는 특정컴퓨터를 특정할 만한 사항

② 피의자의 이름이 밝혀지지 아니한 때에는 그 취지를 기재하면 충분하다.

제 4 조(자료의 제공) ① 감청영장을 청구할 때에는 감청의 이유 및 필요가 있음을 인정할 자료를 제공하여야 한다.

② 법 제4조 제3항의 청구를 할 때에는 그 청구가 상당함을 인정할 자료도 제공하여야 한다.

③ 법 제5조 제4항 후단의 신청을 할 때에는 그 신청이 상당함을 인정할 자료도 제공하여야 한다.

제 5 조(감청영장의 기재사항) 법 제6조 제1항의 최고재판소규칙으로 정하는 사항은 다음에 열거하는 사항으로 한다.

1. 청구자의 직책

2. 유효기간 내라도 그 이유 또는 필요가 없게 된 때에는 곧바로 이를 반환하여야 한다는 취지

3. 법 제5조 제3항의 규정에 따라 법 제23조 제1항의 허가를 하는 때에는 감청의 실시에 쓸 것으로 지정된 특정컴퓨터를 특정할 만한 사항

제 6 조(감청할 수 있는 기간의 연장청구의 방식) ① 법 제7조 제1항의 규정에 따른 감청할 수 있는 기간의 연장청구는 서면으로 하여야 한다.

② 전항의 서면에는 연장을 필요로 하는 사유 및 연장을 요구하는 기간을 기재하여야 한다.

③ 제1항의 청구를 할 때에는 감청영장을 제출하고 연장을 필요로 하는 사유가 있음을 인정할 자료를 제공하여야 한다.

제7조(감청할 수 있는 기간의 연장의 재판) ① 재판관은 전조 제1항의 청구를 이유 있다고 인정하여 연장의 재판을 한 때에는 연장하는 기간 및 이유를 기재한 감청영장을 재판소서기관으로 하여금 청구자에게 교부하게 하여야 한다.

② 재판소서기관은 감청영장을 청구자에게 교부하는 경우에는 감청영장에 교부의 연월일을 기재하여 기명날인하여야 한다.

③ 전조 제1항의 청구에는 형사소송규칙(昭和 23년 최고재판소규칙 제32호) 제140조 및 제141조의 규정을 준용한다.

제3장 통신감청의 기록 등

제8조(기록매체의 봉인의 방법) 법 제25조 제1항 또는 제2항의 규정에 따라 입회인이 기록매체를 봉인하는 경우에는 봉인 위에 봉인한 연월일시를 기재하여 서명날인하여야 한다.

제9조(감청의 원기록의 제출) 법 제25조 제4항 또는 제26조 제4항의 규정에 따라 기록매체를 재판관에게 제출하는 경우에는 다음에 열거하는 사항을 기재한 서면 및 감청영장의 사본을 첨부하여야 한다.

1. 기록매체를 제출하는 자의 직책

2. 기록매체의 종류 및 수량

3. 각 기록매체에의 기록 개시 및 종료의 연월일시

4. 법 제26조 제1항의 규정에 따라 기록을 한 기록매체가 있는 때에는 그 취지

제10조(감청의 처분 착수 후의 조치) 감청영장에 기초해 감청의 처분에 착수한 때에는 감청영장에 착수의 연월일시 및 감청의 실시를 종료한 연월일시를 기재하여 기명날인하여야 한다.

제11조(감청의 실시의 상황을 기재한 서면 등의 기재사항) ① 법 제27조 제1항 제9호의 최고재판소규칙으로 정하는 사항은 다음에 열거하는 사항으로 한다.

1. 감청영장의 발부 및 감청할 수 있는 기간연장의 재판의 연월일과 감청영장을 발부한 재판관이 소속된 재판소명

2. 피의자의 이름

3. 감청을 실시한 자의 직책

4. 감청 실시 대상이 된 통신수단

5. 감청의 실시방법 및 장소

6. 법 제14조 제2항의 규정에 따라 감청을 한 통신에 대하여 법 제29조 제5항의 규정에 따라 통신의 기록을 소거한 때에는 소거한 자의 직책, 소거한 연월일시 및 소거한 부분

7. 감청을 한 통신에 대하여 기록매체 중 기록 개소를 특정할 만한 사항

② 법 제27조 제2항 제6호의 최고재판소규칙으로 정하는 사항은 전항 각호에 열거하는 사항 외에 다음에 열거하는 사항으로 한다.

1. 법 제23조 제1항의 규정에 따른 통신의 원신호의 암호화 및 암호화신호의 전송을 한 통신관리자등의 이름과 직업

2. 감청 실시에 쓴 특정컴퓨터를 특정하기에 충분한 사항

③ 법 제28조 제1항 제12호의 최고재판소규칙으로 정하는 사항은 제1항 제1호부터 제5호까지에 열거하는 사항 외에 다음에 열거하는 사항으로 한다.

1. 법 제20조 제1항의 규정에 따른 통신의 원신호의 암호화 및 암호화신호의 일시적 보존과 법 제21조 제1항의 규정에 따른 암호화신호의 복호를 한 통신관리자등의 이름과 직업

2. 재생을 실시한 자의 직책

3. 법 제21조 제4항의 규정에 따라 재생한 통신에 대하여 법 제29조 제5항의 규정에 따라 통신의 기록을 소거한 때에는 소거한 자의 직책, 소거한 연월일시 및 소거한 부분

4. 재생을 한 통신에 대하여 기록매체 중 기록개소를 특정할 만한 사항

④ 법 제28조 제2항 제8호의 최고재판소규칙으로 정하는 사항은 제1항 제1호부터 제5호까지, 제2항 각호와 전항 제2호 및 제4호에 열거하는 사항 및 법 제23조 제4항에서 그 예에 따르는 것으로 정해진 법 제21조 제4항의 규정에 따라 재생한 통신에 대하여 법 제29조 제5항의 규정에 따라 통신의 기록을 소거한 때에는 소거한 자의 직책, 소거한 연월일시 및 소거한 부분으로 한다.

제12조(감청을 한 통신의 기록 소거 후의 조치) 검찰관 또는 사법경찰원은 감청의 실시의 상황을 기재한 서면을 재판관에게 제출한 후 법 제29조 제5항의 규정 또는 법 제33조 제3항(법 제27조 제3항 또는 제28조 제3항에서 준용하는 경우를 포함한다.)에 규정하는 소거명령에 따라 통신의 기록을 소거한 때에는 신속하게 소거한 자의 직책, 소거한 연월일시 및 소거한 부분을 당해 재판관에게 통지하여야 한다.

제13조(통신당사자에게 통지를 한 경우의 사후조치) 검찰관 또는 사법경찰원은 감청기록에 기록되어 있는 통신당사자에게 법 제30조의 규정에 따른 통지를 한 때에는 신속하게 통지서의 사본을 첨부한 서면으로 그 취지를 원기록보관재판관에게 통지하여야 한다.

제14조(통신당사자에게 통지를 발송하여야 할 기간의 연장청구의 방식) ① 법 제30조 제2항의 규정에 따른 통지를 발부하여야 할 기간의 연장청구는 서면으로 하여야 한다.

② 전항의 서면에는 감청의 실시를 종료한 연월일, 통지에 의해 수사가 방해받을 우려가 있음을 인정할 사유 및 연장을 요구하는 기간을 기재하여야 한다. 전에 통지를 발송하여야 하는 기간이 연장된 때에는 그 취지 및 기간도 기재하여야 한다.

③ 제1항의 청구를 할 때에는 통지에 의해 수사가 방해받을 우려가 있음을 인정할 자료를 제공하여야 한다.

제15조(감청의 원기록의 청취 및 열람 등의 청구의 방식) ① 법 제32조 제1항부터 제5항까지의 규정에 따른 감청의 원기록의 청취, 열람 또는 그 복제의 작성의 청구는 서면으로 하여야 한다.

② 전항의 서면에는 청취나 열람 또는 복제의 작성을 요구하는 부분을 특정할 만한 사항 및 법에 정하는 청취, 열람 또는 복제를 작성할 이유가 존재한다고 인정할 사유를 기재하여야 한다.

③ 제1항의 청구를 받은 원기록보관재판관은 필요하다고 인정하는 때에는 청구자에게 법에 정하는 청취, 열람 또는 복제를 작성할 이유가 존재한다고 인정할 자료의 제시를 요구할 수 있다.

제16조(감청의 원기록 등의 청취 및 열람 등) ① 법 제32조 제1항부터 제5항까지의 규정에 따른 감청의 원기록의 청취, 열람 및 그 복제의 작성은 재판소에서 한다. 다만 원기록보관재판관이 필요하다고 인정하는 때에는 그러하지 아니하다.

② 원기록보관재판관은 감청의 원기록의 청취, 열람 및 그 복제의 작성에 대한 일시, 장소 및 시간을 지정할 수 있다.

③ 원기록보관재판관은 감청의 원기록의 청취, 열람 및 그 복제의 작성에 대하여 감청의 원기록의 파기 기타 불법한 행위를 방지하기 위해 필요하다고 인정하는 때에는 재판소서기관 기타 재판소직원을 입회하게 하거나 기타 적당한 조치를 강구하여야 한다.

④ 원기록보관재판관은 감청의 원기록을 청취하게 하거나 열람하게 하는 경우에 필요하다고 인정하는 때에는 그 복제를 청취하게 하거나 열람하게 할 수 있다.

⑤ 법 제31조의 규정에 따른 감청기록의 청취나 열람 또는 그 복제의 작성에 관한 절차 중 재판소가 보관하는 감청기록에 관련된 절차에는 전 각항의 규정을 준용한다.

제17조(감청의 원기록의 보관에 관한 통지) 다음에 열거하는 경우에는 검찰관은 신속하게 각각 그 취지를 당해 감청의 원기록보관재판관에게 통지하여야 한다.

1. 감청이 진행된 사건에 관련된 피의사건에 대하여 공소가 제기된 때 및 당해 피

고사건이 종결된 때

2. 감청이 진행된 사건에 관련된 피고사건 이외의 피고사건에서 감청기록 또는 그 복제등이 증거로서 조사된 때 및 당해 피고사건이 종결된 때

3. 법 제37조에 규정하는 죄에 관련된 피의사건에 대하여 공소가 제기된 때, 당해 피고사건이 종결된 때 및 위 죄에 관련된 피의사건에 대하여 형사소송법(昭和 23년 법률 제131호) 제262조 제1항의 청구가 된 때

제4장 보칙

제18조(형사소송규칙과의 관계) 통신의 감청에 관한 절차는 법 및 이 규칙에 정하는 것 외에는 형사소송규칙에 따른다.

통신감청규칙

제정 平成 12년 국가공안위원회규칙 제13호
개정 平成 31년 4월 26일 국가공안위원회규칙 제6호

제1장 총칙

제 1 조(목적) 이 규칙은 경찰관이 범죄수사를 위한 통신감청에 관한 법률(平成 11년 법률 제137호. 이하 「법」이라고 한다.)의 규정에 따른 통신감청을 할 때에 지켜야 할 방법, 절차 기타 통신감청에 관하여 필요한 사항을 정하는 것을 목적으로 한다.

제 2 조(정의) 법에 정하는 것 외 이 규칙에서 다음 각호에 열거하는 용어의 의의는 당해 각호에 정하는 바에 따른다.

1. 영장기재감청: 법 제3조 제1항의 규정에 따른 감청을 말한다.
2. 스폿감청: 법 제14조 제1항의 규정에 따른 감청을 말한다.
3. 제14조외국어등통신: 법 제14조 제2항에 규정하는 통신을 말한다.
4. 외국어등감청: 법 제14조 제2항의 규정에 따른 감청을 말한다.
5. 타범죄통신: 법 제15조에 규정하는 통신을 말한다.
6. 타범죄감청: 법 제15조의 규정에 따른 감청을 말한다.
7. 영장기재재생: 법 제21조 제3항의 규정에 따른 재생으로서 감청할 통신에 해당하는 통신에 관련된 것을 말한다.
8. 스폿재생: 법 제21조 제3항의 규정에 따른 재생으로서 감청할 통신에 해당하는지가 명확하지 않은 통신에 관련된 것을 말한다.
9. 제21조외국어등통신: 법 제21조 제4항에 규정하는 통신을 말한다.
10. 외국어등재생: 법 제21조 제4항의 규정에 따른 재생을 말한다.
11. 타범죄재생: 법 제21조 제5항의 규정에 따른 재생을 말한다.
12. 감청기록작성용매체: 법 제24조 제1항 후단이나 제26조 제2항의 규정에 따라 기록한 기록매체 또는 법 제25조 제3항의 규정에 따라 작성한 기록매체의 복제를 말한다.
13. 통신기록물등: 감청의 원기록 이외의 감청을 한 통신(법 제21조 제1항 또는 제23조

제4항의 규정에 따라 재생한 통신 및 이들 규정에 따라 복호에 의해 복원된 통신을 포함한다. 이하 이 호에서 같다.)기록을 한 기록매체 및 그 복제 기타 기록의 내용 전부 또는 일부를 그대로 기록한 물건이나 서면 및 감청한 통신의 내용 전부 또는 일부를 요약하여 기재하거나 기록한 물건 또는 서면을 말한다.

제2장 통신감청의 실시절차 등

제3 (영장청구의 절차) ① 감청영상의 청구는 감청의 이유 및 필요 기타 감청영장청구서에 기재할 사항에 대하여 충분히 검토하여 그 검토결과를 순서를 거쳐 경찰본부장(경시총감 또는 도부현경찰본부장을 말한다. 이하 같다.)에게 보고하여 사전에 승인을 받아 하여야 한다.

② 전항의 청구를 할 때에는 감청의 이유 및 필요가 있음을 소명하는 참고인진술조서, 수사보고서 기타 자료 및 감청의 실시방법과 장소 기타 감청영장청구서의 기재사항을 밝히는 자료를 첨부하여 하여야 한다.

③ 법 제4조 제3항의 청구는 당해 청구의 상당성 기타 감청영장청구서에 기재할 사항에 대하여 충분히 검토하여 그 검토결과를 순서를 거쳐 경찰본부장에게 보고하여 사전에 승인을 받아 하여야 한다.

④ 전항의 청구를 할 때에는 당해 청구가 상당함을 소명하는 수사보고서 기타 자료 및 다음에 열거하는 사항(법 제20조 제1항의 허가의 청구를 하는 경우에는 제1호에 열거하는 사항)을 명백하게 하는 자료를 첨부하여 하여야 한다.

1. 통신관리자등에 관한 사항

2. 감청의 실시에 이용하는 것으로 지정하는 특정컴퓨터를 특정할 만한 사항

⑤ 법 제5조 제4항 후단의 신청은 당해 신청의 상당성 기타 감청영장청구서에 기재할 사항에 대하여 충분히 검토하여 그 검토결과를 순서를 거쳐 경찰본부장에 보고하여 사전에 승인을 받아 하여야 한다.

⑥ 전항의 신청을 할 때에는 당해 신청이 상당함을 소명하는 수사보고서 기타 자료 및 다음에 열거하는 사항을 밝히는 자료를 첨부하여 하여야 한다.

1. 지정기간에서의 감청의 실시장소

3. 지정기간 이외의 기간에서의 감청의 실시장소

⑦ 제1항이나 제3항의 청구 또는 제5항의 신청을 할 때에는 당해 청구나 신청을 하려고 하는 지정경찰관(법 제4조 제1항의 규정을 기초로 국가공안위원회 또는 도도부현공안위원회가 지정하는 경시 이상의 경찰관을 말한다. 이하 같다.) 기타 당해 사건의 수사전반의 상황을 파악하고 있는 경찰관이 재판관에게 출두하여 재판관의 요구에 응하여 진

술하거나 서류 기타의 물건을 제시하여야 한다.

제4조(감청할 수 있는 기간의 연장청구의 절차) ① 감청할 수 있는 기간의 연장청구는 연장을 필요로 하는 사유 및 연장을 요구하는 기간에 대하여 충분히 검토하여 그 검토결과를 순서를 거쳐 경찰본부장에게 보고하여 사전에 승인을 받아 하여야 한다.

② 전항의 청구를 할 때에는 필요가 있음을 소명하는 수사보고서 기다 자료를 첨부하여 하여야 한다.

③ 전조 제7항의 규정은 제1항의 청구를 하는 경우에 준용한다.

제5조(수사주임관 등) ① 감청을 진행하는 사건의 수사는 경찰본부장이 수사주임관을 지명하여야 한다.

② 수사주임관은 경찰본부장의 지휘를 받아 감청의 실시, 재생의 실시, 통신기록물 등의 관리 기타 통신감청에 관한 사무를 총괄한다.

③ 경찰본부장은 감청을 실시할 때마다 경부 이상의 경찰관 중에서 감청실시주임관을 지정한다.

④ 감청실시주임관은 수사주임관의 명을 받아 감청의 실시 및 재생의 실시와 이에 부수하는 사무에 종사하는 직원을 지휘 감독한다.

⑤ 경찰본부장은 통신기록물등의 관리에 관한 수사주임관의 직무를 보조하게 하기 위해 경부보 이상의 경찰관 중에서 통신기록물등관리자를 지정한다.

제6조(감청지도관) ① 경찰본부장은 수사의 적정을 확보하기 위한 지도에 관한 사무를 소관하는 경찰본부(경시청 및 도부현경찰본부를 말한다.)의 과(과에 준하는 것을 포함한다.)에 소속된 경부 이상의 경찰관 중에서 감청지도관을 지명한다.

② 감청지도관은 감청의 실시와 재생의 실시 및 이에 부수하는 사무에 종사하는 직원에게 적정한 감청 및 재생의 실시에 필요한 지도교양을 할 수 있다.

③ 감청지도관은 법 제23조 제1항의 규정에 따른 감청의 실시 및 같은 조 제4항의 규정에 따른 재생을 실시할 때에는 경찰통신직원과 상호 긴밀하게 연락하고 협력하여 당해 감청의 실시장소에서 특정컴퓨터의 사용방법에 관한 조언 기타 적정한 감청의 실시 및 재생의 실시에 필요한 조언과 지도를 수행한다.

제7조(특정컴퓨터의 보관 등) ① 특정컴퓨터는 경찰청, 관구경찰국, 도쿄도경찰정보통신부 또는 홋카이도경찰정보통신부에서 보관한다.

② 경찰통신직원은 법 제23조 제1항의 규정에 따른 감청을 실시할 때에는 당해 감청의 실시장소에서 당해 감청의 실시에 이용하기로 지정된 특정컴퓨터의 설치 기타 특정컴퓨터의 적정한 이용의 개시를 위해 필요한 조치를 하여야 한다.

제8조(최소화 등에 관한 지시) ① 감청을 실시(법 제20조 제1항 또는 제23조 제1항 제2호의 규정에 따른 것을 제외한다. 이하 이 항 및 다음 항에서 같다.)할 때에는 경찰본부장은 미

리 다음에 열거하는 사항에 대하여 수사주임관에게 문서로 지시하여야 한다.

1. 제13조 제5항, 제6항 및 제8항의 규정에 따라 경찰본부장이 지정하는 시간

2. 보도의 취재를 위한 통신이 이뤄지고 있다고 인정한 경우에 유의할 사항

3. 전2호에 열거하는 것 외 감청의 실시의 적정을 확보하기 위한 사항

② 수사주임관은 감청을 실시하고 있는 경우에는 감청실시주임관에게 전항의 문서의 사본을 휴대하게 하여야 한다.

③ 전2항의 규정은 재생의 실시에 준용한다. 이 경우에 제1항 제1호 중 「제13조 제5항, 제6항 및 제8항」은 「제14조 제5항, 제6항 및 제8항(같은 조 제9항의 규정에 따라 이들 규정의 예에 따르게 되는 경우를 포함한다.)」으로, 「시간」은 「시간 또는 부분」으로, 같은 항 제2호 중 「보도」는 「재생에 관련된 통신이 보도」로, 「이 이뤄지고 있는」은 「에 해당하는」으로 바꿔 읽는 것으로 한다.

제9조(감청영장의 기재사항 엄수) 감청이나 재생을 실시할 때에는 감청영장에 기재되어 있는 감청할 통신, 감청 실시대상으로 할 통신수단, 감청의 실시방법 및 장소, 감청할 수 있는 기간, 감청의 실시에 관한 조건 기타 감청영장에 기재되어 있는 사항을 엄격히 준수하여야 한다.

제10조(감청일지) 감청이나 재생을 실시할 때에는 순차, 법 제27조 제1항 각호나 제2항 각호 또는 제28조 제1항 각호나 제2항 각호에 열거하는 사항 기타 당해 감청이나 재생의 실시상황을 경찰본부장이 정하는 양식의 서면에 기재한다.

제11조(통신사업자등에 대한 배려) ① 감청이나 재생을 실시(법 제23조 제4항의 규정에 따른 것을 제외한다.)할 때에는 통신사업자등의 규모, 전기통신설비의 개요 기타 통신사업자등의 사정을 이해하고 통신사업자등에게 필요한 한도를 넘어 폐를 끼치지 않도록 특히 주의하여야 한다.

② 전기통신설비에 접속하는 감청 또는 재생을 위한 기기는 전기통신설비를 손상시키거나 그 기능에 장해를 주지 않는 것을 사용한다.

제12조(입회) ① 감청을 실시(법 제20조 제1항 또는 제23조 제1항의 규정에 따른 것을 제외한다.)할 때에는 미리 입회인에게 다음에 열거하는 사항을 설명하여야 한다.

1. 법 제13조, 법 제25조 기타 입회인에 관련된 주요한 법령의 규정

2. 감청영장에 기재되어 있는 감청의 실시대상으로 할 통신수단, 감청의 실시방법 및 장소, 감청할 수 있는 기간 및 감청의 실시에 관한 조건

3. 감청을 위한 기기의 개요 및 그 사용방법

4. 제8조 제1항 제1호에 열거하는 사항

5. 법 제25조 제1항의 봉인의 구체적 방법에 관한 사항

6. 전 각호에 열거하는 것 외에 입회인이 적절한 입회를 하기 위해 참고할 사항

② 법 제13조 제2항의 규정에 따라 입회인의 의견이 진술된 때에는 이를 감안하여 필요에 응하여 감청의 실시의 적정을 확보하기 위한 조치를 강구하여야 한다.

③ 전항에 규정하는 경우에는 입회인에게 의견서 제출을 요구하여야 한다.

④ 입회를 하고 있던 기간 중에 입회인의 의견이 진술되지 않은 때에는 입회인에게 그 취지를 기재한 의견서 제출을 요구하여야 한다.

⑤ 전 각항의 규정은 법 제21조 제1항의 규정에 따른 재생의 실시에 준용한다. 이 경우에 제1항 제1호 중「법 제13조」는「법 제21조 제1항에서 준용하는 법 제13조」로, 같은 항 제3호 중「감청」은「재생」으로, 같은 항 제4호 중「제8조 제1항 제1호」는「제8조 제3항에서 바꿔 읽어 준용하는 같은 조 제1항 제1호」로, 같은 항 제5호 중「법 제25조 제1항」은「법 제25조 제2항」으로, 제2항 중「법 제13조 제2항」은「법 제21조 제1항에서 준용하는 법 제13조 제2항」으로 바꿔 읽는 것으로 한다.

제13조(스폿감청) ① 스폿감청은 스폿감청의 개시시로부터 미리 설정한 시간이 경과하면 자동적으로 스폿감청이 중단되는 기능, 스폿감청을 하고 있는 취지를 표시하는 기능 기타 스폿감청의 적정을 확보하기 위한 기능을 보유하는 기기를 이용하여 진행한다.

② 스폿감청을 할 때에는 범죄의 조직적 배경, 이미 감청한 통신의 내용 기타 스폿감청을 하고 있는 통신의 해당성 판단에 도움이 되는 사항을 고려하여야 한다.

③ 감청의 실시개시시에 현재 통화가 이뤄지고 있는 때 또는 감청의 실시 사이에 통화가 개시된 때에는 스폿감청을 개시한다.

④ 스폿감청을 하고 있는 경우에 다음 각호에 열거하는 통신이 이뤄지고 있다고 인정하기에 이른 때에는 스폿감청을 종료하고 각각 당해 각호에 정하는 감청을 개시한다.

1. 감청할 통신에 해당함이 명백한 통신: 영장기재감청

2. 제14조외국어등통신: 외국어등감청

3. 타범죄통신: 타범죄감청

⑤ 스폿감청을 개시한 경우에는 전항의 규정에 따라 같은 항 각호에 정하는 감청을 개시하거나 제7항의 규정에 따라 스폿감청을 종료한 때를 제외하고 스폿감청의 개시시로부터 미리 경찰본부장이 지정한 시간 내에 스폿감청을 중단하여야 한다.

⑥ 전항의 규정에 따라 스폿감청을 중단한 시점에서부터 미리 경찰본부장이 지정한 시간이 경과한 후에 당해 스폿감청을 중단한 시점에서 실제로 이뤄지고 있던 통화와 동일한 통화가 진행되고 있고 감청할 통신에 해당하는지를 판단하기 위해 필요하다고 인정하는 때에는 스폿감청을 개시한다.

⑦ 스폿감청을 하고 있는 경우에 제4항 각호의 어느 하나에도 해당하지 아니하는

통신으로서 감청할 통신에 해당하지 아니함이 명백한 것이 이뤄지고 있다고 인정하기에 이른 때에는 곧바로 스폿감청을 종료하여야 한다.

⑧ 전항의 규정에 따라 스폿감청을 종료한 때 또는 제15조 제2항의 규정에 따라 감청을 종료한 때에 실제로 이뤄지고 있던 통화가 감청의 종료시로부터 미리 경찰본부장이 지정한 시간을 초과하여 계속되고 당해 감청의 종료시에서의 통신과 내용이 다른 통신이 이뤄지고 있지 않은지를 확인하기 위해 필요하다고 인정하는 때에는 스폿감청을 개시한다.

제14조(스폿재생) ① 스폿재생은 스폿재생의 개시시로부터 미리 설정된 시간이 경과하거나 스폿재생을 개시한 부분에서부터 미리 설정한 부분까지의 범위를 표시하면 자동적으로 스폿재생이 중단되는 기능, 스폿재생을 하고 있는 취지를 표시하는 기능 기타 스폿재생의 적정을 확보하기 위한 기능을 보유하는 기기를 이용하여 한다.

② 스폿재생을 할 때에는 범죄의 조직적 배경, 이미 재생된 통신의 내용 기타 스폿재생을 하고 있는 통신의 해당성 판단에 도움이 되는 사항을 고려하여야 한다.

③ 재생을 실시한 때에는 통화마다 스폿재생을 개시한다.

④ 스폿재생을 하고 있는 경우에 당해 스폿재생에 관련된 통신이 다음 각호에 열거하는 통신의 어느 하나에 해당한다고 인정하기에 이른 때에는 스폿재생을 종료하고 각각 당해 각호에 정하는 재생을 개시한다.

1. 감청할 통신에 해당하는 것이 명백한 통신: 영장기재재생

2. 제21조외국어등통신: 외국어등재생

3. 타범죄통신: 타범죄재생

⑤ 스폿재생을 개시한 경우에는 전항의 규정에 따라 같은 항 각호에 정하는 재생을 개시하거나 제7항의 규정에 따라 스폿재생을 종료한 때를 제외하고 스폿재생의 개시시로부터 미리 경찰본부장이 지정한 시간 내 또는 스폿재생을 개시한 부분에서부터 미리 경찰본부장이 지정한 부분까지의 범위 내에 스폿재생을 중단하여야 한다.

⑥ 전항의 규정에 따라 스폿재생을 중단한 시점에서부터 미리 경찰본부장이 지정한 시간이 경과한 후 또는 같은 항의 규정에 따라 스폿재생을 중단한 부분에서부터 미리 경찰본부장이 지정한 부분까지의 범위를 통신의 내용을 알 수 없는 상태로 표시한 후에 당해 스폿재생을 중단한 시점 또는 부분에서의 당해 스폿재생에 관련된 통신과 동일한 통화의 기회에 행하여진 통신에 대하여 법 제20조 제1항의 규정에 따라 일시적 보존된 암호화신호로서 법 제21조 제1항의 규정에 따라 복호되어 있지 않은 것이 있고 감청할 통신에 해당하는지를 판단하기 위해 필요하다고 인정하는 때에는 스폿재생을 개시한다.

⑦ 스폿재생을 하고 있는 경우에 당해 스폿재생에 관련된 통신이 제4항 각호의 어느

하나에도 해당하지 아니하는 통신으로서 감청할 통신에 해당하지 아니함이 명백한 것에 해당한다고 인정하기에 이른 때에는 곧바로 스폿재생을 종료하여야 한다.

⑧ 전항의 규정에 따라 스폿재생을 종료한 때 또는 다음 조 제3항에서 바꿔 읽어 준용하는 같은 조 제2항의 규정에 따라 재생을 종료한 때에 당해 재생에 관련된 통신과 동일한 통화의 기회에 이뤄진 통신에 대하여 재생의 종료시로부터 미리 경찰본부장이 지정한 시간이 경과한 후 또는 재생을 종료한 부분에서부터 미리 경찰본부장이 지정한 부분까지의 범위를 통신의 내용을 알 수 없는 상태로 표시한 후에도 법 제20조 제1항의 규정에 따라 일시적 보존된 암호화신호로서 법 제21조 제1항의 규정에 따라 복호되지 않은 것이 있고 당해 재생의 종료시에서의 통신과 내용이 다른 통신이 이뤄지고 있지 않았는지를 확인하기 위해 필요하다고 인정하는 때에는 스폿재생을 개시한다.

⑨ 법 제23조 제4항의 규정에 따라 그 예에 따르는 것으로 된 법 제21조 제3항의 규정에 따른 재생으로서 감청할 통신에 해당하는지가 명백하지 아니한 통신에 관련된 것은 전 각항의 규정의 예에 따른다.

제15조(영장기재감청 등) ① 제13조 제4항 각호의 어느 하나에 정하는 감청을 하고 있는 경우에 당해 각호에 열거하는 통신 이외의 통신으로서 같은 항 각호의 어느 하나에 열거하는 것이 이뤄지고 있다고 인정하기에 이른 때에는 당해 감청을 종료하고 각각 당해 각호에 정하는 감청을 개시한다.

② 제13조 제4항 각호의 어느 하나에 정하는 감청을 하고 있는 경우에 같은 항 각호의 어느 하나에도 해당하지 아니하는 통신으로서 감청할 통신에 해당하는지 명백하지 아니한 것이 이뤄지고 있다고 인정하기에 이른 때에는 곧바로 당해 감청을 종료하고 스폿감청을 개시하고, 같은 항 각호의 어느 하나에도 해당하지 아니하는 통신으로서 감청할 통신에 해당하지 아니함이 명백한 것이 이뤄지고 있다고 인정하기에 이른 때에는 곧바로 감청을 종료하여야 한다.

③ 전2항의 규정은 전조 제4항 각호(같은 조 제9항의 규정에 따라 그 예에 따르게 되는 경우를 포함한다.)의 어느 하나에 정하는 재생을 하고 있는 경우에 준용한다. 이 경우에 전2항 중 「에」는 「에 당해 재생에 관련된 통신이」로, 「이 이뤄지고 있는」은 「에 해당」으로, 전항 중 「스폿감청」은 「스폿재생」으로, 「하고,」는 「하고, 당해 재생에 관련된 통신이」로 바꿔 읽는 것으로 한다.

제16조(외국어등통신에 대한 해당성 판단) ① 법 제14조 제2항 후단 또는 제21조 제4항 후단(법 제23조 제4항의 규정에 따라 그 예에 따르게 되는 경우를 포함한다.)의 규정에 따라 감청할 통신에 해당하는지의 판단을 위해 하는 번역, 복호 또는 복원 및 번역, 복호 또는 복원된 통신의 내용의 청취나 열람은 필요최소한도의 범위에서 진행하

도록 하여야 한다.

② 제14조외국어등통신 또는 제21조외국어등통신으로서 감청의 실시(법 제23조 제1항의 규정에 따른 것을 제외한다.)장소(지정기간 이외의 기간에서의 감청의 실시장소가 정하여져 있는 때에는 그 장소)에서 그 내용을 용이하게 복원할 수 있는 방법을 이용하여 진행된 것에 대하여는 당해 장소의 상황을 고려하여 적당하다고 인정하는 때에는 당해 장소에서 입회인이 입회하게 하여 전항의 복원이나 열람, 법 제14조 제2항 후단 또는 제21조 제4항 후단의 규정에 따라 감청할 통신에 해당하는지의 판단 또는 감청기록의 작성을 선행하여야 한다.

③ 제1항의 번역, 복호 또는 복원의 촉탁을 하는 경우는 당해 촉탁을 받은 자가 통신의 비밀을 부당하게 해치는 일이 없고 수사에 방해되지 아니하도록 하기 위한 조치를 강구하여야 한다.

④ 제1항의 번역, 복호 또는 복원 및 청취나 열람을 할 때에는 이를 진행하는 자의 이름, 이들이 진행된 연월일, 감청 또는 재생된 통신 중 이들이 진행된 부분 기타 이들이 진행된 상황을 명백하게 하기 위해 필요한 사항을 서면에 기록해 두어야 한다.

제17조(상대방의 전화번호 등의 탐지 등) 법 제17조 제3항 또는 제20조 제4항(법 제23조 제1항에서 준용하는 경우를 포함한다.)의 규정에 따른 요청은 당해 요청에 관련된 통신을 특정하기 위해 필요한 사항을 고지하여 한다.

제3장 통신감청의 기록 등

제18조(감청의 원기록용매체에의 서명 등) ① 법 제25조 제1항 또는 제2항의 규정에 따라 기록매체의 봉인을 요구할 때에는 미리 당해 기록매체의 외면에 당해 기록매체에 대한 기록을 종료한 연월일시분 및 그것이 법 제24조 제1항 전단의 규정에 따라 기록을 한 기록매체라는 취지를 기재하여 서명날인하여야 한다.

② 법 제26조 제1항의 규정에 따른 기록을 종료한 때에는 곧바로 당해 기록을 한 기록매체의 외면에 당해 기록을 종료한 연월일시분 및 그것이 같은 항의 규정에 따라 기록을 한 기록매체라는 취지를 기재하여 서명날인하여야 한다.

③ 범죄수사를 위한 통신감청에 관한 규칙(平成 12년 최고재판소규칙 제6호. 이하 「최고재판소규칙」이라고 한다.) 제9조에 규정하는 서면의 양식은 별지양식 제1호에 따른다.

제19조(감청기록용 복제의 작성) 법 제25조 제3항의 규정에 따른 복제의 작성은 감청의 실시장소(지정기간 이외의 기간에서의 감청의 실시장소가 정하여져 있는 때에는 그 장소)에서 입회인의 입회를 얻어 진행하여야 한다.

제20조(감청기록작성용 매체에의 서명 등) 법 제24조 제1항 후단이나 제26조 제2항의

규정에 따른 기록 또는 법 제25조 제3항의 규정에 따른 복제의 작성이 종료된 때에는 곧바로 감청기록작성용매체의 외면에 당해 기록 또는 작성이 종료한 연월일시분 및 그것이 감청기록작성용매체라는 취지를 기재하여 서명날인하여야 한다.

제21조(감청의 실시상황을 기재한 서면 등의 제출) ① 법 제27조 제1항 또는 제28조 제1항에 규정하는 서면의 양식은 별지양시 제2호에 따른다.

② 법 제27조 제2항 또는 제28조 제2항에 규정하는 서면의 양식은 별지양식 제3호에 따른다.

③ 제1항의 서면을 재판관에게 제출할 때에는 제12조 제3항 또는 제4항(같은 조 제5항에서 이들 규정을 준용하는 경우를 포함한다.)의 의견서를 첨부하게 하여야 한다.

④ 감청이나 재생의 실시 동안 외국어등감청 또는 외국어등재생(법 제23조 제4항의 규정에 따라 그 예에 따르게 되는 법 제21조 제4항의 규정에 따른 재생을 포함한다.)을 한 경우에 당해 감청이나 재생의 실시에 관한 제1항 또는 제2항의 서면을 재판관에게 제출한 후에 당해 외국어등감청 또는 외국어등재생을 한 통신이 타범죄통신에 해당한다고 인정되는 때에 당해 타범죄통신에 해당한다고 인정되는 통신에 대하여 법 제27조 제1항이나 제2항 또는 제28조 제1항이나 제2항의 규정에 따라 제출하여야 하는 서면의 양식은 별지양식 제4호에 따른다.

제22조(감청조서) 감청을 실시한 때에는 그 상황(재생을 실시한 때에는 감청의 실시 및 재생의 실시상황)을 명백히 한 감청조서를 작성하여야 한다.

제23조(감청기록의 작성) ① 감청기록의 작성은 감청기록작성용매체에 기록되어 있는 통신 중 법 제29조 제3항 각호 또는 제4항 각호에 열거하는 통신기록을 당해 감청기록작성용매체에 남기고 그 이외의 통신기록을 소거하여 한다.

② 감청기록을 작성한 경우에 다른 통신기록물등이 있는 때에는 수사주임관은 통신기록물등관리자에게 그 기록 전부를 소거하게 하여야 한다. 다만, 당해 통신기록물등이 감청기록에 기록된 통신내용의 전부 또는 일부를 요약하여 기재한 수사서류로서 감청기록을 작성하기 전에 한 수사의 경과를 보여주기 위해 특히 필요한 것인 경우에는 그러하지 아니하다.

③ 감청기록으로부터 기록을 소거한 때에는 수사주임관은 통신기록물등관리자에게 통신기록물등의 당해 기록에 관련된 부분의 기록 전부를 소거하게 하여야 한다.

④ 법 제27조 제1항이나 제2항 또는 제28조 제1항 또는 제2항의 규정에 따라 서면을 재판관에게 제출한 후에 감청기록에서 기록을 소거한 때에는 신속하게 통신기록소거통지서(별지양식 제5호)에 의해 당해 재판관에게 통지하여야 한다.

제24조(통신기록물등의 작성 등) ① 통신기록물등의 작성은 필요최소한도의 범위에 그쳐야 한다.

② 기록매체에 대한 법 제24조 제1항 후단 또는 제26조 제2항의 규정에 따른 기록, 법 제25조 제3항의 규정에 따른 복제의 작성, 감청기록의 작성 기타 통신기록물등의 작성이 종료한 때에는 신속하게 기록매체작성조서, 복제등작성조서, 감청기록작성조서 기타 통신기록물등의 작성상황을 분명히 한 서류를 작성함과 동시에 그 취지를 통신기록물등관리자에게 통지하여야 한다.

③ 통신기록물등관리자는 경찰본부장이 정하는 양식의 부책(簿冊)에 따라 통신기록물등의 작성, 보관 및 출납상황, 그 기록의 소거상황 기타 적정한 관리를 위해 필요한 사항을 명백하게 하여 두어야 한다.

④ 통신기록물등이 형사절차에서 사용할 필요가 없게 된 때에는 수사주임관은 신속하게 통신기록물등관리자에게 그 기록 전부를 소거하게 하여야 한다.

제25조(통신 당사자에 대한 통지) ① 법 제30조 제1항의 서면의 양식은 별지양식 제6호에 따른다.

② 최고재판소규칙 제13조의 서면의 양식은 별지양식 제7호에 따른다.

제26조(통지를 발송하여야 하는 기간의 연장) ① 법 제30조 제2항 단서(같은 조 제3항 후단에서 준용하는 경우를 포함한다.)의 규정에 따른 청구는 지정경찰관이 한다.

② 전항의 청구는 순서를 거쳐 경찰본부장에게 보고하고 사전에 승인을 받아 하여야 한다.

③ 제1항의 청구는 통지기간연장청구서(별지양식 제8호)에 의해 하여야 한다.

④ 제1항의 청구를 할 때에는 통지에 의해 수사가 방해받을 우려가 있음을 소명하는 수사보고서 기타 자료를 첨부하여 하여야 한다.

제27조(경찰관이 보관하는 감청기록의 청취 및 열람등) ① 경찰관이 보관하는 감청기록에 관련된 법 제31조의 규정에 따른 청취, 열람이나 복제의 작성을 할 때에는 당해 감청기록에 관하여 청취, 열람이나 복제를 작성하려고 하는 자가 법 제30조 제1항의 통지를 받은 통신 당사자인 것을 확인하여야 한다.

② 전항의 청취, 열람 또는 복제의 작성은 필요한 준비를 갖춘 후에 경찰시설에서 경찰직원을 입회하게 하고 기타 소요조치를 강구하여 하도록 하여야 한다.

제28조(감청의 원기록의 청취 및 열람등의 청구) ① 법 제32조 제3항의 규정에 따른 청취, 열람 또는 복제의 작성의 청구는 지정경찰관이 한다.

② 전항의 청구는 순서를 거쳐 경찰본부장에게 보고하고 사전에 승인을 받아 하여야 한다.

③ 제1항의 청구는 감청의 원기록청취등청구서(별지양식 제9호)에 따라 하여야 한다.

④ 제1항의 청구를 할 때에는 법 제32조 제3항에 규정하는 청취, 열람 또는 복제의 작성이 이유 있음을 소명하는 수사보고서 기타 자료를 첨부하여야 한다.

제4장 보칙

제29조(통신감청절차부) 다음 각호에 열거하는 조치를 집행한 경우에는 통신감청절차부(별지양식 제10호)에 따라 그 절차 등을 명백하게 하여 두어야 한다.

1. 감청영장의 청구
2. 감청처분의 착수
3. 감청할 수 있는 기간의 연장의 청구
4. 법 제25조 제4항 또는 제26조 제4항의 규정에 따른 기록매체의 제출
5. 법 제27조 제1항이나 제2항 또는 제28조 제1항이나 제2항의 규정에 따른 서면의 제출
6. 감청기록의 작성
7. 법 제30조의 규정에 따른 통지
8. 법 제30조 제2항 단서(같은 조 제3항 후단에서 준용하는 경우를 포함한다.)의 규정에 따른 청구
9. 법 제31조의 규정에 따라 통신 당사자에게 감청기록의 청취 및 열람등을 하게 한 것
10. 법 제32조 제3항의 규정에 따른 청구

부 칙 〈생 략〉

별지양식 1 ~ 10 〈생 략〉

조직적인 범죄의 처벌 및 범죄수익의 규제 등에 관한 법률

제정 平成 11년 법률 제136호

개정 令和 원년 12월 4일 법률 제63호

제1장 총칙

제 1 조(목적) 이 법률은 조직적인 범죄가 평온하고 건전한 사회생활을 현저하게 해치고 범죄에 의한 수익이 이런 종류의 범죄를 조장함과 동시에 이를 이용한 사업활동에의 간섭이 건전한 경제활동에 중대한 악영향을 줌을 감안하고, 아울러 국제적인 조직범죄의 방지에 관한 국제연합조약을 실시하기 위해 조직적으로 이뤄진 살인 등의 행위에 대한 처벌을 강화하고 범죄에 의한 수익의 은닉, 수수 및 이를 이용한 법인 등의 사업경영의 지배를 목적으로 하는 행위를 처벌함과 동시에 범죄에 의한 수익에 관련된 몰수 및 추징의 특례 등을 정하는 것을 목적으로 한다.

제 2 조(정의) 이 법률에서 「단체」는 공동의 목적을 가진 다수인의 계속적 연합체로 그 목적 또는 의사를 실현하는 행위의 전부 또는 일부가 조직(지휘명령에 기초하여 미리 정해진 임무의 분담에 따라 구성원이 일체로서 행동하는 사람의 결합체를 말한다. 이하 같다.)에 의해 반복하여 이뤄지는 것을 말한다.

② 이 법률에서 「범죄수익」이란 다음에 열거하는 재산을 말한다.

1. 재산상의 부정한 이익을 얻을 목적으로 범한 다음에 열거하는 죄의 범죄행위(일본국 외에서 한 행위로서 당해 행위가 일본국 내에서 이뤄졌다면 이 죄에 해당하고 당해 행위지의 법령에 따라 죄에 해당하는 것을 포함한다.)로 발생하거나 당해 범죄행위로 취득한 재산 또는 당해 범죄행위의 보수로서 취득한 재산

ｲ 사형, 무기 또는 장기 4년 이상의 징역 또는 금고의 형이 정해져 있는 죄[ㅁ에 열거하는 죄 및 국제적인 협력 아래 규제약물에 관련된 부정행위를 조장하는 행위 등의 방지를 도모하기 위한 마약 및 향정신약단속법 등의 특례 등에 관한 법률(平成

3년 법률 제94호. 이하「마약특례법」이라고 한다.)제2조 제2항[51] 각호에 열거하는 죄를
제외한다.]

ㅁ 별표 제1(제3호를 제외한다.) 또는 별표 제2에 열거하는 죄

2. 다음에 열거하는 죄의 범죄행위(일본국 외에서 한 행위로서 당해 행위가 일본국 내에서
이뤄졌다면 ㅓ, ㅁ 또는 ㄷ에 열거하는 죄에 해당하고 당해 행위지의 법령에 따라 죄에 해당하는
것을 포함한다.)에 의해 제공된 자금

ㅓ 각성제단속법(昭和 26년 법률 제252호) 제41조의10[52](각성제원료의 수입 등에 관련된
자금 등의 제공 등)의 죄

ㅁ 매춘방지법(昭和 31년 법률 제118호) 제13조(자금 등의 제공)의 죄

ㅅ 총포도검류 소지 등 단속법(昭和 33년 법률 제6호) 제31조의13(자금 등의 제공)의 죄

ㄷ 사린 등에 의한 인신피해 방지에 관한 법률(平成 7년 법률 제78호) 제7조(자금 등의
제공)의 죄

3. 다음에 열거하는 죄의 범죄행위(일본국 외에서 한 행위로서 당해 행위가 일본국 내에서
이뤄졌다면 이 죄에 해당하고 당해 행위지의 법령에 따라 죄에 해당하는 것을 포함한다.)에 의
해 공여된 재산

ㅓ 제7조의2(증인 등 매수)의 죄

ㅁ 부정경쟁방지법(平成 5년 법률 제47호) 제18조 제1항의 위반행위에 관련된 같은
법 제21조 제2항 제7호(외국공무원 등에 대한 부정한 이익의 공여 등)의 죄

4. 공중 등 협박 목적의 범죄행위를 위한 자금 등의 제공 등의 처벌에 관한 법률(平
成 14년 법률 제67호) 제3조 제1항 또는 제2항 전단, 제4조 제1항이나 제5조 제1항(자
금 등의 제공)의 죄 또는 이들 죄의 미수범의 범죄행위(일본국 외에서 한 행위로서 당해
행위가 일본국 내에서 이뤄졌다면 이들 죄에 해당하고 당해 행위지의 법령에 따라 죄에 해당하는

---

51) 일본국 마약특례법 제2조(정의) ① (생 략)
② 이 법률에서「약물범죄」란 다음에 열거하는 죄를 말한다.
1. 제5조, 제8조 또는 제9조의 죄
2. 마약 및 향정신약단속법 제64조, 제64조의2, 제65조, 제66조, 제66조의3, 제66조의4, 제68조의2 또는
제69조의5의 죄
3. 대마단속법 제24조, 제24조의 2 또는 제24조의7의 죄
4. 아편법 제51조, 제52조 또는 제54조의3의 죄
5. 각성제단속법 제41조, 제41조의2 또는 제41조의11의 죄
6. 마약 및 향정신약단속법 제67조 또는 제69조의2, 대마단속법 제24조의4, 아편법 제53조 또는 각성제
단속법 제41조의6의 죄
7. 마약 및 향정신약단속법 제68조 또는 제69조의4, 대마단속법 제24조의6, 아편법 제54조의2 또는 각
성제단속법 제41조의9의 죄
③ ~ ⑤ (생 략)
52) 일본국 각성제단속법 제41조의10(벌칙) 정을 알면서 제41조의3 제1항 제3호, 제4호 또는 제2항(같은 조
제1항 제3호 또는 제4호에 관련된 부분에 한한다.)의 죄에 해당하는 행위에 요하는 자금, 토지, 건물, 선
박, 항공기, 차량, 설비, 기계, 도구 또는 원재료를 제공하거나 운반한 자는 5년 이하의 징역에 처한다.
※ 이 호에서 인용되는 다른 개별 법령상의 죄도 규정 형식이 유사함.

것을 포함한다.)에 의해 제공되거나 제공하려고 한 재산

5. 제6조의2 제1항 또는 제2항(테러리즘집단 기타 조직적범죄집단에 의한 실행준비행위를 수반하는 중대범죄수행의 계획)의 죄의 범죄행위인 계획(일본국 외에서 한 행위로서 당해 행위가 일본국 내에서 행하여졌다면 당해 죄에 해당하고 당해 행위지의 법령에 의한 죄에 해당하는 것을 포함한다.)을 한 자가 계획을 한 범죄의 실행을 위한 자금으로서 시용힐 목직으로 취득한 재산

③ 이 법률에서 「범죄수익에서 유래하는 재산」이란 범죄수익의 결과로서 취득한 재산, 범죄수익의 대가로서 취득한 재산, 이들 재산의 대가로서 취득한 재산 기타 범죄수익의 보유 또는 처분에 기초하여 취득한 재산을 말한다.

④ 이 법률에서 「범죄수익등」이란 범죄수익, 범죄수익에서 유래하는 재산 또는 이들 재산과 이들 재산 이외의 재산이 혼화된 재산을 말한다.

⑤ 이 법률에서 「약물범죄수익」이란 마약특례법 제2조 제3항53)에 규정하는 약물범죄수익을 말한다.

⑥ 이 법률에서 「약물범죄수익에서 유래하는 재산」이란 마약특례법 제2조 제4항에 규정하는 약물범죄수익에서 유래하는 재산을 말한다.

⑦ 이 법률에서 「약물범죄수익등」이란 마약특례법 제2조 제5항54)에 규정하는 약물범죄수익등을 말한다.

제2장 조직적인 범죄의 처벌 및 범죄수익의 몰수 등

제3조(조직적인 살인 등) ① 다음 각호에 열거하는 죄에 해당하는 행위가 단체의 활동(단체의 의사결정에 기초한 행위로서 그 효과 또는 이에 의한 이익이 당해 단체에 귀속되는 것을 말한다. 이하 같다.)으로서 당해 죄에 해당하는 행위를 실행하기 위한 조직에 의해 이뤄진 때에는 그 죄를 범한 자는 당해 각호에 정하는 형에 처한다.

1. 형법(明治 40년 법률 제45호) 제96조(봉인 등 파기)의 죄 : 5년 이하의 징역 또는 5백만엔 이하의 벌금 또는 이들의 병과

2. 형법 제96조의2(강제집행방해목적 재산손괴등)의 죄: 5년 이하의 징역 또는 5백만엔 이하의 벌금 또는 이들의 병과

---

53) 일본국 마약특례법 제2조(정의) ① ~ ④ (생 략)
   ⑤ 이 법률에서 「약물범죄수익등」이란 약물범죄수익, 약물범죄수익에서 유래하는 재산 또는 이들 재산과 이들 재산 이외의 재산이 혼화된 재산을 말한다.
54) 일본국 마약특례법 제2조(정의) ① ~ ② (생 략)
   ③ 이 법률에서 「약물범죄수익」이란 약물범죄의 범죄행위로 취득한 재산 또는 당해 범죄행위의 보수로서 취득한 재산이나 전항 제7호에 열거하는 죄에 관련된 자금을 말한다.
   ④ ~ ⑤ (생 략)

3. 형법 제96조의2(강제집행행위방해등)의 죄: 5년 이하의 징역 또는 5백만엔 이하의 벌금 또는 이들의 병과

4. 형법 제96조의4(강제집행관계매각방해)의 죄: 5년 이하의 징역 또는 5백만엔 이하의 벌금 또는 이들의 병과

5. 형법 제186조 제1항(상습도박)의 죄: 5년 이하의 징역

6. 형법 제186조 제2항(도박장개장 등 이익 도모)의 죄: 3월 이상 7년 이하의 징역

7. 형법 제199조(살인)의 죄: 사형, 무기 또는 6년 이상의 징역

8. 형법 제220조(체포 및 감금)의 죄: 3월 이상 10년 이하의 징역

9. 형법 제223조 제1항 또는 제2항(강요)의 죄: 5년 이하의 징역

10. 형법 제225조의2(몸값목적약취등)의 죄: 무기 또는 5년 이상의 징역

11. 형법 제233조(신용훼손 및 업무방해)의 죄: 5년 이하의 징역 또는 50만엔 이하의 벌금

12. 형법 제234조(위력업무방해)의 죄: 5년 이하의 징역 또는 50만엔 이하의 벌금

13. 형법 제246조(사기)의 죄: 1년 이상의 유기징역

14. 형법 제249조(공갈)의 죄: 1년 이상의 유기징역

15. 형법 제260조 전단(건조물 등 손괴)의 죄: 7년 이하의 징역

② 단체에 부정권익(단체의 위력에 기초하여 일정한 지역 또는 분야에서의 지배력으로서 당해 단체의 구성원에 의해 범죄 기타 부정한 행위로 당해 단체 또는 그 구성원이 계속적으로 이익을 얻는 것을 용이하게 하는 것을 말한다. 이하 이 항 및 제6조의2 제2항에서 같다.)을 취득하게 하거나 단체의 부정권익을 유지 또는 확대할 목적으로 전항 각호(제5호, 제6호 및 제13호를 제외한다.)에 열거하는 죄를 범한 자도 같은 항과 같다.

제 4 조(미수범) 전조 제1항 제7호, 제9호, 제10호(형법 제225조의2 제1항에 관련된 부분에 한한다.), 제13호 및 제14호에 열거하는 죄에 관련된 전조의 죄의 미수범은 처벌한다.

제 5 조(조직적인 몸값목적약취 등에서의 해방에 의한 형의 감경) 제3조 제1항 제10호에 열거하는 죄에 관련된 같은 조의 죄를 범한 자가 공소가 제기되기 전에 약취 또는 유괴된 자를 안전한 장소에 해방한 때에는 그 형을 감경한다.

제 6 조(조직적인 살인 등의 예비) ① 다음 각호에 열거하는 죄로 이에 해당하는 행위가 단체의 활동으로서 당해 행위를 실행하기 위한 조직에 의해 이뤄지는 것을 범할 목적으로 그 예비를 한 자는 당해 각호에 정하는 형에 처한다. 다만 실행에 착수하기 전에 자수한 자는 그 형을 감경 또는 면제한다.

1. 형법 제199조(살인)의 죄: 5년 이하의 징역

2. 형법 제225조(영리목적 등 약취 및 유괴)의 죄(영리목적에 의한 것에 한한다.): 2년 이하의 징역

② 제3조 제2항에 규정하는 목적으로 전항 각호에 열거하는 죄의 예비를 한 자도 같은 항과 같다.

제 6 조의2(테러리즘 집단 기타 조직적범죄집단에 의한 실행준비행위를 수반하는 중대 범죄수행의 계획) ① 다음 각호에 열거하는 죄에 해당하는 행위로 테러리즘집단 기타 조직적범죄집단(단체 중 그 결합관계의 기초로서의 공동의 목적이 별표 제3에 열거하는 죄를 실행하는 데에 있는 것을 말한다. 다음 항에서 같다.)의 단체활동으로서 당해 행위를 실행하기 위한 조직에 의해 이뤄진 것의 수행을 2인 이상으로서 계획한 자는 그 계획을 한 자의 어느 하나에 의해 그 계획에 기초한 자금 또는 물품의 수배, 관계 장소의 물색 기타 계획한 범죄를 실행하기 위한 준비행위가 이뤄진 때에는 당해 각호에 정하는 형에 처한다. 다만 실행에 착수하기 전에 자수한 자는 그 형을 감경 또는 면제한다.

1. 별표 제4에 열거하는 죄 중 사형, 무기 또는 장기 10년을 초과하는 징역 또는 금고의 형이 정해져 있는 것: 5년 이하의 징역 또는 금고

2. 별표 제4에 열거하는 죄 중 장기 4년 이상 10년 이하의 징역 또는 금고의 형이 정해져 있는 것: 2년 이하의 징역 또는 금고

② 전항 각호에 열거하는 죄에 해당하는 행위로 테러리즘집단 기타 조직적범죄집단에게 부정권익을 얻게 하거나 테러리즘집단 기타 조직적범죄집단의 부정권익을 유지 또는 확대할 목적으로 이뤄진 것의 수행을 2인 이상으로서 계획한 자도 그 계획을 한 자의 어느 하나에 의해 그 계획에 기초한 자금 또는 물품의 수배, 관계 장소의 물색 기타 계획한 범죄를 실행하기 위한 준비행위가 이뤄진 때에는 전항과 같다.

③ 별표 제4에 열거하는 죄 중 고소가 없으면 공소를 제기할 수 없는 죄에 관련된 전2항의 죄는 고소가 없으면 공소를 제기할 수 없다.

④ 제1항 및 제2항의 죄에 관련된 사건에 대하여 형사소송법(昭和 23년 법률 제131호) 제198조 제1항의 규정에 따른 조사 기타 수사를 진행할 때에는 그 적정의 확보에 충분히 배려하여야 한다.

제 7 조(조직적인 범죄에 관련된 범인은닉 등) ① 금고 이상의 형이 정해져 있는 죄에 해당하는 행위가 단체의 활동으로서 당해 행위를 실행하기 위한 조직에 의해 이뤄진 경우에 다음 각호에 열거하는 자는 당해 각호에 정하는 형에 처한다.

1. 그 죄를 범한 자를 은닉 또는 도피하게 한 자: 5년 이하의 징역 또는 50만엔 이하의 벌금

2. 그 죄에 관련된 타인의 형사사건에 관한 증거를 인멸, 위조 또는 변조하거나 위조 또는 변조한 증거를 사용한 자: 5년 이하의 징역 또는 5만엔 이하의 벌금

3. 그 죄에 관련된 자기 또는 타인의 형사사건의 수사나 심판에 필요한 지식을 가지고 있다고 인정되는 자 또는 그 친족에 대하여 당해 사건에 관하여 정당한 이유 없이 면회를 강제로 청하거나 강담위박55)행위를 한 자: 5년 이하의 징역 또는 5만엔 이하의 벌금

4. 그 죄에 관련된 피고사건에 관하여 당해 피고사건의 심판에 관련된 직무를 수행하는 재판원이나 보충재판원 또는 이들 직에 있었던 자 또는 그 친족에 대하여 면회, 문서의 송부, 전화를 거는 것 기타 어떠한 방법인지를 묻지 않고 협박행위를 한 자: 3년 이하의 징역 또는 20만엔 이하의 벌금

5. 그 죄에 관련된 피고사건에 관하여 당해 피고사건의 심판에 관련된 직무를 수행하는 재판원 또는 보충재판원의 선임을 위해 선정된 재판원후보자나 당해 재판원 또는 보충재판원의 직무를 수행할 선임예정재판원이나 그 친족에 대하여 면회, 문서의 송부, 전화를 거는 것 기타 어떠한 방법인지를 묻지 않고 협박행위를 한 자: 3년 이하의 징역 또는 20만엔 이하의 벌금

② 금고 이상의 형이 정해져 있는 죄가 제3조 제2항에 규정하는 목적으로 범해진 경우에 전항 각호의 어느 하나에 해당하는 자도 같은 항과 같다.

제7조의2(증인 등 매수) ① 다음에 열거하는 죄에 관련된 자기 또는 타인의 형사사건에 관하여 증언을 하지 아니하거나 허위의 증언을 하는 것 또는 증거를 인멸, 위조하거나 변조하는 것 또는 위조하거나 변조한 증거를 사용하는 것의 보수로서 금전 기타의 이익을 공여하거나 그 신청 또는 약속을 한 자는 2년 이하의 징역 또는 3만엔 이하의 벌금에 처한다

1. 사형, 무기 또는 장기 4년 이상의 징역 또는 금고의 형이 정해져 있는 죄(다음 호에 열거하는 죄를 제외한다.)

2. 별표 제1에 열거하는 죄

② 전항 각호에 열거하는 죄에 해당하는 행위가 단체의 활동으로서 당해 행위를 실행하기 위한 조직에 의해 이뤄진 경우 또는 같은 항 각호에 열거하는 죄가 제3조 제2항에 규정하는 목적으로 범하여진 경우에 전항의 죄를 범한 자는 5년 이하의 징역 또는 5만엔 이하의 벌금에 처한다.

제8조(단체에 속하는 범죄행위조성물건 등의 몰수) 단체의 구성원이 죄(이에 해당하는 행위가 당해 단체의 활동으로서 당해 행위를 실행하기 위한 조직에 의해 이뤄진 것 또는 제3조 제2항에 규정하는 목적으로 이뤄진 것에 한한다.)를 범한 경우 또는 당해 죄를 범할 목적으로 그 예비죄(이에 해당하는 행위가 당해 단체의 활동으로서 당해 행위를 실행하기 위한 조직에 의해 이뤄진 것 및 같은 항에 규정하는 목적으로 이뤄진 것을 제외한다.)를 범한 경우에

---

55) 자기 요구를 따르도록 상대방에게 거칠게 협박하는 것.

당해 범죄행위를 조성하거나 당해 범죄행위의 쓰임에 제공 또는 제공하려고 한 물건이 당해 단체에 속하고 당해 구성원이 관리하는 것인 때에는 형법 제19조 제2항[56] 본문의 규정에 불구하고 그 물건이 당해 단체 및 법인 이외의 자에 속하지 아니하는 경우에 한하여 이를 몰수할 수 있다. 다만 당해 단체에서 당해 물건이 당해 범죄행위를 조성하거나 당해 범죄행위의 쓰임에 제공 또는 제공되려고 하는 것을 방지하는 데 필요한 조치를 강구하고 있었던 때에는 그러하지 아니하다.

제9조(불법수익등에 의한 법인등의 사업경영의 지배를 목적으로 하는 행위) ① 제2조 제2항 제1호나 제3호의 범죄수익 또는 약물범죄수익(마약특례법 제2조 제2항 각호에 열거하는 죄의 범죄행위로 취득한 재산 또는 당해 범죄행위의 보수로서 취득한 재산에 한한다. 제13조 제1항 제3호 및 같은 조 제4항에서 같다.), 이들의 보유 또는 처분에 기초하여 취득한 재산이나 이들 재산과 이들 재산 이외의 재산이 혼화된 재산(이하 「불법수익등」이라고 한다.)을 이용하여 법인등(법인 또는 법인이 아닌 사단 또는 재단을 말한다. 이하 이 조에서 같다.)의 주주등(주주나 사원 또는 발기인 기타 법인등의 설립자를 말한다. 이하 같다.)의 지위를 취득하거나 제3자에게 취득하게 한 자가 당해 법인등 또는 그 자법인의 사업경영을 지배할 목적으로 그 주주 등의 권한 또는 당해 권한에 기초하여 영향력을 행사하거나 당해 제3자에게 행사하게 하여 다음 각호의 어느 하나에 해당하는 행위를 한 때에는 5년 이하의 징역 또는 1천만엔 이하의 벌금에 처하거나 이를 병과한다.
1. 당해 법인등 또는 그 자법인의 사원등(임원, 집행임원, 이사, 관리인 기타 어떠한 명칭인지를 묻지 않고 법인등을 경영하는 관리직에 있는 자를 말한다. 이하 이 조에서 같다.)을 선임 또는 선임하게 하거나, 해임 또는 해임하게 하거나 사임하게 하는 것
2. 당해 법인등 또는 그 자법인을 대표할 사원 등의 지위를 변경하게 하는 것(전호에 해당하는 것을 제외한다.)
② 불법수익등을 이용하여 법인 등에 대한 채권을 취득하거나 제3자에게 취득하게 한 자가 당해 법인등 또는 그 자법인의 사업경영을 지배할 목적으로 당해 채권의 취득 또는 행사에 관하여 다음 각호의 어느 하나에 해당하는 행위를 한 때에도 전항과 같다. 불법수익등을 이용하여 법인 등에 대한 채권을 취득하려고 하거나 제3자에게 취득하게 하려고 하는 자가 당해 법인등 또는 그 자법인의 사업경영을 지배할 목적으로 당해 채권의 취득 또는 행사에 관하여 이들 각호의 어느 하나에 해당하는 행위를 한 경우에 당해 채권을 취득하거나 제3자에게 취득하게 한 때에도 같다.
1. 당해 법인등 또는 그 자법인의 사원등을 선임하게 하거나 해임 또는 사임하게 하는 것

---

56) 일본국 형법 제19조(몰수) ① (생 략)
　② 몰수는 법인 이외의 자에게 속하지 아니하는 물건에 한하여 할 수 있다. 다만 범인 이외의 자에게 속하는 물건이더라도 범죄 후에 그 자가 정을 알면서 취득한 것인 때에는 이를 몰수할 수 있다.

2. 당해 법인등 또는 그 자법인을 대표할 임원 등의 지위를 변경하게 하는 것(전호에 해당하는 것을 제외한다.).

③ 불법수익등을 이용하여 법인 등의 주주 등에 대한 채권을 취득하거나 제3자에게 취득하게 한 자가 당해 법인등 또는 그 자법인의 사업경영을 지배할 목적으로 당해 채권의 취득 또는 행사에 관하여 당해 주주 등에게 그 권한 또는 당해 권한을 기초로 영향력을 행사하게 하여 전항 각호의 어느 하나에 해당하는 행위를 한 때에도 제1항과 같다. 불법수익등을 이용하여 법인 등의 주주 등에 대한 채권을 취득하려고 하거나 제3자에게 취득하게 하려고 하는 자가 당해 법인등 또는 그 자법인이 사업경영을 지배할 목적으로 당해 채권의 취득 또는 행사에 관하여 당해 주주 등에 그 권한 또는 당해 권한을 기초로 영향력을 행사하게 하여 이들 각호의 어느 하나에 해당하는 행위를 한 경우에 당해 채권을 취득 또는 제3자에게 취득하게 한 때에도 같다.

④ 이 조에서 「자(子)법인」이란 하나의 법인등이 주주 등의 의결권[주주총회에서 결의할 수 있는 사항의 전부에 대하여 의결권을 행사할 수 없는 주식에 대한 의결권을 제외하고 회사법(平成 17년 법률 제86호) 제879조 제3항의[57] 규정에 따라 의결권을 가진 것으로 간주되는 주식에 대한 의결권을 포함한다. 이하 이 항에서 같다.]의 총수의 100분의 5를 초과하는 수의 의결권을 보유하는 법인을 말하고, 하나의 법인등 및 그 자법인 또는 하나의 법인 등의 자법인이 주주 등의 의결권의 총수의 100분의 5를 초과하는 수의 의결권을 보유하는 법인은 당해 법인 등의 자법인으로 본다.

제10조(범죄수익등은닉) ① 범죄수익등[공중 등 협박 목적의 범죄행위를 위한 자금 등의 제공 등의 처벌에 관한 법률 제3조 제1항, 제2항 전단, 제4조 제1항 또는 제5조 제1항[58]의 죄의 미수범의 범죄행위(일본국 외에서 한 행위로서 당해 행위가 일본국 내

---

57) 일본국 회사법 제879조(특별청산사건의 관할) ① ~ ② (생 략)
   ③ 전2항의 규정을 적용할 때에는 제308조 제1항의 법무성령으로 정하는 주주는 그가 보유하는 주식에 대하여는 결의권을 가진 것으로 본다.
   ④ (생 략)
   ※ 일본국 회사법 시행규칙 제67조는 위 법무성령으로 정하는 주주는 주식회사(당해 주식회사의 자회사를 포함한다.)가 당해 주식회사의 주주인 회사등의 의결권 총수의 4분의 1 이상을 보유하는 경우에 당해 주주인 자로 규정하고 있음.

58) 일본국 공중 등 협박 목적의 범죄행위를 위한 자금 등의 제공 등의 처벌에 관한 법률 제3조(공중 등 협박목적의 범죄행위를 실행하려고 하는 자 이외의 자에 의한 자금등의 제공 등) ① 공중 등 협박목적의 범죄행위의 실행을 용이하게 할 목적으로 이를 실행하려고 하는 자에게 자금 또는 그 실행에 도움이 되는 기타 이익을 제공한 자는 10년 이하의 징역 또는 1천만엔 이하의 벌금에 처한다.
   ② 공중 등 협박목적의 범죄행위의 실행을 용이하게 할 목적으로 당해 공중 등 협박목적의 범죄행위에 관련된 전항의 죄를 실행하려는 자에게 자금 또는 당해 공중 등 협박목적의 범죄행위의 실행에 도움이 되는 기타 이익을 제공한 자는 7년 이하의 징역 또는 7백만엔 이하의 벌금에 처한다. 당해 공중 등 협박목적의 범죄행위에 관련된 같은 항의 죄를 실행하려고 하는 자가 그 죄의 실행을 위해 이용할 목적으로 그 제공을 받은 때에도 마찬가지이다.
   ③ ~ ④ (생 략)

에서 이뤄졌다면 이들 죄에 해당하고 당해 행위지의 법령에 따라 죄에 해당하는 것을 포함한다. 이하 이 항에서 같다.)로 제공하려고 한 재산을 제외한다. 이하 이 항 및 다음 조에서 같다.]의 취득이나 처분에 대한 사실을 가장하거나 범죄수익등을 은닉한 자는 5년 이하의 징역 또는 3백만엔 이하의 벌금에 처하거나 이를 병과한다. 범죄수익[같은 법 제3조 제1항, 제2항 전단, 제4조 제1항 또는 제5조 제1항의 죄이 미수범의 범죄 행위로 제공하려고 한 재산을 제외한다.]의 발생원인에 대한 사실을 가장한 자도 같다.

② 전항의 죄의 미수범은 처벌한다.

③ 제1항의 죄를 범할 목적으로 예비한 자는 2년 이하의 징역 또는 50만엔 이하의 벌금에 처한다.

제11조(범죄수익등수수) 정을 알면서 범죄수익등을 수수한 자는 3년 이하의 징역 또는 100만엔 이하의 벌금에 처하거나 이를 병과한다. 다만 법령상 의무의 이행으로 제공된 것을 수수한 자 또는 계약(채권자에게 상당한 재산상의 이익을 제공할 것에 한한다.) 시에 당해 계약에 관련된 채무의 이행이 범죄수익등에 의해 이행된 것이라는 정을 알지 못하고 한 당해 계약에 관련된 채무의 이행으로 제공된 것을 수수한 자는 그러하지 아니하다.

제12조(국외범) 제3조 제1항 제9호, 제11호, 제12호 및 제15호에 열거하는 죄에 관련된 같은 조의 죄, 제6조 제1항 제1호에 열거하는 죄에 관련된 같은 조의 죄 및 제6조의2 제1항 및 제2항의 죄는 형법 제4조의2의 예에, 제9조 제1항부터 제3항까지 및 전2조의 죄는 같은 법 제3조59)의 예에 따른다.

제4조(위와 같음) ① 전조 제1항의 죄의 실행을 용이하게 할 목적으로 이를 실행하려고 하는 자에게 자금 또는 그 실행에 도움이 되는 기타 이익을 제공한 자는 5년 이하의 징역 또는 5백만엔 이하의 벌금에 처한다.
② (생 략)
제5조(위와 같음) ① 전2조에 규정하는 것 외 공중 등 협박 목적의 범죄행위의 실행을 위해 이용된 것으로서 자금 또는 기타 이익을 제공한 자는 2년 이하의 징역 또는 2백만엔 이하의 벌금에 처한다.
② ~ ③ (생 략)
59) 일본국 형법 제3조(국민의 국외범) 이 법률은 일본국 외에서 다음에 열거하는 죄를 범한 일본 국민에게 적용한다.
  1. 제108조(현주건조물 등 방화) 및 제109조 제1항(비현주건조물 등 방화)의 죄, 이들 규정의 예에 따라 처단할 죄 및 이들 죄의 미수범
  2. 제119조(현주건조물 등 침해)의 죄
  3. 제159조부터 제161조까지(사문서위조 등, 허위진단서 등 작성, 위조사문서 등 행사) 및 전조 제5호에 규정하는 전자적 기록 이외의 전자적 기록에 관련된 제161조의2의 죄
  4. 제167조(사인위조 및 부정사용 등)의 죄 및 같은 조 제2항의 죄의 미수범
  5. 제176조부터 제181조까지(강제추행, 강제성교 등, 준강제추행 및 준강제성교 등, 감호자추행 및 감호자성교 등, 미수범, 강제추행 등 치사상) 및 제184조(중혼)의 죄
  6. 제198조(증뢰)의 죄
  7. 제199조(살인)의 죄 및 그 미수범
  8. 제204조(상해) 및 제205조(상해치사)의 죄
  9. 제214조부터 제216조까지(업무상낙태 및 동 치사상, 부동의낙태, 부동의낙태치사상)의 죄

제13조(범죄수익등의 몰수 등) ① 다음에 열거하는 재산은 부동산이나 동산 또는 금전채권(금전의 지불을 목적으로 하는 채권을 말한다. 이하 같다.)인 때에는 몰수할 수 있다.

1. 범죄수익(제6호에 열거하는 재산에 해당하는 것을 제외한다.)

2. 범죄수익에서 유래하는 재산(제6호에 열거하는 재산에 해당하는 범죄수익의 보유 또는 처분을 기초로 얻은 것을 제외한다.)

3. 제9조 제1항의 죄에 관련된 주주등의 지위에 관련된 주식 또는 지분으로서 불법수익등[약물범죄수익, 그 보유 또는 처분에 기초해 취득한 재산이나 이들 재산과 이들 재산 이외의 재산이 혼화된 재산인 것(제4항에서 「약물불법수익등」이라고 한다.)을 제외한다. 이하 이 항에서 같다.]을 이용하여 취득한 것

4. 제9조 제2항 또는 제3항의 죄에 관련된 채권으로서 불법수익등을 이용하여 취득한 것(당해 채권이 그 취득에 이용된 불법수익등인 재산의 반환을 목적으로 하는 것인 때에는 당해 불법수익등)

5. 제10조 또는 제11조의 죄에 관련된 범죄수익등

6. 불법수익등을 이용한 제9조 제1항부터 제3항까지의 범죄행위 또는 제10조나 제11조의 범죄행위로 발생하거나 이들 범죄행위로 취득한 재산 또는 이들 범죄행위의 보수로서 취득한 재산

7. 제3호부터 전호까지의 재산의 과실로서 취득한 재산, 이들 각호의 재산의 대가로서 취득한 재산, 이들 재산의 대가로서 취득한 재산 기타 이들 각호의 재산의 보유 또는 처분에 기초하여 취득한 재산

② 전항 각호에 열거하는 재산이 범죄피해재산(다음에 열거하는 죄의 범죄행위로 그 피해를 받은 자로부터 취득한 재산 또는 당해 재산의 보유나 처분에 기초해 취득한 재산을 말한다. 이하 같다.)인 때에는 이를 몰수할 수 없다. 같은 항 각호에 열거하는 재산의 일부가 범죄피해재산인 경우에 당해 부분에 대하여도 같다.

1. 재산에 대한 죄

2. 형법 제225조의2 제2항의 죄에 관련된 제3조(조직적인 유괴자 몸값대금 취득 등)의 죄

---

10. 제218조(보호책임자유기등)의 죄 및 같은 조의 죄에 관련된 제219조(유기등치사상)의 죄
11. 제220조(체포 및 감금) 및 제221조(체포 등 치사상)의 죄
12. 제224조부터 제228조까지(미성년자약취 및 유괴, 영리목적 등 약취 및 유괴, 몸값대금목적 약취 등, 소재국 외 이송목적 약취 및 유괴, 인신매매, 피약취자 등 소재국 외 이송, 피약취자인도 등, 미수범)의 죄
13. 제230조(명예훼손)의 죄
14. 제235조부터 제236조까지(절도, 부동산침탈, 강도), 제238조부터 제240조까지(사후강도, 혼취강도, 강도치사상), 제241조 제1항 및 제3항(강도·강제성교 등 및 동치사)과 제243조(미수범)의 죄
15. 제246조부터 제250조까지(사기, 컴퓨터사용사기, 배임, 준사기, 공갈, 미수범)의 죄
16. 제253조(업무상횡령)의 죄
17. 제256조 제2항(도품양수 등)의 죄
제4조의2(조약에 의한 국외범) 제2조부터 전조까지에 규정하는 것 외 이 법률은 일본국 외에서 제2편의 죄로서 조약으로 일본국 외에서 범한 때에도 벌하여야 한다고 되어 있는 죄를 범한 모든 자에게 적용한다.

3. 형법 제225조의2 제2항(유괴자 몸값대금 취득 등) 또는 제227조 제4항 후단(수수자의 몸값대금 취득 등)의 죄

4. 출자의 수납, 예치금 및 금리 등의 단속에 관한 법률(昭和 29년 법률 제195호) 제5조 제1항 후단(고금리의 수령), 제2항 후단(업으로 하는 고금리의 수령) 또는 제3항 후단(업으로 하는 현저한 고금리의 수령), 제5조의2 제1항 후단(고보증료의 수령) 또는 제5조의3 제1항 후단(보증료가 있는 경우의 고금리의 수령), 제2항 후단(보증이 있고 변동이율에 의한 이자의 정함이 있는 경우의 고금리의 수령) 또는 제3항 후단(근보증이 있는 경우의 고금리의 수령)의 죄, 같은 법 제5조 제1항 후단 또는 제2항 후단, 제5조의2 제1항 후단 또는 제5조의3 제1항 후단, 제2항 후단 또는 제3항 후단의 위반행위에 관련된 같은 법 제8조 제1항(고금리의 수령 등의 탈법행위)의 죄, 같은 법 제5조 제3항 후단의 위반행위에 관련된 같은 법 제8조 제2항(업으로 하는 현저한 고금리를 수령하는 탈법행위)의 죄 또는 같은 법 제1조나 제2조 제1항의 위반행위에 관련된 같은 법 제8조 제3항(원본을 보증하여 하는 출자금의 수납 등)의 죄

5. 보조금등에 관련된 예산집행의 적정화에 관한 법률(昭和 30년 법률 제179호) 제29조(부정한 수단에 의한 보조금 등의 수령 교부등)의 죄

6. 항공기공업진흥법(昭和 33년 법률 제150호) 제29조(부정한 수단에 의한 교부금 등의 수령 교부등)의 죄

7. 인질에 의한 강요행위 등의 처벌에 관한 법률(昭和 53년 법률 제48호) 제1조부터 제4조까지(인질에 의한 강요 등, 가중인질강요, 인질살해)의 죄

8. 금융기관등의 갱생절차의 특례 등에 관한 법률(平成 8년 법률 제95호) 제549조(사기갱생)의 죄

9. 민사재생법(平成 11년 법률 제225호) 제255조(사기재생)의 죄

10. 회사갱생법(平成 14년 법률 제154호) 제266조(사기갱생)의 죄

11. 파산법(平成 16년 법률 제75호) 제265조(사기파산)의 죄

12. 해적행위의 처벌 및 해적행위에의 대처에 관한 법률(平成 21년 법률 제55호) 제2조 제4호에 관련된 해적행위에 관련된 같은 법 제3조 제1항(인질강요에 관련된 해적행위) 또는 제4조(인질강요에 관련된 해적행위치사상)의 죄

③ 전항의 규정에 불구하고 다음 각호의 어느 하나에 해당하는 때에는 범죄피해재산(제1항 각호에 열거하는 재산의 일부가 범죄피해재산인 경우의 당해 부분을 포함한다. 이하 이 항에서 같다.)을 몰수할 수 있다.

1. 전항 각호에 열거하는 죄의 범죄행위가 단체의 활동으로서 당해 범죄행위를 실행하기 위한 조직에 의해 이뤄진 것 또는 제3조 제2항에 규정하는 목적으로 이뤄진 것인 때 기타 범죄의 성질에 비추어 전항 각호에 열거하는 죄의 범죄행위로 받

은 피해의 회복에 관한 범인에 대한 손해배상청구권 기타 청구권의 행사가 곤란하다고 인정되는 때

2. 당해 범죄피해재산에 대하여 그 취득이나 처분 또는 발생의 원인에 대한 사실을 가장하거나 당해 범죄피해재산을 은닉하는 행위가 이뤄진 때

3. 당해 범죄피해재산에 대하여 정을 알면서 이를 수수하는 행위가 행하여진 때

④ 다음에 열거하는 재산은 몰수한다. 다만 제9조 제1항부터 제3항까지의 죄가 약물범죄수익 또는 그 보유나 처분에 기초하여 취득한 재산과 이들 재산 이외의 재산이 혼화된 재산에 관련된 경우에 이들 죄에 대하여 다음에 열거하는 재산의 전부를 몰수함이 상당하지 아니하다고 인정되는 때에는 그 일부를 몰수할 수 있다.

1. 제9조 제1항의 죄에 관련된 주주 등의 지위에 관련된 주식 또는 지분으로서 약물불법수익등을 이용하여 취득한 것

2. 제9조 제2항 또는 제3항의 죄에 관련된 채권으로 약물불법수익등을 이용하여 취득된 것(당해 채권이 그 취득에 이용된 약물불법수익등인 재산의 반환을 목적으로 하는 것인 때에는 당해 약물불법수익등)

3. 약물불법수익등을 이용한 제9조 제1항부터 제3항까지의 범죄행위에 의해 취득한 재산 또는 당해 범죄행위의 보수로서 취득한 재산

4. 전3호의 재산의 과실로서 취득한 재산, 전3호의 재산의 대가로서 취득한 재산, 이들 재산의 대가로서 취득한 재산 기타 전3호의 재산의 보유 또는 처분에 기초해 취득한 재산

⑤ 전항의 규정에 따라 몰수하여야 할 재산에 대하여 당해 재산의 성질, 그 사용의 상황, 당해 재산에 관한 범인 이외의 자의 권리의 유무 기타 사정으로부터 이를 몰수함이 상당하지 아니하다고 인정되는 때에는 같은 항의 규정에 불구하고 이를 몰수하지 아니할 수 있다.

제14조(범죄수익등이 혼화된 재산의 몰수 등) 전조 제1항 각호 또는 제4항 각호에 열거하는 재산(이하 「불법재산」이라고 한다.)이 불법재산 이외의 재산과 혼화된 경우에 당해 불법재산을 몰수하여야 할 때에는 당해 혼화로 생겨난 재산(다음 조 제1항에서 「혼화재산」이라고 한다.) 중 당해 불법재산(당해 혼화에 관련된 부분에 한한다.)의 액수 또는 수량에 상당하는 부분을 몰수할 수 있다.

제15조(몰수의 요건 등) ① 제13조의 규정에 따른 몰수는 불법재산 또는 혼화재산이 범인 이외의 자에게 귀속되지 아니하는 경우에 한한다. 다만 범인 이외의 자가 범죄 후 정을 알면서 당해 불법재산 또는 혼화재산을 취득한 경우[법령상의 의무의 이행으로서 제공된 것을 수수한 경우 또는 계약시(채권자에게 상당의 재산상의 이익을 제공하는 것에 한한다.)에 당해 계약에 관련된 채무의 이행이 불법재산 또는 혼화재산으로 이뤄지

는 것이라는 정을 알지 못하고 한 당해 계약에 관련된 채무의 이행으로서 제공된 것을 수수한 경우를 제외한다.]는 당해 불법재산 또는 혼화재산이 범인 이외의 자에게 귀속되는 경우에도 이를 몰수할 수 있다.

② 지상권, 저당권 기타 권리가 그 위에 존재하는 재산을 제13조의 규정에 따라 몰수하는 경우에 범인 이외의 자가 범죄 전에 당해 권리를 취득한 때 또는 범인 이외의 자가 범죄 후 정을 알지 못하고 당해 권리를 취득한 때에는 이를 존속하게 한다.

제16조(추징) ① 제13조 제1항 각호에 열거하는 재산이 부동산이나 동산 또는 금전채권이 아닌 때, 기타 이를 몰수할 수 없는 때 또는 당해 재산의 성질, 그 사용의 상황, 당해 재산에 관한 범인 이외의 자의 권리의 유무 기타 사정으로부터 이를 몰수함이 상당하지 아니하다고 인정되는 때에는 그 가액을 범인으로부터 추징할 수 있다. 다만 당해 재산이 범죄피해재산인 때에는 그러하지 아니하다.

② 전항 단서의 규정에 불구하고 제13조 제3항 각호의 어느 하나에 해당하는 때에는 그 범죄피해재산의 가액을 범인으로부터 추징할 수 있다.

③ 제13조 제4항의 규정에 따라 몰수하여야 할 재산을 몰수할 수 없는 때 또는 같은 조 제5항의 규정에 따라 몰수하지 아니할 때에는 그 가액을 범인으로부터 추징한다.

제17조(양벌규정) 법인의 대표자 또는 법인이나 사람의 대리인, 사용인 기타 종업원이 그 법인 또는 사람의 업무에 관하여 제9조 제1항부터 제3항까지, 제10조 또는 제11조의 죄를 범한 때에는 행위자를 벌하는 외 그 법인 또는 사람에게도 각 본조의 벌금형을 과한다.

제3장 몰수에 관한 절차 등의 특례

제18조(제3자의 재산의 몰수절차 등) ① 불법재산인 채권등(부동산 및 동산 이외의 재산을 말한다. 제19조 제1항 및 제21조에서 같다.)이 피고인 이외의 자(이하 이 조에서 「제3자」라고 한다.)에게 귀속하는 경우에 당해 제3자가 피고사건의 절차에의 참가를 허가받지 아니한 때에는 몰수의 재판을 할 수 없다.

② 제13조의 규정에 따라 지상권, 저당권 기타 제3자의 권리가 그 위에 존재하는 재산을 몰수하려고 할 경우에 당해 제3자가 피고사건의 절차에의 참가를 허가받지 아니한 때에도 전항과 같다.

③ 지상권, 저당권 기타 제3자의 권리가 그 위에 존재하는 재산을 몰수하는 경우에 제15조 제2항의 규정에 따라 당해 권리를 존속하게 할 때에는 재판소는 몰수의 선

고와 동시에 그 취지를 선고하여야 한다.

④ 제15조 제2항의 규정에 따라 존속하게 할 권리에 대하여 전항의 선고가 없이 몰수의 재판이 확정된 때에는 당해 권리를 보유하는 자로서 자기의 책임 없는 사유로 피고사건의 절차에서 권리를 주장할 수 없게 된 자는 당해 권리를 존속하게 하여야 할 경우에 해당한다는 취지의 재판을 청구할 수 있다.

⑤ 전항의 재판이 있었던 때에는 형사보상법(昭和 25년 법률 제1호)에 정하는 처분이 된 몰수물에 관련된 보상의 예에 따라 보상을 진행한다.

⑥ 제1항 및 제2항에 규정하는 재산의 몰수에 관한 절차에는 이 법률에 특별한 정함이 있는 것 외 형사사건에서의 제3자 소유물의 몰수절차에 관한 응급조치법(昭和 38년 법률 제138호)의 규정을 준용한다.

제18조의2(범죄피해재산의 몰수절차 등) ① 재판소는 제13조 제3항의 규정에 따라 범죄피해재산을 몰수하거나 제16조 제2항의 규정에 따라 범죄피해재산의 가액을 추징할 때에는 그 선고와 동시에 몰수할 재산이 범죄피해재산이라는 취지 또는 추징할 가액이 범죄피해재산의 가액이라는 취지를 표시하여야 한다.

② 제13조 제3항의 규정에 따라 몰수한 범죄피해재산 및 제16조 제2항의 규정에 따라 추징한 범죄피해재산의 가액에 상당하는 금전은 범죄피해재산 등에 의한 피해회복급부금의 지급에 관한 법률(平成 18년 법률 제87호)에 정하는 바에 따라 피해회복급부금의 지급에 충당한다.

제19조(몰수된 채권등의 처분 등) ① 몰수된 채권등은 검찰관이 처분하여야 한다.

② 채권의 몰수의 재판이 확정된 때에는 검찰관은 당해 채권의 채무자에 대한 몰수의 재판의 재판서 초본을 송부하여 그 취지를 통지한다.

제20조(몰수의 재판에 기초한 등기 등) 권리의 이전에 등기 또는 등록(이하 「등기등」이라고 한다.)을 요하는 재산을 몰수하는 재판을 기초로 권리의 이전의 등기등을 관계기관에 촉탁하는 경우에 몰수로 효력을 잃은 처분의 제한에 관련된 등기등 또는 몰수로 소멸한 권리의 취득에 관련된 등기등이 있거나 당해 몰수에 관하여 다음 장 제1절의 규정에 따른 몰수보전명령 또는 부대보전명령에 관련된 등기등이 있는 때에는 아울러 그 말소를 촉탁한다.

제21조(형사보상의 특례) 채권 등의 몰수의 집행에 대한 형사보상법에 따른 보상의 내용에는 같은 법 제4조 제6항의 규정을 준용한다.

제4장 보전절차

제1절 몰수보전

제22조(몰수보전명령) ① 재판소는 제2조 제2항 제1호 ㅓ나 ㅁ 또는 같은 항 제2호 ㄷ에 열거하는 죄 또는 제10조 제3항이나 제11조의 죄에 관련된 피고사건에 관하여 이 법률 기타 법령의 규정에 따라 몰수할 수 있는 재산(이하「몰수대상재산」이라고 한다.)에 해당한다고 사료할 만한 상당한 이유가 있고 이를 몰수하기 위해 필요하다고 인정하는 때에는 검찰관의 청구 또는 직권으로 몰수보전명령을 발령하여 당해 몰수대상재산에 대하여 이 절에 정하는 바에 따라 처분을 금지할 수 있다.

② 재판소는 지상권, 저당권 기타 권리가 그 위에 존재하는 재산에 대하여 몰수보전명령을 발령하거나 발령하려는 경우에 당해 권리가 몰수에 의해 소멸한다고 사료할 만한 상당한 이유가 있는 경우로서 당해 재산을 몰수하기 위해 필요하다고 인정하는 때 또는 당해 권리가 가장되어 있다고 사료할 만한 상당한 이유가 있다고 인정하는 때에는 검찰관의 청구 또는 직권으로 부대보전명령을 별도로 발령하여 당해 권리의 처분을 금지할 수 있다.

③ 몰수보전명령 또는 부대보전명령에는 피고인의 이름, 죄명, 공소사실의 요지, 몰수의 근거가 되는 법령의 조항, 처분을 금지할 재산 또는 권리의 표시, 이들 재산 또는 권리를 보유하는 자(명의인이 달라지는 경우는 명의인을 포함한다.)의 이름, 발부의 연월일 기타 최고재판소규칙으로 정하는 사항을 기재하고 재판장 또는 수명재판관이 기명날인하여야 한다.

④ 재판장은 급속을 요하는 경우에는 제1항 또는 제2항에 규정하는 처분을 하거나 합의부의 구성원에게 하게 할 수 있다.

⑤ 몰수보전(몰수보전명령에 의한 처분금지를 말한다. 이하 같다.)에 관한 처분은 제1회 공판기일까지는 재판관이 한다. 이 경우에 재판관은 그 처분에 관하여 재판소 또는 재판장과 동일한 권한을 가진다.

⑥ 몰수보전이 된 부동산 또는 동산은 형사소송법의 규정에 따라 압수하는 것을 방해받지 아니한다.

제23조(기소 전 몰수보전명령) ① 재판관은 전조 제1항 또는 제2항에 규정하는 이유 및 필요가 있다고 인정하는 때에는 공소가 제기되기 전에도 검찰관 또는 사법경찰원(경찰관인 사법경찰원은 국가공안위원회 또는 도도부현공안위원회가 지정하는 경부 이상인 자에 한한다. 다음 항에서 같다.)의 청구에 의해 같은 조 제1항 또는 제2항에 규정하는 처

분을 할 수 있다.

② 사법경찰원은 그 청구에 의한 몰수보전명령 또는 부대보전명령이 발령된 때에는 신속하게 관계 서류를 검찰관에게 송부하여야 한다.

③ 제1항의 규정에 따른 몰수보전은 몰수보전명령이 발령된 날로부터 3일 이내에 당해 보전이 이뤄진 사건에 대해 공소가 제기되지 아니한 때에는 효력을 잃는다. 다만 공범에 대하여 공소가 제기된 경우에 그 공범에 관하여 당해 재산에 대한 전조 제1항에 규정하는 이유가 있는 때에는 그러하지 아니하다.

④ 재판관은 부득이한 사유가 있다고 인정하는 때에는 검찰관의 청구에 의해 3일마다 전항의 기간을 갱신할 수 있다. 이 경우에 갱신의 재판은 검찰관에게 고지된 때에 효력이 발생한다.

⑤ 제1항 또는 전항의 규정에 따른 청구는 청구하는 자가 소속된 관공서의 소재지를 관할하는 지방재판소의 재판관에게 하여야 한다.

⑥ 제1항 또는 제4항의 규정에 따른 청구를 받은 재판관은 몰수보전에 관하여 재판소 또는 재판장과 동일한 권한을 가진다.

⑦ 검찰관은 제1항의 규정에 따른 몰수보전이 공소의 제기가 있기 때문에 효력을 잃는 일이 없게 된 때에는 그 취지를 몰수보전명령을 받은 자(피고인을 제외한다.)에게 통지하여야 한다. 이 경우에 그 자의 소재를 알 수 없거나 기타 이유로 통지를 할 수 없는 때에는 통지에 갈음하여 그 취지를 검찰청의 게시장에 7일간 게시하여 공고하여야 한다.

제24조(몰수보전에 관한 재판의 집행) ① 몰수보전에 관한 재판으로 집행을 요하는 것은 검찰관의 지휘에 따라 집행한다.

② 몰수보전명령의 집행은 당해 명령에 의해 처분을 금지할 재산을 보유하는 자에게 그 등본이 송달되기 전에도 할 수 있다.

제25조(몰수보전의 효력) 몰수보전이 된 재산(이하 「몰수보전재산」이라고 한다.)에 대하여 당해 보전이 이뤄진 후에 이뤄진 처분은 몰수에 관하여는 효력이 발생하지 아니한다. 다만 제37조 제1항의 규정에 따라 몰수의 재판을 할 수 없는 경우에서의 같은 항에 규정하는 절차(제4조 제3항의 규정에 따라 제37조 제1항의 규정을 준용하는 절차를 포함한다.) 및 몰수보전재산에 대하여 실행할 수 있는 담보권의 실행으로서의 경매절차에 의한 처분에 대하여는 그러하지 아니하다.

제26조(대체금의 납부) ① 재판소는 몰수보전재산을 보유한 자의 청구에 의해 적당하다고 인정하는 때에는 결정으로 당해 몰수보전재산에 갈음할 것으로 그 재산의 가액에 상당하는 금액(이하 「대체금」이라고 한다.)을 정하여 납부를 허가할 수 있다.

② 재판소는 전항의 청구에 대한 결정을 할 때에는 검찰관의 의견을 들어야 한다.

③ 제1항의 결정에는 즉시항고를 할 수 있다.

④ 대체금의 납부가 있는 때에는 몰수보전은 대체금에 대하여 된 것으로 본다.

제27조(부동산의 몰수보전) ① 부동산[민사집행법(昭和 54년 법률 제4호) 제43조 제1항[60])에 규정하는 부동산 및 같은 조 제2항의 규정에 따라 부동산으로 보는 것을 말한다. 이하 이 조(제7항 본문을 제외한다.), 다음 조, 제29조 제1항 및 제35조 제1항에서 같다.]의 몰수보전은 그 처분을 금지하는 취지의 몰수보전명령을 발령하여 한다.

② 전항의 몰수보전명령의 등본 및 제23조 제4항의 규정에 따른 갱신의 재판의 재판서의 등본(이하 「갱신의 재판의 등본」이라고 한다.)은 부동산의 소유자(민사집행법 제43조 제2항의 규정에 따라 부동산으로 보는 권리에서는 그 권리자로 하고 당해 부동산 또는 권리에 관련된 명의인이 다른 경우는 명의인을 포함한다.)에게 송달하여야 한다.

③ 부동산의 몰수보전명령의 집행은 몰수보전의 등기를 하는 방법으로 한다.

④ 전항의 등기는 검찰사무관이 촉탁한다. 이 경우에 촉탁은 검찰관이 몰수보전명령의 집행을 지휘하는 서면에 기초하여 집행한다.

⑤ 부동산의 몰수보전의 효력은 몰수보전의 등기가 된 때에 발생한다.

⑥ 부동산의 몰수보전의 효력이 발생한 때에는 검찰관은 당해 부동산이 소재하는 장소에 공시서를 게시하는 방법 기타 상당한 방법으로 그 취지를 공시하는 조치를 집행하여야 한다.

⑦ 부동산등기청구권을 보전하기 위한 처분금지가처분의 등기 후에 몰수보전의 등기가 경료된 경우에 그 가처분채권자가 보전할 등기청구권에 관련된 등기를 하는 때에는 몰수보전의 등기에 관련된 처분의 제한은 가처분등기에 관련된 권리의 취득 또는 소멸과 저촉되지 아니한다. 다만 그 권리의 취득으로 당해 채권자에게 대항할 수 없는 자를 부동산을 보유하는 자로 하여 당해 몰수보전의 등기가 이뤄진 때에는 그러하지 아니하다.

⑧ 민사집행법 제46조 제2항 및 제48조 제2항[61])의 규정은 부동산의 몰수보전에 준

---

60) 일본국 민사집행법 제43조(부동산집행의 방법) ① 부동산(등기할 수 없는 토지의 정착물을 제외한다. 이하 이 절에서 같다.)에 대한 강제집행(이하 「부동산집행」이라고 한다.)은 강제경매 또는 강제관리의 방법으로 진행한다. 이들 방법은 병용할 수 있다.
② 금전의 지불을 목적으로 하는 채권에 대한 강제집행에서는 부동산의 공유지분, 등기된 지상권 및 영소작권과 이들 권리의 공유지분은 부동산으로 본다.

61) 일본국 민사집행법 제105조(배당요구) ① 집행력 있는 집행권원의 정본을 가진 채권자 및 제181조 제1항 각호에 열거하는 문서로 일반선취특권을 가졌음을 증명한 채권자는 집행재판소에 배당요구를 할 수 있다.
② 배당요구를 각하하는 재판에는 집행항고를 할 수 있다.
제156조(제3채무자의 공탁) ① 제3채무자는 압류에 관련된 금전채권(압류명령에 따라 압류된 금전채권에 한한다. 다음 항에서 같다.) 전액에 상당하는 금전을 채무의 이행지의 공탁소에 공탁할 수 있다.
② (생 략)
③ 제3채무자는 전2항의 규정에 따라 공탁을 한 때에는 그 사정을 집행재판소에 신고하여야 한다.
제164조(이전등기 등의 촉탁) ① ~ ④ (생 략)
⑤ 제150조의 규정에 따라 등기 등이 된 경우에 압류된 채권에 대한 지급 또는 공탁이 있었음을 증명하

용한다. 이 경우에 같은 법 제46조 제2항 중「채무자」는「몰수보전재산을 보유한 자」로, 같은 법 제48조 제2항 중「전항」은「조직적인 범죄의 처벌 및 범죄수익의 규제 등에 관한 법률 제27조 제4항」으로,「집행재판소」는「등기촉탁을 한 검찰사무관이 소속된 검찰청의 검찰관」으로 바꿔 읽는 것으로 한다.

제28조(선박 등의 몰수보전) 등기된 선박, 항공법(昭和 27년 법률 제231호)의 규정에 따라 등록된 비행기 또는 헬리콥터(제35조 제1항에서 간단히「항공기」라고 한다.), 도로운송차량법(昭和 26년 법률 제185호)의 규정에 따라 등록된 자동차(같은 항에서 간단히「자동차」라고 한다.), 건설기계저당법(昭和 29년 법률 제97호)의 규정에 따라 등기된 건설기계(같은 항에서 간단히「건설기계」라고 한다.) 또는 소형선박의 등록 등에 관한 법률(平成 13년 법률 제102호)의 규정에 따라 등록된 소형선박(같은 항에서 간단히「소형선박」이라고 한다.)의 몰수보전은 부동산의 몰수보전의 예에 따른다.

제29조(동산의 몰수보전) ① 동산(부동산 및 전조에 규정하는 물건 이외의 물건을 말한다. 이하 이 조에서 같다.)의 몰수보전은 처분을 금지하는 취지의 몰수보전명령을 발령하여 한다.

② 전항의 몰수보전명령의 등본 및 갱신의 재판의 등본은 동산의 소유자(명의인이 다른 경우는 명의인을 포함한다.)에게 송달하여야 한다.

③ 동산의 몰수보전의 효력은 몰수보전명령의 등본이 소유자에게 송달된 때에 발생한다.

④ 형사소송법의 규정에 따른 압수가 되어 있지 아니한 동산 또는 같은 법 제121조 제1항의 규정에 따라 간수자를 두거나 소유자 기타의 자에게 보관하게 하고 있는 동산에 대하여 몰수보전의 효력이 발생한 때에는 검찰관은 공시서를 붙이는 방법 기타 상당한 방법으로 그 취지를 공시하는 조치를 집행하여야 한다.

제30조(채권의 몰수보전) ① 채권의 몰수보전은 채권자(명의인이 다른 경우는 명의인을 포함한다. 이하 이 조에서 같다.)에 대한 채권의 추심 기타 처분의 금지 및 채무자에 대한 채권자에의 변제를 금지하는 취지의 몰수보전명령을 발령하여 한다.

② 전항의 몰수보전명령의 등본 및 갱신의 재판의 등본은 채권자 및 채무자에게 송달하여야 한다.

③ 채권의 몰수보전의 효력은 몰수보전명령의 등본이 채무자에 송달된 때에 발생한다.

④ 민사집행법 제105조, 제156조 제1항, 제3항 및 제164조 제5항[62])의 규정은 채권

는 문서가 제출된 때에는 재판소서기관은 신청에 의해 그 등기 등의 말소를 촉탁하여야 한다. 채권집행의 신청이 취하된 때 또는 압류명령의 취소결정이 확정된 때에도 마찬가지이다.

62) 일본국 민사집행법 제46조(압류의 효력) ① (생 략)
② 압류는 채무자가 통상의 용법에 따라 부동산을 사용하거나 수익하는 것을 방해하지 아니한다.
제48조(압류등기의 촉탁 등) ① 강제경매개시결정이 된 때에는 재판소서기관은 곧바로 그 개시결정에 관련된 압류등기를 촉탁하여야 한다.

의 몰수보전에 준용한다. 이 경우에 같은 법 제105조 및 제156조 제1항 중「압수」및 같은 법 제105조 중「압류명령」은「몰수보전」으로, 같은 조 중「재판소서기관은 신청에 의해」는「검찰사무관은 검찰관이 몰수보전명령의 집행을 지휘하는 서면에 기초하여」로, 같은 법 제156조 제1항 및 제3항 중「제3채무자」는「채무자」로, 같은 항 중「집행재판소」는「몰수보전명령을 발령한 재판소」로, 같은 법 제164조 제5항 중「압류된 채권」은「몰수보전이 된 채권」으로,「지불 또는 공탁」은「공탁」으로,「재판소서기관은 신청에 의해」는「검찰사무관은 검찰관이 등기 등의 말소촉탁을 지휘하는 서면에 기초하여」로,「채권집행의 신청이 취하된 때 또는 압류명령의 취소결정이 확정된 때에도」는「몰수보전이 효력을 잃은 때 또는 대체금이 납부된 때에도」로 바꿔 읽는 것으로 한다.

제31조(그 외의 재산권의 몰수보전) ① 제27조부터 전조까지에 규정하는 재산 이외의 재산권(이하 이 조에서「그 외의 재산권」이라고 한다.)의 몰수보전은 이 조에 특별한 정함이 있는 것 외에 채권의 몰수보전의 예에 따른다.

② 그 외의 재산권으로 채무자 또는 이에 준하는 자가 아닌 자(다음 항에 규정하는 것을 제외한다.)의 몰수보전의 효력은 몰수보전명령의 등본이 권리자에게 송달된 때에 발생한다.

③ 제27조 제3항부터 제5항까지 및 제7항, 민사집행법 제48조 제2항의 규정은 그 외의 재산권으로 권리의 이전에 등기 등을 요하는 것에 준용한다. 이 경우에 같은 항 중「전항」은「조직적인 범죄의 처벌 및 범죄수익의 규제 등에 관한 법률 제31조 제3항에서 준용하는 같은 법 제27조 제4항」으로,「집행재판소」는「등기 등의 촉탁을 한 검찰사무관이 소속된 검찰청의 검찰관」으로 바꿔 읽는 것으로 한다.

제32조(몰수보전명령의 취소) ① 몰수보전의 이유 또는 필요가 없게 되거나 몰수보전의 기간이 부당하게 길어지게 된 때에는 재판소는 검찰관 또는 몰수보전재산을 보유하는 자(그 자가 피고인인 때에는 그 변호인을 포함한다.)의 청구 또는 직권으로 결정으로서 몰수보전명령을 취소하여야 한다.

② 재판소는 검찰관의 청구에 의한 경우를 제외하고 전항의 결정을 하는 때에는 검찰관의 의견을 들어야 한다.

제33조(몰수보전명령의 실효) ① 몰수보전명령은 무죄, 면소 또는 공소기각(형사소송법 제338조 제4호 및 제339조 제1항 제1호의 규정에 따른 경우를 제외한다.)의 재판의 고지가 있는 때 또는 유죄의 재판의 고지가 있었던 경우에 몰수의 선고를 하지 않았던 때에는 효력을 잃는다.

---

② 등기관은 전항의 규정에 따른 촉탁에 기초하여 압류등기를 한 때에는 그 등기사항증명서를 집행재판소에 송부하여야 한다.

② 형사소송법 제338조 제4호 또는 제339조 제1항 제1호의 규정에 따른 공소기각의 재판이 있는 경우의 몰수보전의 효력에는 제23조 제3항 및 제4항의 규정을 준용한다. 이 경우에 같은 조 제3항 중 「몰수보전명령이 발령된 날」은 「공소기각의 재판이 확정된 날」로 바꿔 읽는 것으로 한다.

제34조(실효 등의 경우의 조치) 몰수보전이 효력을 잃게 되거나 대체금이 납부된 때에는 검찰관은 신속하게 검찰사무관에게 당해 몰수보전의 등기등의 말소촉탁을 하게 하고 공시서의 제거 기타 필요한 조치를 집행하여야 한다. 이 경우에 몰수보전의 등기등의 말소촉탁은 검찰관이 그 촉탁을 지휘하는 서면에 기초하여 한다.

제35조(몰수보전재산에 대한 강제집행절차의 제한) ① 몰수보전이 된 후에 당해 보전에 관련된 부동산, 선박(민사집행법 제112조[63])에 규정하는 선박을 말한다.), 항공기, 자동차, 건설기계 또는 소형선박에 대한 강제경매개시결정이 이뤄진 때 또는 당해 보전에 관련된 동산(같은 법 제122조 제1항[64])에 규정하는 동산을 말한다. 제42조 제2항에서 같다.)에 대한 강제집행에 의한 압류가 된 때에는 강제집행에 의한 매각을 위한 절차는 몰수보전이 효력을 잃은 후 또는 대체금이 납부된 후가 아니면 할 수 없다.

② 몰수보전이 되어 있는 채권(민사집행법 제143조[65])에서 규정하는 채권을 말한다. 이하 같다.)에 대해 강제집행에 의한 압류명령 또는 압류처분이 발령된 때에는 당해 압수를 한 채권자는 압수에 관련된 채권 중 몰수보전이 된 부분에 대하여는 몰수보전이 효력을 잃은 후 또는 대체금이 납부된 후가 아니면 추심 또는 같은 법 제163조 제1항[66])의 규정에 따른 청구를 할 수 없다.

③ 제1항의 규정은 몰수보전이 된 후에 강제집행에 의한 압류명령 또는 압류처분이 발령된 채권으로 조건부 또는 기한부인 것이나 반대급부에 관련된 것 기타 사유로 추심이 곤란한 것에 준용한다.

---

63) 일본국 민사집행법 제112조(선박집행의 방법) 총 톤수 20톤 이상의 선박(단주 기타 노 또는 주로 노를 저어 운전하는 배를 제외한다. 이하 이 절 및 다음 장에서 「선박」이라 한다.)에 대한 강제집행(이하 「선박집행」이라고 한다.)은 강제경매의 방법으로 한다.

64) 일본국 민사집행법 제122조(동산집행의 개시등) ① 동산(등기할 수 없는 토지의 정착물, 토지에서 분리되기 전의 천연과실로 1개월 이내에 수확할 것임이 확실한 것 및 배서가 금지되어 있는 유가증권 이외의 유가증권을 포함한다. 이하 이 절, 다음 장 및 제4장에서 같다.)에 대한 강제집행(이하 「동산집행」이라 한다.)은 집행관의 목적물에 대한 압류로 개시한다.
　② (생 략)

65) 일본국 민사집행법 제143조(채권집행의 개시) 금전의 지불 또는 선박이나 동산의 인도를 목적으로 하는 채권(동산집행의 목적이 되는 유가증권이 발행되어 있는 채권을 제외한다. 이하 이 절에서 「채권」이라고 한다.)에 대한 강제집행(제167조의2 제2항에 규정하는 소액소송채권집행을 제외한다. 이하 이 절에서 「채권집행」이라고 한다.)은 집행재판소의 압류명령으로 개시한다.

66) 일본국 민사집행법 제163조(동산의 인도청구권의 압류명령의 집행) ① 동산의 인도청구권을 압류한 채권자는 채무자에게 압류명령이 송달된 날로부터 1주간을 경과한 때에는 제3채무자에게 압류채권자의 신청을 받아 집행관에게 그 동산을 인도할 것을 청구할 수 있다.
　② (생 략)

④ 몰수보전이 되어 있는 그 외의 재산권(민사집행법 제167조 제1항[67])에 규정하는 그 외의 재산권을 말한다.)에 대한 강제집행은 몰수보전이 되어 있는 채권에 대한 강제집행의 예에 따른다.

제36조(제3채무자의 공탁) ① 금전채권의 채무자(이하 「제3채무자」라고 한다.)는 몰수보전이 된 후에 당해 보전에 관련된 채권에 대한 강제집행에 의한 압류명령 또는 압류처분을 송달받은 때에는 그 채권 전액에 상당하는 금전을 채무이행지의 공탁소에 공탁할 수 있다.

② 제3채무자는 전항의 규정에 따른 공탁을 한 때에는 그 사정을 몰수보전명령을 발령한 재판소에 신고하여야 한다.

③ 제1항의 규정에 따른 공탁이 된 경우에는 압류명령을 발령한 집행재판소 또는 압류처분을 한 재판소서기관은 공탁이 된 금전 중 몰수보전이 된 금전채권의 액수에 상당하는 부분은 몰수보전이 효력을 잃은 때 또는 대체금이 납부된 때, 나머지 부분은 공탁된 때에 배당 또는 변제금의 교부를 실시하여야 한다.

④ 제1항 및 제2항의 규정은 강제집행에 의한 압수가 되어 있는 금전채권에 몰수보전이 된 경우의 제3채무자의 공탁에 준용한다. 이 경우에 같은 항 중 「몰수보전명령을 발령한 재판소」는 「집행재판소(압류처분이 되어 있는 경우에는 당해 압류처분을 한 재판소서기관)」로 바꿔 읽는 것으로 한다.

⑤ 제1항(전항에서 준용하는 경우를 포함한다.)의 규정에 따라 공탁이 된 경우에 민사집행법 제165조[68][같은 법 제167조의14 제1항[69])에서 같은 법 제165조(제3호 및 제4호

---

67) 일본국 민사집행법 제167조(기타 재산권에 대한 강제집행) ① 부동산, 선박, 동산 및 채권 이외의 재산권(이하 이 조에서 「기타의 재산권」이라고 한다.)에 대한 강제집행은 특별한 정함이 있는 것 외에 채권집행의 예에 따른다.
　② ~ ⑤ (생 략)

68) 일본국 민사집행법 제165조(배당등을 받을 채권자의 범위) 배당등을 받을 채권자는 다음에 열거하는 때까지 압류, 가압류의 집행 또는 배당요구를 한 채권자로 한다.
　1. 제3채무자가 제156조 제1항 또는 제2항의 규정에 따라 공탁을 한 때
　2. 추심소송의 소장이 제3채무자에게 송달된 때
　3. 매각명령에 의해 집행관이 매각대금의 교부를 받은 때
　4. 동산인도청구권의 압류의 경우에는 집행관이 그 동산의 인도를 받은 때

69) 일본국 민사집행법 제156조(제3채무자의 공탁) ① 제3채무자는 압류에 관련된 금전채권(압류명령에 의해 압류된 금전채권에 한한다. 다음 항에서 같다)의 전액에 상당하는 금전을 채무이행지의 공탁소에 공탁할 수 있다.
　② 제3채무자는 다음 조 제1항에 규정하는 소의 소장의 송달을 받을 때까지 압류에 관련된 금전채권 중 압류되어 있지 아니한 부분을 초과하여 발령된 압류명령, 압류처분 또는 가압류명령의 송달을 받은 때에는 그 채권 전부에 상당하는 금전을, 배당요구가 있었다는 취지를 기재한 문서를 송달받은 때에는 압류된 부분에 상당하는 금전을 채무의 이행지의 공탁소에 공탁하여야 한다.
　③ 제3채무자는 전2항의 규정에 따라 공탁을 한 때에는 그 사정을 집행재판소에 신고하여야 한다.
　제167조의14 (채권집행의 규정의 준용) ① 제146조부터 제152조까지, 제155조부터 제158조까지, 제164조 제5항 및 제6항과 제165조(제3호 및 제4호를 제외한다)의 규정은 소액소송채권집행에 준용한다. 이 경우에 제146조, 제155조 제4항부터 제6항까지 및 제8항과 제156조 제3항 중 「집행재판소」는 「재판소서기관」으로, 제146조 제1항 중 「압류명령을 발령할」은 「압류처분을 할」로, 제147조 제1항, 제148조 제

를 제외한다.)의 규정을 준용하는 경우를 포함한다. 이하 이 항에서 같다.]의 규정을
적용할 때에는 같은 조 제1호 중 「제156조 제1항 또는 제2항」은 「조직적인 범죄의
처벌 및 범죄수익의 규제 등에 관한 법률 제36조 제1항(같은 조 제4항에서 준용하는 경
우를 포함한다.)」으로 한다.

제37조(강제집행에 관련된 재산의 몰수의 제한) ① 몰수보전이 되기 전에 강제경매개
시결정 또는 강제집행에 의한 압류가 되어 있는 재산에는 몰수의 재판을 할 수 없
다. 다만 압류채권자의 채권이 가장된 것인 때, 압류채권자가 몰수대상재산이라는
정을 알면서 강제집행의 신청을 한 때 또는 압류채권자가 범인인 때에는 그러하지
아니하다.

② 몰수대상재산 위에 존재하는 지상권 기타 권리로서 부대보전명령에 따라 처분
이 금지된 것에 대하여, 당해 처분이 금지되기 전에 강제경매개시결정 또는 강제집
행에 의해 압수되어 있는 경우에 당해 재산을 몰수하는 때에는 그 권리를 존속하게
하고, 몰수의 선고와 동시에 그 취지의 선고를 하여야 한다. 다만 압류채권자의 채
권이 가장된 것인 때, 압수채권자가 몰수로 당해 권리가 소멸한다는 정을 알면서 강
제집행의 신청을 한 때 또는 압류채권자가 범인인 때에는 그러하지 아니하다.

③ 강제경매개시결정 또는 강제집행에 의해 압류가 되어 있는 재산에 대한 몰수보전
명령이 발령된 경우에 당해 재산에는 압류채권자(피고인인 압류채권자를 제외한다.)가 피
고사건의 절차에의 참가를 허가하지 아니하는 때에는 몰수의 재판을 할 수 없다. 전
항에 규정하는 경우에서의 재산의 몰수에도 같다.

④ 제18조 제4항 및 제5항의 규정은 제2항의 규정에 따라 존속하게 할 권리에 같
은 항의 선고가 없이 몰수의 재판이 확정된 경우에, 같은 조 제6항의 규정은 전항
의 몰수에 관한 절차에 준용한다.

제38조(강제집행의 정지) ① 재판소는 강제경매개시결정 또는 강제집행에 의해 압수
되어 있는 재산에 몰수보전명령을 발령한 경우 또는 발령하려고 하는 경우에 전조
제1항 단서에 규정하는 사유가 있다고 사료할 만한 상당한 이유가 있다고 인정하는
때에는 검찰관의 청구 또는 직권에 의한 결정으로 강제집행의 정지를 명할 수 있다.

② 검찰관이 전항의 결정의 재판서의 등본을 집행재판소(압류처분이 되어 있는 경우에
는 당해 압류처분을 한 재판소서기관. 이하 이 항에서 같다.)에 제출한 때에는 집행재판소는

2항, 제150조, 제155조 제1항, 제6항 및 제7항과 제156조 제1항 중 「압류명령」은 「압류처분」으로, 제
147조 제1항 및 제148조 제1항 중 「압류에 관련된 채권」은 「압류에 관련된 금전채권」으로, 제149조 중
「압류명령이 발령된 때」는 「압류처분이 된 때」로, 제155조 제7항 중 「결정」은 「재판소서기관의 처분」으
로, 제164조 제5항 중 「압류명령의 취소결정」은 「압류처분의 취소결정 또는 압류처분을 취소하는 취지
의 재판소서기관의 처분」으로, 제165조(표제어를 포함한다.) 중 「배당등」은 「변제금의 교부」로 바꿔 읽
는 것으로 한다.
② (생 략)

강제집행을 정지하여야 한다. 이 경우에 민사집행법의 규정을 적용할 때에는 같은 법 제39조 제1항 제7호[70]의 문서가 제출된 것으로 본다.

③ 재판소는 몰수보전이 효력을 잃은 때, 대체금이 납부된 때, 제1항의 이유가 없게 된 때 또는 강제집행의 정지기간이 부당하게 길어지게 된 때에는 검찰관이나 압류채권자의 청구 또는 직권에 의한 결정으로 같은 항의 결정을 취소하여야 한다. 제32조 제2항의 규정은 이 경우에 준용한다.

제39조(담보권 실행으로서의 경매절차와의 조정) ① 몰수보전재산 위에 존재하는 담보권으로 당해 보전이 된 후에 발생하거나 부대보전명령에 따라 처분이 금지된 것의 실행(압수를 제외한다.)은 몰수보전이나 부대보전명령에 따른 처분의 금지가 효력을 잃거나 대체금이 납부된 후가 아니면 할 수 없다.

② 담보권의 실행을 위한 경매절차가 개시된 후에 당해 담보권에 부대보전명령이 발령된 경우에 검찰관이 당해 명령의 등본을 제출한 때에는 집행재판소는 그 절차를 정지하여야 한다. 이 경우에 민사집행법의 규정을 적용할 때에는 같은 법 제183조 제1항 제7호(같은 법 제189조, 제192조 또는 제193조 제2항[71]에서 준용하는 경우를 포함한다.)의 문서가 제출된 것으로 본다.

제40조(그 외의 절차와의 조정) ① 제35조의 규정은 몰수보전이 되어 있는 재산에 대한 체납처분[국세징수법(昭和 34년 법률 제147호)에 따른 체납처분 및 그 예에 따른 체납처분을 말한다. 이하 같다.]에 의해 압수되거나 몰수보전이 되어 있는 재산을 보유한 자에게 파산절차개시결정, 재생절차개시결정 또는 승인원조절차에서 외국

---

70) 일본국 민사집행법 제39조(강제집행의 정지) ① 강제집행은 다음에 열거하는 문서가 제출된 때에는 정지하여야 한다.
   1. ～ 6. (생 략)
   7. 강제집행의 일시정지를 명하는 취지가 기재된 재판의 정본
   8. (생 략)
   ② ～ ③ (생 략)

71) 일본국 민사집행법 제183조 (부동산담보권실행절차의 정지) ① 부동산담보권의 실행절차는 다음에 열거하는 문서가 제출된 때에는 정지하여야 한다.
   1. ～ 6. (생 략)
   7. 담보권의 실행을 일시정지하는 재판의 등본
   ② ～ ③ (생 략)
   제189조(선박의 경매) 전장 제2절 제2관 및 제181조부터 제184조까지의 규정은 선박을 목적으로 하는 담보권의 실행을 위한 경매에 준용한다. 이 경우에 제115조 제3항 중「집행력 있는 집행권원의 정본」은「제189조에서 준용하는 제181조 제1항부터 제3항까지에 규정하는 문서」로, 제181조 제1항 제4호 중「일반의 선취특권」은「선취특권」으로 바꿔 읽는 것으로 한다.
   제192조(동산집행의 규정의 준용) 전장 제2절 제3관(제123조 제2항, 제128조, 제131조 및 제132조를 제외한다.) 및 제183조의 규정은 동산경매에, 제128조, 제131조 및 제132조의 규정은 일반의 선취특권의 실행으로서의 동산경매에, 제123조 제2항의 규정은 제190조 제1항 제3호에 열거하는 경우의 동산경매에 준용한다.
   제193조(채권 및 기타 재산권에 대한 담보권실행의 요건 등) ① (생 략)
   ② 전장 제2절 제4관 제1목(제146조 제2항, 제152조 및 제153조를 제외한다) 및 제182조부터 제184조까지의 규정은 전항에 규정하는 담보권실행 및 행사에, 제146조 제2항, 제152조 및 제153조의 규정은 전항에 규정하는 일반의 선취특권의 실행 및 행사에 준용한다.

도산처리절차의 승인원조에 관한 법률(平成 12년 법률 제129호) 제28조 제1항[72])의 규정에 따라 금지명령(제3항에서 「파산절차개시결정등」이라고 한다.)이 된 경우나 몰수보전이 되어 있는 재산을 보유하는 회사 기타 법인에 갱생절차개시결정 또는 특별청산개시명령(같은 항에서 「갱생절차개시결정등」이라고 한다.)이 되어 있는 경우에 이들 절차의 제한에 준용한다.

② 제36조의 규정은 몰수보전이 되어 있는 금전채권에 체납처분에 의한 압수가 되어 있거나 체납처분에 의한 압수가 되어 있는 금전채권에 몰수보전이 된 경우에 제3채무자의 공탁에 끝은 고 제1항, 제2항 및 제4항이 규정은 몰수보전이 되어 있는 금전채권에 대한 가압류의 집행이 되거나 가압류의 집행이 되어 있는 금전채권에 몰수보전이 된 경우에 제3채무자의 공탁에 준용한다.

③ 제37조의 규정은 몰수보전이 되기 전에 당해 보전에 관련된 재산에 대한 가압류의 집행이 되어 있거나 몰수대상재산의 위에 존재하는 지상권 기타 권리로서 부대보전명령에 따라 처분이 금지되어 있는 것에 당해 처분이 금지되기 전에 가압류의 집행이 되어 있는 경우에 이들 재산의 몰수의 제한에, 같은 조 제1항 본문의 규정은 몰수보전이 되기 전에 당해 보전에 관련된 재산에 대한 체납처분에 따른 압수가 되어 있는 경우나 몰수보전이 되기 전에 당해 보전에 관련된 재산을 보유한 자에게 파산절차개시결정 등이 되어 있던 경우 또는 몰수보전이 되기 전에 당해 보전에 관련된 재산을 보유하는 회사 기타 법인에 갱생절차개시결정등이 되어 있는 경우에 이들 재산의 몰수의 제한에, 같은 조 제2항 본문의 규정은 몰수대상재산 위에 존재하는 지상권 기타 권리로서 부대보전명령에 따라 처분이 금지된 것에 당해 처분이 금지되기 전에 체납처분에 따른 압수가 되어 있거나 몰수대상재산 위에 존재하는 지상권 기타 권리로서 부대보전명령에 따라 처분이 금지된 것을 보유하는 자에게 당해 처분이 금지되기 전에 파산절차개시결정등이 되어 있는 경우 또는 몰수대상재산 위에 존재하는 지상권 기타 권리로서 부대보전명령에 따라 처분이 금지된 것을 보유하는 회사 기타 법인에 당해 처분이 금지되기 전에 갱생절차개시결정등이 되어 있는 경우에 이들 재산의 몰수의 제한에 준용한다.

④ 제38조의 규정은 가압류의 집행이 되어 있는 재산에 몰수보전명령을 발령하거나 발령하려고 하는 경우의 강제집행의 정지에 준용한다.

---

[72]) 일본국 외국도산처리절차의 승인원조에 관한 법률 제28조(강제집행 등 금지명령) ① 재판소는 승인원조 절차의 목적을 달성하기 위해 필요하다고 인정하는 때에는 이해관계인의 신청 또는 직권으로 외국도산 처리절차의 승인의 결정과 동시에 또는 그 결정 후 모든 채권자에게 채무자의 재산에 대한 강제집행 등의 금지를 명할 수 있다. 이 경우에 재판소는 상당하다고 인정하는 때에는 일정한 범위에 속하는 채권에 기초한 강제집행등 또는 일정한 범위에 속하는 채무자의 재산에 대한 강제집행등을 금지의 명령의 대상에서 제외할 수 있다.
② ~ ⑦ (생 략)

제41조(부대보전명령의 효력 등) ① 부대보전명령은 당해 명령에 관련된 몰수보전이 효력을 갖는 동안 그 효력을 가진다. 다만 대체금이 납부된 때에는 그러하지 아니하다.
② 부대보전명령에 따른 처분의 금지에는 특별한 정함이 있는 것 외 몰수보전에 관한 규정을 준용한다.

제2절 추징보전

제42조(추징보전명령) ① 재판소는 제2조 제2항 제1호 ㅓ나 ㅁ 또는 같은 항 제2호 ㄷ에 열거하는 죄 또는 제10조 제3항이나 제11조의 죄에 관련된 피고사건에 관하여 이 법률 기타 법령의 규정에 따라 불법재산의 가액을 추징할 경우에 해당한다고 사료할 만한 상당한 이유가 있는 경우에 추징의 재판의 집행을 할 수 없게 될 우려가 있고 그 집행을 하는 것이 현저하게 곤란이 발생할 우려가 있다고 인정하는 때에는 검찰관의 청구 또는 직권으로 추징보전명령을 발령하여 피고인에게 그 재산의 처분을 금지할 수 있다.
② 추징보전명령은 추징의 재판의 집행을 위해 보전함이 상당하다고 인정하는 금액(제4항에서 「추징보전액」이라고 한다.)을 정하여 특정 재산에 발령하여야 한다. 다만 동산에는 목적물을 특정하지 아니하고 발령할 수 있다.
③ 추징보전명령에는 처분을 금지할 재산에 대한 추징보전명령의 집행을 정지하거나 추징보전명령의 집행으로서 이뤄질 처분의 취소를 구하기 위해 피고인이 납부할 금액(이하 「추징보전해방금」라고 한다.)을 정하여야 한다.
④ 추징보전명령에는 피고인의 이름, 죄명, 공소사실의 요지, 추징의 근거가 되는 법령의 조항, 추징보전액, 처분을 금지할 재산의 표시, 추징보전해방금액, 발부의 연월일 기타 최고재판소규칙으로 정하는 사항을 기재하고 재판장 또는 수명재판관이 기명날인하여야 한다.
⑤ 제22조 제4항 및 제5항의 규정은 추징보전(추징보전명령에 따른 처분의 금지를 말한다. 이하 같다.)에 준용한다.

제43조(기소 전 추징보전명령) ① 재판관은 제16조 제3항의 규정에 따라 추징하여야 할 경우에 해당한다고 사료할 만한 상당한 이유가 있는 경우에 전조 제1항에 규정하는 필요가 있다고 인정하는 때에는 공소가 제기되기 전에도 검찰관의 청구에 의해 같은 항에 규정하는 처분을 할 수 있다.
② 제23조 제3항 본문 및 제4항부터 제6항까지의 규정은 전항의 규정에 따른 추징보전에 준용한다.

제44조(추징보전명령의 집행) ① 추징보전명령은 검찰관의 명령에 따라 집행한다. 이 명령은 민사보전법(平成 원년 법률 제91호)의 규정에 따른 가압류명령과 동일한 효력

을 가진다.

② 추징보전명령의 집행은 추징보전명령의 등본이 피고인 또는 피의자에게 송달되기 전에도 할 수 있다.

③ 추징보전명령의 집행은 이 법률에 특별한 정함이 있는 것 외 민사보전법 기타 가압류의 집행절차에 관한 법령의 규정에 따른다. 이 경우에 이들 법령의 규정에서 가압류명령을 발령한 재판소를 보전집행재판소로 하여 관할하는 것으로 규정된 가압류의 집행은 제1항의 규정에 따른 명령을 발령한 검찰관이 소속된 검찰청에 대응하는 재판소가 관할한다.

제45조(금전채권채무자의 공탁) ① 추징보전명령에 기초한 가압류가 집행된 금전채권 채무자가 당해 채권액에 상당하는 액수의 금전을 공탁한 때에는 채권자의 공탁금의 출급청구권에 당해 가압류가 집행된 것으로 본다.

② 전항의 규정은 추징보전해방금액을 초과하는 부분에 관련된 공탁금에는 적용하지 아니한다.

제46조(추징보전해방금의 납부와 추징 등의 재판의 집행) ① 추징보전해방금이 납부된 후에 추징의 재판이 확정되거나 가납부의 재판의 선고가 있었던 때에는 납부된 금액의 한도에서 추징 또는 가납부의 재판의 집행이 있는 것으로 본다.

② 추징의 선고가 있는 경우에 납부된 추징보전해방금이 추징금액을 초과하는 때에는 그 초과액은 피고인에 환부하여야 한다.

제47조(추징보전명령의 취소) 재판소는 추징보전의 이유 또는 필요가 없게 되었거나 추징보전의 기간이 부당하게 길어진 때에는 검찰관, 피고인 또는 그 변호인의 청구 또는 직권에 의한 결정으로 추징보전명령을 취소하여야 한다. 제32조 제2항의 규정은 이 경우에 준용한다.

제48조(추징보전명령의 실효) ① 추징보전명령은 무죄, 면소 또는 공소기각(형사소송법 제338조 제4호 및 제339조 제1항 제1호의 규정에 따른 경우를 제외한다.)의 재판의 고지가 있는 때 또는 유죄의 재판의 고지가 있었던 경우에 추징의 선고가 없었던 때에는 효력을 잃는다.

② 형사소송법 제338조 제4호 또는 제339조 제1항 제1호의 규정에 따른 공소기각의 재판이 있는 경우의 추징보전명령의 효력에는 제33조 제2항의 규정을 준용한다.

제49조(실효 등의 경우의 조치) 추징보전명령이 효력을 잃거나 추징보전해방금이 납부된 때에는 검찰관은 신속하게 제44조 제1항의 규정에 따라 명령을 취소하고 추징보전명령에 기초한 가압류의 집행의 정지나 이미 한 가압류의 집행의 취소를 위해 필요한 조치를 집행하여야 한다.

제3절 잡칙

제50조(송달) 몰수보전 또는 추징보전(추징보전명령에 기초한 가압류의 집행을 제외한다. 이하 이 절에서 같다.)에 관한 서류의 송달은 최고재판소규칙에 특별한 정함이 있는 경우를 제외하고 민사소송에 관한 법령의 규정을 준용한다. 이 경우에 민사소송법(平成 8년 법률 제109호) 제110조 제3항에 규정하는 공시송달 이외의 공시송달에서 기간 경과로 송달의 효력이 발생하는 기간은 같은 법 제112조 제1항 본문 및 제2항의 규정에 불구하고 7일간으로 한다.

제51조(상소제기기간 중의 처분 등) 상소의 제기기간 내의 사건으로 아직 상소를 제기하지 아니한 것 또는 상소 중의 사건으로 소송기록이 상소재판소에 도달하지 아니한 것에 대하여 몰수보전 또는 추징보전에 관한 처분을 할 경우에는 원재판소가 이를 하여야 한다.

제52조(불복신청) ① 몰수보전 또는 추징보전에 관하여 재판소가 한 결정에는 항고를 할 수 있다. 다만 몰수 또는 추징하여야 할 경우에 해당한다고 사료될 만한 상당한 이유가 없는 것[제22조 제2항의 규정에 따른 결정에 관하여는 같은 항에 규정하는 이유가 없는 것을, 제38조 제1항(제41조 제2항에서 준용하는 경우를 포함한다.)의 규정에 따른 결정에 관하여는 제38조 제1항에 규정하는 이유가 없는 것을 포함한다.]을 이유로는 할 수 없다.

② 몰수보전 또는 추징보전에 관하여 재판관이 한 재판에 불복이 있는 자는 그 재판관이 소속된 재판소(간이재판소의 재판관이 한 재판에 대하여는 당해 간이재판소의 소재지를 관할하는 지방재판소)에 그 재판의 취소 또는 변경을 청구할 수 있다. 전항 단서의 규정은 이 경우에 준용한다.

③ 전항의 규정에 따른 불복신청에 관한 절차는 형사소송법 제429조 제1항에 규정하는 재판관의 재판의 취소 또는 변경청구에 관련된 절차의 예에 따른다.

제53조(준용) 몰수보전 및 추징보전에 관한 절차에는 이 법률에 특별한 정함이 있는 것 외에 형사소송법의 규정을 준용한다.

제5장 삭제

제54조 삭제
제55조 삭제
제56조 삭제
제57조 삭제

제58조 삭제

제6장 몰수 및 추징의 재판의 집행 및 보전에 대한 국제공조절차 등

제59조(공조의 실시) ① 외국의 형사사건(마약특례법 제16조 제2항73)에 규정하는 약물범죄등에 해당하는 행위에 관련된 것을 제외한다.)에 관하여 당해 외국으로부터 몰수 또는 추징의 확정 재판의 집행이나 몰수 또는 추징을 위한 재산의 보전의 공조요청이 있는 때에는 다음 각호의 어느 하나에 해당하는 경우를 제외하고 당해 요청에 관련된 공조를 할 수 있다.

1. 공조범죄(공조요청에서 범하여졌다고 되어 있는 범죄를 말한다. 이하 이 항에서 같다.)에 관련된 행위가 일본국 내에서 이뤄졌을 경우에 당해 행위가 제2조 제2항 제1호 イ 또는 ㅁ나 같은 항 제2호 二에 열거하는 죄 또는 제10조 제3항이나 제11조의 죄에 해당하는 것이 아닌 때

2. 공조범죄에 관련된 행위가 일본국 내에서 이뤄졌을 경우에 일본국의 법령에 의하면 이에 대하여 형벌을 부과할 수 없다고 인정되는 때

3. 공조범죄에 관련된 사건이 일본국의 재판소에 계속된 때 또는 그 사건에 대하여 일본국의 재판소에서 확정판결을 경료한 때

4. 몰수의 확정재판의 집행의 공조 또는 몰수를 위한 보전의 공조는 공조범죄에 관련된 행위가 일본국 내에서 이뤄졌을 경우에 요청에 관련된 재산이 일본국의 법령에 의하면 공조범죄에 대하여 몰수의 재판을 하거나 몰수보전을 할 수 있는 재산에 해당하는 것이 아닌 때

5. 추징의 확정재판의 집행의 공조 또는 추징을 위한 보전의 공조는 공조범죄에 관련된 행위가 일본국 내에서 이뤄졌을 경우에 일본국의 법령에 의하면 공조범죄에 대하여 추징의 재판을 하거나 추징보전을 할 수 있는 경우에 해당하는 것이 아닌 때

6. 몰수의 확정재판의 집행의 공조는 요청에 관련된 재산을 가지거나 그 재산 위에 지상권, 저당권 기타 권리를 가진다고 사료할 만한 상당한 이유가 있는 자가, 추징의 확정재판의 집행의 공조는 당해 재판을 받은 자가 자기의 책임 없는 사유로 당해 재판에 관련된 절차에서 자기 권리를 주장할 수 없게 되었다고 인정되는 때

7. 몰수 또는 추징을 위한 보전의 공조는 요청국의 재판소 또는 재판관이 한 몰수

---

73) 일본국 마약특례법 제16조(제3자의 재산의 몰수절차 등) ① 제11조 제1항 각호 또는 제3항 각호에 열거하는 재산인 채권등(부동산 및 동산 이외의 재산을 말한다. 제18조에서 같다.)이 피고인 이외의 자(이하 이 조에서 「제3자」라고 한다.)에 귀속되는 경우에 당해 제3자가 피고사건의 절차에의 참가를 허가받지 않은 때에는 몰수의 재판을 할 수 없다.
② 약물범죄 또는 제6조나 제7조의 죄(이하 「약물범죄등」이라 한다.)에 관하여 이 법률, 마약 및 향정신 약단속법 기타 법령의 규정에 따라 지상권, 저당권 기타 제3자의 권리가 그 위에 존재하는 재산을 몰수하려는 경우에 당해 제3자가 피고사건의 절차에의 참가를 허가받지 아니한 때에도 전항과 마찬가지이다.
③ ~ ④ (생 략)

또는 추징을 위한 보전의 재판에 기초한 요청인 경우나 몰수 또는 추징의 재판의 확정 후의 요청인 경우를 제외하고 공조범죄에 관련된 행위가 이뤄졌다고 의심할 만한 상당한 이유가 없는 때 또는 당해 행위가 일본국 내에서 이뤄졌을 경우에 제22조 제1항 또는 제42조 제1항에 규정하는 이유가 없다고 인정되는 때

② 마약특례법 제16조 제2항에 규정하는 약물범죄 등에 해당하는 행위에 관련된 외국의 형사사건에 관하여 당해 외국으로부터 조약에 기초하지 않은 전항의 공조 요청이 있는 때에는 마약특례법 제21조 각호[74]의 어느 하나에 해당하는 경우를 제외하고 그 요청에 관련된 공조를 할 수 있다.

③ 지상권, 저당권 기타 권리가 그 위에 존재하는 재산에 관련된 몰수의 확정재판의 집행의 공조를 할 때 일본국의 법령에 따라 당해 재산을 몰수하면 당해 권리를 존속하게 하여야 할 경우에 해당하는 때에는 이를 존속하게 한다.

제60조(추징으로 보는 몰수) ① 불법재산이나 마약특례법 제11조 제1항 각호 또는 제3항 각호[75])에 열거하는 재산(이하 이 조에서 「불법재산등」이라고 한다.)에 갈음하여 그

---

74) 일본국 마약특례법 제21조(공조의 실시) 약물범죄등에 해당하는 행위에 관련된 외국의 형사사건에 관하여 당해 외국으로부터 조약을 기초로 몰수 또는 추징의 확정재판의 집행이나 몰수 또는 추징을 위한 재산의 보전의 공조의 요청이 있었던 때에는 다음 각호의 어느 하나에 해당하는 경우를 제외하고 그 요청에 관련된 공조를 한다.
  1. 공조범죄(공조의 요청에서 범하여졌다고 하는 범죄를 말한다. 이하 같다.)에 대하여 일본국의 법령에 따르면 형벌을 부과할 수 없다고 인정되는 때
  2. 공조범죄에 관련된 사건이 일본국의 재판소에 계속된 때 또는 그 사건에 대하여 일본국의 재판소에서 확정판결을 경료한 때
  3. 몰수의 확정재판의 집행의 공조 또는 몰수를 위한 보전의 공조에서는 요청에 관련된 재산이 일본국의 법령에 의하면 공조범죄에 대한 요청에 관련된 몰수의 재판을 하거나 몰수보전을 할 수 있는 재산에 해당하는 것이 아닌 때
  4. 추징의 확정재판의 집행의 공조 또는 추징을 위한 보전의 공조에서는 일본국의 법령에 의하면 공조범죄에 대한 요청에 관련된 추징의 재판을 하거나 추징보전을 할 수 있는 경우에 해당하는 것이 아닌 때
  5. 몰수의 확정재판의 집행의 공조는 요청에 관련된 재산을 보유하거나 그 재산 위에 지상권, 저당권 기타의 권리를 보유한다고 사료하기에 충분한 상당한 이유가 있는 자가, 추징의 확정재판의 집행의 공조에서는 당해 재산을 받은 자가 자기의 책임 없는 사유로 당해 재판에 관련된 절차에서 자기의 권리를 주장할 수 없었다고 인정되는 때
  6. 몰수 또는 추징을 위한 보전의 공조는 요청국의 재판소나 재판관이 한 몰수 또는 추징을 위한 보전의 재판을 기초로 요청한 경우나 몰수 또는 추징의 재판의 확정 후의 요청인 경우를 제외하고 제19조 제1항 또는 제20조 제1항에 규정하는 이유가 없다고 인정되는 때
75) 일본국 마약특례법 제11조(약물범죄수익등의 몰수) ① 다음에 열거하는 재산은 몰수한다. 다만 제6조 제1항이나 제2항 또는 제7조의 죄가 약물범죄수익이나 약물범죄수익에서 유래하는 재산과 이들 재산 이외의 재산이 혼화된 재산에 관련된 경우에는 이들 죄에 대한 제3호부터 제5호까지에 열거하는 재산의 전부를 몰수함이 상당하지 아니하다고 인정되는 때에는 그 일부를 몰수할 수 있다.
  1. 약물범죄수익(제2조 제2항 제6호나 제7호에 열거하는 죄에 관련된 것을 제외한다.)
  2. 약물범죄수익에서 유래한 재산(제2조 제2항 제6호 또는 제7호에 열거하는 죄에 관련된 약물범죄수익의 보유나 처분에 기초하여 취득한 것을 제외한다.)
  3. 제6조 제1항이나 제2항 또는 제7조의 죄에 관련된 약물범죄수익등
  4. 제6조 제1항이나 제2항 또는 제7조의 범죄행위로 발생하였거나 당해 범죄행위로 취득한 재산 또는 당해 범죄행위의 보수로서 취득한 재산
  5. 전2호의 재산의 과실로서 취득한 재산, 전2호의 재산의 대가로서 취득한 재산, 이들 재산의 대가로서 취득한 재산 기타 전2호의 재산의 보유 또는 처분을 기초로 취득한 재산
  ② (생 략)

가액이 불법재산등의 가액에 상당하는 재산으로 당해 재판을 받은 자가 가지고 있는 것을 몰수하는 확정재판의 집행에 관련된 공조요청에서는, 당해 확정재판은 이 법률에 따른 공조의 실시에서는 그 자로부터 당해 재산의 가액을 추징하는 확정재판으로 본다. 부동산이나 동산 또는 금전채권 이외의 제13조 제1항 각호에 열거하는 재산으로 당해 재판을 받은 자가 가진 것을 몰수하는 확정재판의 집행에 관련된 공조요청에서도 같다.

② 전항의 규정은 불법재산등에 갈음하여 그 가액이 불법재산등의 가액에 상당하는 재산을 몰수하기 위한 보전 및 부동산이나 동산 또는 금전채권 이외의 제13조 제1항 각호에 열거하는 재산을 몰수하기 위한 보전에 관련된 공조요청에 준용한다.

제61조(요청의 수리) ① 공조요청의 수리는 외무대신이 한다. 다만 조약을 기초로 법무대신이 공조요청의 수리를 하게 되어 있거나 긴급 기타 특별한 사정이 있는 경우에 외무대신이 동의한 때에는 법무대신이 한다.

② 전항 단서의 규정에 따라 법무대신이 공조요청의 수리를 한 경우에는 법무대신은 외무대신에게 공조에 관한 사무의 실시에 관한 필요한 협력을 요구할 수 있다.

제62조(재판소의 심사) ① 공조요청이 몰수 또는 추징의 확정재판의 집행에 관련된 것인 때에는 검찰관은 재판소에 공조를 할 수 있는 경우에 해당하는지에 대한 심사청구를 하여야 한다.

② 재판소는 심사 결과 심사청구가 부적법한 때에는 이를 각하하는 결정을 하고, 공조요청에 관련된 확정재판의 전부 또는 일부에 대하여 공조를 할 수 있는 경우에 해당하는 때 또는 그 전부에 대하여 공조를 할 수 없는 경우에 해당하는 때에는 각각 그 취지의 결정을 하여야 한다.

③ 재판소는 몰수의 확정재판의 집행의 공조요청에 대하여 공조할 수 있는 경우에 해당한다는 취지의 결정을 하는 경우에 제59조 제3항의 규정에 따라 존속하게 하여야 하는 권리가 있는 때에는 당해 권리를 존속하게 하는 취지의 결정을 동시에 하여야 한다.

④ 재판소는 추징의 확정재판의 집행의 공조요청에 대하여 공조할 수 있는 경우에 해당

---

③ 다음에 열거하는 재산은 몰수할 수 있다.
1. 약물범죄수익(제2조 제2항 제6호 또는 제7호에 열거하는 죄에 관련된 것에 한한다.)
2. 약물범죄수익에서 유래한 재산(제2조 제2항 제6호 또는 제7호에 열거하는 죄에 관련된 약물범죄수익의 보유나 처분에 기초하여 취득한 것에 한한다.)
3. 제6조 제3항의 죄에 관련된 약물범죄수익등
4. 제6조 제3항의 범죄행위로 발생하거나 당해 범죄행위로 취득한 재산 또는 당해 범죄행위의 보수로서 취득한 재산
5. 전2호의 재산의 과실로서 취득한 재산, 전2호의 재산의 대가로서 취득한 재산, 이들 재산의 대가로서 취득한 재산 기타 전2호의 재산의 보유 또는 처분을 기초로 취득한 재산

한다는 취지의 결정을 하는 때에는 추징할 일본 엔의 금액을 동시에 표시하여야 한다.

⑤ 제1항의 규정에 따른 심사에서는 공조요청에 관련된 확정재판의 당부를 심사할 수 없다.

⑥ 제1항의 규정에 따른 심사에 관하여는 다음에 열거하는 자(이하 「이해관계인」이라고 한다.)가 당해 심사청구사건의 절차에의 참가를 허가받지 아니한 때에는 공조를 할 수 있는 경우에 해당한다는 취지의 결정을 할 수 없다.

1. 몰수의 확정재판의 집행의 공조에서는 요청에 관련된 재산을 보유하거나 그 재산 위에 존재하는 지상권, 저당권 기타 권리를 가진다고 사료할 만한 상당한 이유가 있는 자 또는 이들 재산 또는 권리에 대한 몰수보전이 되기 전에 강제경매개시결정, 강제집행에 따른 압류나 가압류의 집행이 되어 있는 경우의 압류채권자 또는 가압류채권자

2. 추징의 확정재판의 집행의 공조에서는 당해 재판을 받은 자

⑦ 재판소는 심사청구에 대한 결정을 하는 때에는 검찰관 및 심사청구사건의 절차에의 참가를 허가받은 자(이하 「참가인」이라고 한다.)의 의견을 들어야 한다.

⑧ 재판소는 참가인이 구두로 의견을 진술하고 싶다는 취지를 신청한 때 또는 재판소에서 증인 또는 감정인을 심문하는 때에는 공개된 법정에서 심문기일을 열어 참가인에 당해 기일에 출석할 기회를 부여하여야 한다. 이 경우에 참가인이 출석할 수 없는 때에는 심문기일에 대리인을 출석하게 하거나 서면으로 의견을 진술할 기회를 부여하는 것으로써 참가인에 출석할 기회를 부여한 것으로 본다.

⑨ 검찰관은 전항의 심문기일의 절차에 입회할 수 있다.

제63조(항고) ① 검찰관 및 참가인은 심사청구에 관련된 결정에 항고를 할 수 있다.

② 항고재판소의 결정에는 형사소송법 제405조 각호에 정하는 사유가 있는 때에는 최고재판소에 특별항고를 할 수 있다.

③ 전2항의 항고의 제기기간은 14일로 한다.

제64조(결정의 효력) 몰수 또는 추징의 확정재판의 집행의 공조요청에 공조를 할 수 있는 경우에 해당한다는 취지의 결정이 확정된 때에는 당해 몰수 또는 추징의 확정재판은 공조의 실시에 관하여는 일본국의 재판소가 선고한 몰수 또는 추징의 확정재판으로 본다.

제64조의2(요청국에의 집행재산등의 양도 등) ① 몰수 또는 추징의 확정재판의 집행의 공조요청을 한 외국(제3항에서 「집행공조의 요청국」이라고 한다.)으로부터 당해 공조의 실시에 관련된 재산 또는 그 가액에 상당하는 금전(이하 이 조에서 「집행재산등」이라고 한다.)의 양도의 요청이 있는 때에는 그 전부 또는 일부를 양도할 수 있다.

② 법무대신은 집행재산 등의 전부 또는 일부를 양도함이 상당하다고 인정하는 때

에는 몰수 또는 추징의 확정재판의 집행의 공조에 필요한 조치를 명한 지방검찰청의 검사정에게 당해 집행재산 등의 양도를 위한 보관을 명한다.

③ 법무대신은 집행재산등에 대하여 다음 각호의 어느 하나에 해당하는 경우에는 전항에 규정하는 검사정에게 당해 집행재산 등의 전부 또는 일부를 임시로 보관할 것을 명할 수 있다.

1. 집행공조의 요청국으로부터 집행재산 등의 양도의 요청이 있는 경우에 이에 응할지를 판단하기 위해 필요하다고 인정하는 때

2. 집행공조의 요청국으로부터 집행재산 등의 양도의 요청이 되었다고 사료하는 경우에 필요하다고 인정하는 때

제65조(결정의 취소) ① 몰수 또는 추징의 확정재판의 집행의 공조요청에 공조를 할 수 있는 경우에 해당한다는 취지의 결정이 확정된 경우에 당해 요청에 관련된 확정재판이 취소된 때 기타 효력이 없게 된 때에는 재판소는 검찰관 또는 이해관계인의 청구에 의해 결정으로 공조를 할 수 있는 경우에 해당하는 취지의 결정을 취소하여야 한다.

② 전항의 취소결정이 확정된 때에는 형사보상법에 정하는 몰수 또는 추징의 집행에 의한 보상의 예에 따라 보상한다.

③ 제63조의 규정은 제1항의 청구에 관련된 결정에 준용한다.

제66조(몰수보전의 청구) ① 공조요청이 몰수를 위한 보전에 관련된 것인 때에는 검찰관은 재판관에게 몰수보전명령을 발령하여 요청에 관련된 재산에 대한 처분을 금지할 것을 청구하여야 한다. 이 경우에 검찰관은 필요하다고 인정하는 때에는 부대보전명령을 발령하여 당해 재산 위에 존재하는 지상권, 저당권 기타 권리의 처분을 금지할 것을 청구할 수 있다.

② 제62조 제1항의 심사청구가 있은 후 몰수보전에 관한 처분은 심사청구를 받은 재판소가 한다.

제67조(추징보전의 청구) ① 공조요청이 추징을 위한 보전에 관련된 것인 때에는 검찰관은 재판관에게 추징보전명령을 발령하여 추징의 재판을 받을 자에게 재산의 처분을 금지할 것을 청구하여야 한다.

② 전조 제2항의 규정은 추징보전에 관한 처분에 준용한다.

제68조(공소제기 전의 보전기간) ① 몰수 또는 추징을 위한 보전의 공조요청이 공소가 제기되지 아니한 사건에 관하여 된 경우에 몰수보전명령 또는 추징보전명령이 발령된 날로부터 45일 이내에 요청국으로부터 당해 사건에 대하여 공소가 제기되었다는 취지의 통지가 없는 때에는 당해 몰수보전 또는 추징보전명령은 효력을 잃는다.

② 요청국으로부터 전항의 기간 내에 공소를 제기할 수 없음에 부득이한 사유가 있다는 취지의 이유를 붙인 통지가 있는 때에는 재판관은 검찰관의 청구에 의해

30일간을 한도로 보전의 기간을 갱신할 수 있다. 갱신된 기간 내에 공소를 제기할 수 없음에 부득이한 사유가 있다는 취지의 이유를 붙여 통지한 때에도 같다.

제69조(절차의 취소) ① 공조요청을 철회하는 취지의 통지가 있었던 때에는 검찰관은 신속하게 심사, 몰수보전 또는 추징보전의 청구를 취소하거나 몰수보전명령 또는 추징보전명령의 취소를 청구하여야 한다.

② 전항의 청구가 있는 때에는 재판소 또는 재판관은 신속하게 몰수보전명령 또는 추징보전명령을 취소하여야 한다.

제70조(사실조사) 재판소 또는 재판관은 이 장의 규정에 따른 심사를 하거나 몰수보전 또는 추징보전에 관한 처분을 하기 위해 필요한 때에는 사실조사를 할 수 있다. 이 경우에는 증인을 심문하고, 검증을 진행하거나 감정, 통역 또는 번역을 명할 수 있다.

제71조(검찰관의 처분) ① 검찰관은 이 장의 규정에 따른 몰수보전 또는 추징보전의 청구나 몰수보전명령 또는 추징보전명령의 집행에 관하여 필요하다고 인정하는 때에는 다음에 열거하는 처분을 할 수 있다.

1. 관계인의 출석을 요구하여 조사하는 것
2. 감정을 촉탁하는 것
3. 실황조사를 하는 것
4. 서류 기타 물건의 소유자, 소지자 또는 보관자에게 그 물건의 제출을 요구하는 것
5. 공무소 또는 공사의 단체에 조회하여 필요한 사항의 보고를 요구하는 것
6. 전기통신을 하기 위한 설비를 타인의 통신의 이용에 제공하는 사업을 영위하는 자나 자기의 업무를 위해 불특정 다수에게 통신을 매개할 수 있는 전기통신을 하기 위한 설비를 설치하고 있는 자에게 업무상 기록하고 있는 전기통신의 송신원, 송신처, 통신일시 기타 통신이력의 전자적 기록 중 필요한 것을 특정하고 30일을 초과하지 않는 기간(연장하는 경우에는 통산하여 60일을 초과하지 않는 기간)을 정하여 이를 소거하지 않도록 서면으로 요구하는 것
7. 재판관이 발부하는 영장에 의한 압수, 기록명령부압수, 수색 또는 검증을 하는 것

② 검찰관은 검찰사무관에게 전항의 처분을 하게 할 수 있다.

제72조(관할재판소) 이 장의 규정에 따른 심사, 몰수보전 또는 추징보전이나 영장의 발부청구는 청구하는 검찰관이 소속된 검찰청 소재지를 관할하는 지방재판소 또는 그 재판관에게 하여야 한다.

제73조(준용) ① 이 장에 특별한 정함이 있는 것 외 재판소 또는 재판관이 하는 심사, 처분이나 영장의 발부, 검찰관 또는 검찰사무관이 하는 처분이나 재판소의 심사에의 이해관계인의 참가에는 제3장 및 제4장, 형사소송법(제1편 제2장 및 제5장부터 제13장까지, 제2편 제1장, 제3편 제1장, 제4장 및 제7편에 한한다.), 형사소송비용에 관한 법령

및 형사사건에서의 제3자 소유물의 몰수절차에 관한 응급조치법의 규정을, 공조요청을 수리한 경우의 조치에는 국제수사공조 등에 관한 법률(昭和 55년 법률 제69호) 제4조, 제5조 제1항(제1호에 관련된 부분에 한한다.)과 제3항 및 제7조 제1항과 도망범죄인인도법(昭和 28년 법률 제68호) 제8조 제2항 및 제11조 제1항과 제2항의 규정을 각각 그 성질에 반하지 아니하는 한도에서 준용한다.

② 제64조의2 제1항에 규정하는 양도의 요청의 수리 및 당해 요청을 수리한 경우의 조치에는 국제수사공조 등에 관한 법률 제3조, 제4조, 제14조 제1항 전단, 제5항 및 제6항과 제16조 제1항의 규정을 준용한다. 이 경우에 같은 법 제3조의 표제어 중 「증거의 송부」는 「집행재산등의 인도」로, 같은 조 제1항 중 「증거의 송부」는 「집행재산등[조직적인 범죄의 처벌 및 범죄수익의 규제 등에 관한 법률(平成 11년 법률 제136호) 제64조의2 제1항에 규정하는 집행재산등을 말한다. 이하 같다.]의 인도」로, 같은 조 제2항 중 「증거의 송부」는 「집행재산등의 인도」로, 같은 법 제4조 중 「공조요청서」는 「양도요청서」로, 같은 법 제14조 제1항 전단 중 「증거의 수집을 종료한」은 「집행재산등을 보관하게 된 때에는」으로, 「수집한 증거」는 「당해 집행재산등」으로, 「송부하여야」는 「인도하여야」로, 같은 조 제5항 중 「제1항, 제3항 또는 전항의 규정에 따른 송부」는 「제1항의 규정에 따른 인도」로, 「증거」는 「집행재산등」으로, 「반환」은 「처분」으로 바꿔 읽는 것으로 한다.

제74조(도망범죄인의 인도에 관한 특례) 도망범죄인인도법 제1조 제3항에 규정하는 인도범죄에 관련된 행위가 일본국 내에서 이뤄졌다면 제6조의2 제1항 제2호에 열거하는 죄에 관련된 같은 항 또는 같은 조 제2항의 죄나 제10조 제3항의 죄에 해당하는 경우에 같은 법 제2조의 규정을 적용할 때에는 같은 조 제3호 및 제4호 중 「3년」은 「2년」으로 한다.

제7장 잡칙

제75조(정령 등에의 위임) ① 이 법률에 정하는 것 외 몰수보전과 체납처분과의 절차의 정리에 필요한 사항으로 체납처분에 관한 것은 정령으로 정한다.

② 이 법률에 정하는 것 외 제18조의 규정에 따른 제3자의 참가 및 재판에 관한 절차, 제4장에 규정하는 몰수보전 및 추징보전에 관한 절차 및 전장에 규정하는 국제공조절차에 필요한 사항(전항에 규정하는 사항을 제외한다.)은 최고재판소규칙으로 정한다.

제76조(경과조치) 이 법률의 규정에 기초하여 정령을 제정하거나 폐지하는 경우에는 그 정령으로 그 제정 또는 폐지에 수반하여 합리적으로 필요하다고 판단되는 범위 내에서 소요의 경과조치를 정할 수 있다.

부 칙 〈생 략〉

별표 제1(제2조, 제7조의2 관련)

1. 제6조의2 제1항 또는 제2항(테러리즘집단 기타 조직적범죄집단에 의한 실행준비행위를 수반하는 중대범죄수행의 계획)의 죄

2. 제7조의2(증인 등 매수)의 죄

3. 제10조(범죄수익등은닉)나 제11조(범죄수익등수수)의 죄 또는 마약특례법 제6조(약물범죄수익등은닉)나 제7조(약물범죄수익등수수)의 죄

4. 형법 제155조 제1항(유인공문서위조)이나 제2항(유인공문서변조)의 죄, 같은 법 제156조(유인허위공문서작성등)의 죄(같은 법 제155조 제1항 또는 제2항의 예에 따라 처단하여야 하는 것에 한한다.) 또는 같은 법 제159조 제1항(유인사문서위조)이나 제2항(유인사문서변조)의 죄

5. 형법 제197조부터 제197조의4까지(수뢰, 수탁수뢰 및 사전수뢰, 제3자 수뢰, 가중수뢰 및 사후수뢰, 알선수뢰) 또는 제198조(증뢰)의 죄

6. 형법 제224조부터 제228조까지(미성년자약취 및 유괴, 영리목적 등 약취 및 유괴, 사람의 대금목적약취 등, 소재국외이송목적약취 및 유괴, 인신매매, 피약취자 등 소재국외이송, 피약취자인도 등, 미수범)의 죄

7. 아동복지법(昭和 22년 법률 제164호) 제60조 제2항(아동의 인도 및 지배)의 죄(같은 법 제34조 제1항 제7호 또는 제9호의 위반행위에 관련된 것에 한한다.)

8. 출입국관리 및 난민인정법(昭和 26년 정령 제319호) 제70조 제1항 제1호(불법입국), 제2호(불법상륙)나 제5호(불법잔류) 또는 제2항(불법체류)의 죄(정범에 의해 범해진 것을 제외한다.), 같은 법 제74조(집단밀항자를 불법입국하게 한 행위 등), 제74조의2(집단밀항자의 수송) 또는 제74조의4(집단밀항자의 수수 등)의 죄, 같은 법 제74조의6(불법입국 등 원조)의 죄(같은 법 제70조 제1항 제1호 또는 제2호에 규정하는 행위에 관련된 것에 한한다.), 같은 법 제74조6의2 제1항 제1호(난민여행증명서 등의 부정수령 교부)나 제2호(위조외국여권 등의 소지 등) 또는 제2항(영리목적의 난민여행증명서 등의 부정수령 교부 등)의 죄, 같은 법 제74조의6의3(미수범)의 죄(같은 법 제74조의6의2 제1항 제3호 및 제4호의 죄에 관련된 부분을 제외한다.) 또는 같은 법 제74조의8(불법입국자 등의 은닉 등)의 죄

9. 여권법(昭和 26년 법률 제267호) 제23조 제1항 제1호(여권 등의 부정수령 교부) 또는 제3호부터 제5호까지(자기 명의 여권 등의 양도 등, 타인 명의 여권 등의 양도 등, 위조여권 등의 양도 등), 제2항(영리목적의 여권 등의 부정수령 교부 등)의 죄 또는 이들 죄에 관련된 같은 조 제3항(미수범)의 죄

10. 형법 제95조(공무집행방해 및 직무강요)의 죄(재판, 검찰 또는 경찰의 직무를 수행하는 공무

원에 의한 다음에 열거하는 죄에 관련된 심판 또는 수사의 직무집행을 방해할 목적으로 범한 것에 한한다.) 또는 같은 법 제223조(강요)의 죄(다음에 열거하는 죄에 관련된 자기 또는 타인의 형사사건에 관하여 증언을 하게 하지 않거나 허위의 증언 또는 증거를 은닉, 위조 또는 변조하게 하거나 위조 또는 변조된 증거를 사용하게 할 목적으로 범해진 것에 한한다.)

ㅅ 사형, 무기 또는 장기 4년 이상의 징역 또는 금고의 형이 정해져 있는 죄(ㅁ에 열거하는 죄를 제외한다.)

ㅁ 이 표에 열거하는 죄

별표 제2(제2조 관련)

1. 형법 제163조의4(지불용카드 전자적 기록 부정작출 준비)의 죄, 같은 법 제163조의5(미수범)의 죄(같은 법 제163조의4 제1항의 죄에 관련된 부분에 한한다.) 또는 같은 법 제175조(음란물 반포 등)나 제186조 제1항(상습도박)의 죄

2. 금융기관의 신탁업무의 겸영 등에 관한 법률(昭和 18년 법률 제43호) 제18조 제2호(손실보전에 관련된 이익의 수수 등)의 죄

3. 농업협동조합법(昭和 22년 법률 제132호) 제99조의9 제1호(손실보전에 관련된 이익의 수수 등)의 죄

4. 금융상품거래법(昭和 23년 법률 제25호) 제200조 제14호(손실보전에 관련된 이익의 수수 등)의 죄

5. 풍속영업 등의 규제 및 업무의 적정화 등에 관한 법률(昭和 23년 법률 제122호) 제49조 제1호(무허가영업)의 죄

6. 소비생활협동조합법(昭和 23년 법률 제200호) 제98조의4(손실보전에 관련된 이익의 수수 등)의 죄

7. 수산업협동조합법(昭和 23년 법률 제242호) 제129조의3 제1호(손실보전에 관련된 이익의 수수 등)의 죄

8. 중소기업등협동조합법(昭和 24년 법률 제181호) 제112조의3(손실보전에 관련된 이익의 수수 등)의 죄

9. 협동조합에 의한 금융사업에 관한 법률(昭和 24년 법률 제183호) 제10조의2(손실보전에 관련된 이익의 수수 등)의 죄

10. 변호사법(昭和 24년 법률 제205호) 제77조 제3호(비변호사의 법률사무의 취급 등) 또는 제4호(업으로 하는 양수한 권리의 실행)의 죄

11. 상품선물거래법(昭和 25년 법률 제239호) 제363조 제9호(손실보전에 관련된 이익의 수수 등)의 죄

12. 독물 및 극물단속법(昭和 25년 법률 제303호) 제24조 제1호(무등록판매 등)의 죄(같은 법 제3조의 위반행위에 관련된 것에 한한다.) 또는 같은 법 제24조의2 제1호(흥분 등의 작용을 가진 독물 등의 판매 등)의 죄

13. 투자신탁 및 투자법인에 관한 법률(昭和 26년 법률 제198호) 제236조 제2항(투자주의 권리의 행사에 관한 이익의 수령 공여) 또는 제243조 제2호(손실보전에 관련된 이익의 수수 등)의 죄

14. 신용금고법(昭和 26년 법률 제238호) 제90조의4의2(손실보전에 관련된 이익의 수수 등)의 죄

15. 각성제단속법 제41조의13(각성제원료의 양도와 양수 주선)의 죄

16. 출입국관리 및 난민인정법 제73조의2 제1항(불법취업 조장) 또는 제73조의5(체류카 드위조 등 준비)의 죄

17. 장기신용은행법(昭和 27년 법률 제187호) 제25조의2(손실보전에 관련된 이익의 수수등)의 죄

18. 무기 등 제조법(昭和28년 법률 제百45호) 제31조의3 제1호(총포 및 총포탄 이외의 무기의 무허가제조)의 죄

19. 노동금고법(昭和 28년 법률 제227호) 제100조의4의2(손실보전에 관련된 이익의 수수 등)의 죄

20. 출자의 수납, 예금 및 금리 등의 단속에 관한 법률 제8조 제3항(원본을 보증하여 하는 출자금의 수납 등)의 죄(같은 법 제1조 또는 제2조 제1항의 위반행위에 관련된 것에 한한다.)

21. 매춘방지법 제6조 제1항(주선), 제7조(곤혹 등에 의한 매춘) 또는 제10조(매춘을 시키는 계약)의 죄

22. 총포도검류 소지 등 단속법 제31조의15(권총 등의 양도와 양수의 주선 등), 제31조의 16 제1항 제1호(권총 등 및 엽총 이외의 총포 등의 소지), 제2호(권총부품의 소지)나 제3 호(권총부품의 양도 등) 또는 제2항(미수범), 제31조의17(권총 등으로서의 물품의 수입 등), 제31조의18 제1호(권총실탄의 양도와 양수의 주선) 또는 제32조 제1호(권총부품의 양도와 양수의 주선 등)의 죄

23. 의약품, 의료기기 등의 품질, 유효성 및 안전성의 확보 등에 관한 법률(昭和 35년 법률 제145호) 제84조 제9호(무허가의약품판매업)의 죄

24. 무한연쇄강의 방지에 관한 법률(昭和 53년 법률 제101호) 제5조(개설 등)의 죄

25. 은행법(昭和 56년 법률 제59호) 제61조 제1호(무면허영업) 또는 제63조의2의2(손실보전 에 관련된 이익의 수수 등)의 죄

26. 노동자파견사업의 적정한 운영의 확보 및 파견노동자의 보호 등에 관한 법률(昭和 60년 법률 제88호) 제59조 제1호(금지업무에 대한 노동자파견사업)의 죄(같은 법 제4조 제 1항의 위반행위에 관련된 것에 한한다.)

27. 일본국과의 평화조약에 기초하여 일본 국적을 이탈한 자 등의 출입국관리에 관한 특례법(平成 3년 법률 제71호) 제28조(특별영주자증명서위조 등 준비)의 죄

28. 부동산특정공동사업법(平成 6년 법률 제77호) 제80조 제3호(손실보전에 관련된 이익의 수수 등)의 죄

29. 보험업법(平成 7년 법률 제105호) 제317조의2 제2호(손실보전에 관련된 이익의 수수 등) 또는 제331조 제2항(주주등의 권리의 행사에 관한 이익의 수령 공여)의 죄

30. 자산의 유동화에 관한 법률(平成 10년 법률 제105호) 제297조 제1호(손실보전에 관련된 이익의 수수 등) 또는 제311조 제3항(사원등의 권리등의 행사에 관한 이익의 수령 공여)의 죄

31. 농림중앙금고법(平成 13년 법률 제93호) 제99조의2의2(손실보전에 관련된 이익의 수수 등)의 죄

32. 공중 등 협박목적의 범죄행위를 위한 자금 등의 제공 등의 처벌에 관한 법률 제5조(공중 등 협박목적의 범죄행위의 실행을 위해 이용되는 것으로서의 자금 등의 제공 등)의 죄

33. 신탁업법(平成 16년 법률 제154호) 제94조 제7호(손실보전에 관련된 이익의 수수 등)의 죄

34. 회사법 제907조 제2항(주주등의 권리의 행사에 관한 이익의 수령 공여)의 죄

35. 방사선을 발산하게 하여 사람의 생명 등에 위험을 발생시키는 행위 등의 처벌에 관한 법률(平成 19년 법률 제38호) 제6조 제3항(특정핵연료물질 수출입의 예비)의 죄

36. 주식회사상공조합중앙금고법(平成 19년 법률 제74호) 제73조 제1항 제2호(손실보전에 관련된 이익의 수수 등)의 죄

37. 행정절차에서의 특정 개인을 식별하기 위한 번호의 이용 등에 관한 법률(平成 25년 법률 제27호) 제49조(개인번호의 제공 및 도용) 또는 제51조 제1항(사기 등 행위 등에 의한 개인번호의 취득)의 죄

별표 제3(제6조의2 관련)

1. 제3조(조직적인 살인 등), 제9조 제1항부터 제3항까지(불법수익 등에 의한 법인 등의 사업 경영의 지배를 목적으로 하는 행위), 제10조 제1항(범죄수익등 은닉) 또는 제11조(범죄수익 등 수수)의 죄

2.

イ 형법 제77조 제1항(내란)의 죄(같은 항 제3호에 관련된 부분을 제외한다.) 또는 같은 법 제79조(내란 등 방조)의 죄[같은 항의 죄(같은 항 제3호에 관련된 부분에 한한다.) 및 같은 법 제77조 제2항의 죄에 관련된 것을 제외한다.]

ロ 형법 제81조(외환유치) 또는 제82조(외환원조)의 죄

ハ 형법 제106조(소란)의 죄(같은 조 제3호에 관련된 부분을 제외한다.)

ニ 형법 제108조(현주건조물 등 방화), 제109조 제1항(비현주건조물 등 방화)이나 제11조 제1항(건조물 등 이외 방화)의 죄 또는 같은 법 제117조 제1항(격발물파열)의 죄(같은

법 제101조, 제109조 제1항 또는 제110조 제1항의 예에 따라 처단하여야 하는 것에 한한다.)

ホ 형법 제119조(현주건조물 등 침해) 또는 제120조(비현주건조물 등 침해)의 죄

ヘ 형법 제125조(왕래위험) 또는 제126조 제1항이나 제2항(기차전복 등)의 죄

ト 형법 제136조(아편 수입 능), 제137조(아편흡식기구 수입 등) 또는 제139조 제2항(아편 흡식을 위한 장소제공)의 죄

チ 형법 제143조(수도오염), 제146조 전단(수도독물 등 혼입) 또는 제147조(수도손괴 및 폐색)의 죄

リ 형법 제148조(통화위조 및 행사등) 또는 제149조(외국통화위조 및 행사등)의 죄

ヌ 형법 제155조 제1항(유인공문서위조) 또는 제2항(유인공문서변조)의 죄, 같은 법 제156조(유인허위공문서작성등)의 죄(같은 법 제155조 제1항 또는 제2항의 예에 따라 처단하여야 하는 것에 한한다.) 또는 같은 법 제157조 제1항(공정증서원본부실기재 등)의 죄나 이들 죄에 관련된 같은 법 제158조 제1항(위조공문서행사 등)의 죄, 같은 법 제159조 제1항(유인사문서위조) 또는 제2항(유인사문서변조)의 죄나 이들 죄에 관련된 같은 법 제161조 제1항(위조사문서 등 행사)의 죄 또는 같은 법 제161조의2 제1항부터 제3항까지(전자적 기록부정작출 및 공용)의 죄

ル 형법 제162조(유가증권위조 등) 또는 제163조 제1항(위조유가증권행사 등)의 죄

ヲ 형법 제163조의2(지불용카드 전자적기록 부정작출 등) 또는 제163조의3(부정전자적기록카드 소지)의 죄

ワ 형법 제165조(공인위조 및 부정사용등)의 죄

カ 형법 제176조부터 제178조까지(강제추행, 강제성교 등, 준강제추행 및 준강제성교 등)의 죄

ヨ 형법 제191조(분묘발굴 사체손괴 등)의 죄

タ 형법 제197조 제1항 전단(수뢰) 또는 제2항(사전수뢰), 제197조의2부터 제197조의4까지(제3자 뇌물공여, 가중수뢰 및 사후수뢰, 알선수뢰) 또는 제198조(증뢰)의 죄

レ 형법 제204조(상해)의 죄

ソ 형법 제224조(미성년자약취 및 유괴), 제225조(영리목적 등 약취 및 유괴), 제226조(소재 국외이송목적 약취 및 유괴), 제226조의2 제1항, 제4항 또는 제5항(인신매매), 제226조의3(피약취자 등 소재국외이송) 또는 제227조 제1항, 제3항 또는 제4항(피약취자 인도 등)의 죄

ツ 형법 제234조의2 제1항(컴퓨터손괴 등 업무방해)의 죄

ネ 형법 제235조부터 제236조까지(절도, 부동산침탈, 강도), 제238조(사후강도) 또는 제239조(혼취강도)의 죄

ナ 형법 제246조의2부터 제248조까지(컴퓨터사용사기, 배임, 준사기)의 죄

ㅋ 형법 제252조(횡령)의 죄

ㅌ 형법 제256조 제2항(도품유상양수 등)의 죄

3. 폭발물단속벌칙(明治 17년 태정관포고 제32호) 제1조(폭발물의 사용) 또는 제3조, 제5조
나 제6조(폭발물의 제조 등)의 죄

4. 외국에서 유통하는 화폐지폐은행권증권위조변조 및 모조에 관한 법률(明治 38년 법
률 제66호) 제1조(위조 등), 제2조(위조외국유통화폐 등의 수입) 또는 제3조 제1항(위조외
국유통화폐 등의 행사 등)의 죄

5. 인시멱쇠서벌법(明治 42년 법률 제39호) 제1조(위조 등) 또는 제2조 제1항(위조인지 등의
사용 등)의 죄

6. 해저전신선보호만국연합조약벌칙(大正 5년 법률 제20호) 제1조 제1항(해저전신선의 손
괴)의 죄

7. 노동기준법(昭和 22년 법률 제49호) 제17조(강제노동)의 죄

8. 직업안정법(昭和 22년 법률 제141호) 제63조(폭행 등에 의한 직업소개 등)의 죄

9. 아동복지법 제60조 제1항(아동음행)의 죄 또는 같은 조 제2항(아동의 인도 및 지배)의
죄(같은 법 제34조 제1항 제7호 또는 제9호 위반행위에 관련된 것에 한한다.)

10. 우편법(昭和 22년 법률 제165호) 제85조 제1항(수표류의 위조 등)의 죄

11. 금융상품거래법 제197조(허위유가증권신고서등의 제출 등) 또는 제197조의2(내부자거
래 등)의 죄

12. 대마단속법(昭和 23년 법률 제124호) 제24조 제1항(대마의 재배 등), 제24조의2 제1항
(대마 소지 등) 또는 제24조의3 제1항(대마 사용 등)의 죄

13. 선원직업안정법(昭和 23년 법률 제103호) 제111조(폭행 등에 의한 선원직업소개 등)의 죄

14. 경마법(昭和 23년 법률 제158호) 제3조(무자격 경마 등)의 죄

15. 자전거경기법(昭和 23년 법률 제209호) 제56조(무자격자전거경주 등)의 죄

16. 외국환 및 외국무역법(昭和 24년 법률 제228호) 제69조의6 제1항 또는 제2항(국제적
인 평화 및 안전의 유지에 방해가 되는 무허가거래 등)이나 제69조의7 제1항(특정기술제공
목적의 무허가거래 등)의 죄

17. 전파법(昭和 25년 법률 제131호) 제108조의2 제1항(전기통신업무 등의 사용에 제공하는
무선국의 무선설비의 손괴 등)의 죄

18. 소형자동차경주법(昭和 25년 법률 제208호) 제61조(무자격소형자동차경주 등)의 죄

19. 문화재보호법(昭和 25년 법률 제214호) 제193조(중요문화재의 무허가수출), 제195조 제1
항(중요문화재의 손괴 등) 또는 제196조 제1항(사적명승천연기념물의 멸실 등)의 죄

20. 지방세법(昭和 25년 법률 제226호) 제144조의33 제1항(경유 등의 부정제조) 또는 제144
조의41 제1항부터 제3항까지 및 제5항(경유거래세에 관련된 탈세)의 죄

21. 상품선물거래법 제356조(상품시장에서의 거래 등에 관한 풍문의 유포 등)의 죄

22. 도로운송법(昭和 26년 법률 제183호) 제100조 제1항(자동차도로에서의 자동차왕래위험) 또는 제101조 제1항(사업용자동차의 전복 등)의 죄

23. 투자신탁 및 투자법인에 관한 법률 제236조 제4항(투자주의 권리의 행사에 관한 이익의 수공여 등에 대한 협박행위)의 죄

24. 모터보트경주법(昭和 26년 법률 제242호) 제65조(무자격 모터보트경주 등)의 죄

25. 삼림법(昭和 26년 법률 제249호) 제198조(보안림 구역내에서의 삼림절도), 제201조 제2항(삼림절도의 장물의 운반 등) 또는 제202조 제1항(타인의 삼림에의 방화)의 죄

26. 각성제단속법 제41조 제1항(각성제의 수입 등), 제41조의2 제1항 또는 제2항(각성제의 소지 등), 제41조의3 제1항이나 제2항(각성제의 사용 등) 또는 제41조의4 제1항(관리 외 각성제의 시용 등)의 죄

27. 출입국관리 및 난민인정법 제70조 제1항 제1호(불법입국), 제2호(불법상륙)나 제5호(불법잔류) 또는 제2항(불법체류)의 죄(정범에 의해 범하여진 것을 제외한다.), 같은 법 제73조의3 제1항부터 제3항까지(체류카드 위조 등), 제73조의4(위조체류카드 등 행사), 제74조 제1항(집단밀항자를 불법입국하게 하는 행위 등), 제74조의2(집단밀항자의 수송) 또는 제74조의4 제1항(집단밀항자의 수수 등)의 죄, 같은 법 제74조의6(불법입국 등 원조)의 죄(같은 법 제7조 제1항 제1호 또는 제2호에 규정하는 행위에 관련된 것에 한한다.) 또는 같은 법 제74조의6의2 제1항 제1호(난민여행증명서 등의 부정수령 교부)나 제2호(위조외국여권 등의 소지 등) 또는 제2항(영리목적의 난민여행증명서 등의 부정수령 교부 등)이나 제74조의8 제1항 또는 제2항(불법입국자 등의 은닉 등)의 죄

28. 여권법 제23조 제1항(여권 등의 부정수령 교부 등)의 죄

29. 일본국과 아메리카합중국과의 사이에의 상호협력 및 안전보장조약 제6조에 기초한 시설 및 구역과 일본국에서의 합중국군대의 지위에 관한 협정의 실시에 수반하는 형사특별법(昭和 27년 법률 제138호) 제5조(군용물의 손괴등)의 죄

30. 마약 및 향정신약단속법(昭和 28년 법률 제14호) 제64조 제1항(디아세틸모르핀 등의 수입 등), 제64조의2 제1항 또는 제2항(디아세틸모르핀 등의 제제 등), 제64조의3 제1항 또는 제2항(디아세틸모르핀 등의 시용 등), 제65조 제1항 또는 제2항(디아세틸모르핀등 이외의 마약의 수입 등), 제66조 제1항(디아세틸모르핀등 이외의 마약의 제조 등), 제66조의2 제1항(마약의 시용 등), 제66조의3 제1항(향정신약의 수입 등) 또는 제66조의4 제2항(영리목적의 향정신약의 양도 등)의 죄

31. 유선전기통신법(昭和 28년 법률 제96호) 제13조 제1항(유선전기통신설비의 손괴 등)의 죄

32. 무기 등 제조법 제31조 제1항(총포의 무허가제조), 제31조의2 제1항(총포탄의 무허가제조)의 죄 또는 같은 법 제31조의3 제4호(엽총 등의 무허가제조)의 죄(엽총의 제조에

관련된 것에 한한다.)

33. 가스사업법(昭和 29년 법률 제51호) 제192조 제1항(가스공작물의 손괴 등)의 죄

34. 관세법(昭和 29년 법률 제61호) 제108조의4 제1항 또는 제2항(수출하여서는 안 되는 화물의 수출), 제109조 제1항 또는 제2항(수입하여서는 아니 되는 화물의 수입), 제109조의2 제1항 또는 제2항(수입하여서는 안 되는 화물의 보세지역에의 장치 등), 제110조 제1항 또는 제2항(거짓된 방법에 의해 관세를 면제받는 행위 등), 제111조 제1항 또는 제2항(무허가 수출 등)이나 제112조 제1항(수출하여서는 아니 되는 회물의 운반 등)의 죄

35. 아편법(昭和 29년 법률 제71호) 제51조 제1항이나 제2항(양귀비 재배 등) 또는 제52조 제1항(아편의 양도 등)의 죄

36. 자위대법(昭和 29년 법률 제165호) 제121조(자위대가 소유하는 무기 등의 손괴 등)의 죄

37. 출자의 수납, 예금 및 금리 등의 단속에 관한 법률 제5조(고금리 등), 제5조의2 제1항(고보증료), 제5조의3(보증료가 있는 경우의 고금리 등)이나 제8조 제1항 또는 제2항(업으로 하는 현저한 고금리의 탈법행위 등)의 죄

38. 보조금 등에 관련된 예산집행의 적정화에 관한 법률 제29조(부정한 수단에 의한 보조금 등의 수령 교부 등)의 죄

39. 매춘방지법 제8조 제1항(대상의 수수 등), 제11조 제2항(업으로 하는 장소의 제공), 제12조(매춘을 하게 하는 업) 또는 제13조(자금 등의 제공)의 죄

40. 고속자동차국도법(昭和 32년 법률 제79호) 제26조 제1항(고속자동차국도의 손괴 등)의 죄

41. 수도법(昭和 32년 법률 제177호) 제51조 제1항(수도시설의 손괴 등)의 죄

42. 총포도검류 소지 등 단속법 제31조 제2항 또는 제3항(권총 등의 발사), 제31조의2 제1항(권총 등의 수입), 제31조의3 제3항 또는 제4항(권총 등의 소지 등), 제31조의4 제1항 또는 제2항(권총 등의 양도 등), 제31조의6(거짓된 방법에 의한 권총 등의 소지허가를 받는 행위), 제31조의7 제1항(권총실탄의 수입), 제31조의8(권총실탄의 소지), 제31조의9 제1항(권총실탄의 양도 등), 제31조의11 제1항(엽총의 소지 등) 또는 제31조의13(권총 등의 수입에 관련된 자금 등의 제공)의 죄

43. 하수도법(昭和 33년 법률 제79호) 제44조 제1항(공공하수도시설 손괴 등)의 죄

44. 특허법(昭和 34년 법률 제121호) 제196조 또는 제196조의2(특허권 등의 침해)의 죄

45. 실용신안법(昭和 34년 법률 제123호) 제56조(실용신안권 등의 침해)의 죄

46. 의장법(昭和 34년 법률 제125호) 제69조 또는 제69조의2(의장권 등의 침해)의 죄

47. 상표법(昭和 34년 법률 제127호) 제78조 또는 제78조의2(상표권 등의 침해)의 죄

48. 도로교통법(昭和 35년 법률 제105호) 제115조(부정한 신호기 조작 등)의 죄

49. 의약품, 의료기기 등의 품질, 유효성 및 안전성의 확보 등에 관한 법률 제83조의9(업으로 하는 지정약물의 제조 등)의 죄

50. 신칸센철도에서의 열차운행의 안전을 방해하는 행위의 처벌에 관한 특례법(昭和 39년 법률제111호) 제2조 제1항(자동열차제어설비의 손괴 등)의 죄

51. 전기사업법(昭和 39년 법률 제107호) 제115조 제1항(전기공작물 손괴 등)의 죄

52. 소득세법(昭和 40년 법률 제33호) 제238조 제1항, 제3항 또는 제239조 제1항(거짓된 방법으로 소득세를 면제받는 행위 등) 또는 제204조 제1항(소득세의 불납부)의 죄

53. 법인세법(昭和4년 법률 제34호) 제159조 제1항 또는 제3항(거짓된 방법으로 법인세를 면제받는 행위 등)의 죄

54. 공해에 관한 조약의 실시에 수반하는 해저전선 등의 손괴행위의 처벌에 관한 법률(昭和 43년 법률 제102호) 제1조 제1항(해저전선의 손괴) 또는 제2조 제1항(해저파이프라인 등의 손괴)의 죄

55. 저작권법(昭和 45년 법률 제48호) 제119조 제1항 또는 제2항(저작권 등의 침해 등)의 죄

56. 항공기의 강취 등의 처벌에 관한 법률(昭和45년 법률 제68호) 제1조 제1항(항공기의 강취 등) 또는 제4조(항공기의 운항 저해)의 죄

57. 폐기물의 처리 및 청소에 관한 법률(昭和 45년 법률 제137호) 제25조 제1항(무허가 폐기물처리업 등)의 죄

58. 화염병의 사용 등의 처벌에 관한 법률(昭和 47년 법률 제17호) 제2조 제1항(화염병의 사용)의 죄

59. 열공급사업법(昭和 47년 법률 제88호) 제34조 제1항(열공급시설의 손괴 등)의 죄

60. 항공의 위험을 발생시키는 행위 등의 처벌에 관한 법률(昭和 49년 법률 제87호) 제1조(항공위험), 제2조 제1항(항행 중의 항공기를 추락시키는 행위 등), 제3조 제1항(업무 중인 항공기의 파괴 등) 또는 제4조(업무 중인 항공기 내 폭발물 등의 지입)의 죄

61. 인질에 의한 강요행위 등의 처벌에 관한 법률 제1조 제1항이나 제2항(인질에 의한 강요 등) 또는 제2조(가중인질강요)의 죄

62. 세균병기(생물병기) 및 독소병기의 개발, 생산 및 저장의 금지 및 폐기에 관한 조약 등의 실시에 관한 법률(昭和 57년 법률 제61호) 제9조 제1항(생물병기 등의 사용) 또는 제2항(생물제 등의 발산)이나 제10조 제1항(생물병기 등의 제조) 또는 제2항(생물병기 등의 소지 등)의 죄

63. 대금업법(昭和 58년 법률 제32호) 제47조(무등록 영업 등)의 죄

64. 노동자 파견사업의 적정한 운영 확보 및 파견노동자의 보호 등에 관한 법률 제58조(유해업무목적의 노동자 파견)의 죄

65. 유통식품에의 독물의 혼입 등의 방지 등에 관한 특별조치법(昭和 62년 법률 제103호) 제9조 제1항(유통식품에의 독물의 혼입 등)의 죄

66. 소비세법(昭和 63년 법률 제108호) 제64조 제1항 또는 제5항(거짓된 방법으로 소비세를

면제받는 행위 등)의 죄

67. 일본국과의 평화조약에 기초하여 일본 국적을 이탈한 자 등의 출입국관리에 관한 특례법 제26조 제1항부터 제3항까지(특별영주자증명서의 위조 등) 또는 제27조(위조 특별영주자증명서 등의 소지)의 죄

68. 마약특례법 제6조 제1항(약물범죄수익등은닉) 또는 제7조(약물범죄수익등수수)의 죄

69. 절멸 우려가 있는 야생동식물종의 보존에 관한 법률(平成 4년 법률 제75호) 제57조 의2(국내희소야생동식물종 등의 살아 있는 개체의 포획 등)의 죄

70. 부정경쟁방지법 제21조 제1항부터 제3항까지(영업비밀의 부정취득 등)의 죄

71. 화학병기의 금지 및 특정물질의 규제 등에 관한 법률(平成 7년 법률 제65호) 제38조 제1항(화학병기의 사용) 또는 제2항(독성물질 등의 발산)이나 제39조 제1항부터 제3항 까지(화학병기의 제조 등)의 죄

72. 사린 등에 의한 인신피해의 방지에 관한 법률 제5조 제1항(사린 등의 발산) 또는 제 6조 제1항(사린 등의 제조 등)의 죄

73. 보험업법 제331조 제4항(주주 등의 권리의 행사에 관한 이익의 수령 공여등에 대한 협박행 위)의 죄

74. 장기의 이식에 관한 법률(平成 9년 법률 제104호) 제2조 제1항(장기매매 등)의 죄

75. 스포츠진흥투표의 실시 등에 관한 법률(平成 10년 법률 제63호) 제32조(무자격 스포츠 진흥투표)의 죄

76. 종묘법(平成 10년 법률 제83호) 제67조(육성자권 등의 침해)의 죄

77. 자산의 유동화에 관한 법률 제311조 제6항(사원 등의 권리 등의 행사에 관한 이익의 수 령 공여등에 대한 협박행위)의 죄

78. 감염증의 예방 및 감염증환자에 대한 의료에 관한 법률(平成 10년 법률제114호) 제 67조 제1항(1종병원체 등의 발산), 제68조 제1항이나 제2항(1종병원체 등의 수입), 제 69조 제1항(1종병원체 등의 소지 등) 또는 제7조(2종병원체 등의 수입)의 죄

79. 대인지뢰의 제조의 금지 및 소지의 규제 등에 관한 법률(平成 10년 법률 제116호) 제 22조 제1항(대인지뢰의 제조) 또는 제23조(대인지뢰의 소지)의 죄

80. 아동매춘, 아동포르노에 관련된 행위 등의 규제, 처벌 및 아동의 보호 등에 관한 법률(平成 11년 법률 제52호) 제5조 제1항(아동매춘 주선), 제6조 제1항(아동매춘 권유) 또는 제7조 제6항부터 제8항까지(아동포르노 등의 불특정 다수인에 대한 제공 등)의 죄

81. 민사재생법 제255조(사기재생) 또는 제256조(특정채권자에 대한 담보의 공여 등)의 죄

82. 공중 등 협박목적의 범죄행위를 위한 자금 등의 제공 등의 처벌에 관한 법률 제2 조 제1항(공중 등 협박목적의 범죄행위를 실행하려고 하는 자에 의한 자금 등을 제공하게 하 는 행위)이나 제3조 제1항부터 제3항까지 또는 제4조 제1항(공중 등 협박목적의 범죄

행위를 실행하려고 하는 자 이외의 자에 의한 자금 등의 제공 등)의 죄

83. 전자서명 등에 관련된 지방공공단체정보시스템기구의 인증업무에 관한 법률(平成 14년 법률 제153호) 제73조 제1항(부실한 서명용 전자증명서 등을 발부하게 하는 행위)의 죄

84. 회사갱생법 제266조(사기갱생) 또는 제267조(특정채권자 등에 대한 담보의 공여 등)의 죄

85. 파산법 제265조(사기파산) 또는 제266조(특정채권자에 대한 담보의 공여 등)의 죄

86. 회사법 제963조부터 제966조까지(회사재산을 위태롭게 하는 행위, 허위문서행사 등, 보증, 주식의 초과발행), 제968조(주주 등의 권리행사에 관한 증수뢰) 또는 제907조 제4항 (주주 등의 권리의 행사에 관한 이익의 수령 공여등에 대한 협박행위)의 죄

87. 방사선을 발산하게 하여 사람의 생명 등에 위험을 발생시키는 행위 등의 처벌에 관한 법률 제3조 제1항(방사선의 발산 등), 제4조 제1항(원자핵분열등장치의 제조), 제5조 제1항 또는 제2항(원자핵분열등장치의 소지 등), 제6조 제1항(특정핵연료물질의 수출입), 제7조(방사성물질 등의 사용의 고지에 의한 협박) 또는 제8조(특정핵연료물질의 절취 등의 고지에 의한 강요)의 죄

88. 해적행위의 처벌 및 해적행위에의 대처에 관한 법률 제3조 제1항 또는 제3항(해적행위)의 죄

89. 클러스터 탄 등의 제조의 금지 및 소지의 규제 등에 관한 법률(平成 21년 법률 제85호) 제21조 제1항(클러스터 탄 등의 제조) 또는 제22조(클러스터 탄 등의 소지)의 죄

90. 平成 23년 3월 11일에 발생한 도호쿠 지방 태평양 대지진에 수반하는 원자력발전소의 사고에 의해 방출된 방사성물질에 의한 환경오염의 대책에 관한 특별조치법(平成 23년 법률 제11호) 제6조 제1항(오염폐기물 등의 투기 등)의 죄

별표 제4(제6조의2 관련)

1. 별표 제3에 열거하는 죄(다음에 열거하는 죄를 제외한다.)

イ 제11조(범죄수익등수수)의 죄

ロ 형법 제77조 제1항(내란)의 죄(같은 항 제3호에 관련된 부분을 제외한다.) 및 같은 법 제81조(외환유치), 제82조(외환원조), 제198조(증뢰)의 죄

ハ 폭발물단속벌칙 제1조(폭발물의 사용)의 죄

ニ 아동복지법 제6조 제2항(아동의 인도 및 지배)의 죄(같은 법 제34조 제1항 제7호 또는 제9호의 위반행위에 관련된 것에 한한다.)

ホ 출입국관리 및 난민인정법 제70조 제1항 제1호(불법입국), 제2호(불법상륙) 및 제5호(불법잔류)와 제2항(불법체류)의 죄(정범에 의해 범하여진 것을 제외한다.), 같은 법 제74조의2 제1항(집단밀항자의 수송)의 죄, 같은 법 제74조의6(불법입국 등 원조)의 죄(같은

법 제70조 제1항 제1호 또는 제2호에 규정하는 행위에 관련된 것에 한한다.) 및 같은 법 제74조의6의2 제1항 제1호(난민여행증명서 등의 부정수령 교부)와 제2호(위조외국여권 등의 소지 등) 및 제74조의8 제1항(불법입국자 등의 은닉등)의 죄

ㅅ 마약특례법 제7조(약물범죄수익등 수수)의 죄

2. 제7조(조직적인 범죄에 관련된 범인은닉 등)의 죄(같은 조 제1항 제1호부터 제3호까지에 열거하는 자에 관련된 것에 한한다.) 또는 제7조의2 제2항(증인 등 매수)의 죄

3.

ㅓ 형법 제98조(가중도주), 제99조(피구금자탈취) 또는 제100조 제2항(도주원조)의 죄

ㅁ 형법 제169조(위증)의 죄

4. 폭발물단속벌칙 제9조(폭발물의 사용, 제조 등의 범인의 은닉등)의 죄

5. 일본국과 아메리카합중국간 상호협력 및 안전보장조약 제6조에 기초한 시설 및 구역과 일본국에서의 합중국군대의 지위에 관한 협정의 실시에 수반하는 형사특별법 제4조 제1항(위증)의 죄

6. 국제형사재판소에 대한 협력 등에 관한 법률(平成 19년 법률 제37호) 제56조(조직적인 범죄에 관련된 증거인멸 등) 또는 제57조 제1항(위증)의 죄

범죄수익에 관련된 몰수보전등을 청구할 수 있는 사법경찰원의 지정에 관한 규칙

제정 平成 12년 국가공안위원회규칙 제5호

개정 平成 31년 4월 1일 국가공안위원회규칙 제5호

제 1 조(몰수보전등을 청구할 수 있는 사법경찰원) 경찰청의 경찰관 중 조직적인 범죄의 처벌 및 범죄수익의 규제 등에 관한 법률(이하 「법」이라고 한다.) 제23조 제1항의 국가공안위원회가 지정하는 경부 이상의 자는 다음에 열거하는 자로 한다.

1. 경찰청장관 또는 경찰청차장의 직에 있는 자

2. 생활안전국, 형사국, 교통국 또는 경비국의 경부 이상의 계급에 있는 경찰관

3. 관구경찰국장 또는 시고쿠경찰지국장의 직에 있는 자

4. 관구경찰국(도호쿠관구경찰국, 주부관구경찰국 및 주고쿠, 시고쿠관구경찰국을 제외한다.)의 광역조정부의 경부 이상의 계급에 있는 경찰관

5. 도호쿠관구경찰국 주부관구경찰국 및 주고쿠, 시고쿠관구경찰국의 총무감찰·광역조정부의 부장, 고속도로관리관 및 재해대책관의 직에 있는 자와 광역조정제1과 및 광역조정제2과의 경부 이상의 계급에 있는 경찰관

6. 시고쿠경찰지국의 고속도로관리관 및 재해대책관의 직에 있는 자와 광역조정과의 경부 이상의 계급에 있는 경찰관

제 2 조(증표) 전조 각호에 열거하는 자는 법 제22조 제1항 또는 제2항에 규정하는 처분을 청구할 때 재판관의 요구가 있는 때에는 국가공안위원회가 교부하는 별지 양식의 증표를 제시하여야 한다.

몰수보전과 체납처분과의 절차의 조정에 관한 정령

제정 平成 11년 정령 제402호

제1조(몰수보전재산에 체납처분에 의한 압류가 된 경우의 통지) ① 몰수보전[조직적인 범죄의 처벌 및 범죄수익의 규제 등에 관한 법률(이하 「법」이라고 한다.) 제22조 제1항 또는 제66조 제1항에 규정하는 몰수보전명령에 따른 처분의 금지를 말한다. 이하 같다.]이 되어 있는 재산에 체납처분(법 제40조 제1항에 규정하는 체납처분을 말한다. 이하 같다.)에 의한 압류를 한 때에는 징수직원등(징수직원, 징세리원 기타 체납처분을 집행하는 권한을 가지는 자를 말한다. 이하 같다.)은 검찰관에게 그 취지를 통지하여야 한다. 다만 몰수보전이 되어 있는 금전채권(법 제13조 제1항에 규정하는 금전채권을 말한다.)에 체납처분에 의한 압류를 한 경우에 범죄수익에 관련된 보전절차 등에 관한 규칙(平成 11년 최고재판소규칙 제10호) 제19조 제2항(같은 규칙 제27조에서 준용하는 경우를 포함한다.)에서 준용하는 같은 규칙 제14조 제3항의 통지가 된 때에는 그러하지 아니하다.

② 몰수보전이 되어 있는 재산에 체납처분에 의한 압류를 한 경우에 체납처분에 따른 압류를 해제한 때에는 징수직원등은 검찰관에게 그 취지를 통지하여야 한다.

③ 전2항의 규정은 부대보전명령(법 제22조 제2항 또는 제66조 제1항에 규정하는 부대보전명령을 말한다. 이하 같다.)에 따라 처분이 금지되어 있는 권리에 체납처분에 의한 압류가 된 경우에 준용한다.

제2조(체납처분에 관련된 금전채권에 몰수보전이 된 경우의 공탁의 사정신고의 방식 등) ① 법 제40조 제2항에서 준용하는 법 제36조 제4항에서 준용하는 같은 조 제2항의 규정에 따른 신고(이하 이 조에서 간단히 「신고」라고 한다.)는 징수직원등에게 다음 사항을 기재한 서면으로 하여야 한다.

1. 체납자의 이름 및 주소 또는 거소
2. 몰수보전사건의 표시
3. 피고인 또는 피의자의 이름

4. 채권의 종류 및 액수 기타 채권을 특정할 만분한 사항

5. 다른 체납처분에 의한 압류가 있는 때에는 그 압류에 관련된 징수직원등이 소속된 청 기타 사무소의 명칭과 소재지 및 압류의 연월일 및 범위

6. 공탁의 사유, 공탁한 금액, 공탁소의 표시, 공탁번호 및 공탁의 연월일

② 전항의 서면에는 공탁서 정본을 첨부하여야 한다.

③ 몰수보전이 되기 전에 체납처분에 의한 압류가 둘 이상 되어 있는 때에는 신고는 먼저 송달된 채권압류통지서를 발송한 징수직원등에게 하여야 한다.

④ 징수직원등은 신고를 받은 때에는 몰수보전명령을 발령한 재판소 및 검찰관에게 그 취지를 통지하여야 한다. 이 경우에 체납처분에 의한 압류가 채권의 일부에 관한 때에는 아울러 재판소에 공탁서 정본의 보관을 증명하는 서면을 송부하여야 한다.

제 3 조(체납처분에 관련된 재산에 몰수보전이 된 경우의 통지) ① 체납처분에 의한 압류가 되어 있는 재산에 몰수보전이 된 경우에 체납처분에 의한 압류를 해제한 때 또는 당해 재산에 대한 체납처분의 절차에 따라 환가나 추심을 한 때에는 징수직원등은 검찰관에게 그 취지를 통지하여야 한다.

② 징수직원등은 법 제40조 제2항에서 준용하는 법 제36조 제4항에서 준용하는 같은 조 제1항의 규정에 따라 공탁이 되어 있는 경우에 체납처분에 의한 압류의 전부를 해제한 때에는 공탁서 정본을, 그 일부를 해제한 때에는 공탁서 정본의 보관을 증명하는 서면을 몰수보전명령을 발령한 재판소에 송부하여야 한다.

③ 제1항의 규정은 체납처분에 의한 압류가 되어 있는 권리에 부대보전명령에 따라 처분이 금지된 경우에 준용한다.

부 칙 〈생 략〉

범죄에 의한 수익의 이전방지에 관한 법률

제정 平成 19년 법률 제22호

개정 슈和 원년 6월 14일 법률 제37호

제1장 총칙

제1조(목적) 이 법률은 범죄에 의한 수익이 조직적인 범죄를 조장하기 위해 사용됨과 동시에 이것이 이전하여 사업활동에 이용됨에 따라 건전한 경제활동에 중대한 악영향을 주는 것 및 범죄에 의한 수익의 이전이 몰수, 추징 기타 절차에 따라 이를 박탈 또는 범죄에 의한 피해의 회복에 충실하기 곤란하게 하는 것으로부터 범죄에 의한 수익의 이전을 방지하는 것(이하 「범죄에 의한 수익의 이전방지」라고 한다.)이 극히 중요함에 비추어 특정사업자에 의한 고객 등의 본인특정사항(제4조 제1항 제1호에 규정하는 본인특정사항을 말한다. 제3조 제1항에서 같다.) 등의 확인, 거래기록 등의 보존, 의심스러운 거래의 신고 등의 조치를 강구함에 따라 조직적인 범죄의 처벌 및 범죄수익의 규제 등에 관한 법률(平成 11년 법률 제136호. 이하 「조직적범죄처벌법」이라고 한다.) 및 국제적인 협력 아래 규제약물에 관련된 부정행위를 조장하는 행위 등의 방지를 도모하기 위한 마약 및 향정신약단속법 등의 특례 등에 관한 법률(平成 3년 법률 제94호. 이하 「마약특례법」이라고 한다.)에 따른 조치와 상응하여 범죄에 의한 수익의 이전방지를 도모하고 아울러 테러리즘에 대한 자금공여의 방지에 관한 국제조약 등의 적확한 실시를 확보함으로서 국민생활의 안전과 평온을 확보함과 동시에 경제활동의 건전한 발전에 기여하는 것을 목적으로 한다.

제2조(정의) ① 이 법률에서 「범죄에 의한 수익」이란 조직적범죄처벌법 제2조 제4항에 규정하는 범죄수익등 또는 마약특례법 제2조 제5항[76)]에 규정하는 약물범죄수익등을 말한다.

② 이 법률에서 「특정사업자」란 다음에 열거하는 자를 말한다.

---

76) 일본국 마약특례법 제2조(정의) ① ~ ④ (생 략)
　　⑤ 이 법률에서 「약물범죄수익등」이란 약물범죄수익, 약물범죄수익에서 유래하는 재산 또는 이들 재산과 이들 재산 이외의 재산이 혼화된 재산을 말한다.

1. 은행

2. 신용금고

3. 신용금고연합회

4. 노동금고

5. 노동금고연합회

6. 신용협동조합

7. 신용협동조합연합회

8. 농업협동조합

9. 농업협동조합연합회

10. 어업협동조합

11. 어업협동조합연합회

12. 수산가공업협동조합

13. 수산가공업협동조합연합회

14. 농림중앙금고

15. 주식회사상공조합 중앙금고

16. 주식회사일본정책투자은행

17. 보험회사

18. 보험업법(平成 7년 법률 제105호) 제2조 제7항에 규정하는 외국보험회사등

19. 보험업법 제2조 제18항에 규정하는 소액단기보험업자

20. 공제수산업협동조합연합회

21. 금융상품거래법(昭和 23년 법률 제25호) 제2조 제9항에 규정하는 금융상품거래업자

22. 금융상품거래법 제2조 제30항에 규정하는 증권금융회사

23. 금융상품거래법 제63조 제5항에 규정하는 특례업무신고자

24. 신탁회사

25. 신탁업법(平成 16년 법률 제154호) 제50조의2 제1항의 등록을 받은 자

26. 부동산특정공동사업법(平成 6년 법률 제77호) 제2조 제5항에 규정하는 부동산특정공동사업자[신탁회사 또는 금융기관의 신탁업무의 겸영 등에 관한 법률(昭和 18년 법률 제43호) 제1조 제1항의 허가를 받은 금융기관에서 부동산특정공동사업법 제2조 제4항에 규정하는 부동산특정공동사업을 영위하는 것을 포함한다.], 같은 조 제7항에 규정하는 소규모부동산특정공동사업자, 같은 조 제9항에 규정하는 특례사업자 또는 같은 조 제11항에 규정하는 적격특례투자가한정사업자

27. 무진회사[77]

---

77) 금융회사의 하나. 가입자를 모집해 매월 일정액의 돈을 거둬들여 일정한 이자를 받고 회원에게 급부하는

28. 대금업법(昭和 58년 법률 제32호) 제2조 제2항에 규정하는 대금업자

29. 대금업법 제2조 제1항 제5호에 규정하는 자 중 정령으로 정하는 자

30. 자금결제에 관한 법률(平成 21년 법률 제59호) 제2조 제3항에 규정하는 자금이동업자

31. 자금결제에 관한 법률 제2조 제8항에 규정하는 가상통화교환업자

32. 상품선물거래법(昭和 25년 법률 제239호) 제2조 제23항에 규정하는 상품선물거래업자

33. 사채, 주식 등의 대체에 관한 법률(平成 13년 법률 제75호) 제2조 제2항에 규정하는 대체기관(같은 법 제48조의 규정에 의해 대체기관으로 보게 되는 일본은행을 포함한다.)

34. 사채, 주식 등의 대체에 관한 법률 제2조 제4항에 규정하는 구좌관리기관

35. 전자기록채권법(平成 19년 법률 제102) 제2조 제2항에 규정하는 전자채권기록기관

36. 독립행정법인 우편저금 간이생명보험 관리·우편국 네트워크 지원기구

37. 일본에서 환전업무[업으로 외국통화(일본통화 이외의 통화를 말한다.) 또는 여행자수표를 매매하는 것을 말한다.]를 하는 자

38. 고객에게 그 지정하는 기계류 기타 물품을 구입하여 임대(정령으로 정하는 것에 한한다.)하는 업무를 하는 자

39. 그것을 제시 또는 통지하여 특정 판매업자로부터 상품이나 권리를 구입하거나 특정 역무제공사업자(역무제공사업을 영위하는 자를 말한다. 이하 이 호에서 같다.)로부터 유상으로 역무제공을 받을 수 있는 카드 기타 물건 또는 번호, 기호 기타 부호(이하 「신용카드등」이라고 한다.)를 이에 의해 상품이나 권리를 매입하려는 자 또는 역무를 제공받으려는 자(이하 「이용자인 고객」이라고 한다.)에게 교부 또는 부여하여 당해 이용자인 고객이 당해 신용카드등을 제시 또는 통지하여 특정 판매업자로부터 상품이나 권리를 매입하거나 특정 역무제공사업자로부터 유상으로 역무를 제공받은 때에는 당해 판매업자 또는 역무제공사업자에게 당해 상품이나 권리의 대금 또는 당해 역무의 대가에 상당하는 액수의 금전을 직접 또는 제3자를 경유하여 교부받음과 동시에 당해 이용자인 고객으로부터 미리 정해진 시기까지에 당해 대금 또는 당해 대가의 합계액의 금전을 수령하거나 미리 정해진 시기마다 당해 합계액을 기초로 하여 미리 정해진 방법으로 산정하여 얻은 액수의 금전을 수령하는 업무를 하는 자

40. 택지건물거래업법(昭和 27년 법률 제176호) 제2조 제3호에 규정하는 택지건물거래업자[신탁회사 또는 금융기관의 신탁업무의 겸영 등에 관한 법률 제1조 제1항의 허가를 받은 금융기관으로서 택지건물거래업법 제2조 제2호에 규정하는 택지건물거래업(별표에서 간단히 「택지건물거래업」이라고 한다.)을 영위하는 자(제22조 제1항 제15호

___

방식으로 운영됨.

에서 「의제택지건물거래업자」라고 한다.)를 포함한다.]

41. 금, 백금 기타 정령으로 정하는 귀금속 또는 다이아몬드 기타 정령으로 정하는 보석이나 이들 제품(이하 「귀금속등」이라고 한다.)의 매매를 업으로 하는 자

42. 고객에게 자기의 거소 또는 사무소의 소재지를 당해 고객이 우편물[민간사업자에 의한 신서의 송달에 관한 법률(平成 14년 법률 제99호) 제2조 제3항에 규정하는 신서편물 및 크기와 중량이 우편물에 유사한 화물을 포함한다. 이하 같다.]을 수취하는 장소로 이용하거나 자기 전화번호를 당해 고객이 연락처의 전화번호로 이용하는 것을 허락하여 당해 자기의 거소 또는 사무소에서 당해 고객 앞으로 온 우편물을 수취하여 이를 당해 고객에 인도 또는 당해 고객 앞으로 온 당해 전화번호에 관련된 전화(팩시밀리장치에 의한 통신을 포함한다. 이하 같다.)를 받아 그 내용을 당해 고객에 연락 또는 당해 고객 앞으로 오거나 당해 고객으로부터의 당해 전화번호에 관련된 전화를 당해 고객이 지정하는 전화번호로 자동적으로 전송하는 역무를 제공하는 업무를 하는 자

43. 변호사(외국법자문사를 포함한다.) 또는 법무법인(외국법자문사법인을 포함한다.)

44. 사법서사 또는 사법서사법인

45. 행정서사 또는 행정서사법인

46. 공인회계사[공인회계사법(昭和 23년 법률 제103호) 제16조의2 제5항에 규정하는 외국공인회계사를 포함한다.] 또는 감사법인

47. 세리사 또는 세무법인

③ 이 법률에서 「고객등」이란 고객(전항 제39호에 열거하는 특정사업자는 이용자인 고객) 또는 이에 준하는 자로서 정령으로 정하는 자를 말한다.

제 3 조(국가공안위원회의 책무 등) ① 국가공안위원회는 특정사업자에 의한 고객 등의 본인특정사항 등의 확인, 거래기록 등의 보존, 의심스러운 거래의 신고 등의 조치가 적확히 이뤄지는 것을 확보하기 위해 특정사업자에게 범죄에 의한 수익의 이전에 관련된 수단에 관한 정보의 제공 기타 원조를 함과 동시에 범죄에 의한 수익의 이전방지의 중요성에 대한 국민의 이해가 깊어지도록 노력한다.

② 국가공안위원회는 특정사업자에 의해 신고된 의심스러운 거래에 관한 정보 기타 범죄에 의한 수익에 관한 정보가 형사사건의 수사와 범칙사건 조사 및 범죄에 의한 수익의 이전방지에 관한 국제적인 정보교환 기타 협력에 유효하게 활용되도록 신속하고 적확하게 집약, 정리 및 분석을 한다.

③ 국가공안위원회는 매년 범죄에 의한 수익의 이전에 관련된 수단 기타 범죄에 의한 수익의 이전상황에 관한 조사 및 분석을 한 후에 특정사업자 기타 사업자가 한 거래의 종류별로 당해 거래에 의한 범죄에 의한 수익의 이전의 위험성의 정도 기타

당해 조사 및 분석결과를 기재한 범죄수익이전위험도조사서를 작성하고 공표한다.

④ 국가공안위원회는 제2항의 규정에 따라 정보의 집약, 정리, 분석 및 전항의 규정에 따른 조사 및 분석을 하기 위해 필요하다고 인정하는 때에는 관계 행정기관, 특정사업자 기타 관계자에게 자료 제출, 의견 표명, 설명 기타 필요한 협력을 요구할 수 있다.

⑤ 전항에 정하는 것 외 국가공안위원회 기타 관계행정기관 및 지방공공단체의 관계기관은 범죄에 의한 수익의 이전방지에 상호 협력한다.

제2장 특정사업자에 의한 조치

제 4 조(거래시확인등) ① 특정사업자[제2조 제2항 제43호에 열거하는 특정사업자(제12조에서 「변호사등」이라고 한다.)를 제외한다. 이하 같다.]는 고객등과 별표 상란에 열거하는 특정사업자의 구분에 대응하여 각각 같은 표 중란에 정하는 업무(이하 「특정업무」라고 한다.) 중 같은 표의 하란에 정하는 거래(다음 항 제2호에서 「특정거래」라고 하고 같은 항 전단에 규정하는 거래에 해당하는 것을 제외한다.)를 할 때에는 주무성령으로 정하는 방법에 따라 당해 고객등에게 다음 각호(제2조 제2항 제44호부터 제47호까지에 열거하는 특정사업자는 제1호)에 열거하는 사항을 확인하여야 한다.

1. 본인특정사항[자연인은 이름, 주거(일본 내에 주거를 갖지 않는 외국인으로 정령으로 정하는 자는 주무성령으로 정하는 사항) 및 생년월일을 말하고, 법인은 명칭 및 본점 또는 주된 사무소의 소재지를 말한다. 이하 같다.]

2. 거래를 한 목적

3. 당해 고객등이 자연인인 경우는 직업, 당해 고객등이 법인인 경우는 사업의 내용

4. 당해 고객등이 법인인 경우에 사업경영을 실질적으로 지배하는 것이 가능하게 된 관계에 있는 자로서 주무성령으로 정하는 자가 있는 때에는 그 자의 본인특정사항

② 특정사업자는 고객등과 특정업무 중 다음 각호의 어느 하나에 해당하는 거래를 할 때에는 주무성령으로 정하는 바에 따라 당해 고객등에게 전항 각호에 열거하는 사항 및 당해 거래가 그 가액이 정령으로 정하는 액수를 초과하는 재산의 이전을 수반하는 경우에는 자산 및 수입 상황(제2조 제2항 제44호부터 제47호까지에 열거하는 특정사업자에는 전항 제1호에 열거하는 사항)을 확인하여야 한다. 이 경우에 제1호 イ 또는 ㅁ에 열거하는 거래를 할 때 하는 같은 항 제1호에 열거하는 사항의 확인은 제1호 イ 또는 ㅁ에 규정하는 관련거래시확인을 한 때에 채택한 당해 사항의 확인 방법과는 다른 방법으로 하고, 자산 및 수입 상황의 확인은 제8조 제1항의 규정에 따른 신고를 해야 할 경우에 해당하는지의 판단에 필요한 한도에서 한다.

1. 다음의 어느 하나에 해당하는 거래로서 정령으로 정하는 것

イ 거래의 상대방이 그 거래에 관련된 다른 거래를 할 때 이뤄진 전항이나 이 항(이들 규정을 제5항의 규정에 따라 바꿔 읽어 적용하는 경우를 포함한다.) 또는 제4항의 규정에 따른 확인(ㅁ에서 「관련거래시확인」이라고 한다.)에 관련된 고객등 또는 대표자등(제6항에 규정하는 대표자등을 말한다. ㅁ에서 같다.)으로 행세하고 있다고 의심되는 경우의 당해 거래

ㅁ 관련거래시확인이 이뤄진 때에 당해 관련거래시확인에 관련된 사항을 속이고 있다고 의심되는 고객등(그 대표자등이 당해 사항을 속이고 있다고 의심되는 고객등을 포함한다.)과의 거래

2. 특정거래 중 범죄에 의한 수익의 이전방지에 관한 제도의 정비가 충분히 이뤄져 있지 않다고 인정되는 국가 또는 지역으로서 정령으로 정하는 곳(이하 이 호에서 「특정국가등」이라고 한다.)에 거주 또는 소재하는 고객등과의 것 기타 특정국가등에 거주 또는 소재하는 자에 대한 재산의 이전을 수반하는 것

3. 전2호에 열거하는 것 외 범죄에 의한 수익의 이전방지를 위해 엄격한 고객관리를 할 필요성이 특히 높다고 인정되는 거래로서 정령으로 정하는 것

③ 제1항의 규정은 당해 특정사업자가 다른 거래를 할 때 이미 같은 항 또는 전항(이들 규정을 제5항의 규정에 따라 바꿔 읽어 적용하는 경우를 포함한다.)의 규정에 따라 확인(당해 확인에 대하여 제6조의 규정에 따라 확인기록을 작성 및 보존하고 있는 경우에 한한다.)하고 있는 고객등과의 거래(이에 준하는 것으로서 정령으로 정하는 거래를 포함한다.)로서 정령으로 정하는 것에는 적용하지 아니한다.

④ 특정사업자는 고객등에게 제1항 또는 제2항의 규정에 따른 확인을 하는 경우에 회사의 대표자가 당해 회사를 위해 당해 특정사업자와 제1항 또는 제2항 전단에 규정하는 거래(이하 「특정거래등」이라고 한다.)를 할 때 기타 당해 특정사업자와 실제로 특정거래 등의 임무를 맡고 있는 자연인이 당해 고객등과 다른 때(다음 항에 규정하는 경우를 제외한다.)에는 당해 고객등의 당해 확인에 더하여 당해 특정거래 등의 임무를 맡고 있는 자연인에게도 주무성령으로 정하는 바에 따라 그 자의 본인특정사항을 확인하여야 한다.

⑤ 특정사업자와 실제로 특정거래 등의 임무를 맡고 있는 자연인이 고객등과 다른 경우에 당해 고객등이 국가, 지방공공단체, 법인격 없는 사단 또는 재단 기타 정령으로 정하는 것(이하 이 항에서 「국가등」이라고 한다.)인 때에는 제1항 또는 제2항의 규정을 적용할 때에는 다음 표의 제1란에 열거하는 고객 등의 구분에 대응하여 같은 표의 제2란에 열거하는 규정 중 같은 표의 제3란에 열거하는 자구는 각각 같은 표의 제4란에 열거하는 자구로 한다.

국가 등(법인격 없는 사단 또는 재단을 제외한다.)	제1항	다음 각호(제2조 제2항 제44호부터 제47호까지에 열거하는 특정사업자는 제1호)	제1호
	제1항 제1호	본인특정사항	당해 특정사업자와 실제로 특정거래 등의 임무를 맡고 있는 자연인의 본인특정사항
	제2항	전항 각호에 열거하는 사항 및 당해 거래가 그 가액이 정령으로 정하는 액을 초과하는 재산의 이전을 수반하는 경우에는 자산 및 수입의 상황(제2조 제2항 제44호부터 제47호까지에 열거하는 특정사업자에는 전항 제1호에 열거하는 사항)	전항 제1호에 열거하는 사항
법인격 없는 사단 또는 재단	제1항	다음 각호	제1호부터 제3호까지
	제1항 제1호	본인특정사항	당해 특정사업자와 실제로 특정거래 등의 임무를 맡고 있는 자연인의 본인특정사항
	제1항 제3호	당해 고객등이 자연인인 경우에는 직업, 당해 고객등이 법인인 경우에는 사업의 내용	사업의 내용
	제2항	전항 각호에 열거하는 사항 및 당해 거래가 그 가액이 정령으로 정하는 액을 초과하는 재산의 이전을 수반하는 경우에는 자산 및 수입의 상황	전항 제1호부터 제3호까지에 열거하는 사항

⑥ 고객등 및 대표자등(전2항에 규정하는 실제로 특정거래 등의 임무를 맡고 있는 자연인을 말한다. 이하 같다.)은 특정사업자가 제1항이나 제2항(이들 규정을 전항의 규정에 따라 바꿔 읽어 적용하는 경우를 포함한다.) 또는 제4항의 규정에 따른 확인(이하 「거래시확인」이라고 한다.)을 하는 경우에 당해 특정사업자에게 당해 거래시확인에 관련된 사항을 속여서는 아니 된다.

제5조(특정사업자의 면책) 특정사업자는 고객등 또는 대표자등이 특정거래등을 할 때 거래시확인에 응하지 아니하는 때에는 당해 고객등 또는 대표자등이 이에 응할 때까지 당해 특정거래등에 관련된 의무의 이행을 거절할 수 있다.

제 6 조(확인기록의 작성의무 등) ① 특정사업자는 거래시확인을 한 경우에는 곧바로 주무성령으로 정하는 방법에 따라 당해 거래시확인에 관련된 사항, 당해 거래시확인을 위해 취한 조치 그 외 주무성령으로 정하는 사항에 관한 기록(이하 「확인기록」이라고 한다.)을 작성하여야 한다.

② 특정사업자는 확인기록을 특정거래 등에 관련된 계약이 종료한 날 기타 주무성령으로 정하는 날로부터 7년간 보존하여야 한다.

제 7 조(거래기록 등의 작성의무 등) ① 특정사업자(다음 항에 규정하는 특정사업자를 제외한다.)는 특정업무에 관련된 거래를 한 경우에는 소액거래 기타 정령으로 정하는 거래를 제외하고 곧바로 주무성령으로 정하는 방법에 따라 고객등의 확인기록을 검색하기 위한 사항, 당해 거래의 기일 및 내용 기타 주무성령으로 정하는 사항에 관한 기록을 작성하여야 한다.

② 제2조 제2항 제44호부터 제47호까지에 열거하는 특정사업자는 특정수임행위의 대리등(별표 제2조 제2항 제44호에 열거하는 자의 항 중란에 규정하는 특정수임행위의 대리등을 말한다. 이하 이 조에서 같다.)을 한 경우에는 그 가액이 소액인 재산의 처분의 대리 기타 정령으로 정하는 특정수임행위의 대리등을 제외하고 곧바로 주무성령으로 정하는 방법에 따라 고객등의 확인기록을 검색하기 위한 사항, 당해 특정수임행위의 대리등을 한 기일 및 내용 기타 주무성령으로 정하는 사항에 관한 기록을 작성하여야 한다.

③ 특정사업자는 전2항에 규정하는 기록(이하 「거래기록등」이라고 한다.)을 당해 거래 또는 특정수임행위의 대리등이 이뤄진 날로부터 7년간 보존하여야 한다.

제 8 조(의심스러운 거래의 신고 등) ① 특정사업자(제2조 제2항 제44호부터 제47호까지에 열거하는 특정사업자를 제외한다.)는 특정업무에 관련된 거래에 대하여 당해 거래에서 수수한 재산이 범죄에 의한 수익이라고 의심되지 또는 고객등이 당해 거래에 관한 조직적범죄처벌법 제10조의 죄 또는 마약특례법 제6조[78]의 죄에 해당하는 행위를 하고 있다고 의심되는지를 판단하고 의심된다고 인정되는 경우에는 신속하게 정령으로 정하는 바에 따라 정령으로 정하는 사항을 행정청에 신고하여야 한다.

② 전항의 규정에 따른 판단은 같은 항의 거래에 관련된 거래시확인의 결과, 당해 거래의 태양 기타 사정 및 제3조 제3항에 규정하는 범죄수익이전위험도조사서의 내용을 감안하고 주무성령으로 정하는 항목에 따라 당해 거래에 의심스러운 점이 있는지를 확인하는 방법 기타 주무성령으로 정하는 방법으로 하여야 한다.

---

78) 일본국 마약특례법 제6조(약물범죄수익등 은닉) ① 약물범죄수익등의 취득이나 처분에 대한 사실을 가장하거나 약물범죄수익등을 은닉한 자는 5년 이하의 징역 또는 300만엔 이하의 벌금에 처하거나 이를 병과한다. 약물범죄수익의 발생원인에 대한 사실을 가장한 자도 마찬가지이다.
　　② 전항의 미수범은 처벌한다.
　　③ 제1항의 죄를 범할 목적으로 예비한 자는 2년 이하의 징역 또는 50만엔 이하의 벌금에 처한다.

③ 특정사업자(그 사원 및 사용인을 포함한다.)는 제1항의 규정에 따른 신고(이하 「의심스러운 거래의 신고」라고 한다.)를 하려고 하는 것 또는 한 것을 당해 의심스러운 거래의 신고에 관련된 고객등 또는 그 자의 관계자에게 누설하여서는 아니 된다.

④ 행정청(도도부현지사 또는 도도부현공안위원회에 한한다.)은 의심스러운 거래의 신고를 받은 때에는 신속하게 당해 의심스러운 거래의 신고에 관한 사항을 주무대신에게 통지한다.

⑤ 행정청(도도부현지사 및 도도부현공안위원회를 제외한다.) 또는 전항의 주무대신(국가공안위원회를 제외한다.)은 의심스러운 거래의 신고나 같은 항의 통지를 받은 때에는 신속하게 당해 의심스러운 거래의 신고 또는 통지에 관한 사항을 국가공안위원회에 통지한다.

제 9 조(외국소재환거래업자와의 계약체결시의 확인) 특정사업자(제2조 제2항 제1호부터 제15호까지 및 제3호에 열거하는 특정사업자에 한한다. 다음 조에서 같다.)는 외국소재환거래업자[외국(일본 영역 밖에 있는 국가나 지역을 말한다. 이하 같다.)에 소재하여 업으로 환거래를 하는 자를 말한다. 이하 같다.]와 환거래를 계속적으로 또는 반복하여 하는 것을 내용으로 하는 계약을 체결할 때에는 주무성령으로 정하는 방법으로 당해 외국소재환거래업자에게 다음에 열거하는 사항의 확인을 진행하여야 한다.

1. 당해 외국소재환거래업자가 제4조, 전3조 및 다음 조의 규정에 따른 조치에 상당하는 조치(이하 이 호에서 「거래시확인 등 상당조치」라고 한다.)를 적확히 하기 위해 필요한 영업소 기타 시설 및 거래시확인 등 상당조치의 실시를 총괄관리하는 자를 당해 외국소재환거래업자가 소재하는 국가 또는 당해 소재하는 국가 이외의 외국에 두고 거래시확인 등 상당조치 실시에 관하여 제15조부터 제18조까지에 규정하는 행정청의 직무에 상당하는 직무를 수행하는 당해 소재하는 국가 또는 당해 외국의 기관의 적절한 감독을 받고 있는 상태(다음 호에서 간단히 「감독을 받고 있는 상태」라고 한다.)에 있는 것 기타 거래시확인 등 상당조치를 적확히 하기 위해 필요한 기준으로서 주무성령으로 정하는 기준에 적합한 체제를 정비하고 있는 것

2. 당해 외국 소재 환거래업자가 업으로서 환거래를 하는 자로서 감독을 받고 있는 상태가 아닌 자와 환거래를 계속적으로 또는 반복하여 하는 것을 내용으로 하는 계약을 체결하지 않는 것

제10조(외국환거래에 관련된 통지의무) ① 특정사업자는 고객과 일본으로부터 외국(정령으로 정하는 국가 또는 지역을 제외한다. 이하 이 조에서 같다.)에 대한 지불에 관련된 환거래(수표의 발행 기타 정령으로 정하는 방법에 의한 것을 제외한다.)를 할 경우에 당해 지불을 다른 특정사업자 또는 외국소재환거래업자(당해 정령으로 정하는 국가 또는 지역에 소재하는 것을 제외한다. 이하 이 조에서 같다.)에게 위탁하는 때에는 당해 고객에 관련된

본인특정사항 기타 사항으로 주무성령으로 정하는 것을 통지하여야 한다.

② 특정사업자는 다른 특정사업자로부터 전항 또는 이 항의 규정에 따른 통지를 받아 일본으로부터 외국에 대한 지불의 위탁 또는 재위탁을 받은 경우에 당해 지불을 다른 특정사업자 또는 외국소재환거래업자에게 재위탁하는 때에는 당해 통지에 관한 사항을 통지하여야 한다.

③ 특정사업자는 외국소재환거래업자부터 이 조의 규정에 상당하는 외국의 법령의 규정에 따른 통지를 받아 외국으로부터 일본에 대한 지불의 위탁이나 외국으로부터 다른 외국에 대한 지불의 위탁 또는 재위탁을 받은 경우에 당해 지불을 다른 특정사업자 또는 외국소재환거래업자에게 재위탁하는 때에는 당해 통지에 관한 사항(주무성령으로 정하는 사항에 한한다.)을 통지하여야 한다.

④ 특정사업자는 다른 특정사업자부터 전항 또는 이 항의 규정에 따른 통지를 받아 외국으로부터 일본에 대한 지불이나 외국으로부터 다른 외국에 대한 지불의 재위탁을 받은 경우에 당해 지불을 다른 특정사업자 또는 외국소재환거래업자에게 재위탁하는 때에는 당해 통지에 관한 사항(주무성령으로 정하는 사항에 한한다.)을 통지하여야 한다.

제11조(거래시확인등을 적확히 수행하기 위한 조치) 특정사업자는 거래시확인, 거래기록 등의 보존, 의심스러운 거래의 신고 등의 조치(이하 이 조에서 「거래시확인 등의 조치」라고 한다.)을 적확히 수행하기 위해 당해 거래시확인을 한 사항에 관련된 정보를 최신의 내용으로 갖추기 위한 조치를 강구하는 것 외에 다음에 열거하는 조치를 강구하도록 노력하여야 한다.

1. 사용인에 대한 교육훈련 실시

2. 거래시확인 등의 조치의 실시에 관한 규정 작성

3. 거래시확인 등의 조치의 적확한 실시를 위해 필요한 감사 기타 업무를 총괄관리하는 자의 선임

4. 기타 제3조 제3항에 규정하는 범죄수익이전위험도조사서의 내용을 감안하여 강구할 것으로서 주무성령으로 정하는 조치

제12조(변호사 등에 의한 본인특정사항의 확인 등에 상당하는 조치) ① 변호사 등에 의한 고객등 또는 대표자등의 본인특정사항 확인, 확인기록 작성 및 보존, 거래기록 등의 작성, 보존 및 이들을 적확하게 수행하기 위한 조치에 상당하는 조치는 제2조 제2항 제44호부터 제47호까지에 열거하는 특정사업자의 예에 준하여 일본변호사연합회의 회칙으로 정하는 바에 따른다.

② 제5조의 규정은 전항의 규정에 따라 정해진 일본변호사연합회 회칙의 규정에 따라 변호사등이 수행하는 본인특정사항의 확인에 상당하는 조치에 준용한다.

③ 정부 및 일본변호사연합회는 범죄에 의한 수익의 이전방지에 관하여 상호 협력한다.

제3장 의심스러운 거래에 관한 정보의 제공 등

제13조(수사기관 등에의 정보제공 등) ① 국가공안위원회는 의심스러운 거래의 신고에 관련된 사항, 제8조, 이 조 및 다음 조에 규정하는 국가공안위원회의 직무에 상당하는 직무를 수행하는 외국 기관으로부터 제공된 정보 및 이들을 정리 또는 분석한 결과(이하「의심스러운 거래에 관한 정보」라고 한다.)가 검찰관, 검찰사무관이나 사법경찰직원 또는 국세청, 국세국이나 세무서의 당해 직원, 세관직원, 징세리원, 공정거래위원회의 직원[사적 독점의 금지 및 공정거래의 확보에 관한 법률(昭和 22년 법률 제54호) 제101조 제1항의 지정을 받은 자에 한한다.] 또는 증권거래 등 감시위원회의 직원(이하 이 조에서「검찰관등」이라고 한다.)에 의한 조직적범죄처벌법 제2조 제2항 제1호 ㅓ나 ㅁ 또는 같은 항 제2호 ㄷ에 열거하는 죄, 조직적범죄처벌법 제10조 제3항이나 제11조의 죄, 마약특례법 제2조 제2항 각호에 열거하는 죄 또는 마약특례법 제6조 제3항이나 제7조[79]의 죄에 관련된 형사사건의 수사 또는 범칙사건 조사에 도움이 된다고 인정하는 때에는 이를 검찰관등에 제공한다.

② 검찰관등은 전항에 규정하는 죄에 관련된 형사사건의 수사 또는 범칙사건 조사를 위해 필요하다고 인정하는 때에는 국가공안위원회에 의심스러운 거래에 관한 정보의 기록열람이나 복사 또는 그 사본의 송부를 요구할 수 있다.

제14조(외국 기관에의 정보제공) ① 국가공안위원회는 전조 제1항에 규정하는 외국 기관에 그 직무(제8조, 전조 및 이 조에 규정하는 국가공안위원회의 직무에 상당하는 것에 한한다. 다음 항에서 같다.)의 수행에 도움이 된다고 인정하는 의심스러운 거래에 관한 정보를 제공할 수 있다.

② 전항의 규정에 따른 의심스러운 거래에 관한 정보의 제공은 당해 의심스러운 거래에 관한 정보가 전조 제1항에 규정하는 외국 기관의 직무의 수행 이외에 사용되지 않고 다음 항의 규정에 따른 동의가 없다면 외국 형사사건의 수사(그 대상인 범죄사실이 특정된 후의 것에 한한다.) 또는 심판(이하 이 조에서「수사등」이라고 한다.)에 사용되지 않도록 적절한 조치가 취하여져야 한다.

③ 국가공안위원회는 외국으로부터의 요청이 있는 때에는 다음 각호의 어느 하나에

---

79) 일본국 마약특례법 제6조(약물범죄수익등 은닉) ① ~ ② (생 략)

③ 제1항의 죄를 범할 목적으로 예비한 자는 2년 이하의 징역 또는 50만엔 이하의 벌금에 처한다.

제7조(약물범죄수익등 수수) 정을 알면서 약물범죄수익등을 수수한 자는 3년 이하의 징역 또는 100만엔 이하의 벌금에 처하거나 이를 병과한다. 다만 법령상의 의무의 이행으로서 제공된 것을 수수한 자 또는 계약(채권자에게 상당한 재산상의 이익을 제공하는 것에 한한다.) 때 당해 계약에 관련된 채무의 이행이 약물범죄수익등에 의해 이뤄진 정을 알지 못하고 당해 계약에 관련된 채무의 이행으로서 제공된 것을 수수한 자는 그러하지 아니하다.

해당하는 경우를 제외하고 제1항의 규정에 따라 제공한 의심스러운 거래에 관한 정보를 당해 요청에 관련된 형사사건의 수사등에 사용하는 것에 동의할 수 있다.

1. 당해 요청에 관련된 형사사건의 수사등의 대상으로 되어 있는 범죄가 정치범죄인 때 또는 당해 요청이 정치범죄에 대한 수사등을 진행할 목적으로 이뤄진 것으로 인정되는 때

2. 국제행정(제1항의 규정에 따른 의심스러운 거래에 관한 정보의 제공에 관한 국제약속을 말한다. 제5항에서 같다.)에서 별도의 정함이 있는 경우를 제외하고 당해 요청에 관련된 형사사건의 수사능의 대상으로 되어 있는 범죄에 관련된 행위가 일본국 내에서 이뤄졌을 경우에 그 행위가 일본국의 법령에 따르면 죄에 해당하지 아니한 때

3. 일본국이 하는 동종 요청에 응하는 취지의 요청국의 보증이 없는 때

④ 국가공안위원회는 전항의 동의를 할 경우에는 미리 같은 항 제1호 및 제2호에 해당하지 아니함에 대하여 법무대신의 확인을, 같은 항 제3호에 해당하지 아니함에 대하여 외무대신의 확인을 각각 받아야 한다.

⑤ 제1항의 규정에 따른 의심스러운 거래에 관한 정보의 제공이 의심스러운 거래에 관한 정보를 사용할 수 있는 외국의 형사사건의 수사등(정치범죄에 대한 수사등 이외의 수사등에 한한다.)의 범위를 정한 국제약속을 기초로 진행된 때에는 그 범위 내에서의 당해 의심스러운 거래에 관한 정보의 사용에는 제3항의 동의가 있는 것으로 본다.

제4장 감독

제15조(보고) 행정청은 이 법률의 시행에 필요한 한도에서 특정사업자에게 그 업무에 관하여 보고 또는 자료의 제출을 요구할 수 있다.

제16조(출입검사) ① 행정청은 이 법률의 시행에 필요한 한도에서 당해 직원에게 특정사업자의 영업소 기타 시설에 출입하게 하고 장부 서류 기타 물건을 검사하게 하거나 그 업무에 관한 관계인에게 질문을 하게 할 수 있다.

② 전항의 규정에 따라 출입검사를 하는 당해 직원은 그 신분을 보여주는 증명서를 휴대하고 관계인의 청구가 있는 때에는 이를 제시하여야 한다.

③ 제1항의 규정에 따른 출입검사의 권한은 범죄수사를 위해 인정되는 것으로 해석하여서는 아니 된다.

④ 제1항의 규정은 특정사업자인 일본은행에는 적용하지 아니한다.

제17조(지도 등) 행정청은 이 법률에 정하는 특정사업자에 의한 조치의 적정하고 원활한 실시를 확보하기 위해 필요하다고 인정하는 때에는 특정사업자에게 필요한

지도, 조언 및 권고를 할 수 있다.

제18조(시정명령) 행정청은 특정사업자가 그 업무에 관하여 제4조 제1항이나 제2항
(이들 규정을 같은 조 제5항의 규정에 따라 바꿔 읽어 적용하는 경우를 포함한다.) 또는 제4항,
제6조, 제7조, 제8조 제1항부터 제3항까지, 제9조 또는 제10조의 규정에 위반하고
있다고 인정하는 때에는 당해 특정사업자에게 당해 위반을 시정하기 위해 필요한
조치를 취할 것을 명할 수 있다.

제19조(국가공안위원회의 의견진술) ① 국가공안위원회는 특정사업자가 그 업무에 관
하여 전조에 규정하는 규정에 위반하고 있다고 인정하는 때에는 행정청(도도부현공
안위원회를 제외한다. 이하 이 조에서 같다.)에 당해 특정사업자에게 전조의 규정에 따른
명령을 해야 한다는 취지 또는 다른 법령의 규정에 따라 당해 위반을 이유로 업무
정지 기타의 처분을 할 수 있을 경우에는 당해 특정사업자에게 당해 처분을 해야
한다는 취지의 의견을 진술할 수 있다.

② 국가공안위원회는 전항의 규정에 따라 의견을 진술하기 위해 필요한 한도에서
특정사업자에 대한 그 업무에 관하여 보고 또는 자료의 제출을 요구하거나 상당하
다고 인정하는 도도부현경찰에 필요한 조사를 할 것을 지시할 수 있다.

③ 전항의 지시를 받은 도도부현경찰의 경시총감 또는 도부현경찰본부장은 같은
항의 조사를 하기 위해 특히 필요하다고 인정되는 때에는 미리 국가공안위원회의
승인을 얻어 당해 직원에게 특정사업자의 영업소 기타 시설에 출입하게 하고 장부
서류 기타 물건을 검사하게 하거나 그 업무에 관한 관계인에게 질문을 하게 할 수
있다. 이 경우에는 제16조 제2항부터 제4항까지의 규정을 준용한다.

④ 국가공안위원회는 전항의 승인을 하려는 때에는 미리 행정청(행정청이 도도부현지사
인 경우에는 주무대신을 경유하여 당해 도도부현지사)에 그 취지를 통지하여야 한다.

⑤ 전항의 통지를 받은 행정청은 정령으로 정하는 바에 따라 국가공안위원회에 제
16조 제1항의 규정에 따른 권한의 행사와 제3항의 규정에 따른 도도부현경찰의 권
한의 행사와 조정을 도모하기 위해 필요한 협의를 요구할 수 있다. 이 경우에 국가
공안위원회는 그 요구에 응하여야 한다.

제5장 잡칙

제20조(주무성령에의 위임) 이 법률에 정하는 것 외 이 법률의 실시에 필요한 사항은
주무성령으로 정한다.

제21조(경과조치) 이 법률의 규정을 기초로 정령 또는 주무성령을 제정하거나 폐지하
는 경우에는 그 정령 또는 주무성령으로 그 제정 또는 폐지에 수반하여 합리적으로

필요하다고 판단되는 범위 내에서 소요의 경과조치(벌칙에 관한 경과조치를 포함한다.)를 정할 수 있다.

제22조(행정청등) ① 이 법률에서의 행정청은 다음 각호에 열거하는 특정사업자의 구분에 맞추어 당해 특정사업자에 관련된 사항에 관하여 각각 당해 각호에 정하는 자로 한다.

1. 제2조 제2항 제1호부터 제3호까지, 제6호, 제7호, 제17호부터 제19호까지, 제21호부터 제25호까지, 제27호부터 제31호까지 및 제46호에 열거하는 특정사업자: 내각총리대신

2. 제2조 제2항 제4호 및 제5호에 열거하는 특정사업자: 내각총리대신 및 후생노동대신

3. 제2조 제2항 제8호 및 제9호에 열거하는 특정사업자: 농업협동조합법(昭和 22년 법률 제132호) 제98조 제1항에 규정하는 행정청

4. 제2조 제2항 제10호부터 제13호까지 및 제20호에 열거하는 특정사업자: 수산업협동조합법(昭和 23년 법률 제242호) 제127조 제1항에 규정하는 행정청

5. 제2조 제2항 제14호에 열거하는 특정사업자: 농림수산대신 및 내각총리대신

6. 제2조 제2항 제15호에 열거하는 특정사업자: 주식회사상공조합중앙금고법(平成 19년 법률 제74호) 제56조 제2항에 규정하는 주무대신

7. 제2조 제2항 제16호에 열거하는 특정사업자: 주식회사일본정책투자은행법(平成 19년 법률 제85호) 제29조 제1항에 규정하는 주무대신

8. 제2조 제2항 제26호에 열거하는 특정사업자: 부동산특정공동사업법 제73조 제1항에 규정하는 주무대신

9. 제2조 제2항 제32호에 열거하는 특정사업자: 상품선물거래법 제354조 제1항에 규정하는 주무대신

10. 제2조 제2항 제33호부터 제35호까지에 열거하는 특정사업자(다음 호에 열거하는 자를 제외한다.): 내각총리대신 및 법무대신

11. 제2조 제2항 제33호 및 제34호에 열거하는 특정사업자 중 국채를 취급하는 자: 내각총리대신, 법무대신 및 재무대신

12. 제2조 제2항 제36호에 열거하는 특정사업자 및 같은 항 제42호에 열거하는 특정사업자 중 고객 앞으로의 전화를 받아 그 내용을 당해 고객에 연락하거나 고객 앞으로 또는 고객으로부터의 전화를 당해 고객이 지정하는 전화번호에 자동적으로 전송하는 역무를 제공하는 업무를 하는 자: 총무대신

13. 제2조 제2항 제37호 및 제47호에 열거하는 특정사업자: 재무대신

14. 제2조 제2항 제38호, 제39호, 제41호에 열거하는 특정사업자 및 같은 항 제42

호에 열거하는 특정사업자 중 고객 앞으로 온 우편물을 수취하여 이를 당해 고객에 인도하는 역무를 제공하는 업무를 하는 자: 경제산업대신

15. 제2조 제2항 제4호에 열거하는 특정사업자: 택지건물거래업법 제3조 제1항의 면허를 한 국토교통대신 또는 도도부현지사(의제택지건물거래업자인 특정사업자는 국토교통대신)

16. 제2조 제2항 제44호에 열거하는 특정사업자: 법무대신

17. 제2조 제2항 제45호에 열거하는 특정사업자: 도도부현지사

② 전항의 규정에 불구하고 제9조에 규정하는 특정사업자(제2조 제2항 제15호에 열거하는 특정사업자를 제외한다.)에 관련된 제9조 및 제10조에 정하는 사항에 관한 행정청은 전항에 정하는 행정청 및 재무대신으로 한다.

③ 제1항의 규정에 불구하고 특정사업자 중 금융상품거래법 제33조의2에 규정하는 등록을 받은 자가 등록금융기관업무(같은 법 제33조의3 제1항 제6호 イ에 규정하는 등록금융기관업무를 말한다. 제6항 제2호에서 같다.)를 수행하는 경우에는 당해 등록금융기관업무에 관련된 사항에 관한 행정청은 내각총리대신으로 한다.

④ 제1항의 규정에 불구하고 제2조 제2항 제41호에 열거하는 특정사업자 중 고물영업법(昭和 24년 법률 제108호) 제3조 제1항의 허가를 받은 자가 같은 법 제2조 제1항의 고물인 귀금속 등의 매매업무를 수행하는 경우 및 같은 호에 열거하는 특정사업자 중 전당포영업법(昭和 25년 법률 제158호) 제2조 제1항의 허가를 받은 자가 같은 법 제19조 제1항의 유질물인 귀금속 등의 매각업무를 수행하는 경우에는 이들 업무에 관련된 사항에 관한 행정청은 도도부현공안위원회로 한다. 이 경우에 도공안위원회의 권한에 속하는 사무는 정령으로 정하는 바에 따라 방면공안위원회가 하게 할 수 있다.

⑤ 내각총리대신은 이 법률에 의한 권한(금융청의 소관에 관련된 것에 한하며 정령으로 정하는 것을 제외한다.)을 금융청장관에게 위임한다.

⑥ 금융청장관은 전항의 규정에 따라 위임된 권한(제8조, 제17조 및 제18조에 관한 것을 제외한다. 다음 항에서 「금융청장관권한」이라고 한다.) 중 다음에 열거하는 행위에 관련된 것을 증권거래 등 감시위원회에 위임한다. 다만 보고 또는 자료의 제출을 명하는 권한을 금융청장관이 스스로 행사하는 것을 방해하지 아니한다.

1. 제2조 제2항 제21호 및 제23호에 열거하는 특정사업자에 의한 행위

2. 등록금융기관업무에 관련된 행위

⑦ 금융청장관은 정령으로 정하는 바에 따라 금융청장관권한 중 제2조 제2항 제22호, 제33호 및 제34호에 열거하는 특정사업자에 의한 행위(전항 각호에 열거하는 행위를 제외한다.)에 관련된 것을 증권거래 등 감시위원회에 위임할 수 있다.

⑧ 전2항의 경우에 증권거래 등 감시위원회가 수행하는 보고 또는 자료제출명령에 대한 심사청구는 증권거래 등 감시위원회에만 할 수 있다.

⑨ 이 법률에 규정하는 행정청의 권한에 속하는 사무(이 법률의 규정에 따라 도도부현 지사 또는 도도부현공안위원회의 권한에 속하는 것으로 되어 있는 사무를 제외한다.)의 일부는 정령으로 정하는 바에 따라 도도부현지사가 수행하게 할 수 있다.

⑩ 전 각항에 규정하는 것 외 제8조 및 제15조부터 제19조까지의 규정에 따른 행 정청의 권한의 행사에 관하여 필요한 사항은 정령으로 정한다.

제23조(주무대신 등) ① 이 법률에서 주무대신은 다음과 같다.

1. 다음의 イ부터 ホ까지에 열거하는 특정사업자의 구분에 대응하여 당해 특정사 업자에 관련된 사항(다음 호부터 제4호까지에 열거하는 사항을 제외한다.)에 관하여 각각 당해 イ부터 ホ까지에 정하는 대신

イ ロ부터 ホ까지에 열거하는 특정사업자 이외의 특정사업자: 전조 제1항에 정하 는 행정청인 대신

ロ 제2조 제2항 제8호 및 제9호에 열거하는 특정사업자: 농업협동조합법 제98조 제2항에 규정하는 주무대신

ハ 제2조 제2항 제10호부터 제13호까지 및 제2호에 열거하는 특정사업자: 수산업 협동조합법 제127조 제2항에 규정하는 주무대신

ニ 제2조 제2항 제4호에 열거하는 특정사업자: 국토교통대신

ホ 제2조 제2항 제45호에 열거하는 특정사업자: 총무대신

2. 전조 제2항에 규정하는 특정사업자에 관련된 같은 항에 규정하는 사항: 전호 イ 부터 ハ까지에 정하는 대신 및 재무대신

3. 전조 제3항에 규정하는 특정사업자에 관련된 같은 항에 규정하는 사항: 내각총 리대신

4. 전조 제4항에 규정하는 특정사업자에 관련된 같은 항에 규정하는 사항: 국가공 안위원회

② 이 법률에서의 주무성령은 내각총리대신, 총무대신, 법무대신, 재무대신, 후생 노동대신, 농림수산대신, 경제산업대신 및 국토교통대신이 공동으로 발하는 명령으 로 한다.

제24조(사무의 구분) 이 법률의 규정에 따라 도도부현이 처리하는 것으로 되어 있는 사무 중 다음에 열거하는 자에 관련된 것은 지방자치법(昭和 22년 법률 제67호) 제2조 제9항 제1호80)에 규정하는 제1호 법정수탁사무로 한다.

---

80) 일본국 지방자치법 제2조 ① ~ ⑧ (생 략)
　　⑨ 이 법률에서 「법정수탁사무」란 다음에 열거하는 사무를 말한다.
　1. 법률 또는 이에 기초한 정령으로 도도부현, 시정촌 또는 특별구가 처리하게 되어 있는 사무 중 국가

1. 농업협동조합법 제10조 제1항 제3호의 사업을 수행하는 농업협동조합 및 농업협동조합연합회

2. 수산업협동조합법 제11조 제1항 제4호의 사업을 수행하는 어업협동조합

3. 수산업협동조합법 제87조 제1항 제4호의 사업을 수행하는 어업협동조합연합회

4. 수산업협동조합법 제93조 제1항 제2호의 사업을 수행하는 수산가공업협동조합

5. 수산업협동조합법 제97조 제1항 제2호의 사업을 수행하는 수산가공업협동조합연합회

제6장 벌칙

제25조 제18조의 규정에 따른 명령에 위반한 자는 2년 이하의 징역 또는 3백만엔 이하의 벌금에 처하거나 이를 병과한다.

제26조 다음 각호의 어느 하나에 해당하는 자는 1년 이하의 징역 또는 3백만엔 이하의 벌금에 처하거나 이를 병과한다.

1. 제15조나 제19조 제2항의 규정에 따른 보고 또는 자료를 제출하지 아니하거나 허위의 보고 또는 자료제출을 한 자

2. 제16조 제1항이나 제19조 제3항의 규정에 따른 당해 직원의 질문에 답변하지 아니하거나 허위로 답변 또는 이들 규정에 따른 검사를 거부, 방해하거나 기피한 자

제27조 고객등 또는 대표자등의 본인특정사항을 은폐할 목적으로 제4조 제6항의 규정에 위반하는 행위(당해 고객등 또는 대표자등의 본인특정사항에 관련된 것에 한한다.)를 한 자는 1년 이하의 징역 또는 1백만엔 이하의 벌금에 처하거나 이를 병과한다.

제28조 타인의 행세를 하면서 특정사업자(제2조 제2항 제1호부터 제15호까지 및 제36호에 열거하는 특정사업자에 한한다. 이하 이 조에서 같다.)와의 예저금계약(별표제2조 제2항 제1호부터 제37호까지에 열거하는 자의 항의 하란에 규정하는 예저금계약을 말한다. 이하 이 항에서 같다.)에 관련된 역무를 제공받는 것 또는 이를 제3자에게 하게 할 것을 목적으로 당해 예저금계약에 관련된 예저금통장, 예저금의 인출용 카드, 예저금을 인출하거나 계좌이체에 필요한 정보 기타 특정사업자와의 예저금계약에 관련된 역무를 제공받기 위해 필요한 것으로서 정령으로 정하는 것(이하 이 조에서 「예저금통장등」이라고 한다.)을 양수, 교부 또는 제공받은 자는 1년 이하의 징역 또는 1백만엔 이하의 벌금에 처하거나 이를 병과한다. 통상의 상거래로서 이뤄진 것 기타 정당한 이유 없이

가 본래 맡은 역할에 관련된 것으로서 국가에서 그 적정한 처리를 특히 확보할 필요가 있는 것으로서 법률 또는 이에 기초한 정령에 특별히 정한 것(이하 「제1호 법정수탁사무」라고 한다.)

2. (생 략)

⑩ ~ ⑰ (생 략)

유상으로 예저금통장등을 양수, 교부 또는 제공받은 자도 같다.

② 상대방에게 전항 전단의 목적이 있다는 정을 알면서 그 자에게 예저금통장등을 양도, 교부 또는 제공한 자도 같은 항과 같다. 통상의 상거래로서 이뤄진 것 기타 정당한 이유 없이 유상으로 예저금통장등을 양도, 교부 또는 제공한 자도 같다.

③ 업으로 전2항의 죄에 해당하는 행위를 한 자는 3년 이하의 징역 또는 5백만엔 이하의 벌금에 처하거나 이를 병과한다.

④ 제1항 또는 제2항의 죄에 해당하는 행위를 하고자 사람은 권유 또는 광고 기타 이에 유사한 방법으로 사람을 유인한 자도 제1항과 같다.

제29조 ① 타인의 행세를 하면서 제2조 제2항 제3호에 열거하는 특정사업자(이하 이 항에서 「자금이동업자」라고 한다.)와의 환거래에 의해 송금하거나 송금을 수취하는 것 또는 이들을 제3자에게 하게 할 것을 목적으로 당해 환거래에 관련된 송금수취용 카드, 송금 또는 수취에 필요한 정보 기타 자금이동업자와의 환거래에 의한 송금 또는 수취에 필요한 것으로서 정령으로 정하는 것(이하 「환거래카드등」이라고 한다.)을 양수, 교부 또는 제공받은 자는 1년 이하의 징역 또는 1백만엔 이하의 벌금에 처하거나 이를 병과한다. 통상의 상거래로서 이뤄진 것 기타 정당한 이유 없이 유상으로 환거래카드 등을 양수, 교부 또는 제공받은 자도 같다.

② 상대방에게 전항 전단의 목적이 있다는 정을 알면서 그 자에게 환거래카드 등을 양도, 교부 또는 제공한 자도 같은 항과 같다. 통상의 상거래로서 이뤄진 것 기타 정당한 이유 없이 유상으로 환거래카드 등을 양도, 교부 또는 제공한 자도 같다.

③ 업으로 전2항의 죄에 해당하는 행위를 한 자는 3년 이하의 징역 또는 5백만엔 이하의 벌금에 처하거나 이를 병과한다.

④ 제1항 또는 제2항의 죄에 해당하는 행위를 하고자 사람을 권유 또는 광고 기타 이에 유사한 방법으로 사람을 유인한 자도 제1항과 같다.

제30조 ① 타인의 행세를 하면서 제2조 제2항 제31호에 열거하는 특정사업자(이하 이 항에서 「가상통화교환업자」라고 한다.)와의 가상통화교환계약(자금결제에 관한 법률 제2조 제7항 각호[81])에 열거하는 행위를 하는 것을 내용으로 하는 계약을 말한다. 이하 이 항에서 같다.)

---

[81] 일본국 자금결제에 관한 법률 제2조(정의) ① ~ ⑥ (생 략)
　⑦ 이 법률에서 「암호자산교환업」이란 다음에 열거하는 행위의 어느 하나를 업으로 하는 것을 말하고, 「암호자산의 교환등」이란 제1호 및 제2호에 열거하는 행위를 말하며, 「암호자산의 관리」란 제4호에 열거하는 행위를 말한다.
　1. 암호자산의 매매 또는 다른 암호자산과의 교환
　2. 전호에 열거하는 행위의 매개, 중개 또는 대리
　3. 그 수행하는 전2호에 열거하는 행위에 관하여 이용자의 금전을 관리하는 것
　4. 타인을 위해 암호자산을 관리하는 것(당해 관리를 업으로 하는 것에 대하여 다른 법률에 특별한 규정이 있는 경우를 제외한다.)

에 관련된 역무를 제공받는 것 또는 이를 제3자에게 하게 할 것을 목적으로 가상통화교환업자에게 가상통화교환계약에 관련된 역무를 제공받는 자를 다른 자와 구별하여 식별할 수 있도록 부여한 부호 기타 당해 역무를 제공받기 위해 필요한 정보(이하 이 조에서 「가상통화교환용정보」라고 한다.)를 제공받은 자는 1년 이하의 징역 또는 1백만엔 이하의 벌금에 처하거나 이를 병과한다. 통상의 상거래로서 이뤄진 것 기타 정당한 이유 없이 유상으로 가상통화교환용정보를 제공받은 자도 같다.

② 상대방에 전항 전단의 목적이 있다는 정을 알면서 그 자에게 가상통화교환용정보를 제공한 자도 같은 항과 같다. 통상의 상거래로서 이뤄진 것 기타 정당한 이유 없이 유상으로 가상통화교환용정보를 제공한 자도 같다.

③ 업으로 전2항의 죄에 해당하는 행위를 한 자는 3년 이하의 징역 또는 5백만엔 이하의 벌금에 처하거나 이를 병과한다.

④ 제1항 또는 제2항의 죄에 해당하는 행위를 하고자 사람을 권유 또는 광고 기타 이에 유사한 방법으로 사람을 유인한 자도 제1항과 같다.

제31조 법인의 대표자 또는 법인이나 사람의 대리인, 사용인 기타 종업원이 그 법인 또는 사람의 업무에 관하여 다음 각호에 열거하는 규정의 위반행위를 한 때에는 그 행위자를 벌하는 외 그 법인에 대하여 당해 각호에 정하는 벌금형을, 그 사람에 대하여 각 본조의 벌금형을 부과한다.

1. 제25조 3억엔 이하의 벌금형
2. 제26조 2억엔 이하의 벌금형
3. 제27조 같은 조의 벌금형

제32조(금융상품거래법의 준용) 금융상품거래법 제9장[82]의 규정은 제22조 제6항 각호에 열거하는 행위에 관련된 제27조 및 전조 제3호에 규정하는 죄에 대한 사건에 준용한다.

부 칙 〈생 략〉

---

⑧ ~ ⑲ (생 략)

82) 일본국 금융상품거래법 제9장(범칙사건의 조사 등, 제210조~제226조)은 증권상품등감시위원회 직원의 질문 및 조사권, 압수수색, 책임자의 입회권과 경찰의 조력, 조서작성, 영치목록 등 작성과 위원회의 고발권 등에 관하여 상세하게 규정하고 있다.

별표(제4조 관련)

제2조 제2항 제1호부터 제37호까지에 열거하는 자	금융에 관한 업무 기타 정령으로 정하는 업무	예저금계약(예금 저금의 수납을 내용으로 하는 계약을 말한다.) 체결, 환거래 기타 정령으로 정하는 거래
제2조 제2항 제38호에 열거하는 자	같은 호에 규정하는 업무	같은 호에 규정하는 물품의 임대차계약의 체결 기타 정령으로 정하는 거래
제2조 제2항 제39호에 열거하는 자	같은 호에 규정하는 업무	신용카드 등의 교부나 부여를 내용으로 하는 계약 체결 기타 정령으로 정하는 거래
제2조 제2항 제40호에 열거하는 자	택지건물거래업 중 택지(택지건물거래업법 제2조 제1호에 규정하는 택지를 말한다. 이하 이 표에서 같다.)나 건물(건물의 일부를 포함한다. 이하 이 표에서 같다.)의 매매 또는 대리나 매개에 관련된 것	택지 또는 건물의 매매계약 체결 기타 정령으로 정하는 거래
제2조 제2항 제41호에 열거하는 자	귀금속 등의 매매업무	귀금속 등의 매매계약 체결 기타 정령으로 정하는 거래
제2조 제2항 제42호에 열거하는 자	같은 호에 규정하는 업무	같은 호에 규정하는 역무를 제공하는 것을 내용으로 하는 계약의 체결 기타 정령으로 정하는 거래
제2조 제2항 제44호에 열거하는 자	사법서사법(昭和 25년 법률 제197호) 제3조나 제29조에 정하는 업무 또는 이들에 부수하거나 관련된 업무 중 고객을 위해 하는 다음에 열거하는 행위 또는 절차(정령으로 정하는 것을 제외한다.)에 대한 대리 또는 대행(이하 이 표에서 「특정수임행위의 대리등」이라고 한다.)에 관련된 것 1. 택지 또는 건물의 매매에 관한 행위 또는 절차 2. 회사의 설립이나 합병에 관한 행위 또는 절차 기타 정령으로 정하는 회사의 조직, 운영이나 관리에 관한 행위 또는 절차(회사 이외의 법인, 조합 또는 신탁으로 정령으로 정하는 것에 관련된 이들에 상당하는 것으로서 정령으로 정	특정수임행위의 대리등을 하는 것을 내용으로 하는 계약의 체결 기타 정령으로 정하는 거래

	하는 행위 또는 절차를 포함한다.) 3. 현금, 예금, 유가증권 기타 재산관리 또는 처분(전2호에 해당하는 것을 제외한다.)	
제2조 제2항 제45호에 열거하는 자	행정서사법(昭和 26년 법률 세4호) 제1조의2, 제1조의3이나 제13조의6에 정하는 업무 또는 이들에 부수하거나 관련된 업무 중 특정수임행위의 대리등에 관련된 것	특정수임행위의 대리등을 하는 것을 내용으로 하는 계약의 체결 기타 정령으로 정하는 거래
제2조 제2항 제46호에 열거하는 자	공인회계사법 제2조 제2항이나 제34조의5 제1호에 정하는 업무 또는 이들에 부수하거나 관련된 업무 중 특정수임행위의 대리등에 관련된 것	특정수임행위의 대리등을 하는 것을 내용으로 하는 계약의 체결 기타 정령으로 정하는 거래
제2조 제2항 제47호에 열거하는 자	세리사법(昭和 26년 법률 제237호) 제2조나 제48조의5에 정하는 업무 또는 이들에 부수하거나 관련된 업무 중 특정수임행위의 대리등에 관련된 것	특정수임행위의 대리등을 하는 것을 내용으로 하는 계약의 체결 기타 정령으로 정하는 거래

범죄에 의한 수익의 이전방지에
관한 법률 시행령

제정 平成 20년 정령 제20호

개정 令和 2년 4월 3일 정령 제142호

제 1 조(정의) 이 정령에서 「범죄에 의한 수익」, 「특정사업자」, 「고객등」, 「대표자등」, 「거래시확인」, 「의심스러운 거래의 신고」 또는 「특정수임행위의 대리등」은 범죄에 의한 수익의 이전방지에 관한 법률(이하 「법」이라고 한다.) 제2조 각항, 제4조 제6항, 제8조 제3항 또는 별표 제2조 제2항 제45호에 열거하는 자의 항에 규정하는 범죄에 의한 수익, 특정사업자, 고객등, 대표자등, 거래시확인, 의심스러운 거래의 신고 또는 특정수임행위의 대리등을 말한다.

제 2 조(법 제2조 제2항 제29호에 규정하는 정령으로 정하는 자) 법 제2조 제2항 제29 호에 규정하는 정령으로 정하는 자는 대금업법 시행령(昭和 58년 정령 제181호) 제1조 의2 제3호[83])에 열거하는 자로 한다.

제 3 조(법 제2조 제2항 제38호에 규정하는 정령으로 정하는 임대) 법 제2조 제2항 제 38호에 규정하는 정령으로 정하는 임대는 다음 요건을 만족하는 임대로 한다.

1. 임대에 관련된 계약이 당해 임대기간 도중에 해제할 수 없는 것 또는 이에 준하 는 것으로서 주무성령으로 정하는 것

2. 임대를 받는 자가 당해 임대에 관련된 기계류 기타 물품의 사용으로부터 유래되 는 경제적 이익을 실질적으로 향유할 수 있고 당해 물품의 사용에 수반하여 발생하 는 비용을 실질적으로 부담하기로 되어 있는 것

제 4 조(귀금속등) ① 법 제2조 제2항 제42호에 규정하는 정령으로 정하는 귀금속은 금, 백금, 은 및 이들의 합금으로 한다.

② 법 제2조 제2항 제42호에 규정하는 정령으로 정하는 보석은 다이아몬드 기타 귀석(貴石), 반귀석(半貴石) 및 진주로 한다.

---

83) 일본국 대금업법 시행령 제1조의2(대금업의 범위에서의 제외) 법 제2조 제1항 제5호에 규정하는 정 령으로 정하는 자는 다음에 열거하는 자로 한다.
1. ~ 2. (생 략)
3. 주로 콜 자금(역자 주: 단기 융자)의 대부 또는 그 대차의 매개를 업으로 하는 자로 금융청장관이 지 정하는 자
4. ~ 7. (생 략)

제 5 조(고객에 준하는 자) 법 제2조 제3항에 규정하는 고객에 준하는 자로서 정령으로 정하는 자는 신탁의 수익자[근로자재산형성촉진법(昭和 46년 법률 제92호) 제6조 제1항에 규정하는 근로자재산형성저축계약, 같은 조 제2항에 규정하는 근로자재산형성연금저축계약 및 같은 조 제4항에 규정하는 근로자재산형성주택저축계약(이하 「근로자재산형성저축계약등」이라고 한다.), 같은 법 제6조의2 제1항에 규정하는 근로자재산형성급부금계약(이하 간단히 「근로자재산형성급부금계약」이라고 한다.), 같은 법 제6조의3 제1항에 규정하는 근로자재산형성기금계약(이하 간단히 「근로자재산형성기금계약」이라고 한다.), 확정급부기업연금법(平成 13년 법률 제5호) 제65조 제3항에 규정하는 자산관리운용계약, 기업연금기금이 같은 법 제66조 제1항의 규정에 따라 체결하는 같은 법 제65조 제1항 각호에 열거하는 계약 및 같은 법 제66조 제2항에 규정하는 신탁계약(이하 「자산관리운용계약등」이라고 한다.), 사채, 주식 등의 대체에 관한 법률(平成 13년 법률 제75호) 제511조 제1항의 규정에 따라 체결하는 가입자보호신탁계약, 확정거출연금법(平成 13년 법률 제88호) 제8조 제2항에 규정하는 자산관리계약(이하 간단히 「자산관리계약」이라고 한다.) 기타 주무성령으로 정하는 계약에 관련된 것을 제외한다.]로 한다.

제 6 조(금융기관 등의 특정업무) 법 별표 제2조 제2항 제1호부터 제37호까지에 열거하는 자의 항에 규정하는 정령으로 정하는 업무는 다음 각호에 열거하는 특정사업자의 구분에 대응하여 각각 당해 각호에 정하는 업무로 한다.

1. 법 제2조 제2항 제1호부터 제7호까지 및 제14호부터 제2호까지에 열거하는 특정사업자, 같은 항 제21호에 열거하는 특정사업자(제7호에 열거하는 자를 제외한다.) 및 같은 항 제22호, 제24호, 제27호, 제33호 및 제35호에 열거하는 특정사업자: 당해 특정사업자가 하는 업무

2. 법 제2조 제2항 제8호 및 제9호에 열거하는 특정사업자: 농업협동조합법(昭和 22년 법률 제132호) 제10조 제1항 제2호에 열거하는 사업(당해 특정사업자가 같은 항 제3호에 열거하는 사업을 아울러 하는 경우에 한한다.), 같은 항 제3호에 열거하는 사업(이들 사업에 부대하는 사업을 포함한다.) 또는 같은 항 제10호에 열거하는 사업(당해 사업에 부대하는 사업을 포함한다.)이나 같은 조 제6항 또는 제7항에 규정하는 사업에 관련된 업무

3. 법 제2조 제2항 제10호에 열거하는 특정사업자: 수산업협동조합법(昭和 23년 법률 제242호) 제11조 제1항 제3호에 열거하는 사업(당해 특정사업자가 같은 항 제4호에 열거하는 사업을 아울러 하는 경우에 한한다.), 같은 항 제4호에 열거하는 사업(이들 사업에 부대하는 사업을 포함한다.)이나 같은 항 제11호에 열거하는 사업(당해 사업에 부대하는 사업을 포함한다.) 또는 같은 조 제3항부터 제5항까지에 규정하는 사업에 관련된 업무

4. 법 제2조 제2항 제11호에 열거하는 특정사업자: 수산업협동조합법 제87조 제1

항 제3호에 열거하는 사업(당해 특정사업자가 같은 항 제4호에 열거하는 사업을 아울러 하는 경우에 한한다.)이나 같은 항 제4호에 열거하는 사업(이들 사업에 부대하는 사업을 포함한다.) 또는 같은 조 제4항부터 제6항까지에 규정하는 사업에 관련된 업무

5. 법 제2조 제2항 제12호에 열거하는 특정사업자: 수산업협동조합법 제93조 제1항 제1호에 열거하는 사업(당해 특정사업자가 같은 항 제2호에 열거하는 사업을 아울러 하는 경우에 한한다.), 같은 항 제2호에 열거하는 사업(이들 사업에 부대하는 사업을 포함한다.)이나 같은 항 제6호의2에 열거하는 사업(당해 사업에 부대하는 사업을 포함한다.) 또는 같은 조 제2항부터 제4항까지에 규정하는 사업에 관련된 업무

6. 법 제2조 제2항 제13호에 열거하는 특정사업자: 수산업협동조합법 제97조 제1항 제1호에 열거하는 사업(당해 특정사업자가 같은 항 제2호에 열거하는 사업을 아울러 하는 경우에 한한다.)이나 같은 항 제2호에 열거하는 사업(이들 사업에 부대하는 사업을 포함한다.)또는 같은 조 제3항부터 제5항까지에 규정하는 사업에 관련된 업무

7. 법 제2조 제2항 제21호에 열거하는 특정사업자[금융상품거래법(昭和 23년 법률 제25호) 제28조 제1항에 규정하는 제1종 금융상품거래업 또는 같은 조 제4항에 규정하는 투자운용업을 하는 자를 제외한다.]: 금융상품거래법 제28조 제2항에 규정하는 제2종 금융상품거래업 또는 같은 조 제3항에 규정하는 투자조언·대리업에 관련된 업무

8. 법 제2조 제2항 제23호에 열거하는 특정사업자: 금융상품거래법 제63조 제2항에 규정하는 적격기관투자가 등 특례업무

9. 법 제2조 제2항 제25호에 열거하는 특정사업자: 신탁법(平成 18년 법률 제108호)제3조 제3호에 열거하는 방법에 따라 하는 신탁에 관련된 사무에 관한 업무

10. 법 제2조 제2항 제26호에 열거하는 특정사업자: 부동산특정공동사업법(平成 6년 법률 제77호) 제2조 제4항에 규정하는 부동산특정공동사업에 관련된 업무

11. 법 제2조 제2항 제28호에 열거하는 특정사업자: 대금업법(昭和 58년 법률 제32호) 제2조 제1항에 규정하는 대금업에 관련된 업무

12. 법 제2조 제2항 제29호에 열거하는 특정사업자: 대금업법 제2조 제1항 본문에 규정하는 대부업무

13. 법 제2조 제2항 제30호에 열거하는 특정사업자: 자금결제에 관한 법률(平成 21년 법률 제59호) 제2조 제2항에 규정하는 자금이동업에 관련된 업무

14. 법 제2조 제2항 제31호에 열거하는 특정사업자: 자금결제에 관한 법률 제2조 제7항에 규정하는 가상통화교환업(다음 조 제1항 제1호 ㄴ 및 제3항 제2호에서 간단히 「가상통화교환업」이라고 한다.)에 관련된 업무

15. 법 제2조 제2항 제32호에 열거하는 특정사업자: 상품선물거래법(昭和 25년 법률

제239호) 제2조 제22항에 규정하는 상품선물거래업에 관련된 업무

16. 법 제2조 제2항 제34호에 열거하는 특정사업자: 사채, 주식 등의 대체에 관한 법률 제45조 제1항에 규정하는 대체업

17. 법 제2조 제2항 제36호에 열거하는 특정사업자: 독립행정법인우편저금간이생명보험 관리·우편국 네트워크 지원기구법(平成 17년 법률 제101호) 제13조 제1항 제1호나 제2호에 열거하는 업무(이들에 부대하는 업무를 포함한다.) 또는 같은 법 부칙 제2조 제1항 각호에 열거하는 업무

18. 법 제2조 제2항 제37호에 열거하는 특정사업자: 같은 호에 규정하는 환전업무

제 7 조(금융기관 등의 특정거래) ① 다음 각호에 열거하는 법의 규정에 규정하는 정령으로 정하는 거래는 당해 각호에 정하는 거래(법 제3조 제3항에 규정하는 범죄수익이 전위험도조사서에 기재된 당해 거래에 의한 범죄에 의한 수익의 이전의 위험성의 정도를 감안하여 간소한 고객관리를 하는 것이 허용되는 거래로서 주무성령으로 정하는 것을 제외한다. 이하 이 항에서 「대상거래」라고 한다.) 및 대상거래 이외의 거래로 의심스러운 거래[거래에서 수수하는 재산이 범죄에 의한 수익이라는 의심 또는 고객등이 거래에 관하여 조직적인 범죄의 처벌 및 범죄수익의 규제 등에 관한 법률(平成 11년 법률 제136호) 제10조의 죄 또는 국제적인 협력 아래 규제약물에 관련된 부정행위를 조장하는 행위 등의 방지를 도모하기 위한 마약 및 향정신약단속법 등의 특례 등에 관한 법률(平成 3년 법률 제94호) 제6조[84]의 죄에 해당하는 행위를 하고 있다는 의심이 있다고 인정되는 거래를 말한다. 제9조 제1항 및 제13조 제2항에서 같다.] 기타 고객관리를 한 후에 특별한 주의를 요하는 것으로서 주무성령으로 정하는 것으로 한다.

1. 법 별표 제2조 제2항 제1호부터 제37호까지에 열거하는 자의 항 다음의 어느 하나에 해당하는 거래

イ 예금 또는 저금의 수납을 내용으로 하는 계약의 체결

ロ 정기적금등[은행법(昭和 56년 법률 제59호) 제2조 제4항에 규정하는 정기적금등을 말한다.]의 수납을 내용으로 하는 계약의 체결

ハ 신탁[수익권이 금융상품거래법 제2조 제1항에 규정하는 유가증권에 표시된 권리(같은 항 제12호부터 제14호까지에 열거하는 수익증권에 표시된 권리를 제외한다.) 또는 같은 조 제2항의 규정에 따라 유가증권으로 보는 권리(같은 항 제1호 및 제2호에 열거하는 것을 제외한다.)인 신탁 및 담보부사채신탁법(明治 38년 법률 제52호) 제2조 제1항에 규정하는 신탁계약에 관련된 신탁을 제외한다. 이하 이 조에서 같다.]에 관련된 계약의 체결

ニ 신탁행위, 신탁법 제89조 제1항에 규정하는 수익자지정권 등의 행사, 신탁의 수

---

84) 범죄에 의한 수익의 이전방지에 관한 법률 제13조의 각주 참조.

익권의 양도 기타 행위에 의한 신탁의 수익자와의 법률관계의 성립(リ에 규정하는 행위에 관련된 것을 제외한다.)

ホ 보험업법(平成 7년 법률 제105호) 제2조 제1항에 규정하는 보험업을 영위하는 자가 보험자가 되는 보험계약의 체결

ヘ 농업협동조합법 제10조 제1항 제10호 또는 수산업협동조합법 제11조 제1항 제11호, 제93조 제1항 제6호의2나 제100조의2 제1항 제1호에 규정하는 공제에 관한 계약(이하 「공제에 관한 계약」이라고 한다.)의 체결

ト 보험업법 제2조 제1항에 규정하는 보험업을 영위하는 자가 보험자가 되는 보험계약이나 우정민영화법 등의 시행에 수반하는 관계 법률의 정비 등에 관한 법률(平成 17년 법률 제102호) 제2조의 규정에 따른 폐지 전의 간이생명보험법(昭和 24년 법률 제68호) 제3조에 규정하는 간이생명보험계약(チ에서 「보험계약」이라고 한다.) 또는 공제에 관련된 계약에 기초한 연금(사람의 생존을 사유로 하여 지급되는 것에 한한다.), 만기보험금, 만기반환금, 해약반환금 또는 만기공제금의 지불(근로자재산형성저축계약등, 근로자재산형성급부금계약, 근로자재산형성기금계약, 자산관리운용계약등 및 자산관리계약에 기초하는 것을 제외한다.)

チ 보험계약 또는 공제에 관한 계약의 계약자의 변경

リ 금융상품거래법 제2조 제8항 제1호부터 제6호까지 또는 제10호에 열거하는 행위나 같은 항 제7호부터 제9호까지에 열거하는 행위로 고객등에게 유가증권(같은 조 제1항에 규정하는 유가증권 또는 같은 조 제2항의 규정에 따라 유가증권으로 보게 되는 권리를 말한다. 이하 같다.)을 취득하게 하는 행위를 하는 것을 내용으로 하는 계약의 체결

ヌ 금융상품거래법 제28조 제3항 각호 또는 제4항 각호에 열거하는 행위를 하는 것을 내용으로 하는 계약의 체결(당해 계약에 따라 금전의 예탁을 받지 않는 경우를 제외한다.)

ル 유가증권의 대차 또는 그 매개나 대리를 하는 것을 내용으로 하는 계약의 체결

ヲ 무진업법(昭和 6년 법률 제42호) 제1조에 규정하는 무진에 관련된 계약의 체결

ワ 부동산특정공동사업법 제2조 제3항에 규정하는 부동산특정공동사업계약의 체결이나 그 대리 또는 매개

カ 금전의 대부 또는 금전의 대차의 매개(어음할인, 매도담보 기타 이에 유사한 방법으로 하는 금전의 교부 또는 당해 방법으로 하는 금전의 수수의 매개를 포함한다.)를 내용으로 하는 계약의 체결

ヨ 가상통화의 교환등(자금결제에 관한 법률 제2조 제7항에 규정하는 가상통화의 교환등을 말한다. 이하 이 호 및 제3항 제1호에서 같다.)을 계속적·반복적으로 하는 것 또는 같은 조 제7항 제3호에 열거하는 행위를 하는 것을 내용으로 하는 계약의 체결

タ 가상통화의 교환등으로서 당해 가상통화의 교환등에 관련된 가상통화(자금결제에

관한 법률 제2조 제5항에 규정하는 가상통화를 말한다. ㄴ 및 제3항 제2호에서 같다.)의 가액이 2백만엔을 초과하는 것

ㄴ 가상통화교환업에 관하여 관리하는 고객등의 가상통화를 당해 고객등의 의뢰를 기초로 이전하게 하는 행위(가상통화의 교환등에 수반하는 것을 제외한다. 제3항 제2호에서 같다.)로서 당해 이전에 관련된 가상통화의 가액이 10만엔을 초과하는 것

ヲ 상품선물거래법 제2조 제22항 각호에 열거하는 행위를 하는 것을 내용으로 하는 계약의 체결

ツ 현금, 소지인출급식수표[수표법(昭和 0년 법률 제57호) 제5조 제1항 제3호에 열거하는 소지인출급식으로 발행된 수표 또는 같은 조 제2항이나 제3항의 규정에 따라 소지인출급식수표로 보게 되는 수표를 말하고, 같은 법 제37조 제1항에 규정하는 횡선이 없는 것에 한한다.], 자기앞수표(같은 법 제6조 제3항의 규정에 따라 자기앞으로 발행된 수표를 말하고, 같은 법 제37조 제1항에 규정하는 횡선이 없는 것에 한한다. 이하 ツ에서 같다.) 또는 무기명공사채[소득세법(昭和 4년 법률 제33호) 제2조 제1항 제9호에 열거하는 공사채를 말한다.]의 본권 또는 이자의 수납과 지불을 하는 거래(가상통화의 교환등, 일본통화와 외국통화의 환전과 여행자수표의 매각 및 매입을 제외한다. 제3항 제3호에서 「현금등수불거래」라고 한다.)로서 당해 거래금액이 2백만엔(현금의 수납 지불을 하는 거래로 환거래 또는 자기앞수표의 발행을 수반하는 것은 10만엔)을 초과하는 것

チ 다른 특정사업자(법 제2조 제2항 제1호부터 제15호까지 및 제3호에 열거하는 특정사업자에 한한다.)가 하는 환거래(당해 다른 특정사업자가 ナ에 규정하는 계약에 기초하여 하는 것을 제외한다.)를 위해 하는 현금의 지급을 수반하지 아니하는 예금 또는 저금의 환급(이하 チ 및 제3항 제4호에서 「예금등환급」이라고 한다.)로서 당해 예금등환급의 금액이 10만엔을 초과하는 것

ナ ィ에 열거하는 거래를 하는 일 없이 환거래 또는 자기앞수표(수표법 제6조 제3항의 규정에 따라 자기앞으로 발행된 수표를 말한다.)의 발행을 계속적 반복적으로 하는 것을 내용으로 하는 계약의 체결

ラ 대금고를 대여하는 것을 내용으로 하는 계약의 체결

ム 사채, 주식 등의 대체에 관한 법률 제12조 제1항 또는 제44조 제1항의 규정에 따라 사채 등의 대체를 하기 위한 계좌를 개설하는 것을 내용으로 하는 계약의 체결

ウ 전자기록채권법(平成 19년 법률 제102호) 제7조 제1항의 규정에 따라 전자기록을 하는 것을 내용으로 하는 계약의 체결

ヰ 보호·보관을 하는 것을 내용으로 하는 계약의 체결

ノ 2백만엔을 초과하는 일본통화와 외국통화의 환전 또는 2백만엔을 초과하는 여행자수표의 매각이나 매입

ヲ 외국은행(은행법 제10조 제2항 제8호에 규정하는 외국은행을 말한다.)의 업무의 대리 또는 매개로서 행하는 イ, ロ, カ나 ナ에 열거하는 거래(ナ에 열거하는 거래에서는 환거래에 관련된 것에 한한다.) 또는 イ, ロ, カ나 ナ에 규정하는 계약(ナ에 규정하는 계약에서는 환거래에 관련된 것에 한한다.)에 기초한 거래

2. 법 별표 제2조 제2항 제38호에 열거하는 자의 항: 같은 항에 규정하는 임대차계약의 체결

3. 법 별표 제2조 제2항 제39호에 열거하는 자의 항: 같은 항에 규정하는 계약의 체결

4. 법 별표 제2조 제2항 제4호에 열거하는 자의 항: 다음의 어느 하나에 해당하는 거래

イ 특정자금이동업무[특정복합관광시설구역 정비법(平成 3년 법률 제8호) 제2조 제8항 제2호 イ에 규정하는 특정자금이동업무를 말한다. ホ에서 같다.] 또는 특정자금수입업무(같은 호 ロ에 규정하는 특정자금수입업무를 말한다. ニ 및 ホ에서 같다.)에 관련된 계좌를 개설하는 것을 내용으로 하는 계약의 체결

ロ 특정자금대부계약(특정복합관광시설구역 정비법 제73조 제10항에 규정하는 특정자금대부계약을 말한다. ホ에서 같다.)의 체결

ハ 팁(특정복합관광시설구역 정비법 제73조 제6항에 규정하는 팁을 말한다. 이하 ハ에서 같다.)의 교부나 부여 또는 수령을 하는 거래(제3항 제6호에서 「팁 교부등거래」라고 한다.)로서 당해 거래에 관련된 팁의 가액이 3만엔을 초과하는 것

ニ 특정자금수입업무에 관련된 금전의 수납

ホ 특정자금수입업무에 관련된 금전의 환급(특정자금이동업무에 관련된 환거래를 수반하는 것을 제외한다.), 특정자금대부계약에 관련된 채권의 변제의 수령[특정복합관광시설구역 정비법 제2조 제8항 제2호 イ에 규정하는 카지노관리위원회규칙으로 정하는 금융기관이 수행하는 환거래(계좌 간 금전의 이동에 관련된 것에 한한다.)를 수반하는 것을 제외한다.] 또는 같은 호 ニ에 열거하는 업무에 관련된 금전의 환전(제3항 제7호에서 「카지노 관련 금전수불거래」라고 한다.)로서 당해 거래금액이 30만엔을 초과하는 것

ヘ 카지노행위관련경품류(특정복합관광시설구역 정비법 제2조 제13항에 규정하는 카지노행위관련경품류를 말하고, 같은 항 제1호에 열거하는 것에 한한다. 이하 ヘ 및 제3항 제8호에서 같다.)의 제공으로서 당해 제공에 관련된 카지노행위관련경품류의 가액이 3만엔을 초과하는 것

5. 법 별표 제2조 제2항 제41호에 열거하는 자의 항: 같은 항에 규정하는 매매계약의 체결 또는 그 대리나 매개

6. 법 별표 제2조 제2항 제42호에 열거하는 자의 항: 그 대금액이 2백만엔을 초과

하는 귀금속등(법 제2조 제2항 제42호에 규정하는 귀금속등을 말한다. 이하 같다.)의 매매계약의 체결

7. 법 별표 제2조 제2항 제43호에 열거하는 자의 항: 같은 항에 규정하는 계약의 체결

② 특정사업자가 전항 제1호 ㅅ 또는 ㄹ에 열거하는 거래를 할 경우에 신탁의 수익자가 특정되어 있지 아니하거나 존재하지 아니한 때, 신탁의 수익자가 수익의 의사표시를 하지 아니한 때 또는 신탁의 수익자의 수익권에 정지조건이나 기한이 부가되어 있는 때에는 특정사업자가 당해 수익자의 특정 또는 존재, 당해 수익의 의사표시 또는 당해 정지조건의 성취나 당해 기한의 도래를 안 때에 당해 수익자에 대하여 같은 호 ㄹ에 규정하는 법률관계가 성립한 것으로 보고 같은 호 ㄹ의 규정을 적용한다.

③ 특정사업자가 동일한 고객등과의 사이에서 2 이상의 다음 각호에 열거하는 거래를 동시에 또는 연속하여 하는 경우에 당해 2 이상의 거래가 1회당 거래금액을 감소하게 하기 위해 하나의 당해 각호에 열거하는 거래를 분할한 것의 전부 또는 일부임이 일견 명백한 것인 때에는 당해 2 이상의 거래를 하나의 거래로 보고 제1항의 규정을 적용한다.

1. 가상통화의 교환등

2. 가상통화교환업에 관하여 관리하는 고객등의 가상통화를 당해 고객등의 의뢰에 기초하여 이전하게 하는 행위

3. 현금등수불거래

4. 예금등환급

5. 일본통화와 외국통화의 환전 또는 여행자수표의 매각이나 매입

6. 팁 교부등거래

7. 카지노 관련 금전수불거래

8. 카지노행위관련경품류의 제공

9. 귀금속 등의 매매계약의 체결

제 8 조(사법서사 등의 특정업무) ① 법 별표 제2조 제2항 제45호에 열거하는 자의 항 중란 각호 열거 이외의 부분에 규정하는 정령으로 정하는 것은 다음에 열거하는 것으로 한다.

1. 조세의 납부

2. 벌금, 과태료, 추징에 관련된 금전 또는 보석에 관련된 보증금 납부

3. 과태료의 납부

4. 성년후견인, 보험업법 제242조 제2항 또는 제4항의 규정에 따라 선임된 보험관

리인 기타 법률의 규정에 따라 사람 또는 법인을 위해 당해 사람 또는 법인의 재산의 관리 또는 처분을 하는 자로서 재판소 또는 주무관청에 의해 선임된 자가 그 직무로서 수행하는 당해 사람 또는 법인의 재산의 관리 또는 처분

② 법 별표 제2조 제2항 제45호에 열거하는 자의 항 중란 제2호에 규정하는 정령으로 정하는 회사의 조직, 운영이나 관리에 관한 행위 또는 절차는 다음 각호에 열거하는 회사의 구분에 대응하여 당해 각호에 정하는 사항에 관한 행위 또는 절차로 한다.

1. 주식회사: 다음의 어느 하나의 사항

ㅣ 설립

ㅁ 조직변경, 합병, 회사분할, 주식교환 또는 주식이전

ㅅ 정관의 변경

ㅡ 단속임원 또는 집행임원의 선임이나 대표단속임원 또는 대표집행임원의 선정

2. 지분회사: 다음의 어느 하나의 사항

ㅣ 설립

ㅁ 조직변경, 합병 또는 합동회사에서는 회사분할

ㅅ 정관의 변경

ㅡ 업무를 집행하는 사원 또는 지분회사를 대표하는 사원의 선임

③ 법 별표 제2조 제2항 제45호에 열거하는 자의 항 중란 제2호에 규정하는 회사 이외의 법인, 조합 또는 신탁으로 정령으로 정하는 것은 다음에 열거하는 것으로 한다.

1. 투자신탁 및 투자법인에 관한 법률(昭和 26년 법률 제198호) 제2조 제12항에 규정하는 투자법인

2. 특정비영리활동촉진법(平成 10년 법률 제7호) 제2조 제2항에 규정하는 특정비영리활동법인

3. 자산의 유동화에 관한 법률(平成 10년 법률 제105호) 제2조 제3항에 규정하는 특정목적회사

4. 일반사단법인 또는 일반재단법인

5. 민법(明治 29년 법률 제89호) 제667조에 규정하는 조합계약에 의해 성립된 조합

6. 상법(明治 32년 법률 제48호) 제535조에 규정하는 익명조합계약에 의해 성립된 익명조합

7. 투자사업유한책임조합계약에 관한 법률(平成 10년 법률 제90호) 제2조 제2항에 규정하는 투자사업유한책임조합

8. 유한책임사업조합계약에 관한 법률(平成 17년 법률 제4호) 제2조에 규정하는 유한책임사업조합

9. 신탁법 제2조 제12항에 규정하는 한정책임신탁

④ 법 별표 제2조 제2항 제45호에 열거하는 자의 항 중란 제2호에 규정하는 정령으로 정하는 행위 또는 절차는 다음 각호에 열거하는 구분에 대응하여 당해 각호에 정하는 사항에 관한 행위 또는 절차로 한다.

1. 전항 제1호에 열거하는 법인: 다음의 어느 하나의 사항

イ 설립

ロ 합병

ハ 규약의 변경

ニ 집행사원의 선임

2. 전항 제2호에 열거하는 법인: 다음의 어느 하나의 사항

イ 설립

ロ 합병

ハ 정관의 변경

ニ 이사의 선임

3. 전항 제3호에 열거하는 법인: 다음의 어느 하나의 사항

イ 설립

ロ 정관의 변경

ハ 단속임원의 선임 및 대표단속임원의 선정

4. 전항 제4호에 열거하는 법인: 다음의 어느 하나의 사항

イ 설립

ロ 합병

ハ 정관의 변경

ニ 이사의 선임 또는 대표이사의 선정

ホ 특례민법법인[일반사단법인 및 일반재단법인에 관한 법률과 공익사단법인 및 공익재단법인의 인정 등에 관한 법률의 시행에 수반하는 관계 법률의 정비 등에 관한 법률(平成 18년 법률 제5호) 제42조 제2항에 규정하는 특례민법법인을 말한다.]에서는 같은 법 제44조 또는 제45조의 규정에 따른 공익사단법인이나 공익재단법인 또는 통상의 일반사단법인이나 일반재단법인에의 이행

5. 전항 제5호부터 제8호까지에 열거하는 조합: 조합계약의 체결 또는 변경

6. 전항 제9호에 열거하는 신탁: 다음의 어느 하나의 사항

イ 신탁행위

ロ 신탁의 변경, 병합 또는 분할

ハ 수탁자의 변경

제 9 조(사법서사 등의 특정거래) ① 법 별표 제2조 제2항 제45호에 열거하는 자의 항부터 제2조 제2항 제48호에 열거하는 자의 항까지에 규정하는 정령으로 정하는 거래는 특정수임행위의 대리등[같은 표 제2조 제2항 제45호에 열거하는 자의 항 중 란 제3호에 열거하는 재산의 관리 또는 처분에 관련된 특정수임행위의 대리등(다음 항에서 「제3호특정수임행위의 대리등」이라고 한다.)은 당해 재산의 가액이 2백만엔 이하인 것을 제외한다.]을 하는 것을 내용으로 하는 계약의 체결(법 제3조 제3항에 규정하는 범죄수익이전위험도조사서에 기재된 당해 거래에 의한 범죄에 의한 수익의 이전의 위험성의 정도를 감안하여 간소한 고객관리를 하는 것이 허용되는 거래로서 주무성령으로 정하는 것을 제외한다.) 및 당해 계약의 체결 이외의 거래로 의심스러운 거래 기타 고객관리를 한 후에 특별히 주의를 요하는 것으로서 주무성령으로 정하는 것으로 한다.

② 특정사업자가 동일한 고객등과의 사이에서 2 이상의 제3호 특정수임행위의 대리등을 하는 것을 내용으로 하는 계약(이하 이 항에서 간단히 「계약」이라고 한다.)을 동시에 또는 연속하여 체결하는 경우에 당해 2 이상의 계약이 1회당 계약에 관련된 재산의 가액을 감소하게 하기 위해 하나의 계약을 분할한 것의 전부 또는 일부인 것이 일견 명백한 것인 때에는 당해 2 이상의 계약을 하나의 계약으로 보고 전항의 규정을 적용한다.

제10조(법 제4조 제1항 제1호에 규정하는 정령으로 정하는 외국인) 법 제4조 제1항 제1호에 규정하는 일본 내에 주거를 보유하지 아니한 외국인으로 정령으로 정하는 자는 일본에 체류하는 외국인으로서 소지하는 여권[출입국관리 및 난민인정법(昭和 26년 정령 제319호) 제2조 제5호에 열거하는 여권을 말한다.] 또는 승무원수첩(출입국관리 및 난민인정법 제2조 제6호[85])에 열거하는 승무원수첩을 말한다.)의 기재에 의해 당해 외국인이 속하는 국가에서의 주거를 확인할 수 없는 자로 한다.

제11조(법 제4조 제2항에 규정하는 정령으로 정하는 액수) 법 제4조 제2항에 규정하는 정령으로 정하는 액수는 2백만엔으로 한다.

제12조(엄격한 고객관리를 할 필요성이 특히 높다고 인정되는 거래 등) ① 법 제4조 제2항 제1호에 규정하는 정령으로 정하는 거래는 그 체결이 같은 조 제1항에 규정하는 특정거래에 해당하는 것으로 하는 계약에 기초한 거래로서 다음 각호의 어느 하나에 해당하는 것으로 한다.

1. 그 거래 상대방이 당해 계약의 체결시에 하였던 거래시확인(당해 계약의 체결이 다

---

85) 일본국 출입국관리 및 난민인정법 제2조(정의) 출입국관리 및 난민인정법 및 이에 기초한 명령에서 다음 각호에 열거하는 용어의 정의는 각각 당해 각호에 정하는 바에 따른다.
  1. ~ 5. (생 략)
  6. 승무원수첩: 권한 있는 기관이 발행한 선원수첩 기타 승무원에 관련된 이에 준하는 문서를 말한다.
  7. ~ 16. (생 략)

른 거래를 할 때에 이미 거래시확인을 하고 있는 고객등과 하는 거래이기 때문에 법 제4조 제3항의 규정에 따라 같은 조 제1항의 규정을 적용하지 아니하는 거래에 해당하는 경우에는 당해 거래시확인. 다음 호에서 「계약시확인」이라고 한다.)에 관련된 고객등 또는 대표자등으로 행세하고 있다고 의심되는 경우의 당해 거래

2. 계약시확인을 할 때에 당해 계약시확인에 관련된 사항을 속이고 있다고 의심되는 고객등(그 대표자등이 당해 사항을 속이고 있다고 의심되는 고객등을 포함한다.)과 한 거래

② 법 제4조 제2항 제2호에 규정하는 정령으로 정하는 국가 또는 지역은 다음에 열거하는 바에 따른다.

1. 이란

2. 북한

③ 법 제4조 제2항 제3호에 규정하는 정령으로 정하는 거래는 다음에 열거하는 고객등과의 사이에서 하는 같은 조 제1항에 규정하는 특정거래로 한다.

1. 외국의 원수 및 외국의 정부, 중앙은행 기타 이에 유사한 기관에서 중요한 지위를 점하는 자로서 주무성령으로 정하는 자 및 이들이었던 자

2. 전호에 열거하는 자의 가족[배우자(혼인신고를 하지 않았지만 사실상 혼인관계와 같은 사정에 있는 자를 포함한다. 이하 이 호에서 같다.), 부모, 자 및 형제자매와 이들 이외의 배우자의 부모 및 자를 말한다.]

3. 법인으로서 전2호에 열거하는 자가 그 사업경영을 실질적으로 지배하는 것이 가능하게 된 관계에 있는 것으로서 주무성령으로 정하는 자인 것

제13조(이미 확인을 하고 있는 고객등과의 거래에 준하는 거래 등) ① 법 제4조 제3항에 규정하는 고객등과의 거래에 준하는 것으로서 정령으로 정하는 거래는 다음 각 호의 어느 하나에 해당하는 거래로 한다.

1. 당해 특정사업자가 다른 특정사업자에 위탁하여 하는 제7조 제1항 제1호에 정하는 거래로서 당해 다른 특정사업자가 다른 거래를 할 때 이미 거래시확인[당해 다른 특정사업자가 당해 거래시확인에 대하여 법 제6조의 규정에 따라 확인기록(같은 조 제1항에 규정하는 확인기록을 말한다. 다음 호에서 같다.)의 작성 및 보존을 하고 있는 경우의 것에 한한다.]을 하고 있는 고객등과 한 것

2. 당해 특정사업자가 합병, 영업양도 기타 이에 준하는 것에 의해 다른 특정사업자의 사업을 승계한 경우에 당해 다른 특정사업자가 다른 거래를 할 때 이미 거래시확인을 하고 있는 고객등과 한 거래(당해 다른 특정사업자가 당해 특정사업자에게 당해 거래시확인에 대하여 법 제6조 제1항의 규정에 따라 작성한 확인기록을 인계하고 당해 특정사업자가 당해 확인기록을 보존하고 있는 경우의 것에 한한다.)

② 법 제4조 제3항에 규정하는 정령으로 정하는 것은 당해 특정사업자(전항 제1호에

열거하는 거래는 같은 호에 규정하는 다른 특정사업자)가, 주무성령으로 정하는 바에 따라 그 고객등이 이미 거래시확인을 하고 있는 고객등임을 확인하는 조치를 취한 거래 [당해 거래의 상대방이 당해 거래시확인에 관련된 고객등 또는 대표자등으로 행세 하고 있다고 의심되는 것, 당해 거래시확인이 이뤄진 때 당해 거래시확인에 관련된 사항을 속이고 있다고 의심되는 고객등(그 대표자등이 당해 사항을 속이고 있다고 이신되 는 고객등을 포함한다.)과 한 것, 의심스러운 거래 기타 고객관리를 한 후에 특별한 주 의를 요하는 것으로서 주무성령으로 정하는 것을 제외한다.]로 한다.

제14조(법 제4조 제5항에 규정하는 정령으로 정하는 것) 법 제4조 제5항에 규정하는 정령으로 정하는 것은 다음에 열거하는 것으로 한다.

1. 독립행정법인통칙법(平成 11년 법률 제103호) 제2조 제1항에 규정하는 독립행정법인

2. 국가 또는 지방공공단체가 자본금, 기본금 기타 이에 준하는 것의 2분의 1 이상 을 출자하고 있는 법인(전호, 다음 호 및 제5호에 열거하는 것을 제외한다.)

3. 외국정부, 외국의 정부기관, 외국의 지방공공단체, 외국의 중앙은행 또는 우리 나라가 가입하고 있는 국제기관

4. 근로자재산형성저축계약등을 체결하는 근로자

5. 금융상품거래법 시행령(昭和 4년 정령 제321호) 제27조의2 각호[86]에 열거하는 유 가증권(금융상품거래법 제2조 제1항 제11호에 열거하는 유가증권, 당해 유가증권에 관련된 것

---

86) 일본국 금융상품거래법 시행령 제27조의2(발행자가 상장회사등이 되는 유가증권의 범위) 법 제163조 제 1항에 규정하는 법 제2조 제1항 제5호, 제7호, 제9호 또는 제11호에 열거하는 유가증권(전조 각호에 열 거하는 것을 제외한다.)으로 금융상품거래소에 상장되어 있는 것, 장외매매유가증권 또는 취급유가증권 에 해당하는 것 기타 정령으로 정하는 유가증권은 다음에 열거하는 것으로 한다.
　1. 법 제2조 제1항 제5호, 제7호, 제9호 또는 제11호에 열거하는 유가증권(전조 각호에 열거하는 것 및 같은 항 제11호에 열거하는 외국투자증권을 제외한다. 다음 호에서 같다.)으로 금융상품거래소에 상장되 어 있거나 장외매매유가증권 또는 취급유가증권에 해당하는 것
　2. 법 제2조 제1항 제5호, 제7호, 제9호 또는 제11호에 열거하는 유가증권(전호에 열거하는 것을 제외한 다)을 수탁유가증권으로 하는 유가증권신탁수익증권으로 금융상품거래소에 상장되어 있거나 장외매매 유가증권 또는 취급유가증권에 해당하는 것
　3. 외국인이 발행하는 증권 또는 증서 중 법 제2조 제1항 제5호, 제7호 또는 제9호에 열거하는 유가증권 (전조 제1호에 열거하는 것을 제외한다. 이하 이 조에서 같다.)의 성질을 가진 것 또는 같은 항 제11호 에 열거하는 외국투자증권(전조 제2호에 열거하는 것을 제외한다. 이하 이 조에서 같다.)으로 금융상품 거래소에 상장되어 있거나 장외매매유가증권 또는 취급유가증권에 해당하는 것
　4. 외국인이 발행하는 증권 또는 증서 중 법 제2조 제1항 제5호, 제7호 또는 제9호에 열거하는 유가증권 의 성질을 가진 것(전호에 열거하는 것을 제외한다.) 또는 같은 항 제11호에 열거하는 외국투자증권(전 호에 열거하는 것을 제외한다.)을 수탁유가증권으로 하는 유가증권신탁수익증권으로 금융상품거래소에 상장되어 있거나 장외매매유가증권 또는 취급유가증권에 해당하는 것
　5. 외국인이 발행하는 증권 또는 증서 중 법 제2조 제1항 제5호, 제7호 또는 제9호에 열거하는 유가증권 의 성질을 가진 것(제3호에서 열거하는 것 및 전호에서 열거하는 유가증권신탁수익증권의 수탁유가증권 인 것을 제외한다.) 또는 같은 항 제11호에 열거하는 외국투자증권(제3호에 열거하는 것 및 전호에 열거 하는 유가증권신탁수익증권의 수탁유가증권인 것을 제외한다)의 예탁을 받은 자가 당해 증권 또는 증서 나 당해 외국투자증권이 발행된 나라 이외의 나라에서 발행하는 증권 또는 증서로 당해 예탁을 받은 증 권 또는 증서나 외국투자증권에 관련된 권리를 표시하는 것 중 금융상품거래소에 상장되어 있거나 장외 매매유가증권 또는 취급유가증권에 해당하는 것

및 같은 법 제67조의18 제4호에 규정하는 취급유가증권에 해당하는 것을 제외한다.)의 발행자

6. 전 각호에 열거하는 것에 준하는 것으로서 주무성령으로 정하는 것

제15조(소액거래 등) ① 법 제7조 제1항에 규정하는 정령으로 정하는 거래는 다음에 열거하는 것으로 한다.

1. 재산이전(재산에 관련된 권리의 이전 및 재산의 점유의 이전을 말한다. 이하 이 조에서 같다.)을 수반하지 아니하는 거래

2. 가액이 1만엔 이하의 재산의 재산이전에 관련된 거래

3. 선호에 열거하는 것 외 다음의 ㅓ부터 ㅅ까지에 열거하는 특정사업자의 구분에 대응하여 당해 ㅓ부터 ㅅ까지에 정하는 거래

ㅓ 법 제2조 제2항 제1호부터 제37호까지에 열거하는 특정사업자: 2백만엔 이하의 일본통화간 환전이나 2백만엔 이하의 일본통화와 외국통화의 환전 또는 2백만엔 이하의 여행자수표의 매각이나 매입

ㅁ 법 제2조 제2항 제4호에 열거하는 특정사업자: 제7조 제1항 제4호 ㅊ에 규정하는 금전의 환전으로 당해 거래금액이 3만엔 이하의 것

ㅅ 법 제2조 제2항 제42호에 열거하는 특정사업자: 그 대금액 2백만엔 이하의 귀금속 등의 매매

4. 전3호에 열거하는 것 외 재산이전을 파악하기 위해 법 제7조 제1항에 규정하는 기록을 작성할 필요가 없는 거래로서 주무성령으로 정하는 것

② 법 제7조 제2항에 규정하는 정령으로 정하는 특정수임행위의 대리등은 다음에 열거하는 것으로 한다.

1. 법 별표 제2조 제2항 제45호에 열거하는 자의 항의 중란 제3호에 열거하는 재산 관리 또는 처분에 관련된 특정수임행위의 대리등 중 당해 재산의 가액이 2백만엔 이하의 것

2. 전호에 열거하는 것 외 재산이전을 파악하기 위해 법 제7조 제2항에 규정하는 기록을 작성할 필요가 없는 특정수임행위의 대리등으로서 주무성령으로 정하는 것

제16조(의심스러운 거래의 신고방법 등) ① 의심스러운 거래를 신고하려고 하는 특정 사업자는 문서 기타 주무성령으로 정하는 방법으로 의심스러운 거래를 신고하여야 한다.

② 법 제8조 제1항에 규정하는 정령으로 정하는 사항은 다음에 열거하는 사항으로 한다.

1. 의심스러운 거래의 신고를 하는 특정사업자의 명칭 및 소재지

2. 의심스러운 거래의 신고의 대상이 되는 거래(이하 이 항에서 「대상거래」라고 한다.)가 발생한 연월일 및 장소

3. 대상 거래가 발생한 업무의 내용

4. 대상 거래에 관련된 재산의 내용

5. 특정사업자에게서 지득한 대상거래에 관련된 법 제4조 제1항 각호에 열거하는 사항

6. 의심스러운 거래의 신고를 하는 이유

7. 기타 주무성령으로 정하는 사항

제17조(통지의무의 대상이 되지 않는 외국환거래의 방법) 법 제10조 제1항에 규정하는 정령으로 정하는 방법은 수표 또는 어음의 발행 기타 이에 준하는 것으로서 주무성령으로 정하는 방법으로 한다.

제18조(협의의 요구방법) 법 제19조 제5항의 규정에 따른 협의의 요구는 문서 또는 팩시밀리장치에 의한 통신으로 한다.

제19조(방면공안위원회로의 권한의 위임) 법의 규정에 따라 도공안위원회의 권한에 속하는 사무는 도경찰본부의 소재지를 포괄하는 방면을 제외하는 방면에 대하여는 당해 방면공안위원회가 수행한다. 이 경우에 법 제8조 제4항의 규정에 따른 국가공안위원회로의 통지는 도공안위원회를 경유하여 한다.

제20조(증권거래 등 감시위원회로의 검사 등의 권한의 위임 등) ① 법 제22조 제5항의 규정에 따라 금융청장관에 위임된 권한(같은 조 제6항의 규정에 따라 증권거래 등 감시위원회에 위임된 것을 제외한다.) 중 법 제2조 제2항 제22호, 제33호 및 제34호에 열거하는 특정사업자에 대하여 법 제15조 및 제16조 제1항에 정하는 것은 증권거래 등 감시위원회에 위임한다. 다만 보고 또는 자료제출을 명하는 권한은 금융청장관이 스스로 행사하는 것을 방해하지 아니한다.

② 증권거래 등 감시위원회는 전항의 규정에 따라 위임된 권한을 행사한 때에는 신속하게 그 결과를 금융청장관에게 보고하여야 한다.

제21조(은행 등에 관련된 거래에 관한 행정청의 권한위임 등) ① 법 제22조 제5항의 규정에 따라 금융청장관에 위임된 권한(이하 「금융청장관권한」이라고 한다.) 중 법 제15조, 제16조 제1항, 제17조 및 제18조에 정하는 것[등록금융기관업무(법 제22조 제3항에 규정하는 등록금융기관업무를 말한다. 다음 항에서 같다.)에 관련된 사항에 관한 것을 제외한다. 이하 「금융청장관검사·시정명령등권한」이라고 한다.]으로 법 제2조 제2항 제1호, 제2호, 제6호, 제24호, 제25호, 제3호 및 제31호에 열거하는 특정사업자(이하 이 조에서 「은행등」이라고 한다.)에 대한 것은 그 본점[은행법 제47조 제1항에 규정하는 주된 외국은행지점 및 신탁업법(平成 16년 법률 154호) 제53조 제1항에 규정하는 주된 지점을 포함한다.] 또는 주된 사무소나 영업소(이하 이 조에서 「본점등」이라고 한다.)의 소재지를 관할하는 재무국장(당해 소재지가 후쿠오카재무지국의 관할구역 내에 있는 경우에는 후쿠오카재무지국장)에게 위임한다. 다만 금융청장관이 스스로 그 권한을 행사하는

것을 방해하지 아니한다.

② 금융청장관권한 중 법 제15조 및 제16조 제1항에 정하는 것(등록금융기관업무에 관련된 사항에 관한 것을 제외한다. 이하 「금융청장관검사등권한」이라고 한다.)으로 은행등의 본점등 이외의 사무소, 영업소 기타 시설(이하 이 조에서 「지점등」이라고 한다.)에 대한 것은 전항에 규정하는 재무국장 및 후쿠오카재무지국장 외에 당해 지점 등의 소재지를 관할하는 재무국장(당해 소재지가 후쿠오카재무지국의 관할구역 내에 있는 경우에는 후쿠오카재무지국장)도 행사할 수 있다.

③ 전항의 규정에 따라 은행등의 지점등에 보고 또는 자료의 제출의 요구나 질문 또는 출입검사(이하 이 항에서 「검사등」이라고 한다.)를 한 재무국장 또는 후쿠오카재무지국장은 당해 은행등의 본점등 또는 당해 지점등 이외의 지점등에 대한 검사등의 필요를 인정한 때에는 당해 본점등 또는 당해 지점등 이외의 지점등에 검사등을 진행할 수 있다.

제22조(노동금고 등에 관련된 거래에 관한 행정청의 권한위임 등) ① 금융청장관 및 후생노동대신은 법 제2조 제2항 제4호 및 제5호에 열거하는 특정사업자에 대한 법 제15조 및 제16조 제1항에 정하는 권한(금융청장관의 경우는 금융청장관검사등권한)을 행사하는 경우에는 각각 단독으로 그 권한을 행사하는 것을 방해하지 아니한다.

② 금융청장관은 전항의 규정에 따라 그 권한을 단독으로 행사한 때에는 신속하게 그 결과를 후생노동대신에게 통지한다.

③ 후생노동대신은 제1항의 규정에 따라 그 권한을 단독으로 행사한 때에는 신속하게 그 결과를 금융청장관에게 통지한다.

④ 법 제2조 제2항 제4호에 열거하는 특정사업자에 대한 금융청장관검사등권한은 그 주된 사무소의 소재지를 관할하는 재무국장(당해 소재지가 후쿠오카재무지국의 관할 구역 내에 있는 경우에는 후쿠오카재무지국장)에게 위임한다. 다만 금융청장관이 스스로 그 권한을 행사하는 것을 방해하지 아니한다.

⑤ 법 제2조 제2항 제4호에 열거하는 특정사업자에 대한 금융청장관검사등권한 및 법 제15조 및 제16조 제1항에 정하는 후생노동대신의 권한에 속하는 사무는 하나의 도도부현의 구역을 넘지 않는 구역을 지구로 하는 법 제2조 제2항 제4호에 열거하는 특정사업자(이하 이 조에서 「도도부현노동금고」라고 한다.)에 관한 것에 한하여 도도부현지사가 수행한다. 다만 금융청장관 또는 후생노동대신이 스스로 그 권한을 행사하는 것을 방해하지 아니한다.

⑥ 도도부현지사는 전항 본문의 규정을 기초로 법 제15조의 규정에 따라 도도부현 노동금고로부터 보고를 요구하거나, 이에 대한 자료제출을 명하거나 법 제16조 제 1항의 규정에 따라 도도부현노동금고의 검사를 진행한 경우에는 그 결과를 금융청

장관 및 후생노동대신에게 보고하여야 한다.

⑦ 법 제2조 제2항 제4호에 열거하는 특정사업자가 수행하는 의심스러운 거래의 신고를 받는 사무는 도도부현노동금고에 관한 것에 한하여 도도부현지사가 수행한다.

제23조(농업협동조합 등에 관련된 거래에 관한 행정청의 권한위임 등) ① 금융청장관 및 농림수산대신은 법 제2조 제2항 제8호 및 제9호에 열거하는 특정사업자(이하 이 조에서 「농업협동조합등」이라고 한다.) 및 같은 항 제10호부터 제13호까지에 열거하는 특정사업자(이하 이 조에서 「어업협동조합등」이라고 한다.)에 대한 법 제15조 및 제16조 제1항에 정하는 권한(금융청장관의 경우에는 금융청장관검사등권한)을 행사하는 경우는 각각 단독으로 그 권한을 행사하는 것을 방해하지 아니한다. 이 경우에는 전조 제2항 및 제3항의 규정을 준용한다.

② 농업협동조합 등에 대한 금융청장관검사·시정명령등권한 및 어업협동조합 등에 대한 금융청장관검사등권한은 그 주된 사무소의 소재지를 관할하는 재무국장(당해 소재지가 후쿠오카재무지국의 관할구역 내에 있는 경우에는 후쿠오카재무지국장)에게 위임한다. 다만 금융청장관이 스스로 그 권한을 행사하는 것을 방해하지 아니한다.

③ 농업협동조합 등에 대한 법 제15조에 정하는 농림수산대신의 권한[지방농정국의 관할구역을 넘지 않는 구역을 지구로 하는 농업협동조합 등(이하 이 항에서 「지방농업협동조합」이라고 한다.)에 대한 것에 한한다.]은 지방농업협동조합의 주된 사무소의 소재지를 관할하는 지방농정국장에게 위임한다. 다만 농림수산대신이 스스로 그 권한을 행사하는 것을 방해하지 아니한다.

④ 농업협동조합등 및 어업협동조합등에 대한 금융청장관검사등권한 및 법 제15조 및 제16조 제1항에 정하는 농림수산대신의 권한에 속하는 사무는 도도부현의 구역을 지구로 하는 법 제2조 제2항 제9호, 제11호 또는 제13호에 열거하는 특정사업자(이하 이 조에서 「도도부현연합회」라고 한다.)에 관한 것에 한하여 도도부현지사가 행사한다. 다만 금융청장관 또는 농림수산대신이 스스로 그 권한을 행사하는 것을 방해하지 아니한다.

⑤ 도도부현지사는 전항 본문의 규정을 기초로 법 제15조의 규정에 따라 도도부현연합회로부터 보고를 받거나 이들에 대한 자료제출을 명하거나 법 제16조 제1항의 규정에 따라 도도부현연합회의 검사를 진행한 경우에는 그 결과를 금융청장관 및 농림수산대신에게 보고하여야 한다.

⑥ 금융청장관 및 농림수산대신은 법 제15조의 규정에 따라 도도부현연합회로부터 보고를 받거나 이들에 대하여 자료제출을 명하거나 법 제16조 제1항의 규정에 따라 도도부현연합회의 검사를 한 경우에는 그 결과를 관계 도도부현지사에게 통지한다.

제24조(농림중앙금고에 관련된 거래에 관한 행정청의 권한행사) 금융청장관 및 농림수

산대신은 법 제2조 제2항 제14호에 열거하는 특정사업자에 대한 법 제15조 및 제16조 제1항에 정하는 권한(금융청장관의 경우는 금융청장관검사등권한)을 행사하는 경우에는 각각 단독으로 그 권한을 행사하는 것을 방해하지 아니한다. 이 경우에는 제22조 제2항 및 제3항의 규정을 준용한다.

제25조(주식회사상공조합중앙금고에 관련된 거래에 관한 행정청의 권한위임 등) ① 금융청장관, 재무대신 및 경제산업대신은 법 제2조 제2항 제15호에 열거하는 특정사업자에 대한 법 제15조 및 제16조 제1항에 정하는 권한(금융청장관의 경우는 금융청장관검사등권한)을 행사하는 경우에는 각각 단독으로 그 권한을 행사하는 것을 방해하지 아니한다.

② 전항에 규정하는 행정청은 같은 항의 규정에 따라 그 권한을 단독으로 행사한 때에는 신속하게 그 결과를 다른 같은 항에 규정하는 행정청에 통지한다.

③ 법 제2조 제2항 제15호에 열거하는 특정사업자에 대한 금융청장관검사등권한은 그 본점 소재지를 관할하는 재무국장(당해 소재지가 후쿠오카재무지국의 관할구역 내에 있는 경우에는 후쿠오카재무지국장)에게 위임한다. 다만 금융청장관이 스스로 그 권한을 행사하는 것을 방해하지 아니한다.

④ 제21조 제2항 및 제3항의 규정은 금융청장관검사등권한으로 법 제2조 제2항 제15호에 열거하는 특정사업자의 본점 이외의 영업소 기타 시설에 대한 것에 준용한다.

제26조(주식회사 일본정책투자은행에 관련된 거래에 관한 행정청의 권한위임 등) ① 금융청장관 및 재무대신은 법 제2조 제2항 제16호에 열거하는 특정사업자에 대한 법 제15조 및 제16조 제1항에 정하는 권한(금융청장관의 경우에는 금융청장관검사등권한)을 행사하는 경우에는 각각 단독으로 그 권한을 행사하는 것을 방해하지 아니한다. 이 경우에는 제22조 제2항 및 제3항의 규정을 준용한다.

② 법 제2조 제2항 제16호에 열거하는 특정사업자에 대한 금융청장관검사등권한은 그 본점 소재지를 관할하는 재무국장(당해 소재지가 후쿠오카재무지국의 관할구역 내에 있는 경우에는 후쿠오카재무지국장)에게 위임한다. 다만 금융청장관이 스스로 그 권한을 행사하는 것을 방해하지 아니한다.

③ 제21조 제2항 및 제3항의 규정은 금융청장관검사등권한으로 법 제2조 제2항 제16호에 열거하는 특정사업자의 본점 이외의 영업소 기타 시설에 대한 것에 준용한다.

제27조(보험회사 등에 관련된 거래에 관한 행정청의 권한위임 등) ① 법 제2조 제2항 제17호 및 제18호에 열거하는 특정사업자에 대한 금융청장관검사등권한 및 같은 항 제19호에 열거하는 특정사업자에 대한 금융청장관검사·시정명령등권한은 그 본점 또는 주된 사무소나 보험업법 제187조 제1항 제4호에 규정하는 일본에서의 주된 점포(이하 이 조에서 「본점등」이라고 한다.)의 소재지를 관할하는 재무국장(당해 소재지가

후쿠오카재무지국의 관할구역 내에 있는 경우에는 후쿠오카재무지국장)에게 위임한다. 다만 금융청장관이 스스로 그 권한을 행사하는 것을 방해하지 아니한다.

② 제21조 제2항 및 제3항의 규정은 금융청장관검사등권한으로 법 제2조 제2항 제17호부터 제19호까지에 열거히는 특정시업자의 본점등 이외의 영업소, 사무소 기타 시설에 대한 것에 준용한다.

제28조(금융상품거래업자 등에 관련된 거래에 관한 행정청의 권한위임 등) ① 금융청장관권한 중 법 제15조, 제17조 및 제18조에 정하는 것으로 법 제2조 제2항 제1호부터 제18호까지, 제27호 및 제29호에 열거하는 특정사업자(금융상품거래법 제33조의2에 규정하는 등록을 받은 자에 한한다.) 및 같은 항 제21호부터 제23호까지에 열거하는 특정사업자(이하 이 조에서 「금융상품거래업자등」이라고 한다.)에 대한 것은 그 본점 또는 주된 사무소(외국법인 또는 외국에 주소를 둔 개인에는 국내에서 주된 영업소 또는 사무소. 이하 이 조에서 「본점등」이라고 한다.)의 소재지를 관할하는 재무국장(당해 소재지가 후쿠오카재무지국의 관할구역 내에 있는 경우에는 후쿠오카재무지국장)에게 위임한다. 다만 금융청장관이 스스로 그 권한을 행사하는 것을 방해하지 아니한다.

② 제21조 제2항 및 제3항의 규정은 금융청장관권한 중 법 제15조에 정하는 것으로 금융상품거래업자 등의 본점등 이외의 영업소, 사무소 기타 시설(이하 이 조에서 「지점등」이라고 한다.)에 대한 것에 준용한다.

③ 금융청장관권한 중 법 제22조 제6항의 규정에 따라 증권거래 등 감시위원회에 위임된 권한 및 제2조 제1항의 규정에 따라 증권거래 등 감시위원회에 위임된 권한(법 제2조 제2항 제22호에 열거하는 특정사업자에 대한 것에 한한다.)은 금융상품거래업자 등의 본점 등의 소재지를 관할하는 재무국장(당해 소재지가 후쿠오카재무지국의 관할구역 내에 있는 경우에는 후쿠오카재무지국장)에게 위임한다. 다만 증권거래 등 감시위원회이 스스로 그 권한을 행사하는 것을 방해하지 아니한다.

④ 전항에 규정하는 증권거래 등 감시위원회의 권한으로 금융상품거래업자 등의 지점 등에 대한 것은 같은 항에 규정하는 재무국장 및 후쿠오카재무지국장 및 당해 지점 등의 소재지를 관할하는 재무국장(당해 소재지가 후쿠오카재무지국의 관할구역 내에 있는 경우에는 후쿠오카재무지국장)도 행사할 수 있다.

⑤ 전항의 규정에 따라 금융상품거래업자 등의 지점 등에 대하여 보고 또는 자료제출을 요구하거나 질문 또는 출입검사(이하 이 항에서 「검사등」이라고 한다.)를 한 재무국장 또는 후쿠오카재무지국장은 당해 금융상품거래업자 등의 본점등 또는 당해 지점등 이외의 지점 등에 대한 검사 등의 필요를 인정한 때에는 당해 본점등 또는 당해 지점등 이외의 지점 등에 대하여 검사등을 할 수 있다.

⑥ 제3항의 규정은 증권거래 등 감시위원회가 지정하는 금융상품거래업자 등에 대

한 같은 항에 규정하는 증권거래 등 감시위원회의 권한에는 적용하지 아니한다. 이 경우에 제4항의 규정을 적용할 때에는 같은 항 중 「같은 항에 규정하는 재무국장 및 후쿠오카재무지국장」은 「증권거래 등 감시위원회」로 한다.

⑦ 증권거래 등 감시위원회는 전항의 규정에 따른 지정을 한 경우에는 그 취지를 공시한다. 이를 취소한 때에도 같다.

제29조(부동산특정공동사업자 등에 관련된 거래에 관한 행정청의 권한위임 등) ① 법 제2조 제2항 제26호에 열거하는 특정사업자(이하 이 조에서 「부동산특정공동사업자등」이라고 한다.)에 대한 금융청상산검사등권한 및 특정부동산특정공동사업자등(부동산특정공동사업자등 중 부동산특정공동사업법 제2조 제9항에 규정하는 특례사업자를 제외한 것을 말한다. 이하 이 조에서 같다.)에 대한 금융청장관권한 중 법 제17조 및 제18조에 정하는 것은 그 주된 사무소의 소재지를 관할하는 재무국장(당해 소재지가 후쿠오카재무지국의 관할구역 내에 있는 경우에는 후쿠오카재무지국장)에게 위임한다. 다만 금융청장관이 스스로 그 권한을 행사하는 것을 방해하지 아니한다.

② 제21조 제2항 및 제3항의 규정은 금융청장관검사등권한으로 부동산특정공동사업자등의 주된 사무소 이외의 사무소(이하 이 조에서 「종된 사무소」라고 한다.)에 대한 것에 준용한다.

③ 부동산특정공동사업자등에 대한 법 제15조 및 제16조 제1항에 정하는 국토교통대신의 권한(이하 이 조에서 「국토교통대신검사등권한」이라고 한다.) 및 특정부동산특정공동사업자 등에 대한 법 제17조 및 제18조에 정하는 국토교통대신의 권한은 그 주된 사무소의 소재지를 관할하는 지방정비국장 및 홋카이도개발국장에게 위임한다. 다만 국토교통대신이 스스로 그 권한을 행사하는 것을 방해하지 아니한다.

④ 국토교통대신검사등권한으로 부동산특정공동사업자등의 종된 사무소에 대한 것은 전항에 규정하는 지방정비국장 및 홋카이도개발국장 외 당해 종된 사무소의 소재지를 관할하는 지방정비국장 및 홋카이도개발국장도 행사할 수 있다.

⑤ 전항의 규정에 따라 부동산특정공동사업자등의 종된 사무소에 보고 또는 자료제출을 요구하거나 질문 또는 출입검사(이하 이 항에서 「검사등」이라고 한다.)를 한 지방정비국장 또는 홋카이도개발국장은 당해 부동산특정공동사업자등의 주된 사무소 또는 당해 종된 사무소 이외의 종된 사무소에 대한 검사등이 필요하다고 인정한 때에는 당해 주된 사무소 또는 당해 종된 사무소 이외의 종된 사무소에 검사등을 할 수 있다.

⑥ 특정부동산특정공동사업자등에 대한 금융청장관검사등권한 및 국토교통대신검사등권한에 속하는 사무는 그 도도부현의 구역 내에서 수행되는 것에 한하여 도도부현지사가 수행한다. 다만 금융청장관 및 국토교통대신이 스스로 그 권한을 행사

하는 것을 방해하지 아니한다.

⑦ 도도부현지사는 전항 본문의 규정을 기초로 법 제15조의 규정에 따라 특정부동산특정공동사업자등부터 보고를 요구 또는 이에 대한 자료의 제출을 명하거나 법 제16조 제1항의 규정에 따라 특정부동산특정공동사업지등의 검사를 한 경우에는 그 결과를 금융청장관 및 국토교통대신에게 보고하여야 한다.

⑧ 특정부동산특정공동사업자등이 수행하는 의심스러운 거래의 신고를 받는 사무는 부동산특정공동사업법 제3조 제1항에 규정하는 도도부현지사의 허가 또는 같은 법 제41조 제1항에 규정하는 도도부현지사의 등록을 받은 자에 관한 것에 한하여 도도부현지사가 수행한다.

제30조(대금업자에 관련된 거래에 관한 행정청의 권한위임 등) ① 법 제2조 제2항 제28호에 열거하는 특정사업자(이하 이 조에서 「대금업자」라고 한다.)에 대한 금융청장관검사·시정명령등권한은 그 주된 영업소 또는 사무소(이하 이 조에서 「주된 영업소등」이라고 한다.)의 소재지를 관할하는 재무국장(이들 소재지가 후쿠오카재무지국의 관할구역 내에 있는 경우에는 후쿠오카재무지국장)에게 위임한다. 다만 금융청장관이 스스로 그 권한을 행사하는 것을 방해하지 아니한다.

② 제21조 제2항 및 제3항의 규정은 금융청장관검사등권한으로 대금업자의 주된 영업소등 이외의 영업소 또는 사무소에 대한 것에 준용한다.

③ 대금업자에 대한 금융청장관검사등권한에 속하는 사무는 대금업법 제3조 제1항에 규정하는 도도부현지사의 등록을 받은 자(이하 이 조에서 「도도부현대금업자」라고 한다.)에 관한 것에 한하여 도도부현지사가 수행한다. 다만 금융청장관이 스스로 그 권한을 행사하는 것을 방해하지 아니한다.

④ 도도부현지사는 전항 본문의 규정을 기초로 법 제15조의 규정에 따라 도도부현대금업자부터 보고를 요구 또는 이에 대한 자료제출을 명하거나 법 제16조 제1항의 규정에 따라 도도부현대금업자의 검사를 한 경우에는 그 결과를 금융청장관에게 보고하여야 한다.

⑤ 대금업자가 수행하는 의심스러운 거래의 신고를 받는 사무는 도도부현대금업자에 관한 것에 한하여 도도부현지사가 수행한다.

제31조(상품선물거래업자에 관련된 거래에 관한 행정청의 권한위임 등) ① 법 제2조 제2항 제32호에 열거하는 특정사업자(이하 이 조에서 「상품선물거래업자」라고 한다.)에 대한 법 제15조, 제16조 제1항, 제17조 및 제18조에 정하는 농림수산대신 및 경제산업대신의 권한(같은 항에 정하는 농림수산대신의 권한을 제외한다.)은 그 본점 또는 주된 사무소(외국의 법령을 준거로 설립된 법인 또는 외국에 주소를 둔 자는 국내에서의 주된 영업소 또는 사무소. 이하 이 조에서 「본점등」이라고 한다.)의 소재지를 관할하는 지방농정국

장 및 경제산업국장에게 위임한다. 다만 농림수산대신 및 경제산업대신이 스스로 그 권한을 행사하는 것을 방해하지 아니한다.

② 법 제15조 및 제16조 제1항에 정하는 농림수산대신 및 경제산업대신의 권한(같은 항에 정하는 농림수산대신의 권한을 제외한다.)으로 상품선물거래업자의 본점등 이외의 지점 기타 영업소 또는 사무소(외국의 법령을 준거로 설립된 법인 또는 외국에 주소를 둔 자는 국내에서의 종된 영업소 또는 사무소. 이하 이 조에서 「지점등」이라고 한다.)에 대한 것은 전항에 규정하는 지방농정국장 및 경제산업국장 외 당해 지점 등의 소재지를 관할하는 지방농정국장 및 경제산업국장도 행사할 수 있다.

③ 전항의 규정에 따라 상품선물거래업자의 지점 등에 보고나 자료의 제출요구 또는 질문이나 출입검사(이하 이 항에서 「검사등」이라고 한다.)를 한 지방농정국장 및 경제산업국장은 당해 상품선물거래업자의 본점등 또는 당해 지점등 이외의 지점등에 대한 검사등이 필요하다고 인정한 때에는 당해 본점등 또는 당해 지점등 이외의 지점등에 검사등을 할 수 있다.

제32조(전자채권기록기관에 관련된 거래에 관한 행정청의 권한위임 등) ① 법 제2조 제2항 제35호에 열거하는 특정사업자에 대한 금융청장관권한 중 법 제15조 및 제16조 제1항에 정하는 것은 그 본점 소재지를 관할하는 재무국장(당해 소재지가 후쿠오카재무지국의 관할구역 내에 있는 경우에는 후쿠오카재무지국장)에게 위임한다. 다만 금융청장관이 스스로 그 권한을 행사하는 것을 방해하지 아니한다.

② 제21조 제2항 및 제3항의 규정은 금융청장관권한 중 법 제15조 및 제16조 제1항에 정하는 것으로 법 제2조 제2항 제35호에 열거하는 특정사업자의 본점 이외의 영업소에 대한 것에 준용한다.

제33조(환전업자에 관련된 거래에 관한 행정청의 권한위임 등) ① 법 제2조 제2항 제37호에 열거하는 특정사업자(이하 이 조에서 「환전업자」라고 한다.)에 대한 법 제16조 제1항에 정하는 재무대신의 권한은 그 본점 또는 주된 사무소의 소재지를 관할하는 재무국장(당해 소재지가 후쿠오카재무지국의 관할구역 내에 있는 경우에는 후쿠오카재무지국장)에게 위임한다. 다만 재무대신이 스스로 그 권한을 행사하는 것을 방해하지 아니한다.

② 전항에 규정하는 재무대신의 권한으로 환전업자의 본점 또는 주된 사무소 이외의 영업소 또는 사무소(이하 이 조에서 「지점등」이라고 한다.)에 대한 것은 같은 항에 규정하는 재무국장 외 당해 지점 등의 소재지를 관할하는 재무국장(당해 소재지가 후쿠오카재무지국의 관할구역 내에 있는 경우에는 후쿠오카재무지국장)도 행사할 수 있다.

③ 전항의 규정에 따라 환전업자의 지점 등에 질문 또는 출입검사를 진행한 재무국장 또는 후쿠오카재무지국장은 당해 환전업자의 본점이나 주된 사무소 또는 당

해 지점등 이외의 지점 등에 대한 질문 또는 출입검사가 필요하다고 인정한 때에는 당해 본점이나 주된 사무소 또는 당해 지점등 이외의 지점 등에 질문 또는 출입검사를 진행할 수 있다.

④ 환전업자에 대한 법 제15조에 정하는 재무대신의 권한은 전3항의 규정에 따라 환전업자에 관한 재무국장 및 후쿠오카재무지국장에 위임된 질문 또는 출입검사의 권한을 행사하기 위해 필요한 한도에서 당해 재무국장 및 후쿠오카재무지국장도 행사할 수 있다.

⑤ 전 각항의 규정은 재무대신이 지정하는 환전업자에 대한 제1항, 제2항 및 전항에 규정하는 재무대신의 권한에는 적용하지 아니한다.

⑥ 재무대신은 전항의 규정에 따른 지정을 한 경우에는 그 취지를 고시한다. 이를 취소하는 때에도 같다.

제34조(택지건물거래업자에 관련된 거래에 관한 행정청의 권한위임 등) ① 법 제2조 제2항 제41호에 열거하는 특정사업자(이하 이 조에서「택지건물거래업자」라고 한다.)에 대한 법 제15조, 제16조 제1항, 제17조 및 제18조에 정하는 국토교통대신의 권한은 그 본점 또는 주된 사무소의 소재지를 관할하는 지방정비국장 및 홋카이도개발국장에게 위임한다. 다만 국토교통대신이 스스로 그 권한을 행사하는 것을 방해하지 아니한다.

② 전항에 규정하는 국토교통대신의 권한으로 택지건물거래업자의 지점, 종된 사무소 또는 택지건물거래업법 시행령(昭和 39년 정령 제383호) 제1조의2 제2호에 열거하는 사무소(이하 이 조에서「지점등」이라고 한다.)에 대한 것은 같은 항에 규정하는 지방정비국장 및 홋카이도개발국장 외 당해 지점등의 소재지를 관할하는 지방정비국장 및 홋카이도개발국장도 행사할 수 있다.

③ 택지건물거래업자가 수행하는 의심스러운 거래의 신고를 받는 사무는 택지건물거래업법(昭和 27년 법률 제176호) 제3조 제1항에 규정하는 국토교통대신의 면허를 받은 자에 관한 것에 한하여 제1항에 규정하는 지방정비국장 및 홋카이도개발국장이 수행한다.

제35조(사법서사 등에 관련된 거래 등에 관한 행정청의 권한위임 등) ① 법 제2조 제2항 제45호에 열거하는 특정사업자에 대한 법 제15조, 제16조 제1항 및 제17조에 정하는 법무대신의 권한은 그 사무소(사법서사법인에서는 주된 사무소)의 소재지를 관할하는 법무국 및 지방법무국의 장에 위임한다. 다만 법무대신이 스스로 그 권한을 행사하는 것을 방해하지 아니한다.

② 전항에 규정하는 법무대신의 권한으로 법 제2조 제2항 제45호에 열거하는 특정사업자(사법서사법인에 한한다. 다음 항에서 같다.)의 주된 사무소 이외의 사무소(이하 이

조에서 「종된 사무소」라고 한다.)에 대한 것은 전항에 규정하는 법무국 및 지방법무국의 장 외 당해 종된 사무소의 소재지를 관할하는 법무국 및 지방법무국의 장도 행사할 수 있다.

③ 전항의 규정에 따라 법 제2조 제2항 제45호에 열거하는 특정사업자의 종된 사무소에 대하여 보고나 자료의 제출요구 또는 질문이나 출입검사 또는 지도, 조언 또는 권고(이하 이 조 및 다음 조에서 「검사·지도등」이라고 한다.)를 한 법무국 또는 지방법무국의 장은 당해 특정사업자의 주된 사무소 또는 당해 종된 사무소 이외의 종된 사무소에 대한 검사·지도등이 필요하다고 인정한 때에는 당해 주된 사무소 또는 당해 종된 사무소 이외의 종된 사무소에 검사·지도등을 할 수 있다.

제36조(세리사 등에 관련된 거래 등에 관한 행정청의 권한위임 등) ① 법 제2조 제2항 제48호에 열거하는 특정사업자에 대한 법 제15조, 제16조 제1항 및 제17조에 정하는 재무대신의 권한은 국세청장관에게 위임한다. 다만 재무대신이 스스로 그 권한을 행사하는 것을 방해하지 아니한다.

② 전항의 규정에 따라 국세청장관에게 위임된 권한은 당해 특정사업자의 사무소(세무법인에서는 주된 사무소)의 소재지를 관할하는 국세국장 및 세무서장에 위임한다. 다만 국세청장관이 스스로 그 권한을 행사하는 것을 방해하지 아니한다.

③ 제1항에 규정하는 재무대신의 권한은 법 제2조 제2항 제48호에 열거하는 특정사업자(세무법인에 한한다. 다음 항에서 같다.)의 주된 사무소 이외의 사무소(이하 이 조에서 「종된 사무소」라고 한다.)에 대한 것은 전항에 규정하는 국세국장 및 세무서장 외 당해 종된 사무소의 소재지를 관할하는 국세국장 및 세무서장도 행사할 수 있다.

④ 전항의 규정에 따라 법 제2조 제2항 제48호에 열거하는 특정사업자의 종된 사무소에 대하여 검사·지도등을 한 국세국장 또는 세무서장은 당해 특정사업자의 주된 사무소 또는 당해 종된 사무소 이외의 종된 사무소에 대한 검사·지도등이 필요하다고 인정한 때에는 당해 주된 사무소 또는 당해 종된 사무소 이외의 종된 사무소에 검사·지도등을 할 수 있다.

제37조(외국소재환거래업자와의 계약체결 때의 확인 등에 관한 행정청의 권한위임 등)
① 법 제9조에 규정하는 특정사업자(이하 이 조에서 「외국환거래업자」라고 한다.)에 관련된 법 제9조 및 제10조에 정하는 사항에 관한 행정청은 당해 외국환거래업자에게 법 제15조 및 제16조 제1항에 정하는 권한(금융청장관의 경우에는 금융청장관검사등권한)을 행사하는 경우에는 각각 단독으로 그 권한을 행사하는 것을 방해하지 아니한다.

② 전항에 규정하는 행정청은 같은 항의 규정에 따라 그 권한을 단독으로 행사한 때에는 신속하게 그 결과를 당해 외국환거래업자에 대한 권한을 가진 다른 행정청에 통지한다.

③ 제1항에 규정하는 행정청인 재무대신의 권한 중 법 제16조 제1항에 정하는 것은 외국환거래업자의 본점 또는 주된 사무소의 소재지를 관할하는 재무국장(당해 소재지가 후쿠오카재무지국의 관할구역 내에 있는 경우에는 후쿠오카재무지국장)에게 위임한다. 다만 재무대신이 스스로 그 권한을 행사하는 것을 방해하지 아니한다.

④ 전항에 규정하는 재무대신의 권한으로 외국환거래업자의 본점 또는 주된 사무소 이외의 영업소 또는 사무소(이하 이 조에서 「지점등」이라고 한다.)에 대한 것에 대하여는 같은 항에 규정하는 재무국장 외 당해 지점등의 소재지를 관할하는 재무국장(당해 소재지가 후쿠오카재무지국의 관할구역 내에 있는 경우에는 후쿠오카재무지국장)도 행사할 수 있다.

⑤ 전항의 규정에 따라 외국환거래업자의 지점등에 질문 또는 출입검사를 한 재무국장 또는 후쿠오카재무지국장은 당해 외국환거래업자의 본점이나 주된 사무소 또는 당해 지점등 이외의 지점등에 대한 질문 또는 출입검사가 필요하다고 인정한 때에는 당해 본점이나 주된 사무소 또는 당해 지점등 이외의 지점등에 질문 또는 출입검사를 할 수 있다.

⑥ 제1항에 규정하는 행정청인 재무대신의 권한 중 법 제15조에 정하는 것은 전3항의 규정에 따라 외국환거래업자에 관하여 재무국장 및 후쿠오카재무지국장에 위임된 질문 또는 출입검사의 권한을 행사하기 위해 필요한 한도에서 당해 재무국장 및 후쿠오카재무지국장도 행사할 수 있다.

⑦ 제3항부터 전항까지의 규정은 재무대신이 지정하는 외국환거래업자에 대한 제3항, 제4항 및 전항에 규정하는 재무대신의 권한에는 적용하지 아니한다.

⑧ 제33조 제6항의 규정은 전항의 규정에 따른 지정에 준용한다.

제38조(법정수탁사무 등) ① 제22조 제5항부터 제7항까지, 제23조 제4항 및 제5항, 제29조 제6항부터 제8항까지 및 제3조 제3항부터 제5항까지의 규정에 따라 도도부현이 처리하기로 되어 있는 사무는 지방자치법(昭和 22년 법률 제67호) 제2조 제9항 제1호[87])에 규정하는 제1호 법정수탁사무로 한다.

② 도도부현지사가 전항에 규정하는 사무를 수행하기로 하는 경우에는 법 중 같은 항에 규정하는 사무에 관련된 행정청에 관한 규정은 도도부현지사에 관한 규정으로 하여 도도부현지사에 적용한다.

부 칙 〈생 략〉

---

87) 범죄에 의한 수익의 이전방지에 관한 법률 제24조의 각주 참조.

범죄에 의한 수익의 이전방지에 관한 법률 시행규칙

제정 平成 20년

내각부·총무성 · 법무성 · 재무성·후생노동성·농림수산성 · 경제산업성 · 국토교통성령 제1호

개정 令和 2년 4월 3일

내각부 · 총무성 · 법무성·재무성 · 후생노동성·농림수산성 · 경제산업성·국토교통성령 제1호

제 1 조(정의) 이 규칙에서 다음 각호에 열거하는 용어의 의의는 각각 당해 각호에 정하는 바에 따른다.

1. 특정사업자: 범죄에 의한 수익의 이전방지에 관한 법률(이하 「법」이라고 한다.) 제2조 제2항에 규정하는 특정사업자를 말한다.

2. 고객등: 법 제2조 제3항에 규정하는 고객등을 말한다.

3. 본인특정사항: 법 제4조 제1항 제1호에 규정하는 본인특정사항을 말한다.

4. 관련거래시확인: 법 제4조 제2항 제1호 イ에 규정하는 관련거래시확인을 말한다.

5. 특정거래등: 법 제4조 제4항에 규정하는 특정거래등을 말한다.

6. 국가등: 법 제4조 제5항에 규정하는 국가등을 말한다.

7. 대표자등: 법 제4조 제6항에 규정하는 대표자등을 말한다.

8. 거래시확인: 법 제4조 제6항에 규정하는 거래시확인을 말한다.

9. 확인기록: 법 제6조 제1항에 규정하는 확인기록을 말한다.

10. 거래기록등: 법 제7조 제3항에 규정하는 거래기록등을 말한다.

11. 특정수임행위의 대리등: 법 별표 제2조 제2항 제44호에 열거하는 자의 항에 규정하는 특정수임행위의 대리등을 말한다.

제 2 조(영 제3조 제1호에 규정하는 주무성령으로 정하는 것 등) ① 범죄에 의한 수익의 이전방지에 관한 법률 시행령(이하 「영」이라고 한다.) 제3조 제1호에 규정하는 주무성령으로 정하는 것은 임대에 관련된 계약 중 해제할 수 없다는 취지의 정함이 없는 것으로서 임차인이 당해 계약에 기초한 기간의 도중에 당해 계약에 기초한 의무에 위반하거나 당해 계약을 해제하는 경우에 미경과기간에 관련된 임대료의 대략 전부를 지불하기로 되어 있는 것으로 한다.

② 기계류 기타 물품의 임대에서 그 임대기간(당해 물품의 임대에 관련된 계약의 해제를 할 수 없는 것으로 되어 있는 기간에 한한다.)에 임대를 받은 자로부터 지급을 받은 임대료액의 합계액이 그 물품의 취득을 위해 통상 요하는 가액의 대략 100분의 90에 상당하는 액수를 초과하는 경우에는 당해 물품의 임대는 영 제3조 제2호의 물품의 사용에 수반하여 발생하는 비용을 실질적으로 부담하기로 되어 있는 것에 해당하는 것으로 한다.

제 3 조(신탁의 수익자로부터 제외되는 자에 관련된 계약) 영 제5조에 규정하는 주무성령으로 정하는 계약은 다음 각호에 열거하는 것으로 한다.

1. 법인세법(昭和 4년 법률 제34호) 부칙 제2조 제3항에 규정하는 적격퇴직연금계약(다음 조 제1항 제3호 ㅁ에서 간단히 「적격퇴직연금계약」이라고 한다.)

2. 임금의 지불의 확보 등에 관한 법률(昭和 51년 법률 제34호) 제3조 또는 제5조[88])에 규정하는 조치로서 이뤄지는 신탁계약

3. 소득세법(昭和 4년 법률 제33호) 제30조 제1항[89])에 규정하는 퇴직수당 등의 급부에 충당하기 위해 유가증권 및 금전의 관리처분을 하는 것을 목적으로 하는 신탁계약

4. 피용자(법인의 사원을 포함한다. 이하 같다.)의 급여등(소득세법 제28조 제1항[90])에 규정하는 급여등을 말한다. 이하 같다.)으로부터 공제된 금전을 신탁금으로 하는 신탁계약

5. 신탁계약으로서 당해 신탁계약을 기초로 주권을 취득하는 행위가 금융상품거래법 제2조에 규정하는 정의에 관한 내각부령(平成 5년 대장성령 제14호. 다음 호에서 「정의부령」이라고 한다.) 제16조 제1항 제7호의2 ㅓ부터 ㅅ까지에 열거하는 전부의 요건에 해당하는 것

6. 신탁계약으로서 다음에 열거하는 전부의 요건에 해당하는 것

ㅓ 발행회사등[주권의 발행회사 또는 그 피지배회사등(정의부령 제6조 제3항에 규정하는 피지배회사등을 말한다.) 또는 관계회사(정의부령 제7조 제2항에 규정하는 관계회사를 말한다.)를 말한다. ㅁ 및 ㅅ에서 같다.]을 위탁자로 하는 금전의 신탁계약으로서 당해 신탁계약에 관련된 신탁의 수탁자가 당해 발행회사의 주권을 취득하거나 사들이기로 하는 것

---

88) 일본국 임금의 지불의 확보 등에 관한 법률 제3조(저축금의 보전조치)는 사업주가 노동자의 저축금이나 퇴직수당 지급에 충당하기 위해 은행 기타 금융기관이 보증하는 계약의 체결 기타 조치를 취하도록 규정하고 있음.

89) 일본국 소득세법 제30조(퇴직소득) ① 퇴직소득이란 퇴직수당, 일시은급 기타 퇴직으로 일시에 지급받는 급여 및 이들 성질을 갖는 급여(이하 이 조에서 「퇴직수당등」이라고 한다.)에 관련된 소득을 말한다.
② ~ ⑥ (생 략)

90) 일본국 소득세법 제28조(급여소득) ① 급여소득이란 봉급, 급료, 임금, 세비 및 상여와 이들 성질을 갖는 급여(이하 이 조에서 「급여등」이라고 한다.)에 관련된 소득을 말한다.
② ~ ④ (생 략)

ㅁ 발행회사등의 정관의 규정, 주주총회, 사원총회, 이사회 기타 이들에 준하는 것의 결의 또는 회사법(平成 17년 법률 제86호) 제404조 제3항[91])의 보수위원회의 결정 또는 대상종업원(정의부령 제16조 제1항 제7호의2 ｲ(１)에 규정하는 대상종업원을 말한다. 이하 ㅁ에서 같다.)의 근속년수, 업적, 퇴직사유 기타 사유를 감안하여 정해진 일정한 기준에 대응하여 당해 신탁계약에 관련된 신탁의 수탁자가 취득하거나 사들인 당해 발행회사의 주권 또는 당해 주권의 매각대금을 교부하는 것을 정하는 규칙[노동기준법(昭和 22년 법률 제49호) 제89조[92])의 규정에 따라 신고한 것에 한한다.]을 기초로 발행회사등의 사원(법인세법 제2조 제15호에 규정하는 사원을 말한다. 이하 ㅁ에서 같다.)이나 사원이었던 자 또는 대상종업원이나 대상종업원이었던 자 또는 이들의 상속인 기타 일반승계인에게 당해 주권 또는 당해 매각대금을 교부하기로 하는 것

ﾊ 당해 신탁계약에 기초한 신탁금의 불입에 충당되는 금전의 전액을 발행회사등이 제출하는 것인 것

ﾆ 당해 신탁계약에 관련된 신탁의 수탁자에 신주예약권이 부여된 경우에는 당해 신주예약권의 전부가 발행회사에 의해 부여된 것인 것

7. 공익신탁에 관한 법률(大正 11년 법률 제62호) 제1조에 규정하는 공익신탁[93])에 관련된 신탁계약

8. 공적연금제도의 건전성 및 신뢰성의 확보를 위한 후생연금보험법 등의 일부를 개정하는 법률(平成 25년 법률 제63호. 이하 이 호에서 「平成 25년 후생연금 등 개정법」이라고 한다.) 부칙 제3조 제11호에 규정하는 존속후생연금기금(제18조 제2호에서 「존속후생연금기금」이라고 한다.)이 체결한 平成 25년 후생연금 등 개정법 부칙 제5조 제1항의 규정에 따라 아직 그 효력을 갖는 平成 25년 후생연금 등 개정법 제1조의 규정에 따른 개정 전의 후생연금보험법(昭和 29년 법률 제115호. 이하 이 호에서 「개정 전 후생연금보험법」이라고 한다.) 제103조의2 제1항 및 제2항(平成 25년 후생연금 등 개정법 부칙 제5조 제1항의 규정에 따라 아직 그 효력을 갖는 개정 전 후생연금보험법 제136조의3 제2항에서 준

---

91) 일본국 회사법 제404조(지명위원회 등의 권한 등) ① ~ ② (생 략)
　　③ 보수위원회는 제361조 제1항과 제379조 제1항 및 제2항의 규정에 불구하고, 집행임원등의 개인별 보수등의 내용을 결정한다. 집행임원이 지명위원회등 설치회사의 지배인 기타 사용인을 겸하고 있는 때에는 당해 지배인 기타 사용인의 보수등의 내용도 마찬가지이다.
　　④ (생 략)
92) 일본국 노동기준법 제89조(작성 및 신고할 의무)는 상시 10인 이상의 노동자를 사용하는 사용자가 취업규칙을 작성하여 행정관청에 신고하도록 하고 있는데, 이 중 금전과 관련된 것으로 임금의 결정과 계산 및 지불방법, 승급 등에 관한 사항, 임시임금 등이나 최저임금등을 정한 경우 그에 관한 사항, 퇴직금 적용대상 노동자의 범위, 수당 결정과 계산, 지불방법 및 시기, 노동자의 식비, 작업용품 기타 부담, 재해보상 및 부조 등을 정하고 있음.
93) 일본국 공익신탁에 관한 법률 제1조 신탁법(平成 18년 법률 제108호) 제258조 제1항에 규정하는 수익자의 정함이 없는 신탁 내 학술, 기예, 자선, 제사, 종교 기타 공익을 목적으로 하는 것으로서 다음 조의 허가를 받은 것(이하 공익신탁이라고 한다)에 관하여는 본법이 정하는 바에 따른다.

용하는 경우를 포함한다.) 및 平成 25년 후생연금 등 개정법 부칙 제5조 제1항의 규정에 따라 아직 그 효력을 갖는 개정 전 후생연금보험법 제136조의3 제1항 제1호 및 제5호 ヘ에 규정하는 신탁계약, 平成 25년 후생연금 등 개정법 부칙 제3조 제13호에 규정하는 존속연합회가 체결하는 平成 25년 후생연금 등 개정법 부칙 제38조 제1항의 규정에 따라 아직 그 효력을 갖는 개정 전 후생연금보험법 제159조의2 제1항 및 제2항, 平成 25년 후생연금 등 개정법 부칙 제38조 제1항의 규정에 따라 아직 그 효력을 갖는 개정 전 후생연금보험법 제164조 제3항에서 준용하는 개정 전 후생연금보험법 제136조의3 제1항 제1호와 제5호 ヘ 및 平成 25년 후생연금 등 개정법 부칙 제38조 제1항의 규정에 따라 아직 그 효력을 갖는 개정 전 후생연금보험법 제164조 제3항에서 준용하는 개정 전 후생연금보험법 제136조의3 제2항에서 준용하는 개정 전 후생연금보험법 제103조의2 제2항에 규정하는 신탁계약, 기업연금연합회가 체결하는 확정급부기업연금법(平成 13년 법률 제5호) 제91조의24에서 준용하는 같은 법 제66조 제1항의 규정에 따라 같은 법 제65조 제1항 제1호 및 같은 법 제91조의24에서 준용하는 같은 법 제66조 제2항에 규정하는 신탁계약, 국민연금기금이 체결하는 국민연금법(昭和 34년 법률 제141호) 제128조 제3항 및 국민연금기금령(平成 2년 정령 제304호) 제3조 제1항 제1호와 제5호 ヘ 및 제2항에 규정하는 신탁계약, 국민연금기금연합회가 체결하는 국민연금법 제137조의15 제4항 및 국민연금기금령 제51조 제1항에서 준용하는 같은 영 제3조 제1항 제1호와 제5호 ヘ 및 제2항에 규정하는 신탁계약 및 연금적립금관리운용 독립행정법인이 체결하는 연금적립금관리운용 독립행정법인법(平成 16년 법률 제105호) 제21조 제1항 제3호에 규정하는 신탁계약

제 4 조(간소한 고객관리를 하는 것이 허용되는 거래) ① 영 제7조 제1항에 규정하는 간소한 고객관리를 하는 것이 허용되는 거래로서 주무성령으로 정하는 것은 다음 각호에 열거하는 거래로 한다.

1. 영 제7조 제1항 제1호 ハ 또는 ニ에 열거하는 거래 중 그 고객인 사업자가 법령의 규정에 따라 다음에 열거하는 사항의 어느 하나를 목적으로 진행하는 것[ㅁ에 열거하는 사항을 목적으로 진행하는 것은 수익권(신탁재산을 교부받을 권리에 관련된 것에 한한다.)이 수익자대리인이 필요하다고 판단한 경우에만 행사되는 것에 한한다.]

ㅓ 당해 법령의 규정에 기초한 행정청의 명령에 응하여 신탁재산을 보증금 기타 이에 유사한 것의 공탁에 충당하는 것

ㅁ ㅓ에 열거하는 것 외 당해 고객이 하는 사업을 폐지한 경우 기타 당해 사업에 관련된 거래의 상대방의 보호가 결여될 우려가 있게 된 경우에 당해 상대방에게 반환할 금전 기타 재산을 관리하는 것

2. 영 제7조 제1항 제1호 ホ, ヘ 또는 チ에 열거하는 거래 중 보험계약(같은 호 ト에 규정하는 보험계약을 말한다. 이하 같다.) 또는 공제에 관련된 계약(같은 호 ヘ에 규정하는 공제에 관련된 계약을 말한다. 이하 같다.)으로서 다음에 열거하는 것에 관련된 것

イ 연금(사람의 생존을 사유로 지급되는 것에 한한다. ロ에서 같다.), 만기보험금, 만기반환 금 또는 만기공제금을 지불하는 취지의 정함(ロ에서 「만기보험금 등의 정함」이라고 한 다.)이 없는 것(기간의 제한 없이 사람의 사망을 사유로 지불이 이뤄지는 것으로서 보험료 또는 공제부금을 일시에 불입하는 것을 내용으로 하는 것을 제외한다.)

ロ 만기보험금 등의 정함이 있는 것 중 당해 보험계약 또는 공제에 관련된 계약을 기초로 지급될 것이 예상되는 보험료[보험업법 시행규칙(平成 8년 대장성령 제5호) 제 227조의2 제3항 제9호 또는 제234조의21의2 제1항 제7호에 규정하는 기존 계약의 책임준비금, 반환금액 기타 피보험자를 위해 적립되어 있는 금액을 포함한다.] 또 는 공제부금(기존 계약의 책임준비금, 반환금액 기타 피공제자를 위해 적립되어 있는 금액을 포 함한다.)의 총액의 100분의 8에 상당하는 금액이 연금, 만기보험금, 만기반환금 및 만기공제금의 금액의 합계를 초과하는 것[같은 영 제74조 제1호 イ 및 제3호에 열 거하는 보험계약(같은 영 제83조 제1호 ロ 및 ニ에 열거하는 것을 제외한다.), 같은 영 제 153조 제1호 イ 및 제3호에 열거하는 보험계약 및 특별한 감정(勘定)에 속하는 것 으로서 경리(経理)된 재산의 가액에 따라 공제금 기타 급부금액이 변동하는 공제에 관련된 계약 기타 이에 준하는 공제에 관련된 계약을 제외한다.]

3. 영 제7조 제1항 제1호 ト에 열거하는 거래 중 다음에 열거하는 것에 관련된 것
イ 전호 イ 또는 ロ에 열거하는 것

ロ 적격퇴직연금계약, 단체보험(보험계약 중 피용자의 급여등으로부터 공제된 금전을 보험 료로 하는 것을 말한다. 제18조 제8호에서 같다.) 또는 보험업법 시행규칙 제83조 제1호 イ부터 ホ까지 또는 같은 호 リ부터 ヲ까지에 열거하는 보험계약이나 이들에 상당 하는 공제에 관련된 계약

4. 영 제7조 제1항 제1호 リ에 열거하는 거래 중 금융상품거래법(昭和 23년 법률 제25 호) 제2조 제17항에 규정하는 거래소금융상품시장이나 같은 법 제67조 제2항에 규 정하는 장외매매유가증권시장 또는 이에 준하는 유가증권의 매매나 같은 법 제2조 제23항에 규정하는 외국시장파생상품거래를 하는 외국(금융청장관이 지정하는 국가 또 는 지역에 한한다.)의 시장에서 당해 시장에서의 거래에 참가할 수 있는 자격에 기초 하여 당해 시장의 거래에 참가하여 진행하는 것

5. 영 제7조 제1항 제1호 リ 또는 ル에 열거하는 거래 중 특정사업자 및 일본은행 간 이뤄진 것으로 일본은행에서 대체결제된 것

6. 영 제7조 제1항 제1호 カ에 열거하는 거래 중 다음에 열거하는 것

ㅓ 특정사업자 및 일본은행 간 이뤄진 것으로 일본은행에서 대체결제된 것

ㅁ 제2호 ㅓ나 ㅁ 또는 제3호 ㅁ에 열거하는 것에 기초한 것

ㅅ 법 제2조 제2항 제39호에 규정하는 이용자인 고객이 같은 호에 규정하는 신용카드등을 이용하는 일 없이 특정 판매업자 또는 역무를 제공하는 사업을 영위하는 자로부터의 상품이나 권리의 구입 또는 역무를 제공하는 조건으로 하여 당해 판매업자 또는 당해 역무를 제공하는 사업을 영위하는 자에게 당해 상품이나 당해 권리의 대금 또는 당해 역무의 대가에 상당하는 액을 교부하고 당해 이용자로부터 당해 금액을 수령하는 거래에 관련된 것

7. 영 제7조 제1항 제1호 ㅉ에 열거하는 거래 중 다음에 열거하는 것

ㅓ 영 제7조 제1항 제1호 ㅉ에 규정하는 무기명공사채의 기본채권 또는 이자를 담보로 제공하는 것

ㅁ 국가 또는 지방공공단체에 대한 금품의 납부 또는 납입에 관련된 것

ㅅ 전기, 가스 또는 수도요금[전기사업법(昭和 39년 법률 제107호) 제2조 제1항 제3호에 규정하는 소매전기사업자 또는 같은 항 제9호에 규정하는 일반송배전사업자, 가스사업법(昭和 29년 법률 제511호) 제2조 제3항에 규정하는 가스소매사업자 또는 같은 조 제6항에 규정하는 일반가스도관사업자, 수도법(昭和 32년 법률 제177호) 제3조 제5항에 규정하는 수도사업자 또는 공업용수도사업법(昭和 33년 법률 제84호) 제2조 제5항에 규정하는 공업용수도사업자에게 지불되는 것에 한한다.]의 지불에 관련된 것

ㅌ 학교교육법(昭和 22년 법률 제26호) 제1조에 규정하는 소학교, 중학교, 의무교육학교, 고등학교, 중등교육학교, 특별지원학교, 대학이나 고등전문학교 또는 같은 법 제124조에 규정하는 전수학교(같은 법 제125조 제1항에 규정하는 고등과정 및 전문과정에 한한다.)에 대한 입학금, 수업료 기타 이들에 유사한 것의 지불에 관련된 것

ㅋ 현금의 수납과 지불을 하는 거래로 환거래 또는 영 제7조 제1항 제1호 ㅉ에 규정하는 자기앞수표의 발행을 수반하는 것 중 고객 등의 예금이나 저금의 수납 또는 환급을 위해 하는 것(당해 거래의 금액이 2백만엔을 초과하는 것을 제외한다.)

ㅎ 현금의 수납과 지불을 하는 거래로 환거래를 수반하는 것 중 상품이나 권리의 대금 또는 역무의 대가를 지불하기 위해 이뤄진 것으로서 당해 지불을 받은 자에 의해 당해 지불을 한 고객등 또는 그 대표자등의 법 제2조 제2항 제1호부터 제15호까지 및 제3호에 열거하는 특정사업자(이하 「특정금융기관」이라고 한다.)의 예에 준하여 거래시확인 및 확인기록의 작성 및 보존에 상당하는 조치가 이뤄지고 있는 것(당해 거래의 금액이 2백만엔을 초과하는 것을 제외한다.)

8. 영 제7조 제1항 제1호 ㅿ에 열거하는 거래 중 사채, 주식 등의 대체에 관한 법률(平成 13년 법률 제75호) 제69조의2 제3항 본문[같은 법 제121조 및 제276조(제1호에

관련된 부분에 한한다.)에서 준용하는 경우를 포함한다.], 제127조의6 제3항 본문, 제131조 제3항 본문[같은 법 제228조 제1항, 제235조 제1항, 제239조 제1항 및 제276조(제2호에 관련된 부분에 한한다.)에서 준용하는 경우를 포함한다.], 제167조 제3항 본문[같은 법 제247조의3 세1항 및 제275조(제3호에 관련된 부분에 한한다.)에서 준용하는 경우를 포함한다.] 및 제196조 제3항 본문[같은 법 제276조(제4호에 관련된 부분에 한한다.)에서 준용하는 경우를 포함한다.]에 규정하는 신청에 의한 계좌의 개설에 관련된 것

9. 영 제7조 제1항 제1호 イ, リ, ル, カ, ソ, ム 또는 ヰ에 열거하는 거래 중 특정 통신수단[특정사업자 및 일본은행 및 이들에 상당하는 자로 외국에 본점 또는 주된 사무소를 가진 자(이하 이 호에서 「외국특정사업자」라고 한다.) 사이에 이용되는 국제적인 통신수단으로서 당해 통신수단으로 송신을 하는 특정사업자 및 일본은행과 외국특정사업자를 특정하기 위해 필요한 조치가 강구되어 있는 것으로서 금융청장관이 지정하는 것을 말한다.]을 이용하는 특정사업자 및 일본은행과 외국특정사업자를 고객등으로 하는 것으로서 당해 특정 통신수단을 매개로 확인 또는 결제의 지시가 이뤄진 것(외국특정사업자와의 거래에서는 금융청장관이 지정하는 국가 또는 지역에 본점 또는 주된 사무소를 가진 자와의 거래를 제외한다.)

10. 영 제7조 제1항 제2호에 정하는 거래 중 임대인이 임대를 받은 자에게서 1회에 수취하는 임대료액이 10만엔 이하의 것

11. 영 제7조 제1항 제5호에 정하는 거래 중 대금의 지불방법이 현금 이외인 것

12. 영 제7조 제1항 제6호에 정하는 거래 중 다음에 열거하는 것

イ 전화를 받아 수행하는 업무에 관련된 것으로서 전화에 의한 연락을 받을 때에는 법 제2조 제2항 제42호에 열거하는 특정사업자 중 고객 앞으로의 전화를 받아 그 내용을 당해 고객에 연락하는 역무를 제공하는 업무를 하는 자임을 용이하게 판단할 수 있는 상호 기타 문언을 명시하는 취지를 그 내용에 포함하는 계약의 체결(당해 내용이 당해 계약에 관련된 계약서에 기재되어 있는 경우에 한한다.)

ロ 전화(팩시밀리장치에 의한 통신을 포함한다.)를 받아 수행하는 업무로서 상품, 권리 또는 역무에 관한 설명이나 상담 또는 상품, 권리 또는 역무를 제공하는 계약에 대한 신청을 받거나 체결을 하는 업무에 관련된 계약의 체결

13. 영 제7조 제1항 각호에 정하는 거래 중 다음에 열거하는 것

イ 국가 또는 지방공공단체를 고객등으로 하여 당해 거래의 임무를 맡고 있는 당해 국가 또는 지방공공단체의 직원이 법령상의 권한을 기초로 법령상의 절차에 따라 수행하는 거래로서 당해 직원이 당해 권한을 보유함을 당해 국가 또는 지방공공단체가 증명하는 서류 또는 이에 유사한 것으로 제시되거나 송부된 것

ㅁ 파산관재인 또는 이에 준하는 자가 법령상의 권한을 기초로 수행한 거래로서 그 선임을 재판소가 증명하는 서류 또는 이에 유사한 것으로 제시되거나 송부된 것

② 특정사업자가 동일한 고객등과의 사이에서 2 이상의 다음 각호에 열거하는 거래를 동시에 또는 연속하여 한 경우에 당해 2 이상의 거래가 1회당 거래 금액(제3호에 열거하는 거래에서는 임대인이 임대를 받은 자로부터 1회에 수취하는 임대료액)을 감소시키기 위해 하나의 당해 각호에 열거하는 거래를 분할한 것의 전부 또는 일부인 것이 언뜻 보아 명백한 때에는 당해 2 이상의 거래를 하나의 거래로 보고 전항의 규정을 적용한다.

1. 현금의 수납과 지불을 하는 거래로 환거래 또는 영 제7조 제1항 제1호 ツ에 규정하는 자기앞수표의 발행을 수반하는 것 중 고객 등의 예금 또는 저금의 수납 또는 환급을 위해 한 것

2. 현금의 수납과 지불을 하는 거래로 환거래를 수반하는 것 중 상품이나 권리의 대금 또는 역무의 대가를 지불하기 위해 이뤄진 것으로서 당해 지불을 받은 자에 의해 당해 지불을 한 고객등 또는 그 대표자등의 특정금융기관의 예에 준하여 거래시확인 및 확인기록의 작성 및 보존에 상당하는 조치가 이뤄져 있는 것

3. 영 제7조 제1항 제2호에 정하는 거래

③ 영 제9조 제1항에 규정하는 간소한 고객관리를 하는 것이 허용되는 거래로서 주무성령으로 정하는 것은 다음 각호에 열거하는 거래로 한다.

1. 영 제9조 제1항에 규정하는 특정수임행위의 대리등을 하는 것을 내용으로 하는 계약의 체결 중 임의후견계약에 관한 법률(平成 11년 법률 제105호) 제2조 제1호에 규정하는 임의후견계약의 체결

2. 전호에 규정하는 특정수임행위의 대리등을 행하는 것을 내용으로 하는 계약의 체결 중 제1항 제13호 イ 또는 ㅁ에 열거하는 거래

제 5 조(고객관리를 하기 전에 특별한 주의를 요하는 거래) 영 제7조 제1항 및 제9조 제1항에 규정하는 고객관리를 하기 전에 특별한 주의를 요하는 것으로서 주무성령으로 정하는 것은 다음 각호에 열거하는 거래로 한다.

1. 영 제7조 제1항에 규정하는 의심스러운 거래(제13조 제1항 및 제17조에서 「의심스러운 거래」라고 한다.)

2. 동종의 거래의 태양과 현저하게 다른 태양으로 이뤄지는 거래

제 6 조(고객등의 본인특정사항의 확인방법) ① 법 제4조 제1항에 규정하는 주무성령으로 정하는 방법 중 같은 항 제1호에 열거하는 사항에 관련된 것은 다음 각호에 열거하는 고객 등의 구분에 대응하여 각각 당해 각호에 정하는 방법으로 한다.

1. 자연인인 고객등(다음 호에 열거하는 자를 제외한다.): 다음에 열거하는 방법의 어느

하나

イ 당해 고객등 또는 그 대표자등으로부터 당해 고객 등의 본인확인서류(다음조에 규정하는 서류를 말한다. 이하 같다.) 중 같은 조 제1호 또는 제4호에 정하는 것(같은 조 제1호 ハ부터 ホ까지에 열거하는 것을 제외한다. ホ 및 ヘ에서 「사진을 붙인 본인확인서류」라고 한다.)를 제시[같은 조 제1호 ㅁ에 열거하는 서류(하나에 한하여 발행 또는 발급된 것을 제외한다. ㅁ 및 ハ에서 같다.)의 대표자등부터의 제시를 제외한다.]받는 방법

ㅁ 당해 고객등 또는 그 대표자등으로부터 당해 고객 등의 본인확인서류(다음 조 제 1호 イ에 열거하는 것을 제외한다.)의 제시(같은 호 ㅁ에 열거하는 서류의 제시는 당해 서류의 대표자등으로부터의 제시에 한한다.)를 받음과 동시에 당해 본인확인서류에 기재되어 있는 당해 고객 등의 주거 앞으로 예금통장 기타 당해 고객등과의 거래에 관련된 문서(이하 「거래관계문서」라고 한다.)를 서류우편이나 그 취급에서 인수 및 배달기록을 하는 우편 또는 이에 준하는 것(이하 「서류우편등」이라고 한다.)으로 그 취급에서 전송을 하지 않는 우편물 또는 이에 준하는 것(이하 「전송불요우편물등」이라고 한다.)으로서 송부하는 방법

ハ 당해 고객등 또는 그 대표자등으로부터 당해 고객 등의 본인확인서류 중 다음 조 제1호 ハ에 열거하는 것의 어느 하나의 서류를 제시받는 방법 또는 같은 호 ハ 에 열거하는 서류 및 같은 호 ㅁ, 또는 ホ에 열거하는 서류나 당해 고객 등의 현재 의 주거의 기재가 있는 보완서류(다음 항에 규정하는 보완서류를 말한다. ニ에서 같다.)를 제시(같은 호 ㅁ에 열거하는 서류의 제시는 당해 서류의 대표자등으로부터의 제시에 한한다.)받 는 방법

ニ 당해 고객등 또는 그 대표자등으로부터 당해 고객 등의 본인확인서류 중 다음 조 제1호 ハ에 열거하는 것을 제시받고 당해 본인확인서류 이외의 본인확인서류나 당해 고객 등의 현재의 주거의 기재가 있는 보완서류 또는 그 사본을 송부받는 방법

ホ 당해 고객등 또는 그 대표자등으로부터 특정사업자가 제공하는 소프트웨어를 사용하여 본인확인용 화상정보(당해 고객등 또는 그 대표자등에게 당해 소프트웨어를 사용 하여 촬영하게 한 당해 고객 등의 용모 및 사진을 붙인 본인확인서류의 화상정보로서 당해 사진 을 붙인 본인확인서류에 관련된 화상정보가 당해 사진을 붙인 본인확인서류에 기재되어 있는 이 름, 주거 및 생년월일, 당해 사진을 붙인 본인확인서류에 첨부된 사진 및 당해 사진을 붙인 본인 확인서류의 두께 기타 특징을 확인할 수 있는 것을 말한다.)를 송신받는 방법

ヘ 당해 고객등 또는 그 대표자등으로부터 특정사업자가 제공하는 소프트웨어를 사용하여 본인확인용 화상정보(당해 고객등 또는 그 대표자등에 당해 소프트웨어를 사용하 여 촬영하게 한 당해 고객 등의 용모의 화상정보를 말한다.)를 송신받음과 동시에 당해 고 객등 또는 그 대표자등에게 당해 고객 등의 사진을 붙인 본인확인서류{이름, 주거,

생년월일 및 사진의 정보가 기록되어 있는 반도체집적회로[반도체집적회로의 회로배치에 관한 법률(昭和 6년 법률 제43호) 제2조 제1항에 규정하는 반도체집적회로를 말한다. 이하 같다.]가 편입된 것에 한한다.}에 편입된 반도체집적회로에 기록된 당해 정보를 송신받는 방법

ㅏ 당해 고객등 또는 그 대표자등으로부터 특정사업자가 제공하는 소프트웨어를 사용하여 본인확인용 화상정보[당해 고객등 또는 그 대표자등에게 당해 소프트웨어를 사용하여 촬영하게 한 당해 고객 등의 본인확인서류 중 다음 조 제1호 또는 제4호에 정하는 것(같은 조 제1호 ㅡ 및 ㅏ에 열거하는 것을 제외하고 하나를 한도로 발행 또는 발부된 것에 한한다. 이하 ㅏ에서 간단히 「본인확인서류」라고 한다.)의 화상정보로서 당해 본인확인서류에 기재되어 있는 이름, 주거, 생년월일 및 당해 본인확인서류의 두께 기타 특징을 확인할 수 있는 것을 말한다.]를 송신받거나 당해 고객등 또는 그 대표자등에게 당해 소프트웨어를 사용하여 판독하게 한 당해 고객 등의 본인확인서류(이름, 주거 및 생년월일의 정보가 기록되어 있는 반도체집적회로가 편입된 것에 한한다.)에 편입된 반도체집적회로에 기록된 당해 정보를 송신받음과 동시에 다음에 열거하는 행위의 어느 하나를 하는 방법[거래 상대방이 다음의 (1) 또는 (2)에 규정하는 이름, 주거 및 생년월일의 확인에 관련된 고객 등으로 행세하고 있다고 의심되는 거래 또는 당해 확인이 이뤄질 때 이름, 주거 및 생년월일을 속이고 있다고 의심되는 고객등(그 대표자등이 이름, 주거 및 생년월일을 속이고 있다고 의심되는 고객등을 포함한다.)과 거래를 한 경우를 제외한다.]

(1) 다른 특정사업자가 영 제7조 제1항 제1호 ㅓ에 열거하는 거래 또는 같은 항 제3호에 정하는 거래를 할 때에 당해 고객등에게 이름, 주거 및 생년월일을 확인하고, 당해 확인에 관련된 확인기록을 보존하고 당해 고객등 또는 그 대표자등으로부터 당해 고객등만이 알 수 있는 사항 기타 당해 고객등이 당해 확인기록에 기록되어 있는 고객등과 동일함을 보여주는 사항을 신고받아 당해 고객등이 당해 확인기록에 기록되어 있는 고객등과 동일함을 확인하고 있음을 확인하는 것

(2) 당해 고객 등의 예금 또는 저금계좌(당해 예금 또는 저금계좌에 관련된 영 제7조 제1항 제1호 ㅓ에 열거하는 거래를 할 때에 당해 고객등에게 이름, 주거 및 생년월일을 확인하고 당해 확인에 관련된 확인기록을 보존하고 있는 것에 한한다.)에 금전의 계좌이체를 함과 동시에 당해 고객등 또는 그 대표자등으로부터 당해 계좌이체를 특정하기 위해 필요한 사항이 기재된 예저금통장 사본 또는 이에 준하는 것을 송부받는 것

ㅓ 당해 고객등 또는 그 대표자등으로부터 당해 고객 등의 본인확인서류 중 다음 조 제1호나 제4호에 정하는 것 또는 그 사본을 송부받음과 동시에 당해 본인확인서류나 그 사본에 기재되어 있는 당해 고객등의 주거 앞으로 거래관계문서를 서류

우편등으로 전송불요우편물등으로서 송부하는 방법

リ 그 취급에 수신인 본인 또는 제출인이 지정한 수신인에 갈음하여 수취할 수 있는 자에 한하여 교부하는 우편 또는 이에 준하는 것[특정사업자에 갈음하여 주거를 확인하여 본인확인서류를 제시받고 제2조 제1항 제1호, 제3호(괄호서를 제외한다.) 및 제16호에 열거하는 사항을 당해 특정사업자에게 전달하는 조치가 취하여져 있는 것에 한한다.]으로 당해 고객 등에게 거래관계문서를 송부하는 방법

ヌ 당해 고객등으로부터 전자서명 및 인증업무에 관한 법률(平成 12년 법률 제102호. 이하 이 항에서 「전자서명법」이라고 한다.) 제4조 제1항에 규정하는 인정을 받은 자가 발행하고 그 인정에 관련된 업무용으로 제공하는 전자증명서(당해 고객 등의 이름, 주거 및 생년월일의 기록이 있는 것에 한한다.) 및 당해 전자증명서에 의해 확인된 전자서명법 제2조 제1항에 규정하는 전자서명이 이뤄진 특정거래 등에 관한 정보를 송신받는 방법

ル 당해 고객등으로부터 전자서명 등에 관련된 지방공공단체정보시스템기구의 인증업무에 관한 법률(平成 14년 법률 제153호. 이하 이 호에서 「공적개인인증법」이라고 한다.) 제3조 제6항의 규정에 기초하여 지방공공단체정보시스템기구가 발행한 서명용 전자증명서 및 당해 서명용 전자증명서에 의해 확인된 공적개인인증법 제2조 제1항에 규정하는 전자서명이 이뤄진 특정거래 등에 관한 정보를 송신받는 방법(특정사업자가 공적개인인증법 제17조 제4항에 규정하는 서명검증자인 경우에 한한다.)

ヲ 당해 고객등으로부터 공적개인인증법 제17조 제1항 제5호에 열거하는 총무대신의 인정을 받은 자로서 같은 조 제4항에 규정하는 서명검증자인 자가 발행하고 당해 인정을 받은 자가 수행하는 특정인증업무(전자서명법 제2조 제3항에 규정하는 특정인증업무를 말한다.)의 이용에 제공하는 전자증명서[당해 고객 등의 이름, 주거 및 생년월일의 기록이 있는 것에 한하고, 당해 고객 등에 관련된 이용자(전자서명법 제2조 제2항에 규정하는 이용자를 말한다.)의 진위확인이 전자서명 및 인증업무에 관한 법률 시행규칙(平成 13년 총무성·법무성·경제산업성령 제2호) 제5조 제1항 각호에 열거하는 방법으로 이뤄져 발행된 것에 한한다.] 및 당해 전자증명서에 의해 확인된 전자서명법 제2조 제1항에 규정하는 전자서명이 이뤄진 특정거래 등에 관한 정보를 송신받는 방법

2. 법 제4조 제1항 제1호에 규정하는 외국인인 고객등(제8조 제1항 제1호에 열거하는 특정거래 등에 관련된 자에 한한다.) 당해 고객등으로부터 여권등[출입국관리 및 난민인정법(昭和 26년 정령 제319호) 제2조 제5호에 열거하는 여권 또는 같은 조 제6호에 열거하는 승무원수첩을 말하고, 당해 고객 등의 이름 및 생년월일의 기재가 있는 것에 한한다. 이하 같다.]으로서 제8조 제1항 제1호에 정하는 사항의 기재가 있는 것

을 제시받는 방법

3. 법인인 고객등: 다음에 열거하는 방법의 어느 하나

ｲ 당해 법인의 대표자등으로부터 본인확인서류 중 다음 조 제2호 또는 제4호에 정하는 것을 제시받는 방법

ﾛ 당해 법인의 대표자등으로부터 당해 고객등의 명칭 및 본점 또는 주된 사무소의 소재지의 신고를 받고 전기통신회선에 의한 등기정보의 제공에 관한 법률(平成 11년 법률 제226호) 제3조 제2항에 규정하는 지정법인으로부터 등기정보(같은 법 제2조 세1항에 규정하는 등기정보를 말한다. 이하 같다.)를 송신받는 방법{당해 법인의 대표자등 (당해 고객등을 대표하는 권한을 가지는 사원으로 등기되어 있지 않은 법인의 대표자등에 한한다.)}과 대면하지 아니하고 당해 신고를 받은 때에는 당해 방법에 더하여 당해 고객등의 본점등[본점, 주된 사무소, 지점(회사법 제933조 제3항의 규정에 따라 지점으로 보는 것을 포함한다.) 또는 일본에 영업소를 설치하지 아니한 외국회사의 일본에서의 대표자의 주거를 말한다. 이하 같다.] 앞으로 거래관계문서를 서류우편등에 의해 전송불요우편물등으로서 송부하는 방법

ﾊ 당해 법인의 대표자등으로부터 당해 고객등의 명칭 및 본점 또는 주된 사무소의 소재지의 신고를 받음과 동시에 행정절차에서의 특정 개인을 식별하기 위한 번호의 이용 등에 관한 법률(平成 25년 법률 제27호) 제39조 제4항의 규정에 따라 공표되어 있는 당해 고객등의 명칭 및 본점 또는 주된 사무소의 소재지(이하 「공표사항」 이라고 한다.)를 확인하는 방법(당해 법인의 대표자등과 대면하지 아니하고 당해 신고를 받은 때에는 당해 방법에 더하여 당해 고객등의 본점등 앞으로 거래관계문서를 서류우편 등에 의해 전송불요우편물등으로서 송부하는 방법)

ﾆ 당해 법인의 대표자등으로부터 본인확인서류 중 다음 조 제2호나 제4호에 정하는 것 또는 그 사본을 송부받음과 동시에 당해 본인확인서류 또는 그 사본에 기재되어 있는 당해 고객등의 본점등 앞으로 거래관계문서를 서류우편 등에 의해 전송불요우편물등으로서 송부하는 방법

ﾎ 당해 법인의 대표자등으로부터 상업등기법(昭和 38년 법률 제125호) 제12조의2 제 1항 및 제3항의 규정을 기초로 등기관이 작성한 전자증명서 및 당해 전자증명서에 의해 확인된 전자서명법 제2조 제1항에 규정하는 전자서명이 이뤄진 특정거래 등에 관한 정보를 송신받는 방법

② 특정사업자는 전항 제1호 ｲ부터 ﾁ까지 또는 제3호 ｲ나 ﾆ에 열거하는 방법 [같은 항 제1호 ﾊ에 열거하는 방법에는 당해 고객등의 현재의 주거가 기재된 다음 각호에 열거하는 서류의 어느 하나(본인확인서류를 제외하고 영수날짜의 날인 또는 발행연월일의 기재가 있는 것으로 그 날이 특정사업자가 제시나 송부를 받은 날 전 6개월 이내의 것에

한한다. 이하 「보완서류」라고 한다.)를 제시받은 경우를, 같은 호 ㄷ에 열거하는 방법에서는 당해 고객 등의 현재의 주거가 기재된 보완서류 또는 그 사본을 송부받은 경우를 제외한다.]로 본인특정사항의 확인을 한 경우에 당해 본인확인서류 또는 그 사본에 당해 고객등의 현재의 주거 또는 본점이나 주된 사무소의 소재지의 기재가 없는 때에는 당해 고객등 또는 그 대표자등으로부터, 당해 기재가 있는 당해 고객등의 본인확인서류 또는 보완서류를 제시받거나 당해 본인확인서류 또는 그 사본이나 당해 보완서류 또는 그 사본을 송부받는 방법으로 당해 고객등의 현재의 주거 또는 본점이나 주된 사무소의 소재지를 확인할 수 있다. 이 경우에는 전항의 규정에 불구하고 같은 항 제1호 ㅁ나 ㅊ 또는 제3호 ㄷ에 규정하는 거래관계문서는 당해 본인확인서류 또는 당해 보완서류나 그 사본에 기재되어 있는 당해 고객 등의 주거 또는 본점등 앞으로 송부한다.

1. 국세나 지방세의 영수증서 또는 납세증명서
2. 소득세법 제74조 제2항에 규정하는 사회보험료의 영수증서
3. 공공요금(일본국 내에서 공급되는 전기, 가스 및 수도 기타 이들에 준하는 것에 관련된 요금을 말한다.)의 영수증서
4. 당해 고객등이 자연인인 경우에는 전 각호에 열거하는 것 외 관공서로부터 발행 또는 발급된 서류 기타 이에 유사한 것으로 당해 고객 등의 이름 및 주거의 기재가 있는 것(국가공안위원회, 금융청장관, 총무대신, 법무대신, 재무대신, 후생노동대신, 농림수산대신, 경제산업대신 및 국토교통대신이 지정하는 것을 제외한다.)
5. 일본국 정부가 승인한 외국정부 또는 권한 있는 국제기관이 발행한 서류 기타 이에 유사한 것으로 본인확인서류 중 다음 조 제1호 또는 제2호에 정하는 것에 준하는 것(당해 고객등이 자연인의 경우에는 그 이름 및 주거, 법인의 경우에는 그 명칭 및 본점 또는 주된 사무소의 소재지의 기재가 있는 것에 한한다.)

③ 특정사업자는 제1항 제3호 ㅁ부터 ㄷ까지에 열거하는 방법(ㅁ 및 ㅅ에 열거하는 경우에는 괄호서에 규정하는 방법에 한한다.)으로 본인특정사항을 확인하는 경우에는 당해 고객등의 본점등에 갈음하여 당해 고객등의 대표자등으로부터 당해 고객등의 영업소라고 인정되는 장소의 기재가 있는 당해 고객등의 본인확인서류 또는 보완서류를 제시받거나 당해 본인확인서류 또는 그 사본이나 당해 보완서류 또는 그 사본을 송부받음과 동시에 당해 장소 앞으로 거래관계문서를 송부할 수 있다.

④ 특정사업자는 제1항 제1호 ㅁ나 ㅊ 또는 제3호 ㅁ부터 ㄷ까지에 열거하는 방법(ㅁ 및 ㅅ에 열거하는 경우에는 괄호서에 규정하는 방법에 한한다.)으로 본인특정사항을 확인하는 경우에는 거래관계문서를 서류우편등에 의해 전송불요우편물등으로서 송부하는 것에 갈음하여 다음 각호에 열거하는 방법의 어느 하나로 할 수 있다.

1. 당해 특정사업자의 임직원이 당해 본인확인서류 또는 그 사본에 기재되거나 당해 등기정보에 기록 또는 행정절차에서 특정 개인을 식별하기 위한 번호의 이용 등에 관한 법률 제39조 제4항의 규정에 따라 공표되어 있는 당해 고객등의 주거 또는 본점등에 가서 당해 고객등(법인인 경우에는 그 대표자등)에게 거래관계문서를 교부하는 방법(다음 호에 규정하는 경우를 제외한다.)

2. 당해 특정사업자의 임직원이 당해 고객등의 본인확인서류나 보완서류 또는 그 사본에 기재되어 있는 당해 고객등의 주거 또는 본점등에 가서 당해 고객등(법인인 경우에는 그 대표자등)에게 거래관계문서를 교부하는 방법(당해 본인확인서류나 보완서류 또는 그 사본을 이용하여 제2항의 규정에 따라 당해 고객등의 현재의 주거 또는 본점이나 주된 사무소의 소재지를 확인한 경우에 한한다.)

3. 당해 특정사업자의 임직원이 당해 고객등의 본인확인서류나 보완서류 또는 그 사본에 기재되어 있는 당해 고객등의 영업소라고 인정되는 장소에 가서 당해 고객등의 대표자등에게 거래관계문서를 교부하는 방법(당해 고객 등의 대표자등으로부터 당해 본인확인서류 또는 보완서류를 제시받거나 당해 본인확인서류 또는 그 사본이나 당해 보완서류 또는 그 사본을 송부받은 경우에 한한다.)

제 7 조(본인확인서류) 전조 제1항에 규정하는 방법에서 특정사업자가 제시 또는 송부를 받은 서류는 다음 각호에 열거하는 구분에 대응하여 각각 당해 각호에 정하는 서류의 어느 하나로 한다. 다만 제1호 イ 및 ハ에 열거하는 본인확인서류(특정거래등을 하기 위한 신고 또는 승낙에 관련된 서류에 고객등이 날인한 인감에 관련된 인감등록증명서를 제외한다.) 및 제3호에 정하는 본인확인서류와 유효기간 또는 유효기간이 있는 제1호 ロ와 ホ 및 제2호 ロ에 열거하는 본인확인서류, 제4호에 정하는 본인확인서류는 특정사업자가 제시 또는 송부를 받은 날에 유효한 것에, 기타 본인확인서류는 특정사업자가 제시 또는 송부를 받은 날 전 6개월 이내에 작성된 것에 한한다.

1. 자연인(제3호 및 제4호에 열거하는 자를 제외한다.): 다음에 열거하는 서류의 어느 하나 イ 운전면허증 등[도로교통법(昭和 35년 법률 제105호) 제92조 제1항에 규정하는 운전면허증 및 같은 법 제104조의4 제5항(같은 법 제105조 제2항에서 준용하는 경우를 포함한다.)에 규정하는 운전경력증명서를 말한다.], 출입국관리 및 난민인정법 제19조의3에 규정하는 체류카드, 일본국과의 평화조약에 기초하여 일본 국적을 이탈한 자 등의 출입국관리에 관한 특례법(平成 3년 법률 제71호) 제7조 제1항에 규정하는 특별영주자증명서, 행정절차에서의 특정 개인을 식별하기 위한 번호의 이용 등에 관한 법률 제2조 제7항에 규정하는 개인번호카드나 여권등 또는 신체장해자수첩, 정신장해자보건복지수첩, 요육수첩 또는 전상병자수첩(당해 자연인의 이름, 주거 및 생년월일의 기재가 있는 것에 한한다.)

ㅁ イ에 열거하는 것 외 관공서로부터 발행 또는 발부된 서류 기타 이에 유사한 것으로 당해 자연인의 이름, 주거 및 생년월일의 기재가 있고 당해 관공서가 당해 자연인의 사진을 첨부한 것

ハ 국민건강보험, 건강보험, 선원보험, 후기고령자의료 또는 개호보험의 피보험자증, 건강보험일고특례피보험자수첩, 국가공무원공제조합 또는 지방공무원공제조합의 조합원증, 사립학교교직원 공제제도의 가입자증, 국민연금법 제13조 제1항에 규정하는 국민연금수첩, 아동부양수당증서, 특별아동부양수당증서 또는 모자건강수첩(당해 자연인의 이름, 주거 및 생년월일의 기재가 있는 것에 한한다.)이나 특정거래등을 위한 신청 또는 승낙에 관련된 서류에 고객등이 날인한 인감에 관련된 인감등록증명서

ニ 인감등록증명서(ハ에 열거하는 것을 제외한다.), 호적등본 또는 초본(호적부표의 사본이 첨부되어 있는 것에 한한다.), 주민표의 사본 또는 주민표의 기재사항증명서(지방공공단체의 장의 주민기본대장의 이름, 주소 기타 사항을 증명하는 서류를 말한다.)

ホ イ부터 ニ까지에 열거하는 것 외 관공서로부터 발행 또는 발부된 서류 기타 이에 유사한 것으로 당해 자연인의 이름, 주거 및 생년월일의 기재가 있는 것(국가공안위원회, 금융청장관, 총무대신, 법무대신, 재무대신, 후생노동대신, 농림수산대신, 경제산업대신 및 국토교통대신이 지정하는 것을 제외한다.)

2. 법인(제4호에 열거하는 자를 제외한다.) 다음에 열거하는 서류의 어느 하나

イ 당해 법인의 설립등기에 관련된 등기사항증명서(당해 법인이 설립등기를 하지 아니한 때에는 당해 법인을 소관하는 행정기관의 장의 당해 법인의 명칭 및 본점 또는 주된 사무소의 소재지를 증명하는 서류) 또는 인감등록증명서(당해 법인의 명칭 및 본점 또는 주된 사무소의 소재지의 기재가 있는 것에 한한다.)

ㅁ イ에 열거하는 것 외 관공서로부터 발행 또는 발부된 서류 기타 이에 준하는 것으로 당해 법인의 명칭 및 본점 또는 주된 사무소의 소재지의 기재가 있는 것

3. 전조 제1항 제2호에 열거하는 자: 여권등

4. 외국인[일본 국적을 가지지 아니한 자연인을 말하고, 일본에 체류하고 있는 자(일본국과 아메리카합중국 간 상호협력 및 안전보장조약 제6조에 기초한 시설 및 구역과 일본국에서의 합중국군대의 지위에 관한 협정 제9조 제1항 또는 일본국에서의 국제연합의 군대의 지위에 관한 협정 제3조 제1항의 규정에 따라 일본에 입국하여 체류하고 있는 자를 제외한다.)를 제외한다.] 및 외국에 본점 또는 주된 사무소를 둔 법인: 제1호 또는 제2호에 정하는 것 외 일본국 정부가 승인한 외국정부 또는 권한 있는 국제기관이 발행한 서류 기타 이에 유사한 것으로 제1호 또는 제2호에 정하는 것에 준하는 것(자연인의 경우에는 그 이름, 주거 및 생년월일의 기재가 있는 것, 법인의 경우에는 그 명칭 및 본점 또는 주된 사무소의 소재지의 기재가 있는 것에 한한다.)

제 8 조(일본 내에 주거를 가지지 않은 외국인의 주거에 대신하는 본인특정사항등) ①
법 제4조 제1항 제1호에 규정하는 주무성령으로 정하는 사항은 다음 각호에 열거
하는 특정거래 등의 구분에 대응하여 각각 당해 각호에 정하는 사항으로 한다.

1. 영 제7조 제1항 제1호 ツ나 ノ에 열거하는 거래 또는 같은 항 제5호에 정하는
거래(당해 귀금속 등의 인도와 동시에 그 대금의 전액을 수령하는 경우에서의 것에 한한다.): 국
적 및 여권 등의 번호

2. 전호에 열거하는 거래 이외의 거래: 주거

② 전항 제1호에 열거하는 거래를 하는 경우에 출입국관리 및 난민인정법의 규정
에 따라 인정된 체류 또는 상륙에 관련된 여권 또는 허가서에 기재된 기간(제2조 제
1항 제29호에서 「체류기간등」이라고 한다.)이 90일을 초과하지 아니한다고 인정되는 때
에는 법 제4조 제1항 제1호의 일본 내에 주거를 가지지 아니하는 것에 해당하는 것
으로 한다.

제 9 조(거래를 진행하는 목적의 확인방법) 법 제4조 제1항(같은 조 제5항의 규정에 따라
바꿔 읽어 적용하는 경우를 포함한다.)에 규정하는 주무성령으로 정하는 방법 중 같은
조 제1항 제2호에 열거하는 사항에 관련된 것은 당해 고객등 또는 그 대표자등으
로부터 신고를 받는 방법으로 한다.

제10조(직업 및 사업내용의 확인방법) 법 제4조 제1항(같은 조 제5항의 규정에 따라 바꿔
읽어 적용하는 경우를 포함한다.)에 규정하는 주무성령으로 정하는 방법 중 같은 조 제1
항 제3호에 열거하는 사항에 관련된 것은 다음 각호에 열거하는 고객등의 구분에
대응하여 각각 당해 각호에 정하는 방법으로 한다.

1. 자연인이나 법인격 없는 사단 또는 재단인 고객등: 당해 고객등 또는 그 대표자
등으로부터 신고를 받는 방법

2. 법인인 고객등(다음 호에 열거하는 자를 제외한다.): 당해 법인의 다음에 열거하는 서
류(ハ에 열거하는 서류 및 유효기간 또는 유효기한이 없는 二에 열거하는 서류는 특정사업자가
확인하는 날 이전 6개월 이내에 작성된 것에, 유효기간 또는 유효기한이 있는 二에 열거하는 서
류는 특정사업자가 확인하는 날에 유효한 것에 한한다.)의 어느 하나 또는 그 사본을 확인
하는 방법

イ 정관(이에 상당하는 것을 포함한다. 다음조 제2항 제1호에서 같다.)

ロ イ에 열거하는 것 외 법령의 규정에 따라 당해 법인이 작성하게 되어 있는 서류
로 당해 법인의 사업의 내용의 기재가 있는 것

ハ 당해 법인의 설립등기에 관련된 등기사항증명서(당해 법인이 설립등기를 하지 아니
한 때에는 당해 법인을 소관하는 행정기관의 장의 당해 법인의 사업의 내용을 증명하는 서류)

ㄹ ㅅ에 열거하는 것 외 관공서로부터 발행 또는 발부된 서류 기타 이에 유사한 것으로 당해 법인의 사업의 내용의 기재가 있는 것

3. 외국에 본점 또는 주된 사무소를 가진 법인인 고객등: 전호에 정하는 것 외 다음에 열거하는 서류의 어느 하나 또는 그 사본을 확인하는 방법

ㅓ 외국의 법령에 따라 당해 법인이 작성하게 되어 있는 서류로 당해 법인의 사업의 내용의 기재가 있는 것

ㅁ 일본국 정부가 승인한 외국정부 또는 권한 있는 국제기관이 발행한 서류 기타 이에 유사한 것으로 당해 법인의 사업내용의 기재가 있는 것(유효기간 또는 유효기한이 있는 것은 특정사업자가 확인하는 날에 유효한 것으로, 기타의 것은 특정사업자가 확인하는 날 전 6개월 이내에 작성된 것에 한한다.)

제11조(실질적지배자의 확인방법 등) ① 법 제4조 제1항에 규정하는 주무성령으로 정하는 방법 중 같은 항 제4호에 열거하는 사항에 관련된 것은 당해 고객등의 대표자 등으로부터 신고를 받는 방법으로 한다.

② 법 제4조 제1항 제4호 및 영 제12조 제3항 제3호에 규정하는 주무성령으로 정하는 자(이하 「실질적지배자」라고 한다.)는 다음 각호에 열거하는 법인의 구분에 대응하여 각각 당해 각호에 정하는 자로 한다.

1. 주식회사, 투자신탁 및 투자법인에 관한 법률(昭和 26년 법률 제198호) 제2조 제12항에 규정하는 투자법인, 자산의 유동화에 관한 법률(平成 10년 법률 제105호) 제2조 제3항에 규정하는 특정목적회사 기타 그 법인의 의결권[회사법 제308조 제1항[94] 기타 이에 준하는 같은 법 이외의 법령(외국의 법령을 포함한다.)의 규정에 따라 행사할 수 없게 된 의결권을 포함하고, 같은 법 제423조 제1항에 규정하는 사원등[95](회계감사인을 제외한다.)의 선임 및 정관의 변경에 관한 의안(이들 의안에 상당하는 것을 포함한다.)의 전부에 대해 주주총회(이에 상당하는 것을 포함한다.)에서 의결권을 행사할 수 없는 주식(이에 상당하는 것을 포함한다. 이하 이 호에서 같다.)에 관련된 의결권을 제외한다. 이하 이 조에서 같다.]이 당해 의결권에 관련된 주식의 보유수 또는 당해 주식 총수에 대한 당해 주식의 보유수의 비율에 대응하여 부여된 법인(정관의 정함에

---

94) 일본국 회사법 제308조(의결권의 수) ① 주주(주식회사가 그 총주주의 의결권의 4분의 1 이상을 보유하는 것 기타 사유를 통해 주식회사가 그 경영을 실질적으로 지배하는 것이 가능한 관계에 있는 것으로서 법무성령으로 정하는 주주를 제외한다.)는 주주총회에서 보유하는 주식 1주에 대하여 1개의 의결권을 가진다. 다만 단원주식(역자 주: 회사법 제188조에서 주주총회 의결권 행사 및 주식거래를 원활하게 하기 위해 필요한 일정 주식 수의 단위로 회사법에서는 1,000주 이하로 규정하고 있고, 통상 100주를 1단원주식으로 규정.) 수를 정관으로 정하고 있는 경우에는 1단원주식에 대하여 1개의 의결권을 가진다.
② (생 략)

95) 일본국 회사법 제423조(임원 등의 주식회사에 대한 손해배상책임) ① 임원, 회계참여, 감사, 집행임원 또는 회계감사인(이하 이 절에서 「임원등」이라 한다.)은 그 임무를 해태한 때에는 주식회사에 그로 인해 발생한 손해를 배상할 책임을 부담한다.
② ~ ④ (생 략)

따라 당해 법인에 해당하게 되는 법인을 제외한다. 이하 이 조 및 제14조 제3항에서 「자본다수결법인」이라고 한다.) 중 그 의결권의 총수의 4분의 1을 초과하는 의결권을 직접 또는 간접적으로 보유하고 있다고 인정되는 자연인(당해 자본다수결법인의 사업경영을 실질적으로 지배하는 의사 또는 능력을 보유하고 있지 아니함이 명백한 경우 또는 다른 자연인이 당해 자본다수결법인의 의결권의 총수의 2분의 1을 초과하는 의결권을 직접 또는 간접적으로 보유하고 있는 경우를 제외한다.)이 있는 것: 당해 자연인

2. 자본다수결법인(전호에 열거하는 것을 제외한다.) 중 출자, 융자, 거래 기타 관계를 통해 당해 법인의 사업활동에 지배적 영향력을 가진다고 인정되는 자연인이 있는 것: 당해 자연인

3. 자본다수결법인 이외의 법인 중 다음의 ｲ 또는 ㅁ에 해당하는 자연인이 있는 것: 당해 자연인

ｲ 당해 법인의 사업으로부터 발생한 수익이나 당해 사업에 관련된 재산 총액의 4분의 1을 초과하는 수익의 배당 또는 재산의 분배를 받을 권리를 가지고 있다고 인정되는 자연인(당해 법인의 사업경영을 실질적으로 지배하는 의사 또는 능력을 가지고 있지 아니함이 명백한 경우 또는 당해 법인의 사업으로부터 생겨난 수익이나 당해 사업에 관련된 재산 총액의 2분의 1을 초과하는 수익의 배당 또는 재산의 분배를 받을 권리를 가지고 있는 다른 자연인이 있는 경우를 제외한다.)

ㅁ 출자, 융자, 거래 기타 관계를 통해 당해 법인의 사업활동에 지배적인 영향력을 가진다고 인정되는 자연인

4. 전3호에 정하는 자가 아닌 법인: 당해 법인을 대표하고 그 업무를 집행하는 자연인

③ 전항 제1호의 경우에 당해 자연인이 당해 자본다수결법인의 의결권의 총수의 4분의 1 또는 2분의 1을 초과하는 의결권을 직접 또는 간접적으로 보유하고 있는지의 판단은 다음 각호에 열거하는 비율을 합산한 비율에 따라 한다.

1. 당해 자연인이 가진 당해 자본다수결법인의 의결권이 당해 자본다수결법인의 의결권의 총수에서 차지하는 비율

2. 당해 자연인의 지배법인(당해 자연인이 그 의결권의 총수의 2분의 1을 초과하는 의결권을 보유하는 법인을 말한다. 이 경우에 당해 자연인 및 그 하나 또는 2이상의 지배법인이나 당해 자연인의 하나 또는 2 이상의 지배법인이 의결권의 총수의 2분의 1을 초과하는 의결권을 보유하는 다른 법인은 당해 자연인의 지배법인으로 본다.)이 보유하는 당해 자본다수결법인의 의결권이 당해 자본다수결법인의 의결권의 총수에서 차지하는 비율

④ 국가등(영 제14조 제4호에 열거하는 것 및 제18조 제6호부터 제10호까지에 열거하는 것을 제외한다.) 및 그 자회사(회사법 제2조 제3호[96]에 규정하는 자회사를 말한다.)는 제2항의 규

---

96) 자회사. 회사가 그 총주주의 의결권의 과반수를 보유하는 주식회사 기타 당해 회사가 그 경영을 지배하

정을 적용할 때에는 자연인으로 본다.

제12조(대표자등의 본인특정사항의 확인방법) ① 법 제4조 제5항의 규정에 따라 바꿔 읽어 적용하는 같은 조 제1항의 규정 또는 같은 조 제4항(같은 조 제1항에 관련된 부분에 한한다.)의 규정에 따른 대표자등의 본인특정사항의 확인방법은 제6조 제1항(같은 항 제1호에 관련된 부분에 한한다.) 및 제2항의 규정을 준용한다. 이 경우에 다음 표 상란에 열거하는 규정 중 같은 표 중란에 열거하는 자구는 각각 같은 표 하란에 열거하는 자구로 바꿔 읽는 것으로 한다.

제6조 제1항 제1호 イ	당해 고객등 또는 그 대표자등으로부터 당해 고객등	당해 대표자등으로부터 당해 대표자등
	제시[같은 조 제1호에 열거하는 서류(1회에 한하여 발행 또는 발부된 것을 제외한다. ロ 및 ハ에서 같다.)의 대표자등으로부터의 제시를 제외한다.]	제시
제6조 제1항 제1호 ロ	당해 고객등 또는 그 대표자등	당해 대표자등
	당해 고객등의	당해 대표자등의
	다음 조 제1호 イ	다음 조 제1호 イ 및 ロ
	제시(같은 호 ロ에 열거하는 서류의 제시는 당해 서류의 대표자등으로부터의 제시에 한한다.)	제시
제6조 제1항 제1호 ハ	당해 고객등 또는 그 대표자등	당해 대표자등
	당해 고객등의	당해 대표자등의
	같은 호 ロ, ニ	같은 호 ニ
	제시(같은 호 ロ에 열거하는 서류의 제시는 당해 서류의 대표자등으로부터의 제시에 한한다.)	제시
제6조 제1항 제1호 ニ부터 ヘ까지 및 チ	당해 고객등 또는 그 대표자등	당해 대표자등
	당해 고객등의	당해 대표자등의

고 있는 법인으로서 법무성령으로 정하는 것을 가리킴(회사법 제2조 제3호).

	당해 고객등 또는 그 대표자등	당해 대표자등
	당해 고객등의	당해 대표자등의
	당해 고객등 또는 그 대표자등	당해 대표자등
	고객등에	대표자등에
제6조 제1항 제1호 ㅣ	고객등(	대표자등(
	고객등을	대표자등을
	당해 고객등밖에	당해 대표자등밖에
	당해 고객등이	당해 대표자등이
	고객등과	대표자등과
제6조 제1항 제1호 ㄹ부터 ㅋ까지	당해 고객등	당해 대표자등
제6조 제2항 각호 열기 이외의 부분	당해 고객등의	당해 대표자등의
	당해 고객등 또는 그 대표자등	당해 대표자등
제6조 제2항 제4호	당해 고객등이 자연인인 경우에는 전 각호	전 각호
	당해 고객등의	당해 대표자등의
제6조 제2항 제5호	당해 고객등이 자연인인 경우에는 그 이름 및 주거, 법인인 경우에는 그 명칭 및 본점 또는 주된 사무소의 소재지	당해 대표자등의 이름 및 주거

② 특정사업자는 전항에서 준용하는 제6조 제1항 제1호 ㅁ, ㅊ 또는 ㄹ에 열거하는 방법에 따라 본인특정사항의 확인을 진행하는 경우에는 당해 대표자등의 주거에 갈음하여 당해 대표자등으로부터 당해 대표자등에 관련된 고객등[국가등(법인격 없는 사단 또는 재단, 영 제14조 제4호에 열거하는 것 및 제18조 제6호부터 제10호까지에 열거하는 것을 제외한다.)에 한한다. 다음 항 제3호에서 같다.]의 본점등이나 영업소 또는 당해 대표자등이 소속된 관공서라고 인정되는 장소가 기재된 당해 고객등 또는 당해 대표자등의 본인확인서류 또는 보완서류를 제시받거나 당해 본인확인서류 또는 그

사본이나 당해 보완서류 또는 그 사본을 송부받음과 동시에 당해 장소 앞으로 거래관계문서를 송부할 수 있다.

③ 특정사업자는 제1항에서 준용하는 제6조 제1항 제1호 ㅁ 또는 ㅕ에 열거하는 방법에 따라 본인특정사항을 확인하는 경우에는 거래관계문서를 서류우편등으로 전송불요우편물등으로서 송부하는 것에 감음하여 다음 각호에 열거하는 방법의 어느 하나에 의할 수 있다.

1. 당해 특정사업자의 임직원이 당해 본인확인서류 또는 그 사본에 기재되어 있는 당해 대표자등의 주거에 가서 당해 대표자등에게 거래관계문서를 교부하는 방법(다음 호에 규정하는 경우를 제외한다.)

2. 당해 특정사업자의 임직원이 당해 대표자등의 본인확인서류나 보완서류 또는 그 사본에 기재되어 있는 당해 대표자등의 주거에 가서 당해 대표자등에 거래관계문서를 교부하는 방법(당해 본인확인서류나 보완서류 또는 그 사본을 이용하여 제1항에서 준용하는 제6조 제2항의 규정에 따라 당해 대표자등의 현재의 주거를 확인한 경우에 한한다.)

3. 당해 특정사업자의 임직원이 당해 대표자등에 관련된 고객등 또는 당해 대표자등의 본인확인서류나 보완서류 또는 그 사본에 기재되어 있는 당해 고객등의 본점등이나 영업소 또는 당해 대표자등이 소속된 관공서라고 인정되는 장소로 가서 당해 대표자등에게 거래관계문서를 교부하는 방법(당해 대표자등으로부터 당해 본인확인서류 또는 보완서류를 제시받거나 당해 본인확인서류 또는 그 사본이나 당해 보완서류 또는 그 사본을 송부받은 경우에 한한다.)

④ 제1항의 대표자등은 다음 각호에 열거하는 경우에는 각각 당해 각호에 해당하는 것에 의해 당해 고객등을 위해 특정거래등의 임무를 맡고 있다고 인정되는 대표자등을 말한다.

1. 고객등이 자연인인 경우: 다음의 어느 하나에 해당하는 것

ㅣ 당해 대표자등이 당해 고객등의 동거의 친족 또는 법정대리인인 것

ㅁ 당해 대표자등이 당해 고객등이 작성한 위임장 기타 당해 대표자등이 당해 고객등을 위해 당해 특정거래등의 임무를 맡고 있음을 증명하는 서면을 가지고 있는 것

ㅅ 당해 고객등에 전화를 거는 것 기타 이에 유사한 방법으로 당해 대표자등이 당해 고객등을 위해 당해 특정거래등의 임무를 맡고 있음을 확인할 수 있는 것

ㄴ ㅣ부터 ㅅ까지에 열거하는 것 외 특정사업자(영 제13조 제1항 제1호에 열거하는 거래에서는 같은 호에 규정하는 다른 특정사업자. 다음 호 ㄴ 및 제16조 제2항에서 같다.)가 당해 고객등과 당해 대표자등과의 관계를 인식하고 있는 것 기타 이유로 당해 대표자등이 당해 고객등을 위해 당해 특정거래등의 임무를 맡고 있음이 명백한 것

2. 전호에 열거하는 경우 이외의 경우(고객등이 법인격 없는 사단 또는 재단인 경우를 제

외한다.): 다음의 어느 하나에 해당하는 것

ㅓ 전호 ㅁ에 열거하는 것

ㅁ 당해 대표자등이 당해 고객등을 대표하는 권한을 가지는 임원으로 등기되어 있는 것

ㅅ 당해 고객 등의 본점등이나 영업소 또는 당해 대표자등이 소속하고 있다고 인정되는 관공서에 전화를 거는 것 기타 이에 유사한 방법으로 당해 대표자등이 당해 고객등을 위해 당해 특정거래등의 임무를 맡고 있음을 확인할 수 있는 것

ㅡ ㅓ부터 ㅅ까지에 열거하는 것 외 특정사업가가 당해 고객등과 당해 대표자등과의 관계를 인식하고 있는 것 기타 사유로 당해 대표자등이 당해 고객등을 위해 당해 특정거래등의 임무를 맡고 있음이 명백한 것

제13조(법 제4조 제1항에 규정하는 거래를 할 때에 하는 확인방법의 특례) ① 제6조, 제9조, 제10조, 제11조 제1항 및 전조의 규정에 불구하고 특정사업자는 다음 각호에 열거하는 방법의 어느 하나에 따라 법 제4조 제1항(같은 조 제5항의 규정에 따라 바꿔 읽어 적용하는 경우를 포함한다.) 또는 제4항(같은 조 제1항에 관련된 부분에 한한다.)의 규정에 따른 확인을 할 수 있다. 다만 거래의 상대방이 당해 각호에 규정하는 거래시확인이나 상당하는 확인에 관련된 고객등 또는 대표자등으로 행세하고 있다고 의심되는 거래, 당해 거래시확인이나 상당하는 확인이 이뤄질 때 당해 거래시확인이나 상당하는 확인에 관련된 사항을 속이고 있다고 의심되는 고객등 또는 대표자등(그 대표자등이 당해 사항을 속이고 있다고 의심되는 고객등 또는 대표자등을 포함한다.)과의 사이에서의 거래, 의심스러운 거래 또는 동종 거래의 태양과 현저하게 다른 태양으로 이뤄지는 거래를 하는 경우는 그러하지 아니하다.

1. 영 제7조 제1항 제1호 ㅅ부터 ㅋ까지, ㅆ와 ㅜ에 열거하는 거래 및 같은 항 제2호와 제3호에 정하는 거래 중 특정 예금 또는 저금계좌에서의 계좌대체의 방법으로 결제되어 있는 것에는 당해 계좌가 개설되어 있는 다른 특정사업자가 당해 예금 또는 저금계좌에 관련된 같은 항 제1호 ㅓ에 열거하는 거래를 할 때에 당해 고객등 또는 그 대표자등에게 거래시확인을 하고 당해 거래시확인에 관련된 확인기록을 보존하고 있음을 확인하는 방법(이 방법을 이용하려는 특정사업자와 당해 다른 특정사업자가 미리 이 방법을 이용하는 것에 대한 합의를 하고 있는 경우에 한한다.)

2. 영 제7조 제1항 제1호 ㅅ부터 ㅋ까지, ㅆ 및 ㅜ에 열거하는 거래와 같은 항 제2호 및 제3호에 정하는 거래 중 법 제2조 제2항 제39호에 규정하는 신용카드등을 사용하는 방법으로 결제된 것은 당해 신용카드 등을 교부하거나 부여한 다른 특정사업자가 당해 신용카드 등에 관련된 영 제7조 제1항 제3호에 정하는 거래를 할 때에 당해 고객등 또는 그 대표자등에게 거래시확인(전호에 열거하는 방법에 의한 것을 제

외한다.)을 하고 당해 거래시확인에 관련된 확인기록을 보존하고 있음을 확인하는 방법(이 방법을 이용하려고 하는 특정사업자와 당해 다른 특정사업자가 미리 이 방법을 이용하는 것에 대한 합의를 하고 있는 경우에 한한다.)

3. 당해 특정사업자가 법 제4조 제1항(같은 조 제5항의 규정에 따라 바꿔 읽어 적용하는 경우를 포함한다.) 및 제4항(같은 조 제1항에 관련된 부분에 한한다.)의 규정에 따른 확인에 상당하는 확인(당해 확인에 대하여 확인기록에 상당하는 기록의 작성 및 보존을 하고 있는 경우의 것에 한한다.)을 하고 있는 고객등 또는 대표자등에게는 제16조에 정하는 방법에 상당하는 방법으로 이미 당해 확인을 하고 있음을 확인함과 동시에 당해 기록을 확인기록으로 하여 보존하는 방법

② 전조 제4항의 규정은 전항 각호에 열거하는 방법으로 대표자등의 본인특정사항을 확인하는 경우에 준용한다.

제14조(엄격한 고객관리를 할 필요성이 특히 높다고 인정되는 거래를 할 때 하는 확인방법) ① 법 제4조 제2항(같은 조 제5항의 규정에 따라 바꿔 읽어 적용하는 경우를 포함한다.)이나 제4항(같은 조 제2항에 관련된 부분에 한한다.)의 규정에 따른 고객등 또는 대표자등의 본인특정사항의 확인방법은 다음 각호에 열거하는 방법으로 한다. 이 경우에 같은 조 제2항 제1호에 열거하는 거래를 할 때 확인[제1호에 열거하는 방법이 제2호 ㅁ에 열거하는 방법에 따른 것(관련 거래시확인이 같은 항에 규정하는 거래를 할 때 이뤄진 것으로서 제1호에 열거하는 방법이 제2호 ㅁ에 열거하는 방법에 따른 것인 경우의 것을 제외한다.)을 제외한다.]을 할 때에는 관련거래시확인에서 이용한 본인확인서류(그 사본을 이용한 것을 포함한다.) 및 보완서류(그 사본을 이용한 것을 포함한다.) 이외의 본인확인서류나 보완서류 또는 그 사본의 적어도 하나를 이용하는 것으로 한다.

1. 제6조 또는 제12조에 규정하는 방법

2. 다음의 ㅓ 또는 ㅁ에 열거하는 전호에 열거하는 방법의 구분에 대응하여 각각 당해 ㅓ 또는 ㅁ에 정하는 방법

ㅓ 제6조 제1항 제1호 ㅓ부터 ㅣ까지(이들 규정을 제12조 제1항에서 준용하는 경우를 포함한다.), 제2호, 제3호 ㅓ 및 ㅡ에 열거하는 방법: 당해 고객등 또는 당해 대표자등으로부터 당해 고객등 또는 당해 대표자등의 주거나 본점 또는 주된 사무소의 소재지가 기재된 당해 고객등 또는 당해 대표자등의 본인확인서류[당해 방법에 이용한 것(그 사본을 이용한 것을 포함한다.)을 제외한다.]나 보완서류[당해 방법에 이용한 것(그 사본을 이용한 것을 포함한다.)을 제외한다.]를 제시받거나 당해 본인확인서류 또는 그 사본이나 당해 보완서류 또는 그 사본을 송부받는 방법

ㅁ 제6조 제1항 제1호 ㅈ부터 ㅋ까지(이들 규정을 제12조 제1항에서 준용하는 경우를 포함한다.) 및 제3호 ㅁ, ㅅ 및 ㅈ에 열거하는 방법: 당해 고객등 또는 당해 대표자등으

로부터 당해 고객등 또는 당해 대표자등의 본인확인서류를 제시받거나 당해 본인확인서류 또는 그 사본을 송부받는 방법(당해 본인확인서류 또는 그 사본에 당해 고객등 또는 당해 대표자등의 현재의 주거나 본점 또는 주된 사무소의 소재지가 기재되지 않은 때에는 당해 방법에 더하여 당해 고객등 또는 당해 대표자등으로부터 당해 기재가 된 당해 고객등 또는 당해 대표자등의 보완서류를 제시받거나 당해 보완서류 또는 그 사본을 송부받는 방법)

② 법 제4조 제2항(같은 조 제5항의 규정에 따라 바꿔 읽어 적용하는 경우를 포함한다.)의 규정에 따른 같은 조 제1항 제2호 및 제3호에 열거하는 사항의 확인방법은 제9조 및 제10조에 규정하는 방법으로 한다.

③ 법 제4조 제2항의 규정에 따른 같은 조 제1항 제4호에 열거하는 사항의 확인방법은 다음 각호에 열거하는 법인의 구분에 대응하여 각각 당해 각호에 정하는 서류 또는 그 사본을 확인하고 당해 고객등의 대표자등으로부터 신고를 받는 방법으로 한다.

1. 자본다수결법인: 주주명부, 금융상품거래법 제24조 제1항에 규정하는 유가증권보고서 기타 이에 준하는 당해 법인의 의결권의 보유상황을 보여주는 서류

2. 자본다수결법인 이외의 법인: 다음에 열거하는 서류(유효기간 또는 유효기한이 있는 것은 특정사업자가 확인하는 날에 유효한 것으로, 기타의 것은 특정사업자가 확인하는 날 전 6개월 이내에 작성된 것에 한한다.)의 어느 하나

イ 당해 법인의 설립등기에 관련된 등기사항증명서(당해 법인이 설립등기를 하지 아니한 때에는 당해 법인을 소관하는 행정기관의 장의 당해 법인을 대표하는 권한을 가지고 있는 자임을 증명하는 서류)

ロ イ에 열거하는 것 외 관공서로부터 발행 또는 발급된 서류 기타 이에 유사한 것으로 당해 법인을 대표하는 권한을 가지고 있는 자임을 증명하는 것

ハ 외국에 본점 또는 주된 사무소를 둔 법인에서는 イ 및 ロ에 열거하는 것 외 일본국 정부가 승인한 외국정부 또는 권한 있는 국제기관이 발행한 서류 기타 이에 유사한 것으로 당해 법인을 대표하는 권한을 가지고 있는 자임을 증명하는 것

④ 법 제4조 제2항의 규정에 따른 자산 및 수입상황의 확인방법은 다음 각호에 열거하는 고객등의 구분에 대응하여 각각 당해 각호에 정하는 서류나 그 사본의 하나 또는 둘 이상을 확인하는 방법으로 한다.

1. 자연인인 고객등: 다음에 열거하는 서류

イ 원천징수표(소득세법 제226조 제1항에 규정하는 원천징수표를 말한다.)

ロ 확정신고서

ハ 예저금통장

ニ イ부터 ハ까지에 열거하는 것 외 이에 유사한 당해 고객 등의 자산 및 수입상황

을 보여주는 서류

ㅊ 당해 고객 등의 배우자(혼인신고를 하지 않았지만 사실상 혼인관계와 같은 사정에 있는 자를 포함한다.)에 관련된 ㅓ부터 ㄷ까지에 열거하는 것

2. 법인인 고객등: 다음에 열거하는 서류

ㅓ 대차대조표

ㅁ 손익계산서

ㅅ ㅓ 및 ㅁ에 열거하는 것 외 이에 유사한 당해 법인의 자산 및 수입상황을 보여주는 서류

제15조(외국정부 등에서 중요한 지위를 점하는 자) 영 제12조 제3항 제1호에 규정하는 주무성령으로 정하는 자는 외국에서 다음 각호에 열거하는 직에 있는 자로 한다.

1. 우리나라에서 내각총리대신 기타 국무대신 및 부대신에 상당하는 직

2. 우리나라에서 중의원의장, 중의원부의장, 참의원의장 및 참의원부의장에 상당하는 직

3. 우리나라에서 최고재판소 재판관에 상당하는 직

4. 우리나라에서 특명전권대사, 특명전권공사, 특파대사, 정부대표 또는 전권위원에 상당하는 직

5. 우리나라에서 통합막료장, 통합막료부장, 육상막료장, 육상막료부장, 해상막료장, 해상막료부장, 항공막료장 또는 항공막료부장에 상당하는 직

6. 중앙은행의 임원

7. 예산에 대하여 국회의 의결을 거치거나 승인을 받아야 하는 법인의 사원

제16조(고객등에게 이미 거래시확인을 하고 있음을 확인하는 방법) ① 영 제13조 제2항에 규정하는 주무성령으로 정하는 방법은 다음 각호에 열거하는 것의 어느 하나에 따른 고객등[국가등인 경우에는 그 대표자등 또는 당해 국가등(법인격 없는 사단 또는 재단을 제외한다.). 이하 이 조에서 같다.]이 확인기록에 기록되어 있는 고객등과 동일한 것을 확인함과 동시에 당해 확인을 한 거래에 관련된 제24조 제1호부터 제3호까지에 열거하는 사항을 기록하고 당해 기록을 당해 거래가 이뤄진 날로부터 7년간 보존하는 방법으로 한다.

1. 예저금통장 기타 고객등이 확인기록에 기록되어 있는 고객등과 동일함을 표시하는 서류 기타 물건의 제시 또는 송부를 받은 것

2. 고객등밖에 알 수 없는 사항 기타 고객등이 확인기록에 기록되어 있는 고객등과 동일함을 보여주는 사항의 신고를 받은 것

② 전항의 규정에 불구하고 특정사업자는 고객등 또는 대표자등과 면식이 있는 경우 기타 고객등이 확인기록에 기록되어 있는 고객등과 동일한 것이 명백한 경우에

는 당해 고객등이 확인기록에 기록되어 있는 고객등과 동일함을 확인한 것으로 할 수 있다.

제17조(영 제13조 제2항에 규정하는 주무성령으로 정하는 거래) 영 제13조 제2항에 규정하는 주무성령으로 정하는 거래는 당해 특정사업자(같은 조 제1항 제1호에 열거하는 거래에서는 같은 호에 규정하는 다른 특정사업자)가 전조에 규정하는 방법으로 그 고객등이 이미 거래시확인을 하고 있는 고객등임을 확인하는 조치를 취한 거래의 상대방이 당해 거래시확인에 관련된 고객등 또는 대표자등으로 행세하고 있다고 의심되는 거래, 당해 거래시확인이 이뤄진 때에 당해 거래시확인에 관련된 사항을 속이고 있다고 의심되는 고객등(그 대표자등이 당해 사항을 속이고 있다고 의심되는 고객등을 포함한다.)과 한 거래, 의심스러운 거래 및 동종의 거래의 태양과 현저하게 다른 태양으로 이뤄진 거래로 한다.

제18조(국가 등에 준하는 자) 영 제14조 제6호에 규정하는 주무성령으로 정하는 것은 다음 각호에 열거하는 것으로 한다.

1. 근로자재산형성기금

2. 존속후생연금기금

3. 국민연금기금

4. 국민연금기금연합회

5. 기업연금기금

6. 영 제7조 제1항 제1호 ㅓ 또는 ㅁ에 규정하는 계약 중 피용자의 급여 등으로부터 공제된 금전을 예금이나 저금 또는 같은 호 ㅁ에 규정하는 정기적금등으로 하는 것을 체결하는 피용자

7. 제3조 제4호에 열거하는 신탁계약을 체결하는 피용자

8. 단체보험 또는 이에 상당하는 공제에 관련된 계약을 체결하는 피용자

9. 영 제7조 제1항 제1호 ㄹ에 규정하는 계약 중 피용자의 급여 등으로부터 공제된 금전을 당해 행위의 대가로 하는 것을 체결하는 피용자

10. 영 제7조 제1항 제1호 ㅋ에 규정하는 계약 중 피용자의 급여 등으로부터 공제된 금전으로 변제되는 것을 체결하는 피용자

11. 유가증권의 매매를 하는 외국(국가공안위원회 및 금융청장관이 지정하는 국가 또는 지역에 한한다.)의 시장에 상장 또는 등록하고 있는 회사

제19조(확인기록의 작성방법) ① 법 제6조 제1항에 규정하는 주무성령으로 정하는 방법은 다음 각호에 열거하는 방법으로 한다.

1. 확인기록을 문서, 전자적 기록(전자적 방식, 자기적 방식 기타 사람의 지각으로는 인식할 수 없는 방식으로 작성된 기록으로서 컴퓨터에 의한 정보처리의 이용에 제공되는 것을 말한다.

이하 같다.) 또는 마이크로필름을 이용하여 작성하는 방법

2. 다음의 イ부터 ル까지에 열거하는 경우에 대응하여 각각 당해 イ부터 ル까지에 정하는 것(이하 「첨부자료」라고 한다.)을 문서, 전자적 기록 또는 마이크로필름(ヘ에 열거하는 경우에는 전자적 기록에 한한다.)을 이용하여 확인기록에 첨부하는 방법

イ 제6조 제1항 제1호 ニ(제12조 제1항에서 준용하는 경우를 포함한다.)에 열거하는 방법으로 본인특성사항의 확인을 진행한 때: 당해 송부받은 본인확인서류나 보완서류 또는 그 사본

ロ 제6조 제1항 제1호 ホ(제12조 제1항에서 준용하는 경우를 포함한다.)에 열거하는 방법으로 본인특정사항의 확인을 진행한 때: 당해 본인확인용 화상정보 또는 그 사본

ハ 제6조 제1항 제1호 ヘ(제12조 제1항에서 준용하는 경우를 포함한다.)에 열거하는 방법으로 본인특정사항의 확인을 진행한 때: 당해 본인확인용 화상정보 및 당해 반도체집적회로에 기록된 이름, 주거, 생년월일 및 사진의 정보 또는 그 사본

ニ 제6조 제1항 제1호 ト(제12조 제1항에서 준용하는 경우를 포함한다.)에 열거하는 방법으로 본인특정사항의 확인을 진행한 때: 당해 본인확인용 화상정보 또는 당해 반도체집적회로에 기록된 이름, 주거 및 생년월일의 정보 또는 그 사본

ホ 제6조 제1항 제1호 チ(제12조 제1항에서 준용하는 경우를 포함한다.) 또는 제3호 ニ에 열거하는 방법으로 본인특정사항의 확인을 진행한 때: 당해 본인확인서류 또는 그 사본

ヘ 제6조 제1항 제1호 ヌ부터 ヲ까지(이들 규정을 제12조 제1항에서 준용하는 경우를 포함한다.) 또는 제3호 ホ에 열거하는 방법으로 본인특정사항의 확인을 진행한 때: 당해 방법으로 본인특정사항의 확인을 진행하였음을 증명할 만한 전자적 기록

ト 제6조 제1항 제3호 ロ에 열거하는 방법으로 본인특정사항의 확인을 진행한 때: 당해 등기정보 또는 그 사본

チ 제6조 제1항 제3호 ハ에 열거하는 방법으로 본인특정사항의 확인을 진행한 때: 당해 공표사항 또는 그 사본

リ 본인확인서류나 보완서류 또는 그 사본을 송부받아 제6조 제2항(제12조 제1항에서 준용하는 경우를 포함한다.)의 규정에 따라 고객등 또는 대표자등의 현재의 주거나 본점 또는 주된 사무소 소재지 확인을 진행한 때: 당해 본인확인서류나 보완서류 또는 그 사본

ヌ 본인확인서류나 보완서류 또는 그 사본을 송부받아 제6조 제3항이나 제12조 제2항의 규정에 따라 당해 각항에 규정하는 장소 앞으로 거래관계문서를 송부한 때 또는 제6조 제4항이나 제12조 제3항의 규정에 따라 제6조 제4항 제3호 또는 제12조 제3항 제3호에 규정하는 장소를 향해 거래관계문서를 교부한 때: 당해 본인확인

서류나 보완서류 또는 그 사본

ル 본인확인서류나 보완서류 또는 그 사본을 송부받아 제14조 제1항 제2호에 열거하는 방법으로 본인특정사항의 확인을 진행한 때: 당해 본인확인서류나 보완서류 또는 그 사본

② 전항 제2호에 열거하는 방법에서 확인기록으로 첨부한 첨부자료는 당해 확인기록의 일부로 본다.

제20조(확인기록의 기록사항) ① 법 제6조 제1항에 규정하는 주무성령으로 정하는 사항은 다음 각호에 열거하는 것으로 한다.

1. 거래시확인을 한 자의 이름 기타 당해인을 특정할 만한 사항

2. 확인기록 작성자의 이름 기타 당해 자를 특정할 만한 사항

3. 고객등 또는 대표자등의 본인특정사항의 확인을 위해 본인확인서류 또는 보완서류를 제시받은 때(제14조 제1항 제2호에 열거하는 방법에서 본인확인서류 또는 보완서류를 제시받은 때를 제외한다.)에는 당해 제시받은 날짜 및 시각(당해 제시받은 본인확인서류 또는 보완서류의 사본을 확인기록에 첨부하고 확인기록과 함께 다음 조 제1항에 정하는 날로부터 7년간 보존하는 경우에는 날짜에 한한다.)

4. 고객등 또는 대표자등의 본인특정사항의 확인을 위해 본인확인서류나 보완서류 또는 그 사본을 송부받은 때(제14조 제1항 제2호에 열거하는 방법에서 본인확인서류나 보완서류 또는 그 사본을 송부받은 때를 제외한다.)는 당해 송부를 받은 날짜

5. 제6조 제1항 제1호 ㅁ, チ나 リ(이들 규정을 제12조 제1항에서 준용하는 경우를 포함한다.) 또는 제3호 ㅁ부터 ㅡ까지에 열거하는 방법(ㅁ 및 ㅅ에 열거하는 경우에는 괄호서에 규정하는 방법에 한한다.)으로 고객등 또는 대표자등의 본인특정사항을 확인한 때에는 특정사업자가 거래관계문서를 송부한 날짜

6. 제6조 제1항 제1호 ホ(제12조 제1항에서 준용하는 경우를 포함한다.)에 열거하는 방법으로 고객등 또는 대표자등의 본인특정사항을 확인한 때에는 특정사업자가 본인확인용 화상정보를 송신받은 날짜

7. 제6조 제1항 제1호 ヘ(제12조 제1항에서 준용하는 경우를 포함한다.)에 열거하는 방법으로 고객등 또는 대표자등의 본인특정사항을 확인한 때에는 특정사업자가 본인확인용 화상정보를 송신받은 날짜 및 반도체집적회로에 기록된 이름, 주거, 생년월일 및 사진의 정보를 송신받은 날짜

8. 제6조 제1항 제1호 ト(제12조 제1항에서 준용하는 경우를 포함한다.)에 열거하는 방법으로 고객등 또는 대표자등의 본인특정사항을 확인한 때에는 특정사업자가 본인확인용 화상정보를 송신받은 날짜 또는 반도체집적회로에 기록된 이름, 주거 및 생년월일의 정보를 송신받은 날짜 및 같은 호 ト(1) 또는 (2)에 열거하는 행위를 한 날짜

9. 제6조 제1항 제3호 ㅁ에 규정하는 방법으로 고객등의 본인특정사항을 확인한 때에는 특정사업자가 등기정보를 송신받은 날짜

10. 제6조 제1항 제3호 ㅅ에 규정하는 방법으로 고객등의 본인특정사항을 확인한 때에는 특정사업자가 공표사항을 확인한 날짜

11. 제6조 제4항 또는 제12조 제3항의 규정에 따라 고객등 또는 대표자등의 본인특정시힝을 확인한 때에는 당해 각항에 규정하는 교부를 한 날짜

12. 제14조 제1항 제2호에 열거하는 방법으로 본인확인서류 또는 보완서류를 제시받거나 본인확인서류 또는 그 사본이나 보완서류 또는 그 사본을 송부받은 때에는 당해 제시나 송부를 받은 날짜

13. 법 제4조 제1항 제2호부터 제4호까지에 열거하는 사항 또는 자산 및 수입 상황을 확인한 때에는 확인한 사항에 대응하여 확인한 날짜

14. 거래시확인을 진행한 거래의 종류

15. 고객등 또는 대표자등의 본인특정사항을 확인한 방법

16. 고객등 또는 대표자등의 본인특정사항의 확인을 위해 본인확인서류 또는 보완서류를 제시받은 때에는 당해 본인확인서류 또는 보완서류의 명칭, 기호 번호 기타 당해 본인확인서류 또는 보완서류를 특정할 만한 사항

17. 본인확인서류 또는 보완서류를 제시받아 제6조 제2항(제12조 제1항에서 준용하는 경우를 포함한다.)의 규정에 따라 고객등 또는 대표자등의 현재의 주거 또는 본점이나 주된 사무소의 소재지를 확인한 때에는 당해 본인확인서류 또는 보완서류의 명칭, 기호 번호 기타 당해 본인확인서류 또는 보완서류를 특정할 만한 사항

18. 본인확인서류 또는 보완서류를 제시받는 방법으로 제6조 제3항이나 제12조 제2항의 규정에 따라 당해 각항에 규정하는 장소 앞으로 거래관계문서를 송부한 때 또는 제6조 제4항이나 제12조 제3항의 규정에 따라 제6조 제4항 제3호 또는 제12조 제3항 제3호에 규정하는 장소를 향해 거래관계문서를 교부한 때에는 영업소의 명칭, 소재지 기타 당해 장소를 특정할 만한 사항 및 당해 본인확인서류 또는 보완서류의 명칭, 기호 번호 기타 당해 본인확인서류 또는 보완서류를 특정할 만한 사항

19. 고객 등의 본인특정사항(고객등이 국가등인 경우에는 당해 국가등의 명칭, 소재지 기타 당해 국가등을 특정할 만한 사항)

20. 대표자등에 의한 거래시에는 당해 대표자등의 본인특정사항, 당해 대표자등과 고객등과의 관계 및 당해 대표자등이 고객등을 위해 특정거래등의 임무를 맡고 있음을 인정한 이유

21. 고객등[국가등(법인격 없는 사단 또는 재단을 제외한다.)을 제외한다. 다음 호에서 같다.]이 거래를 하는 목적

22. 고객등의 직업 또는 사업의 내용 및 고객등이 법인인 경우에는 사업의 내용을 확인한 방법 및 서류의 명칭 기타 당해 서류를 특정할 만한 사항

23. 고객등(국가등을 제외한다.)이 법인인 때에는 실질적지배자의 본인특정사항과 당해 실질적지배자와 당해 고객등과의 관계 및 그 확인을 한 방법(당해 확인에 서류를 이용한 경우에는 당해 서류의 명칭 기타 당해 서류를 특정할 만한 사항을 포함한다.)

24. 자산 및 수입상황을 확인한 때에는 당해 확인을 한 방법 및 서류의 명칭 기타 당해 서류를 특정할 만한 사항

25. 고객등이 자기의 이름 및 명칭과 다른 명의를 거래에 이용할 때에는 당해 명의 및 고객등이 자기의 이름 및 명칭과 다른 명의를 이용하는 이유

26. 거래기록등을 검색하기 위한 계좌번호 기타 사항

27. 고객등이 영 제12조 제3항 각호에 열거하는 자인 때에는 그 취지 및 같은 항 각호에 열거하는 자임을 인정한 이유

28. 법 제4조 제2항 제1호에 열거하는 거래를 할 때 확인을 한 때에는 관련 거래시확인에 관련된 확인기록을 검색하기 위한 당해 관련 거래시확인을 한 날짜 기타 사항

29. 제8조 제2항의 규정에 따라 체류기간 등을 확인한 때에는 같은 항에 규정하는 여권 또는 허가서의 명칭, 날짜, 기호 번호 기타 당해 여권 또는 허가서를 특정할 만한 사항

② 특정사업자는 첨부자료를 확인기록에 첨부하는 때 또는 전항 제3호의 규정에 따라 본인확인서류나 보완서류의 사본을 확인기록에 첨부하는 때에는 같은 항 각호에 열거하는 것 중 당해 첨부자료 또는 당해 본인확인서류나 보완서류의 사본에 기재된 사항은 같은 항의 규정에 불구하고 확인기록에 기록하지 아니할 수 있다.

③ 특정사업자는 제1항 제19호부터 제23호까지 및 제25호부터 제28호까지에 열거하는 사항에 변경 또는 추가가 있었음을 안 경우는 당해 변경 또는 추가에 관련된 내용을 확인기록에 부기하고, 이미 확인기록 또는 같은 항 제3호의 규정에 따라 첨부한 본인확인서류나 보완서류의 사본 또는 첨부자료에 기록되거나 기재되어 있는 내용(과거에 이뤄진 당해 변경 또는 추가에 관련된 내용을 제외한다.)을 소거하여서는 아니된다. 이 경우에 특정사업자는 확인기록에 부기하는 것에 갈음하여 변경 또는 추가에 관련된 내용의 기록을 별도로 작성하고 당해 기록을 확인기록과 함께 보존할 수 있다.

제21조(확인기록의 보존기간의 기산일) ① 법 제6조 제2항에 규정하는 주무성령으로 정하는 날은 거래종료일 및 거래시확인이 끝난 거래에 관련된 거래종료일 중 뒤에 도래하는 날로 한다.

② 전항에 규정하는 「거래종료일」이란 다음 각호에 열거하는 확인기록을 작성한

특정거래등의 구분에 대응하여 각각 당해 각호에 정하는 날로 한다.

1. 영 제7조 제1항 제1호 ｲ부터 ﾍ까지, ﾁ부터 ﾇ까지, ﾙ(매개 또는 대리를 하는 것을 내용으로 하는 계약을 제외한다.), ﾜ(대리 또는 매개를 제외한다.), ﾝ(매개를 제외한다.), ｸ 또는 ﾅ부터 ﾔ까지에 열거하는 거래, 같은 항 제2호, 제3호, 제5호나 제6호에 정하는 거래 또는 영 제9조에 규정하는 거래: 당해 거래에 관련된 계약이 종료한 날

2. 전호에 열거하는 서래 이외의 거래: 당해 거래가 이뤄진 날

③ 제1항에 규정하는 「거래시확인종결의 거래에 관련된 거래종료일」이란 법 제4조 제3항의 규정에 따라 같은 조 제1항의 규정을 적용하지 아니하게 되는 거래가 있는 경우에 전항의 규정 중 「확인기록을 작성한 특정거래등」을 「거래시확인종결의 고객등과의 특정거래등」으로 바꿔 읽어 같은 항의 규정을 적용한 때의 같은 항에 정하는 날로 한다.

제22조(거래기록 등의 작성·보존의무의 대상으로부터 제외되는 거래등) ① 영 제15조 제1항 제4호에 규정하는 주무성령으로 정하는 거래는 다음 각호에 열거하는 것으로 한다.

1. 자동예금지급기 기타 이에 준하는 기계를 통하여 이뤄진 고객등과 다른 특정사업자와의 사이의 거래(환거래를 위해 당해 다른 특정사업자가 행하는 현금지불을 수반하지 아니하는 예금 또는 저금의 환급을 제외한다.)

2. 보험계약 또는 공제에 관련된 계약을 기초로 일정 금액의 보험료 또는 공제부금을 정기적으로 수수하는 거래

3. 당첨금부증표법(昭和 23년 법률 제144호) 제2조 제1항에 규정하는 당첨금부증표 또는 스포츠진흥투표의 실시 등에 관한 법률(平成 10년 법률 제63호) 제2조에 규정하는 스포츠진흥투표권의 판매 및 당해 당첨금부증표에 관련된 당첨금품 또는 당해 스포츠진흥투표권에 관련된 환불금으로서 2백만엔 이하인 것의 교부

4. 그 대금액이 2백만엔을 초과하는 법 제2조 제2항 제41호에 규정하는 귀금속등의 매매 중 당해 대금의 지불방법이 현금 이외인 것

5. 법 제2조 제2항 제42호에 규정하는 업무로 현금을 내용으로 하는 우편물의 수취 및 인도에 관련된 것 이외의 것에 관련된 거래

② 영 제15조 제2항 제2호에 규정하는 주무성령으로 정하는 특정수임행위의 대리 등은 임의후견계약에 관한 법률 제2조 제4호에 규정하는 임의후견인의 사무로서 수행하는 특정수임행위의 대리등으로 한다.

제23조(거래기록 등의 작성방법) 법 제7조 제1항 및 제2항에 규정하는 주무성령으로 정하는 방법은 문서, 전자적 기록 또는 마이크로필름을 이용하여 작성하는 방법으로 한다.

제24조(거래기록 등의 기록사항) 법 제7조 제1항 및 제2항에 규정하는 주무성령으로 정하는 사항은 다음 각호에 열거하는 것으로 한다.

1. 계좌번호 기타 고객 등의 확인기록을 검색하기 위한 사항(확인기록이 없는 경우에는 이름 기타 고객등 또는 거래나 특정수임행위의 대리등을 특정하기에 충분한 사항)

2. 거래 또는 특정수임행위의 대리등의 날짜

3. 거래 또는 특정수임행위의 대리등의 종류

4. 거래 또는 특정수임행위의 대리등에 관련된 재산의 가액

5. 재산이전(영 제15조 제1항 제1호에 규정하는 재(이전을 말한다.)을 수반하는 거래 또는 특정수임행위의 대리등에서는 당해 거래 또는 특정수임행위의 대리등 및 당해 재산이전에 관련된 이전원 또는 이전처(당해 특정사업자가 한 거래 또는 특정수임행위의 대리등이 당해 재산이전에 관련된 거래, 행위 또는 절차의 일부분인 경우는 이를 할 때 알게 된 한도에서 최초의 이전원 또는 최후의 이전처를 말한다. 이하 이 조에서 같다.)의 명의 기타 당해 재산이전에 관련된 이전원 또는 이전처를 특정할 만한 사항

6. 전 각호에 열거하는 것 외 고객과 한 환거래(일본으로부터 외국에 대한 지불 또는 외국으로부터 일본에 대한 지불에 관련된 것을 제외한다.)가 당해 거래를 한 특정금융기관과 이전원 또는 이전처에 관련된 특정금융기관(이하 이 호에서 「다른 특정금융기관」이라고 한다.)과 자금결제를 수반하는 것으로 당해 거래에 관련된 정보의 수수가 당해 거래를 하는 고객에 관련된 특정금융기관과 당해 다른 특정금융기관 간 전자적 방법(전자정보처리조직을 사용하는 방법 기타 정보통신기술을 이용하는 방법을 말한다.)으로 하게 되는 경우에는 다음의 イ 또는 ロ에 열거하는 구분에 대응하여 각각 당해 イ 또는 ロ에 정하는 것을 하기에 충분한 사항

イ 다른 특정금융기관으로의 자금의 지불을 수반하는 거래인 경우: 다른 특정금융기관으로부터 당해 다른 특정금융기관에 보존되어 있는 거래기록 등을 기초로 당해 거래에 관련된 고객의 확인을 요구받은 때에 요구받은 날로부터 3영업일 이내에 당해 거래를 특정하여 당해 고객의 확인기록을 검색하는 것(확인기록이 없는 경우에는 요구받은 날로부터 3영업일 이내에 당해 거래 및 이름 또는 명칭 기타 당해 고객에 관한 사항을 특정하는 것).

ロ 다른 특정금융기관으로부터의 자금의 수취를 수반하는 거래인 경우: 다른 특정금융기관과의 사이에서 수수된 당해 거래에 관련된 정보를 검색하는 것

7. 제1호부터 제5호까지에 열거하는 것 외 다음의 イ부터 ハ까지에 열거하는 경우에서는 당해 イ부터 ハ까지에 정하는 사항

イ 특정금융기관이 법 제10조 제1항의 규정에 따라 다른 특정금융기관 또는 외국소재환거래업자(같은 항에 규정하는 외국소재환거래업자를 말한다. 이하 이 호에서 같다.)에

게 통지하는 경우: 당해 통지를 한 사항

ㅁ 특정금융기관이 외국소재환거래업자로부터 법 제10조의 규정에 상당하는 외국의 법령의 규정에 따른 통지를 받아 외국으로부터 일본에 대한 지불의 위탁 또는 재위탁을 받은 경우에 당해 지불을 다른 특정금융기관 또는 외국소재환거래업자에게 재위탁하지 아니한 때: 당해 통지를 받은 사항

ㅅ 특정금융기관이 다른 특정금융기관으로부터 법 제10조 제3항 또는 제4항의 규정에 따른 통지를 받아 외국으로부터 일본에 대한 지불의 위탁 또는 재위탁을 받은 경우로서 당해 지불을 다른 특정금융기관 또는 외국소재환거래업자에게 재위탁하지 아니한 때: 당해 통지를 받은 사항

제25조(신고양식 등) ① 영 제16조 제1항의 규정에 따른 신고를 하려는 특정사업자는 별지 양식 제1호부터 제3호까지의 신고서를 행정청에 제출하여야 한다.

② 전항에 규정하는 신고서의 제출은 당해 신고서에 기재하여야 할 것으로 되어 있는 사항을 기록한 전자적 기록매체(전자적 기록에 관련된 기록매체를 말한다.) 및 별지양식 4호의 전자적 기록매체제출표를 제출하는 것으로 할 수 있다.

제26조(법 제8조 제2항에 규정하는 주무성령으로 정하는 항목) 법 제8조 제2항에 규정하는 주무성령으로 정하는 항목은 다음 각호에 열거하는 항목으로 한다.

1. 법 제8조 제1항의 거래의 태양과 특정사업자가 다른 고객등과 통상 수행하는 특정업무에 관련된 거래의 태양과의 비교

2. 법 제8조 제1항의 거래의 태양과 특정사업자가 당해 고객등과 수행한 다른 특정업무에 관련된 거래의 태양과의 비교

3. 법 제8조 제1항의 거래의 태양과 당해 거래에 관련된 거래시확인의 결과 기타 특정사업자가 당해 거래시확인의 결과에 관하여 보유하는 정보와의 정합성

제27조(법 제8조 제2항에 규정하는 주무성령으로 정하는 방법) 법 제8조 제2항에 규정하는 주무성령으로 정하는 방법은 다음 각호에 열거하는 거래의 구분에 대응하여 각각 당해 각호에 정하는 방법으로 한다.

1. 특정업무에 관련된 거래(다음 호 및 제3호에 열거하는 거래를 제외한다.): 전조에 규정하는 항목에 따라 당해 거래에 의심스러운 점이 있는지를 확인하는 방법

2. 이미 확인기록 또는 법 제7조 제1항에 규정하는 기록(이하 이 호에서 「거래기록」이라고 한다.)을 작성 및 보존하고 있는 고객등(다음 호에서 「기존고객」이라고 한다.)과 수행한 특정업무에 관련된 거래(같은 호에 열거하는 거래를 제외한다.): 당해 고객 등의 확인기록, 당해 고객 등에 관련된 거래기록, 제32조 제1항 제2호 및 제3호에 열거하는 조치에 의해 얻은 정보 기타 당해 거래에 관한 정보를 정밀 조사하고 전조에 규정하는 항목에 따라 당해 거래에 의심스러운 점이 있는지를 확인하는 방법

3. 특정업무에 관련된 거래 중 법 제4조 제2항 전단에 규정하는 것이나 제5조에 규정하는 것 또는 이들 이외의 것으로 법 제3조 제3항에 규정하는 범죄수익이전위험도조사서(이하 간단히 「범죄수익이전위험도조사서」라고 한다.)에 범죄에 의한 수익의 이전 방지에 관한 제도의 정비상황으로부터 주의를 요한다고 기재된 국가 또는 지역에 거주하거나 소재하는 고객등과 한 것 기타 범죄수익이전위험도조사서의 내용을 감안하여 범죄에 의한 수익의 이전의 위험성이 높다고 인정되는 것: 제1호에 정하는 방법(기존 고객과 한 거래에서는 전호에 정하는 방법) 및 고객등 또는 대표자등에 대한 질문 기타 당해 거래에 의심스러운 점이 있는지를 확인하기 위해 필요한 조사를 한 후에 법 제11조 제3호의 규정에 따라 선임한 자 또는 이에 상당하는 자에게 당해 거래에 의심스러운 점이 있는지를 확인하게 하는 방법

제28조(외국소재환거래업자와의 계약체결을 할 때에 하는 확인방법) 법 제9조에 규정하는 주무성령으로 정하는 방법은 외국소재환거래업자(같은 조에 규정하는 외국소재환거래업자를 말한다. 이하 같다.)로부터 신고를 받는 방법 또는 외국소재환거래업자나 외국의 법령상 법 제22조 제1항 및 제2항에 규정하는 행정청에 상당하는 외국의 기관에 의해 인터넷을 이용하여 공중의 열람에 제공되고 있는 당해 외국소재환거래업자에 관련된 정보를 열람하여 확인하는 방법으로 한다.

제29조(거래시확인 등 상당조치를 적확히 하기 위해 필요한 기준) 법 제9조 제1호에 규정하는 주무성령으로 정하는 기준은 외국소재환거래업자가 거래시확인 등 상당조치(같은 호에 규정하는 거래시확인 등 상당조치를 말한다. 이하 이 조 및 제32조 제4항 제4호에서 같다.)를 적확히 수행하기 위해 필요한 영업소 기타 시설 및 거래시확인 등 상당조치의 실시를 총괄관리하는 자를 당해 외국소재환거래업자가 소재하는 국가 또는 당해 소재하는 국가 이외의 외국에 두고 거래시확인 등 상당조치의 실시에 관하여 법 제15조부터 제18조까지에 규정하는 행정청의 직무에 상당하는 직무를 수행하는 당해 소재하는 국가 또는 당해 외국의 기관의 적절한 감독을 받고 있는 상태에 있는 것으로 한다.

제30조(통지의무의 대상이 되지 않는 외국환거래의 방법) 영 제17조에 규정하는 주무성령으로 정하는 방법은 공직선거우편규칙 등의 일부를 개정하는 성령(平成 19년 총무성령 제113호) 부칙 제5조 제3항의 규정에 따라 아직 그 효력이 있는 같은 영 부칙 제2조의 규정에 따른 폐지 전의 국제우편환규칙(平成 15년 총무성령 제10호) 제2조 제1항에 규정하는 통상환, 불입환 및 불출환으로 한다.

제31조(특정사업자의 통지사항 등) ① 법 제10조 제1항에 규정하는 주무성령으로 정하는 것은 다음 각호에 열거하는 구분에 대응하여 각각 당해 각호에 정하는 사항으로 한다.

1. 자연인: 다음에 열거하는 사항

ㄱ 이름

ㄴ 주거 또는 제2조 제1항 제16호에 열거하는 사항이나 고객식별번호(고객과 지불에 관련된 환거래를 하는 특정사업자가 관리하고 있는 당해 고객을 특정하기에 충분한 기호 번호를 말한다. 다음 호 ㅁ에서 같다.)

ㄷ 다음의 (1) 또는 (2)에 열거하는 구분에 대응하여 각각 당해 (1) 또는 (2)에 정하는 사항

(1) 예금 또는 저금계좌를 이용하는 경우: 당해 계좌의 계좌번호

(2) 예금 또는 저금계좌를 이용하지 아니하는 경우: 거래참조번호(고객과 지불에 관련된 환거래를 하는 특정사업자가 당해 거래를 특정하기에 충분한 기호 번호를 말한다.)

2. 법인: 다음에 열거하는 사항

ㄱ 명칭

ㄴ 본점이나 주된 사무소의 소재지 또는 고객식별번호

ㄷ 전호 ㄷ에 열거하는 사항

② 법 제10조 제3항 및 제4항에 규정하는 주무성령으로 정하는 사항은 전항에 규정하는 사항에 상당하는 사항으로 한다.

제32조(거래시확인등을 적확히 하기 위한 조치) ① 법 제11조 제4호에 규정하는 주무성령으로 정하는 조치는 다음 각호에 열거하는 조치로 한다.

1. 스스로가 하는 거래(새로운 기술을 활용하여 하는 거래 기타 새로운 태양에 의한 거래를 포함한다.)에 대한 조사, 분석 및 당해 거래에 의한 범죄에 의한 수익의 이전의 위험성의 정도 기타 당해 조사 및 분석결과를 기재하거나 기록한 서면 또는 전자적 기록(이하 이 항에서 「특정사업자작성서면등」이라고 한다.)을 작성하고 필요에 응하여 재검토를 하고 필요한 변경을 하는 것

2. 특정사업자작성서면등의 내용을 감안하여 거래시확인 등의 조치(법 제11조에 규정하는 거래시확인 등의 조치를 말한다. 이하 이 조에서 같다.)를 할 때 필요한 정보를 수집함과 동시에 당해 정보를 정리 및 분석하는 것

3. 특정사업자작성서면 등의 내용을 감안하여 확인기록 및 거래기록 등을 계속적으로 정밀하게 조사하는 것

4. 고객등과의 거래가 제27조 제3호에 규정하는 거래에 해당하는 경우에는 당해 거래를 할 때에 당해 거래의 임무를 맡고 있는 직원에게 당해 거래를 하는 것에 대하여 법 제11조 제3호의 규정에 따라 선임한 자의 승인을 받게 하는 것

5. 전호에 규정하는 거래에 대하여 제2호에 규정하는 바에 따른 정보의 수집, 정리 및 분석을 한 때에는 그 결과를 기재하거나 기록한 서면 또는 전자적 기록을 작성

하고 확인기록 또는 거래기록등과 함께 보존하는 것

6. 거래시확인 등의 조치의 적확한 실시를 위해 필요한 능력을 보유한 자를 특정업무에 종사하는 직원으로 채용하기 위해 필요한 조치를 강구하는 것

7. 거래시확인 등의 조치의 적확한 실시를 위해 필요한 감사를 실시하는 것

② 법 제2조 제2항 제1호부터 제39호까지에 열거하는 특정사업자(국내에 본점 또는 주된 영업소나 사무소를 보유하는 자에 한한다. 다음 항에서 같다.)가 외국에서 법 제4조 제1항에 규정하는 특정업무에 상당하는 업무를 영위하는 외국회사의 의결권의 총수의 2분의 1을 초과하는 의결권을 직접 또는 간접적으로 보유하거나 외국에서 영업소(이하 이 항에서 「외국소재영업소」라고 한다.)를 보유하는 경우에 법, 영 및 이 명령에 상당하는 당해 외국의 법령에 규정하는 거래시확인 등의 조치에 상당하는 조치가 거래시확인 등의 조치보다 온건한 때에는 법 제11조 제4호에 규정하는 주무성령으로 정하는 조치는 전항에 열거하는 것 외 다음 각호에 열거하는 조치로 한다.

1. 당해 외국회사 및 당해 외국소재영업소에서의 범죄에 의한 수익의 이전방지에 필요한 주의를 기울임과 동시에 당해 외국의 법령에 위반하지 아니하는 한도에서 당해 외국회사 및 당해 외국소재영업소에 의한 거래시확인 등의 조치에 준하는 조치의 실시를 확보하는 것

2. 당해 외국에서 거래시확인 등의 조치에 준하는 조치를 강구하는 것이 당해 외국의 법령에 의해 금지되어 있어 당해 조치를 강구할 수 없는 때에는 그 취지를 행정청에 통지하는 것

③ 전항의 경우에 특정사업자가 당해 외국회사의 의결권의 총수의 2분의 1을 초과하는 의결권을 직접 또는 간접적으로 보유하는지의 판정은 다음 각호에 열거하는 비율을 합계한 비율에 따라 한다.

1. 특정사업자가 자기의 계산으로 보유하는 당해 외국회사의 의결권이 당해 외국회사의 의결권의 총수에서 점유하는 비율

2. 특정사업자의 자법인(특정사업자가 그 의결권의 총수의 2분의 1을 초과하는 의결권을 자기의 계산으로 보유하는 법인을 말한다. 이 경우에 특정사업자 및 그 하나 또는 2 이상의 자법인이나 당해 특정사업자의 하나 또는 2 이상의 자법인이 의결권의 총수의 2분의 1을 초과하는 의결권을 보유하는 다른 법인은 당해 특정사업자의 자법인으로 본다.)이 자기의 계산으로 보유하는 당해 외국회사의 의결권이 당해 외국회사의 의결권의 총수에서 점유하는 비율

④ 특정금융기관이 외국소재환거래업자와의 사이에 환거래를 계속적 반복적으로 하는 것을 내용으로 하는 계약을 체결하여 거래를 하는 경우에는 법 제11조 제4호에 규정하는 주무성령으로 정하는 조치는 제1항에 열거하는 것 외 다음 각호에 열거하는 조치로 한다.

1. 외국소재환거래업자에서의 범죄에 의한 수익의 이전방지에 관련된 체제의 정비 상황, 당해 외국환거래업자의 영업실태 및 법 제18조에 규정하는 행정청의 직무에 상당하는 직무를 수행하는 당해 외국의 기관이 같은 조에 상당하는 당해 외국의 법령의 규정을 기초로 당해 외국소재환거래업자에 필요한 조치를 취할 것을 명령받았는지 기타 당해 외국의 기관이 당해 외국소재환거래업자에게 하는 감독의 실대에 대한 정보를 수집하는 것

2. 전호의 규정에 따라 수집한 정보를 기초로 당해 외국소재환거래업자의 범죄에 의한 수익의 이전방지에 관련된 체제를 평가하는 것

3. 법 제11조 제3호의 규정에 따라 선임한 자의 승인 기타 계약의 체결에 관련된 심사의 순서를 정한 규정을 작성하는 것

4. 특정금융기관이 하는 거래시확인 등의 조치 및 외국소재환거래업자가 하는 거래시확인 등 상당조치의 실시에 관련된 책임에 관한 사항을 문서 기타 방법으로 명확히 하는 것

제33조(신분증명서 양식 등) ① 법 제16조 제1항 또는 제19조 제3항의 규정에 따른 출입검사를 하는 직원이 휴대하는 신분을 표시하는 증명서(다음 항에서「신분증명서」라고 한다.) 양식은 별지 양식 제5호에 따른다. 다만 다음 각호에 열거하는 것은 그러하지 아니하다.

1. 금융청이나 증권거래 등 감시위원회 또는 재무국이나 후쿠오카재무지국 직원이 출입검사(재무대신의 권한에 의한 것을 제외한다.)를 할 때 휴대할 증명서

2. 법 제2조 제2항 제8호부터 제14호까지 또는 제2호에 열거하는 특정사업자에게 농림수산성 직원이 출입검사를 할 때 휴대할 증명서

② 법 제22조 제1항부터 제4항까지에 규정하는 행정청, 총무성, 법무성, 재무성, 후생노동성, 농림수산성, 경제산업성 및 국토교통성의 내부 부국(법 제16조 제1항의 규정에 따른 출입검사에 관한 사무를 소관하는 것에 한한다.)의 국장 및 외국과 지방지분부국의 장(출입검사의 권한의 위임을 받은 자에 한한다.), 도도부현지사 또는 경시총감이나 도부현경찰본부장은 당해 직원에게 신분증명서를 발행할 수 있다.

제34조(출입검사에 관한 협의) ① 협의(법 제19조 제5항에 규정하는 협의를 말한다. 이하 이 조에서 같다.)요구는 국가공안위원회가 법 제19조 제4항의 통지를 발송한 때로부터 2주 이내에 한다.

② 행정청이 도도부현지사인 경우는 주무대신에게도 문서 또는 팩시밀리장치에 의한 통신으로 협의요구에 관련된 사항을 통지한다.

③ 국가공안위원회 및 행정청은 협의에서 다음 각호에 열거하는 사항을 수행한다.

1. 상호 정보나 자료 또는 의견을 교환하는 것

2. 출입검사의 권한을 행사하는 경우는 공동으로 진행하려는 협의의 상대방으로부터 요구받은 때에는 이에 응하여 그 일시, 방법 등에 대한 조정을 도모하는 것

3. 전2호에 열거하는 것 외 특정사업자의 부담 경감, 사실을 확인하기 위한 자료의 적시 수집, 출입검사의 효율적인 실시 등에 관하여 필요한 사항에 대한 조정을 도모하는 것

④ 국가공안위원회 및 행정청은 부득이한 경우를 제외하고 협의요구가 있었던 날로부터 1개월 이내에 조정을 도모한다.

제35조(외국통화로 이뤄진 거래의 환산기준) 법, 영 및 이 명령을 적용하는 경우에서의 일본통화와 외국통화 간 또는 다른 종류의 외국통화 상호간의 환산은 다음 각호에 열거하는 구분 및 방법에 따른 경우를 제외하고 당해 규정에서 그 액수에 대하여 당해 환산할 거래 또는 특정수임행위의 대리등이 이뤄진 날의 외국환 및 외국무역법(昭和 24년 법률 제228호) 제7조 제1항[97])에 규정하는 기준외국환시세 또는 재정외국환시세를 이용하여 한다.

1. 법 별표 제2조 제2항 제1호부터 제37호까지에 열거하는 자의 항에 규정하는 정령으로 정하는 업무에 관련된 거래 중 일본통화와 외국통화와의 매매를 수반하는 것: 당해 일본통화와 외국통화와의 매매에 적용되는 실제 외국환시세를 이용하여 환산하는 방법

2. 환전 중 일본통화와 외국통화와의 매매에 관련된 것: 당해 일본통화와 외국통화와의 매매에 적용되는 실제 외국환시세를 이용하여 환산하는 방법

제36조(가상통화로 이뤄진 거래의 환산기준) 법, 영 및 이 명령을 적용하는 경우에 일본통화와 가상통화[자금결제에 관한 법률(平成 21년 법률 제59호) 제2조 제5항에 규정하는 가상통화를 말한다. 이하 이 조에서 같다.] 간 또는 이종의 가상통화 상호간의 환산은 당해 환산을 할 거래를 한 때에 당해 거래의 대상이 된 가상통화의 상장을 이용하는 방법 기타 합리적이라고 인정되는 방법으로 한다.

부 칙 〈생 략〉

---

97) 일본국 외국환 및 외국무역법 제7조(외국환 상장) ① 재무대신은 우리나라 통화의 기준외국환 상장 및 외국통화의 우리나라 통화에 대한 재정(裁定)외국환 상장을 정하고 이를 고시한다.
　　② ~ ③ (생 략)

범죄수익에 관련된 보전절차 등에 관한 규칙

제정 平成 11년 12월 1일 호위 최고재판소규칙 제10호

개정 令和 원년 11월 27일 최고재판소규칙 제5호

제1장 총칙

제 1 장(취지) 조직적인 범죄의 처벌 및 범죄수익의 규제 등에 관한 법률(平成 11년 법률 제136호. 이하 「법」이라고 한다.)에 따른 피고인 이외의 자의 재산 등의 몰수에 관한 절차, 몰수보전 및 추징보전에 관한 절차와 몰수 및 추징의 재판의 집행 및 보전에 대한 국제공조절차는 법에 정하는 것 외 이 규칙이 정하는 바에 따른다.

제2장 피고인 이외의 자의 재산 등의 몰수절차

제 2 조(형사사건에서의 제3자 소유물의 몰수절차에 관한 규칙의 준용) 법 제18조 제1항, 제2항 및 법 제37조 제3항(법 제40조 제3항에서 준용하는 경우를 포함한다.)의 몰수에 관한 절차에는 형사사건에서의 제3자 소유물의 몰수절차에 관한 규칙(昭和 38년 최고재판소규칙 제8호)의 규정을 준용한다.

제3장 보전절차

제1절 몰수보전

제 3 조(몰수보전의 청구의 방식) ① 몰수보전의 청구는 다음에 열거하는 사항을 기재한 서면으로 하여야 한다.
  1. 피고인 또는 피의자의 이름
  2. 죄명, 공소사실 또는 피의사실의 요지 및 몰수의 근거가 될 법령의 조항
  3. 처분을 금지할 재산 및 이를 보유하는 자(명의인이 다른 경우는 명의인을 포함한다.)의 이름 및 주소 또는 거소

4. 채권의 몰수보전에서는 채무자의 이름 및 주소 또는 거소

5. 법 제22조 제1항에 규정하는 사유

6. 청구자가 경찰관인 사법경찰원인 때에는 법 제23조 제1항의 규정에 따라 지정을 받은 자라는 취지

② 몰수보전의 청구를 하는 경우에는 법 제22조 제1항에 규정하는 사유가 있다고 인정할 자료를 제출하여야 한다.

제 4 조(부대보전의 청구의 방식) ① 부대보전(부대보전명령에 따른 처분금지를 말한다. 이하 같다.)의 청구는 몰수보전의 청구와 병합하여 하는 경우에는 전조 제1항 각호에 열거하는 사항 외 제2호 및 제3호에 열거하는 사항을, 몰수보전의 청구와 별도인 경우에는 같은 조 제1항 제1호 및 제6호에 열거하는 사항 외 다음에 열거하는 사항을 기재한 서면으로 하여야 한다.

1. 몰수보전사건의 표시

2. 처분을 금지할 권리 및 이를 보유하는 자(명의인이 다른 경우는 명의인을 포함한다.)의 이름 및 주소 또는 거소

3. 법 제22조 제2항에 규정하는 사유

② 부대보전의 청구를 하는 경우에는 법 제22조 제2항에 규정하는 사유가 있다고 인정할 자료를 제출하여야 한다.

제 5 조(급속을 요하는 경우의 몰수보전명령 등의 기재사항) 법 제22조 제4항의 규정에 따라 몰수보전명령 또는 부대보전명령을 발령하는 경우에는 그 취지를 재판서에 기재하여야 한다.

제 6 조(몰수보전에 관한 처분을 할 재판관) 몰수보전에 관한 처분은 공소의 제기가 있는 날로부터 제1회 공판기일까지는 공소를 수리한 재판소(지방재판소 지부에서는 그 지부. 이하 이 조에서 같다.)의 재판관이 하여야 한다. 다만 공소에 관련된 사건의 심판에 관여할 재판관은 급속을 요하는 경우 및 당해 공소를 수리한 재판소에 처분을 할 다른 재판관이 없는 경우를 제외하고는 처분을 할 수 없다.

제 7 조(몰수보전명령이 발령되어 있는 경우의 공소장의 기재요건 등) ① 몰수보전명령이 발령되어 있는 경우에 당해 몰수보전명령에 관련된 피의자에 대하여 공소를 제기하는 때에는 검찰관은 공소장에 몰수보전명령이 발령되어 있는 취지를 기재하여야 한다.

② 전항의 규정은 같은 항에 규정하는 피의자에 관련된 공범에 대하여 공소를 제기하는 경우에 검찰관이 공범에 관하여 법 제22조 제1항에 규정하는 이유가 있다고 사료하는 때에서의 당해 공범에 대한 공소장에 준용한다.

③ 전항에 규정하는 경우에는 검찰관은 공범에 관하여 법 제22조 제1항에 규정하

는 이유가 있다고 인정할 자료를 전조의 재판관에게 제출하여야 한다.

제 8 조(기소 전 몰수보전의 기간의 갱신청구의 방식) ① 기소 전 몰수보전의 기간의 갱신청구는 다음에 열거하는 사항을 기재한 서면으로 하여야 한다.

1. 몰수보전사건의 표시

2. 피의자의 이름

3. 법 제23조 제4항에 규정하는 부득이한 사유

② 기소 전 몰수보전의 기간의 갱신청구를 하는 경우에는 법 제23조 제4항에 규정하는 부득이한 사유가 있다고 인정할 자료를 제출하여야 한다.

제 9 조(대체금의 납부 및 환부) ① 대체금이 몰수보전에 관한 처분을 할 재판소에 납부된 때에는 당해 재판소의 재판소서기관은 그 취지를 검찰관에게 통지하여야 한다.

② 몰수보전이 효력을 잃은 때에는 전항의 재판소는 납부된 대체금을 환부하여야 한다.

제10조(채권의 몰수보전에 관련된 채무자의 공탁의 사정신고의 방식 등) ① 법 제30조 제4항에서 준용하는 민사집행법(昭和 54년 법률 제4호) 제156조 제3항[98] 또는 다음 조 제9항의 규정에 따른 신고(이하 이 조에서 「사정신고」라고 한다.)에는 민사집행규칙 (昭和 54년 최고재판소규칙 제5호) 제138조 제1항 및 제2항[99]의 규정을 준용한다. 이 경우에 같은 조 제1항 중 「압류채권자 및 채무자」는 「피고인 또는 피의자 및 채권자」로 바꿔 읽는 것으로 한다.

② 사정신고가 있었던 때에는 몰수보전에 관한 처분을 할 재판소의 재판소서기관은 검찰관에게 그 취지를 통지하여야 한다.

③ 전항의 재판소서기관은 사정신고가 있었던 경우에 몰수의 재판이 확정된 때, 몰수보전의 전부가 효력을 잃은 때 또는 대체금이 납부된 때에는 공탁서 정본을 몰수보전의 일부가 효력을 잃은 때에는 공탁서 정본의 보관을 증명하는 서면을 검찰관에게 송부하여야 한다.

제11조(대체사채등의 몰수보전) ① 사채, 주식 등의 대체에 관한 법률(平成 13년 법률 제 75호) 제2조 제1항에 규정하는 사채등으로서 대체기관(같은 조 제2항에 규정하는 대체기관을 말한다. 제7항에서 같다.)이 취급하는 것(이하 이 조에서 「대체사채등」이라고 한다.)의

---

98) 일본국 민사집행법 제156조(제3채무자의 공탁) ① ～ ② (생 략)
   ③ 제3채무자는 전2항의 규정에 따라 공탁을 한 때에는 그 사정을 집행재판소에 신고하여야 한다.

99) 일본국 민사집행법 제138조(제3채무자의 사정신고의 방식등) ① 법 제156조 제3항의 규정에 따른 신고는 다음에 열거하는 사항을 기재한 서면으로 하여야 한다.
   1. 사건의 표시
   2. 압류채권자 및 채무자의 이름과 명칭
   3. 공탁의 사유 및 공탁한 금액
   ② 전항의 서면에는 공탁서 정본을 첨부하여야 한다.
   ③ (생 략)

몰수보전에서는 이 조에 정하는 것 외에 채권의 몰수보전의 예에 따른다.

② 대체사채등의 몰수보전은 대체사채등의 권리자(명의인이 다른 경우는 명의인을 포함한다. 이하 이 조에서 「권리자」라고 한다.)에게 대체 또는 말소의 신청이나 추심 기타 처분을 금지하고, 대체기관등(사채, 주식 등의 대체에 관한 법률 제2조 제5항에 규정하는 대체기관으로 권리자가 계좌를 개설받고 있는 것을 말한다. 이하 이 조에서 같다.)에게 대체 및 말소를 금지하는 취지의 몰수보전명령을 발령하여 한다.

③ 다음 각호에 열거하는 청구에 관련된 대체사채등(이하 이 조에서 「매수청구주식등」이라고 한다.)에 대하여 당해 각호에 정하는 매입계좌에 기재 또는 기록이 되어 있는 경우에 매수청구주식등의 몰수보전을 하는 때에서의 전항의 규정을 적용할 때에는 같은 항 중 「대체 또는 말소의 신청이나 추심 기타 처분」은 「추심 기타 처분」으로, 「및 대체기관등」은 「매입계좌개설대체기관등」으로 「권리자가 계좌를 개설받고 있는 것」은 「대체사채등의 발행자(이하 이 조에서 「발행자」라고 한다.)가 당해 매입계좌를 개설받고 있는 것」으로, 「대체 및 말소를 금지하는」은 「대체를 금지하고 발행자에게 대체신청 기타 처분을 금지하는」으로 한다.

1. 사채, 주식 등의 대체에 관한 법률 제155조 제1항(같은 법 제228조 제1항 및 제239조 제1항에서 바꿔 읽어 준용하는 경우를 포함한다. 이하 이 호에서 같다.)에 규정하는 주식매수청구, 투자구매수청구 또는 우선출자매수청구: 같은 법 제155조 제1항에 규정하는 매입계좌

2. 사채, 주식 등의 대체에 관한 법률 제183조 제1항(같은 법 제247조의3 제1항에서 바꿔 읽어 준용하는 경우를 포함한다. 이하 이 호에서 같다.)에 규정하는 신주예약권매수청구 또는 신투자구예약권매수청구: 같은 법 제183조 제1항에 규정하는 매입계좌

3. 사채, 주식 등의 대체에 관한 법률 제215조 제1항에 규정하는 신주예약권부사채매수청구: 같은 항에 규정하는 매입계좌

4. 사채, 주식 등의 대체에 관한 법률 제259조 제1항에 규정하는 주식매수청구: 같은 항에 규정하는 매입계좌

5. 사채, 주식 등의 대체에 관한 법률 제260조 제1항에 규정하는 신주예약권매수청구: 같은 항에 규정하는 매입계좌

6. 사채, 주식 등의 대체에 관한 법률 제266조 제1항에 규정하는 주식매수청구: 같은 항에 규정하는 매입계좌

7. 사채, 주식 등의 대체에 관한 법률 제267조 제1항에 규정하는 신주예약권매수청구: 같은 항에 규정하는 매입계좌

8. 사채, 주식 등의 대체에 관한 법률 제273조 제1항에 규정하는 주식매수청구: 같은 항에 규정하는 매입계좌

9. 사채, 주식 등의 대체에 관한 법률 제274조 제1항에 규정하는 신주예약권매수청구: 같은 항에 규정하는 매입계좌

④ 대체사채등의 몰수보전명령의 등본 및 갱신의 재판(법 제23조 제4항에 규정하는 갱신의 재판을 말한다. 이하 이 항 및 다음 조 제3항에서 같다.)의 등본은 권리자 및 대체기관등(매수청구주식 등의 몰수보전명령의 등본 및 갱신의 재판의 등본에는 권리자, 매입계좌개설대체기관등 및 발행자)에게 송달하여야 한나.

⑤ 대체사채등의 몰수보전의 효력은 몰수보전명령의 등본이 대체기관등(매수청구주식 등의 몰수보전의 청구에는 매입계좌개설대체기관등을 말한다. 다음 항 및 제7항에서 같다.)에 송달된 때에 발생한다.

⑥ 대체채(사채, 주식 등의 대체에 관한 법률 제278조 제1항에 규정하는 대체채를 말한다. 제8항에서 같다.), 대체신주예약권부사채(같은 법 제192조 제1항에 규정하는 대체신주예약권부사채를 말한다. 이하 이 조에서 같다.)로서 사채가 상환된 것이 아닌 것, 대체전환특정사채(같은 법 제250조에 규정하는 대체전환특정사채를 말한다. 제8항에서 같다.) 또는 대체신우선출자인수권부특정사채(같은 법 제253조에 규정하는 대체신우선출자인수권부특정사채를 말한다. 같은 항에서 같다.)로 사채가 상환된 것이 아닌 것의 몰수보전명령의 등본을 송달받은 대체기관등은 곧바로 발행자에게 다음에 열거하는 사항을 통지하여야 한다.

1. 몰수보전사건의 표시

2. 권리자를 특정하기에 충분한 사항

3. 몰수보전명령을 받은 대체사채등의 종목[사채, 주식 등의 대체에 관한 법률 제68조 제3항 제2호(같은 법 제113조, 제115조, 제117조, 제118조, 제120조, 제121조, 제122조, 제124조 및 제127조에서 준용하는 경우를 포함한다.), 제91조 제3항 제2호 또는 제194조 제3항 제2호(같은 법 제251조 제1항 및 제254조 제1항에서 준용하는 경우를 포함한다.)에 규정하는 종목을 말한다.] 및 액 또는 수

4. 몰수보전명령의 등본이 송달된 취지 및 송달 연월일

⑦ 몰수보전에 관련된 대체사채등이 대체기관에 의해 취급되지 않게 된 때에는 대체기관등은 서면으로 그 취지를 몰수보전명령을 발령한 재판소에 신고하여야 한다.

⑧ 발행자는 몰수보전에 관련된 대체채등(대체채, 대체전환특정사채로서 전환을 청구할 수 없게 된 것 또는 대체신우선출자인수권부특정사채로서 신우선출자의 인수권이 소멸한 것을 말한다. 이하 이 조에서 같다.)의 전액 또는 몰수보전에 관련된 대체신주예약권부사채(신주예약권 행사에 따라 사채가 소멸하는 것 기타 신주의 취득에 의해 사채를 상실한 것에 대하여는 신주예약권이 소멸한 것에 한한다.)에 대하여 사채의 전액에 상당하는 금전을 그 이행지의 공탁소에 공탁할 수 있다.

⑨ 발행자는 전항의 규정에 따른 공탁을 한 때에는 당해 공탁을 하였음을 몰수보

전명령을 발령한 재판소에 신고하여야 한다.

⑩ 몰수보전이 된 대체채등 또는 대체신주예약권부사채에 제8항 또는 다음 항에서 준용하는 법 제36조 제1항(같은 조 제4항에서 준용하는 경우를 포함한다.)의 규정에 따라 공탁이 된 것을 증명하는 문서가 제출된 때에는 검찰사무관은 검찰관이 말소의 신청을 지휘하는 서면에 기초하여 당해 공탁에 관련된 대체채등 또는 대체신주예약권부사채에 사채, 주식 등의 대체에 관한 법률 제71조 제1항(같은 법 제113조, 제115조, 제117조, 제118조, 제120조, 제121조, 제122조, 제124조 및 제127조에서 준용하는 경우를 포함한다.), 제96조 제1항 또는 제199조 제1항(같은 법 제251조 제1항 및 제254조 제1항에서 준용하는 경우를 포함한다.)의 신청을 하여야 한다.

⑪ 법 제36조의 규정은 대체채등 또는 대체신주예약권부사채에 몰수보전과 강제집행에 의한 압류가 경합하는 경우에 준용한다. 이 경우에 같은 조 제1항 중「압류명령 또는 압류처분을 송달받은」은「압류가 된」으로,「그 채권」은「당해 대체채등의 전액 또는 당해 대체신주예약권부사채에 대한 사채」로, 같은 조 제3항 중「압류명령을 발령한 집행재판소 또는 압류처분을 한 재판소서기관」및 같은 조 제4항 중「집행재판소(압류처분이 되어 있는 경우에는 당해 압류처분을 한 재판소서기관)」은「집행재판소」로, 같은 조 제3항 중「금전채권」은「대체채등의 액수 또는 대체신주예약권부사채에 대한 사채」로 바꿔 읽는 것으로 한다.

⑫ 대체사채등의 몰수보전의 청구를 하는 경우에 제3조 제1항 또는 제26조 제1항의 서면에는 대체기관등(매수청구주식등의 몰수보전의 청구에서는 매입계좌개설대체기관등 및 발행자)의 명칭 및 주소도 기재하여야 한다.

제11조의2(전자기록채권의 몰수보전) ① 전자기록채권[전자기록채권법(平成 19년 법률 제102호) 제2조 제1항에 규정하는 전자기록채권을 말한다. 이하 이 조에서 같다.]의 몰수보전은 이 조에 정하는 것 외에 채권의 몰수보전의 예에 따른다.

② 전자기록채권의 몰수보전은 채권자(명의인이 다른 경우는 명의인을 포함한다. 이하 이 조에서 같다.)에 대한 추심 기타 처분 또는 전자기록(전자기록채권법 제2조 제1항에 규정하는 전자기록을 말한다. 이하 이 조에서 같다.)의 청구를 금지하고, 채무자에 대한 채권자에의 변제 금지 및 당해 전자기록채권의 전자기록을 하고 있는 전자채권기록기관(같은 조 제2항에 규정하는 전자채권기록기관을 말한다. 이하 이 조에서 같다.)에 대한 전자기록을 금지하는 취지의 몰수보전명령을 발령하여 한다.

③ 전항의 몰수보전명령의 등본 및 갱신의 재판의 등본은 채권자, 채무자 및 전자채권기록기관에 송달하여야 한다.

④ 전자기록채권의 몰수보전의 효력은 몰수보전명령의 등본이 전자채권기록기관에 송달된 때에 발생한다. 다만 채무자에 대한 몰수보전의 효력은 몰수보전명령의 등

본이 채무자에게 송달된 때에 발생한다.

⑤ 채권자는 전항의 규정에 따라 몰수보전의 효력이 발생한 경우에도 다음에 열거하는 전자기록을 청구할 수 있다.

1. 지불 등 기록(전자기록채권법 제24조 제1호[100])에 규정하는 지불 등으로 몰수보전과의 관계에서 당해 지불 등에 관련된 채무를 소멸시키는 효력을 가진 것에 관련된 것에 한한다.)

2. 근질권을 담보할 원본의 확정 전자기록

3. 몰수보전에 관련된 전자기록채권 중 몰수보전이 되어 있지 아니한 부분을 분할(전자기록채권법 제43조 제1항에 규정하는 분할을 말한다.)하는 분할기록

4. 전3호에 열거하는 것 외 몰수보전에 관련된 전자기록채권 중 몰수보전이 되어 있지 아니한 부분에 대한 전자기록

⑥ 전자채권기록기관은 제4항의 규정에 따라 몰수보전의 효력이 발생한 경우에도 다음에 열거하는 전자기록을 할 수 있다.

1. 질권의 순위의 변경의 전자기록

2. 전질의 전자기록

3. 전항 제1호부터 제3호까지에 열거하는 전자기록

4. 전3호에 열거하는 것 외 몰수보전에 관련된 전자기록채권 중 몰수보전이 되어 있지 아니한 부분에 대한 전자기록

⑦ 전자채권기록기관은 몰수보전명령에 저촉되는 전자기록이 되어 있는 때에는 당해 전자기록을 정정하여야 한다. 다만 전자기록상 이해관계를 가진 제3자가 있는 경우에는 당해 제3자의 승낙이 있는 때에 한한다.

⑧ 전자기록채권법 제10조 제3항부터 제5항까지의 규정은[101] 전항의 규정에 따른 전자기록의 정정에 준용한다.

⑨ 전자채권기록기관은 제7항의 규정에 따라 전자기록을 정정하는 때에는 당해 정정의 연월일도 기록하여야 한다.

---

100) 일본국 전자기록채권법 제24조(지불 등 기록의 기재사항) 지불 등 기록에는 다음에 열거하는 사항을 기록하여야 한다.
　　1. 지불, 상계 기타 채무의 전부 또는 일부를 소멸시키는 행위나 혼동(이하 '지불 등'이라 한다.)으로 소멸되거나 소멸하게 될 전자기록명의인에 대한 채무를 특정하기 위해 필요한 사항
　　2. ~ 7. (생 략)

101) 일본국 전자기록채권법 제10조(전자기록의 정정 등) ① ~ ② (생 략)
　　③ 전자채권기록기관은 전2항의 규정에 따라 전자기록의 정정 또는 회복을 하는 때에는 당해 정정 또는 회부 후의 전자기록의 내용과 모순되는 전자기록에 대하여 전자기록의 정정을 하여야 한다.
　　④ 전자채권기록기관이 제1항 또는 제2항의 규정에 따라 전자기록의 정정 또는 회복을 한 때에는 그 내용을 전자기록권리자 및 전자기록의무자(전자기록권리자 및 전자기록의무자가 없는 경우에는 전자기록명의인)에게 통지하여야 한다.
　　⑤ 전항의 규정에 따른 통지는 민법(明治 29년 법률 제89호) 제423조(주: 채권자대위권을 말함) 기타 법령의 규정에 따라 타인에 대신하여 전자기록의 청구를 한 자에게도 하여야 한다. 다만 그 자가 2인 이상 있는 때에는 그 1인에게 통지하면 충분하다.

⑩ 몰수보전에 관련된 전자기록채권에 대하여 법 제30조 제4항에서 준용하는 민사집행법 제156조 제1항 또는 법 제36조 제1항(같은 조 제4항에서 준용하는 경우를 포함한다.)의 규정에 따른 공탁이 있었음을 증명하는 문서가 제출된 때에는 검찰사무관은 검찰관이 지불 등 기록의 촉탁을 지휘하는 서면에 기초하여 당해 공탁을 하였음에 의한 지불 등 기록을 촉탁하여야 한다.

⑪ 전자기록채권의 몰수보전의 청구를 하는 경우에 제3조 제1항 또는 제26조 제1항의 서면에는 전자채권기록기관의 명칭 및 주소도 기재하여야 한다.

⑫ 제2항의 몰수보건명령이 발령되어 있는 경우에 전자기록채권법 제77조 제1항[102]의 규정에 따라 몰수보전에 관련된 전자기록채권이 기록되어 있는 채권기록(같은 법 제2조 제4항에 규정하는 채권기록을 말한다. 다음 항에서 같다.)이 효력을 잃은 때에는 이미 이뤄진 몰수보전에 관한 처분 기타 행위는 당해 전자기록채권의 내용을 권리의 내용으로 하는 채권에 대한 채권의 몰수보전에 관한 처분 기타 행위로서 효력을 가진다.

⑬ 채무자에게 몰수보전명령의 등본이 송달되어 있는 경우에 전자채권기록기관에 몰수보전명령의 등본이 송달되어 있지 않은 때에는 전항에 규정하는 채권의 몰수보전의 효력은 전자기록채권법 제77조 제1항의 규정에 따라 몰수보전에 관련된 전자기록채권이 기록되어 있는 채권기록이 효력을 잃은 때에 발생한다.

제12조(몰수보전명령의 취소청구의 방식) ① 몰수보전명령의 취소청구는 다음에 열거하는 사항을 기재한 서면으로 하여야 한다.

1. 몰수보전사건의 표시
2. 피고인 또는 피의자의 이름
3. 법 제32조 제1항에 규정하는 사유

② 몰수보전명령의 취소청구를 하는 경우에는 법 제32조 제1항에 규정하는 사유가 있다고 인정할 자료를 제출하여야 한다.

제13조(몰수보전재산에 대한 강제집행에 의한 압류등이 된 경우의 통지) ① 몰수보전이 되어 있는 재산에 대한 강제경매개시결정 또는 강제집행에 의해 압류된 때에는 집행재판소의 재판소서기관[법 제35조 제1항에 규정하는 동산(이하 간단히 「동산」이라고 한다.)에는 집행관, 압류처분이 된 금전채권에서는 당해 압류처분을 한 재판소서기관]은 검찰관에게 그 취지를 통지하여야 한다. 다만 다음 조 제3항의 규정에

---

102) 일본국 전자기록채권법 제77조(채권기록의 실효) ① 전자채권기록기관이 전조 제1항의 규정에 따른 명령(주: 주무대신이 발령하는 업무이전명령을 말함)을 받은 경우에 당해 명령에서 장해진 기간 내에 그 전자채권기록업을 이전하는 일 없이 당해 기한을 경과한 때에는 당해 기한을 경과한 날에 그 구비된 기록원부에 기록되어 있는 채권기록은 효력을 잃는다.
   ② ~ ⑤ (생 략)

따른 통지가 있는 때에는 그러하지 아니하다.

② 전항 본문에 규정하는 경우에 강제집행의 신청이 취하된 때 또는 강제집행절차를 취소하는 결정(압류처분이 된 금전채권에서는 당해 압류처분을 취소하는 취지의 재판소서기관의 처분을 포함한다. 제15조 제2항 및 제16조 제3항에서 같다.)이 효력을 발생한 때에도 전항 본문과 같다.

③ 제1항 본문에 규정하는 경우에 몰수의 재판이 확정된 때, 몰수보전이 효력을 잃은 때 또는 대체금이 납부된 때에는 검찰관은 집행재판소(동산에서는 집행관, 압류처분이 된 금전채권에서는 당해 압류처분을 한 재판소서기관)에 그 취지를 통지하여야 한다.

제14조(몰수보전이 되어 있는 금전채권이 강제집행에 의해 압류된 경우의 공탁의 사정신고의 방식 등) ① 법 제36조 제2항의 규정에 따른 신고(이하 이 조에서 「경합시의 사정신고」라고 한다.)는 다음에 열거하는 사항을 기재한 서면으로 하여야 한다.

1. 몰수보전사건 및 강제집행사건의 표시

2. 피고인 또는 피의자의 이름

3. 강제집행에 의한 압류명령 또는 압류처분에 관련된 채권자 및 채무자의 이름

4. 공탁한 금액 및 공탁의 사유

② 전항의 서면에는 공탁서 정본을 첨부하여야 한다.

③ 경합시의 사정신고가 있는 때에는 몰수보전에 관한 처분을 할 재판소의 재판소서기관은 검찰관 및 집행재판소(압류처분이 된 경우에는 당해 압류처분을 한 재판소서기관. 이하 이 조에서 같다.)에 그 취지를 통지하여야 한다.

④ 몰수보전이 금전채권의 일부에 관련된 경우에는 당해 몰수보전에 관한 처분을 할 재판소의 재판소서기관은 전항의 규정에 따라 집행재판소에 통지할 때에 아울러 공탁서 정본의 보관을 증명하는 서면을 송부하여야 한다.

⑤ 제10조 제3항의 규정은 경합시의 사정신고가 있는 경우에 준용한다.

⑥ 전항에서 준용하는 제10조 제3항의 규정에 따라 공탁서 정본 또는 공탁서 정본의 보관을 증명하는 서면을 송부받은 검찰관은 몰수보전이 효력을 잃은 때 또는 대체금이 납부된 때에는 당해 공탁서 정본이나 당해 공탁서 정본의 보관을 증명하는 서면을, 몰수보전이 되어 있는 금전채권액에 상당하는 부분의 일부에 몰수의 재판이 확정된 때에는 공탁서 정본의 보관을 증명하는 서면을 집행재판소에 송부하여야 한다.

제15조(강제집행에 의해 압류되어 있는 금전채권에 몰수보전이 된 경우의 공탁의 사정신고의 방식 등) ① 전조 제1항부터 제4항까지의 규정은 법 제36조 제4항에서 준용하는 같은 조 제2항의 규정에 따른 신고에 준용한다. 이 경우에 전조 제3항 및 제4항 중 「몰수보전에 관한 처분을 할 재판소의 재판소서기관」은 「집행재판소의 재판

소서기관(압류처분이 되어 있는 경우에는 당해 압류처분을 한 재판소서기관)」으로, 같은 조 제3항 중「집행재판소(압류처분이 된 경우에는 당해 압류처분을 한 재판소서기관. 이하 이 조에서 같다.)」및 같은 조 제4항 중「집행재판소」는「몰수보전명령을 발령한 재판소」로, 같은 항 중「몰수보전이」는「강제집행에 의한 압류가」로 바꿔 읽는 것으로 한다.

② 법 제36조 제4항에서 준용하는 같은 조 제1항의 규정에 따라 공탁되어 있는 경우에 집행재판소의 재판소서기관(압류처분이 되어 있는 경우에는 당해 압류처분을 한 재판소서기관)는 강제집행의 신청이 취하된 때 또는 강제집행절차를 취소하는 결정이 효력을 발생한 때에는 몰수보전명령을 발령한 재판소에, 다음 조 제2항의 규정에 따라 몰수의 재판이 확정된 취지의 통지가 있는 때에는 검찰관에게 공탁서 정본(공탁에 관련된 금전채권의 일부에 몰수의 재판이 확정된 취지의 통지가 있는 때에는 공탁서 정본의 보관을 증명하는 서면)을 송부하여야 한다.

제16조(강제집행에 의한 압류 등이 되어 있는 재산에 몰수보전이 된 경우의 통지) ① 강제경매개시결정 또는 강제집행에 의해 압류되어 있는 재산에 몰수보전명령이 발령된 때에는 검찰관은 집행재판소(동산에서는 집행관, 압류처분이 되어 있는 금전채권에서는 당해 압류처분을 한 재판소서기관)에 그 취지를 통지하여야 한다. 다만 전조 제1항에서 준용하는 제14조 제3항의 규정에 따른 통지가 있는 때에는 그러하지 아니하다.

② 전항 본문에 규정하는 경우에 몰수의 재판이 확정된 때, 몰수보전이 효력을 잃은 때 또는 대체금이 납부된 때에도 같은 항 본문과 같다.

③ 제1항 본문에 규정하는 경우에 강제집행의 신청이 취하된 때, 강제집행절차를 취소하는 결정이 효력을 발생한 때 또는 강제집행절차에 의해 재산이 매각된 때에는 집행재판소의 재판소서기관(동산에서는 집행관, 압류처분이 되어 있는 금전채권에서는 당해 압류처분을 한 재판소서기관)은 검찰관에게 그 취지를 통지하여야 한다. 민사집행법 제143조에 규정하는 채권(같은 법 제167조 제1항의 규정에 따라 채권집행의 예에 따르는 것으로 된 같은 항에 규정하는 기타 재산권을 포함한다.)에 같은 법 제155조 제4항(같은 법 제167조의14 제1항에서 준용하는 경우를 포함한다.)의 규정에 따른 신고가 있는 때, 같은 법 제166조 제2항에서 준용하는 같은 법 제84조의 규정에 따른 배당 또는 변제금의 교부나 같은 법 제167조의11 제3항의 규정에 따른 변제금의 교부가 실시된 때 또는 같은 법 제159조 제1항의 전부명령 또는 같은 법 제161조 제1항의 양도명령이 효력을 발생한 때에도 같다.[103]

---

103) 일본국 민사집행법 제84조(매각대금의 배당등의 실시) ① 집행재판소는 대금의 급부가 있었던 경우에는 다음 항에 규정하는 경우를 제외하고 배당표에 기초한 배당을 실시하여야 한다.
② 채권자가 1인인 경우나 채권자가 2인 이상으로 매각대금으로 각 채권자의 채권 및 집행비용의 전부를 변제할 수 있는 경우에는 집행재판소는 매각대금의 교부계산서를 작성하여 채권자에게 변제금을 교

부하고 잉여금을 채무자에게 교부한다.

③ 대금의 납부 후에 제39조 제1항 제1호부터 제6호[역자 주: 집행권원(집행증서를 제외한다.) 또는 가집행의 선고를 취소하는 취지나 강제집행을 허가하지 아니하는 취지를 기재한 집행력 있는 재판의 정본, 집행권원과 관련된 화해, 인낙, 조정 또는 노동심판의 효력이 없음을 선언하는 확정판결의 정본, 제22조 제2호부터 제4호의2까지에 열거하는 집행권원이 소의 취하 기타 사유로 효력을 잃었음을 증명하는 증서의 정본 기타 재판소서기관이 작성한 문서, 강제집행을 하지 아니하는 취지 또는 그 신청을 취하하는 취지를 기재한 재판상 화해 또는 조정조서 정본 또는 노동심판법 제21조 제4호의 규정에 따라 재판상 화해와 동일한 효력을 갖는 노동심판의 심판서나 같은 법 제20조 제7항의 조서의 정본, 강제집행을 면하기 위한 담보를 제공하였음을 증명하는 문서, 강제집행의 정지 및 집행처분의 취소를 명하는 취지를 기재한 재판의 정본]까지에 열거하는 문서가 제출된 경우에 다른 매각대금의 배당 또는 변제금의 교부(이하 「배당등」이라고 한다.)를 받을 채권자가 있는 때에는 집행재판소는 그 채권자를 위해 배당등을 실시하여야 한다.

④ 대금의 급부 후에 제39조 제1항 제7호 또는 제8호에 열거하는 문서(역자 주: 강제집행의 일시정지를 명하는 취지를 기재한 재판의 정본, 채권자가 집행권원의 성립 후에 변제를 받거나 변제의 유예를 승낙하는 취지를 기재한 문서)가 제출된 경우에도 집행재판소는 배당등을 실시하여야 한다.

제143조(채권집행의 개시) 금전의 지불 또는 선박이나 동산의 인도를 목적으로 하는 채권(동산집행의 목적이 되는 유가증권이 발행되어 있는 채권을 제외한다. 이하 이 절에서 「채권」이라고 한다.)에 대한 강제집행(제167조의2 제2항에 규정하는 소액소송채권집행을 제외한다. 이하 이 절에서 「채권집행」이라고 한다.)은 집행재판소의 압류명령으로 개시한다.

민사집행법 제155조(압류채권자의 금전채권 추심) ① ~ ② (생 략)

③ 압류채권자가 제3채무자로부터 지급을 받은 때에는 그 채권 및 집행비용은 지급받은 액의 한도에서 변제된 것으로 본다.

④ 압류채권자는 전항의 지급을 받은 때에는 곧바로 그 취지를 집행재판소에 신고하여야 한다.

⑤ ~ ⑧ (생 략)

제159조(전부명령) ① 집행재판소는 압류채권자의 신청으로 지급에 갈음하여 권면액으로 압류된 금전채권을 압류채권자에게 전부하는 명령(이하 「전부명령」이라고 한다.)을 발령할 수 있다.

② ~ ⑦ (생 략)

제161조(양도명령 등) ① 압류된 채권이 조건부나 기한부인 때 또는 반대급부에 관련된 것 기타 사유로 추심이 곤란한 때에는 집행재판소는 압류채권자의 신청으로 그 채권을 집행재판소가 정한 가액으로 지급에 갈음하여 압류채권자에게 양도하는 명령(이하 「양도명령」이라고 한다), 취하에 갈음하여 집행재판소가 정하는 방법으로 그 채권의 매각을 집행관에게 명하는 명령(이하 「매각명령」이라고 한다.) 또는 관리인을 선임하여 그 채권의 관리를 명하는 명령(이하 「관리명령」이라고 한다.) 기타 상당한 방법에 따른 환가를 명하는 명령을 발할 수 있다.

② ~ ⑦ (생 략)

제166조(배당 등의 실시) ① (생 략)

② 제84조, 제85조 및 제88조부터 제92조까지의 규정은 전항의 규정에 따라 집행재판소가 실시하는 배당등의 절차에 준용한다.

③ (생 략)

제167조의11(배당 등을 위한 이행 등) ① 제167조의14 제1항에서 준용하는 제156조 제1항이나 제2항 또는 제157조 제5항의 규정에 따라 공탁이 된 경우에 채권자가 2인 이상으로 공탁금으로 각 채권자의 채권 및 집행비용의 전부를 변제할 수 없기 때문에 배당을 실시할 때에는 집행재판소는 그 소재지를 관할하는 지방재판소에서의 채권집행절차로 사건을 이행(移行)하게 하여야 한다.

② (생 략)

③ 제1항에 규정하는 공탁이 된 경우에 채권자가 1인이거나 채권자가 2인 이상으로 공탁금으로 각 채권자의 채권 및 집행비용의 전부를 변제할 수 있는 때에는 재판소서기관은 공탁금의 교부계산서를 작성하여 채권자에게 변제금을 교부하고 잉여금을 채무자에게 교부한다.

④ ~ ⑦ (생 략)

제167조의14(채권집행의 규정의 준용) ① 제146조부터 제152조까지, 제155조부터 제158조까지, 제164조 제5항 및 제6항과 제165조(제3호 및 제4호를 제외한다)의 규정은 소액소송채권집행에 준용한다. 이 경우에 제146조, 제155조 제4항부터 제6항까지 및 제8항과 제156조 제3항 중 「집행재판소」는 「재판소서기관」으로, 제146조 제1항 중 「압류명령을 발령할」은 「압류처분을 할」로, 제147조 제1항, 제148조 제2항, 제150조, 제155조 제1항, 제6항 및 제7항과 제156조 제1항 중 「압류명령」은 「압류처분」으로, 제147조 제1항 및 제148조 제1항 중 「압류에 관련된 채권」은 「압류에 관련된 금전채권」으로, 제149조 중 「압류명령이 발령된 때」는 「압류처분이 된 때」로, 제155조 제7항 중 「결정」은 「재판소서기관의 처

제17조(강제집행의 정지 및 그 결정의 취소청구의 방식) ① 강제집행의 정지청구는 다음에 열거하는 사항을 기재한 서면으로 하여야 한다.

1. 제14조 제1항 제1호부터 제3호까지에 열거하는 사항

2. 법 제38조 제1항에 규정하는 이유

② 강제집행의 정지를 청구하는 경우에는 법 제38조 제1항에 규정하는 이유가 있다고 인정할 자료를 제출하여야 한다.

③ 제12조의 규정은 강제집행의 정지결정의 취소청구에 준용한다. 이 경우에 같은 조 중 「제32조 제1항」은 「제38조 제3항」으로, 같은 조 제1항 중 「몰수보전사건」은 「강제집행정지사건」으로 바꿔 읽는 것으로 한다.

제18조(몰수보전과 담보권의 실행에 의한 압류가 경합하는 경우의 통지) 제13조 제1항 본문, 제3항 및 제16조 제3항의 규정은 몰수보전이 되어 있는 재산에 대한 담보권의 실행에 의해 압류가 된 경우에, 같은 조(제1항 단서를 제외한다.)의 규정은 담보권의 실행에 의해 압류가 되어 있는 재산에 몰수보전명령이 발령된 경우에 준용한다. 이 경우에 제13조 제1항 본문 및 제3항 중 「집행관, 압류처분이 된 금전채권에서는 당해 압류처분을 한 재판소서기관」과 제16조 제1항 본문 및 제3항 중 「집행관, 압류처분이 되어 있는 금전채권에서는 당해 압류처분을 한 재판소서기관」은 「집행관」으로, 같은 항 중 「변제금의 교부 또는 같은 법 제167조의11 제3항의 규정에 따른 변제금의 교부」는 「변제금의 교부」로, 당해 담보권에 부대보전이 되어 있는 때에는 제13조 제3항 및 제16조 제2항 중 「몰수보전」은 「몰수보전 또는 부대보전」으로 바꿔 읽는 것으로 한다.

제19조(몰수보전과 가압류의 집행 또는 체납처분에 의한 압류가 경합하는 경우의 통지 등) ① 제13조의 규정은 몰수보전이 되어 있는 재산에 가압류의 집행이 된 경우에, 같은 조 제3항의 규정은 몰수보전이 되어 있는 재산에 대한 체납처분에 의해 압류된 경우에 준용한다. 이 경우에 같은 조 제1항 및 제3항 중 「집행관, 압류처분이 된 금전채권에서는 당해 압류처분을 한 재판소서기관」은 「집행관」으로, 같은 조 제2항 중 「결정(압류처분이 된 금전채권에서는 당해 압류처분을 취소하는 취지의 재판소서기관의 처분을 포함한다. 제15조 제2항 및 제16조 제3항에서 같다.)」은 「결정」으로 바꿔 읽는 것으로 한다.

② 제14조의 규정은 몰수보전이 되어 있는 금전채권에 체납처분에 의한 압류 또는 압류의 집행이 된 경우에 당해 금전채권의 채무자의 공탁에, 제15조의 규정은 가압

분」으로, 제164조 제5항 중 「압류명령의 취소결정」은 「압류처분의 취소결정 또는 압류처분을 취소하는 취지의 재판소서기관의 처분」으로, 제165조(표제어를 포함한다.) 중 「배당등」은 「변제금의 교부」로 바꿔 읽는 것으로 한다.

② (생 략)

류의 집행이 되어 있는 금전채권에 몰수보전이 된 경우에 당해 금전채권의 채무자의 공탁에 준용한다. 이 경우에 제14조 제1항 제3호 중「강제집행에 의한 압류명령 또는 압류처분」은「체납처분에 의한 압류를 한 징수직원등(징수직원, 징세리원 기타 체납처분을 집행하는 권한을 보유하는 자를 말한다. 이하 같다.)이 소속된 청 기타 사무소의 명칭, 소재 및 체납자의 이름 또는 가압류의 집행」으로, 같은 조 제3항 중「집행재판소(압류처분이 된 경우에는 당해 압류처분을 한 재판소서기관. 이하 이 조에서 같다.)」 및 같은 조 제4항과 제6항 중「집행재판소」는「징수직원등 또는 보전집행재판소」로, 제15조 중「집행재판소의 재판소서기관(압류처분이 되어 있는 경우에는 당해 압류처분을 한 재판소서기관)」은「보전집행재판소의 재판소서기관」으로, 같은 조 제1항 중「강제집행에 의한 압류」는「가압류의 집행」으로 바꿔 읽는 것으로 한다.

③ 제16조의 규정은 가압류의 집행이 되어 있는 재산에 몰수보전명령이 발령된 경우에, 같은 조 제1항 및 제2항의 규정은 체납처분에 의해 압류되어 있는 재산에 몰수보전명령이 발령된 경우에 준용한다. 이 경우에 같은 조 제1항 중「집행재판소(동산에서는 집행관, 압류처분이 되어 있는 금전채권에서는 당해 압류처분을 한 재판소서기관)」는 가압류집행이 되어 있는 재산에 몰수보전명령이 발령된 경우에는「보전집행재판소(동산에서는 집행관)」로, 체납처분에 의해 압류되어 있는 재산에 몰수보전명령이 발령된 경우에는「징수직원등」으로, 같은 조 제3항 중「집행관, 압류처분이 되어 있는 금전채권에서는 당해 압류처분을 한 재판소서기관」은「집행관」으로 바꿔 읽는 것으로 한다.

④ 제17조의 규정은 가압류의 집행이 되어 있는 재산에 몰수보전명령을 발령한 경우 또는 발령하려는 경우에 강제집행의 정지청구 및 강제집행의 정지결정의 취소청구에 준용한다.

제20조(부대보전절차에의 준용) 부대보전에 관한 절차에는 이 규칙에 특별한 정함이 있는 것 외 몰수보전에 관한 규정을 준용한다.

제2절 추징보전

제21조(추징보전의 청구의 방식) ① 추징보전의 청구는 다음에 열거하는 사항을 기재한 서면으로 하여야 한다.

1. 피고인 또는 피의자의 이름 및 주소 또는 거소
2. 죄명, 공소사실 또는 피의사실의 요지 및 추징의 근거가 될 법령의 조항
3. 추징보전액
4. 처분을 금지할 재산
5. 법 제42조 제1항에 규정하는 사유

② 추징보전의 청구를 하는 경우에는 법 제42조 제1항에 규정하는 사유가 있다고 인정할 자료를 제출하여야 한다.

제22조(추징보전명령 등에의 준용) 제5조부터 제9조까지(제7조 제2항 및 제3항을 제외한다.) 및 제12조의 규정은 추징보전명령 또는 추징보전에 준용한다. 이 경우에 제9조 중 「대체금」은 「추징보전해방금」으로, 제12조 중 「제32조 제1항」은 「제47조」로 바꿔 읽는 것으로 한다.

제3절 잡칙

제23조(형사소송규칙의 준용) 몰수보전 및 추징보전에 관한 절차에는 법 및 이 규칙에 정하는 것 외에 형사소송규칙(昭和 23년 최고재판소규칙 제32호)의 규정을 준용한다.

제4장 몰수 및 추징재판의 집행 및 보전에 대한 국제공조절차

제24조(공조요청에 관련된 심사청구의 방식) ① 몰수의 확정재판의 집행에 관련된 공조요청의 심사청구는 다음에 열거하는 사항을 기재한 서면으로 하여야 한다.
1. 공조요청을 한 외국의 명칭
2. 일본국이 하는 동종의 요청에 응하는 취지의 요청국의 보증이 되어 있는 취지
3. 공조요청에 관련된 재산 및 이를 보유하는 자(명의인이 다른 경우는 명의인을 포함한다.)의 이름 및 주소 또는 거소
4. 공조요청에 관련된 확정재판을 받은 자의 이름 및 당해 확정재판의 확정연월일
5. 공조범죄의 죄명, 사실의 요지, 적용된 벌조(罰条) 및 몰수의 근거가 될 법령의 조항과 일본국에 상당하는 벌조(罰条) 및 법령의 조항
② 추징의 확정재판의 집행에 관련된 공조요청의 심사청구는 전항 제1호, 제2호 및 제4호에 열거하는 사항 외 다음에 열거하는 사항을 기재한 서면으로 하여야 한다.
1. 공조요청에 관련된 추징의 확정재판에서의 추징액
2. 법 제60조 제1항에 규정하는 공조요청에서는 그 취지 및 당해 요청에 관련된 재산의 가액
3. 공조범죄의 죄명, 사실의 요지, 적용된 벌조(罰条) 및 추징의 근거가 될 법령의 조항과 일본국에 상당하는 벌조(罰条) 및 법령의 조항

제25조(집행공조결정의 취소청구의 방식) ① 법 제65조 제1항의 규정에 따른 취소청구(다음 항에서 「결정취소청구」라고 한다.)는 다음에 열거하는 사항을 기재한 서면으로 하여야 한다.
1. 취소를 요구하는 결정의 표시

2. 취소를 요구하는 사유

② 결정취소청구를 하는 경우에는 법 제65조 제1항에 규정하는 사유가 있다고 인정할 자료를 제출하여야 한다.

제26조(공조요청에 관련된 몰수보전 등의 청구의 방식) ① 법 제66조 제1항 전단의 규정에 따른 청구(이하 이 조에서 「공조몰수보전청구」라고 한다.)는 제24조 제1항 제1호부터 제3호까지 및 제5호에 열거하는 사항 외 다음에 열거하는 사항을 기재한 서면으로 하여야 한다.

1. 공조범죄에 관련된 피고인이나 피의자 또는 확정재판을 받은 자의 이름

2. 채권의 몰수를 위한 보전에서는 채무자의 이름 및 주소 또는 거소

3. 법 제22조 제1항에 규정하는 사유. 다만 법 제59조 제2항의 규정에 따른 요청에서는 국제적인 협력 아래 규제약물에 관련된 부정행위를 조장하는 행위 등의 방지를 도모하기 위한 마약 및 향정신약단속법등의 특례 등에 관한 법률(平成 3년 법률 제94호. 이하 「마약특례법」이라고 한다.) 제19조 제1항에 규정하는 사유

② 법 제67조 제1항의 규정에 따른 청구(이하 이 조에서 「공조추징보전청구」라고 한다.)는 제24조 제1항 제1호, 제2호 및 같은 조 제2항 제3호에 열거하는 사항 외 다음에 열거하는 사항을 기재한 서면으로 하여야 한다.

1. 공조범죄에 관련된 피고인이나 피의자 또는 확정재판을 받은 자의 이름

2. 공조요청에 관련된 추징보전액

3. 법 제60조 제2항에 규정하는 공조요청에서는 그 취지 및 당해 요청에 관련된 재산의 가액

4. 처분을 금지할 재산

5. 법 제42조 제1항에 규정하는 사유. 다만 법 제59조 제2항의 규정에 따른 요청에서는 마약특례법 제20조 제1항에 규정하는 사유

③ 공조몰수보전청구 또는 공조추징보전청구가 공조요청을 한 외국의 재판소 또는 재판관이 한 몰수나 추징을 위한 보전의 재판에 기초한 요청인 경우 또는 몰수나 추징의 재판의 확정 후의 요청인 경우에는 제1항 제3호 또는 전항 제5호에 열거하는 사항에 갈음하여 그 취지를 기재하면 충분하다.

④ 공조몰수보전청구 또는 공조추징보전청구를 하는 경우에는 몰수보전명령 또는 추징보전명령을 발령할 수 있는 요건이 있음을 인정할 자료를 제출하여야 한다.

제27조(형사소송규칙 등의 준용) 이 장에 특별한 정함이 있는 것 외 재판소 또는 재판관이 하는 심사, 처분이나 영장의 발부, 검찰관 또는 검찰사무관이 하는 처분이나 재판소의 심사에의 이해관계인의 참가에 관한 절차에는 전2장 및 형사소송규칙(제1편 제2장 및 제5장부터 제13장까지, 제2편 제1장, 제3편 제1장, 제3장 및 제4장, 제7편 및 제8편

에 한한다.), 형사사건에서의 제3자 소유물의 몰수절차에 관한 규칙 및 도망범죄인인
도법에 따른 심사 등의 절차에 관한 규칙(昭和 28년 최고재판소규칙 제11호) 제4조, 제
19조, 제21조 및 제22조의 규정을 각각 그 성질에 반하지 아니하는 한 준용한다.

부 칙 〈생 략〉

검찰심사회법

제정 昭和 23년 법률 제147호

개정 平成 28년 6월 3일 법률 제54호

제1장 총칙

제1조 ① 공소권의 실행에 관한 민의를 반영시켜 그 적정을 도모하기 위해 정령으로 정하는 지방재판소 및 지방재판소지부 소재지에 검찰심사회를 둔다. 다만 각 지방재판소의 관할구역 내에 적어도 하나를 두어야 한다.

② 검찰심사회의 명칭 및 관할구역은 정령으로 정한다.

제2조 ① 검찰심사회는 아래의 사항을 담당한다.

1. 검찰관의 공소를 제기하지 아니하는 처분의 당부의 심사에 관한 사항

2. 검찰사무의 개선에 관한 건의 또는 권고에 관한 사항

② 검찰심사회는 고소 또는 고발을 한 자, 청구를 기다려 수리할 사건에 대하여 청구를 한 자 또는 범죄에 의해 해를 입은 자(범죄에 의해 해를 입은 자가 사망한 경우에는 그 배우자, 직계의 친족 또는 형제자매)의 신청이 있는 때에는 전항 제1호의 심사를 진행하여야 한다.

③ 검찰심사회는 그 과반수에 의한 의결이 있는 때에는 스스로 지득한 자료에 기초하여 직권으로 제1항 제1호의 심사를 진행할 수 있다.

제3조 검찰심사회는 독립하여 그 직무를 수행한다.

제4조 검찰심사회는 당해 검찰심사회의 관할구역 내의 중의원의원의 선거권을 가진 자 중에서 추첨하여 선정한 11인의 검찰심사원으로 조직한다.

제2장 검찰심사원 및 검찰심사회의 구성

제5조 다음에 열거하는 자는 검찰심사원이 될 수 없다.

1. 학교교육법(昭和 23년 법률 제26호)에 정하는 의무교육을 종료하지 아니한 자. 다만 의무교육을 종료한 자와 동등 이상의 학식을 가진 자는 그러하지 아니하다.

2. 1년 이상의 징역 또는 금고의 형에 처하여진 자

제6조 다음 열거하는 자는 검찰심사원의 직무에 취임할 수 없다.

1. 천황, 황후, 태황태후, 황태후 및 황사(皇嗣)

2. 국무대신

3. 재판관

4. 검찰관

5. 회계검사원 검사관

6. 재판소의 직원(비상근인 자를 제외한다.)

7. 법무성의 직원(비상근인 자를 제외한다.)

8. 국가공안위원회위원, 도도부현공안위원회위원 및 경찰직원(비상근인 자를 제외한다.)

9. 사법경찰직원으로서의 직무를 수행하는 자

10. 자위관

11. 도도부현지사 및 시정촌장(특별구장을 포함한다.)

12. 변호사(외국법자문사를 포함한다.) 및 변리사

13. 공증인 및 사법서사

제7조 검찰심사원은 다음에 열거하는 경우에는 직무의 집행에서 제척된다.

1. 검찰심사원이 피의자 또는 피해자인 때

2. 검찰심사원이 피의자 또는 피해자의 친족이거나 친족이었던 때

3. 검찰심사원이 피의자 또는 피해자의 법정대리인, 후견감독인, 보좌인, 보좌감독
인, 보조인 또는 보조감독인인 때

4. 검찰심사원이 피의자 또는 피해자의 동거인이나 피용자인 때

5. 검찰심사원이 사건에 대하여 고발 또는 청구를 한 때

6. 검찰심사원이 사건에 대하여 증인 또는 감정인으로 된 때

7. 검찰심사원이 사건에 대하여 피의자의 대리인 또는 변호인으로 된 때

8. 검찰심사원이 사건에 대하여 검찰관 또는 사법경찰직원으로서 직무를 수행한 때

제8조 다음에 열거하는 자는 검찰심사원의 직무를 사퇴할 수 있다.

1. 70세 이상인 자

2. 국회 또는 지방공공단체의 의회의 의원. 다만 회기 중에 한한다.

3. 전호 본문에 열거하는 자 이외의 국가 또는 지방공공단체의 직원 및 교원

4. 학생 및 생도

5. 과거 5년 이내에 검찰심사원 또는 보충원의 직에 있었던 자

6. 과거 5년 이내에 재판원이 참가하는 형사재판에 관한 법률(平成 16년 법률 제63호)
의 규정에 따른 재판원 또는 보충재판원의 직에 있었던 자

7. 과거 3년 이내에 재판원이 참가하는 형사재판에 관한 법률의 규정에 따른 선임예정재판원이었던 자

8. 과거 1년 이내에 재판원후보자로서 재판원이 참가하는 형사재판에 관한 법률 제27조 제1항에 규정하는 재판원등 선임절차기일에 출석한 일이 있는 자{같은 법 제34조 제7항[같은 법 제38조 제2항(같은 법 제46조 제2항에서 준용하는 경우를 포함한다.), 제47조 제2항 및 제92조 제2항에서 준용하는 경우를 포함한다.]의 규정에 따라 불선임결정이 있었던 자를 제외한다.}

9. 중한 질병, 해외여행 기타 부득이한 사유가 있어 검찰심사회로부터 직무를 사퇴하는 것을 승인받은 자

제 9 조 ① 검찰심사회사무국장은 매년 9월 1일까지 검찰심사원후보자의 수를 당해 검찰심사회 관할구역 내의 시정촌에 할당하여 시정촌 선거관리위원회에 통지하여야 한다.

② 검찰심사원후보자는 각 검찰심사회마다 제1군부터 제4군까지의 4군으로 나누어 각 군의 인원은 각각 100인으로 한다.

제10조 ① 시정촌 선거관리위원회는 전조 제1항의 통지를 받은 때에는 당해 시정촌의 선거인명부에 등록되어 있는 자 중에서 각각 제1군부터 제4군까지에 속할 검찰심사원후보자의 예정자로서 당해 통지에 관련된 인원인 자[공직선거법(昭和 25년 법률 제100호) 제27조 제1항의 규정에 따라 선거인명부에 같은 법 제11조 제1항 또는 제252조 또는 정치자금규정법(昭和 23년 법률 제194호) 제28조의 규정에 따라 선거권을 갖지 못하게 되었다는 취지의 표시가 되어 있는 자를 제외한다.]를 추첨으로 선정하여야 한다.

② 시정촌 선거관리위원회는 전항의 규정에 따라 선정된 자에 대하여 선거인명부에 기재(공직선거법 제19조 제3항의 규정에 따라 자기디스크로 제조한 선거인명부에서는 기록)되어 있는 이름, 주소 및 생년월일을 기재(다음 항의 규정에 따라 자기디스크로 제조한 검찰심사원후보자예정자명부에서는 기록)한 검찰심사원후보자예정자명부를 제조하여야 한다.

③ 검찰심사원후보자예정자명부는 자기디스크(이에 준하는 방법으로 일정한 사항을 확실하게 기록해둘 수 있는 물건을 포함한다. 이하 같다.)로 제조할 수 있다.

제11조 시정촌 선거관리위원회는 제9조 제1항의 통지를 받은 해의 10월 15일까지 검찰심사원후보자예정자명부를 관할 검찰심사회사무국에 송부하여야 한다.

제12조 시정촌 선거관리위원회는 제10조 제1항의 규정에 따라 선정한 검찰심사원후보자의 예정자가 사망하거나 것 또는 중의원의원의 선거권을 갖지 못하게 되었음을 안 때에는 전조의 규정에 따라 검찰심사원후보자예정자명부를 송부한 검찰심사회사무국에 그 취지를 통지하여야 한다. 다만 당해 검찰심사원후보자의 예정자가

속하는 군의 검찰심사원의 임기가 종료한 때에는 그러하지 아니하다.

제12조의2 ① 검찰심사회사무국장은 제11조의 규정에 따른 검찰심사원후보자예정자명부의 송부가 있는 때에는 이에 기초하여 정령으로 정하는 바에 따라 검찰심사원후보자의 이름, 주소 및 생년월일을 기재(다음 항의 규정에 따라 자기디스크로 제조한 검찰심사원후보자명부에서는 기록. 제3항에서 같다.)한 검찰심사원후보자명부를 제조하여야 한다.

② 검찰심사원후보자명부는 자기디스크로 제조할 수 있다.

③ 검찰심사회사무국장은 검찰심사원후보자명부에 기재된 자에게 그 취지를 통지하여야 한다.

제12조의3 검찰심사회사무국장은 검찰심사원후보자가 다음에 열거하는 사유에 해당하는지에 대한 검찰심사회의 판단에 도움이 되는 사정을 조사하여야 한다.

1. 제5조 각호에 열거하는 자인 것

2. 제6조 각호에 열거하는 자인 것

3. 제8조 각호에 열거하는 자인 것

제12조의4 검찰심사회사무국장은 전조 각호에 열거하는 사유에 해당하는지에 대한 검찰심사회의 판단에 도움이 되는 사정을 조사하기 위해 검찰심사원후보자에게 질문표를 이용하여 필요한 질문을 할 수 있다.

제12조의5 제12조의2 제3항의 규정에 따라 통지를 받은 검찰심사원후보자 중 제8조 제1호부터 제8호까지에 열거하는 자 또는 같은 조 제9호에 규정하는 사유에 해당하는 자는 검찰심사회에 검찰심사원 또는 보충원이 되는 것을 사퇴하는 신청을 할 수 있다.

제12조의6 검찰심사회사무국장은 검찰심사원후보자 또는 검찰심사원이나 보충원이 제12조의3 각호에 열거하는 사유에 해당하는지에 대한 검찰심사회의 판단에 도움이 되는 사정을 조사하기 위해 공무소 또는 공사의 단체에 조회하여 필요한 사항의 보고를 요구할 수 있다.

제12조의7 검찰심사회사무국장은 검찰심사원후보자가 다음에 열거하는 사유에 해당하는 때에는 정령으로 정하는 바에 따라 당해 검찰심사원후보자를 검찰심사원후보자명부에서 삭제하여야 한다.

1. 사망하거나 중의원의원의 선거권을 갖지 못하게 되었음을 검찰심사회가 안 때

2. 검찰심사회가 제12조의3 각호에 열거하는 사유에 해당한다는 취지의 판단을 한 때

3. 검찰심사원 또는 보충원에 선정된 때

제13조 ① 검찰심사회사무국장은 매년 12월 28일까지 제1군 검찰심사원후보자 중에서 각 5인의, 3월 31일까지 제2군 검찰심사원후보자 중에서 각 6인의, 6월 30까

지 제3군 검찰심사원후보자 중에서 각 5인의, 9월 30일까지 제4군 검찰심사원후보자 중에서 각 6인의 검찰심사원 및 보충원을 추첨으로 선정하여야 한다.

② 전항의 추첨은 지방재판소의 판사 및 지방검찰청의 검사 각 1인의 입회하에 진행하여야 한다. 이 경우에 입회한 자는 검찰심사원 및 보충원의 선정의 증명을 하여야 한다.

제14조 검찰심사원 및 보충원의 임기는 제1군에 대하여는 2월 1일부터 7월 31까지, 제2군에 대하여는 5월 1일부터 10월 31일까지, 제3군에 대하여는 8월 1일부터 다음 해 1월 31일까지, 제4군에 대하여는 11월 1일부터 다음 해 4월 30일까지로 한다.

제15조 ① 전조에 규정하는 각군의 검찰심사원 및 보충원의 어느 하나의 임기가 개시된 때에는 그 때마다 신속하게 검찰심사회의를 열고 검찰심사회장을 호선하여야 한다. 이 경우에 검찰심사회장이 호선될 때까지는 검찰심사회사무국장이 검찰심사회장의 직무를 수행한다.

② 검찰심사회장은 검찰심사회의 의장이 되어 검찰심사회의 사무를 담당하고 검찰심사회사무관을 지휘감독한다.

③ 검찰심사회장의 임기는 그 호선 후 최초의 전조에 규정하는 각 군의 검찰심사원 및 보충원의 임기가 종료하는 날까지로 한다.

④ 제1항의 규정은 검찰심사회장의 궐위 또는 직무의 집행이 정지된 경우에 준용한다.

⑤ 전항에 규정하는 경우를 제외하고 검찰심사회장에 사고가 있는 때에는 미리 검찰심사회가 정하는 순서에 따라 다른 검찰심사원이 임시로 검찰심사회장의 직무를 수행한다.

제16조 ① 지방재판소장 또는 지방재판소지부에 근무하는 재판관은 전조 제1항의 검찰심사회의 개회 전 검찰심사원 및 보충원에게 검찰심사원 및 보충원의 권한, 의무 기타 필요한 사항을 설명하고 선서를 하게 하여야 한다.

② 선서는 선서서에 의하여 하여야 한다.

③ 선서서에는 양심에 따라 공평 성실히 그 직무를 할 것을 맹세하는 취지를 기재하여야 한다.

④ 지방재판소장 또는 지방재판소지부에 근무하는 재판관은 기립하여 선서서를 낭독하게 하고 검찰심사원 및 보충원을 이에 서명날인하게 하여야 한다.

제17조 ① 다음 각호의 어느 하나에 해당하는 검찰심사원은 직무의 집행이 정지된다.

1. 금고 이상의 형에 해당하는 죄로 기소되어 그 피고사건이 종결되지 아니한 자

2. 체포 또는 구류되어 있는 자

② 제12조의6의 규정은 전항 각호에 열거한 자에 해당하는지에 대한 검찰심사회의

판단에 도움이 되는 사정의 조사에 준용한다.

제18조 ① 검찰심사원이 흠결되거나 또는 직무의 집행을 정지당한 때에는 검찰심사회장은 보충원 중에서 추첨하여 결원을 보충할 검찰심사원을 선정하여야 한다.

② 전항의 추첨은 검찰심사회사무관의 입회를 통해 진행하여야 한다.

제18조의2 ① 검찰심사회장은 검찰심사원 또는 보충원이 흠결된 경우에 필요하다고 인정하는 수의 보충원(이하 이 조에서 「추가보충원」이라 한다.)을 선정할 수 있다. 다만 추가보충원을 포함하여 검찰심사원 및 보충원 수의 합계가 22인을 넘어서는 아니 된다.

② 전항의 규정에 따른 선정은 정령으로 정하는 바에 따라 빠진 검찰심사원 또는 보충원이 속하는 군의 검찰심사원후보자 중에서 검찰심사회사무국장이 추첨하여 한다.

③ 추가보충원의 임기는 그 자가 속하는 군의 검찰심사원의 임기와 동일한 것으로 한다. 다만 제1항의 선정이 그 군의 검찰심사원의 임기가 개시된 후에 이뤄진 때에는 그 임기는 당해 선정이 이뤄진 날의 익일부터 개시한다.

④ 제13조 제2항의 규정은 추가보충원의 선정에 관련된 제2항의 추첨에, 제16조의 규정은 추가보충원에 대한 설명 및 선서에 각각 준용한다. 이 경우에 같은 조 제1항 중 「전조 제1항의」는 「제18조의2 제1항의 규정에 따라 선정 후 최초의」로 바꿔 읽는 것으로 한다.

제3장 검찰심사회사무국 및 검찰심사회사무관

제19조 각 검찰심사회에 사무국을 둔다.

제20조 ① 각 검찰심사회에 최고재판소가 정하는 인원의 검찰심사회사무관을 둔다.

② 검찰심사회사무관은 재판소사무관 중에서 최고재판소가 명하고, 검찰심사회사무관이 근무하는 검찰심사회는 최고재판소가 정하는 바에 따라 각 지방재판소가 정한다.

③ 최고재판소는 각 검찰심사회의 검찰심사회사무관 중 1명에게 각 검찰심사회사무국장을 명한다.

④ 검찰심사회사무국장 및 기타 검찰심사회사무관은 검찰심사회장의 지휘감독을 받아 검찰심사회의 사무를 담당한다.

제4장 검찰심사회의

제21조 ① 검찰심사회는 매년 3월, 6월, 9월 및 12월에 각각 검찰심사회의를 열어야 한다.

② 검찰심사회장은 특별히 필요하다고 인정하는 때에는 언제라도 검찰심사회의를 소집할 수 있다.

제22조 검찰심사회의의 초대장은 검찰심사회장이 검찰심사원 및 보충원 전원에게 발송한다.

제23조 검찰심사원 및 보충원에 대한 소집장에는 출석할 일시, 장소 및 소집에 응하지 아니하는 때에는 과태료에 처해질 수 있다는 취지를 기재하여야 한다.

제24조 검찰심사원 및 보충원은 질병 기타 부득이한 사유로 인해 소집에 응할 수 없는 경우에는 당해 회의기일에서의 직무를 사퇴할 수 있다. 이 경우에는 서면으로 사유를 소명하여야 한다.

제25조 ① 검찰심사회는 검찰심사원 전원의 출석이 없으면 회의를 열고 의결할 수 없다.

② 검찰심사원이 회의기일에 출석하지 아니한 때 또는 제34조의 규정에 따라 제척의 의결이 있는 때에는 검찰심사회장은 보충원 중에서 추첨하여 임시로 검찰심사원의 직무를 수행하는 자를 선정하여야 한다.

③ 제18조 제2항의 규정은 전항의 경우에 준용한다.

제25조의2 보충원은 검찰심사회의 허가를 얻어 검찰심사회의를 방청할 수 있다.

제26조 검찰심사회의는 공개하지 아니한다.

제27조 검찰심사회의의 의사는 과반수로 결정한다.

제28조 ① 검찰심사회의의 의사(議事)에 대하여는 회의록을 작성하여야 한다.

② 회의록은 검찰심사회사무관이 작성한다.

제29조 검찰심사원 및 보충원에게는 정령으로 정하는 바에 따라 여비, 일당 및 숙박료를 지급한다. 다만 그 액은 형사소송비용 등에 관한 법률(昭和 46년 법률 제41호)의 규정에 따라 증인에게 지급할 액을 밑돌 수 없다.

제5장 심사신청

제30조 제2조 제2항에 열거하는 자는 검찰관의 공소를 제기하지 아니하는 처분에 불복이 있는 때에는 그 검찰관이 소속된 검찰청의 소재지를 관할하는 검찰심사회에 그 처분의 당부의 심사를 신청할 수 있다. 다만 재판소법 제16조 제2호에 규정하는

사건 및 사적 독점의 금지 및 공정거래의 확보에 관한 법률의 규정에 위반하는 죄에 관련된 사건에 대하여는 그러하지 아니하다.

제31조 심사의 신청은 서면으로 신청의 이유를 명시하여야 한다.

제32조 검찰관의 공소를 제기하지 아니하는 처분의 당부에 관한 검찰심사회의의 의결이 있는 때에는 동일 사건에 대하여 다시 심사의 신청을 할 수 없다.

제6장 심사절차

제33조 ① 신청에 따른 심사의 순서는 심사신청의 순서에 따른다. 다만 검찰심사회장은 특히 긴급을 요한다고 인정하는 때에는 그 순서를 변경할 수 있다.

② 직권에 의한 심사의 순서는 검찰심사회장이 정한다.

제34조 ① 검찰심사회장은 검찰심사원에게 피의자의 이름, 직업 및 주거를 고지하고, 그 직무의 집행에서 제척되는 이유가 있는지를 물어야 한다.

② 검찰심사원은 제척의 이유가 있는 때에는 그 취지의 신청을 하여야 한다.

③ 제척의 이유가 있는 때에는 검찰심사회의는 제척의 결정을 하여야 한다.

제35조 검찰관은 검찰심사회의 요구가 있는 때에는 심사에 필요한 자료를 제출하거나 회의에 출석하여 의견을 진술하여야 한다.

제35조의2 ① 전조에 정하는 것 외에 검찰심사회가 심사를 진행하는 경우에는 검찰관은 당해 심사에 관련된 사건에 대하여 피의자와 한 형사소송법(昭和 23년 법률 제131호) 제350조의2 제1항의 합의가 있는 때에는 같은 법 제350조의3 제2항의 서면을 검찰심사회에 제출하여야 한다.

② 전항의 규정에 따라 당해 서면을 검찰심사회에 제출한 후 검찰심사회가 검찰관의 공소를 제기하지 아니하는 처분의 당부에 대한 의결을 하기 전에 당해 합의의 당사자가 형사소송법 제350조의10 제2항의 규정에 따라 당해 합의로부터 이탈하는 취지를 고지한 때에는 검찰관은 지체 없이 같은 항의 서면을 검찰심사회에 제출하여야 한다.

제36조 검찰심사회는 공무소 또는 공사의 단체에 조회하여 필요한 사항의 보고를 요구할 수 있다.

제37조 ① 검찰심사회는 심사신청인 및 증인을 불러 심문할 수 있다.

② 검찰심사회는 증인이 그 호출에 응하지 아니하는 때에는 당해 검찰심사회의 소재지를 관할하는 간이재판소에 증인의 소환을 청구할 수 있다.

③ 전항의 청구가 있는 때에는 재판소는 소환장을 발부하여야 한다.

④ 전항의 소환에는 형사소송법의 규정을 준용한다.

제38조 검찰심사회는 상당하다고 인정하는 자의 출석을 요구하고, 법률 기타 사항에 관한 전문적 조언을 요구할 수 있다.

제38조의2 심사신청인은 검찰심사회에 의견서 또는 자료를 제출할 수 있다.

제39조 증인 및 제38조의 규정에 따라 조언을 구한 자에게는 정령이 정하는 바에 따른 여비, 일당 및 숙박료를 지급한다. 다만 그 액은 형사소송비용 등에 관한 법률의 규정에 따라 증인에게 지급할 액을 밑돌 수 없다.

제39조의2 ① 검찰심사회는 심사를 진행할 때 법률에 관한 전문적 견지를 보강할 필요가 있다고 인정하는 때에는 변호사 중에서 사건마다 심사보조원을 위촉할 수 있다.

② 심사보조원 수는 1인으로 한다.

③ 심사보조원은 검찰심사회의에서 검찰심사회장의 지휘감독을 받아 법률에 관한 학식경험에 기하여 다음에 열거하는 직무를 수행한다.

1. 당해 사건에 관련된 법령 및 그 해석을 설명하는 것

2. 당해 사건의 사실상 및 법률상의 문제점 정리 및 당해 문제점에 관한 증거를 정리하는 것

3. 당해 사건의 심사에 관하여 법적 견지에서 필요한 조언을 하는 것

④ 검찰심사회는 전항의 직무를 수행한 심사보조원에게 제40조의 규정에 따른 의결서의 작성을 보조하게 할 수 있다.

⑤ 심사보조원은 그 직무를 수행할 때에는 검찰심사회가 공소권의 실행에 관하여 민의를 반영하게 하여 그 적정을 도모하기 위해 둔 것임을 기초로 그 자주적인 판단을 방해하려는 언동을 하여서는 아니 된다.

제39조의3 검찰심사회는 위촉할 필요가 없게 되었다고 인정하거나 심사보조원으로서 계속 직무를 수행하게 함이 적당하지 아니하다고 인정하는 때에는 해촉할 수 있다.

제39조의4 심사보조원에게는 다른 법률에 정하는 바에 따라 수당을 지급하고 정령으로 정하는 바에 따라 여비, 일당 및 숙박료를 지급한다.

제39조의5 ① 검찰심사회는 검찰관의 공소를 제기하지 아니하는 처분의 당부에 관하여 다음 각호에 열거하는 경우에는 당해 각호에 정하는 의결을 한다.

1. 기소가 상당하다고 인정하는 때: 기소가 상당하다고 하는 의결

2. 전호에 열거하는 경우를 제외하고 공소를 제기하지 아니하는 처분을 부당하다고 인정하는 때: 공소를 제기하지 아니하는 처분을 부당하다고 하는 의결

3. 공소를 제기하지 아니하는 처분을 상당하다고 인정하는 때: 공소를 제기하지 아니하는 처분을 상당하다고 하는 의결

② 전항 제1호의 의결을 할 때에는 제27조의 규정에 불구하고 검찰심사원 8인 이상의 다수에 의하여야 한다.

제40조 검찰심사회는 심사의 결과 의결을 한 때에는 이유를 붙인 의결서를 작성하고 그 등본을 당해 검찰관을 지휘감독하는 검사정 및 검찰관적격심사회에 송부하고, 그 의결 후 7일간 당해 검찰심사회사무국의 게시장에 의결의 요지를 게시하고, 제30조의 규정에 따른 신청을 한 자가 있는 때에는 그 신청에 관련된 사건에 대한 의결의 요지를 통지하여야 한다.

제41조 ① 검찰심사회가 제39조의5 제1항 제1호의 의결을 한 경우에 전조의 의결서의 등본의 송부가 있는 때에는 검찰관은 신속하게 당해 의결을 참고하여 공소를 제기할지를 검토한 후에 당해 의결에 관련된 사건에 대하여 공소를 제기하거나 제기하지 아니하는 처분을 하여야 한다.

② 검찰심사회가 제39조의5 제1항 제2호의 의결을 한 경우에 전조의 의결서의 등본의 송부가 있는 때에는 검찰관은 신속하게 당해 의결을 참고하여 당해 공소를 제기하지 아니하는 처분의 당부를 검토한 후에 당해 의결에 관련된 사건에 대하여 공소를 제기하거나 제기하지 아니하는 처분을 하여야 한다.

③ 검찰관은 전2항의 처분을 한 때에는 곧바로 전2항의 검찰심사회에 그 취지를 통지하여야 한다.

제41조의2 ① 제39조의5 제1항 제1호의 의결을 한 검찰심사회는 검찰관으로부터 전조 제3항의 규정에 따라 공소를 제기하지 아니하는 처분을 한 취지의 통지를 받은 때에는 당해 처분의 당부의 심사를 진행하여야 한다. 다만 다음 항의 규정에 따라 심사가 진행된 때에는 그러하지 아니하다.

② 제39조의5 제1항 제1호의 결의를 한 검찰심사회는 제40조의 규정에 따라 당해 의결에 관련된 의결서의 등본의 송부를 한 날로부터 3월(검찰관이 당해 검찰심사회에 대하여 3월을 초과하지 않는 범위에서 연장을 필요로 하는 기간 및 그 이유를 통지한 때에는 그 기간을 더한 기간) 이내에 전조 제3항의 규정에 따른 통지가 없었던 때에는 그 기간이 경과한 때 당해 의결이 있어 공소를 제기하지 아니하는 처분과 동일한 처분이 있는 것으로 보고 당해 처분의 당부의 심사를 진행하여야 한다. 다만 심사의 결과 의결을 하기 전에 검찰관으로부터 같은 항의 규정에 따라 공소를 제기하지 아니하는 처분을 한 취지의 통지를 받은 때에는 당해 처분의 당부의 심사를 진행하여야 한다.

제41조의3 검찰심사회는 전조의 규정에 따른 심사를 진행한 경우에 같은 조에 규정하는 의결이 제2조 제2항에 열거하는 자의 신청에 따른 심사에 관련된 것으로 그 신청을 한 자(그 자가 2인 이상인 때에는 그 모두)가 검찰심사회에 검찰관이 공소를 제기하지 아니하는 것에 불복이 없다는 취지의 신고를 한 때에는 당해 심사를 종료하게 할 수 있다.

제41조의4 검찰심사회는 제41조의2의 규정에 따라 심사를 진행할 때에는 심사보조원을 위촉하고 법률에 관한 전문적인 견지를 바탕으로 그 심사를 진행하여야 한다.

제41조의5 검찰심사회는 제41조 제1항의 공소를 제기하지 아니하는 처분에 대하여는 제41조의2의 규정에 따른 경우에 한하여 그 당부의 심사를 할 수 있다.

제41조의6 ① 검찰심사회는 제41조의2의 규정에 따른 심사를 한 경우에 기소를 상당하다고 인정하는 때에는 제39조의5 제1항 제1호의 규정에 불구하고 기소를 하여야 한다는 취지의 의결(이하 「기소의결」이라 한다.)을 한다. 기소의결을 할 때에는 제27조의 규정에 불구하고 검찰심사원 8인 이상의 다수결에 따라야 한다.

② 검찰심사회는 기소의결을 할 때에는 미리 검찰관에게 검찰심사회의에 출석하여 의견을 진술할 기회를 부여하여야 한다.

③ 검찰심사회는 제41조의2의 규정에 따라 심사를 진행한 경우에 공소를 제기하지 아니하는 처분의 당부에 대하여 기소의결을 하기에 이르지 못한 때에는 제39조의5 제1항의 규정에 불구하고 그 취지의 의결을 하여야 한다.

제41조의7 ① 검찰심사회는 기소의결을 한 때에는 의결서에 인정한 범죄사실을 기재하여야 한다. 이 경우에 검찰심사회는 가능한 한 일시, 장소 및 방법을 가지고 범죄를 구성하는 사실을 특정하여야 한다.

② 검찰심사회는 심사보조원에게 전항의 의결서의 작성을 보조하게 하여야 한다.

③ 검찰심사회는 제1항의 의결서를 작성한 때에는 제40조에 규정하는 조치를 취하는 외에 그 의결서의 등본을 당해 검찰심사회의 소재지를 관할하는 지방재판소에 송부하여야 한다. 다만 적당하다고 인정하는 때에는 기소의결에 관련된 사건의 범죄지 또는 피의자의 주소, 거소나 현재지를 관할하는 다른 지방재판소에 송부할 수 있다.

제41조의8 검찰관이 동일한 피의사건에 대하여 전에 한 공소를 제기하지 아니하는 처분과 동일한 이유로 제41조 제2항의 공소를 제기하지 아니하는 처분을 한 때에는 제2조 제2항에 열거하는 자는 그 처분의 당부의 심사를 신청할 수 없다.

제7장 기소의결에 기초한 공소의 제기 등

제41조의9 ① 제41조의7 제3항의 규정에 따라 의결서의 등본의 송부가 있는 때에는 재판소는 기소의결에 관련된 사건에 대하여 공소의 제기 및 그 유지를 담당할 자를 변호사 중에서 지정하여야 한다.

② 전항의 경우에 의결서의 등본의 송부를 받은 지방재판소가 제41조의7 제3항 단서에 규정하는 지방재판소에 해당하지 않게 되더라도 전항의 규정에 따라 재판소

가 한 지정은 그 효력을 잃지 아니한다.

③ 지정변호사(제1항의 지정을 받은 변호사 및 제41조의11 제2항의 지정을 받은 변호사를 말한다. 이하 같다.)는 기소의결에 관련된 사건에 대하여 다음 조의 규정에 따라 공소제기 및 그 공소의 유지를 하기 위해 검찰관의 직무를 수행한다. 다만 검찰사무관 및 사법경찰직원에 대한 수사의 지휘는 검찰관에게 촉탁하여 하여야 한다.

④ 제1항의 재판소는 공소의 제기 전에 지정변호사가 그 직무를 수행하기에 적절하지 아니하다고 인정하는 때 기타 특별한 사정이 있는 때에는 언제라도 지정을 취소할 수 있다.

⑤ 지정변호사는 법령에 따라 공무에 종사하는 직원으로 본다.

⑥ 지정변호사에게는 정령으로 정하는 액의 수당을 지급한다.

제41조의10 ① 지정변호사는 신속하게 기소의결에 관련된 사건에 대하여 공소를 제기하여야 한다. 다만 다음 각호의 어느 하나에 해당하는 때에는 그러하지 아니하다.

1. 피의자가 사망하거나 피의자인 법인이 존속하지 아니하게 된 때

2. 당해 사건에 대하여 이미 공소가 제기되어 그 피고사건이 재판소에 계속하는 때, 확정판결(형사소송법 제329조 및 제338조의 판결을 제외한다.)이 있는 때, 형이 폐지된 때 또는 그 죄에 대하여 사면이 있는 때

3. 기소의결 후에 발생한 사유로 인해 당해 사건에 대하여 공소를 제기한 때에는 형사소송법 제337조 제4호, 제338조 제1호 또는 제4호에 열거하는 경우에 해당하게 되었음이 명백한 때

② 지정변호사는 전항 단서의 규정에 따라 공소를 제기하지 아니하는 때에는 신속하게 전조 제1항의 재판소에 같은 항의 지정의 취소를 신청하여야 한다. 이 경우에 당해 재판소는 전항 단서 각호에 열거하는 사유의 어느 하나에 해당하는 사유가 있다고 인정하는 때에는 그 지정을 취소한다.

③ 전항의 재판소는 같은 항의 규정에 따라 지정을 취소한 때에는 기소의결을 한 검찰심사회에 그 취지를 통지하여야 한다.

제41조의11 ① 지정변호사가 공소를 제기한 경우에 그 피고사건이 계속하는 재판소는 당해 지정변호사가 그 직무를 수행하기에 적절하지 아니하다고 인정하는 때 기타 특별한 사정이 있는 때에는 언제라도 지정을 취소할 수 있다.

② 전항의 재판소는 같은 항의 규정에 따라 지정을 취소한 때 또는 심판의 경과 기타 사정에 비추어 필요하다고 인정하는 때에는 그 피고사건에 대하여 공소의 유지를 담당하는 자를 변호사 중에서 지정할 수 있다.

제41조의12 지정변호사는 공소를 제기한 경우에 동일한 사건에 대하여 형사소송법 제262조 제1항의 청구가 이뤄진 지방재판소가 있는 때에는 공소를 제기한 취지를

통지하여야 한다.

제8장 건의 및 권고

제42조 ① 검찰심사회는 언제라도 검찰사무의 개선에 관하여 검사정에게 건의나 권고를 할 수 있다.

② 전항의 건의나 권고를 받은 검사정은 신속하게 검찰심사회에게 당해 건의나 권고에 기초하여 취한 조치의 유무 및 내용을 통지하여야 한다.

제9장 검찰심사원 및 보충원의 보호를 위한 조치

제42조의2 노동자가 검찰심사원의 직무를 수행하기 위해 휴가를 얻거나 기타 검찰심사원, 보충원이나 검찰심사원후보자인 것 또는 이들에 해당하는 자였음을 이유로 해고 기타 불이익한 취급을 하여서는 아니 된다.

제10장 벌칙

제43조 ① 검찰심사원 및 보충원은 다음의 경우에는 10만엔 이하의 과태료에 처한다.

1. 정당한 이유 없이 소집에 응하지 아니한 때

2. 선서를 거절한 때

② 제37조 제3항의 규정에 따라 소환을 받은 증인이 정당한 이유 없이 소환에 응하지 아니하는 때에도 전항과 같다.

제44조 ① 검찰심사원, 보충원 또는 심사보조원이 검찰심사회의에서 검찰심사원이 수행한 평의의 경과나 각 검찰심사원의 의견(제25조 제2항의 규정에 따라 임시로 검찰심사원의 직무를 수행하는 자의 의견을 포함한다. 이하 이 조에서 같다.) 또는 그 다소의 수(이하 이 조에서 「평의의 비밀」이라 한다.) 기타 직무상 지득한 비밀을 누설한 때에는 6월 이하의 징역 또는 50만엔 이하의 벌금에 처한다.

② 검찰심사원, 보충원 또는 심사보조원의 직에 있었던 자가 다음 각호의 어느 하나에 해당하는 때에도 전항과 같다.

1. 직무상 지득한 비밀(평의의 비밀을 제외한다.)을 누설한 때

2. 평의의 비밀 중 각 검찰심사원의 의견 또는 그 다소의 수를 누설한 때

3. 재산상의 이익 기타의 이익을 얻을 목적으로 평의의 비밀(전호에 규정하는 것을 제외한다.)을 누설한 때

③ 전항 제3호의 경우를 제외하고 검찰심사원, 보충원 또는 심사보조원의 직에 있던 자가 평의의 비밀(같은 항 제2호에 규정하는 것을 제외한다.)을 누설한 때에는 50만엔 이하의 벌금에 처한다.

제44조의2 검찰심사회가 심사를 수행하거나 수행하였던 사건에 관하여 그 검찰심사원, 보충원이나 이들 직에 있었던 자 또는 이들의 친족에게 면회, 문서의 송부, 전화를 거는 것 기타 어떠한 방법인지를 묻지 아니하고 협박행위를 한 자는 2년 이하의 징역 또는 20만엔 이하의 벌금에 처한다.

제45조 제2조 제1항 제1호에 규정하는 직무에 관하여 검찰심사원에게 부정한 청탁을 한 자는 2년 이하의 징역 또는 20만엔 이하의 벌금에 처한다.

제11장 보칙

제45조의2 검찰심사회의 휴일에는 재판소의 휴일에 관한 법률(昭和 63년 법률 제93호) 제1조의 규정을 준용한다.

제45조의3 제10조부터 제12조까지의 규정에 따라 시정촌이 처리하게 되어 있는 사무는 지방자치법(昭和 22년 법률 제67호) 제2조 제9항 제1호에 규정하는 제1호 법정수탁사무로 한다.

제46조 검찰심사회에 관한 경비는 재판소의 경비의 일부로서 국가의 예산에 계상하여야 한다.

제47조 지방자치법 제252조의19 제1항의 지정도시[104]에는 이 법률 중 시에 관한 규정은 구 및 총합구에 적용한다.

제48조 이 법률의 시행에 관하여 필요한 규정은 정령으로 정한다.

부 칙

제1조 내지 제8조 〈생 략〉

제9조(검토) ① 정부는 조사의 녹음·녹화등(조사에서 피의자의 진술 및 그 상황을 녹음 및 녹화하는 방법에 의한 기록매체에 기록 및 이를 입증하는 데 사용함에 제공하는 것을 말한다. 이하 이 조에서 같다.)이, 피의자의 진술의 임의성 기타 사항에 대하여 적확한 입증을 담보함과 동시에 조사의 적정한 실시에 이바지함을 기반으로 하여 이 법률이 시행 후 3년을 경과한 경우에 조사의 녹음·녹화 등의 실시상황을 감안하고 조사의 녹음·녹화 등에 수반하여 수사상 지장 기타 폐해가 발생하는 경우가 있는 등에 유의하

---

104) 정령으로 정하는 인구 50만 이상의 시를 가리킴(일본국 지방자치법 제252조의19 제1항). 이하 같음.

고, 조사의 녹음·녹화등에 관한 제도의 본연의 자세에 대하여 검토하여 필요하다
고 인정하는 때에는 그 결과를 기초로 한 소요조치를 강구한다.

② 전항에 정하는 것 외에 정부는 이 법률이 시행 후 3년을 경과한 경우에 이 법률
에 따른 개정 후의 규정의 시행상황에 대하여 검토하여 필요하다고 인정하는 때에
는 그 결과를 기초로 한 소요조치를 강구한다.

③ 정부는 이 법률 공포 후 필요에 대응하여 신속하게 재심개시절차에서의 증거개
시, 공소장 등에서의 피해자의 이름의 비닉에 관한 조치, 증인 등의 형사절차 외에
서의 보호에 관련된 조치 등에 대한 검토를 진행한다.

검찰심사회법 시행령

제정 昭和 23년 정령 제354호

개정 平成 20년 7월 4일 정령 제218호

제1조 ① 검찰심사회가 작성하는 서류에는 특별한 정함이 있는 경우를 제외하고는 연월일을 기재하여 검찰심사회의 명칭을 표시하고 그 인장을 찍어야 한다.

② 검찰심사회장 또는 검찰심사회사무관이 작성하는 서류에는 연월일을 기재하여 서명날인하고 소속 검찰심사회를 표시하여야 한다.

③ 전항의 경우에는 서명날인에 갈음하여 기명날인할 수 있다. 다만 의결서에 서명날인하는 경우에는 그러하지 아니하다.

④ 검찰심사회, 검찰심사회장 또는 검찰심사회사무관이 작성하는 서류 중 시정촌 선거관리위원회, 검찰심사원후보자(이하 「후보자」라 한다.) 기타의 자에게 송달, 송부 또는 교부하는 것에는 매 장마다 계인(契印)하거나 계인(契印)에 갈음하여 이에 준하는 조치를 취하여야 한다.

제2조 시정촌 선거관리위원회는 공직선거법(昭和 25년 법률 제100호) 제22조 제1항[105] 의 규정에 의한 선거인명부의 등록(6월 1일 현재 진행되는 것에 한한다.)이 이뤄진 날(그 날이 8월 6일 이후인 때에는 같은 달 5일) 현재 선거인명부에 등록되어 있는 자(이하 「선거인명부피등록자」라 한다.)의 인원수를 8월 15일까지 관할 검찰심사회사무국에 통지하여야 한다.

제3조 ① 검찰심사회사무국장이 검찰심사회법(이하 「법」이라 한다.) 제9조의 규정에 따라 후보자의 인원을 당해 검찰심사회의 관할구역 내의 시정촌에 할당할 때에는 다음에 정하는 바에 따른다.

---

[105] 일본국 공직선거법 제22조(등록) ① 시정촌 선거관리위원회는 정령으로 정하는 바에 따라 등록월 1일 현재 당해 시정촌 선거인명부에 등록될 자격을 가진 자를 같은 날[같은 날이 규정을 기초로 조례로 정한 지방공공단체의 휴일(이하 이 항에서 「지방공공단체의 휴일」이라고 한다.)에 해당하는 경우(당해 시정촌 구역 전부나 일부를 포함하는 구역에서 선거가 진행될 경우에 등록월 1일이 당해 선거일의 공시 또는 고시일로부터 당해 선거일 전일까지에 있는 때를 제외한다.)에는 등록월 1일 또는 같은 날 직후의 지방공공단체의 휴일 이후의 날. 이하 이 항에서 「통상의 등록일」이라고 한다.]에 선거인명부에 등록하여야 한다. 다만 시정촌 선거관리위원회는 천재 기타 특별한 사정이 있는 경우에는 정령으로 정하는 바에 따라 등록일을 통상의 등록일 후로 변경할 수 있다.

② ~ ④ (생 략)

1. 제1군에서 제4군까지의 후보자의 총원 수 400인 중 우선 1인씩을 각 시정촌에 할당하고 나머지 인원은 전조의 규정에 따라 통지를 받은 각 시정촌의 선거인명부 피등록자의 수의 당해 검찰심사회의 관할구역 내에서 선거인명부피등록자의 총수에 대한 비율에 따라 이를 각 시정촌에 할당할 것. 이 경우에 1인 미만의 단수가 발생한 때에는 후보자의 총원 수가 400인에 이를 때까지 단수가 큰 시정촌부터 순차 이를 1인까지 절상한다.

2. 전호의 규정에 따라 할당된 인원을 군별로 정할 때에는 시정촌마다 할당 총수를 4분하여 이를 제1군부터 제4군끼지로 나눌 것. 이 경우에 하나의 시정촌의 할당 총수가 4인 미만인 때 및 4분하여 4인 미만의 단수가 발생한 때에는 이를 각 별로 1군부터 4군까지의 어느 하나의 군에 소속시키는 것으로 한다.

② 부득이한 사정이 있는 때에는 전항의 규정에 불구하고 적당한 표준에 따라 할당할 수 있다.

제 4 조 시정촌 선거관리위원회는 당해 시정촌을 관할구역으로 하는 검찰심사회가 2개 이상인 경우에 법 제10조 제1항의 규정에 따라 후보자의 예정자를 선정할 때에는 동일인을 2개 이상의 검찰심사회의 후보자의 예정자로 선정하여서는 아니 된다.

제 5 조 삭제

제 6 조 검찰심사원후보자예정자명부는 별지 제1양식에 따라 각 군별로 제조하여야 한다.

제 7 조 삭제

제 8 조 검찰심사원후보자명부는 별지 제2양식에 따라 각 군별로 제조하여야 한다.

제8조의2 법 제12조의2 제3항의 규정에 따른 통지에 관련된 서류 및 법 제12조의4에 규정하는 질문표에는 제1조 제2항 또는 제3항의 규정에 불구하고 날인하지 아니할 수 있다.

제8조의3 검찰심사회사무국장은 시정촌에 후보자에 대한 본적을 조회할 때에는 당해 시정촌 선거관리위원회가 당해 검찰심사회사무국에 송부하는 검찰심사원후보자예정자명부에 붙여 본적을 회답하도록 요구할 수 있다.

제8조의4 검찰심사회사무국장은 후보자가 법 제12조의3 각호에 열거하는 자에 해당하는지에 대한 검찰심사회의 판단에 도움이 되는 사정을 조사하기 위해 당해 후보자에게 필요한 자료의 제출을 요구할 수 있다.

제8조의5 법 제12조의5에 규정하는 신청은 서면으로 하여야 한다.

제 9 조 검찰심사회사무국장이 법 제12조의7의 규정에 따라 후보자를 검찰심사원후보자명부에서 삭제할 때에는 당해 후보자를 삭제하였음이 명백하여 삭제된 문자의 글자체[법 제12조의2 제2항의 규정에 따라 자기디스크(이에 준하는 방법에 따라 일정한

사항을 확실히 기록해둘 수 있는 물건을 포함한다. 제11조 제2항에서 같다.)로 제조하는 검찰심사원후보자명부에서는 삭제된 기록]가 더욱 뚜렷해지는 방법으로 하여야 한다.

제10조 법 제13조 제1항의 규정에 따라 검찰심사원 및 보충원을 선정할 때에는 검찰심사원, 보충원 순으로 진행하여야 한다.

제11조 ① 검찰심사회사무국장은 검찰심사원 및 보충원을 선정한 때에는 선정록을 작성하고 별지 제3양식에 따라 검찰심사원 및 보충원명부를 제조하여야 한다.

② 검찰심사원 및 보충원명부는 자기디스크로 제조할 수 있다.

제11조의2 법 제18조의2 제2항의 규정에 따른 추가보충원의 선정은 각 군에서의 검찰심사원 및 보충원의 임기 및 그 빠진 수를 고려하여 적시에 이루어져야 한다.

제12조 ① 법 제8조 제1항부터 제8호까지에 열거하는 자 또는 같은 조 제9호에 규정하는 사유에 해당하는 자가 검찰심사원의 직무를 사퇴하고자 할 때에는 서면으로 신청하여야 한다.

② 제8조의4의 규정은 전항의 규정에 따른 신청이 있었던 경우에 준용한다. 이 경우에 같은 조 중 「후보자」는 「검찰심사원」으로, 「제12조의3 각호에 열거하는 자」는 「제8조 제1호부터 제8호까지에 열거하는 자 또는 같은 조 제9호에 규정하는 사유에 해당하는 자」로 바꿔 읽는 것으로 한다.

제13조 검찰심사회장은 법 제18조 제1항 또는 제25조 제2항의 규정에 따라 보궐 검찰심사원 또는 임시로 검찰심사원의 직무를 수행할 자를 선정하는 경우에 보충원 중 사망 또는 중의원의원선거권을 갖지 못하게 된 자가 있거나 법 제5조 각호 또는 제6조 각호의 어느 하나에 해당하는 자가 있는 때에는 미리 당해 보충원을 피선정자에서 제외하여야 한다. 임시로 검찰심사원의 직무를 수행하는 자를 선정하는 경우에 보충원 중 금고 이상의 형에 해당하는 죄로 기소되어 아직 그 피고사건이 종결되지 아니한 자가 있는 때, 또는 당해 회의기일에 출석하지 아니한 자가 있는 때에는 당해 보충원에 대하여도 같다.

제14조 삭제

제15조 보궐 검찰심사원 또는 임시로 검찰심사원의 직무를 수행하는 자가 선정된 때에는 그 선정에 입회한 검찰심사회사무관은 선정록을 작성하여야 한다.

제15조의2 최고재판소가 지정하는 검찰심사회의 검찰심사회사무국장은 동일 지방재판소의 관할구역 내에 있는 다른 검찰심사회로서 최고재판소가 지정하는 것의 검찰심사회사무관에게 법 제9조, 제11조부터 제12조의4까지, 제12조의6부터 제13조까지 및 제18조의2 및 제2조, 제8조의3, 제8조의4, 제9조 및 제11조에 규정하는 사무에서 최고재판소의 지정을 보조하게 할 수 있다.

제16조 ① 검찰심사원 및 보충원에 대한 소환장은 송달한다. 다만 소환장의 송달을

받은 자에 대한 그 후의 소환장은 검찰심사회장이 상당하다고 인정하는 방법으로 발송할 수 있다.

② 전항 본문의 송달에는 민사소송에 관한 법령의 규정 중 송달에 관한 규정(공시송달에 관한 규정을 제외한다.)을 준용한다. 다만 재판소서기관에게 속하는 직무는 검찰심사회사무관이 수행한다.

제17조 검찰심사원 및 보충원에 대한 소환장의 송달일 또는 전조 제1항 단서의 규정에 따라 검찰심사원 및 보충원에게 소환장을 발부한 날로부터 5일을 경과한 날과 검찰심사회의기일 사이에는 적어도 5일의 유예기간을 두어야 한다. 다만 급속을 요하는 경우는 그러하지 아니하다.

제18조 ① 법 제31조에 규정하는 신청서에는 아래에 열거하는 사항을 기재하고 신청인이 이에 서명날인하여야 한다. 다만 피의자의 나이, 직업 및 주거, 불기소처분의 연월일 및 불기소처분을 한 검찰관의 이름이 명확하지 아니한 때에는 이를 기재할 것을 요하지 아니한다.

1. 신청인의 이름, 나이, 직업 및 주거
2. 신청인이 고소, 고발 또는 청구를 기다려 수리할 사건에 대하여 청구를 한 자인 때에는 그 취지
3. 피의자의 이름, 나이, 직업 및 주거. 다만 이름이 밝혀지지 않은 때에는 피의자를 특정하기에 충분한 사항
4. 신청인이 고소, 고발 또는 청구를 기다려 수리할 사건에 대하여 청구를 한 피의사실 또는 신청인을 피해자로 하는 피의사실의 요지
5. 불기소처분의 연월일
6. 불기소처분을 한 검찰관의 이름 및 관직. 다만 관직이 명확하지 않은 때에는 그 소속검찰청의 명칭
7. 불기소처분이 부당하다고 하는 이유
8. 신청의 연월일
9. 신청서를 제출할 검찰심사회의 명칭

② 전항의 신청서에는 심사에 필요하다고 여겨지는 피의사건관계자의 이름 및 주거를 기재하고 심사에 필요하다고 여겨지는 자료를 첨부할 수 있다.

제19조 관할 검찰심사회가 2개 이상인 경우에 하나의 관할 검찰심사회가 심사의 신청을 수리한 때에는 당해 검찰심사회의 사무국장은 다음에 열거하는 사항을 다른 관할 검찰심사회에 통지하여야 한다. 다만 불기소처분의 연월일 및 불기소처분을 한 검찰관의 이름이 명확하지 아니한 때에는 이들 사항에 대하여는 통지할 것을 요하지 아니한다.

1. 신청인 및 피의자의 이름. 다만 피의자의 이름이 밝혀지지 않은 때에는 피의자를 특정하기에 충분한 사항

2. 신청서에 기재된 피의사실의 죄명

3. 불기소처분의 연월일

4. 불기소처분을 한 검찰관의 이름 및 관직. 다만 관직이 명확하지 않은 때에는 그 소속검찰청의 명칭

5. 신청 수리 연월일

제20조 ① 동일한 사건에 대하여 2개 이상의 관할 검찰심사회에 심사의 신청이 있는 때에는 최초로 신청을 수리한 검찰심사회에서 심사한다.

② 전항의 규정에 따라 심사를 할 수 없는 검찰심사회는 당해 신청을 최초로 신청을 수리한 관할 검찰심사회에 이송하여야 한다.

제21조 관할 검찰심사회 이외의 검찰심사회에 심사의 신청이 있는 때에는 당해 검찰심사회는 이를 관할 검찰심사회(관할 검찰심사회가 2개 이상인 경우에는 하나의 관할 검찰심사회)에 이송하여야 한다.

제22조 관할 검찰심사회가 2개 이상인 경우에 하나의 관할 검찰심사회가 전조의 규정에 따라 신청의 이송을 받은 때에는 그 이송을 받은 때에 심사의 신청을 수리한 것으로 본다.

제23조 검찰심사회는 동일 사건에 대하여 수 개의 심사의 신청을 수리한 때에는 병합하여 심사하여야 한다.

제24조 제16조의 규정은 증인에 대한 호출장에 준용한다.

제25조 증인에 대한 호출장의 송달과 출석 사이에는 적어도 24시간의 유예기간을 두어야 한다. 다만 급속을 요하는 경우는 그러하지 아니하다.

제26조 법 제37조 제2항의 규정에 따라 증인의 소환을 청구할 때에는 재판소에 아래에 열거하는 사항을 기재한 서면을 제출하고 제5호에 열거하는 사유가 있음을 인정하기에 충분한 자료를 제시하여야 한다.

1. 증인의 이름, 나이, 직업 및 주거

2. 피의자의 이름. 다만 이름이 밝혀지지 않은 때에는 그 취지

3. 피의사건의 죄명

4. 출석연월일시 및 장소

5. 증인이 검찰심사회의 호출에 응하지 아니하는 취지

제26조의2 ① 심사보조원을 위촉한 때에는 검찰심사회는 위촉서를 작성하고 본인에게 교부한다.

② 심사보조원을 해촉한 때에는 검찰심사회는 해촉서를 작성하고 본인에게 교부한다.

제27조 ① 법 제2조 제1항 제1호에 규정하는 사항에 관한 회의록은 사건마다 작성하여야 한다.

② 전항의 의사록에는 다음에 열거하는 사항 및 회의의 경과를 기재하고 검찰심사회장이 검찰심사회사무관과 함께 서명날인하여야 한다.

1. 회의를 한 검찰심사회 및 연월일

2. 검찰심사회장 또는 임시로 그 직무를 수행하는 자, 검찰심사원, 임시로 검찰심사원의 직무를 수행하는 자, 회의를 방청한 보충원, 심사보조원 및 검찰심사회사무관의 직명 및 이름

3. 심사신청인 및 피의자의 이름, 불기소처분을 한 검찰관의 이름 및 관직. 다만 피의자의 이름 또는 검찰관의 관직이 명확하지 않은 때에는 피의자를 특정하기에 충분한 사항 또는 검찰관의 소속검찰청의 명칭

4. 검찰관의 의견 및 심사신청인, 증인 및 전문적 조언을 요청받은 자의 진술 또는 그 요지

5. 의결한 것과 의결의 취지

6. 검찰심사회장이 특별히 기재를 명한 사항

제28조 법 제40조에 규정하는 의결서에는 다음에 열거하는 사항을 기재하고 검찰심사회장 및 검찰심사원이 서명날인하여야 한다. 다만 피의자의 나이, 직업 및 주거가 분명하지 않은 때에는 이를 기재할 것을 요하지 아니한다.

1. 신청인의 이름, 나이, 직업 및 주거

2. 피의자의 이름, 나이, 직업 및 주거. 다만 이름이 밝혀지지 않은 때에는 피의자를 특정하기에 충분한 사항

3. 불기소처분을 한 검찰관의 이름 및 관직

4. 의결서의 작성을 보조한 심사보조원의 이름

5. 의결의 취지 및 이유

제28조의2 재판소는 법 제41조의9 제1항 또는 제41조의11 제2항의 규정에 따라 지정변호사를 지정한 때에는 신속하게 지정변호사의 이름 및 연락처를 검찰관에게 통지하여야 한다.

제29조 ① 최고재판소가 지정하는 검찰심사회의 사무국에 총무과 및 심사과를 둔다.

② 총무과에서는 아래의 사무를 담당한다.

1. 검찰심사회의 서무에 관한 사항

2. 검찰심사회제도의 보급선전에 관한 사항

3. 심사과에 속하지 아니하는 사항

③ 심사과에서는 아래의 사무를 담당한다.

1. 심사사건의 처리에 관한 사항

2. 검찰심사회의 소집절차 및 회의록의 작성보관에 관한 사항

3. 심사사건에 관한 자료의 보관에 관한 사항

④ 각 과에 과장을 둔다. 과장은 검찰심사회사무관 중에서 최고재판소가 임명한다.

⑤ 과장은 상사의 명을 받아 과의 업무를 담당한다.

제29조의2 제2조의 규정에 따라 시정촌이 처리하게 되어 있는 사무는 지방자치법(昭和 22년 법률 제67호) 제2조 제9항 제1호에 규정하는 제1호 법정수탁사무로 한다.

제30조 법 제47조의 규정은 이 정령의 적용에 준용한다.

부 칙 〈생 략〉

별지 제1~제3양식 〈생 략〉

검찰심사원등의 여비,
일당 및 숙박료를 정하는 정령

제정 昭和 24년 정령 제31호

개정 令和 원년 7월 19일 정령 제59호

제1조 검찰심사회법 제29조, 제39조 및 제39조의4의 규정에 따라 검찰심사원, 보충원, 증인, 법률 기타 사항에 관한 전문적 조언을 요구받은 자(이하 「조언자」라고 한다.) 및 심사보조원에 지급하는 여비, 일당 및 숙박료액은 이 정령으로 정하는 바에 따른다.

제2조 ① 여비는 철도요금, 뱃삯, 노정운임 및 항공운임의 4종으로 하고 철도운임은 철도편이 있는 구간의 육로여행에, 뱃삯은 선박편이 있는 구간의 수로여행에, 노정운임은 철도편이 없는 구간의 육로여행 또는 선박편이 없는 구간의 수로여행에, 항공운임은 항공기를 이용할 특별한 사유가 있는 경우의 항공여행에 지급한다.

② 철도요금 및 뱃삯은 다음에 열거하는 여객운임(거룻배삯 및 3교운임을 포함한다.), 급행요금(특별급행열차를 운행하는 선로가 있는 구간의 여행으로 편도 100킬로미터 이상인 것은 특별급행요금, 보통급행열차 또는 준급행열차를 운행하는 선로가 있는 구간의 여행으로 5킬로미터 이상인 것은 보통급행요금 또는 준급행요금) 및 특별차량요금, 특별선실요금(증인 및 조언자는 검찰심사회장이 지급이 상당하다고 인정하는 경우에 한한다.), 좌석지정요금(좌석지정요금을 걷는 보통급행열차를 운행하는 선로가 있는 구간의 여행으로 편도 100킬로미터 이상인 것 또는 좌석지정요금을 걷는 선박을 운행하는 선로가 있는 구간의 여행의 경우인 좌석지정요금에 한한다.)에 따른다.

1. 운임 등급을 3계급으로 구분하는 노선 또는 선박에 의한 여행인 경우에는 다음에 열거하는 운임
イ 검찰심사원, 보충원 및 심사보조원은 중급의 운임
ロ 증인 및 조언자는 중급 이하로 검찰심사회장이 상당하다고 인정하는 등급의 운임
2. 운임 등급을 2계급으로 구분하는 노선 또는 선박에 의한 여행의 경우에는 다음에 열거하는 운임
イ 검찰심사원, 보충원 및 심사보조원은 상급의 운임

ㅁ 증인 및 조언자는 검찰심사회장이 상당하다고 인정하는 등급의 운임

3. 운임 등급을 설정하지 않은 노선 또는 선박에 의한 여행의 경우에는 그 승차 또는 승선에 요하는 운임

③ 노정운임은 1킬로미터에 대하여 다음에 열거하는 액에 따른다. 이 경우에 노정에 1킬로미터 미만의 단수가 발생하는 때에는 버린다.

1. 검찰심사원, 보충원 및 심사보조원은 37엔

2. 증인 및 조언자는 37엔 이내에서 검찰심사회장이 상당하다고 인정하는 액

④ 천재 기타 부득이한 사정으로 전항에 정하는 액의 노정운임으로 여행의 실비를 지급할 수 없는 경우에는 같은 항의 규정에 불구하고 노정운임액은 실비액에 따른다.

⑤ 항공운임액은 실제로 지급된 여객운임에 따른다.

제3조 ① 검찰심사원, 보충원, 증인 및 조언자에게 지급하는 일당액은 출석 또는 조사 및 그걸 위한 여행(이하 「출석등」이라고 한다.)에 필요한 일수에 대응하여 1일당 8,510엔 이내에서 검찰심사회장이 정한다.

② 심사보조원에게 지급하는 일당액은 출석 또는 조사를 위해 여행에 필요한 일수 (다른 법률에 정하는 바에 따라 수당을 지급하는 날을 제외한다.)에 대응하여 경력(재판관 또는 검찰관이었던 연수를 포함한다. 이하 이 항에서 같다.) 10년 이상의 변호사에게는 1일당 3천엔으로 하고, 경력 10년 미만의 변호사에게는 1일당 2,600엔으로 한다.

제4조 숙박료액은 출석 등에 필요한 날 수에 대응하여 하룻밤마다 숙박지가 국가공무원등의 여비에 관한 법률(昭和 25년 법률 제114호) 별표 제1에 정하는 갑(甲)지방인 경우에는 8,700엔 이내, 같은 표에 정하는 을(乙)지방인 경우에는 7,800엔 이내에서 검찰심사회장이 정한다.106)

제5조 여비(항공운임을 제외한다.), 일당 및 숙박료의 계산상의 여행일수는 가장 경제적인 통상의 경로 및 방법에 따라 여행한 경우의 예에 따라 지급한다. 다만 천재 기타 부득이한 사정으로 가장 경제적인 통상의 경로 또는 방법에 따라 여행하기 어려운 경우에는 실제로 여행한 경로 및 방법에 따라 계산한다.

부 칙 (令和 원년 7월 19일 정령 제59호)

① <생 략>

② (경과조치) 이 정령의 시행 전의 날에 관련된 일당액은 종전의 예에 따른다.

---

106) 일본국 국가공무원등의 여비에 관한 법률이 정하는 갑(甲)지방은 현재 도쿄23구, 사이타마 시, 치바 시, 요코하마 시, 사가미하라 시, 가와사키 시, 나고야 시, 교토 시, 오사카 시, 사카이 시, 고베 시, 히로시마 시, 후쿠오카 시이며, 을(乙)지방은 그 외의 나머지 지방을 말함. 이하 위 기준을 인용하는 다른 법령에서도 같음.

형사사건에서의 제3자 소유물의 몰수절차에 관한 응급조치법

제정 昭和 38년 법률 제138호

개정 平成 23년 6월 24일 법률 제74호

제 1 조(이 법률의 취지) 형사사건에서 피고인 이외의 자의 소유에 속하는 물건의 몰수절차는 당분간 이 법률이 정하는 바에 따른다.

제1조의2(적용대상) 이 법률을 적용할 때에는 피고인 이외의 자에게 귀속하는 전자적 기록은 그 자의 소유에 속하는 것으로 본다.

제 2 조(고지) ① 검찰관은 공소를 제기한 경우에 피고인 이외의 자(이하 「제3자」라 한다.)의 소유에 속하는 물건(피고인의 소유에 속하는지 제3자의 소유에 속하는지가 명백하지 않은 물건을 포함한다. 이하 같다.)의 몰수가 필요하다고 인정하는 때에는 지체 없이 그 제3자에게 서면으로 다음 사항을 고지하여야 한다.

1. 피고사건이 계속중인 재판소

2. 피고사건명 및 피고인의 이름

3. 몰수할 물건의 품명, 수량 기타 그 물건을 특정할 만한 사항

4. 몰수의 이유가 되는 사실의 요지

5. 피고사건이 계속하는 재판소에 피고사건의 절차에의 참가를 신청할 수 있다는 취지

6. 참가의 신청을 할 수 있는 기간

7. 피고사건에 공판기일이 지정되어 있는 때에는 공판기일

② 제3자의 소재를 알 수 없거나 기타 이유로 전항의 고지를 할 수 없는 때에는 검찰관은 같은 항에 열거하는 사항을 정령으로 정하는 방법으로 공고하여야 한다.

③ 검찰관은 전2항의 규정에 따라 고지 또는 공고를 한 때에는 이를 증명하는 서면을 재판소에 제출하여야 한다.

제 3 조(참가절차) ① 몰수될 우려가 있는 물건을 소유하는 제3자는 제1심의 재판이 있을 때까지(약식절차 또는 교통사건즉결재판절차에 따른 재판이 있었던 때에는 정식재판청구를 할 수 있는 기간이 경과할 때까지이고, 이 경우에 정식재판청구가 있었던 때에는 다시 통상의

규정에 따른 제1심의 재판이 있을 때까지로 한다. 이하 같다.) 피고사건이 계속하는 재판소에 서면으로 피고사건의 절차에의 참가를 신청할 수 있다. 다만 전조 제1항 또는 제2항의 규정에 따른 고지 또는 공고가 있는 때에는 고지 또는 공고가 있는 날로부터 14일 이내에 한한다.

② 검찰관이 전조 제1항 또는 제2항의 규정에 따라 고지 또는 공고한 재판소가 피고사건을 이송한 경우에 그 재판소에 참가신청이 있는 때에는 신청을 받은 재판소는 피고사건을 이송받은 재판소에 그 신청의 서면을 송부하여야 한다. 이 경우 그 서면이 송부된 때에는 참가신청은 처음부터 피고사건을 이송받은 재판소에 한 것으로 본다.

③ 재판소는 참가신청이 법령상의 방식에 위반하거나 제1항에 규정하는 기간의 경과 후에 된 것인 때 또는 몰수할 물건이 신청인의 소유에 속하지 아니함이 것이 명백한 때에는 참가신청을 기각하여야 한다. 다만 제1항 단서에 규정하는 기간 내에 참가신청을 하지 아니한 것이 신청인의 책임으로 돌릴 수 없는 이유에 의한 것이라고 인정하는 때에는 제1심의 재판이 있을 때까지 참가를 허가할 수 있다.

④ 전항의 경우를 제외하고 재판소는 신청인의 참가를 허가하여야 한다. 다만 몰수를 할 수 없거나 이를 필요로 하지 아니한다는 취지의 검찰관의 의견이 상당하다고 인정하는 때에는 참가신청을 기각할 수 있다.

⑤ 재판소는 참가를 허가한 경우에 몰수할 물건이 참가를 허가한 자(이하 「참가인」이라 한다.)의 소유에 속하지 아니함이 명백하게 된 때에는 참가를 허가하는 재판을 취소하여야 한다. 몰수를 할 수 없거나 이를 필요로 하지 아니한다는 취지의 검찰관의 의견이 상당하다고 인정하는 때에는 참가를 허가하는 재판을 취소할 수 있다.

⑥ 참가에 관한 재판은 신청인 또는 참가인, 검찰관 및 피고인 또는 변호인의 의견을 들어 결정으로 하여야 한다. 검찰관이나 신청인 또는 참가인은 참가의 신청을 기각하는 결정 또는 참가를 허가하는 재판을 취소하는 결정(제4항 단서 또는 전항 후단의 규정에 따른 결정을 제외한다.)에 즉시항고를 할 수 있다.

⑦ 참가의 취하는 서면으로 하여야 한다. 다만 공판기일에는 구두로 할 수 있다.

제 4 조(참가인의 권리) ① 참가인은 이 법률에 특별한 규정이 있는 경우 외에 몰수에 관하여 피고인과 동일한 소송상의 권리를 가진다.

② 전항의 규정은 참가인을 증인으로 조사하는 것을 방해하지 아니한다.

제 5 조(참가인의 출석 등) ① 참가인은 공판기일에 출석할 것을 요하지 아니한다.

② 재판소는 참가인의 소재를 알 수 없는 때에는 공판기일의 통지 기타 서류의 송달을 할 것을 요하지 아니한다.

③ 재판소는 공판기일에 출석한 참가인에게 몰수의 이유가 되는 사실의 요지, 그

참가인의 공판기일에서의 심판에 관한 중요한 사항 기타 참가인의 권리를 보호하기 위해 필요하다고 인정하는 사항을 고지한 후에 몰수에 대하여 진술할 기회를 부여하여야 한다.

제 6 조(증거) ① 참가인의 참가는 형사소송법(昭和 23년 법률 제131호) 제320조부터 제328조까지의 규정의 적용에 영향을 받지 아니한다.

② 재판소는 형사소송법 제320조 제2항 본문, 제326조 또는 제327조의 규정에 따라 증거로 할 수 있는 서면 또는 진술을 조사한 경우에 참가인이 그 서면 또는 진술의 내용으로 된 진술을 한 자를 증인으로 조사할 것을 청구한 때에는 그 권리의 보호에 필요하다고 인정되는 한 이를 조사하여야 한다. 참가인의 참가 전에 조사한 증인에 대하여 참가인이 다시 그 조사를 청구한 때에도 같다.

제 7 조(몰수의 재판의 제한) ① 제3자의 소유에 속하는 물건에 대하여는 그 제3자가 참가를 허가받지 아니한 때에는 몰수의 재판을 할 수 없다. 다만 다음 각호의 어느 하나에 해당하는 경우는 그러하지 아니하다.

1. 제2조 제1항이나 제2항의 규정에 따른 고지 또는 공고가 있는 경우에 제3조 제1항 단서에 규정하는 기간이 경과한 때(몰수할 물건이 신청인 또는 참가인의 소유에 속하지 아니함이 명백한 것을 이유로 하거나 몰수를 할 수 없거나 이를 필요로 하지 아니한다는 취지의 검찰관의 의견을 기초로 참가신청이 기각 또는 참가를 허가하는 재판이 취소된 경우를 제외한다.).

2. 참가의 신청이 법령상의 방식에 위반하였기 때문에 기각된 때

3. 참가의 취하가 있는 때

제 8 조(상소) ① 원심에서의 참가인은 상소심에서도 참가인으로서의 지위를 잃지 아니한다.

② 참가인이 상소를 한 때에는 검찰관 및 피고인이 상소를 하지 않거나 상소의 포기 또는 취하를 한 경우에도 원심의 재판 중 몰수에 관한 부분은 확정되지 아니한다.

③ 전항의 경우에 피고인은 상소심 및 그 후의 심급의 공판기일에 출석할 것을 요하지 아니한다. 형사소송법 제36조, 제37조, 제289조 및 제290조의 규정은 적용하지 아니한다.

④ 전2항의 규정은 약식절차 또는 교통사건즉결재판절차에 따른 재판에 참가인이 정식재판청구를 한 경우에 준용한다.

제 9 조(소송능력) ① 제3자가 법인인 때에는 그 대표자가, 법인 아닌 사단 또는 재단으로 대표자 또는 관리인이 정해져 있는 때에는 그 대표자 또는 관리인이 소송행위에 대하여 이를 대표한다.

② 제3자가 의사능력을 갖지 못한 때에는 그 법정대리인(2인 이상 있는 때에는 각자)이 소송행위에 대하여 이를 대표한다.

③ 형사소송법 제27조 제2항, 제29조 제1항 및 제3항의 규정은 이 법률의 규정에

따라 피고사건의 절차에 관여하는 제3자에 준용한다. 이 경우 같은 법 제29조 제1항 중 「전2항」은 「형사사건에서 제3자 소유물의 몰수절차에 관한 응급조치법 제9조 제1항 또는 제2항」으로 바꿔 읽는 것으로 한다.

제10조(대리인) ① 이 법률의 규정에 따라 피고사건의 절차에 관여하는 제3자는 변호사 중에서 대리인을 선임하고 소송행위를 대리하게 할 수 있다.

② 대리인의 선임은 심급마다 대리인과 연서한 서면을 제출하여야 한다.

③ 대리인은 참가인의 서면에 따른 동의가 없으면 참가의 취하, 정식재판청구의 취하나 상소의 포기 또는 취하를 할 수 없다.

④ 형사소송법 제33조부터 제35조까지 및 제40조의 규정은 대리인에 준용한다.

제11조(소송비용) ① 몰수의 재판을 한 때에는 피고인에게 부담하게 하는 것을 제외하고 참가로 인해 발생한 소송비용을 참가인에게 부담하게 할 수 있다. 참가를 허가하는 재판을 취소한 때 또는 참가의 취하가 있는 때에도 같다.

② 전항 전단의 규정에 따라 참가인에게 소송비용을 부담하게 하는 때에는 몰수의 재판과 동시에 직권으로 그 재판을 하여야 한다. 이 재판에는 몰수의 재판에 대하여 상소가 있는 때에 한하여 불복을 신청할 수 있다.

③ 형사소송법 제181조 제3항 및 제368조부터 제371조까지의 규정은 참가인 또는 참가인이었던 자에 준용한다. 이 경우 같은 법 제369조 중 「변호인이었던 자」는 「대리인이었던 자」로 바꿔 읽는 것으로 한다.

제12조(형사소송법과의 관계) 제3자의 소유에 속하는 물건을 몰수하는 절차는 이 법률에 특별한 규정이 있는 것 외에 형사소송법에 따른다.

제13조(몰수재판의 취소) ① 법률상 몰수할 수 없는 물건에 대하여 몰수의 재판이 확정된 때에는 그 물건의 소유자는 자기의 책임 없는 사유로 피고사건의 절차에서 권리를 주장할 수 없었다는 이유로 몰수의 확정재판을 안 날로부터 14일 이내에 한하여 몰수의 재판을 한 재판소에 대하여 그 재판의 취소를 청구할 수 있다. 다만 몰수의 재판이 확정된 날로부터 5년을 경과한 때에는 그 청구를 할 수 없다.

② 전항의 청구는 그 이유가 되는 사실을 명시한 이유서를 제출하여야 한다.

③ 제1항의 규정에 따른 청구가 법령상의 방식에 위반하거나 같은 항에 규정하는 기간의 경과 후에 된 것인 때 또는 청구인이 그 책임 없는 이유로 피고사건의 절차에서 권리를 주장할 수 없었다고 인정되거나 몰수된 물건이 청구인의 소유에 속하지 아니하였음이 명백한 때에는 청구인 및 검찰관의 의견을 들어 결정으로 청구를 기각하여야 한다. 청구인은 이 결정에 즉시항고를 할 수 있다.

④ 전항의 경우를 제외하고 청구가 이유 없는 때에는 판결로 기각하고, 이유 있는 때에는 판결로 몰수의 재판을 취소하여야 한다. 청구인 또는 검찰관은 이 판결에

상소를 할 수 있다.

⑤ 재판소는 이유서에 포함된 사항에 대하여 청구인 및 검찰관에게 진술을 하게 하거나 청구인 또는 검찰관의 신청 또는 직권으로 필요하다고 인정하는 증거의 조사를 하여야 한다. 청구인이 공판기일에 출석하지 아니하는 경우에도 그 불출석에 정당한 이유가 없다고 인정하는 때에는 그 기일의 공판절차를 진행하지 아니하거나 판결을 선고할 수 있다.

⑥ 청구를 기각한 때에는 소송비용을 청구인에게 부담하게 할 수 있다. 청구의 취하가 있는 때에도 같다.

⑦ 청구에 관한 재판절차는 제3조 제7항, 제5조 제2항, 제9조, 제10조 및 제11조 제2항 및 제3항의 규정을 준용하는 외에 형사소송의 예에 따른다.

⑧ 전항의 규정에 불구하고 청구에 관한 재판절차에서는 청구인을 증인으로 조사하거나 공판기일에서 진술에 갈음하여 서면을 증거로 하거나 공판기일에서 다른 자의 진술을 내용으로 하는 진술을 증거로 할 수 있다.

⑨ 몰수의 재판이 취소된 때에는 형사보상법(昭和 25년 법률 제1호)에 정하는 몰수의 집행에 따른 보상의 예에 따라 보상한다.

부 칙 〈생 략〉

형사사건에서의 제3자 소유물의 몰수절차에 관한 응급조치법 제2조 제2항의 규정에 따른 공고의 방법을 정하는 정령

제정 平成 24년 정령 제155호

형사사건에서의 제3자 소유물의 몰수절차에 관한 응급조치법 제2조 제2항의 규정에 따른 공고는 검찰청의 게시장에 14일간 게시하는 방법으로 한다. 다만 필요한 때에는 관보 또는 신문지에 게재하는 방법을 아울러 할 수 있다.

부 칙 〈생 략〉

형사사건에서의 제3자 소유물의 몰수절차에 관한 규칙

제정 昭和 38년 7월 23일 최고재판소규칙 제8호

제1조(절차의 기준) 형사사건에서의 제3자 소유물의 몰수절차에 관한 응급조치법(昭和 38년 법률 제138호. 이하「법」이라 한다.)에 따른 절차는 법 및 이 규칙에 정하는 것 외에 그 성질에 반하지 아니하는 한 형사소송규칙(昭和 23년 최고재판소규칙 제32호)이 정하는 바에 따른다. 이 경우에 법 제3조의 규정에 따라 피고사건의 절차에의 참가를 허가받은 자 및 법 제13조의 규정에 따라 몰수의 재판의 취소를 청구한 자에게는 피고인에 관한 규정을, 법 제10조(법 제13조 제7항에서 준용하는 경우를 포함한다.)의 규정에 따라 선임되는 대리인에게는 변호인에 관한 규정을 준용한다.

제2조(검찰관에게의 통지) 법 제13조의 규정에 따른 청구 또는 그 취하가 있는 때에는 재판소서기관은 신속하게 이를 검찰관에게 통지하여야 한다.

부 칙 〈생 략〉

3 장

공판

재판원이 참가하는 형사재판에 관한 법률

제정 平成 16년 법률 제63호

개정 平成 28년 6월 3일 법률 제54호

제1장 총칙

제 1 조(취지) 이 법률은 국민 중에서 선임된 재판원이 재판관과 함께 형사소송절차에 관여하는 것이 사법에 대한 국민의 이해의 증신과 그 신뢰의 향상에 도움이 됨을 감안하여 재판원이 참가하는 형사재판에 관한 재판소법(昭和 22년 법률 제59호) 및 형사소송법(昭和 23년 법률 제131호)의 특칙 기타 필요한 사항을 정한다.

제 2 조(대상사건 및 합의부의 구성) ① 지방재판소는 아래에 열거하는 사건은 다음 조 또는 제3조의2의 결정이 있는 경우를 제외하고, 이 법률이 정하는 바에 따라 재판원이 참가하는 합의부가 구성된 후에는 재판소법 제26조[107]의 규정에 불구하고 재판원이 참가하는 합의부에서 취급한다.

1. 사형, 무기징역 또는 금고에 해당하는 죄에 관련된 사건

2. 재판소법 제26조 제2항 제2호에 열거하는 사건으로서 고의의 범죄행위로 피해자를 사망하게 한 죄에 관련된 것(전호에 해당하는 것을 제외한다.)

② 전항의 합의부의 재판관의 인원수는 3인, 재판원의 인원수는 6인으로 하고, 재판관 중 1인을 재판장으로 한다. 다만 다음 항의 결정이 있었던 때에는 재판관의 인원수는 1인, 재판원의 인원수는 4인으로 하고 재판관을 재판장으로 한다.

---

107) 일본국 재판소법 제26조(단독부·합의부) ① 지방재판소는 제2항에 규정하는 경우를 제외하고 1인의 재판관으로 사건을 취급한다.
　② 다음에 열거하는 사건은 재판관의 합의부에서 취급한다. 다만 법정에서 할 심리 및 재판을 제외하고 기타 사항에 대하여 다른 법률에 특별한 정함이 있는 때에는 그 정한 바에 따른다.
　1. 합의부에서 심리 및 재판을 하는 취지의 결정을 합의부에서 한 사건
　2. 사형, 무기 또는 단기 1년 이상의 징역이나 금고에 해당하는 죄[형법 제236조, 제238조 또는 제239조의 죄 및 그 미수범, 폭력행위 등 처벌에 관한 법률(大正 15년 법률 제60호) 제1조의2 제1항이나 제2항 또는 제1조의3 제1항의 죄와 도범 등의 방지 및 처분에 관한 법률(昭和 5년 법률 제9호) 제2조 또는 제3조의 죄를 제외한다.]에 관련된 사건
　3. 간이재판소의 판결에 대한 항소사건과 간이재판소의 결정 및 명령에 대한 항고사건
　4. 기타 다른 법률에서 합의부에서 심리 및 재판하여야 할 것으로 정해진 사건
　③ 전항의 합의부의 재판관의 인원 수는 3인으로 하고 그 중 1인을 재판장으로 한다.

③ 제1항의 규정에 따라 같은 항의 합의부가 취급할 사건(이하 「대상사건」이라 한다.) 중 공판 전 정리절차에 의한 쟁점 및 증거의 정리로 공소사실에 대한 다툼이 없다고 인정되고 사건의 내용 기타 사정을 고려하여 적당하다고 인정되는 것은 재판소는 재판관 1인 및 재판원 4인으로 구성된 합의부를 구성하여 심리 및 재판을 하는 취지의 결정을 할 수 있다.

④ 재판소는 전항의 결정을 할 때에는 공판 전 정리절차에서 검찰관, 피고인 및 변호인에게 이의가 없음을 확인하여야 한다.

⑤ 제3항의 결정은 제27조 제1항에 규정하는 재판원등 선임절차기일까지 하여야 한다.

⑥ 지방재판소는 제3항의 결정이 있는 때에는 재판소법 제26조 제2항의 규정에 불구하고 당해 결정시로부터 제3항에 규정하는 합의부가 구성되기까지 1인의 재판관으로 사건을 취급한다.

⑦ 재판소는 피고인의 주장, 심리의 상황 기타 사정을 고려하여 사건을 제3항에 규정하는 합의부에서 취급함이 적당하지 아니하다고 인정하는 때에는 결정으로 같은 항의 결정을 취소할 수 있다.

제 3 조(대상사건으로부터의 제외) ① 지방재판소는 전조 제1항 각호에 열거하는 사건에서 피고인의 언동, 피고인이 그 구성원인 단체의 주장이나 당해 단체의 다른 구성원의 언동 또는 현재 재판원후보자나 재판원에 대한 가해나 그 고지를 한 것 기타 사정으로 재판원후보자, 재판원이나 재판원이었던 자 또는 그 친족이나 이에 준하는 자의 생명, 신체 또는 재산에 위해가 가하여질 우려나 이들의 생활의 평온이 현저하게 침해될 우려가 있고, 그 때문에 재판원후보자나 재판원이 외포심을 느껴 재판원후보자의 출석을 확보하기 곤란한 상황에 있거나 재판원의 직무를 수행할 수 없고 이에 대신할 재판원의 선임도 곤란하다고 인정하는 때에는 검찰관, 피고인이나 변호인의 청구 또는 직권으로 재판관의 합의부에서 취급하는 결정을 하여야 한다.

② 전항의 결정 또는 같은 항의 청구를 각하하는 결정은 합의부에서 하여야 한다. 다만 당해 전조 제1항 각호에 열거하는 사건의 심판에 관여하고 있는 재판관은 그 결정에 관여할 수 없다.

③ 제1항의 결정 또는 같은 항의 청구를 각하하는 결정을 할 때에는 최고재판소규칙으로 정하는 바에 따라 미리 검찰관 및 피고인 또는 변호인의 의견을 들어야 한다.

④ 전조 제1항의 합의부가 구성된 후에는, 직권으로 제1항의 결정을 할 때에는 미리 당해 합의부의 재판장의 의견을 들어야 한다.

⑤ 형사소송법 제43조 제3항, 제4항 및 제44조 제1항의 규정은 제1항의 결정 및 같은 항의 청구를 각하하는 결정에 준용한다.

⑥ 제1항의 결정 또는 같은 항의 청구를 각하하는 결정에는 즉시항고를 할 수 있다. 이 경우에는 즉시항고에 관한 형사소송법의 규정을 준용한다.

제3조의2 ① 지방재판소는 제2조 제1항 각호에 열거하는 사건이 다음의 어느 하나에 해당하는 때에는 검찰관, 피고인 또는 변호인의 청구 또는 직권으로 이를 재판관의 합의부에서 취급하는 결정을 하여야 한다.

1. 공판 전 정리절차에 따라 당해 사건의 쟁점 및 증거의 정리를 거친 경우로서 심판에 요할 것으로 예상되는 기간이 현저하게 장기에 걸친 것 또는 그 기간 중에 재판원이 출석하여야 한다고 예상되는 공판기일이나 공판준비가 현저하게 많아지는 것을 회피할 수 없을 때에 다른 사건에서의 재판원의 선임 또는 해임 상황, 제27조 제1항에 규정하는 재판원등 선임절차의 경과 기타 사정을 고려하여 재판원의 선임이 곤란하거나 심판에 요할 것으로 예상되는 기간의 종료에 이르기까지 재판원의 직무의 수행을 확보하기 곤란하다고 인정하는 때

2. 제2조 제1항의 합의부를 구성하는 재판원 수에 부족이 발생하고 재판원으로 선임할 보충재판원이 없는 경우에 그 후의 심판에 요할 것으로 예상되는 기간이 현저하게 장기에 걸친 것 또는 그 기간 중에 재판원이 출석하여야 한다고 예상되는 공판기일이나 공판준비가 현저하게 많아지는 것을 회피할 수 없을 때에 다른 사건에서의 재판원의 선임 또는 해임 상황, 제46조 제2항 및 같은 항에서 준용하는 제38조 제1항 후단의 규정에 따른 재판원 및 보충재판원의 선임을 위한 절차의 경과 기타 사정을 고려하여 재판원의 선임이 곤란하거나 심판에 요할 것으로 예상되는 기간의 종료에 이르기까지 재판원의 직무의 수행을 확보하기 곤란하다고 인정하는 때

② 전조 제2항, 제3항, 제5항 및 제6항의 규정은 전항의 결정 및 같은 항의 청구를 각하하는 결정에 준용한다.

③ 제1항의 결정 또는 같은 항의 청구를 각하하는 결정을 할 때에는 미리 당해 제2조 제1항 각호에 열거하는 사건이 계속된 재판소의 재판장의 의견을 들어야 한다.

제 4 조(변론을 병합하는 사건의 취급) ① 재판소는 대상사건 이외의 사건으로서 그 변론을 대상사건의 변론에 병합함이 상당하다고 인정되는 것은 결정으로 이를 제2조 제1항의 합의부에서 취급할 수 있다.

② 재판소는 전항의 결정을 한 경우에는 형사소송법의 규정에 따라 같은 항의 결정에 관련된 사건의 변론과 대상사건의 변론을 병합하여야 한다.

제 5 조(벌조 변경 후의 취급) 재판소는 제2조 제1항의 합의부에서 취급하고 있는 사건의 전부 또는 일부에 대하여 형사소송법 제312조의 규정에 따라 벌조((罰条)가 철회 또는 변경되었기 때문에 대상사건에 해당하지 않게 된 때에도 당해 합의부에서 당해 사건을 취급한다. 다만 심판 상황 기타 사정을 고려하여 적당하다고 인정하는

때에는 결정으로 재판소법 제26조가 정하는 바에 따라 당해 사건을 1인의 재판관 또는 재판관의 합의부에서 취급할 수 있다.

제 6 조(재판관 및 재판원의 권한) ① 제2조 제1항의 합의부에서 사건을 취급할 경우에 형사소송법 제333조의 규정에 따른 형의 선고의 판결, 같은 법 제334조의 규정에 따른 형의 면제의 판결, 같은 법 제336조의 규정에 따른 무죄의 판결 또는 소년법(昭和 23년 법률 제168호) 제55조[108]의 규정에 따른 가정재판소로의 이송의 결정에 관련된 재판소의 판단(다음 항 제1호 및 제2호에 열거된 것을 제외한다.) 중 다음에 열거하는 것(이하 「재판원이 관여하는 판단」이라 한다.)은 제2조 제1항의 합의부의 구성원인 재판관(이하 「구성재판관」이라 한다.) 및 재판원의 합의에 따른다.

1. 사실의 인정
2. 법령의 적용
3. 형의 양정

② 전항에 규정하는 경우에 다음에 열거하는 재판소의 판단은 구성재판관의 합의에 따른다.

1. 법령의 해석에 관련된 판단
2. 소송절차에 관한 판단(소년법 제55조의 결정을 제외한다.)
3. 기타 재판원이 관여하는 판단 이외의 판단

③ 재판원이 관여하는 판단을 하기 위한 심리는 구성재판관 및 재판원이 하고 그 이외의 심리는 구성재판관만으로 한다.

제 7 조(위와 같음) 제2조 제3항의 결정이 있었던 경우에는 구성재판관의 합의에 따라야 할 판단은 구성재판관이 한다.

제2장 재판원

제1절 총칙

제 8 조(재판원의 직무권한 행사의 독립) 재판원은 독립하여 그 직무를 수행한다.

제 9 조(재판원의 의무) ① 재판원은 법령에 따라 공평 성실하게 그 직무를 수행하여야 한다.

② 재판원은 제70조 제1항에 규정하는 평의의 비밀 기타 직무상 지득한 비밀을 누설하여서는 아니 된다.

---

108) 일본국 소년법 제55조(가정재판소로의 이송) 재판소는 사실심리의 결과 소년인 피고인을 보호처분에 회부함이 상당하다고 인정하는 때에는 결정으로 사건을 가정재판소에 이송하여야 한다.

③ 재판원은 재판의 공평에 대한 신뢰를 훼손할 우려가 있는 행위를 하여서는 아니 된다.

④ 재판원은 그 품위를 해치는 행위를 하여서는 아니 된다.

제10조(보충재판원) ① 재판소는 심판의 기간 기타 사정을 고려하여 필요하다고 인정하는 때에는 보충재판원을 둘 수 있다. 다만 보충재판원의 수는 합의부를 구성하는 재판원의 수를 초과할 수 없다.

② 보충재판원은 재판원이 관여하는 판단을 하기 위한 심리에 입회하고, 제2조 제1항의 합의부를 구성하는 재판원 수에 부족이 발생한 경우에 미리 정하는 순서에 따라 이에 대신하여 재판원에 선임된다.

③ 보충재판원은 소송에 관한 서류 및 증거물을 열람할 수 있다.

④ 전조의 규정은 보충재판원에 준용한다.

제11조(여비, 일당 및 숙박료) 재판원 및 보충재판원에게는 최고재판소규칙으로 정하는 바에 따라 여비, 일당 및 숙박료를 지급한다.

제12조(공무소 등에 대한 조회) ① 재판소는 제26조 제3항{제28조 제2항[제38조 제2항(제46조 제2항에서 준용하는 경우를 포함한다.), 제47조 제2항 및 제92조 제2항에서 준용하는 경우를 포함한다.], 제38조 제2항(제46조 제2항에서 준용하는 경우를 포함한다.), 제47조 제2항 및 제92조 제2항에서 준용하는 경우를 포함한다.}의 규정에 따라 선정된 재판원후보자 또는 재판원이나 보충재판원에 대하여 재판원 또는 보충재판원의 선임이나 해임의 판단을 위해 필요하다고 인정하는 때에는 공무소 또는 공사의 단체에 조회하여 필요한 사항의 보고를 요구할 수 있다.

② 지방재판소는 재판원후보자에 대한 재판소의 전항의 판단에 도움이 되기 위해 필요하다고 인정하는 때에는 공무소에 조회하여 필요한 사항의 보고를 요구할 수 있다.

제2절 선임

제13조(재판원의 선임자격) 재판원은 중의원의원의 선거권을 갖는 자 중에서 이 절에 정하는 바에 따라 선임한다.

제14조(결격사유) 국가공무원법(昭和 22년 법률 제120호) 제38조[109]의 규정에 해당하는

---

109) 일본국 국가공무원법 제38조(결격조항) 다음 각호의 어느 하나에 해당하는 자는 인사원규칙으로 정하는 경우를 제외하고는 관직에 취임할 능력을 가지지 아니한다.
  1. 금고 이상의 형에 처하여지고 그 집행을 종료하거나 집행을 받지 아니하게 된 자
  2. 징계면직의 처분을 받고 당해 처분일로부터 2년을 경과하지 아니한 자
  3. 인사원의 인사관이나 사무총장의 직에 있으면서 제109조부터 제112조까지에 규정하는 죄를 범하고 형에 처하여진 자
  4. 일본국헌법 시행일 이후에 일본국헌법 또는 그 아래 성립한 정부를 폭력으로 파괴할 것을 주장하는

경우 외에 다음 각호의 어느 하나에 해당하는 자는 재판원이 될 수 없다.

1. 학교교육법(昭和 22년 법률 제26호)에 정하는 의무교육을 종료하지 아니한 자. 다만 의무교육을 종료한 자와 동등 이상의 학식을 가진 자는 그러하지 아니하다.

2. 금고 이상의 형에 처하여진 자

3. 심신의 장애 때문에 재판원의 직무를 수행하기에 현저하게 지장이 있는 자

제15조(취직금지사유) ① 다음 각호의 어느 하나에 해당하는 자는 재판원의 직무에 취임할 수 없다.

1. 국회의원

2. 국무대신

3. 다음의 어느 하나에 해당하는 국가행정기관의 직원

ㅓ 일반직 직원의 급여에 관한 법률(昭和 25년 법률 제95호) 별표 제11 지정 직봉급표의 적용을 받는 직원(ㄹ에 열거하는 자를 제외한다.)

ㅁ 일반직 임기제직원의 채용 및 급여의 특례에 관한 법률(平成 12년 법률 제125호) 제7조 제1항에 규정하는 봉급표의 적용을 받는 직원으로서 같은 표 7호봉의 봉급월액 이상의 봉급을 받는 자

ㅅ 특별직 직원의 급여에 관한 법률(昭和 24년 법률 제252호) 별표 제1 및 별표 제2의 적용을 받는 직원

ㄹ 방위성 직원의 급여 등에 관한 법률(昭和 27년 법률 제266호. 이하 「방위성직원급여법」이라 한다.) 제4조 제1항의 규정에 따라 일반직 직원의 급여에 관한 법률 별표 제11 지정 직봉급표의 적용을 받는 직원, 방위성직원급여법 제4조 제2항의 규정에 따라 일반직 임기제직원의 채용 및 급여의 특례에 관한 법률 제7조 제1항의 봉급표에 정하는 액의 봉급(같은 표 7호봉의 봉급월액 이상의 것에 한한다.)을 받는 직원 및 방위성직원급여법 제4조 제5항의 규정의 적용을 받는 직원

4. 재판관 및 재판관이었던 자

5. 검찰관 및 검찰관이었던 자

6. 변호사(외국법자문사를 포함한다. 이하 이 항에서 같다.) 및 변호사였던 자

7. 변리사

8. 사법서사

9. 공증인

10. 사법경찰직원으로서의 직무를 수행하는 자

11. 재판소의 직원(비상근인 자를 제외한다.)

12. 법무성의 직원(비상근인 자를 제외한다.)

정당 기타 단체를 결성하거나 가입한 자

13. 국가공안위원회위원, 도도부현공안위원회위원 및 경찰직원(비상근인 자를 제외한다.)

14 판사, 판사보, 검사 또는 변호사가 될 자격을 가진 자

15. 학교교육법에서 정하는 대학의 학부, 전공과 또는 대학원의 법률학의 교수 또는 부교수

16. 사법연수생

17. 도도부현지사 및 시정촌(특별구를 포함한다. 이하 같다.)의 장

18. 자위관

② 다음의 어느 하나에 해당하는 자도 전항과 같다.

1. 금고 이상의 형에 해당하는 죄로 기소되어 그 피고사건이 종결되지 아니한 자

2. 체포 또는 구류되어 있는 자

제16조(사퇴사유) 다음 각호의 어느 하나에 해당하는 자는 재판원이 되는 것에 대한 사퇴신청을 할 수 있다.

1. 70세 이상인 자

2. 지방공공단체의 의회의 의원(회기 중인 자에 한한다.)

3. 학교교육법 제1조, 제124조 또는 제134조의 학교의 학생 또는 생도[110](상시 통학을 요하는 과정에 재학중인 자에 한한다.)

4. 과거 5년 이내에 재판원 또는 보충재판원의 직에 있었던 자

5. 과거 3년 이내에 선임예정재판원이었던 자

6. 과거 1년 이내에 재판원후보자로서 제27조 제1항에 규정하는 재판원등 선임절차기일에 출석한 일이 있었던 자{제34조 제7항[제38조 제2항(제46조 제2항에서 준용하는 경우를 포함한다.), 제47조 제2항 및 제92조 제2항에서 준용하는 경우를 포함한다. 제26조 제3항에서 같다.]의 규정에 따른 불선임결정이 있었던 자를 제외한다.}

7. 과거 5년 이내에 검찰심사회법(昭和 23년 법률 제147호)의 규정에 따른 검찰심사원 또는 보충원의 직에 있었던 자

8. 다음에 열거하는 사유 기타 정령으로 정하는 부득이한 사유가 있어 재판원의 직

---

110) 일본국 학교교육법 제1조 이 법률에서 학교란 유치원, 소학교, 중학교, 의무교육학교, 고등학교, 중등교육학교, 특별지원학교, 대학 및 고등전문학교로 한다.
제124조 제1조에 열거하는 것 이외의 교육시설로 직업 또는 실제 생활에 필요한 능력을 육성하거나 교양의 향상을 도모하는 것을 목적으로 하여 다음 각호에 해당하는 조직적인 교육을 하는 것(당해 교육을 할 때 다른 법률에 특별한 규정이 있는 것 및 우리나라에 거주하는 외국인만을 대상으로 하는 것을 제외한다.)을 전수학교로 한다.
1. 수업연한이 1년 이상일 것
2. 수업시수가 문부과학대신이 정하는 수업시수 이상일 것
3. 교육을 받는 자가 상시 40인 이상일 것
제134조 ① 제1조에 열거하는 것 이외의 것으로 학교교육에 유사한 교육을 하는 것(당해 교육을 할 때 다른 법률에 특별한 규정이 있는 것 및 제124조에 규정하는 전수학교의 교육을 하는 것을 제외한다.)을 각종학교로 한다.
② ∼ ③ (생 략)

무를 수행하거나 재판원후보자로서 제27조 제1항에 규정하는 재판원등 선임절차기일에 출석하는 것이 곤란한 자

ㅓ 중한 질병 또는 상해로 재판소에 출석하는 것이 곤란할 것

ㅁ 개호 또는 양육이 이뤄지지 않으면 일상생활을 영위함에 지장이 있는 동거친족의 개호 또는 양육을 할 필요가 있을 것

ㅅ 종사하는 사업에서의 중요한 용무로 스스로 이를 처리하지 않으면 당해 사업에 현저한 손해가 발생할 우려가 있을 것

ㅡ 부모의 장례에의 출석 기타 사회생활상 중요한 용무로 그 기인에 출석할 수 없는 일이 있을 것

ㅊ 중대한 재해로 생활기반에 현저한 피해를 입어 그 생활의 재건을 위한 용무를 수행할 필요가 있을 것

제17조(사건에 관련된 부적격사유) 다음 각호의 어느 하나에 해당하는 자는 당해 사건에서 재판원이 될 수 없다.

1. 피고인 또는 피해자

2. 피고인 또는 피해자의 친족이나 친족이었던 자

3. 피고인 또는 피해자의 법정대리인, 후견감독인, 보좌인, 보좌감독인, 보조인 또는 보조감독인

4. 피고인 또는 피해자의 동거인 또는 피용자

5. 사건에 대하여 고발 또는 청구를 한 자

6. 사건에 대하여 증인 또는 감정인이 된 자

7. 사건에 대하여 피고인의 대리인, 변호인 또는 보좌인(輔佐人)이 된 자

8. 사건에 대하여 검찰관 또는 사법경찰직원으로서 직무를 수행한 자

9. 사건에 대하여 검찰심사원 또는 심사보조원으로서 직무를 수행하거나 보충원으로서 검찰심사회의를 방청한 자

10. 사건에 대하여 형사소송법 제266조 제2호의 결정, 약식명령, 같은 법 제398조부터 제400조까지, 제412조나 제413조의 규정에 따라 환송 또는 이송된 경우의 원판결 또는 이들 재판의 기초가 되는 조사에 관여한 자. 다만 수탁재판관으로서 관여한 경우는 그러하지 아니하다.

제18조(기타 부적격사유) 전조 외 재판소가 이 법률이 정하는 바에 따라 불공평한 재판을 할 우려가 있다고 인정하는 자는 당해 사건에서 재판원이 될 수 없다.

제19조(준용) 제13조부터 전조까지의 규정(재판원의 선임자격, 결격사유, 취직금지사유, 사퇴사유, 사건에 관련한 부적격사유 및 기타 부적격사유)은 보충재판원에 준용한다.

제20조(재판원후보자의 인원수 할당 및 통지) ① 지방재판소는 최고재판소규칙으로

정하는 바에 따라 매년 9월 1일까지 다음 해에 필요한 재판원후보자의 인원수를 그 관할구역 내의 시정촌에 할당하여 시정촌 선거관리위원회에 통지하여야 한다. ② 전항의 재판원후보자 인원수는 최고재판소규칙으로 정하는 바에 따라 지방재판소가 대상사건의 취급상황 기타 사항을 감안하여 산정한 수로 한다.

제21조(재판원후보자예정자명부의 제조) ① 시정촌 선거관리위원회는 전조 제1항의 통지를 받은 때에는 선거인명부에 등록되어 있는 자 중에서 재판원후보자의 예정자로서 당해 통지에 관련된 인원수의 사람[공직선거법(昭和 25년 법률 제100호) 제27조 제1항의 규정에 따라 선거인명부에 같은 법 제11조 제1항이나 제252조 또는 정치자금규정법(昭和 23년 법률 제194호) 제28조[111])의 규정에 따라 선거권을 갖지 못하

---

111) 일본국 공직선거법 제11조 (선거권 및 피선거권을 갖지 아니하는 자) ① 다음에 열거하는 자는 선거권 및 피선거권을 갖지 아니한다.
  1. 삭제
  2. 금고 이상의 형에 처하여지고 그 집행을 종료할 때까지의 자
  3. 금고 이상의 형에 처하여지고 그 집행을 받지 아니하게 된 자(형의 집행유예 중인 자를 제외한다.)
  4. 공직에 있는 동안 범한 형법 제197조부터 제197조의4까지의 죄(역자 주: 뇌물죄를 가리킴) 또는 공직에 있는 자 등의 알선행위에 따른 이득 등의 처벌에 관한 법률(平成 12년 법률 제130호) 제1조의 죄로 형에 처하여지고 그 집행을 종료하거나 그 집행의 면제를 받은 자로 그 집행을 종료하거나 그 집행의 면제를 받은 날로부터 5년을 경과하지 아니한 자 또는 그 형의 집행유예 중인 자
  5. 법률이 정하는 바에 따라 한 선거, 투표 및 국민심사에 관한 범죄로 금고 이상의 형에 처하여지고 그 형의 집행유예 중인 자
  ② ~ ③ (생 략)
  제27조(표시 및 정정 등) ① 시정촌의 선거관리위원회는 선거인명부에 등록되어 있는 자가 제11조 제1항이나 제252조 또는 정치자금규정법 제28조의 규정에 따라 선거권을 갖지 아니하게 되었거나 당해 시정촌의 구역 내에 주소를 두지 아니하게 되었음을 안 경우에는 곧바로 선거인명부에 그 취지의 표시를 하여야 한다.
  ② ~ ③ (생 략)
  제252조(선거범죄로 처벌받은 자에 대한 선거권 및 피선거권의 정지) ① 이 장에 열거하는 죄[제236조의2 제2항(시정촌 선거관리위원회의 보고지시 위반 또는 허위보고), 제240조(선거사무소, 휴게소 등의 제한 위반), 제242조(선거사무소 설치신고 및 표시 위반), 제244조(선거운동에 관한 각종 제한 위반), 제245조(선거기일 후의 인사행위 제한 위반), 제252조의2(추천단체의 선거활동 제한 위반), 제252조의3(정당 기타 정치활동을 하는 단체의 정치활동 규제 위반) 및 제253조(선거인 등의 위증)의 죄를 제외한다. — 역자 주: 괄호 내 행위는 역자가 추가한 것]를 범하고 벌금형에 처하여진 자는 그 재판이 확정된 날로부터 5년간(형의 집행유예의 선고를 받은 자는 그 재판이 확정된 날로부터 형의 집행을 받지 아니하게 될 때까지의 기간) 이 법률에 규정하는 선거권 및 피선거권을 갖지 아니한다.
  ② ~ ④ (생 략)
  일본국 정치자금규정법 제28조(벌칙) ① 제23조부터 제26조의5까지 및 전조 제2항의 죄를 범하여 벌금형에 처하여진 자는 그 재판이 확정된 날로부터 5년간(형의 집행유예의 선고를 받은 자는 그 재판이 확정된 날로부터 형의 집행을 받지 아니하게 될 때까지의 기간) 공직선거법에 규정하는 선거권 및 피선거권을 갖지 아니한다.
  ② 제23조, 제24조, 제25조 제1항, 제26조, 제26조의2, 제26조의4 및 전조 제2항의 죄를 범하고 금고형에 처하여진 자는 그 재판이 확정된 날로부터 형의 집행을 종료하기까지 또는 형의 시효에 의한 경우를 제외한 외에 형의 집행의 면제를 받기까지 및 그 후 5년간 또는 그 재판이 확정된 날로부터 형의 집행을 받지 아니하게 될 때까지의 기간 동안 공직선거법에 규정하는 선거권 및 피선거권을 갖지 아니한다.
  ③ 재판소는 정상에 따라 형의 선고와 동시에 제1항에 규정하는 자에게 같은 항의 5년간 또는 형의 집행유예 중의 기간 선거권 및 피선거권을 갖지 아니한다는 취지의 규정을 적용하지 아니하거나 그 기간 중 이를 적용할 기간을 단축하는 취지의 선고 또는 전항에 규정하는 자에게 같은 항의 5년간 또는 형의 집행유예의 선고를 받을 경우에 그 집행유예 기간 중 선거권 및 피선거권을 갖지 아니한다는 취지의 규정을 적용할 기간을 단축하는 취지의 선고를 할 수 있다.
  ④ 공직선거법 제11조 제3항의 규정은 전3항의 규정에 따라 선거권 및 피선거권을 갖지 아니할 사유가

게 된 취지의 표시가 되어 있는 자를 제외한다.]을 추첨으로 선정하여야 한다.

② 시정촌 선거관리위원회는 전항의 규정에 따라 선정한 자에 대하여 선거인명부에 기재(공직선거법 제19조 제3항의 규정에 따라 자기디스크로 제조한 선거인명부에서는 기록)되어 있는 이름, 주소 및 생년월일을 기재(다음 항의 규정에 따라 자기디스크로 제조한 재판원후보자예정자명부에서는 기록)한 재판원후보자예정자명부를 제조하여야 한다.

③ 재판원후보자예정자명부는 자기디스크(이에 준하는 방법으로 일정한 사항을 확실히 기록해 둘 수 있는 물건을 포함한다. 이하 같다.)로 제조할 수 있다.

제22조(재판원후보자예정자명부의 송부) 시정촌 선거관리위원회는 제20조 제1항의 통지를 받은 해의 10월 15일까지 재판원후보자예정자명부를 당해 통지를 한 지방재판소에 송부하여야 한다.

제23조(재판원후보자명부의 제조) ① 지방재판소는 전조의 규정에 따라 재판원후보자예정자명부를 송부받은 때에는 이를 기초로 최고재판소규칙으로 정하는 바에 따라 재판원후보자의 이름, 주소 및 생년월일을 기재(다음 항의 규정에 따라 자기디스크를 가지고 제조한 재판원후보자명부에서는 기록. 제25조 및 제26조 제3항에서 같다.)한 재판원후보자명부를 제조하여야 한다.

② 재판원후보자명부는 자기디스크로 제조할 수 있다.

③ 지방재판소는 재판원후보자가 사망하였음을 안 때, 제13조에 규정하는 자에 해당하지 아니한다고 인정하는 때, 제14조의 규정에 따라 재판원이 될 수 없는 자로 인정한 때 또는 제15조 제1항 각호에 열거하는 자에 해당한다고 인정한 때에는 최고재판소규칙으로 정하는 바에 따라 재판원후보자명부에서 삭제하여야 한다.

④ 시정촌 선거관리위원회는 제21조 제1항의 규정에 따라 선정한 재판원후보자의 예정자가 사망하거나 중의원의원의 선거권을 갖지 못하게 되었음을 안 때에는 전조의 규정에 따라 재판원후보자예정자명부를 송부한 지방재판소에 그 취지를 통지하여야 한다. 다만 당해 재판원후보자예정자명부를 송부한 해의 다음 해가 경과한 때에는 그러하지 아니하다.

제24조(재판원후보자를 보충하는 경우의 조치) ① 지방재판소는 제20조 제1항의 규정에 따라 통지를 한 해의 다음 해에 그 해에 필요한 재판원후보자를 보충할 필요가 있다고 인정한 때에는 최고재판소규칙으로 정하는 바에 따라 신속하게 보충할 재판원후보자의 인원수를 그 관할구역 내의 시정촌에 할당하여 시정촌 선거관리위원회에 통지하여야 한다.

② 전3조의 규정은 전항의 경우에 준용한다. 이 경우에 제22조 중 「제20조 제1항

발생하거나 그 사유가 없게 된 때에 준용한다. 이 경우에 같은 조 제3항 중 「제1항 또는 제252조」는 「정치자금규정법 제28조」로 바꿔 읽는 것으로 한다.

의 통지를 받은 해의 10월 15일까지」는 「신속하게」로, 전조 제1항 중 「한 재판원 후보자명부」는 「추가한 재판원후보자명부」로, 같은 조 제4항 단서 중 「송부한 해의 다음 해」는 「송부한 해」로 바꿔 읽는 것으로 한다.

제25조(재판원후보자에의 통지) 지방재판소는 제23조 제1항(전조 제2항에서 바꿔 읽어 준용하는 경우를 포함한다.)의 규정에 따라 재판원후보자명부를 제조한 때에는 당해 재판원후보자명부에 기재되어 있는 자에게 그 취지를 통지하여야 한다.

제26조(호출할 재판원후보자의 선정) ① 대상사건에 대하여 제1회 공판기일이 지정된 때에는 재판소는 필요한 인원수의 보충재판원을 두는 결정 또는 보충재판원을 두지 아니하는 결정을 하여야 한다.

② 재판소는 전항의 결정을 한 때에는 심판에 요할 것으로 예상되는 기간 기타 사정을 고려하여 호출할 재판원후보자의 인원수를 정하여야 한다.

③ 지방재판소는 재판원후보자명부에 기재된 재판원후보자 가운데 전항의 규정에 따라 정해진 인원 수의 호출할 재판원후보자를 추첨으로 선정하여야 한다. 다만 재판소의 호출에 응하여 다음 조 제1항에 규정하는 재판원등 선임절차기일에 출석한 재판원후보자(제34조 제7항의 규정에 따라 불선임결정이 있었던 자를 제외한다.)는 그 해에 다시 선정할 수 없다.

④ 지방재판소는 검찰관 및 변호인에게 전항의 추첨에 입회할 기회를 부여하여야 한다.

제27조(재판원후보자의 호출) ① 재판소는 재판원 및 보충재판원의 선임을 위한 절차(이하 「재판원등 선임절차」라 한다.)를 진행하는 기일을 정하여 전조 제3항의 규정에 따라 선정된 재판원후보자를 호출하여야 한다. 다만 재판원등 선임절차를 진행한 기일부터 재판원의 직무가 종료된다고 예상되는 날까지의 기간(이하 「직무종사예정기간」이라 한다.)에 다음 각호에 열거하는 어느 하나의 사유가 있다고 인정되는 재판원후보자에 대하여는 그러하지 아니하다.

1. 제13조에 규정하는 자에 해당하지 아니하는 것
2. 제14조의 규정에 따라 재판원이 될 수 없는 자인 것
3. 제15조 제1항 각호, 제2항 각호 또는 제17조 각호에 열거된 자에 해당하는 것
4. 제16조의 규정에 따라 재판원이 되는 것에 대한 사퇴신청이 있는 재판원후보자가 같은 조 각호에 열거하는 자에 해당하는 것

② 전항의 호출은 호출장의 송달에 의한다.

③ 호출장에는 출석할 일시, 장소, 호출에 응하지 아니하는 때에는 과태료에 처해질 수 있다는 취지 기타 최고재판소규칙으로 정하는 사항을 기재하여야 한다.

④ 재판원등 선임절차기일과 재판원후보자에 대한 호출장의 송달 사이에는 최고재

판소규칙으로 정하는 유예기간을 두어야 한다.

⑤ 재판소는 제1항의 규정에 따른 호출 후 출석할 일시까지의 직무종사예정기간에 같은 항 각호에 열거하는 어느 하나의 사유가 있다고 인정되기에 이른 재판원후보자에 대하여는 곧바로 그 호출을 취소하여야 한다.

⑥ 재판소는 전항의 규정에 따라 호출을 취소한 때에는 신속하게 당해 재판원후보자에게 그 취지를 통지하여야 한다.

제27조의2(비상재해시에 호출을 하지 아니하는 조치) 재판소는 전조 제1항 본문의 규정에 불구하고 제26조 제3항의 규정에 따라 선정된 재판원후보자 중 현저하게 이상하고 격심한 비상재해로 우편물 배달이나 취집이 극히 곤란한 지역 또는 교통이 두절되거나 차단된 지역에 주소를 가진 자에게는 전조 제1항의 규정에 따른 호출을 하지 아니할 수 있다.

제28조(재판원후보자의 추가호출) ① 재판소는 재판원등 선임절차에서 재판원 및 필요한 인원수의 보충재판원을 선임하기 위해 필요하다고 인정하는 때에는 추가로 필요한 인원수의 재판원후보자를 호출할 수 있다.

② 제26조 제3항 및 제4항, 제27조 제1항 단서 및 제2항에서 제6항까지 및 전조의 규정은 전항의 경우에 준용한다. 이 경우에 제26조 제3항 중 「전항의 규정에 따라 정해진 인원 수」는 「재판소가 필요하다고 인정한 인원 수」로 바꿔 읽는 것으로 한다.

제29조(재판원후보자의 출석의무, 여비 등) ① 호출받은 재판원후보자는 재판원등 선임절차기일에 출석하여야 한다.

② 재판소의 호출에 응하여 재판원등 선임절차기일에 출석한 재판원후보자에게는 최고재판소규칙으로 정하는 바에 따라 여비, 일당 및 숙박료를 지급한다.

③ 지방재판소는 재판소의 호출에 응하여 재판원등 선임절차기일에 출석한 재판원후보자는 최고재판소규칙으로 정하는 바에 따라 재판원후보자명부에서 삭제하여야 한다. 다만 제34조 제7항의 규정에 따른 불선임결정이 있는 재판원후보자는 그러하지 아니하다.

제30조(질문표) ① 재판소는 재판원등 선임절차에 앞서 제26조 제3항(제28조 제2항에서 준용하는 경우를 포함한다.)의 규정에 따라 선정된 재판원후보자가 직무종사예정기간에 제13조에 규정하는 자에 해당하는지, 제14조의 규정에 따라 재판원이 될 수 없는 자가 아닌지, 제15조 제1항 각호나 제2항 각호 또는 제17조 각호에 열거하는 자에 해당하지 않는지와 제16조 각호에 열거하는 자에 해당하는지 및 불공평한 재판을 할 우려가 없는지를 판단하기 위해 필요한 질문을 하기 위해 질문표를 이용할 수 있다.

② 재판원후보자는 재판원등 선임절차기일 전에 질문표를 송부받은 때에는 재판소의 지정에 따라 당해 질문표를 반송하거나 지참하여야 한다.

③ 재판원후보자는 질문표에 허위의 기재를 하여서는 아니 된다.

④ 전3항 및 다음 조 제2항에 정하는 것 외에 질문표의 기재사항 기타 질문표에 관하여 필요한 사항은 최고재판소규칙으로 정한다.

제31조(재판원후보자에 관한 정보의 개시) ① 재판장(제2조 제3항의 결정이 있었던 경우는 재판관. 제39조를 제외하고 이하 이 절에서 같다.)은 재판원등 선임절차기일의 2일 전까지 호출한 재판원후보자의 이름을 기재한 명부를 검찰관 및 변호인에게 송부하여야 한다.

② 재판장은 재판원등 선임절차기일에 재판원등 선임절차에 앞서 재판원후보자가 제출한 질문표의 사본을 검찰관 및 변호인에게 열람하게 하여야 한다.

제32조(재판원등 선임절차의 참석자 등) ① 재판원등 선임절차는 재판관 및 재판소서기관이 참석하고 검찰관 및 변호인이 출석하여 진행한다.

② 재판소는 필요하다고 인정하는 때에는 재판원등 선임절차에 피고인을 출석하게 할 수 있다.

제33조(재판원등 선임절차의 방식) ① 재판원등 선임절차는 공개하지 아니한다.

② 재판원등 선임절차의 지휘는 재판장이 수행한다.

③ 재판원등 선임절차는 제34조 제4항 및 제36조 제1항의 규정에 따른 불선임결정의 청구가 재판원후보자의 면전에서 이뤄지지 않도록 하고 기타 재판원후보자의 심정을 충분히 배려하여 진행하여야 한다.

④ 재판소는 재판원등 선임절차의 속행을 위해 새로운 기일을 지정할 수 있다. 이 경우에 재판원등 선임절차기일에 출석한 재판원후보자에게 당해 새로운 기일을 통지한 때에는 호출장의 송달이 있는 경우와 동일한 효력을 가진다.

제33조의2(피해자 특정사항의 취급) ① 재판관, 검찰관, 피고인 및 변호인은 형사소송법 제290조의2 제1항 또는 제3항의 결정이 있는 사건의 재판원등 선임절차에서는 재판원후보자에게 정당한 이유 없이 피해자 특정사항(같은 조 제1항에 규정하는 피해자 특정사항을 말한다. 이하 이 조에서 같다.)을 밝혀서는 아니 된다.

② 재판장은 전항에 규정하는 재판원등 선임절차에서 재판원후보자에게 피해자 특정사항이 밝혀지게 된 경우에는 당해 재판원후보자에게 당해 피해자 특정사항을 공개하여서는 아니 된다는 취지를 고지한다.

③ 전항의 규정에 따른 고지를 받은 재판원후보자 또는 당해 재판원후보자였던 자는 재판원등 선임절차에서 알게 된 피해자 특정사항을 공개하여서는 아니 된다.

제34조(재판원후보자에 대한 질문 등) ① 재판원등 선임절차에서 재판장은 재판원후보자가 직무종사예정기간에 제13조에 규정하는 자에 해당하는지, 제14조의 규정에 따라 재판원이 될 수 없는 자가 아닌지, 제15조 제1항 각호나 제2항 각호 또는 제

17조 각호에 열거하는 자에 해당하지 않는지 또는 제16조의 규정에 따라 재판원이 되는 것에 대한 사퇴신청이 있는 경우에 같은 조 각호에 열거하는 자에 해당하는지나 불공평한 재판을 할 우려가 없는지를 판단하기 위해 필요한 질문을 할 수 있다.

② 배석재판관, 검찰관, 피고인 또는 변호인은 재판장에게 전항의 판단을 하기 위해 필요하다고 사료하는 질문을 재판장이 재판원후보자에게 할 것을 요구할 수 있다. 이 경우에 재판장은 상당하다고 인정하는 때에는 재판원후보자에게 당해 요구에 관련된 질문을 한다.

③ 재판원후보자는 전2항의 질문에 대하여 정당한 이유 없이 진술을 거적하거나 허위의 진술을 하여서는 아니 된다.

④ 재판소는 재판원후보자가 직무종사예정기간에 제13조에 규정하는 자에 해당하지 아니한다고 인정한 때, 제14조의 규정에 따라 재판원이 될 수 없는 자라고 인정한 때 또는 제15조 제1항 각호나 제2항 각호, 제17조 각호에 열거하는 자에 해당한다고 인정한 때에는 검찰관, 피고인 또는 변호인의 청구나 직권으로 당해 재판원후보자에 대하여 불선임결정을 하여야 한다. 재판원후보자가 불공평한 재판을 할 우려가 있다고 인정한 때에도 같다.

⑤ 변호인은 전항 후단의 경우에 같은 항의 청구를 할 때에는 피고인의 명시한 의사에 반하여 할 수 없다.

⑥ 제4항의 청구를 각하하는 결정에는 이유를 붙여야 한다.

⑦ 재판소는 제16조의 규정에 따라 재판원이 되는 것에 대한 사퇴신청이 있는 재판원후보자에 대하여, 직무종사예정기간에 같은 조 각호에 열거하는 자에 해당한다고 인정한 때에는 당해 재판원후보자에 대하여 불선임결정을 하여야 한다.

제35조(이의신청) ① 전조 제4항의 청구를 각하하는 결정에는 대상사건이 계속된 지방재판소에 이의신청을 할 수 있다.

② 전항의 이의신청은 당해 재판원후보자에 대하여 제37조 제1항 또는 제2항의 규정에 따라 재판원 또는 보충재판원으로 선임하는 결정이 될 때까지 원재판소에 대하여 신청서를 제출하거나 재판원등 선임절차에서 구두로 신청의 취지 및 이유를 밝히는 방법으로 하여야 한다.

③ 제1항의 이의신청을 받은 지방재판소는 합의부에서 결정을 하여야 한다.

④ 제1항의 이의신청에 관하여는 즉시항고에 관한 형사소송법의 규정을 준용한다. 이 경우에 같은 법 제423조 제2항 중 「받은 날로부터 3일」은 「수취 또는 구두에 따른 신청이 있는 때로부터 24시간」으로 바꿔 읽는 것으로 한다.

제36조(이유를 제시하지 않는 불선임청구) ① 검찰관 및 피고인은 재판원후보자에게 각각 4인(제2조 제3항의 결정이 있는 경우는 3인)을 한도로 하여 이유를 제시하지 않는

불선임결정의 청구(이하 「이유를 제시하지 않는 불선임청구」라 한다.)를 할 수 있다.

② 전항의 규정에 불구하고 보충재판원을 두는 때에는 검찰관 및 피고인이 이유를 제시하지 않는 불선임청구를 할 수 있는 인원수는 각각 같은 항의 인원수에 그 선임할 보충재판원의 인원수가 1인 또는 2인인 때에는 1인, 3인 또는 4인인 때에는 2인, 5인 또는 6인인 때에는 3인을 더한 인원수로 한다.

③ 이유를 제시하지 않는 불선임청구가 있는 때에는 재판소는 당해 이유를 제시하지 않는 불선임청구에 관련된 재판원후보자에 대하여 불선임결정을 한다.

④ 형사소송법 제21조 제2항의 규정은 이유를 제시하지 않는 불선임청구에 준용한다.

제37조(선임결정) ① 재판소는 추첨 기타 작위가 가해지지 않는 방법으로서 최고재판소규칙으로 정하는 방법에 따라 재판원등 선임절차기일에 출석한 재판원후보자로 불선임결정이 된 자부터 제2조 제2항에 규정하는 인원수(당해 재판원후보자의 인원수가 이에 미치지 아니하는 때에는 그 인원수)의 재판원을 선임하는 결정을 하여야 한다.

② 재판소는 보충재판원을 두는 때에는 전항의 규정에 따라 재판원을 선임하는 결정을 한 후 같은 항에 규정하는 방법에 따라 나머지 불선임결정이 된 재판원후보자로부터 제26조 제1항의 규정에 따라 결정한 인원수(당해 재판원후보자의 인원수가 이에 미치지 아니하는 때에는 그 인원수)의 보충재판원을 재판원으로 선임되어야 할 순서를 정하여 선임하는 결정을 하여야 한다.

③ 재판소는 전2항의 규정에 따라 재판원 또는 보충재판으로 선임된 자 이외의 불선임결정이 된 재판원후보자에 대하여는 불선임결정을 한다.

제38조(재판원이 부족한 경우의 조치) ① 재판소는 전조 제1항의 규정에 따라 선임된 재판원의 인원수가 선임할 재판원의 인원수에 미치지 아니하는 때에는 부족한 인원수의 재판원을 선임하여야 한다. 이 경우에 재판소는 아울러 필요하다고 인정하는 인원수의 보충재판원을 선임할 수 있다.

② 제26조(제1항을 제외한다.)부터 전조까지의 규정은 전항의 규정에 따른 재판원 및 보충재판원의 선임에 준용한다. 이 경우에 제36조 제1항 중 「4인(제2조 제3항의 결정이 있는 경우는 3인)」은 「선임할 재판원의 수가 1인 또는 2인인 때에는 1인, 3인 또는 4인인 때에는 2인, 5인 또는 6인인 때에는 3인」으로, 전조 제1항 중 「제2조 제2항에 규정하는 인원수」는 「선임할 재판원의 인원수」로 바꿔 읽는 것으로 한다.

제39조(선서 등) ① 재판장은 재판원 및 보충재판원에게 최고재판소규칙으로 정하는 바에 따라 재판원 및 보충재판원의 권한, 의무 기타 필요한 사항을 설명한다.

② 재판원 및 보충재판원은 최고재판소규칙으로 정하는 바에 따라 법령에 따라 공평 성실하게 그 직무를 수행할 것을 맹세하는 취지의 선서를 하여야 한다.

제40조(최고재판소규칙에의 위임) 제32조에서 전조까지에 정한 것 이외에 재판원등 선임절차에 관한 필요한 사항은 최고재판소규칙으로 정한다.

제3절 해임 등

제41조(청구에 따른 재판원등의 해임) ① 검찰관, 피고인 또는 변호인은 재판소에 대하여 다음 각호의 어느 하나에 해당함을 이유로 하여 재판원 또는 보충재판원의 해임을 청구할 수 있다. 다만 제7호에 해당함을 이유로 하는 청구는 당해 재판원 또는 보충재판원에 대한 선임결정이 된 후에 알거나 발생한 원인을 이유로 하는 것에 한한다.

1. 재판원 또는 보충재판원이 제39조 제2항의 선서를 하지 아니하는 때

2. 재판원이 제52조나 제63조 제1항에 정하는 출석의무 또는 제66조 제2항에 정하는 평의에 출석할 의무에 위반하고 계속하여 그 직무를 수행하게 함이 적당하지 아니한 때

3. 보충재판원이 제52조에 정하는 출석의무에 위반하고 계속하여 그 직무를 수행하게 함이 적당하지 아니한 때

4. 재판원이 제9조, 제66조 제4항이나 제70조 제1항에 정하는 의무 또는 제66조 제2항에 정하는 의견을 진술할 의무에 위반하고 계속하여 그 직무를 수행하게 함이 적당하지 아니한 때

5. 보충재판원이 제10조 제4항에서 준용하는 제9조에 정한 의무 또는 제7조 제1항에 정한 의무에 위반하고 계속하여 그 직무를 수행하게 함이 적당하지 아니한 때

6. 재판원 또는 보충재판원이 제13조(제19조에서 준용하는 경우를 포함한다.)에 규정하는 자에 해당하지 아니하는 때, 제14조(제19조에서 준용하는 경우를 포함한다.)의 규정에 따라 재판원 또는 보충재판원이 될 수 없는 자인 때 또는 제15조 제1항 각호나 제2항 각호 또는 제17조 각호(이들 규정을 제19조에서 준용하는 경우를 포함한다.)에 열거하는 자에 해당하는 때

7. 재판원 또는 보충재판원이 불공정한 재판을 할 우려가 있는 때

8. 재판원 또는 보충재판원이 재판원후보자였던 때 질문표에 허위의 기재를 하거나 재판원등 선임절차에서의 질문에 대하여 정당한 이유 없이 진술을 거부 또는 허위의 진술을 하고 있었음이 밝혀지게 되어 계속하여 그 직무를 수행하게 함이 적당하지 아니한 때

9. 재판원 또는 보충재판원이 공판정에서 재판장이 명한 사항에 따르지 않거나 폭언 기타 온당하지 않은 언동을 하여 공판절차의 진행을 방해한 때

② 재판소는 전항의 청구를 받은 때에는 다음 각호에 열거하는 경우의 구분에 따

라 당해 각호에 규정하는 결정을 하고 그 외의 경우에는 구성재판관이 소속된 지방 재판소에 당해 청구에 관련된 사건을 송부하여야 한다.

1. 청구가 이유 없음이 명백한 때 또는 청구가 전항 단서의 규정에 위반하여 이뤄 신 것인 때: 당해 청구를 각하하는 결정

2. 전항 제1호부터 제3호까지, 제6호 또는 제9호에 해당한다고 인정하는 때: 당해 재판원 또는 보충재판원을 해임하는 결정

③ 전항의 규정에 따라 사건을 송부받은 지방재판소는 제1항 각호의 어느 하나에 해 당한다고 인정하는 때에는 당해 재판원 또는 보충재판원을 해임하는 결정을 한다.

④ 전항의 지방재판소에 따른 제1항의 청구에 대한 결정은 합의부에서 하여야 한 다. 다만 같은 항의 청구를 받은 재판소의 구성재판관은 그 결정에 관여할 수 없다.

⑤ 제1항의 청구에 대한 결정을 할 때에는 최고재판소규칙으로 정하는 바에 따라 미리 검찰관 및 피고인 또는 변호인의 의견을 들어야 한다.

⑥ 제2항 제2호 또는 제3항의 규정에 따라 재판원 또는 보충재판원을 해임하는 결 정을 할 때에는 당해 재판원 또는 보충재판원에게 진술의 기회를 부여하여야 한다. 다만 제1항 제1호부터 제3호까지 또는 제9호에 해당함을 이유로 하여 해임하는 결 정을 하는 때에는 그러하지 아니하다.

⑦ 제1항의 청구를 각하하는 결정에는 이유를 붙여야 한다.

제42조(이의신청) ① 전조 제1항의 청구를 각하하는 결정에는 당해 결정에 관여한 재 판관이 소속된 지방재판소에 이의신청을 할 수 있다.

② 전항의 이의신청을 받은 지방재판소는 합의부에서 결정을 하여야 한다. 다만 전 조 제1항의 청구를 받은 재판소의 구성재판관은 당해 이의신청이 있는 결정에 관 여하고 있지 아니하는 경우에도 그 결정에 관여할 수 없다.

③ 제1항의 이의신청에 관하여는 즉시항고에 관한 형사소송법의 규정을 준용한다. 이 경우에 같은 법 제422조 및 제423조 제2항 중 「3일」은 「1일」로 바꿔 읽는 것으 로 한다.

제43조(직권에 의한 재판원등의 해임) ① 재판소는 제41조 제1항 제1호부터 제3호까 지, 제6호 또는 제9호에 해당한다고 인정하는 때에는 직권으로 재판원 또는 보충재 판원을 해임하는 결정을 한다.

② 재판소가 제41조 제1항 제4호, 제5호, 제7호 또는 제8호에 해당한다고 의심할 만한 상당한 이유가 있다고 사료하는 때에는 재판장은 소속 지방재판소에 이유를 붙여 그 취지를 통지한다.

③ 전항의 규정에 따른 통지를 받은 지방재판소는 제41조 제1항 제4호, 제5호, 제7 호 또는 제8호에 해당한다고 인정하는 때에는 당해 재판원 또는 보충재판원을 해

임하는 결정을 한다.

④ 전항의 결정은 합의부에서 하여야 한다. 다만 제2항의 재판소의 구성재판관은 그 결정에 관여할 수 없다.

⑤ 제1항 및 제3항의 규정에 따른 결정에는 제41조 제5항 및 제6항의 규정을 준용한다.

제44조(재판원등의 신청에 따른 해임) ① 재판원 또는 보충재판원은 재판소에 선임결정이 된 후에 발생한 제16조 제8호에 규정하는 사유로 재판원 또는 보충재판원의 직무를 수행하기 곤란함을 이유로 하여 사임을 신청할 수 있다.

② 재판소는 전항의 신청을 받은 경우에 이유 있다고 인정하는 때에는 당해 재판원 또는 보충재판원을 해임하는 결정을 하여야 한다.

제45조(보충재판원의 해임) 재판소는 보충재판원에게 계속하여 그 직무를 수행하게 할 필요가 없다고 인정하는 때에는 당해 보충재판원을 해임하는 결정을 할 수 있다.

제46조(재판원의 추가선임) ① 재판소는 제2조 제1항의 합의부를 구성하는 재판원의 인원수에 부족이 발생한 경우에 보충재판원이 있는 때에는 그 보충재판원의 선임결정에서 정해진 순서에 따라 보충재판원을 재판원으로 선임하는 결정을 한다.

② 전항의 경우에 재판원으로 선임할 보충재판원이 없는 때에는 재판소는 부족한 수의 재판원을 선임하여야 한다. 이 경우에는 제38조의 규정을 준용한다.

제47조(보충재판원의 추가선임) ① 재판소는 보충재판원을 새로 두거나 추가할 필요가 있다고 인정하는 때에는 필요하다고 인정하는 수의 보충재판원을 선임할 수 있다.

② 재판원의 선임에 관한 제26조(제1항을 제외한다.)부터 제35조까지 및 제36조(제2항을 제외한다.)의 규정과 제37조 제2항 및 제3항의 규정은 전항의 규정에 따른 보충재판원의 선임에 준용한다. 이 경우에 제36조 제1항 중「4인(제2조 제3항의 결정이 있는 경우는 3인)」은「선임할 보충재판원의 수가 1인 또는 2인인 때에는 1인, 3인 또는 4인인 때에는 2인, 5인 또는 6인인 때에는 3인」으로 바꿔 읽는 것으로 한다.

제48조(재판원등의 임무의 종료) 재판원 및 보충재판원의 임무는 다음의 어느 하나에 해당하는 때에 종료한다.

1. 종국재판을 고지한 때

2. 제3조 제1항, 제3조의2 제1항 또는 제5조 단서의 결정에 따라 제2조 제1항의 합의부가 취급하고 있는 사건 또는 같은 항의 합의부에서 취급할 사건의 전부를 1인의 재판관 또는 재판관의 합의부에서 취급하게 된 때

제3장 재판원이 참가하는 재판의 절차

제1절 공판준비 및 공판절차

제49조(공판 전 정리절차) 재판소는 대상사건을 제1회 공판기일 전에 공판 전 정리절차에 회부하여야 한다.

제50조(제1회 공판기일 전의 감정) ① 재판소는 제2조 제1항의 합의부에서 취급할 사건에 대해 공판 전 정리절차에서 감정을 진행하기로 결정한 경우에 당해 감정결과가 보고되기까지 상당한 기간을 요한다고 인정하는 때에는 검찰관, 피고인이나 변호인의 청구 또는 직권으로 공판 전 정리절차에서 감정절차(감정의 경과 및 결과의 보고를 제외한다.)를 진행하는 취지의 결정(이하 이 조에서「감정절차실시결정」이라고 한다.)을 할 수 있다.

② 감정절차실시결정을 하거나 전항의 청구를 각하하는 결정을 할 때에는 최고재판소규칙으로 정하는 바에 따라 미리 검찰관 및 피고인 또는 변호인의 의견을 들어야 한다.

③ 감정절차실시결정이 있는 경우에는 공판 전 정리절차에서 감정절차 중 감정의 경과 및 결과의 보고 이외의 것을 진행할 수 있다.

제51조(재판원의 부담에 대한 배려) 재판관, 검찰관 및 변호인은 재판원의 부담이 과중해지지 않도록 하면서 재판원이 그 직책을 충분히 다할 수 있도록 심판을 신속하고 알기 쉽도록 노력하여야 한다.

제52조(출석의무) 재판원 및 보충재판원은 재판원이 관여하는 판단을 하기 위한 심리를 할 공판기일 및 공판준비에서 재판소가 하는 증인 기타의 자의 심문 및 검증의 일시 및 장소에 출석하여야 한다.

제53조(공판기일 등의 통지) 전조의 규정에 따라 재판원 및 보충재판원이 출석하여야 하는 공판기일 및 공판준비에서 재판소가 하는 증인 기타의 자의 심문 및 검증의 일시와 장소는 미리 재판원 및 보충재판원에게 통지하여야 한다.

제54조(개정의 요건) ① 재판원이 관여하는 판단을 하기 위한 심리를 할 공판기일에는 공판정에 재판관, 재판원 및 재판소서기관이 참석하고 검찰관이 출석하여 개정한다.

② 전항의 경우를 제외하고 공판정에 재판관 및 재판소서기관이 참석하고 검찰관이 출석하여 개정한다.

제55조(모두진술을 할 때의 의무) 검찰관이 형사소송법 제296조의 규정에 따라 증거에 의해 증명할 사실을 밝힐 때에는 공판 전 정리절차에서의 쟁점 및 증거의 정리

의 결과를 기초로 증거와의 관계를 구체적으로 명시하여야 한다. 피고인 또는 변호인이 같은 법 제316조의30의 규정에 따라 증거에 의해 증명할 사실을 밝히는 경우에도 같다.

제56조(증인등에 대한 심문) 재판소가 증인 기타의 자를 심문하는 경우에는 재판원은 재판장에게 고지하고 재판원이 관여하는 판단에 필요한 사항에 대하여 심문할 수 있다.

제57조(재판소 외에서의 증인심문 등) ① 재판원이 관여하는 판단에 필요한 사항에 대하여 재판소 외에서 증인 기타의 자를 심문할 경우에 이를 구성재판관에게 하게 할 때에는 재판원 및 보충재판원이 입회할 수 있다. 이 심문에 입회한 재판원은 구성재판관에게 고지하고 증인 기타의 자를 심문할 수 있다.

② 재판원이 관여하는 판단에 필요한 사항에 대하여 공판정 외에서 검증을 할 경우에 구성재판관에게 하게 하는 때에도 전항 전단과 같다.

제58조(피해자등에 대한 질문) 형사소송법 제292조의2 제1항의 규정에 따라 피해자등(피해자 또는 피해자가 사망한 경우나 심신에 중대한 고장이 있는 경우의 그 배우자, 직계의 친족 또는 형제자매를 말한다.) 또는 당해 피해자의 법정대리인이 의견을 진술한 때에는 재판원은 그 진술 후에 그 취지를 명확히 하기 위해 이들에게 질문할 수 있다.

제59조(피고인에 대한 질문) 형사소송법 제311조의 규정에 따라 피고인이 임의로 진술을 하는 경우에는 재판원은 재판장에게 고지하고 언제라도 재판원이 관여하는 판단에 필요한 사항에 대하여 피고인의 진술을 요구할 수 있다.

제60조(재판원등의 심판입회) 재판소는 재판원이 관여하는 판단을 하기 위한 심판 이외의 심판에도 재판원 및 보충재판원의 입회를 허가할 수 있다.

제61조(공판절차의 갱신) ① 공판절차가 개시된 후 새로 제2조 제1항의 합의부에 추가된 재판원이 있는 때에는 공판절차를 갱신하여야 한다.

② 전항의 갱신절차는 새로 추가된 재판원이 쟁점 및 조사한 증거를 이해할 수 있고 그 부담이 가중되지 않도록 하여야 한다.

제62조(자유심증주의) 재판원이 관여하는 판단에 관하여는 증거의 증명력은 각각의 재판관 및 재판원의 자유로운 판단에 따른다.

제63조(판결의 선고 등) ① 형사소송법 제333조의 규정에 따른 형을 선고하는 판결, 같은 법 제334조의 규정에 따른 형의 면제의 판결과 같은 법 제336조의 규정에 따른 무죄의 판결 및 소년법 제55조의 규정에 따른 가정재판소로의 이송결정을 선고하는 경우에는 재판원이 공판기일에 출석하여야 한다. 다만 재판원이 출석하지 않아도 당해 판결 또는 결정의 선고를 방해받지 아니한다.

② 전항에 규정하는 경우에는 미리 재판원에게 공판기일을 통지하여야 한다.

제2절 형사소송법 등의 적용에 관한 특례 등

제64조(형사소송법 등의 적용에 관한 특례) ① 제2조 제1항의 합의부에서 사건이 취급되는 경우의 형사소송법의 규정을 적용할 때에는 다음 표의 상란에 열거한 같은 법의 규정 중 같은 표의 중란에 열거한 자구는 각각 같은 표의 하란에 열거하는 자구로 한다.

제413조 제4항, 제69조, 제76조 제3항, 제85조, 제108조 제3항, 제125조 제1항, 제163조 제1항, 제169조, 제278조의2 제2항, 제297조 제2항, 제316조의10	합의부의 구성원	합의부의 구성원인 재판관
제81조	도망하거나 죄증을 인멸하는 것으로 의심할 만한 상당한 이유	도망하거나 죄증을 인멸하는 것으로 의심할 만한 상당한 이유 또는 재판원, 보충재판원 또는 선임예정재판원에게 면회, 문서의 송부 기타 방법으로 접촉하는 것으로 의심할 만한 상당한 이유
제89조 제5호	피해자 기타 사건의 심판에 필요한 지식을 보유하는 것으로 인정되는 자 또는 그 친족의 신체나 재산에 해를 끼치거나 이들을 외포케 하는 행위를 한다고 의심할 만한 상당한 이유가 있는 때	피해자 기타 사건의 심판에 필요한 지식을 보유하는 것으로 인정되는 자 또는 그 친족의 신체나 재산에 해를 끼치거나 이들을 외포케 하는 행위를 한다고 의심할 만한 상당한 이유가 있는 때 또는 재판원, 보충재판원이나 선임예정재판원에게 면회, 문서의 송부 기타 방법으로 접촉하는 것으로 의심할 만한 상당한 이유가 있는 때
제96조 제1항 제4호	피해자 기타 사건의 심판에 필요한 지식을 보유하는 것으로 인정되는 자 또는 그 친족의 신체나 재산에 해를 끼치거나 이들을 외포케 하는 행위를 한 때	피해자 기타 사건의 심판에 필요한 지식을 가진 것으로 인정되는 자 또는 그 친족의 신체나 재산에 해를 끼치거나 끼치려 하고, 이들을 외포케 하는 행위를 한 때 또는 재판원, 보충재판원 또는 선임예정재판원에게 면회, 문서의 송부 기타 방법으로 접촉한 때
제157조의4, 제157조의6 제1항,	재판관	재판관, 재판원

제316조의39 제1항부터 제3항까지, 제435조 제7호 단서		
제256조 제6항	재판관	재판관 또는 재판원
제304조 제1항	재판장 또는 배석재판관	재판장, 배석재판관 또는 재판원
제316조의15 제1항 제2호	재판소 또는 재판관	재판소, 재판관 또는 재판관 및 재판원
제321조 제2항	재판소 또는 재판관	재판소, 재판관 또는 재판관 및 재판원
제377조 제1호	법률에 따라 판결재판소를 구성하지 아니한 때	법률에 따라 판결재판소를 구성하지 아니한 때. 다만 재판원의 구성에만 위법이 있고 판결이 재판원이 참가하는 형사재판에 관한 법률(平成 16年 법률 제63호) 제6조 제1항에 규정하는 재판원이 관여하는 판단을 포함하지 아니하는 때 또는 그 위법이 재판원이 같은 법 제15조 제1항 각호 또는 제2항 각호에 열거하는 자에 해당하는 것인 때에는 그러하지 아니하다.
제435호 제7호 본문	원판결에 관여한 재판관	원판결에 관여한 재판관 또는 재판원

② 제2조 제1항의 합의부에서 사건이 취급되는 경우에 조직적인 범죄의 처벌 및 범죄수익의 규제 등에 관한 법률(平成 11년 법률 제136호) 제22조 제4항의 규정을 적용할 때에는 같은 항 중 「합의부의 구성원」은 「합의부의 구성원인 재판관」으로 한다.

제65조(소송관계인의 심문 및 진술등의 기록매체에의 기록) ① 재판소는 대상사건(제5조 본문의 규정에 따라 제2조 제1항의 합의부에서 취급하게 된 사건을 포함한다.) 및 제4조 제1항의 결정에 관련된 사건의 심리에서의 재판관, 재판원 또는 소송관계인의 심문 및 증인, 감정인, 통역인 또는 번역인의 진술, 형사소송법 제292조의2 제1항의 규정에 따른 의견진술 및 재판관, 재판원 또는 소송관계인에 의한 피고인의 진술을 요구하는 행위와 피고인의 진술 및 이들 상황(이하 「소송관계인의 심문 및 진술등」이라 한다.)에 대하여, 심리 또는 평의에서의 재판원의 직무의 적확한 수행을 확보하기 위해 필요하다고 인정하는 때에는 검찰관 및 피고인 또는 변호인의 의견을 들어 이를 기록매체(영상 및 음성을 동시에 기록할 수 있는 물건을 말한다. 이하 같다.)에 기록할 수 있다. 다만 사안의 내용, 심판 상황, 진술하는 자에게 부여되는 심리적인 부담 기타 사정을 고려하여 기록매체에 기록함이 상당하지 아니하다고 인정하는 때는 그러하지 아니하다.

② 전항의 규정에 따른 소송관계인의 심문 및 진술등의 기록은 형사소송법 제157조

의6 제1항 및 제2항에 규정하는 방법에 따라 증인을 심문하는 경우(같은 항 제4호의 규정에 따른 경우를 제외한다.)에는 그 증인의 동의가 없으면 이를 할 수 없다.

③ 전항의 경우에 그 소송관계인의 심문 및 진술등을 기록한 기록매체는 소송기록에 첨부하여 조서의 일부로 한다. 다만 그 증인이 뒤의 형사절차에서 동일한 사실에 대해 다시 증인으로 진술을 요구받을 일이 없다고 명백하게 인정되는 때에는 그리하지 아니하다.

④ 형사소송법 제40조 제2항, 제180조 제2항 및 제270조 제2항의 규정은 전항의 규정에 따라 소송기록에 첨부하여 조서의 일부로 한 기록매체의 등사에, 같은 법 제305조 제5항 및 제6항의 규정은 당해 기록매체가 그 일부로 된 조서의 조사에 각각 준용한다.

제4장 평의

제66조(평의) ① 제2조 제1항의 합의부에서의 재판원이 관여하는 판단을 위한 평의는 구성재판관 및 재판원이 진행한다.

② 재판원은 전항의 평의에 출석하여 의견을 진술하여야 한다.

③ 재판장은 필요하다고 인정하는 때에는 제1항의 평의에서 재판원에게 구성재판관의 합의에 따른 법령의 해석에 관련된 판단 및 소송절차에 관한 판단을 표시하여야 한다.

④ 재판원은 전항의 판단이 표시된 경우에는 이에 따라 직무를 수행하여야 한다.

⑤ 재판장은 제1항의 평의에서 재판원에게 필요한 법령에 관한 설명을 정중하게 함과 동시에 평의를 재판원에게 알기 쉽게 정리하고 재판원이 발언할 기회를 충분히 주는 등 재판원이 그 직책을 충분히 다할 수 있도록 배려하여야 한다.

제67조(평결) ① 전조 제1항의 평의에서 재판원이 관여하는 판단은 재판소법 제77조[112]의 규정에 불구하고 구성재판관 및 재판원 쌍방의 의견을 포함하는 합의부 인원수의 과반수의 의견에 따른다.

② 형의 양정에 대한 의견이 나뉘어 그 설이 각각 구성재판관 및 재판원 쌍방의 의견을 포함하는 합의부 인원수의 과반수의 의견이 되지 못하는 때에는 합의부의 판

---

112) 일본국 재판소법 제77조(평의) ① 재판은 최고재판소의 재판에 대하여 최고재판소가 특별히 정한 것을 제외하고 과반수의 의견에 따른다.
② 과반수의 의견으로 재판을 하는 경우에 아래의 사항에 대한 의견이 3설 이상으로 나뉘어 그 설이 각각 과반수가 되지 못할 때에는 재판은 아래의 의견에 따른다.
1. 수액은 과반수가 될 때까지 가장 다액의 의견의 수를 순차 소액의 의견의 수에 더하여 그 중 가장 소액인 의견
2. 형사에서는 과반수가 될 때까지 피고인에게 가장 불리한 의견의 수를 순차 유리한 의견의 수에 더하여 그 중 가장 유리한 의견

단은 구성재판관 및 재판원 쌍방의 의견을 포함하는 합의부 인원수의 과반수의 의견이 될 때까지, 피고인에 가장 불리한 의견의 수를 순차 유리한 의견의 수에 더하여 그 중 가장 유리한 의견에 따른다.

제68조(구성재판관에 의한 평의) ① 구성재판관의 합의에 의해야 할 판단을 위한 평의는 구성재판관만으로 진행한다.

② 전항의 평의는 재판소법 제75조 제1항 및 제2항 전단, 제76조 및 제77조의 규정에 따른다.

③ 구성재판관은 합의에 의해 재판원에게 제1항의 평의의 방청을 허가하고, 제6조 제2항 각호에 열거하는 판단에 대하여 재판원의 의견을 들을 수 있다.

제69조(보충재판원의 방청 등) ① 보충재판원은 구성재판관 및 재판원이 진행하는 평의 및 구성재판관만이 진행하는 평의로서 재판원의 방청이 허용되는 것을 방청할 수 있다.

② 구성재판관은 합의에 의해 보충재판원의 의견을 들을 수 있다.

제70조(평의의 비밀) ① 구성재판관 및 재판원이 하는 평의 및 구성재판관만이 진행하는 평의에서 재판원의 방청이 허가된 것의 경과, 각각의 재판관 및 재판원의 의견과 그 다소(이하 「평의의 비밀」이라 한다.)는 이를 누설하여서는 아니 된다.

② 전항의 경우를 제외하고 구성재판관만이 진행하는 평의는 재판소법 제75조 제2항 후단의 규정에 따른다.

제5장 구분심리결정이 내려진 경우의 심리 및 재판의 특례 등

제1절 심리 및 재판의 특례

제1관 구분심리결정

제71조(구분심리결정) ① 재판소는 피고인을 같이하는 여러 개의 대상사건의 변론을 병합한 경우 또는 제4조 제1항의 결정에 관련된 사건과 대상사건의 변론을 병합한 경우에, 병합한 사건(이하 「병합사건」이라 한다.)을 일괄하여 심판함에 요한다고 예상되는 심판의 기간 기타 재판원의 부담에 관한 사정을 고려하여 그 원활한 선임 또는 직무의 수행을 확보하기 위해 특히 필요하다고 인정되는 때에는 검찰관, 피고인이나 변호인의 청구 또는 직권으로 병합사건 일부 또는 2 이상의 피고사건마다 구분하여 이를 구분한 하나 또는 2 이상의 피고사건마다 순차 심리하는 취지의 결정(이하 「구분심리결정」이라 한다.)을 할 수 있다. 다만 범죄의 증명에 지장이 발생할 우

려가 있는 때, 피고인의 방어에 불이익을 발생시킬 우려가 있는 때 기타 상당하지 아니하다고 인정되는 때에는 그러하지 아니하다.

② 구분심리결정 또는 전항의 청구를 각하하는 결정을 할 때에는 최고재판소규칙으로 정하는 바에 따라 미리, 검찰관 및 피고인 또는 변호인의 의견을 들어야 한다.

③ 구분심리결정 또는 제1항의 청구를 각하하는 결정에는 즉시항고를 할 수 있다.

제72조(구분심리결정의 취소 및 변경) ① 재판소는 피고인의 주장, 심리의 상황 기타 사정을 고려하여 구분사건(구분심리결정에 따라 구분하여 심리하게 된 하나 또는 2 이상의 피고사건을 말한다. 이하 같다.)마다 심리하는 것이 적당하지 아니하다고 인정하는 때에는 검찰관, 피고인이나 변호인의 청구 또는 직권으로 구분심리결정을 취소하는 결정을 할 수 있다. 다만 구분사건에 대해 부분판결이 된 후에는 그러하지 아니하다.

② 재판소는 피고인의 주장, 심리의 상황 기타 사정을 고려하여 적당하다고 인정하는 때에는 검찰관, 피고인이나 변호인의 청구 또는 직권으로 구분심리결정을 변경하는 결정을 할 수 있다. 이 경우에는 전조 제1항 단서의 규정을 준용한다.

③ 전2항의 결정 또는 이들 항의 청구를 각하하는 결정을 할 때에는 최고재판소규칙으로 정하는 바에 따라 미리 검찰관 및 피고인 또는 변호인의 의견을 들어야 한다.

④ 전조 제3항의 규정은 전항에 규정하는 결정에 준용한다.

제73조(심리의 순서에 관한 결정) ① 재판소는 2 이상의 구분사건이 있는 때에는 결정으로 구분사건을 심리하는 순서를 정하여야 한다.

② 재판소는 피고인의 주장, 심리의 상황 기타 사정을 고려하여 적당하다고 인정하는 때에는 결정으로 전항의 결정을 변경할 수 있다.

③ 전2항의 결정을 할 때에는 최고재판소규칙으로 정하는 바에 따라 미리 검찰관 및 피고인 또는 변호인의 의견을 들어야 한다.

제74조(구성재판관만으로 구성하는 합의부에 의한 구분사건의 심리 및 재판) 재판소는 구분사건에 포함되는 피고사건의 전부가 대상사건에 해당하지 아니하는 때 또는 형사소송법 제312조의 규정에 따라 벌조(罰条)가 철회 또는 변경되었기 때문에 대상사건에 해당하지 아니하게 된 때에는 구성재판관만으로 구성된 합의부에서 그 구분사건의 심리 및 재판을 진행하는 취지의 결정을 할 수 있다.

제75조(공판 전 정리절차 등에서의 결정) 구분심리결정 및 제72조 제1항과 제2항, 제73조 제1항과 제2항 및 전조의 결정은 공판 전 정리절차 및 기일 간 정리절차에서 할 수 있다. 제71조 제1항 및 제72조 제1항과 제2항의 청구를 각하하는 결정도 같다.

제76조(구분심리결정을 한 경우의 보충재판원에 관한 결정) 재판소는 구분심리결정을 한 경우에 제26조 제1항에 규정하는 필요한 인원수의 보충재판원을 두는 결정 또

는 보충재판원을 두지 아니하는 결정을 할 때에는 각 구분사건의 심리 및 재판(이하 「구분사건심판」이라 한다.)과 제86조 제1항에 규정하는 병합사건심판에 대하여 각각 이를 하여야 한다.

제2관 구분사건심판

제77조(구분사건의 심리에서의 검찰관등에 의한 의견진술) ① 구분사건의 심리에서 증거조사 종료 후 검찰관은 다음 조 제2항 제1호 및 제3호부터 제5호까지와 제3항 각호에 열거하는 사항에 관련된 사실 및 법률의 적용에 대한 의견을 진술하여야 한다.

② 구분사건의 심리에서 증거조사 종료 후 피고인 및 변호인은 당해 구분사건에 대한 의견을 진술할 수 있다.

③ 구분사건의 심리에서 재판소는 구분사건에 포함된 피고사건에 관련된 피해자참가인(형사소송법 제316조의33 제3항에 규정하는 피해자참가인을 말한다. 제89조 제1항에서 같다.) 또는 그 위탁을 받은 변호사로부터 제1항에 규정하는 사항에 관련된 사실 또는 법률의 적용에 대한 의견진술의 신청이 있는 경우에 심리의 상황, 신청을 한 자의 수 기타 사정을 고려하여 상당하다고 인정하는 때에는 공판기일에 같은 항의 규정에 따른 검찰관의 의견진술 후에 소인(訴因)으로 특정된 사실의 범위 내에서 신청을 한 자가 의견을 진술하는 것을 허가한다.

④ 형사소송법 제316조의38 제2항부터 제4항까지의 규정은 전항의 규정에 따른 의견진술에 준용한다.

⑤ 형사소송법 제316조의37의 규정은 제3항의 규정에 따라 의견진술을 하기 위한 피고인에 대한 질문에 준용한다.

제78조(부분판결) ① 구분사건에 포함되는 피고사건에 대하여 범죄의 증명이 있는 때에는 형사소송법 제333조 및 제334조의 규정에 불구하고 부분판결로 유죄의 선고를 하여야 한다.

② 부분판결로 유죄의 선고를 할 때에는 형사소송법 제335조 제1항의 규정에 불구하고 다음에 열거하는 사항을 표시하여야 한다.

1. 범죄사실

2. 증거의 표목

3. 벌조(罰条)의 적용과 형법(明治 40년 법률 제45호) 제54조 제1항[113])의 규정의 적용 및 그 적용에 관련된 판단

---

113) 일본국 형법 제54조(1개의 행위가 2개 이상의 죄명에 저촉하는 경우 등의 처리) ① 1개의 행위가 2개 이상의 죄명에 저촉되거나 범죄의 수단 또는 결과인 행위가 서로 다른 죄명에 저촉될 때에는 그 중 가장 중한 형에 따라 처단한다.

4. 법률상 범죄의 성립을 방해하는 이유가 되는 사실에 관련된 판단

5. 법률상 형을 감면하거나 감면할 수 있는 이유가 되는 사실에 관련된 판단

③ 부분판결로 유죄의 선고를 하는 경우는 다음에 열거하는 사항을 표시할 수 있다.

1. 범행의 동기, 태양 및 결과 기타 범죄사실에 관련된 정상에 관한 사실

2. 몰수, 추징 및 피해자환부의 근거가 되는 사실 및 이들에 관한 규정의 적용에 관련된 판단

④ 구분사건의 심리에서 제2항 제4호 또는 제5호에 규정하는 사실이 주장된 때에는 형사소송법 제335조 제2항의 규정에 불구하고 부분판결에서 이에 대한 판단을 표시하여야 한다.

⑤ 제63조의 규정은 제1항의 규정에 따라 부분판결의 선고를 하는 경우에 준용한다.

제79조(위와 같음) 구분사건에 포함되는 피고사건에 대하여 형사소송법 제329조의 규정에 따른 관할위반의 판결, 같은 법 제336조의 규정에 따른 무죄의 판결, 같은 법 제337조의 규정에 따른 면소의 판결 또는 같은 법 제338조의 규정에 따른 공소기각의 판결을 선고하여야 하는 사유가 있는 때에는 부분판결로 그 취지의 선고를 하여야 한다.

제80조(부분판결에 대한 항소의 신청) 부분판결에는 형사소송법 제372조의 규정에 불구하고 항소를 할 수 없다.

제81조(관할위반 등의 부분판결 후의 변론의 분리) 제79조의 부분판결은 당해 부분판결을 한 사건에 관련된 변론을 형사소송법 제313조 제1항의 결정에 따라 분리한 경우에는 그 결정을 고지한 때에 종국판결이 된 것으로 한다.

제82조(구분사건심판에 관한 공판조서) ① 구분사건심판에 관한 공판조서는 형사소송법 제48조 제3항의 규정에 불구하고 각 공판기일 후 신속하게 적어도 당해 구분사건에 대한 부분판결을 선고할 때까지 정리하여야 한다. 다만 부분판결을 선고하는 공판기일의 조서 및 공판기일부터 부분판결을 선고하는 날까지의 기간이 14일 미만인 경우의 당해 공판기일의 조서는 각각 그 공판기일 후 10일 이내에 정리하면 충분하다.

② 전항의 공판조서에 관련된 형사소송법 제51조 제1항의 규정에 따른 이의신청은 같은 조 제2항의 규정에 불구하고 늦어도 당해 구분사건심판에서 최종 공판기일 후 14일 이내(전항 단서의 규정에 따라 부분판결을 선고하는 공판기일 후에 정리된 조서는 정리가 된 날로부터 14일 이내)에 하여야 한다.

제83조(공소취소 등의 제한) ① 구분사건에 포함되는 피고사건에 대한 공소는 형사소송법 제257조의 규정에 불구하고 당해 구분사건에 대한 부분판결의 선고가 있는 후에는 취소할 수 없다.

② 형사소송법 제465조 제1항의 규정에 따른 정식재판청구가 있는 피고사건에 대하여 구분심리결정이 있는 때에는 같은 법 제466조의 규정에 불구하고 당해 피고사건을 포함하는 구분사건에 부분판결의 선고가 있은 후에는 당해 청구를 취하할 수 없다.

③ 전항의 구분심리결정이 있는 경우에는 같은 항의 청구에 관련된 약식명령은 형사소송법 제469조의 규정에 불구하고 당해 피고사건에 대한 종국판결이 있는 때에 효력을 잃는다.

제84조(구분사건심판에서의 재판원등의 임무의 종료) 구분사건심판에 관련된 직무를 수행하는 재판인 및 보충재판원이 임무는 제48조의 규정에 북구하고 다음 각호의 어느 하나에 해당하는 때에 종료한다.

1. 당해 구분사건에 부분판결의 선고를 한 때
2. 당해 구분사건에 포함되는 피고사건 전부에 대하여 형사소송법 제339조 제1항의 규정에 따라 공소를 기각하는 결정이 이뤄진 때
3. 당해 구분사건에 대하여 제74조의 결정이 된 때

제85조(구분사건의 심리에서의 공판절차의 갱신) 전조의 규정에 따라 구분사건심판에 관련된 직무를 수행하는 재판원의 임무가 종료되고 새로이 제2조 제1항의 합의부에 다른 구분사건심판에 관련된 직무를 수행하는 재판원이 추가된 경우에는 제61조 제1항의 규정에 불구하고 공판절차를 갱신하지 아니한다.

제3관 병합사건심판

제86조(병합사건심판) ① 재판소는 모든 구분사건심판이 종료한 후 구분사건 이외의 피고사건의 심리와 구분사건의 심리[당해 구분사건에 포함되는 피고사건에 관련된 부분판결로 표시된 사항에 관련된 것(제3항의 결정이 있는 경우를 제외한다.)을 제외한다.] 및 병합사건 전체에 대한 재판(이하 「병합사건심판」이라 한다.)을 하여야 한다.

② 재판소는 전항의 규정에 따라 병합사건 전체에 대한 재판을 하는 경우에는 부분판결이 이뤄진 피고사건에 관련된 당해 부분판결로 표시된 사항에 대하여는 다음 항의 결정이 있는 경우를 제외하고 이에 따른다.

③ 재판소는 구성재판관의 합의로 구분사건의 심리 또는 부분판결에 형사소송법 제377조 각호, 제378조 각호 또는 제383조 각호에 열거하는 사유가 있다고 인정하는 때에는 직권으로 그 취지의 결정을 하여야 한다.

제87조(병합사건심판을 위한 공판절차의 갱신) 제84조의 규정에 따라 구분사건심판에 관련된 직무를 수행하는 재판원의 임무가 종료하고 새로 제2조 제1항의 합의부에 병합사건심판에 관련된 직무를 수행할 재판원이 추가된 경우에는 제61조 제1항의 규정에 불구하고 병합사건심판을 하는 데 필요한 범위에서 구분사건의 공판절차를

갱신하여야 한다.

제88조(형사소송법 제292조의2의 의견진술) 구분사건에 포함되는 피고사건에 대한 형사소송법 제292조의2 제1항의 규정에 따른 의견진술 또는 같은 조 제7항의 규정에 따른 의견을 기재한 서면의 제출은 병합사건심판 심리에서 진행한다. 다만 병합사건심판 심리에서 진행하는 것이 곤란한 경우 기타 당해 피고사건을 포함한 구분사건의 심리에서 진행하는 것이 상당하다고 인정하는 때에는 당해 구분사건의 심리에서 진행할 수 있다.

제89조(병합사건의 심리에서의 검찰관등에 의한 의견진술) ① 병합사건심판에서의 심리에서 진행하는 형사소송법 제293조 제1항의 규정에 따른 검찰관의 의견진술, 같은 조 제2항의 규정에 따른 피고인 및 변호인의 의견진술과 같은 법 제316조의38 제1항의 규정에 따라 구분사건에 포함되는 피고사건에 관련된 피해자참가인 또는 그 위탁을 받은 변호사의 의견진술은 부분판결로 표시된 사항에 대하여는 할 수 없다. ② 재판장은 전항에 규정하는 의견진술이 부분판결로 표시된 사항에 해당하는 때에는 이를 제한할 수 있다.

제2절 선임예정재판원

제1관 선임예정재판원의 선정

제90조(선임예정재판원) ① 재판소는 구분심리결정을 한 경우에 필요하다고 인정하는 때에는 재판원등 선임절차에서 제84조의 규정에 따라 구분사건심판에 관련된 직무를 수행하는 재판원이나 보충재판원의 임무가 종료한 후에 다른 구분사건심판 또는 병합사건심판에 관련된 직무를 수행하는 재판원 또는 보충재판원으로 선임되어야 할 필요한 인원수의 선임예정재판원을 각 구분사건심판 또는 병합사건심판마다 미리 선정할 수 있다. 이 경우에 선임예정재판원 수는 재판소가 정한다.
② 전항의 규정에 따라 선임예정재판원을 선정하는 경우에 제26조 제2항, 제27조 제1항 단서, 제35조 제2항 및 제36조 제2항의 규정을 적용할 때에는 제26조 제2항 중 「전항의 결정을 한」은 「선임예정재판원을 선정하기로 한」으로, 제27조 제1항 단서 중 「기일부터」는 「기일 및 제97조 제1항의 규정에 따라 선임예정재판원을 재판원으로 선임하는 결정이 이뤄진다고 예상되는 날로부터」로, 제35조 제2항 중 「제37조 제1항 또는 제2항의 규정에 따라 재판원 또는 보충재판원으로 선임하는」은 「제91조 제1항의 규정에 따라 선임예정재판원으로 선정하는」으로, 제36조 제2항 중 「보충재판원을 두는」은 「재판원의 인원수를 초과하는 수의 선임예정재판원을 선정하는」으로, 「선임할 보충재판원의」는 「선정할 선임예정재판원의 인원수 중

재판원의 인원수를 초과하는」으로, 「3인 또는 4인인 때에는 2인, 5인 또는 6인인 때에는 3인」은 「3인 이상의 홀수 및 그에 이어지는 짝수인 때에는 당해 짝수의 2분의 1의 인원수」로 한다.

제91조(선임예정재판원의 선정) ① 재판소는 추첨 기타 작위가 가해지지 않는 방법으로서 최고재판소규칙으로 정하는 방법에 따라 재판원등 선임절차기일에 출석한 재판원후보자로 불선임결정이 내려졌던 자부터 전조 제1항의 규정에 따라 재판소가 정한 인원수(당해 재판원후보자의 인원수가 이에 미치지 아니하는 때에는 그 인원수)의 선임예정재판원을 재판원(보충재판원을 두는 때에는 보충재판원을 포함한다.)으로 선임될 순서를 정하여 선정하는 결정을 하여야 한다.

② 재판소는 전항의 규정에 따라 선임예정재판원으로 선정된 자 이외의 불선임결정이 되게 된 재판원후보자에게는 불선임결정을 한다.

제92조(선임예정재판원이 부족한 경우의 조치) ① 재판소는 전조 제1항의 규정에 따라 선정된 선임예정재판원의 인원수가 선정할 선임예정재판원의 인원수에 미치지 아니하는 때에는 부족한 수의 선임예정재판원을 선정할 수 있다.

② 제26조(제1항을 제외한다.)부터 제36조(제2항을 제외한다.)까지 및 전조의 규정은 전항의 규정에 따른 선임예정재판원의 선정에 준용한다. 이 경우에 제26조 제2항 중 「전항의 결정을 한」은 「부족한 수의 선임예정재판원을 선정한」으로, 제27조 제1항 단서 중 「기일부터」는 「기일 및 제97조 제1항의 규정에 따라 선임예정재판원을 재판원으로 선임하는 결정이 될 것으로 예상되는 날부터」로, 제35조 제2항 중 「제37조 제1항 또는 제2항의 규정에 따라 재판원 또는 보충재판원으로 선임하는」은 「제92조 제2항에서 바꿔 읽어 준용하는 제91조 제1항의 규정에 따라 선임예정재판원으로 선정하는」으로, 제36조 제1항 중 「4인(제2조 제3항의 결정이 있는 경우는 3인)」은 「선정할 선임예정재판원 수가 1인 또는 2인인 때에는 1인, 3인 이상의 홀수 및 그에 이은 짝수인 때에는 당해 짝수인 인원 수의 2분의 1」로, 전조 제1항 중 「전조 제1항의 규정에 따라 재판소가 정한」은 「부족한」으로 바꿔 읽는 것으로 한다.

제2관 선임예정재판원의 선정취소

제93조(청구에 의한 선임예정재판원의 선정취소) ① 검찰관, 피고인 또는 변호인은 재판소에 다음 각호의 어느 하나에 해당함을 이유로 하여 선임예정재판원의 선정의 취소를 청구할 수 있다. 다만 제2호에 해당함을 이유로 하는 청구는 당해 선임예정재판원에 대하여 선정결정이 된 후에 알았거나 발생한 원인을 이유로 하는 것에 한한다.

1. 선임예정재판원이 제13조에 규정하는 자에 해당하지 아니한 때, 제14조의 규정

에 따라 재판원이 될 수 없는 자인 때 또는 제15조 제1항 각호, 제2항 각호나 제17
조 각호에 열거하는 자에 해당할 때

2. 선임예정재판원이 불공정한 재판을 할 우려가 있을 때

3. 선임예정재판원이 재판원후보사였던 때 실문표에 허위의 기재를 하거나, 재판원
등 선임절차에서 질문에 대하여 정당한 이유 없이 진술을 거절하거나 허위의 진술
을 하고 있음이 명백하여 재판원 또는 보충재판원의 직무를 수행하게 함이 적당하
지 아니한 때

② 전항의 청구를 받은 재판소는 같은 항 각호의 어느 하나에 해당한다고 인정하
는 때에는 당해 선임예정재판원의 선정을 취소하는 결정을 한다.

③ 전항의 결정 또는 제1항의 청구를 각하하는 결정을 할 때에는 최고재판소규칙으
로 정하는 바에 따라 미리 검찰관 및 피고인 또는 변호인의 의견을 들어야 한다.

④ 제2항의 규정에 따라 선임예정재판원의 선정을 취소하는 결정을 할 때에는 당
해 선임예정재판원에게 진술의 기회를 부여하여야 한다.

⑤ 제1항의 청구를 각하하는 결정에는 이유를 붙여야 한다.

제94조(이의신청) ① 전조 제1항의 청구를 각하하는 결정에는 당해 결정에 관여한 재
판관이 소속된 지방재판소에 이의신청을 할 수 있다.

② 전항의 이의신청을 받은 지방재판소는 합의부에서 결정을 하여야 한다.

③ 제1항의 이의신청에는 즉시항고에 관한 형사소송법의 규정을 준용한다.

제95조(직권에 의한 선임예정재판원의 선정취소) ① 재판소는 제93조 제1항 각호의
어느 하나에 해당한다고 인정하는 때에는 직권으로 선임예정재판원의 선정을 취소
하는 결정을 한다.

② 제93조 제3항 및 제4항의 규정은 전항의 규정에 따른 결정에 준용한다.

③ 재판소는 다음 각호에 열거하는 어느 하나의 사유가 발생함에 따라 선임예정재
판원을 그 선정에 관련된 구분사건심판 또는 병합사건심판에 관련된 직무를 수행
할 재판원 또는 보충재판원으로 선임할 필요가 없게 된 경우에는 직권으로 당해 선
임예정재판원의 선정을 취소하는 결정을 한다.

1. 제72조 제1항의 규정에 따라 구분심리결정이 취소된 때

2. 제72조 제2항의 규정에 따라 구분심리결정이 변경되어 구분사건에 포함된 피고
사건의 전부에 대한 심판이 다른 구분사건심판 또는 병합사건심판으로서 진행되게
된 때

3. 제1호에 열거하는 경우 외에 그 직무를 수행할 구분사건에 포함되는 피고사건
전부 또는 구분사건 이외의 피고사건 전부에 형사소송법 제339조 제1항의 규정에
따라 공소를 기각하는 결정이 이뤄진 때

4. 구분사건에 제74조의 결정이 이뤄진 때

④ 재판소는 전항에 규정하는 경우 외에 선임예정재판원을 그 선정에 관련된 구분사건심판 또는 병합사건심판에 관련된 직무를 수행하는 재판원 또는 보충재판원으로 선임할 필요가 없게 되었다고 인정하는 때에는 당해 선임예정재판원의 선정을 취소하는 결정을 할 수 있다.

제96조(선임예정재판원의 신청에 의한 선정취소) ① 선임예정재판원은 재판소에 제16조 제8호에 규정하는 사유(선정된 후에 알거나 발생한 원인을 이유로 하는 것에 한한다.)로 재판원 또는 보충재판원의 직무를 수행하기 곤란함을 이유로 하여 선정취소의 신청을 할 수 있다.

② 재판소는 전항의 신청을 받은 경우에 이유 있다고 인정하는 때에는 당해 선임예정재판원의 선정을 취소하는 결정을 하여야 한다.

제3관 선임예정재판원의 재판원등으로의 선임

제97조 ① 재판소는 제84조의 규정에 따라 구분사건심판에 관련된 직무를 수행하는 재판원 및 보충재판원의 임무가 종료한 때에는 제37조의 규정에 불구하고 당해 구분사건심판 다음의 구분사건심판 또는 병합사건심판에 관련된 직무를 수행하는 재판원 또는 보충재판원으로 선임되기 위해 선정되어 있는 선임예정재판원으로 지정하는 재판원등 선임절차기일에 출석한 자부터 그 선정에서 정해진 순서에 따라 당해 직무를 수행하는 재판원(보충재판원을 두는 때에는 보충재판원을 포함한다. 제5항에서 같다.)을 선임하는 결정을 한다.

② 재판소는 전항에 규정하는 선임예정재판원을 같은 항에 규정하는 기일에 호출하여야 한다.

③ 전항의 호출은 선임예정재판원에게 통지하여 한다.

④ 재판소는 제1항에 규정하는 구분사건심판 또는 병합사건심판에 관련된 직무를 수행하는 재판원 또는 보충재판원으로 선임되기 위해 선정되어 있는 선임예정재판원 중 같은 항의 규정에 따라 재판원 또는 보충재판원으로 선임된 자 이외의 자에게는 선정을 취소하는 결정을 하여야 한다.

⑤ 제1항의 규정에 따라 선임예정재판원을 재판원으로 선임하는 경우에 제27조의2, 제29조 제1항과 제2항 및 제38조 제1항의 규정을 적용할 때에는 제27조의2 중「전조 제1항 본문」은「제97조 제2항」으로,「제26조 제3항의 규정에 따라 선정된 재판원후보자」는「같은 조 제1항에 규정하는 선임예정재판원」으로,「전조 제1항의」는「같은 조 제2항의」로, 제29조 제1항 및 제2항 중「재판원후보자」는「선임예정재판원」으로, 제38조 제1항 중「전조 제1항」은「제97조 제1항」으로 한다.

제4관 잡칙

제98조(공무소 등에 대한 조회에 관한 규정의 준용) 제12조 제1항의 규정은 선임예정 재판원에 대한 선정취소의 판단을 위해 필요한 경우에 준용한다.

제99조(최고재판소규칙에의 위임) 전3관에 정하는 것 외에 선임예정재판원의 선정 및 재판원 또는 보충재판원에의 선임에 관한 절차에 관하여 필요한 사항은 최고재판 소규칙으로 정한다.

제6장 재판원등의 보호를 위한 조치

제100조(불이익취급의 금지) 노동자가 재판원의 직무를 수행하기 위해 휴가를 얻은 것 기타 재판원, 보충재판원, 선임예정재판원이나 재판원후보자인 것 또는 이들이 었던 것을 이유로 해고 기타 불이익한 취급을 하여서는 아니 된다.

제101조(재판원등을 특정할 만한 정보의 취급) ① 누구도 재판원, 보충재판원, 선임예 정재판원이나 재판원후보자 또는 그 예정자의 이름, 주소 기타 개인을 특정할 만한 정보를 공개하여서는 아니 된다. 이들이었던 자의 이름, 주소 기타 개인을 특정할 만한 정보도 본인이 이를 공개하는 것에 동의하고 있는 경우를 제외하고 같다.

② 전항의 규정을 적용할 때에는 구분사건심판에 관련된 직무를 수행하는 재판원 또는 보충재판원의 직에 있었던 자로 제84조의 규정에 따라 그 임무가 종료한 자 는 모든 구분사건심판 후에 진행된 병합사건 전체에 대한 재판(이하「병합사건재판」이 라 한다.)이 될 때까지는 아직 재판원 또는 보충재판원인 것으로 본다.

제102조(재판원등에 대한 접촉의 규제) ① 누구도 피고사건에 관하여 당해 피고사건 을 취급하는 재판소에 선임되거나 선정된 재판원 또는 보충재판원이나 선임예정재 판원에게 접촉하여서는 아니 된다.

② 누구도 재판원 또는 보충재판원이 직무상 지득한 비밀을 알 목적으로 재판원 또는 보충재판원의 직에 있었던 자에게 접촉하여서는 아니 된다.

③ 전2항의 규정을 적용할 때에는 구분사건심판에 관련된 직무를 수행하는 재판원 또는 보충재판원의 직에 있었던 자로 제84조의 규정에 따라 그 임무가 종료한 자 는 병합사건재판이 될 때까지는 아직 재판원 또는 보충재판원인 것으로 본다.

제7장 잡칙

제103조(운용상황의 공표) 최고재판소는 매년 대상사건의 취급상황, 재판원 및 보충 재판원의 선임상황 기타 이 법률의 실시상황에 관한 자료를 공표한다.

제104조(지정도시의 구 및 총합구에 대한 이 법률의 적용) 지방자치법(昭和 22년 법률 제67호) 제252조의19 제1항의 지정도시에서는 제20조 제1항과 제21조 제1항 및 제2항, 제22조의 제23조 제4항(이들 규정을 제24조 제2항에서 준용하는 경우를 포함한다.) 및 제24조 제1항의 규정 중 시에 관한 규정은 구 및 총합구에 준용한다.

제105조(사무의 구분) 제21조 제1항 및 제2항, 제22조 및 제23조 제4항(이들 규정을 제24조 제2항에서 준용하는 경우를 포함한다.)의 규정에 따라 시정촌이 처리하게 되어 있는 사무는 지방자치법 제2조 제9항 제1호에 규정하는 제1호 법정수탁사무로 한다.

제8장 벌칙

제106조(재판원등에 대한 청탁죄 등) ① 법령이 정하는 절차에 따라 진행하는 경우를 제외하고 재판원 또는 보충재판원에게 그 직무에 관하여 청탁을 한 자는 2년 이하의 징역 또는 20만엔 이하의 벌금에 처한다.

② 법령이 정하는 절차에 따라 진행한 경우를 제외하고 피고사건의 심판에 영향을 미칠 목적으로 재판원 또는 보충재판원에게 사실의 인정, 형의 양정 기타 재판원으로서 한 판단에 대한 의견을 진술하거나 이에 대한 정보를 제공한 자도 전항과 같다.

③ 선임예정재판원에게 재판원 또는 보충재판원으로서 수행할 직무에 관하여 청탁을 한 자도 제1항과 같다.

④ 피고사건의 심판에 영향을 미칠 목적으로 선임예정재판원에게 사실의 인정 기타 재판원으로서 할 판단에 대한 의견을 진술하거나 이에 대한 정보를 제공한 자도 제1항과 같다.

제107조(재판원등에 대한 협박죄) ① 피고사건에 관하여 당해 피고사건의 심판에 관련된 직무를 수행하는 재판원 또는 보충재판원이나 이들 직에 있었던 자 또는 그 친족에게 면회, 문서의 송부, 전화를 거는 것 기타 어떠한 방법인지를 묻지 않고 협박행위를 한 자는 2년 이하의 징역 또는 20만엔 이하의 벌금에 처한다.

② 피고사건에 관하여 당해 피고사건의 심판에 관련된 직무를 수행하는 재판원 또는 보충재판원의 선임을 위해 선정된 재판원후보자나 당해 재판원 또는 보충재판원의 직무를 할 선임예정재판원 또는 그 친족에게 면회, 문서의 송부, 전화를 거는

것 기타 어떠한 방법인지를 묻지 않고 협박행위를 한 자도 전항과 같다.

제108조(재판원등에 의한 비밀누설죄) ① 재판원 또는 보충재판원이 평의의 비밀 기타 직무상 지득한 비밀을 누설한 때에는 6월 이하의 징역 또는 50만엔 이하의 벌금에 처한다.

② 재판원 또는 보충재판원의 직에 있었던 자가 다음 각호의 어느 하나에 해당하는 때에는 전항과 같다.

1. 직무상 지득한 비밀(평의의 비밀을 제외한다.)을 누설한 때

2. 평의의 비밀 중 구성재판관 및 재판원이 수행하는 평의 또는 구성재판관만이 수행하는 평의로서 재판원의 방청이 허가된 것의 각각의 재판관이나 재판원의 의견 또는 그 다소의 수를 누설한 때

3. 재산상의 이익 기타 이익을 얻을 목적으로 평의의 비밀(전호에 규정하는 것을 제외한다.)을 누설한 때

③ 전항 제3호의 경우를 제외하고 재판원 또는 보충재판원의 직에 있었던 자가 평의의 비밀(같은 항 제2호에 규정하는 것을 제외한다.)을 누설한 때에는 50만엔 이하의 벌금에 처한다.

④ 전3항의 규정을 적용할 때에는 구분사건심판에 관련된 직무를 수행하는 재판원 또는 보충재판원의 직에 있었던 자로 제84조의 규정에 따라 그 임무가 종료한 자는 병합사건재판이 될 때까지는 아직 재판원 또는 보충재판원인 것으로 본다.

⑤ 재판원 또는 보충재판원이 구성재판관 또는 실제로 그 피고사건의 심판에 관련된 직무를 수행하는 다른 재판원 또는 보충재판원 이외의 자에게 당해 피고사건에서 인정할 것으로 고려하는 사실이나 양정을 할 것으로 고려하는 형을 진술한 때 또는 당해 피고사건에서 재판소에 의해 인정될 것으로 고려하는 사실이나 양정을 하려고 고려하는 형을 진술한 때에도 제1항과 같다.

⑥ 재판원 또는 보충재판원의 직에 있었던 자가 그 직무에 관련된 피고사건의 심판에서의 판결(소년법 제55조의 결정을 포함한다. 이하 이 항에서 같다.)에 관여한 구성재판관이었던 자거나 다른 재판원 또는 보충재판원의 직에 있던 자 이외의 자에게 당해 판결에서 표시된 사실의 인정 또는 형의 양정의 당부를 진술한 때에도 제1항과 같다.

⑦ 구분사건심판에 관련된 직무를 수행하는 재판원 또는 보충재판원의 직에 있었던 자로 제84조의 규정에 따라 그 임무가 종료한 자가 병합사건재판이 될 때까지 당해 구분사건심판에서의 부분판결에 관여한 구성재판관이었던 자 또는 다른 재판원 또는 보충재판원의 직에 있었던 자 이외의 자에게 병합사건심판에서 인정할 것으로 고려하는 사실(당해 구분사건 이외의 피고사건에 관련된 것을 제외한다.)이나 양정할 것으로 고려하는 형을 진술한 때 또는 병합사건심판에서 재판소에 의해 인정된다

고 고려하는 사실(당해 구분사건 이외의 피고사건에 관련된 것을 제외한다.)이나 양정을 하려고 고려하는 형을 진술한 때에도 제1항과 같다.

제109조(재판원의 이름 등 누설죄) 검찰관, 변호인이나 이들 직에 있었던 자 또는 피고인이나 피고인이었던 자가 정당한 이유 없이 피고사건의 재판원후보자의 이름, 재판원후보자가 제30조[제38조 제2항(제46조 제2항에서 준용하는 경우를 포함한다.), 제47조 제2항 및 제92조 제2항에서 준용하는 경우를 포함한다. 다음 조에서 같다.]에 규정하는 질문표에 기재한 내용 또는 재판원등 선임절차에서의 재판원후보자의 진술의 내용을 누설한 때에는 1년 이하의 징역 또는 50만엔 이하의 벌금에 처한다.

제110조(재판원후보자에 의한 허위기재죄 등) 재판원후보자가 제30조에 규정하는 질문표에 허위의 기재를 하여 재판소에 제출하거나 재판원등 선임절차에서의 질문에 대하여 허위의 진술을 한 때에는 50만엔 이하의 벌금에 처한다.

제111조(재판원후보자의 허위기재 등에 대한 과태료) 재판원후보자가 제30조 제3항 또는 제34조 제3항[이들 규정을 제38조 제2항(제46조 제2항에서 준용하는 경우를 포함한다.), 제47조 제2항 및 제92조 제2항에서 준용하는 경우를 포함한다.]의 규정에 위반하여 질문표에 허위의 기재를 하거나 재판원등 선임절차에서의 질문에 대하여 정당한 이유 없이 진술을 거절 또는 허위의 진술을 한 때에는 재판소는 결정으로 30만엔 이하의 과태료에 처한다.

제112조(재판원후보자의 불출석 등에 대한 과태료) 다음 각호의 어느 하나에 해당하는 경우에는 재판소는 결정으로 10만엔 이하의 과태료에 처한다.

1. 호출을 받은 재판원후보자가 제29조 제1항[제38조 제2항(제46조 제2항에서 준용하는 경우를 포함한다.), 제47조 제2항 및 제92조 제2항에서 준용하는 경우를 포함한다.]의 규정에 위반하여 정당한 이유 없이 출석하지 아니한 때

2. 호출을 받은 선임예정재판원이 제97조 제5항의 규정에 따라 바꿔 읽어 적용하는 제29조 제1항의 규정에 위반하여 정당한 이유 없이 출석하지 아니한 때

3. 재판원 또는 보충재판원이 정당한 이유 없이 제39조 제2항의 선서를 거절한 때

4. 재판원 또는 보충재판원이 제52조의 규정에 위반하여 정당한 이유 없이 공판기일 또는 공판준비에서 재판소가 하는 증인 기타의 자의 심문이나 검증의 일시 및 장소에 출석하지 아니한 때

5. 재판원이 제63조 제1항(제78조 제5항에서 준용하는 경우를 포함한다.)의 규정에 위반하여 정당한 이유 없이 공판기일에 출석하지 아니한 때

제113조(즉시항고) 전2조의 결정에는 즉시항고를 할 수 있다.

부 칙 〈생 략〉

재판원이 참가하는 형사재판에 관한 규칙

제정 平成 19년 7월 5일 최고재판소규칙 제7호

개정 令和 원년 7월 9일 최고재판소규칙 제2호

제1장 총칙

제 1 조(취지) 이 규칙은 재판원이 참가하는 형사재판에 관한 형사소송규칙(昭和 23년 최고재판소규칙 제32호)의 특칙 기타 필요한 사항을 정하는 것으로 한다.

제 2 조(재판원재판에 관한 사무의 취급지부) 재판원이 참가하는 형사재판에 관한 법률(平成 16년 법률 제63호. 이하 「법」이라고 한다.)에 정해진 지방재판소의 권한에 속하는 사무(이하 「재판원재판에 관한 사무」라고 한다.)를 취급하는 지방재판소 지부는 지방재판소 및 가정재판소지부 설치규칙(昭和 22년 최고재판소규칙 제14호) 제1조 제2항의 규정에 불구하고 별표 상란에 열거하는 지방재판소 지부에 한하고, 그 취급구역은 별표 하란과 같다. *

제 3 조(대상사건으로부터의 제외에 대한 의견 청취) 법 제3조 제1항이나 제3조의2 제1항의 결정 또는 이들 항의 청구를 각하하는 결정을 할 때에는 미리 직권으로 하는 경우에는 검찰관 및 피고인 또는 변호인의 의견을, 청구에 의해 하는 경우에는 상대방 또는 그 변호인의 의견을 들어야 한다.

제 4 조(대상사건으로부터의 제외에 관한 결정의 절차) ① 법 제3조 제1항 및 제3조의 2 제1항의 결정 및 이들 항의 청구를 각하하는 결정에는 형사소송규칙 제33조 제3항 및 제4항과 제34조의 규정을 준용한다.

② 법 제3조 제1항 및 제3조의2 제1항의 결정과 이들 항의 청구를 각하하는 결정을 검찰관, 피고인 또는 변호인의 면전에서 선고한 때에는 이들에게는 이를 송달 또는 통지할 것을 요하지 아니한다.

제 5 조(대상사건으로부터의 제외에 관한 결정에 대한 즉시항고) 법 제3조 제6항(법 제3조의2 제2항에서 준용하는 경우를 포함한다.)의 즉시항고에는 형사소송규칙 제271조 및 제272조의 규정을 준용한다.

제2장 재판원

제1절 총칙

제 6 조(재판원등의 여비) ① 재판원, 보충재판원 및 재판원등 선임절차(법 제27조 제1항에 규정하는 재판원등 선임절차를 말한다. 이하 같다.)기일에 출석한 선임예정재판원 및 재판원후보자(이하 「재판원등」이라고 총칭한다.)의 여비는 철도운임, 뱃삯, 노정운임 및 항공운임의 4종으로 하고, 철도운임은 철도편이 있는 구간의 육로여행에, 뱃삯은 선박편이 있는 구간의 수로여행에, 노정운임은 철도편이 없는 구간의 육로여행 또는 선박편이 없는 구간의 수로여행에, 항공운임은 항공기를 이용하여야 할 특별한 사유가 있는 경우의 항공여행에 대하여 지급한다.

② 철도운임 및 뱃삯은 여행구간의 노정에 대응하는 여객운임(거룻배삯 및 다리요금을 포함하고, 운임에 등급을 설정한 선로 또는 선박에 의한 여행인 경우는 운임 등급을 3등급으로 구분하는 것은 중급의, 운임 등급을 2등급으로 구분하는 것은 하급의 운임), 급행요금(특별급행열차를 운행하는 선로에 있는 구간의 여행으로 편도 100킬로미터 이상인 것은 특별급행요금, 보통급행열차 또는 준급행열차를 운행하는 선로에 있는 구간의 여행으로 편도 50킬로미터 이상인 것은 보통급행요금) 및 좌석지정요금(좌석지정요금을 걷는 보통급행열차를 운행하는 선로에 있는 구간의 여행으로 편도 100킬로미터 이상인 것 또는 좌석지정요금을 걷는 선박을 운행하는 선로에 있는 구간의 여행인 경우의 좌석지정요금에 한한다.)에 따라, 노정운임은 1킬로미터당 37엔의 액(1킬로미터 미만의 노정의 단수는 버린다.)에 따라, 항공운임은 실제로 지불한 여객운임에 따라 각각 산정한다.

③ 천재 기타 부득이한 사정으로 전항에 정하는 액수의 노정운임으로 여행의 실비를 지급할 수 없는 경우에는 같은 항의 규정에 불구하고 노정운임액은 실비액의 범위 내에서 재판소가 정한다.

제 7 조(재판원등의 일당) ① 재판원등의 일당은 출석 또는 직무 및 이를 위한 여행(이하 「출석등」이라고 한다.)에 필요한 날 수에 대응하여 지급한다.

② 일당액은 재판원 및 보충재판원에게는 1일당 10,050엔 이내에서, 재판원등 선임절차기일에 출석한 선임예정재판원 및 재판원후보자에게는 1일당 8,050엔 이내에서 각각 재판소가 정한다.

제 8 조(재판원등의 숙박료) ① 재판원등의 숙박료는 출석등에 필요한 날 수에 대응하여 지급한다.

② 숙박료액은 하룻밤마다 숙박지가 국가공무원등의 여비에 관한 법률(昭和 25년 법

률 제114호) 별표 제1에 정하는 갑(甲)지방인 경우에는 8,700엔, 을(乙)지방인 경우에는 7,800엔으로 한다.[114]

제9조(여비 등의 계산) 여비(항공운임을 제외한다.), 일당 및 숙박료의 계산상의 여행일수는 가장 경제적인 통상의 경로 및 방법에 따라 여행한 경우의 예에 따라 계산한다. 다만 천재 기타 부득이한 사정으로 가장 경제적인 통상의 경로 또는 방법에 따른 여행이 어려운 경우에는 실제 경로 및 방법에 따라 계산한다.

제10조(재판원후보자의 본적조회 방법) 지방재판소는 시정촌[특별구를 포함하는 것으로 하고, 지방자치법(昭和 22년 법률 제67호) 제252조의10 제1항의 지정도시에서는 구 또는 총합구로 한다. 이하 같다.]에 재판원후보자에 대한 본적조회를 하는 때에는 당해 시정촌 선거관리위원회가 당해 지방재판소에 송부하는 재판원후보자예정자명부에 첨부하여 본적을 회답하도록 요구할 수 있다.

제2절 선임

제11조(재판원후보자 인원수의 산정 및 할당) ① 지방재판소는 다음 연도에 필요한 재판원후보자의 인원수를 산정할 때에는 대상사건(법 제2조 제3항에 규정하는 대상사건을 말한다.)의 취급상황, 호출받은 재판원후보자의 출석상황, 법 제34조 제7항의 규정에 따른 불선임결정이 있는 재판원후보자의 수 기타 재판원 및 보충재판원의 선임 상황과 재판원후보자명부에 기재된 자의 수의 상황 기타 사항을 고려하여야 한다.
② 지방재판소가 전항의 재판원후보자의 인원수를 그 관할구역 내의 시정촌에 할당할 때에는 각 시정촌 선거관리위원회에 선거인명부에 등록되어 있는 자의 수를 조회한 후에 같은 항의 재판원후보자의 인원수 중 우선 1인씩을 각 시정촌에 할당하고 잔여 인원수를 각 시정촌의 선거인명부에 등록되어 있는 자의 수의 당해 지방재판소의 관할구역 내에서의 선거인명부에 등록되어 있는 자의 총 수에 대한 비율에 대응하여 이를 각 시정촌에 할당하는 방법에 따른다. 이 경우에 1인 미만의 단수가 생긴 때에는 재판원후보자의 총 인원수가 같은 항의 재판원후보자의 인원수에 도달하기까지 단수가 큰 시정촌부터 순차 이를 1인으로 반올림한다.
③ 지방재판소 지부에서 재판원재판에 관한 사무를 취급하는 경우에 다음 해에 필요한 재판원후보자의 인원수를 산정할 때에는 재판원재판에 관한 사무를 취급하는 지부(이하 「취급지부」라고 한다.)는 그 취급구역 내에서, 취급지부를 제외한 지방재판소는 취급지부의 취급구역을 제외한 관할구역 내에서 각각 제1항에 규정하는 사항을 고려하여야 한다.

---

114) 검찰심사원등의 여비, 일당 및 숙박료를 정하는 정령 제4조의 각주 참조.

④ 전항의 경우에 재판원후보자의 인원수를 관할구역 내의 시정촌에 할당할 때에는 취급지부에서는 그 취급구역 내의 시정촌에, 취급지부를 제외한 지방재판소에서는 취급지부의 취급구역을 제외한 관할구역 내의 시정촌에서 각각 제2항에 규정하는 방법에 따른다.

제12조(재판원후보자명부의 제조 등) ① 재판원후보자명부는 별지양식에 따라 제조하여야 한다.

② 지방재판소 지부에서 재판원재판에 관한 사무를 취급할 경우에는 재판원후보자명부는 취급지부 및 취급지부를 제외한 지방재판소로 구분하여 제조한다. 이 경우에는 취급지부의 재판원후보자명부는 그 취급구역 내의 시정촌의 선거관리위원회로부터 송부받은 재판원후보자예정자명부를 기초로, 취급지부를 제외하는 지방재판소의 재판원후보자명부는 취급지부의 취급구역을 제외하는 관할구역 내의 시정촌의 선거관리위원회로부터 송부받은 재판원후보자예정자명부를 기초로 각각 제조한다.

③ 재판원후보자예정자명부 및 재판원후보자명부는 이에 기재된 자가 자기에 관한 정보가 기재되어 있는 기재되어 있는 부분의 개시를 요구하는 경우를 제외하고는 개시하여서는 아니 된다.

제13조(재판원후보자명부에서의 삭제방법) 지방재판소가 법 제23조 제3항(법 제24조 제2항에서 준용하는 경우를 포함한다. 제15조 제1항 제1호에서 같다.) 또는 제29조 제3항 본문[법 제38조 제2항(법 제46조 제2항에서 준용하는 경우를 포함한다. 이하 같다.), 제47조 제2항 및 제92조 제2항에서 준용하는 경우를 포함한다.]의 규정에 따라 재판원후보자를 재판원후보자명부에서 삭제할 때에는 당해 재판원후보자를 삭제하였음이 명백하고 삭제된 문자의 자체(字体)[법 제23조 제2항(법 제24조 제2항에서 준용하는 경우를 포함한다.)의 규정에 따라 자기디스크로 제조한 재판원후보자명부에서는 삭제된 기록]가 더욱 뚜렷해지도록 하는 방법으로 한다.

제14조(재판원후보자를 보충하는 경우의 조치) ① 법 제24조 제1항의 규정에 따라 보충하는 재판원후보자의 인원수 할당에는 제11조 제2항 및 제4항의 규정을 준용한다.

② 법 제24조 제2항에서 바꿔 읽어 준용하는 법 제23조 제1항에 규정하는 재판원후보자명부에는 제12조의 규정을 준용한다.

제15조(지방재판소에 의한 조사) ① 지방재판소는 법 제23조 제1항(법 제24조 제2항에서 바꿔 읽어 준용하는 경우를 포함한다.)의 규정에 따라 재판원후보자명부를 제조한 때에는 다음에 열거하는 사항을 조사하기 위해 재판원후보자에게 조사표를 이용하여 필요한 질문을 하거나 필요한 자료의 제출을 요구할 수 있다.

1. 법 제23조 제3항의 규정에 따라 재판원후보자명부에서 삭제하여야 하는 경우에

해당하는지

2 법 제26조 제3항[법 제28조 제2항(법 제38조 제2항, 제47조 제2항 및 제92조 제2항에서 준용하는 경우를 포함한다. 이하 이 호에서 같다.), 제38조 제2항, 제47조 제2항 및 제92조 제2항에서 준용하는 경우를 포함한다. 다음 조 및 제23조에서 같다.]의 규정에 따라 호출할 재판원후보자로 선정된 경우에 법 제27조 제1항 단서(법 제28조 제2항, 제38조 제2항, 제47조 제2항 및 제92조 제2항에서 준용하는 경우를 포함한다.)의 규정에 따라 호출할 것을 요하지 아니하게 될 경우에 해당하게 될 것으로 예상되는지

② 전항의 규정에 따라 제출된 조사표 및 자료에는 제12조 제3항의 규정을 준용한다.

제16조(호출할 재판원후보자 선정록 작성) 지방재판소는 법 제26조 제3항의 규정에 따라 호출할 재판원후보자를 선정한 때에는 선정록을 작성하여야 한다.

제17조(재판원등 선임절차기일의 통지) 재판원등 선임절차기일은 검찰관 및 변호인에게 통지하여야 한다.

제18조(호출장의 기재사항) 재판원후보자에 대한 호출장에는 법 제27조 제3항에 규정하는 사항 외 직무종사예정기간[같은 조 제1항(법 제90조 제2항의 규정에 따라 바꿔 읽어 적용하는 경우 및 법 제92조 제2항에서 바꿔 읽어 준용하는 경우를 포함한다.)에 규정하는 직무종사예정기간을 말한다.]을 기재하여야 한다.

제19조(호출장의 발송시기) 재판소는 재판원후보자를 호출할 때에는 특단의 사정이 없는 한 재판원등 선임절차기일 6주 전까지 호출장을 발송하도록 하여야 한다.

제20조(호출의 유예기간) 재판원등 선임절차기일과 재판원후보자에 대한 호출장의 송달 사이에는 적어도 2주간의 유예를 두어야 한다.

제21조(재판원등 선임절차기일의 변경) ① 재판소는 검찰관 또는 변호인의 청구 또는 직권으로 재판원등 선임절차기일을 변경할 수 있다.

② 검찰관 및 변호인은 재판원등 선임절차기일 변경을 필요로 하는 사유가 발생한 때에는 곧바로 재판소에 그 사유 및 그 사유가 계속될 것으로 예상되는 기간을 구체적으로 밝히고 진단서 기타 자료에 의해 소명하여 기일변경을 청구하여야 한다.

③ 재판소는 전항의 사유를 부득이한 것으로 인정하는 경우 외에는 같은 항의 청구를 각하하여야 한다.

④ 재판소는 부득이하다고 인정하는 경우 외에는 재판원등 선임절차기일을 변경할 수 없다.

⑤ 재판원등 선임절차기일을 변경할 때에는 미리 직권으로 하는 경우에는 검찰관 및 변호인의 의견을, 청구에 의해 하는 경우에는 상대방의 의견을 들어야 한다.

⑥ 재판원등 선임절차기일의 변경에 대한 결정은 송달할 것을 요하지 아니한다.

⑦ 재판소는 재판원등 선임절차기일을 변경하는 결정을 한 경우에는 호출한 선임

예정재판원 또는 재판원후보자에게 그 취지를 통지하여야 한다.

제22조(질문표의 기재사항) 재판원후보자에 대한 질문표에는 법 제30조 제1항에 규정하는 판단에 필요한 질문, 질문표를 반송 또는 지참하여야 한다는 취지 및 그 기한과 질문표에 허위의 기재를 하여서는 아니 된다는 취지 외 질문표에 허위의 기재를 하여 재판소에 제출한 때에는 벌금 또는 과태료에 처하여진다는 취지를 기재하여야 한다.

제23조(자료의 제출요구) 재판소는 법 제26조 제3항의 규정에 따라 선정된 재판원후보자에 대한 법 제30조 제1항에 규정하는 판단을 하기 위해 재판원후보자에게 필요한 자료의 제출을 요구할 수 있다.

제24조(재판원등 선임절차기일에서의 결정 등의 고지) 재판원등 선임절차기일에 한 결정 또는 명령은 검찰관, 피고인 또는 변호인 및 기타 소송관계인에게 통지하여야 한다. 다만 그 기일에 입회한 소송관계인에게는 통지할 것을 요하지 아니한다.

제25조(재판원등 선임절차조서의 작성) 재판원등 선임절차기일에서의 절차에서는 재판원등 선임절차조서를 작성하여야 한다.

제26조(재판원등 선임절차조서의 기재요건) ① 재판원등 선임절차조서에는 다음에 열거하는 사항을 기재하여야 한다.

1. 피고사건명 및 피고인의 이름

2. 재판원등 선임절차를 한 재판소, 연월일 및 장소

3. 재판관 및 재판소서기관의 직책

4. 출석한 검찰관의 직책

5. 출석한 피고인, 변호인 및 보좌인의 이름

6. 출석한 선임예정재판원 또는 재판원후보자의 이름

7. 재판원후보자에 대한 질문 및 그 진술

8. 재판원후보자가 질문에 대한 진술을 거부한 것 및 그 이유

9. 재판장(법 제2조 제3항의 결정이 있는 경우에 같은 항에 규정하는 합의부가 구성될 때까지는 재판관. 다음 항, 다음 조 제1항 및 제4항, 제31조 제2항, 제35조 제1항 제1호 및 제2항 제2호와 제61조 제1항 제1호 및 제2항 제2호에서 같다.)이 법 제33조의2 제2항의 규정에 따른 고지를 한 때에는 그 취지 및 다음에 열거하는 사항

ㄱ 고지를 받은 재판원후보자의 이름

ㅁ 당해 재판원후보자에게 밝혀진 피해자 특정사항의 항목

10. 불선임결정의 청구 기타의 신청

11. 법 제35조 제1항의 이의신청 및 그 이유

12. 재판원 또는 보충재판원이 선서를 거부한 것 및 그 이유

13. 출석한 통역인의 이름

14. 통역인의 심문 및 진술

15. 결정 및 명령(형사소송규칙 제25조 제2항 본문에 규정하는 신청, 청구, 심문 및 진술에 관련된 허가를 제외한다.)

16. 재판원 및 보충재판원의 이름과 공판조서, 형사소송규칙 제38조의 조서 및 검증조서에 기재될 이들의 부호

17. 선임예정재판원의 이름 및 그 선정에 관련된 피고사건명

② 전항에 열거하는 사항 이외의 사항이더라도 재판원등 선임절차기일에서의 절차 중 재판장이 소송관계인의 청구 또는 직권으로 기재를 명한 사항은 이를 재판원등 선임절차조서에 기재하여야 한다.

제27조(재판원등 선임절차조서의 서명날인, 인인) ① 재판원등 선임절차조서에는 재판소서기관이 서명날인하고 재판장이 인인(認印)하여야 한다.

② 재판장에게 지장이 있는 때에는 다른 재판관 1인이 그 사유를 부기하여 인인(認印)하여야 한다.

③ 법 제2조 제3항의 결정이 있는 경우에 재판장(같은 항에 규정하는 합의부가 구성될 때까지는 재판관)에게 지장이 있는 때에는 재판소서기관이 그 사유를 부기하여 서명날인하여야 한다.

④ 재판소서기관에게 지장이 있는 때에는 재판장이 그 사유를 부기하여 인인(認印)하여야 한다.

제28조(재판원등 선임절차조서의 정리) 재판원등 선임절차조서는 각 재판원등 선임절차기일 후 신속하게 늦어도 직후의 공판기일[구분심리결정(법 제71조 제1항에 규정하는 구분심리결정을 말한다. 이하 같다.)이 이뤄진 사건에는 직후에 진행된 구분사건심판(법 제76조에 규정하는 구분사건심판을 말한다. 이하 같다.) 또는 병합사건심판(법 제86조 제1항에 규정하는 병합사건심판을 말한다. 이하 같다.)에서의 공판기일. 제31조 제3항에서 같다.]의 조서의 정리기한까지 정리하여야 한다.

제29조(재판원등 선임절차에서의 진술의 녹음) 재판원등 선임절차기일에서의 진술의 전부 또는 일부에 대하여는 녹음장치를 사용하여 녹취하게 할 수 있다.

제30조(재판원등 선임절차조서에서의 녹음체의 인용) 재판원등 선임절차기일에 선임예정재판원과 재판원후보자에 대한 질문과 그 진술 및 선임예정재판원과 재판원후보자의 신청을 녹음하게 한 경우에 재판소가 상당하다고 인정하는 때에는 이를 녹음한 것을 재판원등 선임절차조서에 인용하고 소송기록에 첨부하여 재판원등 선임절차조서의 일부로 할 수 있다.

제31조(재판원등 선임절차조서의 기재에 대한 이의신청) ① 검찰관 또는 변호인은 재판원등 선임절차조서의 기재의 정확성에 이의를 신청할 수 있다.

② 전항의 이의신청이 있는 때에는 신청의 연월일 및 그 요지를 조서에 기재하여야 한다. 이 경우에는 재판소서기관이 그 신청에 대한 재판장의 의견을 조서에 기재하여 서명날인하고 재판장이 인인(認印)하여야 한다.

③ 제1항의 이의신청은 늦어도 직후의 공판기일의 조서의 기재의 정확성에 대한 이의신청기간의 종기까지 하여야 한다.

제32조(재판원등 선임절차조서의 증명력) 재판원등 선임절차기일에서의 절차로서 재판원등 선임절차조서에 기재된 것은 재판원등 선임절차조서만으로 이를 증명할 수 있다.

제33조(불선임결정청구를 각하히는 결정에 대한 이의신청절차) ① 법 제35조 제1항(법 제38조 제2항, 제47조 제2항 및 제92조 제2항에서 준용하는 경우를 포함한다. 이하 이 조에서 같다.)의 이의신청에는 형사소송규칙 제271조 및 제272의 규정을 준용한다.

② 법 제35조 제1항의 이의신청에 대한 결정은 검찰관 및 피고인 또는 변호인에게 통지하여야 한다.

③ 법 제35조 제1항의 이의신청을 받은 지방재판소가 불선임결정을 한 때에는 그 취지를 당해 이의신청에 관련된 재판원후보자에게 통지하여야 한다.

제34조(이유를 제시하지 않는 불선임청구의 순서) ① 재판소는 검찰관 및 피고인이 이유를 제시하지 않는 불선임청구(법 제36조 제1항에 규정하는 이유를 제시하지 않는 불선임청구를 말한다. 이하 같다.)를 할 때에는 검찰관 및 피고인에게 교호로 각자 1인의 재판원후보자에게 이유를 제시하지 않는 불선임청구를 할 기회를 부여한다.

② 검찰관 및 피고인이 이유를 제시하지 않는 불선임청구를 한 경우에는 상대방에게 이유를 제시하지 않는 불선임청구를 한 재판원후보자를 알 기회를 부여하여야 한다.

③ 재판소는 우선 검찰관에게 이유를 제시하지 않는 불선임청구를 할 기회를 부여한다.

④ 재판소는 피고인이 여럿 있는 경우에 피고인에게 이유를 제시하지 않는 불선임청구를 할 기회를 부여한 때에는 미리 정한 순서에 따른다.

⑤ 검찰관 및 피고인은 이유를 제시하지 않는 불선임청구를 할 기회가 부여된 경우에 이유를 제시하지 않는 불선임청구를 하지 않은 때에는 이후 이유를 제시하지 않는 불선임청구를 할 수 없다.

제35조(재판원 및 보충재판원의 선임방법) ① 재판소는 재판원 및 보충재판원을 선임하는 결정을 할 때에는 다음 순서에 따라 재판원등 선임절차를 진행한다.

1. 재판장은 재판원등 선임절차기일에 출석한 재판원후보자 중 질문할 필요가 있는 모든 재판원후보자에게 질문을 한다. 다만 재판소는 법 제34조 제4항 또는 제7항(이들 규정을 법 제38조 제2항 및 제47조 제2항에서 준용하는 경우를 포함한다. 이하 이 조에서 같다.)의 규정에 따른 불선임결정을 하여야 하는 재판원후보자에게 질문할 필요가 있는 모든 재판원후보자에 대한 질문을 종료하기까지 불선임결정을 하지 아니

함이 상당하지 아니하다고 인정하는 때에는 그 질문을 종료하기 전에 불선임결정을 할 수 있다.

2. 재판소는 질문을 한 재판원후보자 중 법 제34조 제4항 또는 제7항의 규정에 따른 불선임결정을 하여야 하는 재판원후보자에게 불선임결정을 한다.

3. 검찰관 및 피고인은 법 제34조 제4항 또는 제7항의 규정에 따라 불선임결정이 되지 않은 재판원후보자에게 이유를 제시하지 않는 불선임청구를 한다. 다만 이들 규정에 따라 불선임결정이 되지 않은 재판원후보자의 인원수가 선임할 재판원 및 보충재판원의 인원수와 검찰관 및 피고인이 각각 이유를 제시하지 않는 불선임청구를 할 수 있는 인원수의 합계를 초과하는 때에는 미리 재판소가 그 재판원후보자 중에서 추첨으로 그 합계의 재판원후보자를 선정할 수 있고, 검찰관 및 피고인은 선정된 재판원후보자에게 이유를 제시하지 않는 불선임청구를 한다.

4. 재판소는 불선임결정이 되지 않은 재판원후보자(전호 단서에 규정하는 경우에는 같은 호 단서의 규정에 따라 선정된 재판원후보자 중 이유를 제시하지 않는 불선임청구에 의해 불선임결정이 되지 않은 재판원후보자. 다음 호에서 같다.)로부터 추첨으로 법 제37조 제1항(법 제38조 제2항에서 바꿔 읽어 준용하는 경우를 포함한다. 다음 항 제5호에서 같다.)에 규정하는 인원수의 재판원을 선임하는 결정을 한다. 다만 당해 재판원후보자의 인원수가 이에 미달하는 때에는 그 인원수의 재판원을 선임하는 결정을 한다.

5. 재판소는 보충재판원을 두는 때에는 나머지 불선임결정이 되지 않은 재판원후보자로부터 추첨으로 법 제37조 제2항(법 제38조 제2항 및 제47조 제2항에서 준용하는 경우를 포함한다. 다음 항 제6호에서 같다.)에 규정하는 인원수의 보충재판원을 재판원으로 선임될 순서를 정하여 선임하는 결정을 한다. 다만 당해 재판원후보자의 인원수가 이에 미달하는 때에는 그 인원수의 보충재판원을 재판원으로 선임될 순서를 추첨으로 정하여 선임하는 결정을 한다.

② 재판소는 재판원후보자의 출석상황 및 질문표의 기재상황 등에 비추어 재판원 등 선임절차기일에 출석한 재판원후보자 중 질문할 필요가 있는 모든 재판원후보자에게 질문하는 것이 신속하게 재판원등 선임절차를 종료하기 위해 상당하지 아니하다고 인정하는 경우에는 재판원등 선임절차기일을 시작할 때 다음 순서에 따라 재판원등 선임절차를 진행하는 결정을 할 수 있다.

1. 재판소는 재판원등 선임절차기일에 출석한 재판원후보자에 대하여 추첨으로 재판원 및 보충재판원으로 선임될 순서를 정한다.

2. 재판장은 전호의 순서에 따라 질문할 필요가 있는 재판원후보자에게 질문한다.

3. 재판소는 전호의 규정에 따라 재판원후보자가 질문을 받을 때마다 법 제34조 제4항 또는 제7항의 규정에 따른 불선임결정을 하여야 하는지를 판단하고 불선임결

정을 하여야 하는 재판원후보자에게는 불선임결정을 한다.

4. 검찰관 및 피고인은 질문을 받고 전호의 불선임결정이 되지 않은 재판원후보자의 인원수가 선임할 재판원 및 보충재판원의 인원수 및 검찰관 및 피고인이 각각 이유를 제시하지 않는 불선임청구를 할 수 있는 인원수의 합계에 달하는 때에는 질문을 받고 같은 호의 불선임결정이 되지 않은 재판원후보자에게 이유를 제시하지 않는 불선임청구를 한다. 다만 질문할 필요가 있는 모든 재판원후보자에게 질문을 한 경우는 그 합계에 미달하는 때에도 검찰관 및 피고인은 같은 호의 불선임결정이 되지 않은 재판원후보자에게 이유를 제시하지 않는 불선임청구를 한다.

5. 재판소는 질문을 받고 불선임결정이 되지 않은 재판원후보자로부터 제1호의 순서에 따라 법 제37조 제1항에 규정하는 인원수의 재판원을 선임하는 결정을 한다. 다만 당해 재판원후보자의 인원수가 이에 미달하는 때에는 그 인원수의 재판원을 선임하는 결정을 한다.

6. 재판소는 보충재판원을 둔 때에는 질문을 받고 불선임결정이 되지 않은 나머지 재판원후보자로부터 제1호의 순서에 따라 법 제37조 제2항에 규정하는 인원수(당해 재판원후보자의 인원수가 이에 미달하는 때에는 그 인원수)의 보충재판원을 재판원으로 선임될 순서를 정하여 선임하는 결정을 한다.

③ 재판소는 재판원후보자의 출석상황 및 질문표의 기재상황 등에 비추어 법 제37조 제3항(법 제38조 제2항 및 제47조 제2항에서 준용하는 경우를 포함한다.)의 규정에 따라 불선임결정이 된 재판원후보자가 있다고 예상되는 경우에는 재판원등 선임절차의 기일을 시작할 때 추첨으로 질문을 받을 재판원후보자를 결정할 수 있다.

제36조(재판원 및 보충재판원에 대한 설명) 재판장은 재판원 및 보충재판원에게 그 권한과 의무 외 사실의 인정은 증거에 의하는 것, 피고사건에 대하여 범죄의 증명을 할 자 및 사실의 인정에 필요한 증명의 정도에 대하여 설명한다.

제37조(선서의 방식) ① 선서는 선서서에 의해 하여야 한다.

② 선서서에는 법령에 따라 공평 성실하게 그 직무를 수행할 것을 맹세하는 취지를 기재하여야 한다.

③ 재판장은 재판원 및 보충재판원에게 선서서를 낭독하게 하고 이를 서명날인하게 하여야 한다. 재판원 및 보충재판원이 선서서를 낭독할 수 없는 때에는 재판장은 재판소서기관에게 낭독하게 하여야 한다.

④ 선서는 기립하여 엄숙하게 하여야 한다.

⑤ 선서는 각 별로 하게 하여야 한다.

제3절 해임

제38조(재판원 또는 보충재판원의 해임에 대한 의견 청취) ① 법 제41조 제1항의 청구에 대한 결정을 할 때에는 미리 상대방 또는 그 변호인의 의견을 들어야 한다.
② 법 제43조 제1항 또는 제3항의 규정에 따른 결정을 할 때에는 미리 검찰관 및 피고인 또는 변호인의 의견을 들어야 한다.

제39조(재판원 또는 보충재판원을 해임하는 결정의 고지) 재판원 또는 보충재판원을 해임하는 결정은 당해 재판원 또는 보충재판원에게 통지하여야 한다.

제40조(해임청구를 각하하는 결정에 대한 이의신청의 절차) ① 법 제42조 제1항의 이의신청에는 형사소송규칙 제271조 및 제272조의 규정을 준용한다.
② 법 제42조 제1항의 이의신청에 대한 결정은 검찰관 및 피고인 또는 변호인에게 통지하여야 한다.

제3장 재판원이 참가하는 재판의 절차

제1절 공판준비 및 공판절차

제41조(제1회 공판기일 전의 감정에 대한 의견 청취) 감정절차실시결정(법 제50조 제1항에 규정하는 감정절차실시결정을 말한다. 이하 같다.) 또는 같은 항의 청구를 각하하는 결정을 할 때에는 미리 직권으로 하는 경우에는 검찰관 및 피고인 또는 변호인의 의견을, 청구에 의한 경우에는 상대방 또는 그 변호인의 의견을 들어야 한다.

제42조(입증 및 변론에서의 배려) 검찰관 및 변호인은 재판원이 심리의 내용을 바탕으로 스스로 의견을 형성할 수 있도록 재판원에게 알기 쉽게 입증 및 변론을 하도록 노력하여야 한다.

제2절 형사소송규칙의 적용에 관한 특례 등

제43조(형사소송규칙의 적용에 관한 특례) 법 제2조 제1항의 합의부에서 사건이 취급되는 경우에 형사소송규칙의 규정을 적용할 때에는 다음 표 상란에 열거하는 같은 규칙의 규정 중 같은 표 중란에 열거하는 자구는 각각 같은 표 하란에 열거하는 자구로 한다.

제106조 제1항	재판관	재판관 또는 재판관 및 재판원
제166조 단서	재판관	재판장 또는 재판원

제178조의15 제2항, 제187조의3 제3항, 제217조의12(제217조의29에서 준용하는 경우를 포함한다.)	합의부의 구성원	합의부의 구성원인 재판관
제199조의8, 제199조의9	재판장 또는 배석재판관	재판장, 배석재판관 또는 재판원

제44조(증인등의 심문조서) ① 형사소송규칙 제38조의 조서에는 입회한 재판원 및 보충재판원이 이름이 기재에 갈음하여 이들의 제26조 제1항 제16호의 부호를 기재한다.

② 형사소송규칙 제38조의 조서에는 같은 조 제2항(제8호를 제외한다.)에 규정하는 사항 외 다음에 열거하는 사항을 기재하여야 한다.

1. 법 제65조 제1항의 규정에 따른 소송관계인의 심문 및 진술등(같은 항에 규정하는 소송관계인의 심문 및 진술등을 말한다. 이하 같다.)을 기록매체(같은 항에 규정하는 기록매체를 말한다. 이하 같다.)에 기록한 것

2. 법 제65조 제2항의 규정에 따라 증인의 동의를 얻은 것

3. 법 제65조 제3항 본문의 규정에 따라 소송기록에 첨부하여 조서의 일부로 한 기록매체의 종류 및 수량

③ 법 제65조 제3항 본문의 규정에 따라 소송기록에 첨부하여 조서의 일부로 한 기록매체에는 형사소송규칙 제38조 제3항부터 제5항까지의 규정에 따른 절차를 할 것을 요하지 아니한다.

④ 법 제65조 제3항 본문의 규정에 따라 기록매체가 그 일부로 된 조서에는 그 취지를 조서상 명백하게 하여 두어야 한다.

제45조(검증조서) 검증조서에는 전조 제1항의 규정을 준용한다.

제46조(공판조서) ① 공판조서에는 형사소송규칙 제44조(제1항 제28호를 제외한다.)에 규정하는 사항 외 다음에 열거하는 사항을 기재하여야 한다.

1. 입회한 재판원 및 보충재판원의 제26조 제1항 제16호의 부호

2. 법 제65조 제1항의 규정에 따른 소송관계인의 심문 및 진술 등을 기록매체에 기록한 것

3. 법 제65조 제2항의 규정에 따라 증인의 동의를 얻은 것

4. 법 제65조 제3항 본문의 규정에 따라 소송기록에 첨부하여 조서의 일부로 한 기록매체의 종류 및 수량

5. 구분사건(법 제72조 제1항에 규정하는 구분사건을 말한다. 이하 같다.)의 심리에서의 증거조사가 종료한 후에 진술한 검찰관, 피고인, 변호인 및 피해자참가인[형사소송법(昭和 23년 법률 제131호) 제316조의33 제3항에 규정하는 피해자참가인을 말한다.] 또

는 그 위탁을 받은 변호사의 의견의 요지

6. 구분사건의 심리에서 피고인 또는 변호인의 최종진술의 요지

7. 법 제87조의 규정에 따라 공판절차를 갱신한 때에는 그 취지와 조사한 서류 및 물건

② 다음에 열거하는 사항은 공판조서에 기재할 것을 요하지 아니한다.

1. 법 제60조의 규정에 따른 재판원 및 보충재판원의 입회허가결정

2. 법 제65조 제1항의 규정에 따라 소송관계인의 심문 및 진술 등을 기록매체에 기록하는 취지의 결정

제47조(감정절차실시결정이 있는 경우의 공판 전 정리절차조서) 감정절차실시결정이 있는 경우에는 공판 전 정리절차조서에는 형사소송규칙 제217조의15에 규정하는 사항 외 다음에 열거하는 사항을 기재하여야 한다.

1. 출석한 감정인의 이름

2. 감정인의 심문 및 진술

제48조(소송관계인의 심문 및 진술등을 기록매체에 기록하는 취지의 결정의 고지) 법 제65조 제1항의 규정에 따라 소송관계인의 심문 및 진술등을 기록매체에 기록하는 취지의 결정을 한 경우에는 신속하게 그 취지를 검찰관 및 피고인 또는 변호인에게 통지하여야 한다.

제49조(감정을 위한 등사) 법 제65조 제3항 본문의 규정에 따라 소송기록에 첨부하여 조서의 일부로 한 기록매체의 등사에는 형사소송규칙 제134조 제2항의 규정을 준용한다.

제4장 평의

제50조(평의에서의 배려) 구성재판관(법 제6조 제1항에 규정하는 구성재판관을 말한다.)은 평의에서 재판원으로부터 심리의 내용을 바탕으로 각자의 의견이 진술되고 합의부의 구성원 사이에서 충실한 의견교환이 진행될 수 있도록 배려하여야 한다.

제51조(변론종결 전의 평의) 재판장은 변론종결 전에 평의를 진행할 때에는 미리 재판원에게 법 제6조 제1항에 규정하는 재판원이 관여하는 판단은 변론종결 후에 하여야 할 것임을 설명한다.

제5장 구분심리결정이 된 경우의 심리 및 재판의 특례 등

제1절 심리 및 재판의 특례

제1관 구분심리결정

제52조(청구의 방식) ① 법 제71조 제1항 또는 제72조 제1항이나 제2항의 청구는 서면을 제출하여 하여야 한다.

② 재판소는 전항의 규정에 불구하고 공판 전 정리절차기일 또는 기일 간 정리절차기일에서는 같은 항의 청구를 구두로 하는 것을 허가할 수 있다.

제53조(구분심리결정에 대한 의견 청취) 구분심리결정 또는 법 제71조 제1항의 청구를 각하하는 결정을 할 때에는 미리 직권으로 하는 경우에는 검찰관 및 피고인 또는 변호인의 의견을, 청구에 의해 하는 경우에는 상대방 또는 그 변호인의 의견을 들어야 한다.

제54조(구분심리결정의 취소 및 변경에 대한 의견 청취) 법 제72조 제1항이나 제2항의 결정 또는 이들 항의 청구를 각하하는 결정을 할 때에는 미리 직권으로 하는 경우에는 검찰관 및 피고인 또는 변호인의 의견을, 청구에 의해 하는 경우에는 상대방 또는 그 변호인의 의견을 들어야 한다.

제55조(심리 순서에 대한 의견 청취) 법 제73조 제1항 또는 제2항의 결정을 할 때에는 미리 검찰관 및 피고인 또는 변호인의 의견을 들어야 한다.

제56조(심리 순서에 관한 결정의 고지) 법 제73조 제1항 또는 제2항의 결정을 한 경우에는 그 취지를 검찰관, 피고인 및 변호인에게 통지하여야 한다.

제2관 구분사건심판

제57조(의견진술의 시기 등) ① 법 제77조 제1항의 규정에 따른 의견진술에는 형사소송규칙 제211조부터 제212조까지의 규정을 준용한다.

② 법 제77조 제2항의 규정에 따른 의견진술에는 형사소송규칙 제211조부터 제212조까지의 규정을 준용한다.

③ 법 제77조 제3항의 규정에 따른 의견진술에는 형사소송규칙 제217조의38 및 제217조의39의 규정을 준용한다.

제58조(부분판결로 유죄의 선고를 하는 경우의 특례) 법 제78조 제1항의 규정에 따라 부분판결로 유죄의 선고를 하는 경우에는 형사소송규칙 제220조의 규정은 적용하지 아니한다.

제59조(구분사건심판에 관한 공판조서) 법 제82조 제1항 단서의 경우에는 그 공판조서의 기재의 정확성에 대한 이의신청기간과의 관계에서는 그 공판조서를 정리하여야 할 최종일에 이를 정리한 것으로 본다.

제3관 병합사건심판

제60조(갱신의 절차) 법 제87조의 규정에 따른 공판절차를 갱신할 때에는 법 제86조 제3항의 결정이 있는 경우를 제외하고 다음의 예에 따른다.

1. 재판장은 부분판결로 표시된 사항을 명백하게 하여야 한다. 다만 병합사건심판을 하는 데 명백히 필요없다고 인정되는 사항은 그러하지 아니하다.

2. 구분사건심판을 한 공판기일에서의 피고인 또는 피고인 이외의 자의 진술을 녹취한 서면이나 구분사건심판을 한 공판기일에서의 재판소의 검증의 결과를 기재한 서면 및 구분사건심판을 한 공판기일에 조사한 서면 또는 물건은 소송관계인의 의견을 들은 후 병합사건심판을 하는 데 필요한 범위에서 직권으로 증거서류 또는 증거물로서 조사하여야 한다.

3. 재판장은 전호에 규정하는 서면 또는 물건을 조사하는 경우에 소송관계인이 동의한 때에는 그 전부 또는 일부를 낭독하거나 제시하는 것에 갈음하여 상당하다고 인정하는 방법으로 조사할 수 있다.

4. 재판장은 조사한 각개의 증거에 대하여 소송관계인의 의견 및 변명을 들어야 한다. 이 경우에 소송관계인의 의견진술 및 변명은 부분판결로 표시된 사항에 대하여는 할 수 없다.

5. 재판장은 전호에 규정하는 의견진술 및 변명이 부분판결로 표시된 사항에 해당할 때에는 이를 제한할 수 있다.

제2절 선임예정재판원

제1관 선임예정재판원의 선정

제61조(선임예정재판원의 선정방법) ① 재판소는 선임예정재판원을 선정하는 결정을 할 때에는 각 구분사건심판 또는 병합사건심판마다 다음 순서에 따라 재판원등 선임절차를 진행한다.

1. 재판장은 재판원등 선임절차기일에 출석한 재판원후보자 중 질문할 필요가 있는 모든 재판원후보자에게 질문한다. 다만 재판소는 법 제34조 제4항 또는 제7항(이들 규정을 법 제92조 제2항에서 준용하는 경우를 포함한다. 이하 이 조에서 같다.)의 규정에 따라 불선임결정을 하여야 하는 재판원후보자에게 질문을 할 필요가 있는 모든 재

판원후보자에 대한 질문을 종료하기까지 불선임결정을 하지 아니함이 상당하지 아니하다고 인정하는 때에는 그 질문을 종료하기 전에 불선임결정을 할 수 있다.

2. 재판소는 질문을 한 재판원후보자 중 법 제34조 제4항 또는 제7항의 규정에 따라 불선임결정을 하여야 하는 재판원후보자에게 불선임결정을 한다.

3. 검찰관 및 피고인은 법 제34조 제4항 또는 제7항의 규정에 따라 불선임결정이 되지 않은 재판원후보자에게 이유를 제시하지 않는 불선임청구를 한다. 다만 이들 규정에 따라 불선임결정이 되지 않은 재판원후보자의 인원수가 선정할 선임예정재판원의 인원수와 검찰관 및 피고인이 각각 이유를 제시하지 않는 불선임청구를 한 수 있는 인원수의 합계를 초과하는 때에는 미리 재판소가 그 재판원후보자 중에서 추첨으로 그 합계의 재판원후보자를 결정할 수 있고, 검찰관 및 피고인은 결정된 재판원후보자에게 이유를 제시하지 않는 불선임청구를 한다.

4. 재판소는 불선임결정이 되지 않은 재판원후보자(같은 호 단서에 규정하는 경우에는 같은 호 단서의 규정에 따라 결정된 재판원후보자 중 이유를 제시하지 않는 불선임청구에 의한 불선임결정이 되지 않은 재판원후보자)로부터 추첨으로 법 제91조 제1항(법 제92조 제2항에서 바꿔 읽어 준용하는 경우를 포함한다. 다음 항 제5호에서 같다.)에 규정하는 인원수의 선임예정재판원을 재판원(보충재판원을 두는 때에는 보충재판원을 포함한다. 이하 이 호 및 다음 항 제5호에서 같다.)으로 선임되어야 할 순서를 정하여 선정하는 결정을 한다. 다만 당해 재판원후보자의 인원수가 이에 미달하는 때에는 그 인원수의 선임예정재판원을 재판원으로 선임되어야 할 순서를 추첨으로 정하여 선정하는 결정을 한다.

② 재판소는 재판원후보자의 출석상황 및 질문표의 기재상황 등에 비추어 재판원등 선임절차기일에 출석한 재판원후보자 중 질문할 필요가 있는 모든 재판원후보자에게 질문하는 것이 신속하게 재판원등 선임절차를 종료하기 위해 상당하지 아니하다고 인정하는 경우에는 각 구분사건심판 또는 병합사건심판마다 각 재판원등 선임절차기일을 시작할 때 다음 순서에 따라 재판원등 선임절차를 진행하는 결정을 할 수 있다.

1. 재판소는 재판원등 선임절차기일에 출석한 재판원후보자에 대하여 추첨으로 선임예정재판원에 선정될 순서를 정한다.

2. 재판장은 전호의 순서에 따라 질문할 필요가 있는 재판원후보자에게 질문한다.

3. 재판소는 전호의 규정에 의해 재판원후보자가 질문받는 것마다 법 제34조 제4항 또는 제7항의 규정에 따른 불선임결정을 하여야 하는지를 판단하고 불선임결정을 하여야 하는 재판원후보자에게는 불선임결정을 한다.

4. 검찰관 및 피고인은 질문을 받고 전호의 불선임결정이 되지 않은 재판원후보자의 인원수가 선정할 선임예정재판원의 인원수와 검찰관 및 피고인이 각각 이유를 제시하

지 않는 불선임청구를 할 수 있는 인원수의 합계수에 도달한 때에는 질문을 받고 같은 호의 불선임결정이 되지 않았던 재판원후보자에게 이유를 제시하지 않는 불선임청구를 한다. 다만 질문할 필요가 있는 모든 재판원후보자에게 질문을 한 경우는 그 합계수에 미달하는 때에도 검찰관 및 피고인은 같은 호의 불선임결정이 되지 않은 재판원후보자에게 이유를 제시하지 않는 불선임청구를 한다.

5. 재판소는 질문을 받고 불선임결정이 되어 있지 않은 재판원후보자로부터 제1호의 순서에 따라 법 제91조 제1항에 규정하는 인원수의 선임예정재판원을 재판원으로 선임되어야 할 순서를 정하여 선정하는 결정을 한다. 다만 당해 재판원후보자의 인원수가 이에 미달하는 때에는 그 인원수의 선임예정재판원을 재판원으로 선임되어야 할 순서를 정하여 선정하는 결정을 한다.

③ 재판소는 재판원후보자의 출석상황 및 질문표의 기재상황 등에 비추어 법 제91조 제2항(법 제92조 제2항에서 준용하는 경우를 포함한다.)의 규정에 따라 불선임결정이 된 재판원후보자가 있다고 예상되는 경우에는 각 구분사건심판 또는 병합사건심판마다 각 재판원등 선임절차기일을 시작할 때 추첨으로 질문을 받아야 할 재판원후보자를 결정할 수 있다.

제2관 선임예정재판원의 선정취소

제62조(선임예정재판원 선정취소에 대한 의견 청취) ① 법 제93조 제1항의 청구에 대한 결정을 할 때에는 미리 상대방 또는 그 변호인의 의견을 들어야 한다.

② 법 제95조 제1항의 규정에 따른 결정을 할 때에는 미리 검찰관 및 피고인 또는 변호인의 의견을 들어야 한다.

제63조(선임예정재판원 선정취소결정의 고지) 선임예정재판원 선정을 취소하는 결정은 당해 선임예정재판원에게 통지하여야 한다.

제64조(선정취소의 청구를 각하하는 결정에 대한 이의신청의 절차) ① 법 제94조 제1항의 이의신청에는 형사소송규칙 제271조 및 제272조의 규정을 준용한다.

② 법 제94조 제1항의 이의신청에 대한 결정은 검찰관 및 피고인 또는 변호인에게 통지하여야 한다.

제65조(자료의 제출요구) 재판소는 법 제96조 제1항의 신청을 한 선임예정재판원에게 그 선정의 취소를 판단하기 위해 필요한 자료의 제출을 요구할 수 있다.

제6장 재판원등의 보호를 위한 조치

제66조(재판원의 선임 및 해임 등에 관한 서류의 등사) ① 법 제31조 제2항에 규정하는 서류 외 법 제2장 제2절과 제3절 및 제5장 제2절에 규정하는 절차에 관한 서류 (제12조 제3항 및 제15조 제2항에 규정하는 것을 제외한다.) 중 법 제34조 제1항(법 제38조 제2항, 제47조 제2항 및 제92조 제2항에서 준용하는 경우를 포함한다.)의 규정에 따라 질문과 이에 대한 진술 및 재판원, 보충재판원, 선임예정재판원이나 재판원후보자 또는 이들의 직에 있었던 자 개인을 특정할 만한 정보가 기재되어 있는 부분은 복사할 수 없다.

② 전항에 규정하는 것 외 재판원, 보충재판원, 선임예정재판원 또는 재판원후보자 로부터의 신청에 관한 서류는 복사할 수 없다.

제67조(병합사건재판의 통지) 재판소는 병합사건재판(법 제101조 제2항에 규정하는 병합사 건재판을 말한다.)을 한 때에는 신속하게 그 재판을 하였음을 구분사건심판에 관련된 직무를 수행하는 재판원 또는 보충재판원의 직에 있었던 자로 법 제84조의 규정에 따라 그 임무가 종료된 자에게 통지한다.

제7장 보칙

제68조(검찰관 및 변호인의 소송지연행위에 대한 조치) 형사소송규칙 제303조의 규정 은 검찰관 또는 변호인이 소송절차에 관한 법률 또는 재판소의 규칙에 위반하여 재 판원등 선임절차의 신속한 진행을 방해한 경우에 준용한다.

제69조(재판원 및 보충재판원의 서류) 재판원 및 보충재판원이 작성하여야 할 서류는 공무원 이외의 자가 작성하여야 할 서류의 예에 따른다.

부 칙 〈생 략〉

별표(제2조 관련)

재판원재판에 관한 사무를 취급하는 지방재판소 지부	취급구역
도쿄지방재판소 다치카와지부	도쿄지방재판소 다치카와지부 관할구역
요코하마지방재판소 오다와라지부	요코하마지방재판소 오다와라지부 관할구역

시즈오카지방재판소 누마즈지부	시즈오카지방재판소 누마즈지부 관할구역 시즈오카지방재판소 후지지부 관할구역 시즈오카지방재판소 시모다지부 관할구역
시즈오카지방재판소 하마마츠지부	시즈오카지방재판소 하마마츠지부 관할구역 시즈오카지방재판소 가케가와지부 관할구역
나가노지방재판소 마츠모토지부	나가노지방재판소 마츠모토지부 관할구역 나가노지방재판소 스와지부 관할구역 나가노지방재판소 이이다지부 관할구역 나가노지방재판소 이나지부 관할구역
오사카지방재판소 사카이지부	오사카지방재판소 사카이지부 관할구역 오사카지방재판소 기시와다지부 관할구역
고베지방재판소 히메지지부	고베지방재판소 히메지지부 관할구역 고베지방재판소 야시로지부 관할구역 고베지방재판소 다츠노지부 관할구역 고베지방재판소 도요오카지부 관할구역
나고야지방재판소 오카자키지부	나고야지방재판소 오카자키지부 관할구역 나고야지방재판소 도요하시지부 관할구역
후쿠오카지방재판소 고쿠라지부	후쿠오카지방재판소 고쿠라지부 관할구역 후쿠오카지방재판소 유쿠하시지부 관할구역
후쿠시마지방재판소 고리야마지부	후쿠시마지방재판소 고리야마지부 관할구역 후쿠시마지방재판소 시라카와지부 관할구역 후쿠시마지방재판소 아이즈와카마츠지부 관할구역 후쿠시마지방재판소 이와키지부 관할구역

별지양식 〈생 략〉

제정 平成 20년 정령 제3호

재판원이 참가하는 형사재판에 관한 법률(이하 「법」이라 한다.) 제16조 제8호에 규정하는 정령으로 정하는 부득이한 사유는 다음에 열거하는 사유로 한다.

1. 임신 중인 것 또는 출산일로부터 8주간을 경과하지 아니할 것

2. 개호 또는 양육이 이뤄지지 않으면 일상생활을 영위하는 데 지장이 있는 친족(동거 친족을 제외한다.) 또는 친족 이외의 동거인으로서 스스로 계속적인 개호 또는 양육을 하고 있는 자의 개호 또는 양육을 할 필요가 있을 것

3. 배우자(신고를 하지 않았지만 사실상 혼인관계와 같은 사정에 있는 자를 포함한다.), 직계의 친족, 형제자매 또는 이들 이외의 동거인이 중한 질병 또는 상해의 치료를 받는 경우에 그 치료에 수반하여 필요하다고 인정되는 통원, 입원 또는 퇴원을 곁에서 돌봐줄 필요가 있을 것

4. 처(신고를 하지 않았지만 사실상 혼인관계와 같은 사정에 있는 자를 포함한다.) 또는 자(子)가 출산하는 경우에 그 출산에 수반하여 필요하다고 인정되는 입원 또는 퇴원을 곁에서 돌봐주거나 출산에 입회할 필요가 있을 것

5. 주소 또는 거소가 재판소의 관할구역 이외의 원격지여서 재판소에 출석하는 것이 곤란할 것

6. 전 각호에 열거하는 것 외에 재판원의 직무를 수행 또는 재판원후보자로서 법 제 27조 제1항에 규정하는 재판원등 선임절차기일에 출석하여 자기 또는 제3자에 신체상, 정신상 또는 경제상의 중대한 불이익이 발생한다고 인정할 만한 상당한 이유가 있을 것

4 장

외국적 요소가 있는 형사절차

일본국과 아메리카합중국 간 상호협력 및 안전보장조약 제6조에 기초한 시설 및 구역과 일본국에서의 합중국군대의 지위에 관한 협정의 실시에 수반하는 형사특별법

제정 昭和 27년 법률 제138호

개정 平成 23년 6월 24일 법률 제74호

제1장 총칙

제1조(정의) ① 이 법률에서 「협정」이란 일본국과 아메리카합중국 간 상호협력 및 안전보장조약 제6조에 기초한 시설 및 구역과 일본국에서의 합중국군대의 지위에 관한 협정을 말한다.

② 이 법률에서 「합중국군대」란 일본국과 아메리카합중국 간 상호협력 및 안전보장조약 제6조에 기초하여 일본국에 있는 아메리카합중국의 육군, 공군 및 해군을 말한다.

③ 이 법률에서 「합중국군대의 구성원」, 「군속」 또는 「가족」이란 협정 제1조에 규정하는 합중국군대의 구성원, 군속 또는 가족을 말한다.

제2장 죄

제2조(시설 또는 구역을 침범하는 죄) 정당한 이유 없이 합중국군대가 사용하는 시설 또는 구역(협정 제2조 제1항의 시설 또는 구역을 말한다. 이하 같다.)으로서 들어가는 것을 금지한 장소에 들어가거나 요구를 받고 그 장소에서 퇴거하지 아니한 자는 1년 이상의 징역 또는 2천엔 이하의 벌금 또는 과태료에 처한다. 다만 형법(明治 41년 법률 제45호)에 정한 조문이 있는 경우에는 같은 법에 따른다.

제3조(증거를 인멸하는 등의 죄) ① 협정에 따라 아메리카합중국의 군사재판소(이하 「합중국군사재판소」라고 한다.)가 재판권을 행사하는 타인의 형사피고사건에 관한 증거

를 인멸, 위조 또는 변조하거나 위조 또는 변조한 증거를 사용한 자는 2년 이하의 징역 또는 1만엔 이하의 벌금에 처한다.

② 범인의 친족이 범인의 이익을 위해 전항의 죄를 범한 때에는 그 형을 면제할 수 있다.

제4조(위증 등의 죄) ① 합중국군사재판소의 절차에 따라 선서한 증인이 허위의 진술을 한 때에는 3월 이상 10년 이하의 징역에 처한다.

② 전항의 죄를 범한 자가 증언한 사건의 재판의 확정 전에 자백한 때에는 그 형을 감경 또는 면제할 수 있다.

③ 합중국군사재판소의 절차에 따라 선서한 감정인 또는 통역인이 허위의 감정 또는 통역을 한 때에는 전2항의 예에 따른다.

제5조(군용물을 손괴하는 등의 죄) 합중국군대에 속하거나 그 군용에 제공하는 병기, 탄약, 양식, 피복 기타의 물건을 손괴 또는 상해한 자는 5년 이하의 징역 또는 5만엔 이하의 벌금에 처한다.

제6조(합중국군대의 비밀을 침해하는 죄) ① 합중국군대의 기밀(합중국군대에 대한 별표에 열거하는 사항 및 이들 사항에 관련된 문서, 도화 또는 물건으로 공개되지 아니한 것을 말한다. 이하 같다.)을 합중국군대의 안전을 해할 용도로 제공할 목적 또는 부당한 방법으로 탐지하거나 수집한 자는 10년 이하의 징역에 처한다.

② 합중국군대의 기밀로 통상 부당한 방법에 의하지 아니하면 탐지하거나 수집할 수 없는 것을 타인에게 누설한 자도 전항과 같다.

③ 전2항의 미수범은 처벌한다.

제7조(위와 같음) ① 전조 제1항 또는 제2항의 죄의 음모를 한 자는 5년 이하의 징역에 처한다.

② 전조 제1항 또는 제2항의 죄를 범할 것을 교사 또는 선동한 자도 전항과 같다.

③ 전항의 규정은 교사받은 자가 교사에 관련된 범죄를 실행한 경우에 형법총칙에 정하는 교사의 규정의 적용을 배제하지 아니한다.

제8조(위와 같음) 제6조 제1항의 죄, 같은 항에 관련된 같은 조 제3항의 죄 또는 같은 조 제1항에 관련된 전조 제1항의 죄를 범한 자가 자수한 때에는 그 형을 감경 또는 면제한다.

제9조(제복을 부당하게 착용한 죄) 정당한 이유 없이 합중국군대의 구성원의 제복 또는 이와 유사하게 만든 의복을 착용한 자는 구류 또는 과태료에 처한다.

제3장 형사절차

제10조(시설 또는 구역 내에서의 체포 등) ① 합중국군대가 그 권한에 기초하여 경비하고 있는 합중국군대가 사용하는 시설 내에서의 체포, 구인장 또는 구류장의 집행 기타 인신을 구속하는 처분은 합중국군대의 권한 있는 자의 동의를 얻어 진행하거나 그 합중국군대의 권한 있는 자에게 촉탁하여 진행한다.

② 사형, 무기 또는 장기 3년 이상의 징역이나 금고에 해당하는 죄에 관련된 현행범인을 추적하여 전항의 시설 내에서 체포하는 경우에는 같은 항의 동의를 얻을 것을 요하지 아니한다.

제11조(체포된 합중국군대의 구성원 또는 군속의 인도) ① 검찰관 또는 사법경찰원은 체포된 자가 합중국군대의 구성원 또는 군속이고 그 자가 범한 죄가 협정 제16조 제3항(a)에 열거된 죄의 어느 하나에 해당함이 명백하게 인정되는 때에는 형사소송법(昭和 23년 법률 제131호)의 규정에 불구하고 곧바로 피의자를 합중국군대에 인도하여야 한다.

② 사법경찰원은 전항의 규정에 따라 피의자를 합중국군대에 인도하는 경우에도 필요한 수사를 진행하고 신속하게 서류 및 증거물과 함께 사건을 검찰관에게 송치하여야 한다.

제12조(합중국군대에 의해 체포된 자의 수령) ① 검찰관 또는 사법경찰원은 합중국군대로부터 일본국의 법령에 의한 죄를 범한 자를 인도하는 취지의 통지가 있는 경우에는 재판관이 발부하는 체포장을 제시하여 피의자의 인도를 받거나 검찰사무관 또는 사법경찰직원에게 인도받아 오게 할 수 있다.

② 검찰관 또는 사법경찰원은 인도되어야 할 자가 일본국의 법령에 의한 죄를 범하였음을 의심할 만한 이유가 있고, 급속을 요하며 미리 재판관의 체포장을 요구할 수 없을 때에는 그 이유를 고지하고 그 자를 인도받거나 받도록 하여야 한다. 이 경우에는 곧바로 재판관의 체포장을 요구하는 절차를 진행하여야 한다. 체포장이 발부되지 아니한 때에는 곧바로 그 자를 석방하거나 석방하게 하여야 한다.

③ 전2항의 경우를 제외하는 외 검찰관 또는 사법경찰원은 인도받은 자를 넘겨받은 후 곧바로 그 자를 석방하거나 석방하게 하여야 한다.

④ 제1항 또는 제2항의 규정에 따른 인도가 있는 경우에는 형사소송법 제199조의 규정에 따라 피의자가 체포된 경우에 관한 규정을 준용한다. 다만 같은 법 제203조, 제204조 및 제205조 제2항에 규정하는 시간은 인도가 있었던 때로부터 기산한다.

제13조(시설 내의 압수, 수색 등) 합중국군대가 그 권한에 기초하여 경비하고 있는 합

중국군대가 사용하는 시설이나 구역 내 또는 합중국군대의 재산에 대한 수색(수색장의 집행을 포함한다.), 압수(압수장의 집행을 포함한다.), 기록명령부압수(기록명령부압수장의 집행을 포함한다.) 또는 검증은 합중국군대의 권한 있는 자의 동의를 얻어 진행하거나 검찰관 또는 사법경찰원으로부터 합중국군대의 권한 있는 자에게 촉탁하여 진행한다. 다만 재판소 또는 재판관이 필요로 하는 검증의 촉탁은 그 재판소 또는 재판관으로부터 하는 것으로 한다.

제14조(일본국의 법령에 의한 죄에 관련된 사건에 대한 수사) ① 협정에 따라 합중국군사재판소가 재판권을 행사하는 사건이라도 일본국의 법령에 의한 죄에 관련된 사건에 대하여는 검찰관, 검찰사무관 또는 사법경찰직원은 수사를 할 수 있다.

② 전항의 수사에 관하여는 재판소 또는 재판관은 영장의 발부 기타 형사소송에 관한 법령에 정하는 권한을 행사할 수 있다.

제15조(증인의 출석 등의 의무) ① 합중국군사재판소의 촉탁에 따라 재판관으로부터 합중국군사재판소에 증인으로서 출석하라는 취지를 명령받거나 합중국군사재판소에서 선서 또는 증언을 요구받는 자는 이에 응하여야 한다.

② 전항의 자가 정당한 이유 없이 출석하지 아니하거나 선서 또는 증언을 거절한 때에는 1만엔 이하의 과태료에 처한다.

제16조(증인의 구인에 대한 협력) ① 정당한 이유 없이 전조 제1항의 규정에 따른 재판관의 출석명령에 응하지 아니하는 증인에 대하여 합중국군사재판소로부터 촉탁이 있는 때에는 재판관은 그 증인에 대하여 구인장을 발부하여 합중국군사재판소에 구인할 수 있다.

② 전항의 구인장에는 합중국군사재판소의 촉탁의 취지를 기재하여야 한다.

③ 제1항의 구인장은 검찰관의 지휘에 따라 사법경찰직원이 집행한다.

④ 형사소송법 제71조 및 제73조 제1항 전단의 규정은 제1항의 규정에 따른 구인에 준용한다.

제17조(서류 또는 증거물의 제공 등) 재판소, 검찰관 또는 사법경찰원은 보관하는 서류 또는 증거물에 대하여 합중국군사재판소 또는 합중국군대로부터 형사사건의 심판 또는 수사를 위해 필요한 것으로서 신청이 있는 때에는 그 열람 또는 복사 허가, 등본을 작성하여 교부하거나 일시 대여 또는 인도할 수 있다.

제18조(일본국의 법령에 의한 죄에 관련된 사건 이외의 형사사건에 대한 협력) ① 검찰관 또는 사법경찰원은 합중국군대로부터 일본국의 법령에 의한 죄에 관련된 사건 이외의 형사사건에 대하여 합중국군대의 구성원, 군속 또는 합중국의 군법에 복종하는 가족의 체포를 요청받은 때에는 이를 체포하거나 검찰사무관 또는 사법경찰직원에 체포하게 할 수 있다.

② 합중국군대로부터 체포의 요청이 있는 자가 사람의 주거 또는 사람이 간수하는 저택, 건조물이나 선박 내에 있음을 의심할 만한 상당한 이유가 있는 때에는 재판관의 허가를 얻어 그 장소에 들어가 그 자를 수색할 수 있다. 다만 추적당하고 있는 자가 그 장소에 들어갔음이 명백하고, 급속을 요하여 재판관의 허가를 얻을 수 없는 때에는 그 허가를 얻을 것을 요하지 아니한다.

③ 제1항의 규정에 따라 합중국군대의 구성원, 군속 또는 합중국의 군법에 복종하는 가족을 체포한 때에는 곧바로 검찰관 또는 사법경찰원으로부터 그 자를 당해 합중국군대에 인도하여야 한다.

④ 사법경찰원은 전항의 규정에 따라 합중국군대의 구성원, 군속 또는 합중국의 군법에 복종하는 가족을 인도한 때에는 그 취지를 검찰관에게 통보하여야 한다.

제19조(위와 같음) ① 검찰관 또는 사법경찰원은 합중국군사재판소 또는 합중국군대로부터 일본국의 법령에 의한 죄에 관련된 사건 이외의 형사사건에 대한 협력의 요청을 받은 때에는 참고인조사, 실황조사 또는 서류 기타 물건의 소유자, 소지자 또는 보관자에게 그 물건의 제출을 요구할 수 있다.

② 검찰관 또는 사법경찰원은 검찰사무관 또는 사법경찰직원에게 전항의 처분을 하게 할 수 있다.

③ 전2항의 처분을 할 때에는 검찰관, 검찰사무관 또는 사법경찰직원은 그 처분을 받은 자에게 합중국군사재판소 또는 합중국군대의 요청에 따른 취지를 밝혀야 한다.

④ 정당한 이유 없이 제1항 또는 제2항의 규정에 따른 검찰관, 검찰사무관 또는 사법경찰직원의 처분을 거절, 방해 또는 기피한 자는 1만엔 이하의 과태료에 처한다.

제20조(형사보상) 형사보상법(昭和 25년 법률 제1호) 또는 소년의 보호사건에 관련된 보상에 관한 법률(平成 4년 법률 제84호)을 적용할 때에는 합중국군사재판소 또는 합중국군대에 의한 억류 또는 구금은 형사소송법에 따른 억류, 구금 또는 소년의 보호사건에 관련된 보상에 관한 법률 제2조 제1항 제1호에 열거한 신체의 자유의 구속으로 본다.

부 칙 〈생 략〉

별표

방위에 관한 사항	ㅇ 방위의 방침이나 계획의 내용 또는 그 실시의 상황 ㅁ 부대의 예속계통, 부대 수, 부대의 병력 수 또는 부대의 장비 ㅅ 부대의 임무, 배치 또는 행동 ㄴ 부대가 사용하는 군사시설의 위치, 구성, 설비, 성능 또는 강도 ㅊ 부대가 사용하는 선박, 항공기, 병기, 탄약 기타 군수품의 종류 또는 수량
편제 또는 장비에 관한 사항	ㅇ 편제 또는 장비에 관한 계획의 내용 또는 그 실시 상황 ㅁ 편제 또는 장비의 현황 ㅅ 선박, 항공기, 병기, 탄약 기타 군수품의 구조 또는 성능
운수 또는 통신에 관한 사항	ㅇ 군사수송의 계획의 내용 또는 그 실시 상황 ㅁ 군용통신의 내용 ㅅ 군용암호

일본국에서의 국제연합 군대에 대한 형사재판권 행사에 관한 의정서의 실시에 수반하는 형사특별법

제정 昭和 28년 법률 제265호

개정 平成 23년 6월 24일 법률 제74호

제1장 총칙

제1조(정의) ① 이 법률에서 「의정서」란 일본국에서의 국제연합 군대에 대한 형사재판권 행사에 관한 의정서를 말한다.

② 이 법률에서 「파견국」이란 1950년 6월 25일, 6월 27일 및 7월 7일 국제연합안전보장이사회 결의와 1951년 2월 1일 국제연합총회 결의에 따라 조선에 군대를 파견한 아메리카합중국 이외의 나라로서 일본국과의 사이에 의정서가 효력을 가지고 있는 기간 동안의 나라를 말한다.

③ 이 법률에서 「국제연합 군대」란 파견국이 전항에 규정하는 제결의에 따라 조선에 파견한 육군, 해군 및 공군으로서 일본국 내에 있는 기간 동안의 것을 말한다.

④ 이 법률에서 「국제연합 군대의 구성원」이란 국제연합 군대에 소속된 인원으로 현재 복무 중인 자를 말한다.

⑤ 이 법률에서 「군속」이란 파견국의 국적을 가진 문민(파견국 및 일본국의 이중국적자에 대하여는 당해 파견국이 일본국 내에 들어온 자에 한한다.)으로 당해 국제연합 군대에 고용되어 근무하거나 이에 수반하는 자(통상 일본국 내에 체류하는 자를 제외한다.)를 말한다.

⑥ 이 법률에서 「가족」이란 아래에 열거하는 자(일본국 국적만을 가진 자를 제외한다.)를 말한다.

1. 국제연합 군대의 구성원 또는 군속의 배우자 또는 21세 미만의 자(子)
2. 국제연합 군대의 구성원 또는 군속의 부모 및 21세 이상의 자(子)로 그 생계비의 반액 이상을 당해 국제연합 군대의 구성원 또는 군속에 의존하는 자

제2장 형사절차

제 2 조(시설 내의 체포 등) ① 국제연합 군대가 그 권한에 기초하여 경비하고 있는 국제연합 군대가 사용하는 시설 내에서의 체포, 구인장 또는 구류장의 집행 기타 인신을 구속하는 처분은 당해 국제연합 군대의 권한 있는 자의 동의를 얻어 진행하거나 당해 국제연합 군대의 권한 있는 자에게 촉탁하여 진행한다.

② 사형, 무기 또는 장기 3년 이상의 징역이나 금고에 해당하는 죄에 관련된 현행범인을 추적하여 전항의 시설 내에서 체포하는 경우에는 같은 항의 동의를 얻을 것을 요하지 아니한다.

제 3 조(체포된 국제연합 군대의 구성원 또는 군속의 인도) ① 검찰관 또는 사법경찰원은 체포된 자가 국제연합 군대의 구성원 또는 군속이고 그 자가 범한 죄가 의정서 부속서 제3항(a)에 열거된 죄의 어느 하나에 해당한다고 명백하게 인정되는 때에는 형사소송법(昭和 23년 법률 제131호)의 규정에 불구하고 곧바로 피의자를 당해 국제연합 군대에 인도하여야 한다.

② 사법경찰원은 전항의 규정에 따라 피의자를 국제연합 군대에 인도한 경우에도 필요한 수사를 진행하고 신속하게 서류 및 증거물과 함께 사건을 검찰관에게 송치하여야 한다.

제 4 조(국제연합 군대에 의해 체포된 자의 수령) ① 검찰관 또는 사법경찰원은 국제연합 군대로부터 일본국의 법령에 의한 죄를 범한 자를 인도하는 취지의 통지가 있는 경우에는 재판관이 발부하는 체포장을 제시하여 피의자의 인도를 받거나 검찰사무관 또는 사법경찰직원에게 인도받아 오게 할 수 있다.

② 검찰관 또는 사법경찰원은 인도되어야 할 자가 일본국의 법령에 의한 죄를 범하였음을 의심할 만한 이유가 있고, 급속을 요하며 미리 재판관의 체포장을 요구할 수 없는 때에는 그 이유를 고지하고 그 자를 인도받거나 받도록 하여야 한다. 이 경우에는 곧바로 재판관의 체포장을 요구하는 절차를 진행하여야 한다. 체포장이 발부되지 아니한 때에는 곧바로 그 자를 석방하거나 석방하게 하여야 한다.

③ 전2항의 경우를 제외하는 외 검찰관 또는 사법경찰원은 인도받은 자를 넘겨받은 후 곧바로 그 자를 석방하거나 석방하게 하여야 한다.

④ 제1항 또는 제2항의 규정에 따른 인도가 있는 경우에는 형사소송법 제199조의 규정에 따라 피의자가 체포된 경우에 관한 규정을 준용한다. 다만 같은 법 제203조, 제204조 및 제205조 제2항에 규정하는 시간은 인도가 있었던 때로부터 기산한다.

제 5 조(시설 내의 압수, 수색 등) 국제연합 군대가 그 권한에 기초하여 경비하고 있는

국제연합 군대가 사용하는 시설 내 또는 국제연합 군대의 재산에 대한 수색(수색장의 집행을 포함한다.), 압수(압수장의 집행을 포함한다.), 기록명령부압수(기록명령부압수장의 집행을 포함한다.) 또는 검증은 당해 국제연합 군대의 권한 있는 자의 동의를 얻어 진행하거나 검찰관 또는 사법경찰원으로부터 당해 국제연합 군대의 권한 있는 자에게 촉탁하여 진행한다. 다만 재판소 또는 재판관이 필요로 하는 검증의 촉탁은 그 재판소 또는 재판관으로부터 하는 것으로 한다.

제 6 조(일본국의 법령에 의한 죄에 관련된 사건에 대한 수사) ① 의정서에 따라 파견국의 군사재판소가 재판권을 행사하는 사건이라도 일본국의 법령에 의한 죄에 관련된 사건에 대하여는 검찰관, 검찰사무관 또는 사법경찰직원(철도공안직원을 포함한다.)은 수사를 할 수 있다.

② 전항의 수사에 관하여는 재판소 또는 재판관은 영장의 발부 기타 형사소송에 관한 법령에 정하는 권한을 행사할 수 있다.

제 7 조(증인의 출석 등의 의무) ① 파견국의 군사재판소의 촉탁에 따라 재판관으로부터 파견국의 군사재판소에 증인으로서 출석하라는 취지를 명령받거나 파견국의 군사재판소에서 선서 또는 증언을 요구받는 자는 이에 응하여야 한다.

② 전항의 자가 정당한 이유 없이 출석하지 아니하거나 선서 또는 증언을 거절한 때에는 1만엔 이하의 과태료에 처한다.

제 8 조(증인의 구인에 대한 협력) ① 정당한 이유 없이 전조 제1항의 규정에 따른 재판관의 출석명령에 응하지 아니하는 증인에 대하여 파견국의 군사재판소로부터 촉탁이 있는 때에는 재판관은 그 증인에 대하여 구인장을 발부하여 파견국의 군사재판소에 구인할 수 있다.

② 전항의 구인장에는 파견국의 군사재판소의 촉탁의 취지를 기재하여야 한다.

③ 제1항의 구인장은 검찰관의 지휘에 따라 사법경찰직원이 집행한다.

④ 형사소송법 제71조 및 제73조 제1항 전단의 규정은 제1항의 규정에 따른 구인에 준용한다.

제 9 조(서류 또는 증거물의 제공 등) 재판소, 검찰관 또는 사법경찰원은 보관하는 서류 또는 증거물에 대하여 파견국의 군사재판소 또는 국제연합 군대로부터 형사사건의 심판 또는 수사를 위해 필요한 것으로서 신청이 있는 때에는 그 열람 또는 복사 허가, 등본을 작성하여 교부하거나 일시 대여 또는 인도할 수 있다.

제10조(일본국의 법령에 의한 죄에 관련된 사건 이외의 형사사건에 대한 협력) ① 검찰관 또는 사법경찰원은 국제연합 군대에서 일본국의 법령에 의한 죄에 관련된 사건 이외의 형사사건에 대하여 당해 국제연합 군대의 구성원, 군속 또는 당해 파견국의 군법에 복종하는 가족의 체포를 요청받은 때에는 이를 체포하거나 검찰사무

관 또는 사법경찰직원에게 체포하게 할 수 있다.

② 국제연합 군대로부터 체포 요청이 있는 자가 사람의 주거 또는 사람이 간수하는 저택, 건조물이나 선박 내에 있음을 의심할 만한 상당한 이유가 있는 때에는 재판관의 허가를 얻어 그 장소에 들어가 그 자를 수색할 수 있다. 다만 추적당하고 있는 자가 그 장소에 들어갔음이 명백하고 급속을 요하여 재판관의 허가를 얻을 수 없는 때에는 그 허가를 얻을 것을 요하지 아니한다.

③ 제1항의 규정에 따라 국제연합 군대의 구성원, 군속 또는 당해 파견국의 군법에 복종하는 가족을 체포한 때에는 곧바로 검찰관 또는 사법경찰원으로부터 그 자를 당해 국제연합 군대에 인도하여야 한다.

④ 사법경찰원은 전항의 규정에 따라 국제연합 군대의 구성원, 군속 또는 당해 파견국의 군법에 복종하는 가족을 인도한 때에는 그 취지를 검찰관에게 통보하여야 한다.

제11조(위와 같음) ① 검찰관 또는 사법경찰원은 파견국의 군사재판소 또는 국제연합 군대로부터 일본국의 법령에 의한 죄에 관련된 사건 이외의 형사사건에 대한 협력 요청을 받은 때에는 참고인조사, 실황조사 또는 서류 기타 물건의 소유자, 소지자 또는 보관자에게 그 물건의 제출을 요구할 수 있다.

② 검찰관 또는 사법경찰원은 검찰사무관 또는 사법경찰직원에게 전항의 처분을 하게 할 수 있다.

③ 전2항의 처분을 할 때에는 검찰관, 검찰사무관 또는 사법경찰직원은 그 처분을 받은 자에게 파견국의 군사재판소 또는 국제연합 군대의 요청에 따른 취지를 밝혀야 한다.

④ 정당한 이유 없이 제1항 또는 제2항의 규정에 따른 검찰관, 검찰사무관 또는 사법경찰직원의 처분을 거절, 방해 또는 기피한 자는 1만엔 이하의 과태료에 처한다.

제12조(형사보상) 형사보상법(昭和 25년 법률 제1호)을 적용할 때에 파견국의 군사재판소 또는 국제연합의 군대에 의한 억류 또는 구금은 형사소송법에 따른 억류 또는 구금으로 본다.

부 칙 〈생 략〉

일본국에서의 국제연합 군대의 지위에 관한 협정의 실시에 따른 형사특별법

제정 昭和 29년 법률 제151호

개정 平成 23년 6월 24일 법률 제74호

제1장 총칙

제1조(정의) ① 이 법률에서 '협정'이란, 일본국에서의 국제연합 군대의 지위에 관한 협정을 말한다.

② 이 법률에서 「파견국」이란 1950년 6월 25일, 6월 27일 및 7월 7일 국제연합안 전보장이사회 결의 및 1951년 2월 1일 국제연합총회 결의에 따라 조선에 군대를 파견한 아메리카합중국 이외의 나라로서 일본국과의 사이에 협정이 효력을 가지고 있는 기간 동안의 나라를 말한다.

③ 이 법률에서 「국제연합 군대」란 파견국이 전항에 규정하는 제결의에 따라 조선에 파견한 육군, 해군 및 공군으로서 일본국 내에 있는 기간 동안의 것을 말한다.

④ 이 법률에서 「국제연합 군대의 구성원」이란 국제연합의 군대에 속하는 인원으로 현재 복무 중인 자를 말한다.

⑤ 이 법률에서 「군속」이란 파견국의 국적을 가진 문민(파견국 및 일본국의 이중국적자에 대하여는 당해 파견국이 일본국 내에 들어온 자에 한한다.)으로 당해 국제연합 군대에 고용되어 근무하거나 이에 수반하는 자(통상 일본국 내에 체류하는 자를 제외한다.)를 말한다.

⑥ 이 법률에서 「가족」이란 아래에 열거하는 자(일본국 국적만을 가진 자를 제외한다.)를 말한다.

1. 국제연합 군대의 구성원 또는 군속의 배우자 또는 21세 미만의 자(子)

2. 국제연합 군대의 구성원 또는 군속의 부모 및 21세 이상의 자(子)로 그 생계비의 반액 이상을 당해 국제연합의 군대의 구성원 또는 군속에 의존하는 자

⑦ 이 법률에서 「국제연합의 군대가 사용하는 시설」이란 협정 제5조 제1항의 시설을 말한다.

제2장 형사절차

제 2 조(시설 내의 체포 등) ① 국제연합 군대가 그 권한에 기초하여 경비하고 있는 국제연합 군대가 사용하는 시설 내에서의 체포, 구인장 또는 구류장의 집행 기타 인신을 구속하는 처분은 당해 국제연합 군대의 권한 있는 자의 동의를 얻어 진행하거나 당해 국제연합의 군대의 권한 있는 자에게 촉탁하여 진행한다.

② 사형, 무기 또는 장기 3년 이상의 징역이나 금고에 해당하는 죄에 관련된 현행범인을 추적하여 전항의 시설 내에서 체포하는 경우에는 같은 항의 동의를 얻을 것을 요하지 아니한다.

제 3 조(체포된 국제연합 군대의 구성원 또는 군속의 인도) ① 검찰관 또는 사법경찰원은 체포된 자가 국제연합 군대의 구성원 또는 군속이고 그 자가 범한 죄가 협정 제16조 제3항(a)에 열거된 죄의 어느 하나에 해당한다고 명백히 인정되는 때에는 형사소송법(昭和 23년 법률 제131호)의 규정에 불구하고 곧바로 피의자를 당해 국제연합 군대에 인도하여야 한다.

② 사법경찰원은 전항의 규정에 따라 피의자를 국제연합 군대에 인도한 경우에도 필요한 수사를 진행하고 신속하게 서류 및 증거물과 함께 사건을 검찰관에게 송치하여야 한다.

제 4 조(국제연합 군대에 의해 체포된 자의 수령) ① 검찰관 또는 사법경찰원은 국제연합 군대로부터 일본국의 법령에 의한 죄를 범한 자를 인도하는 취지의 통지가 있는 경우에는 재판관이 발부하는 체포장을 제시하여 피의자의 인도를 받거나 검찰사무관 또는 사법경찰직원에게 인도받아 오게 할 수 있다.

② 검찰관 또는 사법경찰원은 인도되어야 할 자가 일본국의 법령에 의한 죄를 범하였음을 의심할 만한 이유가 있고, 급속을 요하여 미리 재판관의 체포장을 요구할수 없는 때에는 그 이유를 고지하고 그 자를 인도받거나 받도록 하여야 한다. 이경우에는 곧바로 재판관의 체포장을 요구하는 절차를 진행하여야 한다. 체포장이 발부되지 아니한 때에는 곧바로 그 자를 석방하거나 석방하게 하여야 한다.

③ 전2항의 경우를 제외하는 외 검찰관 또는 사법경찰원은 인도받은 자를 넘겨받은 후 곧바로 그 자를 석방하거나 석방하게 하여야 한다.

④ 제1항 또는 제2항의 규정에 따른 인도가 있는 경우에는 형사소송법 제199조의 규정에 따라 피의자가 체포된 경우에 관한 규정을 준용한다. 다만 같은 법 제203조, 제204조 및 제205조 제2항에 규정하는 시간은 인도가 있었던 때로부터 기산한다.

제 5 조(시설 내의 압수, 수색 등) 국제연합 군대가 그 권한에 기초하여 경비하고 있는

국제연합 군대가 사용하는 시설 내 또는 국제연합 군대의 재산에 대한 수색(수색장의 집행을 포함한다.), 압수(압수장의 집행을 포함한다.), 기록명령부압수(기록명령부압수장의 집행을 포함한다.) 또는 검증은 당해 국제연합 군대의 권한 있는 자의 동의를 얻어 진행하거나 검찰관 또는 사법경찰원으로부터 당해 국제연합의 군대의 권한 있는 자에게 촉탁하여 진행한다. 다만 재판소 또는 재판관이 필요로 하는 검증의 촉탁은 그 재판소 또는 재판관으로부터 하는 것으로 한다.

제6조(일본국의 법령에 의한 죄에 관련된 사건에 대한 수사) ① 협정에 따라 파견국의 군사재판소가 재판권을 행사하는 사건이라도 일본국의 법령에 의한 죄에 관련된 사건에 대하여는 검찰관, 검찰사무관 또는 사법경찰직원은 수사를 할 수 있다.

② 전항의 수사에 관하여는 재판소 또는 재판관은 영장의 발부 기타 형사소송에 관한 법령에 정하는 권한을 행사할 수 있다.

제7조(증인의 출석 등의 의무) ① 파견국의 군사재판소의 촉탁에 따라 재판관으로부터 파견국의 군사재판소에 증인으로서 출석하라는 취지를 명령받거나 파견국의 군사재판소에서 선서 또는 증언을 요구받는 자는 이에 응하여야 한다.

② 전항의 자가 정당한 이유 없이 출석하지 아니하거나 선서 또는 증언을 거절한 때에는 1만엔 이하의 과태료에 처한다.

제8조(증인의 구인에 대한 협력) ① 정당한 이유 없이 전조 제1항의 규정에 따른 재판관의 출석명령에 응하지 아니하는 증인에 대하여 파견국의 군사재판소로부터 촉탁이 있는 때에는 재판관은 그 증인에 대하여 구인장을 발부하여 파견국의 군사재판소에 구인할 수 있다.

② 전항의 구인장에는 파견국의 군사재판소의 촉탁의 취지를 기재하여야 한다.

③ 제1항의 구인장은 검찰관의 지휘에 따라 사법경찰직원이 집행한다.

④ 형사소송법 제71조 및 제73조 제1항 전단의 규정은 제1항의 규정에 따른 구인에 준용한다.

제9조(서류 또는 증거물의 제공 등) 재판소, 검찰관 또는 사법경찰원은 보관하는 서류 또는 증거물에 대하여 파견국의 군사재판소 또는 국제연합 군대로부터 형사사건의 심판 또는 수사를 위해 필요한 것으로서 신청이 있는 때에는 그 열람 또는 복사 허가, 등본을 작성하여 교부하거나 일시 대여 또는 인도할 수 있다.

제10조(일본국의 법령에 의한 죄에 관련된 사건 이외의 형사사건에 대한 협력) ① 검찰관 또는 사법경찰원은 국제연합 군대로부터 일본국의 법령에 의한 죄에 관련된 사건 이외의 형사사건에 대하여 당해 국제연합 군대의 구성원, 군속 또는 당해 파견국의 군법에 복종하는 가족의 체포를 요청받은 때에는 이를 체포하거나 검찰사무관 또는 사법경찰직원에게 체포하게 할 수 있다.

② 국제연합 군대에서 체포 요청이 있는 자가 사람의 주거 또는 사람이 간수하는 저택, 건조물이나 선박 내에 있음을 의심할 만한 상당한 이유가 있는 때에는 재판관의 허가를 얻어 그 장소에 들어가 그 자를 수색할 수 있다. 다만 추적당하고 있는 자가 그 장소에 들어갔음이 명백하고 급속을 요하여 재판관의 허가를 얻을 수 없는 때에는 그 허가를 얻을 것을 요하지 아니한다.

③ 제1항의 규정에 따라 국제연합 군대의 구성원, 군속 또는 당해 파견국의 군법에 복종하는 가족을 체포한 때에는 곧바로 검찰관 또는 사법경찰원으로부터 그 자를 딩해 국제연합 군대에 인도하여야 한다.

④ 사법경찰원은 전항의 규정에 따라 국제연합의 군대의 구성원, 군속 또는 당해 파견국의 군법에 복종하는 가족을 인도한 때에는 그 취지를 검찰관에게 통보하여야 한다.

제11조 ① 검찰관 또는 사법경찰원은 파견국의 군사재판소 또는 국제연합 군대로부터 일본국의 법령에 의한 죄에 관련된 사건 이외의 형사사건에 대한 협력을 요구받은 때에는 참고인조사, 실황조사 또는 서류 기타의 물건의 소유자, 소지자 또는 보관자에 그 물건의 제출을 요구할 수 있다.

② 검찰관 또는 사법경찰원은 검찰사무관 또는 사법경찰직원에게 전항의 처분을 하게 할 수 있다.

③ 전2항의 처분을 할 때에는 검찰관, 검찰사무관 또는 사법경찰직원은 그 처분을 받은 자에게 파견국의 군사재판소 또는 국제연합 군대의 요청에 따른 취지를 밝혀야 한다.

④ 정당한 이유 없이 제1항 또는 제2항의 규정에 따른 검찰관, 검찰사무관 또는 사법경찰직원의 처분을 거절, 방해 또는 기피한 자는 1만엔 이하의 과태료에 처한다.

제12조(형사보상) 형사보상법(昭和 25년 법률 제1호) 또는 소년의 보호사건에 관련된 보상에 관한 법률(平成 4년 법률 제84호)을 적용할 때에는 파견국의 군사재판소 또는 국제연합의 군대에 의한 억류 또는 구금은 형사소송법에 따른 억류 또는 구금이나 소년의 보호사건에 관한 보상에 관한 법률 제2조 제1항 제2호에 열거하는 신체의 자유의 구속으로 본다.

부 칙 〈생 략〉

국제수사공조 등에 관한 법률

제정 昭和 55년 법률 제69호
개정 平成 23년 6월 24일 법률 제74호

제1장 총칙

제 1 조(정의) 이 법률에서 다음 각호에 열거하는 용어의 의의는 각각 당해 각호에 정하는 바에 따른다.

1. 공조: 외국의 요청에 의해 당해 외국의 형사사건 수사에 필요한 증거를 제공(수형자증인이송을 포함한다.)하는 것을 말한다.

2. 요청국: 일본국에 대하여 공조요청을 한 외국을 말한다.

3. 공조범죄: 요청국에서의 공조요청으로 수사의 대상이 되어 있는 범죄를 말한다.

4. 수형자증인이송: 조약에 따라 형사절차에서의 증인심문에 증인으로서 출석하게 할 것을 가능하게 하도록 이송하게 되어 있는 경우에 형의 집행으로서 구금되어 있는 자를 국제적으로 이송하는 것을 말한다.

제 2 조(공조의 제한) ① 다음 각호의 어느 하나에 해당하는 경우에는 공조를 할 수 없다.

1. 공조범죄가 정치범죄인 때 또는 공조요청이 정치범죄에 수사할 목적으로 이뤄진 것으로 인정되는 때

2. 조약에 별도의 정함이 있는 경우를 제외하고 공조범죄에 관련된 행위가 일본국 내에서 이뤄졌다고 할 경우에 그 행위가 일본국의 법령에 따르면 죄에 해당하는 것이 아닌 때

3. 증인심문 또는 증거물의 제공에 관련된 요청에 대하여는 조약에 별도의 정함이 있는 경우를 제외하고 그 증거가 수사에 빠질 수 없는 것임을 분명히 한 요청국의 서면이 없는 때

제 3 조(요청의 수리 및 증거의 송부) ① 공조요청 수리 및 요청국에 대한 증거 송부는 외무대신이 한다. 다만 조약에 기초하여 법무대신이 공조요청 수리를 하는 것으로 되어 있는 때 또는 긴급 기타 특별한 사정이 있는 경우에 외무대신이 동의한 때에는 법무대신이 한다.

② 전항 단서의 규정에 따라 법무대신이 공조요청 수리 및 요청국에 대한 증거 송부를 하는 경우에는 법무대신은 외무대신에게 공조에 관한 사무의 실시에 관하여 필요한 협력을 요구할 수 있다.

제 4 조(외무대신의 조치) 외무대신은 공조요청을 수리한 때에는 다음 각호의 어느 하나에 해당하는 경우를 제외하고 공조요청서 또는 외무대신이 작성한 공조의 요청이 있음을 증명하는 서면에 관계 서류를 첨부하고 의견을 붙여 법무대신에게 송부한다.

1. 요청이 조약에 기초하여 진행된 것인 경우에 그 방식이 조약에 적합하지 아니하나고 인정하는 때

2. 요청이 조약을 기초로 하지 아니하고 진행된 것인 경우에 일본국이 하는 동종의 요청에 응하는 취지의 요청국의 보증이 없는 때

제2장 증거의 수집 등

제 5 조(법무대신의 조치) ① 법무대신은 수형자증인이송 이외의 공조요청에 대하여 제2조 각호(제3조 제1항 단서의 규정에 따라 법무대신이 공조요청을 수리하는 경우에는 제2조 각호 또는 전조 각호)의 어느 하나에도 해당하지 아니하고 요청에 응함이 상당하다고 인정하는 때에는 다음 항에 규정하는 경우를 제외하고 다음 각호의 어느 하나의 조치를 채택한다.

1. 상당하다고 인정하는 지방검찰청의 검사정에게 관계 서류를 송부하여 공조에 필요한 증거의 수집을 명하는 것

2. 국가공안위원회에 공조요청에 관한 서면을 송부하는 것

3. 해상보안청장관 기타 형사소송법(昭和 23년 법률 제131호) 제190조에 규정하는 사법경찰직원으로서 직무를 수행할 자가 배치되어 있는 국가기관의 장에게 공조요청에 관한 서면을 송부하는 것

② 법무대신은 공조요청이 재판소, 검찰관 또는 사법경찰원이 보관하는 소송에 관한 서류의 제공에 관련된 것인 때에는 그 서류의 보관자에게 공조요청에 관한 서면을 송부한다.

③ 법무대신은 제1항에 규정하는 조치 기타 공조에 관한 조치를 채택하기 위해 필요하다고 인정하는 때에는 관계인의 소재 기타 필요한 사항에 대하여 조사를 진행할 수 있다.

제 6 조(국가공안위원회의 조치) 국가공안위원회는 전조 제1항 제2호의 서면을 송부받은 때에는 상당하다고 인정하는 도도부현경찰에 관계 서류를 송부하여 공조에 필요한 증거의 수집을 지시한다.

제 7 조(검사정 등의 조치) ① 제5조 제1항 제1호의 명령을 받은 검사정은 그 청의 검찰관에게 공조에 필요한 증거를 수집하기 위한 처분을 하게 하여야 한다.

② 전조의 지시를 받은 도도부현경찰의 경시총감 또는 도부현경찰본부장(이하 「경찰본부장」이라 한다.)은 그 도도부현경찰의 사법경찰원에게 전항의 처분을 하게 하여야 한다.

③ 제5조 제1항 제3호의 서면을 송부받은 국가기관의 장은 그 기관의 상당하다고 인정하는 사법경찰원에게 제1항의 처분을 하게 하여야 한다.

제 8 조(검찰관 등의 처분) ① 검찰관 또는 사법경찰원은 공조에 필요한 증거의 수집에 관하여 다음에 열거하는 처분을 할 수 있다.

1. 관계인의 출석을 요구하여 조사하는 것
2. 감정을 촉탁하는 것
3. 실황조사를 하는 것
4. 서류 기타 물건의 소유자, 소지자 또는 보관자에게 그 물건의 제출을 요구하는 것
5. 공무소 또는 공사의 단체에 조회하여 필요한 사항의 보고를 요구하는 것
6. 전기통신을 하기 위한 설비를 타인의 통신의 이용에 제공하는 사업을 영위하는 자 또는 자기의 업무를 위해 불특정 다수에 통신을 매개할 수 있는 전기통신을 하기 위한 설비를 설치하고 있는 자에게 그 업무상 기록하고 있는 전기통신의 송신원, 송신처, 통신일시 기타 통신이력의 전자적 기록 중 필요한 것을 특정하여 30일을 초과하지 아니하는 기간(연장하는 경우에는 통산하여 6일을 초과하지 아니하는 기간)을 정하여 이를 소거하지 않도록 서면으로 요구하는 것

② 검찰관 또는 사법경찰원은 공조에 필요한 증거의 수집에 관하여 필요하다고 인정하는 때는 재판관이 발부하는 영장에 의해 압수, 기록명령부압수, 수색 또는 검증을 할 수 있다.

③ 검찰관 또는 사법경찰원은 전2항의 규정에 따라 수집할 증거가 업무서류등(업무를 수행하는 과정에서 작성되거나 보관되는 서류 기타 물건을 말한다. 이하 이 항에서 같다.)인 경우에, 당해 업무서류 등의 작성 또는 보관상황에 관한 사항의 증명에 관련된 공조요청이 있는 때에는 작성자, 보관자 기타 당해 업무서류 등의 작성이나 보관상황에 관련된 업무상 지식을 가지고 있다고 인정하는 자에게 당해 요청에 관련된 사항에 대한 증명서 제출을 요구할 수 있다.

④ 검찰관 또는 사법경찰원은 전항의 규정에 따라 증명서 제출을 요구할 때에는 제출을 요구받은 자에게 허위의 증명서를 제출한 때에는 형벌이 부과될 수 있다는 취지를 고지하여야 한다.

⑤ 검찰관 또는 사법경찰원은 검찰사무관 또는 사법경찰직원에게 제1항부터 제3항

까지의 처분을 하게 할 수 있다.

제 9 조(벌칙) 전조 제3항의 규정에 따른 증명서의 제출을 요구받은 자가 허위의 증명서를 제출한 때에는 1년 이하의 징역 또는 50만엔 이하의 벌금에 처한다. 다만 그 자의 당해 행위가 형법(明治 40년 법률 제45호)의 죄에 저촉되는 때에는 이를 적용하지 아니한다.

제10조(증인심문의 청구)•검찰관은 다음 각호의 어느 하나에 해당하는 경우에는 재판관에게 증인심문을 청구할 수 있다.

1. 공조요청이 증인심문에 관련된 것인 때
2. 관계인이 제8조 제1항의 규정에 따른 출석 또는 조사에 대한 진술을 거부한 때
3. 제8조 제3항의 규정에 따른 증명서 제출을 요구받은 자가 이를 거절한 때

제11조(영장의 청구 등) 영장 또는 증인심문의 청구는 제2조 제3호의 서면을 제출하여 하여야 한다. 다만 조약에 별도의 정함이 있는 경우에는 그러하지 아니하다.

제12조(관할재판소 등) 영장 또는 증인심문의 청구는 청구하는 자가 소속된 관공서의 소재지를 관할하는 지방재판소의 재판관에게, 사법경찰직원이 한 압수 또는 압수물의 환부에 관한 처분에 대한 불복신청은 사법경찰직원의 직무집행지를 관할하는 지방재판소에 하여야 한다.

제13조(형사소송법 등의 준용) 검찰관, 검찰사무관 또는 사법경찰직원이 하는 처분, 재판관이 하는 영장의 발부 또는 증인심문이나 재판소 또는 재판관이 하는 재판에는 이 법률에 특별한 정함이 있는 것 외에 그 성질에 반하지 아니하는 한 형사소송법(제1편 제2장 및 제5장부터 제13장까지, 제2편 제1장, 제3편 제1장, 제4장 및 제7편에 한한다.) 및 형사소송비용에 관한 법령의 규정을 준용한다.

제14조(처분을 종료한 경우 등의 조치) ① 검사정은 공조에 필요한 증거의 수집을 종료한 때에는 신속하게 의견을 붙여 수집한 증거를 법무대신에게 송부하여야 한다. 제5조 제1항 제3호의 국가기관의 장이 증거의 수집을 종료한 때에도 같다.

② 도도부현공안위원회는 경찰본부장이 공조에 필요한 증거의 수집을 종료한 때에는 신속하게 의견을 붙여 수집한 증거를 국가공안위원회에 송부하여야 한다.

③ 국가공안위원회는 전항의 송부를 받은 때에는 신속하게 의견을 붙여 법무대신에게 송부한다.

④ 제5조 제2항의 규정에 따라 공조요청에 관한 서면을 송부받은 소송에 관한 서류의 보관자는 신속하게 의견을 붙여 당해 서류 또는 그 등본을 법무대신에게 송부하고, 송부할 수 없는 때에는 공조요청에 관한 서면을 법무대신에게 반송하여야 한다.

⑤ 법무대신은 제1항, 제3항 또는 전항의 규정에 따른 송부를 받은 경우에 필요하다고 인정하는 때는 증거의 사용 또는 반환에 관한 요청국이 준수하여야 할 조건을 정한다.

⑥ 법무대신은 전항의 조건을 준수하는 취지의 요청국의 보증이 없는 때에는 공조를 하지 아니한다.

제15조(공조를 하지 아니하는 경우의 통지) 법무대신은 제5조 제1항 제2호나 제3호 또는 제2항의 조치를 채택한 후에 공조를 하지 않음이 상당하다고 인정한 때에는 지체 없이 그 취지를 공조요청에 관한 서면을 송부받은 자에게 통지한다.

제16조(협의) ① 법무대신은 요청이 제4조 제1호에 해당하는 것으로 인정하여 공조를 하지 않기로 하는 때, 요청에 응함이 상당하지 아니하다고 인정하여 공조를 하지 않기로 하는 때 및 제14조 제5항의 조건을 정하는 때에는 외무대신과 협의한다.

② 법무대신은 제5조 제1항 각호의 조치를 채택하기로 하는 때에는 요청이 증인심문에 관련된 경우 기타 공조요청에 관한 서면에 증거의 수집을 수행하는 기관이 명백한 경우를 제외하고 소관에 대응하여 국가공안위원회 및 같은 항 제3호의 국가기관의 장과 협의한다.

제17조(최고재판소의 규칙) 이 장에 정하는 것 외에 영장의 발부, 증인심문 및 불복신청에 관한 절차에 필요한 사항은 최고재판소가 정한다.

제18조(국제형사경찰기구에의 협력) ① 국가공안위원회는 국제형사경찰기구로부터 외국의 형사사건 수사에 대한 협력을 요청받은 때에는 다음 각호의 어느 하나의 조치를 채택할 수 있다.

1. 상당하다고 인정하는 도도부현경찰에게 필요한 조사를 지시하는 것
2. 제5조 제1항 제3호의 국가기관의 장에게 협력 요청에 관한 서면을 송부하는 것

② 제2조(제3호를 제외한다.)의 규정은 전항의 경우에 준용한다.

③ 국가공안위원회는 제1항에 규정하는 조치를 채택하기 위해 필요하다고 인정하는 때에는 경찰청 직원에게 관계인의 소재 기타 필요한 사항에 대하여 조사하게 할 수 있다.

④ 국가공안위원회는 제1항의 조치에 관한 요청에 조사를 할 기관이 명백한 경우를 제외하고 소관에 대응하여 같은 항 제2호의 국가기관의 장과 협의한다.

⑤ 국가공안위원회는 제1항의 조치를 채택하기로 할 때에는 법무대신의 의견을 들어야 한다.

⑥ 제1항 제1호의 지시를 받은 도도부현경찰의 경찰본부장은 그 도도부현경찰의 경찰관에게 조사를 위해 필요한 조치를 채택할 것을 명한다.

⑦ 제1항 제2호의 규정에 따라 협력요청에 관한 서면을 송부받은 국가기관의 장은 사법경찰직원인 그 기관의 직원에게 당해 요청에 관련된 조사를 위해 필요한 조치를 채택할 것을 명할 수 있다.

⑧ 경찰관 또는 전항의 국가기관의 직원은 전2항의 조사에 관하여 관계인에게 질

문을 하고 실황조사를 하고 서류 기타 물건의 소유자, 소지자 또는 보관자에게 그 물건의 제시를 요구하거나 공무소 또는 공사의 단체에 조회하여 필요한 사항의 보고를 요구할 수 있다.

제3장 국내수형자에 관련된 수형자증인이송

제19조(수형자증인이송의 결정 등) ① 법무대신은 요청국으로부터 조약에 기초하여 국내수형자[일본국에서 징역형 또는 금고형이나 국제수형기이송법(不成 14년 법률 제66호) 제2조 제2호에 정하는 공조형의 집행으로써 구금되어 있는 자를 말한다. 이하 같다.]에 관련된 수형자증인이송 요청이 있는 경우에 제2조 제1호나 제2호 또는 다음 각호(제3조 제1항 단서의 규정에 따라 법무대신이 공조요청을 수리하는 경우에는 제2조 제1호나 제2호, 제4조 제1호 또는 다음 각호)의 어느 하나에도 해당하지 아니하고 요청에 응함이 상당하지 아니하다고 인정하는 때에는 국내수형자를 이송하는 기간을 정하여 당해 수형자증인이송결정을 한다.

1. 국내수형자의 서면에 의한 동의가 없는 때
2. 국내수형자가 20세 미만인 때
3. 국내수형자를 이송하는 기간으로서 요청된 기간이 30일을 초과하는 때
4. 국내수형자가 범한 죄에 관련된 사건이 일본국의 재판소에 계속하는 때

② 제14조 제5항, 제6항 및 제16조 제1항의 규정은 국내수형자에 관련된 수형자증인이송 요청이 있는 경우에 준용한다. 이 경우에 필요한 기술적 바꿔 읽기는 정령으로 정한다.

③ 법무대신은 제1항의 결정을 한 때에는 국내수형자가 수용되어 있는 형사시설의 장에게 당해 결정에 관련된 인도를 명함과 동시에 당해 국내수형자에게 그 취지를 통지하여야 한다.

제20조(인도에 관한 조치) ① 법무대신은 전조 제3항의 규정에 따라 명령을 한 때에는 외무대신에게 수령허가증을 송부하여야 한다.

② 외무대신은 전항의 규정에 따라 수령허가증을 송부받은 때에는 곧바로 이를 요청국에 송부하여야 한다.

③ 전2항의 규정에 불구하고 제3조 제1항 단서의 규정에 따라 법무대신이 공조의 요청을 수리한 경우에는 요청국으로 수령허가증의 송부는 법무대신이 한다.

④ 전조 제3항의 규정에 따른 명령을 받은 형사시설의 장은 요청국의 관헌으로부터 수령허가증을 제시하고 국내수형자의 인도를 요구받은 때에는 국내수형자를 인도하여야 한다.

⑤ 전항의 규정에 따라 국내수형자의 인도를 받은 요청국의 관헌은 신속하게 국내수형자를 요청국 내에 호송한다.

제21조(국내수형자의 이송기간의 취급) 국내수형자가 수형자증인이송으로서 이송되어 있던 기간(신체의 구속을 받지 않았던 기간을 제외한다.)은 형의 집행을 받은 기간으로 본다.

제22조(형사수용시설 및 피수용자 등의 처우에 관한 법률의 특칙) ① 제20조 제4항의 규정에 따른 국내수형자의 요청국의 관헌으로의 인도는 형사수용시설 및 피수용자 등의 처우에 관한 법률(平成 17년 법률 제50호) 제52조, 제53조 제1항(같은 법 제132조 제6항에서 준용하는 경우를 포함한다.) 및 제2항, 제85조 제1항, 제98조 제1항, 제2항 및 제4항, 제100조 제4항, 제132조 제3항, 제5항 및 제7항, 제164조 제1항(같은 법 제165조 제3항에서 준용하는 경우를 포함한다.), 제166조 제3항(같은 법 제167조 제4항 및 제168조 제4항에서 준용하는 경우를 포함한다.), 제171조, 제174조 및 제175조[115])의 규정을

---

115) 일본국 형사수용시설 및 피수용자 등의 처우에 관한 법률 제52조(영치물의 인도) 형사시설의 장은 피수용자를 석방할 때 영치하고 있는 금품을 그 자에게 인도한다.
제53조(석방자의 유류물) ① 석방된 피수용자의 유류물(형사시설에 유류한 금품을 말한다. 이하 이 장에서 같다.)은 석방일로부터 기산하여 6개월을 경과하는 날까지 그 자로부터 인도를 요구하는 신청이 없거나 인도에 요하는 비용을 제공하지 않은 때에는 국고에 귀속된다.
② 전항의 기간 내에도, 형사시설의 장은 부패 또는 멸실될 우려가 발생한 유류물을 폐기할 수 있다.
제85조(형집행 개시시 및 석방 전의 지도 등) ① 수형자에게는 교정처우를 하는 외에 다음 각호에 열거하는 기간에 당해 각호에 정하는 지도를 한다.
1. 형의 집행 개시 후의 법무성령으로 정하는 기간: 수형의 의의 기타 교정처우의 실시의 기초가 되는 사항과 형사시설에서의 생활 및 행동에 관한 지도
2. 석방 전 법무성령으로 정하는 기간: 석방 후의 사회생활에 곧바로 필요로 하는 지식의 부여 기타 수형자의 귀가 및 석방 후의 생활에 관한 지도
② ~ ③ (생 략)
제98조(작업보장금) ① 형사시설의 장은 작업을 할 수형자에 대하여는 석방할 때(그 자가 수형자 이외의 피수용자가 된 때에는 그 때), 그 때의 보장금 계산액에 상당하는 금액의 작업보장금을 지급한다.
② 형사시설의 장은 법무성령으로 정하는 바에 따라 매월 그 달의 전월에 수형자가 한 작업에 대응하는 금액으로서 법무대신이 정하는 기준에 따라 그 작업의 성과 기타 취업에 관한 사항을 고려하여 산출한 금액을 보장금 계산액에 가산한다. 다만 석방일이 속하는 달의 작업에 관한 가산은 석방시에 한다.
③ 전항의 기준은 작업의 종류 및 내용, 작업에 요하는 지식 및 기능의 정도 등을 고려하여 정한다.
④ 형사시설의 장은 수형자가 그 석방 전에 작업보장금의 지급을 받고 싶다는 취지의 신청을 한 경우에 그 사용 목적이 자비부담 물품 등의 구입, 친족의 생계 원조, 피해자에 대한 손해배상에의 충당 등 상당한 것이라고 인정하는 때에는 제1항의 규정에 불구하고 법무성령으로 정하는 바에 따라 그 지급시의 보장금 계산액에 상당하는 금액의 범위 내에서 신청한 액수의 전부 또는 일부의 금액을 지급할 수 있다. 이 경우에는 그 지급액에 상당하는 금액을 보장금 계산액에서 감액한다.
⑤ (생 략)
제100조(수당금) ① ~ ③ (생 략)
④ 형사시설의 장은 작업상 부상을 입거나 질병에 걸린 수형자가 석방시에 아직 낫지 아니한 경우(작업상 부상을 입거나 질병에 걸린 수형자가 수형자 이외의 피수용자가 된 경우에 그 피수용자가 석방시에 아직 낫지 아니한 때를 포함한다.)에 그 상해나 질병의 성질, 정도 기타 상황을 고려하여 상당하다고 인정되는 때에는 법무성령으로 정하는 바에 따라 그 자에게 특별수당금을 지급한다.
제132조(수발을 금지한 신서등의 취급) ① ~ ② (생 략)
③ 형사시설의 장은 수형자를 석방할 때 전2항의 규정에 따라 보관하는 신서 전부 또는 일부나 복제(이하 이 장에서 「수발금지신서등」이라고 한다.)를 그 자에게 인도한다.
④ (생 략)
⑤ 전2항의 규정에 불구하고 수발금지신서등의 인도로 형사시설의 규율 및 질서 유지에 지장이 발생할 우려가 있는 때에는 이를 인도하지 아니한다. 다음에 열거하는 경우에 그 인도로 형사시설의 규율 및

적용할 때에는 석방하지 아니한 것으로 본다.

② 형사수용시설 및 피수용자 등의 처우에 관한 법률 제54조(제1항 제2호 및 제3호를 제외한다.), 제55조, 제98조 제5항(제1호에 관련된 부분에 한한다.), 제99조, 제132조 제4항부터 제7항까지 및 제176조[116])의 규정은 제20조 제4항의 규정에 의해 요청국의

질서 유지에 지장이 발생할 우려가 있을 때에도 마찬가지이다.

1. 석방된 수형자가 석방 후에 수발금지신서등의 인도를 요구하는 때
2. 수형자가 제54조 제1항 각호의 어느 하나에 해당하는 경우에 수발금지신서등의 인도를 요구한 때

⑥ 제53조 제1항, 제54조 제1항, 제55조 제2항 및 제3항의 규정은 수형자에 관련된 수발금지신서등(전항의 규정에 따라 인도하지 아니하기로 하는 것을 제외한다)에 준용한다. 이 경우에 같은 조 제3항 중 「제1항의 신청」은 「제132조 제4항의 신청」으로 바꿔 읽는 것으로 한다.

⑦ 제5항의 규정에 따라 인도하지 아니하기로 한 수발금지신서등은 수형자의 석방 또는 사망일이나 수형자가 제54조 제1항 각호의 어느 하나에 해당하게 된 날로부터 기산하여 3년을 경과한 날에 국고에 귀속된다.

제164조(통지) ① 전조 제1항의 규정에 따른 신고(역자 주: 형사시설 직원의 피수용자에 대한 위법한 유형력 행사, 위법 또는 부당한 포승, 수갑 또는 구속의의 사용, 위법 또는 부당한 보호실 수용을 서면으로 신고하는 것)가 적법한 때에는 교정관구의 장은 그 신고에 관련된 사실의 유무를 확인하고 그 결과를 그 신고를 한 자에게 통지한다. 다만 그 자가 석방된 때에는 그러하지 아니하다.

② ~ ④ (생 략)

제166조(법무대신에 대한 고충신고) ① ~ ② (생 략)

③ 법무대신은 고충신고를 받은 때에는 이를 성실하게 처리하고 처리결과를 고충신고를 한 자에게 통지하여야 한다. 다만 그 자가 석방된 때에는 그러하지 아니하다.

제171조(수형자의 석방) 수형자의 석방은 다음 각호에 열거하는 경우의 구분에 대응하여 당해 각호에 정하는 기간 내에 가능한 한 신속하게 한다.

1. 석방할 날이 미리 정해져 있는 경우: 그 날 오전 중
2. 부정기형의 종료에 의한 경우: 갱생보호법(平成 19년 법률 제88호) 제44조 제2항의 통지가 형사시설에 도달한 날의 익일 오전 중
3. 정령으로 시행하는 사면에 의한 경우로서 당해 사면에 관련된 정령의 규정의 공포일이 석방할 날이 되는 경우: 그 날 중
4. 전 3호에 열거하는 경우 이외의 경우: 석방의 근거가 되는 문서가 형사시설에 도달한 때로부터 10시간 이내

제174조(병이나 상해로 인한 체류) ① 형사시설의 장은 석방할 피수용자가 형사시설 내에서 의료처우를 받고 있는 경우에 석방으로 그 생명에 위험이 미치거나 건강에 회복하기 어려운 중대한 장해가 발생할 우려가 있는 때에는 그 자가 형사시설에 일시적으로 머무르는 것을 허가할 수 있다.

② 전항의 규정에 따라 형사시설에 머무르는 자의 처우는 그 성질에 반하지 아니하는 한 각종 수용자에 관한 규정을 준용한다.

제175조(귀가여비등의 지급) 석방된 피수용자에게는 귀가를 돕기 위해 필요한 여비나 의류를 지급한다.

116) 일본국 형사수용시설 및 피수용자 등의 처우에 관한 법률 제54조(도주자등의 유류물) ① 피수용자가 다음 각호의 어느 하나에 해당하는 경우에 당해 각호에 정하는 날로부터 기산하여 6개월을 경과하는 날까지 그 자로부터 인도를 요구하는 신청이 없거나 인도에 요하는 비용을 제공하지 아니한 때에는 그 유류물은 국고에 귀속된다.

1. 도주한 때: 도주한 날
2. 제83조 제2항의 규정에 따라 해방된 경우에 같은 조 제3항에 규정하는 피난을 필요로 하는 상황이 종료된 후 신속하게 같은 항에 규정하는 장소에 출석하지 않은 때: 피난을 필요로 하는 상황이 종료된 날
3. 제96조 제1항의 규정에 따른 작업 또는 제106조 제1항의 규정에 따른 외출이나 외박의 경우에 형사시설의 장이 지정한 일시까지 형사시설에 돌아오지 아니한 때: 그 날

② 전조 제2항의 규정(위 각주 제53조 참조)은 전항의 유류물에 준용한다.

제55조(사망자의 유류물) ① 사망한 피수용자의 유류물은 법무성령으로 정하는 바에 따라 그 유족등(법무성령으로 정하는 유족 기타의 자를 말한다. 이하 이 장에서 같다.)에게 그 신청을 기초로 인도한다.

② 사망한 피수용자의 유류물이 있는 경우에 그 유족등의 소재가 밝혀지지 아니하여 제176조의 규정에 따른 통지를 할 수 없는 때에는 형사시설의 장은 그 취지를 정령으로 정하는 방법으로 공고하여야 한다.

③ 제1항의 유류물은 제176조의 규정에 따른 통지를 하거나 전항의 규정에 따라 공고를 한 날로부터 기산하여 6개월을 경과하는 날까지 제1항의 신청이 없는 때에는 국고에 귀속된다.

관헌에게 인도한 국내수형자가 도주 또는 사망한 경우에 그 자에 관련된 유류물, 작업보장금 또는 발수를 금지하거나 금지된 신서, 삭제한 신서의 부분 또는 말소한 신서부분의 복제에 준용한다. 이 경우에 같은 법 제132조 제5항 제2호 및 제7항 중 「제54조 제1항 각호의 어느 하나」는 「제54조 제1항 제1호」로, 같은 조 제6항 중 「제54조 제1항」은 「제54조 제1항(제2호 및 제3호를 제외한다.)」으로 바꿔 읽는 것으로 한다.

제4장 외국수형자의 구금

제23조(외국수형자의 구금) ① 검찰관은 외국수형자(외국형 징역형 또는 금고형이나 이들에 상당하는 형의 집행으로서 구금되어 있는 자를 말한다. 이하 같다.)로서 일본국의 형사절차에서 증인으로 심문하는 취지의 결정이 있는 자에 대하여 수형자증인이송으로 당해 외국의 관헌으로부터 당해 외국수형자를 인도받은 때에는 미리 발부한 수입이송구금장에 의해 당해 외국수형자를 구금하여야 한다.

② 도망범죄인인도법(昭和 28년 법률 제68호) 제6조 제1항부터 제3항까지 및 제7조, 형사소송법 제71조, 제73조 제3항, 제74조 및 제126조의 규정은 전항의 수입이송구금장에 의해 외국수형자를 구금하는 경우에 준용한다. 이 경우에 필요한 기술적 바꿔 읽기는 정령으로 정한다.

제24조(외국의 관헌으로의 인도) ① 수형자증인이송으로서 외국의 관헌으로부터 인도를 받은 외국수형자는 인도를 받은 날로부터 30일 이내에 당해 외국의 관헌에게 인도하여야 한다. 다만 천재 기타 부득이한 사유로 이 기간 내에 외국수형자를 당해 외국의 관헌에게 인도할 수 없는 경우에는 그러하지 아니하다.

---

④ 제53조 제2항의 규정(위 각주 제53조 참조)은 제1항의 유류물에 준용한다.
제98조(작업보장금) ① ~ ④ (생 략)
⑤ 수형자가 다음 각호의 어느 하나에 해당하는 경우에 당해 각호에 정하는 날로부터 기산하여 6개월을 경과하는 날까지 형사시설에 수용되지 않게 된 때에는 그 자의 보장금 계산액을 0으로 한다.
1. 도주한 때: 도주한 날
2. 제83조 제2항의 규정에 따라 해방된 경우에 같은 조 제3항에 규정하는 피난을 필요로 하는 상황이 종료된 후 신속하게 같은 항에 규정하는 장소에 출석하지 않은 때: 피난을 필요로 하는 상황이 종료된 날
3. 외부통근작업 또는 제106조 제1항의 규정에 따른 외출이나 외박의 경우에 형사시설의 장이 지정한 일시까지 형사시설에 돌아오지 아니한 때: 그 날
제99조(유족등에의 급부) 형사시설의 장은 수형자가 사망한 경우에는 법무성령으로 정하는 바에 따라 그 유족등에게 그 때 석방하였더라면 그 수형자에게 지급될 작업보장금에 상당하는 금액을 지급한다.
제132조(수발을 금지한 신서등의 취급) ① ~ ③ (생 략)
④ 형사시설의 장은 수형자가 사망한 경우에는 법무성령으로 정하는 바에 따라 그 유족등에게 신청을 기초로 하여 수발금지서신등을 인도한다.
⑤ ~ ⑦ (위 각주 참조)
제176조(사망의 통지) 형사시설의 장은 피수용자가 사망한 경우에는 법무성령으로 정하는 바에 따라 그 유족등에게 그 사망의 원인 및 일시와 교부할 유류물, 지급할 작업보장금에 상당하는 금액이나 사망수당금 또는 수발금지신서등이 있는 때에는 그 취지를 신속하게 통지하여야 한다.

② 검찰관은 전항의 규정에 따라 외국수형자를 당해 외국의 관헌에게 인도하는 경우에 필요한 때에는 전조 제1항의 수입이송구금장에 의해 검찰사무관, 경찰관, 해상보안관 또는 해상보안관보에게 당해 외국수형자를 호송하게 할 수 있다. 이 경우에는 형사소송법 제74조의 규정을 준용한다.

제25조(외국수형자의 구금의 정지) ① 검찰관은 질병 기타 부득이한 사유가 있는 경우에 한하여 수입이송구금장에 의해 구금되어 있는 외국수형자를 의사 기타 적당하다고 인정되는 자에게 위탁하거나 외국수형자의 주거를 제한하여 구금을 정지할 수 있다.

② 검찰관은 필요하다고 인정하는 때에는 언제라도 구금의 정지를 취소할 수 있다.

③ 도망범죄인인도법 제22조 제3항부터 제5항까지의 규정은 전항의 규정에 따라 외국수형자의 구금의 정지를 취소한 경우에 준용한다. 이 경우에 필요한 기술적 바꿔 읽기는 정령으로 정한다.

제26조(도주죄 등의 특칙) 제23조 제2항의 규정에 따라 구금된 외국수형자는 재판의 집행에 의해 구금된 미결인 자로 보고, 형법 제97조, 제98조 또는 제102조[117](제97조 또는 제98조의 미수죄에 관련된 부분에 한한다.)의 규정을 적용한다.

부 칙 〈생 략〉

---

117) 일본국 형법 제97조(도주), 제98조(가중도주), 제102조(위 죄의 미수범)

국제수사공조에 관한 법률 시행령

제정 平成 16년 정령 제353호

제1조(국내수형자에 관련된 수형자증인이송의 요청에 관한 바꿔 읽기) 국제수사공조 등에 관한 법률(이하「법」이라 한다.) 제19조 제2항의 규정에 따른 법 제14조 제5항의 규정의 준용에 대한 기술적 바꿔 읽기는 다음 표와 같이 한다.

바꿔 읽을 규정	바꿔 읽을 자구	바꿔 읽은 자구
제14조 제5항	제1항, 제3항 또는 전항의 규정에 따른 송부를 받은 경우	제19조 제1항의 결정을 하는 경우
	증거의 사용 또는 반환에 관한	국내수형자에 관련된 수형자증인이송에 관한

제2조(수입이송구금장에 의한 외국수형자의 구금에 관한 바꿔 읽기) ① 법 제23조 제2항의 규정에 의한 도망범죄인인도법(昭和 28년 법률 제68호)의 규정의 준용에 대한 기술적 바꿔 읽기는 다음 표와 같이 한다.

바꿔 읽을 규정 (도망범죄인인도법)	바꿔 읽을 자구	바꿔 읽은 자구
제6조 제1항, 제3항 및 제7조 제1항	도쿄고등검찰청 검찰관	검찰관
제6조 제1항	전조의 구금허가장	국제수사공조 등에 관한 법률(昭和 55년 법률 제69호) 제23조 제1항의 수입이송구금장(이하「수입이송구금장」이라 한다.)
제6조 제2항, 제3항 및 제7조 제1항	구금허가장	수입이송구금장

② 법 제23조 제2항의 규정에 따른 형사소송법(昭和 23년 법률 제131호)의 규정의 준

용에 대한 기술적 바꿔 읽기는 다음 표와 같이 한다.

바꿔 읽을 규정	바꿔 읽을 자구	바꿔 읽은 자구
제71조	검찰사무관 또는 사법경찰직원	검찰사무관, 경찰관, 해상보안관 또는 해상보안관보(이하 「검찰사무관등」이라 한다.)
	구인장 또는 구류장	국제수사공조 등에 관한 법률(昭和 55년 법률 제69호) 제23조 제1항의 수입이송구금장(이하 「수입이송구금장」이라 한다.)
	검찰사무관 또는 사법경찰직원	검찰사무관등
제73조 제3항, 제74조 및 제126조	구인장 또는 구류장	수입이송구금장
제73조 제3항	전2항	국제수사공조 등에 관한 법률 제23조 제2항에서 준용하는 도망범죄인인도법(昭和 28년 법률 제68호) 제6조 제2항
	공소사실의 요지 및 영장	수입이송구금장
제73조 제3항 단서	영장은	수입이송구금장은
제126조	검찰사무관 또는 사법경찰직원	검찰사무관등

제3조(외국수형자의 구금의 정지의 취소에 관한 바꿔 읽기) 법 제25조 제3항의 규정에 따른 도망범죄인인도법의 규정의 준용에 대한 기술적 바꿔 읽기는 다음 표에 의한다.

바꿔 읽을 규정 (도망범죄인인도법)	바꿔 읽을 자구	바꿔 읽은 자구
제22조 제3항 및 제4항	도쿄고등검찰청 검찰관	검찰관
제22조 제3항	전항	국제수사공조 등에 관한 법률 제25조 제2항
제22조 제4항	구금허가장	국제수사공조 등에 관한 법률 제23조 제1항의 수입이송구금장

부 칙 〈생 략〉

국제수사공조규칙

제정 昭和 55년 9월 18일 최고재판소규칙 제7호

개정 平成 16年 6月 21日 최고재판소규칙 제11호

제 1 조(영장의 발부 등의 절차에 대한 형사소송규칙의 준용) 국제수사공조 등에 관한 법률(昭和 55년 법률 제69호)에 따른 영장의 발부와 증인의 심문 및 같은 법에서 준용하는 형사소송법(昭和 23년 법률 제131호)에 따른 불복신청에 관한 절차에는 그 성질에 반하지 아니하는 한 형사소송규칙(昭和 23년 최고재판소규칙 제32호) 제1편 제2장 및 제5장에서 제13장까지, 제2편 제1장, 제3편 제1장, 제3장 및 제4장, 제7편 및 제8편의 규정을 준용한다.

제 2 조(번역문의 첨부) 외국어로 기재된 서면에는 그 번역문을 첨부하여야 한다.

부 칙 〈생 략〉

국제형사재판소에 대한 협력 등에 관한 법률

제정 平成 19년 법률 제37호
개정 平成 29년 6월 21일 법률 제67호

제1장 총칙

제1조(목적) 이 법률은 국제형사재판소에 관한 로마규정(이하 「규정」이라고 한다.)이 정하는 집단살해범죄 기타 국제사회 전체의 관심사인 가장 중대한 범죄에 대한 국제형사재판소의 수사, 재판 및 형의 집행 등에 필요한 협력에 관한 절차를 정함과 동시에 국제형사재판소의 운영을 해하는 행위에 대한 벌칙을 정하는 등으로 규정의 적확한 실시를 확보하는 것을 목적으로 한다.

제2조(정의) 이 법률에서 다음 각호에 열거하는 용어의 의의는 각각 당해 각호에 정하는 바에 따른다.

1. 국제형사재판소: 규정 제1조에 규정하는 국제형사재판소를 말한다.

2. 관할형사사건: 규정 제5조1[118] 및 제70조1[119]의 규정에 따라 국제형사재판소가 관할권을 가지는 범죄에 대하여 국제형사재판소가 그 관할권을 행사하는 사건을 말한다.

3. 중대범죄: 규정 제5조1의 규정에 따라 국제형사재판소가 관할권을 보유하는 국

---

[118] 국제형사재판소에 관한 로마규정 제5조1(재판소의 관할범죄) 재판소의 관할권은 국제공동체 전체의 관심사인 가장 중대한 범죄에 한정된다. 재판소는 이 규정에 따라 다음의 범죄에 대하여 관할권을 가진다.
(a) 집단살해죄
(b) 인도에 반한 죄
(c) 전쟁범죄
(d) 침략범죄

[119] 국제형사재판소에 관한 로마규정 제70조1(사법운영을 침해하는 범죄) 재판소는 사법운영을 침해하는 다음 범죄들이 고의적으로 범하여진 경우 이에 대하여 관할권을 가진다.
(a) 제69조 제1항에 따라 진실을 말할 의무가 있는 경우의 허위 증언
(b) 허위 또는 위조된 것임을 아는 증거의 제출
(c) 증인에게 부정하게 영향을 미치거나, 증인의 출석이나 증언을 저지 또는 방해하거나, 증인의 증언에 대하여 보복하거나 증거를 인멸·조작하거나 증거의 수집을 방해
(d) 재판소의 직원이 자신의 임무를 수행하지 않도록 하거나 부적절하게 수행하도록 강제하거나 설득할 목적으로, 그 직원을 방해하거나 협박하거나 부정하게 영향을 행사
(e) 재판소의 직원 또는 다른 직원이 수행한 임무를 이유로 한 재판소 직원에 대한 보복
(f) 재판소의 직원으로서 자신의 공적 임무와 관련하여 뇌물을 요구 또는 수령

제사회전체의 관심사인 가장 중대한 범죄로서 규정에 정하는 범죄를 말한다.

4. 증거의 제공: 규정 제93조1[120]의 규정에 따른 국제형사재판소의 청구에 따라 국제형사재판소의 수사 또는 재판에 관련된 절차(이하「국제형사재판소의 절차」라고 한다.)에 필요한 증거를 국제형사재판소에 제공하는 것을 말한다.

5. 재판상의 증거조사: 규정 제93조1의 규정에 따른 국제형사재판소의 청구에 따라 규정 제39조2[121]에 규정하는 상소재판부 또는 제1심재판부가 진행하는 증거조사에 대한 원조로서 일본국 재판소가 진행하는 증거조사를 말한다.

6. 서류의 송달: 규정 제93조1의 규정에 따른 국제형사재판소의 청구에 따라 규정 제39조2에 규정하는 상소재판부, 제1심재판부 또는 예심재판부가 진행하는 서류의 송달에 대한 원조로서 일본국 재판소가 진행하는 서류의 송달을 말한다.

7. 수형자증인 등 이송: 규정 제93조1 및 7[122]의 규정에 따른 국제형사재판소의 청

---

120) 국제형사재판소에 관한 로마규정 제93조1(기타 형태의 협력) 당사국은 이 부의 규정과 국내법상의 절차에 따라 수사 또는 기소와 관련하여 다음 지원을 제공하도록 하는 재판소의 요청을 이행한다.
(a) 사람의 신원과 소재지 또는 물건의 소재지
(b) 선서한 증언을 포함한 증거의 수집과 재판소에 필요한 감정인의 의견 및 보고서를 포함한 증거의 제출
(c) 수사 또는 기소 중인 자의 신문
(d) 재판서류를 포함한 서류의 송달
(e) 증인 또는 감정인으로서의 자발적 재판소 출석에 대한 편의 제공
(f) 제7항에 규정된 자의 일시적 이송
(g) 매장장소의 발굴과 조사를 포함하는 장소나 현장의 조사
(h) 압수 및 수색의 집행
(i) 공적 기록 및 공문서를 포함한 기록과 서류의 제공
(j) 피해자 또는 증인의 보호 및 증거의 보전
(k) 선의의 제3자의 권리를 침해하지 않고 궁극적으로 몰수를 위한 수익·재산·자산 및 범행도구의 확인, 추적 및 동결 또는 압수
(l) 재판소 관할범죄의 수사와 기소를 용이하게 하기 위한 것으로서 피요청국의 법에 금지되지 아니한 기타 형태의 지원
121) 국제형사재판소에 관한 로마규정 제39조2(재판부)
(a) 재판소의 사법적 기능은 각부의 재판부에 의하여 수행된다.
(b)
(1) 상소심재판부는 상소심부의 모든 재판관들로 구성된다.
(2) 1심재판부의 기능은 1심부의 3인의 재판관에 의하여 수행된다.
(3) 전심재판부의 기능은 전심부의 3인의 재판관 또는 이 규정과 절차 및 증거규칙에 따라 전심부의 단독 재판관에 의하여 수행된다.
다. 이 항의 어떠한 규정도 재판소 업무량의 효율적인 관리상 필요한 경우에 2개 이상의 1심재판부 또는 전심재판부를 동시에 구성하는 것을 배제하지 아니한다.
122) 국제형사재판소에 관한 로마규정 제93조1(기타 형태의 협력) (생 략)
국제형사재판소에 관한 로마규정 제93조2(기타 형태의 협력) 재판소는 재판소에 출석하는 증인 또는 감정인이 피요청국을 떠나기 전에 한 작위 또는 부작위에 관하여 재판소에 의하여 기소되거나 구금되거나 또는 어떠한 개인적 자유를 제한받지 않는다는 점을 보증할 권한을 가진다.
제93조의3 제1항에 따라 제출된 요청에 기술된 특별한 지원조치의 이행이 피요청국에서 일반적으로 적용되는 기존의 근본적 법원칙상 금지되는 경우 피요청국은 그 문제를 해결하기 위하여 신속히 재판소와 협의한다. 협의 시 그 지원이 다른 방식으로 또는 조건부로 제공될 수 있는지를 검토한다. 협의 후에도 그 문제가 해결될 수 없는 경우, 재판소는 필요한 만큼 그 요청을 수정한다.
제93조의4 당사국은 요청이 당사국의 국가안보와 관련된 문서의 제출 또는 증거의 공개와 관련되는 경우에만 제72조에 따라 요청의 전부 또는 일부를 거절할 수 있다.

구에 따라 증인 기타 국제형사재판소의 절차에서의 관계인(국제형사재판소의 수사 또는 재판의 대상이 된 자를 제외한다.)으로서 출석하게 하는 것을 가능하게 하기 위해 국내수형자[일본국에서 징역형, 금고형 또는 국제수형자이송법(平成 14년 법률 제66호) 제2조 제2호에 정하는 공조형의 집행으로서 구금되어 있는 자를 말한다. 이하 같다.]를 이송하는 것을 말한다.

8. 인도범죄인의 인노: 규정 제89조1[123] 또는 제111조[124]의 규정에 따른 국제형사재판소의 인도청구에 따라 인도대상이 된 자(이하 「인도범죄인」이라고 한다.)를 인도하는 것을 말한다.

9. 가구금: 규정 제92조1의 규정에 따른 국제형사재판소의 가체포청구에 따라 그 가체포 대상이 된 자(이하 「가구금범죄인」이라고 한다.)를 임시로 구금하는 것을 말한다.

10. 집행협력: 규정 제75조5[125] 또는 제109조1[126]의 규정에 따라 벌금형(국제형사재판소가 규정 제70조3[127] 또는 제77조2(a)[128]의 규정에 따라 명하는 벌금을 말한다. 이하 같다.), 몰수형(국제형사재판소가 규정 제77조2(b)[129]의 규정에 따라 명하는 몰수를 말한다. 이하 같

제93조의5 제1항 타호에 따른 지원요청을 거절하기 전 피요청국은 지원이 특정한 조건부로 제공될 수 있는지 또는 지원이 추후에 또는 대체적인 방식으로 제공될 수 있는지를 검토한다. 단 재판소 또는 소추관이 조건부 지원을 수락하는 경우 재판소 또는 소추관은 그 조건을 준수한다.
제93조의6 지원요청이 거절된 경우 피요청국은 신속히 재판소 또는 소추관에게 그 이유를 통지한다.
제93조의7
(a) 재판소는 신원확인을 목적으로 또는 증언이나 기타 지원을 얻기 위하여 구금중인 자의 일시적 이송을 요청할 수 있다. 그 자는 다음 조건이 충족되는 경우 이송될 수 있다.
(1) 그 자가 내용을 알고 자유로이 이송에 대하여 동의하고
(2) 피요청국과 재판소가 합의하는 조건에 따라 피요청국이 이송에 동의한 경우
(b) 이송되는 자는 이송 중 구금된다. 이송의 목적이 달성된 경우 재판소는 그 자를 지체 없이 피요청국으로 송환한다.

123) 국제형사재판소에 관한 로마규정 제89조1(재판소에의 인도) 재판소는 어떤 자에 대한 체포 및 인도청구서를 제91조에 기재된 증빙자료와 함께 그 영역 안에서 그 자가 발견될 수 있는 국가에 송부할 수 있으며, 그 자의 체포 및 인도에 관하여 그 국가의 협력을 요청한다. 당사국은 이부의 규정과 자국 국내법상의 절차에 따라 체포 및 인도청구를 이행한다.

124) 국제형사재판소에 관한 로마규정 제111조(도주) 유죄판결을 받은 자가 구금에서 탈출하여 집행국으로부터 도주한 경우 집행국은 재판소와 협의를 거쳐 기존의 양자 또는 다자간 약정에 따라 그 자가 소재한 국가에 인도를 청구하거나 또는 제9부에 따라 재판소가 당해인의 인도를 구하도록 요청할 수 있다. 재판소는 그 자가 형을 복역하고 있던 국가 또는 재판소가 지정한 다른 국가로 그 자의 이송을 명할 수 있다.

125) 국제형사재판소에 관한 로마규정 제75조5(피해자에 대한 배상) 당사국은 이 조에 따른 결정을 제109조의 규정이 이 조에 적용되는 것처럼 이행한다.

126) 국제형사재판소에 관한 로마규정 제109조1(벌금 및 몰수조치의 집행) 당사국은 선의의 제3자의 권리를 침해함이 없이 그리고 자국의 국내법 절차에 따라 재판소가 제7부에 따라 명령한 벌금 또는 몰수 명령을 집행한다.

127) 국제형사재판소에 관한 로마규정 제70조3(사법운영을 침해하는 범죄) 당사자는 제64조에 따라 사건에 관련된 증거를 제출할 수 있다. 재판소는 진실의 결정을 위하여 필요하다고 판단하는 모든 증거의 제출을 요구할 권한을 가진다.

128) 국제형사재판소에 관한 로마규정 제77조2(a)(적용 가능한 형벌) 징역에 추가하여 재판소는 다음을 명할 수 있다.
(a) 절차 및 증거규칙에 규정된 기준에 따른 벌금

129) 국제형사재판소에 관한 로마규정 제77조2(b)(적용 가능한 형벌) 징역에 추가하여 재판소는 다음을 명

다.) 또는 피해회복명령(국제형사재판소가 규정 제75조2[130])의 규정에 따라 발령하는 명령을 말한다. 이하 같다.)의 확정재판을 집행하는 것이나 규정 제75조4[131]) 또는 제93조1의 규정에 따라 몰수형 또는 피해회복명령을 위한 보전을 하는 것을 말한다.

11. 협력: 증거의 제공, 재판상의 증거조사, 서류의 송달, 수형자증인 등 이송, 인도범죄인의 인도, 가구금 및 집행협력을 말한다.

12. 청구범죄: 협력(인도범죄인의 인도 및 가구금을 제외한다.)청구에서 범한 것으로 여겨지고 있는 범죄를 말한다.

13. 인도범죄 : 인도범죄인의 인도 또는 가구금에 관련된 협력청구에서 당해 인도범죄인 또는 가구금범죄인이 범한 것으로 여겨지고 있는 범죄를 말한다.

제2장 국제형사재판소에 대한 협력

제1절 통칙

제 3 조(협력청구의 수리 등) 국제형사재판소에 대한 협력에 관한 다음에 열거하는 사무는 외무대신이 수행한다.

1. 국제형사재판소로부터의 협력청구의 수리
2. 국제형사재판소와의 협의 및 국제형사재판소에 대하여 할 통보
3. 국제형사재판소에 대한 증거의 송부 및 벌금형, 몰수형 또는 피해회복명령의 확정재판의 집행에 관련된 재산의 인도 및 서류의 송달 결과의 통지

제 4 조(외무대신의 조치) 외무대신은 국제형사재판소로부터 협력청구를 수리한 때에는 청구의 방식이 규정에 적합하지 아니하다고 인정하는 경우를 제외하고 국제형사재판소가 발송하는 협력청구서 또는 외무대신이 작성한 협력청구가 있었음을 증명하는 서면에 관계 서류를 첨부하여 의견을 붙여 이를 법무대신에게 송부한다.

제 5 조(국제형사재판소와의 협의) ① 외무대신은 국제형사재판소에 대한 협력에 관하여 필요에 응하여 국제형사재판소와 협의한다.

할 수 있다.

  (b) 선의의 제3자의 권리를 침해함이 없이, 당해 범죄로부터 직접적 또는 간접적으로 발생한 수익·재산 및 자산의 몰수

130) 국제형사재판소에 관한 로마규정 제75조2(피해자에 대한 배상) 재판소는 원상회복, 보상 및 사회복귀 등을 포함하여 피해자에 대한 또는 피해자에 관한 적절한 배상을 명시하는 명령을 유죄판결을 받은 자에게 직접 내릴 수 있다. 적절한 경우 재판소는 제79조에 규정된 신탁기금을 통하여 배상이 이루어지도록 명령할 수 있다.

131) 국제형사재판소에 관한 로마규정 제75조4(피해자에 대한 배상) 이 조에 따른 권한을 행사할 때 재판소는 재판소의 관할범죄에 대한 유죄판결 후에 이 조에 따라 재판소가 내린 명령을 실행하기 위하여 제93조 제1항에 따른 조치를 요구하는 것이 필요한지 여부를 결정할 수 있다.

② 법무대신은 국제형사재판소에 대한 협력에 관하여 국제형사재판소와의 협의가 필요하다고 인정하는 때에는 외무대신에게 전항의 규정에 따른 협의를 할 것을 요구한다.

제2절 증거의 제공 등

제1관 증거의 제공

제 6 조(법무대신의 조치) ① 법무대신은 외무대신으로부터 제4조의 규정에 따라 증거의 제공에 관련된 협력청구에 관한 서면을 송부받은 경우에 다음 각호의 어느 하나에도 해당하지 아니하는 때에는 다음 항 또는 제3항에 규정하는 조치를 취한다.

1. 당해 협력청구가 국제수사공조 등에 관한 법률(昭和 55년 법률 제69호) 제1조 제1호에 규정하는 공조(이하 이 호 및 제39조 제1항 제2호에서 「수사공조」라고 한다.)요청과 경합하고 규정이 정하는 바에 따라 그 요청을 우선하게 할 수 있는 경우에 당해 수사공조를 함이 상당하다고 인정하는 때

2. 당해 협력청구에 응함이 규정 제98조1에 규정하는 국제법에 기초한 의무에 반하는 것으로 되는 때

3. 당해 협력청구에 응함이 일본국의 안전에 해가 될 우려가 있을 때

4. 청구범죄가 규정 제70조1에 규정하는 범죄인 경우에 당해 청구범죄에 관련된 행위가 일본국 내에서 이뤄졌다고 할 경우에 그 행위가 일본국의 법령에 따르면 죄에 해당하는 것이 아닌 때

5. 당해 협력청구에 응함에 따라 청구범죄 이외의 죄에 관련된 사건으로 일본국의 검찰관, 검찰사무관 또는 사법경찰직원에 의해 수사받거나 일본국 재판소에 계속되어 있는 것에 대하여 그 수사 또는 재판을 방해할 우려가 있어 곧바로 당해 청구에 응함이 상당하지 아니하다고 인정하는 때

6. 기타 곧바로 당해 협력청구에 응하지 아니하는 것에 정당한 이유가 있는 때

② 전항의 규정에 따라 법무대신이 취하는 조치는 다음 항에 규정하는 경우를 제외하고 다음 각호의 어느 하나로 한다.

1. 상당하다고 인정하는 지방검찰청의 검사정에게 관계 서류를 송부하여 증거의 제공에 관련된 협력에 필요한 증거의 수집을 명하는 것

2. 국가공안위원회에 증거의 제공에 관련된 협력청구에 관한 서면을 송부하는 것

3. 해상보안청장관 기타 형사소송법(昭和 23년 법률 제131호) 제190조에 규정하는 사법경찰직원으로서 직무를 수행할 자가 배치되어 있는 국가기관의 장에게 증거의 제공에 관련된 협력청구에 관한 서면을 송부하는 것

③ 제1항에 규정하는 협력청구가 재판소, 검찰관 또는 사법경찰원이 보관하는 소송에 관한 서류의 제공에 관련된 것인 때에는 법무대신은 그 서류의 보관자에게 협력청구에 관한 서면을 송부한다.

④ 법무대신은 전2항에 규정하는 조치 기타 증거의 제공에 관련된 협력에 관한 조치를 취하기 위해 필요하다고 인정하는 때에는 관계인의 소재 기타 필요한 사항에 대한 조사를 할 수 있다.

제7조(국가공안위원회의 조치) 국가공안위원회는 전조 제2항 제2호의 서면을 송부받은 때에는 상당하다고 인정하는 도도부현경찰에게 관계 서류를 송부하여 증거의 제공에 관련된 협력에 필요한 증거의 수집을 지시한다.

제8조(협력의 실시) 국제수사공조 등에 관한 법률 제7조, 제8조, 제10조, 제12조 및 제13조의 규정은 제6조 제1항의 청구에 따른 증거의 제공에 관련된 협력에 준용한다. 이 경우에 같은 법 제7조 제1항 중 「제5조 제1항 제1호」는 「국제형사재판소에 대한 협력 등에 관한 법률(平成 19년 법률 제37호) 제6조 제2항 제1호」로, 같은 조 제2항 중 「전조」는 「국제형사재판소에 대한 협력 등에 관한 법률 제7조」로, 같은 조 제3항 중 「제5조 제1항 제3호」는 「국제형사재판소에 대한 협력 등에 관한 법률 제6조 제2항 제3호」로, 같은 법 제13조 중 「이 법률에 특별한 정함이 있는」은 「국제형사재판소에 대한 협력 등에 관한 법률 제8조에서 준용하는 제8조, 제10조 및 전조에 규정하는」으로 바꿔 읽는 것으로 한다.

제9조(허위의 증명서 제출에 대한 벌칙) ① 전조에서 준용하는 국제수사공조 등에 관한 법률 제8조 제3항의 규정에 따른 증명서의 제출을 요구받은 자가 허위의 증명서를 제출한 때에는 1년 이하의 징역 또는 50만엔 이하의 벌금에 처한다.

② 전항의 규정은 형법(明治 40년 법률 제45호) 또는 제4장의 죄에 저촉되는 때에는 적용하지 아니한다.

제10조(처분을 마친 경우 등의 조치) ① 검사정은 증거의 제공에 관련된 협력에 필요한 증거의 수집을 마친 때에는 신속하게 의견을 붙여 법무대신에게 수집한 증거를 송부하여야 한다. 제6조 제2항 제3호의 국가기관의 장이 협력에 필요한 증거의 수집을 마친 때에도 같다.

② 도도부현공안위원회는 도도부현경찰의 경시총감 또는 도부현경찰본부장이 협력에 필요한 증거의 수집을 마친 때에는 신속하게 의견을 붙여 국가공안위원회에 수집한 증거를 송부하여야 한다.

③ 국가공안위원회는 전항의 증거를 송부받은 때에는 신속하게 의견을 붙여 법무대신에게 이를 송부한다.

④ 제6조 제3항의 규정에 따라 증거의 제공에 관련된 협력청구에 관한 서면을 송

부받은 소송에 관한 서류의 보관자는 신속하게 의견을 붙여 법무대신에게 당해 서류 또는 그 등본을 송부하여야 한다. 다만 곧바로 이를 송부하는 것에 지장이 있다고 인정하는 때에는 신속하게 법무대신에게 그 취지를 통지하여야 한다.

제11조(증거의 제공의 조건) 법무대신은 전조 제1항, 제3항 또는 제4항의 규정에 따라 송부받은 증거를 국제형사재판소에 제공하는 경우에 필요하다고 인정하는 때에는 당해 증거의 사용 또는 반환에 관한 조건을 정한다.

제12조(협력을 하지 아니하는 경우의 통지) 법무대신은 제6조 제2항 제2호나 제3호 또는 제3항의 규정에 따른 조치를 취한 후에 같은 조 제1항 제1호부터 제4호까지의 어느 하나에 해당한다고 인정하여 증거의 제공에 관련된 협력을 하지 아니하기로 하는 때에는 지체 없이 그 취지를 증거의 제공에 관련된 협력청구에 관하여 서면을 송부받은 자에게 통지한다.

제13조(외무대신 등과의 협의) ① 법무대신은 다음 각호의 어느 하나에 해당하는 경우에는 미리 외무대신과 협의한다.

1. 제6조 제1항 제1호부터 제3호까지의 어느 하나에 해당하는 것을 이유로 하여 증거의 제공에 관련된 협력을 하지 아니하기로 하는 때

2. 제6조 제1항 제5호 또는 제6호의 어느 하나에 해당하는 것을 이유로 하여 증거의 제공에 관련된 협력을 하는 것을 보류하는 때

3. 제11조의 조건을 정하는 때

② 국제수사공조 등에 관한 법률 제16조 제2항의 규정은 증거의 제공에 관련된 협력청구에 관하여 법무대신이 제6조 제2항 각호의 조치를 취하기로 하는 경우에 준용한다.

제2관 재판상의 증거조사 및 서류의 송달

제14조(법무대신의 조치) 법무대신은 외무대신으로부터 제4조의 규정에 따라 재판상의 증거조사 또는 서류의 송달에 관련된 협력청구에 관한 서면을 송부받은 경우에 제6조 제1항 각호의 어느 하나에도 해당하지 아니하는 때에는 상당하다고 인정하는 지방재판소에 당해 협력청구에 관한 서면을 송부한다.

제15조(재판소의 조치 등) ① 외국재판소의 촉탁에 따른 공조법(明治 38년 법률 제63호) 제1조 제2항, 제1조의2 제1항(제1호, 제5호 및 제6호를 제외한다.), 제2조 및 제3조[132]의

---

132) 일본국 외국재판소의 촉탁에 따른 공조법
　　　제1조 ① 재판소는 외국재판소의 촉탁에 따른 민사 및 형사소송사건에 관한 서류의 송달 및 증거조사 회부, 법률상의 보조를 한다.
　　　② 법률상의 보조는 소요 사무를 취급할 지역을 관할하는 구재판소에서 한다.
　　　제1조의2 ① 법률상의 보조는 아래 조건을 구비하는 경우에 한다.
　　　1. 촉탁이 외교기관을 경유하는 것으로 할 것

규정은 재판상의 증거조사 또는 서류의 송달에 관련된 협력에 준용한다.

② 전조의 지방재판소는 재판상의 증거조사 또는 서류의 송달을 마친 때에는 신속하게 법무대신에게 당해 재판상의 증거조사로 취득한 증거를 송부하거나 서류의 송달의 결과를 통지하여야 한다.

제16조(준용) 제12조 및 제13조 제1항(제3호를 제외한다.)의 규정은 법무대신이 제14조의 규정에 따른 재판상의 증거조사 또는 서류의 송달에 관련된 협력에 관련된 조치를 취한 경우에 준용한다. 이 경우에 제12조 중「같은 조 제1항 제1호」는「제6조 제1항 세1호」로 바꿔 읽는 깃으로 한다.

제3관 수형자증인 등 이송

제17조(수형자증인 등 이송결정 등) ① 법무대신은 외무대신으로부터 제4조의 규정에 따라 수형자증인 등 이송에 관련된 협력청구에 관한 서면을 송부받은 경우에 제6조 제1항 제4호 및 다음 각호의 어느 하나에도 해당하지 아니하고 당해 청구에 응함이 상당하다고 인정하는 때에는 30일을 초과하지 아니하는 범위 내에서 국내수형자를 이송하는 기간을 정하여 당해 수형자증인 등 이송결정을 한다.

1. 국내수형자의 서면에 의한 동의가 없는 때

2. 국내수형자가 20세 미만인 때

3. 국내수형자가 범한 죄에 관련된 사건이 일본국 재판소에 계속된 때

② 법무대신은 전항의 결정을 하는 경우에 필요하다고 인정하는 때에는 수형자증인 등 이송에 관한 조건을 정한다.

③ 법무대신은 제1항의 청구에 응함이 상당하지 아니하다고 인정하여 수형자증인 등 이송을 하지 아니하기로 한 때 및 전항의 조건을 정하는 때에는 미리 외무대신과 협의한다.

④ 국제수사공조 등에 관한 법률 제19조 제3항의 규정은 제1항의 결정을 한 경우에 준용한다.

제18조(국내수형자의 인도에 관한 조치 등) ① 법무대신은 전조 제4항에서 준용하는

---

2. 서류송달의 촉탁은 송달을 받을 자와 그 국적 및 주소 또는 거소를 기재한 서면으로 할 것

3. 증거조사의 촉탁은 소송사건의 당사자, 증거방법의 종류, 조사를 받을 자의 이름, 국적 및 주소 또는 거소와 조사를 요하는 사항을 기재한 서면으로 형사(刑事)에 회부할 때는 그 사건의 요지를 기재한 서면을 첨부하도록 할 것

4. 일본어로 작성하게 하는 촉탁서 및 그 기관서류에는 일본어의 번역문을 첨부할 것

5. 촉탁재판소 소속국이 수탁사항시행을 위해 요하는 비용의 변상을 보증할 것

6. 촉탁재판소 소속국이 동일 또는 유사한 사항으로 일본의 재판소의 촉탁에 따라 법률상의 보조를 얻을 수 있다는 취지의 보증을 할 것

② 조약 또는 이에 준하는 것에 전항의 규정과 다른 규정이 있는 때에는 그 규정에 따른다.

제2조 수탁사항이 다른 재판소의 관할에 속하는 때에는 수탁재판소는 촉탁을 관할재판소에 이송하여야 한다.

제3조 수탁사항은 일본의 법률에 따라 시행하여야 한다.

국제수사공조 등에 관한 법률 제19조 제3항의 규정에 따른 명령을 한 때에는 외무대신에게 수령허가증을 송부하여야 한다.

② 외무대신은 전항의 규정에 따른 수령허가증을 송부받은 때에는 곧바로 이를 국제형사재판소에 송부하여야 한다.

③ 제1항에 규정하는 명령을 받은 형사시설의 장 또는 그 지명하는 형사시설의 직원은 신속하게 국내수형자를 국제형사재판소가 지정하는 장소에 호송하고 국제형사재판소가 지정하는 자로서 수령허가증을 보유하는 자에게 당해 국내수형자를 인도하여야 한다.

④ 국제수사공조 등에 관한 법률 제21조 및 제22조의 규정은 전항의 규정에 따른 국제형사재판소가 지정하는 자에 대한 인도에 관련된 국내수형자에 준용한다. 이 경우에 같은 법 제21조 중 「수형자증인이송」은 「국제형사재판소에 대한 협력 등에 관한 법률 제2조 제7호에 규정하는 수형자증인 등 이송」으로 바꿔 읽는 것으로 한다.

제3절 인도범죄인의 인도 등

제1관 인도범죄인의 인도

제19조(인도범죄인의 인도의 요건) ① 인도범죄인의 인도는 인도범죄가 중대범죄인 경우에는 다음 각호의 어느 하나에 해당하는 경우를 제외하고 이를 할 수 있다.

1. 인도범죄에 관련된 사건이 일본국 재판소에 계속된 때. 다만 당해 사건에 대하여 국제형사재판소에서 규정 제17조1의 규정에 따라 사건을 수리하는 취지의 결정을 하거나 공판절차를 개시하고 있는 때에는 그러하지 아니하다.

2. 인도범죄에 관련된 사건에 대하여 일본국 재판소에서 확정판결을 경료한 때. 다만 당해 사건에 대하여 국제형사재판소에서 규정 제17조1의 규정에 따라 사건을 수리하는 취지의 결정을 하거나 유죄의 판결을 선고하고 있는 때에는 그러하지 아니하다.

3. 인도범죄에 대하여 국제형사재판소에서 유죄의 판결의 선고가 있는 경우를 제외하고, 인도범죄인이 인도범죄를 하지 아니하였음이 명백하게 인정되는 때

② 인도범죄인의 인도는 인도범죄가 규정 제70조1에 규정하는 범죄인 경우에는 다음 각호의 어느 하나에 해당하는 경우를 제외하고 이를 할 수 있다.

1. 인도범죄에 관련된 행위가 일본국 내에서 이뤄졌다고 할 경우에 당해 행위가 일본국의 법령에 따라 사형, 무기 또는 장기 3년 이상의 징역 또는 금고에 처할 죄에 해당하는 것이 아닌 때

2. 인도범죄에 관련된 행위가 일본국 내에서 이뤄지거나 인도범죄에 관련된 재판

이 일본국 재판소에서 진행되었다고 할 경우에 일본국의 법령에 따라 인도범죄인에게 형벌을 부과하거나 이를 집행할 수 없다고 인정되는 때

3. 인도범죄에 대하여 국제형사재판소에서 유죄의 판결의 선고가 있는 경우를 제외하고 인도범죄인이 그 인도범죄에 관련된 행위를 하였음을 의심할 만한 상당한 이유가 없는 때

4. 인도범죄에 관련된 사건이 일본국 재판소에 계속되거나 그 사건에 대하여 일본국 재판소에서 확정판결을 경료한 때

5. 인도범죄인이 범한 인도범죄 이외의 죄에 관련된 사건이 일본국 재판소에 계속되거나 그 사건에 대하여 인도범죄인이 일본국 재판소에서 형에 처해지고 그 집행을 종료하지 아니하거나 집행을 받지 아니하기로 되어 있지 아니한 때

6. 인도범죄인이 일본국민인 때

제20조(법무대신의 조치) ① 법무대신은 외무대신으로부터 제4조의 규정에 따라 인도범죄인의 인도에 관련된 협력청구에 관한 서면을 송부받은 때에는 다음 각호의 어느 하나에 해당하는 경우를 제외하고 도쿄고등검찰청검사장에게 관계 서류를 송부하여 인도범죄인을 인도할 수 있는 경우에 해당하는지에 대하여 도쿄고등재판소에 심사청구를 하여야 하는 취지를 명한다.

1. 명백하게 전조 제1항 각호 또는 제2항 각호의 어느 하나에 해당한다고 인정하는 때
2. 당해 협력청구가 도망범죄인인도법(昭和 28년 법률 제68호) 제3조에 규정하는 도망범죄인 인도청구 또는 같은 법 제23조 제1항에 규정하는 범죄인을 임시로 구금하는 청구와 경합하고 규정에 정하는 바에 따라 이들 청구를 우선하게 할 수 있는 경우에 당해 도망범죄인을 인도하거나 범죄인을 임시로 구금함이 상당하다고 인정하는 때
3. 당해 협력의 청구에 응함에 따라 규정 제98조에 규정하는 국제법을 기초로 한 의무 또는 국제협정에 기초한 의무에 반하는 것이 되는 때
4. 당해 협력의 청구에 응함에 따라 인도범죄 이외의 죄에 관련된 사건으로 일본국 검찰관, 검찰사무관 또는 사법경찰직원에 의해 수사받고 있거나 인도범죄 이외의 죄에 관련된 사건(인도범죄인 이외의 자가 범한 것에 한한다.)으로 일본국 재판소에 계속되어 있는 것에 대하여 그 수사 또는 재판을 방해할 우려가 있어 곧바로 당해 청구에 응함이 상당하지 아니하다고 인정하는 때
5. 기타 곧바로 당해 협력의 청구에 응하지 아니함에 정당한 이유가 있는 때
② 법무대신은 전항의 규정에 따른 명령 기타 인도범죄인의 인도에 관한 조치를 취하기 위해 필요하다고 인정하는 때에는 인도범죄인의 소재 기타 필요한 사항에 대하여 조사를 할 수 있다.

제21조(인도범죄인의 구금) ① 도쿄고등검찰청검사장은 전조 제1항의 규정에 따른 명령을 받은 때에는 인도범죄인이 가구금허가장에 의해 구금되거나 가구금허가장에 의한 구금이 정지되어 있는 경우를 제외하고 도쿄고등검찰청 검찰관으로 하여금 도쿄고등재판소 재판관이 미리 발부한 구금허가장에 의해 인도범죄인을 구금하게 하여야 한다.

② 도망범죄인인도법 제5조 제2항 및 제3항, 제6조 및 제7조의 규정은 전항의 구금허가장에 의한 인도범죄인의 구금에 준용한다. 이 경우에 같은 법 제5조 제3항 중「청구국의 명칭, 유효기간」은「유효기간」으로 바꿔 읽는 것으로 한다.

제22조(심사청구) ① 도쿄고등검찰청 검찰관은 제20조 제1항의 규정에 따른 명령이 있는 때에는 인도범죄인의 현재지를 알 수 없는 경우를 제외하고 신속하게 도쿄고등재판소에 인도범죄인을 인도할 수 있는 경우에 해당하는지에 대한 심사청구를 하여야 한다.

② 도망범죄인인도법 제8조 제1항 후단, 제2항 및 제3항의 규정은 인도범죄인의 인도에 관련된 전항의 심사청구에 준용한다.

제23조(도쿄고등재판소의 심사) ① 도쿄고등재판소는 심사의 결과에 기초하여 다음 각호에 열거하는 구분에 대응하여 당해 각호에 정하는 결정을 하여야 한다.

1. 전조 제1항의 심사청구가 부적법한 때: 각하하는 결정
2. 인도범죄인을 인도할 수 있는 경우에 해당하는 때: 그 취지의 결정
3. 인도범죄인을 인도할 수 있는 경우에 해당하지 아니하는 때: 그 취지의 결정

② 도망범죄인인도법 제9조의 규정은 전조 제1항의 심사청구에 관련된 도쿄고등재판소의 심사에, 같은 법 제10조 제2항 및 제3항의 규정은 전항의 결정에, 같은 법 제11조의 규정은 제20조 제1항의 규정에 따른 명령의 취소에, 같은 법 제12조의 규정은 인도범죄인의 석방에, 같은 법 제13조의 규정은 당해 심사에 관련된 재판서의 등본에 각각 준용한다. 이 경우에 같은 법 제9조 제3항 단서 중「다음 조 제1항 제1호 또는 제2호」는「국제형사재판소에 대한 협력 등에 관한 법률(平成 19년 법률 제37호) 제23조 제1항 제1호 또는 제3호」로, 같은 법 제11조 제1항 중「제3조의」는「국제형사재판소에 대한 협력 등에 관한 법률 제4조의」로,「청구국」은「국제형사재판소」로,「받거나 제3조 제2호에 해당하기에 이른」은「받은」으로, 같은 조 제2항 중「제4조 제1항의」는「국제형사재판소에 대한 협력 등에 관한 법률 제20조 제1항의」로,「제4조 제1항 각호」는「같은 조 제1항 각호」로,「제8조 제3항」은「같은 법 제22조 제2항에서 준용하는 제8조 제3항」으로, 같은 법 제12조 중「제10조 제1항 제1호 또는 제2호」는「국제형사재판소에 대한 협력 등에 관한 법률 제23조 제1항 제1호 또는 제3호」로 바꿔 읽는 것으로 한다.

제24조(심사절차의 정지) ① 도쿄고등재판소는 전조 제2항에서 준용하는 도망범죄인 인도법 제9조의 심사에서 인도범죄인으로부터 인도범죄에 관련된 사건이 외국의 재판소에 계속된 것 또는 당해 사건에 대하여 외국의 재판소에서 확정판결을 경료하였음을 이유로 하여 당해 인도범죄인의 인도가 인정되지 아니한다는 취지의 신청이 된 경우에는 국제형사재판소에서 당해 사건에 대해 규정 제17조1의 규정에 따라 사건을 수리할 것인지 결정될 때까지 결정으로 심사절차를 정지할 수 있다.

② 도쿄고등검찰청검사장은 전항의 신청이 있는 때에는 신속하게 법무대신에게 그 취지의 보고를 하여야 한다.

③ 법무대신은 전항의 보고를 받은 때에는 외무대신에게 제1항의 신청이 있었다는 취지의 통지를 한다.

④ 외무대신은 전항의 통지를 받은 때에는 국제형사재판소에 제1항의 신청이 있었다는 취지의 통보를 함과 동시에 인도범죄에 대한 규정 제17조1의 규정에 따른 사건을 수리할지의 결정에 관하여 국제형사재판소와 협의한다.

⑤ 도쿄고등검찰청 검찰관은 제1항의 규정에 따라 심사절차가 정지된 경우에 필요하다고 인정하는 때에는 인도범죄인의 구금을 정지할 수 있다. 이 경우에 필요하다고 인정하는 때에는 당해 인도범죄인을 친족 기타의 자에게 위탁하거나 당해 인도범죄인의 주거를 제한한다.

⑥ 도쿄고등검찰청 검찰관은 전항의 규정에 따른 구금이 정지되어 있는 경우에 국제형사재판소에서 인도범죄에 대한 규정 제17조1의 규정에 따라 사건을 수리하는 취지의 결정이 있는 때에는 그 구금의 정지를 취소하여야 한다.

⑦ 도망범죄인인도법 제22조 제3항부터 제6항까지의 규정은 전항의 규정에 따라 인도범죄인의 구금의 정지를 취소한 경우에 준용한다.

⑧ 제1항의 규정에 따라 심사절차가 정지된 경우에 전조 제2항에서 준용하는 도망범죄인인도법 제9조 제1항을 적용할 때에는 같은 항 중 「2개월」은 「2개월(국제형사재판소에 대한 협력 등에 관한 법률 제24조 제1항의 규정에 따라 심사절차가 정지된 기간을 제외한다.)」로 한다.

제25조(인도범죄인의 인도에 관한 법무대신의 명령 등) ① 법무대신은 제23조 제1항 제2호의 결정이 있는 경우에 제20조 제1항 제2호부터 제5호까지의 어느 하나에도 해당하지 아니한다고 인정하는 때에는 도쿄고등검찰청검사장에게 인도범죄인의 인도를 명함과 동시에 인도범죄인에게 그 취지를 통지하여야 한다. 이 경우에 당해 인도범죄인이 구금허가장에 의해 구금되어 있는 때에는 그 인도명령은 당해결정이 있던 날로부터 10일 이내에 하여야 한다.

② 법무대신은 전항에 규정하는 결정이 있는 경우에 제20조 제1항 제2호 또는 제3

호의 어느 하나에 해당한다고 인정하는 때에는 곧바로 도쿄고등검찰청검사장 및 인도범죄인에게 그 취지를 통지함과 동시에 도쿄고등검찰청검사장에게 구금허가장에 의해 구금되어 있는 인도범죄인의 석방을 명하여야 한다.

③ 도쿄고등검찰청 검찰관은 전항의 규정에 따른 명령이 있는 때에는 곧바로 구금허가장에 의해 구금되어 있는 인도범죄인을 석방하여야 한다.

④ 법무대신은 제1항에 규정하는 결정이 있는 경우에 제20조 제1항 제4호 또는 제5호의 어느 하나에 해당한다고 인정하는 때에는 도쿄고등검찰청검사장에게 그 취지를 통지함과 동시에 구금허가장에 의해 구금되어 있는 인도범죄인의 구금을 정지하도록 명하여야 한다.

⑤ 도쿄고등검찰청 검찰관은 전항의 규정에 따른 구금의 정지명령이 있는 때에는 곧바로 구금허가장에 의해 구금되어 있는 인도범죄인의 구금을 정지하여야 한다. 이 경우에는 전조 제5항 후단의 규정을 준용한다.

⑥ 법무대신은 제4항의 규정에 따른 구금의 정지명령을 한 후에 제20조 제1항 제4호 및 제5호의 어느 하나에도 해당하지 아니하게 된 때에는 제1항의 규정에 따른 인도를 명하여야 한다.

⑦ 도쿄고등검찰청 검찰관은 전항의 인도명령이 있는 때에는 제5항의 규정에 따른 구금의 정지를 취소하여야 한다.

⑧ 도망범죄인인도법 제22조 제3항부터 제6항까지의 규정은 전항의 규정에 따라 인도범죄인의 구금의 정지를 취소한 경우에 준용한다.

제26조(인도범죄인의 인도명령의 연기) ① 법무대신은 전조 제1항에 규정하는 경우(인도범죄가 중대범죄인 경우에 한한다.)에 다음 각호의 어느 하나에 해당하고 곧바로 인도범죄인을 인도함이 상당하지 아니하다고 인정하는 때에는 같은 항의 규정에 불구하고 그 인도명령을 연기할 수 있다.

1. 인도범죄인이 범한 인도범죄 이외의 죄에 관련된 사건이 일본국 재판소에 계속된 때

2. 전호에 규정하는 사건에 대하여 인도범죄인이 일본국 재판소에서 형에 처해져 그 집행을 종료하거나 집행을 받지 아니하기로 되어 있지 아니한 때

② 법무대신은 전항의 규정에 따라 인도범죄인의 인도명령을 연기하는 때에는 도쿄고등검찰청검사장에게 그 취지를 통지함과 동시에 구금허가장에 의해 구금되어 있는 인도범죄인의 구금을 정지하도록 명하여야 한다.

③ 도쿄고등검찰청 검찰관은 전항의 규정에 따른 명령이 있는 때에는 곧바로 구금허가장에 의해 구금되어 있는 인도범죄인의 구금을 정지하여야 한다. 이 경우에는 제24조 제5항 후단의 규정을 준용한다.

④ 법무대신은 제2항의 규정에 따른 구금의 정지명령을 한 후에 제1항 각호의 어느 하나에도 해당하지 아니하게 된 때 또는 당해 인도범죄인을 인도함이 상당하지 아니하다고 인정할 사유가 없어진 때에는 도쿄고등검찰청검사장에게 전조 제1항의 규정에 따른 인도명령을 하여야 한다.

⑤ 도쿄고등검찰청 검찰관은 전항의 인도명령이 있는 때에는 제3항의 규정에 따른 구금의 정지를 취소하여야 한다.

⑥ 도망범죄인인도법 제22조 제3항부터 제6항까지의 규정은 전항의 규정에 따라 인도범죄인의 구금의 정지를 취소한 경우에 준용한다.

제27조(구금이 곤란한 경우의 구금의 정지 및 취소) ① 도쿄고등검찰청 검찰관은 구금 허가장에 의해 구금되어 있는 인도범죄인의 신청 또는 직권으로 구금에 의해 현저하게 인도범죄인의 건강을 해칠 우려가 있는 때 기타 계속 구금하는 것이 곤란하다고 인정하는 때에는 당해 인도범죄인의 구금을 정지할 수 있다.

② 도쿄고등검찰청검사장은 전항의 신청이 있는 때 또는 도쿄고등검찰청 검찰관이 직권으로 구금을 정지하려는 때에는 법무대신에게 그 취지의 보고를 하여야 한다.

③ 법무대신은 전항의 보고를 받은 때에는 외무대신에게 그 취지의 통지를 한다.

④ 외무대신은 전항의 통지를 받은 때에는 국제형사재판소에 인도범죄인의 구금의 정지에 관한 의견을 구한다.

⑤ 도쿄고등검찰청 검찰관은 제1항의 규정에 따라 구금을 정지할 것인지를 판단할 때에는 전항의 의견을 존중한다. 다만 급속을 요하고 당해 의견을 들을 시간이 없는 때에는 이를 기다리지 아니하고 당해 구금을 정지할 수있다.

⑥ 제24조 제5항 후단의 규정은 제1항의 규정에 따라 구금을 정지하는 경우에 준용한다.

⑦ 도쿄고등검찰청 검찰관은 필요하다고 인정하는 때에는 언제라도 제1항의 규정에 따른 구금의 정지를 취소할 수 있다.

⑧ 도망범죄인인도법 제22조 제3항부터 제6항까지의 규정은 전항의 규정에 따라 인도범죄인의 구금의 정지를 취소한 경우에 준용한다.

제28조(구금의 정지 중의 실효) 다음 각호의 어느 하나에 해당하는 때에는 제24조 제5항, 제25조 제5항, 제26조 제3항 또는 전조 제1항의 규정에 따라 정지되어 있는 구금은 효력을 잃는다.

1. 인도범죄인에게 제23조 제1항 제1호 또는 제3호의 결정의 재판서의 등본이 송달된 때

2. 인도범죄인에게 제23조 제2항에서 준용하는 도망범죄인인도법 제11조 제2항의 규정에 따른 통지가 있었던 때

3. 인도범죄인에게 제25조 제2항의 규정에 따라 법무대신으로부터 제20조 제1항 제2호 또는 제3호의 어느 하나에 해당하는 취지의 통지가 있었던 때

제29조(인도범죄인의 인도기한) ① 제25조 제1항의 규정에 따른 명령에 기초한 인도 범죄인의 인도는 당해 명령일(구금이 정지되어 있는 때에는 당해 구금의 정지의 취소에 의해 인도범죄인이 구금된 날)로부터 30일 이내에 하여야 한다.

② 제25조 제1항의 규정에 따른 명령이 있은 후에 제27조 제1항의 규정에 따라 구금이 정지된 경우에 전항의 규정을 적용할 때에는 당해 구금이 정지되어 있던 기간은 같은 항의 기간에 산입하지 아니한다.

제30조(외무대신과의 협의) 법무대신은 다음 각호의 어느 하나에 해당하는 경우에는 미리 외무대신과 협의한다.

1. 제20조 제1항 제1호(제19조 제1항에 관련된 부분에 한한다.)에 해당함을 이유로 하여 제20조 제1항의 규정에 따른 명령을 유보하는 때

2. 제20조 제1항 제2호 또는 제3호의 어느 하나에 해당함을 이유로 하여 인도범죄인의 인도에 관련된 협력을 하지 아니하기로 하는 때

3. 제20조 제1항 제4호 또는 제5호의 어느 하나에 해당함을 이유로 하여 같은 항의 규정에 따른 명령을 유보하거나 제25조 제4항의 규정에 따른 조치를 취하는 때

4. 제26조 제1항의 규정에 따라 인도범죄인의 인도명령을 연기하는 때

제31조(인도범죄인의 인도에 관한 조치) ① 도망범죄인인도법 제16조 제1항부터 제3항까지, 제17조 제1항, 제18조 및 제19조의 규정은 제25조 제1항의 규정에 따른 인도명령에 관련된 인도범죄인의 인도에 준용한다. 이 경우에 같은 법 제18조 중「전조 제5항 또는 제22조 제6항의 규정에 따른 보고」는「국제형사재판소에 대한 협력 등에 관한 법률 제25조 제8항, 제26조 제6항 또는 제27조 제8항에서 준용하는 제22조 제6항의 규정에 따른 보고(같은 법 제27조 제8항에서 준용하는 경우에는 같은 법 제25조 제1항의 규정에 따른 인도명령이 있은 후에 구금의 정지가 취소된 경우의 보고에 한한다.)」로, 같은 법 제19조 중「청구국」은「국제형사재판소」로 바꿔 읽는 것으로 한다.

② 전항에서 준용하는 도망범죄인인도법 제16조 제1항의 인도장 및 같은 조 제3항의 수령허가장에는 인도범죄인의 이름, 인도범죄명, 인도장소, 인도기한, 발부의 연월일 및 국제형사재판소가 선고한 구금형의 집행 중에 도망한 인도범죄인의 인도에서는 국제형사재판소가 인도처로 지정하는 외국의 명칭을 기재하고 법무대신이 기명날인하여야 한다.

제32조(위와 같음) 전조 제1항에서 준용하는 도망범죄인인도법 제17조 제1항의 규정에 따른 지휘를 받은 형사시설의 장 또는 그 지명받는 형사시설의 직원은 인도범죄인을 인도장에 기재된 인도장소에 호송하고 국제형사재판소가 지정하는 자로서 수

령허가장을 보유하는 자에게 인도하여야 한다.

제33조(위와 같음) 전조의 규정에 따라 인도범죄인의 인도를 일본국 내에서 받은 자는 신속하게 당해 인도범죄인을 국제형사재판소 또는 제31조 제2항에 규정하는 인도처로 지정된 외국에 호송한다.

제2관 가구금

제34조(가구금의 명령) 법무대신은 외무대신으로부터 제4조의 규정에 따라 가구금에 관련된 협력청구에 관한 서면을 송부받은 때에는 제20조 제1항 각호(제1호에서는 제19조 제1항 제3호에 관련된 부분을 제외한다.)의 어느 하나에 해당한다고 인정하는 경우를 제외하고 도쿄고등검찰청검사장에게 가구금을 하여야 하는 취지를 명하여야 한다.

제35조(가구금에 관한 조치) ① 도쿄고등검찰청검사장은 전조의 규정에 따른 명령을 받은 때에는 도쿄고등검찰청 검찰관으로 하여금 도쿄고등재판소 재판관이 미리 발부한 가구금허가장에 의해 가구금범죄인을 구금하게 하여야 한다.

② 도망범죄인인도법 제5조 제2항 및 제3항, 제6조 및 제7조의 규정은 전항의 가구금허가장에 의한 가구금범죄인의 구금에, 같은 법 제26조의 규정은 가구금허가장에 의해 구금되어 있는 가구금범죄인의 석방에, 같은 법 제27조의 규정은 가구금허가장이 발부되어 있는 가구금범죄인에게 제20조 제1항의 규정에 따른 명령이 있는 경우에, 같은 법 제28조의 규정은 전조에 규정하는 서면의 송부가 있은 후에 국제형사재판소로부터 가구금범죄인의 인도청구를 하지 아니하는 취지의 통지가 있었던 경우에, 같은 법 제29조의 규정은 가구금허가장에 의해 구금되어 있는 가구금범죄인에 각각 준용한다. 이 경우에 같은 법 제5조 제3항 중 「청구국의 명칭, 유효기간」은 「유효기간」으로, 같은 법 제26조 제1항 중 「제3조의 규정에 따른 인도청구에 관한」은 「국제형사재판소에 대한 협력 등에 관한 법률 제20조 제1항에 규정하는」으로, 「제4조 제1항 각호」는 「같은 항 각호」로, 같은 법 제27조 제3항 중 「제8조 제1항」은 「국제형사재판소에 대한 협력 등에 관한 법률 제22조 제2항에서 준용하는 제8조 제1항 후단」으로, 같은 법 제29조 중 「구속된 날로부터 2개월(인도조약으로 2개월보다 짧은 기간의 정함이 있는 때에는 그 기간)」은 「구속된 날의 다음 날로부터 60일」로 바꿔 읽는 것으로 한다.

③ 도쿄고등검찰청 검찰관은 가구금허가장에 의해 구금되어 있는 가구금범죄인의 신청 또는 직권으로 구금에 의해 현저하게 가구금범죄인의 건강을 해칠 우려가 있는 때 기타 계속 구금하는 것이 곤란하다고 인정하는 때에는 당해 가구금범죄인의 구금을 정지할 수 있다.

④ 제27조 제2항부터 제7조까지 및 도망범죄인인도법 제22조 제3항부터 제5항까

지의 규정은 전항의 규정에 따른 가구금범죄인의 구금의 정지 및 당해 구금의 정지를 취소한 경우에 준용한다.

⑤ 제3항의 규정에 따라 가구금허가장에 의해 구금이 정지된 경우에 가구금범죄인에게 제2항에서·준용하는 도망범죄인인도법 제27조 제1항의 규정에 따른 고지가 된 때에는 당해 가구금허가장에 의한 구금의 정지는 제27조 제1항의 규정에 따른 구금의 정지로 본다.

⑥ 제3항의 규정에 따라 가구금허가장에 의해 구금이 정지된 경우에 다음 각호의 어느 하나에 해당하는 때에는 정지되어 있는 가구금허가장에 의한 구금은 효력을 잃는다.

1. 가구금범죄인에게 제2항에서 준용하는 도망범죄인인도법 제26조 제1항 또는 제28조 제2항의 규정에 따른 통지가 있는 때

2. 가구금범죄인이 가구금허가장에 의해 구속된 날의 다음 날로부터 60일 이내에 당해 가구금범죄인에게 제2항에서 준용하는 도망범죄인인도법 제27조 제1항의 규정에 따른 고지가 없는 때

제3관 잡칙

제36조(행정절차법 등의 적용 제외) ① 전2관의 규정을 기초로 하는 처분에는 행정절차법(平成 5년 법률 제88호) 제3장[133]의 규정은 적용하지 아니한다.

② 전2관의 규정을 기초로 한 처분[행정사건소송법(昭和 37년 법률 제139호) 제3조 제2항에 규정하는 처분[134]을 말한다.] 또는 재결(같은 조 제3항에 규정하는 재결을 말한다.)에 관련된 항고소송(같은 조 제1항에 규정하는 항고소송을 말한다.)에는 같은 법 제12조 제4항 및 제5항[135](이들 규정을 같은 법 제38조 제1항에서 준용하는 경우를 포함한다.)의 규정은 적용하지 아니한다.

제37조(준용) 도망범죄인인도법 제32조의 규정[136]은 전2관에 정하는 도쿄고등재판소나 그 재판관 또는 도쿄고등검찰청 검찰관의 직무의 집행에 준용한다.

제4절 집행협력

제38조(집행협력의 요건) ① 집행협력은 청구범죄가 중대범죄인 경우에는 다음 각호의 어느 하나에 해당하는 경우를 제외하고 이를 할 수 있다.

1. 몰수형을 위한 보전에 관련된 집행협력은 청구범죄에 관련된 사건이 일본국 재

---

133) 청문과 변명의 기회 부여 등 불이익처분에 관한 규정임(일본국 행정절차법 제15조부터 제31조까지).
134) 행정청의 처분 기타 공권력의 행사에 해당하는 행위(재결을 제외함).
135) 국가 또는 독립행정법인이나 행정사건소송법 별표에 열거된 법인을 피고로 하는 소송의 관할규정과 이송에 관한 규정임.
136) 도쿄고등재판소 관할구역의 특례를 정한 규정임.

판소에 계속된 때. 다만 당해 사건에 대하여 국제형사재판소에서 규정 제17조1의 규정에 따라 사건을 수리하는 취지의 결정을 하거나 공판절차를 개시하고 있는 때에는 그러하지 아니하다.

2. 몰수형을 위한 보전에 관련된 집행협력은 청구범죄에 관련된 사건에 대하여 일본국 재판소에서 확정판결을 경료한 때. 다만 당해 사건에 대하여 국제형사재판소에서 규정 제17조1의 규정에 따라 사건을 수리하는 취지의 결정을 하거나 유죄의 판결을 선고하고 있는 때에는 그러하지 아니하다.

3. 몰수형을 위한 보전에 관련된 집행협력은 청구범죄에 대하여 일본국에서 형벌을 부과할 경우에 일본국의 법령에 따르면 당해 집행협력청구에 관련된 재산이 몰수보전을 할 수 있는 재산에 해당하지 아니하는 때(당해 청구에 관련된 재산이 청구범죄에 관련된 행위로 피해를 받은 자로부터 취득한 재산인 경우에는 그 자 또는 그 일반승계인에게 귀속됨을 이유로 하여 몰수보전을 할 수 있는 재산에 해당하지 아니하는 때를 제외한다)

4. 피해회복명령을 위한 보전으로서 그 내용 및 성질을 고려하여 일본국의 법령에 따르면 몰수의 보전에 상당하는 것에 관련된 집행협력은 청구범죄에 대하여 일본국에서 형벌을 부과할 경우에 일본국의 법령에 따르면 당해 집행협력청구에 관련된 재산이 몰수보전을 할 수 있는 재산에 해당하지 아니하는 때(당해 청구에 관련된 재산이 중대범죄에 관련된 행위로 피해를 받은 자로부터 취득한 재산으로서 피해회복명령에 의해 그 자 또는 그 일반승계인에게 반환하여야 할 것인 경우에는 그들에게 귀속됨을 이유로 하여 몰수보전을 할 수 있는 재산에 해당하지 아니하는 때를 제외한다.)

5. 피해회복명령을 위한 보전으로서 그 내용 및 성질을 고려하여 일본국의 법령에 따르면 추징의 보전에 상당하는 것에 관련된 집행협력은 청구범죄에 대하여 일본국에서 형벌을 부과할 경우에 일본국의 법령에 따르면 당해 집행협력청구에 관련된 재산이 추징보전을 할 수 있는 재산에 해당하지 아니하는 때

② 집행협력은 청구범죄가 규정 제70조1에 규정하는 범죄인 경우에는 다음 각호의 어느 하나에 해당하는 경우를 제외하고 이를 할 수 있다.

1. 청구범죄에 관련된 행위가 일본국 내에서 이뤄졌다고 할 경우에 일본국의 법령에 따르면 이에 대하여 형벌을 과할 수 없다고 인정되는 때

2. 청구범죄에 관련된 사건이 일본국 재판소에 계속된 때 또는 그 사건에 대하여 일본국 재판소에서 확정판결을 경료한 때

3. 몰수형을 위한 보전에 관련된 집행협력은 청구범죄에 대하여 일본국에서 형벌을 부과할 경우에 일본국의 법령에 따르면 당해 집행협력청구에 관련된 재산이 몰수보전을 할 수 있는 재산에 해당하지 아니하는 때(당해 청구에 관련된 재산이 청구범죄에 관련된 행위로 피해를 받은 자로부터 취득한 재산인 경우에는 그 자 또는 그 일반승계인에게

귀속됨을 이유로 하여 몰수보전을 할 수 있는 재산에 해당하지 아니하는 때를 제외한다.)

제39조(법무대신의 조치) ① 법무대신은 외무대신으로부터 제4조의 규정에 따라 집행협력청구에 관한 서면을 송부받은 때에는 다음 각호의 어느 하나에 해당하는 경우를 제외하고 상당하다고 인정하는 지방검찰청의 검사정에게 관계 서류를 송부하여 집행협력에 필요한 조치를 취하도록 명한다.

1. 전조 제1항 각호 또는 제2항 각호의 어느 하나에 해당한다고 인정하는 때

2. 집행협력청구가 조직적인 범죄의 처벌 및 범죄수익의 규제 등에 관한 법률(平成 11년 법률 제136호. 이하 「조직적범죄처벌법」이라고 한다.) 제59조 제1항의 규정에 따른 공조, 국제적인 협력 하에 규제약물에 관련된 부정행위를 조장하는 행위 등의 방지를 도모하기 위한 마약 및 향정신약단속법 등의 특례 등에 관한 법률(平成 3년 법률 제94호) 제21조[137]의 규정에 따른 공조 또는 수사공조의 요청과 경합하고 규정이 정하는 바에 따라 그 요청을 우선하게 할 수 있는 경우에 당해 요청에 관련된 조치를 취함이 상당하다고 인정하는 때

3. 집행협력청구에 응함에 따라 규정 제98조1에 규정하는 국제법에 기초한 의무에 반하는 것이 되는 때

4. 집행협력청구에 응함에 따라 청구범죄 이외의 죄에 관련된 사건으로 일본국 검찰관, 검찰사무관 또는 사법경찰직원에 의해 수사받거나 일본국 재판소에 계속되어 있는 것에 대하여 그 수사 또는 재판을 방해할 우려가 있어 곧바로 당해 청구에 응함이 상당하지 아니하다고 인정하는 때

5. 기타 곧바로 집행협력청구에 응하지 아니함에 정당한 이유가 있는 때

---

137) 일본국 마약특례법 제21조(공조의 실시) 약물범죄등에 해당하는 행위에 관련된 외국의 형사사건에 관하여 당해 외국으로부터 조약에 기초하여 몰수 또는 추징의 확정재판의 집행이나 몰수 또는 추징을 위한 재산의 보전의 공조요청이 있었던 때에는 다음 각호의 어느 하나에 해당하는 경우를 제외하고 그 요청에 관련된 공조를 한다.
   1. 공조범죄(공조요청에서 범하였다고 되어 있는 범죄를 말한다. 이하 같다.)에 대하여 일본국의 법령에 따르면 형벌을 부과할 수 없다고 인정되는 때
   2. 공조범죄에 관련된 사건이 일본국 재판소에 계속되어 있거나 그 사건에 대하여 일본국 재판소에서 확정판결을 경료한 때
   3. 몰수의 확정재판의 집행의 공조 또는 몰수를 위한 보전의 공조에서는 요청에 관련된 재산이 일본국의 법령에 따르면 공조범죄에 대하여 몰수의 재판을 하거나 몰수보전을 할 수 있는 재산에 해당하지 않을 때
   4. 추징의 확정재판의 집행의 공조 또는 추징을 위한 보전의 공조에서는 일본국의 법령에 따르면 공조범죄에 대한 요청에 관련된 추징의 재판을 하거나 추징보전을 할 수 있는 경우에 해당하지 않을 때
   5. 몰수의 확정재판의 집행의 공조에서는 요청에 관련된 재산을 보유하거나 그 재산 위에 지상권, 저당권 기타 권리를 보유한다고 사료할 만한 상당한 이유가 있는 자가, 추징의 확정재판의 집행의 공조에서는 당해 재판을 받은 자가 자기의 책임 없는 사유로 당해 재판에 관련된 절차에서 자기의 권리를 주장할 수 없었다고 인정되는 때
   6. 몰수 또는 추징을 위한 보전의 공조에서는 요청국 재판소 또는 재판관이 한 몰수 또는 추징을 위한 보전의 재판을 기초로 한 요청인 경우나 몰수 또는 추징의 재판의 확정 후의 요청인 경우를 제외하고, 제19조 제1항 또는 제20조 제1항에 규정하는 이유가 없다고 인정되는 때(역자 주: 몰수보전 또는 추징보전의 이유가 없는 것)

② 법무대신은 다음 각호의 어느 하나에 해당하는 경우에는 미리 외무대신과 협의한다.

1. 전항 제2호 또는 제3호의 어느 하나에 해당함을 이유로 하여 집행협력에 관련된 협력을 하지 아니하기로 한 때

2. 전항 제1호(전조 제1항 제1호 및 제2호에 관련된 부분에 한한다.), 제4호 또는 제5호의 어느 하나에 해당함을 이유로 하여 전항의 규정에 따른 명령을 유보한 때

③ 제6조 제4항의 규정은 제1항의 규정에 따른 명령 기타 집행협력에 관한 조치를 취하는 경우에 준용한다.

제40조(검사정의 조치 및 심사청구) ① 전조 제1항의 규정에 따른 명령을 받은 검사정은 그 청의 검찰관에게 집행협력에 필요한 조치를 취하게 하고 집행협력의 실시에 관련된 재산을 보관하여야 한다.

② 전항의 검찰관은 집행협력청구가 벌금형, 몰수형 또는 피해회복명령의 확정재판의 집행에 관련된 것인 때에는 재판소에 집행협력을 할 수 있는 경우에 해당하는지의 심사를 청구할 수 있다. 이 경우에 당해 청구가 피해회복명령의 확정재판의 집행에 관련된 것인 때에는 당해 피해회복명령의 내용 및 성질을 고려하여 일본국의 법령에 따르면 몰수 또는 추징의 확정재판의 어느 하나에 상당하는지에 대한 의견을 붙여야 한다.

제41조(재판소의 심사 등) ① 재판소는 심사의 결과를 기초로 다음 각호에 열거하는 구분에 따라 당해 각호에 정하는 결정을 하여야 한다.

1. 전조 제2항의 심사청구가 부적법한 때: 각하하는 결정

2. 집행협력청구에 관련된 확정재판의 전부 또는 일부에 대하여 집행협력을 할 수 있는 경우에 해당하는 때: 그 취지의 결정

3. 집행협력청구에 관련된 확정재판의 전부에 대하여 집행협력을 할 수 있는 경우에 해당하지 아니하는 때: 그 취지의 결정

② 재판소는 피해회복명령의 확정재판에 관련된 집행협력청구에 대하여 전항 제2호에 정하는 결정을 하는 때에는 당해 피해회복명령의 내용 및 성질에 대응하여 당해 확정재판이 일본국의 법령에 따르면 몰수 또는 추징의 확정재판의 어느 하나에 상당하는지를 표시하여야 한다.

③ 재판소는 몰수형의 확정재판의 집행에 관련된 집행협력청구에 대하여 제1항 제2호에 정하는 결정을 하는 때에는 멸실, 훼손 기타 사유로 당해 확정재판을 집행할 수 없는 경우에 이에 갈음하여 당해 확정재판을 받은 자로부터 추징할 일본 엔의 금액을 동시에 표시하여야 한다. 피해회복명령의 확정재판의 집행에 관련된 집행협력청구에 대하여 같은 호에 정하는 결정을 하는 경우에 전항의 규정에 따라 당해

확정재판이 몰수의 확정재판에 상당하는 취지를 표시하여야 하는 때에도 같다.

④ 재판소는 몰수형의 확정재판의 집행에 관련된 집행협력청구에 대하여 제1항 제2호에 정하는 결정을 하는 경우에 청구범죄에 대하여 일본국에서 형벌을 부과할 경우에 일본국의 법령에 따르면 당해 청구에 관련된 재산이 몰수의 재판을 할 수 있는 재산에 해당하지 아니한다고 인정하는 때(당해 청구에 관련된 재산이 청구범죄에 관련된 행위로 피해를 받은 자로부터 취득한 재산인 경우에는 그 자 또는 그 일반승계인에 귀속됨을 이유로 하여 몰수의 재판을 할 수 있는 재산에 해당하지 아니한다고 인정하는 때를 제외한다.)에는 그 취지 및 당해 확정재판의 집행에 갈음하여 당해 확정재판을 받은 자로부터 추징할 일본 엔의 금액을 동시에 표시하여야 한다.

⑤ 재판소는 피해회복명령의 확정재판에 관련된 집행협력의 청구에 대하여 제1항 제2호에 정하는 결정을 하는 경우(제2항의 규정에 따라 당해 확정재판이 몰수의 확정재판에 상당하는 취지를 표시할 때에 한한다.)에 청구범죄에 대하여 일본국에서 형벌을 부과할 경우에 일본국의 법령에 따르면 당해 청구에 관련된 재산이 몰수의 재판을 할 수 있는 재산에 해당하지 아니한다고 인정하는 때(당해 청구에 관련된 재산이 중대범죄에 관련된 행위로 피해를 받은 자로부터 취득한 재산으로서 피해회복명령에 의해 그 자 또는 그 일반승계인에게 반환할 것인 경우에는 그들에게 귀속됨을 이유로 하여 몰수의 재판을 할 수 있는 재산에 해당하지 아니한다고 인정하는 때를 제외한다.)에는 그 취지 및 당해 확정재판의 집행에 갈음하여 당해 확정재판을 받은 자로부터 추징할 일본 엔의 금액을 동시에 표시하여야 한다.

⑥ 재판소는 몰수형의 확정재판의 집행에 관련된 집행협력의 청구에 대하여 제1항 제2호에 정하는 결정을 하는 경우에 당해 확정재판에 관련된 목적으로 되어 있는 재산을 보유하거나 그 재산 위에 지상권, 저당권 기타 권리를 보유한다고 사료할 만한 상당한 이유가 있는 자가 자기의 책임 없는 사유로 당해 확정재판에 관련된 절차에서 자기의 권리를 주장할 수 없게 되었다고 인정하는 때에는 그 취지 및 당해 확정재판의 집행에 갈음하여 당해 확정재판을 받은 자로부터 추징할 일본 엔의 금액을 동시에 표시하여야 한다. 피해회복명령의 확정재판의 집행에 관련된 집행협력의 청구에 대하여 같은 호에 정하는 결정을 하는 경우(제2항의 규정에 따라 당해 확정재판이 몰수의 확정재판에 상당하는 취지를 표시할 때에 한한다.)에도 같다.

⑦ 전조 제2항의 규정에 따른 심사에 관하여는 몰수형의 확정재판의 집행에 관련된 집행협력의 청구에 대하여 당해청구에 관련된 재산을 보유하거나 그 재산 위에 지상권, 저당권 기타 권리를 보유한다고 사료할 만한 상당한 이유가 있는 자 또는 이들의 재산이나 권리에 대하여 몰수형을 위한 보전이 되기 전에 강제경매개시결정, 강제집행에 의한 압류 또는 가압류의 집행이 되어 있는 경우에 압류채권자 또

는 가압류채권자가 당해 심사청구사건의 절차에의 참가를 허가받지 못하고 있는 때에는 제1항 제2호에 정하는 결정을 할 수 없다. 피해회복명령의 확정재판으로서 그 내용 및 성질을 고려하여 일본국의 법령에 따르면 몰수의 확정재판에 상당하다고 인정하는 것에 관련된 같은 호에 정하는 결정에도 같다.

⑧ 조직적범죄처벌법 제59조 제3항 및 제62조 제3항의 규정은 몰수형의 확정재판의 집행에 관련된 집행협력의 청구에 대하여 제1항 제2호에 정하는 결정을 하는 경우(피해회복명령의 확정재판의 집행에 관련된 집행협력청구에 대하여 같은 호에 정하는 결정을 하는 경우에 제2항의 규정에 따라 병해 확정재판이 몰수의 확정재판에 상당하는 취기를 표시하여야 할 때를 포함한다.)에, 같은 조 제5항 및 제7항부터 제9항까지의 규정은 집행협력청구에 관련된 전조 제2항의 규정에 따른 심사에, 조직적범죄처벌법 제63조의 규정은 전조 제2항의 심사청구에 관련된 결정에 대한 항고에 각각 준용한다.

제42조(집행협력의 실시에 관한 결정의 효력 등) ① 다음 각호에 열거하는 확정재판의 집행에 관련된 집행협력청구에 대하여 전조 제1항 제2호에 정하는 결정이 확정된 때에는 당해 확정재판은 집행협력의 실시에 관하여는 각각 당해 각호에 정하는 일본국 재판소가 선고한 확정재판으로 본다.

1. 벌금형의 확정재판: 벌금의 확정재판

2. 몰수형 및 전조 제2항의 규정에 따라 몰수의 확정재판에 상당하는 취지가 표시된 피해회복명령의 확정재판(다음 호에 열거하는 것을 제외한다.): 몰수의 확정재판

3. 몰수형 또는 전조 제2항의 규정에 따라 몰수의 확정재판에 상당하는 취지가 표시된 피해회복명령으로서 같은 조 제4항부터 제6항까지의 규정에 따라 추징할 일본 엔의 금액이 표시된 것의 확정재판: 추징의 확정재판

4. 전조 제2항의 규정에 따라 추징의 확정재판에 상당하는 취지가 표시된 피해회복명령의 확정재판: 추징의 확정재판

② 전항 제2호에 열거하는 확정재판에 대한 집행협력을 실시하는 경우에 그 몰수형 또는 피해회복명령의 목적으로 되어 있는 재산에 멸실, 훼손 기타 사유로 당해 확정재판을 집행할 수 없는 때에는 같은 항의 규정에 불구하고 당해 확정재판은 이를 받은 자로부터 전조 제3항의 규정에 따라 표시된 금액을 추징하는 취지의 일본국 재판소가 선고한 확정재판으로 본다.

③ 검찰관은 제1항 제2호에 열거하는 확정재판에 대한 집행협력의 실시에 관련된 재산으로 국제형사재판소에의 송부에 적합하지 아니한 것은 매각할 수 있다. 이 경우에 그 대가는 당해 확정재판에 대한 집행협력의 실시에 관련된 재산으로 본다.

④ 검사정은 벌금형, 몰수형 또는 피해회복명령의 확정재판의 집행에 관련된 집행협력의 실시를 마친 때에는 신속하게 그 집행협력의 실시에 관련된 재산을 법무대

신에게 인도하여야 한다.

⑤ 조직적범죄처벌법 제65조의 규정은 제1항에 규정하는 집행협력청구에 관련된 전조 제1항 제2호에 정하는 결정의 취소에 준용한다. 이 경우에 조직적범죄처벌법 제65조 제2항 중「몰수」는「벌금, 몰수」로, 같은 조 제3항 중「제63조」는「국제형사재판소에 대한 협력 등에 관한 법률(平成 19년 법률 제37호) 제41조 제8항에서 준용하는 제63조」로 바꿔 읽는 것으로 한다.

제43조(몰수보전의 청구) ① 검찰관은 집행협력의 청구가 몰수형을 위한 보전에 관련된 것인 때 또는 피해회복명령을 위한 보전에 관련된 것으로서 그 내용 및 성질을 고려하여 일본국의 법령에 따르면 몰수의 보전에 상당하는 것이라고 인정하는 때에는 재판관에게 몰수보전명령을 발령하여 당해청구에 관련된 재산에 대하여 그 처분을 금지할 것을 청구하여야 한다. 이 경우에 검찰관은 필요하다고 인정하는 때에는 부대보전명령을 발령하여 당해 재산 위에 존재하는 지상권, 저당권 기타 권리의 처분을 금지할 것을 청구할 수 있다.

② 제40조 제2항의 심사청구가 있은 후에 전항의 몰수형 또는 피해회복명령을 위한 보전에 관한 처분은 그 심사청구를 받은 재판소가 한다.

제44조(몰수보전명령) ① 재판소 또는 재판관은 전조 제1항 전단의 규정에 따른 청구를 받은 경우에 제38조 제1항 각호 및 제2항 각호의 어느 하나에도 해당하지 아니한다고 인정하는 때에는 몰수보전명령을 발령하여 당해 청구에 관련된 재산에 대하여 이 절에 정하는 바에 따라 그 처분을 금지한다.

② 재판소 또는 재판관은 지상권, 저당권 기타 권리가 그 위에 존재하는 재산에 몰수보전명령을 발령한 경우 또는 발령하려는 경우에 당해 권리가 몰수형의 집행에 의해 소멸한다고 사료할 만한 상당한 이유가 있는 경우로서 그 집행을 위해 필요하다고 인정하는 때 또는 당해 권리가 가장된 것이라고 사료하기에 충분한 이유가 있다고 인정하는 때에는 검찰관의 청구에 의해 부대보전명령을 별도로 발령하여 당해 권리의 처분을 금지할 수 있다.

③ 조직적범죄처벌법 제22조 제3항, 제4항과 제6항 및 제23조 제6항의 규정은 제1항의 몰수보전명령 또는 전항의 부대보전명령에 준용한다. 이 경우에 조직적범죄처벌법 제22조 제3항 중「피고인」은「국제형사재판소에 대한 협력 등에 관한 법률 제2조 제10호에 규정하는 몰수형 또는 피해회복명령의 재판을 받을 자」로,「공소사실」은「같은 조 제12호에 규정하는 청구범죄」로, 같은 조 제4항 중「제1항 또는 제2항」은「국제형사재판소에 대한 협력 등에 관한 법률 제44조 제1항 또는 제2항」으로, 조직적범죄처벌법 제23조 제6항 중「제1항 또는 제4항」은「국제형사재판소에 대한 협력 등에 관한 법률 제43조 제1항」으로 바꿔 읽는 것으로 한다.

④ 제1항의 몰수보전명령 또는 제2항의 부대보전명령은 국제형사재판소에서 규정 제61조1에 규정하는 심리가 진행되기 전에도 할 수 있다.

⑤ 조직적범죄처벌법 제23조 제7항 및 제68조의 규정은 전항의 경우에서의 몰수보전명령에 준용한다. 이 경우에 조직적범죄처벌법 제23조 제7항 중「공소의 제기가 있는」은「국제형사재판소에 관한 로마규정 제61조1에 규정하는 심리가 개시된」으로,「피고인」은「당해 심리의 대상이 된 자」로, 조직적범죄처벌법 제68조 제1항 중「몰수 또는 추징을 위한 보전의 공조요청이 공소의 제기가 되어 있지 아니한」은「국제형사재판소에 대한 협력 등에 관한 법률 제2조 제10호에 규정하는 몰수형 또는 피해회복명령을 위한 보전에 관련된 같은 호에 규정하는 집행협력의 청구가 국제형사재판소에 관한 로마규정 제61조1에 규정하는 심리가 개시되어 있지 아니한」으로,「요청국」은「국제형사재판소」로,「공소가 제기된」은「당해 심리가 개시된」으로, 같은 조 제2항 중「요청국」은「국제형사재판소」로,「공소를 제기할 수 없는」은「국제형사재판소에 관한 로마규정 제61조1에 규정하는 심리를 진행할 수 없는」으로 바꿔 읽는 것으로 한다.

⑥ 전항에서 준용하는 조직적범죄처벌법 제68조 제2항의 규정에 따른 갱신의 재판은 검찰관에게 고지된 때에 효력이 발생한다.

제45조(추징보전의 청구) ① 검찰관은 집행협력청구가 피해회복명령을 위한 보전에 관련된 것으로서 그 내용 및 성질을 고려하여 일본국의 법령에 따르면 추징의 보전에 상당하는 것이라고 인정하는 때에는 재판관에게 추징보전명령을 발령하여 피해회복명령의 재판을 받을 자에 대하여 그 재산의 처분을 금지할 것을 청구하여야 한다.

② 제43조 제2항의 규정은 전항의 피해회복명령을 위한 보전에 관한 처분에 준용한다.

제46조(추징보전명령) ① 재판소 또는 재판관은 전조 제1항의 규정에 따른 청구를 받은 경우에 제38조 제1항 각호 및 제2항 각호의 어느 하나에도 해당하지 아니한다고 인정하는 때에는 추징보전명령을 발령하여 피해회복명령의 재판을 받을 자에 대하여 그 재산의 처분을 금지한다.

② 조직적범죄처벌법 제22조 제4항, 제23조 제6항 및 제42조 제2항부터 제4항까지의 규정은 전항의 추징보전명령에 준용한다. 이 경우에 조직적범죄처벌법 제22조 제4항 중「제1항 또는 제2항」은「국제형사재판소에 대한 협력 등에 관한 법률 제46조 제1항」으로, 조직적범죄처벌법 제23조 제6항 중「제1항 또는 제4항」은「국제형사재판소에 대한 협력 등에 관한 법률 제45조 제1항」으로, 조직적범죄처벌법 제42조 제3항 및 제4항 중「피고인」은「국제형사재판소에 대한 협력 등에 관한 법률 제2조 제10호에 규정하는 피해회복명령의 재판을 받을 자」로, 같은 항 중「공소사

실」은 「같은 조 제12호에 규정하는 청구범죄」로 바꿔 읽는 것으로 한다.

제47조(준용) 이 절에 특별한 정함이 있는 것 외 재판소 또는 재판관이 하는 심사, 처분 또는 영장의 발부, 검찰관 또는 검찰사무관이 하는 처분 또는 재판소의 심사에의 이해관계인의 참가에는 조직적범죄처벌법 제3장, 제4장(제22조, 제23조, 제32조, 제33조, 제42조, 제43조, 제47조 및 제48조를 제외한다.) 및 제69조부터 제72조끼지, 형사소송법(제1편 제2장 및 제5장부터 제13장까지, 제2편 제1장, 제3편 제1장과 제4장 및 제7편에 한한다.), 형사소송비용에 관한 법령 및 형사사건에서의 제3자 소유물의 몰수절차에 관한 응급조치법(昭和 38년 법률 제138호)의 규정을, 집행협력의 청구를 수리한 경우의 조치에는 도망범죄인인도법 제8조 제2항과 제11조 제1항 및 제2항의 규정을 각각 그 성질에 반하지 아니하는 한 준용한다.

제48조(정령에의 위임) 이 절에 정하는 것 외 몰수보전명령에 따른 처분의 금지와 체납처분과의 절차의 조정에 필요한 사항으로 체납처분에 관한 것은 정령으로 정한다.

제5절 잡칙

제49조(통과호송의 승인) 외무대신은 국제형사재판소로부터 통과호송[외국의 관헌 또는 국제형사재판소가 지정하는 자(다음 조에서 「외국관헌등」이라고 한다.)가 규정 제89조1의 규정에 따른 인도 대상이 된 자(다음 조에서 「인도대상자」라고 한다.)를 일본국 내를 통과하여 호송하는 것을 말한다. 다음 조에서 같다.]의 승인청구가 있는 때에는 청구의 방식이 규정에 적합하지 아니하다고 인정하는 경우를 제외하고 이를 승인한다.

제50조(호송 중에 착륙한 경우의 조치) ① 경찰관 또는 입국경비관은 외국관헌등이 호송(전조의 규정에 따른 승인을 받은 통과호송을 제외한다.) 중인 인도대상자가 탑승하는 항공기가 날씨 기타 부득이한 이유로 일본국 내에 착륙한 경우에 당해 인도대상자를 발견한 때에는 외국관헌등에게 인도하기 위해 이를 구속할 수 있다.

② 입국경비관은 전항의 규정에 따라 인도대상자를 구속한 때에는 이를 곧바로 경찰관에게 인도한다. 이 경우에 경찰관은 당해 인도대상자를 인계하여 구속할 수 있다.

③ 전2항의 규정에 따른 인도대상자의 구속은 착륙한 때로부터 96시간을 초과할 수 없다.

④ 제1항의 규정에 따라 인도대상자를 구속한 경찰관 또는 제2항의 규정에 따라 인도대상자를 인도받은 경찰관은 외무대신에게 그 취지를 통지한다.

⑤ 외무대신은 전항의 통지를 받은 때에는 국제형사재판소에 인도대상자를 구속한 취지를 통보한다.

⑥ 외무대신은 국제형사재판소로부터 전조의 통과호송의 승인청구를 수리한 때에

는 제4항의 경찰관에게 그 취지를 통지한다.

⑦ 제3항에 규정하는 기간 내에 전조의 통과호송의 승인청구가 수리된 경우에는 경찰관은 같은 항의 규정에 불구하고 인도대상자를 호송하는 외국관헌등에게 인도대상자를 인도할 때까지 당해 인도대상자를 계속하여 구속할 수 있다. 다만 외무대신으로부터 당해 통과호송을 승인하지 아니하는 취지의 통지를 받은 경우에는 계속 구속할 수 없다.

⑧ 경찰관은 제3항 또는 전항의 규정에 따라 인도대상자를 계속 구속할 수 없게 된 때에는 이를 입국경비관에게 인도한다.

⑨ 전 각항에 정하는 것 외 경찰관에 의한 인도대상자의 구속에 관한 절차에 대하여 필요한 사항은 국가공안위원회규칙으로 정한다.

제51조(최고재판소규칙) 이 장에 정하는 것 외 증거의 제공에 관한 영장의 발부, 증인심문 및 불복신청에 관한 절차, 인도범죄인의 인도 및 가구금에 관한 재판소의 심사 및 영장의 발부에 관한 절차와 집행협력에 관한 절차에 필요한 사항은 최고재판소규칙으로 정한다.

제3장 국제형사경찰기구에 대한 조치

제52조 ① 국가공안위원회는 국제형사재판소로부터 국제형사경찰기구를 통하여 관할형사사건의 수사에 관한 조치의 청구를 받은 때에는 제6조 제1항 제4호에 해당하는 경우를 제외하고 다음 각호의 어느 하나의 조치를 취할 수 있다.

1. 상당하다고 인정하는 도도부현경찰에 필요한 조사를 지시하는 것

2. 제6조 제2항 제3호의 국가기관의 장에게 당해 조치의 청구에 관한 서면을 송부하는 것

② 국제수사공조 등에 관한 법률 제18조 제3항부터 제8항까지의 규정은 전항에 규정하는 청구에 관련된 조치에 준용한다. 이 경우에 같은 조 제4항 중 「같은 항 제2호」 및 같은 조 제7항 중 「제1항 제2호」는 「국제형사재판소에 대한 협력 등에 관한 법률 제52조 제1항 제2호」로, 같은 조 제6항 중 「제1항 제1호」는 「국제형사재판소에 대한 협력 등에 관한 법률 제52조 제1항 제1호」로 바꿔 읽는 것으로 한다.

제4장 국제형사재판소의 운영을 해하는 죄

제53조(증거인멸 등) ① 타인의 관할형사사건에 관한 증거를 인멸, 위조 또는 변조하거나 위조 또는 변조한 증거를 사용한 자는 3년 이하의 징역 또는 30만엔 이하의

벌금에 처한다.

② 범인의 친족이 범인의 이익을 위해 전항의 죄를 범한 때에는 형을 면제할 수 있다.

제54조(증인 등 협박) 자기 또는 타인의 관할형사사건의 수사 또는 재판에 필요한 지식을 보유한다고 인정되는 자 또는 그 친족에 대하여 그 사건에 관하여 정당한 이유 없이 면회를 강제로 청하거나 강담위박행위[138]를 한 자는 2년 이하의 징역 또는 30만엔 이하의 벌금에 처한다.

제55조(증인 등 매수) 자기 또는 타인의 관할형사사건에 관하여 증언을 하지 아니하거나 허위의 증언을 하는 것 또는 증거를 인멸, 위조 또는 변조하거나 위조 또는 변조한 증거를 사용하는 것의 보수로서 금전 기타의 이익을 공여하거나 그 신청 또는 는 약속을 한 자는 2년 이하의 징역 또는 30만엔 이하의 벌금에 처한다.

제56조(조직적인 범죄에 관련된 증거인멸 등) ① 규정이 정하는 죄에 해당하는 행위가 단체[공동의 목적을 보유하는 다수인의 계속적 결합체로서 그 목적 또는 의사를 실현하는 행위의 전부 또는 일부가 조직(지휘명령에 기초하여 미리 정하여진 임무의 분담에 따라 구성원이 일체로서 행동하는 사람의 결합체를 말한다. 이하 이 항에서 같다.)에 의해 반복하여 이뤄지는 것을 말한다. 다음 항에서 같다.]의 활동으로서 당해 행위를 실행하기 위한 조직에 의해 이뤄진 경우에 그 죄에 관련된 관할형사사건에 대하여 전3조(제53조 제2항을 제외한다. 다음 항에서 같다.)의 어느 하나에 해당하는 행위를 한 자는 5년 이하의 징역 또는 50만엔 이하의 벌금에 처한다.

② 규정이 정하는 죄가 단체에 부정권익(단체의 위력에 기초하여 일정한 지역 또는 분야에서의 지배력으로서 당해 단체의 구성원에 의한 범죄 기타 부정한 행위로 당해 단체 또는 그 구성원이 계속적으로 이익을 취득하는 것을 용이하게 할 것을 말한다. 이하 이 항에서 같다.)을 취득하게 하거나 단체의 부정권익을 유지 또는 확대할 목적으로 범하여진 경우에 그 죄에 관련된 관할형사사건에 대하여 전3조의 어느 하나에 해당하는 행위를 한 자도 전항과 같다.

제57조(위증 등) ① 규정 제69조1에 정하는 바에 따라 선서한 증인이 허위의 진술을 한 때에는 3개월 이상 10년 이하의 징역에 처한다.

② 전항의 죄를 범한 자가 그 증언을 한 관할형사사건에서 재판이 확정되기 전에 자백한 때에는 형을 감경 또는 면제할 수 있다.

③ 국제형사재판소에서의 절차에 따라 선서한 감정인, 통역인 또는 번역인이 허위의 감정, 통역 또는 번역을 한 때에는 전2항의 예에 따른다.

제58조(수뢰, 수탁수뢰 및 사전수뢰) ① 국제형사재판소 재판관, 검찰관 기타 직원(이

---

138) 자기 요구에 따르도록 상대방에게 거칠게 협박하는 것

하「국제형사재판소 직원」이라고 한다.)이 그 직무에 관하여 뇌물을 수수, 요구 또는 약속한 때에는 5년 이하의 징역에 처한다. 이 경우에 청탁을 받은 때에는 7년 이하의 징역에 처한다.

② 국제형사재판소 직원이 되려는 자가 그 담당할 직무에 관하여 청탁을 받고 뇌물을 수수, 요구 또는 약속한 때에는 국제형사재판소 직원이 된 경우에 5년 이하의 징역에 처한다.

제59조(제3자 뇌물공여) 국제형사재판소 직원이 그 직무에 관하여 청탁을 받고 제3자에게 뇌물을 공여하거나 공여를 요구 또는 약속한 때에는 5년 이하의 징역에 처한다.

제60조(가중수뢰 및 사후수뢰) ① 국제형사재판소 직원이 전2조의 죄를 범하여 부정한 행위를 하거나 상당한 행위를 하지 않았던 때에는 1년 이상의 유기징역에 처한다.

② 국제형사재판소 직원이 그 직무상 부정한 행위를 하거나 상당한 행위를 하지 아니한 것과 관련하여 뇌물을 수수, 요구 또는 약속하거나 제3자에게 이를 공여하거나 공여를 요구 또는 약속한 때에도 전항과 같다.

③ 국제형사재판소 직원이었던 자가 그 재직 중에 청탁을 받고 직무상 부정한 행위를 하거나 상당한 행위를 하지 아니한 것과 관련하여 뇌물을 수수, 요구 또는 약속한 때에는 5년 이하의 징역에 처한다.

제61조(알선수뢰) 국제형사재판소 직원이 청탁을 받고 다른 국제형사재판소 직원에게 직무상 부정한 행위를 하거나 상당한 행위를 하지 아니하도록 알선 또는 하였음을 보수로 하여 뇌물을 수수, 요구 또는 약속한 때에는 5년 이하의 징역에 처한다.

제62조(몰수 및 추징) 범인 또는 그 정을 안 제3자가 수수한 뇌물은 몰수한다. 그 전부 또는 일부를 몰수할 수 없는 때에는 그 가액을 추징한다.

제63조(증뢰) 제58조부터 제61조까지에 규정하는 뇌물을 공여하거나 그 신청 또는 약속을 한 자는 3년 이하의 징역 또는 250만엔 이하의 벌금에 처한다.

제64조(직무집행방해 및 직무강요) ① 국제형사재판소 직원이 직무를 집행할 때 폭행 또는 협박을 가한 자는 3년 이하의 징역 또는 50만엔 이하의 벌금에 처한다.

② 국제형사재판소 직원에게 어떤 처분을 하게 하거나 하지 않게 하기 위해, 또는 그 직을 사퇴하게 하기 위해 폭행 또는 협박을 가한 자도 전항과 같다.

제65조(국민의 국외범) 이 장의 죄는 형법 제3조의 예에 따른다.

부 칙 〈생 략〉

국제형사재판소에 대한 협력절차에 관한 규칙

제정 平成 19년 7월 19일 최고재판소규칙 제8호

개정 平成 20년 11월 19일 최고재판소규칙 제21호

제1장 총칙

제 1 조(취지) 국제형사재판소에 대한 협력 등에 관한 법률(平成 19년 법률 제37호. 이하 「법」이라고 한다.)에 따른 증거의 제공에 관한 영장의 발부, 증인심문 및 불복신청에 관한 절차, 인도범죄인의 인도 및 가구금에 관한 재판소의 심사와 영장의 발부에 관한 절차 및 집행협력에 관한 절차는 법에 정하는 것 외 이 규칙이 정하는 바에 따른다.

제 2 조(번역문의 첨부) 외국어로 기재된 서면에는 번역문을 첨부하여야 한다.

제2장 증거의 제공에 관한 영장의 발부, 증인심문 및 불복신청에 관한 절차

제 3 조(형사소송규칙의 준용) 증거의 제공에 관한 영장의 발부, 증인심문 및 불복신청에 관한 절차에는 그 성질에 반하지 아니하는 한 형사소송규칙(昭和 23년 최고재판소규칙 제32호) 제1편 제2장 및 제5장부터 제13장까지, 제2편 제1장, 제3편 제1장, 제3장 및 제4장, 제7편 및 제8편의 규정을 준용한다.

제3장 인도범죄인 인도와 가구금에 관한 재판소의 심사 및 영장의 발부에 관한 절차

제 4 조(구금허가장의 청구의 방식) ① 구금허가장의 청구는 서면으로 하여야 한다.

② 전항의 서면에는 다음에 열거하는 사항을 기재하여야 한다.

1. 인도범죄인의 이름, 나이, 성별, 국적, 직업 및 주거

2. 인도범죄명 및 인도범죄에 관련된 행위

3. 인도범죄에 관련된 행위에 적용할 국제형사재판소에 관한 로마규정(이하 「규정」

이라고 한다.)의 벌조(罰条) 및 인도범죄가 규정 제70조1에 규정하는 범죄인 경우에는 일본국의 상당하는 벌조(罰条)

4. 인도청구의 연월일

5. 인도범죄인에 대하여 진행된 국제형사재판소의 수사 또는 재판에 관련된 절차

6. 필요로 하는 유효기간

7. 구금허가장을 여러 통 필요로 하는 때에는 그 취지 및 사유

③ 인도범죄인의 이름이 밝혀지지 아니한 때에는 인상, 체격 기타 본인을 특정하기에 충분한 사항으로 이를 지징하여야 한다.

④ 인도범죄인의 나이, 성별, 국적, 직업 또는 주거가 밝혀지지 아니한 때에는 그 취지를 기재하면 충분하다.

제 5 조(법 제24조 제1항의 신청의 방식 등) ① 법 제24조 제1항의 신청은 그 이유를 명시하여 하여야 한다.

② 전항의 신청은 심문기일에 하는 경우를 제외하고 서면으로 하여야 한다.

③ 전항의 서면에 의한 신청에는 형사소송규칙 제297조의 규정을 준용한다.

④ 제1항의 신청이 있는 때에는 도쿄고등재판소는 곧바로 그 취지를 도쿄고등검찰청 검찰관에게 통지하여야 한다.

제 6 조(심사절차 정지결정의 절차 등) ① 도쿄고등재판소는 법 제24조 제1항의 결정을 할 때에는 도쿄고등검찰청 검찰관의 의견을 들어야 한다.

② 전항의 결정의 고지는 심문기일에는 선고에 의해, 기타의 경우에는 재판서의 등본을 송달하여 하여야 한다.

③ 전항의 규정에 따른 재판서의 등본의 송달은 도쿄고등검찰청 검찰관, 인도범죄인 및 보좌하는 변호사에게 하여야 한다.

제 7 조(심사절차 정지결정의 취소 등) ① 도쿄고등검찰청 검찰관은 법 제24조 제1항의 결정에 따라 심사절차가 정지되어 있는 경우에 국제형사재판소에서 인도범죄에 대하여 규정 제17조1의 규정에 따른 사건을 수리할 것인지의 결정이 있는 때에는 신속하게 도쿄고등재판소에 당해 결정의 내용을 통지하여야 한다.

② 도쿄고등재판소는 전항의 규정에 따라 사건을 수리하는 취지의 결정이 있다는 취지의 통지를 받은 때에는 결정으로 법 제24조 제1항의 결정을 취소하여야 한다.

③ 도쿄고등재판소는 전항의 결정을 한 때에는 신속하게 도쿄고등검찰청 검찰관, 인도범죄인 및 보좌하는 변호사에게 재판서의 등본을 송달하여야 한다.

제 8 조(도망범죄인인도법에 따른 심사 등의 절차에 관한 규칙의 준용) 이 장에 특별한 정함이 있는 것 외 인도범죄인의 인도와 가구금에 관한 재판소의 심사 및 영장의 발부에 관한 절차에는 도망범죄인인도법에 따른 심사 등의 절차에 관한 규칙(昭和

28년 최고재판소규칙 제11호) 제2조 제2항, 제3조 및 제6조부터 제28조까지의 규정을 준용한다. 이 경우에 같은 규칙 제3조 중「법 및 이 규칙」은「국제형사재판소에 대한 협력 등에 관한 법률(平成 19년 법률 제37호) 제2장 제3절과 이 규칙 및 국제형사재판소에 대한 협력절차에 관한 규칙(平成 19년 최고재판소규칙 제8호) 제3장」으로, 같은 규칙 제8조 제1항 중「법 제5조 제3항」은「국제형사재판소에 대한 협력 등에 관한 법률 제21조 제2항에서 바꿔 읽어 준용하는 도망범죄인인도법 제5조 제3항」으로, 같은 항 제4호 중「법 제5조 제2항」은「국제형사재판소에 대한 협력 등에 관한 법률 제21조 제2항에서 준용하는 도망범죄인인도법 제5조 제2항」으로, 같은 조 제2항 및 같은 규칙 제10조 제2항 중「제5조 제3항 및 제4항」은「국제형사재판소에 대한 협력절차에 관한 규칙 제4조 제3항 및 제4항」으로, 같은 조 제1항 및 같은 규칙 제11조 제1항 중「법 제8조 제2항」은「국제형사재판소에 대한 협력 등에 관한 법률 제22조 제2항에서 준용하는 도망범죄인인도법 제8조 제2항」으로, 같은 규칙 제10조 제1항 중「제5조 제2항 제1호부터 제7호까지」는「국제형사재판소에 대한 협력절차에 관한 규칙 제4조 제2항 제1호부터 제5호까지」로, 같은 규칙 제12조 제1항 제4호 중「법 제27조 제1항」은「국제형사재판소에 대한 협력 등에 관한 법률 제35조 제2항에서 준용하는 도망범죄인인도법 제27조 제1항」으로, 같은 규칙 제18조 중「법 제9조 제4항」은「국제형사재판소에 대한 협력 등에 관한 법률 제23조 제2항에서 준용하는 도망범죄인인도법 제9조 제4항」으로, 같은 규칙 제19조 제1항 제1호 중「법 제9조 제3항」은「국제형사재판소에 대한 협력 등에 관한 법률 제23조 제2항에서 바꿔 읽어 준용하는 도망범죄인인도법 제9조 제3항」으로, 같은 규칙 제22조 제3항 중「청구국의 관헌」은「국제형사재판소가 지정하는 자」로, 같은 규칙 제25조 제1항 및 제27조 중「법 제10조 제1항」은「국제형사재판소에 대한 협력 등에 관한 법률 제23조 제1항」으로, 같은 규칙 제26조 제1항 중「법 제10조 제2항」은「국제형사재판소에 대한 협력 등에 관한 법률 제23조 제2항에서 준용하는 도망범죄인인도법 제10조 제2항」으로,「같은 조 제1항」은「국제형사재판소에 대한 협력 등에 관한 법률 제23조 제1항」으로, 같은 규칙 제28조 중「제5조부터 제9조까지」는「국제형사재판소에 대한 협력절차에 관한 규칙 제4조 및 같은 규칙 제8조에서 준용하는 제6조부터 제9조까지」로 바꿔 읽는 것으로 한다.

제4장 집행협력에 관한 절차

제 9 조(집행협력청구에 관련된 심사청구의 방식) ① 벌금형(법 제2조 제10호에 규정하는 벌금형을 말한다. 이하 같다.)의 확정재판의 집행에 관련된 집행협력청구의 심사청구는

다음에 열거하는 사항을 기재한 서면으로 하여야 한다.

1. 집행협력청구에 관련된 확정재판을 받은 자의 이름 및 당해 확정재판의 확정연월일

2. 집행협력청구에 관련된 벌금형의 확정재판에서의 벌금액 및 이에 상당하는 일본 엔의 금액

3. 청구범죄의 죄명, 사실의 요지 및 적용된 벌조(罰條)와 벌금형의 근거가 되는 법령의 조항 및 청구범죄가 규정 제70조1에 규정하는 범죄인 경우에는 일본국의 상당하는 벌조(罰條)

② 몰수형(법 제2조 제10호에 규정하는 몰수형을 말한다. 이하 같다.)의 확정재판의 집행에 관련된 집행협력청구의 심사청구는 전항 제1호에 열거하는 사항 외 다음에 열거하는 사항을 기재한 서면으로 하여야 한다.

1. 집행협력청구에 관련된 재산 및 이를 보유하는 자(명의인이 다른 경우에는 명의인을 포함한다.)의 이름 및 주소 또는 거소

2. 청구범죄의 죄명, 사실의 요지 및 적용된 벌조(罰條)와 몰수형의 근거가 되는 법령의 조항 및 일본국의 상당하는 벌조(罰條, 청구범죄가 규정 제70조1에 규정하는 범죄인 경우에 한한다.)와 법령의 조항

3. 청구범죄에 대하여 일본국에서 형벌을 부과한 경우에 일본국의 법령에 따르면 당해 집행협력청구에 관련된 재산이 몰수의 재판을 할 수 있는 재산에 해당하지 아니한다고 인정할 때에는 그 취지

4. 전호의 경우에 당해 집행협력청구에 관련된 재산이 청구범죄에 관련된 행위로 피해를 받은 자로부터 취득한 재산이고 그 자 또는 그 일반승계인에게 귀속됨을 이유로 하여 몰수의 재판을 할 수 있는 재산에 해당하지 아니한다고 인정할 때에는 그 취지

5. 집행협력청구에 관련된 재산을 보유하거나 그 재산 위에 지상권, 저당권 기타 권리를 보유한다고 사료할 만한 상당한 이유가 있는 자가 자기의 책임 없는 사유로 당해 확정재판에 관련된 절차에서 자기의 권리를 주장할 수 없게 되었다고 인정할 때에는 그 취지

6. 몰수형의 확정재판의 집행에 갈음하여 당해 확정재판을 받은 자로부터 추징할 일본 엔의 금액

③ 피해회복명령(법 제2조 제10호에 규정하는 피해회복명령을 말한다. 이하 같다.)의 확정재판의 집행에 관련된 집행협력청구의 심사청구는 제1항 제1호에 열거하는 사항 외 다음에 열거하는 사항을 기재한 서면으로 하여야 한다.

1. 청구범죄의 죄명, 사실의 요지 및 적용된 벌조(罰條)와 피해회복명령의 근거가

되는 법령의 조항 및 일본국의 상당하는 법령의 조항

2. 법 제40조 제2항 후단에 규정하는 의견

3. 법 제40조 제2항 후단의 규정에 따라 당해 확정재판이 몰수의 확정재판에 상당하다는 취지의 의견을 붙인 때에는 다음에 열거하는 사항

イ 집행협력청구에 관련된 재산 및 이를 보유하는 자(명의인이 나른 경우는 병의인을 포함한다.)의 이름과 주소 또는 거소

ロ 청구범죄에 대하여 일본국에서 형벌을 부과할 경우에 일본국의 법령에 따르면 당해 집행협력청구에 관련된 재산이 몰수의 재판을 할 수 있는 재산에 해당하지 아니한다고 인정할 때에는 그 취지

ハ ロ의 경우에 당해 집행협력청구에 관련된 재산이 중대범죄(법 제2조 제3호에 규정하는 중대범죄를 말한다. 이하 같다.)에 관련된 행위로 피해를 받은 자로부터 취득한 재산으로서 피해회복명령에 따라 그 자 또는 그 일반승계인에게 반환할 것으로 그들에게 귀속됨을 이유로 하여 몰수의 재판을 할 수 있는 재산에 해당하지 아니한다고 인정할 때에는 그 취지

ニ 전항 제5호에 열거하는 사항

ホ 피해회복명령의 확정재판의 집행에 갈음하여 당해 확정재판을 받은 자로부터 추징할 일본 엔의 금액

4. 법 제40조 제2항 후단의 규정에 따라 당해 확정재판이 추징의 확정재판에 상당하다는 취지의 의견을 붙인 때에는 집행협력청구에 관련된 피해회복명령의 확정재판에서 표시된 금액 및 이에 상당하는 일본 엔의 금액

④ 전3항의 심사청구를 하는 경우에는 법 제41조 제1항 제2호에 정하는 결정을 할 수 있는 요건이 있었음을 인정할 자료(같은 조 제3항부터 제6항까지 및 다음 조에 규정하는 당해 결정을 하는 경우에 동시에 표시되어야 한다고 되어 있는 사항을 인정할 자료를 포함한다.)를 제출하여야 한다.

제10조(일본 엔의 금액 표시) ① 재판소는 벌금형의 확정재판의 집행에 관련된 집행협력청구에 대하여 법 제41조 제1항 제2호에 정하는 결정을 할 때에는 당해 확정재판에서의 벌금액에 상당하는 일본 엔의 금액을 동시에 표시하여야 한다.

② 재판소는 피해회복명령의 확정재판의 집행에 관련된 집행협력청구에 대하여 법 제41조 제1항 제2호에 정하는 결정을 하는 경우에 당해 확정재판이 일본국의 법령에 따르면 추징의 확정재판에 상당하다는 취지를 표시한 때에는 당해 피해회복명령의 확정재판에서 표시된 금액에 상당하는 일본 엔의 금액을 동시에 표시하여야 한다.

제11조(집행협력실시에 관한 결정의 취소청구의 방식 등) ① 법 제42조 제5항에서 준

용하는 조직적인 범죄의 처벌 및 범죄수익의 규제 등에 관한 법률(平成 11년 법률 제 136호. 이하「조직적범죄처벌법」이라 한다.) 제65조 제1항의 규정에 따른 취소청구는 다음에 열거하는 사항을 기재한 서면으로 하여야 한다.

1. 취소를 요구하는 결정의 표시

2. 취소를 요구하는 사유

② 전항의 청구를 하는 경우에는 법 제42조 제5항에서 준용하는 조직적범죄처벌법 제65조 제1항에 규정하는 사유가 있다고 인정할 자료를 제출하여야 한다.

③ 재판소는 검찰관의 청구에 의한 경우를 제외하고 법 제42조 제5항에서 준용하는 조직적범죄처벌법 제65조 제1항의 결정을 할 때에는 검찰관의 의견을 들어야 한다.

제12조(집행협력청구에 관련된 몰수보전등의 청구의 방식) ① 법 제43조 제1항 전단의 규정에 따른 청구는 제9조 제2항 제1호에 열거하는 사항 외 다음에 열거하는 사항을 기재한 서면으로 하여야 한다.

1. 청구범죄에 관련된 몰수형 또는 피해회복명령의 재판을 받을 자의 이름

2. 채권의 몰수를 위한 보전에서는 채무자의 이름 및 주소 또는 거소

3. 청구범죄의 죄명, 사실의 요지 및 적용된 벌조(罰条)와 몰수보전의 근거가 되는 법령의 조항 및 일본국의 상당하는 벌조(罰条, 청구범죄가 규정 제70조1에 규정하는 범죄인 경우에 한한다.)와 법령의 조항

4. 몰수형을 위한 보전에 관련된 집행협력에서 당해 집행협력청구에 관련된 재산이 청구범죄에 관련된 행위로 그 피해를 받은 자로부터 취득한 재산인 때에는 당해 청구범죄에 대해 일본국에서 형벌을 부과할 경우에 일본국의 법령에 따르면 당해 재산이 그 자 또는 그 일반승계인에 귀속함을 이유로 하여 몰수보전을 할 수 있는 재산에 해당하지 아니하는 때

5. 피해회복명령을 위한 보전으로서 일본국의 법령에 따르면 몰수보전에 상당하는 것에 관련된 집행협력에서 당해 집행협력청구에 관련된 재산이 중대범죄에 관련된 행위로 피해를 받은 자로부터 취득한 재산으로서 피해회복명령에 따라 그 자 또는 그 일반승계인에게 반환해야 할 것인 때에는 당해 중대범죄에 대해 일본국에서 형벌을 부과할 경우에 일본국의 법령에 따르면 당해 재산이 그들에게 귀속됨을 이유로 하여 몰수보전을 할 수 있는 재산에 해당하지 아니하는 것

② 법 제45조 제1항의 규정에 따른 청구는 다음에 열거하는 사항을 기재한 서면으로 하여야 한다.

1. 청구범죄에 관련된 피해회복명령의 재판을 받을 자의 이름

2. 집행협력청구에 관련된 추징보전액

3. 처분을 금지할 재산

4. 청구범죄의 죄명, 사실의 요지 및 적용된 벌조(罰条)와 추징보전의 근거가 되는 법령의 조항 및 일본국의 상당하는 법령의 조항

③ 전2항의 청구를 하는 경우에는 몰수보전명령 또는 추징보전명령을 발령할 수 있는 요건이 있음을 인정할 자료를 제출히여야 한다.

제13조(범죄수익에 관련된 보전절차등에 관한 규칙 등의 준용) 이 장에 특별한 정함이 있는 것 외 집행협력에 관한 절차에는 그 성질에 반하지 아니하는 한 범죄수익에 관련된 보전절차 등에 관한 규칙(平成 11년 최고재판소규칙 제10호) 제3장(제3조, 제6조, 제7조 제2항 및 제3항, 제12조, 제21조 및 제23조를 제외한다.), 형사소송규칙(제1편 제2장 및 제5장부터 제13장까지, 제2편 제1장, 제3편 제1장, 제3장 및 제4장, 제7편 및 제8편에 한한다.), 형사사건에서의 제3자 소유물의 몰수절차에 관한 규칙(昭和 38년 최고재판소규칙 제8호) 및 도망범죄인인도법에 따른 심사 등의 절차에 관한 규칙 제19조, 제21조 및 제22조의 규정을 준용한다. 이 경우에 범죄수익에 관련된 보전절차 등에 관한 규칙 제4조 제1항 중「전조 제1항 각호」는「국제형사재판소에 대한 협력절차에 관한 규칙(平成 19년 최고재판소규칙 제8호) 제9조 제2항 제1호 및 제12조 제1항 각호」로, 「같은 조 제1항 제1호 및 제6호」는「같은 항 제1호」로, 같은 항 제3호 및 같은 조 제2항 중「법 제22조 제2항」은「국제형사재판소에 대한 협력 등에 관한 법률(平成 19년 법률 제37호) 제44조 제2항」으로, 같은 규칙 제5조 중「법」은「국제형사재판소에 대한 협력 등에 관한 법률 제44조 제3항에서 바꿔 읽어 준용하는 조직적인 범죄의 처벌 및 범죄수익의 규제 등에 관한 법률」로, 같은 규칙 제7조 제1항 및 제8조 제1항 제2호 중「피의자」와, 같은 규칙 제10조 제1항 및 제14조 제1항 제2호 중「피고인 또는 피의자」는「청구범죄에 관련하여 국제형사재판소에 대한 협력 등에 관한 법률 제2조 제10호에 규정하는 몰수형 또는 피해회복명령의 재판을 받을 자」로, 같은 규칙 제8조 중「기소 전」은「국제형사재판소에 관한 로마규정 제61조1에 규정하는 심리가 진행되기 전」으로, 같은 조 및 같은 규칙 제11조 제3항 중「법 제23조 제4항」은「국제형사재판소에 대한 협력 등에 관한 법률 제44조 제5항에서 바꿔 읽어 준용하는 조직적인 범죄의 처벌 및 범죄수익의 규제 등에 관한 법률 제68조 제2항」으로, 같은 규칙 제10조 제1항 및 제11조의2 제10항 중「법 제30조 제4항」은「국제형사재판소에 대한 협력 등에 관한 법률 제47조에서 준용하는 조직적인 범죄의 처벌 및 범죄수익의 규제 등에 관한 법률 제30조 제4항」으로, 같은 규칙 제11조 제9항 및 제11조의2 제10항 중「법 제36조 제1항」은「국제형사재판소에 대한 협력 등에 관한 법률 제47조에서 준용하는 조직적인 범죄의 처벌 및 범죄수익의 규제 등에 관한 법률 제36조 제1항」으로, 같은 규칙 제11조 제10항, 제13조 제1항, 제14

조 제1항, 제15조와 제17조 제1항 제2호 및 제2항 중 「법」은 「국제형사재판소에 대한 협력 등에 관한 법률 제47조에서 준용하는 조직적인 범죄의 처벌 및 범죄수익의 규제 등에 관한 법률」로, 같은 규칙 제11조 제11항 및 제11조의2 제11항 중 「제3조 제1항 또는 제26조 제1항」은 「국제형사재판소에 대한 협력절차에 관한 규칙 제12조 제1항」으로, 같은 규칙 제22조 중 「제5조부터 제9조까지(제7조 제2항 및 제3항을 제외한다.) 및 제12조」는 「국제형사재판소에 대한 협력절차에 관한 규칙 제13조에서 준용하는 제5조, 제7조 제1항, 제8조 및 제9조」로, 「「추징보전해방금」과 제12조 중 「제32조 제1항」은 「제47조」」는 「「추징보전해방금」」으로 바꿔 읽는 것으로 한다.

부 칙 〈생 략〉

국제형사재판소의 인도청구에 관련된 호송 중 착륙할 경우의 경찰관에 의한 인도대상자의 구속에 관한 절차를 정하는 규칙

平成 19년 국가공안위원회규칙 제14호

제1조(인도대상자를 구속할 때의 확인) 경찰관은 국제형사재판소에 대한 협력 등에 관한 법률(이하 「법」이라고 한다.) 제50조 제1항의 규정에 따라 인도대상자를 구속할 때에는 다음에 열거하는 방법 기타 적당한 방법으로 그 자가 인도대상자임을 확인한다.

1. 인도대상자를 호송하고 있는 외국의 관헌 또는 국제형사재판소가 지정하는 자(이하 「외국관헌등」이라고 한다.)가 소지하는 국제형사재판소가 발부한 체포장 또는 그 사본을 확인하는 방법

2. 국제형사재판소에 그 자가 인도대상자인지를 조회하여 확인하는 방법

제2조(인도대상자를 구속한 때의 기록의 작성) 경찰관은 법 제50조 제1항의 규정에 따라 인도대상자를 구속한 때에는 신속하게 다음에 열거하는 사항에 대한 기록을 작성한다.

1. 인도대상자의 이름, 국적, 생년월일 및 성별

2. 인도대상자를 호송하는 외국관헌등의 관직과 이름

3. 전조 제1호에 규정하는 체포장의 문서번호 및 발부연월일

4. 인도대상자가 탑승하고 있었던 항공기의 편명과 착륙일시 및 장소

5. 인도대상자의 구속을 개시한 일시 및 장소

제3조(입국경비관으로부터 인도대상자를 인도받은 때의 기록의 작성) 경찰관은 법 제50조 제2항의 규정에 따라 입국경비관으로부터 인도대상자를 인도받은 때에는 신속하게 전조 각호에 열거하는 사항, 당해 입국관리관의 관직과 이름 및 인도를 받은 일시에 대한 기록을 작성한다.

제4조(외무대신에 대한 통지) 법 제50조 제4항의 규정에 따른 통지는 경찰청장관을 통해 한다.

부 칙 〈생 략〉

도망범죄인인도법

제정 昭和 28년 법률 제68호

개정 平成 19년 5월 11일 법률 제37호

제1조(정의) ① 이 법률에서 「인도조약」은 일본국과 외국과의 사이에 체결된 범죄인의 인도에 관한 조약을 말한다.

② 이 법률에서 「청구국」은 일본국에게 범죄인의 인도를 청구한 외국을 말한다.

③ 이 법률에서 「인도범죄」는 청구국으로부터의 범죄인의 인도청구에서 당해 범죄인이 범하였다고 하는 범죄를 말한다.

④ 이 법률에서 「도망범죄인」은 인도범죄에 대하여 청구국의 형사에 관한 절차가 진행된 자를 말한다.

제2조(인도에 관한 제한) 아래 각호의 하나에 해당하는 경우에는 도망범죄인을 인도하여서는 아니 된다. 다만 제3호, 제4호, 제8호 또는 제9호에 해당하는 경우에 인도조약에 별도의 정함이 있는 때에는 그러하지 아니하다.

1. 인도범죄가 정치범죄인 때

2. 인도청구가 도망범죄인이 범한 정치범죄에 대한 심판 또는 형벌을 집행할 목적으로 한 것으로 인정되는 때

3. 인도범죄가 청구국의 법령에 따라 사형, 무기 또는 3년 이상의 구금형에 해당하는 것이 아닌 때

4. 인도범죄에 관련된 행위가 일본국 내에서 이뤄졌다고 할 경우에 당해 행위가 일본국 법령에 의해 사형, 무기 또는 장기 3년 이상의 징역 또는 금고에 처할 죄에 해당하는 것이 아닌 때

5. 인도범죄에 관련된 행위가 일본국 내에서 이뤄졌거나 인도범죄에 관련된 재판이 일본국 재판소에서 이뤄졌다고 할 경우에 일본국의 법령에 의해 도망범죄인에게 형벌을 부과하거나 이를 집행할 수 없다고 인정되는 때

6. 인도범죄에 대하여 청구국의 유죄의 재판이 있는 경우를 제외하고 도망범죄인이 그 인도범죄에 관련된 행위를 하였음을 의심할 만한 상당한 이유가 없는 때

7. 인도범죄에 관련된 사건이 일본국 재판소에 계속하는 때 또는 그 사건에 대하여 일본국 재판소에서 확정판결을 경료한 때

8. 도망범죄인이 범한 인도범죄 이외의 죄에 관련된 사건이 일본국 재판소에 계속

된 때 또는 그 사건에 대하여 도망범죄인이 일본국 재판소에서 형에 처해지고 그 집행을 종료하지 아니하거나 집행을 받지 아니하기로 되어 있지 아니한 때

9. 도망범죄인이 일본국민인 때

제3조(인도청구를 받은 외무대신의 조치) 외무대신은 도망범죄인의 인도청구가 있었던 때에는 다음 각호의 하나에 해당하는 경우를 제외하고 인도청구서 또는 외무대신이 작성한 인도청구가 있었음을 증명하는 서면에 관계 서류를 첨부하여 법무대신에게 송부하여야 한다.

1. 청구가 인도조약에 기초하여 이뤄졌을 경우에 그 방식이 인도조약에 적합하지 아니하다고 인정하는 때

2. 청구가 인도조약에 기초하지 아니하고 이뤄졌을 경우에 청구국으로부터 일본국이 하는 동종의 청구에 대응하는 취지의 보증이 되어 있지 아니한 때

제4조(법무대신의 조치) ① 법무대신은 외무대신으로부터 전조의 규정에 따라 인도청구에 관한 서면을 송부받은 때에는 다음 각호의 하나에 해당하는 경우를 제외하고 도쿄고등검찰청검사장에게 관계 서류를 송부하여 도망범죄인을 인도할 수 있는 경우에 해당하는지에 대하여 도쿄고등재판소에 심사의 청구를 하도록 하는 취지를 명하여야 한다.

1. 명백히 도망범죄인을 인도할 수 없는 경우에 해당한다고 인정하는 때

2. 제2조 제8호 또는 제9호에 해당하는 경우에는 도망범죄인을 인도할 것인지에 대한 일본국의 재량에 맡기는 취지의 인도조약의 정함이 있는 경우에 명백하게 같은 조 제8호 또는 제9호에 해당하고 도망범죄인을 인도함이 상당하지 아니하다고 인정하는 때

3. 전호에 정하는 것 외 도망범죄인을 인도할 것인지에 대하여 일본국의 재량에 맡기는 취지의 인도조약의 정함이 있는 경우에 당해 정함에 해당하고 도망범죄인을 인도함이 상당하지 아니하다고 인정하는 때

4. 인도청구가 인도조약에 기초하지 아니하고 이뤄진 것인 경우에 도망범죄인을 인도함이 상당하지 아니하다고 인정하는 때

② 법무대신은 전항 제3호 또는 제4호의 인정을 하려는 때에는 미리 외무대신과 협의하여야 한다.

③ 법무대신은 제1항의 규정에 따른 명령 기타 도망범죄인의 인도에 관한 조치를 취하기 위해 필요하다고 인정하는 때에는 도망범죄인의 소재 기타 필요한 사항에 대한 조사를 할 수 있다.

제5조(도망범죄인의 구금) ① 도쿄고등검찰청검사장은 전조 제1항의 규정에 따른 법무대신의 명령을 받은 때에는 도망범죄인이 가구금허가장에 의해 구금되거나 가구

금허가장에 의한 구금이 정지되어 있는 경우를 제외하고 도쿄고등검찰청 검찰관으로 하여금 도쿄고등재판소 재판관이 미리 발부한 구금허가장에 의해 도망범죄인을 구금하게 하여야 한다. 다만 도망범죄인이 일정한 주거가 있는 경우로서 도쿄고등검찰청검사장이 도망범죄인이 도망할 우려가 없다고 인정하는 때에는 그러하지 아니하다.

② 전항의 구금허가장은 도쿄고등검찰청 검찰관의 청구에 의해 발부한다.

③ 구금허가장에는 도망범죄인의 이름, 인도범죄명, 청구국의 명칭, 유효기간과 그 기간 경과 후에는 구속에 착수할 수 없고 구금허가장은 반환하여야 한다는 취지 및 발부연월일을 기재하고 재판관이 기명날인하여야 한다.

제 6 조(위와 같음) ① 도쿄고등검찰청 검찰관은 검찰사무관, 경찰관, 해상보안관 또는 해상보안관보(이하 「검찰사무관등」이라고 한다.)에게 전조의 구금허가장에 의한 구속을 하게 할 수 있다.

② 구금허가장에 의해 도망범죄인을 구속할 때에는 이를 도망범죄인에게 제시하여야 한다.

③ 검찰사무관등은 구금허가장에 의해 도망범죄인을 구속한 때에는 가능한 한 신속하게 도쿄고등검찰청 검찰관에게 인치하여야 한다.

④ 형사소송법(昭和 23년 법률 제131호) 제71조, 제73조 제3항, 제74조 및 제126조의 규정은 구금허가장에 의한 구속에 준용한다.

제 7 조(위와 같음) ① 도쿄고등검찰청 검찰관은 구금허가장에 의해 도망범죄인을 구속한 때 또는 구금허가장에 의해 구속된 도망범죄인을 넘겨받은 때에는 곧바로 그 사람이 틀림없는지를 조사하여야 한다.

② 도망범죄인이 틀림없는 때에는 곧바로 구속의 사유를 고지한 후에 구금할 형사시설을 지정하고 신속하게 직접 도망범죄인을 그 형사시설에 송치하여야 한다. 이 경우에는 전조 제1항의 규정을 준용한다.

제 8 조(심사청구) ① 도쿄고등검찰청 검찰관은 제4조 제1항의 규정에 따른 법무대신의 명령이 있었던 때에는 도망범죄인의 현재지를 알 수 없는 경우를 제외하고 신속하게 도쿄고등재판소에 도망범죄인을 인도할 수 있는 경우에 해당하는지에 대한 심사청구를 하여야 한다. 구금허가장에 의해 도망범죄인을 구속하거나 구금허가장에 의해 구속된 도망범죄인을 넘겨받은 때에는 구속한 때 또는 넘겨받은 때로부터 24시간 이내에 심사청구를 하여야 한다.

② 전항의 심사청구는 서면으로 하고 관계 서류를 첨부하여야 한다.

③ 도쿄고등검찰청 검찰관은 제1항의 청구를 한 때에는 도망범죄인에게 전항의 청구서의 등본을 송부하여야 한다.

제 9 조(도쿄고등재판소의 심사) ① 도쿄고등재판소는 전조의 심사청구를 받은 때에는 신속하게 심사를 개시하고 결정을 한다. 도망범죄인이 구금허가장에 의해 구금되어 있는 때에는 늦어도 구속된 날로부터 2개월 이내에 결정을 한다.

② 도망범죄인은 전항의 심사에 관하여 변호사의 보좌를 받을 수 있다.

③ 도쿄고등재판소는 제1항의 결정을 하기 전에 도망범죄인 및 이를 보좌하는 변호사에게 의견을 진술할 기회를 부여하여야 한다. 다만 다음 조 제1항 제1호 또는 제2호의 결정을 하는 경우에는 그러하지 아니하다.

④ 도쿄고등재판소는 제1항의 심사를 할 때 필요한 때에는 증인을 심문하거나 감정, 통역 또는 번역을 명할 수 있다. 이 경우에는 그 성질에 반하지 아니하는 한 형사소송법 제1편 제11장부터 제13장까지 및 형사소송비용에 관한 법령의 규정을 준용한다.

제10조(도쿄고등재판소의 결정) ① 도쿄고등재판소는 전조 제1항의 규정에 따른 심사의 결과를 기초로 아래의 구분에 따라 결정을 한다.

1. 심사의 청구가 부적법한 때에는 각하하는 결정
2. 도망범죄인을 인도할 수 없는 경우에 해당하는 때에는 그 취지의 결정
3. 도망범죄인을 인도할 수 있는 경우에 해당하는 때에는 그 취지의 결정

② 전항의 결정은 그 주문을 도쿄고등검찰청 검찰관에게 통지하여 효력이 발생한다.

③ 도쿄고등재판소는 제1항의 결정을 한 때에는 신속하게 도쿄고등검찰청 검찰관과 도망범죄인에게 재판서의 등본을 송달하고 도쿄고등검찰청 검찰관에게 제출한 관계서류를 반환하여야 한다.

제11조 (심사청구명령의 취소) ① 외무대신은 제3조의 규정에 따라 서면을 송부한 후에 청구국으로부터 도망범죄인의 인도청구를 철회하는 취지의 통지를 받거나 제3조 제2호에 해당하게 된 때에는 곧바로 그 취지를 법무대신에게 통지하여야 한다.

② 법무대신은 제4조 제1항의 명령을 한 후에 외무대신으로부터 전항의 규정에 따른 통지를 받거나 제4조 제1항 각호의 하나에 해당하게 된 때에는 곧바로 그 명령을 취소함과 동시에 제8조 제3항의 규정에 따른 심사청구서의 등본을 송부받은 도망범죄인에게 그 취지를 통지하여야 한다.

③ 도쿄고등검찰청 검찰관은 심사청구를 한 후에 심사청구명령이 취소된 때에는 신속하게 심사청구를 취소하여야 한다.

제12조 (도망범죄인의 석방) 도쿄고등검찰청 검찰관은 제10조 제1항 제1호 또는 제2호의 결정이 있거나 전조의 규정에 따라 심사청구명령이 취소된 때에는 곧바로 구금허가장에 의해 구금되어 있는 도망범죄인을 석방하여야 한다.

제13조(재판서의 등본 등의 법무대신에의 제출) 도쿄고등검찰청검사장은 제10조 제3

항의 규정에 따라 재판서의 등본이 도쿄고등검찰청 검찰관에게 송달된 때에는 신속하게 의견을 붙여 관계 서류와 함께 법무대신에게 제출하여야 한다.

제14조(인도에 관한 법무대신의 명령 등) ① 법무대신은 제10조 제1항 제3호의 결정이 있었던 경우에 도망범죄인을 인도함이 상당하다고 인정하는 때에는 도쿄고등검찰청검사장에게 도망범죄인의 인도를 명함과 동시에 도망범죄인에게 그 취지를 통지하고, 도망범죄인을 인도함이 상당하지 아니하다고 인정하는 때에는 곧바로 도쿄고등검찰청검사장 및 도망범죄인에게 그 취지를 통지함과 동시에 도쿄고등검찰청 검사장에게 구금허가장에 의해 구금되어 있는 도망범죄인의 석방을 명하여야 한다.

② 도쿄고등검찰청 검찰관은 전항의 규정에 따른 석방명령이 있었던 때 또는 제10조 제3항의 규정에 따른 같은 조 제1항 제3호의 결정의 재판서의 등본을 송달받은 날로부터 10일 이내에 전항의 규정에 따른 인도명령이 없는 때에는 곧바로 구금허가장에 의해 구금되어 있는 도망범죄인을 석방하여야 한다.

③ 법무대신은 제1항의 규정에 따라 도망범죄인을 인도함이 상당하지 아니하다고 인정하는 취지의 통지를 한 후에는 당해 인도청구에 대한 도망범죄인의 인도를 명할 수 없다. 다만 제2조 제8호의 경우에 관한 인도조약에 별도의 정함이 있는 경우에 같은 조 같은 호에 해당하기 때문에 도망범죄인을 인도함이 상당하지 아니하다고 인정하는 취지의 통지를 한 후 같은 조 같은 호에 해당하지 아니하게 된 때에는 그러하지 아니하다.

제15조(인도장소 및 기한) 전조 제1항의 인도명령에 따른 도망범죄인의 인도장소는 도망범죄인이 구금허가장에 의해 구금되어 있는 형사시설로 하고, 인도기한은 인도명령일의 다음 날로부터 기산하여 30일로 한다. 다만 도망범죄인이 인도명령일에 구속되어 있지 아니한 때에는 인도장소는 구금장에 의해 도망범죄인을 구금할 형사시설 또는 구금이 정지되기까지 도망범죄인이 구금되어 있는 형사시설로 하고, 인도기한은 도망범죄인이 구금장에 의해 구속되거나 구금의 정지의 취소에 의해 구속된 날의 다음날로부터 기산하여 30일로 한다.

제16조(인도에 관한 조치) ① 제14조 제1항의 규정에 따른 인도명령은 인도장을 발부하여 한다.

② 인도장은 도쿄고등검찰청검사장에게 교부하여야 한다.

③ 법무대신은 인도장을 발부함과 동시에 외무대신에게 수령허가장을 송부하여야 한다.

④ 인도장 및 수령허가장에는 도망범죄인의 이름, 인도범죄명, 청구국의 명칭, 인도장소, 인도기한 및 발부연월일을 기재하고 법무대신이 기명날인하여야 한다.

제17조(위와 같음) ① 도쿄고등검찰청검사장은 법무대신으로부터 인도장을 교부받은

경우에 도망범죄인이 구금허가장에 의해 구금되거나 그 구금이 정지되어 있는 때에는 도망범죄인이 구금되거나 정지되기까지 구금되어 있던 형사시설의 장에게 인도장을 교부하여 도망범죄인의 인도를 지휘하여야 한다.

② 전항에 규정하는 경우를 제외하고 도쿄고등검찰청검사장은 법무대신으로부터 인도장을 교부받은 때에는 도쿄고등검찰청 검찰관으로 하여금 구금장에 의해 도망범죄인을 구금하게 하여야 한다.

③ 전항의 구금장은 도쿄고등검찰청 검찰관이 발부한다.

④ 제6조 및 제7조의 규정은 구금장에 의한 도망범죄인의 구속에 준용된다.

⑤ 도쿄고등검찰청검사장은 구금장에 의해 구속된 도망범죄인이 구금될 형사시설에 송치된 때에는 신속하게 그 형사시설의 장에게 인도장을 교부하여 도망범죄인의 인도를 지휘함과 동시에 법무대신에게 그 취지 및 구속한 연월일을 보고하여야 한다.

제18조(위와 같음) 법무대신은 도쿄고등검찰청검사장으로부터 전조 제5항 또는 제22조 제6항의 규정에 따른 보고가 있었던 때에는 곧바로 외무대신에게 도망범죄인을 인도할 장소에 구속한 취지 및 인도의 기한을 통지하여야 한다.

제19조(위와 같음) ① 외무대신은 제16조 제3항의 규정에 따라 수령허가장을 송부받은 때에는 곧바로 청구국에 송부하여야 한다.

② 외무대신은 전조의 규정에 따라 통지를 받은 때에는 곧바로 그 내용을 청구국에 통지하여야 한다.

제20조(위와 같음) ① 제17조 제1항 또는 제5항의 규정에 따라 도망범죄인의 인도의 지휘를 받은 형사시설의 장은 청구국의 관헌으로부터 수령허가장을 제시하여 도망범죄인의 인도를 요구받은 때에는 도망범죄인을 인도하여야 한다.

② 형사시설의 장은 인도기한 내에 전항의 규정에 따른 인도의 요구가 없는 때에는 도망범죄인을 석방하고 그 취지를 도쿄고등검찰청검사장에게 보고하여야 한다.

제21조(청구국의 관헌에 의한 도망범죄인의 호송) 전조 제1항의 규정에 따라 도망범죄인을 인도받은 청구국의 관헌은 신속하게 도망범죄인을 청구국 내에 호송한다.

제22조(구금의 정지) ① 도쿄고등검찰청 검찰관은 필요하다고 인정하는 때에는 구금허가장에 의해 구금되어 있는 도망범죄인을 친족 기타의 자에게 위탁하거나 도망범죄인의 주거를 제한하여 구금의 정지를 할 수 있다.

② 도쿄고등검찰청 검찰관은 필요하다고 인정하는 때에는 언제라도 구금의 정지를 취소할 수 있다. 제17조 제1항의 규정에 따라 법무대신으로부터 도쿄고등검찰청검사장에게 인도장의 교부가 있었던 때에는 구금의 정지를 취소하여야 한다.

③ 도쿄고등검찰청 검찰관은 전항의 규정에 의한 구금의 정지를 취소한 때에는 검

찰사무관등에게 도망범죄인을 구속하게 할 수 있다.

④ 전항의 규정에 따른 구속은 구금허가장의 등본 및 도쿄고등검찰청 검찰관이 작성한 구금의 정지를 취소하는 취지의 서면을 도망범죄인에게 제시한 후에 이를 구금할 형사시설에 인치하여 한다.

⑤ 전항의 서면을 소지하지 아니하였기 때문에 이를 제시할 수 없는 경우에 급속을 요하는 때에는 같은 항의 규정에 불구하고 도망범죄인에게 구금의 정지가 취소된 취지를 고지하여 이를 구금할 형사시설에 인치할 수 있다. 다만 그 서면을 가능한 한 신속하게 도망범죄인에게 제시하여야 한다.

⑥ 도쿄고등검찰청검사장은 제2항 후단의 규정에 따라 구금의 정지의 취소가 있었던 경우에 도망범죄인이 구금되어야 할 형사시설에 송치된 때에는 신속하게 법무대신에게 그 취지 및 구속한 연월일을 보고하여야 한다.

⑦ 아래 각호의 어느 하나에 해당하는 때에는 정지되어 있는 구금은 효력을 잃는다.

1. 도망범죄인에게 제10조 제1항 제1호 또는 제2호의 결정의 재판서의 등본이 송달된 때

2. 도망범죄인에게 제11조 제2항의 규정에 따른 통지가 있었던 때

3. 도망범죄인에게 제14조 제1항의 규정에 따라 법무대신으로부터 인도가 상당하지 아니하다고 인정하는 취지의 통지가 있었던 때

제23조(가구금에 관한 청구 등) ① 외무대신은 인도조약에 기초하여 체약국으로부터 인도조약에 따라 일본국에 인도청구를 할 수 있는 범죄인이 범한 범죄(인도조약에서 체약국이 일본국에 범죄인의 인도를 청구할 수 있는 것으로 열거된 범죄에 한한다.)에 대하여 그 자를 임시로 구금하는 것을 청구한 때에는 다음 각호의 하나에 해당하는 경우를 제외하고 그 청구가 있었음을 증명하는 서면에 관계 서류를 첨부하여 법무대신에게 송부하여야 한다.

1. 청구에 관련된 자를 체포하는 취지의 영장이 발부되거나 형의 선고되어 있는 것의 통지가 없는 때

2. 청구에 관련된 자의 인도청구를 하여야 한다는 취지의 보증이 되어 있지 않은 때

② 인도조약을 기초로 하지 아니하고 범죄인을 임시로 구금할 것을 청구한 때에는 당해 청구를 한 외국으로부터 일본국이 하는 동종의 청구에 대응하는 취지의 보증이 되어 있는 경우에 한하여 전항과 같다.

제24조(가구금에 관한 조치) 법무대신은 전조의 규정에 따라 서면을 송부받은 경우에 당해 범죄인을 임시로 구금함이 상당하다고 인정하는 때에는 도쿄고등검찰청검사장에게 당해 범죄인을 임시로 구금하여야 하는 취지를 명하여야 한다.

제25조(위와 같음) ① 도쿄고등검찰청검사장은 전조의 규정에 따라 법무대신의 명령

을 받은 때에는 도쿄고등검찰청 검찰관으로 하여금 도쿄고등재판소 재판관이 미리 발부한 가구금허가장에 의해 당해 범죄인을 구금하게 하여야 한다.

② 제5조 제2항 및 제3항, 제6조 및 제7조의 규정은 가구금허가장에 의한 구금에 준용한다.

제26조(위와 같음) ① 법무대신은 가구금허가장에 의해 구금되어 있는 범죄인에 대하여 외무대신으로부터 제3조의 규정에 따른 인도청구에 관한 서면을 송부받은 경우에 제4조 제1항 각호의 하나에 해당하기 때문에 같은 조 같은 항의 규정에 따른 명령을 할 수 없는 때에는 도쿄고등검찰청검사장 및 당해 범죄인에게 그 취지를 통지함과 동시에 도쿄고등검찰청검사장에게 당해 범죄인의 석방을 명하여야 한다.

② 도쿄고등검찰청 검찰관은 전항의 규정에 따른 석방명령이 있었던 때에는 곧바로 당해 범죄인을 석방하여야 한다.

제27조(위와 같음) ① 도쿄고등검찰청검사장은 가구금허가장이 발부되어 있는 범죄인에 대하여 제4조 제1항의 규정에 따른 법무대신의 명령을 받은 때에는 곧바로 도쿄고등검찰청 검찰관으로 하여금 당해 범죄인에 대한 인도청구가 있었다는 취지를 고지하게 하여야 한다.

② 전항의 고지는 당해 범죄인이 가구금허가장에 의해 구금되어 있는 경우에는 그 형사시설의 장에게 통지하여 하고, 구금되어 있지 아니한 경우에는 당해 범죄인에게 서면을 송부하여 한다.

③ 가구금허가장에 의해 구금되어 있는 범죄인에게 제1항의 규정에 따른 고지가 있었던 때에는 그 구금은 구금허가장에 의한 구금으로 보고, 제8조 제1항의 규정의 적용에서는 그 고지가 있었던 때에 도쿄고등검찰청 검찰관이 구금허가장에 의해 도망범죄인을 구금한 것으로 본다.

제28조(위와 같음) ① 외무대신은 제23조의 규정에 따라 서면을 송부한 후에 임시로 구금할 것을 청구한 나라로부터 당해 범죄인의 인도청구를 하지 아니하는 취지의 통지가 있었던 때에는 곧바로 그 취지를 법무대신에게 통지하여야 한다.

② 법무대신은 전항의 규정에 따른 통지를 받은 때에는 곧바로 도쿄고등검찰청검사장 및 당해 범죄인에게 그 취지를 통지함과 동시에 도쿄고등검찰청검사장에게 당해 범죄인의 석방을 명하여야 한다.

③ 도쿄고등검찰청 검찰관은 전항의 규정에 따른 석방명령이 있었던 때에는 곧바로 당해 범죄인을 석방하여야 한다.

제29조(위와 같음) 형사시설의 장은 가구금허가장에 의해 구금되어 있는 범죄인에 대하여 그 자가 구속된 날로부터 2개월(인도조약에 2개월보다 짧은 기간이 정해져 있는 때에는 그 기간) 이내에 제27조 제2항의 규정에 따른 통지를 받지 않은 때에

는 당해 범죄인을 석방하고 그 취지를 도쿄고등검찰청검사장에게 보고하여야 한다.

제30조(위와 같음) ① 제22조 제1항부터 제5항까지의 규정은 가구금허가장에 의한 구금에 준용한다.

② 전항에서 준용하는 제22조 제1항의 규정에 따라 가구금허가장에 의한 구금의 정지가 있었던 경우에 당해 범죄인에게 제27조 제1항의 규정에 따른 고지가 된 내에는 당해 가구금허가장에 의한 구금의 정지는 제22조 제1항의 규정에 따른 구금의 정지로 본다.

③ 제1항에서 준용하는 제22조 제1항의 규정에 따라 가구금허가장에 의한 구금의 정지가 있었던 경우에 다음 각호의 하나에 해당하는 때에는 정지되어 있는 가구금허가장에 의한 구금은 효력을 잃는다.

1. 당해 범죄인에게 제26조 제1항 또는 제28조 제2항의 규정에 따른 통지가 있었던 때

2. 당해 범죄인이 가구금허가장에 의해 구금된 날로부터 2개월(인도조약에 2개월보다 짧은 기간이 정해져 있는 때에는 그 기간) 이내에 당해 범죄인에게 제27조 제1항의 규정에 따른 고지가 없는 때

제31조(최고재판소규칙) 이 법률에 정하는 것 외 도쿄고등재판소의 심사에 관한 절차 및 구금허가장 또는 가구금허가장의 발부에 관한 절차에 필요한 사항은 최고재판소가 정한다.

제32조(도쿄고등재판소의 관할구역의 특례) 이 법률에 정하는 도쿄고등재판소나 그 재판관 또는 도쿄고등검찰청 검찰관의 직무의 집행에 관하여는 하급재판소의 설립 및 관할구역에 관한 법률(昭和 22년 법률 제63호)의 규정에 불구하고 도쿄고등재판소에는 관할구역의 정함이 없는 것으로 한다.

제33조(인도조약발효 전에 범한 범죄에 관한 인도청구) 일본국과 외국과의 사이에 새로운 인도조약이 체결된 경우에는 인도조약에 체결국이 일본국에게 당해 인도조약의 효력발생 전에 범한 범죄는 범죄인의 인도청구를 할 수 없다는 취지의 정함이 있는 경우를 제외하고, 이 법률 중 인도조약에 기초한 인도청구에 관한 규정은 당해 인도조약의 효력발생 전에 범한 범죄에 대하여 그 효력발생 후에 된 인도청구에 관하여도 적용된다.

제34조(통과호송의 승인에 관한 법무대신의 조치) ① 법무대신은 외국으로부터 외교기관을 경유하여 당해 외국의 관헌이 다른 외국으로부터 인도를 받은 자를 일본국 내를 통과하여 호송하는 것의 승인의 청구가 있었던 때에는 다음 각호의 하나에 해당하는 경우를 제외하고 이를 승인할 수 있다.

1. 청구에 관련된 자의 인도의 원인이 된 행위가 일본국 내에서 이뤄졌다고 할 경

우에 당해 행위가 일본국의 법령에 의해 죄가 되지 아니하는 때

2. 청구에 관련된 자의 인도의 원인이 된 범죄가 정치범죄인 때 또는 당해 인도청구가 정치범죄에 대한 심판 또는 형벌을 집행할 목적으로 한 것으로 인정되는 때

3. 청구가 인도조약에 기초하지 아니하고 이뤄졌을 경우에 청구에 관련된 자가 일본국민인 때

② 법무대신은 전항의 승인을 할 것인지를 미리 외무대신과 협의하여야 한다.

제35조(행정절차법 등의 적용제외)   ① 이 법률에 기초하여 하는 처분에는 행정절차법(平成 5년 법률 제88호) 제3상[139]의 규정은 적용하지 아니한다.

② 이 법률에 기초하여 하는 처분[행정사건소송법(昭和 37년 법률 제139호) 제3조 제2항에 규정하는 처분을 말한다.] 또는 재결(같은 조 제3항에 규정하는 재결을 말한다.)에 관련된 항고소송(같은 조 제1항에 규정하는 항고소송을 말한다.)에는 같은 법 제12조 제4항 및 제5항(이들 규정을 같은 법 제38조 제1항에서 준용하는 경우를 포함한다.)[140]의 규정은 적용하지 아니한다.

부 칙(昭和 28년 법률 제68호)

1 (생 략)

2 (생 략)

3 이 법률은 이 법률의 시행 전에 범한 인도범죄에 관한 도망범죄인의 인도청구에도 적용한다.

부 칙(昭和 39년 5월 29일 법률 제86호)

1 (생 략)

2 (경과규정) 이 법률에 따른 개정 후의 도망범죄인인도법의 규정은 이 법률 시행 전에 범한 범죄에 관련된 범죄인의 인도청구에도 적용한다.

---

139) 불이익처분의 기준, 의견청취절차 및 변명의 기회 부여에 관한 내용임.

140) 일본국 행정사건소송법 제12조(관할) ① ~ ③ (생 략)
④ 국가 또는 독립행정법인통칙법(平成 11년 법률 제103호) 제2조 제1항에 규정하는 독립행정법인이나 별표에 열거하는 법인을 피고로 하는 취소소송은 원고의 보통재판적 소재지를 관할하는 고등재판소 소재지를 관할하는 지방재판소(다음 항에서 「특정관할재판소」라고 한다.)에도 제기할 수 있다.
⑤ 전항의 규정에 따라 특정관할재판소에 같은 항의 취소소송이 제기된 경우에 다른 재판소에 사실상 및 법률상 동일한 원인에 기초하여 이뤄진 처분 또는 재결에 관련된 항고소송이 계속되어 있는 경우에도 당해 특정관할재판소는 당사자의 주소 또는 소재지, 심문을 받을 증인의 주소, 쟁점 또는 증거의 공통성 기타 사정을 고려하여 상당하다고 인정하는 때에는 신청 또는 직권으로 소송의 전부 또는 일부를 당해 다른 재판소나 제1항부터 제3항까지에 정하는 재판소에 이송할 수 있다.

부 칙 (平成 5년 11월 12일 법률 제89호)

제1조 (생 략)

제2조(자문 등이 이뤄진 불이익처분에 관한 경과조치) 이 법률의 시행 전에 법령에 기
초하여 심의회 기타 합의제 기관에 대한 행정절차법 제13조에 규정하는 청문(聽聞)
또는 변명의 기회 부여절차 기타 의견진술을 위한 절차에 상당하는 절차를 집행할
것을 자문(諮問)하거나 기타 요구가 된 경우에는 당해 자문(諮問) 기타 요구에 관련
된 불이익처분의 절차에 관하여는 이 법률에 따른 개정 후 관련 법률의 규정에 불구
하고 종전의 예에 따른다.

제13조(벌칙에 관한 경과조치) 이 법률의 시행 전에 한 행위에 대한 벌칙을 적용할 때
에는 종전의 예에 따른다.

제14조(청문에 관한 규정의 정리에 수반하는 경과조치) 이 법률의 시행 전에 법률의
규정에 따라 이뤄진 청문(聽聞), 청문(聽問)이나 청문회(불이익처분에 관련된 것을 제외한
다) 또는 이들을 위한 절차는 이 법률에 따른 개정 후 관련 법률의 상당규정에 따
라 이뤄진 것으로 본다.

제15조 (생 략)

※ 부칙 중 특별히 유의미한 내용만을 번역 수록함.

도망범죄인인도법에 따른 심사 등의 절차에 관한 규칙

제정 昭和 28년 7월 22일 최고재판소규칙 제11호

개정 平成 18년 5월 12일 최고재판소규칙 제6호

제1조(이 규칙의 취지) 도망범죄인인도법(昭和 28년 법률 제68호. 이하 「법」이라고 한다.)에 따른 재판소의 심사에 관한 절차 및 구금허가장 또는 가구금허가장의 발부에 관한 절차는 법에 정한 것 외 이 규칙이 정하는 바에 따른다.

제2조(정의) ① 이 규칙에서 「인도조약」, 「청구국」, 「인도범죄」 또는 「도망범죄인」 이라는 용어는 법에서와 같은 의미를 가진다.

② 이 규칙에서 「재판소」는 도쿄고등재판소를, 「재판관」은 도쿄고등재판소 재판관을, 「검찰관」은 도쿄고등검찰청 검찰관을 말한다.

제3조(준용규정) 재판소직원의 제척, 서류 및 송달은 법 및 이 규칙에 별도의 정함이 있는 경우를 제외하고 그 성질에 반하지 아니하는 한 형사소송에 관한 법령의 규정을 준용한다.

제4조(번역문의 첨부) 외국어로 기재된 서면에는 번역문을 첨부하여야 한다.

제5조(구금허가장 청구의 방식) ① 구금허가장의 청구는 서면으로 하여야 한다.

② 전항의 서면에는 다음에 열거하는 사항을 기재하여야 한다.

1. 도망범죄인의 이름, 연령, 성별, 국적, 직업 및 주거

2. 인도범죄명 및 인도범죄에 관련된 행위

3. 인도범죄에 관련된 행위에 적용할 청구국의 벌조(罰条) 및 일본국의 상당하는 벌조(罰条)

4. 인도청구가 인도조약에 기초하여 이뤄진 것인 경우에는 당해 조약에서 인도범죄에 관련된 행위를 범죄인의 인도를 청구할 수 있는 범죄로 열거하는 조항

5. 인도청구가 인도조약에 기초하지 아니하고 이뤄진 것인 경우에는 법 제3조 제2호의 보장이 되어 있다는 취지

6. 청구국의 명칭 및 인도청구의 연월일

7. 도망범죄인에 대하여 진행된 청구국의 형사(刑事)에 관한 절차

8. 필요로 하는 유효기간

9. 구금허가장을 여러 통 필요로 하는 때에는 그 취지 및 사유

③ 도망범죄인의 이름이 밝혀지지 아니한 때에는 인상, 체격 기타 본인을 특정하기에 충분한 사항으로 이를 지정하여야 한다.

④ 도망범죄인의 나이, 성별, 국적, 직업 또는 주거가 밝혀지지 아니한 때에는 그 취지를 기재하면 충분하다.

제6조(자료의 제공) 구금허가장을 청구할 때에는 구금허가장 발부의 요건이 존재함을 인정할 자료를 제공하여야 한다.

제7조(구금허가장 발부의 요건) 재판관은 구금허가장의 청구를 받은 때에는 다음의 경우를 제외하고 구금허가장을 발부하여야 한다.

1. 청구의 절차가 법령에 위반되는 때

2. 명백히 도망범죄인을 인도할 수 없는 경우에 해당하는 때

② 전항 각호에 열거하는 경우에는 재판관은 구금허가장의 청구를 각하하여야 한다.

제8조(구금허가장의 기재요건) ① 구금허가장에는 법 제5조 제3항에 규정하는 사항 외 다음에 열거하는 사항을 기재하여야 한다.

1. 도망범죄인의 연령, 성별, 국적, 직업 및 주거

2. 인도범죄에 관련된 행위

3. 청구자의 직책

4. 법 제5조 제2항의 규정에 따라 발부되었다는 취지

② 구금허가장에는 제5조 제3항 및 제4항의 규정을 준용한다.

제9조(여러 통의 구금허가장) 구금허가장은 청구에 의해 여러 통을 발부할 수 있다.

제10조(심사청구서의 기재요건) ① 법 제8조 제2항의 심사청구서에는 제5조 제2항 제1호부터 제7호까지에 열거하는 사항을 기재하여야 한다.

② 전항의 경우에는 제5조 제3항 및 제4항의 규정을 준용한다.

제11조(등본의 첨부 등) ① 법 제8조 제2항의 심사청구서 및 관계 서류를 재판소에 제출할 때에는 등본 3통을 첨부하여야 한다.

② 재판장은 필요하다고 인정하는 때에는 검찰관, 도망범죄인 또는 보좌하는 변호사에게 전항의 서면 이외의 서면의 등본의 제출을 명할 수 있다.

제12조(구금 등에 관한 통지) ① 검찰관은 구금허가장이나 가구금허가장이 발부된 범죄인에 대하여 심사의 청구를 할 때에는 동시에 다음에 열거하는 사항을 기재한 서면을 재판소에 제출하여야 한다.

1. 구금허가장이나 가구금허가장이 발부된 연월일

2. 구금허가장이나 가구금허가장에 의해 당해 범죄인을 구속한 때에는 그 연월일

시 및 장소

3. 검찰관 이외의 자가 구금허가장이나 가구금허가장에 의해 당해 범죄인을 구속한 때에는 검찰관이 구속된 당해 범죄인을 넘겨받은 연월일시

4 법 제27조 제1항의 규정에 따른 고지가 있었던 때에는 그 연월일시

5. 도망범죄인이 구금허가장에 의해 구금되어 있는 때에는 구금되어 있는 형사시설

6. 도망범죄인이 구금허가장에 의한 구금이 정지되어 있는 때에는 그 취지

② 심사의 청구를 한 후 다음 각호에 열거하는 사유가 발생한 때에는 검찰관은 그 취지를 서면으로 재판소에 통지하여야 한다.

1. 구금허가장에 의해 도망범죄인을 구속한 때

2. 구금허가장에 의해 구금되어 있는 도망범죄인을 이송한 때

3. 구금허가장에 의한 구금을 정지한 때

4. 구금허가장에 의한 구금의 정지를 취소하기 위해 도망범죄인이 구속된 때

5. 주거의 제한을 붙여 구금허가장에 의한 구금이 정지되어 있는 도망범죄인에게 주거의 변경을 허가한 때

제13조(변호사의 보좌) ① 도망범죄인 또는 가구금허가장이 발부된 범죄인이 변호사의 보좌를 받는 때에는 심사의 청구가 있을 때까지는 검찰관에게, 심사의 청구가 있은 후에는 재판소에 그 취지를 서면으로 신고하여야 한다.

② 검찰관은 전항의 서면을 받은 때에는 심사의 청구와 동시에 이를 재판소에 제출하여야 한다.

③ 도망범죄인 또는 가구금허가장이 발부된 범죄인을 보좌하는 변호사의 수는 각 범죄인에 대하여 3인을 넘을 수 없다.

제14조(변호사의 보좌를 받을 권리의 고지) 검찰관은 구금허가장이나 가구금허가장이 발부된 범죄인을 당해 영장에 의해 구속한 때 또는 구금허가장이나 가구금허가장에 의해 구속된 범죄인을 넘겨받은 때에는 곧바로 당해 범죄인에게 변호사의 보좌를 받을 수 있다는 취지를 고지하여야 한다.

제15조(국선변호사) ① 재판소는 심사의 청구를 받은 후 도망범죄인에게 보좌하는 변호사가 없는 경우에 도망범죄인의 이익을 보호하기 위해 필요하다고 인정하는 때에는 보좌하는 변호사를 붙일 수 있다.

② 전항의 경우에는 형사소송법(昭和 23년 법률 제131호) 제38조 제2항, 형사소송규칙(昭和 23년 최고재판소규칙 제32호) 제29조 및 형사소송비용에 관한 법령의 규정을 준용한다.

제16조(접견, 서류의 열람 등) 구금허가장 또는 가구금허가장에 의해 구금되어 있는 범죄인과 보좌하는 변호사와의 접견, 서류 또는 물건의 수수에는 형사소송법 제39

조 및 형사소송규칙 제30조의 규정을, 보좌하는 변호사의 서류 기타 자료의 열람 또는 등사에는 형사소송법 제40조와 형사소송규칙 제31조 및 제301조의 규정을 준용한다.

제17조(출두명령 등) 재판소는 심사를 할 때 필요하다고 인정하는 때에는 검찰관, 도망범죄인 또는 보좌하는 변호사에게 출석을 명하고 그 진술을 들을 수 있다.

제18조(준용규정) 법 제9조 제4항의 규정에 따라 증인을 심문하거나 감정, 통역 또는 번역을 명하는 경우에는 그 성질에 반하지 아니하는 한 형사소송규칙 제1편 제11장부터 제13장까지의 규정을 준용한다.

제19조(심문기일) ① 재판소는 다음의 경우에는 심문기일을 열어야 한다.
1. 도망범죄인 또는 보좌하는 변호사가 법 제9조 제3항의 기회에 의견을 구두로 진술하고 싶다는 취지의 신청을 한 때
2. 재판소에서 증인 또는 감정인을 심문하는 때
3. 기타 심사할 때 필요하다고 인정하는 때
② 심문기일은 재판장이 정한다.
③ 재판소는 검찰관, 도망범죄인 및 보좌하는 변호사에게 심문기일을 통지하여야 한다.

제20조(절차의 공개) 심문기일의 절차는 공개된 법정에서 진행한다. 다만 도망범죄인의 청구가 있거나 재판소가 공공질서나 선량한 풍속을 해칠 우려가 있다고 인정하는 때에는 공개하지 아니하고 진행한다.

제21조(심문기일의 절차) 심문기일에는 다음에 열거하는 절차를 진행한다.
1. 검찰관, 도망범죄인 또는 보좌하는 변호사의 진술을 듣는 것
2. 증인, 감정인, 통역인 또는 번역인을 심문하는 것

제22조(관계인의 입회 등) ① 검찰관, 도망범죄인 및 보좌하는 변호사는 심문기일의 절차에 입회할 수 있다.
② 전항의 규정에 따라 심문기일의 절차에 입회한 자는 재판장의 허가를 받아 증인 기타의 자를 심문할 수 있다.
③ 재판소는 청구국의 관헌 또는 그 대리인에게 심문기일의 절차에 입회하고, 의견을 진술하는 것을 허가할 수 있다.

제23조(재판소서기관의 입회) 심문기일의 절차에는 재판소서기관을 입회하게 하여야 한다.

제24조(조서) 심문기일의 절차에서는 조서를 작성하여야 한다.

제25조(결정의 방식) ① 법 제10조 제1항의 결정에는 이유를 붙이지 아니할 수 있다.
② 전항의 결정을 할 때에는 재판서를 작성하여야 한다.

제26조(결정주문의 통지) ① 법 제10조 제2항의 규정에 따라 같은 조 제1항의 결정의 주문을 통지할 때에는 이를 기재한 서면을 검찰관에게 송부하여야 한다.

② 전항의 서면은 재판장이 작성하여야 한다.

제27조(보좌하는 변호사에 대한 재판서의 등본의 송달) 재판소는 법 제10조 제1항의 결정을 한 때에는 신속하게 보좌하는 변호사에게도 재판서의 등본을 송달하여야 한다.

제28조(가구금허가장의 발부에 관한 절차) 가구금허가장의 발부에 관한 절차에는 그 성질에 반하지 아니하는 한 제5조부터 제9조까지의 규정을 준용한다.

제29조(인도조약발효 전에 범한 범죄에 관한 인도의 청구) 법 제33조의 규정에 따라 법이 적용되는 경우에는 이 규칙도 적용되는 것으로 한다.

부 칙 〈생 략〉

※ 모법인 도망범죄인인도법이 부칙에서 개정 전 행위에도 개정 후의 규정을 적용하도록 한 점 참조

5 장

비용과 보상

형사소송비용 등에 관한 법률

제정 昭和 46년 법률 제41호
개정 昭和 54년 3월 31일 법률 제10호

제1조(취지) 형사절차에서 소송비용의 범위 및 재판소 또는 재판관이 진행하는 형사절차에서 증인, 감정인, 통역인 또는 번역인(이하 '증인등'으로 총칭한다.)이나 변호인에 대한 급부는 다른 법령에 정하는 것 외에 이 법률이 정하는 바에 따른다.

제2조(소송비용의 범위) 형사절차에서 소송비용은 다음에 열거한 것으로 한다.

1. 공판기일 또는 공판준비에 대한 출석시키거나 공판기일 또는 공판준비에 조사한 증인등에게 지급할 여비, 일당 및 숙박료

2. 공판기일 또는 공판준비에 감정, 통역이나 번역을 하게 한 감정인, 통역인 또는 번역인에게 지급할 감정료, 통역료 또는 번역료 및 지불이나 상환할 비용

3. 형사소송법(昭和 23년 법률 제131호) 제38조 제2항의 규정에 따라 변호인에게 지급할 여비, 일당, 숙박료 및 보수

제3조(증인등의 여비) ① 증인등의 여비는 철도운임, 뱃삯, 노정운임 및 항공운임의 4종으로 철도운임은 철도편인 구간의 육로여행에, 뱃삯은 선박편인 구간의 수로여행에, 노정운임은 철도편이 아닌 구간의 육로여행 또는 선박편이 아닌 구간의 수로여행에, 항공운임은 항공기를 이용하여야 할 특별한 사유가 있는 경우에 항공여행에 대하여 지급한다.

② 철도운임 및 뱃삯은 여행구간의 노정에 대응하는 여객운임(거룻배삯 및 다리요금을 포함하고, 운임에 등급을 설정하는 선로 또는 선박에 의한 여행인 경우는 운임 등급을 3등급으로 구분하는 것은 중급 이하로 재판소가 상당하다고 인정하는 등급의, 운임 등급을 2등급으로 구분하는 것은 재판소가 상당하다고 인정하는 등급의 운임), 급행요금(특별급행열차를 운행하는 선로에 있는 구간의 여행으로 편도 100킬로미터 이상의 것은 특별급행요금, 보통급행열차 또는 준급행열차를 운행하는 선로에 있는 구간의 여행으로 편도 50킬로미터 이상의 것은 보통급행요금 또는 준급행요금), 재판소가 지급이 상당하다고 인정하는 특별차량요금 및 특별선실요금 및 좌석지정요금(좌석지정요금을 걷는 보통급행열차를 운행하는 선로에 있는 구간의 여행으로 편도 100킬로미터 이상의 것 또는 좌석지정요금을 걷는 선박을 운행하는 선로에 있는 구간의 여행인 경우의 좌석지정요금에 한한다.)에 따라, 노정운임은 최고재판소가 정한 액

수의 범위 내에서 재판소가 정하는 액수에 따라, 항공운임은 현재 지급한 여객운임에 따라 각각 산정한다.

제4조(증인등의 일당) ① 증인등의 일당은 출석 또는 조사 및 그들을 위한 여행(이하 '출석등'이라 한다.)에 필요한 일수에 대응하여 지급한다.

② 일당액은 최고재판소가 정한 액수의 범위 내에서 재판소가 정한다.

제5조(증인등의 숙박료) ① 증인등의 숙박료는 출석등에 필요한 날(밤) 수에 대응하여 지급한다.

② 숙박료액은 최고재판소가 숙박지를 구분하여 정한 액수의 범위 내에서 재판소가 정한다.

제6조(증인등의 우리나라와 외국과의 사이의 여행에 관련된 비용등의 액) 증인등의 본국[일본, 국가공무원등의 여비에 관한 법률(昭和 25년 법률 제140호) 제2조 제1항 제4호에 규정하는 본국을 말한다. 이하 같다.]과 외국[본국 이외의 영역(공해를 포함한다.)을 말한다.] 간 여행에 관련된 여비, 일당 및 숙박료액은 전3조에 규정하는 기준을 참작하여 재판소가 상당하다고 인정하는 바에 따른다.

제7조(감정료등) 감정인, 통역인 또는 번역인에게 지급할 감정료, 통역료나 번역료 및 지불 또는 상환할 비용액은 재판소가 상당하다고 인정하는 바에 따른다.

제8조(변호인의 여비, 보수등) ① 형사소송법 제38조 제2항의 규정에 따라 변호인에게 지급할 여비, 일당 및 숙박료에는 제3조에서 제5조까지의 규정을 준용한다. 다만 변호인이 기일에 출석하거나 조사 또는 처분에 입회한 경우에 한하고, 여비 및 뱃삯의 산정에 관련된 운임 등급은 재판소가 상당하다고 인정하는 바에 따른다.

② 형사소송법 제38조 제2항의 규정에 따라 변호인에게 지급할 보수액은 재판소가 상당하다고 정하는 바에 따른다.

제9조(여비등의 계산) 여비(항공운임을 제외한다.), 일당 및 숙박료의 계산상의 여행일수는 가장 경제적인 통상의 경로 및 방법에 따라 여행한 경우의 예에 따라 계산한다. 다만 천재 기타 부득이한 사정으로 가장 경제적인 통상의 경로 또는 방법에 따라 여행하기 어려운 경우에는 실제로 여행한 경로 및 방법에 따라 계산한다.

제10조(청구의 기한) 제2조에 정한 여비, 일당, 숙박료, 감정료, 보수 기타의 급부는 재판에 의해 소송절차가 종료하는 경우에는 그 재판이 있을 때까지, 재판에 의하지 아니하고 소송절차가 종료하는 경우에는 소송비용을 부담하게 하는 재판이 있을 때까지 청구하지 아니하는 때에는 지급하지 아니한다. 다만 부득이한 사유로 그 기간 내에 청구할 수 없었던 때에는 그러하지 아니하다.

제11조(재판관의 권한) ① 수명재판관 또는 수탁재판관이 증인심문 기타 절차를 진행한 경우에는 이 법률의 규정(제8조 제2항을 제외한다.)에 따른 급부에 관하여 재판소가

정하여야 할 사항은 당해 재판소가 정한다. 다만 당해 재판소가 스스로 정함이 상당하지 아니하다고 인정하는 때에는 그러하지 아니하다.

② 전항 본문의 규정은 수명재판관 및 수탁재판관 이외의 재판관이 증인심문 기타 절차를 진행하는 경우에 준용한다.

제12조(최고재판소규칙) 이 법률에 정하는 것 외에 형사절차에서 증인등 또는 변호인에 대한 재판소의 급부의 실시에 관하여 필요한 사항은 최고재판소가 정한다.

부칙(昭和 54년 3월 31일 법률 제10호)

1 이 법률은 昭和 54년 4월 1일부터 시행한다.
2 이 법률의 시행 전에 요한 비용은 종전의 예에 따른다.

형사절차에서의 증인등에 대한 급부에 관한 규칙

제정 昭和 46년 6월14일 최고재판소규칙 제8호

개정 令和 원년 7월 9일 최고재판소규칙 제2호

제 1 조(취지) 재판소 또는 재판관이 진행하는 형사절차에서 증인, 감정인, 통역인이나 번역인(이하 '증인등'이라고 총칭한다.) 또는 변호인에 대한 급부의 실시에 관하여 필요한 사항은 이 규칙이 정하는 바에 따른다.

제 2 조(증인등의 노정운임액) ① 형사소송비용 등에 관한 법률(昭和 46년 법률 제41호, 이하 '법'이라 한다.) 제3조 제2항의 노정운임액은 1킬로미터당 37엔 이내로 한다. 다만 1킬로미터 미만의 단수는 버린다.

② 천재 기타 부득이한 사정으로 전항에 정하는 액수의 노정운임으로 여행의 실비를 지급할 수 없는 경우에는 같은 항의 규정에 불구하고 노정운임액은 실비액의 범위 내로 한다.

제 3 조(증인등의 일당액) 법 제4조 제2항의 일당액은 증인에 대하여는 1일당 8050엔 이내, 감정인, 통역인 또는 번역인에 대하여는 1일당 7650엔 이내로 한다.

제 4 조(증인등의 숙박료액) 법 제5조 제2항의 숙박료액은 1일 밤마다 숙박지가 국가공무원등의 여비에 관한 법률(昭和 25년 법률 제114호) 별표 제1에 정하는 갑(甲)지방인 경우에는 8,700엔 이내, 을(乙)지방인 경우에는 7,800엔 이내로 한다.[141]

제 5 조(변호인의 일당 등의 액) ① 법 제8조 제1항의 변호인의 노정운임액에는 제2조의 규정을, 일당액에는 제3조 중 감정인, 통역인 또는 번역인에 관한 규정을 준용한다.

② 법 제8조 제1항의 변호인의 숙박료액은 하룻밤마다 숙박지가 국가공무원등의 여비에 관한 법률 별표 제1에 정하는 갑(甲)지방인 경우에는 13,100엔 이내, 을(乙)지방인 경우에는 11,800엔 이내로 한다.

제 6 조(자료의 제출 등) 재판소는 증인등 또는 변호인에 대한 급부에 관하여 필요하다고 인정하는 때에는 이들에게 비용의 명세서 기타 자료의 제출 등을 요구할 수 있다.

부 칙(平成 16년 6월 9일 최고재판소규칙 제10호)

---

141) 검찰심사원등의 여비, 일당 및 숙박료를 정하는 정령 제4조의 각주 참조.

① 이 규칙은 平成 16년 7월 1일부터 시행한다.
② 이 규칙의 시행 전에 지급원인이 된 사실이 발생한 일당액은 종전의 예에 따른다.

형사보상법

제정 昭和 25년 법률 제1호

개정 平成 29년 6월 2일 법률 제45호

제 1 조(보상의 요건) ① 형사소송법(昭和 23년 법률 제131호)에 따른 통상절차 또는 재심이나 비상상고의 절차에서 무죄의 재판을 받은 자가 같은 법, 소년법(昭和 23년 법률 제168호) 또는 경제조사청법(昭和 23년 법률 제206호)에 따른 미결의 억류나 구금을 받은 경우에는 그 자는 국가에 억류 또는 구금에 의한 보상을 청구할 수 있다.

② 상소권회복에 의한 상소, 재심 또는 비상상고의 절차에서 무죄의 재판을 받은 자가 원판결에 의해 이미 형의 집행을 받거나 형법(明治 40년 법률 제45호) 제11조 제2항의 규정에 따른 구치142)를 받은 경우에는 그 자는 국가에 형의 집행 또는 구치에 따른 보상을 청구할 수 있다.

③ 형사소송법 제484조부터 제486조까지(같은 법 제505조에서 준용하는 경우를 포함한다.)의 수용장에 의한 억류 및 같은 법 제481조 제2항(같은 법 505조에서 준용하는 경우를 포함한다.)의 규정에 따른 유치와 갱생보호법(平成 19년 법률 제88호) 제63조 제2항 또는 제3항의 인치장에 따른 억류 및 유치143)는 전항의 규정을 적용할 때에는 형의 집행 또는 구치로 본다.

제 2 조(상속인에 의한 보상청구) ① 전조의 규정에 따라 보상의 청구를 할 수 있는 자가 그 청구를 하지 아니하고 사망한 경우에는 보상의 청구는 상속인이 할 수 있다.

② 사망한 자에 대하여 재심 또는 비상상고의 절차에 따라 무죄의 재판이 있는 경우에는 보상의 청구에서는 사망한 때에 무죄의 재판이 있는 것으로 본다.

제 3 조(보상을 하지 아니할 수 있는 경우) 아래의 경우에는 재판소의 건전한 재량에

---

142) 일본국 형법 제11조(사형) ② 사형의 선고를 받은 자는 그 집행을 할 때까지 형사시설에 구치한다.

143) 일본국 갱생보호법 제63조(출두의 명령 및 인치) ② 보호관찰소의 장은 보호관찰대상자에 대하여 다음 각호의 어느 하나에 해당한다고 인정하는 경우에는 재판관이 미리 발부한 인치장에 의해 당해 보호관찰대상자를 인치할 수 있다.
  1. 정당한 이유 없이 제50조 제1항 제4호에 규정하는 주거에 거주하지 아니한 때(제51조 제2항 제5호의 규정에 따라 숙박할 특정 장소를 지정받은 경우에는 당해 장소에 숙박하지 아니한 때)
  2. 준수사항을 준수하지 않은 것을 의심하기에 충분한 이유가 있고 정당한 이유 없이 전항의 규정에 따른 출두의 명령에 응하지 아니하거나 응하지 아니할 우려가 있는 때
  ③ 지방위원회는 소년원가퇴원자 또는 가석방자에 대하여 전항 각호의 어느 하나에 해당한다고 인정하는 경우에는 재판관이 미리 발부한 인치장에 의해 당해 소년원가퇴원자 또는 가석방자를 인치할 수 있다.

따라 보상의 일부 또는 전부를 하지 아니할 수 있다.

1. 본인이 수사 또는 심판을 그르치게 할 목적으로 허위의 자백을 하거나 다른 유죄의 증거를 조작하여 기소, 미결의 억류 또는 구금이나 유죄의 재판을 받게 된 것으로 인정되는 경우

2. 1개의 재판에 의해 병합죄의 일부에 대한 무죄의 재판을 받아도 다른 부분에 유죄의 재판을 받은 경우

제 4 조(보상의 내용) ① 억류 또는 구금에 따른 보상은 전조 및 다음 조 제2항에 규정하는 경우를 제외하고는 그 일수에 대응하여 1일 1천엔 이상 12,500엔 이하의 비율에 의한 액수의 보상금을 교부한다. 징역, 금고나 구류의 집행 또는 구치에 따른 보상에서도 같다.

② 재판소는 전항의 보상금액을 정할 때에는 구속의 종류 및 기간의 장단, 본인이 받은 재산상의 손실, 얻었어야 할 이익의 상실, 정신상의 고통 및 신체상의 손상, 경찰, 검찰 및 재판의 각 기관의 고의 과실의 유무 기타 일체의 사정을 고려하여야 한다.

③ 사형의 집행에 따른 보상은 3천만엔 이내에서 재판소가 상당하다고 인정하는 액수의 보상금을 교부한다. 다만 본인의 사망으로 발생한 재산상의 손실액이 증명된 경우에는 보상금액은 그 손실액에 3천만엔을 가산한 액의 범위 내로 한다.

④ 재판소는 전항의 보상금액을 정할 때에는 같은 항 단서의 증명된 손실액 외에 본인의 나이, 건강상태, 수입능력 기타 사정을 고려하여야 한다.

⑤ 벌금 또는 과태료의 집행에 따른 보상은 이미 징수한 벌금 또는 과태료액에 이에 대하여 징수한 날의 익일로부터 보상의 결정일까지의 기간에 대응하는 징수한 날의 익일의 법정이율에 따른 금액을 가산한 액수에 동등한 보상금을 교부한다. 노역장유치의 집행을 한 때에는 제1항의 규정을 준용한다.

⑥ 몰수의 집행에 따른 보상은 몰수물이 아직 처분되지 아니한 때에는 그 물건을 반환하고, 이미 처분되어 있는 때에는 그 물건의 시가에 동등한 액수의 보상금을 교부하고, 또한 징수한 추징금에 대하여는 그 액수에 이에 대하여 징수한 날의 익일로부터 보상의 결정일까지의 기간에 대응하는 징수하는 날의 익일의 법정이율에 따른 금액을 가산한 액수에 동등한 보상금을 교부한다.

제 5 조(손해배상과의 관계) ① 이 법률은 보상을 받아야 할 자가 국가배상법(昭和 22년 법률 제125호) 기타 법률이 정하는 바에 따라 손해배상을 청구하는 것을 방해하지 아니한다.

② 보상을 받아야 할 자가 동일한 원인에 대하여 다른 법률에 따라 손해배상을 받은 경우에 그 손해배상액이 이 법률에 따라 받을 보상금액에 동등하거나 초과하는

경우에는 보상을 하지 아니한다. 그 손해배상액이 이 법률에 따라 받을 보상금의 액보다 적은 때에는 손해배상액을 공제하고 보상금액을 정하여야 한다.

③ 다른 법률에 의해 손해배상을 받아야 할 자가 동일한 원인에 대하여 이 법률에 따라 보상을 받은 경우에는 그 보상금액을 공제하고 손해배상액을 정하여야 한다.

제6조(관할재판소) 보상의 청구는 무죄의 재판을 한 재판소에 하여야 한다.

제7조(보상청구의 기간) 보상의 청구는 무죄의 재판이 확정된 날로부터 3년 이내에 하여야 한다.

제8조(상속인의 소명) 상속인이 보상의 청구를 하는 경우에는 본인과의 관계 및 같은 순위의 상속인의 유무를 소명하기에 충분한 자료를 제출하여야 한다.

제9조(대리인에 의한 보상의 청구) 보상의 청구는 대리인에 의해서도 할 수 있다.

제10조(동순위상속인의 보상의 청구) ① 보상의 청구를 할 수 있는 동순위의 상속인이 여럿 있는 경우에는 그 1인이 한 보상의 청구는 전원을 위해 그 전부에 대하여 한 것으로 본다.

② 전항의 경우에는 청구를 한 자 이외의 상속인은 공동청구인으로서 절차에 참가할 수 있다.

제11조(동순위상속인에 대한 통지) 재판소는 상속인으로부터 보상청구를 받은 경우에 다른 동순위의 상속인이 있는 것을 안 때에는 신속하게 그 동순위상속인에게 보상의 청구가 있었다는 취지를 통지하여야 한다.

제12조(동순위상속인의 보상청구의 취소) 보상의 청구를 할 수 있는 동순위의 상속인이 여럿이 있는 경우에는 보상의 청구를 한 자는 다른 전원의 동의가 없으면 청구를 취소할 수 없다.

제13조(보상청구의 취소의 효과) 보상의 청구를 한 자가 청구를 취소한 때에는 그 취소를 한 자는 다시 보상의 청구를 할 수 없다.

제14조(보상청구에 대한 재판) 보상의 청구가 있는 때에는 재판소는 검찰관 및 청구인의 의견을 들어 결정을 하여야 한다. 결정의 등본은 검찰관 및 청구인에게 송달하여야 한다.

제15조(보상청구각하의 결정) 보상의 청구의 절차가 법령상의 방식에 위반하고 보정할 수 없는 때, 청구인이 재판소로부터 보정을 명령받고 이에 응하지 아니하는 때 또는 보상의 청구가 제7조의 기간의 경과 후에 이뤄진 것인 때에는 청구를 각하하는 결정을 하여야 한다.

제16조(보상 또는 청구기각의 결정) 보상의 청구가 이유 있는 때에는 보상의 결정을 하여야 한다. 이유 없는 때에는 청구를 기각하는 결정을 하여야 한다.

제17조(동순위상속인에 대한 결정의 효과) 보상의 청구를 할 수 있는 동순위의 상속인

이 여럿이 있는 경우에는 그 1인에게 한 전조의 결정은 동순위자 전원에게 한 것으로 본다.

제18조(보상청구절차의 중단 및 수계) ① 보상의 청구를 한 자가 청구의 절차 중 사망 또는 상속인으로서의 신분을 잃은 경우에 다른 청구인이 없는 때에는 청구의 절차는 중단된다. 이 경우에 청구를 한 자의 상속인 및 청구를 한 자와 동순위의 상속인은 2개월 이내에 청구절차를 수계할 수 있다.

② 재판소는 전항의 규정에 따라 절차를 수계할 수 있는 자로서 재판소에 알려져 있는 자에게는 같은 항의 기간 내에 청구절차를 수계할 수 있다는 취지를 통지하여야 한다.

③ 제1항의 기간 내에 절차를 수계하는 취지의 신청이 없는 때에는 재판소는 결정으로 청구를 각하하여야 한다.

제19조(즉시항고 또는 이의신청) ① 제16조의 결정에는 청구인 및 이와 동순위의 상속인은 즉시항고를 할 수 있다. 다만 그 결정을 한 재판소가 고등재판소인 때에는 그 고등재판소에 이의신청을 할 수 있다.

② 전항의 즉시항고 및 이의신청에 대한 결정에는 형사소송법 제405조 각호에 정하는 사유가 있는 때에는 최고재판소에 특별항고를 할 수 있다.

③ 제9조에서 제15조까지, 제17조 및 전조의 규정은 전2항의 경우에 준용한다.

제20조(보상지불의 청구) ① 보상의 지불은 보상의 결정을 한 재판소에 청구하여야 한다.

② 보상의 지불을 받을 수 있는 자가 여럿이 있는 경우에는 그 1인이 한 보상지불의 청구는 보상의 결정을 받은 자 전원을 위하여 그 전부에 대해 한 것으로 본다.

③ 제11조의 규정은 재판소가 보상지불의 청구를 받은 경우에 준용한다.

제21조(보상지불의 효과) 보상의 지불을 받을 수 있는 자가 여럿이 있는 경우에는 그 1인에 대한 보상의 지급은 그 전원에게 한 것으로 본다.

제22조(청구권의 양도 및 압류의 금지) 보상청구권은 양도 또는 압류할 수 없다. 보상지불청구권도 같다.

제23조(준용규정) 이 법률의 결정, 즉시항고, 이의신청 및 제19조 제2항의 항고에는 이 법률에 특별히 정하는 경우를 제외하고는 형사소송법을 준용한다. 기간에 대하여도 같다.

제24조(보상결정의 공시) ① 재판소는 보상의 결정이 확정된 때에는 그 결정을 받은 자의 신청에 따라 신속하게 결정의 요지를 관보 및 신청인이 선택하는 3종 이내의 신문지에 각 1회 이상 게재하여 공시하여야 한다.

② 전항의 신청은 보상의 결정이 확정된 후 2개월 이내에 하여야 한다.

③ 제1항의 공시가 있는 때에는 다시 같은 항의 신청을 할 수 없다.

④ 전3항의 규정은 제5조 제2항 전단에 규정하는 이유로 보상의 청구를 기각하는 결정이 확정된 경우에 준용한다.

제25조(면소 또는 공소기각의 경우의 보상) ① 형사소송법의 규정에 따라 면소 또는 공소기각의 재판을 받은 자는 만약 면소 또는 공소기각의 재판을 할 사유가 없었다면 무죄의 재판을 받아야 할 것으로 인정되는 충분한 사유가 있는 때에는 국가에 억류나 구금에 의한 보상 또는 형의 집행이나 구치에 의한 보상을 청구할 수 있다. ② 전항의 규정에 따른 보상에는 무죄의 재판을 받은 자의 보상에 관한 규정을 준용한다. 보상결정의 공시에서도 같다.

제26조(도망범죄인의 인도를 청구한 경우의 보상) 일본국이 외국에 도망범죄인의 인도를 청구한 경우에 당해 외국이 그 인도를 위해 한 억류 또는 구금은 형사소송법에 따른 억류 또는 구금으로 본다.

제27조(송출이송을 한 경우의 보상) 국제수형자이송법(平成 14년 법률 제66호) 제2조 제6호의 송출이송을 한 경우에 같은 조 제8호의 집행국이 같은 조 제12호[144]의 송출이송범죄에 관련된 징역 또는 금고의 확정재판의 집행의 공조로서 한 구금은 일본국에 의한 형의 집행으로 본다.

제28조(국내수형자에 관련된 수형자증인이송을 한 경우의 보상) 국제수사공조등에 관한 법률(昭和 55년 법률 제69호) 제19조의 국내수형자에 관련된 수형자증인이송을 한 경우에, 당해 국내수형자가 수형자증인이송으로서 이송되어 있던 기간의 신체의 구속은 일본국에 의한 형의 집행으로 본다.

부 칙 〈생 략〉

---

144) 일본국 국제수형자이송법 제2조(정의) 이 법률에서 다음 각호에 열거하는 용어의 의의는 각각 당해 각호에 정하는 바에 따른다.
　1. ~ 5. (생 략)
　6. 송출이송: 조약에 기초하여 일본국에서 징역 또는 금고의 확정재판을 받고 그 집행으로서 구금되어 있는 체약국의 국민 등을 일본국에서 당해 체약국으로 인도하고, 당해 확정재판의 집행의 공조를 촉탁하는 것을 말한다.
　7. (생 략)
　8. 집행국: 일본국에서 송출이송을 요청하려는 체약국과 일본국으로부터 그 요청을 한 체약국 및 일본국에 대하여 그 요청을 한 체약국을 말한다.
　9. ~ 11. (생 략)
　12. 송출이송범죄: 송출이송에서 집행공조의 대상이 된 징역 또는 금고의 확정재판에 의해 송출수형자가 범한 것으로 인정되는 범죄를 말한다.

형사보상규칙

제정 昭和 25년 1월 1일 최고재판소규칙 제1호

형사보상법(昭和 25년 법률 제1호)의 기간, 결정, 즉시항고, 이의신청 및 같은 법 제19
조 제2항(같은 법 제25조 제2항에서 준용하는 경우를 포함한다.)의 항고에는 같은 법에 정
하는 것 외 형사소송규칙(昭和 23년 최고재판소규칙 제32호)을 준용한다.

부칙 〈생 략〉

6 장

범죄피해자보호

범죄피해자 등의 권익의 보호를 도모하기 위한 형사절차에 부수하는 조치에 관한 법률

제정 平成 12년 법률 제75호
개정 平成 29년 6월 23일 법률 제72호

제1장 총칙

제1조(목적) 이 법률은 범죄에 의해 해를 입은 자(이하 「피해자」라고 한다.) 및 그 유족이 그 피해에 관련된 형사사건의 심리상황 및 내용에 깊은 관심을 가짐과 동시에 이들이 받은 신체적, 재산적 피해 기타 피해의 회복에는 곤란을 수반하는 경우가 있음에 비추어 형사절차에 부수하는 것으로서 피해자 및 그 유족의 심정을 존중하고 그 피해의 회복에 도움이 되기 위한 조치를 정하고 이들에 의한 손해배상청구에 관련된 분쟁을 간이하고 신속하게 해결하는 것에 도움이 되기 위한 재판절차의 특례를 정하고 이로써 그 권익의 보호를 도모하는 것을 목적으로 한다.

제2장 공판절차의 방청

제2조 형사피고사건이 계속된 재판소의 재판장은 당해 피고사건의 피해자등(피해자 또는 피해자가 사망한 경우나 그 심신에 중대한 고장이 있는 경우의 그 배우자, 직계의 친족 또는 형제자매를 말한다. 이하 같다.) 또는 당해 피해자의 법정대리인으로부터 당해 피고사건의 공판절차의 방청신청이 있는 때에는 방청석 및 방청을 희망하는 자의 수 기타 사정을 고려하고 신청을 한 자가 방청할 수 있도록 배려하여야 한다.

제3장 공판기록의 열람 및 등사

제3조(피해자등에 의한 공판기록의 열람 및 등사) ① 형사피고사건이 계속된 재판소는 제1회 공판기일 후 당해 피고사건이 종결될 때까지의 사이에 당해 피고사건의

피해자등 또는 당해 피해자의 법정대리인 또는 이들에게서 위탁을 받은 변호사로부터 당해 피고사건의 소송기록의 열람 또는 등사의 신청이 있는 때에는 검찰관 및 피고인 또는 변호인의 의견을 들어 열람 또는 등사를 요구하는 이유가 정당하지 아니하다고 인정하는 경우 및 범죄의 성질, 심리상황 기타 사정을 고려하여 열람 또는 등사를 하게 함이 상당하지 아니하다고 인정하는 경우를 제외하고 신청을 한 자에게 그 열람 또는 등사를 하게 한다.

② 재판소는 전항의 규정에 따라 등사를 하게 하는 경우에 등사한 소송기록의 사용목적을 제한하고 기타 적당하다고 인정하는 조건을 붙일 수 있다.

③ 제1항의 규정에 따라 소송기록을 열람 또는 등사한 자는 열람 또는 등사에 의해 지득한 사항을 이용할 때 부당하게 관계인의 명예 또는 생활의 평온을 해치거나 수사 또는 공판에 지장이 생기게 하는 일이 없도록 주의하여야 한다.

제4조(동종여죄의 피해자등에 의한 공판기록의 열람 및 등사) ① 형사피고사건이 계속된 재판소는 제1회 공판기일 후 당해 피고사건이 종결될 때까지 다음에 열거하는 자로부터 당해 피고사건의 소송기록의 열람 또는 등사신청이 있는 때에는 피고인 또는 변호인의 의견을 들어 제1호 또는 제2호에 열거하는 자의 손해배상청구권의 행사를 위해 필요하다고 인정하는 경우로서 범죄의 성질, 심리의 상황 기타 사정을 고려하여 상당하다고 인정하는 때에는 신청을 한 자에게 그 열람 또는 등사를 하게 할 수 있다.

1. 피고인 또는 공범에 의해 피고사건에 관련된 범죄행위와 같은 태양으로 계속적·반복적으로 이뤄진 이와 동일 또는 동종의 죄의 범죄행위의 피해자

2. 전호에 열거하는 자가 사망한 경우 또는 그 심신에 중대한 고장이 있는 경우의 그 배우자, 직계의 친족 또는 형제자매

3. 제1호에 열거하는 자의 법정대리인

4. 전3호에 열거하는 자로부터 위탁을 받은 변호사

② 전항의 신청은 검찰관을 경유하여 하여야 한다. 이 경우에는 그 신청을 하는 자는 같은 항 각호의 어느 하나에 해당하는 자임을 소명하는 자료를 제출하여야 한다.

③ 검찰관은 제1항의 신청이 있는 때에는 재판소에 의견을 붙여 이를 통지함과 동시에, 전항의 규정에 따라 제출받은 자료가 있는 때에는 이를 송부한다.

④ 전조 제2항 및 제3항의 규정은 제1항의 규정에 따른 소송기록의 열람 또는 등사에 준용한다.

제4장 피해자참가여비등

제5조(피해자참가여비등의 지급) ① 피해자참가인[형사소송법(昭和 23년 법률 제131호) 제316조의33 제3항에 규정하는 피해자참가인을 말한다. 이하 같다.]이 같은 법 제 316조의34 제1항(같은 조 제5항에서 준용하는 경우를 포함한다. 다음 조 제2항에서 같다.)의 규정에 따라 공판기일 또는 공판준비에 출석한 경우에는 법무대신은 당해 피해자 참가인에게 여비, 일당 및 숙박료를 지급한다.

② 전항의 규정에 따라 지급하는 여비, 일당 및 숙박료(이하 「피해자참가여비등」이라고 한다.)액은 정령으로 정한다.

제6조(피해자참가여비등의 청구절차) ① 피해자참가여비등의 지급을 받으려는 피해 자참가인은 소정의 청구서에 법무성령으로 정하는 피해자참가여비등의 정산에 필 요한 자료를 첨부하고 이를 재판소를 경유하여 법무대신에게 제출하여야 한다. 이 경우에 필요한 자료 전부 또는 일부를 제출하지 않았던 자는 그 청구에 관련된 피 해자참가여비등의 액 중 그 자료를 제출하지 않았기 때문에 그 피해자참가여비등 의 필요가 분명해지지 않았던 부분의 금액을 지급받을 수 없다.

② 재판소는 전항의 규정에 따른 청구서 및 자료를 수취한 때에는 당해 피해자참 가인이 형사소송법 제316조의34 제1항의 규정에 따라 공판기일 또는 공판준비에 출석한 것을 증명하는 서면을 첨부하여 법무대신에게 송부하여야 한다.

③ 제1항의 규정에 따른 피해자참가여비등의 청구기한은 정령으로 정한다.

제7조(협력의 요구) 법무대신은 피해자참가여비등의 지급에 관하여 재판소에 필요한 협력을 요구할 수 있다.

제8조(일본사법지원센터의 피해자참가여비등의 지급에 관련된 법무대신의 권한에 관 련된 사무의 위임) ① 다음에 열거하는 법무대신의 권한에 관련된 사무는 일본사법 지원센터[총합법률지원법(平成 16년 법률 제74호) 제13조에 규정하는 일본사법지원센 터를 말한다. 이하 같다.]에서 수행하게 한다.

1. 제5조 제1항의 규정에 따른 피해자참가여비등의 지급

2. 제6조 제1항의 규정에 따른 청구의 수리

3. 전조의 규정에 따른 협력의 요구

② 법무대신은 일본사법지원센터가 천재 기타 사유로 전항 각호에 열거하는 권한에 관련된 사무의 전부 또는 일부를 행사하는 것이 곤란하거나 부적법하게 되었다고 인 정하는 때에는 같은 항 각호에 열거하는 권한의 전부 또는 일부를 스스로 행사한다.

③ 법무대신은 전항의 규정에 따라 제1항 각호에 열거하는 권한의 전부 또는 일부

를 스스로 행사하기로 하거나 전항의 규정에 따라 스스로 행사하고 있는 제1항 각
호에 열거하는 권한의 전부 또는 일부를 행사하지 아니하기로 하는 때에는 미리 그
취지를 공시하여야 한다.

④ 법무대신이 제2항의 규정에 따라 제1항 각호에 열거하는 권한의 전부 또는 일
부를 스스로 행사하기로 하거나 제2항의 규정에 따라 스스로 행사하고 있는 제1항
각호에 열거하는 권한의 전부 또는 일부를 행사하지 아니하기로 하는 경우에 같은
항 각호에 열거하는 권한에 관련된 사무의 인계 기타 필요한 사항은 법무성령으로
정한다.

제 9 조(심사청구) 이 법률의 규정에 따른 일본사법지원센터의 처분 또는 부작위에 불
복이 있는 자는 법무대신에게 심사청구를 할 수 있다. 이 경우에 법무대신은 행정
불복심사법(平成 26년 법률 제68호) 제25조 제2항 및 제3항, 제46조 제1항 및 제2항,
제47조 및 제49조 제3항의 규정[145]을 적용할 때에는 일본사법지원센터의 상급행정
청으로 본다.

제10조(법무성령에의 위임) 제5조부터 전조까지에 정하는 것 외에 피해자참가여비등
의 지급에 관하여 필요한 사항(제6조 제1항 및 제2항의 규정에 따라 재판소가 진행하는 절
차에 관한 사항을 제외한다.)은 법무성령으로 정한다.

제5장 피해자참가변호사의 선정 등

제11조(피해자참가변호사의 선정청구) ① 형사소송법 제316조의34부터 제316조의38
까지에 규정하는 행위를 변호사에 위탁하려는 피해자참가인으로서 그 자력(그 자에
속하는 현금, 예금 기타 정령으로 정하는 이에 준하는 자산의 합계액을 말한다. 이하 같다.)에서
절차에의 참가를 허가받은 형사피고사건에 관련된 범죄행위로 발생한 부상 또는
질병의 요양에 요하는 비용 기타 당해 범죄행위를 원인으로 하여 청구한 날로부터
6월 이내에 지출하기로 되었다고 인정되는 비용액(이하 「요양비등의 액」이라고 한다.)을
공제한 액이 기준액[표준적인 6개월간의 필요생계비를 감안하여 일반적으로 피해
자참가변호사(피해자참가인의 위탁을 받은 같은 법 제316조의34부터 제316조의38까지에 규정
하는 행위를 하는 변호사를 말한다. 이하 같다.)의 보수 및 비용을 마련하기에 충분한 액
수로서 정령으로 정하는 액수를 말한다. 이하 같다.]에 미치지 아니하는 자는 당해
피고사건이 계속된 재판소에 피해자참가변호사를 선정할 것을 청구할 수 있다.

② 전항의 규정에 따른 청구는 일본사법지원센터를 경유하여 하여야 한다. 이 경우

---

145) 상급행정청의 직권 또는 신청에 의한 집행정지(일본국 행정불복심사법 제25조), 인용재결 등에서의 조
치(제46조), 사실상의 행위에 대한 심사청구 인용 등에서의 조치(제47조), 불이익변경금지(제48조), 부
작위에 대한 심사청구의 재결(제49조).

에는 피해자참가인은 다음 각호에 열거하는 구분에 따라 당해 각호에 정하는 서면을 제출하여야 한다.

1. 그 자력이 기준액에 미치지 아니하는 자: 자력 및 그 내역을 신고하는 서면
2. 전호에 열거하는 자 이외의 자: 자력 및 요양비 등의 액수와 이들 내역을 신고하는 서면

③ 일본사법지원센터는 제1항의 규정에 따른 청구가 있는 때에는 재판소에 이를 통지함과 동시에 전항의 규정에 따라 제출받은 서면을 송부하여야 한다.

제12조(피해자참가변호사 후보의 지명 및 통지) ① 일본사법지원센터는 전조 제1항의 규정에 따른 청구가 있는 때에는 재판소가 선정하는 피해자참가변호사의 후보를 지명하고 재판소에 통지하여야 한다.

② 전항의 규정에 불구하고 일본사법지원센터는 다음 조 제1항 각호의 어느 하나에 해당하는 것이 명백하다고 인정하는 때에는 전항의 규정에 따른 지명 및 통지를 하지 않을 수 있다. 이 경우에는 일본사법지원센터는 재판소에 그 취지를 통지하여야 한다.

③ 일본사법지원센터는 제1항의 규정에 따라 지명을 할 때에는 전조 제1항의 규정에 따른 청구를 한 자의 의견을 들어야 한다.

제13조(피해자참가변호사의 선정) ① 재판소는 제11조 제1항의 규정에 따른 청구가 있는 때에는 다음 각호의 어느 하나에 해당하는 경우를 제외하고 당해 피해자참가인을 위해 피해자참가변호사를 선정한다.

1. 청구가 부적법한 때
2. 청구를 한 자가 제11조 제1항에 규정하는 자에 해당하지 아니하는 때
3. 청구를 한 자가 그 책임 있는 사유로 피해자참가변호사의 선정이 취소된 자인 때

② 재판소는 전항의 규정에 따라 피해자참가변호사를 선정하는 경우에 필요한 때에는 일본사법지원센터에 피해자참가변호사의 후보를 지명하여 통지하도록 요구할 수 있다. 이 경우에는 전조 제1항 및 제3항의 규정을 준용한다.

제14조(피해자참가변호사의 선정의 효력) ① 재판소에 의한 피해자참가변호사의 선정은 심급마다 하여야 한다.

② 피해자참가변호사의 선정은 변론이 병합된 사건에서도 효력을 가진다. 다만 피해자참가인이 절차에의 참가를 허가받지 못한 사건에 대하여는 그러하지 아니하다.

③ 피해자참가변호사의 선정은 형사소송법 제316조의33 제3항의 결정이 있는 때에는 효력을 잃는다.

④ 재판소에 의해 선정된 피해자참가변호사는 여비, 일당, 숙박료 및 보수를 청구할 수 있다.

⑤ 전항의 규정에 따른 피해자참가변호사에게 지급한 여비, 일당, 숙박료 및 보수액은 형사소송법 제38조 제2항의 규정에게 따라 변호인에게 지급할 여비, 일당, 숙박료 및 보수의 예에 따른다.

제15조(피해자참가변호사의 선정취소) ① 재판소는 다음 각호의 어느 하나에 해당한다고 인정하는 때에는 피해자참가변호사의 선정을 취소할 수 있다.

1. 피해자참가인이 스스로 형사소송법 제316조의34부터 제316조의38까지에 규정하는 행위를 다른 변호사에 위탁한 것 기타 사유로 피해자참가변호사에게 그 직무를 수행하게 할 필요가 없게 된 때

2. 피해자참가인과 피해자참가변호사와의 이익이 상반되는 상황에 있어 피해자참가변호사에게 그 직무를 계속하게 함이 상당하지 아니한 때

3. 심신의 고장 기타 사유로 피해자참가변호사가 직무를 수행할 수 없거나 직무를 수행하는 것이 곤란하게 된 때

4. 피해자참가변호사가 그 임무에 현저하게 반하는 행위로 그 직무를 계속하게 함이 상당하지 아니한 때

5. 피해자참가변호사에 대한 폭행, 협박 기타 피해자참가인의 귀책사유로 피해자참가변호사에게 그 직무를 계속하게 함이 상당하지 아니한 때

② 재판소는 전항 제2호부터 제4호까지에 열거하는 사유로 피해자참가변호사의 선정을 취소한 때에는 다시 피해자참가변호사를 선정한다. 이 경우에는 제13조 제2항의 규정을 준용한다.

제16조(허위의 신고서 제출에 대한 제재) 피해자참가인이 재판소의 판단을 그르치게 할 목적으로 그 자력 또는 요양비 등의 액수에 허위의 기재가 있는 제11조 제2항 각호에 정하는 서면을 제출한 때에는 10만엔 이하의 과태료에 처한다.

제17조(비용의 징수) ① 피해자참가인이 재판소의 판단을 그르치게 할 목적으로 그 자력 또는 요양비 등의 액수에 허위의 기재가 있는 제11조 제2항 각호에 정하는 서면을 제출함에 따라 그 판단을 그르친 때에는 재판소는 결정으로 당해 피해자참가인으로부터 피해자참가변호사에 지급한 여비, 일당, 숙박료 및 보수 전부 또는 일부를 징수할 수 있다.

② 전항의 결정에는 즉시항고를 할 수 있다. 이 경우에는 즉시항고에 관한 형사소송법의 규정을 준용한다.

③ 비용배상의 재판의 집행에 관한 형사소송법의 규정은 제1항의 결정의 집행에 준용한다.

제18조(형사소송법의 준용) 형사소송법 제43조 제3항 및 제4항의 규정은 피해자참가변호사의 선정 및 그 취소에, 같은 조 제3항과 제4항 및 같은 법 제44조 제1항의

규정은 전조 제1항의 결정에 각각 준용한다.

제6장 민사상의 다툼에 대한 형사소송절차에서의 화해

제19조(민사상의 다툼에 대한 형사소송절차에서의 화해) ① 형사피고사건의 피고인과
피해자등은 양자 간의 민사상의 다툼(당해 피고사건에 관련된 피해에 대한 다툼을 포함하
는 경우에 한한다.)에 대한 합의가 성립한 경우에는 당해 피고사건이 계속하는 제1심
재판소 또는 항소재판소에 공동하여 당해 합의의 공판조서에의 기재를 요구하는
신청을 할 수 있다.

② 전항의 합의가 피고인의 피해자등에 대한 금전의 지불을 내용으로 하는 경우에
피고인 이외의 자가 피해자등에 당해 채무에 대하여 보증하는 취지 또는 연대하여
책임을 부담하는 취지를 약속한 때에는 그 자도 같은 항의 신청과 함께 피고인 및
피해자등과 공동하여 그 취지의 공판조서에의 기재를 요구하는 신청을 할 수 있다.

③ 전2항의 규정에 따른 신청은 변론종결시까지에 공판기일에 출석하여 당해 신청
에 관련된 합의 및 그 합의가 이뤄진 민사상의 다툼의 목적인 권리를 특정하기에
충분한 사실을 기재한 서면을 제출하여 하여야 한다.

④ 제1항 또는 제2항의 규정에 따른 신청에 관련된 합의를 공판조서에 기재한 때
에는 그 기재는 재판상 화해와 동일한 효력을 가진다.

제20조(화해기록) ① 전조 제1항이나 제2항의 규정에 따른 신청에 기초하여 공판조
서에 기재된 합의를 한 자 또는 이해관계를 소명한 제3자는 제3장 및 형사소송법
제49조의 규정에 불구하고 재판소서기관에게 당해 공판조서(당해 합의 및 그 합의가
이뤄진 민사상의 다툼의 목적인 권리를 특정하기에 충분한 사실이 기재된 부분에 한한다.), 당해
신청에 관련된 전조 제3항의 서면 기타 당해 합의에 관한 기록(이하 「화해기록」이라고
한다.)의 열람 또는 등사, 그 정본, 등본이나 초본의 교부 또는 화해에 관한 사항의
증명서 교부를 청구할 수 있다. 다만 화해기록의 열람 및 등사청구는 화해기록의
보존이나 재판소의 집무에 지장이 있는 때에는 할 수 없다.

② 전항에 규정하는 화해기록의 열람 또는 등사, 그 정본, 등본이나 초본의 교부
또는 화해에 관한 사항의 증명서 교부청구에 관한 재판소서기관의 처분에 대한 이
의신청은 민사소송법(平成 8년 법률 제109호) 제121조[146]의 예에 따르고, 화해기록에
대한 비밀보호를 위한 열람등의 제한의 절차는 같은 법 제92조[147]의 예에 따른다.

---

146) 일본국 민사소송법 제121조(재판소서기관의 처분에 대한 이의) 재판소서기관의 처분에 대한 이의신청
   은 그 재판소서기관이 소속된 재판소가 결정으로 재판한다.

147) 일본국 민사소송법 제92조(비밀보호를 위한 열람등의 제한) ① 다음에 열거하는 사유에 대한 소명이
   있는 경우에는 재판소는 당해 당사자의 신청에 의해 결정으로 당해 소송기록 중 당해 비밀이 기재 또

③ 화해기록은 형사피고사건 종결 후에는 당해 피고사건의 제1심재판소에 보관한다.

제21조(민사소송법의 준용) 전2조에 규정하는 민사상의 다툼에 대한 형사소송절차에서의 화해에 관한 절차에는 그 성질에 반하지 아니하는 한 민사소송법 제1편 제3장 제1절(선정당사자 및 특별대리인에 관한 규정을 제외한다.) 및 제4절(제60조를 제외한다.)의 규정을 준용한다.148)

제22조(집행문부여의 소 등의 관할의 특칙) 제19조에 규정하는 민사상의 다툼에 대한 형사소송절차에서의 화해에 관련된 집행문부여의 소, 집행문부여에 대한 이의의 소 및 청구이의의 소는 민사집행법(昭和 54년 법률 제4호) 세33소 세2항(같은 법 세34조 제3항 및 제35조 제3항에서 준용하는 경우를 포함한다.)의 규정149)에 불구하고 당해 피고

는 기록된 부분의 열람이나 등사, 그 정본, 등본 또는 초본의 교부나 복제(이하 「비밀기재부분의 열람 등」이라고 한다.)의 청구를 할 수 있는 자를 당사자로 제한할 수 있다.
1. 소송기록 중에 당사자의 사생활에 대한 중대한 비밀이 기재 또는 기록되어 있고 제3자가 비밀기재부분의 열람등을 함에 따라 그 당사자가 사회생활을 영위하기에 현저한 지장이 발생할 우려가 있는 것
2. 소송기록 중에 당사자가 보유하는 영업비밀(부정경쟁방지법 제2조 제6항에 규정하는 영업비밀을 말한다. 제132조의2 제1항 제3호 및 제2항에서 같다.)이 기재 또는 기록되어 있는 것
② 전항의 신청이 있는 때에는 그 신청에 대한 재판이 확정될 때까지 제3자는 비밀기재부분의 열람등을 청구할 수 없다.
③ 비밀기재부분의 열람등의 청구를 하려는 제3자는 소송기록을 보유하는 재판소에 제1항에 규정하는 요건을 흠결하거나 흠결하게 되었음을 이유로 하여 같은 항의 결정의 취소의 신청을 할 수 있다.
④ 제1항의 신청을 각하한 재판 및 전항의 신청에 대한 재판에는 즉시항고를 할 수 있다.
⑤ 제1항의 결정을 취소하는 재판은 확정되지 않으면 효력이 발생하지 아니한다.

148) 당사자능력과 소송능력, 소송대리인에 관한 규정임.
149) 일본국 민사집행법 제33조(집행문부여의 소) ① (생 략)
② 전항의 소는 다음 각호에 열거하는 집행권원의 구분에 대응하여 각각 당해 각호에 정하는 재판소가 관할한다.
1. 제22조 제1호부터 제3호까지, 제6호 또는 제6호의2에 열거하는 집행권원 및 같은 조 제7호에 열거하는 집행권원 중 다음 호, 제1호의 3 및 제6호에 열거하는 것 이외의 것: 제1심 재판소
1의2. 제22조 제3호의2에 열거하는 집행권원 및 같은 조 제7호에 열거하는 채무명의 중 손해배상명령과 손해배상명령사건에 관한 절차에서의 화해 및 청구의 인낙에 관련된 것: 손해배상명령사건이 계속되어 있던 지방재판소
1의3. 제22조 제3호의3에 열거하는 집행권원 및 같은 조 제7호에 열거하는 집행권원 중 계출채권지불명령과 간이확정절차에서 계출채권의 인부 및 화해에 관련된 것: 간이확정절차가 계속되어 있던 지방재판소
2. 제22조 제4호에 열거하는 집행권원 중 다음 호에 열거하는 것 이외의 것: 가집행의 선고를 붙인 지불독촉을 발령한 재판소서기관이 소속된 간이재판소(가집행의 선고를 붙인 지불독촉에 관련된 청구가 간이재판소의 관할에 속하지 아니하는 것인 때에는 그 간이재판소의 소재지를 관할하는 지방재판소)
3. 제22조 제4호에 열거하는 집행권원 중 민사소송법 제132조의10 제1항 본문의 규정에 따른 지불독촉의 신청 또는 같은 법 제402조 제1항에 규정하는 방식으로 기재된 서면으로 된 지불독촉의 신청에 의한 것: 당해 지불독촉의 신청에 대하여 같은 법 제398조(같은 법 제402조 제2항에서 준용하는 경우를 포함한다.)의 규정에 따라 소의 제기가 있었던 것으로 보는 재판소
4. 제22조 제4호의2에 열거하는 집행권원: 같은 호의 처분을 한 재판소서기관이 소속된 재판소
5. 제22조 제5호에 열거하는 집행권원: 채무자의 보통재판적의 소재지를 관할하는 재판소(이 보통재판적이 없는 때에는 청구의 목적 또는 압류할 수 있는 채무자의 재산의 소재지를 관할하는 재판소)
6. 제22조 제7호에 열거하는 집행권원 중 화해 또는 조정(상급재판소에서 성립한 화해 및 조정을 제외한다.)이나 노동심판에 관련된 것(제1호의2 및 제1호의3에 열거하는 것을 제외한다.): 화해 또는 조정이 성립한 간이재판소, 지방재판소 또는 가정재판소(간이재판소에서 성립한 화해 또는 조정에 관련된 청구가 간이재판소의 관할에 속하지 아니하는 것인 때에는 그 간이재판소의 소재지를 관할하는 지방재판소) 또는 노동심판이 이뤄진 때 노동심판사건이 계속되어 있던 지방재판소

사건의 제1심재판소(제1심재판소가 간이재판소인 경우에 그 화해에 관련된 청구가 간이재판소의 관할에 속하지 아니하는 것인 때에는 그 간이재판소의 소재지를 관할하는 지방재판소)의 전속관할로 한다.

제7장 형사소송절차에 수반하는 범죄피해자 등의 손해배상청구에 관련된 재판절차의 특례

제1절 손해배상명령의 신청 등

제23조(손해배상명령의 신청) ① 다음에 열거하는 죄에 관련된 형사피고사건(형사소송법 제451조 제1항의 규정에 따라 다시 심판을 하는 것으로 된 것을 제외한다.)의 피해자 또는 그 일반승계인은 당해 피고사건이 계속하는 재판소(지방재판소에 한한다.)에 그 변론 종결시까지 손해배상명령[당해 피고사건에 관련된 소인(訴因)으로서 특정된 사실을 원인으로 하는 불법행위에 기초한 손해배상의 청구(이에 부대하는 손해배상의 청구를 포함한다.)에 대하여 그 배상을 피고인에게 명하는 것을 말한다. 이하 같다.]의 신청을 할 수 있다.

1. 고의의 범죄행위로 사람을 사상케 한 죄 또는 그 미수범
2. 다음에 열거하는 죄 또는 그 미수범
イ 형법(明治 40년 법률 제45호) 제176조부터 제179조까지(강제추행, 강간등, 준강제추행 및 준강간등, 감호자추행 및 감호자간음 등)의 죄
ロ 형법 제220조(체포 및 감금)의 죄
ハ 형법 제224조부터 제227조까지(미성년자약취 및 유괴, 영리목적 등 약취 및 유괴, 몸값 목적약취등, 소재국외이송목적 약취 및 유괴, 인신매매, 피약취자 등 소재국외이송, 피약취자인도 등)의 죄
ニ イ부터 ハ까지에 열거하는 죄 외에 그 범죄행위로 이들 죄의 범죄행위를 포함하는 죄(전호에 열거하는 죄를 제외한다.)

② 손해배상명령의 신청은 다음에 열거하는 사항을 기재한 서면을 제출하여 하여야 한다.

1. 당사자 및 법정대리인
2. 청구취지 및 형사피고사건에 관련된 소인(訴因)으로서 특정된 사실 기타 청구를 특정할 만한 사실

③ 전항의 서면에는 같은 항 각호에 열거하는 사항 기타 최고재판소규칙으로 정하는 사항 이외의 사항을 기재하여서는 아니 된다.

제24조(신청서의 송달) 재판소는 전조 제2항의 서면을 제출받은 때에는 제27조 제1항 제1호의 규정에 따라 손해배상명령의 신청을 각하하는 경우를 제외하고 지체 없이 당해 서면을 신청의 상대방인 피고인에게 송달하여야 한다.

제25조(관할에 관한 결정의 효력) 형사피고사건에 형사소송법 제7조, 제8조, 제11조 제2항이나 제19조 제1항의 결정 또는 같은 법 제17조나 제18조의 규정에 따른 관할이전의 청구에 대한 결정이 있는 때에는 이들 결정에 따라 당해 피고사건의 심판을 하게 된 재판소가 손해배상명령의 신청에 대한 심리 및 재판을 한다.

제26조(종국재판의 고지가 있을 때까지의 취급) ① 손해배상명령의 신청에 대한 심리 [청구의 포기, 인낙 및 화해(제19조의 규정에 따른 민사상의 다툼에 대한 형사소송절차에서의 화해를 제외한다.)를 위한 절차를 포함한다.] 및 재판(다음 조 제1항 제1호 또는 제2호의 규정에 따른 것을 제외한다.)은 형사피고사건에 대한 종국재판의 고지가 있을 때까지는 이를 하지 아니한다.

② 재판소는 전항에 규정하는 종국재판의 고지가 있을 때까지 신청인에게 당해 형사피고사건의 공판기일을 통지하여야 한다.

제27조(신청의 각하) ① 재판소는 다음에 열거하는 경우에는 결정으로 손해배상명령의 신청을 각하하여야 한다.

1. 손해배상명령의 신청이 부적법하다고 인정하는 때[형사피고사건에 관련된 벌조(罰条)가 철회 또는 변경되었기 때문에 당해 피고사건이 제23조 제1항 각호에 열거하는 죄에 관련된 것에 해당하지 않게 된 때를 제외한다.].

2. 형사소송법 제4조, 제5조 또는 제10조 제2항의 결정에 따라 형사피고사건이 지방재판소 이외의 재판소에 계속하게 된 때

3. 형사피고사건에서 형사소송법 제329조 또는 제336조부터 제338조까지의 판결이나 같은 법 제339조의 결정 또는 소년법(昭和 23년 법률 제168호) 제55조[150)의 결정이 있었던 때

4. 형사피고사건에서 형사소송법 제335조 제1항에 규정하는 유죄의 선고가 있었던 경우에 당해 선고에 관련된 죄가 제23조 제1항 각호에 열거하는 죄에 해당하지 아니하는 때

② 전항 제1호에 해당함을 이유로 하는 같은 항의 결정에는 즉시항고를 할 수 있다.

③ 전항의 규정에 따른 경우 외에 제1항의 결정에는 불복을 신청할 수 없다.

제28조(시효의 완성유예) 손해배상명령의 신청은 전조 제1항의 결정(같은 항 제1호에 해당하는 것을 이유로 하는 것을 제외한다.)의 고지가 있었던 때에는 당해 고지를 받은 때로

---

150) 일본국 소년법 제55조(가정재판소에의 이송) 재판소는 사실심리의 결과 소년인 피고인을 보호처분에 회부하는 것이 상당하다고 인정하는 때에는 결정으로 사건을 가정재판소에 이송하여야 한다.

부터 6개월을 경과하기까지는 시효가 완성되지 아니한다.

제2절 심리 및 재판 등

제29조(임의적 구두변론) ① 손해배상명령의 신청에 대한 재판은 구두변론을 거치지 아니하고 할 수 있다.

② 전항의 규정에 따라 구두변론을 하지 아니하는 경우에는 재판소는 당사자를 심문할 수 있다.

제30조(심리) ① 형사피고사건에서 형사소송법 제335조 제1항에 규정하는 유죄의 선고가 있었던 경우(당해 선고에 관련된 죄가 제23조 제1항 각호에 열거하는 죄에 해당하는 경우에 한한다.)에는 재판소는 곧바로 손해배상명령의 신청에 대한 심리를 위한 기일(이하 「심리기일」이라고 한다.)을 열어야 한다. 다만 곧바로 심리기일을 여는 것이 상당하지 아니하다고 인정하는 때에는 재판장은 신속하게 최초의 심리기일을 정하여야 한다.

② 심리기일에는 당사자를 호출하여야 한다.

③ 손해배상명령의 신청은 특별한 사정이 있는 경우를 제외하고 4회 이내의 심리기일에 심리를 종결하여야 한다.

④ 재판소는 최초의 심리기일에 형사피고사건의 소송기록 중 필요없다고 인정하는 것을 제외하고 그 조사를 하여야 한다.

제31조(심리의 종결) 재판소는 심리를 종결하는 때에는 심리기일에 그 취지를 선언하여야 한다.

제32조(손해배상명령) ① 손해배상명령의 신청에 대한 재판(제27조 제1항의 결정을 제외한다. 이하 이 조부터 제34조까지에서 같다.)은 다음에 열거하는 사항을 기재한 결정서를 작성하여 하여야 한다.

1. 주문
2. 청구취지 및 당사자 주장의 요지
3. 이유의 요지
4. 심리를 종결한 날
5. 당사자 및 법정대리인
6. 재판소

② 손해배상명령에서는 재판소는 필요하다고 인정하는 때에는 신청 또는 직권으로 담보를 제공하거나 제공하지 아니하고 가집행을 할 수 있음을 선고할 수 있다.

③ 제1항의 결정서는 당사자에게 송달하여야 한다. 이 경우에는 손해배상명령의 신청에 대한 재판의 효력은 당사자에게 송달된 때에 발생한다.

④ 재판소는 상당하다고 인정하는 때에는 제1항의 규정에 불구하고 결정서의 작성에 갈음하여 당사자가 출석하는 심리기일에 주문 및 이유의 요지를 구두로 고지하는 방법으로 손해배상명령의 신청에 대한 재판을 할 수 있다. 이 경우에는 당해 재판의 효력은 그 고지가 된 때에 발생한다.

⑤ 재판소는 전항의 규정에 따라 손해배상명령의 신청에 대한 재판을 한 경우에는 재판소서기관에게 제1항 각호에 열거하는 사항을 조서에 기재하게 하여야 한다.

제3절 이의 등

제33조(이의신청 등) ① 당사자는 손해배상명령의 신청에 대한 재판에 전조 제3항의 규정에 따른 송달 또는 같은 조 제4항의 규정에 따른 고지를 받은 날로부터 2주간의 불변기간 내에 재판소에 이의신청을 할 수 있다.

② 재판소는 이의신청이 부적법하다고 인정하는 때에는 결정으로 각하하여야 한다.

③ 전항의 결정에는 즉시항고를 할 수 있다.

④ 적법한 이의신청이 있는 때에는 손해배상명령의 신청에 대한 재판은 가집행선고를 붙인 것을 제외하고 그 효력을 잃는다.

⑤ 적법한 이의신청이 없는 때에는 손해배상명령의 신청에 대한 재판은 확정판결과 동일한 효력을 가진다.

⑥ 민사소송법 제358조 및 제360조의 규정151)은 제1항의 이의에 준용한다.

제34조(소제기의 의제 등) ① 손해배상명령의 신청에 대한 재판에 대한 적법한 이의신청이 있었던 때에는 손해배상명령의 신청에 관련된 청구에서는 그 목적의 가액에 따라, 당해 신청을 한 때에 당해 신청을 한 자가 지정한 곳(그 지정이 없는 때에는 당해 신청의 상대방인 피고인의 보통재판적의 소재지)을 관할하는 지방재판소 또는 간이재판소에 소의 제기가 있었던 것으로 본다. 이 경우에는 제23조 제2항의 서면을 소장으로, 제24조의 규정에 따른 송달을 소장의 송달로 본다.

② 전항의 규정에 따라 소의 제기가 있었던 것으로 보게 되는 때에는 손해배상명령의 신청에 관련된 사건(이하 「손해배상명령사건」이라고 한다.)에 관한 절차의 비용은 소송비용의 일부로 한다.

③ 제1항의 지방재판소 또는 간이재판소는 그 소에 관련된 소송의 전부 또는 일부

---

151) 일본국 민사소송법 제358조(이의신청권의 포기) 이의신청을 할 수 있는 권리는 신청 전에 한하여 포기할 수 있다.
    제360조(이의의 취하) ① 이의는 통상의 절차에 따른 제1심의 종국판결이 있을 때까지 취하할 수 있다.
    ② 이의의 취하는 상대방의 동의를 얻지 아니하면 효력이 발생하지 아니한다.
    ③ 제261조 제3항부터 제5항까지, 제262조 제1항 및 제263조의 규정은 이의의 취하에 준용한다.
    ※ 서면이나 변론기일 등에서의 구두진술에 의한 소취하, 효력발생시기, 소취하의 효과, 쌍방불출석 등에 의한 소취하의 의제에 관한 규정임.

가 그 관할에 속하지 아니한다고 인정하는 때에는 신청 또는 직권으로 결정으로서
이를 관할재판소에 이송하여야 한다.

④ 전항의 규정에 따른 이송결정 및 당해 이송신청을 각하하는 결정에는 즉시항고
를 할 수 있다.

제35조(기록의 송부 등) ① 진조 제1항의 규징에 따라 소의 제기가 있었던 것으로 보
게 되는 때에는 재판소는 검찰관, 피고인 또는 변호인의 의견(형사피고사건에 관련된
소송이 종결된 후에는 당해 소송기록을 보관하는 검찰관의 의견)을 듣고, 제30조 제4항의 규
정에 따라 조사한 당해 피고사건의 소송기록(이하 「형사관계기록」이라고 한다.) 중 관계
자의 명예 또는 생활의 평온을 현저하게 해칠 우려가 있다고 인정하는 것, 수사 또
는 공판에 지장을 미칠 우려가 있다고 인정하는 것 기타 전조 제1항의 지방재판소
또는 간이재판소에 송부함이 상당하지 아니하다고 인정하는 것을 특정하여야 한다.

② 재판소서기관은 전조 제1항의 지방재판소 또는 간이재판소의 재판소서기관에
게 손해배상명령사건의 기록(전항의 규정에 따라 재판소가 특정한 것을 제외한다.)을 송부
하여야 한다.

제36조(이의 후의 민사소송절차에서의 서증의 신청의 특례) 제34조 제1항의 규정에
따라 소의 제기가 있었던 것으로 보게 되는 경우에 전조 제2항의 규정에 따라 송부
된 기록에 대한 서증의 신청은 민사소송법 제219조의 규정[152]에 불구하고 서증으
로 할 것을 특정하는 것으로 할 수 있다.

제37조(이의 후의 판결) ① 가집행선고를 붙인 손해배상명령에 관련된 청구에 대하여
제34조 제1항의 규정에 따라 소의 제기가 있었던 것으로 보게 되는 경우에 당해 소
에 대하여 할 판결이 손해배상명령과 부합하는 때에는 그 판결에서 손해배상명령
을 허가하여야 한다. 다만 손해배상명령의 절차가 법률에 위반한 것인 때에는 그러
하지 아니하다.

② 전항의 규정에 따라 손해배상명령을 허가하는 경우를 제외하고 가집행선고를
붙인 손해배상명령에 관련된 청구에 대하여 제34조 제1항의 규정에 따라 소의 제
기가 있었던 것으로 보게 되는 경우에 당해 소에 대하여 할 판결에서는 손해배상명
령을 취소하여야 한다.

③ 민사소송법 제363조의 규정[153]은 가집행선고를 붙인 손해배상명령에 관련된 청
구에 대하여 제34조 제1항의 규정에 따라 소의 제기가 있었던 것으로 보게 되는 경

---

152) 일본국 민사소송법 제219조(서증의 신청) 서증의 신청은 문서를 제출하거나 문서의 소지자에게 그 제
출을 명할 것을 신청하여야 한다.
153) 일본국 민사소송법 제363조(이의 후의 판결에서의 소송비용) ① 이의를 각하하거나 어음소송에서 한
소송비용의 부담의 재판을 허가하는 경우에는 재판소는 이의신청이 있은 후의 소송비용의 부담에 대한
재판을 하여야 한다.
② 제258조 제4항의 규정은 어음소송의 판결에 대한 적법한 이의신청이 있는 경우에 준용한다.

우의 소송비용에 준용한다. 이 경우에 같은 법 제363조 제1항 중 「이의를 각하하거나 어음소송」은 「손해배상명령」으로 바꿔 읽는 것으로 한다.

제4절 민사소송절차로의 이행

제38조 ① 재판소는 최초의 심리기일을 연 후 심리에 시일을 요하기 때문에 제30조 제3항에 규정하는 바에 따라 심리를 종결하기 곤란하다고 인정하는 때에는 신청 또는 직권으로 손해배상명령사건을 종료시키는 취지의 결정을 할 수 있다.
② 다음에 열거하는 경우에는 재판소는 손해배상명령사건을 종료시키는 취지의 결정을 하여야 한다.
1. 형사피고사건에서 종국재판의 고지가 있을 때까지 신청인으로부터 손해배상명령의 신청에 관련된 청구에 대한 심리 및 재판을 민사소송절차로 진행할 것을 요구하는 취지의 진술이 있는 때
2. 손해배상명령의 신청에 대한 재판의 고지가 있을 때까지 당사자로부터 당해 신청에 관련된 청구에 대한 심리 및 재판을 민사소송절차로 진행할 것을 요구하는 취지의 진술이 있고 이에 대한 상대방의 동의가 있는 때
③ 전2항의 결정 및 제1항의 신청을 각하하는 결정에는 불복을 신청할 수 없다.
④ 제34조부터 제36조까지의 규정은 제1항 또는 제2항의 규정에 따라 손해배상명령사건이 종료된 경우에 준용한다.

제5절 보칙

제39조(손해배상명령사건의 기록의 열람 등) ① 당사자나 이해관계를 소명한 제3자는 재판소서기관에게 손해배상명령사건의 기록 열람 또는 등사, 그 정본, 등본이나 초본의 교부 또는 손해배상명령사건에 관한 사항의 증명서 교부를 청구할 수 있다.
② 전항의 규정은 손해배상명령사건의 기록 중의 녹음테이프 또는 비디오테이프(이에 준하는 방법에 따라 일정한 사항을 기록한 물건을 포함한다.)에 관하여는 적용하지 아니한다. 이 경우에 이들 물건에 대하여 당사자나 이해관계를 소명한 제3자의 청구가 있는 때에는 재판소서기관은 복제를 허락하여야 한다.
③ 전2항의 규정에 불구하고 형사관계기록의 열람 또는 등사, 그 정본, 등본이나 초본의 교부 또는 복제(이하 이 조에서 「열람등」이라고 한다.)의 청구에 대하여는 재판소가 허가한 때에 한하여 할 수 있다.
④ 재판소는 당사자로부터 형사관계기록의 열람등의 허가신청이 있는 때에는 검찰관 및 피고인 또는 변호인의 의견(형사피고사건에 관련된 소송이 종결된 후에는 당해 소송

의 기록을 보관하는 검찰관의 의견)을 듣고 부당한 목적에 의한 것으로 인정되는 경우, 관계자의 명예 또는 생활의 평온을 현저하게 해칠 우려가 있다고 인정하는 경우, 수사 또는 공판에 지장을 미칠 우려가 있다고 인정하는 경우 기타 상당하지 아니하다고 인정하는 경우를 제외하고 그 열람등을 허가하여야 한다.

⑤ 재판소는 이해관계를 소명한 제3자로부터 형사관계기록의 열람등의 허가신청이 있었던 때에는 검찰관 및 피고인 또는 변호인의 의견(형사피고사건에 관련된 소송이 종결된 후에는 당해 소송의 기록을 보관하는 검찰관의 의견)을 듣고 정당한 이유가 있는 경우로서 관계자의 명예 또는 생활의 평온을 해칠 우려의 유무, 수사 또는 공판에 지장을 미칠 우려의 유무 기타 사정을 고려하여 상당하다고 인정하는 때에는 그 열람등을 허가할 수 있다.

⑥ 손해배상명령사건의 기록의 열람, 등사 및 복제의 청구는 당해 기록의 보존 또는 재판소의 집무에 지장이 있는 때에는 할 수 없다.

⑦ 제4항의 신청을 각하하는 결정에는 즉시항고를 할 수 있다.

⑧ 제5항의 신청을 각하하는 결정에는 불복을 신청할 수 없다.

제40조(민사소송법의 준용) 특별한 정함이 있는 경우를 제외하고 손해배상명령사건에 관한 절차에는 그 성질에 반하지 아니하는 한 민사소송법 제2조, 제14조, 제1편 제2장 제3절, 제3장(제47조부터 제51조까지를 제외한다.), 제4장, 제5장(제87조, 제91조, 제2절 제2관, 제116조 및 제118조를 제외한다.), 제6장 및 제7장, 제2편 제1장(제133조, 제134조, 제137조 제2항 및 제3항, 제138조 제1항, 제139조, 제140조, 제145조 및 제146조를 제외한다.), 제3장(제156조의2, 제157조의2, 제158조, 제159조 제3항, 제161조 제3항 및 제3절을 제외한다.), 제4장(제235조 제1항 단서 및 제236조를 제외한다.), 제5장(제249조부터 제255조까지 및 제259조 제1항 및 제2항을 제외한다.) 및 제6장(제262조 제2항, 제263조 및 제266조 제2항을 제외한다.), 제3편 제3장, 제4편 및 제8편(제403조 제1항 제1호, 제2호 및 제4호부터 제6호까지를 제외한다.)의 규정을 준용한다.[154]

---

154) 일본국 민사소송법 제2조(재판소와 당사자의 책무), 제14조(관할에 관한 직권증거조사), 제1편 제2장 제3절(재판소직원의 제척 및 기피), 제3장(당사자, 다만 독립당사자참가와 소송탈퇴, 권리의무승계인의 소송승계 및 참가에 관한 규정을 제외), 제4장(소송비용), 제5장(소송절차 중 구두변론의 필요성, 소송 기록의 열람, 소송절차 중 지적재산에 관한 사건에서의 재판소조사관의 사무 등에 관한 규정은 제외), 제6장(소제기 전의 증거수집처분 등), 제7장(전자정보처리조직에 의한 신청 등), 제2편 제1장(소의 제기 중 소제기의 방식, 증서진부확인의 소, 소장각하명령과 즉시항고, 소장의 송달, 변론기일 지정과 변론을 거치지 아니한 소의 각하, 중간확인의 소와 반소에 관한 규정 제외), 제3장(구두변론 및 준비, 계획심리 관련 규정과 불출석에 의한 진술과 자백간주 및 준비서면 관련 특칙, 쟁점 및 증거정리절차 관련 규정을 제외), 제4장(증거, 소 제기 후 증거보전 관할재판소와 상대방을 지정할 수 없는 경우에 관한 규정을 제외), 제5장(판결, 직접주의나 선고방식 및 기재사항 등, 가집행선고 관련 일부 규정을 제외), 제6장(재판에 의하지 아니하는 소의 종결 중 재소금지, 소취하의 의제, 청구의 포기 또는 인낙하는 취지의 서면 제출 후 불출석의 효과에 관한 규정을 제외), 제3편 제3장(항고), 제4편(재심), 제8편(집행정지, 집행정지의 재판 관련 규정을 제외)

제8장 잡칙

제41조(공판기록의 열람 및 등사 등의 수수료) ① 제3조 제1항 또는 제4조 제1항의 규정에 따른 소송기록의 열람 또는 등사의 수수료는 그 성질에 반하지 아니하는 한 민사소송비용 등에 관한 법률(昭和 46년 법률 제40호) 제7조부터 제10조까지[155] 및 별표 제2의1의 항에서 3의 항까지의 규정[같은 표 1의 항 상란 중 「(사건의 계속 중에 당사자등이 청구하는 것을 제외한다.)」라는 부분을 제외한다.][156]을 준용한다.

② 제6장에 규정하는 민사상의 다툼에 대한 형사소송절차에서의 화해에 관한 절차의 수수료는 그 성질에 반하지 아니하는 한 민사소송비용 등에 관한 법률 제3조 제1항,[157] 제7조부터 제10조까지 및 별표 제1의9의 항, 17의 항, 18의 항(상란(4)에 관련된 부분에 한한다.)[158] 및 별표 제2의1의 항부터 3의 항까지의 규정[같은 표 1의 항 상란 중 「(사건의 계속 중에 당사자등이 청구하는 것을 제외한다.)」라는 부분을 제외한다.]을 준용한다.

제42조(손해배상명령사건에 관한 절차의 수수료 등) ① 손해배상명령의 신청을 할 때에는 2,000엔의 수수료를 납부하여야 한다.

② 민사소송비용 등에 관한 법률 제3조 제1항 및 별표 제1의17의 항의 규정은 제33조 제1항의 규정에 따른 이의신청의 수수료에 준용한다.

③ 손해배상명령의 신청을 한 자는 제34조 제1항(제38조 제4항에서 준용하는 경우를 포함한다.)의 규정에 따라 소의 제기가 있었던 것으로 보게 되는 때에는 신속하게 민사소송비용 등에 관한 법률 제3조 제1항 및 별표 제1의1의 항의 규정에 따라 납부할 수수료액에서 손해배상명령의 신청에 대하여 납부한 수수료액을 공제한 액의 수수료를 납부하여야 한다.

④ 전3항에 규정하는 것 외 손해배상명령사건에 관한 절차의 비용에는 그 성질에 반하지 아니하는 한 민사소송비용 등에 관한 법률의 규정을 준용한다.

제43조(최고재판소규칙) 이 법률에 정하는 것 외 제3장에 규정하는 소송기록의 열람 또는 등사, 제6조 제1항 및 제2항의 규정에 따라 재판소가 진행하는 절차, 제5장에 규정하는 피해자참가변호사의 선정 등, 제6장에 규정하는 민사상의 다툼에 대한 형

---

155) 재판소서기관이 보관하는 기록의 열람등사수수료(별표 2에 규정된 150엔), 수수료 납부방법(수입인지를 붙이되 현금으로도 낼 수 있음), 과납수수료 환부 및 재사용증명에 관한 규정임.

156) 각 1건 또는 용지 1장당 150엔.

157) 신청 수수료에 관한 기본규정으로 별표 1의9에 화해신청 등의 수수료액 규정.

158) 순서대로 화해신청 2,000엔, 특별대리인 선임신청이나 비송사건신청, 보전사건 등 500엔, 항고신청의 수수료 1,000엔.

사소송절차에서의 화해 및 손해배상명령사건에 관한 절차에 필요한 사항은 최고재판소규칙으로 정한다.

부 칙(平成 29년 6월 23일 법률 제72호)

제1조(시행기일) 이 법률은 공포일로부터 20일을 경과한 날부터 시행한다.

제9조(검토) 정부는 이 법률의 시행 후 3년을 목표로 하여 성범죄에서의 피해의 실정, 이 법률에 따른 개정 후 규정의 시행상황 등을 감안하여 성범죄에 관련된 사안의 실태에 맞는 대처를 하기 위한 시책의 방향에 대한 검토가 필요하다고 인정하는 때에는 그 결과에 기초하여 소요할 조치를 강구한다.

범죄피해자 등의 권익의 보호를 도모하기 위한 형사절차에 부수하는 조치에 관한 법률 시행령

제정 平成 20년 정령 제278호

개정 平成 25년 11월 1일 정령 제306호

제1조(여비) ① 범죄피해자 등의 권익의 보호를 도모하기 위한 형사절차에 부수하는 조치에 관한 법률(이하 「법」이라고 한다.) 제5조 제2항의 정령으로 정하는 여비액은 철도편이 있는 구간의 육로여행에 요하는 철도운임, 선박편이 있는 구간의 수로여행에 요하는 뱃삯, 철도편이 없는 구간의 육로여행 또는 선박편이 없는 구간의 수로여행에 요하는 노정운임 및 항공기를 이용할 특별한 사유가 있는 경우에 항공여행에 요하는 항공운임의 합계액으로 한다.

② 전항의 철도운임 및 뱃삯은 여행구간의 노정에 대응하는 여객운임(거룻배삯 및 부두삯을 포함하는 것으로 하고, 운임 등급을 둔 선박에 의한 여행인 경우에는 운임 등급을 3계급으로 구분하는 것은 중급의, 운임 등급을 2계급으로 구분하는 것은 하급의 운임), 급행요금(특별급행열차를 운행하는 노선이 있는 구간의 여행으로 편도 1백킬로미터 이상의 것은 특별급행요금, 보통급행열차를 운행하는 노선이 있는 구간의 여행으로 편도 50킬로미터 이상의 것은 보통급행요금) 및 좌석지정요금(좌석지정요금을 걷는 특별급행열차 또는 보통급행열차를 운행하는 노선이 있는 구간의 여행으로 편도 1백킬로미터 이상인 것 또는 좌석지정요금을 걷는 선박을 운행하는 선로가 있는 구간의 여행인 경우의 좌석지정요금에 한한다.)에 따른다.

③ 제1항의 노정운임액은 1킬로미터마다 37엔으로 한다. 다만 1킬로미터 미만의 단수는 버린다.

④ 천재 기타 부득이한 사정으로 전항에 정하는 액수의 노정운임으로 여행 실비를 지급할 수 없는 경우에는 같은 항의 규정에 불구하고 노정운임액은 실비액에 따른다.

⑤ 제1항의 항공운임액은 실제로 지불한 여객운임에 따른다.

제2조(일당) 법 제5조 제2항의 정령으로 정하는 일당액은 공판기일 또는 공판준비에의 출석 및 그를 위한 여행(다음 조에서 「출석등」이라고 한다.)에 필요한 일수에 대응하여 1일당 1,700엔으로 한다.

제3조(숙박료) 법 제5조 제2항의 정령으로 정하는 숙박료액은 출석등에 필요한 밤의 수에 대응하여 하룻밤마다 숙박지가 국가공무원 등의 여비에 관한 법률(昭和 25년 법

률 제114호. 다음 조에서 「여비법」이라고 한다.) 별표 제1에 정하는 갑(甲)지방인 경우에는 8,700엔, 같은 표에 정하는 을(乙)지방인 경우에는 7,800엔으로 한다.[159]

제 4 조(피해자참가인의 본국과 외국 간 여행에 관련된 피해자참가여비등의 액) 피해자참가인의 본국(여비법 제2조 제1항 제4호에 규정하는 본국을 말한다. 이하 이 조에서 같다.)과 외국[본국 이외의 영역(공해를 포함한다.)을 말한다.] 간 여행에 관련된 법 제5조 제2항의 정령으로 정하는 여비, 일당 및 숙박료액은 피해자참가인을 일반직 직원의 급여에 관한 법률(昭和 25년 법률 제95호) 제6조 제1항 제1호 イ에 규정하는 행정직봉급표(1)에 따른 식무급이 2급인 자로 보고 여비법 제11조, 제31조 제1항, 제32조부터 제34조까지, 제35조 제1항과 제2항 및 별표 제2의 규정을 준용한다. 이 경우에 다음 표 상란에 열거하는 여비법의 규정 중 같은 표 중란에 열거하는 자구는 각각 같은 표 하란에 열거하는 자구로 바꿔 읽는 것으로 한다.

제11조	숙박료(부양친족이전료 중 이들의 여비 상당 부분을 포함한다. 이하 본조에서 같다.)	숙박료
제31조 제1항	여비는, 전장	피해자참가여비등(범죄피해자 등의 권익의 보호를 도모하기 위한 형사절차에 부수하는 조치에 관한 법률 제5조 제2항에 규정하는 피해자참가여비등을 말한다.)은 범죄피해자 등의 권익의 보호를 도모하기 위한 형사절차에 부수하는 조치에 관한 법률 시행령 제1조부터 제3조까지
	이전료 및 외국 선로의 선박	외국 선로의 선박
	일당 및 식탁료	일당
	본장	제11조, 다음 조부터 제34조까지 및 제35조 제1항 및 제2항
제32조 제5호	공무상 필요에 의해	형사소송법 제316조의34 제1항(같은 조 제5항에서 준용하는 경우를 포함한다. 다음 조 제4호에서 같다.)의 규정에 따라 공판기일 또는 공판준비에 출석하기 위해
제33조 제4호	공무상 필요에 의해	형사소송법 제316조의34 제1항의 규정에 따라 공판기일 또는 공판준비에 출석하기 위해
제34조 제2항	차비	노정운임

---

159) 검찰심사원등의 여비, 일당 및 숙박료를 정하는 정령 제4조의 각주 참조.

제 5 조(피해자참가여비등의 계산) 제1조 및 전조의 여비(항공운임을 제외한다.)와 제2조 및 전조의 일당과 전2조의 숙박료의 계산상의 여행일수는 가장 경제적인 통상의 경로 및 방법에 따라 여행한 경우의 예에 따라 계산한다. 다만 천재 기타 부득이한 사정으로 가장 경제적인 통상의 경로 또는 방법에 따라 여행하기 어려운 경우에는 그 실제 경로 및 방법에 따라 계산한다.

제 6 조(법 제6조 제3항의 청구의 기한) ① 피해자참가여비등을 지급받으려는 피해자참가인은 공판기일 및 공판준비에의 출석일로부터 재판에 의해 소송절차가 종료된 경우에는 그 재판이 있었던 날의 익일 이후 30일을 경과하는 날까지, 재판에 의하지 아니하고 소송절차가 종료된 경우에는 그 종료한 날의 익일 이후 30일을 경과하는 날까지 법 제6조 제1항에 규정하는 청구서(다음 항에서 간단히 「청구서」라고 한다.)를 재판소에 제출하여야 한다.

② 전항의 규정에 불구하고 부득이한 사유로 그 기간 내에 청구서를 재판소에 제출할 수 없게 된 때에는 그 사유가 소멸한 날의 익일 이후 30일을 경과하는 날까지 청구서를 재판소에 제출하여야 한다.

제 7 조(법 제11조 제1항의 자산) 법 제11조 제1항에 규정하는 정령으로 정하는 자산은 다음에 열거하는 것으로 한다.

1. 수표법(昭和 8년 법률 제57호) 제6조 제3항의 규정에 따라 금융기관이 자기 앞으로 발행한 수표

2. 농업협동조합, 농업협동조합연합회, 어업협동조합, 어업협동조합연합회, 수산가공업협동조합 또는 수산가공업협동조합연합회에 대한 저금

3. 노동기준법(昭和 22년 법률 제49호) 제18조 또는 선원법(昭和 22년 법률 제100호) 제34조의 규정에 따라 관리되는 노동자 또는 선원의 저축금

4. 국가공무원공제조합법(昭和 33년 법률 제128호) 제98조 제1항 또는 지방공무원등공제조합법(昭和 37년 법률 제152호) 제112조 제1항에 규정하는 조합에 대한 조합원의 저금 또는 사립학교교직원공제법(昭和 28년 법률 제245호) 제26조 제1항에 규정하는 사업단에 대한 가입자의 저금

제 8 조(법 제11조 제1항의 기준액) 법 제11조 제1항에 규정하는 정령으로 정하는 액수는 2백만엔으로 한다.

부 칙 〈생 략〉

범죄피해자 등의 권익의 보호를
도모하기 위한 형사절차에 부수하는 조치에
관한 법률 시행규칙

제정 平成 25년 법무성령 제22호

제1조(청구서의 양식) 범죄피해자 등의 권익의 보호를 도모하기 위한 형사절차에 부수하는 조치에 관한 법률(이하 「법」이라고 한다.) 제6조 제1항에 규정하는 청구서는 별지 양식에 따른다.

제2조(청구서에 첨부하여야 할 자료) 법 제6조 제1항에 규정하는 청구서에 첨부하여야 할 자료는 다음에 열거하는 것으로 한다.

1. 범죄피해자 등의 권익의 보호를 도모하기 위한 형사절차에 부수하는 조치에 관한 법률 시행령(平成 20년 정령 제278호. 이하 「정령」이라고 한다.) 제1조 제4항에 규정하는 노정운임을 청구할 때에는 천재 기타 부득이한 사정을 증명하는 자료 및 그 지불을 증명할 만한 자료.

2. 정령 제1조 제1항에 규정하는 항공운임을 청구할 때에는 그 지불을 증명할 만한 자료 및 항공기 탑승을 증명할 만한 자료.

3. 정령 제4조에 규정하는 본국과 외국 간 여행에 관련된 피해자참가여비등을 청구할 때에는 전2호에 열거하는 것 외 다음 イ부터 ニ까지에 열거하는 자료

イ 매일 이동한 거리와 숙박지명 및 탑승한 열차, 선박 또는 항공기의 노선명 및 발착시각 등을 기재한 여행일지

ロ 정령 제4조에서 바꿔 읽어 준용하는 국가공무원 등의 여비에 관한 법률(昭和 25년 법률 제114호. 이하 이 호에서 「여비법」이라고 한다.) 제32조 제1호 ロ, 제2호 또는 제3호에 규정하는 운임, 여비법 제33조 제1호 또는 제2호에 규정하는 운임이나 여비법 제34조 제1항 제1호 ハ, 제2호 ロ 또는 제3호에 규정하는 운임을 청구할 때에는 운임 등급 및 액을 증명할 만한 자료

ハ 여비법 제32조 제5호에 규정하는 급행요금이나 침대요금 또는 여비법 제33조 제5호에 규정하는 침대요금을 청구할 때에는 그 지불을 증명할 만한 자료

ニ 여비법 제34조 제2항에 규정하는 노정운임을 청구할 때에는 그 지불을 증명할

만한 자료

4. 정령 제5조 단서의 규정에 따라 계산한 같은 조 본문에 규정하는 피해자참가여비등을 청구할 때에는 천재 기타 부득이한 사정을 증명하는 자료

제 3 조(여비등의 조정) 법무대신{법 제8조 제1항의 규정에 따라 일본사법지원센터[총합법률지원법(平成 16년 법률 제74호) 제13조에 규정하는 일본사법지원센터를 말한다. 이하 이 조에서 같다.]가 같은 항 각호에 열거하는 법무대신의 권한에 관련된 사무를 수행하는 경우에는 일본사법지원센터}은 피해자참가인이 절차에의 참가를 허가받은 형사피고사건에서의 증인으로서 여비, 일당 또는 숙박료를 지급받는 경우 기타 당해 형사피고사건의 공판기일 또는 공판준비에의 출석을 위한 여행에서의 특별한 사정에 의해 정령의 규정에 따른 액의 피해자참가여비등을 지급한다면 부당하게 여행의 실비를 초과한 피해자참가여비등을 지급하게 되는 경우에는 그 실비를 초과하게 되는 부분의 피해자참가여비등을 지급하지 아니할 수 있다.

부 칙 〈생 략〉

별지양식 〈생 략〉

범죄피해자 등의 권익의 보호를 도모하기 위한 형사절차에 부수하는 조치에 관한 규칙

제정 平成 12년 9월 27일 최고재판소규칙 제13호
개정 平成 28년 10월 18일 최고재판소규칙 제6호

제1장 총칙

제 1 조(취지) 범죄피해자 등의 권익의 보호를 도모하기 위한 형사절차에 부수하는 조치에 관한 법률(平成 12년 법률 제75호. 이하 「법」이라고 한다.)에 따른 소송기록의 열람 또는 등사, 피해자참가여비등(법 제5조 제2항에 규정하는 피해자참가여비등을 말한다.)의 청구절차에 관한 법 제6조 제1항 및 제2항의 규정에 따라 재판소가 진행하는 절차, 피해자참가변호사(법 제11조 제1항에 규정하는 피해자참가변호사를 말한다. 이하 같다.)의 선정 등, 민사상의 다툼에 대한 형사소송절차에서의 화해 및 손해배상명령사건(법 제34조 제2항에 규정하는 손해배상명령사건을 말한다. 이하 같다.)에 관한 절차는 법에 정하는 것 외에 이 규칙에 정하는 바에 따른다.

제2장 공판기록의 열람 및 등사

제 2 조(법 제 3 조 제1항의 신청을 할 때에 밝혀야 할 사항) 법 제3조 제1항에 규정하는 소송기록의 열람 또는 등사의 신청은 다음에 열거하는 사항을 밝혀서 하여야 한다.

1. 신청인의 이름 또는 명칭 및 주소
2. 열람 또는 등사를 요구하는 소송기록을 특정하기에 충분한 사항
3. 신청인이 열람 또는 등사를 요구하는 소송기록에 관련된 형사피고사건의 피해자등(피해자 또는 피해자가 사망한 경우나 그 심신에 중대한 고장이 있는 경우의 그 배우자, 직계의 친족 또는 형제자매를 말한다. 이하 같다.) 또는 당해 피해자의 법정대리인이나 이들로부터 위탁을 받은 변호사인 것의 기초가 되는 사실

4. 열람 또는 등사를 요구하는 이유

제3조(법 제4조 제1항의 신청을 할 때에 밝혀야 할 사항 등) ① 법 제4조 제1항에 규정하는 소송기록의 열람 또는 등사의 신청은 다음에 열거하는 사항을 밝혀서 하여야 한다.

1. 신청인의 이름 또는 명칭 및 주소

2. 열람 또는 등사를 요구하는 소송기록을 특정하기에 충분한 사항

3. 신청인이 법 제4조 제1항 각호의 어느 하나에 해당하는 자인 것의 기초가 되는 사실

4. 열람 또는 등사를 요구하는 이유

② 전항의 신청은 서면으로 하여야 한다.

③ 제1항의 신청을 하려는 자가 스스로 전항의 서면을 작성할 수 없는 때에는 검찰관 또는 검찰사무관이 대서한다.

제4조(법 제4조 제1항의 신청이 된 취지의 통지의 방식) 법 제4조 제3항에 규정하는 통지는 서면으로 하여야 한다.

제5조(공판기록의 열람 또는 등사신청에 대한 신속한 응답) 재판소는 제2조 및 제3조의 신청에 신속하게 응답하여야 한다.

제6조(공판기록의 열람 또는 등사에 수반하는 조치 등) ① 법 제3조 제1항 및 제4조 제1항의 규정에 따른 소송기록의 열람 또는 등사는 재판소에서 한다.

② 재판소는 법 제3조 제1항 및 제4조 제1항의 규정에 따른 소송기록의 열람 또는 등사에 대한 일시, 장소, 시간 및 방법을 지정할 수 있다.

③ 재판소는 법 제3조 제1항 및 제4조 제1항의 규정에 따른 소송기록의 열람 또는 등사에 대하여 소송기록의 파기 기타 불법행위를 방지하기 위해 필요하다고 인정하는 때에는 재판소서기관 기타 재판소직원을 입회하게 하거나 기타 적당한 조치를 강구하여야 한다.

④ 법 제3조 제1항 및 제4조 제1항 제4호에 규정하는 변호사는 재판소의 허가를 받아 자기의 사용인 기타의 자에게 소송기록의 열람 또는 등사를 하게 할 수 있다.

제3장 피해자참가여비등의 청구절차에 관하여 재판소가 진행하는 절차

제7조(경유재판소 등) ① 법 제6조 제1항에 규정하는 재판소는 피해자참가인[형사소송법(昭和 23년 법률 제131호) 제316조의33 제3항에 규정하는 피해자참가인을 말한다. 이하 같다.]이 절차에의 참가를 허가한 형사피고사건의 공판기일 또는 공판준비에 출석하기 위한 여행을 한 때에 당해 피고사건이 계속된 고등재판소, 지방재판소 또

는 간이재판소(이하 「경유재판소」라고 한다.)로 한다.

② 피해자참가인은 경유재판소 이외의 고등재판소, 지방재판소 또는 간이재판소에도 법 제6조 제1항에 규정하는 청구서 및 자료를 제출할 수 있다.

③ 전항의 규정에 따라 청구서 및 자료가 제출된 때에는 재판소는 신속하게 이를 경유재판소에 송부하여야 한다.

제 8 조(서면의 팩시밀리에 의한 송부 등) ① 경유재판소는 법 제6조 제2항의 규정에 따라 법무대신[법 제8조 제1항의 규정에 따라 일본사법지원센터(이하 「지원센터」라고 한다.)가 같은 각호에 열거하는 법무대신의 권한에 관련된 사무를 수행하는 경우에는 지원센터. 다음 항에서 같다.]에 송부할 서면을 팩시밀리를 이용하여 송신하는 방법으로 송부할 수 있다.

② 경유재판소는 전항에 규정하는 경우에 법무대신으로부터 송신에 사용한 서면의 제출을 요구받은 때에는 법무대신에게 당해 서면을 제출하여야 한다.

제4장 피해자참가변호사의 선정 등

제 9 조(선정청구의 방식 등) ① 법 제11조 제1항의 규정에 따른 피해자참가변호사의 선정청구는 다음에 열거하는 사항을 기재한 서면으로 하여야 한다.

1. 청구에 관련된 형사피고사건의 표시

2. 청구자의 이름 및 주소

3. 재판소의 표시

② 법 제11조 제3항의 통지는 전항의 서면을 송부하는 방법으로 하여야 한다.

③ 지원센터는 전항 또는 법 제11조 제3항의 규정에 따라 재판소에 송부할 서면을 팩시밀리를 이용하여 송신하는 방법으로 송부할 수 있다.

④ 재판소는 전항에 규정하는 경우에 필요하다고 인정하는 때에는 지원센터의 이사장에게 송신에 사용한 서면을 제출하게 할 수 있다.

⑤ 제1항의 서면에 변호사에 위탁하려는 행위로서 형사소송법 제316조의34 및 제316조의36부터 제316조의38까지에 규정하는 행위가 기재된 경우로 법 제13조 제1항의 규정에 따라 재판소가 피해자참가변호사를 선정한 때에는 그 때에 당해 행위에 대하여 형사소송규칙(昭和 23년 최고재판소규칙 제32호) 제217조의35 제1항의 규정에 따른 신고가 있었던 것으로 본다.

제10조(선정의 통지 등) ① 법 제13조 제1항의 규정에 따라 재판소가 피해자참가변호사를 선정한 때에는 곧바로 그 취지를 법 제11조 제1항의 규정에 따른 청구를 한 자, 당해 피해자참가변호사 및 소송관계인에게 통지하여야 한다. 이 경우에는 지원

센터에도 곧바로 그 취지를 통지하여야 한다.

② 재판소가 법 제11조 제1항의 규정에 따른 청구를 각하한 때에는 곧바로 그 취지를 당해 청구를 한 자 및 지원센터에 통지하여야 한다.

③ 법 제15조 제1항의 규정에 따라 재판소가 피해자참가변호사의 선정을 취소한 때에는 곧바로 그 취지를 법 제11조 제1항의 규정에 따른 청구를 한 자, 당해 피해자참가변호사 및 소송관계인(공판기일에 취소한 때에는 소송관계인을 제외한다.)에게 통지하여야 한다. 이 경우에는 지원센터에도 곧바로 그 취지를 통지하여야 한다.

④ 제1항의 규정은 법 제15조 제2항의 규정에 따라 재판소가 다시 피해자참가변호사를 선정한 경우에 준용한다.

⑤ 제3항의 규정은 피해자참가변호사가 선정되어 있는 경우에 재판소가 형사소송법 제316조의33 제1항의 결정을 취소하는 결정을 한 때에 준용한다.

제11조(의견 청취) 법 제17조 제1항의 결정을 하는 경우에는 피해자참가인의 의견을 들어야 한다.

제12조(형사소송규칙의 준용 등) ① 특별한 정함이 있는 경우를 제외하고 피해자참가변호사의 선정 및 그 취소와 비용의 징수에 관한 절차에는 그 성질에 반하지 아니하는 한 형사소송규칙의 규정을 준용한다.

② 서류의 송달에는 전항에서 준용하는 형사소송규칙에 특별한 정함이 있는 경우를 제외하고 민사소송에 관한 법령의 규정(공시송달에 관한 부분을 제외한다.)을 준용한다.

③ 제1항에서 준용하는 형사소송규칙 제60조의 규정에 불구하고 지원센터의 직원이 작성할 서류에 서명날인하여야 할 경우에는 서명날인에 갈음하여 기명날인할 수 있다.

제5장 민사상의 다툼에 대한 형사소송절차에서의 화해

제13조(화해의 조서기재신청서의 기재사항) 법 제19조 제3항에 규정하는 서면에는 같은 항에 규정하는 사항 외에 다음에 열거하는 사항을 기재하여야 한다.

1. 신청인의 이름 또는 명칭 및 주소와 대리인의 이름 및 주소
2. 신청인이 형사피고사건의 피고인인 때에는 그 취지
3. 신청인이 피해자등인 때에는 그 기초가 되는 사실
4. 신청인이 법 제19조 제2항에 규정하는 피고인의 채무에 대하여 보증하는 취지 또는 연대하여 책임을 부담하는 취지를 약속한 자인 때에는 그 취지

제14조(화해의 조서기재신청에 관련된 공판조서의 기재사항) ① 법 제19조 제1항 또는 제2항의 규정에 따른 신청이 있는 때에는 공판조서에는 다음에 열거하는 사항을

기재하여야 한다.

1. 당해 신청이 있었던 것

2. 당해 신청에 관련된 합의를 공판조서에 기재하지 아니하는 조치를 취한 때에는 그 취지

② 법 제19조 제1항 또는 제2항의 규정에 따른 신청에 관련된 합의를 공판조서에 기재하는 조치를 취한 때에는 당해 공판조서 중 당해 합의 및 그 합의가 된 민사상의 다툼의 목적인 권리를 특정하기에 충분한 사실을 기재하는 부분(이하「화해조서부분」이라고 한다.)을 당해 공판조서의 다른 부분과 구분하여 작성하여야 한다. 이 경우에는 공판조서와 일체로 되는 것임을 당해 공판조서상 분명하게 하여 두어야 한다.

③ 화해조서부분에는 당해 신청에 관련된 다음에 열거하는 사항을 기재하여야 한다.

1. 신청인의 이름 또는 명칭 및 주소와 대리인의 이름

2. 출석한 신청인 및 대리인의 이름

3. 합의 및 그 합의가 된 민사상의 다툼의 목적인 권리를 특정하기에 충분한 사실

④ 화해조서부분의 말미에는 재판소서기관이 기명날인하여야 한다.

제15조(화해기록의 열람 등의 청구를 할 때 밝혀야 할 사항) 법 제20조 제1항의 규정에 따른 청구는 다음에 열거하는 사항을 밝혀서 하여야 한다.

1. 청구자의 이름 또는 명칭 및 주소와 대리인의 이름 및 주소

2. 청구에 관련된 화해기록(법 제20조 제1항에 규정하는 화해기록을 말한다. 이하 같다.)을 특정하기에 충분한 사항

제16조(화해기록의 열람 또는 등사에 수반하는 조치 등) ① 법 제20조 제1항의 규정에 따른 화해기록의 열람 또는 등사에는 제6조 제1항 및 제2항의 규정을 준용한다. 이 경우에 같은 조 제2항 중「재판소」는「재판소서기관」으로 바꿔 읽는 것으로 한다.

② 법 제20조 제1항의 규정에 따른 화해기록의 열람 또는 등사를 할 때에는 재판소서기관은 화해기록의 파기 기타 불법행위를 방지하기 위해 필요하다고 인정하는 때에는 이를 방지하기 위한 적당한 조치를 강구하여야 한다.

③ 법 제20조 제1항의 규정에 따른 화해기록의 열람 또는 등사를 할 때에는 소송대리인은 재판소서기관의 허가를 받아 자기의 사용인 기타의 자에게 화해기록의 열람 또는 등사를 하게 할 수 있다.

제17조(화해기록의 보관) ① 제1심재판소에서 법 제19조 제1항 또는 제2항의 규정에 따른 신청에 관련된 합의를 공판조서에 기재한 경우에는 당해 합의에 관련된 화해기록은 형사피고사건이 종결될 때까지 당해 피고사건의 제1심재판소에서 보관한다.

② 항소재판소에서 법 제19조 제1항 또는 제2항의 규정에 따른 신청에 관련된 합의를 공판조서에 기재한 경우에는 당해 합의에 관련된 화해기록은 형사피고사건이

종결될 때까지 당해 피고사건의 항소재판소에서 보관한다. 다만 상고의 신청이 있고 형사소송규칙 제251조의 규정에 기초하여 소송기록을 상고재판소에 송부한 후에는 당해 피고사건의 제1심재판소에서 보관한다.

제18조(형사피고사건 종결 후의 화해기록등본의 송부) 재판소는 형사피고사건의 종결 후 신속하게 형사확정소송기록법(昭和 62년 법률 제64호) 제2조 제1항에 규정하는 화해기록의 등본을 제1심재판소에 대응하는 검찰청의 검찰관에게 송부하여야 한다.

제19조(민사소송규칙의 준용) ① 법 제6장에 규정하는 민사상의 다툼에 대한 형사소송절차에서의 화해에 관한 절차에는 민사소송규칙(平成 8년 최고재판소규칙 제5호) 제1편 제3장 제1절(선정당사자 및 특별대리인의 규정을 제외한다.) 및 제4절의 규정160)을 준용한다.

② 화해기록의 정본, 등본 또는 초본에는 민사소송규칙 제33조161)의 규정을 준용한다.

제6장 형사소송절차에 수반하는 범죄피해자등의 손해배상청구에 관련된 재판절차의 특례

제1절 손해배상명령의 신청 등

제20조(신청서의 기재사항 등) ① 법 제23조 제2항에 규정하는 서면(이하 「신청서」라고 한다.)에는 같은 항 각호에 열거하는 사항 외에 다음에 열거하는 사항을 기재하고 신청인 또는 그 대리인이 기명날인하여야 한다.

1. 표제
2. 신청에 관련된 형사피고사건의 표시
3. 당사자의 이름 또는 명칭 및 주소, 대리인의 이름 및 주소
4. 신청인 또는 그 대리인의 우편번호 및 전화번호(팩시밀리번호를 포함한다.)
5. 법 제40조에서 준용하는 민사소송법(平成 8년 법률 제109호) 제104조 제1항162)의 규정에 따른 송달을 받을 장소의 신고 및 같은 항의 규정에 따른 송달수취인의 신고를 하는 때에는 그 취지
6. 손해액의 내역
7. 연월일

---

160) 당사자능력과 소송능력, 소송대리인에 관한 규정임.
161) 일본국 민사소송규칙 제33조(소송기록의 정본등의 양식) 소송기록의 정본, 등본 또는 초본에는 정본, 등본 또는 초본임을 기재하고 재판소서기관이 기명날인하여야 한다.
162) 당사자, 법정대리인 또는 소송대리인은 송달받을 장소를 신고하도록 하고(일본국 내에 한함), 송달수취인을 신고할 수 있도록 함.

8. 재판소의 표시

② 신청서에 법 제23조 제2항 제2호에 규정하는 형사피고사건에 관련된 소인(訴因)으로 특정된 사실을 기재할 때에는 당해 피고사건의 공소장을 인용할 수 있다.

제21조(신청서의 송달) ① 신청서의 송달은 신청인으로부터 제출받은 부본으로 한다.

② 전항의 규정은 법 세40조에서 준용하는 민사소송법 제143조 제2항(같은 법 제144조 제3항에서 준용하는 경우를 포함한다.)163)의 서면의 송달에 준용한다.

제2절 심리 및 재판 등

제22조(심리기일의 호출) ① 심리기일(법 제30조 제1항에 규정하는 심리기일을 말한다. 이하같다.)의 호출은 상당하다고 인정하는 방법으로 할 수 있다.

② 전항의 호출이 된 때에는 재판소서기관은 그 취지 및 호출방법을 기록상 명백히 하여 두어야 한다.

제23조(심리기일에서의 절차) ① 재판소는 최초의 심리기일에 법 제30조 제4항의 규정에 따른 형사피고사건의 소송기록의 조사를 하는 외에 청구취지에 대한 답변과 신청서에 기재된 사실에 대한 인부 및 신청인의 주장의 보충을 듣는다.

② 재판소는 심리기일을 연 때에는 당해 심리기일에 심리를 종결하는 경우 또는 당해 심리기일에 법 제38조 제1항 또는 제2항 제2호의 규정에 따라 손해배상명령사건을 종료시키는 취지의 결정을 하는 경우를 제외하고 다음 회 심리기일을 지정하고 당해 심리기일에 진행하는 절차 및 당해 심리기일까지 준비해야 할 것을 당사자 간에 확인한다.

제24조(주장서면의 제출방법 등) ① 당사자는 그 주장을 기재한 서면(제26조에서 「주장서면」이라고 한다.)을 제출할 때에는 이와 동시에 그 사본 1통(상대방의 수가 2이상인 때에는 그 수만큼의 통수)을 제출하여야 한다. 다만 부득이한 사유가 있는 때에는 재판장이 정하는 기간 내에 제출하면 충분하다.

② 당사자는 문서를 제출하여 서증의 신청을 할 때에는 이와 동시에 그 사본 2통(상대방의 수가 2이상인 때에는 그 수에 1을 더한 만큼의 통수)을 제출함과 동시에 문서의 기재로부터 명백한 경우를 제외하고 문서의 표목, 작성자 및 입증취지를 밝힌 증거설명서 2통(상대방의 수가 2이상인 때에는 그 수에 1을 더한 만큼의 통수)을 제출하여야 한다. 이 경우에는 전항 단서의 규정을 준용한다.

③ 재판소서기관은 전2항의 사본 및 전항의 증거설명서(같은 항의 사본 및 증거설명서

---

163) 청구의 변경은 서면으로 하도록 하고(일본국 민사소송법 제143조 제2항), 피고가 될 자의 선정이 있는 경우 원고가 변론종결시까지 그 선정자에 관련된 청구를 추가할 수 있도록 하는 때에 위 규정을 준용함(같은 법 제144조 제2항, 제3항).

에 대하여는 그 중 1통을 제외한다.)를 상대방에게 송부하여야 한다.

제25조(증인등의 진술 등의 조서기재의 생략 등) ① 손해배상명령사건에 관한 절차에서의 구두변론 또는 심문의 조서에는 재판장의 허가를 얻어 증인, 감정인, 참고인 또는 당사자 본인(다음 항에서 「증인등」이라고 한다.)의 진술 또는 검증의 결과의 기재를 생략할 수 있다. 이 경우에 당사자는 재판장이 허가를 할 때 의견을 진술할 수 있다.

② 전항의 규정에 따라 조서의 기재를 생략하는 경우에 재판장의 명령 또는 당사자의 신청이 있는 때에는 재판소서기관은 당사자의 재판상의 이용에 제공하기 위해 녹음테이프 또는 비디오테이프(이들에 준하는 방법으로 일정한 사항을 기록할 수 있는 물건을 포함한다. 이하 이 항에서 「녹음테이프등」이라고 한다.)에 증인등의 진술 또는 검증의 결과를 기록하여야 한다. 이 경우에 당사자의 신청이 있는 때에는 재판소서기관은 당해 녹음테이프등의 복제를 허가하여야 한다.

제26조(결정에서의 신청서 등의 인용) 법 제32조 제1항 제2호 및 제3호에 열거하는 사항을 기재하는 때에는 신청서 기타 주장서면을 인용할 수 있다.

제27조(결정서의 송달) 법 제32조 제3항의 규정에 따른 결정서의 송달은 그 정본으로 한다.

제3절 이의 등

제28조(이의신청의 방식 등) ① 법 제33조 제1항의 이의신청은 서면으로 하여야 한다.

② 재판소는 전항의 서면을 상대방에게 송부하여야 한다.

③ 법 제40조에서 준용하는 민사소송법 제161조 제2항에 열거하는 사항[164]을 기재한 제1항의 서면은 준비서면을 겸하는 것으로 한다.

제29조(이의신청을 하는 권리의 포기 및 이의신청의 취하) ① 이의신청을 하는 권리의 포기는 재판소에 대한 진술로 하여야 한다.

② 전항의 진술이 있었던 때에는 재판소서기관은 그 취지를 상대방에게 통지하여야 한다.

③ 이의신청의 취하의 서면의 송달은 취하를 한 자로부터 제출된 부본으로 한다.

제30조(법 제34조 제1항 등의 규정에 따른 지정 등) 법 제34조 제1항(법 제38조 제4항에서 준용하는 경우를 포함한다.)의 규정에 따른 지정 및 그 변경은 손해배상명령의 신청

---

[164] 일본 민사소송법 제161조(준비서면) ① (생 략)
　② 준비서면에는 다음에 열거하는 사항을 기재한다.
　1. 공격 또는 방어방법
　2. 상대방의 청구 및 공격 또는 방어방법에 대한 진술
　③ (생 략)

에 대한 재판에 대한 적법한 이의신청이나 법 제38조 제1항 또는 제2항의 결정시까지 서면으로 하여야 한다.

② 전항의 지정은 가능한 한 신청서에 기재하여 하여야 한다.

③ 제1항의 서면이 제출된 때에는 재판소서기관은 그 취지 및 내용을 상대방에게 통지하여야 한다.

제31조(특례에 따른 서증의 신청방식) ① 법 제36조(법 제38조 제4항에서 준용하는 경우를 포함한다. 다음 조에서 같다.)의 규정에 따른 서증의 신청은 법 제35조 제2항(법 제38조 제4항에서 준용하는 경우를 포함한다.)의 규정에 따라 송부된 기록 중 서증으로 할 문서마다 문서의 표목, 작성자 기타 문서를 특정하기 위해 필요한 사항을 기재한 서면으로 하여야 한다.

② 전항의 서면에는 문서의 기재로부터 명백한 경우를 제외하고 입증취지를 기재하여야 한다.

제32조(서증 사본의 제출을 요하는 경우) ① 법 제36조의 규정에 따른 서증의 신청을 하는 경우에는 상대방에 손해배상명령사건의 당사자가 아닌 자가 있는 때에는 당해 신청을 할 때까지 서증으로 할 문서의 사본 1통(당해문서를 송부할 손해배상명령사건의 당사자가 아닌 상대방의 수가 2 이상인 때에는 그 수만큼의 통수)을 제출하여야 한다.

② 전항의 신청을 하는 당사자는 손해배상명령사건의 당사자가 아닌 상대방에게 송부할 문서의 사본을 직접 송부할 수 있다.

제4절 보칙

제33조(손해배상명령사건의 기록의 정본 등의 양식) 손해배상명령사건의 기록의 정본, 등본 또는 초본에는 정본, 등본 또는 초본임을 기재하고 재판소서기관이 기명날인하여야 한다.

제34조(민사소송규칙의 준용) 특별한 정함이 있는 경우를 제외하고 손해배상명령사건에 관한 절차에는 그 성질에 반하지 아니하는 한 민사소송규칙의 규정을 준용한다.

제35조(민사소송비용 등에 관한 규칙의 준용) 손해배상명령사건에 관한 절차에는 그 성질에 반하지 아니하는 한 민사소송비용 등에 관한 규칙(昭和 46년 최고재판소규칙 제5호)의 규정을 준용한다.

제7장 잡칙

제36조(형사소송규칙의 준용 등) ① 법 제3조 제1항 및 제4조 제1항의 규정에 따른 소송기록의 열람 또는 등사 및 법 제6장에 규정하는 민사상의 다툼에 대한 형사소

송절차에서의 화해에 관한 절차에는 형사소송규칙 제58조부터 제61조까지 및 제298조의 규정을 준용한다.

② 법 제3조 제1항 및 제4조 제1항 제4호에 규정하는 변호사 또는 법 제6장에 규정하는 민사상의 다툼에 대한 형사소송절차에서의 화해에 관한 절차의 소송대리인은 전항에서 준용하는 형사소송규칙 제60조의 규정에 불구하고 같은 규칙 제60조의2 제2항에 규정하는 서류를 작성하는 경우에는 서명날인에 갈음하여 기명날인할 수 있다.

③ 법 세3조 제1항에 규정하는 소송기록의 열람 또는 등사신청 및 법 제20조 제1항에 규정하는 화해기록의 열람 또는 등사, 그 정본, 등본이나 초본의 교부 또는 화해에 관한 사항의 증명서 교부청구에 관한 절차에는 형사소송규칙 제296조의 규정을 준용한다.

④ 법 제3조 제1항 및 제4조 제1항의 규정에 따라 변호인의 의견을 들은 경우에는 형사소송규칙 제25조(제2항 단서를 제외한다.)의 규정을 준용한다.

부 칙 〈생 략〉

범죄피해재산 등에 의한 피해회복급부금의 지급에 관한 법률

제정 平成 18년 법률 제87호
개정 平成 26년 6월 13일 법률 제70호

제1장 총칙

제1조(목적) 이 법률은 조직적인 범죄의 처벌 및 범죄수익의 규제 등에 관한 법률(平成 11년 법률 제136호. 이하 「조직적범죄처벌법」이라고 한다.) 제13조 제2항 각호에 열거하는 죄의 범죄행위(이하 「대상범죄행위」라고 한다.)로 재산상 피해를 받은 자에게 몰수된 범죄피해재산, 추징된 가액에 상당하는 재산 및 외국양도재산으로 피해회복급부금을 지급함에 따라 그 재산상 피해의 회복을 도모함을 목적으로 한다.

제2조(정의) 이 법률에서 다음 각호에 열거하는 용어의 정의는 각각 당해 각호에 정하는 바에 따른다.

1. 범죄피해재산: 조직적범죄처벌법 제13조 제2항에 규정하는 범죄피해재산을 말한다.

2. 피해회복급부금: 급부자금에서 지급되는 금전으로서 지급대상범죄행위로 잃게 된 재산의 가액을 기초로 하여 다음 장 제2절 또는 제3절의 규정에 따라 그 금액이 산출되는 것을 말한다.

3. 급부자금: 조직적범죄처벌법 제13조 제3항의 규정에 따라 몰수된 범죄피해재산의 환가 또는 추심에 의해 취득된 금전(당해 범죄피해재산이 금전인 때에는 그 금전), 조직적범죄처벌법 제16조 제2항의 규정에 따라 추징된 범죄피해재산의 가액에 상당하는 금전이나 제36조 제1항의 규정에 따른 외국양도재산의 환가 또는 추심에 의해 취득된 금전(당해 외국양도재산이 금전인 때에는 그 금전)으로서 검찰관이 보관하는 것을 말한다.

4. 지급대상범죄행위: 제5조 제1항 또는 제35조 제1항의 규정에 따라 그 범위가 정하여진 대상범죄행위를 말한다.

5. 외국범죄피해재산등: 외국의 법령에 따른 재판 또는 명령 기타 처분에 의해 몰수된 재산 또는 추징된 가액에 상당하는 금전(일본국 재판소에서 선고한 조직적범죄처벌법 제13조 제3항의 규정에 따른 범죄피해재산의 몰수의 확정재판의 집행으로서 몰수된 재산 및 조직적범죄처벌법 제16조 제2항의 규정에 따라 범죄피해재산의 가액의 추징의 확정재판의 집행으로서 추징된 가액에 상당하는 금전을 제외한다.)으로서 일본국의 법령에 따르면 대상범죄행위에 의한 피해를 받은 자로부터 취득한 재산이나 당해 재산의 보유 또는 처분에 기초하여 취득한 재산 또는 그 가액에 상당하는 금전에 해당하는 것을 말한다.

6. 외국양도재산: 외국범죄피해재산능이나 그 환가 또는 추심에 의해 취득된 금전으로서 외국으로부터 양도받은 것을 말한다.

7. 비용: 이 법률의 규정에 따른 공고 및 통지에 요하는 비용 기타 급부자금에서 지불할 것으로서 법무성령으로 정하는 비용을 말한다.

8. 비용등: 비용 및 제26조 제1항(제39조에서 준용하는 경우를 포함한다.)에 규정하는 피해회복사무관리인의 보수를 말한다.

제2장 피해회복급부금의 지급

제1절 통칙

제 3 조(피해회복급부금의 지급) ① 국가는 이 법률이 정하는 바에 따라 지급대상범죄행위로 해를 입은 자(법인이 아닌 단체로 대표자 또는 관리인의 정함이 있는 것을 포함한다.)로서 이에 의해 재산을 잃은 자에게 피해회복급부금을 지급한다.

② 국가는 전항에 규정하는 자(이하 「대상피해자」라고 한다.)에게 상속 기타 일반승계가 있었던 때에는 이 법률이 정하는 바에 따라 그 상속인 기타 일반승계인에게 피해회복급부금을 지급한다.

제 4 조(피해회복급부금을 지급받을 수 없는 자) 전조의 규정에 불구하고 다음 각호의 어느 하나에 해당하는 자는 피해회복급부금을 지급받을 수 없다.

1. 지급대상범죄행위로 잃었던 재산(당해 재산이 2인 이상의 자의 공유에 속하는 때에는 그 지분. 이하 이 조, 제9조 제1항 제2호와 제3호 및 제10조 제2항에서 같다.)의 가액에 상당하는 손해의 전부에 대하여 전보 또는 배상이 된 경우(당해 지급대상범죄행위로 당해 재산을 잃었던 대상피해자 또는 그 일반승계인 이외의 자에 의해 당해 전보 또는 배상이 된 경우에 한한다.)에 당해 지급대상범죄행위로 당해 재산을 잃었던 대상피해자 또는 그 일반승계인

2. 지급대상범죄행위를 실행한 자 또는 이에 공범으로서 가공한 자, 지급대상범죄

행위에 관련하여 부정한 이익을 취득한 자, 지급대상범죄행위로 재산을 잃었던 것에 대하여 자기에게 불법한 원인이 있는 자 기타 피해회복급부금을 지급받는 것이 사회통념상 적절하지 아니한 자 또는 대상피해자가 이들의 어느 하나에 해당하는 경우에 그 일반승계인

제2절 범죄피해재산지급절차

제1관 절차의 개시 등

제 5 조(지급대상범죄행위의 범위를 정하는 처분 등) ① 검찰관은 범죄피해재산의 몰수 또는 그 가액의 추징의 재판이 확정된 때에는 지급대상범죄행위의 범위를 정하여야 한다.

② 전항에 규정하는 지급대상범죄행위의 범위는 다음에 열거하는 대상범죄행위에 대하여 그 죄의 종류, 시기 및 태양, 이를 실행한 자, 범죄피해재산의 형성 경위 기타 사정을 고려하여 정한다.

1. 범죄피해재산의 몰수 또는 그 가액의 추징의 이유가 되는 사실에 관련된 대상범죄행위 및 이와 일련의 범행으로서 이뤄진 대상범죄행위

2. 범죄피해재산의 몰수 또는 그 가액의 추징의 이유가 되는 사실에 관련된 범죄행위가 대상범죄행위로 피해를 받은 자로부터 취득한 재산에 관하여 이뤄진 것인 경우에 당해 대상범죄행위 및 이와 일련의 범행으로서 이뤄진 대상범죄행위

③ 검찰관은 전2항의 규정에 따라 지급대상범죄행위의 범위를 2 이상으로 구분하여 정하는 때에는 그 범위마다 제1항에 규정하는 몰수의 재판으로 표시된 범죄피해재산(하나의 범죄피해재산이 다른 지급대상범죄행위의 범위에 속하는 대상범죄행위로 그 피해를 받은 자로부터 취득한 재산이나 당해 재산의 보유 또는 처분에 기초하여 취득한 재산으로부터 형성된 것으로서 액수나 수량으로 구분할 수 없는 것인 경우에는 당해 범죄피해재산의 환가 또는 추심으로 취득한 금전의 가액) 또는 같은 항에 규정하는 추징의 재판으로 표시된 범죄피해재산의 가액을 구분한다.

제 6 조(범죄피해재산지급절차의 개시) ① 검찰관은 전조 제1항에 규정하는 재판에서 표시된 범죄피해재산 또는 그 가액에 대하여 이를 급부자금으로 하여 보관하게 된 때에는 지체 없이 당해 급부자금에서 피해회복급부금을 지급하기 위한 절차(이하 「범죄피해재산지급절차」라고 한다.)를 개시하는 취지의 결정을 한다. 다만 그 시점에서 급부자금으로는 범죄피해재산지급절차에 요하는 비용등을 변제하기에 부족하다고 인정하는 때 기타 그 시점에서는 범죄피해재산지급절차를 개시함이 상당하지 아니하다고 인정하는 때에는 그러하지 아니하다.

② 검찰관은 외국으로부터 전조 제1항에 규정하는 재판의 집행으로서 몰수된 재산이나 그 환가 또는 추심에 의해 취득된 금전이나 당해 재판의 집행으로서 추징된 가액에 상당하는 금전을 양도받기 위해 특히 필요하다고 인정하는 때에는 전항 본문의 규정에 불구하고 이를 급부자금으로서 보관하기 전에 범죄피해재산지급절차를 개시하는 취지의 결정을 할 수 있다.

③ 전2항의 결정은 전조 제3항에 규정하는 경우에서는 지급대상범죄행위의 범위마다 하는 것으로 한다.

④ 검찰관은 확정된 2 이상의 범죄피해재산의 몰수 또는 그 가액의 추징의 재판에서 전조 제1항의 규정에 따라 정하여진 지급대상범죄행위의 범위가 동일한 때에는 이들 재판에서 표시된 범죄피해재산 또는 그 가액(이미 범죄피해재산지급절차가 개시되어 있는 것을 제외한다.)을 동일한 재판에서 표시한 범죄피해재산 또는 그 가액으로 보고 제1항 또는 제2항의 결정을 할 수 있다.

제 7 조(공고 등) ① 검찰관은 범죄피해재산지급절차를 개시하는 취지의 결정을 한 때에는 곧바로 다음에 열거하는 사항(전조 제2항의 규정에 따라 범죄피해재산지급절차를 개시한 경우에는 제4호에 열거하는 사항을 제외한다.)을 관보에 게재하여 공고하여야 한다.

1. 범죄피해재산지급절차를 개시한 취지
2. 범죄피해재산지급절차를 진행하는 검찰관이 소속된 검찰청
3. 지급대상범죄행위의 범위
4. 당해 결정시에서의 급부자금액
5. 지급신청기간
6. 기타 법무성령으로 정하는 사항

② 전항 제5호에 열거하는 지급신청기간은 같은 항의 규정에 따른 공고가 있던 날의 익일로부터 기산하여 30일 이상이어야 한다.

③ 검찰관은 대상피해자 또는 그 일반승계인으로 알려져 있는 자에게 제1항의 규정에 따라 공고할 사항을 통지하여야 한다. 다만 피해회복급부금을 지급받을 수 없는 자임이 명백한 자에게는 그러하지 아니다.

④ 전3항에 규정하는 것 외 제1항의 규정에 따른 공고 및 전항의 규정에 따른 통지에 관하여 필요한 사항은 법무성령으로 정한다.

제 8 조(범죄피해재산지급절차의 불개시) ① 검찰관은 범죄피해재산지급절차에 요하는 비용등을 지급할 만한 급부자금을 보관하게 될 가능성이 없다고 인정하는 때에는 범죄피해재산지급절차를 개시하지 아니하는 취지의 결정을 한다.

② 검찰관은 전항의 결정을 한 때에는 법무성령으로 정하는 바에 따라 그 취지를 공고하여야 한다.

제2관 지급의 신청 및 재정 등

제 9 조(지급의 신청) ① 피해회복급부금을 지급받으려는 자는 지급신청기간 내에 법무성령으로 정하는 바에 따라 다음에 열거하는 사항을 기재한 신청서에 제1호 및 제2호에 열기히는 사항을 소명할 민한 자료를 첨부하어 검찰관에게 신청하여야 한다.

1. 신청인이 대상피해자 또는 그 일반승계인인 것의 기초가 되는 사실

2. 지급대상범죄행위로 잃게 된 재산의 가액

3. 공제대상액[지급대상범죄행위로 잃게 된 재산의 가액에 상당하는 손해에 대하여 전보 또는 배상이 된 경우(당해 지급대상범죄행위로 당해 재산을 잃었던 대상피해자 또는 그 일반승계인 이외의 자에 의해 당해 전보 또는 배상이 된 경우에 한한다.)에 당해 전보액 및 배상액을 합산한 액수를 말한다. 이하 같다.]

4. 기타 법무성령으로 정하는 사항

② 전항의 규정에 따른 신청을 한 대상피해자에게 당해 신청에 대한 다음 조 또는 제11조의 규정에 따른 재정이 확정되기까지 일반승계가 있었던 때에는 당해 대상피해자의 일반승계인은 지급신청기간이 경과한 후에도 당해 일반승계가 있었던 날로부터 60일 이내에 한하여 피해회복급부금의 지급을 신청할 수 있다. 이 경우에 당해 일반승계인은 법무성령으로 정하는 바에 따라 같은 항에 규정하는 신청서에 같은 항 제1호 및 제2호에 열거하는 사항을 소명할 만한 자료를 첨부하여 검찰관에게 제출하여야 한다.

③ 전2항의 규정에 따른 신청 기타 이 법률에 기초한 절차를 대리인에 의해 진행하려는 자는 법정대리인에 의해 절차를 진행하려는 경우를 제외하고 변호사(법무법인을 포함한다.)를 대리인으로 하여야 한다.

제10조(재정) ① 검찰관은 전조 제1항의 규정에 따른 신청이 있었던 경우에 지급신청기간이 경과한 때(그 시점에서 제5조 제1항의 규정에 따른 지급대상범죄행위의 범위를 정하는 처분이 확정되어 있지 아니한 때에는 당해 처분이 확정된 때)에는 지체 없이 그 신청인이 피해회복급부금을 지급받을 수 있는 자에 해당하는지 재정을 하여야 한다. 전조 제2항의 규정에 따른 신청이 있는 경우에 당해 신청에 관련된 일반승계가 있었던 날로부터 60일이 경과한 때(그 시점에서 제5조 제1항의 규정에 따른 지급대상범죄행위의 범위를 정하는 처분이 확정되어 있지 아니한 때에는 당해 처분이 확정된 때)도 같다.

② 검찰관은 피해회복급부금을 지급받을 수 있는 자에 해당한다는 취지의 재정(이하 「자격재정」이라고 한다.)을 할 때에는 그 범죄피해액(지급대상범죄행위로 잃게 된 재산의 가액에서 공제대상액을 공제하여 검찰관이 정하는 액을 말한다. 이하 같다.)을 정하여야 한다.

이 경우에 자격재정을 받은 자로서 다음 각호에 열거하는 자에 해당하는 자가 2인 이상인 경우에 그 자에 관련된 범죄피해액은 당해 각호에 정하는 액수로 한다.

1. 동일한 지급대상범죄행위로 동일한 재산을 잃었던 대상피해자 또는 그 일반승계인: 당해 재산의 가액에서 공제대상액을 공제하여 검찰관이 정하는 액수를 당해 대상피해자 또는 그 일반승계인의 수(동일한 대상피해자의 일반승계인이 2인 이상인 때에는 이들을 1인으로 본다.)로 나누어 얻은 액수(동일한 대상피해자의 일반승계인이 2인 이상인 경우에 당해 일반승계인에 대하여는 이 액수를 당해 일반승계인의 수로 나누어 얻은 액수)

2. 전호에 열거하는 자 외 동일한 대상피해자의 일반승계인: 당해 대상피해자에 관련된 지급대상범죄행위로 잃게 된 재산의 가액에서 공제대상액을 공제하여 검찰관이 정하는 액수를 당해 일반승계인의 수로 나누어 얻은 액수

③ 전항 후단에 규정하는 경우에 당해 자격재정을 받은 자 중 각 사람이 지급을 받을 피해회복급부금액의 비율에 대한 합의를 한 자가 있는 때에는 같은 항 후단의 규정에 불구하고 당해 합의를 한 자에 관련된 범죄피해액은 같은 항 후단의 규정에 따라 산출된 액수 중 이들에 관련된 것을 합산한 액수에 당해 합의에서 정하여진 각인별로 지급받아야 할 피해회복급부금액의 비율을 곱하여 얻은 액수로 한다.

제11조 ① 검찰관은 피해회복급부금의 지급신청이 지급신청기간(제9조 제2항의 규정에 따른 신청에서는 일반승계가 있었던 날로부터 60일)이 경과한 후에 된 것인 때, 기타 부적법하여 보정할 수 없는 것인 때에는 그 신청을 각하하는 취지의 재정을 하여야 한다.

② 검찰관은 신청인이 제28조 제1항의 규정에 따른 보고, 문서 기타 물건의 제출 또는 출석을 명령받은 경우에 정당한 이유 없이 이에 응하지 아니하는 때에는 그 신청을 각하하는 취지의 재정을 할 수 있다.

제12조(재정의 방식 등) ① 전2조의 규정에 따른 재정은 서면으로 하고 이유를 붙여 당해 재정을 한 검찰관이 기명날인하여야 한다.

② 검찰관은 재정서의 등본을 신청인에게 송달하여야 한다.

③ 전항의 규정에 불구하고 송달을 받을 자의 소재를 알 수 없는 때 기타 재정서의 등본을 송달할 수 없는 때에는 검찰관이 재정서의 등본을 보관하고 언제라도 그 송달을 받을 자에게 교부하여야 한다는 취지를 당해 검찰관이 소속된 검찰청의 게시장에 게시하는 것으로 같은 항의 규정에 따른 송달에 갈음할 수 있다. 이 경우에는 게시한 날로부터 2주를 경과한 때에 같은 항의 규정에 따른 송달이 있는 것으로 본다.

제13조(재정표의 작성 등) 검찰관은 제10조 또는 제11조의 규정에 따른 재정을 한 때에는 다음에 열거하는 사항을 기재한 재정표를 작성하여 신청인의 열람에 제공하기 위해 이를 당해 검찰관이 소속된 검찰청에 비치하여야 한다.

1. 자격재정을 받은 자의 이름 또는 명칭 및 당해 자격재정에서 정하여진 범죄피해액(자격재정을 받은 자가 없는 때에는 그 취지)

2. 기타 법무성령으로 정하는 사항

제3관 지급의 실시 등

제14조(지급의 실시 등) ① 검찰관은 모든 신청에 대하여 제10조 또는 제11조의 규정에 따른 재정, 제26조 제1항의 규정에 따른 피해회복사무관리인의 보수의 결정 및 범죄피해재산지급절차에 요하는 비용액이 확정된 때(제6조 제2항의 규정에 따라 범죄피해재산지급절차를 개시한 경우에 당해 확정 시점에서 같은 조 제1항에 규정하는 범죄피해재산 또는 그 가액에 대하여 이를 급부자금으로 하여 보관하게 되지 않은 때에는 당해 급부자금을 보관하게 된 때)에는 지체 없이 자격재정을 받은 자에게 피해회복급부금을 지급하여야 한다.

② 전항의 규정에 따라 지급하는 피해회복급부금액은 자격재정에 따라 정한 범죄피해액의 총액(이하 이 항 및 제16조 제2항에서 「총 범죄피해액」라고 한다.)이 급부자금액에서 범죄피해재산지급절차에 요하는 비용등의 액수를 공제한 액수를 초과하는 때에는 이 액수에 당해 자격재정을 받은 자에 관련된 범죄피해액의 총 범죄피해액에 대한 비율을 곱하여 얻은 액수(그 액수에 1엔 미만의 단수가 있는 때에는 이를 버린 액수)로 하고 그 외의 때에는 당해 범죄피해액으로 한다.

③ 검찰관은 제1항의 규정에 따라 지급하는 피해회복급부금액을 재정표에 기재하고 법무성령으로 정하는 바에 따라 그 취지를 공고하여야 한다.

④ 검찰관은 제1항의 규정에 불구하고 피해회복급부금을 지급받을 수 있는 자의 소재가 알려져 있지 아니한 것 기타 사정으로 당해 피해회복급부금을 지급할 수 없는 때에는 제31조 제1항에 규정하는 기간이 경과할 때까지 당해 피해회복급부금에 상당하는 금전을 보관한다. 이 경우에 당해 보관에 관련된 금전은 제26조 제1항 및 제34조의 규정을 적용할 때에는 급부자금에 포함하지 아니한다.

제15조(재정 등 확정 전의 지급) ① 검찰관은 전조 제1항에 규정하는 재정, 보수의 결정 또는 비용액의 일부가 확정되지 아니한 경우에도 자격재정을 받은 자(당해 자격재정이 확정되어 있는 자에 한한다.)에게 피해회복급부금을 지급받을 수 있다고 예상되는 자의 이익을 해치지 아니함이 명백하다고 인정되는 액수의 범위 내에서 상당하다고 인정하는 액수의 피해회복급부금을 지급할 수 있다.

② 검찰관은 전항의 규정에 따라 피해회복급부금을 지급한 경우에 전조 제1항에 규정하는 재정, 보수의 결정 및 비용의 액수 전부가 확정된 때에는 지체 없이 자격재정을 받은 자에게 같은 조 제2항의 규정에 따라 산출된 지급할 피해회복급부금

액에서 전항의 규정에 따라 지급된 피해회복급부금액을 공제한 액수의 피해회복급부금을 지급하여야 한다.

③ 전조 제3항 및 제4항의 규정은 전항의 규정에 따라 지급하는 피해회복급부금에 준용한다. 이 경우에 같은 조 제3항 중 「액수」는 「액수(다음 조 제1항의 규정에 따라 지급된 피해회복급부금액을 포함한다.)」로 바꿔 읽는 것으로 한다.

제16조(추가지급) ① 검찰관은 범죄피해재산지급절차에서 제14조 제1항에 규정하는 재정, 보수의 결정 및 비용액이 확정되고 자격재정을 받은 모든 자에게 피해회복급부금의 지급등[같은 항, 전조 제1항이나 제2항 또는 이 항의 규정에 따른 피해회복급부금의 지급 또는 제14조 제4항 전단(전조 제3항 및 이 조 제3항에서 준용하는 경우를 포함한다. 이하 이 항에서 같다.)의 규정에 따른 피해회복급부금에 상당하는 금전의 보관을 말한다. 제18조 및 제21조 제1항 제1호부터 제3호까지에서 같다.]을 한 후에 당해 범죄피해재산지급절차에 관련된 급부자금을 새로 보관하게 된 경우(당해 범죄피해재산지급절차의 종료 후에 이를 보관하게 된 경우를 포함한다.)에 이미 지급한 피해회복급부금(제14조 제4항 전단의 규정에 따라 피해회복급부금에 상당하는 금전이 보관된 경우에는 당해 금전을 포함한다. 다음 항에서 「기지급피해회복급부금」라고 한다.)액이 범죄피해액에 미달하는 때에는 당해 자격재정을 받은 자에게 당해 새로 보관하게 된 급부자금에서 피해회복급부금을 지급하여야 한다. 다만 그 시점에서 급부자금으로 그 지급에 요하는 비용등을 변제하기에 부족하다고 인정하는 때 기타 그 시점에서는 피해회복급부금을 지급함이 상당하지 아니하다고 인정하는 때에는 그러하지 아니하다.

② 전항의 규정에 따라 지급하는 피해회복급부금액은 총 범죄피해잔액(총 범죄피해액에서 기지급피해회복급부금액의 총액을 공제한 액수를 말한다. 이하 이 항에서 같다.)이 전항에 규정하는 급부자금액에서 비용등의 액수(기지급피해회복급부금의 산출에서 공제한 비용등의 액수를 제외한다.)를 공제한 액수를 초과하는 때에는 이 액수에 자격재정을 받은 자에 관련된 범죄피해잔액(범죄피해액에서 기지급피해회복급부금액을 공제한 액수를 말한다. 이하 이 항에서 같다.)의 총 범죄피해잔액에 대한 비율을 곱하여 얻은 액수(그 액에 1엔 미만의 단수가 있는 때에는 이를 버린 액수)로 하고 그 외의 경우에는 범죄피해잔액으로 한다.

③ 제14조 제3항 및 제4항의 규정은 제1항의 규정에 따라 지급하는 피해회복급부금에 준용한다.

제17조(자격재정 확정 후의 일반승계인에 대한 피해회복급부금의 지급) ① 검찰관은 자격재정이 확정된 자에게 일반승계가 있는 경우에 그 자에게 지급할 피해회복급부금으로 아직 지급하지 아니한 것이 있는 때에는 그 자의 일반승계인으로서 당해 일반승계가 있었던 날로부터 60일 이내에 신고를 한 자에게 미지급 피해회복급부

금을 지급하여야 한다. 이 경우에 당해 일반승계인은 법무성령으로 정하는 바에 따라 신고서를 검찰관에게 제출하여야 한다.

② 전항의 규정에 따라 신고를 한 일반승계인이 2인 이상인 경우에 당해 일반승계인에게 지급하는 피해회복급부금액은 같은 항에 규정하는 미지급 피해회복급부금액을 당해 일반승계인의 수로 나눠 읽은 액(그 액에 1엔 미만의 단수가 있는 때에는 이를 버린 액)으로 한다. 다만 당해 일반승계인 중에 각 사람이 지급받을 피해회복급부금액의 비율에 대한 합의를 한 자가 있는 때에는 당해 합의를 한 자에게 지급하는 피해회복급부금액은 이 항 본문의 규정에 따라 산출된 액수 중 이들에 관련된 것을 합산한 액수에 당해 합의에서 정하여진 각 사람이 지급받을 피해회복급부금액의 비율을 곱하여 얻은 액수(그 액에 1엔 미만의 단수가 있는 때에는 이를 버린 액)로 한다.

제4관 특별지급절차

제18조(특별지급절차) ① 검찰관은 전3관의 규정에 따른 절차에서 다음 각호의 어느 하나에 해당하는 때에는 지체 없이 당해 절차에서의 지급신청기간(제9조 제2항의 규정에 따른 신청에서는 일반승계가 있는 날로부터 60일) 내에 피해회복급부금의 지급의 신청을 하지 않았던 자 또는 전조 제1항에 규정하는 일반승계인으로 같은 항의 신고를 하지 않은 자에게 잔여급부자금(피해회복급부금의 지급등에 관련된 절차가 종료한 후의 잔여 급부자금을 말한다. 이하 같다.)에서 피해회복급부금을 지급하기 위한 절차(이하 「특별지급절차」라고 한다.)를 개시하는 취지의 결정을 한다. 다만 그 시점에서 예상되는 잔여급부자금을 가지고는 특별지급절차에 요하는 비용등을 변제하기에 부족하다고 인정하는 때 기타 그 시점에서는 특별지급절차를 개시함이 상당하지 아니하다고 인정하는 때에는 그러하지 아니하다.

1. 제9조 제1항의 규정에 따른 신청이 없는 때
2. 제14조 제1항에 규정하는 재정, 보수의 결정 및 비용액이 확정된 경우에 다음의 ィ 또는 ㅁ의 어느 하나에 해당하는 것
ィ 제10조의 규정에 따른 자격재정을 받은 자가 없는 때
ㅁ 제10조의 규정에 따른 자격재정을 받은 모든 자에게 피해회복급부금의 지급등을 하여도 아직 급부자금에 잔여가 발생하는 것이 명백하다고 인정하는 때

제19조(공고 등) ① 검찰관은 특별지급절차를 개시하는 취지의 결정을 한 때에는 곧바로 법무성령으로 정하는 바에 따라 전3관의 규정에 따른 절차에서 공고한 제7조 제1항 제2호 및 제3호에 열거하는 사항 외 다음에 열거하는 사항을 관보에 공고하여야 한다.

1. 특별지급절차를 개시한 취지

2. 잔여급부자금액(당해 결정시에 그 액수가 확정되지 아니한 때에는 잔여급부자금으로 예상되는 액)

3. 특별지급신청기간(특별지급절차에 관련된 지급신청기간을 말한다. 이하 같다.)

4. 기타 법무성령으로 정하는 사항

② 전항 제3호에 열거하는 특별지급신청기간은 같은 항의 규정에 따른 공고가 있던 날의 익일로부터 기산하여 30일 이상이어야 한다.

③ 검찰관은 대상피해자 또는 그 일반승계인으로 알려져 있는 자에게 제1항의 규정에 따라 공고할 사항을 통지하여야 한다. 다만 피해회복급부금을 지급받을 수 없는 자임이 명백한 자 및 이미 제7조 제3항 본문의 규정에 따라 통지를 받은 자에게는 그러하지 아니하다.

④ 전3항에 규정하는 것 외 제1항의 규정에 따른 공고 및 전항의 규정에 따른 통지에 관하여 필요한 사항은 법무성령으로 정한다.

제20조(준용) 전2관의 규정은 특별지급절차에 준용한다. 이 경우 제9조 제1항 및 제2항, 제10조 제1항 및 제11조 제1항 중 「지급신청기간」은 「특별지급신청기간」으로, 제10조 제1항 중 「경과한 때(그 시점에서 제5조 제1항의 규정에 따른 지급대상범죄행위의 범위를 정하는 처분이 확정되지 아니한 때에는 당해 처분이 확정된 때)」는 「경과한 때」로, 제14조 제2항 및 제4항 중 「급부자금」은 「잔여급부자금」으로 바꿔 읽는 것으로 한다.

제5관 절차의 종료

제21조 ① 검찰관은 다음 각호의 어느 하나에 해당하는 때에는 범죄피해재산지급절차를 종료하는 취지의 결정을 한다.

1. 다음의 イ 또는 ロ에 열거하는 규정에 따라 범죄피해재산지급절차를 개시한 경우에 피해회복급부금의 지급등을 하기 전에 당해 イ 또는 ロ에 정하는 사유에 해당하는 때

イ 제6조 제1항: 급부자금으로 범죄피해재산지급절차에 요하는 비용등을 변제하기에 부족하다고 인정하는 경우에 새로 급부자금을 보관하게 될 가능성이 없는 때

ロ 제6조 제2항: 범죄피해재산지급절차에 요하는 비용등을 변제할 만한 급부자금을 보관하게 될 가능성이 없게 되었다고 인정하는 때

2. 피해회복급부금의 지급등을 하여 급부자금에 잔여가 생기지 않았던 경우에 새로 급부자금을 보관하게 될 가능성이 없는 때

3. 피해회복급부금의 지급등을 하여 잔여급부자금이 발생한 경우에 당해 잔여급부자금으로 특별지급절차에 요하는 비용등을 변제하기에 부족하다고 인정하는 때 기타 특별지급절차를 개시함이 상당하지 아니하다고 인정하는 때

4. 특별지급절차를 개시한 경우에 전조에서 준용하는 제9조 제1항의 규정에 의한

신청이 없는 때

5. 특별지급절차에서 모든 신청에 대하여 전조에서 준용하는 제10조 또는 제11조의 규정에 따른 재정, 당해 절차에 관련된 제26조 제1항의 규정에 따른 피해회복사무관리인의 보수의 결정 및 당해 절차에 요하는 비용액이 확정된 경우에 다음 イ부터 ハ까지의 어느 하나에 해당하는 때

イ 전조에서 준용하는 제10조의 규정에 따른 자격재정을 받은 자가 없는 때

ロ 전조에서 준용하는 제10조의 규정에 따른 자격재정을 받은 모든 자에게 피해회복급부금의 특별지급등[전조에서 준용하는 제14조 제1항, 제15조 제1항이나 제2항 또는 제16조 제1항의 규정에 따른 피해회복급부금의 지급 또는 전조에서 준용하는 제14조 제4항 전단(제15조 제3항 및 제16조 제3항에서 준용하는 경우를 포함한다.)의 규정에 따른 피해회복급부금에 상당하는 금전의 보관을 말한다. 이하 이 호에서 같다.] 을 한 때(당해 피해회복급부금의 특별지급등에 관련된 액이 범죄피해액에 달한 경우에 한한다.)

ハ ロ에 열거하는 경우를 제외하고 전조에서 준용하는 제10조의 규정에 따른 자격재정을 받은 모든 자에게 피해회복급부금의 특별지급등을 한 경우에 새로 급부자금을 보관하게 될 가능성이 없는 때

6. 전 각호에 열거하는 경우를 제외하고 급부자금으로 범죄피해재산지급절차에 요하는 비용등을 변제하기에 부족하다고 인정하는 경우에 새로 급부자금을 보관하게 될 가능성이 없는 때

② 검찰관은 전항의 규정에 따라 범죄피해재산지급절차를 종료하는 취지의 결정을 한 때에는 법무성령으로 정하는 바에 따라 그 취지를 공고하여야 한다.

제6관 피해회복사무관리인

제22조(피해회복사무관리인의 선임 등) ① 검찰관은 변호사(법무법인을 포함한다.) 중에서 1인 또는 여럿의 피해회복사무관리인을 선임하여 다음에 열거하는 사무의 전부 또는 일부를 수행하게 할 수 있다.

1. 제7조 제3항 또는 제19조 제3항의 규정에 따른 통지에 관한 사무

2. 제10조 또는 제11조(이들 규정을 제20조에서 준용하는 경우를 포함한다.)의 규정에 따른 재정을 위한 심사에 관한 사무

3. 제13조(제20조에서 준용하는 경우를 포함한다.)의 규정에 따른 재정표의 작성 또는 제14조 제3항[제15조 제3항과 제16조 제3항(이들 규정을 제20조에서 준용하는 경우를 포함한다.) 및 제20조에서 준용하는 경우를 포함한다.]이나 제26조 제3항의 규정에 따른 재정표에의 기재에 관한 사무

4. 기타 법무성령으로 정하는 사무(제40조 제1항 각호에 열거하는 처분, 결정 및 재정을 제

외한다.)

② 검찰관은 피해회복사무관리인을 선임한 때에는 법무성령으로 정하는 바에 따라 그 이름 또는 명칭, 피해회복사무(전항의 규정에 따라 피해회복사무관리인에게 수행하게 한 것으로 한 사무를 말한다. 이하 같다.)의 범위 기타 법무성령으로 정하는 사항을 공고하여야 한다.

제23조(피해회복사무관리인의 의무 등) ① 피해회복사무관리인은 공평하고 성실하게 피해회복사무를 수행하여야 한다.

② 검찰관은 피해회복사무의 적정하고 확실한 실시를 확보하기 위해 필요하다고 인정하는 때에는 피해회복사무관리인에게 그 사무에 관한 보고를 하게 할 수 있다.

③ 검찰관은 피해회복사무의 처리가 법령의 규정에 위반하고 있다고 인정하는 때 또는 적정을 결여하고 있다고 인정하는 때에는 피해회복사무관리인에게 그 사무처리에 대한 위반의 시정 또는 개선을 위해 필요한 조치를 강구할 것을 지시할 수 있다.

④ 검찰관은 피해회복사무관리인이 전항의 조치를 강구하지 아니한 때 기타 중요한 사유가 있는 때에는 피해회복사무관리인을 해임할 수 있다.

⑤ 제3항의 규정에 따른 지시에는 행정절차법(平成 5년 법률 제88호) 제36조의3[165]의 규정은 적용하지 아니한다.

제24조(소송기록의 사용 등) ① 검찰관은 피해회복사무를 수행하기 위해 필요하다고 인정하는 때에는 피해회복사무관리인에게 지급대상범죄행위에 관련된 피고사건의 종결 후의 소송기록을 사용하게 한다.

② 검찰관은 피해회복사무를 수행하기 위해 필요하다고 인정하는 경우로서 상당하다고 인정하는 때에는 피해회복사무관리인에게 지급대상범죄행위에 관련된 소송에 관한 기록(전항의 소송기록을 제외한다.)을 사용하게 할 수 있다.

제25조(사무의 결과 보고) 제22조 제1항 제2호에 열거하는 사무를 수행하는 피해회복사무관리인은 당해 사무를 종료한 때에는 지체 없이 검찰관에게 서면으로 그 결과를 보고하여야 한다.

제26조(피해회복사무관리인의 보수 등) ① 피해회복사무관리인은 급부자금에서 비용의 사전지급 및 검찰관이 정하는 보수를 받을 수 있다.

② 제12조 제1항 및 제2항의 규정은 전항의 규정에 따른 보수의 결정에 준용한다. 이 경우에 같은 조 제2항 중 「재정서」는 「보수결정서」로, 「신청인」은 「피해회복사무관리인」으로 바꿔 읽는 것으로 한다.

③ 검찰관은 제1항의 규정에 따른 보수의 결정을 한 때에는 그 보수액을 재정표에

---

165) 일본국 행정절차법 제36조의3은 법령에 위반한 사실이 있는 경우 그 시정을 위한 처분 또는 행정지도를 해야 하는데도 하지 않고 있다고 사료하는 때에는 권한이 있는 행정청이나 행정기관에 처분 또는 행정지도를 요구할 수 있도록 하고 있다.

기재하여야 한다.

제27조(피해회복사무관리인의 비밀보호 유지의무 등) ① 피해회복사무관리인(법무법인인 경우에는 그 사원 또는 사용인인 변호사로서 피해회복사무를 수행하는 자. 이하 이 조에서 같다.) 또는 피해회복사무관리인이었던 자는 피해회복사무에 관하여 지득한 비밀을 누설하여서는 아니 된다.

② 피해회복사무관리인은 형법(明治 40년 법률 제45호) 기타 벌칙의 적용에서는 법령에 따라 공무에 종사하는 직원으로 본다.

제7관 잡칙

제28조(조사) ① 검찰관은 범죄피해재산지급절차에서의 사무를 수행하기 위해 필요하다고 인정하는 때에는 신청인 기타 관계인에게 보고, 문서 기타 물건의 제출 또는 출석을 명하거나 공무소 또는 공사의 단체에 조회하여 필요한 사항의 보고를 요구할 수 있다.

② 피해회복사무관리인은 피해회복사무를 수행하기 위해 필요하다고 인정하는 때에는 신청인 기타 관계인에게 보고, 문서 기타 물건의 제출 또는 출석을 요구하거나 공무소 또는 공사의 단체에 조회하여 필요한 사항의 보고를 요구할 수 있다.

제29조(손해배상청구권 등과의 관계) 피해회복급부금을 지급한 때에는 그 지급받은 자가 보유하는 지급대상범죄행위에 관련된 손해배상청구권 기타의 청구권은 그 지급받은 액의 한도에서 소멸한다.

제30조(부당이득의 징수 등) ① 범죄피해재산지급절차에서 거짓 기타 부정한 수단으로 피해회복급부금을 지급받은 자가 있는 때에는 검찰관은 국세 체납처분의 예에 따라 그 자로부터 지급받은 피해회복급부금액에 상당하는 금액의 전부 또는 일부를 징수할 수 있다.

② 전항의 규정에 따른 징수금의 선취특권의 순위는 국세 및 지방세 다음으로 한다.

③ 제1항의 규정에 따라 징수한 금전은 당해 범죄피해재산지급절차에서 제3관 및 제4관의 규정에 따라 피해회복급부금을 지급할 때에는 그 징수시에 새로 보관하게 된 급부자금으로 본다.

제31조(권리의 소멸 등) ① 범죄피해재산지급절차에서 피해회복급부금을 지급받는 권리는 제14조 제3항[제15조 제3항 및 제16조 제3항(이들 규정을 제20조에서 준용하는 경우를 포함한다.) 및 제20조에서 준용하는 경우를 포함한다.]의 규정에 따른 공고가 있는 때로부터 6개월간 행사하지 아니한 때에는 소멸한다.

② 전항의 규정에 따라 소멸한 권리에 관련된 보관금{제14조 제4항 전단[제15조 제3항 및 제16조 제3항(이들 규정을 제20조에서 준용하는 경우를 포함한다.) 및 제20조에

서 준용하는 경우를 포함한다.]의 규정에 따라 보관하고 있는 금전을 말한다.}은 당해 범죄피해재산지급절차에서 제3관 및 제4관의 규정에 따라 피해회복급부금을 지급할 때에는 그 소멸한 때에 새로 보관하기에 이른 급부자금으로 본다.

제32조(피해회복급부금을 지급받을 권리의 보호) 피해회복급부금을 지급받을 권리는 양도, 담보로 제공하거나 압류할 수 없다. 다만 국세 체납처분(그 예에 따른 처분을 포함한다.)에 따라 압류한 경우는 그러하지 아니하다.

제33조(호적사항의 무료증명) 시정촌장[특별구의 구장을 포함하고, 지방자치법(昭和 22년 법률 제67호) 제252조의19 제1항의 지정도시에서는 구장 또는 총합구장으로 한 다.]은 검찰관 또는 피해회복사무관리인이나 피해회복급부금을 지급받으려는 자에 게 당해 시(특별구를 포함한다.)정촌의 조례로 정하는 바에 따라 대상피해자나 그 일 반승계인 또는 자격재정이 확정된 자의 일반승계인의 호적에 관하여 무료로 증명 할 수 있다.

제34조(일반회계로의 이월) ① 검찰관은 제8조 제1항 또는 제21조 제1항의 결정이 확 정된 경우에 그 확정시에 급부자금을 보관하고 있는 때에는 이를 일반회계의 산입 으로 이월한다.

② 범죄피해재산지급절차가 종료한 후에 제16조 제1항(제20조에서 준용하는 경우를 포 함한다.)의 규정에 따라 피해회복급부금을 지급한 경우에 그 지급이 종료한 때에 급 부자금을 보관하고 있는 때에도 전항과 같다.

제3절 외국양도재산지급절차

제35조(지급대상범죄행위의 범위를 정하는 처분 등) ① 검찰관은 외국양도재산에 의 해 피해회복급부금을 지급하려는 때에는 지급대상범죄행위의 범위를 정하여야 한다.

② 전항에 규정하는 지급대상범죄행위의 범위는 같은 항의 외국양도재산에 관련된 제2조 제5호의 대상범죄행위 및 이와 일련의 범행으로서 이뤄진 대상범죄행위에 대하여 그 죄의 종류, 시기 및 태양, 이를 실행한 자, 외국범죄피해재산등의 형성의 경위 기타 사정을 고려하여 정한다.

③ 검찰관은 전2항의 규정에 따라 지급대상범죄행위의 범위를 2 이상으로 구분하여 정한 때에는 그 범위마다 제1항의 외국양도재산(하나의 외국양도재산이 다른 지급대상범죄 행위의 범위에 속하는 대상범죄행위로 그 피해를 받은 자로부터 취득한 재산 또는 당해 재산의 보 유나 처분에 기초하여 취득한 재산으로부터 형성된 것으로서 액수나 수량에 의해 구분할 수 없는 것인 경우에는 당해 외국양도재산의 환가 또는 추심에 의해 취득한 금전의 가액)을 구분한다.

제36조(외국양도재산의 처분) ① 검찰관은 외국양도재산이 금전 이외의 재산인 때에 는 환가 또는 추심을 하여야 한다.

② 전항의 규정에 불구하고 외국양도재산의 가액이 현저하게 낮은 경우에 당해외국양도재산의 매각에 대한 매수인이 없는 때 또는 매각하여도 매수인이 없을 것임이 명백한 때에는 이를 폐기할 수 있다.

제37조(외국양도재산지급절차의 개시) ① 검찰관은 제35조 제1항의 규정에 따라 지급대상범죄행위의 범위를 정한 경우에 같은 항의 외국양도재산에 대하여 이를 급부자금으로 하여 보관하게 된 때에는 지체 없이 당해급부자금에서 피해회복급부금을 지급하기 위한 절차(이하 「외국양도재산지급절차」라고 한다.)를 개시하는 취지의 결정을 한다. 다만 그 시점에서 급부자금으로는 외국양도재산지급절차에 요하는 비용등을 변제하기에 부족하다고 인정하는 때 기타 그 시점에서는 외국양도재산지급절차를 개시함이 상당하지 아니하다고 인정하는 때에는 그러하지 아니하다.

② 검찰관은 외국으로부터 외국범죄피해재산등 또는 그 환가나 추심으로 취득한 금전의 양도를 받기 위해 특히 필요하다고 인정하는 때에는 전항 본문의 규정에 불구하고 이를 급부자금으로 하여 보관하기 전에 외국양도재산지급절차를 개시하는 취지의 결정을 할 수 있다.

③ 전2항의 결정은 제35조 제3항에서 규정하는 경우에는 지급대상범죄행위의 범위마다 한다.

④ 검찰관은 2 이상의 외국양도재산에 대하여 제35조 제1항의 규정에 따라 정하여진 지급대상범죄행위의 범위가 동일한 때에는 이들 외국양도재산(이미 외국양도재산지급절차가 개시되어 있는 것을 제외한다.)을 동일한 외국양도재산으로 보고 제1항 또는 제2항의 결정을 할 수 있다.

⑤ 검찰관은 외국양도재산에 대하여 제35조 제1항의 규정에 따라 정하여진 지급대상범죄행위의 범위와 범죄피해재산의 몰수 또는 그 가액의 추징의 재판에 대하여 제5조 제1항의 규정에 따라 정하여진 지급대상범죄행위의 범위가 동일한 때에는 이들 외국양도재산(이미 외국양도재산지급절차가 개시되어 있는 것을 제외한다.) 및 범죄피해재산 또는 그 가액(이미 범죄피해재산지급절차가 개시되어 있는 것을 제외한다.)을 동일한 외국양도재산으로 보고 제1항 또는 제2항의 결정을 할 수 있다.

제38조(외국양도재산지급절차의 불개시) ① 검찰관은 외국양도재산지급절차에 요하는 비용등을 변제하기에 충분한 급부자금을 보관하게 될 가능성이 없다고 인정하는 때에는 외국양도재산지급절차를 개시하지 아니하는 취지의 결정을 한다.

② 검찰관은 전항의 결정을 한 때에는 법무성령으로 정하는 바에 따라 그 취지를 공고하여야 한다.

제39조(준용) 전절(제5조, 제6조 및 제8조를 제외한다.)의 규정은 외국양도재산지급절차에 준용한다. 이 경우 제7조 제1항 중 「전조 제2항」은 「제37조 제2항」으로, 제10조 제1

항 및 제20조 중「제5조 제1항」은「제35조 제1항」으로, 제14조 제1항 및 제21조 제1항 제1호 ㅁ 중「제6조 제2항」은「제37조 제2항」으로, 제14조 제1항 중「범죄피해재산 또는 그 가액」은「외국양도재산」으로, 제21조 제1항 제1호 ㅅ 중「제6조 제1항」은「제37조 제1항」으로, 제24조 제2항 중「제외한다.)」는「제외한다.) 및 외국양도재산에 관련된 외국의 법령에 따른 재판 또는 명령 기타의 처분에 관한 기록」으로, 제34조 제1항 중「제8조 제1항」은「제38조 제1항」으로 바꿔 읽는 것으로 한다.

제3장 불복신청 등

제40조(검찰청의 장에 대한 심사신청) ① 다음 각호에 열거하는 처분, 결정, 재정 기타 행위(이하「처분등」이라고 한다.)에 불복이 있는 자는 각각 당해 각호에 정하는 날로부터 기산하여 30일 이내에 당해 처분등을 한 검찰관이 소속된 검찰청의 장에 대하여 심사신청을 할 수 있다.

1. 제5조 제1항 또는 제35조 제1항의 규정에 따른 지급대상범죄행위의 범위를 정하는 처분: 당해 처분의 공고가 있었던 날의 익일

2. 제8조 제1항, 제21조 제1항(전조에서 준용하는 경우를 포함한다.) 또는 제38조 제1항의 결정: 당해 결정의 공고가 있었던 날의 익일

3. 제10조 또는 제11조[이들 규정을 제20조(전조에서 준용하는 경우를 포함한다.) 및 전조에서 준용하는 경우를 포함한다.]의 규정에 따른 재정: 재정서의 등본의 송달이 있었던 날의 익일

4. 제26조 제1항(전조에서 준용하는 경우를 포함한다.)의 규정에 따른 피해회복사무관리인의 보수의 결정: 보수결정서의 등본의 송달이 있었던 날의 익일

5. 전 각호에 열거하는 것 외 이 법률에 기초한 절차에 관련된 검찰관의 행위로 법무성령으로 정하는 것: 법무성령으로 정하는 날

② 전항의 규정에 불구하고 정당한 이유가 있는 때에는 그 기간을 경과한 후에도 심사신청을 할 수 있다.

제40조의2(위와 같음) 이 법률 또는 이 법률에 기초한 법무성령의 규정에 따라 검찰관에게 처분등에 대한 신청을 한 자는 당해 신청으로부터 상당기간이 경과하였음에도 불구하고 검찰관의 부작위(이 법률 또는 이 법률에 기초한 법무성령의 규정에 따른 신청에 대하여 어떠한 처분등도 하지 아니하는 것을 말한다. 이하 같다.)가 있는 경우에는 당해 부작위에 관련된 검찰관이 소속된 검찰청의 장에게 당해 부작위에 대한 심사신청을 할 수 있다.

제40조의3(심사신청서의 제출) ① 전2조의 규정에 따른 심사신청은 법무성령으로 정

하는 바에 따른 심사신청서를 제출하여 하여야 한다.

② 제40조 제1항 각호에 열거하는 처분등에 대한 심사신청서에는 다음에 열거하는 사항을 기재하여야 한다.

1. 심사신청에 관련된 처분등의 내용

2. 심사신청의 취지 및 이유

3. 기타 법무성령으로 정하는 사항

③ 전조에 규정하는 부작위에 대한 심사신청서에는 다음에 열거하는 사항을 기재하여야 한다.

1. 당해 부작위에 관련된 처분등에 대한 신청의 내용 및 연월일

2. 기타 법무성령으로 정하는 사항

제40조의4(심리의 방식) 심사의 신청의 심리는 서면으로 한다.

제41조(다른 신청인에의 통지 등) 검찰청의 장은 제40조 제1항 제3호에 열거하는 재정에 대한 심사신청이 다른 신청인에 대한 재정에 대하여 이뤄진 것인 때에는 당해 다른 신청인에게 그 취지를 통지하고 의견을 기재한 서면을 제출할 기회를 부여하여야 한다.

제42조(재결) ① 검찰청의 장은 제40조 제1항의 규정에 따른 심사신청에 대하여는 다음 각호에 열거하는 구분에 따라 당해 각호에 정하는 재결을 하여야 한다.

1. 당해 심사신청이 제40조 제1항에 규정하는 기간이 경과한 후에 된 것인 경우 기타 부적법한 경우: 당해 심사신청을 각하하는 재결

2. 당해 심사신청이 이유 없는 경우: 당해 심사신청을 기각하는 재결

3. 당해 심사신청에 관련된 처분등이 사실상의 행위 이외의 것인 경우에 그 신청이 이유 있는 때: 당해 심사신청에 관련된 제40조 제1항 각호에 열거하는 처분등을 취소하거나 변경하는 재결

4. 전호의 규정에 따라 검찰청의 장 이외의 검찰관이 한 이 법률 또는 이 법률에 기초한 법무성령의 규정에 따른 신청을 각하하거나 기각하는 처분등을 취소하는 경우에 당해 신청에 대하여 일정한 처분등을 하여야 할 것으로 인정하는 때: 당해 처분등에 관련된 검찰관에게 당해 처분등을 하여야 하는 취지를 명하는 재결

5. 제3호의 규정에 따라 검찰청의 장이 한 이 법률 또는 이 법률에 기초한 법무성령의 규정에 따른 신청을 각하하거나 기각하는 처분등을 취소하는 경우에 당해 신청에 대하여 일정한 처분등을 하여야 할 것으로 인정되는 때: 당해 처분등을 하는 재결

6. 당해 심사신청에 관련된 처분등이 검찰청의 장 이외의 검찰관이 한 사실상의 행위인 경우에 그 신청이 이유 있는 때: 당해 사실상의 행위가 위법 또는 부당하다는

취지를 선언함과 동시에 당해 사실상의 행위에 관련된 검찰관에게게 당해 사실상의 행위를 철폐하거나 변경하여야 하는 취지를 명하는 재결

7. 당해 심사신청에 관련된 처분등이 검찰청의 장이 한 사실상의 행위인 경우에 그 신청이 이유 있는 때: 당해 사실상의 행위가 위법 또는 부당하다는 취지를 선언함과 동시에 당해 사실상의 행위를 철회하거나 변경하는 재결

② 전항 제3호, 제6호 또는 제7호의 경우에 검찰청의 장은 심사신청인에 불이익하게 당해 처분등을 변경 또는 당해 사실상의 행위를 변경할 것을 명하거나 이를 변경할 수 없다.

제42조의2 검찰청의 장은 제40조의2의 규정에 따른 심사신청에 대하여는 다음 각호에 열거하는 구분에 따라 당해 각호에 정하는 재결을 하여야 한다.

1. 당해 심사신청이 부작위에 관련된 처분등에 대한 신청으로부터 상당기간이 경과하지 않고 이루어진 것인 경우 기타 부적법한 경우: 당해 심사신청을 각하하는 재결

2. 당해 심사신청이 이유 없는 경우: 당해 심사신청을 기각하는 재결

3. 당해 심사신청에 관련된 부작위가 검찰청의 장 이외의 검찰관에 의한 것인 경우에 그 신청이 이유 있는 때: 당해 부작위가 위법 또는 부당하다는 취지를 선언함과 동시에 당해 신청에 대하여 일정한 처분등을 하여야 할 것으로 인정하는 때에는 당해 부작위에 관련된 검찰관에게 당해 처분등을 하여야 하는 취지를 명하는 재결

4. 당해 심사신청에 관련된 부작위가 검찰청의 장에 의한 것인 경우에 그 신청이 이유 있는 때: 당해 부작위가 위법 또는 부당하다는 취지를 선언함과 동시에 당해 신청에 대하여 일정한 처분등을 하여야 할 것으로 인정되는 때에는 당해 처분등을 하는 재결

제43조(재정의 방식 등에 관한 규정의 준용) 제12조의 규정은 제42조 제1항 각호 및 전조 각호에 정하는 재결에 준용한다. 이 경우에 제12조 중 「검찰관」은 「검찰청의 장」으로, 같은 조 제2항 및 제3항 중 「재정서」는 「재결서」로, 같은 조 제2항 중 「신청인」은 「심사신청인(당해 심사신청이 다른 신청인에 대한 재정에 대하여 된 것인 때에는 심사신청인 및 당해 다른 신청인)」으로 바꿔 읽는 것으로 한다.

제44조(행정불복심사법의 준용) 행정불복심사법(平成 26년 법률 제68호) 제10조부터 제15조까지, 제18조 제3항, 제21조, 제22조 제1항 및 제5항, 제23조, 제25조 제1항, 제2항 및 제4항부터 제7항까지, 제26조부터 제28조까지, 제30조 제2항 및 제3항, 제32조부터 제36조까지, 제38조 제1항부터 제5항까지, 제39조, 제51조 제4항, 제52조 제1항부터 제3항까지 및 제53조의 규정은 제40조 제1항 및 제40조의2의 규정에 따른 심사신청에 준용한다. 이 경우에 다음 표 상란에 열거하는 같은 법 규정 중

같은 표 중란에 열거하는 자구는 각각 같은 표 하란에 열거하는 자구로 바꿔 읽는 것으로 한다.

바꿔 읽을 행정불복심사법의 규정	바꿔 읽을 자구	바꿔 읽은 자구
제11조 제2항	제9조 제1항의 규정에 따라 지명된 자(이하 「심리원」이라 한다.)	범죄피해재산 등에 의한 피해회복급부금의 지급에 관한 법률 제40조 제1항 또는 제40조의2의 규정에 따라 심사신청이 된 검찰청의 장(이하 「심사청」이라고 한다.)
제13조 제1항 및 제2항, 제28조, 제30조 제2항 및 제3항, 제32조 제3항, 제33조부터 제36조까지, 제38조 제1항부터 제3항까지 및 제5항 및 제39조	심사원	심사청
제14조	제19조에 규정하는 심사청구서 또는 제21조 제2항에 규정하는 심사청구녹취서	심사신청서
제15조 제6항	권리	권리(피해회복급부금을 지급받을 권리를 제외한다.)
제18조 제3항	다음 조에 정하는 심사신청서	심사신청서
제18조 제3항	전2항에 규정하는 기간(이하 「심사청구기간」이라고 한다)	범죄피해재산 등에 의한 피해회복급부금의 지급에 관한 법률 제40조 제1항에 규정하는 기간
제21조 제1항	심사청구서를 제출하거나 처분청 등에 대하여 제19조 제2항부터 제5항까지에 규정하는 사항을 진술하는	심사신청서를 제출하는
제21조 제2항	심사청구서 또는 심사청구녹취서(전조 후단의 규정에 따라 진술내용을 녹취한 서면을 말한다. 제29조 제1항 및 제55조에서 같다.)	심사신청서
제21조 제3항	심사청구서를 제출하거나 처분청에 대하여 당해 사항을 진술한	심사신청서를 제출한
제22조 제1항	심사청구서를 처분청이나 심사청	심사신청서를 심사청
제22조 제5항	심사청구서나 재조사청구서 또는	심사신청서

	재조사청구녹취서	
제23조(표제어 포함)	심사청구서	심사신청서
제23조	제19조	범죄피해재산 등에 의한 피해회복급부금의 지급에 관한 법률 제40조의3
제25조 제2항	처분청의 상급 행정청 또는 처분청인 심사청	심사청
제25조 제7항	있있틴 때 또는 심사원으로부터 제40조에 규정하는 집행정지를 하여야 한다는 취지의 의견서가 제출된	있었년
제30조 제2항	제40조 및 제42조 제1항을 제외하고 이하	이하
제30조 제3항	심사청구인으로부터 반론서가 제출된 때에는 참가인 및 처분청등에 참가인	참가인
	이를 심사청구인 및 처분청등에 각각	이를 심사청구인에게
제38조 제1항	참가인은 제41조 제1항 또는 제2항의 규정에 따라 심사절차가 종결되기까지의 사이	참가인
	제29조 제4항 각호에 열거하는 서면 또는 제32조 제1항이나 제2항 또는	제32조 제1항이나 제2항 또는
	당해 서면 또는 당해 서류	당해 서류
제51조 제4항	참가인 및 처분청등(심사청 이외의 처분청등에 한한다.)	참가인은
제52조 제3항	법령의 규정에 따라 공시된 처분	범죄피해재산 등에 의한 피해회복급부금의 지급에 관한 법률 제40조 제1항 제1호에 열거하는 처분 또는 같은 항 제2호에 열거하는 결정
	당해 처분이 취소되거나 변경된 취지를 공시하여야	법무성령으로 정하는 바에 따라 당해 처분 또는 결정이 취소되거나 변경된 취지를 공시하여야

제45조(심사청구의 제한) 제40조 제1항 각호에 열거하는 처분등 및 제40조의2에 규정하는 부작위에 대하여는 심사청구를 할 수 없다.

제46조(소송과의 관계) 제40조 제1항 각호에 열거하는 처분등의 취소의 소는 당해 처분등에 대한 심사신청에 대한 재결을 거친 후가 아니면 제기할 수 없다.

제47조(소송의 특례) ① 제40조 제1항 각호에 열거하는 처분등의 취소의 소 및 당해 처분등에 관련된 제42조 제1항 각호에 정하는 재결의 취소의 소는 당해처분등을 한 검찰관이 소속된 검찰청의 소재지를 관할하는 지방재판소의 전속관할로 한다.
② 제40조의2에 규정하는 부작위에 관련된 제42조의2 각호에 정하는 재결의 취소의 소는 당해 부작위에 관련된 검찰관이 소속된 검찰청의 소재지를 관할하는 지방재판소의 전속관할로 한다.
③ 전2항에 규정하는 처분등 또는 재결 취소의 소는 제43조에서 준용하는 제12조 제2항의 규정에 따라 재결서의 등본을 송달받은 날로부터 30일을 경과한 때에는 제기할 수 없다.
④ 전항의 기간은 불변기간으로 한다.
⑤ 국가는 제1항에 규정하는 소가 다른 신청인에 대한 제40조 제1항 제3호에 열거하는 재정 또는 당해 재정에 관련된 제42조 제1항 각호에 정하는 재결의 취소를 요구하는 것인 때에는 지체 없이 당해 다른 신청인에게 소송고지를 하여야 한다.

제48조(취소재결 등이 있는 경우의 신청 등의 효력) 제5조 제1항 또는 제35조 제1항의 규정에 따라 지급대상범죄행위의 범위를 정하는 처분(이하 이 조에서 「구처분」이라고 한다.)을 취소하는 재결이나 구처분을 취소하는 판결이 확정된 경우에 다시 지급대상범죄행위의 범위를 정하는 처분(이하 이 조에서 「신처분」이라고 한다.)이 된 때 또는 구처분을 변경하는 재결(이하 이 조에서 「변경재결」이라고 한다.)이 확정된 때에는 구처분에 기초하여 신청인이 한 신청 기타의 행위(이하 이 조에서 「신청등」이라고 한다.) 또는 신청인에게 진행된 조사 기타의 행위(이하 이 조에서 「조사등」이라고 한다.)는 신처분 또는 변경재결에 기초하여 신청인이 한 신청등 또는 신청인에게 진행된 조사 등으로 본다.

제4장 잡칙

제49조(법무성령에의 위임) 이 법률에 정하는 것 외에 이 법률의 실시를 위해 필요한 사항은 법무성령으로 정한다.

제5장 벌칙

제50조 제27조 제1항(제39조에서 준용하는 경우를 포함한다.)의 규정에 위반한 자는 6월 이하의 징역 또는 50만엔 이하의 벌금에 처한다.

제51조 ① 다음 각호의 어느 하나에 해당하는 자는 50만엔 이하의 벌금에 처한다.

1. 제9조 제1항 또는 제2항[이들 규정을 제20조(제39조에서 준용하는 경우를 포함한다.) 및 제39조에서 준용하는 경우를 포함한다.]에 규정하는 신청서 또는 자료에 허위의 기재를 하여 제출한 자

2. 제17조 제1항[제20조(제39조에서 준용하는 경우를 포함한다.) 및 제39조에서 준용하는 경우를 포함한다. 다음 호에서 같다.]에 규정하는 신고서에 허위의 기재를 하여 제출한 자

3. 제28조 제1항(제39조에서 준용하는 경우를 포함한다.)의 규정에 따라 보고 또는 문서의 제출을 명하게 하거나 제28조 제2항(제39조에서 준용하는 경우를 포함한다.)의 규정에 따라 보고 또는 문서의 제출을 요구하거나, 허위의 보고를 하거나, 허위의 기재를 한 문서를 제출한 자(신청인 또는 제17조 제1항의 규정에 따라 신고를 한 자에 한한다.)

② 법인(법인이 아닌 단체로 대표자 또는 관리인의 정함이 있는 것을 포함한다. 이하 이 항에서 같다.)의 대표자 또는 관리인이나 법인 또는 사람의 대리인, 사용인 기타 종업원이 그 법인 또는 사람의 업무에 관하여 전항의 위반 행위를 한 때에는 행위자를 벌하는 외에 그 법인 또는 사람에게도 같은 항의 형을 부과한다.

③ 법인이 아닌 단체에 전항의 규정을 적용하는 경우에는 그 대표자 또는 관리인이 그 소송행위에 대하여 법인이 아닌 단체를 대표하는 외에 법인을 피고인 또는 피의자로 하는 경우의 형사소송에 관한 법률의 규정을 준용한다.

부 칙 〈생 략〉

범죄피해재산 등에 의한 피해회복급부금의 지급에 관한 법률 시행규칙

제정 平成 18년 법무성령 제77호

개정 令和 원년 6월 28일 법무성령 제18호

제1장 총칙

제1조(목적) 이 규칙은 범죄피해재산 등에 의한 피해회복급부금의 지급에 관한 법률(이하 「법」이라고 한다.) 및 범죄피해재산 등에 의한 피해회복급부금의 지급에 관한 법률 제44조에서 준용하는 행정불복심사법 제38조 제4항의 규정에 따라 납부할 수수료에 관한 정령(平成 27년 정령 제393호. 다음 조 및 제39조에서 「영」이라고 한다.)의 위임에 기초한 사항을 정하는 것을 목적으로 한다.

제2조(정의) 이 규칙에서 사용하는 용어는 특별한 정함이 있는 경우를 제외하고 법 및 영에서 사용하는 용어의 예에 따른다.

제3조(비용) 법 제2조 제7호의 법무성령으로 정하는 비용은 다음에 열거하는 것으로 한다.

1. 법 또는 이 규칙의 규정에 따른 공고나 통지 또는 송달에 요하는 비용

2. 범죄피해재산지급절차등(범죄피해재산지급절차 또는 외국양도재산지급절차를 말한다. 이하 같다.)을 개시한 경우에 법 또는 이 규칙의 규정에 따라 공고한 사항을 주지시키기 위한 광고에 요하는 비용

3. 법 제28조(법 제39조에서 준용하는 경우를 포함한다.)의 규정에 따른 조사에 요하는 통신비, 사례금 기타 비용

4. 전 각호에 열거하는 것 외에 범죄피해재산지급절차등에 요하는 비용

제4조(공고 등) ① 법 및 이 규칙의 규정에 따른 공고[법 제7조 제1항 및 제19조 제1항(이들 규정을 법 제39조에서 준용하는 경우를 포함한다.)의 규정, 제6조 제2항 및 제20조 제2항(이들 규정을 제31조에서 준용하는 경우를 포함한다.)과 제41조의 규정에 따른 공고를 제외한다.]는 관보에 게재하여 한다. 다만 관보에 게재할 만한 비용을 지급하기에 부족하다고 인정하는 때 기타 상당하다고 인정하는 때에는 범죄피해재산지급

절차등을 진행하는 검찰관이 소속된 검찰청의 게시장에 30일간 게시하는 것으로 이에 갈음할 수 있다.

② 법 및 이 규칙의 규정에 따른 통지는 우편, 민간사업자에 의한 신서의 송달에 관한 법률(平成 14년 법률 제99호) 제2조 제6항에 규정하는 일반신서편사업자 또는 같은 조 제9항에 규정하는 특정신서편사업자에 의한 같은 조 제2항에 규정하는 신서편(이하 「신서편」이라고 한다.) 기타 적의의 방법으로 한다.

제5조(신청서 등의 기재사항 등) 법 및 이 규칙의 규정에 따라 제출하는 신청서, 신고서, 열람청구서 또는 심사신청서에는 신청, 신고, 청구 또는 심사신청의 연월일을 기재하고 기명날인 또는 스스로 서명하여야 한다.

제2장 피해회복급부금의 지급

제1절 범죄피해재산지급절차

제1관 절차의 개시 등

제6조(개시결정의 공고 등) ① 법 제7조 제1항 제6호의 법무성령으로 정하는 사항은 다음에 열거하는 것으로 한다.

1. 범죄피해재산지급절차의 표시
2. 범죄피해재산지급절차를 개시하는 취지의 결정(다음 호 및 제4호에서 「개시결정」이라고 한다.)의 연월일
3. 개시결정에 관련된 범죄피해재산의 몰수 또는 그 가액의 추징의 재판을 한 재판소, 당해 재판이 있었던 연월일 및 확정된 연월일, 당해 재판을 받은 피고인의 이름 또는 명칭 및 당해 몰수 또는 추징의 이유가 된 사실의 요지 및 죄명
4. 법 제6조 제2항 또는 제4항의 규정에 따라 개시결정을 한 때에는 그 취지
5. 대상범죄행위가 지급대상범죄행위의 범위에 속하는지에 대한 판단에 참고가 될 사항
6. 기타 필요한 사항

② 검찰관은 법 제7조 제1항의 규정에 따라 공고한 같은 항 제2호, 제3호 또는 제5호에 열거하는 사항에 변경이 생긴 때에는 그 취지, 변경에 관련된 사항 기타 필요한 사항을 관보에 게시하여 공고하여야 한다.

③ 검찰관은 지급신청기간 중에 새로 급부자금을 보관하게 된 경우에 필요하다고 인정하는 때에는 그 취지, 급부자금의 총액 기타 필요한 사항을 공고하여야 한다.

제 7 조(불개시결정의 공고사항) 법 제8조 제2항의 규정에 따른 공고는 같은 항에 규정하는 사항 외에 다음에 열거하는 사항을 공고하여야 한다.

1. 범죄피해재산지급절차를 개시하지 아니하는 취지의 결정(이하 이 조에서 「불개시결정」이라고 한다.)의 표시

2. 불개시결정의 연월일

3. 불개시결정에 관련된 범죄피해재산의 몰수 또는 그 가액의 추징의 재판을 한 재판소, 당해 재판이 있었던 연월일 및 확정된 연월일, 당해 재판을 받은 피고인의 이름 또는 명칭 및 당해 몰수 또는 추징의 이유가 된 사실의 요지 및 죄명

4. 불개시결정을 한 이유

5. 불개시결정을 한 검찰관이 소속된 검찰청

6. 기타 필요한 사항

제2관 지급의 신청

제 8 조(신청서의 기재사항 등) ① 법 제9조 제1항 제4호의 법무성령으로 정하는 사항은 다음에 열거하는 것으로 한다.

1. 범죄피해재산지급절차의 표시

2. 신청인이 자연인인 때에는 그 이름, 생년월일 및 주소

3. 신청인이 법인 또는 법인이 아닌 단체로 대표자 또는 관리인의 정함이 있는 것(이하 「법인등」이라고 한다.)인 때에는 그 명칭, 주소 및 대표자 또는 관리인의 이름, 생년월일 및 주소

4. 신청인이 대상피해자의 일반승계인인 때에는 일반승계의 이유 및 그 연월일과 당해 대상피해자와의 관계

5. 대리인에 의해 신청을 할 때에는 당해 대리인의 이름 및 생년월일 또는 명칭 및 주소(대리인이 변호사인 때에는 당해 변호사의 이름, 사무소의 명칭 및 소재지, 대리인이 법무법인인 때에는 당해 법무법인의 명칭, 소재지 및 그 업무를 담당하는 변호사의 이름. 제12조 제1항 제4호, 제17조 제2항 제4호 및 제18조 제1항 제5호에서 같다.)

6. 신청인 또는 대리인의 우편번호, 전화번호(팩시밀리번호를 포함한다.) 기타 이들이 법 및 이 규칙의 규정에 따른 통지, 서면의 송달 또는 보고, 문서 기타 물건의 제출 또는 출석명령이나 요구를 받기 위해 필요한 사항

7. 공제대상액이 있는 때에는 당해 전보 또는 배상이 있었던 연월일, 당해 전보 또는 배상을 한 자의 이름 또는 명칭 및 그 자와 범인과의 관계, 당해 전보 또는 배상을 받은 자의 이름 또는 명칭 및 그 자와 대상피해자 또는 그 일반승계인과의 관계 및 당해 전보 또는 배상액의 내역

8. 다른 신청인 또는 신청인이 될 자(이하 「다른 신청인등」이라고 한다.)와 각 사람이 지급받아야 할 피해회복급부금액의 비율에 대한 합의가 있는 때에는 당해 다른 신청인등의 이름 또는 명칭, 주소, 우편번호 및 전화번호(팩시밀리번호를 포함한다.)와 당해 합의의 내용

9. 피해회복급부금을 지급받은 기관 기타 그 지급을 받기 위해 필요한 사항

② 신청서는 별지양식 제1에 따른다.

제9조(신청서에 첨부할 자료 등) 법 제9조 제1항 및 제2항에 규정하는 신청서에 첨부할 자료는 다음에 열거하는 것으로 한다.

1. 신청서에 기재되어 있는 신청인(신청인이 법인등인 경우에는 그 대표자 또는 관리인) 및 신청인의 대리인(변호사 및 법무법인을 제외한다.)의 이름, 생년월일 및 주소와 동일한 이름, 생년월일 및 주소가 기재되어 있는 운전면허증 등[운전면허증, 출입국관리 및 난민인정법(昭和 26년 정령 제319호) 제19조의3에 규정하는 체류카드, 일본국과의 평화조약에 기초해 일본 국적을 이탈한 자 등의 출입국관리에 관한 특례법(平成 3년 법률 제71호) 제7조 제1항에 규정하는 특별영주자증명서 또는 행정절차에서의 특정 개인을 식별하기 위한 번호의 이용 등에 관한 법률(平成 25년 법률 제27호) 제2조 제7항에 규정하는 개인번호카드를 말한다. 이하 같다.]으로 신청일에 유효한 것의 사본 기타 이들이 본인임을 확인할 만한 서류(이하 「자연인에 관련된 본인확인서류」라고 한다.)

2. 신청인이 법인등인 때에는 신청서에 기재되어 있는 당해 법인등의 명칭, 주소 및 대표자 또는 관리인의 이름과 동일한 명칭, 주소 및 이름이 기재되어 있는 등기사항증명서 또는 인감등록증명서로 신청일 전 6개월 이내에 작성된 것 기타 그 자가 본인임을 확인할 만한 서류(이하 「법인등에 관련된 본인확인서류」라고 한다.)

3. 신청인(신청인이 대상피해자의 일반승계인인 경우에는 그 피승계인)이 대상피해자인 것의 기초가 되는 사실을 소명할 만한 자료

4. 신청인이 대상피해자의 일반승계인인 때에는 일반승계의 이유와 그 연월일 및 대상피해자와의 관계를 밝히는 호적등본이나 초본 또는 법인의 등기사항증명서로 신청일 전 6개월 이내에 작성된 것 기타 신청인이 일반승계인이라는 것의 기초가 되는 사실을 소명할 만한 자료

5. 대리인에 의해 신청을 하는 때에는 대리권을 증명하는 자료

6. 법 제9조 제1항 제2호에 열거하는 사항을 소명할 만한 자료

7. 공제대상액이 있는 때에는 전조 제1항 제7호에 열거하는 사항을 밝히는 자료

8. 다른 신청인등과의 사이에서 각 사람이 지급받아야 할 피해회복급부금액의 비율에 대한 합의가 있는 때에는 전조 제1항 제8호에 열거하는 사항을 밝히는 자료

제10조(기재의 생략 등) 검찰관은 상당하다고 인정하는 때에는 신청서에 기재할 사항에 대한 기재를 생략 또는 다른 신청인이 제출한 신청서의 기재를 인용하여 기재하게 하거나, 신청서에 첨부할 자료에 대한 첨부를 생략하거나 이에 갈음할 자료를 첨부하게 할 수 있다.

제11조(신청사항에 변경이 있는 경우의 신고) 신청인은 신청서를 제출한 후 신청서에 기재할 사항에 변경이 생긴 때에는 신속하게 변경에 관련된 사항을 기재한 신고서에 당해 사항을 명백하게 하는 자료(제9조 각호에 열거하는 것에 한한다.)를 첨부하여 이를 검찰관에게 제출하여야 한다.

제3관 재정 등

제12조(재정서의 기재사항 등) ① 재정서에 기재할 사항은 다음에 열거하는 것으로 한다.

1. 범죄피해재산지급절차의 표시
2. 신청인의 이름 또는 명칭 및 주소
3. 신청인이 법인등인 때에는 그 법인등의 대표자 또는 관리인의 이름 및 주소
4. 대리인이 있는 때에는 그 대리인의 이름 또는 명칭 및 주소
5. 재정의 연월일
6. 재정의 결과 및 그 이유

② 재정서는 별지양식 제2에 따른다.

제13조(재정서의 등본의 송달) 재정서의 등본의 송달은 우편 또는 신서편에 의한 송달 또는 범죄피해재산지급절차를 진행하는 검찰관이 소속된 검찰청에서 교부하는 방법에 따른 송달(제15조에서 「교부송달」이라고 한다.)에 의해 진행한다.

② 재정서의 등본을 송달할 때에는 재정서등본송부서 또는 재정서등본교부서를 첨부한다.

제14조(우편 또는 신서편에 의한 송달) ① 검찰관은 우편 또는 신서편으로 재정서의 등본을 송달하는 경우에 필요하다고 인정하는 때에는 특수취급에 의한 우편 또는 신서편의 역무 중 특수취급에 의한 우편에 준하는 것으로 송달한다.

② 검찰관은 우편 또는 신서편으로 재정서의 등본을 발송한 때에는 송달받을 자의 이름 또는 명칭, 주소 송달방법 및 발송 연월일을 확인하기에 충분한 기록을 작성하여야 한다.

제15조(교부송달) ① 교부송달은 송달받을 자에게 수령확인서와 교환하여 재정서의 등본을 교부하여 한다.

② 전조 제2항의 규정은 교부송달을 한 경우에 준용한다. 이 경우에 같은 항 중

「주소, 송달방법 및 발송 연월일」은 「송달방법 및 송달의 연월일」로 바꿔 읽는 것으로 한다.

제16조(재정표의 기재사항 등) ① 법 제13조 제2호의 법무성령으로 정하는 사항은 다음에 열거하는 것으로 한다.

1. 범죄피해재산지급절차의 표시

2. 자격재정을 받은 연월일

3. 자격재정에 관련된 지급대상범죄행위의 요지

4. 재정표를 작성한 때의 급부자금액 및 총 범죄피해액

② 재정표는 별지양식 제3에 따른다.

제17조(재정표의 열람) ① 신청인 또는 그 대리인은 재정표의 열람을 청구할 수 있다.

② 재정표를 열람하려는 자는 다음에 열거하는 사항을 기재한 열람청구서를 검찰관에게 제출하여야 한다.

1. 범죄피해재산지급절차의 표시

2. 신청인이 자연인인 경우에 당해 신청인이 청구인인 때에는 그 이름, 생년월일 및 주소

3. 신청인이 법인등인 경우에 당해 신청인이 청구인인 때에는 그 명칭 및 주소와 대표자 또는 관리인의 이름, 생년월일 및 주소

4. 신청인의 대리인이 청구인인 때에는 당해 신청인의 이름 또는 명칭 및 주소와 당해 대리인의 이름 및 생년월일 또는 명칭 및 주소

5. 열람을 청구하는 사항

6. 열람의 목적

7. 열람을 희망하는 일시

③ 열람청구서는 별지양식 제4에 따른다.

④ 재정표를 열람하려는 자(변호사를 제외한다.)는 검찰관에게 열람청구서에 기재되어 있는 당해인의 이름, 생년월일 및 주소와 동일한 이름, 생년월일 및 주소가 기재되어 있는 운전면허증 등으로 청구일에 유효한 것 기타 그 자가 본인임을 확인할 만한 서류를 제시하여야 한다.

⑤ 검찰관은 열람을 청구하는 사항이 다른 신청인에 대한 재정으로서 이미 법 제40조 제1항에 규정하는 기간이 경과한 것인 때 기타 정당한 이유가 없다고 인정하는 때에는 재정표의 열람의 청구를 거부하여야 한다.

⑥ 검찰관은 재정표의 열람에 대한 일시, 장소, 시간 및 방법을 지정할 수 있다.

⑦ 검찰관은 재정표의 열람에 대하여 재정표의 파기, 사진촬영 기타 불법한 행위를 방지하기 위해 필요하다고 인정하는 때에는 검찰청의 직원을 입회하게 하는 것 기

타 적당한 조치를 강구하여야 한다.

⑧ 변호사(법무법인을 포함한다.)인 대리인은 검찰관의 허가를 받아 자기의 사용인 기타의 자에게 재정표의 열람을 하게 할 수 있다.

제4관 지급의 실시

제18조(자격재정확정 후의 일반승계인의 신고) ① 법 제17조 제1항에 규정하는 신고서에는 다음에 열거하는 사항을 기재하여야 한다.

1. 범죄피해재산지급절차의 표시

2. 신고인이 자연인인 때에는 그 이름, 생년월일 및 주소

3. 신고인이 법인등인 때에는 그 명칭과 주소 및 대표자 또는 관리인의 이름, 생년월일 및 주소

4. 일반승계의 이유와 그 연월일 및 자격재정이 확정된 자와의 관계

5. 대리인에 의해 신고를 하는 때에는 당해 대리인의 이름 및 생년월일 또는 명칭 및 주소

6. 신고인 또는 대리인의 우편번호, 전화번호(팩시밀리번호를 포함한다.) 기타 이들이 법 및 이 규칙의 규정에 따른 통지 또는 보고, 문서 기타의 물건의 제출 또는 출석명령을 받기 위해 필요한 사항

7. 다른 신고인 또는 신고인이 될 자(이하 「다른 신고인등」이라고 한다.)와 각 사람이 지급받아야 할 피해회복급부금액의 비율에 대한 합의가 있는 때에는 당해 다른 신고인등의 이름 또는 명칭, 주소, 우편번호 및 전화번호(팩시밀리번호를 포함한다.)와 당해 합의의 내용

8. 피해회복급부금을 지급받은 기관 기타 그 지급을 받기 위해 필요한 사항

② 전항에 규정하는 신고서는 별지양식 제5에 따른다.

③ 제1항에 규정하는 신고서에는 다음에 열거하는 자료를 첨부하여야 한다.

1. 신고서에 기재되어 있는 신고인(신고인이 법인등인 경우에는 그 대표자 또는 관리인) 및 신고인의 대리인(변호사 및 법무법인을 제외한다.)의 이름, 생년월일 및 주소와 동일한 이름, 생년월일 및 주소가 기재되어 있는 자연인에 관련된 본인확인서류

2. 신고인이 법인등인 때에는 신고서에 기재되어 있는 당해 법인등의 명칭과 주소 및 대표자 또는 관리인의 이름과 동일한 명칭과 주소 및 이름이 기재되어 있는 법인등에 관련된 본인확인서류

3. 일반승계의 이유와 그 연월일 및 자격재정이 확정된 자와의 관계를 분명히 하는 호적등본이나 초본 또는 법인의 등기사항증명서로서 신고일 전 6개월 이내에 작성된 것 기타 신고인이 일반승계인인 것의 기초가 되는 사실을 명백히 하는 자료

4. 대리인에 의해 신고를 하는 때에는 대리권을 증명하는 자료

5. 다른 신고인 등과 각 사람이 지급받아야 할 피해회복급부금액의 비율에 대한 합의가 있는 때에는 제1항 제7호에 열거하는 사항을 밝히는 자료

④ 제10조의 규정은 법 제17조 제1항의 규정에 따른 신고에 준용한다.

제19조(신고사항에 변경이 있는 경우의 신고) 신고인은 전조 제1항에 규정하는 신고서를 제출한 후 당해 신고서에 기재할 사항에 변경이 생긴 때에는 신속하게 변경에 관련된 사항을 기재한 신고서에 당해 사항을 밝히는 자료(같은 조 제3항 각호에 열거하는 것에 한한다.)를 첨부하여 검찰관에게 제출하여야 한다.

제5관 특별지급절차

제20조(개시결정의 공고 등) ① 법 제19조 제1항 제4호의 법무성령으로 정하는 사항은 다음에 열거하는 것으로 한다.

1. 범죄피해재산지급절차의 표시

2. 특별지급절차를 개시하는 취지의 결정(다음 호에서 「개시결정」이라고 한다.)의 연월일

3. 개시결정에 관련된 범죄피해재산의 몰수 또는 그 가액의 추징의 재판을 한 재판소, 당해 재판이 있었던 연월일 및 확정된 연월일, 당해 재판을 받은 피고인의 이름 또는 명칭 및 당해 몰수 또는 추징의 이유가 되는 사실의 요지 및 죄명

4. 대상범죄행위가 지급대상범죄행위의 범위에 속하는지의 판단에 참고가 될 사항

5. 기타 필요한 사항

② 검찰관은 법 제19조 제1항의 규정에 따라 공고한 법 제7조 제1항 제2호 또는 법 제19조 제1항 제3호에 열거하는 사항에 변경이 생긴 때에는 그 취지, 변경에 관련된 사항 기타 필요한 사항을 관보에 게재하여 공고하여야 한다.

③ 검찰관은 특별지급신청기간 중에 새로 급부자금을 보관하게 된 경우에 필요하다고 인정하는 때에는 그 취지, 잔여 급부자금의 총액 기타 필요한 사항을 공고하여야 한다.

제21조(준용) 전3관의 규정은 특별지급절차에 준용한다. 이 경우에 제8조 제1항 중 「법 제9조 제1항 제4호」는 「법 제20조에서 준용하는 법 제9조 제1항 제4호」로, 제9조 중 「법 제9조 제1항 및 제2항」은 「법 제20조에서 준용하는 법 제9조 제1항 및 제2항」으로, 같은 조 제6호 중 「법 제9조 제1항 제2호」는 「법 제20조에서 준용하는 법 제9조 제1항 제2호」로, 제16조 제1항 중 「법 제13조 제2호」는 「법 제20조에서 준용하는 법 제13조 제2호」로, 같은 항 제4호 중 「급부자금」은 「잔여급부자금」으로, 제18조 제1항 및 제4항 중 「법 제17조 제1항」은 「법 제20조에서 준용하는 법 제17조 제1항」으로 바꿔 읽는 것으로 한다.

제6관 절차의 종료

제22조(결정의 공고사항) 법 제21조 제2항의 규정에 따른 공고는 같은 항에 규정하는 사항 외 다음에 열거하는 사항을 공고하여야 한다.

1. 범죄피해재산지급절차의 표시
2. 범죄피해재산지급절차를 종료하는 취지의 결정(다음 호 및 제4호에서 「종료결정」이라고 한다.)의 연월일
3. 종료결정을 한 이유
4. 종료결정을 한 검찰관이 소속된 검찰청
5. 기타 필요한 사항

제7관 피해회복사무관리인

제23조(피해회복사무관리인의 선임 등) ① 검찰관은 피해회복사무관리인을 선임한 때에는 당해 피해회복사무관리인에게 그 선임을 증명하는 서면(별지양식 제6)을 교부하여야 한다.

② 법무법인이 피해회복사무관리인으로 선임된 때에는 당해 법무법인은 그 사원 또는 사용인인 변호사 중 피해회복사무를 수행할 자를 지명하여 그 자의 이름을 검찰관에게 신고하여야 한다.

③ 피해회복사무관리인(피해회복사무관리인이 법무법인인 경우에는 당해 법무법인이 피해회복사무를 수행할 자로서 지명한 사원 또는 사용인인 변호사)은 피해회복사무를 실시할 때에는 제1항의 서면을 휴대하고 관계자로부터 청구가 있는 때에는 이를 제시하여야 한다.

④ 피해회복사무관리인은 정당한 이유가 있는 때에는 검찰관의 허가를 얻어 사임할 수 있다.

제24조(피해회복사무관리인에게 수행하게 할 사무) 법 제22조 제1항 제4호의 법무성령으로 정하는 사무는 다음에 열거하는 것으로 한다.

1. 지급대상범죄행위의 범위를 정하기 위한 조사에 관한 사무 기타 범죄피해재산지급절차의 준비를 위해 필요한 사무
2. 법 및 이 규칙의 규정에 따른 신청 또는 신고의 접수 및 이에 관한 사무
3. 기타 범죄피해재산지급절차를 실시하기 위해 필요한 것으로서 검찰관이 지정하는 사무

제25조(피해회복사무관리인의 선임의 공고 등) ① 법 제22조 제2항의 법무성령으로 정하는 사항은 다음에 열거하는 것으로 한다.

1. 범죄피해재산지급절차의 표시

2. 선임 연월일

3. 피해회복사무관리인의 사무소의 소재지

4. 기타 필요한 사항

② 검찰관은 피해회복사무관리인의 이름이나 명칭, 사무소의 소재지 또는 피해회복사무의 범위에 변경이 생긴 때에는 그 취지, 변경에 관련된 사항 기타 필요한 사항을 공고하여야 한다.

제26조(소송기록등의 사용 등) ① 검찰관은 피해회복사무관리인에게 법 제24조의 규정에 따라 지급대상범죄행위에 관련된 피고사건의 종결 후의 소송기록 기타 지급대상범죄행위에 관련된 소송에 관한 기록(이하 「소송기록등」이라고 한다.)을 사용하게 하는 경우에는 그 일시, 장소, 시간 및 방법을 지정할 수 있다.

② 피해회복사무관리인은 소송기록등 및 그 복제등(복제 기타 당해 소송기록등의 전부 또는 일부를 그대로 기록한 물건 및 서면을 말한다. 이하 같다.)을 적정히 관리하고 그 보관을 함부로 타인에게 맡겨서는 아니 된다.

③ 피해회복사무관리인은 소송기록등 및 그 복제등을 피해회복사무를 수행하기 위해 사용하는 목적 이외의 목적으로 사람에게 교부 또는 제시하거나 전기통신회선을 통하여 제공하여서는 아니 된다.

제27조(신청서 등의 송부) 제24조 제2호에 열거하는 사무를 수행하는 피해회복사무관리인은 같은 호에 규정하는 신청 또는 신고를 접수한 경우에는 신속하게 신청서 또는 신고서 및 이에 첨부된 자료를 검찰관에게 송부하여야 한다.

제28조(비용지출원인행위의 사전승인) 피해회복사무관리인은 비용지출의 원인이 되는 계약 기타 행위를 할 때에는 사전에 검찰관의 승인을 받아야 한다.

제29조(피해회복사무관리인의 보수 등) ① 검찰관은 피해회복사무관리인의 보수를 정할 때에는 그 직무집행의 대가로서 상당하다고 인정하는 액을 정한다.

② 보수결정서에 기재할 사항은 다음에 열거하는 것으로 한다.

1. 범죄피해재산지급절차의 표시

2. 피해회복사무관리인의 이름 또는 명칭 및 사무소의 소재지

3. 보수결정의 연월일

4. 보수결정의 결과 및 그 이유

③ 보수결정서는 별지양식 제7호에 따른다.

④ 제13조부터 제15조까지의 규정은 보수결정서의 등본의 송달에 준용한다. 이 경우에 제13조(표제를 포함한다.), 제14조 및 제15조 제1항 중 「재정서의」는 「보수결정서의」로, 제13조 제2항 중 「재정서등본송부서 또는 재정서등본교부서」는 「보수결

정서등본송부서 또는 보수결정서등본교부서」로 바꿔 읽는 것으로 한다.

⑤ 검찰관은 피해회복사무관리인의 보수를 결정한 경우에 법 제13조에 규정하는 재정표가 아직 작성되지 아니한 때에는 당해 보수액을 기재한 재정표를 작성하여 이를 당해 검찰관이 소속된 검찰청에 비치하여야 한다.

제2절 외국양도재산지급절차

제30조(불개시결정의 공고사항) 법 제38조 제2항의 규정에 따른 공고는 같은 항에 규정하는 사항 외 다음에 열거하는 사항을 공고하여야 한다.

1. 외국양도재산지급절차를 개시하지 아니하는 취지의 결정(이하 이 조에서 「불개시결정」이라고 한다.)의 표시

2. 불개시결정의 연월일

3. 불개시결정에 관련된 법 제2조 제5호에 규정하는 외국 및 대상범죄행위에 관련된 사실의 요지

4. 불개시결정을 한 이유

5. 불개시결정을 한 검찰관이 소속된 검찰청

6. 기타 필요한 사항

제31조(준용) 전절(제7조를 제외한다.)의 규정은 외국양도재산지급절차에 준용한다. 이 경우에 제6조 제1항 중 「법 제7조 제1항 제6호」는 「법 제39조에서 준용하는 법 제7조 제1항 제6호」로, 같은 항 제3호 및 제20조 제1항 제3호 중 「범죄피해재산의 몰수 또는 그 가액의 추징의 재판을 한 재판소, 당해 재판이 있었던 연월일 및 확정된 연월일, 당해 재판을 받은 피고인의 이름 또는 명칭 및 당해 몰수 또는 추징의 이유가 된 사실의 요지 및 죄명」은 「법 제2조 제5호에 규정하는 외국 및 대상범죄행위에 관련된 사실의 요지」로, 제6조 제1항 제4호 중 「법 제6조 제2항 또는 제4항」은 「법 제37조 제2항, 제4항 또는 제5항」으로, 같은 조 제2항 중 「법 제7조 제1항」은 「법 제39조에서 준용하는 법 제7조 제1항」으로, 제8조 제1항 중 「법 제9조 제1항 제4호」는 「법 제39조에서 준용하는 법 제9조 제1항 제4호」로, 제9조 중 「법 제9조 제1항 및 제2항」은 「법 제39조에서 준용하는 법 제9조 제1항 및 제2항」으로, 같은 조 제6호 중 「법 제9조 제1항 제2호」는 「법 제39조에서 준용하는 법 제9조 제1항 제2호」로, 제16조 제1항 중 「법 제13조 제2호」는 「법 제39조에서 준용하는 법 제13조 제2호」로, 제18조 제1항 및 제4항 중 「법 제17조 제1항」은 「법 제39조에서 준용하는 법 제17조 제1항」으로, 제20조 제1항 중 「법 제19조 제1항 제4호」는 「법 제39조에서 준용하는 법 제19조 제1항 제4호」로, 같은 조 제2항 중 「법 제19조 제1항의 규정」은 「법 제39조에서 준용하는 법 제19조 제1항의 규정」으로,

「법 제7조 제1항 제2호」는 「법 제39조에서 준용하는 법 제7조 제1항 제2호」로, 「법 제19조 제1항 제3호」는 「법 제39조에서 준용하는 법 제19조 제1항 제3호」로, 제21조 중 「법 제20조」는 「법 제20조(법 제39조에서 준용하는 경우를 포함한다.)」로, 제22조 중 「법 제21조 제2항」은 「법 제39조에서 준용하는 법 제21조 제2항」으로, 제24조 중 「법 제22조 제1항 제4호」는 「법 제39조에서 준용하는 법 제22조 제1항 제4호」로, 제25조 제1항 중 「법 제22조 제2항」은 「법 제39조에서 준용하는 법 제22조 제2항」으로, 제26조 제1항 중 「법 제24조」는 「법 제39조에서 준용하는 법 제24조」로, 「라고 한다.)」는 「라고 한다.) 및 외국양도재산에 관련된 외국의 법령에 따른 재판 또는 명령 기타 처분에 관련된 기록(이하 「외국소송기록등」이라고 한다.)」으로, 같은 조 제2항 및 제3항 중 「및 그」는 「및 외국소송기록등 및 그들의」로, 제29조 제5항 중 「법 제13조」는 「법 제39조에서 준용하는 법 제13조」로 바꿔 읽는 것으로 한다.

제3장 불복신청 등

제32조(대표자 등의 자격의 증명 등) ① 심사신청인의 대표자 또는 관리인, 전체의 대표자 또는 대리인의 자격은 제35조의 규정의 적용이 있는 경우 외에는 서면으로 증명하여야 한다. 법 제44조에서 준용하는 행정불복심사법(平成 26년 법률 제68호) 제12조 제2항 단서에 규정하는 특별한 위임에 대하여도 같다.

② 심사신청인은 대표자 또는 관리인, 전체의 대표자 또는 대리인이 그 자격을 잃은 때에는 서면으로 그 취지를 심사청에 신고하여야 한다.

③ 전2항의 규정은 참가인의 대표자나 관리인 또는 대리인의 자격에 준용한다. 이 경우에 제1항 중 「제35조의 규정의 적용이 있는 경우 외에 서면」은 「서면」으로, 「제12조 제2항 단서」는 「제13조 제4항 단서」로, 전항 중 「심사신청인」은 「참가인」으로, 「전체의 대표자 또는」은 「또는」으로 바꿔 읽는 것으로 한다.

제33조(검찰청의 장에 대한 심사신청) 법 제40조 제1항 제5호의 법무성령으로 정하는 검찰관의 행위는 다음 각호에 열거하는 것으로 하고, 같은 항 제5호의 법무성령으로 정하는 날은 다음 각호에 열거하는 검찰관의 행위의 구분에 대응하여 당해 각호에 정하는 날로 한다.

1. 법 제17조 제1항에 규정하는 요건을 흠결한 것으로서 같은 항에 규정하는 미지급한 피해회복급부금을 지급하지 아니하는 취지의 결정: 당해 결정이 있었던 것을 안 날의 익일

2. 법 제23조 제4항의 규정에 따른 피해회복사무관리인을 해임하는 취지의 결정:

당해 결정이 있었던 것을 안 날의 익일

3. 전2호에 열거하는 것 외 법에 기초한 절차에 관련된 검찰관의 행위로 처분 기타 공권력의 행사에 해당하는 것: 당해 행위가 있었던 것을 안 날의 익일

제34조(심사신청서의 기재사항) ① 법 제40조의3 제2항 제3호의 법무성령으로 정하는 사항은 다음에 열거하는 것으로 한다.

1. 범죄피해재산지급절차나 외국양도재산지급절차의 표시 또는 제7조 제1호나 제30조 제1호에 규정하는 결정의 표시

2. 심사신청인의 이름 또는 명칭 및 주소

3. 법 제40조 제1항 제1호 또는 제2호에 정하는 공고가 있었던 날, 같은 항 제3호 또는 제4호에 정하는 송달이 있었던 날이나 전조 각호에 정하는 결정 또는 행위가 있었던 것을 안 날

4. 심사신청에 관련된 처분 등을 한 검찰관의 교시의 유무 및 내용

② 법 제40조의3 제3항 제2호의 법무성령으로 정하는 사항은 다음에 열거하는 것으로 한다.

1. 범죄피해재산지급절차 또는 외국양도재산지급절차의 표시

2. 심사신청인의 이름 또는 명칭 및 주소

③ 심사신청인이 법인등인 경우, 전체의 대표자를 호선한 경우 또는 대리인에 의해 심사신청을 하는 경우에는 심사신청서에는 법 제40조의3 제2항 제1호, 제2호 및 제1항 각호에 열거하는 사항 또는 법 제40조의3 제3항 제1호 및 전항 각호에 열거하는 사항 외 그 대표자 또는 관리인, 전체의 대표자 또는 대리인의 이름 및 주소(대리인이 변호사인 때에는 당해 변호사의 이름과 사무소의 명칭 및 소재지, 대리인이 법무법인인 때에는 당해 법무법인의 명칭, 소재지 및 그 업무를 담당하는 변호사의 이름)를 기재하여야 한다.

④ 법 제40조 제1항 제1호부터 제4호까지 또는 전조 각호에 열거하는 처분등에 대한 심사신청서에는 법 제40조의3 제2항 제1호 및 제2호에 열거하는 사항과 제1항 및 전항에 규정하는 사항 외 법 제40조 제1항에 규정하는 기간을 경과한 후에 심사신청을 하는 경우에는 같은 조 제2항에 규정하는 정당한 이유를 기재하여야 한다.

제35조(심사신청서에 첨부할 서면) 심사신청서에는 심사신청인이 법인등인 경우에는 대표자 또는 관리인의 자격을 증명하는 서면을, 심사신청인이 전체의 대표를 호선한 경우에는 전체의 대표의 자격을 증명하는 서면을, 심사신청인이 대리인에 의해 심사신청을 하는 경우에는 대리인의 자격을 증명하는 서면을 각각 첨부하여야 한다.

제36조(의견서의 제출) ① 법 제44조에서 바꿔 읽어 준용하는 행정불복심사법 제30조 제2항에 규정하는 의견서(다음 항에서 「의견서」라고 한다.)는 정본 및 당해 의견서를 송

부할 심사신청인의 수에 상당하는 통수의 부본을 제출하여야 한다.

② 법 제44조에서 바꿔 읽어 준용하는 행정불복심사법 제30조 제3항의 규정에 따른 의견서의 송부는 의견서의 부본으로 한다.

제37조(교부의 요구) 법 제44조에서 바꿔 읽어 준용하는 행정불복심사법 제38조 제1항의 규정에 따른 교부의 요구는 다음에 열거하는 사항을 기재한 서면을 제출하여 하여야 한다.

1. 교부에 관련된 법 제44조에서 바꿔 읽어 준용하는 행정불복심사법 제38조 제1항에 규정하는 서류(이하 「대상서류」라고 한다.) 또는 교부에 관련된 같은 항에 규정하는 전자적 기록(이하 「대상 전자적 기록」이라고 한다.)을 특정하기에 충분한 사항

2. 대상서류 또는 대상 전자적 기록에 요구하는 교부방법(다음 조 각호에 열거하는 교부방법을 말한다.)

제38조(교부의 방법) 법 제44조에서 바꿔 읽어 준용하는 행정불복심사법 제38조 제1항의 규정에 따른 교부는 다음의 어느 하나의 방법에 따라 한다.

1. 대상서류의 사본의 교부는 당해 대상서류를 복사기에 의해 용지의 편면 또는 양면에 흑백 또는 컬러로 복사한 것의 교부

2. 대상 전자적 기록에 기록된 사항을 기재한 서면의 교부는 당해 사항을 용지의 편면 또는 양면에 흑백 또는 컬러로 출력한 것의 교부

제39조(수수료의 납부) 영 제1조 제2항의 법무성령으로 정하는 서면은 다음에 열거하는 사항을 기재한 수수료납부서로 한다.

1. 수수료액

2. 대상서류 또는 대상 전자적 기록

3. 교부에 관련된 용지의 매수

4. 수수료의 납부연월일

제40조(재정서의 기재사항 등의 준용) 제12조 제1항(제31조에서 준용하는 경우를 포함한다. 이하 이 조에서 같다.)의 규정은 재결서의 기재사항에, 제13조부터 제15조까지(이들 규정을 제31조에서 준용하는 경우를 포함한다. 이하 이 조에서 같다.)의 규정은 재결서의 등본의 송달에 각각 준용한다. 이 경우에 제12조의 표제 및 같은 조 제1항 중 「재정서」는 「재결서」로, 같은 항 제1호 및 제13조 제1항 중 「범죄피해재산지급절차」는 「심사신청절차」로, 제12조 제1항 제2호 중 「신청인」은 「심사신청인(당해 심사신청이 다른 신청인에 대한 재정에 대하여 이뤄진 것인 때에는 심사신청인 및 당해 다른 신청인)」으로, 「주소」는 「심사신청인의 주소」로, 같은 항 제3호 중 「신청인」은 「심사신청인」으로, 제13조(표제를 포함한다.), 제14조 및 제15조 제1항 중 「재정서의」는 「재결서의」로, 제13조 제1항 및 제14조 중 「검찰관」은 「검찰청의 장」으로, 제13조 제2항 중

「재정서등본송부서 또는 재정서등본교부서」는 「재결서등본송부서 또는 재결서등본교부서」로 바꿔 읽는 것으로 한다.

제41조(지급대상범죄행위의 범위를 정하는 처분이 취소된 경우 등에서의 공고) 검찰관은 법 제40조 제1항 제1호에 열거하는 처분을 취소 또는 변경하는 재결이나 당해 처분을 취소하는 판결이 확정되어 지급대상범죄행위의 범위를 새로 정하거나 변경한 때에는 당해 지급대상범죄행위의 범위 기타 필요한 사항을 관보에 기재하여 공고하여야 한다.

부 칙 〈생 략〉

별지 1 ~ 7 〈생 략〉

범죄피해재산 등에 의한 피해회복급부금의 지급에 관한 법률 제44조에서 준용하는 행정불복심사법 제38조 제4항의 규정에 따라 납부할 수수료에 관한 정령

제정 平成 27년 정령 제393호

제1조(수수료액 등) ① 범죄피해재산 등에 의한 피해회복급부금의 지급에 관한 법률(이하 「법」이라고 한다.) 제44조에서 준용하는 행정불복심사법 제38조 제4항의 규정에 따라 납부하여야 할 수수료(이하 「수수료」라 한다)액은 용지 1매당 10엔(컬러로 복사 또는 출력하게 한 용지에는 20엔)으로 한다. 이 경우 양면으로 복사 또는 출력하게 한 용지는 편면을 1매로 하여 수수료액을 산정한다.

② 수수료는 법무성령으로 정하는 서면에 수입인지를 붙여 납부하여야 한다. 다만, 심사청(법 제40조 제1항 또는 제40조의2의 규정에 따른 심사신청이 이뤄진 검찰청의 장을 말한다. 이하 같다.)의 사무소에 수수료를 현금으로 납부할 수 있다는 취지와 당해 사무소의 소재지를 당해 심사청이 관보로 공시한 경우에 수수료를 당해 사무소에서 현금으로 납부하는 때에는 그러하지 아니하다.

제2조(수수료의 감면) ① 심사청은 법 제44조에서 준용하는 행정불복심사법 제38조 제1항의 규정에 따라 교부를 받은 심사신청인 또는 참가인(이하 이 조에서 「심사신청인등」이라고 한다.)이 경제적 곤란으로 수수료를 납부할 자력이 없다고 인정하는 때에는 같은 항의 규정에 따른 교부의 요구 1건당 2천엔을 한도로 하여 수수료를 감액하거나 면제할 수 있다.

② 수수료의 감액이나 면제를 받으려는 심사신청인등은 법 제44조에서 준용하는 행정불복심사법 제38조 제1항의 규정에 따른 교부를 요구할 때 아울러 당해 감액이나 면제를 요구하는 취지 및 이유를 기재한 서면을 심사청에 제출하여야 한다.

③ 전항의 서면에는 심사신청인등이 생활보호법(昭和 25년 법률 제144호) 제11조 제1항 각호에 열거하는 부조를 받고 있음을 이유로 하는 경우에는 해당 부조를 받고 있는 이유를 증명하는 서면을, 그 외의 사실을 이유로 하는 경우에는 당해 사실을 증명하는 서면을 각각 첨부하여야 한다.

부 칙 〈생 략〉

국외범죄피해조위금 등의 지급에 관한 법률

제정 平成 28년 법률 제73호

제1조(취지) 이 법률은 국외범죄행위로 뜻하지 않게 죽음을 당한 일본국민의 유족 또는 장해가 남은 일본국민에 대한 국외범죄피해조위금 등의 지급에 필요한 사항을 정한다.

제2조(정의) ① 이 법률에서 「국외범죄행위」란 일본국 외에서 이뤄진 사람의 생명 또는 신체를 해치는 행위(일본국 외에 있는 일본 선박 또는 일본 항공기 내에서 이뤄진 것을 제외한다.) 중 당해 행위가 일본국 내에서 이뤄졌을 경우에 그 행위가 일본국의 법령에 따르면 범죄에 해당하는 것[형법(明治 40년 법률 제45호) 제37조 제1항 본문, 제39조 제1항 또는 제41조의 규정166)에 따라 처벌할 수 없는 행위를 포함하는 것으로 하고, 같은 법 제35조 또는 제36조 제1항의 규정167)에 따라 처벌할 수 없는 행위 및 과실로 인한 행위를 제외한다.]을 말한다.

② 이 법률에서 「국외범죄피해」란 국외범죄행위에 의한 사망 또는 장해를 말한다.

③ 이 법률에서 「국외범죄피해자」란 국외범죄피해를 받은 자로서 당해 국외범죄피해의 원인이 된 국외범죄행위가 이뤄진 때 일본 국적을 보유한 자(일본국 밖에서 생활의 본거를 가지고 그 지역에서 영주한다고 인정되는 자를 제외한다.)를 말한다.

④ 이 법률에서 「장해」란 부상 또는 질병이 나은 때(그 증상이 고정된 때를 포함한다.)의 정신 또는 신체의 장해로 별표에 열거하는 정도의 것을 말한다.

⑤ 이 법률에서 「국외범죄피해조위금등」이란 제4조에 규정하는 국외범죄피해조위금 또는 국외범죄피해장해위문금을 말한다.

---

166) 일본국 형법 제37조(긴급피난) ① 자기 또는 타인의 생명, 신체, 자유 또는 재산에 대한 현재의 위난을 피하기 위해 부득이하게 한 행위는 이에 의해 발생한 피해가 피하려고 한 피해의 정도를 초과하지 않은 경우에 한하여 벌하지 아니한다. 다만 그 정도를 초과하는 행위는 정상에 따라 그 형을 감경 또는 면제할 수 있다.

② (생 략)

제39조 ① 심신상실자의 행위는 벌하지 아니한다.

② (생 략)

제41조 14세 미만인 자의 행위는 벌하지 아니한다.

167) 일본국 형법 제35조(정당행위) 법령 또는 정당한 업무에 의한 행위는 벌하지 아니한다.

제36조(정당방위) ① 급박한 부정한 침해에 대하여 자기 또는 타인의 권리를 방위하기 위해 부득이하게 한 행위는 벌하지 아니한다.

② (생 략)

제 3 조(국외범죄피해조위금등의 지급) 국가는 국외범죄피해자가 있는 때에는 이 법률이 정하는 바에 따라 국외범죄피해자 또는 그 유족(당해 국외범죄피해의 원인이 된 국외범죄행위가 이뤄진 때에 일본 국적을 보유하지 않고 일본국 내에 주소를 보유하지 아니한 자를 제외한다.)에게 국외범죄피해조위금등을 지급한다.

제 4 조(국외범죄피해조위금등의 종류 등) 국외범죄피해조위금등은 다음 각호에 열거하는 바에 따라 각각 당해 각호에 정하는 자에게 일시금으로 지급한다.

1. 국외범죄피해조위금: 국외범죄행위로 사망한 자의 제1순위 유족(다음 조 제3항 및 제4항의 규정에 따른 제1순위의 유족을 말한다.)

2. 국외범죄피해장해위문금: 국외범죄행위로 장해가 남은 자

제 5 조(유족의 범위 및 순위) ① 국외범죄피해조위금을 지급받을 수 있는 유족은 국외범죄피해자의 사망시에 다음 각호의 어느 하나에 해당하는 자로 한다.

1. 국외범죄피해자의 배우자(혼인신고를 하지 않았지만 사실상 혼인관계와 같은 사정에 있었던 자를 포함한다.)

2. 국외범죄피해자의 수입에 의해 생계를 유지하고 있던 국외범죄피해자의 자(子), 부모, 손(孫), 조부모 및 형제자매

3. 전호에 해당하지 아니하는 국외범죄피해자의 자(子), 부모, 손, 조부모 및 형제자매

② 국외범죄피해자의 사망 당시 태아였던 자(子)가 출생한 경우에는 전항의 규정을 적용할 때에는 그 자(子)는 그 모가 국외범죄피해자의 사망 당시 국외범죄피해자의 수입에 의해 생계를 유지하고 있던 때에는 같은 항 제2호의 자(子)로, 기타의 때에는 같은 항 제3호의 자(子)로 본다.

③ 국외범죄피해조위금을 지급받을 유족의 순위는 제1항 각호의 순서로 하고, 같은 항 제2호 및 제3호에 열거하는 자 중에서는 각각 당해 각호에 열거하는 순서로 하며, 부모는 양부모를 선순위로, 실부모를 후순위로 한다.

④ 국외범죄피해자를 고의로 사망하게 하거나 국외범죄피해자의 사망 전에 그 자의 사망으로 국외범죄피해조위금을 지급받을 수 있는 선순위 또는 동순위의 유족이 될 자를 고의로 사망하게 한 자는 국외범죄피해조위금을 지급받을 수 있는 유족으로 하지 아니한다. 국외범죄피해조위금을 지급받을 수 있는 선순위 또는 동순위의 유족을 고의로 사망하게 한 자도 같다.

제 6 조(국외범죄피해조위금등을 지급하지 아니할 수 있는 경우) 다음에 열거하는 경우에는 국가공안위원회규칙으로 정하는 바에 따라 국외범죄피해조위금등을 지급하지 아니할 수 있다.

1. 국외범죄피해자와 가해자 사이에 친족관계(사실상의 혼인관계를 포함한다.)가 있는 때

2. 국외범죄피해자가 당해 국외범죄피해의 원인이 된 국외범죄행위가 이뤄진 때에 정당한 이유 없이 치안상황에 비추어 생명 또는 신체에 대한 고도의 위험이 예측되는 지역에 소재하고 있던 때

3. 국외범죄피해자가 국외범죄행위를 유발한 때 기타 당해국외범죄피해에 대해 국외범죄피해자에게도 책임 있는 행위가 있었던 때

4. 전3호에 열거하는 경우 외 국외범죄피해자 또는 그 유족과 가해자와의 관계 기타 사정으로부터 판단하여 국외범죄피해조위금등을 지급하는 것이 사회통념상 적절하지 아니하다고 인정되는 때

제7조(지급의 제한) 국외범죄피해조위금등은 당해 국외범죄피해에 관하여 당해 국외범죄피해자가 업무에 종사하고 있었음에 따라 지급된 급부금 기타 이에 준하는 급부금으로 국가공안위원회가 정하는 것이 지급된 경우에는 지급하지 아니한다.

제8조(국외범죄피해조위금등의 액) ① 국외범죄피해조위금액은 국외범죄피해자 1인당 2백만엔으로 한다.

② 국외범죄피해조위금을 지급받을 유족이 2인 이상인 때에는 국외범죄피해조위금액수는 전항의 규정에 불구하고 같은 항에 규정하는 액수를 그 인원수로 나누어 얻은 액수로 한다.

③ 국외범죄피해장해위문금액은 국외범죄피해자 1인당 1백만엔으로 한다.

제9조(재정의 신청) ① 국외범죄피해조위금등을 지급받으려는 자는 국가공안위원회 규칙으로 정하는 바에 따라 다음 각호에 열거하는 경우의 구분에 대응하여 당해 각호에 정하는 도도부현공안위원회(이하 「공안위원회」라고 한다.)에 신청하여 그 재정(裁定)을 받아야 한다.

1. 신청할 때 일본국 내에 주소를 보유한 경우: 그 자의 주소지를 관할하는 공안위원회

2. 신청할 때 일본국 내에 주소를 보유하지 아니한 경우: 다음에 열거하는 경우의 구분에 대응하여 각각 다음에 정하는 공안위원회

ㄱ 어느 한 시정촌(특별구를 포함한다. ㅁ에서 같다.)의 주민기본대장에 기록된 자인 경우: 그 자가 일본국 밖으로 주소를 옮기기 직전에 주민표에 기재되어 있던 주소의 소재지를 관할하는 공안위원회

ㅁ 어느 시정촌의 주민기본대장에도 기록되지 않은 경우: 그 자의 본적지를 관할하는 공안위원회

② 전항 제2호에 열거하는 경우에 같은 항의 신청은 당해 신청을 한 자의 주소를 관할하는 영사관 기타 가장 가까운 영사관(영사관의 직무를 수행하는 대사관 또는 공사관의 장이나 그 사무를 대리하는 자를 포함하고, 영사관을 경유하여 신청을 하는 것이 현저하게 곤

란한 지역으로서 국가공안위원회규칙·외무성령으로 정하는 지역에서는 국가공안위원회규칙·외무성령으로 정하는 자로 한다. 다음 조 및 제14조에서 「영사관」이라고 한다.)을 경유하여 할 수 있다.

③ 제1항의 신청(이하 「신청」이라고 한다.)은 당해 국외범죄피해의 발생을 안 날로부터 2년을 경과한 때 또는 당해 국외범죄피해가 발생한 날로부터 7년을 경과한 때에는 할 수 없다.

④ 전항의 규정에 불구하고 부득이한 이유로 같은 항에 규정하는 기간을 경과하기 전에 신청을 할 수 없게 된 때에는 그 이유가 중단된 날로부터 6개월 이내에 한하여 신청을 할 수 있다.

제10조(공안위원회 등에 의한 원조) 국외범죄피해조위금등을 지급받으려는 자는 일본국 내에서는 관련 공안위원회에, 일본국 외에서는 영사관에 신청에 관하여 필요한 원조를 요구할 수 있다.

제11조(재정 등) ① 신청이 있었던 경우에는 공안위원회는 신속하게 국외범죄피해조위금등을 지급하거나 지급하지 아니하는 취지의 재정을 하여야 한다.

② 국외범죄피해조위금등을 지급하는 취지의 재정이 있는 때에는 당해 신청을 한 자는 국외범죄피해조위금등을 지급받을 권리를 취득한다.

③ 국외범죄피해자에게 국외범죄피해장해위문금을 지급하는 취지의 재정이 있은 후에 당해 국외범죄피해자가 당해 국외범죄행위로 사망한 때에는 국가는 당해 국외범죄피해장해위문금액의 한도에서 당해 국외범죄피해자의 사망에 관련된 국외범죄피해조위금을 지급할 책임을 면한다.

제12조(국가공안위원회에의 정보제공 등) ① 외무대신은 국외범죄피해(국외범죄피해에 해당한다고 사료되는 사망 및 장해를 포함한다.) 또는 국외범죄피해자(국외범죄피해자에 해당한다고 사료되는 자를 포함한다.)에 관한 정보로 전조 제1항의 재정(이하 「재정」이라고 한다.)에 도움이 되는 것으로서 국가공안위원회규칙·외무성령으로 정하는 것을 취득한 때에는 국가공안위원회에 가능한 한 신속하게 제공한다.

② 국가공안위원회는 전항의 규정에 따라 제공된 정보를 관계 공안위원회에 신속하게 제공한다.

제13조(재정을 위한 조사 등) ① 공안위원회는 재정을 하기 위해 필요하다고 인정하는 때에는 신청을 한 자(제3항에서 「신청자」라고 한다.) 기타 관계인에게 보고를 하게 하거나, 문서 기타 물건을 제출하게 하거나, 출석을 명하거나 의사의 진단을 받게 할 수 있다.

② 공안위원회는 재정을 하기 위해 필요하다고 인정하는 때에는 외무성 기타 공무소 또는 공사의 단체에 필요한 사항의 보고 기타 협력을 요구할 수 있다.

③ 신청자가 정당한 이유 없이 제1항의 규정에 따른 보고를 하지 않거나, 문서 기타 물건을 제출하지 않거나, 출석하지 않거나 의사의 진단을 거부한 때에는 공안위원회는 그 신청을 각하할 수 있다.

제14조(국가공안위원회규칙에의 위임) 제3조부터 전조까지에 정하는 것 외 국외범죄피해조위금등의 지급에 관하여 필요한 사항(제9조 제2항 또는 제12조 제1항의 규정에 따라 외무대신이나 영사관이 진행하는 절차에 관한 사항을 제외한다.)은 국가공안위원회규칙으로 정한다.

제15조(부당이득의 징수) ① 허위 기타 부정한 수단으로 국외범죄피해조위금등의 지급을 받은 자가 있는 때에는 국가공안위원회는 국세징수의 예에 따라 그 자로부터 지급을 받은 국외범죄피해조위금등의 액수에 상당하는 금액을 징수할 수 있다.

② 전항의 규정에 따른 징수금의 선취특권의 순위는 국세 및 지방세 다음으로 한다.

제16조(시효) 국외범죄피해조위금등의 지급을 받을 권리는 이를 행사할 수 있는 때로부터 2년간 행사하지 아니하는 때에는 시효로 소멸한다.

제17조(국외범죄피해조위금등을 지급받을 권리의 보호) 국외범죄피해조위금등을 지급받을 권리는 양도, 담보로 제공하거나 압류할 수 없다.

제18조(공과의 금지) 조세 기타 공과는 국외범죄피해조위금등으로서 지급받은 금전을 표준으로 하여 부과할 수 없다.

제19조(호적사항의 무료증명) 시정촌장[특별구의 구장을 포함하는 것으로 하고, 지방자치법(昭和 22년 법률 제67호) 제252조의19 제1항의 지정도시에서는 구장 또는 총합구장으로 한다.]은 공안위원회 또는 국외범죄피해조위금등을 지급받으려는 자에게 당해 시(특별구를 포함한다.)정촌의 조례로 정하는 바에 따라 국외범죄피해자 또는 그 유족의 호적에 관하여 무료로 증명할 수 있다.

제20조(사무의 구분) 제10조, 제11조 제1항 및 제13조의 규정에 따라 도도부현이 처리하는 것으로 되어 있는 사무는 지방자치법 제2조 제9항 제1호에 규정하는 제1호 법정수탁사무로 한다.

제21조(지방자치법의 특례) 전조에 규정하는 사무에 대한 지방자치법 제245조의4 제1항 및 제3항, 제245조의7 제1항, 제245조의9 제1항 및 제255조의2 제1항의 규정을 적용할 때에는 같은 법 제245조의4 제1항 중「각 대신(내각부설치법 제4조 제3항에 규정하는 사무를 분담 관리하는 대신인 내각총리대신 또는 국가행정조직법 제5조 제1항에 규정하는 각 성의 대신을 말한다. 이하 본장, 다음 장 및 제14장에서 같다.) 또는 도도부현지사 기타 도도부현의 집행기관」은「국가공안위원회」로, 같은 조 제3항 중「보통지방공공단체의 장 기타 집행기관」은「도도부현공안위원회」로,「각 대신 또는 도도부현지사 기타 도도부현의 집행기관」은「국가공안위원회」로, 같은 법 제245조의7 제1항 중

「각 대신은 그 소관하는 법률」은 「국가공안위원회는 국외범죄피해조위금 등의 지급에 관한 법률(平成 28년 법률 제73호)」로, 같은 법 제245조의9 제1항 중 「각 대신은 그 소관하는 법률」은 「국가공안위원회는 국외범죄피해조위금 등의 지급에 관한 법률」로, 같은 법 제255조의2 제1항[168] 제1호 중 「도도부현지사 기타 도도부현의 집행기관」은 「도도부현공안위원회」로, 「당해 처분에 관련된 사무를 규정하는 법률 또는 이에 기초한 정령을 소관하는 각 대신」은 「국가공안위원회」로 한다.

제22조(심사청구와 소송과의 관계) 재정의 취소를 구하는 소는 당해 재정에 대한 심사청구에 대하여 국가공안위원회의 재결을 거친 후가 아니면 제기할 수 없다.

제23조(정령에의 위임) 이 법률에 특별한 정함이 있는 것 이외에 이 법률의 실시를 위한 절차 기타 이 법률의 시행에 관하여 필요한 사항은 정령으로 정한다.

부 칙 〈생 략〉

---

168) 일본국 지방자치법 제245조의4(기술적인 조언과 권고 및 자료의 제출요구) ① 각 대신(내각부설치법 제4조 제3항에서 규정하는 사무를 분담 관리하는 대신인 내각총리대신 또는 국가행정조직법 제5조 제1항에 규정하는 각 성 대신을 말한다. 이하 본장, 다음 장 및 제14장에서 같다.) 또는 도도부현지사 기타 도도부현의 집행기관은 담당하는 사무에 관하여 보통지방자치단체에게 보통지방자치단체의 사무의 운영 기타 사항에 적절하다고 인정하는 기술적인 조언 또는 권고를 하거나, 당해 조언 또는 권고를 하거나 보통지방자치단체의 사무의 적정한 처리에 관한 정보를 제공하기 위해 필요한 자료의 제출을 요구할 수 있다.
② (생 략)
③ 보통지방자치단체의 장 기타 집행기관은 각 대신 또는 도도부현지사 기타 도도부현의 집행기관에게 담당하는 사무의 관리 및 집행에 대한 기술적인 조언 또는 권고를 하거나 필요한 정보의 제공을 요구할 수 있다.
제245조의7(시정의 지시) ① 각 대신은 소관하는 법률 또는 이에 기초한 정령에 관련된 도도부현의 법정수탁사무의 처리가 법령의 규정에 위반하고 있는 때 또는 현저하게 적정에 흠결이 있고 명백하게 공익을 해치고 있다고 인정하는 때에는 당해 도도부현에 당해 법정수탁사무의 처리에 대한 위반의 시정 또는 개선을 위해 강구하여야 할 조치에 관한 필요한 지시를 할 수 있다.
② ~ ④ (생 략)
제245조의9(처리기준) ① 각 대신은 소관하는 법률 또는 이에 기초한 정령에 관련된 도도부현의 법정수탁사무의 처리에 대하여 도도부현이 당해 법정수탁사무를 처리할 때에 도움이 될 기준을 정할 수 있다.
② ~ ⑤ (생 략)
제255조의2 ① 법정수탁사무에 관련된 다음 각호에 열거하는 처분 및 그 부작위에 대한 심사청구는 다른 법률에 특별한 정함이 있는 경우를 제외하는 외에 당해 각호에 정하는 자에게 한다. 이 경우에 부작위에 대한 심사청구는 다른 법률에 특별한 정함이 있는 경우를 제외하는 외에 당해 각호에 정하는 자에 갈음하여 당해 부작위에 관련된 집행기관에게도 할 수 있다.
1. 도도부현지사 기타 도도부현의 집행기관의 처분: 당해 처분에 관련된 사무를 규정하는 법률 또는 이에 기초한 정령을 소관하는 각 대신
2. 시정촌장 기타 시정촌의 집행기관(교육위원회 및 선거관리위원회를 제외한다.)의 처분: 도도부현지사
3. 시정촌교육위원회의 처분: 도도부현교육위원회
4. 시정촌선거관리위원회의 처분: 도도부현선거관리위원회
② (생 략)

별표 제1(제 2 조 관련)

1. 양 눈이 실명된 자
2. 씹는 기능 및 언어기능을 잃은 자
3. 신경계통의 기능 또는 정신에 현저하게 장해가 남아 항상 개호를 요하는 자
4. 흉복부장기의 기능에 현저하게 장해가 남아 항상 개호를 요하는 자
5. 양 상지를 주관절 이상 잃은 자
6. 양 상지의 기능을 전부 잃은 자
7. 양 하지를 슬관절 이상 잃은 자
8. 양 하지의 기능을 전부 잃은 자
9. 정신 또는 신체의 장해가 중복되는 경우에 당해 중복되는 장해의 정도가 전 각호
   와 같은 정도 이상이라고 인정되는 것

국외범죄피해조위금 등의 지급에 관한 법률 시행규칙

제정 平成 28년 국가공안위원회규칙 제23호

개정 令和 원년 6월 21일 국가공안위원회규칙 제3호

제1조(국외범죄피해조위금등을 지급하지 아니하는 경우) 국외범죄행위가 이뤄졌던 때에 국외범죄피해자[국외범죄피해장해위문금을 지급받을 자로서 18세 미만인 자 및 18세 미만인 제1순위 유족(제1순위 유족이 2인 이상 있는 때에는 그 어느 하나. 이하 같다.)을 감호하고 있던 자를 제외한다.] 또는 제1순위 유족[18세 이상인 자(제1순위 유족이 2인 이상인 경우에는 그 전부가 18세 이상인 때의 어느 하나)에 한한다.]과 가해자와의 사이에 다음 각호의 어느 하나에 해당하는 친족관계가 있었던 때(혼인을 계속하기 어려운 중대한 사유가 발생한 경우 기타 당해 친족관계가 파탄되어 있다고 인정되는 사정이 있는 경우 또는 이와 동일시하는 것이 상당하다고 인정되는 사정이 있는 경우와 국외범죄피해자와 가해자와의 사이에 친족관계에 있었던 경우에는 가해자가 사람을 잘못 보았거나 불특정한 자를 해할 목적으로 당해 국외범죄피해자에게 당해 국외범죄행위를 하였다고 인정되는 경우를 제외한다.)에는 국외범죄피해조위금등을 지급하지 아니한다. 다만 가해자가 심신상실의 상태로 당해 국외범죄행위를 한 경우는 그러하지 아니하다.

1. 부부(혼인신고를 하지 않았지만 사실상 혼인관계와 같은 사정에 있었던 경우를 포함한다.)
2. 직계혈족(친자는 입양의 신고를 하지 않았지만 사실상 양자입양관계와 같은 사정에 있었던 경우를 포함한다.)

제1조의2(위와 같음) 국외범죄행위가 이뤄진 때에 국외범죄피해자 또는 제1순위 유족과 가해자와의 사이에 친족관계가 있었던 경우에 국외범죄피해조위금등을 지급함에 따라 가해자가 재산상의 이익을 얻을 우려가 있다고 인정되는 때에는 국외범죄피해조위금등을 지급하지 아니한다. 다만 가해자가 심신상실의 상태로 당해 국외범죄행위를 한 경우는 그러하지 아니하다.

제2조(위와 같음) 국외범죄피해자가 국외범죄피해의 원인이 된 국외범죄행위가 이뤄진 때에 범죄의 발생상황 기타 치안상황에 비추어 생명 또는 신체에 대한 고도의 위험이 예측되는 지역에 소재하고 있던 때에는 국외범죄피해조위금등을 지급하지 아

니한다. 다만 업무를 수행할 필요가 있었던 것, 생활의 본거를 두고 있던 것 기타 사정으로 당해 지역에 소재하는 부득이한 이유가 있던 때에는 그러하지 아니하다.

제3조(위와 같음) 국외범죄피해에서 국외범죄피해자 또는 제1순위 유족에게 다음 각호의 어느 하나에 해당하는 행위가 있었던 때에는 국외범죄피해조위금등을 지급하지 아니한다.

1. 당해 국외범죄행위를 교사 또는 방조하는 행위

2. 과도한 폭행 또는 협박, 중대한 모욕 등 당해 국외범죄행위를 유발하는 행위

3. 당해 국외범죄행위에 관련된 현저하게 부정한 행위

제4조(위와 같음) 국외범죄피해자 또는 제1순위 유족에게 다음 각호의 어느 하나에 해당하는 사유가 있는 때에는 국외범죄피해조위금등을 지급하지 아니한다.

1. 당해 국외범죄행위를 용인하고 있던 것

2. 집단적이나 상습적으로 폭력적 불법행위를 저지를 우려가 있는 조직에 속해 있던 것

3. 당해 국외범죄행위에 대한 보복으로서 가해자 또는 그 친족 기타 가해자와 밀접한 관계에 있는 자의 생명을 해치거나 신체에 중대한 해를 가한 것

제5조(위와 같음) 전 각조에 정하는 것 외 국외범죄피해자 또는 그 유족과 가해자와의 관계 기타 사정으로부터 판단하여 국외범죄피해조위금등을 지급하는 것이 사회통념상 적절하지 아니하다고 인정되는 때에는 국외범죄피해조위금등을 지급하지 아니한다.

제6조(국외범죄피해조위금등을 지급하지 아니하는 경우의 특례) 제2조부터 제4조까지에 정하는 사유가 있는 경우에 이들 규정에 따라 국외범죄피해조위금등을 지급하지 아니하는 것이 사회통념상 적절하지 아니하다고 인정되는 특단의 사정이 있는 때에는 이들 규정에 불구하고 국외범죄피해조위금등을 지급한다.

제7조(국외범죄피해조위금의 지급에 관련된 재정신청) 국외범죄피해조위금의 지급에 대하여 국외범죄피해조위금등의 지급에 관한 법률(이하 「법」이라고 한다.) 제9조 제1항의 신청을 하려는 자는 다음에 열거하는 서류를 첨부하여 국외범죄피해조위금지급재정신청서(양식 제1호)를 같은 항에 규정하는 도도부현공안위원회(이하 「공안위원회」라고 한다.)에 제출하여야 한다. 다만 부득이한 사유로 제1호, 제4호, 제5호, 제7호 또는 제8호에 열거하는 서류를 첨부할 수 없는 때에는 그 이유를 기재한 서류를 제출하여야 한다.

1. 국외범죄피해자의 사망진단서, 사체검안서 기타 당해 국외범죄피해자가 사망한 사실 및 사망의 연월일을 증명할 수 있는 서류

2. 국외범죄피해자의 이름, 생년월일 및 본적에 관한 시정촌장[특별구의 구장을 포

함하는 것으로 하고, 지방자치법(昭和 22년 법률 제67호) 제252조의19 제1항의 지정도 시에서는 구장 또는 총합구장을 말한다. 다음 호 및 제7호에서 같다.]이 발행하는 호적등본 또는 초본 기타 증명서

3. 신청자의 이름, 생년월일, 본적 및 국외범죄피해자와의 친족(続柄)관계에 관한 시정촌장이 발행하는 호적등본 또는 초본 기타 증명서

4. 신청자가 국외범죄피해자와 혼인신고를 하지 않았지만 국외범죄피해자의 사망 당시 사실상 혼인관계와 같은 사정에 있었던 자인 때에는 그 사실을 인정할 수 있는 서류

5. 신청자가 배우자(혼인신고를 하지 않았지만 사실상 혼인관계와 같은 사정에 있었던 자를 포함한다.) 이외의 자인 때에는 제1순위 유족임을 증명할 수 있는 서류

6. 신청자가 국외범죄행위 또는 국외범죄피해에 관한 정보 기타 당해 신청에 관련 된 재정에 도움이 되는 정보를 기재한 서류(전 각호에 열거하는 것을 제외한다.)를 보유 하는 때에는 당해 서류

7. 법 제9조 제1항 제2호 イ 또는 ロ에 규정하는 공안위원회에 신청할 때에는 신청 자의 주민표에 기재되어 있는 주소에 관한 시정촌장이 발행하는 호적의 부표의 사 본 기타 증명서

9. 법 제9조 제4항의 규정의 적용을 받으려는 때에는 같은 항의 부득이한 이유 및 그 이유가 중단된 날을 증명할 수 있는 서류

제 8 조(국외범죄피해장해위문금의 지급에 관련된 재정신청) 국외범죄피해장해위문금 의 지급에 대하여 법 제9조 제1항의 신청을 하려는 자는 다음에 열거하는 서류를 첨부하여 국외범죄피해장해위문금지급재정신청서(양식 제2호)를 같은 항에 규정하 는 공안위원회에 제출하여야 한다. 다만 부득이한 사유로 제1호, 제4호 또는 제5 호에 열거하는 서류를 첨부할 수 없는 때에는 그 이유를 기재한 서류를 제출하여 야 한다.

1. 부상 또는 질병이 나은 것 및 나은 날과 그 나은 때의 정신장해의 상태 또는 신체 의 장해부위 및 상태(국외범죄피해자가 이들 장해로 항상 개호를 요하는 상태에 있는 경우에 는 그 상태를 포함한다.)에 관한 의사 또는 치과의사의 진단서 기타 서류

2. 전조 제2호에 열거하는 서류

3. 전조 제6호에 열거하는 서류

4. 전조 제7호에 열거하는 서류

5. 전조 제8호에 열거하는 서류

제 9 조(영사관을 경유하여 신청이 된 경우의 신청일) 법 제9조 제2항에 규정하는 영사 관을 경유하여 신청이 된 경우는 당해 신청에 관련된 서류가 당해 영사관에 제출된

날을 당해 신청이 공안위원회에 된 날로 본다.

제10조(국외범죄피해조위금등의 지급에 관한 처분의 통지 등) ① 공안위원회는 국외범죄피해조위금등의 지급에 관한 재정을 한 때 또는 법 제13조 제3항의 규정에 따라 신청을 각하한 때에는 신속하게 국외범죄피해조위금등지급재정통지서(양식 제3호) 또는 국외범죄피해조위금등지급재정신청각하통지서(양식 제4호)에 따라 그 내용을 신청자에게 통지하여야 한다.

② 공안위원회는 전항의 규정에 따라 국외범죄피해조위금등을 지급하는 취지의 통지를 할 때에는 당해 국외범죄피해조위금등의 지급을 받을 자에게 함께 국외범죄피해조위금등지불청구서(양식 제5호)를 교부하여야 한다.

제11조(국외범죄피해조위금등의 지불청구) 국외범죄피해조위금등을 지급하는 취지의 재정을 받은 자는 지불을 청구하려는 때에는 전조 제2항에 규정하는 청구서를 국가에 제출하여 청구하여야 한다.

제12조(첨부서류의 생략) ① 이 규칙의 규정에 따라 동일한 세대에 속하는 2인 이상의 사람이 동시에 신청서를 제출한 경우에 한 사람의 신청서에 첨부하여야 하는 서류로 다른 사람의 신청서에 첨부하여야 하는 서류에 관련된 사항을 밝힐 수 있는 때에는 다른 사람의 신청서의 여백에 그 취지를 기재하고 다른 사람의 신청서에 첨부하여야 하는 당해 서류는 생략할 수 있다.

② 전항에 규정하는 경우 외에 공안위원회는 특히 필요 없다고 인정하는 때에는 이 규칙의 규정에 따라 신청서에 첨부하여야 하는 서류를 생략하게 할 수 있다.

제13조(서류의 보존) 국외범죄피해조위금등에 관한 서류는 그 취급이 완결된 날로부터 5년간 보존하여야 한다.

부 칙 〈생 략〉

별지양식 1~4 〈생 략〉

국외범죄피해조위금 등의 지급에 관한 법률 제9조 제2항의 지역과 사람 및 같은 법 제12조 제1항의 정보를 정하는 명령

제정 平成 28년 국가공안위원회·외무성령 제1호

개정 平成 29년 1월 27일 국가공안위원회규칙·외무성령 제1호

제1조(법 제9조 제2항의 지역 및 사람) 국외범죄피해조위금 등의 지급에 관한 법률 (이하 「법」이라고 한다.) 제9조 제2항의 국가공안위원회규칙·외무성령으로 정하는 지역은 다음 각호에 열거하는 지역으로 하고, 같은 항의 국가공안위원회규칙·외무성령으로 정하는 사람은 당해 각호에 열거하는 지역의 구분에 대응하여 각각 당해 각호에 정하는 자로 한다.

1. 타이완(다음 호에 열거하는 지역을 제외한다.) 공익재단법인 일본 타이완교류협회(昭和 47년 12월 8일에 재단법인교류협회라는 명칭으로 설립된 법인을 말한다. 다음 호에서 같다.) 타이페이사무소장

2. 타이완(윈린현, 자이시, 자이현, 타이난시, 가오슝시, 타이동현, 핑둥현 및 펑후현 지역에 한한다.) 공익재단법인 일본 타이완교류협회 가오슝사무소장

제2조(법 제12조 제1항의 정보) 법 제12조 제1항의 국가공안위원회규칙·외무성령으로 정하는 정보는 다음과 같다.

1. 국외범죄피해(국외범죄피해에 해당한다고 사료되는 사망 및 장해를 포함하고, 일본 국적을 보유하는 자가 받은 것에 한한다. 이하 이 조에서 같다.)의 원인이 된 국외범죄행위(국외범죄 행위에 해당한다고 사료되는 행위를 포함한다. 이하 이 조에서 간단히 「국외범죄행위」라고 한다.) 가 이뤄진 일시 및 장소

2. 국외범죄행위 가해자의 이름, 생년월일, 성별, 본적[일본 국적을 보유하지 아니한 자는 그 국적에 속하는 나라 또는 출입국관리 및 난민인정법(昭和 26년 정령 제319호) 제2조 제5호 ㅁ에 규정하는 지역. 제8호에서 같다.], 주소 및 국외범죄피해자(국외범죄피해자에 해당한다고 사료되는 자를 포함한다. 이하 이 조에서 같다.)와의 관계

3. 국외범죄피해의 발생상황(국외범죄행위가 이뤄지기까지의 경위를 포함한다.)

4. 국외범죄피해자의 이름, 생년월일, 성별, 본적, 주소 및 직업

5. 국외범죄피해자가 일본국 밖에서 영주한다고 인정되는 때에는 그 판단의 근거가 되는 정보

6. 국외범죄피해자가 국외범죄행위가 이뤄졌던 때의 치안상황에 비추어 생명 또는 신체에 대한 고도의 위험이 예측되는 지역에 소재하고 있었다고 인정되는 때에는 당해 지역의 치안상황, 당해 상황에 비추어 생명 또는 신체에 대한 위험의 정도 및 당해 국외범죄피해자가 당해 지역에 소재하고 있던 이유

7. 국외범죄피해자가 국외범죄행위가 이뤄진 지역에 소재하기 위해 사증을 발부받아 있었던 때에는 당해 사증의 종류

8. 국외범죄행위가 이뤄진 때 국외범죄피해자에게 동반자가 있었던 때에는 그 자의 이름, 생년월일, 성별, 본적, 주소, 직업 및 국외범죄피해자와의 관련

9. 전 각호에 열거하는 것 외 국외범죄피해 또는 국외범죄피해자에 관한 정보로서 법 제11조 제1항의 재정에 도움이 된다고 인정되는 것

부 칙 〈생 략〉

7 장

사면

사면법

세정 昭和 22년 법률 제20호
개정 平成 25년 6월 19일 법률 제49호

제1조 대사(大赦), 특사(特赦), 감형, 형의 집행의 면제 및 복권은 이 법률이 정하는 바에 따른다.

제2조 대사는 정령으로 죄의 종류를 정하여 시행한다.

제3조 대사는 전조의 정령으로 특별한 정함이 있는 경우를 제외하고는 대사가 있는 죄에 대하여 아래의 효력을 가진다.

1. 유죄의 선고를 받은 자에 대하여는 그 선고는 효력을 잃는다.

2. 아직 유죄의 선고를 받지 아니한 자에 대하여는 공소권은 소멸한다.

제4조 특사는 유죄의 선고를 받은 특정한 자에 한다.

제5조 특사는 유죄의 선고의 효력을 잃게 한다.

제6조 감형은 형의 선고를 받은 자에 정령으로 죄 또는 형의 종류를 정하여 하거나 형의 선고를 받은 특정한 자에 한다.

제7조 ① 정령에 의한 감형은 그 정령으로 특별한 정함이 있는 경우를 제외하고는 형을 감경한다.

② 특정한 자에 대한 감형은 형을 감경하거나 형의 집행을 감경한다.

③ 형의 전부의 집행유예의 선고를 받거나 유예기간을 경과하지 아니한 자에게는 전항의 규정에 불구하고 형을 감경하는 감형만을 하고 이와 동시에 유예기간을 단축할 수 있다.

④ 형의 일부의 집행유예의 선고를 받고 아직 유예기간을 경과하지 아니한 자에게는 제2항의 규정에 불구하고 형을 감경하는 감형 또는 그 형 중 집행이 유예되지 아니한 부분의 기간의 집행을 감경하는 감형만을 하거나 형을 감경함과 동시에 유예기간을 단축할 수 있다.

제8조 형의 집행의 면제는 형의 선고를 받은 특정한 자에게 한다. 다만 형의 전부의 집행유예의 선고를 받은 자 또는 형의 일부의 집행유예의 선고를 받고 그 형 중 집행이 유예되지 아니한 부분의 기간의 집행을 종료한 자로서 아직 유예기간을 경과하지 아니한 자에게는 형의 집행의 면제를 하지 아니한다.

제 9 조 복권은 유죄의 선고를 받았기 때문에 법령이 정하는 바에 따라 자격을 상실하거나 정지된 자에 정령으로 요건을 정하여 하거나, 특정한 자에게 한다. 다만 형의 집행을 마치지 아니한 자 또는 집행의 면제를 받지 못한 자에게는 하지 아니한다.

제10조 ① 복권은 자격을 회복한다.

② 복권은 특정한 자격에 대하여 할 수 있다.

제11조 유죄의 선고에 기초한 기성의 효과는 대사, 특사, 감형, 형의 집행의 면제 또는 복권에 의해 변경되지 아니한다.

제12조 특사, 특정한 자에 대한 감형, 형의 집행의 면제 및 특정한 자에 대한 복권은 중앙갱생보호심사회의 신청이 있는 자에게 한다.

제13조 특사, 특정한 자에 대한 감형, 형의 집행의 면제 또는 특정한 자에 대한 복권이 있는 때에는 법무대신은 특사장, 감형장, 형의 집행의 면제장 또는 복권장을 본인에게 하부169)하여야 한다.

제14조 대사, 특사, 감형, 형의 집행의 면제 또는 복권이 있는 때에는 검찰관은 판결의 원본에 그 취지를 부기하여야 한다.

제15조 이 법률의 시행에 관하여 필요한 사항은 법무성령으로 정한다.

부 칙 〈생 략〉

---

169) 下付, 윗사람이 아랫사람에게 물건을 보냄을 높여 이르는 말.

사면법 시행규칙

제정 昭和 22년 사법성령 제78호

개정 平成 18년 5월 23일 법무성령 제59호

제1조 사면법(昭和 22년 법률 제20호) 제12조의 규정에 따른 중앙갱생보호심사회의 신청은 형사시설[소년법(昭和 23년 법률 제168호) 제56조 제3항의 규정에 따라 소년원에서 형을 집행하는 경우의 당해 소년원을 포함한다. 이하 제1조의2, 제6조, 제8조 및 제11조 제3항에서 같다.]이나 보호관찰소의 장 또는 검찰관의 상신이 있는 자에 대하여 한다.

제1조의2 ① 다음에 열거하는 자는 직권으로 중앙갱생보호심사회에 특사, 특정한 자에 대한 감형 또는 형의 집행의 면제를 상신할 수 있다.

1. 형사시설에 수용되거나 노역장 또는 감치장에 유치되어 있는 자는 그 형사시설의 장

2. 보호관찰에 회부되어 있는 자는 그 보호관찰을 담당하는 보호관찰소의 장

3. 그 외의 자는 유죄의 선고를 한 재판소에 대응하는 검찰청의 검찰관

② 전항 각호에 열거하는 형사시설이나 보호관찰소의 장 또는 검찰관은 본인으로부터 특사, 감형 또는 형의 집행의 면제의 출원이 있는 때에는 의견을 붙여 중앙갱생보호심사회에 상신을 하여야 한다.

제2조 ① 특사, 감형 또는 형의 집행의 면제의 상신서에는 다음의 서류를 첨부하여야 한다.

1. 판결의 등본 또는 초본

2. 형기계산서

3. 범죄의 정상, 본인의 성행, 수형 중의 행상, 장래의 생계 기타 참고가 될 사항에 관한 조사서류

② 본인의 출원으로 상신하는 경우에는 전항의 서류 외에 그 원본을 첨부하여야 한다.

③ 판결원본의 멸실 또는 파손으로 판결의 등본 또는 초본을 첨부할 수 없는 때에는 검찰관이 자기의 조사에 기초하여 작성한 서면으로 판결의 주문, 범죄사실 및 이에 대한 법령의 적용, 판결원본이 멸실 또는 파손된 것과 그 이유를 보여주는 것

으로 이에 갈음할 수 있다.

제3조 ① 다음에 열거하는 자는 직권으로 중앙갱생보호심사회에 복권을 상신할 수 있다.

1. 보호관찰에 회부된 자는 마지막으로 그 보호관찰을 담당했던 보호관찰소의 장
2. 그 외의 자는 마지막으로 유죄의 선고를 한 재판소에 대응하는 검찰청의 검찰관

② 전항 각호에 열거하는 보호관찰소의 장 또는 검찰관은 본인으로부터 복권의 출원이 있는 때에는 의견을 붙여 중앙갱생보호심사회에 상신하여야 한다.

제4소 ① 복권의 상신서에는 다음의 서류를 첨부하여야 한다.

1. 판결의 등본 또는 초본
2. 형의 집행을 종료 또는 집행의 면제가 있었음을 증명하는 서류
3. 형의 면제의 선고가 있은 후 또는 형의 집행을 종료하거나 집행의 면제가 있은 후의 본인의 행상, 현재 및 장래의 생계 기타 참고가 될 사항에 관한 조사서류

② 제2조 제2항의 규정은 전항의 경우에 준용한다.

③ 제2조 제3항의 규정은 제1항 제1호의 서류에 준용한다.

제5조 사면법 제10조 제2항에 의한 복권의 상신서에는 회복할 자격의 종류를 명기하여야 한다.

제6조 ① 특사, 감형 또는 형의 집행의 면제의 출원은 형의 선고 후 다음의 기간을 경과한 후가 아니면 할 수 없다. 다만 중앙갱생보호심사회는 본인의 원에 의해 기간의 단축을 허가할 수 있다.

1. 구류 또는 과태료에 대하여는 6개월
2. 벌금에 대하여는 1년
3. 유기의 징역 또는 금고에 대하여는 그 형기의 3분의 1에 상당하는 기간(단기와 장기를 정하여 선고한 형에 대하여는 그 형의 단기의 3분의 1에 상당하는 기간.). 다만 그 기간이 1년 미만인 때에는 1년으로 한다.
4. 무기징역 또는 금고에 대하여는 10년

② 구금되지 않은 일수는 형의 집행을 종료하거나 형의 집행의 면제를 받은 후의 일수 및 가석방 중 또는 형의 집행정지 중의 일수를 제외하는 외에 전항 제3호 및 제4호의 기간에 산입하지 아니한다.

③ 전항의 규정은 형의 집행이 유예되어 있는 경우에는 적용하지 아니한다.

④ 제1항 단서의 원을 할 때에는 원서를 그 원에 관련된 특사, 감형 또는 형의 집행의 면제에 대한 상신을 할 수 있는 형사시설이나 보호관찰소의 장 또는 검찰관에게 제출하여야 한다.

⑤ 제1조의2 제2항의 규정은 제1항 단서의 원이 있는 경우에 준용한다.

제7조 복권의 출원은 형의 집행을 종료하거나 집행의 면제가 있은 후가 아니면 할 수 없다.

제8조 형사시설이나 보호관찰소의 장 또는 검찰관이 본인의 출원에 따라 한 특사, 감형, 형의 집행의 면제 또는 복권의 상신이 이유 없는 때에는 그 출원일로부터 1년을 경과한 후가 아니면 다시 출원할 수 없다.

제9조 ① 특사, 감형, 형의 집행의 면제 또는 복권의 원서에는 다음의 사항을 기재하고 호적등본 또는 초본(법인인 때에는 등기사항증명서)을 첨부하여야 한다.

1. 출원자의 이름, 출생연월일, 직업, 본적 및 주거(법인인 때에는 그 명칭, 주된 사무소의 소재지 및 대표자의 이름)

2. 유죄의 선고를 한 재판소 및 연월일

3. 죄명, 범수, 형명 및 형기 또는 금액

4. 형집행의 상황

5. 상신을 구하는 사면의 종류

6. 출원의 이유

② 전항의 규정은 제6조 제1항 단서의 허가를 받은 경우에 준용한다.

제10조 ① 중앙갱생보호심사회는 특사, 감형, 형의 집행의 면제 또는 복권의 상신이 이유 없는 때에는 상신한 자에게 그 취지를 통지하여야 한다.

② 전항의 통지를 받은 자는 출원자에게 그 취지를 통지하여야 한다.

제11조 특사, 특정한 자에 대한 감형, 형의 집행의 면제 또는 특정한 자에 대한 복권이 있는 때에는 법무대신은 중앙갱생보호심사회에게 유죄의 선고를 한 재판소에 대응하는 검찰청의 검찰관에게 특사장, 감형장, 형의 집행의 면제장 또는 복권장(이하 「은사장」이라고 한다.)을 송부하도록 한다.

② 은사장을 송부받은 검찰관은 스스로 상신을 한 때에는 곧바로 이를 본인에게 교부하고, 그 외의 경우에는 신속하게 이를 상신한 자에게 송부하고, 상신을 한 자는 곧바로 이를 본인에게 교부하여야 한다.

③ 상신을 한 자는 가석방 중인 자에게 은사장을 교부한 때에는 그 취지를 형사시설의 장에게 통지하여야 한다.

④ 제2항에 규정하는 은사장의 교부 및 전항의 통지는 본인의 주거가 있는 지역을 관할하는 보호관찰소의 장, 본인의 주거가 있는 지역을 관할하는 재판소에 대응하는 검찰청의 검찰관 또는 본인이 수용되어 있는 형사시설(본인이 노역장 또는 감치장에 유치되어 있는 경우에는 당해 형사시설을 포함한다.)이나 소년원의 장에게 촉탁할 수 있다.

제12조 은사장을 본인에게 교부한 자는 신속하게 그 취지를 법무대신에게 보고하여야 한다.

제13조 사면법 제14조의 규정에 따라 판결의 원본에 부기하여야 할 검찰관은 유죄의 선고를 한 재판소에 대응하는 검찰청의 검찰관으로 한다.

제14조 ① 검찰관은 사면법 제14조의 규정에 따라 판결의 원본에 부기를 한 경우에 소송기록이 다른 검찰청에 있는 때에는 그 검찰청의 검찰관에게 그 취지를 통지하여야 한다.

② 전항의 통지서는 소송기록에 첨부하여야 한다.

제15조 유죄의 선고를 받은 자로서 대사에 의해 사면을 받은 자는 유죄의 선고를 한 재판소에 대응하는 검찰청의 검찰관에게 신청하여 그 취지를 설명받을 수 있다. 정령에 의해 복권을 받은 자도 같다.

부 칙 〈생 략〉

※ 과거 부칙(昭和 24년 7월 1일, 昭和 27년 8월 1일)은 이 규칙 시행 이전에 신청되었으나 시행 후에도 아직 결정이 되지 않은 사면 등의 신청이나 출원 등은 이 규칙 시행 후의 것으로 본다고 규정하고 있음.

[부록] 일본 연호 및 서력 대조표

연호	시작	종료	주요법령
明治 (메이지)	1868. 10. 23.	1912. 7. 30.	형법, (구)형사소송법
大正 (다이쇼)	1912. 7. 30.	1926. 12. 25.	(구)형사소송법의 정비
昭和 (쇼와)	1926. 12. 25.	1989. 1. 7.	형사소송법, 형사보상법, 사면법 기타 현행 주요 법령의 제정과 정비
平成 (헤이세이)	1989. 1. 8.	2019. 4. 30.	昭和 시대 법령의 추가 보충, 형사소송법의 당사자주의적 지위 강화
令和 (레이와)	2019. 5. 1.	–	–

[부록] 조문 목 표기 대응

가타카나	한글 대응	가타카나	한글 대응	가타카나	한글 대응
イ	가	ヌ	차	ツ	머
ロ	나	ル	카	ネ	버
ワ	다	オ	타	ナ	서
ニ	라	ワ	파	ラ	어
オ	마	カ	하	ム	저
エ	바	ヨ	거	ウ	처
ト	사	タ	너	イ	커
チ	아	レ	더	ノ	터
リ	자	ソ	러	オ	퍼

[부록] 일본의 행정구역: 도도부현

도(都)	도쿄도
도(道)	홋카이도
부(府)	오사카 · 교토
현(県)	나머지 43개현

찾아보기

형사소송규칙

형사소송법 제189조 제1항 및 제199조 제2항의 규정에 기초한 사법경찰직원의 지정에 관한 규칙

압수물환부 등 공고령

제2장 수사 및 기록

형사확정소송기록법

제5장 비용과 보상

형사소송비용 등에 관한 법률

형사절차에서의 증인등에 대한 급부에 관한 규칙

형사보상법

형사보상규칙

제7장 사면

사면법

사면법 시행규칙

역자 약력

김 도 윤

인하대학교 법과대학 졸업
건국대학교 일반대학원 법학석사
고려대학교 일반대학원 법학과 박사과정
제53회 사법시험 합격(제43기 사법연수원 수료)
공익법무관(법원행정처 등)
법무부 법무심의관실 행정사무관
現 인천지방법원 국선전담변호사
現 대한변호사협회 법제위원회 법제위원
現 대한변호사협회 법제연구원 연구위원
現 아동권익보호학회 홍보이사, 한중법학회·한국법학회 정회원

주요논문

"형사재심절차의 구조와 관련 쟁점에 대한 연구", 건국대학교 대학원, 2014.

"재심이유인 명백성 판단의 객관화 방안에 대한 고찰 – 일본의 증거구조론에 대한 논의를 중심으로 –", 일감법학 제38호, 건국대학교 법학연구소, 2017.

"소년교도소의 운영과 개선방안에 대한 소고 – 교정과 양육의 결합 시도 –", 법학연구 제77호, 한국법학회, 2020.

"재심개시결정에 대한 검사 즉시항고의 비판적 고찰", 경희법학 제55권 제3호, 경희대학교 법학연구소, 2020.

일본 형사절차법

초판발행	2021년 5월 10일
옮긴이	김도윤
펴낸이	안종만 · 안상준
편 집	장유나
기획/마케팅	손준호
디자인	BEN STORY
제 작	고철민 · 조영환
펴낸곳	(주)**박영사**
	서울특별시 금천구 가산디지털2로 53, 210호(가산동, 한라시그마밸리)
	등록 1959. 3. 11. 제300-1959-1호(倫)
전 화	02)733-6771
f a x	02)736-4818
e-mail	pys@pybook.co.kr
homepage	www.pybook.co.kr
ISBN	979-11-303-3711-1 93360

* 파본은 구입하신 곳에서 교환해 드립니다. 본서의 무단복제행위를 금합니다.
* 역자와 협의하여 인지첩부를 생략합니다.

정 가	45,000원